Autoren: Sophia Altenthan, Sylvia Betscher-Ott, Wilfried Gotthardt, Hermann Hobmair, Reiner Höhlein, Wilhelm Ott, Rosemaria Pöll

Herausgeber: Hermann Hobmair

Unter Mitarbeit von: Johannes Gerling und Enrico De Monte

Psychologie

6. Auflage

Bestellnummer 05030N

Bildungsverlag EINS
westermann

Die in diesem Produkt gemachten Angaben zu Unternehmen (Namen, Internet- und E-Mail-Adressen, Handelsregistereintragungen, Bankverbindungen, Steuer-, Telefon- und Faxnummern und alle weiteren Angaben) sind i. d. R. fiktiv, d. h., sie stehen in keinem Zusammenhang mit einem real existierenden Unternehmen in der dargestellten oder einer ähnlichen Form. Dies gilt auch für alle Kunden, Lieferanten und sonstigen Geschäftspartner der Unternehmen wie z. B. Kreditinstitute, Versicherungsunternehmen und andere Dienstleistungsunternehmen. Ausschließlich zum Zwecke der Authentizität werden die Namen real existierender Unternehmen und z. B. im Fall von Kreditinstituten auch deren IBANs und BICs verwendet.

Die in diesem Werk aufgeführten Internetadressen sind auf dem Stand zum Zeitpunkt der Drucklegung. Die ständige Aktualität der Adressen kann vonseiten des Verlages nicht gewährleistet werden. Darüber hinaus übernimmt der Verlag keine Verantwortung für die Inhalte dieser Seiten.

service@bv-1.de
www.bildungsverlag1.de

Bildungsverlag EINS GmbH
Ettore-Bugatti-Straße 6-14, 51149 Köln

ISBN 978-3-427-**05030**-8

westermann GRUPPE

Inhaltsverzeichnis

6 Grundlagen der Entwicklungspsychologie 233

7 Entwicklung auf verschiedenen Altersstufen 271

8 Von der Zeugung bis zum Alter: Aufgaben und Erziehung

11 Soziale Kommunikation und Interaktion ... 469

Einführung

Das vorliegende Lehr- und Arbeitsbuch gibt eine grundlegende und umfassende Einführung in die Psychologie. Es enthält alle wichtigen Informationen, die für eine Einführung in die wissenschaftliche Psychologie von Bedeutung sind. Als solche enthält es *psychologisches Grundlagenwissen*, welches Ausgangspunkt für spezielle psychologische Themen sein kann, für die dann fachspezifische Bücher erforderlich sind.

Aufbau des Buches

Durch offene Fragen, ein Fallbeispiel, die Gegenüberstellung von Meinungen und Ähnlichem wird zum Thema des jeweiligen Kapitels hingeführt. Am Ende dieser **Hinführung** wird durch entsprechende Fragen mitgeteilt, worum es in diesem Kapitel geht und welche *Lernziele* angestrebt werden.

Das Hauptaugenmerk liegt auf dem **Informationsteil**. Hier wird der eigentliche Lerninhalt verständlich und gut strukturiert dargestellt. Fachtermini sind bewusst in den Text aufgenommen und hinreichend geklärt, um eine größtmögliche Exaktheit zu erreichen. Beispiele, Übersichten, Fotos und Ähnliches machen die Ausführungen anschaulich. Gedichte, Karikaturen und vor allem unser schon bekannter Wichtel *Sigmund* lockern sie etwas auf und helfen, den Text besser zu behalten.

Sigmund, unser Wichtel, stellt sich vor.

Die Informationen sind bewusst ausführlich gehalten, damit sie besser verstanden und angewendet sowie Zusammenhänge klarer erkannt werden können. Zusätzlich zu berücksichtigende Hinweise sind mit dem Symbol ⌐···⌐ gekennzeichnet.

Am Ende jedes Informationsteils folgt eine **Zusammenfassung**, die nochmals den „roten Faden" der wichtigsten Lernergebnisse aufzeigt. Sie ist in einzelne Abschnitte gegliedert, die man sich leicht einprägen kann.

Die **Aufgaben und Anregungen** gliedern sich in zwei Teile:

- Die *Aufgaben* bieten die Möglichkeit, das Gelernte zu sichern, zu verarbeiten und anzuwenden. Sie können auch zur Vorbereitung auf Prüfungsarbeiten dienen. Die *Hinweise in Klammern* verweisen auf den entsprechenden Abschnitt, der den Lerninhalt umfasst, der zur Beantwortung der Frage notwendig ist.

- In den *Anregungen* wird der Lernstoff erfahrbar, „erlebbar" gemacht. Das Gelernte soll hier aufgrund von eigenen Erfahrungen und Erlebnissen nachvollzogen werden können. Die jeweilige Thematik kann so ganzheitlich erfasst werden und soll zu einem eigengesteuerten, kreativen Lernen befähigen.

Im **Materialteil** (BuchPlusWeb, siehe vorn im Buch), der im Internet heruntergeladen werden kann und im Buch durch den Hinweis → Materialien gekennzeichnet ist, finden sich Texte, Experimente, Untersuchungen, Tabellen und dergleichen. Sie können nutzbringend im Unterricht eingesetzt werden und sind zugleich zur Erweiterung und Vertiefung des Wissens gedacht.

Ein gut organisiertes **Stichwortverzeichnis** macht das Lehrbuch zu einem unentbehrlichen Nachschlagewerk, in welchem bestimmte Informationen und Fachbegriffe schnell gefunden werden können.

Das vorliegende Lehrbuch kann und will den Unterricht nicht ersetzen. Ausgehend von der Erkenntnis, dass es den „richtigen" Unterricht nicht gibt, folgt es keinem bestimmten Unterrichtskonzept; eine schüler- bzw. handlungsorientierte oder auch andere Unterrichtsgestaltung kann nur die Lehrkraft selbst leisten. So bleibt es ihr überlassen, die richtigen didaktischen Entscheidungen für den Unterricht zu treffen. Das Buch ist didaktisch jedoch so aufbereitet, dass es sich sowohl für angeleitetes wie eigenständiges Erarbeiten von Wissen als auch zur Sicherung, Übung, Anwendung und Vertiefung des Gelernten hervorragend eignet. Auf spezielle Themen, zeitliche Trends und „Modethemen" wird hingewiesen oder sie bleiben unberücksichtigt, da sie den Rahmen einer **Einführung** sprengen würden. Zudem sind die „Vorlieben" für bestimmte Themen sehr unterschiedlich und wechseln sehr schnell im Laufe der Zeit.

Verlag, Herausgeber und Autoren freuen sich, dass dieses Standardwerk so großen Anklang findet. „Überholte" und inzwischen veraltete Informationen wurden gestrichen, neue und aktuelle aufgenommen.

Viele konstruktive Anregungen von Lesern halfen bei der Herausgabe dieser nun schon 6. Auflage – herzlichen Dank dafür! Wir hoffen, dass Lehrer und Schüler auch an der aktuellen Auflage dieses Lehr- und Arbeitsbuches viel Freude haben, und vor allem, dass es ihnen Erfolg bringt. Für Anregungen, Verbesserungsvorschläge und sachliche Kritik sind wir weiterhin sehr dankbar.

Der flüssigen Lesbarkeit wegen wurde die männliche Form bevorzugt, doch das Lehrbuch richtet sich natürlich gleichermaßen an männliche und weibliche Leser.

Verlag, Herausgeber und Autoren

1   Grundfragen der Psychologie

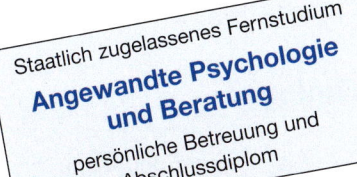

Staatlich zugelassenes Fernstudium
Angewandte Psychologie und Beratung
persönliche Betreuung und Abschlussdiplom

Institut für NLP und Hypnose
Berufsbegleitende Aus-/ Weiterbildung in NLP und Hypnose
- Erickson'sche Hypnotherapie
- individuelles Lernen in Kleingruppen
- anerkannte Zertifizierung (DVNLP)
- Wochenend- und Kompaktkurse
- spirituelle Hypnosetherapie

Institut für NLP und Hypnose

Gestalttherapie

3-jährige berufsbegleitende Fortbildungen:
- **Kurs 074**
  Beginn: 30.11.–2.12.
  Informationsabende (19 Uhr):
  7.9. und 12.10.
  Einführungsworkshops:
  13.10. (12 bis 18 Uhr)

1-jährige Aufbaukurse:
- **Kurs C01 – Supervision**
  Beginn: 1.–2.12.

Psychologie

- Grundlagenjahr in Psychologie und Psychotherapie
- Ausbildung in Holist. Psychotherapie
- Prüfungsvorbereitung – heilkundl. Psychotherapie
- Persönlichkeits- und Erfolgstraining
- Fortbildung in Voice Dialogue

Zahlreiche weitere Fachaus- und Weiterbildungen, Kurse und Vorträge. Fordern Sie unser Gesamtprogramm oder unsere Ausbildungsprospekte an!

Die Psychologie hat schon immer einen großen Einfluss auf unser Leben gehabt. Ohne dass man sich dessen ständig bewusst ist, beeinflusst sie uns von Geburt an bis ins hohe Alter.

Folgende Fragen werden in diesem Kapitel geklärt:

1. *Was versteht man unter Psychologie?*
   Was ist ihr Gegenstand?
   Wodurch zeichnet sich die wissenschaftliche Psychologie aus?

2. *Womit beschäftigt sich die Psychologie?*
   Welche Elemente bilden die Grundlagen psychischen Geschehens?

3. *Welche Fragen stellt sich die Psychologie, um ihren Gegenstand zu erforschen?*
   Welche Disziplinen kennt die Psychologie?

4. *Welche Ziele verfolgt die wissenschaftliche Psychologie?*
   Wo werden psychologische Erkenntnisse angewendet?

5. *Wie stellt sich die heutige Psychologie dar?*
   Welche Strömungen innerhalb der Psychologie gibt es?

1.1 Die Psychologie als Wissenschaft

Zweifellos ist die Psychologie eine Wissenschaft, die uns alle betrifft. Und sie – so die Psychologen *Hans Ueckert, Rainer Kakuska* und *Jürgen Nagorny* – macht Dinge für und mit uns, von denen wir ganz unmittelbar betroffen sind (vgl. *Ueckert u. a., 1989, S. 14*). Auf der anderen Seite scheint die Psychologie von allen Wissenschaften die geheimnisvollste und am häufigsten missverstandene zu sein (vgl. *Collin u. a., 2012, S. 10*).

1.1.1 Die Bedeutung der Psychologie

Dieses oben angesprochene „Betroffensein" gilt in einem doppelten Sinn (vgl. *Ueckert, 1989, S. 14*): Einmal sind wir selbst – der Mensch – Gegenstand dieser Wissenschaft, und zum anderen sind wir meist berührt oder fassungslos über die Erkenntnisse eben dieser Psychologie – vor allem dann, wenn sie lieb gewordenen Vorstellungen und Erwartungen zuwiderlaufen. Dies ist auch der Grund, warum die Psychologie wie keine andere Wissenschaft anfällig ist für Vorurteile und Abwertungen und sie gleichzeitig von vielen Menschen abgelehnt wird.

> *Keine Wissenschaft hat „in den letzten 15 Jahren eine so tiefe Wirkung auf die breite Öffentlichkeit, auf die Kunst, ja auf die Gesellschaftsordnung als Ganzes ausgeübt wie die Psychologie. Keine andere Wissenschaft ist so wie sie im Munde aller und keine wird von so gut wie allen so wenig verstanden."*
> (Ueckert u. a., 1989, S. 6)

Viele psychologische Erkenntnisse sind jedoch Teil unseres Alltags geworden und werden einfach als Produkt des „gesunden Menschenverstandes" verstanden. Andere wiederum erschüttern unsere feststehenden Überzeugungen, schockieren uns und bringen Menschen gegen sie auf (vgl. *Collin u. a., 2012, S. 13*).

Andererseits erwarten Menschen von der Psychologie *„praktische Lebenshilfe"*, um sich selbst und andere leichter durchschauen sowie persönliche Probleme und Nöte lösen und ein konfliktfreies, gesundes und befriedigendes Zusammenleben führen zu können.

Die Gefährdung der heutigen Menschheit liegt u. a. in ihrer Unzulänglichkeit, das soziale Geschehen vernünftig in Griff zu bekommen.

> *Es sind nicht irgendwelche Wissenschaften und Errungenschaften als solche, es ist der Mensch selbst, der den Menschen bedroht. Die Psychologie ist die wichtigste Wissenschaft, die dazu beiträgt, das soziale Geschehen vernünftig zu lenken.*

Die Psychologie ist eine der bedeutendsten Wissenschaften und viele andere Wissenschaften sind auf ihre Erkenntnisse angewiesen wie bspw. die Wirtschaftswissenschaften, die Medizin, die Politik, die Pädagogik und die Technik. Psychologie ist eine *Schlüsselwissenschaft*, die in den meisten anderen Wissenschaften eine ausschlaggebende Rolle spielt.

> *Die Psychologie ist eine Schatztruhe, um daraus das Know-how für das Leben und Handeln zu bekommen.*

Ohne Psychologie geht es nicht, stellt der Sozialpsychologe *Dieter Frey* (*2010, S. 211*) fest. Wir brauchen sie aus humanitären und ökonomischen Gründen, und ihre Erkenntnisse spielen in allen Wissenschaften und Bereichen des menschlichen Lebens eine entscheidende Rolle. Die Psychologie kann Lösungsmöglichkeiten für viele ökonomische, soziale und individuelle Probleme zur Verfügung stellen. *Frey* meint weiter, dass schnell die Zeit kommen wird, wo die Gesellschaft erkennt, „dass es zu teuer ist, psychologisches Know-how nicht anzuwenden." (*Frey, 2010, S. 213*)

> *„Selbst während ihrer nur kurzen Geschichte hat die Psychologie unsere Denkweisen stark verändert und viel dazu beigetragen, dass wir uns selbst, andere Menschen und die Welt, in der wir leben, besser verstehen. Sie hat tief verwurzelte Überzeugungen infrage gestellt, unangenehme Wahrheiten ans Licht gebracht und auf komplexe Fragen spektakuläre Antworten gegeben."*
> (Collin u. a., 2012, S. 13)

1.1.2 Die Alltagspsychologie

Jeder Mensch ist „psychologisch" tätig, indem er „Menschenkenntnis" ausübt, andere Menschen „durchschaut" und Urteile über den Charakter anderer fällt. Jeder von uns ist „Ratgeber" und „Therapeut", wenn er andere Menschen in Schwierigkeiten berät und ihnen in Problemsituationen hilft.

Name des Kindes: _____ Beobachtungszeitraum: _____	sehr häufig beobachtet	häufig beobachtet	öfter beobachtet	selten beobachtet	sehr selten beobachtet	nie beobachtet
Nägelkauen						
Daumen-lutschen						
Einnässen						
Einkoten						
Zittern						
Zappeln						
Zuckungen						
Tics						
Stottern						
Haare ausreißen						
usw.						

Menschen kommen aufgrund ihrer Erfahrungen zu ihren „psychologischen" und „pädagogischen Erkenntnissen", mit denen sie die Wirklichkeit zu verstehen und zu erklären versuchen. **Dieses aufgrund persönlicher Erfahrungen gewonnene Wissen bezeichnen wir als Alltagspsychologie – auch Privattheorie oder Privatpsychologie – im Gegensatz zur wissenschaftlichen Psychologie, die sich auf wissenschaftliche Methoden stützt.**

Frau Rudolfs hat auf ihrer letzten Urlaubsreise die Erfahrung gemacht, dass die Franzosen viel gemütlicher und größere Genießer sind als die Deutschen. Frau Rudolfs hat ihre Einsicht aufgrund persönlicher Erfahrungen gewonnen.

> Mit Alltagspsychologie bezeichnen wir das aufgrund persönlicher Erfahrungen gewonnene Wissen.

Oft dienen zur „Erklärung" auch Volksweisheiten wie „Sage mir, mit wem du umgehst, so sage ich dir, wer du bist!" (Johann Wolfgang von Goethe), „Gegensätze ziehen sich an" oder „Willst du gelten, mach dich selten".

Die Alltagspsychologie ist i. d. R. **subjektiv, nicht überprüfbar** und auch **nicht systematisch gewonnen**; es handelt sich zudem meist **um unzulässige Verallgemeinerungen**.

 Frau Rudolfs folgert aus ihrer Erfahrung, *die* Franzosen seien viel gemütlicher und größere Genießer als *die* Deutschen.

Die Alltagspsychologie trifft zwar häufig zu, weil Menschen aufgrund ihrer Erfahrungen vieles über menschliches Erleben und Verhalten wissen. Doch i. d. R. stimmt sie nicht mit der Realität überein, ist oft irreführend und kann auch gefährlich sein.

> *„Gesunder Menschenverstand ist eine Sammlung von Vorurteilen, die man bis zum achtzehnten Lebensjahr erworben hat."*
> *(Albert Einstein[1])*

Dennoch verfügen alle Menschen über diese Alltagspsychologie. Dies liegt daran, dass sie im menschlichen Leben wichtige *Funktionen* erfüllt (vgl. *Laucken u. a., 1996[7], S. 2; Ulich/ Bösel, 2005[4], S. 44 f.*):

- Die Alltagspsychologie befriedigt das Bedürfnis nach Orientierung und Ordnung sowie nach rascher Beurteilung von Personen bzw. Personengruppen.

- Die Alltagspsychologie stellt Erklärungen bereit und erlaubt dem Menschen eine Bewältigung lebenspraktischer Situationen und die Lösung bestimmter Probleme.

- Die Alltagspsychologie gibt dem Einzelnen Handlungssicherheit und vermittelt die Überzeugung, sich in bestimmten Situationen richtig und angemessen zu verhalten.

Auf diese Weise können **Angst und Unsicherheit verhindert und dem Menschen das Gefühl der Sicherheit und Überschaubarkeit gegeben** werden.

> *„Da jeder Mensch über ein gewisses Maß an Menschenkenntnis, den vermeintlich zentralen Inhalt der Psychologie, verfügt und damit in seinem alltäglichen Leben ganz gut auszukommen glaubt, meint jeder von uns auch immer schon zu wissen, was Psychologie zu sein hat und was von ihr zu erwarten ist."*
> *(Ueckert u. a., 1989, S. 14)*

1.1.3 Merkmale der wissenschaftlichen Psychologie

Wenn auch die Grenze fließend ist, steht der Alltagspsychologie die **wissenschaftliche Psychologie** gegenüber. **Sie unterscheidet sich von der Alltagspsychologie in der Art des methodischen Vorgehens bei der Gewinnung von Erkenntnissen.**

Wissenschaftliche Aussagen sind:

- **allgemeingültig**, das heißt, die Aussage muss mit hoher Wahrscheinlichkeit auch tatsächlich auf die in der Aussage angegebenen Personen bzw. Personengruppen zutreffen.

---

[1] Albert Einstein (1879–1955) war einer der bedeutendsten Physiker des 20. Jahrhunderts; neben vielen Veröffentlichungen wurde er vor allem durch die Entwicklung der Relativitätstheorie bekannt.[2]

Die Aussage, dass sich autoritär erzogene Menschen schüchtern und ängstlich verhalten, muss mit hoher Wahrscheinlichkeit tatsächlich auf alle Personen zutreffen, die autoritär erzogen worden sind.

Wissenschaftliche Aussagen treffen also nicht nur auf den Einzelfall zu, sondern besitzen hohe Allgemeingültigkeit.

Einer Wissenschaft, in der der Mensch primärer Gegenstand ist, ist es kaum möglich, wahre und absolut gültige Aussagen zu treffen, Aussagen, die in der Realität auch tatsächlich auf alle Menschen – ohne Ausnahme – zutreffen. *Wissenschaftliche Aussagen von Wissenschaften, die es mit dem Menschen zu tun haben, sind immer Wahrscheinlichkeitsaussagen*, das heißt, dass im Einzelfall grundsätzlich Abweichungen möglich sind.[1]

■ **überprüfbar**, das heißt, die Aussage und die Art und Weise, wie der Forscher diese Aussage gewonnen hat, sind in der Realität jederzeit nachvollziehbar und wiederholbar.

> *„Skepsis ist in der Wissenschaft unerlässlich, weil sie Täuschungen vermeiden hilft. Daher sollte sie nichts annehmen, bevor sie es nicht streng geprüft hat[2]."*
> *(Hierdeis, 2013, S. 10)*

■ **objektiv**, das heißt, verschiedene Forscher erzielen bei gleichem Sachverhalt unter gleichen Bedingungen die gleichen Ergebnisse[2].

Auch wenn die Untersuchung von verschiedenen Forschern durchgeführt wird, müssen sie alle unter den gleichen Bedingungen zu dem gleichen Ergebnis kommen, nämlich, dass sich autoritär erzogene Menschen schüchtern und ängstlich verhalten.

Eine Beobachtung bzw. Untersuchung muss also in ihrer Durchführung, Auswertung und Interpretation unabhängig sein von der Person des Forschers.

■ **systematisch gewonnen**, das heißt, wissenschaftliche Aussagen werden nach ganz bestimmten Regeln durch wissenschaftliche Methoden gewonnen, das methodische Vorgehen ist geplant und organisiert[3].

■ **widerlegbar**, das heißt, wissenschaftliche Aussagen sind so lange richtig, bis ihre Falsifizierung gelungen ist; eine endgültige Verifikation ist nicht möglich[4]. Nach dem Philosophen *Karl R. Popper*[5] *(2005[11], S. 54 ff.)* ist es nicht möglich, die Wahrheit zu beweisen, sondern nur die Unwahrheit nicht (mehr) richtiger Aussagen; Wissen kann nur durch Falsifikationsversuche untermauert, entkräftet oder als bloßes „Scheinwissen" aufgedeckt werden.

Die Aussage bspw. „Alle Raben sind schwarz" lässt sich nie endgültig beweisen, da kein Wissenschaftler alle jetzt und zukünftig existierenden Raben beobachten kann. Erst wenn ein Forscher andersfarbige Raben entdeckt, lässt sich die Aussage korrigieren.

---

[1] vgl. Abschnitt 1.3.2
[2] vgl. Kapitel 2.2.1
[3] Auf dieses Kriterium wird in Kapitel 2.2.1 eingegangen.
[4] Falsifikation (lat.): Widerlegung; Verifikation (lat.): Bestätigung der Richtigkeit
[5] Sir Karl Raimund Popper (1902–1994), bedeutender Philosoph und Wissenschaftstheoretiker, ist der Begründer des kritischen Rationalismus; er entwarf eine wissenschaftstheoretische Methodenlehre und verlangte die Planung des sozialen Wandels auf der Grundlage einer „offenen" Gesellschaft.

Merkmale der wissenschaftlichen Psychologie	Merkmale der Alltagspsychologie
Wissenschaftliche Aussagen sind allgemeingültig und treffen mit hoher Wahrscheinlichkeit auf die in der Aussage angegebenen Personen zu.	Einmalige und zufällige Ereignisse werden meist unzulässig verallgemeinert („von einmal auf immer", „von einem auf alle").
Wissenschaftliche Aussagen sind in der Realität überprüfbar; die Art und Weise, wie wissenschaftliche Aussagen gewonnen werden, ist wiederholbar.	Aussagen der Alltagspsychologie sind häufig nicht überprüfbar und auch nicht wiederholbar.
Wissenschaftliche Aussagen sind objektiv: Verschiedene Forscher erzielen bei gleichem Sachverhalt unter gleichen Bedingungen die gleichen Ergebnisse.	Die Alltagspsychologie ist subjektiv: Das Gewinnen einer Aussage ist oft abhängig von der Person, die sie tätigt.
Wissenschaftliche Aussagen werden systematisch durch wissenschaftliche Methoden gewonnen, das methodische Vorgehen ist geplant und organisiert.	Kenntnisse der Alltagspsychologie ergeben sich zumeist durch zufällige Einzelbeobachtungen und Erfahrungen.
Wissenschaftliche Aussagen sind widerlegbar.	Die Alltagspsychologie ist i. d. R. nicht widerlegbar.

„Der gesunde Menschenverstand sagt uns, dass die Erde platt ist."
(Albert Einstein)

Die Grenze zwischen wissenschaftlicher und Alltagstheorie darf nicht absolut, also als „entweder-oder" gesehen werden.

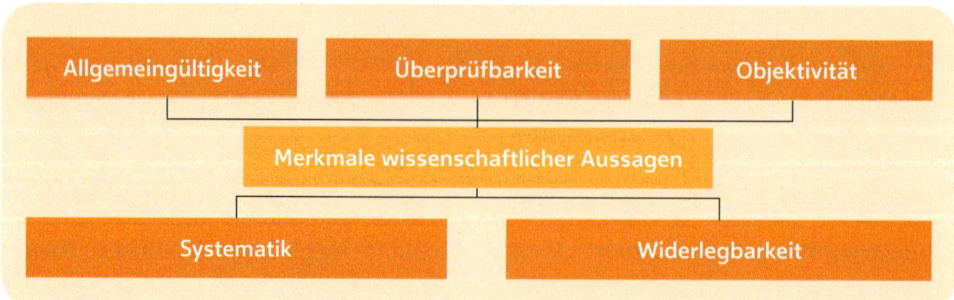

1.1.4 Der Gegenstand der Psychologie

Psychologie[1] heißt wörtlich übersetzt: *die Wissenschaft von der Seele*. Der Begriff „Seele" ist jedoch wissenschaftlich nicht fassbar und kann deshalb selbst nicht Gegenstand der Psychologie sein. Wissenschaftliche Aussagen lassen sich jedoch darüber treffen, *wie sich das Seelenleben eines Menschen äußert*.

Solche Äußerungsformen sind z. B. Denkabläufe eines Menschen, Gefühle wie Freude, Trauer, Ärger, Wut oder Träume, Bewegungen, Aktivitäten und Ausdruck.

---

[1] psyche (griech.): die Seele; logos (griech.): die Lehre, die Wissenschaft

Das **Seelenleben eines Menschen äußert sich einerseits in seinem Verhalten, andererseits in seinem Erleben**. Während mit Verhalten alle von Außenstehenden beobachtbaren Äußerungen eines Lebewesens gemeint sind, bezeichnet man mit Erleben Vorgänge im Menschen, die nicht „von außen" beobachtet werden können, sondern die der Mensch nur an sich selbst wahrnehmen kann.

Verhaltensweisen sind bspw. Körperbewegungen, Sprechen, Arbeiten oder Ausdrucksformen; sie sind von Außenstehenden beobachtbar. Erlebensweisen sind Denkabläufe, das Erinnern und das Träumen; diese kann der Mensch nur an sich selbst wahrnehmen.

Tierisches Erleben kann durch Beobachtung nicht erschlossen werden, allenfalls durch Glauben, Interpretieren oder Spekulieren. Dabei handelt es sich jedoch um unwissenschaftliche „Methoden". Aus diesem Grund wird in der wissenschaftlichen Psychologie der Begriff „Erleben" auf das menschliche Leben beschränkt.

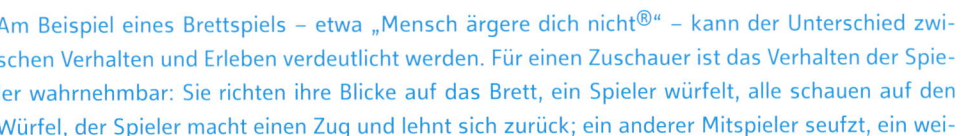

Unter Verhalten versteht man die Gesamtheit aller von außen beobachtbaren Äußerungen eines Lebewesens.
Mit Erleben werden von außen nicht beobachtbare Vorgänge im Menschen bezeichnet, die der Mensch nur an sich selbst wahrnehmen kann.

Das Verhalten wird durch **Fremdbeobachtung** erschlossen, das Erleben ist Gegenstand der **Selbstbeobachtung**[1]. Diese beiden grundsätzlich verschiedenen Erfahrungsweisen haben sich heute in der Psychologie durchgesetzt.

Am Beispiel eines Brettspiels – etwa „Mensch ärgere dich nicht®" – kann der Unterschied zwischen Verhalten und Erleben verdeutlicht werden. Für einen Zuschauer ist das Verhalten der Spieler wahrnehmbar: Sie richten ihre Blicke auf das Brett, ein Spieler würfelt, alle schauen auf den Würfel, der Spieler macht einen Zug und lehnt sich zurück; ein anderer Mitspieler seufzt, ein weiterer macht eine Bemerkung, wieder ein anderer würfelt usw. Was aber in den Spielern innerlich vor sich geht, das Erleben, bleibt dem Zuschauer verborgen. Er weiß nicht, was den einen oder den anderen Spieler gerade bewegt, ob sie sich freuen oder ärgerlich sind, was sie denken und überlegen. Diese Zugänglichkeit zu ihrem Innenleben können uns nur die Personen selbst ermöglichen.

Manche Autoren, wie Hans-Peter Nolting und Peter Paulus (2015[13], S. 34), sprechen oftmals von inneren Prozessen statt von Erleben, um dem Missverständnis vorzubeugen, dass mit der „Innenwelt" nicht nur klar bewusste Vorgänge gemeint seien, sondern auch weniger bewusste bzw. unbewusste.

Psychologie ist die Wissenschaft vom Verhalten und Erleben.

Verhalten und Erleben sind nicht unabhängig voneinander, sondern stehen zueinander in Wechselwirkung: Verhalten ist einerseits immer Anzeichen für bestimmte Vorgänge im Menschen, es ist häufig ein Hinweis für „dahinterliegende" innere Prozesse. Andererseits äußern sich verschiedene Erlebensweisen grundsätzlich im Verhalten eines Menschen.

Wenn bspw. eine Person ihr Gesicht verzieht und sich krümmt (Verhalten), so hat sie möglicherweise Schmerzen (Erleben); wer sich freut (Erleben), springt etwa in die Luft oder stößt einen Schrei aus (Verhalten).

---

[1] Die Beobachtung als wissenschaftliche Methode ist in Kapitel 2.2.2 dargestellt.

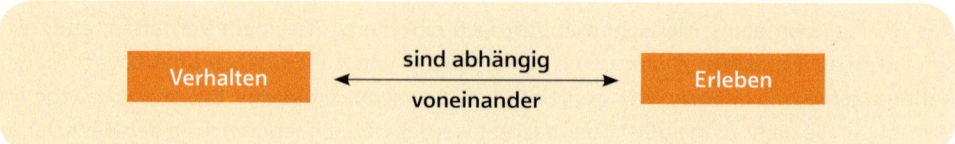

*Diese Wechselwirkung darf jedoch nicht so verstanden werden, dass der Mensch zunächst erlebt und sich dann verhält bzw. umgekehrt, Erleben und Verhalten sind vielmehr eins im psychischen Geschehen. Es ist nicht so, dass der Mensch etwa Freude empfindet und diese sich **dann** im Verhalten (Arme hochreißen) zeigt. Er freut sich und reißt gleichzeitig die Arme hoch: Verhalten und gezeigte Geste zusammen **sind** diese Freude. Das eine geht also nicht aus dem anderen hervor, beide sind eines (vgl. Geuter, 2015, S. 80).*

1.1.5 Betrachtungsweisen des Gegenstandes der Psychologie

Der Mensch ist einerseits ein Teil der Natur und funktioniert als Naturwesen nach Naturgesetzen. Andererseits hat er als geistiges Wesen Kultur geschaffen und kann zielgerichtet *handeln*.

„Der Mensch ist ein Naturwesen, das nur als Kulturwesen seine Bestimmung findet.“
(Mittelstraß, 2008, S. 80)

Diesen beiden Aspekten muss die Psychologie als Wissenschaft gerecht werden: Verhalten und Erleben kann zum einen bedingt sein durch bestimmte Ursachen, zum anderen kann es von den Zielvorstellungen, von den Absichten des handelnden Menschen bestimmt sein.

Wenn z. B. ein Kind sehr wütend ist, so kann dies einmal daran liegen, dass die Mutter dem Kind etwas verboten hat, was es unbedingt haben oder tun will. Die Ursache für das Wütendsein des Kindes liegt im Verhalten der Mutter. Auf der anderen Seite kann es möglich sein, dass das Kind mit seiner Wut erreichen will, dass die Mutter ihr Verbot aufhebt. Das Ziel des Wütendseins des Kindes ist die Änderung des Verhaltens der Mutter.

Jede menschliche Aktivität, mit welcher bewusst und überlegt ein bestimmter Sinn verbunden bzw. ein bestimmtes Ziel verfolgt wird, bezeichnet man als **Handeln**. Erleben und Verhalten sind der übergeordnete Begriff, der Handeln mit einschließt. Durch diese Unterscheidung trägt die Psychologie vor allem der Tatsache Rechnung, dass der Mensch überlegt handeln kann und keineswegs als reines „Reaktionswesen" anzusehen ist.

Handeln bezeichnet jede menschliche Aktivität, mit welcher bewusst und überlegt eine bestimmte Absicht verfolgt wird.

„Der Mensch wird [...] nicht als Objekt von Wirkbedingungen konzipiert, sondern als wirksam agierendes Subjekt mit einem freien Willen, das unter Abwägung von Anliegen unterschiedlicher Art [...] zweck- und sinnorientierte Entscheidungen trifft – also handelt.“
(Montada, 2004, S. 70)

Oft wird Verhalten und Handeln dahin gehend voneinander abgegrenzt, dass mit Verhalten alle von außen beobachtbaren Aktivitäten eines Lebewesens verstanden werden, die als Reaktion aufgrund eines Reizes entstehen, während mit Handeln jede menschliche Aktivität bezeichnet wird, mit welcher eine bestimmte Absicht verfolgt wird.

„Menschliches Handeln ist organisiertes Verhalten und Erleben."
(Heckhausen/Heckhausen, 2010[4], S. 2)

1.1.6 Fragestellungen und Disziplinen der Psychologie

Um den Gegenstand der Psychologie in den Griff zu bekommen, müssen viele Fragen beantwortet werden. Diese Fragen lassen sich bestimmten *Teilgebieten* zuordnen, die als **Disziplinen der Psychologie** bezeichnet werden. Ihre Aufgaben bestehen in der systematischen Erforschung eines bestimmten Teilbereiches des Erlebens und Verhaltens.

Fragestellungen	Disziplinen
Welche grundlegenden und allgemeingültigen Aussagen lassen sich bezüglich des Erlebens und Verhaltens machen? Welche Regelmäßigkeiten und Zusammenhänge lassen sich im Erleben und Verhalten finden?	**Allgemeine Psychologie** befasst sich mit grundlegenden, auf alle Menschen zutreffenden Erscheinungen und Regelmäßigkeiten im Erleben und Verhalten eines Menschen (*Kapitel 3 bis 5*)
Wie ist die Persönlichkeit eines Menschen aufgebaut und strukturiert? Welche Beziehungen bestehen zwischen einzelnen Persönlichkeitsmerkmalen?	**Persönlichkeitspsychologie** befasst sich mit dem Aufbau und der Struktur der Persönlichkeit (*Kapitel 9*)
Welche Unterschiede bestehen in der Persönlichkeitsstruktur zwischen Menschen und Gruppen von Menschen?	**Differenzielle Psychologie** befasst sich mit den Unterschieden zwischen Menschen und Gruppen von Menschen
Wie entwickelt sich das Erleben und Verhalten? Wie reagiert der Mensch in seinem Erleben und Verhalten auf verschiedenen Altersstufen? Welche Aufgaben muss der Mensch auf verschiedenen Altersstufen erfüllen?	**Entwicklungspsychologie** befasst sich mit der Veränderung des Verhaltens und Erlebens im Laufe der Zeit und seinen Ursachen sowie mit Aufgaben, die das Individuum abhängig von seiner Entwicklung lösen muss (*Kapitel 6 bis 8*)

Fragestellungen	Disziplinen
Wie entwickelt sich der alte Mensch? Welche Entwicklungsaufgaben hat er zu erfüllen? Welche Probleme treten im Alter auf? Wie kann sie der alte Mensch bewältigen?	**Gerontopsychologie**[1] **(Alterspsychologie)** befasst sich mit der Entwicklung sowie den Aufgaben und Problemen alternder und alter Menschen (*Kapitel 8.8*)
Wie wird das Erleben und Verhalten durch Mitmenschen beeinflusst? Wie erleben und verhalten sich Menschen in sozialen Bereichen wie bspw. in der Gruppe?	**Sozialpsychologie** befasst sich damit, wie der Einzelne durch seine Mitmenschen beeinflusst wird, wie er sich in zwischenmenschlichen Situationen verhält und wie er seine Mitwelt beeinflusst (*Kapitel 10 und 11*)
Wie wirkt sich Erziehung auf das Verhalten und Erleben eines Menschen aus? Welchen Einfluss hat das Erzieherverhalten auf das Verhalten und Erleben des zu Erziehenden?	**Pädagogische Psychologie** gelegentlich auch **Erziehungspsychologie** genannt, befasst sich mit der wissenschaftlichen Erforschung des Verhaltens und Erlebens im Bereich der Erziehung
Wie wirken sich bestimmte Einflüsse auf die Gesundheit eines Menschen aus? Wann ist die Wahrscheinlichkeit sehr groß, dass ein Mensch krank wird bzw. gesund bleibt (wird)? Was muss ein Mensch tun, damit er gesund bleibt?	**Gesundheitspsychologie** befasst sich mit der Erhaltung und Förderung der Gesundheit sowie mit der Vorbeugung (Prävention) und Behandlung von Krankheit
Wie kann eine Übereinstimmung zwischen dem Individuum mit seinen Bedürfnissen, Rechten und Zielen und den Anforderungen bzw. Möglichkeiten seiner Umwelt hergestellt werden?	**Umweltpsychologie (Ökopsychologie, ökologische Psychologie)** befasst sich mit der Wechselbeziehung zwischen dem Menschen und seiner Umwelt wie Architektur, Städte, Verkehr, Energie, Lärm oder Müll

Bei manchen Teilgebieten, die hier als Disziplinen der Psychologie aufgeführt sind, handelt es sich auch um Anwendungsgebiete, da sie sowohl einen bestimmten Teilbereich des Erlebens und Verhaltens erforschen als auch die gewonnenen Erkenntnisse zugleich anwenden.[1]

1.2 Aspekte des psychischen Geschehens

Die Psychologie versucht, einen schwer zugänglichen und schwer erfassbaren Gegenstand zu erforschen. Es wird deshalb von der Komplexität[2] des Forschungsgegenstandes der Psychologie gesprochen.

1.2.1 Der Aspekt der Situation

Erleben und Verhalten spielen sich nicht in einem „luftleeren Raum" ab, sondern immer in einer bestimmten Situation. *Mit Situation ist* gewöhnlich *die momentane bzw. aktuelle Umwelt gemeint, in der sich das Individuum befindet*. Diese Situation übt in einem nicht unerheblichen Maße einen Einfluss auf das Erleben und Verhalten aus (vgl. *Nolting/Paulus, 2015*[13], *S. 94 ff.*).

---

[1] gérontos (griech.): der alte Mensch, der Greis
[2] komplex (lat.): vielschichtig, vieles umfassend

Ein Schüler wird sich vor seinem Lehrer anders verhalten als unter Freunden in einer Kneipe.

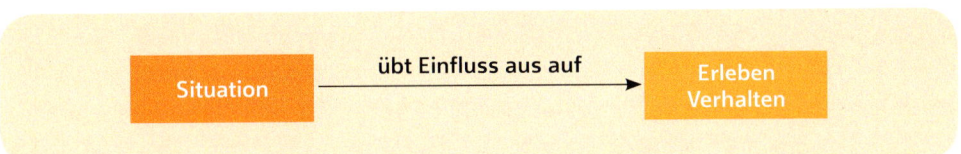

Einzelne Situationselemente können nun bestimmte **Reize** darstellen, die Erleben und Verhalten auslösen.

Robert ist sehr wütend (= Erlebensweise) und schlägt wild um sich (= Verhalten). Der Grund dafür könnte sein, dass ihn seine Freundin Lea beleidigt hat (= Reiz).

> **Reiz** bezeichnet eine Einwirkung auf den Organismus, die eine bestimmte Reaktion auslöst.

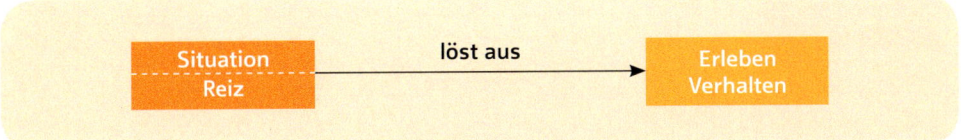

Dabei können wir unterscheiden zwischen einem **Auslösereiz** und einem **Hinweisreiz**: Ein Auslösereiz führt unwillkürlich zu einer bestimmten Reaktion, während ein Hinweisreiz lediglich eine Orientierung für das Erleben und Verhalten bedeutet (vgl. *Nolting/Paulus, 2015[13], S. 96*).

Der Lehrer z. B. kann ein Auslöser für emotionale Schreckreaktionen sein, vor allem, wenn er mit dem Notenbuch in der Hand erscheint; er kann aber auch eine Aufforderung, ein „Hinweis", für eifriges Mitarbeiten im Unterricht sein.

Reize, die eine bestimmte Erlebens- oder Verhaltensweise auslösen, müssen nicht unbedingt „von außen" auf den Organismus auftreffen, sie können auch im Organismus liegen. Aus diesem Grund unterscheidet man zwischen einem **äußeren** und einem **inneren Reiz**: Während der äußere Reiz von außen auf den Organismus trifft und beobachtbar ist, handelt es sich bei einem inneren Reiz um einen Vorgang im Organismus, der eine bestimmte Reaktion auslöst, von Außenstehenden aber nicht beobachtet werden kann.

Ein Grund dafür, um bei dem Beispiel mit Robert und Lea zu bleiben, dass Robert wütend ist und wild um sich schlägt, könnte sein, dass Lea ihn beleidigt hat. Dieser Reiz, das Beleidigen, liegt außerhalb des Organismus von Robert und ist beobachtbar. Es handelt sich um einen äußeren Reiz, der in diesem Beispiel Ursache für die Wut und das Um-sich-Schlagen von Robert ist. Es könnte aber auch sein, dass sich Robert spät abends erinnert, dass er um 19.00 Uhr bei Lea sein sollen hätte und deshalb wütend ist. Das Erinnern ist ein Vorgang im Organismus und „von außen" nicht beobachtbar. Es handelt sich um einen inneren Reiz, der in diesem Fall Ursache für die Wut und das Um-sich-Schlagen von Robert ist.

1.2.2 Der Aspekt der Persönlichkeit und des Organismus

Erleben und Verhalten sind jedoch nicht nur von der jeweiligen Situation bzw. einem Reiz abhängig, es spielt auch die **Persönlichkeit des Einzelnen** *mit ihren Persönlichkeitsmerkmalen* eine wichtige Rolle[1]. Solche Persönlichkeitsmerkmale sind z.B. Intelligenz, Begabungen, Fähigkeiten und Fertigkeiten, bisherige Erfahrungen, Gefühle und Stimmungen, Interessen, Einstellungen, Werthaltungen, Bedürfnisse u.a. Sie wirken sich entscheidend auf das Verhalten und Erleben aus.

Andreas wird von seinem Vater ausgeschimpft, daraufhin schreit Andreas und schlägt mit den Fäusten auf den Tisch. Das Schreien und Schlagen von Andreas (= Verhalten) kann zum einen darauf zurückzuführen sein, dass Andreas schon Wut hatte (= bestimmtes Persönlichkeitsmerkmal), und zum anderen auf das Schimpfen seines Vaters (= äußerer Reiz). Es könnte auch möglich sein, dass Andreas die Erfahrung gemacht hat (= bestimmtes Persönlichkeitsmerkmal), dass der Vater mit dem Schimpfen aufhört, wenn er schreit.

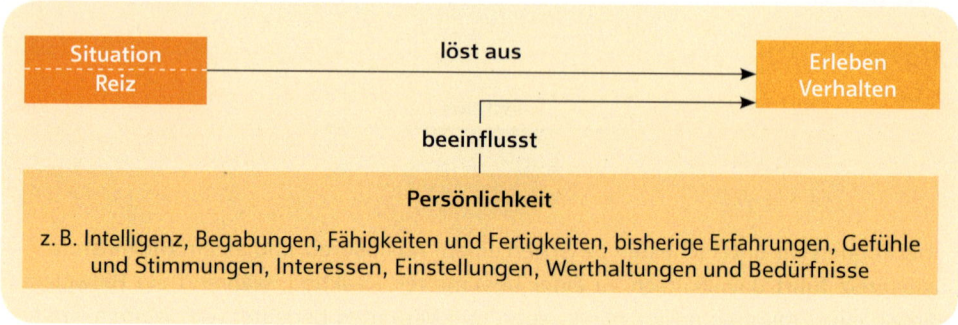

Voraussetzung für unser Erleben und Verhalten ist der menschliche **Organismus** mit seiner Funktionsweise, seinem Aufbau und seinen Eigenarten.

So müssen Reize wahrgenommen und verarbeitet werden können, um überhaupt eine Reaktion zu ermöglichen.

Für die Psychologie sind im Hinblick darauf Aufbau, Struktur und Funktionsweise *des Sinnessystems, des Nervensystems und des Hormonsystems* von großer Bedeutung. Diese drei Organismussysteme sind miteinander verbunden und machen menschliches Verhalten und Erleben erst möglich.

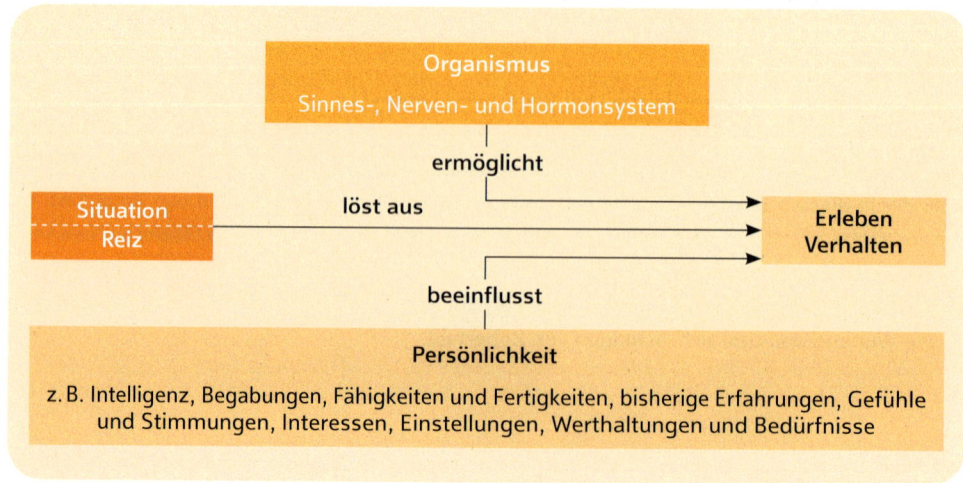

---

[1] Auf den Begriff der Persönlichkeit wird ausführlich in Kapitel 9.1.1 eingegangen.

Diese Aspekte,

- das Erleben, Verhalten und Handeln,

- die spezifische Situation und damit verbunden die Reize, die Erleben und Verhalten auslösen,

- die unterschiedliche Persönlichkeit des Einzelnen und deren Entwicklungsbedingungen sowie

- der Organismus mit seinen verschiedenen Systemen, die Erleben und Verhalten ermöglichen,

wirken von vornherein zusammen und stehen untereinander in einer wechselseitigen Beziehung.

Die Psychologie hat, wie aus den bisherigen Ausführungen hervorgeht, einen vieles umfassenden und damit schwer zugänglichen sowie schwer erfassbaren Objektbereich. Der Mensch als Natur- und Kulturwesen zugleich, die Vielfalt von möglichen Ursachen, die Erleben und Verhalten bedingen, die unterschiedlichen Absichten, die Handeln bestimmen, die verschiedenen Situationen, in denen Erleben und Verhalten auftritt, die großen Unterschiede zwischen den Menschen und die Einmaligkeit der Persönlichkeit, die vielfältigen Möglichkeiten des Erlebens und Verhaltens sowie die Anforderungen in verschiedenen Lebensbereichen (z. B. in Familie, Schule, im Betrieb, Verkehr) und die soziale Beeinflussung des Menschen machen eine Erforschung des Gegenstandes sehr schwierig.

1.2.3 Grundlagen des Erlebens und Verhaltens

Bei der Aufnahme der momentanen Umwelt – der Situation –, ihrer Verarbeitung und ihrem Einwirken auf sie spielen

- **psychische Fähigkeiten**, wie die *Intelligenz*, die *Sprache* oder das *Gedächtnis*,
- **psychische Funktionen**, wie die *Wahrnehmung*, das *Denken* oder das *Behalten*, und
- **psychische Kräfte**, wie *Gefühle, Triebe, Bedürfnisse* oder *Interessen*,

die entscheidende Rolle. Sie funktionieren bei jedem Menschen grundsätzlich nach demselben Muster.

Eine psychische Funktion ist eine auf einen bestimmten Zweck ausgerichtete Aktivität des Organismus; Voraussetzung für die Durchführung einer solchen zweckgerichteten Aktivität ist eine psychische Fähigkeit.

So ist die Fähigkeit der Intelligenz Voraussetzung für die Aktivität des Denkens (= Funktion), die Fähigkeit des Gedächtnisses für das Behalten (= Funktion) und die Sprache für das Sprechen.

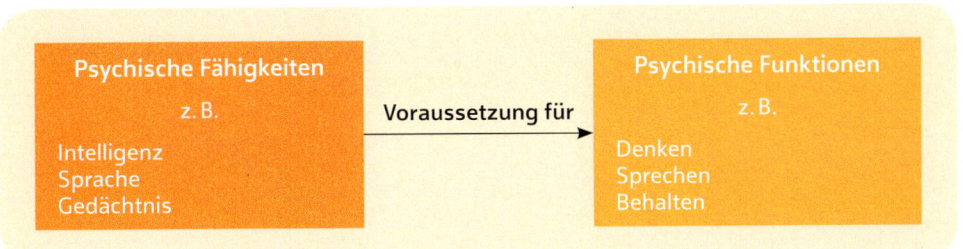

> Eine psychische Fähigkeit ist eine bestimmte Voraussetzung für die Durchführung einer Handlung, Tätigkeit oder Leistung.
> Unter psychischer Funktion wird die Aktivität eines Organismus verstanden, die auf einen bestimmten Zweck ausgerichtet ist.

Psychische Kräfte sind Antriebsformen des Menschen, die Erleben und Verhalten aktivieren und steuern, wie dies bspw. bei Gefühlen, Trieben oder Bedürfnissen der Fall ist.

> Psychische Kräfte bezeichnen alle Antriebsformen des Menschen, die Erleben und Verhalten aktivieren und steuern.

Psychische Fähigkeiten und Funktionen sowie Kräfte bilden die **Grundlagen des Erlebens und Verhaltens.** *Sie sind bei allen Menschen vorhanden, sind jedoch von Individuum zu Individuum unterschiedlich stark ausgeprägt.* Die Begegnung mit der Wirklichkeit – ihre Aufnahme –, ihr Erfassen, ihre Verarbeitung und Speicherung sowie Reaktionen und das Einwirken auf sie vollziehen sich im Zusammenspiel dieser psychischen Funktionen, Fähigkeiten und Kräfte. Sie werden häufig als **psychische Phänomene** *bezeichnet und lassen den Menschen als ein* System[1] *begreifen:* Sie sind in einem geordneten Zusammenhang und in einer wechselseitigen Beziehung zu sehen und ihr Zusammenwirken bezieht sich auf etwas Ganzes, auf eine Person.

„Die Wahrnehmung ermöglicht uns die Orientierung, das Denken hilft uns bei der Handlungsplanung, das Lernen ermöglicht den Erwerb notwendiger Fertigkeiten, die Gefühle erlauben uns eine Bewertung, die Motivation steuert die Handlungen, mithilfe der Handlungen selbst können wir unsere Bedürfnisse befriedigen und die uns angemessene Umwelt schaffen, und die Sprache brauchen wir, um uns mithilfe von Symbolen untereinander zu verständigen."
(Ulich/Bösel, 2005[4], S. 205)

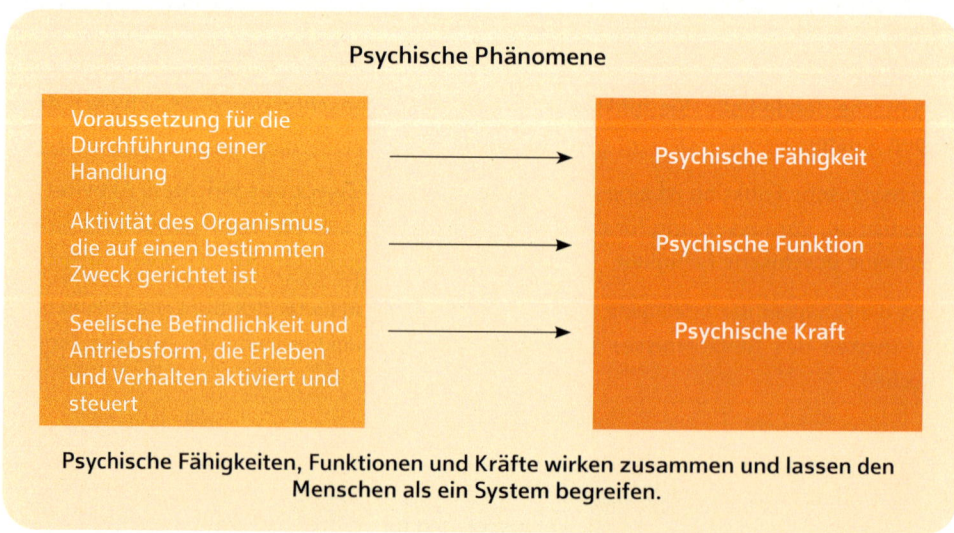

Psychische Phänomene

Voraussetzung für die Durchführung einer Handlung	Psychische Fähigkeit
Aktivität des Organismus, die auf einen bestimmten Zweck gerichtet ist	Psychische Funktion
Seelische Befindlichkeit und Antriebsform, die Erleben und Verhalten aktiviert und steuert	Psychische Kraft

Psychische Fähigkeiten, Funktionen und Kräfte wirken zusammen und lassen den Menschen als ein System begreifen.

---

[1] Der Begriff „System" ist in Abschnitt 1.4.6 geklärt.

1.3 Ziele der wissenschaftlichen Psychologie

Die Psychologie verfolgt, um ihren Gegenstand genau erfassen und bestimmen zu können, verschiedene Ziele: die **Beschreibung** ihres Forschungsgegenstandes, die **Erklärung** und das **Verstehen** von Zusammenhängen, die **Vorhersage** (Prognose) sowie die **Veränderung** des Erlebens und Verhaltens.

1.3.1 Die Beschreibung

Voraussetzung für alle weiteren Ziele ist eine möglichst umfassende Beschreibung des Gegenstandsbereiches der Psychologie.

> **Beschreibung** besteht in der Wahrnehmung, Messung und Erfassung von bestimmten Ereignissen und Sachverhalten.

Damit ist sie an die Beobachtung[1] gebunden, indem sie Beobachtetes bzw. Gemessenes möglichst genau festhält. Einer wissenschaftlichen Beschreibung geht also eine Beobachtung mithilfe der Sinne oder eine Messung mithilfe von Instrumenten wie bspw. Mikroskop, Test, Thermometer u. Ä. voraus.

Beschreibung darf im streng wissenschaftlichen Sinn nicht über das Beobachtete hinausgehen; der Forscher muss genau unterscheiden zwischen dem, was er tatsächlich wahrnimmt, und dem, was er daraus interpretiert und schließt.

Wenn Paul „beobachtet", dass Nina Angst hat, so sieht er nicht die Angst als solche, diese kann er nur bei sich selbst wahrnehmen. Er beobachtet ganz bestimmte Verhaltensweisen wie Zittern, Erröten, Wippen mit den Beinen, schnelles Atmen und dergleichen, aus denen er schließt, dass Nina Angst hat.

Es ist deshalb zu unterscheiden zwischen **deskriptiven**[2] **Aussagen** – Aussagen darüber, was der Forscher tatsächlich wahrnimmt – und **interpretativen**[2] **Aussagen** – was er aus dem Wahrgenommenen schließt (vgl. *Gudjons, 2012[11], S. 62 f.*).

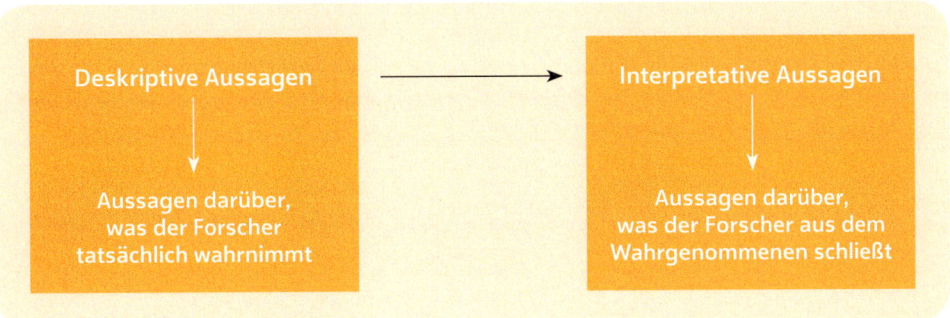

1.3.2 Die Erklärung

Die Psychologie bleibt bei der Beschreibung nicht stehen, sie versucht, *Beziehungen und Zusammenhänge zwischen einzelnen beschriebenen Merkmalen herauszufinden* und Ursache-Wirkungs-Zusammenhänge nachzuweisen.

---

[1] Die Beobachtung als wissenschaftliche Methode ist in Kapitel 2.2.2 dargestellt.
[2] descriptio (lat.): die Beschreibung, die Darstellung, Schilderung; interpretare (lat.): auslegen, deuten

Psychologen beschränken sich nicht auf die Beschreibung, wann, unter welchen Umständen und in welchen Situationen Angst auftritt. Sie versuchen zudem herauszufinden, wodurch in bestimmten Situationen und Lebensbereichen Angst verursacht wird, ob es einen Zusammenhang gibt zwischen dem Schlagen des Kindes in der Erziehung und dem Auftreten von Ängstlichkeit beim Kind.

Das Herstellen von Beziehungen zwischen Ursache und Wirkung wird als **Erklären** bezeichnet.

 Wenn Kinder geschlagen werden, dann zeigen sie Ängstlichkeit. Das Schlagen ist die Ursache für das Angst-Haben, das wiederum die Wirkung darstellt.
Menschen verhalten sich immer dann aggressiv, wenn sie von anderen Menschen frustriert werden: Wenn Menschen frustriert werden (= Ursache), dann verhalten sie sich aggressiv (= Wirkung).

 Der Begriff „Erklärung" wird in der Wissenschaft nicht wie im Alltagssprachgebrauch – etwa im Sinne von Offenlegen (Zollerklärung, Liebeserklärung) oder im Sinne von Klarlegen (Texterklärung, die Erklärung der Funktionsweise eines bestimmten Gerätes) – verwendet (vgl. Küttner/ Lenk, 2000, S. 68).

Erklären heißt, Beziehungen zwischen beschriebenen Merkmalen, die Ursache-Wirkungs-Zusammenhänge sind, herzustellen.

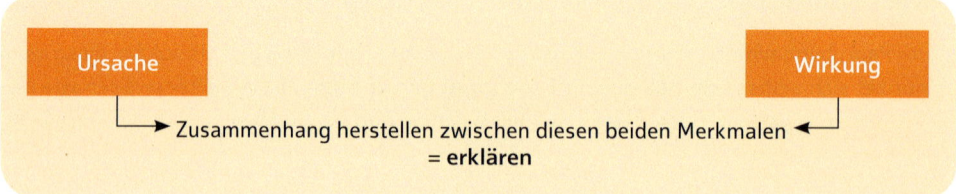

 Oft wird in der wissenschaftlichen Literatur das zu erklärende Ereignis Explanandum (= Wirkung), das, was zur Erklärung herangezogen wird, Explanans (= Ursache), genannt[1].

Wurde eine Beziehung zwischen beschriebenen Merkmalen durch entsprechende Untersuchungen gefunden und bestätigt, so handelt es sich im Sinne der Naturgesetze um ein **Gesetz**. Ein Gesetz in diesem Zusammenhang bezeichnet also *eine durch wissenschaftliche Untersuchungen festgestellte Beziehung zwischen beschriebenen Merkmalen.*

 Bei der Aussage „Wenn ich Gegenstände, die schwerer sind als Luft, loslasse, dann fallen sie nach unten" handelt es sich um ein Gesetz, das immer zutrifft. Es hat sich durch entsprechende Untersuchungen immer wieder bestätigt.

 Der Begriff „Gesetz" wird in den Wissenschaften in unterschiedlicher Bedeutung verwendet, so in der Mathematik, in der Logik oder im Recht, in welchem ein Gesetz eine verbindliche Vorschrift bzw. Norm darstellt, nach der man handeln muss bzw. handelt.

---

[1] explanare (lat.): auslegen, deuten, erklären

Wissenschaften jedoch, die sich mit dem Menschen befassen, ist es nicht möglich, Gesetze im Sinne von Naturgesetzen zu formulieren, Gesetze, die immer – ohne jegliche Ausnahme – in der Wirklichkeit zutreffen. Es kann sich nur um *Wahrscheinlichkeitsaussagen* handeln: Die durch wissenschaftliche Untersuchungen festgestellte Beziehung zwischen zwei Merkmalen besitzt zwar einen relativ hohen Allgemeinheitsgrad, im Einzelfall ist jedoch eine Abweichung möglich. Man spricht deshalb nicht von einem Gesetz, sondern von einer **Gesetzmäßigkeit**. *In der Psychologie kann es sich grundsätzlich nur um Gesetzmäßigkeiten handeln*.

> **Ausnahme**
> Ein Mensch fällt jäh in eine Grube,
> Die ihm gegraben so ein Bube.
> Wie?, denkt der Mensch, das kann nicht sein:
> Wer Gruben gräbt, fällt selbst hinein! –
> Das mag vielleicht als Regel gelten:
> Ausnahmen aber sind nicht selten.
> *(Eugen Roth, 2015[7], S. 176)*

Wenn sich nun in Untersuchungen herausgestellt hat, dass Kinder, die geschlagen werden, Ängstlichkeit zeigen, so kann es sich nur um eine Gesetzmäßigkeit handeln und man müsste als Aussage formulieren: „Wenn Kinder geschlagen werden, so zeigen sie (sehr) wahrscheinlich Ängstlichkeit."

Gesetzmäßigkeit ist die Bezeichnung für eine Wahrscheinlichkeitsaussage über die durch wissenschaftliche Untersuchungen festgestellte Beziehung zwischen beschriebenen Merkmalen.

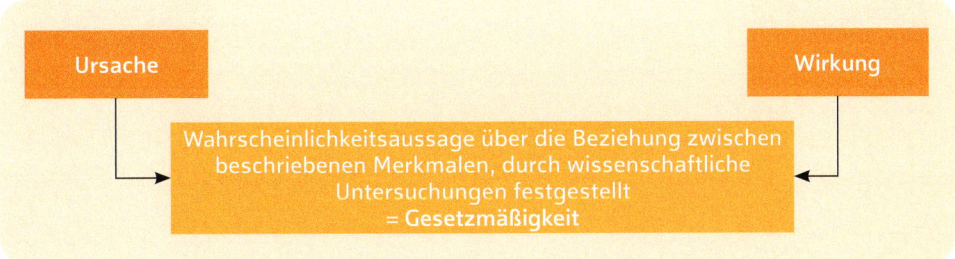

Es ist nun Aufgabe von Wissenschaftlern, Gesetze bzw. Gesetzmäßigkeiten der Wirklichkeit herauszufinden. Auch in der Psychologie geht es um das Auffinden von solchen.

Wissenschaftler müssen sehr vorsichtig sein, um sagen zu können, ob es sich bei einer festgestellten Beziehung zwischen zwei Merkmalen tatsächlich um einen Ursache-Wirkungs-Zusammenhang handelt. Nur bei einem tatsächlichen Ursache-Wirkungs-Zusammenhang liegt eine Gesetzmäßigkeit vor.

Wissenschaftler geben sich jedoch mit dem Herausfinden von Beziehungen zwischen beschriebenen Merkmalen, also dem Entdecken von Gesetzmäßigkeiten, nicht zufrieden; sie wollen klarlegen, **warum bestimmte Merkmale** (= Ursachen) **sehr wahrscheinlich zu bestimmten Folgen** (= Wirkungen) **führen**.

Warum zeigen Kinder wahrscheinlich Ängstlichkeit, wenn sie geschlagen werden? Warum verhalten sich Menschen wahrscheinlich immer dann aggressiv, wenn sie frustriert werden?

Damit wird die Gesetzmäßigkeit selbst wieder zum erklärungsbedürftigen Gegenstand. Der Wissenschaftler sucht eine Antwort auf das **Warum einer wissenschaftlich festgestellten Gesetzmäßigkeit** *(vgl. Laucken u. a., 1996[7], S. 21)*. Diese Art von Warum-Fragen kann nicht in der Realität beobachtet und untersucht werden. Aufgrund des Wissens über Zusammenhänge zwischen Merkmalen stellen Wissenschaftler **Annahmen über nicht beobachtbare Prozesse im Menschen** auf. Ein Gefüge solcher sinnvoll aufeinander bezogener Annahmen wird als **Theorie** bezeichnet.

> **Theorie ist die Bezeichnung für ein Gefüge sinnvoll aufeinander bezogener Annahmen über nicht beobachtbare Prozesse im Menschen.**

Theorie aus der *Sichtweise des Erklärens* bezeichnet also **das Gefüge von sinnvoll aufeinander bezogenen Annahmen über nicht beobachtbare Prozesse im Menschen, um das Warum einer Gesetzmäßigkeit darzulegen.**

> **Erklären im engeren Sinn bedeutet zum einen das Auffinden von Ursache-Wirkungs-Zusammenhängen, also das Entdecken von Gesetzmäßigkeiten, und zum anderen das Darlegen des Warums einer Gesetzmäßigkeit mithilfe einer Theorie.**

Gelegentlich wird in der Literatur das Auffinden von Gesetzmäßigkeiten als Erklärung 1. Ordnung und das Darlegen des Warums einer Gesetzmäßigkeit mithilfe einer Theorie als Erklärung 2. Ordnung bezeichnet.

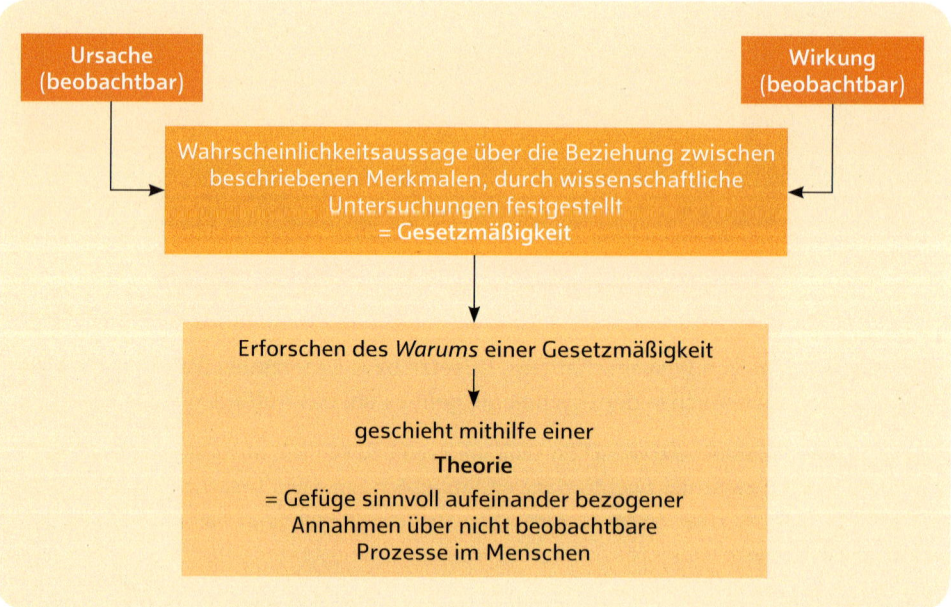

Da es sich bei einer Theorie um gedanklich konstruierte Annahmen über nicht beobachtbare Prozesse handelt, gibt es in der Psychologie nicht die eine wahre Theorie, sondern eine *Vielzahl von Theorien*, mit deren Hilfe Zusammenhänge hergestellt werden können.

Über das Herstellen von Zusammenhängen hinaus haben Theorien den Nutzen, dass mit ihrer Hilfe *Vorhersagen* über die Beziehung zwischen beschriebenen Merkmalen gemacht und Handlungsanweisungen gegeben werden können, wie man Erleben und Verhalten bewusst und gezielt **ändern** kann.

„Die Theorie ist das Netz, das wir auswerfen, um ‚die Welt‘ einzufangen – sie zu rationalisieren, zu erklären und zu beherrschen. Wir arbeiten daran, die Maschen des Netzes immer enger zu machen."
(Popper, 2005[11], S. 31)

1.3.3 Das Verstehen

Verhalten und Erleben sind, wie in *Abschnitt 1.1.4* ausgeführt, zum einen bedingt durch bestimmte Ursachen; zum anderen können sie aber auch von den Zielvorstellungen bzw. Absichten des handelnden Menschen beeinflusst sein. Weil Menschen handeln, kann man ihr Verhalten nicht immer mithilfe von Ursache-Wirkungs-Zusammenhängen erklären, sondern nur von den Zielvorstellungen und Absichten des handelnden Menschen her *verstehen*. Erleben und Verhalten können also durch das Herausfinden des Zieles, durch die Ermittlung von Sinnzusammenhängen nicht erklärt, sondern verstanden werden.

Die Verhaltensweisen eines Kindes, das hastig im Zimmer umherrennt, auf Tisch und Stühle klettert und zu weinen beginnt, bleiben so lange unverständlich, bis man das Ziel des Kindes erkennt. Findet man das Ziel heraus, nämlich dass das Kind seine Puppe sucht, so kann man das Verhalten des Kindes verstehen. Der Sinn seines Verhaltens wird klar, wenn man sein Ziel kennt.

„Ein Mensch [...] reagiert nicht einfach auf äußere Einflüsse, sondern er verfolgt Ziele, hat [...] Erwartungen, Befürchtungen. Um also menschliches Tun zu erfassen, sind damit naturwissenschaftliche Verfahren nicht ausreichend, sondern menschliches Tun ist [...] zu verstehen."
(König, 1997[5], S. 325)

Verstehen heißt, das Ziel, den Zweck menschlichen Verhaltens und Erlebens und dessen Sinnzusammenhang zu erfassen.

Der Begriff „Verstehen" ist in diesem Zusammenhang nicht zu verwechseln mit dem Verstehen als Grundhaltung des Erziehers oder Therapeuten, in welcher sich Verstehen als das Einfühlen in die innere Welt eines anderen, die vorstellungsmäßige Vergegenwärtigung der subjektiven Welt eines anderen Individuums äußert[1].

Auch über das Erfassen von Sinn- und Bedeutungszusammenhängen haben Wissenschaftler **Annahmen über nicht beobachtbare Prozesse im Menschen**, also **Theorien**, aufgestellt. Sie haben im Gegensatz zum Erklären die Aufgabe, den Sinn- und Bedeutungszusammenhang einer Gegebenheit verstehen zu können.

---

[1] vgl. Kapitel 9.4.2

Eine solche Theorie, die zielgerichtetes Verhalten eines Menschen „ausdeutet", ist die personenzentrierte Theorie von *Carl R. Rogers*, die in *Kapitel 9.3* dargestellt ist.

Theorie aus der *Sichtweise des Verstehens* ist also die Bezeichnung für **das Gefüge von sinnvoll aufeinander bezogenen Annahmen über nicht beobachtbare Prozesse im Menschen, um den Sinn- und Bedeutungszusammenhang einer Gegebenheit darzulegen.**

Mithilfe des Verstehens können **Anweisungen** für das praktische Handeln gegeben werden. Verstehen bezieht sich jedoch nicht nur auf das menschliche Handeln in einer gegebenen Situation, sondern auf ganze Epochen in Vergangenheit und Gegenwart mitsamt den dort gültigen Ziel-, Wert- und Normvorstellungen.

Um dem Menschen in seiner Ganzheit gerecht zu werden, versucht die Psychologie einerseits, Ursache-Wirkungs-Zusammenhänge mithilfe von Gesetzmäßigkeiten und Theorien zu erklären, und andererseits zielgerichtetes Verhalten bzw. Handeln durch das Herausfinden von Sinnzusammenhängen zu verstehen.

> „Die Natur erklären wir, das Seelenleben verstehen wir."
> (Dilthey[1], 1964[4], S. 144)

1.3.4 Die Vorhersage und die Veränderung

Gesetzmäßigkeiten und Theorien ermöglichen eine wissenschaftlich fundierte **Vorhersage** von Erlebens- und Verhaltensweisen, meist **Prognose** genannt.

 Hat sich die Aussage „Wenn Kinder geschlagen werden, dann zeigen sie (sehr) wahrscheinlich Ängstlichkeit" durch entsprechende Untersuchungen bestätigt, so erlaubt diese Aussage die Vorhersage, dass Kinder, die geschlagen werden, sehr wahrscheinlich ängstliche Kinder sein

---

[1] Wilhelm Dilthey (1833–1911) gilt als der Begründer der Erkenntnistheorie der Geisteswissenschaften und ist einer der wichtigsten Vertreter der hermeneutischen Wissenschaften (vgl. Kapitel 2.3.1).

werden. Auch die Aussage „Menschen verhalten sich wahrscheinlich immer dann aggressiv, wenn sie von anderen Menschen frustriert werden", lässt die Prognose zu, dass Menschen aggressiv werden, wenn man sie frustriert.

> **Vorhersagen (Prognosen) sind Aussagen über die zukünftige Auftretenswahrscheinlichkeit von Erlebens- und Verhaltensweisen.**

Solche Vorhersagen haben für die Praxis einen großen Nutzen: Mithilfe von wissenschaftlich fundierten Aussagen kann man Vorhersagen treffen, wie ein Verhalten bewusst und gezielt geändert werden kann und welche Voraussetzungen und Bedingungen erfüllt sein müssen, um ein erwünschtes Verhalten aufzubauen bzw. zu erhalten oder ein unerwünschtes Verhalten zu vermeiden bzw. abzubauen.

Ebenso lassen sich aus den Theorien **Handlungsanweisungen** zur Veränderung des Erlebens und Verhaltens ableiten. Die Psychologie ist damit imstande, Erleben und Verhalten *bewusst, gezielt und geplant zu kontrollieren und zu beeinflussen, aber auch zu manipulieren.*

> **Veränderung als Ziel der Psychologie bedeutet Erleben und Verhalten bewusst, gezielt und geplant zu kontrollieren und zu beeinflussen, aber auch zu manipulieren.**

Die Möglichkeit, Erleben und Verhalten bewusst und gezielt zu kontrollieren, zu beeinflussen und zu manipulieren, wirft auch große **Gefahren** auf: Erkenntnisse der Psychologie können missbraucht werden und werden auch alltäglich missbraucht. *„Gehirnwäsche",* *„Psychoterror"* oder *„psychologische Kriegsführung"* sind einige Begriffe, die in erschreckender Weise Kontroll- und Manipulationsmöglichkeiten des Menschen zum Negativen hin aufzeigen. Oft wird psychologisches Wissen nicht zum Nutzen von Menschen eingesetzt. Menschen sind lediglich Mittel, die für einen bestimmten Zweck – politische, wirtschaftliche oder persönlichen Interessen – benutzt werden.

Die Werbepsychologie ist hierfür ein Beispiel: Hier ist der Mensch „Mittel zum Zweck", um seine Kaufentscheidung zugunsten des umworbenen Produkts zu treffen. Dieser Beeinflussung kann er sich oft nur wenig, zum Teil auch gar nicht erwehren.

Missbrauch wissenschaftlichen Wissens liegt vor, wenn das Wissen nicht zur Verbesserung des menschlichen Lebens, sondern gegen es eingesetzt wird (vgl. *Lenzen, 2014, S. 67*).

Kaum jemanden ist bewusst, dass psychologische Kenntnisse auch zur Entwicklung und Verfeinerung von Foltertechniken beitragen wie etwa an den „innovativen Verhörmethoden" wie sie in den Gefangenenlagern in Guantanamo oder Abu Ghraib zum Einsatz kamen und kommen (vgl. *Mausfeld, 2009, S. 53 f.*).

Der Psychologe *James E. Mitchell* (*1952) entwickelte mit seinem Kollegen *Bruce Jessen* die zwölf „verschärften Verhörmethoden", die in Geheimgefängnissen weltweit angewendet wurden.

Ziele der Psychologie, aufgezeigt am Beispiel der Angst	
Beschreibung	Was ist Angst? Wie äußert sie sich? In welchen Situationen tritt sie (vermehrt) auf? Durch welche Bedingungen bzw. Situationen wird sie ausgelöst? Welche Bedingungen sorgen für ihre Aufrechterhaltung? Welche Funktion(en) hat sie? Welche Menschen zeigen besonders häufig Angst, welche weniger? Welche Persönlichkeitsmerkmale begünstigen bzw. schränken die Entstehung von Angst ein? Welche Unterschiede bezüglich der Angst gibt es zwischen Menschen?
Erklärung	Wodurch wird Angst verursacht? Welche Ursache-Wirkungs-Beziehungen lassen sich herstellen? Welche Gesetzmäßigkeiten bezüglich der Angst gibt es? Wie kann die Gesetzmäßigkeit erklärt werden?
Verstehen	Welchem Zweck dient die Angst? Welchen Sinn erfüllt sie? Was beabsichtigt der Einzelne mit dem Zeigen von Angst? Was will er mit ihr erreichen?
Vorhersage	Was lässt sich bezüglich der Angst vorhersagen? Was lässt sich bezüglich des Abbaus von Ängsten vorhersagen?
Veränderung (Anwendung)	Wie kann die Entwicklung von Ängsten vermieden werden? Wie können mögliche Ängste abgebaut werden?

→ **Materialien 1:**
Wir kaufen, was wir (nicht) sehen

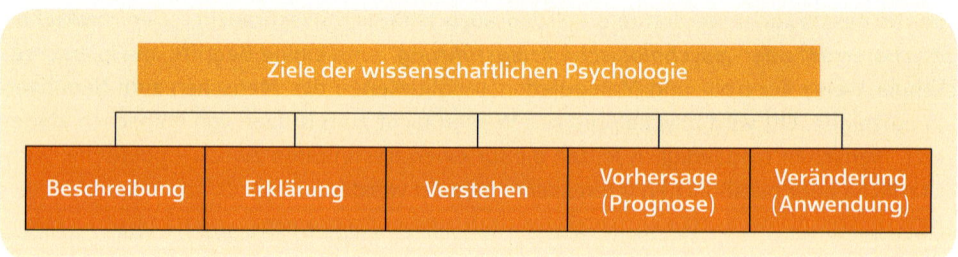

1.3.5   Anwendungsgebiete der Psychologie

Die wissenschaftliche Psychologie hat zu Erkenntnissen geführt, die in vielen Bereichen des Lebens zur Anwendung gelangen. Ob in der Familie, in der Erziehung, in der Schule, im Betrieb, im Verkehr oder beim Einkauf, überall wird unser Verhalten und Erleben durch psychologische Erkenntnisse beeinflusst. Die Bereiche, in denen psychologisches Wissen angewendet wird, sind heute so vielfältig, dass an dieser Stelle nur die wichtigsten und bekanntesten dargestellt werden können.

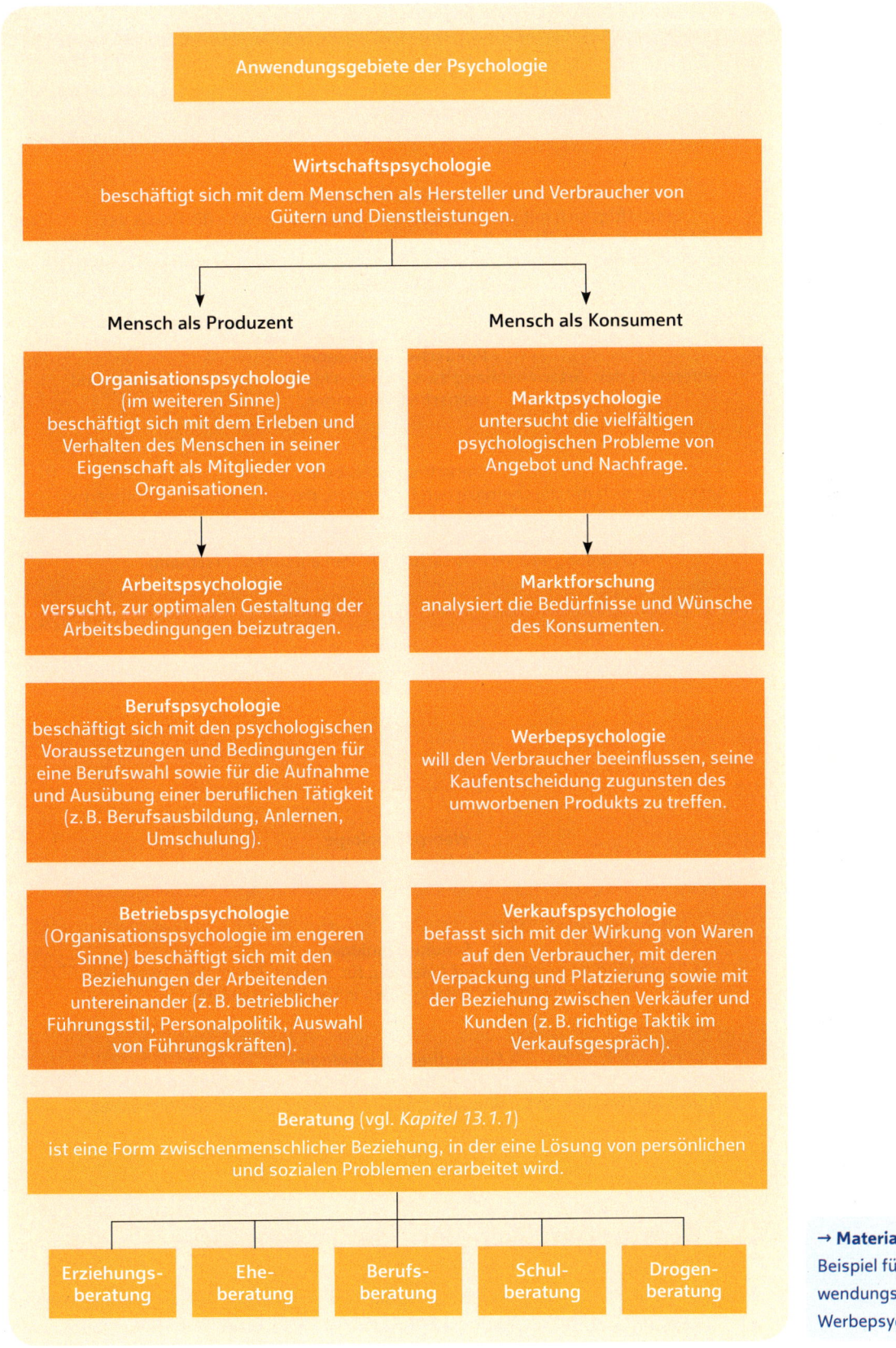

Anwendungsgebiete der Psychologie

Wirtschaftspsychologie
beschäftigt sich mit dem Menschen als Hersteller und Verbraucher von Gütern und Dienstleistungen.

Mensch als Produzent

Mensch als Konsument

Organisationspsychologie
(im weiteren Sinne)
beschäftigt sich mit dem Erleben und Verhalten des Menschen in seiner Eigenschaft als Mitglieder von Organisationen.

Marktpsychologie
untersucht die vielfältigen psychologischen Probleme von Angebot und Nachfrage.

Arbeitspsychologie
versucht, zur optimalen Gestaltung der Arbeitsbedingungen beizutragen.

Marktforschung
analysiert die Bedürfnisse und Wünsche des Konsumenten.

Berufspsychologie
beschäftigt sich mit den psychologischen Voraussetzungen und Bedingungen für eine Berufswahl sowie für die Aufnahme und Ausübung einer beruflichen Tätigkeit (z. B. Berufsausbildung, Anlernen, Umschulung).

Werbepsychologie
will den Verbraucher beeinflussen, seine Kaufentscheidung zugunsten des umworbenen Produkts zu treffen.

Betriebspsychologie
(Organisationspsychologie im engeren Sinne) beschäftigt sich mit den Beziehungen der Arbeitenden untereinander (z. B. betrieblicher Führungsstil, Personalpolitik, Auswahl von Führungskräften).

Verkaufspsychologie
befasst sich mit der Wirkung von Waren auf den Verbraucher, mit deren Verpackung und Platzierung sowie mit der Beziehung zwischen Verkäufer und Kunden (z. B. richtige Taktik im Verkaufsgespräch).

Beratung (vgl. *Kapitel 13.1.1*)
ist eine Form zwischenmenschlicher Beziehung, in der eine Lösung von persönlichen und sozialen Problemen erarbeitet wird.

Erziehungs-beratung

Ehe-beratung

Berufs-beratung

Schul-beratung

Drogen-beratung

→ **Materialien 2:**
Beispiel für ein Anwendungsgebiet: Die Werbepsychologie

Klinische Psychologie (vgl. *Kapitel 12*)
beschäftigt sich mit der Beschreibung, Klassifizierung und Erklärung sowie mit der Diagnostik, Prävention und Behandlung von psychischen Störungen, psychischen Aspekten körperlicher Erkrankungen und psychischen Krisen.

Forensische Psychologie
beschäftigt sich mit psychologischen Problemen, welche die Praxis der Rechtsprechung betreffen (z. B. Beurteilung der Glaubwürdigkeit von Aussagen der Beschuldigten und Zeugen, Verantwortungs- , Schuld- und Zurechnungsfähigkeit des Beschuldigten).

Politische Psychologie
untersucht den Zusammenhang zwischen psychischen, gesellschaftlichen und politischen Vorgängen.

Verkehrspsychologie
beschäftigt sich mit psychologischen Problemen, die sich aus dem motorisierten Straßenverkehr, dem Eisenbahnverkehr und dem Luftverkehr ergeben (z. B. Verkehrserziehung, Fahrzeugkonstruktion, Straßenverlauf, Gestaltung und Aufstellung von Verkehrsschildern, Verkehrsunfallforschung).

Pharmakopsychologie
befasst sich mit den Wirkungen von in den Organismus eingebrachten chemischen Substanzen auf das Erleben und Verhalten eines Menschen.

Kriminalpsychologie
beschäftigt sich mit der Ursache, Vorbeugung und Bekämpfung der Kriminalität.

Wehrpsychologie
(Militärpsychologie)
befasst sich mit psychischen Voraussetzungen für Wehrdienst und Kriegsführung.

Schulpsychologie
will fachkundige Beratung und Anleitung für Schüler, Eltern und Lehrer bei auftretenden Schwierigkeiten in der Schule geben.

Gesundheitspsychologie
befasst sich mit der Erhaltung und Förderung der Gesundheit sowie mit der Analyse und Beeinflussung gesundheitsbezogener Verhaltensweisen des Menschen.

1.4 Richtungen (Schulen) der Psychologie

Die Psychologie stellt sich nicht als eine einheitliche Wissenschaft dar, sie umfasst mehrere, zum Teil gegensätzliche Forschungsrichtungen. Diese Richtungen bzw. Schulen haben ihren Ursprung in der abendländischen Philosophie, aus der sich erst im 19. Jahrhundert die Psychologie als eigenständige Wissenschaft entwickelt hat.

Von der vorletzten Jahrhundertwende bis heute haben sich sehr viele verschiedene Auffassungen in der Psychologie entwickelt. Zunächst waren es drei große Grundrichtungen, die **Tiefenpsychologie**, der **Behaviorismus** und die **Ganzheits- und Gestaltpsychologie**. Als weitere Richtungen, die sich vor allem als Gegenbewegungen zu einer oder mehreren dieser Grundrichtungen verstehen, kamen im Laufe der Zeit die **kognitive Psychologie**, die **humanistische Psychologie** und der **systemisch-konstruktivistische Ansatz** hinzu.

Richtungen in der Psychologie unterscheiden sich nicht anhand ihres Gegenstandes – das Erleben und Verhalten –, sondern anhand ihrer unterschiedlichen Sichtweisen. Bei all diesen Richtungen handelt es sich also um unterschiedliche Ansätze, die keine umfassende Sicht des Menschen darstellen, sondern die jeweils einen bestimmte Aspekt des Gegenstandes der Psychologie und einen unterschiedlichen methodischen Zugang zu diesem hervorheben.

1.4.1 Die Tiefenpsychologie

Die Tiefenpsychologie entstand im deutschsprachigen Raum, ihre Wiege ist Wien. Sie geht auf den Wiener Neurologen und Psychiater *Sigmund Freud* zurück und hebt die Bedeutung des **Unbewussten** hervor: Nur ein geringer Teil der seelischen Vorgänge, die im Menschen ablaufen, ist bewusst; die meisten Vorgänge spielen sich unter der Oberfläche des Bewusstseins, im Unbewussten ab; sie sind *bewusstseinsunfähig*.

> Als unbewusst bezeichnet die Tiefenpsychologie alle seelischen Vorgänge, die nicht bzw. nicht mehr in das Bewusstsein dringen, also bewusstseinsunfähig sind, das Erleben und Verhalten eines Menschen aber maßgeblich beeinflussen.

Sigmund Freud wurde am 6. Mai 1856 in Freiberg (Nordmähren – östlich bzw. nordöstlich von Prag) geboren und studierte in Wien Medizin, wo er 1881 den medizinischen Doktorgrad erwarb. Nach seinem Studium widmete er sich **zunächst der neurologischen Forschung, später interessierte** ihn als praktizierender Nervenarzt die Analyse psychisch bedingter Erkrankungen, vor allem befasste er sich mit Hysterie[1]. Zu diesem Zweck ging er 1885 als Privatdozent nach Frankreich und arbeitete mit dem Pariser Neurologen Jean-Martin Charcot zusammen, der Hysterien mithilfe von Hypnose[2] heilte. Doch Freud schätzte die Hypnose wenig und entwickelte wieder in Wien

Sigmund Freud

---

[1] Hysterie (griech. hystéra: Gebärmutter) ist eine Störung, bei der neben psychischen Auffälligkeiten, wie etwa Wahnvorstellungen oder Wein- und Schreikrämpfen, körperliche Störungen (z. B. Zitteranfälle, heftige Magenschmerzen, Bewegungsstörungen, Lähmungen, Krämpfe) ohne nachweisbare organische Ursachen auftreten.

[2] Hypnose (griech.: Schlaf) ist eine durch Beeinflussung (Suggestion) herbeigeführte Bewusstseinsänderung, wobei alle bewussten Funktionen eingeengt sind und Reize der Außenwelt nur über den Kontakt mit demjenigen aufgenommen werden können, der die Hypnose durchführt (Hypnotiseur).

mit dem Arzt Josef Breuer ein eigenes Verfahren zur Heilung von psychischen Störungen. Er begründete auch eine eigene Theorie, die Psychoanalyse, die das menschliche Erleben und Verhalten erschöpfend beschreiben und erklären kann. 1930 erhielt er zwar den Goethepreis, wurde aber nie auf einen Lehrstuhl berufen. 1938 emigrierte er nach London – Freud war Jude – und starb dort ein Jahr später.

> **Grundlegende Annahme der Tiefenpsychologie:**
>
> Bestimmte seelische Vorgänge und innere Kräfte – z. B. verbotene oder nicht zugelassene Wünsche, unangenehme Erlebnisse oder Probleme – bleiben dem Bewusstsein verborgen, also „unbewusst", wirken sich jedoch auf das individuelle Verhalten und die Entwicklung der Persönlichkeit nach ganz bestimmten Gesetzmäßigkeiten aus.

Als tiefenpsychologische Richtungen sind heute vor allem bekannt:

- die **Psychoanalyse** (Begründer: *Sigmund Freud*) und ihre Weiterentwicklungen wie die **Ich-Psychologie** von *Heinz Hartmann* (1894–1970), die **Objektbeziehungstheorie** von *Melanie Klein* (1882–1960) und die **Selbstpsychologie** von *Heinz Kohut* (1913–1981),

- die **Individualpsychologie** (Begründer: *Alfred Adler, 1870–1937*),

- die **analytische bzw. komplexe Psychologie** (Begründer: *Carl Gustav Jung, 1875–1961*) und

- die **Neopsychoanalyse** (Vertreter: *Karen Horney, Erich Fromm, Harald Schultz-Hencke, Harry Stack Sullivan*).

Oft wird die Tiefenpsychologie mit der Psychoanalyse gleichgesetzt. Doch dies ist nicht richtig. Innerhalb der Tiefenpsychologie entstanden verschiedene Richtungen, größtenteils aus dem Streit mit dem Begründer der Tiefenpsychologie heraus. Tiefenpsychologie ist also der Oberbegriff für alle psychologischen Schulen, die die Bedeutung des Unbewussten hervorheben.

Die Tiefenpsychologie hat die Psychologie insgesamt und hier vor allem im Hinblick auf die Entwicklung der Persönlichkeit sehr stark beeinflusst. Es ist ihr Verdienst, dass heute unbewusste Prozesse für das Verständnis der Entstehung von psychischen Fehlentwicklungen herangezogen und ausgewertet werden. Sie hat zudem einen großen Einfluss auf die Pädagogik und insbesondere auf die Therapie ausgeübt.

1.4.2 Der Behaviorismus

Der aus Amerika stammende Behaviorismus[1], die „Lehre vom Verhalten", wurde im Jahre 1913 von *John Broadus Watson* begründet, geht aber eigentlich auf den russischen Physiologen *Iwan P. Pawlow* (1849–1936) zurück, der 1904 erste Untersuchungen an Hunden über den bedingten Reflex veröffentlicht hat. Bekannt wurde er im deutschsprachigen Raum zunächst unter den Schlagwörtern *„Instruktionspsychologie"* und *„Lernzielorientierte Didaktik"*.

---

[1] behavior (engl.): das Verhalten

John Broadus Watson wurde am 9. Januar 1878 in Greenville (California) geboren und war von 1908 bis 1920 Professor für Psychologie in Baltimore. 1921 ging er in die Industrie und arbeitete dort bis 1945 als Werbefachmann. In seiner Schrift „Psychologie, wie sie der Behaviorist sieht", stellte er die Psychologie als Wissenschaft dar, die nach dem Vorbild der Physiologie nur als reine Naturwissenschaft zu betreiben sei und sich nur auf messbares Verhalten beschränken dürfe. ‚Innerseelisches' wie das Erleben oder innere Prozesse müssen dabei ausgeklammert werden. Diese Idee stellte einen Wendepunkt der Psychologie in den USA dar und hatte vor allem auf die Lernpsychologie mit ihren verschiedenen Theorien des Lernens großen Einfluss. In Bezug auf die Erziehbarkeit des Menschen vertrat Watson die Auffassung von der Allmacht der Erziehung: Erziehung vermag so gut wie alles, Erbanlagen spielen für die Entwicklung eines Menschen kaum eine Rolle. Er starb am 25. September 1958 in New York.

John Broadus Watson

Im Behaviorismus ist ausschließlich das **beobachtbare Verhalten Gegenstand der Forschung**. Nur was der Forscher beobachten oder messen und in Daten erfassen kann, wird als wissenschaftlich anerkannt. Alle Aussagen über „innere Vorgänge" wie Gefühle, Motive oder Gedanken sind nicht unmittelbar beobachtbar und daher vom behavioristischen Forschungsinteresse ausgeschlossen. Zudem erscheint der Mensch nach behavioristischer Auffassung als ein Wesen, das nahezu ausschließlich von Umweltreizen beherrscht wird. Dementsprechend findet eine einseitige Betonung der Bedeutung von Umweltfaktoren für die Entwicklung statt.

„Der Behaviorist fragt: Warum machen wir nicht das, was wir beobachten können, zum eigentlichen Gebiet der Psychologie? Wir wollen uns auf Dinge beschränken, die beobachtbar sind, und Gesetze formulieren, die sich nur auf solche Dinge beziehen. [...] Wir können Verhalten beobachten – das, was der Organismus tut und sagt."
(Watson, 1997[4], S. 39)

Der Behaviorismus geht davon aus, dass **alles Verhalten erlernt ist und wieder verlernt** werden kann. Auf den Behaviorismus gehen das Wissen und die **Theorien über menschliches Lernen** sowie die **Verhaltenstherapie**[1] zurück. Er hat die Psychologie insgesamt und vor allem den Bereich des Lernens nachhaltig beeinflusst; auf ihn gehen die sog. *Konditionierungstheorien*[2] zurück – das sind alle Theorien, die bei Lernprozessen die Bedeutung von Reizen erklären, welche einem Verhalten vorangehen oder nachfolgen.

> **Grundlegende Annahme des Behaviorismus:**
>
> Alles Verhalten ist erlernt und kann wieder verlernt werden. Gegenstand der Forschung im „strengen" Behaviorismus ist ausschließlich das beobachtbare Verhalten.

Die ursprünglichen Schwächen der behavioristischen Schule, insbesondere das Vernachlässigen von kognitiven Vorgängen wie etwa das Erkennen, Begreifen, Urteilen und Denken haben Psychologen in der neueren Zeit veranlasst, nach Erklärungsmustern für menschliches Verhalten zu suchen, die diese Aspekte einbeziehen. Heute gibt es eine Reihe von Psychologen, die auch innere Prozesse zur Erklärung von Verhalten und Erleben heranziehen.

---

[1] siehe Kapitel 13.2.2
[2] Die bedeutendsten Konditionierungstheorien sind das klassische Konditionieren, bei dem einem bestimmten Verhalten Reize vorausgehen bzw. Reize miteinander verknüpft werden, sowie das Lernen am Erfolg und das operante Konditionieren, welche die Bedeutung der Konsequenzen eines Verhaltens für das Lernen hervorheben.

Die bedeutendsten Vertreter des Behaviorismus sind neben *John Broadus Watson Iwan P. Pawlow, Edward L. Thorndike* und *Burrhus F. Skinner*.

1.4.3 Die kognitive Psychologie

Als „Gegenbewegung" zum Behaviorismus entstand in den 60er-Jahren des letzten Jahrhunderts die kognitive Psychologie, die alle Theorien und Ansätze zusammenfasst, in denen **Kognitionen** der primäre Forschungsgegenstand der Psychologie sind („***kognitive Wende***"). Sie ist jedoch keine einheitliche und geschlossene Grundauffassung. Mit dem Begriff „Kognition"[1] werden *alle psychischen Vorgänge zusammengefasst, die der Aufnahme, Verarbeitung und Speicherung sowie des Abrufens und Weiterverwendens von Informationen dienen*[2].

 Hierzu zählen die Intelligenz, die Kreativität, das Gedächtnis, die Sprach- und Lernfähigkeit, die Wahrnehmung und das Erkennen, Denken, Vorstellen und Problemlösen, das Entscheiden und Urteilen sowie das Behalten, Erinnern und Vergessen.

> **Grundlegende Annahme der kognitiven Psychologie:**
>
> Kognitive Prozesse und Strukturen eines Menschen üben einen erheblichen Einfluss auf das Verhalten und Erleben aus und legen unter anderem fest, wie ein Individuum erlebt und sich verhält. Es kommt wesentlich darauf an, wie ein Mensch Umweltereignisse wahrnimmt und diese gedanklich verarbeitet, beurteilt sowie bewertet.

 Ein junger Mann, der davon überzeugt ist, dass Frauen ihn nicht mögen, weil er zu unattraktiv sei, und dass er bei ihnen keine Chancen habe, wird in einer Diskothek möglicherweise Frauen, die ihn nicht sehen und ignorieren, eher wahrnehmen als Frauen, die ihn beachten. Er wird das Ansprechen oder Zulächeln einiger Frauen als unbedeutend einstufen oder auch umdeuten – etwa als nicht ernst gemeint. Entsprechend wird er sich auch verhalten und die Situation erleben.

> *„Ein Individuum reagiert nicht so auf die Realität, wie sie in der objektiven gegenständlichen Welt ist, sondern wie sie sich in der subjektiven Realität der inneren Welt der Gedanken und Vorstellungen des Individuums darstellt."*
> *(Zimbardo/Gerrig, 2014[20], S. 13)*

Die kognitiven Vorgänge stellen die Grundlage dar, auf der eine bestimmte Umweltsituation gesehen und beurteilt wird. Sie beeinflussen sowohl das Verhalten als auch das Erleben eines Individuums wie bspw. den Gefühlszustand.

 So sind Meinungen über sich selbst wie „Das schaffe ich nie", „Ich tauge zu nichts" oder „Mich mag niemand" geeignet, einen negativen Gefühlszustand entstehen zu lassen.

Die kognitive Psychologie hat neben der Therapie insbesondere auf die Erforschung von Denk- und Lernvorgängen sowie des Gedächtnisses großen Einfluss ausgeübt[3].

Einer der bedeutendsten Vertreter der kognitiven Psychologie ist *Albert Bandura* (*1925) mit seiner sozial-kognitiven Theorie.

---

[1] cognitio (lat.): die Erkenntnis; Kognitionen: alle Vorgänge, durch die ein Organismus Kenntnis von seiner Umwelt erlangt.
[2] vgl. Kapitel 4.1.1
[3] vgl. hierzu Kapitel 4

1.4.4 Die Ganzheits- und die Gestaltpsychologie

Die Ganzheitspsychologie wurde von *Felix Krueger* begründet, und die Gestaltpsychologie konstituierte sich in den zwanziger Jahren des letzten Jahrhunderts unter *Max Wertheimer, Kurt Lewin, Wolfgang Köhler* und *Kurt Koffka.*

Felix Krueger

Felix Krueger (1874–1948) war deutscher Psychologe und Philosoph und Professor in Buenos Aires sowie in Leipzig; er wandte sich u. a. der Erforschung von Gefühlen zu.

Max Wertheimer (1880–1943) war zunächst Direktor des Instituts für Psychologie an der Frankfurter Universität, emigrierte dann in die USA und lehrte bis zu seinem Tod an der New School for Social Research in New York. Seine Wegbegleiter bei der Gründung der Gestalt- bzw. Ganzheitspsychologie waren Wolfgang Köhler und Kurt Koffka.

Max Wertheimer

Kurt Lewin

Kurt Lewin (1890–1947) war amerikanischer Psychologe deutscher Herkunft. 1933 emigrierte er in die USA und leitete dort das „Research Center for Group Dynamics" am Massachusetts Institute of Technology. Er gilt als der „Vater" der Sozialpsychologie und begründete die Feldtheorie, nach der das Erleben und Verhalten eines Menschen durch die Bedingungen seines Lebensraumes (= Feldes) bestimmt wird. Bekannt wurde er vor allem durch die Untersuchungen des autoritären, demokratischen und laissez-fairen Führungsstils.

Wolfgang Köhler (1887–1967) war zunächst Leiter an der Preußischen Akademie der Wissenschaften auf Teneriffa, später dann Direktor des Psychologischen Instituts der Friedrich-Wilhelm-Universität in Berlin. 1935 emigrierte er in die USA und lehrte dort an mehreren Universitäten.

Kurt Koffka (1886–1941) war Professor in Gießen, danach an verschiedenen deutschen Universitäten und zuletzt am Smith College in Massachusetts.

Die Ganzheits- und die Gestaltpsychologie sehen als Ganzheit jeden Sachverhalt, der zwar aus verschiedenen Elementen besteht, im Zusammenwirken dieser einzelnen Elemente als Gesamtes jedoch einen besonderen Bedeutungsgehalt erhält. Einzelne Reizelemente werden also nicht einfach addiert, sondern aus dem Ganzen entsteht etwas Neues, Sinnvolles.

Die Summe einzelner Töne macht noch keinen Sinn, erst diese als „Ganzes" lässt etwas entstehen, in diesem Fall eine Melodie. Eine Zeichnung mit einem Bleistift ist mehr als nur die Summe ihrer Striche, einzelne Buchstaben werden zu einem Wort oder einzelne Wörter zu einem Satz und viele Sätze zu einer Geschichte.

 Das Ganze ist mehr als die Summe seiner Teile.

Ganzheit bedeutet das Zusammenspiel aller einzelnen Reizelemente, welche in ihrem Gesamten einen besonderen Bedeutungsgehalt erhalten und so das Erleben und Verhalten ausmachen.

Grundlegende Annahme der Ganzheits- und Gestaltpsychologie:

Im Verhältnis vom Ganzen zu seinen Teilen ist das Ganze mehr als die Summe seiner Teile. Objekte werden als vollkommene und bedeutungsvolle Ganzheiten erfasst.

Der Sachverhalt, Objekte als vollkommene und bedeutungsvolle Ganzheiten zu erfassen, wird als Gestalt bezeichnet.

Gestalt bedeutet eine sinn- und bedeutungsvolle Einheit, ein sinn- und bedeutungsvolles Ganzes.

Dabei schließen sich die gegebenen Teilelemente stets so zusammen, dass möglichst geschlossene, vollständige und sinnvolle Gebilde entstehen.

 Ein Beispiel hierfür ist nebenstehende Bildvorlage: Einzelne Punkte „organisieren" wir zu einer sinnvollen Gestalt und sehen nicht Punkte, sondern ein „Ganzes", einen Hund.

Die Gestaltpsychologen zielen also auf die Tendenz ab, einzelne Informationselemente zu einem sinnvollen Ganzen zusammenzufügen (vgl. *Myers, 2014[3], S. 251*). Das gilt nicht nur für die Wahrnehmung, sondern auch für andere psychische Prozesse wie bspw. für Denkverläufe, Handlungen oder Gedächtnisinhalte. Prinzipien, nach denen Gestalten gebildet und organisiert werden, sind die **Gestaltgesetze**, die in *Kapitel 3.4.1 und 3.4.2* dargestellt sind.

1.4.5 Die humanistische Psychologie

Gegen die Psychoanalyse und den Behaviorismus wendet sich die in jüngerer Zeit entstandene humanistische Psychologie, die sehr von der Individualpsychologie *Alfred Adlers*[1] und der Ganzheits- bzw. Gestaltpsychologie[2] beeinflusst ist.

Die humanistische Psychologie ist wie die kognitive Psychologie keine einheitliche Richtung. Dies ist darauf zurückzuführen, dass die einzelnen Ansätze unabhängig voneinander entstanden sind.

---

[1] vgl. Abschnitt 1.4.1
[2] vgl. Abschnitt 1.4.4

Grundlegende Annahmen der humanistischen Psychologie:

Jeder Mensch strebt nach Selbstbestimmung und Unabhängigkeit sowie nach Selbstverwirklichung (-aktualisierung[1]): Jeder Mensch hat das Bedürfnis, seine eigenen Möglichkeiten zu verwirklichen und auszuschöpfen. Zugleich wird er als ein aktives Wesen, als ein sich selbst steuerndes Wesen gesehen, das sein Verhalten bewusst steuern, beeinflussen und auch ändern kann. Sein Erleben und Verhalten ist ziel- und sinnorientiert. Aus dieser Sichtweise erscheint der Mensch als eine Ganzheit: Jeder Organismus ist eine in sich geschlossene Einheit, die unteilbar ist. Wird diese Einheit zerstört, so entstehen körperliche und seelische Probleme.

> „Der Mensch wird [...] nicht primär durch den Mangel gesteuert und durch äußere Reize beeinflusst, sondern er besitzt ein Potenzial zur individuellen Selbstentfaltung und authentischen[2], wesensgemäßen Selbstverwirklichung [...]"
> (Pörksen/Schulz von Thun, 2014, S. 131)

Die bekanntesten Vertreter der humanistischen Psychologie sind *Abraham H. Maslow*[3], *Carl Rogers, Charlotte Bühler* sowie *Reinhard* und *Anne-Marie Tausch*. Die bekannteste Theorie der humanistischen Psychologie ist die **personenzentrierte Theorie** von *Carl Rogers*, die in *Kapitel 9.3* dargestellt ist. Eine Reihe von in der Gegenwart entstandenen Psychotherapieverfahren wie bspw. die klientenzentrierte Therapie, auch **Gesprächspsychotherapie** genannt, oder die **Transaktionsanalyse** von *Eric Berne* beruhen auf dem Gedankengut der humanistischen Psychologie[4].

1.4.6 Der systemische und der konstruktivistische Ansatz

Beim systemischen Ansatz stehen nicht das isolierte Erleben und Verhalten eines Menschen im Vordergrund, sondern die **wechselseitigen Beziehungen eines Individuums mit seiner Umwelt**. Der Mensch lebt in einem bestimmten Lebensbereich, der ihn beeinflusst und auf den er einwirkt.

An einem Beispiel aus der Therapie soll diese Sichtweise verdeutlicht werden: Ein Klient[5] fühlt sich sehr einsam und isoliert und ist deshalb sehr depressiv. Aus systemischer Sicht wird er in seinem Lebensbereich, dessen Teil er ist, gesehen: Es steht nicht so sehr die von seinem Lebensbereich unabhängige individuenzentrierte Veränderung des Klienten im Vordergrund, sondern die einer möglichen ungünstigen Situation, in welcher der Mensch lebt.

Grundlegende Annahme des systemischen Ansatzes:

Alle einzelnen Elemente eines Lebensbereiches, dem ein Mensch angehört, stehen zueinander in einer wechselseitigen Beziehung und beeinflussen sich gegenseitig.

---

[1] siehe Kapitel 9.3.2
[2] authentikós (griech.): echt, unverfälscht, den Tatsachen entsprechend und daher glaubwürdig; hier: mit sich selbst stimmig.
[3] Die Theorie von Maslow ist in Kapitel 7.4.1 dargestellt.
[4] Die klientenzentrierte Therapie ist in Kapitel 13.2.4 dargestellt; die Transaktionsanalyse sieht das menschliche Erleben und Verhalten als Ausdruck wechselnder Ich-Zustände (Eltern-Ich, Erwachsenen-Ich und Kindheits-Ich) und führt erfolgreiche bzw. erfolglose Beziehungen auf wechselseitige Prozesse zwischen Sender und Empfänger zurück.
[5] Klient (lat. cliens: der Hörige): der Rat- bzw. Hilfesuchende

Die Psychologie spricht in diesem Zusammenhang von einem **System**.

 Die Familie stellt ein System dar: Sie ist ein Ganzes, welches aus einzelnen Elementen – Frau, Mann, Kinder – besteht. Diese Elemente beeinflussen sich gegenseitig: Die Frau beeinflusst den Mann und umgekehrt, die Kinder beeinflussen ihre Eltern und umgekehrt und die Kinder beeinflussen sich untereinander.

Unter einem System wird eine Ganzheit verstanden, die aus einzelnen Elementen besteht, welche untereinander in einer wechselseitigen Beziehung stehen und sich gegenseitig beeinflussen.

Das Individuum wird also nicht isoliert gesehen, sondern als Teil eines Beziehungsfeldes: Der Einzelne wird von seinen sozialen Beziehungen (Partner, Familie, Freunde, Kollegen, Gesellschaft) beeinflusst und wirkt zugleich durch sein Verhalten und Handeln auf diese ein.

Verschiedene Theorieansätze greifen auf den Systembegriff zurück (vgl. *Lambers, 2013, S. 295*):

- Der **systemisch-ökologische Ansatz**, der die wechselseitigen Beziehungen zwischen Organismen und ihrer Umwelt betont – also sich weniger mit dem Organismus selbst als System beschäftigt.

- Der **systemisch-konstruktivistische**[1] **Ansatz**, der davon ausgeht, dass lebende Systeme mit der Fähigkeit ausgestattet sind, sich selbst durch ihre eigenen Elemente zu erzeugen und sich immer wieder selbst hervorzubringen.

 Systeme entstehen bspw. durch Kommunikation bzw. Handlungen von Menschen. Sind Handlungen sinnhaft aufeinander bezogen, so handelt es sich um ein System.

Systeme organisieren sich aus sich selbst heraus, regulieren und erhalten sich selbst.

- Der **systemisch-ontologische**[2] **Ansatz**, der die Annahme ablehnt, dass lebende Systeme mit der Fähigkeit ausgestattet seien, sich selbst durch ihre eigenen Elemente zu erzeugen und sich immer wieder selbst hervorzubringen, und dass sie wesentlich stärker von außen als von sich selbst gesteuert werden (vgl. *Lambers, 2013, S, 307*).

Die Annahme der eigenen Erzeugung ist – wie oben aufgezeigt – dem **Konstruktivismus** eigen: Die Realität ist vom Menschen selbst erzeugt, selbst konstruiert. Seine Lebenswelt ist seine eigene Konstruktion, er entwirft sich seine Wirklichkeit im eigenen Kopf. Systeme konstruieren gemeinsame Wirklichkeiten, sie entwickeln einen Konsens darüber, wie die Welt zu sehen ist[3].

 „Die Umwelt wird [...] weder ‚objektiv‘ wahrgenommen noch ‚real‘ abgebildet, sondern systemintern (re-)konstruiert."
(Huschke-Rhein, 2003[2], S. 202)

Die Bezeichnung „Konstruktivismus" wird für verschiedene Richtungen verwendet, denen gemeinsam ist, dass die Realität vom Menschen selbst geschaffen wird.

---

[1] construere (lat.): bauen, erbauen; verbinden, zusammenfügen; siehe auch Kapitel 3.2.3.
[2] ón, Genitiv óntos (griech.): das Sein; Ontologie: die Lehre vom Sein, vom Seienden
[3] vgl. Kapitel 3.2.3

Der Konstruktivismus ist eine Sammelbezeichnung für Positionen, die davon ausgehen, dass das menschliche Gehirn die Welt nicht so abbildet, wie sie wirklich ist, sondern sich der Mensch seine eigene Welt entwirft und formt.

Grundlegende Annahme der konstruktivistischen Psychologie:

Das menschliche Gehirn bildet die Realität nicht so ab, wie sie wirklich ist, sondern der Mensch entwirft und formt sich seine eigene Welt.

*In der älteren Literatur wird meist von „**kognitivistisch**" gesprochen, was heute als „**konstruktivistisch**" bezeichnet wird. Dies wird z. B. bei Jean Piaget sehr deutlich, dessen Theorie früher als „kognitivistisch" und heute als „konstruktivistisch" charakterisiert wird[1].*

Systemtheorien und Konstruktivismus sind aus diesem Grund auch zwei eng miteinander verbundene Richtungen, die gemeinsam die Grundlagen liefern für das, was als „systemisches Denken" bezeichnet wird. Man spricht deshalb auch gelegentlich von einem *systemisch-konstruktivistischem Denken* (vgl. *Simon, 2015[7], S. 12*).

Bekannte Vertreter des systemischen Ansatzes sind *Virginia Satir, Paul Watzlawick[2], John Weakland, Mara S. Palazzoli, Salvador Minuchin, Horst-Eberhard Richter* und *Helm Stierlin*, des konstruktivistischen *Humberto R. Maturana, Jean Piaget[3]* und *Kersten Reich*.

In jüngster Zeit gewinnen die **Neurowissenschaften**[4] an Bedeutung. Psychologen und Mediziner gehen davon aus, dass seelischen Vorgängen eine biologische Basis zugrunde liegt und sich beide Seiten wechselseitig beeinflussen (vgl. *Hautzinger, 2010, S. 58*).

Die **Neuropsychologie**, die heute oft als weitere Richtung in der Psychologie angeführt wird, betont die Rolle des Nervensystems und untersucht die neuronalen Grundlagen des psychischen Geschehens. Doch die Neuropsychologie ist eine Disziplin der Neurowissenschaften und bildet innerhalb der Psychologie keine eigene Richtung.

→ **Materialien 3:**
Der Hirnforscher und Ich

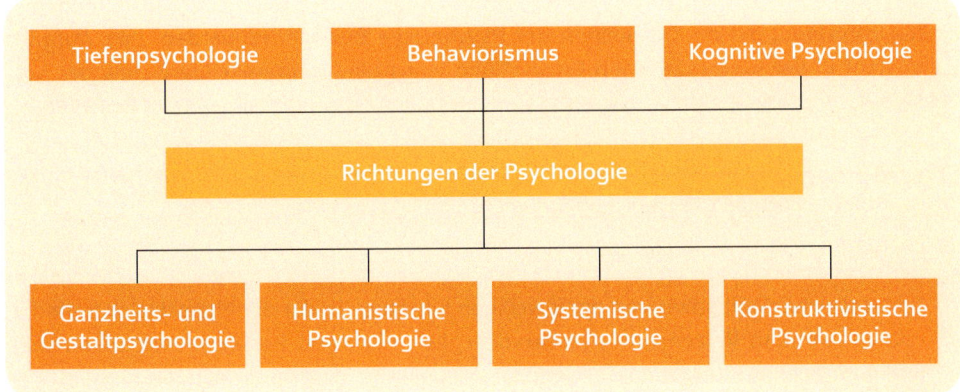

→ **Materialien 4:**
Die Neuropsychologie

---

[1] Die Theorie von Jean Piaget wird in den Kapiteln 6.4.3 und 7.2.4 dargestellt.
[2] Eine Biografie von Paul Watzlawick befindet sich in Kapitel 11.4.
[3] Eine Kurzbiografie von Jean Piaget befindet sich in Kapitel 6.4.3.
[4] neuron (griech.): der Nerv; Neurowissenschaft beschäftigt sich mit den Prozessen des Gehirns und des Nervensystems.

Zusammenfassung

- Die Psychologie ist eine der bedeutendsten Wissenschaften und viele andere Wissenschaften sind auf ihre Erkenntnisse angewiesen wie die Wirtschaftswissenschaften, die Medizin, die Politik, die Pädagogik, die Technik und viele andere mehr. Psychologie ist eine Schlüsselwissenschaft, die in den meisten anderen Wissenschaften eine ausschlaggebende Rolle spielt.

- Wir unterscheiden zwischen Alltagspsychologie, die aufgrund persönlicher Lebenserfahrungen gewonnen wird, und wissenschaftlicher Psychologie, die sich in ihrer Erkenntnisgewinnung auf wissenschaftliche Methoden nach bestimmten Regeln und Prinzipien stützt. Obwohl die Alltagspsychologie subjektiv, nicht überprüfbar und nicht allgemeingültig ist sowie auch nicht systematisch gewonnen wird, verfügen alle Menschen über sie. Dies liegt daran, dass sie im menschlichen Leben wichtige Funktionen erfüllt und dadurch Angst und Unsicherheit verhindert sowie dem Menschen das Gefühl der Sicherheit und Überschaubarkeit gibt. Wissenschaftliche Aussagen sind allgemeingültig, überprüfbar, objektiv, systematisch gewonnen und widerlegbar.

- Verhalten und Erleben sind Gegenstand der Psychologie. Unter Verhalten versteht man die Gesamtheit aller von außen beobachtbaren Äußerungen eines Lebewesens. Mit Erleben werden von außen nicht beobachtbare Vorgänge im Menschen bezeichnet. Verhalten und Erleben können zum einen bedingt sein durch bestimmte Ursachen, zum anderen können sie von den Zielvorstellungen bzw. Absichten des handelnden Menschen bestimmt sein. Jede menschliche Aktivität, mit welcher bewusst und überlegt ein bestimmter Sinn verbunden bzw. ein bestimmtes Ziel verfolgt wird, bezeichnet man als Handeln.

- Um den Gegenstand der Psychologie genau erfassen und bestimmen zu können, müssen viele Fragen beantwortet werden. Diese Fragen lassen sich bestimmten Teilgebieten zuordnen, die als Disziplinen der Psychologie bezeichnet werden. Ihre Aufgabe besteht in der systematischen Erforschung eines bestimmten Teilbereiches des Verhaltens und Erlebens. Die bekanntesten Disziplinen sind die allgemeine Psychologie, die Persönlichkeitspsychologie, die differenzielle Psychologie, die Entwicklungspsychologie, die Gerontopsychologie, die Sozialpsychologie, die pädagogische Psychologie, die Gesundheitspsychologie und die Umweltpsychologie.

- Verhalten und Erleben werden durch den Organismus (Sinnes-, Nerven- und Hormonsystem) ermöglicht sowie von der jeweiligen Situation, in der der Mensch sich befindet, von bestimmten Reizen und der Persönlichkeit mit ihren Persönlichkeitsmerkmalen und deren Entwicklungsbedingungen beeinflusst. Bei der Aufnahme der momentanen Umwelt – der Situation –, ihrer Verarbeitung und ihrem Einwirken auf sie spielen psychische Fähigkeiten, psychische Funktionen und psychische Kräfte die entscheidende Rolle. Diese psychischen Fähigkeiten, Funktionen und Kräfte wirken zusammen und lassen den Menschen als ein System verstehen: Sie sind in einem geordneten Zusammenhang und in einer wechselseitigen Beziehung zu sehen und deren Zusammenwirken bezieht sich auf etwas Ganzes, auf eine Person.

- Die Psychologie verfolgt, um ihren Gegenstandsbereich genau erfassen und bestimmen zu können, folgende Ziele: die Beschreibung ihres Forschungsgegenstandes, die Erklärung und das Verstehen von Zusammenhängen sowie die Vorhersage und die Veränderung des Erlebens und Verhaltens. Die wissenschaftliche Psychologie hat zu Erkenntnissen geführt, die in vielen Bereichen des Lebens zur Anwendung kommen. Ob in der Familie, in der Schule, in der Erziehung, im Betrieb, im Verkehr oder beim Einkauf, überall wird unser Erleben und Verhalten durch psychologische Erkenntnisse beeinflusst.

- Die Psychologie stellt sich nicht als eine einheitliche Wissenschaft dar; sie umfasst mehrere Forschungsrichtungen, die uns als Schulen bzw. Richtungen der Psychologie bekannt sind. Die bedeutendsten sind dabei die Tiefenpsychologie, der Behaviorismus, die kognitive Psychologie, die Ganzheits- und die Gestaltpsychologie, die humanistische Psychologie sowie der systemisch-konstruktivistische Ansatz. Dabei handelt es sich um unterschiedliche Ansätze, die jeweils eine bestimmte Sichtweise des Gegenstandes der Psychologie und einen unterschiedlichen methodischen Zugang zu diesem hervorheben.

Aufgaben und Anregungen Kapitel 1

Aufgaben

1. Zeigen Sie anhand einer Situation die Bedeutung der Psychologie auf.
   (Abschnitt 1.1.1)

2. a) Bestimmen Sie, was mit Alltagspsychologie gemeint ist.
   b) Erläutern Sie am Beispiel eines Vorurteils Merkmale der Alltagstheorie.
   (Abschnitt 1.1.2)

3. *Die Diplompsychologin Claudia Brockmann, die ein Team von 13 Kriminalbeamten und einer weiteren Psy-*
   chologin bei der Polizei Hamburg leitet, antwortete in einem Interview mit der Fachzeitschrift „Psychologie
   Heute" auf die Frage: „Wie schätzen die Polizeibeamten Ihre Arbeit?", dass es immer wieder Polizisten gebe,
   die die psychologische Arbeit innerhalb der Polizei eher für Unfug hielten. Sie „verlassen sich auf ihr Bauch-
   gefühl" und „meinen, dass dieses Gefühl sie nicht trügt, denn schließlich haben sie viele Jahre Lebens- und
   Berufserfahrung auf dem Buckel. [...] Sie wüssten schon, ob jemand bei einer Vernehmung die Wahrheit sagt
   oder lügt." (Reinhardt, 2011, S. 45)
   Erläutern Sie anhand der Meinung dieser Polizisten mögliche Gefahren und Funktionen der Alltagstheorie.
   (Abschnitt 1.1.2)

4. Beschreiben Sie an einem selbst gewählten Beispiel Merkmale, durch welche wissenschaftliche Aussagen
   gekennzeichnet sind.
   (Abschnitt 1.1.3)

5. Stellen Sie an einem geeigneten Beispiel Alltagstheorie und wissenschaftliche Theorie einander gegenüber.
   (Abschnitt 1.1.2 und 1.1.3)

6. Erläutern Sie an einem Beispiel den Gegenstand der Psychologie. Gehen Sie dabei auf die Unterschiede zwischen den Gegenstandsbereichen ein.
   (Abschnitt 1.1.4)

7. Zeigen Sie an einem Beispiel aus Ihrem eigenen Lebensbereich auf, dass Verhalten und Erleben voneinander
   abhängig sind.
   (Abschnitt 1.1.4)

8. Bestimmen Sie die Begriffe „Verhalten" und „Handeln" und beschreiben Sie an folgenden Beispielen die
   verschiedenen Betrachtungsweisen des Verhaltens und Handelns:
   a) Eine ansonsten recht unsportliche Frau rennt plötzlich mit überwältigender Kraft über die Straße.
   b) Johannes hat sehr große Angst.
   c) Leon bekommt einen Lachkrampf.
   d) Irna ist sehr depressiv.
   (Abschnitt 1.1.5)

9. Lesen Sie das Beispiel mit dem Spiel „Mensch ärgere dich nicht®" in *Abschnitt 1.1.4* und arbeiten Sie an
   diesem die Erlebens-, Verhaltens- und Handlungsweisen sowie mögliche Wechselwirkungen heraus.
   (Abschnitt 1.1.4 und 1.1.5)

Aufgaben und Anregungen Kapitel 1

Aufgaben

10. Stellen Sie am Beispiel der Aggression Fragestellungen und Disziplinen der Psychologie dar. (Abschnitt 1.1.6)

11. *Nadine hat das Gefühl, dass ihre Prüfungsarbeit ungerecht benotet ist. Deshalb geht sie nach dem Unterricht zu ihrem Lehrer und spricht mit ihm.* Zeigen Sie an diesem Beispiel auf, wie Situation und Persönlichkeit eines Menschen das Erleben und Verhalten beeinflussen können. (Abschnitt 1.2.1 und 1.2.2)

12. Bestimmen Sie die Grundlagen des Erlebens und Verhaltens und zeigen Sie an einem Beispiel das Zusammenwirken von psychischen Fähigkeiten, Funktionen und Kräften auf. (Abschnitt 1.2.3)

13. Bestimmen Sie, was in der Psychologie „Beschreiben" bedeutet, und legen Sie am Beispiel von Stress die Beschreibung als Ziel der wissenschaftlichen Psychologie dar. (Abschnitt 1.3.1)

14. *Die Psychologie beschäftigt sich u. a. mit dem Zusammenhang zwischen Stress und körperlichen Beschwerden, wie z. B. Magenschmerzen.* Bestimmen Sie den Begriff „Erklären" und erläutern Sie anhand des genannten Zusammenhanges zwischen Stress und körperlichen Beschwerden das Ziel der Erklärung. (Abschnitt 1.3.2)

15. Beschreiben Sie an einem Beispiel das Ziel des Verstehens. (Abschnitt 1.3.3)

16. *Psychologen haben herausgefunden, dass ein Zusammenhang besteht zwischen der Häufigkeit des Auftretens eines Verhaltens und seiner Konsequenz: Führt eine bestimmte Verhaltensweise zum Erfolg, so wird sie zukünftig häufiger auftreten; führt sie nicht zum Erfolg, so wird sie nicht mehr gezeigt.* a) Verdeutlichen Sie anhand dieses Zusammenhanges das Ziel der Erklärung. (Abschnitt 1.3.2) b) Verdeutlichen Sie anhand dieses Zusammenhanges das Ziel der Vorhersage und der Veränderung. (Abschnitt 1.3.4)

17. Erläutern Sie am Beispiel der Aggression die Ziele der wissenschaftlichen Psychologie. (Abschnitt 1.3)

18. Geben Sie einen Überblick über verschiedene Anwendungsgebiete der Psychologie und stellen Sie ein Ihnen bekanntes Arbeitsfeld näher dar (z. B. Werbepsychologie). (Abschnitt 1.3.5 und *Materialien 2*)

19. Stellen Sie die Grundannahme(n) der Tiefenpsychologie und des Behaviorismus dar und erläutern Sie am Beispiel einer Angst die wichtigsten Unterschiede dieser beiden Richtungen der Psychologie. (Abschnitt 1.4.1 und 1.4.2)

Aufgaben und Anregungen Kapitel 1

Aufgaben

20. Legen Sie die grundlegenden Annahmen der kognitiven Psychologie dar und erläutern Sie diese am Beispiel der Traurigkeit.
(Abschnitt 1.4.3)

21. Beschreiben Sie anhand von Beispielen die Grundannahmen
a) der Ganzheits- bzw. der Gestaltpsychologie.
(Abschnitt 1.4.4)
b) der humanistischen Psychologie.
(Abschnitt 1.4.5)

22. Zeigen Sie am Beispiel der Aggression einer Person die Grundannahme des systemischen Ansatzes in der Psychologie auf.
(Abschnitt 1.4.6)

Anregungen

23. Fertigen Sie in Gruppen ein Clustering zu dem Thema „Grundfragen und -probleme der Psychologie" an: Schreiben Sie in die Mitte eines größeren Blattes das Thema in einen Kreis. Notieren Sie zunächst den ersten Gedanken, den Sie zu diesem Thema haben, ebenfalls auf das Papier und verbinden Sie ihn mit dem Mittelkreis. Anschließend schreiben Sie alle weiteren Gedanken zum Thema auf dieselbe Weise auf das Blatt, dabei verbinden Sie jeden Kreis mit dem vorigen durch einen Strich.

24. Der Erziehungswissenschaftler *Dieter Lenzen* schreibt: „Die angebliche Wertfreiheit der Wissenschaft hat den Weg dazu geöffnet, Wissen für die Schlachtfelder von Verdun ebenso zur Verfügung zu stellen wie für die Gaskammern von Auschwitz." (*Lenzen, 2014, S. 67*)
a) Diskutieren Sie in Gruppen die Aussage von *Dieter Lenzen*.
b) Halten Sie die Ergebnisse der Gruppe fest und präsentieren Sie diese der Klasse.
c) Die gesamte Klasse kann zu den Gruppenergebnissen Stellung nehmen.

25. Diskutieren Sie in der Klasse über die folgende Aussage von *Albert Einstein*: „Der gesunde Menschenversagt uns, dass die Erde platt ist."

26. Fragen Sie Ihre Verwandten und Bekannten, welche Bedeutung sie mit den Begriffen „Psychologie" und „der Psychologe" verbinden. Vergleichen Sie dabei auch die Antworten mit den Aussagen in *Abschnitt 1.1.1 und 1.1.2*.

27. *An Ihrer Schule findet eine öffentliche Diskussion statt, die im Fernsehen übertragen wird. Professoren und Laien diskutieren über den Wert einer wissenschaftlichen Theorie.*
   - Stellen Sie in Ihrer Klasse je sechs Stühle gegeneinander gerichtet auf. Fünf Mitschüler, die die Alltagspsychologie vertreten, setzen sich in die eine Reihe; weitere fünf Mitschüler, die für die wissenschaftliche Theorie plädieren, nehmen auf den Stühlen gegenüber Platz. In jeder Reihe bleibt ein Stuhl leer.
   - Diskussionsablauf: Die eine Gruppe will als Wissenschaftler die andere Gruppe davon überzeugen, wie gefährlich eine Alltagspsychologie sein kann. Doch die andere Gruppe verteidigt ihre Alltagspsychologie und preist diese an.

Aufgaben und Anregungen Kapitel 1

Anregungen

- Jede Gruppe bekommt drei Minuten Zeit, sich auf das „Streitgespräch" vorzubereiten.
- Wer von der übrigen Klasse einen Diskussionsbeitrag leisten möchte, setzt sich auf den leeren Stuhl. Er nimmt auf derjenigen Seite Platz, die er mit seinem Beitrag unterstützen will. Nach dem Beitrag verlässt der Schüler den Stuhl wieder.

28. *„Ich bin meine Seele."*
    Schreiben Sie eine kurze Geschichte, in der Sie Ihre eigene Seele sind – z. B.: „Ich bin meine Seele, ich bin voller Freude, ich tanze gerne und fühle mich dabei wohl [...]"

29. *Erleben und Verhalten als Gegenstand der Psychologie.*
    - Bilden Sie in der Klasse Gruppen mit ca. vier bis fünf Mitgliedern.
    - Überlegen Sie in der Gruppe, welche Erlebens- und/oder Verhaltensweise Sie darstellen wollen.
    - Zeichnen Sie bitte zusammen die gewählte Erlebens- und/oder Verhaltensweise. Dabei „formen" Sie die Haltung sowie Mimik und Gestik so lange, bis sie der gewählten Verhaltens- bzw. Erlebensweise entsprechen.
    - Hängen Sie Ihre Zeichnung an der Pinnwand auf.

30. *Ein Brite wollte seine Seele verkaufen und loggte sich deshalb bei einer der größten Auktionsplattformen der Welt mit dem folgenden Verkaufsangebot ein: „Seele zu verkaufen, Zustand gebraucht. Startgebot: 25 000,00 EUR" (vgl. Kneif, 2009, S. 41).*
    Diskutieren Sie das Vorhaben des Briten.

31. *„Was wollen wir mit den Erkenntnissen der Neuropsychologie nun anfangen? Was haben wir davon, wenn wir wissen, in welchem Miniaturraum in unserem Kopf ein Neuronenhaufen sitzt, der für das Langzeitgedächtnis oder für negative Emotionen zuständig ist?" (Caspary, 2010, S. 207).*
    - Diskutieren Sie diese Aussage des Wissenschaftsjournalisten *Ralf Caspary* unter Berücksichtigung von bereits vorhandenen Erkenntnissen der Psychologie.
    - Lesen Sie hierzu auch *Materialien 3* „Der Hirnforscher und Ich" und beziehen Sie diesen Text mit in die Diskussion ein.

32. *Wir richten einen Supermarkt ein! (vgl. Materialien 1 und 2)*
    - Bilden Sie drei bis vier Gruppen.
    - Bauen und richten Sie einen Supermarkt ein unter Berücksichtigung der folgenden Fragen:
        - Wie bringe ich Menschen dazu, dass sie in den Markt gehen?
        - Wie kann ich die Ware und die Regale so anordnen, dass der Kunde an möglichst allen Waren vorbeigeführt und immer wieder zum Stehenbleiben veranlasst wird?
    - Fertigen Sie einen Plan an.
    - Stellen Sie diesen Plan der Klasse vor.

Anregungen

2   Methoden der Psychologie

Wie neuere Untersuchungen zeigen, haben freudige Erlebnisse eine positive Wirkung auf das Immunsystem: Alltägliche Freuden stabilisieren unsere Körperabwehr.

Neueste Forschungen belegen: Ein Meinungsaustausch, ein Gespräch in der Gruppe bewirken eine effektivere Einstellungsänderung als irgendein Massenkommunikationsmittel oder gar ein gut durchdachter, rhetorisch einwandfreier Vortrag.

Solomon Asch wies in einer Untersuchung eindrucksvoll nach, dass der Mensch in der Gruppe häufig seinen eigenen Standpunkt aufgibt und sich der Meinung der Gruppe anschließt.

Stanley Milgram fand in seinem Experiment heraus, dass Personen bereit sind, gegen andere Menschen Gewalt anzuwenden und sie gegebenenfalls auch umzubringen, wenn sie von einer anerkannten Autorität dazu aufgefordert werden.

Schon 18-Jährige haben in ihrem Leben mehr Zeit vor dem Fernseher (13 000 Stunden) als in der Schule (12 000 Stunden) verbracht.

Menschen zeigen sich einerseits oft enttäuscht über Erkenntnisse der wissenschaftlichen Psychologie, weil sie häufig erneut – nur in einer „anderen" Sprache – erfahren, was sie ohnehin schon wissen. Andererseits reagiert der Mensch vielfach betroffen, manchmal sogar abwertend („Ist die Psychologie überhaupt eine Wissenschaft?") und abweisend auf die Ergebnisse eben dieser Psychologie.

Folgende Fragen werden in diesem Kapitel geklärt:

1. *Wie kommt die Psychologie zu ihren Erkenntnissen?*
   Wie gelangt sie zu wissenschaftlich fundiertem Wissen?

2. *Welche Anforderungen werden an wissenschaftliche Aussagen gestellt?*
   Welche Prinzipien muss der Wissenschaftler beachten, damit seine Ergebnisse auch richtig sind?

3. *Welche Verfahren wendet die Psychologie bei der Erforschung ihres Gegenstandes an?*

4. *Wie bereitet die Psychologie ihre Forschungsergebnisse auf?*
   Wie stellt sie ihre Ergebnisse dar?
   Wie wertet sie die gewonnenen Daten aus und interpretiert sie?

2.1 Wissenschaftliche Methoden in der Psychologie

Es ist ein großes Bedürfnis der Menschen, über die Welt Bescheid zu wissen und Kenntnisse, Einsichten, Daten sowie Fakten über die Beschaffenheit der Wirklichkeit zu gewinnen. Um Wissen über einen Wirklichkeitsbereich zu erlangen, benötigen Wissenschaften bestimmte Methoden, die abhängig vom Gegenstand der jeweiligen Wissenschaft unterschiedlich sind.

2.1.1 Der Begriff „wissenschaftliche Methode"

Methode[1] bedeutet das Vorgehen bzw. das Verfahren zur Erreichung eines bestimmten Zieles – in der Forschung zur Gewinnung von Wissen über einen Objektbereich.

Die Psychologie möchte über ihren Objektbereich „Erleben und Verhalten" Wissen gewinnen. Dazu bedient sie sich bestimmter Methoden wie etwa der Beobachtung oder dem Experiment.

Hinsichtlich des Begriffes „Methode" unterscheidet man in der Psychologie zwischen **Forschungs- bzw. Erkenntnismethoden** und **Interventionsmethoden** (vgl. Eid u. a., 2015[4], S. 35): Interventionsmethoden[2] sind Vorgehensweisen und Verfahren in der praktischen psychologischen Arbeit wie z.B. in der Erziehung oder in der Therapie. Forschungs- bzw. Erkenntnismethoden dienen dagegen der Gewinnung von Erkenntnissen über einen Objektbereich.

Wissenschaftler müssen, um zu „richtigen" Ergebnissen zu kommen, **planmäßig, gezielt und systematisch** vorgehen. Systematisch bedeutet in diesem Zusammenhang das geplante und organisierte Vorgehen nach ganz bestimmten wissenschaftlichen „Regeln", wie sie in *Abschnitt 2.2.1* dargestellt sind.

> **Wissenschaftliche Methoden sind systematisch geplante Vorgehensweisen oder Verfahren, um Wissen über einen Objektbereich zu gewinnen.**

Will das Vorgehen wissenschaftlich sein, so muss es also **systematisch geplant, intersubjektiv**[3] sowie **nachvollziehbar** und **überprüfbar**[4] sein (vgl. *Zierer u. a., 2013, S. 15*).

Die Art und Weise, wie Menschen zu Erkenntnissen kommen, ist die entscheidendste Frage einer jeden Wissenschaft überhaupt. **Denn das methodische Vorgehen einer Wissenschaft bestimmt, ob ihre Ergebnisse richtig und damit brauchbar sind oder nicht.** Sind die Erkenntnisse einer Wissenschaft falsch, so ist eigentlich ihr methodisches Vorgehen, mit dem diese Erkenntnisse gewonnen wurden, falsch; ist das methodische Vorgehen richtig, so müssen auch ihre Ergebnisse richtig sein. Zwischen Methode und Ergebnis einer Untersuchung besteht also ein Zusammenhang: *Die Methode ist der „Schlüssel" zur Antwort auf die Frage des Forschers.*

2.1.2 Die Vielfalt von Methoden

Der Mensch ist, wie in *Kapitel 1.1.5* ausgeführt, einerseits ein Teil der Natur und funktioniert als Naturwesen nach Naturgesetzen. Andererseits hat er als geistiges Wesen Kultur geschaffen und kann zielgerichtet handeln. Diejenigen Wissenschaften, die Vorgänge und

---

[1] Méthodos (griech.): entlang eines Weges; Methode ist der Weg entlang zu einem gesetzten Ziel.
[2] intervenire (lat.): dazwischentreten
[3] intersubjektiv (lat., inter: zwischen; Subjekt: die Person), hier: Eine Untersuchung ist für mehrere Menschen gleichermaßen nachvollziehbar, sie muss bei Wiederholung unter gleichen Bedingungen zum gleichen Ergebnis kommen.
[4] siehe Kapitel 1.1.3

Gesetze der Natur erforschen, werden unter dem Begriff **Naturwissenschaften** zusammengefasst.

Die Physik, die Biologie oder die Chemie fallen unter den Begriff „Naturwissenschaften", da sie versuchen, Vorgänge und Gesetze eines Teils der Natur zu erforschen.

> **Unter Naturwissenschaften fassen wir alle Wissenschaften zusammen, die Vorgänge und Gesetze der Natur erforschen.**

Alle Wissenschaften dagegen, die sich mit Erzeugnissen des menschlichen Geistes und der Kultur beschäftigen, bezeichnet man als **Geisteswissenschaften**.

Geisteswissenschaften sind z.B. die Sprachwissenschaft, die Kunst, die Ethik oder die Philosophie. Sie alle beschäftigen sich mit Erzeugnissen des menschlichen Geistes und der Kultur.

> **Geisteswissenschaft ist eine umfassende Bezeichnung für alle Wissenschaften, die sich mit Erzeugnissen des menschlichen Geistes und der Kultur beschäftigen.**

Diese Einteilung, die auf der Trennung von „Natur" und „Geist" beruht und auf den Begründer der Erkenntnistheorie der Geisteswissenschaften, Wilhelm Dilthey[1], zurückgeht, wurde und wird nicht unwidersprochen hingenommen. Es gibt auch andere Einteilungen von Wissenschaften, auf die in diesem Zusammenhang nicht eingegangen wird.

Die Psychologie ist sowohl Naturwissenschaft, da sie den Menschen als Naturwesen, der den Gesetzen der Natur unterliegt, zum Gegenstand hat, als auch Geisteswissenschaft, da die Psychologie ebenso den Menschen, der sich durch Sprache, Denken und zielgerichtetes Handeln mit seiner damit nicht mehr nur naturhaft gegebenen Umwelt auseinandersetzt, untersucht.

Entsprechend dieser beiden Arten von Wissenschaften unterscheidet man:

- **Naturwissenschaftliches Vorgehen**, das dazu beiträgt, die Wirklichkeit zu beobachten und zu beschreiben, Zusammenhänge zwischen Merkmalen zu erkennen sowie Gesetzmäßigkeiten aufzustellen und Ursache-Wirkungs-Zusammenhänge zu erklären[2].

- **Geisteswissenschaftliches Vorgehen**, das durch das Herausfinden von Wert- und Sinnzusammenhängen dem Verstehen dient. Mithilfe geisteswissenschaftlicher Methoden ist es möglich, Ziele des Handelns herauszufinden sowie Wert- und Sinnzusammenhänge menschlichen Erlebens und Verhaltens zu erkennen[3].

Objekt der Forschung	der Mensch als Naturwesen	der Mensch als Geist- und Kulturwesen
Art der Wissenschaft	Naturwissenschaften	Geisteswissenschaften
Ziel	Erklären	Verstehen
methodisches Vorgehen	naturwissenschaftliches Vorgehen	geisteswissenschaftliches Vorgehen

---

[1] Wilhelm Dilthey (1833–1911) gilt als der Begründer der Erkenntnistheorie der Geisteswissenschaften und ist einer der wichtigsten Vertreter der hermeneutischen Wissenschaften (vgl. Abschnitt 2.3.1).
[2] vgl. Kapitel 1.3.2
[3] vgl. Kapitel 1.3.3

Die ganzheitliche Erfassung erfordert eine **Methodenintegration** von naturwissenschaftlichem (empirischem) und geisteswissenschaftlichem Vorgehen. Beide sind voneinander abhängig und aufeinander bezogen. Eine einseitige Betrachtung würde dem Menschen nicht gerecht werden (vgl. *Zierer u. a., 2013, S. 17*).

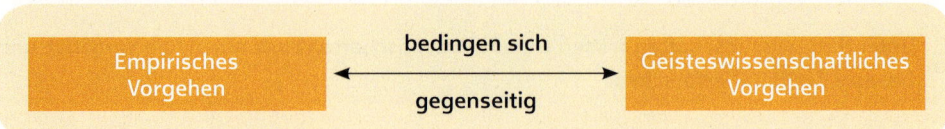

„Immer mehr setzt sich [...] die Überzeugung durch, dass klassisch-mechanistische Maschinenmodelle und das Ideal einer völligen Vorhersagbarkeit und Beherrschbarkeit weder überall faktisch greifen noch den Alleinanspruch auf das Attribut ‚wissenschaftlich‘ aufrechterhalten können.“
(Kriz, 1999, S. 22)

2.2 Naturwissenschaftliche Methoden

Um den Menschen als Naturwesen gerecht zu werden, benötigt die Psychologie Methoden, die dazu beitragen, ihren Forschungsgegenstand genau zu beobachten und zu beschreiben. Beobachtbar bedeutet grundsätzlich ‚der Erfahrung zugänglich‘. Deshalb werden Methoden, die der Beobachtung und Beschreibung eines bestimmten Bereiches der Wirklichkeit dienen, **erfahrungswissenschaftliche** oder auch **empirische**[1] **Methoden** genannt.

> Methoden, die der planmäßigen Beobachtung und Beschreibung eines bestimmten Bereiches der Wirklichkeit und der Gewinnung von überprüfbaren Daten zum Zwecke der Erklärung dienen, bezeichnen wir als erfahrungswissenschaftliche bzw. empirische Methoden.

Durch die genaue Beobachtung und Beschreibung eines bestimmten Wirklichkeitsbereiches können Ursache-Wirkungs-Zusammenhänge hergestellt und erklärt werden. Damit können auch Voraussagen über die Beziehung zwischen beschriebenen Merkmalen gemacht sowie „Handlungsanweisungen“ zur Veränderung des Erlebens und Verhaltens aufgestellt werden.

2.2.1 Prinzipien methodischen Vorgehens

Wissenschaftler, die empirisch vorgehen, haben grundlegende Prinzipien zu beachten, wenn sie zu überprüfbaren und allgemeingültigen Aussagen gelangen wollen.

Die Beschreibung muss möglichst klar, präzise und genau sein, außerdem müssen zentrale Begriffe eindeutig bestimmt sein.

 Wenn ein Forscher untersuchen will, ob autoritär erzogene Menschen sich sehr aggressiv verhalten, so müssen die zentralen Begriffe eindeutig bestimmt werden: Was heißt autoritäre Erziehung? Was bedeutet sehr aggressiv? Wie äußert sich autoritäre Erziehung, wie Aggressivität?

---

[1] empirisch (griech. émpeiros: erfahren): auf Erfahrung beruhend

Neben einer klaren, präzisen und genauen Beschreibung sowie einer eindeutigen Begriffsbestimmung ist es zur Überprüfung einer wissenschaftlichen Aussage erforderlich, dass der Forscher **genaue Angaben macht, auf welche Art und Weise er zu seinen Erkenntnissen kommt**, wie er also methodisch vorgeht bzw. vorgegangen ist. Nur so ist es möglich nachzuprüfen, ob der Wissenschaftler methodisch richtig verfahren und damit brauchbare Ergebnisse erzielt hat oder ob er Fehler gemacht und damit unbrauchbare Ergebnisse geliefert hat.

Um zu Aussagen zu kommen, die tatsächlich der Wirklichkeit entsprechen, muss ein Wissenschaftler **das untersuchen, was er zu untersuchen angibt**.

Wenn ein Forscher Wirkungen eines „geringen Selbstbewusstseins" beobachten will, so muss er tatsächlich das geringe Selbstbewusstsein und nicht die Schüchternheit oder Befangenheit beobachten.

Dieses Prinzip wissenschaftlichen Erforschens wird als **Gültigkeit bzw. Validität**[1] bezeichnet.

> **Validität (Gültigkeit) bedeutet, dass ein Forscher auch tatsächlich das untersucht, was er zu erforschen angibt.**

Zudem muss ein Forscher **das, was er zu untersuchen angibt, genau und exakt beobachten bzw. messen**[2]. Das Ergebnis muss also von zufälligen Einflüssen weitgehend frei sein.

Misst man bspw. eine bestimmte Wegstrecke mit Schritten, so ist dieses Messinstrument nicht zuverlässig. Ein Metermaß dagegen ist ein zuverlässiges Messinstrument.

Dieses Prinzip wissenschaftlicher Erforschung wird als **Zuverlässigkeit bzw. Reliabilität**[3] bezeichnet und ist dann gegeben, wenn die Untersuchung bei Wiederholung unter Beachtung der gleichen Bedingungen immer wieder zum gleichen Ergebnis führt.

Messe ich z. B. eine bestimmte Wegstrecke mit Schritten, so wird bei jeder Messung möglicherweise ein anderes Ergebnis erzielt werden, während eine Messung mit dem Meterstab bei Wiederholung unter Beachtung der gleichen Bedingungen zum gleichen Ergebnis führt.

> **Reliabilität (Zuverlässigkeit) bedeutet, dass ein Forscher das, was er zu untersuchen angibt, genau und exakt beobachtet bzw. misst.**

Die Kriterien der Validität und Reliabilität müssen natürlich auch auf Beobachtungshilfen, wie z. B. Beobachtungs- oder Fragebogen, sowie auf Messinstrumente, die der Forscher benutzt, zutreffen.

---

[1] validus (lat.): stark, kräftig
[2] Der Begriff „Beobachten" wird in Abschnitt 2.2.2, „Messen" in 2.2.4 dargestellt.
[3] reliable (engl.): verlässlich

Verschiedene Wissenschaftler müssen mit ihrer Untersuchung unter gleichen Bedingungen zu gleichen Ergebnissen kommen. Dieses Prinzip wird, wie in *Kapitel 1.1.3* ausgeführt, **Objektivität** genannt. Eine Untersuchung ist dann objektiv, wenn unabhängig von den Personen, die sie durchführen, auswerten und interpretieren, gleiche Ergebnisse erreicht werden. Das Ergebnis einer Forschungsuntersuchung darf also nicht von der Person des Forschers abhängen.

Die Beobachtung wie viele aggressive Verhaltensweisen Kinder auf verschiedenen Spielplätzen in der Bundesrepublik Deutschland zeigen, ist dann objektiv, wenn verschiedene Forscher auf den gleichen Spielplätzen unter Beachtung der gleichen Bedingungen zu demselben Ergebnis kommen.

Objektivität heißt, dass eine Untersuchung in ihrer Durchführung, Auswertung und Interpretation von der Person des Forschers unabhängig ist.

„Mancher meint, er wäre objektiv, weil er mit seinem rechten und linken Auge dasselbe sieht."
(Stanislaw J. Lec[1])

Ulrich Charpa (*1996, S. 105 ff.*) von der Ruhr-Universität Bochum hebt in diesem Zusammenhang **moralische Prinzipien** des Forscherhandelns hervor. Dabei geht es um Fragen wie *Ehrlichkeit*, *Rechtschaffenheit* und *Aufrichtigkeit* der beteiligten Forscher sowie um *Sorgfalt* und *Verantwortungsbewusstsein*. Gerade in unserer heutigen Zeit ist dieser „Ruf" nach Ehrlichkeit, Rechtschaffenheit und Verantwortungsbewusstsein in der Wissenschaft sehr bedeutsam, da etwa aus wirtschaftlichen oder politischen Gründen Forscher oft Beeinflussung von Erkenntnissen, Datenfälschung, Vortäuschung von Autorenschaft, Ideendiebstahl u. a. begehen. Je nach Auftraggeber können wir in der Literatur sehr unterschiedliche, ja oft gegensätzliche Ergebnisse zu ein und demselben Sachverhalt lesen. „Anscheinend" – so der Assistenzprofessor für Theorie und Geschichte der Psychologie an der Universität Groningen (Niederlande), *Stefan Schleim* (*2010, S. 44*) – „geschehen hinter den verschlossenen Türen selbst eines hochkarätigen Labors Dinge, die sich kaum mit wissenschaftlichen Prinzipien vereinbaren lassen."

„Der Zwang zum Offenlegen der Verfahrenswege und zur Kontrolle der Regelgeleitetheit des eigenen Vorgehens unterscheidet wissenschaftliches vom Alltagshandeln. Wissenschaftliche Tätigkeit hat öffentlichen Charakter, was auch heißt: Der Forscher muss stets auf die Kommunizierbarkeit seiner Aussagen achten. Er muss auch die Voraussetzungen seiner Entscheidung für eine bestimmte Fragestellung, Methode oder Theorie offenlegen und erläutern können."
(Ulich/Bösel, 2005[4], S. 52)

---

[1] Stanislaw Jerzy Lec (1909–1966) war polnischer Lyriker und Satiriker.

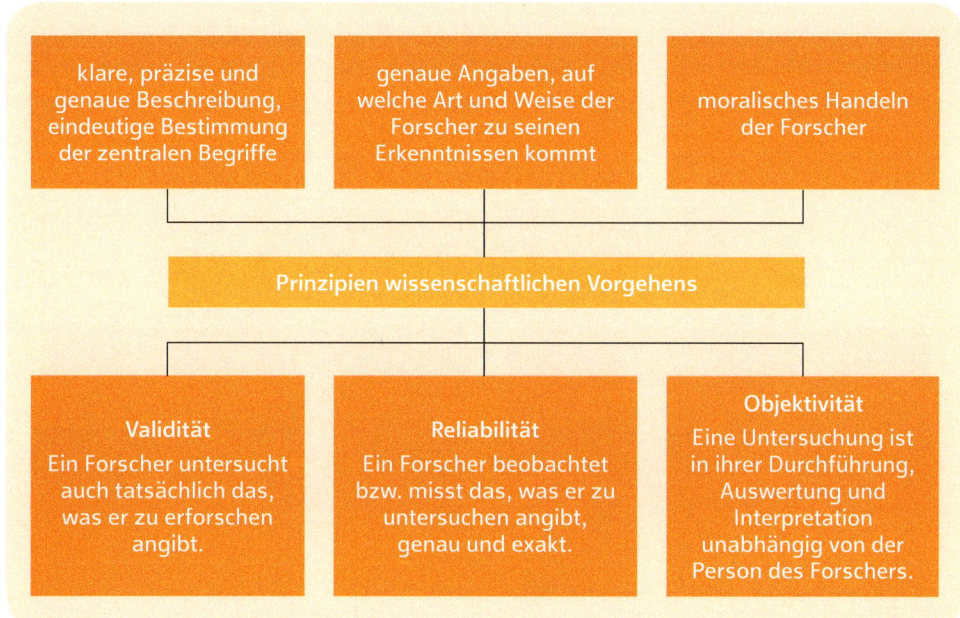

2.2.2   Die systematische Beobachtung

Die Psychologie benötigt Methoden, die dazu beitragen, ihren Forschungsgegenstand genau beschreiben und erklären zu können. Jeder Beschreibung geht eine Beobachtung voraus. Aus diesem Grund ist die Psychologie auf die Beobachtung angewiesen, um Erkenntnisse zu gewinnen. *Insofern geht jedes psychologische Wissen auf eine Beobachtung irgendeiner Art zurück*.

> „Ziel einer jeden Wissenschaft ist es, Erkenntnisse über die Natur, d. h. über die Gesetzmäßigkeit von Zusammenhängen zu gewinnen. In diesem Bemühen bedient sich die Psychologie verschiedener allgemeiner Verfahrensweisen (Methoden), deren genereller Ausgangspunkt aber stets die Beobachtung ist."
> (Sarris, 1998, S. 46)

Beobachten bedeutet, Vorgänge, Geschehnisse oder Sachverhalte durch unsere Sinnesorgane wahrzunehmen und zu erfassen.

Entsprechend dem Gegenstand der Psychologie – Erleben und Verhalten – ist zu unterscheiden zwischen der **Selbst-** und der **Fremdbeobachtung**. Bei der Selbstbeobachtung handelt es sich um eine unmittelbare Wahrnehmung von Vorgängen im Menschen, die nicht „von außen" beobachtet werden können, sondern die der Mensch nur an sich selbst wahrnehmen kann. Die Fremdbeobachtung dagegen bezieht sich auf alle von Außenstehenden wahrnehmbaren Äußerungen eines Lebewesens[1].

Verhaltensweisen, wie Körperbewegungen oder Ausdrucksformen, können durch Fremdbeobachtung, Erlebensweisen, wie Denkabläufe, Erinnerungen oder Träume, dagegen nur durch Selbstbeobachtung erschlossen werden.

---

[1] vgl. Kapitel 1.1.3

Die Selbstbeobachtung wird als wissenschaftliche Methode oft infrage gestellt, da die durch sie gewonnenen Daten zum einen nicht überprüfbar sind und diese zum anderen häufig erst aufgezeichnet werden können, nachdem die Vorgänge, die beobachtet werden sollen, abgelaufen sind.

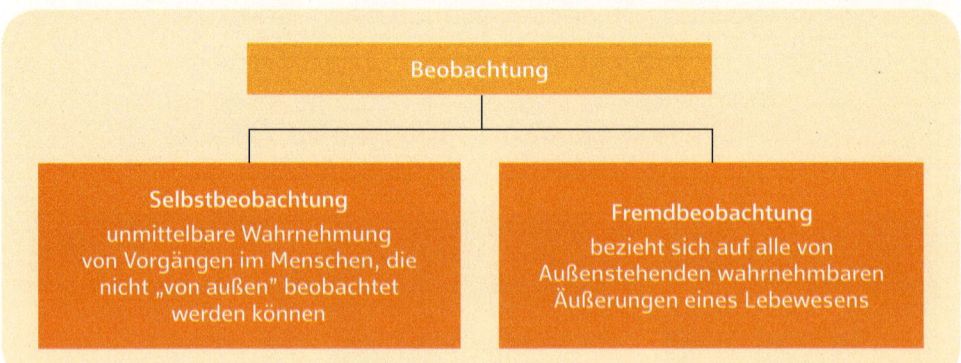

Beobachtung	
Selbstbeobachtung unmittelbare Wahrnehmung von Vorgängen im Menschen, die nicht „von außen" beobachtet werden können	**Fremdbeobachtung** bezieht sich auf alle von Außenstehenden wahrnehmbaren Äußerungen eines Lebewesens

Der Laie beobachtet ebenso wie der Wissenschaftler, man erwartet jedoch von einem Wissenschaftler, dass er **systematisch** nach ganz bestimmten Regeln und Prinzipien vorgeht[1]. Aus diesem Grund unterscheiden wir die **systematische Beobachtung**, die wesentliche Voraussetzung für wissenschaftliches Vorgehen ist und deshalb auch *wissenschaftliche Beobachtung* genannt wird, von der **unsystematischen Beobachtung**, die der alltäglichen Beobachtung sehr nahekommt und auch als *Alltagsbeobachtung* bezeichnet wird.

Als wissenschaftliche Methode bezieht sich die Beobachtung also nicht auf das gesamte Verhalten, sondern auf bestimmte, vom Forscher festgelegte **Verhaltensaspekte**. Im Gegensatz zum Laien legt der Wissenschaftler genau fest, was er beobachten will und wie er diesen Teilbereich der Wirklichkeit erfassen will. Er bestimmt auch genau, womit er beobachten will, also welche Beobachtungshilfen er benutzt. Solche Hilfen können z. B. Beobachtungsbögen sein, deren Fixierung genau durchdacht ist, ein Tonband oder eine Kamera.

 Der Wissenschaftler legt genau fest, was er am Spielplatz beobachten will – etwa wie viele aggressive Verhaltensweisen in einer bestimmten Zeiteinheit von den Kindern gezeigt werden. Er organisiert die Durchführung seiner Beobachtung bis ins Detail und folgt einem fein und exakt ausgearbeiteten Beobachtungsplan, um die Aggressionen der Kinder möglichst genau erfassen und registrieren zu können.

Beobachtung als wissenschaftliche Methode bedeutet die geplante, gezielte und systematische Wahrnehmung eines bestimmten Teilbereiches der Wirklichkeit mit dem Ziel, diesen Bereich möglichst genau zu erfassen und festzuhalten.

---

[1] vgl. hierzu Abschnitt 2.2.1

Merkmale der wissenschaftlichen (systematischen) Beobachtung:

- Die Beobachtung ist geplant, gezielt, exakt und kontrolliert.
- Es wird festgelegt, was beobachtet werden soll (Teilbereich eines gesamten Geschehens).
- Dieser Teilbereich wird möglichst genau erfasst und festgehalten.
- Es wird festgelegt, wie beobachtet werden soll.
- Es wird festgelegt, womit beobachtet werden soll (Beobachtungshilfen).

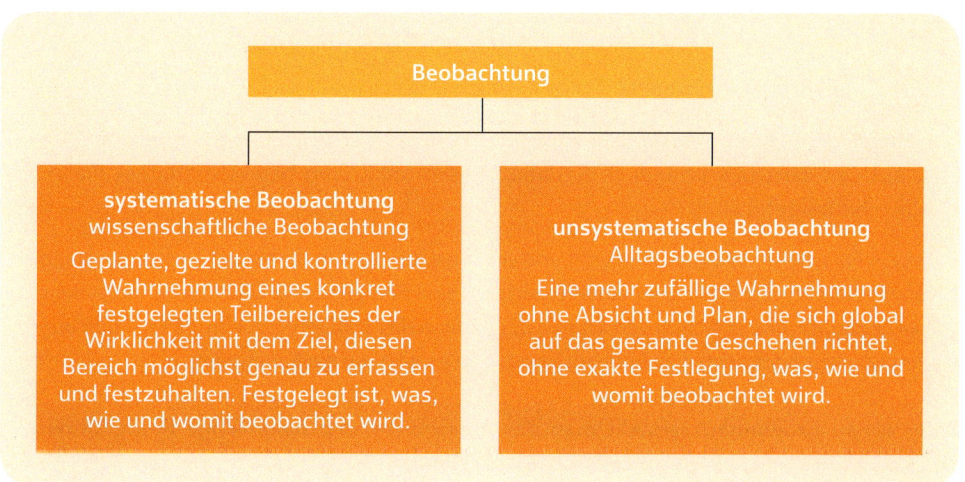

Die Grenzen zwischen systematischer Beobachtung und Alltagsbeobachtung sind auf keinen Fall eindeutig zu ziehen, die Übergänge sind fließend.

→ **Materialien 1a:**
Beispiele für eine systematische Verhaltensbeobachtung

„*Die systematische Beobachtung wird oft als wesentliche Voraussetzung für Wissenschaftlichkeit genannt, während unsystematische, d. h. ohne Plan erzielte Beobachtungsdaten als vorwissenschaftlich gelten. Bei systematischer Beobachtung stellt der Wissenschaftler präzise Fragen an die Natur, auf die er sich durch Beobachtung eine Antwort erhofft. Dennoch sind Zufallsbeobachtungen für den Forscher nicht ohne Wert; sie können – wie die Geschichte der Wissenschaft lehrt – oft Auslöser systematischer Beobachtung sein und somit wenigstens indirekt zu wissenschaftlichen Erkenntnissen führen.*“
(Sarris, 1998, S. 51)

Je nachdem, was man mit einer Beobachtung erreichen will, kann man unterscheiden zwischen einer **teilnehmenden Beobachtung**, in welcher der Beobachter aktiv oder passiv am Geschehen beteiligt ist, und einer **nicht teilnehmenden Beobachtung**, in der er „außen vor" ist, wie das bspw. bei einer „one-way-window-Beobachtung"[1] oder bei einer Beobachtung mit einer Filmkamera der Fall ist. Zudem kann eine Beobachtung **verdeckt** sein, wenn sich der Beobachter als solcher nicht zu erkennen gibt, oder **offen**, wenn er als Beobachter identifiziert werden kann. Häufig trifft man auch die Unterscheidung zwischen einer **Feldbeobachtung**, auch *Feldforschung* genannt, die in natürlichen Situationen – z. B. Beobachtung am Spielplatz – stattfindet, und einer **Laborbeobachtung**, die im Labor durchgeführt wird, und damit die gezielte Vorgabe von experimentellen Reizen und die Kontrolle von sog. Störfaktoren ermöglicht.

---

[1] One-way-window (engl.): Einwegscheibe; der Forscher kann zwar das zu Beobachtende durch ein Fensterglas sehen, aber die Beobachteten können den Forscher nicht sehen.

Kriterium	Art der Beobachtung	
Beteiligtsein des Beobachters am Geschehen	teilnehmende Beobachtung	nicht teilnehmende Beobachtung
(Nicht-) Wissen um den Beobachter	verdeckte Beobachtung	offene Beobachtung
Ort der Beobachtung	Feldbeobachtung	Laborbeobachtung

2.2.3   Das Experiment

Das Experiment ist eine bestimmte Form der Beobachtung: Während sich eine Beobachtung auf eine bereits vorhandene Situation beschränkt, wird beim Experiment diese absichtlich herbeigeführt.

 Wenn ein Forscher in Schulklassen geht und wissen will, wie sich die Lehrer und in Abhängigkeit davon die Schüler verhalten, so handelt es sich um eine Beobachtung. Gibt nun der Forscher dem Lehrer genau vor, wie er sich zu verhalten hat, um dann das Schülerverhalten als Reaktion auf das Lehrerverhalten beobachten zu können, so handelt es sich um ein Experiment.

Unter einem Experiment versteht man das absichtliche und planmäßige Herbeiführen eines Vorganges, um ihn gezielt beobachten zu können.

Dabei setzt der Forscher bestimmte Bedingungen für ein Geschehen fest und beobachtet, welchen Einfluss diese Bedingungen auslösen, welche Wirkungen sie zeigen.

 Ein Forscher will z.B. die Wirkung von Pausen auf das Lernen untersuchen. Er legt den Zeitpunkt, die Länge und die Art der Pausen selbst fest (= Bedingungen des Geschehens) und beobachtet, welche Wirkunq diese auf das Lernen haben.

In dieser absichtlichen und planmäßigen Herbeiführung eines Vorgangs liegt ein großer Vorteil des Experiments: Der Forscher kann die Bedingungen, deren Wirkungen er beobachten will, und die Situation, unter der die Beobachtung stattfinden soll, sowie den Ort und die Zeit für die Untersuchung selbst bestimmen. Dieses Kriterium der Selbstbestimmung von Bedingungen, Situation, Ort und Zeit wird **Willkürlichkeit** genannt.

Willkürlichkeit als Kriterium des Experiments bedeutet, dass der Forscher die Bedingungen, deren Wirkungen er beobachten will, und die Situation, unter der die Beobachtung stattfinden soll, sowie den Ort und die Zeit für die Untersuchung selbst bestimmen kann.

Das Merkmal der Willkürlichkeit steht mit einem weiteren in engem Zusammenhang: Der Forscher kann die Bedingungen, deren Wirkungen er beobachten will, verändern bzw. variieren.

 Der Forscher kann, um bei obigem Beispiel zu bleiben, den Zeitpunkt der Pausen verändern: In einem Untersuchungsdurchgang setzt er alle 45 Minuten, in einem anderen Durchgang alle 90 Minuten eine Pause fest. Er kann die Länge der Pausen abwandeln: Er macht Untersuchungen mit einer Pausenlänge von 15 Minuten und von 30 Minuten. Und er kann die Tätigkeit der Schüler in den Pausen beliebig variieren: In einem Versuch lässt er die Schüler möglichst aktiv, in einem anderen möglichst passiv sein.

Dieses Kriterium der Veränderbarkeit der Bedingungen wird als **Variierbarkeit** bezeichnet.

> **Variierbarkeit als Kriterium des Experiments bedeutet, dass der Forscher die Bedingungen, deren Wirkungen er beobachten will, verändern kann.**

Dadurch, dass der Forscher einen bestimmten Vorgang absichtlich herbeiführen will, ist es für ihn auch möglich, dies mehrmals in gleicher Weise geschehen zu lassen.

So kann der Forscher sein Experiment über die Wirkung von Pausen auf das Lernen beliebig oft wiederholen.

Dieses Kriterium des mehrmaligen Durchführen-Könnens eines Versuches wird **Wiederholbarkeit** genannt.

> **Wiederholbarkeit als Kriterium des Experiments bedeutet, dass der Forscher seinen absichtlich herbeigeführten Vorgang beliebig oft durchführen kann.**

Die Wiederholbarkeit eines Experiments ermöglicht, dass eine größere Anzahl von Daten gewonnen werden kann und die Ergebnisse der Untersuchung überprüft werden können. Das Experiment kann auch von einem anderen Forscher wiederholt werden, um so feststellen zu können, ob die Untersuchung objektiv ist.

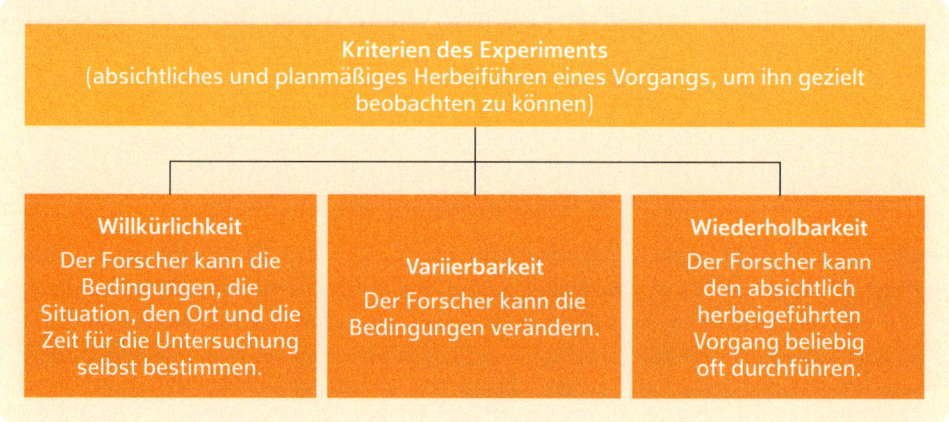

2.2.4   Der Test

Mithilfe eines Tests will man bestimmte psychische Merkmale erfassen und feststellen, in welchem Maße diese Merkmale bei einem Menschen ausgeprägt sind.

So will man mit einem Intelligenztest die Intelligenz (= psychisches Merkmal) eines Menschen erfassen und feststellen, wie ausgeprägt diese bei ihm ist.

> **Test ist die Bezeichnung für ein Messverfahren, mit dessen Hilfe die individuelle Ausprägung eines oder mehrerer psychischer Merkmale eines Menschen festgestellt werden kann.**

Bei einem Test spricht man i.d.R. von einem **Messen**, die Bestimmung einer Größe bzw. Ausprägung eines oder mehrerer psychischer Merkmale mithilfe einer Maßeinheit oder von Zahlen.

 So misst man eine Wegstrecke mit Metern, eine bestimmte Flüssigkeit mit Litern oder eine Zeiteinheit mit Sekunden.

Messen im psychologischen Sinn bedeutet die Bestimmung einer Größe bzw. der Ausprägung eines oder mehrerer psychischer Merkmale eines Menschen mithilfe von Zahlen bzw. oder einer Maßeinheit.

Für den Test als wissenschaftliches Messinstrument müssen die Kriterien der Validität, Reliabilität und der Objektivität in besonderem Maße zutreffen[1]. Aus diesem Grund wird ein Test nach ganz bestimmten wissenschaftlich fundierten Prinzipien konstruiert, um diesen Gütekriterien gerecht zu werden.

Bei der Durchführung des Tests werden mehrere Aufgaben bzw. Fragen, die ebenfalls nach ganz bestimmten festgelegten Kriterien entworfen werden, vorgegeben und das Lösungs- bzw. das Antwortverhalten von dem, der den Test absolviert, registriert. Solche Aufgaben bzw. Fragen werden **Items** genannt.

 In der Skala zur Erfassung manifester Angst (MAS) z.B. lautet ein Item „Ich glaube, ich bin nicht nervöser als andere" oder „Ich schlafe unruhig und werde oft wach". Der Proband, das ist derjenige, der einen Test absolviert, muss diese Fragen mit „richtig" oder „falsch" beantworten.

Um den Grad der individuellen Ausprägung eines bestimmten psychischen Merkmals feststellen zu können, braucht der Test eine Bezugsgröße, eine **Norm**.

 So genügt es z.B. nicht, wenn ein Wissenschaftler sagt: „Sie haben 51 Aufgaben in dem Intelligenztest richtig gelöst." Es ist eine Bezugsgröße, eine Norm erforderlich, die besagt, ob man mit der richtigen Lösung von 51 Aufgaben über oder unter dem Durchschnitt liegt und damit über- oder unterdurchschnittlich intelligent ist. So hat man sich bei allen Intelligenztests auf einen Intelligenzquotienten (IQ) von 100 geeinigt. Dies entspricht dem Durchschnitt.

→ Materialien 2:
Die Standardisierung und Normierung

Jeder Test muss also, bevor er zum Einsatz kommt, normiert sein. Dabei unterscheidet man zwei Möglichkeiten der Normierung:

- Die Bezugsgröße stellt eine **statistische Norm** dar, die durch Erprobung des Tests an einer genügend großen, repräsentativen Stichprobe gewonnen wird[2]. Der Durchschnitt der Testergebnisse von dieser Stichprobe gilt dann als Norm. Tests, deren Bezugsgröße eine statistisch gewonnene Norm darstellt und als Vergleich dient, werden **normorientierte Tests** genannt.

- Die Bezugsgröße stellt eine **Idealnorm** dar, die der Testkonstrukteur selbst entwirft. Er legt bestimmte inhaltlich definierte Ziele, Kriterien, fest, die dann als Norm gelten.

 Die theoretische Prüfung zur Erlangung des Führerscheins ist hierfür ein Beispiel: Hier muss der Prüfling Aufgaben lösen, die Inhalte widerspiegeln, die ein Forscher für wichtig hält, wenn der Prüfling ohne Gefährdung für sich selbst oder andere ein Fahrzeug bewegen will.

---

[1] vgl. Abschnitt 2.2.1
[2] vgl. Abschnitt 2.2.6

Diese Idealnorm erlaubt einen Vergleich der „Leistung" einer Person mit den vom Test geforderten Kriterien. Tests, deren Bezugsgröße eine Idealnorm darstellt und als Vergleich dient, werden **kriteriumsorientierte Tests** genannt.

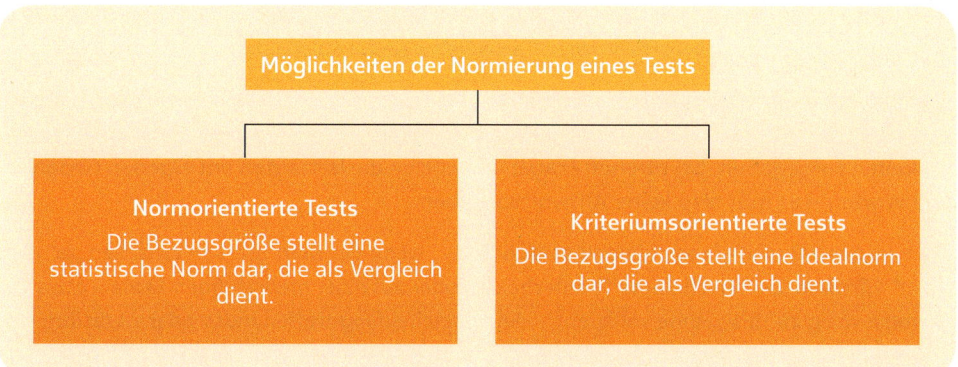

Die Psychologie kennt eine Vielzahl von Tests, die sich drei Gruppen zuordnen lassen:

- **Leistungstests:** Sie wollen bestimmte Lern- oder Denkleistungen eines Menschen messen. Zu dieser Gruppe von Tests gehören bspw. Intelligenz-, Reaktions-, Konzentrations-, Begabungs- und Eignungstests.

- **Reife- und Entwicklungstests:** Sie wollen messen, inwieweit der Proband altersangemessenes Verhalten zeigt. Ein typisches Beispiel hierfür sind die Schulreifetests.

- **Persönlichkeitstests:** Sie wollen ein oder mehrere Persönlichkeitsmerkmale und deren Ausprägung erfassen[1].

> **Test-Sucht**
> Ein Mensch weiß, von Verstand gesund,
> Längst, wo begraben liegt der Hund.
> Ja, selbst die dümmsten Menschen haben
> Seit je gewusst, wo er begraben.
> Und alle Welt kennt das Ergebnis
> Von dieses Hundes Erdbegräbnis.
> Doch jetzt erst wird, was lang erhärtet,
> Streng wissenschaftlich ausgewertet
> Und jeder Zweifel dran besiegt,
> Dass hier der Hund begraben liegt.
> *(Eugen Roth, 2015[7], S. 270)*

Diese Einteilung darf nicht absolut gesehen werden, es gibt Überschneidungen.

2.2.5   Die Befragung

Die Befragung ist eine sehr weit verbreitete Technik zur Gewinnung von bestimmten Daten. Dabei werden an bestimmte Personen bzw. Personengruppen Fragen gerichtet, die diese beantworten.

> **Die Befragung ist eine Technik zur Erfassung von Daten mithilfe der Beantwortung von Fragen, die einem bestimmten Personenkreis gestellt werden.**

Man unterscheidet zwischen einer **standardisierten** und **nicht standardisierten Befragung**. Bei einer standardisierten Befragung sind die Fragen, ihre Reihenfolge und die Antwortmöglichkeiten genau vorgegeben. Die nicht standardisierte Befragung dagegen enthält keinerlei Vorgaben, auch nicht für den Interviewten (vgl. *Zierer u. a., 2013, S. 64*).

---

[1] Auf Persönlichkeitsmerkmale wird in Kapitel 9.1.1 eingegangen.

Eine Befragung kann *schriftlich* mithilfe eines Fragebogens oder aber auch *mündlich* stattfinden. Ein **Fragebogen** ist eine schriftliche Zusammenstellung von zweckgerichteten Fragen nach bestimmten Daten.

„Sind Sie Mitglied eines Sportvereins?", „Wie viel Liter Milch trinken Sie pro Tag?" oder „Wie zufrieden sind Sie mit Ihrem Ehepartner?" sind Beispiele für solche zweckgerichteten Fragen.

Die Fragen können dabei *geschlossen* oder *offen* sein. Bei geschlossenen Fragen, die wir vor allem bei standardisierten Befragungen vorfinden, werden alternative Antwortmöglichkeiten vorgegeben, bei offenen Fragen antworten die Befragten mit eigenen Gedanken und Worten – es gibt also keine Antwortvorgaben.

Um eine geschlossene Frage handelt es sich bspw., wenn der Befragte sich zwischen „ja" oder „nein" („Treiben Sie täglich Sport?") entscheiden oder auf einer mehrstufigen Skala – etwa von „stimme völlig zu" bis „lehne völlig ab" – eine Entscheidung treffen muss oder wenn ihm eine Auswahl von verschiedenen Antworten zur Verfügung steht.
Ein Beispiel für offene Fragen ist: „Was schätzen Sie an Ihrem Partner am meisten, was am wenigsten?"

→ **Materialien 1b:**
Die Erfassung manifester Angst (MAS)

Zudem können die Fragen nur jeweils eine Antwort oder auch mehrere Antworten zulassen.

Eine mündliche Befragung wird gewöhnlich **Interview** genannt.

Ein Interview ist eine mündliche, zweckgerichtete Befragung, um bestimmte Daten zu erhalten.

Dabei passt der Interviewer i. d. R. seine Fragen den Besonderheiten des Befragten und der jeweiligen Situation an.

Interviews sind uns allen bspw. durch das Fernsehen bekannt, wenn Politiker, Künstler, Sportler, Schauspieler, Sänger u. a. zu einem bestimmten Thema befragt werden.

Bei einer **Umfrage** wird einer relativ großen Gruppe von Menschen eine bestimmte Anzahl von festgelegten Fragen gestellt. Geht es bei einer Umfrage um die Ansicht oder Meinung von Menschen, so handelt es sich um eine **Meinungsforschung** bzw. **Demoskopie**.

Die sogenannte Sonntagsfrage in öffentlichen Medien, wie viel Prozent die einzelnen Parteien erhalten würden, sollte am nächsten Sonntag Wahl sein, ist hierfür ein treffendes Beispiel.

Sehr häufig wird die Befragung in der Klinischen Psychologie eingesetzt, wo sie meist als **Exploration**[1] bezeichnet wird. Hierbei werden gezielte Fragen zur aktuellen Lebenssituation einer Person gestellt, z. B. über ihre familiären Verhältnisse und sozialen Beziehungen. In der **Anamnese**[2] wird die Person über ihre bisherige Lebensgeschichte befragt und es werden Daten über ihre Entwicklungsgeschichte erhoben. Mithilfe halbwegs strukturierter Fragen erstellt der Psychologe ein möglichst lückenloses Bild bedeutsamer lebensgeschichtlicher Faktoren. Die dafür nötigen Informationen werden möglichst gründlich erhoben und durch gezieltes Nachfragen vervollständigt[3].

---

[1] explorare (lat.): ausforschen
[2] anámnēsis (griech.): die Erinnerung
[3] vgl. auch Kapitel 9.1.2

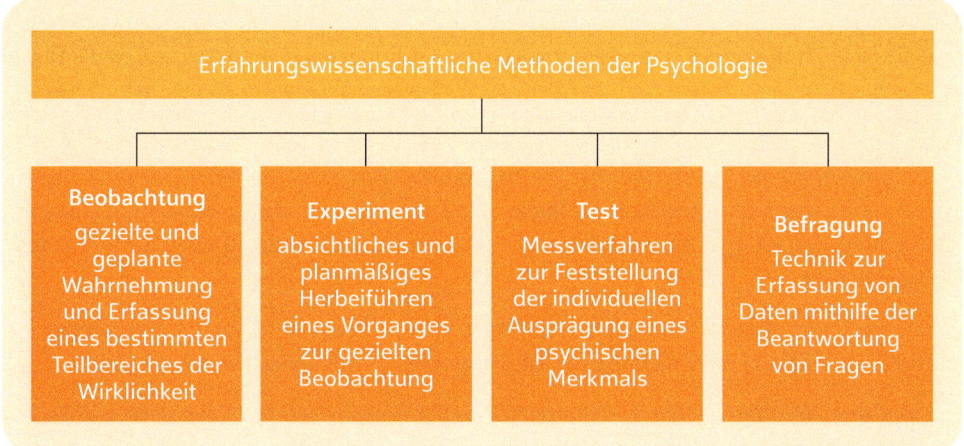

In den 70er-Jahren des letzten Jahrhunderts entstand die Methode der **Handlungs- bzw. Aktionsforschung**, die darauf abzielt, verändernd in die Praxis einzugreifen und Forschung sowie Veränderung der Praxis zu verbinden. Sie spielt aber in der Psychologie eine untergeordnete Rolle und findet mehr in der Pädagogik Anwendung.

Neurowissenschaften wie z. B. die Neuropsychologie benötigen besondere Methoden zur Erforschung des Zusammenhanges zwischen neurologischen Vorgängen im Gehirn bzw. Nervensystem und psychischen Phänomenen. Man spricht hier von *bildgebenden Verfahren*, das sind verschiedene Methoden, die der Aufnahme und Darstellung des Körperinneren dienen.

2.2.6 Die Vorgehensweise bei naturwissenschaftlichen Untersuchungen

Bezüglich des Vorgehens bei naturwissenschaftlichen Untersuchungen können wir acht Schritte unterscheiden.

1. Schritt: Formulierung einer wissenschaftlichen Fragestellung

Jeder Wissenschaftler, der eine Untersuchung startet, geht von einer bestimmten Fragestellung aus; er legt fest, welchen Sachverhalt er untersuchen will. Am Anfang einer wissenschaftlichen Untersuchung steht also immer eine **wissenschaftliche Fragestellung**.

So will ein Psychologe untersuchen, ob ein Zusammenhang besteht zwischen der Mitarbeit eines Schülers im Unterricht und seinen schulischen Leistungen.

> Eine wissenschaftliche Fragestellung ist eine Mitteilung darüber, welcher Sachverhalt untersucht werden soll.

2. Schritt: Bildung der Hypothese

Sobald ein Forscher festgelegt hat, welchen Sachverhalt er untersuchen will, formuliert er seine **Vermutung über den Ausgang seiner erst noch zu unternehmenden Untersuchung**.

 Wenn ein Psychologe untersuchen will, ob ein Zusammenhang besteht zwischen der Mitarbeit des Schülers im Unterricht und seinen schulischen Leistungen, so formuliert er, um die Untersuchung organisieren zu können, die Vermutung über den Ausgang seiner Untersuchung: „Es besteht ein Zusammenhang zwischen der aktiven Mitarbeit eines Schülers im Unterricht und seinen schulischen Leistungen."

Diese vorläufige Aussage wird **Hypothese**[1] genannt und dient der Organisation einer Untersuchung. Sie ist also eine Vermutung des Forschers, die anhand einer Untersuchung überprüft wird.

Eine Hypothese muss so formuliert sein, dass sie durch die Untersuchung **entweder bestätigt (= verifiziert) oder nicht bestätigt, verworfen (= falsifiziert)** werden kann.

 Die Aussage „Welche Wirkung die Mitarbeit eines Schülers im Unterricht auf seine schulischen Leistungen hat, ist ungewiss" ist als Hypothese unzulässig, weil sie weder verifiziert noch falsifiziert werden kann. Dagegen ist die Vermutung „Zwischen der aktiven Mitarbeit eines Schülers im Unterricht und seinen schulischen Leistungen besteht ein Zusammenhang" als Hypothese zulässig, da sie durch eine entsprechende Untersuchung bestätigt oder verworfen werden kann.

Eine Hypothese ist eine vorläufig und falsifizierbar formulierte Aussage über den Ausgang einer erst zu unternehmenden Untersuchung.

Bei einer Hypothese handelt es sich i.d.R. um die Aussage über einen Zusammenhang zwischen zwei Merkmalen, sogenannte *Merkmalszusammenhänge* (vgl. *Diekmann, 2009[20], S. 124*).

 Bei der Aussage „Es besteht ein Zusammenhang zwischen der Mitarbeit des Schülers im Unterricht und seinen schulischen Leistungen" handelt es sich um eine Beziehung zwischen den beiden Merkmalen „aktive Mitarbeit im Unterricht" und „schulische Leistungen".

3. Schritt: Konkretisierung der zentralen Begriffe

Der Forscher legt genau fest, wie er die Merkmale, die untersucht werden sollen, beobachten kann – er führt sie auf das Beobachtbare zurück.

 In dem Beispiel „Es besteht ein Zusammenhang zwischen der Mitarbeit eines Schülers im Unterricht und seinen schulischen Leistungen" legt der Forscher genau fest, wie er „aktive Mitarbeit" und „schulische Leistungen" beobachten und feststellen will – z.B.:

- Anzahl der Meldungen des Schülers im Unterricht, Erledigen der Hausaufgaben [...]
- Erfassen der schulischen Noten, Errechnen ihres Durchschnittes

 Der Begriff „Aggression" kann folgendermaßen auf das Beobachtbare zurückgeführt werden:

- Aussagen des Untersuchten: „Ich bin aggressiv" oder „Ich habe keine Aggressionen"
- beobachtbare Reaktionen wie Erröten, Zittern, Stottern, erhöhter Blutdruck oder schnelles Atmen
- Um-sich-Schlagen mit den Armen usw.
- Ergebnis eines Fragebogens, den der Untersuchte beantwortet

Das Zurückführen von Begriffen auf das Beobachtbare wird als **Operationalisierung**[2] bezeichnet. Sind die Begriffe auf das Beobachtbare zurückgeführt, so spricht man von einer **operationalen Definition**.

---

[1] hypotithénai (griech.): eine Behauptung aufstellen, unterstellen
[2] operari (lat.): arbeiten

Intelligenz ist durch das, was der Intelligenztest misst, operational definiert.

> **Operationale Definition ist eine Begriffsbestimmung, in welcher ein Begriff auf das Beobachtbare zurückgeführt, einer Beobachtung zugänglich gemacht ist.**

Eine unklare bzw. unterschiedliche Definierung der entsprechenden Begriffe ist oft der Grund dafür, dass verschiedene Untersuchungen zu ein und demselben Thema zu unterschiedlichen Ergebnissen kommen. Es gibt bspw. zu der Fragestellung, ob ein geringes Selbstbewusstsein ein Nährboden für Aggressionen ist, mehrere Untersuchungen, die aber zu unterschiedlichen Ergebnissen führen. Der Grund hierfür können Definierungen des Begriffes „geringes Selbstbewusstsein" sein, die jeder Forscher anders vorgenommen hat.

4. Schritt: Ausschalten von Merkmalen, die das Ergebnis verfälschen könnten

Der Wissenschaftler macht sich Gedanken, wie er *mögliche Merkmale, die sein Ergebnis beeinflussen und damit verfälschen könnten, in den Griff bekommen bzw. ausschalten kann*.

So könnte es möglich sein, dass die Schüler wegen einer bevorstehenden Prüfung ganz besonders viel zu Hause lernen oder sich Nachhilfeunterricht geben lassen, wodurch gute Noten erzielt werden und nicht aufgrund der aktiven Mitarbeit im Unterricht.

5. Schritt: Bestimmung der Stichprobe

Um zu allgemeingültigen Aussagen zu kommen, müsste man genau genommen alle Personen bzw. Personengruppen, auf die die Aussage zutreffen soll, untersuchen.

Will ein Psychologe untersuchen, ob ein Zusammenhang zwischen der aktiven Mitarbeit eines Schülers im Unterricht und seinen schulischen Leistungen besteht, so müsste er alle Schüler in Deutschland beobachten.

Die Gesamtheit aller Personen, auf die die Aussage zutreffen soll, wird Grundgesamtheit bzw. Population[1] genannt.

Die Grundgesamtheit bzw. die Population sind alle Schüler in Deutschland; auf sie nämlich soll oben genannte Aussage zutreffen.
Bei der Untersuchung, ob Frauen bessere Autofahrer seien als Männer, umfasst die Population alle Auto fahrenden Frauen und Männer in Deutschland.

> **Die Gesamtheit aller Personen, für die man aufgrund einer Untersuchung eine Aussage treffen will, bezeichnet man als Grundgesamtheit bzw. Population.**

Es ist aber nicht möglich, alle Personen, auf die die Aussage zutreffen soll, zu untersuchen. Wissenschaftler wählen deshalb aus der Population bestimmte Personen aus. Wird eine Untersuchung nur an einem Teil der Population durchgeführt, so spricht man von einer **Stichprobe**.

Der Forscher wählt bei der Untersuchung, ob ein Zusammenhang zwischen der aktiven Mitarbeit eines Schülers im Unterricht und seinen schulischen Leistungen besteht, aus der Population 2000 Schüler aus, um an diesen die gefragten Merkmale zu beobachten. Diese 2000 Schüler stellen in diesem Beispiel die Stichprobe dar.

---

[1] populus (lat.): das Volk

> **Der ausgewählte Teil aus einer Population, an dem eine Untersuchung durchgeführt wird, wird als Stichprobe bezeichnet.**

Dabei ist es wichtig, dass in allen Merkmalen, die für das zu untersuchende Verhalten bedeutsam sein könnten, keine grundsätzlichen Unterschiede zwischen der Stichprobe und der Population bestehen.

So dürfen hinsichtlich von Merkmalen wie Intelligenz, Begabungen, Alter, Geschlecht, Herkunft u.a. zwischen der Stichprobe und der Population keine systematischen Unterschiede bestehen.

Wir sprechen dann von der **Repräsentativität**[1] **einer Stichprobe**: Sie setzt sich in ihren Merkmalen im Idealfall genauso zusammen wie die Population, sie stellt gleichsam eine „verkleinerte Population" dar. Bei einer genügend großen Stichprobe, bei der jede Person die gleiche Chance hat, in die Stichprobe aufgenommen zu werden, ist i.d.R. die Repräsentativität gegeben. Eine Möglichkeit, eine solche Stichprobe auszuwählen, ist die *Zufallsauswahl*, Randomisierung[2] genannt, wie dies bspw. beim Losverfahren der Fall ist.

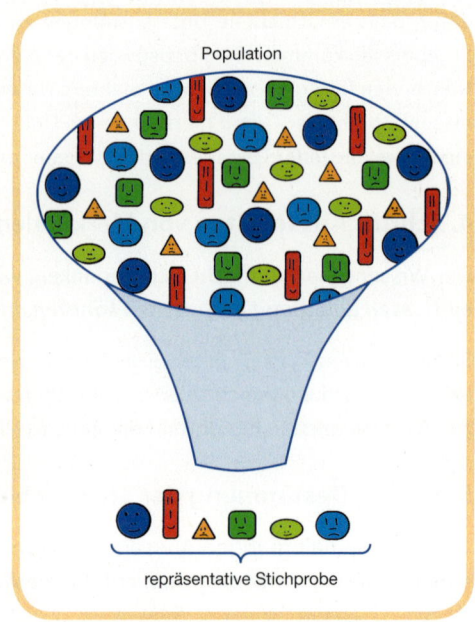

In der Realität gleichen sich eine per Zufallsauswahl gezogene Stichprobe und die zugrunde liegende Population hinsichtlich ihrer Eigenschaften so gut wie nie vollständig. Zufallsbedingt werden immer mehr oder weniger kleine Abweichungen auftreten.

Wichtig für die Aussagekraft der Ergebnisse ist allerdings, dass es sich dabei um **keine grundlegenden Abweichungen** handelt. Eine systematische Abweichung würde bspw. vorliegen, wenn zur Teilnahme an der PISA-Studie gezielt die besten Schüler ausgewählt würden. Eine solche Stichprobe wäre nicht repräsentativ und die Ergebnisse der Studie könnten erheblich verfälscht werden.

Wenn im Rahmen einer randomisierten Stichprobenziehung **zufällig** besonders viele sehr gute Schüler zur Teilnahme an der PISA-Studie ausgewählt werden, kann dies natürlich auch die Stichprobenergebnisse beeinflussen. Mithilfe der Methoden der **Inferenzstatistik**[3] lassen sich in solchen Fällen trotzdem valide Aussagen über die Population machen. Aus diesem Grund hat das Stichprobenziehen per Zufallsauswahl in der Wissenschaft einen sehr hohen Stellenwert.

---

[1] repraesentatio (lat.): die Darstellung
[2] random (engl.): zufällig
[3] vgl. Abschnitt 2.4.4

6. Schritt: Durchführung der Untersuchung

Nach dieser „Vorarbeit" kann der Wissenschaftler seine Untersuchung durchführen und die Ergebnisse festhalten. Je nachdem, wie geforscht bzw. untersucht werden soll, handelt es sich um eine **Beobachtung**, ein **Experiment**, einen **Test** oder um eine **Befragung**[1].

Es reicht nicht aus, die zu untersuchenden Merkmale lediglich einmal zu beobachten und festzuhalten; mehrere Untersuchungsergebnisse müssen miteinander verglichen werden. Erst dann sind sie aussagekräftig.

7. Schritt: Auswertung und Interpretation der gewonnenen Daten

Die zu untersuchenden Merkmale müssen als Zahlenwerte angegeben, also **quantifiziert**[2] werden.

> Quantifizierung bedeutet die Angabe der zu untersuchenden Merkmale in messbaren Größen bzw. Zahlen.

Dabei erhält der Wissenschaftler als Ergebnis seiner Untersuchung Angaben über die Ausprägung bzw. Häufigkeit von bestimmten Verhaltensmerkmalen.

Der Forscher erhält auf der einen Seite Angaben über die Aktivität von Schülern im Unterricht, auf der anderen Seite erfährt er, wie es um die Leistungen dieser Schüler steht.

Diese Angaben bezeichnen wir als **Daten**, die mithilfe statistischer Verfahren ausgewertet und interpretiert[3] werden.

8. Schritt: Formulierung von allgemeingültigen Aussagen

Auf der Grundlage der ausgewerteten und interpretierten Daten stellt sich heraus, ob sich die Hypothese bestätigt oder nicht. Handelt es sich um nicht zufällige, sondern um zutreffende Ergebnisse[4], so ist es nun möglich, **allgemeingültige Aussagen – Gesetzmäßigkeiten, Theorien –** zu formulieren bzw. aufzustellen.

Der Wissenschaftler ist nun in der Lage, mithilfe der Statistik die allgemeingültige Aussage zu formulieren: „Zwischen der Mitarbeit eines Schülers im Unterricht und seinen schulischen Leistungen besteht ein Zusammenhang" oder „Zwischen der Mitarbeit eines Schülers im Unterricht und seinen schulischen Leistungen besteht kein Zusammenhang".

---

[1] vgl. Abschnitt 2.2.2 bis 2.2.5
[2] quantum (lat.): wie viel
[3] Auswertung bedeutet in diesem Zusammenhang das Ordnen von Zahlen in einer Weise, dass sie eine Aussage ergeben (vgl. Eid u. a., 2015[4], S. 42). Interpretation (lat.) meint hier das Auslegen und Deuten der gewonnenen Daten (vgl. Abschnitt 2.4.4).
[4] In der Statistik spricht man hier von signifikant (vgl. Abschnitt 2.4.4).

Vorgehensweise bei einer wissenschaftlichen Untersuchung

Formulierung einer wissenschaftlichen Fragestellung

↓

Bildung der Hypothese

↓

Operationalisierung der zentralen Begriffe

↓

Ausschalten von Merkmalen, die das Ergebnis verfälschen könnten

↓

Bestimmung der Stichprobe

↓

Durchführung der Untersuchung

↓

Auswertung und Interpretation der gewonnenen Daten

↓

Formulierung von allgemeingültigen Aussagen

2.3 Geisteswissenschaftliche Methoden

Erfahrungswissenschaftlichem Vorgehen sind dort Grenzen gesetzt, wo Ereignisse und Sachverhalte nicht mehr beobachtbar sind. Dies ist bspw. der Fall, wenn es um Ziel, Zweck und Sinn oder um die historische Bedingtheit des Erlebens und Verhaltens geht.

„Was der Mensch in seinem Wesen ist, lässt sich nicht einfach empirisch ermitteln [...], ist vielmehr das Resultat unseres Nachdenkens über den Menschen, also über uns selbst [...]."
(Mittelstraß, 2008, S. 80)

Dabei geht es um das Herausfinden von Wert- und Sinnzusammenhängen, um ein **Verstehen**: Erleben und Verhalten können – wie in *Kapitel 1.3.3* ausgeführt – durch das Herausfinden des Zieles, durch die Ermittlung von Sinnzusammenhängen nicht erklärt, sondern „verstanden" werden. Verstehen in diesem Sinne betrifft Schöpfungen und Produkte des menschlichen Geistes, insbesondere Inhalte der Kultur sowie vergangenes und gegenwärtiges menschliches Handeln, und ist das Ziel geisteswissenschaftlicher Methoden.

Methoden, die durch das Herausfinden von Wert- und Sinnzusammenhängen dem Verstehen dienen, werden als geisteswissenschaftliche Methoden bezeichnet.

Die bedeutendsten geisteswissenschaftlichen Methoden sind die **Hermeneutik, die Phänomenologie und die Dialektik**.

2.3.1 Die Hermeneutik

Ein wissenschaftliches Verfahren, das auf eine rationale und überprüfbare Auslegung und Interpretation der Wirklichkeit – hier des Erlebens, Verhaltens und Handelns – abzielt, wird hermeneutisches Verfahren genannt[1]. Meist wird es auf Textauslegung und Sprachanalyse beschränkt, doch es bezieht sich auch auf die Wirklichkeit als Praxisfeld. Mit Interpretation und Auslegung ist das methodische Vorgehen gemeint, mit welchem der Wissenschaftler die Wirklichkeit in ihrem Sinngehalt erfassen will (vgl. *Gudjons, 2012[11], S. 32*). Hermeneutische Verfahren dienen also dazu, die Bedeutung, den Sinn der Wirklichkeit zu erfassen und zu verstehen.

> **Hermeneutik ist die Bezeichnung für alle methodischen Verfahren der rationalen und überprüfbaren Auslegung und Interpretation der Wirklichkeit mit dem Ziel, deren Sinn- und Bedeutungszusammenhänge zu erfassen und zu verstehen.**

> *„Unter Hermeneutik versteht man die Auslegung oder Interpretation der Lebenswirklichkeit in der Zeit (Vergangenheit – Gegenwart – Zukunft). Die Erfahrung der Lebenswirklichkeit wird über das Erleben, den Ausdruck und das Verstehen vermittelt [...]. Diese Vermittlung geschieht in erster Linie über die Sprache als Ausdruck des Lebens und des objektiven Geistes."*
> *(Tschamler, 1996[3], S. 38)*

2.3.2 Die Phänomenologie

Ausgangspunkt der Phänomenologie[2], die auf den Philosophen *Edmund Husserl* (1859–1938) zurückgeht, ist das Gegebene, wie es dem Bewusstsein **erscheint**. Doch wie uns das Gegebene erscheint, stimmt i. d. R. nicht mit dem überein, wie es seinem *tatsächlichen Wesen* entspricht. Wir betrachten eine bestimmte Sache nicht unvoreingenommen, Erfahrungen, Vorurteile, Interpretationen, Wertungen und Ähnliches lassen sie uns anders erscheinen als sie wirklich ist.

In einem Gespräch über Schule wird bald deutlich, dass „Schule" von jedem anders gesehen wird. Sie wird von jedem so gesehen, wie sie seinem Bewusstsein *erscheint*.

Die Phänomenologie will nun die „Erscheinungen" (Erfahrungen, Vorurteile, Wertungen, Interpretationen und dergleichen) in den Griff bekommen, um zum **Wesen der Sache**, so wie sie wirklich ist, vorzudringen. Es geht also darum, von einer Sache, wie sie uns erscheint, zum Wesen dieser Sache, wie sie wirklich ist, zu kommen.

---

[1] hermeneuein (griech.): auslegen, aussagen
[2] phainómenon (griech.): das Erscheinende

 Am Beispiel Schule bedeutet dies, alle Voreingenommenheit, Deutungen usw. zu erfassen, um sie „ausschalten" zu können und zum Wesen, was Schule wirklich ist, zu kommen.

Es gilt also, eine Sache auf das „Wesentliche" zurückzuführen. Der Ausspruch *„Zurück zu der Sache"* kann als Maxime der Phänomenologie gesehen werden.

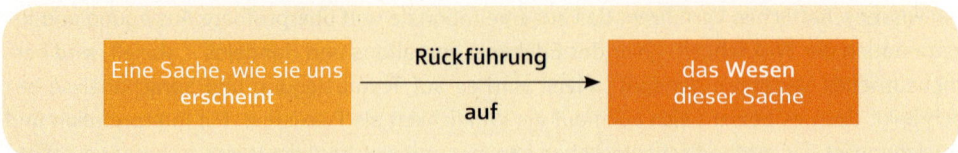

Bei der Phänomenologie als geisteswissenschaftlicher Methode geht es um die Rückführung einer Sache auf ihr eigentliches Wesen, um sie so beschreiben zu können, wie sie wirklich ist, und nicht, wie sie uns erscheint.

Es wird deshalb auch von einer **Wesensschau** gesprochen. Bei ihr geht es darum, das Konstante, das Allgemeine einer Sache herauszukristallisieren. „Dieses Unveränderliche, Konstante, Allgemeine ist das Wesen einer Sache." (*Zierer u. a., 2013, S. 33*)

 Das Beispiel der Pisa-Studie zeigt deutlich, wie Ergebnisse ideologisch und voreingenommen interpretiert werden. Der eine sieht dafür eine Bestätigung für die Gesamtschule, der andere für eine längere gemeinsame Schulzeit usw. Die Phänomenologie will nun die einzelnen Daten mit anderen Daten in Beziehung setzen, um zum Kern, zum Wesen der Sache zu kommen. So könnte etwa deutlich werden, dass die ideologischen und voreingenommenen Deutungen gar nicht zutreffen (vgl. *Zierer u. a., 2013, S. 37 f.*).

2.3.3 Die Dialektik

Die Dialektik[1] als geisteswissenschaftliche Methode dient der Erkenntnisgewinnung durch **das Aufdecken von Widersprüchen und Gegensätzen**. Widerspruch und Gegensatz drängen nach einer Auflösung. Diese besteht in der **Aufhebung des Gegensatzes**. Aufheben besagt einmal ein Beseitigen des Gegensätzlichen und Widersprüchlichen und zum anderen ein Festhalten am Gemeinsamen, Übereinstimmenden. Auf diese Weise ist es möglich, das Wesen der Dinge zu erhellen und zu Erkenntnissen zu kommen.

 Die Schule soll den Einzelnen optimal fördern (= These), zugleich hat sie eine Auslesefunktion (= Antithese), weil die Gesellschaft auf qualifizierten Nachwuchs angewiesen ist. Beide Positionen erweisen sich als zutreffend und notwendig, sind aber widersprüchlich. Dieser anfängliche Widerspruch geht in eine Synthese über, bis sich dieser „Widerspruch" als nur scheinbar auflöst. Ähnlich verhält es sich mit der heute sehr intensiv diskutierten Frage, ob Erziehung von der Familie (= These) oder von öffentlichen Erziehungseinrichtungen wie Kindertagesstätten (= Antithese) übernommen werden soll. Dieser Widerspruch verlangt als Synthese nach einer Lösung, die diesen aufhebt.

Dialektik ist eine geisteswissenschaftliche Methode der Erkenntnisgewinnung durch das Aufdecken und Aufheben von Widersprüchen und Gegensätzen.

---

[1] dialektikē (griech.): Kunst der Gesprächsführung

Der erste methodische Schritt der Dialektik besteht im Setzen einer **These**, die durch eine **Antithese** verneint wird. Diese Verneinung kann ein Widerspruch oder ein Gegensatz sein und ist inhaltlich an die These gebunden, die sie „aufzuheben" versucht. Der zweite Schritt will die Aufhebung des Gegensatzes in der **Synthese**, die ein Beseitigen des Gegensätzlichen und Widersprüchlichen sowie ein Bewahren des Übereinstimmenden darstellt und einen neuen, der Erkenntnisgewinnung näheren Zusammenhang eröffnet. Der Prozess setzt sich fort, indem die Synthese zu einer neuen These wird, die wiederum durch eine Antithese verneint wird und in einer erneuten Synthese endet. Auf diese Weise kommt man der Erkenntnisgewinnung immer näher.

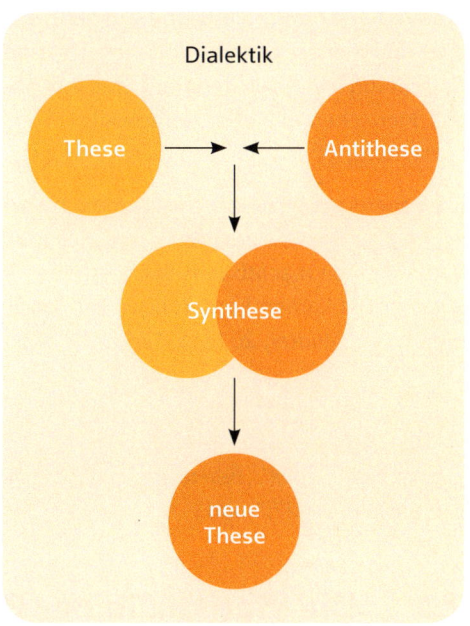

Karl Marx geht in seiner Theorie des historischen Materialismus[1] ebenfalls dialektisch vor: Dieser beginnt bei der ursprünglichen Einheit der Menschheit (= These) und entwickelt sich hin zu einem Zustand der Entfremdung – die Menschheit befindet sich in einem Gegensatz zur Natur (= Antithese). Daraus entfaltet sich dann auf einer höheren Ebene die Synthese des Sozialismus als Übergangsstadium zum Kommunismus.

> *„Dialektik hat ihren Ursprung im Dialog, d. h. im Hin und Her von Rede und Gegenrede, von Argument und Gegenargument, bis […] beide Partner sich schließlich bei einer gemeinsam akzeptierten Ansicht treffen, die als wahr anerkannt werden muss, insofern sich kein Widerspruch mehr erhebt."*
> *(Seiffert / Radnitzky, 2000, S. 33)*

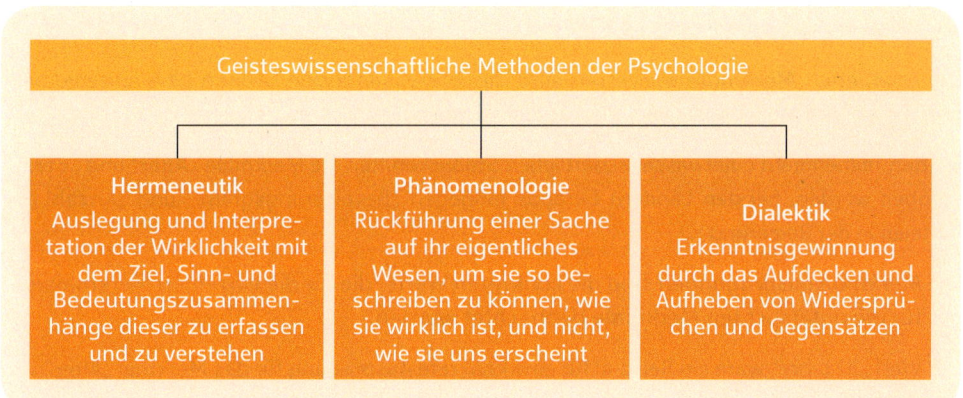

Geisteswissenschaftliche Methoden der Psychologie		
Hermeneutik Auslegung und Interpretation der Wirklichkeit mit dem Ziel, Sinn- und Bedeutungszusammenhänge dieser zu erfassen und zu verstehen	**Phänomenologie** Rückführung einer Sache auf ihr eigentliches Wesen, um sie so beschreiben zu können, wie sie wirklich ist, und nicht, wie sie uns erscheint	**Dialektik** Erkenntnisgewinnung durch das Aufdecken und Aufheben von Widersprüchen und Gegensätzen

Aus der hermeneutischen Denktradition heraus entwickelte sich Anfang der 70er-Jahre des vergangenen Jahrhunderts als weiteres geisteswissenschaftliches Vorgehen die **qua-**

---

[1] Nach der Theorie des historischen Materialismus, die auf Karl Marx (1818–1883) zurückgeht, wird das Leben durch die ökonomischen Verhältnisse bestimmt, insbesondere durch die private Verfügung über die Produktionsmittel, wodurch die Mehrheit der Bevölkerung gezwungen ist, ihre Arbeitskraft zu verkaufen.

litative Forschung, die davon ausgeht, dass menschliches Handeln eine Bedeutung besitzt und Menschen aufgrund dieser handeln. Ziel der qualitativen Forschung ist es, diese Bedeutung menschlichen Handelns zu erfassen. Im Fokus dieser steht die Ganzheitlichkeit des Menschen in seiner Komplexität. Es gibt kein einheitliches Konzept der qualitativen Forschung, es handelt sich dabei um unterschiedliche Vorgehensweisen.

Im Gegensatz dazu spricht man auch von **quantitativer Forschung**, die mit der empirischen gleichgesetzt werden kann. Ziel quantitativer Forschung ist die numerische Darstellung eines beobachtbaren Sachverhaltes in Zahlen[1] (vgl. *Fischer u. a., 2014, S. 9*). In den 90er-Jahren kamen Forderungen auf, *quantitative und qualitative Forschung zu kombinieren* (vgl. *Wiater, 2013, S. 135*).

> *„Der traditionelle Verhaltensbegriff der empirischen Wissenschaften wird abgelöst durch eine Sicht des Menschen, der seinem Tun und seiner Welt einen Sinn, eine Bedeutung zuschreibt: ‚Sinn‘, ‚Bedeutung‘ und ‚Verstehen‘ werden als Kategorien wieder wichtig."* (Gudjons, 2012[11], S. 48)

2.4 Die Statistik in der Psychologie[2]

Allein die Daten, die ein Forscher aufgrund einer Untersuchung gewonnen hat, nützen ihm noch wenig. Er muss sie erst einmal darstellen und in einem zweiten Schritt auswerten und interpretieren. Erst dann kann er sagen, ob sich seine Hypothese bestätigt hat oder nicht.

2.4.1 Der Begriff „Statistik"[3]

Als Ergebnis einer empirischen Untersuchung erhält der Wissenschaftler für jeden der untersuchten *Merkmalsträger* zu jedem erhobenen *Merkmal* Angaben darüber, welche *Merkmalsausprägung* beobachtet wurde.

Unter *Merkmalsträgern* versteht man die Individuen oder Objekte, an denen die empirische Untersuchung durchgeführt wird.

Merkmalsträger können je nach Untersuchungsinhalt bspw. die Teilnehmer einer wissenschaftlichen Studie oder aber die Länder Europas sein.

Die erhobenen *Merkmale* wiederum sind die interessierenden Größen bzw. Eigenschaften, die an den Merkmalsträgern untersucht wurden.

Bei den Teilnehmern einer wissenschaftlichen Studie könnten die Merkmale „Alter" und „Beruf" erhoben werden, bei den Ländern Europas hingegen „Bevölkerungsgröße" und „Anzahl der Parteien in der Regierung.

Die *Merkmalsausprägungen* sind die konkreten Werte, die für die einzelnen Merkmalsträger für die untersuchten Merkmale beobachtet wurden.

Der Wert „32 Jahre" wäre ein Beispiel für eine konkrete Ausprägung für das Merkmal „Alter", die Angabe „Speditionskauffrau" für das Merkmal „Beruf".

Diese Informationen werden in ihrer Gesamtheit als **Daten,** bezeichnet. Auf Grundlage der gewonnenen Daten wird überprüft, ob sich eine Hypothese oder Vermutung empirisch bestätigen lässt oder nicht.

---

[1] vgl. Abschnitt 2.4.2 bis 2.4.4
[2] unter Mitarbeit von Johannes Gerling und Enrico De Monte
[3] statisticus (lat.): staatswissenschaftlich

Eine Forscherin, die untersuchen möchte, ob ein Zusammenhang zwischen der aktiven Mitarbeit von Schülern im Unterricht und ihren schulischen Leistungen besteht, erhält im Zuge ihrer Untersuchungen für jeden Schüler (= Merkmalsträger) für die untersuchten Merkmale „Anzahl der Meldungen im Unterricht" und „schulische Leistung" Angaben über die jeweils beobachteten Ausprägungen – z. B. „11-mal" oder „sehr gut".

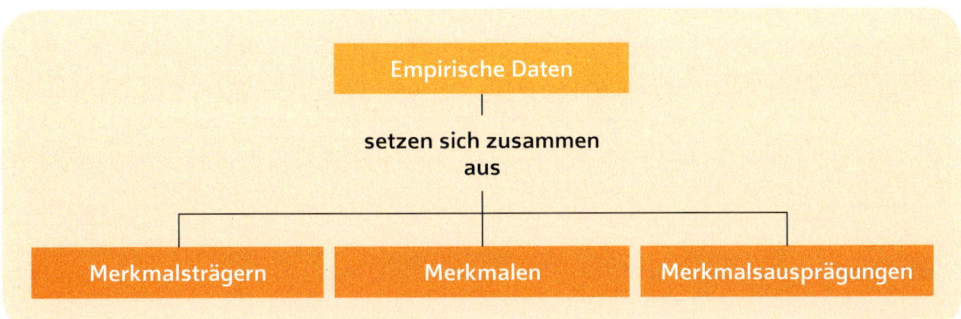

Da der Umfang der Daten je nach Art der Untersuchung jedoch sehr groß und schwer zu überblicken sein kann, bietet die Statistik mathematische Verfahren, mit denen die gewonnenen Daten zusammengefasst, ausgewertet und interpretiert[1] werden können.

> **Statistik ist die Bezeichnung für mathematische Verfahrensweisen, die der Aufbereitung, Auswertung und Interpretation von empirisch gewonnenen Daten dienen.**

Dabei unterscheidet man zwischen **deskriptiver Statistik** und **Inferenzstatistik**[2]. Die deskriptive Statistik meint bestimmte Verfahrensweisen zur Beschreibung und Darstellung der in der Stichprobe gewonnenen Daten. Sie wird auch oft *beschreibende Statistik* genannt.

Stellt man dar, wie oft sich ein Schüler in einer Unterrichtsstunde meldet, so handelt es sich um eine deskriptive Statistik.

Die Inferenzstatistik, in der Literatur oft auch *Entscheidungsstatistik, schließende Statistik* oder *induktive bzw. schlussfolgernde Statistik* genannt, dient der Berechnung und Bestimmung, ob die Ergebnisse, die an einer Stichprobe gewonnen wurden, auf die Population[3] verallgemeinert werden können, oder ob sie zufallsbedingt sind[4].

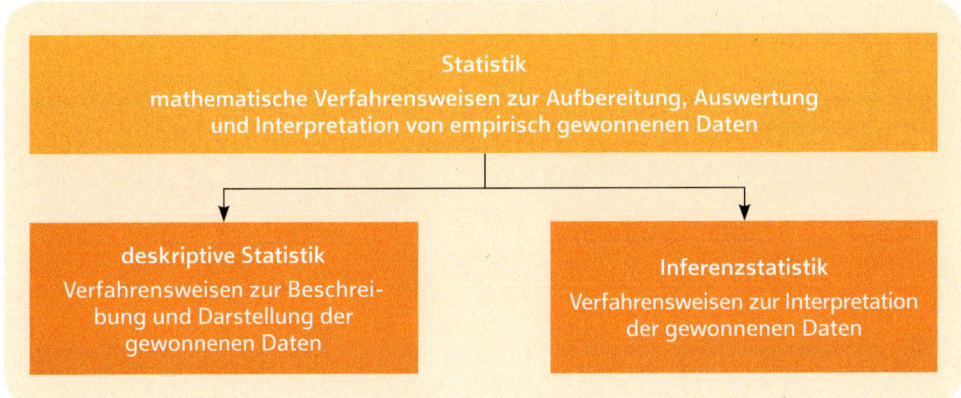

---

[1] Auswertung bedeutet in diesem Zusammenhang das Ordnen von Zahlen in einer Weise, dass sie eine Aussage ergeben (vgl. Eid u. a., 2015[4], S. 10). Interpretation (lat.) meint hier das Auslegen und Deuten der gewonnenen Daten.
[2] describere (lat.): beschreiben; inferre (lat.): folgern, schließen
[3] vgl. Abschnitt 2.2.6
[4] vgl. Abschnitt 2.4.4

Neben der deskriptiven und der Inferenzstatistik wird häufig als eigener Bereich der Statistik die Wahrscheinlichkeitsrechnung angegeben, deren theoretische Erkenntnisse über die Wahrscheinlichkeiten des Eintretens von Ereignissen für die Inferenzstatistik von großer Bedeutung sind.

2.4.2 Darstellung der Untersuchungsergebnisse

In der deskriptiven Statistik befasst man sich zum einen mit der **Beschreibung und Darstellung der Untersuchungsergebnisse** – z. B., wie oft sich in einer bestimmten Schulklasse die Schüler melden –, zum anderen mit der Feststellung einer **Beziehung zwischen Merkmalen** – ob bspw. ein Zusammenhang besteht zwischen der Mitarbeit eines Schülers und seinen Noten[1].

Zur Beschreibung der Untersuchungsergebnisse werden häufig **Mittelwerte** – das sind die Durchschnittswerte – berechnet.

 So lassen sich die Durchschnitte von Schülermeldungen im Unterricht in verschiedenen Klassen errechnen und miteinander vergleichen: Beobachtet in mehreren Unterrichtsstunden, meldeten sich in der Klasse 11a die Schüler im Durchschnitt pro Unterrichtsstunde 5,21-mal (= Mittelwert). In der Parallelklasse 11b dagegen meldeten sich die Schüler im Durchschnitt nur 4,81-mal (= Mittelwert).

Der Mittelwert ist der Durchschnitt aller Messwerte.

Der Mittelwert allein gibt jedoch nur einen sehr begrenzten Einblick in die erhobenen Daten. Interessant ist vielmehr auch, wie weit die einzelnen Werte um den Mittelwert streuen, also von ihm entfernt liegen. Ein in der Statistik wichtiges Maß für die Streuung der einzelnen beobachteten Werte um den Mittelwert ist die **Standardabweichung**.

 Um einen besseren Überblick über die Schülermeldungen in den beiden Parallelklassen 11a und 11b zu erhalten, sollte zusätzlich zu den Mittelwerten auch die Standardabweichung herangezogen werden. So könnte es sein, dass die Schüler in der Klasse 11b alle in etwa gleich aktiv am Unterricht teilnehmen, wohingegen es in der Klasse 11a einige sehr aktive und einige äußerst passive Schüler gibt. In einem solchen Fall wäre die Standardabweichung der Meldungen in der Klasse 11a deutlich höher als in der Klasse 11b.

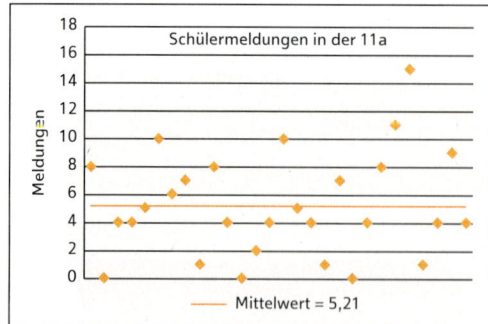 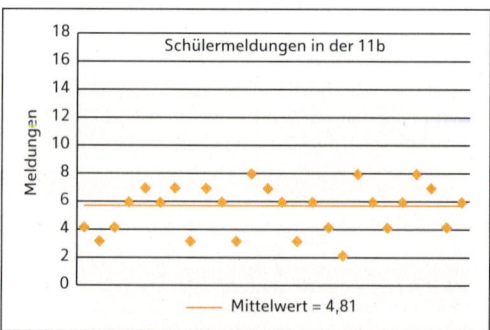

Die Standardabweichung ist ein Maß für die Streuung der Messwerte um den Mittelwert[2].

---

[1] vgl. Abschnitt 2.4.4
[2] Auf die Berechnung von Standardabweichungen wird an dieser Stelle nicht eingegangen.

Mittelwert und Standardabweichung sind zwei sehr nützliche Maße, um die Verteilung der Daten kurz und prägnant zusammenzufassen. Einen weitaus genaueren Einblick in die beobachteten Daten ermöglicht jedoch die **Häufigkeitsverteilung**. Sie gibt für jeden in der Untersuchung aufgetretenen Wert an, wie häufig dieser vorgekommen ist.

Die Klasse 11 a hat insgesamt 28 Schüler. Wie in mehreren Unterrichtsstunden in Pädagogik/ Psychologie beobachtet, ergab sich hinsichtlich der Schülermeldungen folgende Häufigkeitsverteilung (Tabelle):

Meldungen	0	1	2	3	4	5	6	7	8	9	10	11	12	13	14	15
Schüler	3	3	1	0	8	2	1	2	3	1	2	1	0	0	0	1

Die Daten können ebenso in einem Säulendiagramm oder auch in einem anderen Diagramm dargestellt werden:

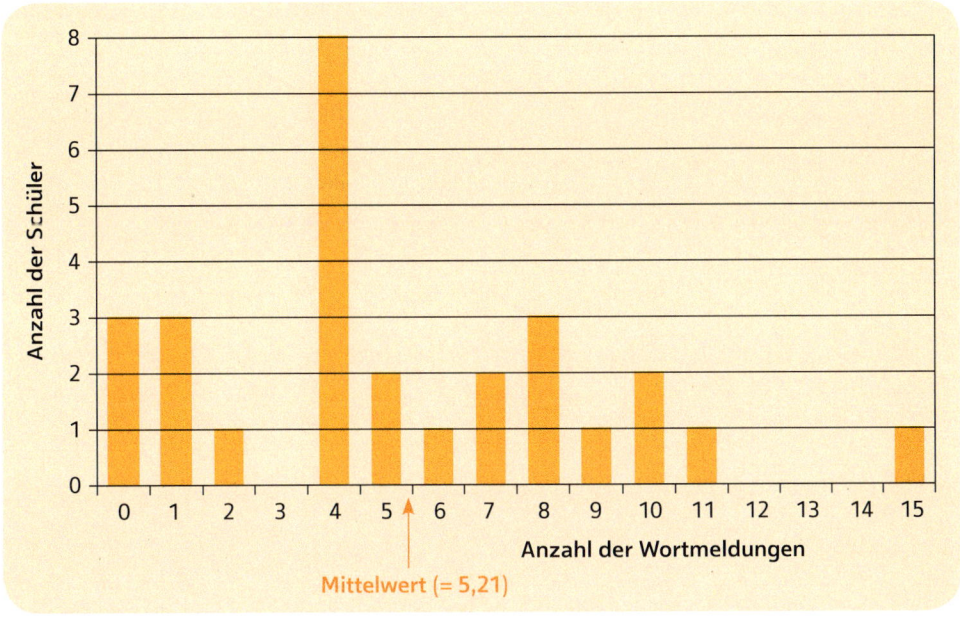

→ **Materialien 4:** Die Häufigkeitsverteilung

Oft ist auch derjenige Wert von Bedeutung, der die gewonnenen Daten in die obere und untere Hälfte aufteilt.

Bei der Zahlenreihe 1 2 **3** 4 5 ist der Wert, der die der Größe nach geordneten Werte in die obere und untere Hälfte aufteilt, die Zahl 3.

Diesen Wert bezeichnet man als **Zentralwert bzw. Median**[1].

So sind etwa Intelligenztests i.d.R. so gestaltet, dass ein IQ von 100 genau der Testpunktzahl entspricht, welche von 50 % der Getesteten nicht überschritten wurde.

---

[1] medianus (lat.): in der Mitte liegend

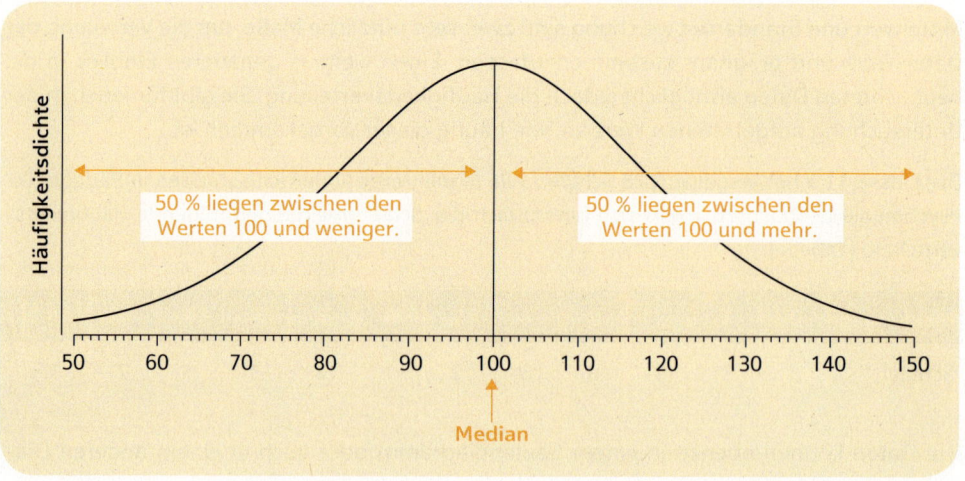

Der Median bezeichnet denjenigen Wert, der die geordnete Reihe der Messwerte in die oberen und unteren 50 Prozent aufteilt.

 In der Klasse 11b stören in einer Unterrichtsstunde sieben Schüler. Schüler A stört pro Unterrichtsstunde 3-mal, Schüler B 2-mal, C 3-mal, D 2-mal, E 4-mal, F 5-mal und Schüler G ganze 23-mal. Nun wird diese Zahlenreihe aufgeteilt mit Beginn der niedrigsten Zahl: 2 2 3 3 4 5 23. Der Median – die mittlere Zahl – ist 3.

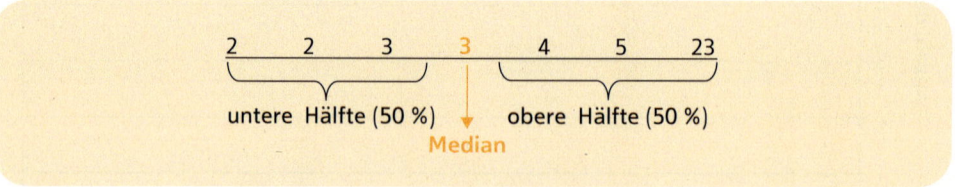

 Ergibt die Zahlenreihe eine gerade Zahl von Werten, so wird zwischen den beiden mittleren Werten der Durchschnitt genommen (vgl. Eid u. a., 2015[4], S. 140). 1 3 3 **4 5** 5 7 7 à Der Median beträgt hier 4,5.

Anders als der Mittelwert, welcher von einzelnen sehr großen oder sehr kleinen Werten stark beeinflusst werden kann, ist der Median gegenüber Ausreißern unempfindlich und stellt für die Beschreibung einer Verteilung daher eine wichtige Ergänzung zum Mittelwert dar.

 Greifen wir auf das Beispiel der Unterrichtsstörungen zurück: Obwohl nur ein einzelner der sieben Schüler mehr als 5-mal gestört hat, liegt der Mittelwert bei sechs Störungen. Die extrem große Anzahl an Störungen eines einzelnen Schülers beeinflusst den Mittelwert stark. Zieht man jedoch zusätzlich den Median (= 3) zurate, wird deutlich, dass mindestens 50 % der Schüler, die durch Unterrichtsstörungen aufgefallen sind, lediglich 3-mal oder weniger gestört haben. Median und Mittelwert sind daher wichtige, einander ergänzende Größen zur Beschreibung einer Verteilung von beobachteten Werten.

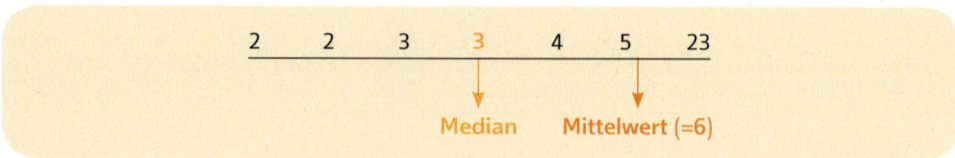

Auch bei der Beschreibung gesellschaftlicher Verhältnisse hat der Median zusammen mit dem Mittelwert große Bedeutung.

Im Durchschnitt besitzt z. B. jeder deutsche Haushalt ca. 160 000,00 EUR in Form von Geldvermögen und Immobilien (= Mittelwert). Betrachtet man nun den Median, der mit 67 000,00 EUR deutlich darunter liegt, so wird deutlich, wie ungleichmäßig die Vermögensverteilung in der Bundesrepublik Deutschland ist. Denn 50 % der Deutschen verfügen über ein Vermögen von nur 67 000,00 EUR oder weniger. Der mehr als doppelt so hohe Durchschnittswert wird maßgeblich durch einige wenige extrem reiche Bundesbürger beeinflusst.

Bei vielen Untersuchungen ist interessant, welcher Wert bei der Verteilung am häufigsten besetzt ist.

Um bei dem Beispiel der Schülermeldungen zu bleiben: Die meisten Schüler der Klasse 11a haben sich in einer Unterrichtsstunde 4-mal gemeldet.

In der Statistik wird vom **Modalwert** bzw. **Modus**[1] gesprochen.

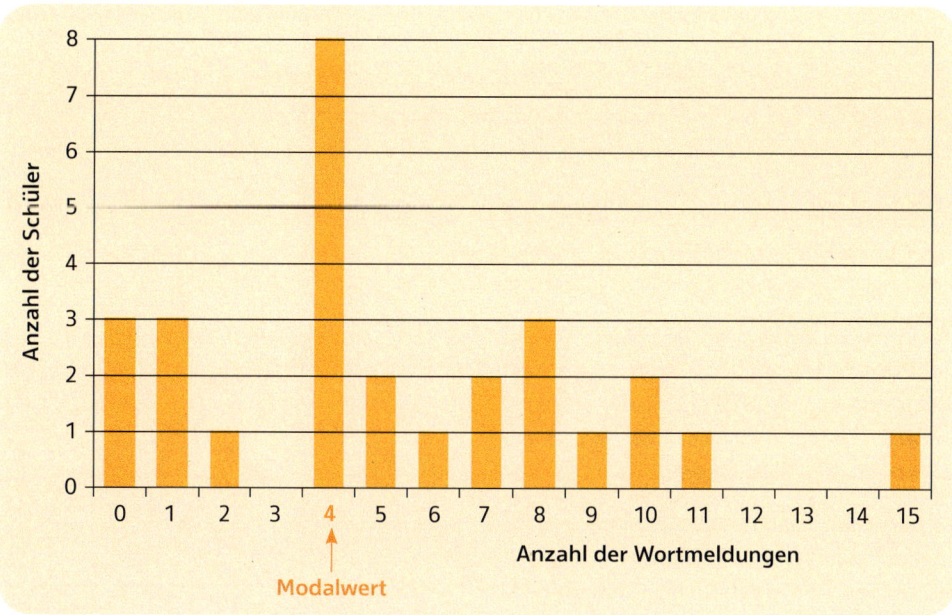

> **Der Modalwert (Modus) gibt an, welcher Wert in einer Verteilung am häufigsten vorkommt.**

Bei einer empirischen Untersuchung muss sich der Wissenschaftler immer auch überlegen, wie er die zu erhebenden Merkmale misst, das heißt, wie er die wahrgenommenen Eindrücke auf präzise und eindeutige Weise festhält und so überhaupt erst eine geordnete Verarbeitung und Interpretation der Untersuchungsergebnisse ermöglicht. Ein solches präzises und eindeutiges Festhalten geschieht durch Klassifikation bzw. Quantifizierung[2] der Beobachtungen.

---

[1] modus (lat.): das Maß, der Maßstab, die Größe, die Menge, die Masse
[2] vgl. Abschnitt 2.2.6

2.4.3 Die Beziehung zwischen Merkmalen

Eine der für Wissenschaftler interessantesten statistischen Berechnungen ist jedoch die Feststellung einer **Beziehung zwischen Merkmalen**[1].

So berechnet der Wissenschaftler mithilfe der Statistik, ob ein Zusammenhang zwischen der aktiven Mitarbeit eines Schülers im Unterricht und seinen schulischen Leistungen besteht.

Einen solchen statistisch berechneten Zusammenhang zwischen verschiedenen Merkmalen bezeichnet man als **Korrelation**[2].

> **Korrelation bezeichnet den statistisch berechneten Zusammenhang zwischen zwei Merkmalen.**

Die Korrelation wird mithilfe des **Korrelationskoeffizienten,** manchmal auch **Korrelationswert** genannt, ausgedrückt. Er gibt die **Stärke des Zusammenhanges zwischen zwei Merkmalen** an und reicht von +1 bis −1.[3] Bei einem Korrelationskoeffizienten von +1 (Korr = +1) handelt es sich um den größtmöglichen positiven Zusammenhang (= *perfekte positive Korrelation*).

Liegt zwischen zwei Merkmalen eine positive Korrelation vor, gilt allgemein:
Je größer das eine Merkmal, desto größer auch das das andere.

In nebenstehender Abbildung liegt eine hohe *positive Korrelation* vor, es besteht eine enge Beziehung zwischen den Werten der beiden Variablen.

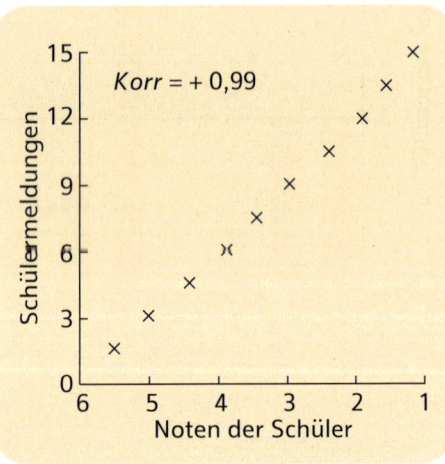

Um bei obigem Beispiel zu bleiben, besteht ein enger positiver Zusammenhang zwischen der aktiven Mitarbeit eines Schülers und seinen schulischen Leistungen.

Im Gegensatz dazu bedeutet ein Korrelationskoeffizient von −1 (Korr = −1) einen größtmöglichen negativen Zusammenhang (= *perfekte negative Korrelation*) zwischen zwei Merkmalen.

Liegt zwischen zwei Merkmalen eine negative Korrelation vor, gilt allgemein:
Je größer das eine Merkmal, desto kleiner das andere.

---

[1] vgl. Abschnitt 2.2.6
[2] correlatio (lat.): die Wechselbeziehung
[3] Der Korrelationseffizient wird meist mit „Korr" oder mit dem Buchstaben „r" (r = +99) angegeben.

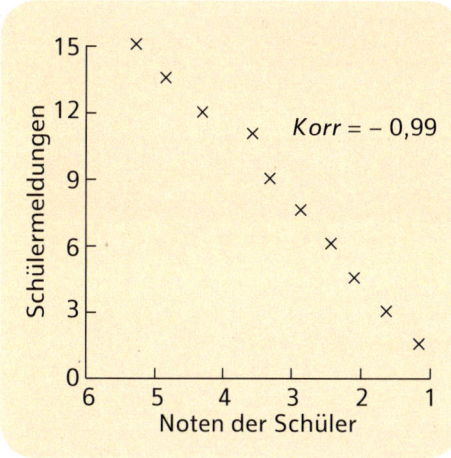

Hier liegt eine hohe *negative Korrelation* vor, es besteht eine „umgekehrte" enge Beziehung zwischen den Merkmalen.

In diesem Fall würden die Daten darauf hindeuten, dass, je weniger der Schüler sich im Unterricht meldet, er umso bessere Noten schreibt.

Sowohl eine Korrelation von +1 als auch von -1 kommen in der Realität jedoch äußerst selten vor. Vielmehr bewegen sich Korrelationskoeffizienten in dem gesamten Korridor von -1 bis +1, und Werte kleiner als -0,7 bzw. größer als +0,7 werden bereits als eine starke Korrelation angesehen.

Nimmt der Korrelationskoeffizient den Wert 0 an, so besteht kein statistischer Zusammenhang zwischen den beobachteten Merkmalen.

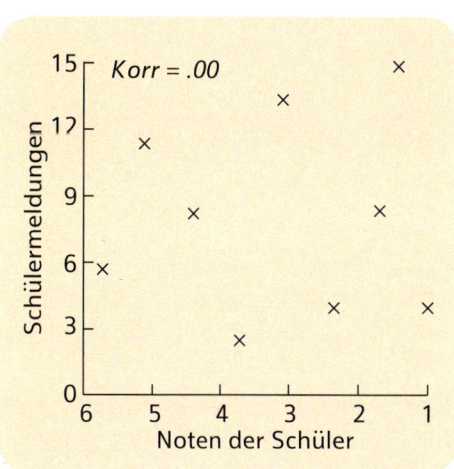

Hier liegt *keine Korrelation* vor, weder eine positive noch eine negative. Es besteht überhaupt keine Beziehung zwischen den Merkmalen.

Die Untersuchung hätte ergeben, dass kein Zusammenhang zwischen der aktiven Mitarbeit eines Schülers im Unterricht und seinen schulischen Leistungen besteht – weder ein positiver noch ein negativer.

Es muss beachtet werden, dass *Korrelationen keine Kausalschlüsse* zulassen. Sie sind ein mathematischer Wert, der lediglich die Beziehung zwischen zwei Merkmalen angibt, aber nicht so ohne Weiteres als Ursache-Wirkungs-Zusammenhang interpretiert werden darf. Es handelt sich zunächst einmal nur um einen *statistischen*, nicht notwendigerweise um einen kausalen Zusammenhang.

Ein Forscher stellt fest, dass in der Klasse 11 b ein Zusammenhang besteht zwischen dem Räuspern eines Schülers und einer Wortmeldung. Es wäre nun fatal, wenn er diese Korrelation als Kausalzusammenhang interpretieren würde: Immer wenn ein Schüler hustet, dann meldet sich ein Schüler.

Wissenschaftler müssen daher sehr vorsichtig vorgehen, wenn es darum geht, zu beurteilen, ob es sich bei einer festgestellten Beziehung zwischen zwei Merkmalen tatsächlich um einen Ursache-Wirkungs-Zusammenhang handelt.

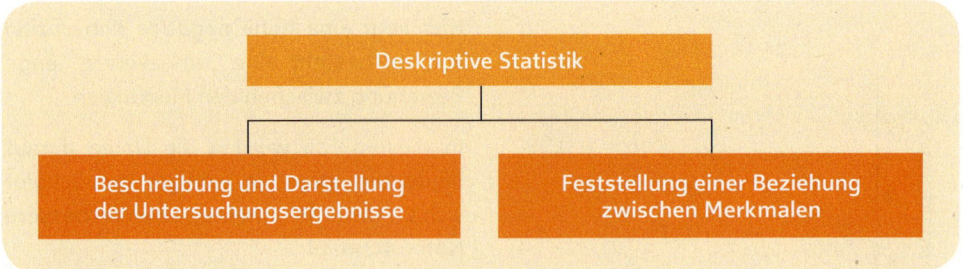

2.4.4 Die Interpretation der statistischen Daten

Auch wenn der Wissenschaftler die Erhebung einer repräsentativen Stichprobe gewährleistet, sind Stichprobe und Population in ihren Eigenschaften zufallsbedingt nicht vollkommen identisch[1].

Beim Münzwurf beträgt die Wahrscheinlichkeit, dass die Münze „Kopf" bzw. „Zahl" zeigt, jeweils 50 %. Wird eine Münze 100-mal geworfen, wird allerdings mit sehr großer Wahrscheinlichkeit zufallsbedingt nicht genau 50-mal „Kopf" und 50-mal „Zahl" vorkommen, sondern bspw. 52-mal „Kopf" und 48-mal „Zahl". Beim nochmaligen 100-maligen Werfen der Münze könnte sogar nur 31-mal „Kopf" und 69-mal „Zahl" auftreten, obwohl die tatsächliche Wahrscheinlichkeit für „Zahl" bzw. „Kopf" unverändert bei 50 % liegt.

Was für das Werfen einer Münze gilt, lässt sich auch allgemein auf das Ziehen von Zufallsstichproben übertragen. Angenommen, an einer Schule mit 1000 Schülern beträge der tatsächliche Anteil derjenigen Schüler, die gerne klassische Musik hören, 20 %. Ein Wissenschaftler, der diesen Wert nicht kennt, möchte herausfinden, wie hoch dieser Anteil ist. Da es für ihn zu aufwendig wäre, alle 1000 Schüler zu befragen, wählt er per Zufallsauswahl lediglich eine Stichprobe von 10 Schülern zur Befragung aus.

Nun könnte es allerdings sein, dass rein zufallsbedingt keiner der 10 Schüler, die er befragt, klassische Musik mag. Genauso gut könnte es sein, dass, wenn er eine zweite Stichprobe von 10 Schülern zöge, plötzlich sogar 5 Schüler angäben, dass sie klassische Musik mögen. Würde der Wissenschaftler einfach die Ergebnisse einer der beiden Stichproben eins zu eins auf die Population übertragen, so käme er zu einem falschen Ergebnis.

Jede per Zufallsauswahl gezogene Stichprobenziehung enthält eine „Zufallskomponente". Daher lassen sich die für eine Stichprobe gefundenen Ergebnisse nicht einfach eins zu eins auf die Population übertragen. Es ist eine Kernfrage bei der wissenschaftlichen Interpretation von statistischen Daten, ob die in einer Stichprobe gefundenen Zusammenhänge zufallsbedingt sind oder sich auf die Population übertragen lassen.

> Grundsätzlich gilt: Je größer die Stichprobe ist, desto eher lassen sich die Ergebnisse der Stichprobe auf die Population übertragen.

Nehmen wir noch einmal das Beispiel des Wissenschaftlers, der herausfinden möchte, wie groß der Anteil der Schüler ist, die klassische Musik mögen. Da der Anteil der Schüler an der Schule, die klassische Musik mögen, insgesamt bei 20 % liegt, müsste, wenn die Stichprobe genauso beschaffen wäre wie die Population, auch innerhalb der Stichprobe der Anteil der Schüler, die klassische Musik mögen, bei 20% liegen.

---

[1] vgl. Abschnitt 2.2.6

Bei einer Stichprobengröße von nur 10 Schülern kann es zufallsbedingt allerdings leicht passieren, dass innerhalb der gezogenen Stichprobe kein einziger oder sogar fünf Schüler angeben, klassische Musik zu mögen. Der Anteil der Klassikliebhaber innerhalb der Stichprobe könnte sich also erheblich von ihrem tatsächlichen Anteil in der Population unterscheiden. Zieht der Wissenschaftler allerdings eine Stichprobe von 100 Schülern, ist die Wahrscheinlichkeit, dass keine oder sogar 50 Schüler dabei sind, die klassische Musik mögen, sehr gering. Vielmehr ist die Wahrscheinlichkeit hoch, dass der Anteil der Klassikliebhaber auch innerhalb der Stichprobe nahe 20 % liegt. Allgemein gilt: Je größer die (per Zufallsauswahl gezogene) Stichprobe, desto geringer die Wahrscheinlichkeit von erheblichen Unterschieden zwischen Stichprobe und Population.

Mithilfe mathematischer Verfahren der *Inferenzstatistik*[1], die u. a. auch die Größe der Stichprobe berücksichtigen, lässt nun genau angeben, ob Unterschiede oder Zusammenhänge von Merkmalen als zufällig anzusehen sind oder nicht und mit welcher statistischen Sicherheit sie auf die Population übertragen werden können. Die Feststellung der Zuverlässigkeit von Daten und der Wahrscheinlichkeit (un)richtiger Verallgemeinerungen sind also Gegenstand der Inferenzstatistik.

Sind die Ergebnisse mit hoher Sicherheit nicht zufällig, so bezeichnet man sie als „statistisch bedeutsam", als **signifikant**[2].

> Als signifikant bezeichnet man ein Ergebnis einer Untersuchung, bei dem es sich mit sehr hoher Wahrscheinlichkeit um kein Zufallsergebnis handelt.

Bei fast allen Untersuchungen hängt die Signifikanz von der Stichprobengröße ab (vgl. Persike, 2016, S. 37).

> Eine Verallgemeinerung von der Stichprobe auf die Population ist nur dann zulässig, wenn die Daten der Stichprobe signifikant sind.

Auch statistisch signifikante Ergebnisse müssen jedoch immer mit äußerster Vorsicht und Genauigkeit interpretiert werden. Selbst statistische Signifikanz bedeutet nicht, dass die Stichprobenergebnisse eins zu eins auf die Population übertragen werden können. Vielmehr bezieht sich statistische Signifikanz meist nur darauf, dass innerhalb der Stichprobe etwa ein so großer Zusammenhang zwischen zwei Merkmalen oder ein so großer Unterschied zwischen zwei Versuchsgruppen aufgetreten ist, dass mit sehr hoher Sicherheit gesagt werden kann, dass auch in der Population ein Zusammenhang bzw. Unterschied bestehen muss. Der Zusammenhang bzw. Unterschied in der Population

muss allerdings nicht genauso groß sein wie der in der Stichprobe festgestellte Zusammenhang bzw. Unterschied. Er kann auch (etwas) kleiner oder größer sein. Lediglich dass er überhaupt besteht bzw. dass er einen bestimmten Wert unter- oder überschreitet, kann mit großer Sicherheit gesagt werden.

---

[1] vgl. Abschnitt 2.4.1
[2] significans (lat.): bezeichnend

Die Sicherheit, mit der zuverlässige Aussagen getroffen werden können, wird in Form des sogenannten **Signifikanzniveaus** angegeben. Ein Signifikanzniveau von 1% bedeutet 99%ige statistische Sicherheit, ein Signifikanzniveau von 5% weist auf 95%ige Sicherheit hin. Eine Restfehlerwahrscheinlichkeit besteht also trotzdem immer.

Statistische Zusammenhänge sind, wie in Kapitel 1.3.2 bereits aufgezeigt, in Wissenschaften, die es mit dem Menschen zu tun haben, keine Naturgesetze, sondern **Wahrscheinlichkeitsaussagen**. Sie spiegeln lediglich allgemeine Zusammenhänge und Aussagen wider. Rückschlüsse auf den Einzelfall sind nicht immer ohne Weiteres zulässig. Deutlich wird dies am Beispiel des Weinens: Im Durchschnitt weint jeder erwachsene Deutsche in der Woche 1,7-mal, was so in der Realität für eine einzelne Person jedoch nie beobachtet werden kann. In anderen Studien wurde der Zusammenhang zwischen Bildungsgrad und Einkommen untersucht. Viele dieser Studien legen nahe, dass zwischen diesen beiden Merkmalen eine positive Korrelation besteht. Allgemein ist das Einkommen der Menschen also höher, je höher deren Bildungsgrad ist. Dies muss aber nicht auf jeden einzelnen Menschen zutreffen, der im betreffenden Untersuchungsradius lebt. Ausnahmen von der Regel kann es auch hier geben.

> Wissenschaftliches Vorgehen beinhaltet zwingend die Beachtung geeigneter Methoden und deren sachgemäße Anwendung nach wissenschaftlichen Regeln und Prinzipien[1]. Nur dann sind Fehler und deren Folgen für das Beschreiben, Erklären, Verstehen, Vorhersagen und Verändern (Anwenden) vermeidbar und die Aussagen allgemeingültig.

„Sechs weise Männer aus Indien trafen auf einen Elefanten. Sie tasteten sorgfältig seine Gestalt ab, denn sie waren alle blind. Der Erste befühlte den Stoßzahn: ‚Mir scheint, dass dieses Prachtstück von einem Tier einem Speer gleicht.‘

Der Zweite tastete die Flanke der Kreatur ab und meinte: ‚Ich weiß schon, was wir alle vor uns haben: Hoch und flach, das ist wie eine Wand.‘

Der Dritte meinte, nachdem er ein Bein ergriffen hatte: ‚Dieses Geschöpf ist wie ein Baum.‘

Der Vierte bekam den Rüssel zu fassen und sprach: ‚Dieses Wesen ist in Wirklichkeit eine Schlange.‘

Der Fünfte bekam ein Ohr zu fassen. Er ließ seine Finger darübergleiten und rief: ‚Dieses Tier ist wie ein Fächer.‘

Der Sechste stieß auf den Schwanz und tastete ihn ab: ‚Hört meine Entscheidung: Dieses Tier ist wie ein Seil.‘

Und so stritten die sechs Männer fort, lange und unerbittlich über die Gestalt des Elefanten. Und obwohl jeder teilweise recht hatte, irrten sie alle."

(Hampden-Turner, 2000⁴, S. 10)

---

[1] vgl. Abschnitt 2.2.1

Zusammenfassung

- Die Art und Weise, wie Menschen zu Erkenntnissen kommen, ist die entscheidendste Frage einer jeden Wissenschaft überhaupt. Denn das methodische Vorgehen einer Wissenschaft bestimmt, ob ihre Ergebnisse richtig und damit brauchbar sind oder nicht. Wissenschaftliche Methoden sind systematisch geplante Vorgehensweisen oder Verfahren, um Wissen über einen Objektbereich zu gewinnen; sie kennzeichnen einen Prozess, der auf ein bestimmtes Ziel gerichtet ist, und umfassen ein System von Regeln, das diesen Prozess festlegt.

- Entsprechend den beiden Arten von Wissenschaften – Natur- und Geisteswissenschaften – unterscheidet man erfahrungswissenschaftliches (= empirisches) Vorgehen, das dazu beiträgt, die Wirklichkeit zu beobachten und zu beschreiben, Zusammenhänge zwischen Merkmalen zu erkennen sowie Gesetzmäßigkeiten aufzustellen und zu erklären, und geisteswissenschaftliches Vorgehen, das durch das Herausfinden von Wert- und Sinnzusammenhängen dem Verstehen dient.

- Als erfahrungswissenschaftliche bzw. empirische Methoden bezeichnen wir Vorgehensweisen, die der planmäßigen Beobachtung und Beschreibung eines bestimmten Bereiches der Wirklichkeit und der Gewinnung von überprüfbaren Daten zum Zwecke der Erklärung dienen. Wissenschaftler, die naturwissenschaftlich vorgehen, haben grundlegende Prinzipien zu beachten, wenn sie zu überprüfbaren, allgemeingültigen und systematisch gewonnenen Aussagen gelangen wollen:

  - Klarheit und Genauigkeit in der Beschreibung, Eindeutigkeit in der Begriffsbestimmung,

  - Angaben, auf welche Art und Weise der Forscher zu seinen Erkenntnissen kommt,

  - Validität (Gültigkeit), das heißt tatsächliche Beobachtung bzw. Untersuchung dessen, was beobachtet bzw. untersucht werden soll,

  - Reliabilität (Zuverlässigkeit), das heißt genaue und exakte Beobachtung bzw. Messung dessen, was zu beobachten bzw. messen angegeben ist,

  - Objektivität, das heißt Unabhängigkeit der Beobachtung bzw. Messung in ihrer Durchführung, Auswertung und Interpretation.

- Die wichtigsten empirischen Methoden sind die Beobachtung, das Experiment, der Test und die Befragung bzw. das Interview. Beobachtung bedeutet die geplante, gezielte und systematische Wahrnehmung eines bestimmten Teilbereiches der Wirklichkeit mit dem Ziel, diesen Bereich möglichst genau zu erfassen und festzuhalten. Unter einem Experiment versteht man das absichtliche und planmäßige Herbeiführen eines Vorganges, um ihn gezielt beobachten zu können. Test bezeichnet ein Messverfahren, mit dessen Hilfe die individuelle Ausprägung eines oder mehrerer psychischer Merkmale eines Menschen festgestellt werden kann. Die Befragung ist eine Technik zur Erfassung von Daten mithilfe der Beantwortung von Fragen, die einem bestimmten Personenkreis gestellt werden. Eine mündliche Befragung wird gewöhnlich Interview genannt.

- Die Vorgehensweise bei naturwissenschaftlichen Untersuchungen geschieht in mehreren Schritten:

- Formulierung einer wissenschaftlichen Fragestellung,

- Bildung der Hypothese,

- Operationalisierung der zentralen Begriffe, also ihre Zurückführung auf das Beobachtbare,

- Ausschalten von Merkmalen, die das Ergebnis verfälschen könnten,

- Bestimmung der Stichprobe,

- Durchführung der Untersuchung,

- Auswertung und Interpretation der gewonnenen Daten mithilfe statistischer Verfahren,

- Formulierung von allgemeingültigen Aussagen.

- Als geisteswissenschaftliche Methoden bezeichnen wir Vorgehensweisen, die durch das Herausfinden von Wert- und Sinnzusammenhängen dem Verstehen dienen. Die bedeutendsten geisteswissenschaftlichen Verfahren sind die Hermeneutik, die auf eine Auslegung und Interpretation von Dokumenten abzielt, die Phänomenologie, die darauf gerichtet ist, Bewusstseinsgegebenheiten, so wie sie uns erscheinen, in ihrem Wesen zu erfassen, und die Dialektik, die durch das Aufdecken und Aufheben von Widersprüchen und Gegensätzen zu Erkenntnissen gelangt.

- Von vornherein bedarf empirische Forschung der Ergänzung durch geisteswissenschaftliche Methoden, so wie auch geisteswissenschaftliches Vorgehen auf empirische Erkenntnisse angewiesen ist. Eine isolierte Betrachtung des Menschen entweder nur aus empirischer oder nur aus geisteswissenschaftlicher Sicht würde dem Menschen in seiner Ganzheit nicht gerecht werden.

- Als Ergebnis einer empirischen Untersuchung erhält der Wissenschaftler für jeden der untersuchten Merkmalsträger und jedes der beobachteten Merkmale Angaben über die Merkmalsausprägungen. Diese Angaben bezeichnen wir als Daten, mithilfe derer festgestellt werden soll, ob sich eine Hypothese oder Vermutung empirisch bestätigen lässt oder nicht.

- Statistik ist die Bezeichnung für mathematische Verfahrensweisen, die der Aufbereitung, Auswertung und Interpretation von empirisch gewonnenen Daten dienen. Dabei unterscheidet man zwischen deskriptiver Statistik und Inferenzstatistik. Die deskriptive Statistik meint bestimmte Verfahrensweisen zur Beschreibung und Darstellung der in der Stichprobe gewonnenen Daten. Dabei spielen der Mittelwert, die Standardabweichung, die Häufigkeitsverteilung, der Median, der Modalwert bzw. Modus und die Korrelation eine wichtige Rolle. Zur Quantifizierung der untersuchten Merkmale dienen sogenannte Skalen, in denen sich die Werte einer Untersuchung darstellen lassen.

- Die Inferenzstatistik dient der Berechnung und Bestimmung, ob die Ergebnisse, die an einer Stichprobe gewonnen wurden, auf die Population verallgemeinert werden können oder ob sie zufallsbedingt sind. Als signifikant bezeichnet man ein Ergebnis einer Untersuchung, bei dem es sich mit sehr hoher Wahrscheinlichkeit um kein Zufallsergebnis handelt. Eine Verallgemeinerung von der Stichprobe auf die Population ist nur dann zulässig, wenn die Ergebnisse der Stichprobe signifikant sind.

Aufgaben und Anregungen Kapitel 2

Aufgaben

1. Bestimmen Sie den Begriff „wissenschaftliche Methode" und erläutern Sie, warum die Psychologie auf eine Vielfalt von Methoden angewiesen ist.
   (Abschnitt 2.1.1 und 2.1.2)

2. Bestimmen Sie die Prinzipien methodischen Vorgehens und führen Sie aus, warum die Objektivität Voraussetzung für Reliabilität und diese wiederum Voraussetzung für Validität ist.
   (Abschnitt 2.2.1)

3. *Der Psychologe und Gedächtnisforscher Herbert Ebenheim will herausfinden, ob ein Zusammenhang besteht zwischen der Art und Weise des Lernens eines Schülers und seinen schulischen Leistungen.*
   Erläutern Sie an diesem Beispiel grundlegende Prinzipien methodischen Vorgehens.
   (Abschnitt 2.2.1)

4. Beschreiben Sie anhand einer Beobachtungssituation (z.B. Schüler im Pausenhof, Kinder auf dem Spielplatz) die Unterschiede zwischen einer wissenschaftlichen Beobachtung und einer Alltagsbeobachtung.
   (Abschnitt 2.2.2)

5. Zeigen Sie an geeigneten Beispielen verschiedene Formen der Beobachtung auf (Selbst- und Fremdbeobachtung, wissenschaftliche und Alltagsbeobachtung).
   (Abschnitt 2.2.2)

6. Bestimmen Sie, was man unter systematischer Beobachtung und einem Experiment versteht, und legen Sie an einem Beispiel den Unterschied zwischen einer Beobachtung und einem Experiment dar.
   (Abschnitt 2.2.2 und 2.2.3)

7. Bestimmen Sie, was ein Test ist, und beschreiben Sie an je einem Beispiel verschiedene Arten von Tests.
   (Abschnitt 2.2.4)

8. Stellen Sie an verschiedenen Beispielen die wissenschaftliche Technik der Befragung dar.
   (Abschnitt 2.2.5)

9. Stellen Sie die Vorgehensweise einer wissenschaftlichen Untersuchung zu folgenden Fragestellungen dar:
   a) *Beeinträchtigt Angst vor Schulaufgaben die Leistungsfähigkeit von Schülern?*
   b) *Fördert der Mathematikunterricht das logische Denken?*
   c) *Bewirken ein Meinungsaustausch bzw. ein Gespräch in der Gruppe eine effektivere Einstellungsänderung als irgendein Massenkommunikationsmittel oder gar ein gut durchdachter, rhetorisch einwandfreier Vortrag?*
   d) *Besteht ein Zusammenhang zwischen der Art und Weise des Lernens eines Schülers und seinen schulischen Leistungen?*
   (Abschnitt 2.2.6)

10. *Aufgrund guter Kontakte zum Jugendamt hat eine 13. Klasse im Rahmen des Pädagogik-/Psychologie-Unterrichts die Möglichkeit, Häufigkeit und Intensität fremdenfeindlicher Einstellungen unter den Besuchern der kommunalen Jugendzentren zu ermitteln.*
    Stellen Sie die verschiedenen Arbeitsschritte dar, nach denen man bei dieser Untersuchung vorgehen würde.
    (Abschnitt 2.2.6)

Aufgaben und Anregungen Kapitel 2

Aufgaben

11. *Drei Wissenschaftler von der Universität Düsseldorf kamen in Experimenten zu dem Ergebnis, dass Stress zur deutlichen Abnahme der Erinnerungsleistung für emotionale Wörter führt. Forscher der University of California dagegen fanden in ihren Untersuchungen heraus, dass Stress unter bestimmten Bedingungen die Erinnerungsleistung verbessern kann (vgl. Caspary, 2010, S. 195 f.).*
    Stellen Sie dar, woran es liegen könnte, dass Wissenschaftler in ihren Experimenten zu ein und demselben Sachverhalt zu völlig unterschiedlichen Ergebnissen kommen.
    (Abschnitt 2.2.1 und 2.2.6)

12. Bestimmen Sie, was man unter geisteswissenschaftlichen Methoden versteht, und beschreiben Sie an einem Beispiel die Hermeneutik als wissenschaftliche Methode in der Psychologie.
    (Abschnitt 2.3.1)

13. Zeigen Sie an verschiedenen Beispielen die Phänomenologie als geisteswissenschaftliche Methode auf.
    (Abschnitt 2.3.2)

14. Stellen Sie an einem geeigneten Beispiel die Dialektik als wissenschaftliches Verfahren dar.
    (Abschnitt 2.3.3)

15. Bestimmen Sie, was man unter Statistik versteht, und erläutern Sie die beiden Arten der Statistik, die deskriptive Statistik und die Inferenzstatistik.
    (Abschnitt 2.4.1)

16. Erläutern Sie anhand einer Forschungssituation die Struktur empirischer Daten.
    (Abschnitt 2.4.1)

17. *Auf einem Spielplatz in einer größeren Stadt in Deutschland maßen Beobachter in einem Zeitraum von drei Stunden das Aggressionsverhalten der Kinder. Ein Kind brachte es in dieser Zeit auf 36 Aggressionen, zwei kamen auf 16, drei auf 10, ein Kind auf drei, vier Kinder auf eine Aggression und sechs Kinder auf keine Aggression.*
    Beschreiben Sie an diesem Beispiel den Mittelwert und den Modalwert.
    (Abschnitt 2.4.2)

18. Erläutern Sie mithilfe eines Beispiels die Bedeutung des Medians.
    (Abschnitt 2.4.2)

19. *„Beeinträchtigt Angst vor Prüfungen die Leistungsfähigkeit von Schülern?"*
    a) Formulieren Sie zu dieser Untersuchung eine Hypothese.
    (Abschnitt 2.2.6)
    b) Erläutern Sie auf der Grundlage dieser Hypothese die Bedeutung von Korrelationen.
    (Abschnitt 2.4.3)

20. Fertigen Sie in Gruppen eine Mindmap zu dem Thema „Wissenschaftliche Methoden in der Psychologie" an: Das Thema wird als Stichwort in die Mitte eines Blattes geschrieben und stellt sozusagen den Baumstamm dar. Von diesem Stamm gehen Äste ab, die die zum Thema gehörenden Hauptgedanken – wiederum in Stichworten – beinhalten. Von den Ästen abgehende Zweige und schließlich Zweiglein gliedern das Thema weiter auf und beinhalten stichwortartig die Nebengedanken.

21. Überlegen Sie sich in Gruppen, warum man selbst wissenschaftliche Forschungsergebnisse kritisch prüfen soll.

Aufgaben und Anregungen Kapitel 2

Anregungen

22. *Beobachtungsübung*

    Zwei Schüler sprechen miteinander über ein aktuelles Thema. Die linke Hälfte der Klasse notiert, was sie beobachtet (ohne Beobachtungsbogen), die rechte Hälfte erhält einen „Beobachtungsbogen" und protokolliert ihre Beobachtungen. Sie können auch Dreiergruppen bilden: Zwei Schüler sprechen miteinander über ein aktuelles Thema, der Dritte protokolliert seine Beobachtungen auf einem Beobachtungsbogen. Werten Sie die Beobachtungen anschließend in der Klasse aus.

    Beispiel für einen Beobachtungsbogen:

Beobachten Sie und machen Sie Striche:	Schüler 1	Schüler 2
Wie oft mit Fingern in das Gesicht gefasst?		
Wie oft „hm" oder „äh" gesagt?		
Wie oft die Stirn hochgezogen bzw. gerunzelt?		
Wie oft mit der Hand über das Haar gestrichen?		
Wie oft die Hände auf den Schoß gelegt?		
Wie oft auf dem Stuhl gerutscht?		
Wie oft den anderen nicht ausreden lassen?		
usw.		

23. Entwerfen Sie einen Beobachtungsbogen, mit dem Sie eine einfache systematische Verhaltensbeobachtung in einer sozialpädagogischen Einrichtung (z. B. Kindergarten, Jugendzentrum) durchführen und auswerten können.

24. *Das Aufdecken und Aufheben von Gegensätzen*
    - Einigen Sie sich in der Klasse auf ein aktuelles Thema, welches sich zu einer Pro-und-Kontra-Diskussion eignet.
    - Teilen Sie sich in Gruppen mit ca. sechs Mitgliedern.
    - Diskutieren Sie in der Gruppe das gewählte Thema, indem Sie folgendermaßen vorgehen:
      - Setzen Sie eine These zu diesem Thema.
      - Verneinen Sie diese These durch eine Antithese.
      - Heben Sie nun in einem letzten Schritt den Gegensatz in einer Synthese auf.
    - Setzen Sie das Gespräch fort, indem Ihre gefundene Synthese zu einer neuen These wird.

25. *Wir führen eine Untersuchung durch.*
    - Überlegen Sie sich in Gruppen eine Fragestellung, die Sie untersuchen möchten und auch bewältigen können. Dabei kann es sich um eine eigene Idee handeln (z. B.: Bringen kleinere Schüler in der Schule bessere Leistungen als größere?) oder um eine Ihnen bekannte Untersuchung (z. B. das Experiment von *Solomon Asch* mit dem Schätzen von Balkenlängen[1]).
    - Bereiten Sie entsprechend *Abschnitt 2.2.6* unter Berücksichtigung der Prinzipien methodischen Vorgehens (*Abschnitt 2.2.1*) die Untersuchung vor.
    - Führen Sie in Gruppen diese Untersuchung durch.
    - Setzen Sie sich mit Ihrem Mathematiklehrer in Verbindung, der Ihnen bei der statistischen Auswertung der Daten helfen soll.
    - Stellen Sie Ihr Untersuchungsergebnis Ihrer Klasse vor und schildern Sie auch, wie Sie vorgegangen sind.

---

[1] vgl. Kapitel 3.2.3

3   Wahrnehmung und Verhalten

Warum spricht man hier von einem „unmöglichen Objekt"?

Folgende Fragen werden in diesem Kapitel geklärt:

1. *Was verstehen wir unter Wahrnehmung?*
   Was sind die biologischen Grundlagen für unsere
   Wahrnehmung?

2. *Wie verläuft der Prozess der Wahrnehmung?*
   Von welchen Bedingungen ist unsere Wahrnehmung
   abhängig?
   Von welchen Faktoren wird sie beeinflusst?

3. *Wie ist unsere Wahrnehmung organisiert und strukturiert?*

4. *Welchen Fehlern unterliegt die Wahrnehmung?*
   Wie kommen sie zustande?

5. *Was sind die wichtigsten Störungen in der Wahrnehmung?*
   Was sind deren Ursachen?

3.1 Der Prozess der Wahrnehmung

Die Wahrnehmung spielt eine entscheidende Rolle: Ohne sie wären Erleben und Verhalten, ja menschliches Leben überhaupt, nicht möglich. Um der Wirklichkeit begegnen und sich mit ihr auseinandersetzen zu können, muss sie der Mensch wahrnehmen können.

> Die Wahrnehmung „ist das Tor zur Welt"
> (Leyendecker, 2016³, S. 301).

3.1.1 Biologische Grundlagen der Wahrnehmung

Für die Wahrnehmung sind Aufbau, Struktur und Funktionsweise **des Sinnes- und des Nervensystems** von großer Bedeutung. Diese zwei Organsysteme sind miteinander verbunden und machen Wahrnehmung erst möglich. Informationen über unsere Umwelt und uns selbst erhalten wir über unsere Sinnesorgane. Sie sind speziell ausgestaltete Bereiche des Organismus, die der **Aufnahme von Informationen** über unsere Umwelt und uns selbst dienen (vgl. *Schandry, 2011³, S. 223 f.*). Beim Menschen finden wir den *Seh-, Gehör-, Geschmacks-, Geruchs-, Tast-, Temperatur-, Gleichgewichts- und Schmerzsinn* vor.

> **Als Sinnesorgane bezeichnet man speziell ausgestaltete Bereiche des Organismus, die der Aufnahme von Informationen dienen.**

Unsere Sinnesorgane sind so geschaffen, dass sie jeweils nur mit einer bestimmten Art von Reiz etwas anfangen können.

Eine Landschaft kann z. B. nur über das Auge und Musik nur über das Ohr wahrgenommen werden.

Aber auch, wenn die Umweltreize über je ein einzelnes Sinnesorgan empfangen werden, so arbeiten die Sinneskanäle nicht getrennt voneinander, sondern beeinflussen sich gegenseitig. Diesen wechselweisen Einfluss bezeichnen wir als **sensorische Integration** (vgl. *Kühn, 2013, S. 62*).

Jedes Organ, wozu auch die Haut gehört, benötigt zur Aufnahme von Reizen und deren Umwandlung spezialisierte **Rezeptoren**[1].

Das Auge benötigt als Rezeptor die Netzhaut (Retina), das Ohr die Schnecke, Cochlea genannt.

Rezeptoren sind darauf spezialisiert, physikalische Prozesse – Schwingungen, Wellen, Moleküle – in elektrische Informationen, *Impulse*, umzuwandeln.

Treffen bspw. Lichtwellen auf unsere Augen oder Schallwellen auf unsere Ohren, so werden auf der Netzhaut bzw. in der Schnecke Impulse erzeugt.

---

[1] recipere (lat.): aufnehmen, empfangen

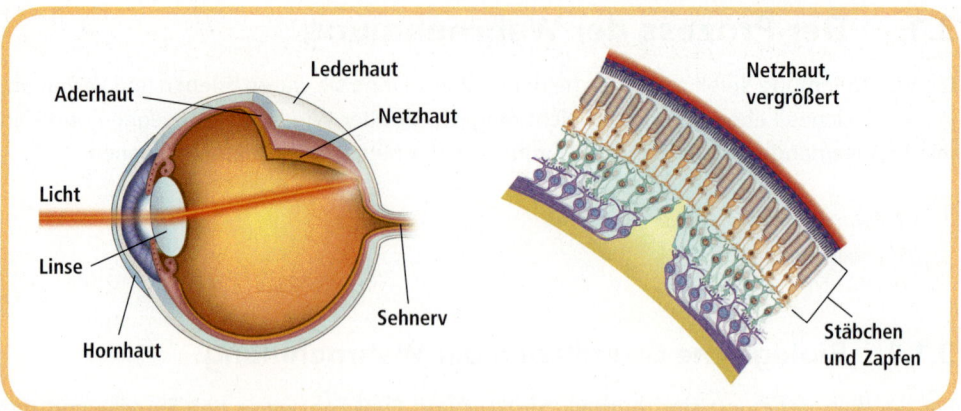

Aderhaut — Lederhaut — Netzhaut

Licht

Linse

Hornhaut

Sehnerv

Netzhaut, vergrößert

Stäbchen und Zapfen

Beispiel Auge: Im Inneren des Auges befindet sich die Netzhaut. Dabei handelt es sich um eine Schicht, die zum großen Teil aus lichtempfindlichen Nervenzellen (Rezeptoren) – den sogenannten Stäbchen und Zapfen – besteht. Diese Nervenzellen wandeln Bildinformationen (also auftreffendes Licht) in elektrische Impulse um und leiten diese über den Sehnerv ins Gehirn weiter.

Rezeptoren sind bestimmte Nervenzellen, die Reize aufnehmen und diese in elektrische Informationen umwandeln.

Wir nehmen also nicht physikalische Prozesse als solche wahr, in unserem Gehirn werden diese in einer ganz bestimmten Art und Weise verarbeitet. Dabei werden sie so „umgeformt", dass wir Personen, Gegenstände, Farben, Bewegungen, Töne, Sprache, Gerüche, Geschmack, Wärme und vieles andere mehr wahrnehmen.

Wenn wir auf einem Bild verschiedene Farben sehen, so ist uns nicht bewusst, dass es sich dabei um elektromagnetische Wellen handelt; das Bild mit seinen Farben kann in uns ein Erleben hervorrufen, das mit diesen physikalischen Reizen nichts zu tun hat.

Die Rezeptoren und ihre Wahrnehmung			
physikalischer Reiz	Organ	Rezeptoren	Ergebnis
Lichtwellen (elektromagnetische Wellen von 0,7–0,4 μ)	Auge	Netzhaut (Retina)	Helligkeit, Farben; Gegenstände, Raum, Bewegung
Schallwellen (Luftdruckschwankungen 16 000–20 000/Sek.)	Innenohr	Schnecke (Cochlea)	Töne, Geräusche; Sprache, Musik; Lokalisation von Tonquellen im Raum
Schwerkraft Körperbeschleunigung	Innenohr	Sacculus, Utriculus	Körperposition bezüglich Erdanziehung; Körperbeschleunigung
Kopfrotation	Innenohr	Bogengänge (Labyrinth)	Kopfbewegungen
Moleküle im Gaszustand	Nase	Riechepithel (sensible Nerven in Nasenschleimhaut)	Gerüche, allgemeine Reizirritation (z. B. durch Rauch)

Die Rezeptoren und ihre Wahrnehmung			
physikalischer Reiz	Organ	Rezeptoren	Ergebnis
Moleküle in Lösung	Zunge, Mund- bzw. Rachenschleimhaut	Geschmacksknospen	Geschmacksrichtungen (süß, salzig, sauer, bitter)
Druck, Temperatur, Gewalteinwirkung	Haut	verschiedene Endorgane und Nervenendigungen	Berührung, Druck, Temperatur, Schmerz, Kitzel, Vibration
Druck, Temperatur, chemische Veränderungen	Genitalschleimhaut	verschiedene Endorgane	sexuelle Erregung, Orgasmus
	innere Organe	Nervenendigungen in Muskulatur, Schleimhaut und Bindegewebe	Dehnungsschmerz, zum Teil Berührung, Temperatur, Druck (Gefühle)
Druck, Zug	Muskeln, Sehnen, Gelenke	Muskelspindeln (Muskeldehnung) Sehnenspindeln (Muskelkontraktion) Druckrezeptoren	Position und Bewegung der Körperteile
„inneres Milieu", Aktivitätszustand u.a.	Gehirn	zahlreiche Zentren	Wachheitsgrad, Gefühls- und Motivationszustände, Bewusstsein

(Legewie/Ehlers, 1994, S. 74)

3.1.2 Wahrnehmung und Nervensystem

Die Wahrnehmung ist Ergebnis unserer **Gehirntätigkeit** bzw. unseres **Nervensystems**. Treffen Reize auf Rezeptoren, so wird dort eine Erregung hervorgerufen, welche an das Gehirn weitergeleitet wird. Auf dem Weg dorthin durchlaufen die Informationen zunächst das *Stammhirn*, auch „Reptiliengehirn" genannt, und das *Zwischenhirn*. Das Stammhirn verschaltet die Sinneseindrücke, und das Zwischenhirn nimmt diese auf und leitet sie weiter. Die weitergeleiteten Reize werden im **Thalamus**[1] in „wichtig"

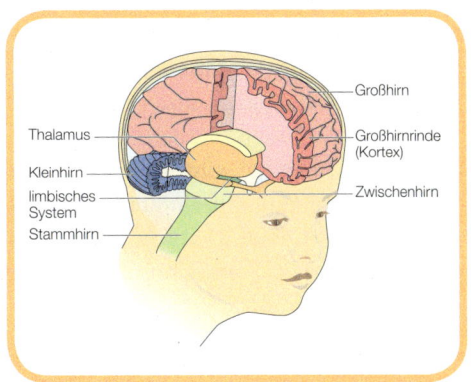

und „unwichtig" eingeteilt. „Wichtige" Reize werden durch vegetative Prozesse beantwortet und in das *Großhirn* transportiert, wo sie bewusst wahrgenommen werden (vgl. *Hülshoff, 2007, S. 126*). Im *limbischen System* werden die Informationen „emotional gefärbt", im Großhirn, dem **Kortex**, werden sie verarbeitet und gespeichert[2].

---

[1] Thalamos (griech.): Schlafgemach, Kammer; im Zwischenhirn gelegen
[2] limbisch (lat.): der Saum; kortex (lat.): die Rinde

Das Nervensystem besteht aus dem *zentralen* und dem *peripheren Nervensystem*. Zum zentralen Nervensystem gehören die Nervenzellen, **Neuronen** genannt, und die **Gliazellen**[1] des Gehirns und des Rückenmarks. Das periphere System umfasst sämtliche Teile des Nervensystems außerhalb des Gehirns und des Rückenmarks und verbindet das Gehirn mit dem restlichen Körper (vgl. *Mietzel, 2012, S. 127*). Es besteht aus dem somatischen und dem autonomen Nervensystem. Das somatische System ermöglicht die willentliche Steuerung der Muskulatur, das autonome dagegen reguliert nicht bewusste automatisch ablaufende Vorgänge im Körper. Es umfasst den *sympathischen Ast*, der der Bereitstellung von Energie dient und die Aktionsbereitschaft steigert, und den *parasympathischen* Ast, welcher Energiereserven auffüllt und für die Entspannung des Organismus ausschlaggebend ist (vgl. *Nägel u. a. 2016, S. 80*).

Die Neuronen, die Grundeinheit unseres Nervensystems, dienen der Informationsverarbeitung und -speicherung; die Gliazellen, die nicht neuronalen Zellen des Nervensystems, unterstützen die Neuronen, indem sie eine Schutz-, Versorgungs- und Stützfunktionen ausüben.

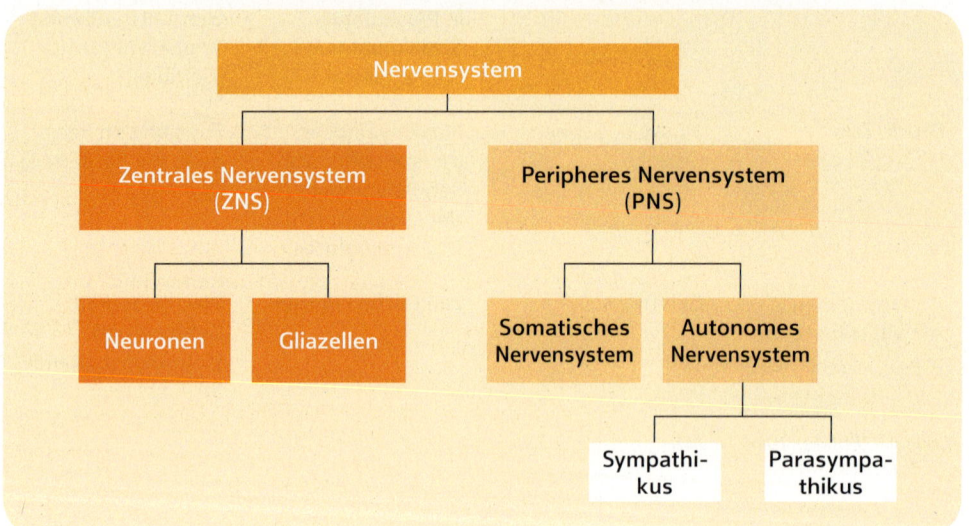

Ein Neuron besteht zum einen aus einem Zellkörper, der mehrere kürzere „astartige" Verzweigungen", sogenannte **Dendriten**[2], hat und als „Empfänger" fungiert. Dendriten nehmen also die Signale entgegen und filtern und verändern ankommende Signale (vgl. *Stiefel, 2015, S. 64*). Zum anderen besteht ein Neuron aus einem Zellarm, dem **Axon**[3], der als „Sender" verstanden werden kann. Neuronen senden also die Signale. Alles, was der Mensch wahrnimmt, wird von den *afferenten Nervenfasern*[4] der Sinnesorgane aufgenommen, über das Rückenmark an die Nervenzellen im Gehirn weitergeleitet und dort verarbeitet. Bei einer Reaktion wird die „Antwort" über die *efferenten Nervenfasern* zu den Muskeln, zu den Sprechorganen usw. geleitet[4].

Ob ein Impuls weitergeleitet wird oder nicht, „entscheidet" ein Neuron in Abhängigkeit von der Menge der gleichzeitig eintreffenden Informationen. Am Ende verzweigt sich das Axon in kleine „Äste", an deren Enden **Synapsen**[5] – die Kontaktstellen zwischen zwei Nervenzellen bei der Informationsübertragung – sitzen. Sie dienen sowohl der Weiterleitung von

---

[1] neuron (griech.): Nerv, Sehne; glia (griech.): Leim, Klebstoff
[2] dendrit (griech. dendron): der Baum
[3] Axon (griech.): Wagenachse; der lange Fortsatz einer Nervenzelle, der das elektrische Signal zu anderen Neuronen leitet.
[4] afferent (lat.): hinführend; efferent (lat.): wegführend
[5] synapsis (griech.): Verbindung

Informationen als auch deren Verarbeitung (vgl. *Schandry, 2011[3], S. 46, 83*). Neuronen kommunizieren also über die Synapsen miteinander.

> *„Neuronen sind über Synapsen miteinander verbunden. Jedes Neuron hat bei Menschen mit bis zu zehntausend anderen Neuronen Kontakt. [...] Die Art der Verknüpfung zwischen den Nervenzellen und des zeitlichen wie räumlichen Erregungsablaufs macht die eigentliche Informationsverarbeitung' aus.“*
> (Scheunpflug, 2001, S. 75)

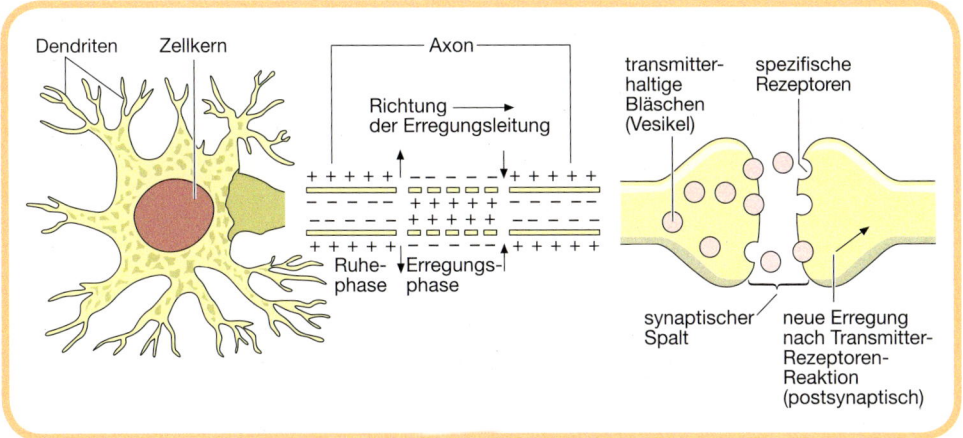

© Bildungsverlag EINS, Troisdorf/Angelika Brauner, Hohenpeißenberg

Die Nervenzellen berühren einander meistens nicht, dazwischen liegt ein kleiner Zwischenraum, der **synaptische Spalt**. Dieser kann nur mithilfe von Botenstoffen, den sogenannten **Neurotransmittern**[1], übersprungen werden.

Die bekanntesten Neurotransmitterstoffe sind Acetylcholin, Katecholamine (Dopamin, Adrenalin und Noradrenalin), Indolamine (Serotonin und Tryptophan) sowie Aminosäuren (Glutamat, Glutamin und Aspartat).

Die Bedeutung eines Sinnesreizes entsteht also nicht durch diesen selbst, sondern erst im Zusammenhang zwischen Sinnesorgan und der Gehirnaktivität. Dabei wird das Gehirn zu neuen Verbindungen angeregt, sodass Sinnesreize in ihm in neuronale Verbindungen umgesetzt werden (vgl. *Scheunpflug, 2001, S. 80*).

> Die Aufnahme von Informationen geschieht über die Sinnesorgane, ihre Weiterleitung und Verarbeitung im Gehirn bzw. Nervensystem, wobei diese beiden Prozesse nicht voneinander zu trennen sind.

3.1.3 Der Begriff „Wahrnehmung"

Wahrnehmung bedeutet zum einen die *Aufnahme von Informationen über die Sinnesorgane*[2]. Diese Informationen können aus der Umwelt stammen – z. B. die Wahrnehmung von Mitmenschen, Tieren, Dingen, Objekten – oder aus dem Körperinneren, wie bspw. die Wahrnehmung eines Schmerzes oder eines Gefühls. Im ersten Fall sprechen wir von *Umweltreizen*, im zweiten von *Körperreizen*.

---

[1] neuron (griech.): Nerv, Sehne; transmittere (lat.): hinüberschicken, übertragen
[2] vgl. Abschnitt 3.1.1

Zum anderen werden die aufgenommenen Reize über das Nervensystem an das Gehirn weitergeleitet und dort *verarbeitet und zum Teil gespeichert*. Mit seinen rund hundert Milliarden Nervenzellen bildet das Nervensystem die stoffliche Grundlage aller psychischen Prozesse, steuert die Lebensvorgänge und stellt den Vermittler zur Umwelt dar, indem es bestimmte Reize aufnimmt, weiterleitet, auswertet und zum Teil speichert sowie als Antwort darauf eine Reaktion in Form eines bestimmten Erlebens und Verhaltens ermöglicht.

Die Psychologie fasst also mit dem Begriff „Wahrnehmung" alle **Prozesse der Informationsgewinnung und -verarbeitung von Sinneseindrücken** zusammen. Mit Wahrnehmung wird jedoch nicht nur der Prozess, sondern auch das **Ergebnis dieses Prozesses** bezeichnet.

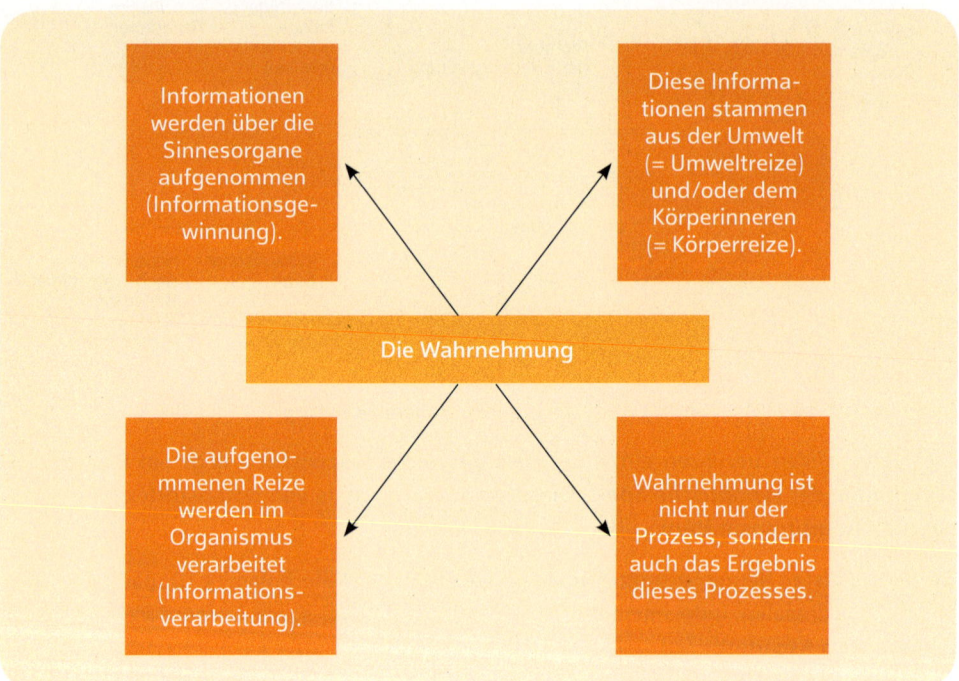

Informationen werden über die Sinnesorgane aufgenommen (Informationsgewinnung).

Diese Informationen stammen aus der Umwelt (= Umweltreize) und/oder dem Körperinneren (= Körperreize).

Die Wahrnehmung

Die aufgenommenen Reize werden im Organismus verarbeitet (Informationsverarbeitung).

Wahrnehmung ist nicht nur der Prozess, sondern auch das Ergebnis dieses Prozesses.

Wahrnehmung ist der Prozess und das Ergebnis der Informationsgewinnung und -verarbeitung von Reizen aus der Umwelt und dem Körperinneren.

Reize, die auf unsere Sinnesorgane einwirken, lösen im Menschen eine bestimmte **Empfindung** aus.

Als Empfindung bezeichnet man die Folge der Einwirkung eines Reizes auf ein Sinnesorgan.

 *Im Alltag wird der Begriff „Empfindung" häufig als Synonym für „Fühlen", für das Erleben von Gefühlen, verwendet („Was empfindest du dabei?"). Davon abgegrenzt werden muss jedoch Empfindung im wahrnehmungstheoretischen Sinne.*

Empfindungen entstehen also durch die Reizung der Sinnesorgane und hängen in ihrer Intensität von der Reizstärke und in ihrer Qualität vom Zustand und von der Beschaffenheit des Sinnesorgans ab.

 Laute Musik bspw. wird intensiver empfunden als schwache (= Intensität); ist jedoch das Hörvermögen eingeschränkt, so kann diese nur unvollkommen aufgenommen werden (= Qualität).

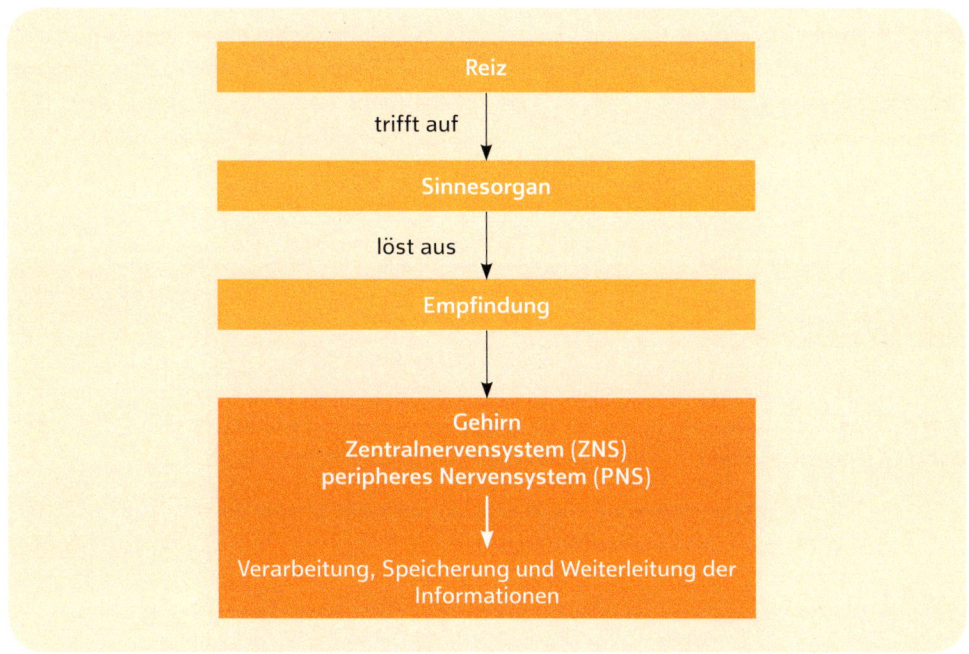

3.1.4 Reizaufnahme und Aufmerksamkeit

Reize können zu „schwach" sein, um eine Empfindung hervorzurufen. Es gibt eine **absolute Schwelle** der Wahrnehmung: Reize müssen eine bestimmte „*Stärke*" aufweisen, damit eine Wahrnehmung stattfinden kann. Von den Reizen, die auf unsere Sinnesorgane treffen, werden nur die wahrgenommen, die eine bestimmte *Reizschwelle* überschreiten.

Man kann nicht mehr wahrnehmen (absolute Schwellen nach Eugene Galanter, 1965; zitiert nach Herkner, 2002², S. 5):

Sehen	Kerzenlicht in einer klaren dunklen Nacht in ca. 45 km Entfernung
Hören	Ticken einer Armbanduhr in ca. sechs Metern Entfernung
Schmecken	ein Teelöffel Zucker in ca. sieben Liter Wasser
Riechen	ein Parfümtropfen in einer Sechs-Zimmer-Wohnung verteilt
Berührung	ein Sandkorn aus einem Zentimeter Höhe auf die Wange fallend

Neue Untersuchungen zeigen, dass uns **subliminale**[1] **Reize** – Reize, die unter der absoluten Schwelle der bewussten Wahrnehmung eines Menschen liegen – beeinflussen können – wie etwa eine ganz kurze Einblendung eines Werbespots während eines Films. Unterschwellig präsentierte Botschaften beeinflussen uns tatsächlich, aber nicht so stark, wie viele Menschen dies annehmen (vgl. *Appel/Retzbach, 2015, S. 42*). Beim Zuschauer muss ein entsprechendes Bedürfnis nach dem beworbenen Produkt, wie bspw. Durst oder Hunger vorliegen.

Nicht bewusst aufgenommene Reize beeinflussen uns häufiger als angenommen. So entscheidet die Art der Hintergrundsmusik im Supermarkt mit, wie viel Geld Kunden ausgeben (vgl. Stroebe, 2011, S. 43).

Zudem gibt es eine **Schmerzschwelle**, die die „obere Grenze" der Wahrnehmung darstellt.

Zu starkes Licht oder zu großer Lärm können Schmerzempfindungen hervorrufen.

---

[1] sub (lat.): unter; limen (lat.): die Schwelle; sublimimal: unterschwellig

Trotz der Eingeschränktheit unserer Sinnesorgane sind wir ständig einer Menge von Informationen ausgesetzt. Doch wir können niemals alle Reize, denen wir ausgesetzt sind, gleichzeitig wahrnehmen, wir treffen zu jedem Zeitpunkt eine Auswahl. **Der Mensch besitzt nur eine begrenzte Kapazität der Informationsaufnahme und -verarbeitung.**

 Schaut man von dem oberen Stockwerk eines Hochhauses auf die Straße herunter, so können wir all die Dinge, die wir sehen, nicht gleichzeitig wahrnehmen, sondern lediglich nacheinander.

> Wir nehmen nur einen Bruchteil von dem, was objektiv an Reizen auf uns einströmt, wirklich wahr.

Die Auswahl von Reizen, die wir treffen, ist nicht zufällig. Es werden bestimmte Reize ausgewählt – interessante, hervorstechende und/oder persönlich wichtige Reize –, die unsere **Aufmerksamkeit** erregen.

 In einem Kaufhaus fällt uns Ware auf, die interessant verpackt ist oder durch andere Merkmale hervorsticht, oder Ware, die wir erwerben wollen.

> **Aufmerksamkeit aus wahrnehmungspsychologischer Sicht bezeichnet den Sachverhalt, aus der Fülle von Reizen, die auf uns einströmen, interessante, hervorstechende und/oder persönlich wichtige auszuwählen.**

 *Aufmerksamkeit im lerntheoretischen Sinn bedeutet die Hinwendung zu einem Gegenstand, einem Sachverhalt, einer Tätigkeit bzw. einem Vorgang und ist Voraussetzung für das Lernen. (vgl. Hobmair, 2010, S. 384).*

Wir sprechen in diesem Zusammenhang von einem *Aufforderungscharakter*, der besagt, dass von bestimmten Reizen ein Anreiz ausgeht. Diese Aufmerksamkeit geschieht mehr oder weniger bewusst und ist von verschiedenen Faktoren abhängig wie

- von der Beschaffenheit des Reizes selbst oder

- von den eigenen Bedürfnissen, Gefühlen, Erfahrungen, sozialen Einstellungen, Erwartungen und dgl.[1]

Große Aufmerksamkeit kann das Blickfeld eines Menschen verengen. Wenn er sich auf etwas Bestimmtes stark konzentriert, dann wird er „blind" für das, was um ihn herum geschieht.

Reize erregen nicht nur unsere Aufmerksamkeit, sondern beeinflussen auch unsere Wahrnehmung.

 In einem Experiment tranken Personen heiße Schokolade aus unterschiedlichen Bechern gleicher Größe, aber unterschiedlicher Farben. Die Probanden kamen auf das Ergebnis, dass der Kakao in den orange- und beigefarbenen Bechern besser schmeckte und auch stärker nach Schokolade als in den roten und weißen Gefäßen. Was die Probanden nicht wussten: Er war immer ein und derselbe Kakao (vgl. o. A., 2015, S. 31).

---

[1] vgl. die Abschnitte 3.2.1 bis 3.2.3

> *Man muss sich vergegenwärtigen, „dass zu einem gegebenen Zeitpunkt eine große Menge von [...] Reizen auf unsere verschiedenen Sinnesorgane einwirkt [...]. Allerdings werden wir uns nur eines kleinen Ausschnitts aus dieser Informationsmenge bewusst bzw. nur ein kleiner Ausschnitt aus dieser Menge determiniert[1] unsere fortlaufenden Interaktionen mit der Umwelt. Dies heißt, aus der Gesamtmenge der eingehenden Information [...] muss ständig die relevante Teilmenge ausgewählt werden, um effizientes und störungsfreies Handeln zu ermöglichen.“*
> *(Müller/Krummenacher, 2015[2], S. 105)*

Unsere Wahrnehmung ist eingeschränkt:

Wir nehmen nur diejenigen Reize wahr, die eine bestimmmte „Stärke“ aufweisen.	Es werden Reize ausgewählt, die unsere Aufmerksamkeit erregen.

3.1.5 Die Bedeutung der Erfahrung

Bei einem Menschen ist es kaum möglich, dass er reine Empfindungen erlebt. Empfindungen werden mit Erfahrungen gekoppelt und nicht mehr losgelöst von diesen wahrgenommen.

Wir nehmen einen Tisch nicht einfach als Brett mit vier Beinen wahr, sondern verknüpfen damit sofort die Bedeutung, die ein Tisch hat und die wir im Laufe des Lebens erfahren haben.
Wir nehmen nicht nur den Lehrer als solchen wahr, sondern verbinden mit ihm zugleich die Erfahrung, die wir mit diesem oder mit anderen Lehrern gemacht haben, und nehmen ihn als „gut“, „gerecht“, „sympathisch“ oder als „schlecht“, „ungerecht“, „unsympathisch“ wahr.

***Wahrnehmung setzt sich** also **aus Empfindungen, die von bestimmten Reizen durch das Auftreffen auf bestimmte Sinnesorgane verursacht werden, und durch die Bewertung dieser Empfindungen aufgrund bisheriger Erfahrungen zusammen**.* Allein das Auslösen von Empfindungen wird noch nicht als Wahrnehmung bezeichnet; erst durch die Bewertung dieser aufgrund bisheriger Erfahrungen kann man von Wahrnehmung sprechen. Dieser Prozess läuft jedoch im Individuum nicht immer bewusst ab.

Erfahrungen sind es auch, die uns in einem bestimmten **Kontext** wahrnehmen lassen, indem sie bestimmen, wie ein bestimmter Reiz wahrgenommen wird.

Hört man den Satz „Das ad am Auto muss gewechselt werden“, so wird man das „ad“ als „Rad“ wahrnehmen; taucht jedoch das „ad“ in einem anderen Zusammenhang wie „Zimmer mit ad und WC“ auf, so hört man „Bad“.

DΛS VERSTEΛEN	M N 0 P 8 9 10 11
Der identische Reiz wird im ersten Wort als A, im zweiten als H gelesen.	*Der Reiz erscheint im Alphabet als O, in der Zahlenfolge als Null.*

Unsere Wahrnehmung kommt also einerseits durch Sinneseindrücke, andererseits durch deren Interpretation aufgrund von Erfahrungen und – wie in *Abschnitt 3.2.4* ausgeführt – Erwartungen zustande.

---

[1] determinieren (lat.); hier: bestimmen

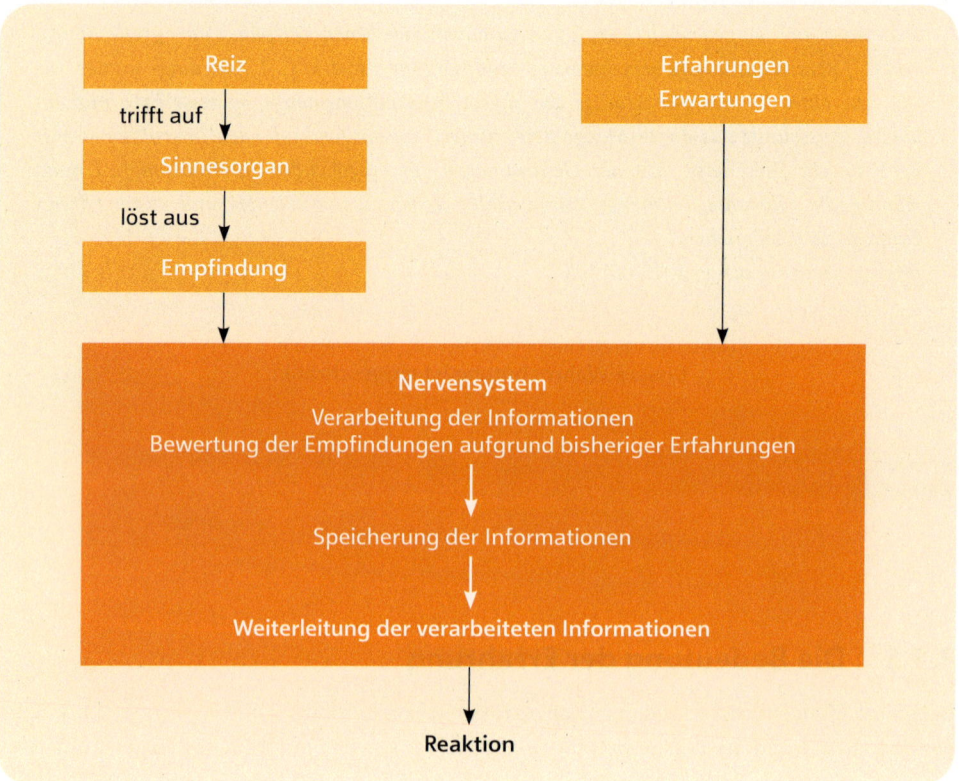

3.1.6 Wahrnehmung und Erkennen

Reize, die wir wahrnehmen, haben i. d. R. für uns eine bestimmte **Bedeutung**.

 Einen Stuhl bspw. nehmen wir in erster Linie nicht als eine quadratische Holzplatte mit vier Füßen wahr, zunächst auch nicht als Gegenstand mit einer bestimmten Form, Farbe, Größe und dergleichen, sondern in seiner Bedeutung als Stuhl – etwa seinen Namen ("Stuhl"), seine Funktion (Sitzen), seinen Funktionszustand (Beine wackeln) usw. Ein Buch wird in erster Linie in seinen Bedeutungseigenschaften als "Buch" wahrgenommen ("Das ist ein Buch, das man lesen kann; es sieht schon sehr benutzt aus").

Ist ein Reiz in seiner Bedeutung erfasst, so spricht man in der Psychologie von **Erkennen**.

 Wir haben bestimmten Reizen eine bestimmte Bedeutung verliehen und erkennen diese als "Haus", "Baum", "Katze", "Mensch" usw.

Erkennen bedeutet das Erfassen eines Reizes in seiner Bedeutung.

Dies setzt einen Kontakt mit den gespeicherten Inhalten im Gedächtnis voraus: Ein durch die Sinnesorgane aufgenommener Reiz wird Bruchteile von Sekunden im Gedächtnis festgehalten. Dort wird nun überprüft, ob er nicht mit schon gespeicherten Informationen übereinstimmt. Ist dies der Fall, so "erkennt" man den Reiz in seiner Bedeutung. Je weniger es gelingt, Informationen mit klaren Bedeutungen zu verbinden, desto unbefriedigender ist die jeweilige Situation.

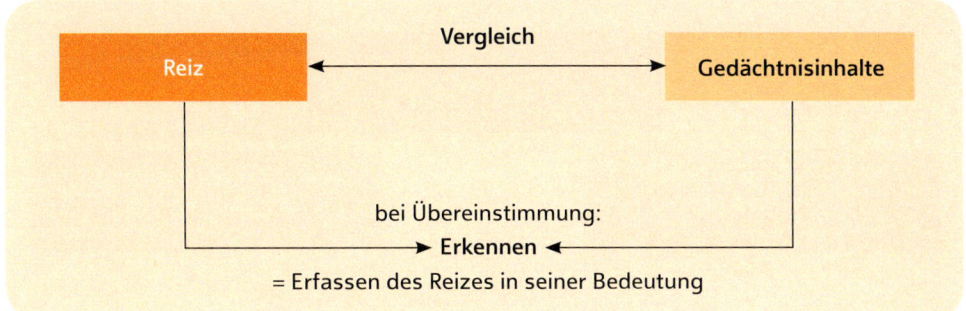

Bezüglich des Lernens der Erfassung eines Gegenstandes in seiner Bedeutung wirken die einzelnen Sinnesorgane zusammen.

Ein Apfel kann in seiner ganzen Bedeutung nur erfasst werden, wenn er nicht nur gesehen, sondern auch betastet und befühlt werden kann und sich in ihn hineinbeißen lässt. Erst durch die Wahrnehmung des Apfels mithilfe aller Sinnesorgane kann seine Bedeutung erfasst werden bzw. der Begriff „Apfel" entstehen.

Man kann also davon ausgehen, dass bei der Wahrnehmung generell mehrere Sinnesorgane gleichzeitig eine Rolle spielen.

Das Sprichwort „Man isst mit den Augen" ist ein Beispiel hierfür: Ist das Essen für das Auge schön zubereitet, so schmeckt es auch besser; andererseits wird unser Geschmack negativ beeinflusst, wenn das Essen unansehnlich ist.

Die Informationsverarbeitung verläuft aus diesem Grund auch effektiver, wenn bei der Aufnahme von Informationen mehrere Sinnesorgane angesprochen werden[1].

Ein Mensch lernt wirkungsvoller, wenn er „mit allen Sinnesorganen" arbeitet – etwa wenn er das Gelesene laut spricht und sich gleichzeitig bestimmte Stichwörter notiert. Auch ein guter Unterricht baut auf der Erkenntnis der Zusammenarbeit der unterschiedlichen Sinne auf: Der Lehrende soll beim Lernenden nicht nur *einen* Sinn – etwa nur das Gehör oder nur das Auge –, sondern alle Sinne ansprechen und einsetzen, um ein möglichst effektives Lernen zu ermöglichen.

3.2 Die Subjektivität der Wahrnehmung

Die meisten Menschen sind der Meinung, die Wirklichkeit so wahrzunehmen, wie sie tatsächlich ist. Zahlreiche Experimente zeigen jedoch, dass das Ergebnis der Wahrnehmung nur zum Teil der tatsächlich existierenden Wirklichkeit entspricht.

> „Wie die Welt wirklich ist, können wir nicht sagen. Sie ist lediglich eine Konstruktion unseres Gehirns, das alle Sinnesinformationen verarbeitet und auswertet. [...] Die meisten von uns sind jedoch naive Realisten. Sie glauben, dass die Welt so ist, wie sie von ihnen wahrgenommen wird."
> (Oehler u. a., 2009, S. 43)

---

[1] vgl. Kapitel 4.5.6

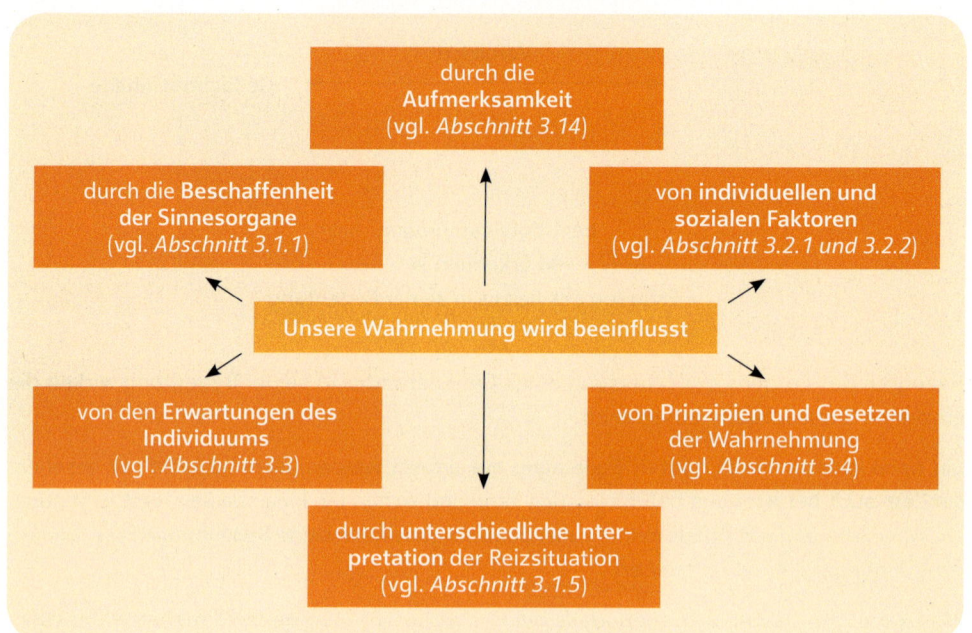

Unsere Wahrnehmung stellt also keinen einfachen Reiz-Reaktions-Vorgang dar; eine Vielzahl von Bedingungen bestimmt, ob wir überhaupt diesen oder jenen Reiz wahrnehmen, und wenn ja, wie wir ihn wahrnehmen und interpretieren sowie wie wir darauf reagieren.

„Nicht die Wirklichkeit ist das Reale, sondern was unser inneres Auge daraus macht."
(Josef Hofmiller[1])

Rechtsgelehrte fanden heraus, dass Richtersprüche von individuellen Wünschen und persönlichem Wollen beeinflusst werden und ein vorurteilsfreies Verstehen nur selten der Fall sei. Die „Wahrheitsfindung" hänge zu einem nicht unerheblichen Teil von lebensgeschichtlichen Erfahrungen ab (vgl. *Lamprecht, 2009, S. 90*).

Der **Konstruktivismus**[2] ist davon überzeugt, dass das menschliche Gehirn die Welt nicht so abbildet, wie sie wirklich ist, sondern dass sich der Mensch seine eigene Welt entwirft und formt. Auf ihn wird in *Abschnitt 3.2.3* eingegangen.

„Komisch, dass hier lauter Kreise hängen."

---

[1] Josef Hofmiller (1872–1933) war Literaturkritiker.
[2] vgl. Kapitel 1.4.6

3.2.1 Individuelle Faktoren der Wahrnehmung

Wie bereits in *Abschnitt 3.1.5* ausgeführt, beeinflussen **bisherige Erfahrungen** des Individuums die Wahrnehmung. Aufgrund persönlicher Erfahrungen werden Empfindungen, die von bestimmten Reizen durch das Auftreffen auf bestimmte Sinnesorgane verursacht werden, bewertet.

Wenn wir auf der Straße einem Menschen begegnen und uns wird gesagt, dass dieser Mann ein Lehrer ist, so werden wir all die Erfahrungen, die wir mit Lehrern gemacht haben, in unsere Wahrnehmung dieses Menschen einfließen lassen.

Persönlichkeitsmerkmale wie Gefühle und Stimmungen, Triebe und Bedürfnisse, Interessen und Wertvorstellungen, Einstellungen und Vorurteile, Intelligenz und Begabungen sowie Fähigkeiten und Fertigkeiten verändern unsere Wahrnehmung.

Beispiele, wie **Bedürfnisse und Triebe** unsere Wahrnehmung bestimmen können:
Wer großen Hunger hat, sieht Nahrungsmittel anders als derjenige, der sich gerade satt gegessen hat. Wer auf eine Party geht, weil er eine Freundin sucht, betrachtet die Gäste unter einem ganz anderen Aspekt als derjenige, der lediglich Unterhaltung will.

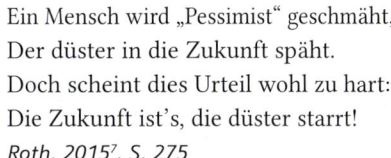

> **Umgekehrt**
> Ein Mensch wird „Pessimist" geschmäht,
> Der düster in die Zukunft späht.
> Doch scheint dies Urteil wohl zu hart:
> Die Zukunft ist's, die düster starrt!
> *Roth, 2015[7], S. 275*

Beispiele, wie **Gefühle** die Wahrnehmung verändern können:
Wer verliebt und glücklich ist, nimmt seine Umwelt mit anderen Augen wahr als der Enttäuschte, Unglückliche. Wer Angst hat, deutet die Geräusche nachts in einem einsamen Haus anders als der Furchtlose. Der Ängstliche sieht und hört in der Dämmerung häufig bedrohliche Gestalten. In Kinderzeichnungen wird vor dem Weihnachtsfest der Weihnachtsmann größer gezeichnet als nach der Bescherung. Man sagt, Menschen können „blind" sein vor Wut, aber auch: Liebe macht „blind".

Menschen in guter **Stimmung** beurteilten in Versuchen nicht eindeutige Gesichtsausdrücke eher positiv, während schlecht gelaunte diese eher negativ sahen. Bereits ganz oberflächliche Einflüsse auf die Stimmung, wie etwa schönes Wetter, ein liebes Wort oder ein netter Brief, bewirken, wie man in Untersuchungen festgestellt hat, dass Menschen sich wohler fühlen und dass die Wahrnehmung ihrer Arbeit, ihrer Wohnung und dergleichen im Allgemeinen positiver ausfällt.

Ein Beispiel, wie **Einstellungen und Vorurteile** unsere Wahrnehmung bestimmen können:
Ein Parteimitglied wird das, was seine Partei macht, als „gut" wahrnehmen und das Tun der anderen Parteien skeptisch sehen.

Michael Vasey von der Ohio State University stellte fest, dass es einen Zusammenhang zwischen der Stärke der Angst und der Beeinflussung der visuellen Wahrnehmung gibt. Stärkere Angst kann bewirken, dass furchterregende Reize überschätzt werden (vgl. *Thivissen, 2012, S. 12*).

Je größer die Angst, desto größer die Spinne (vgl. *Thivissen, 2012, S. 12*).

Die Verfälschung der Wahrnehmung durch Einstellungen kann schicksalhafte Auswirkungen haben, wenn sie zur Bestätigung von Vorurteilen und Stereotypen[1] beiträgt.

---

[1] Stereotypen sind schablonenhafte Beurteilungen, vereinfachte Verallgemeinerungen bzw. Klischeevorstellungen wie z. B. „Männer können besser Auto fahren als Frauen" oder „Südeuropäer sind fauler als Deutsche"; der Begriff „Vorurteil" ist in Kapitel 10.5.3 geklärt.

Gordon W. Allport und Leo Postman[1] führten ein Experiment durch, in welchem deutlich wird, wie Vorurteile zur Wahrnehmungsverfälschung beitragen. In der Bildvorlage hat der Weiße ein Rasiermesser in der Hand (Pfeil). Nach einiger Zeit erzählten amerikanische weiße Versuchspersonen, die dieses Bild gesehen hatten, dass ein Afroamerikaner das Rasiermesser in der Hand gehalten habe (vgl. *Allport/Postman, 1947, S. 52*).

3.2.2 Soziale Faktoren der Wahrnehmung

Soziale Faktoren sind zum einen **gesellschaftliche und kulturelle Gegebenheiten**. Gesellschaft und Kultur prägen nicht nur unsere Sprache, vielmehr bestimmen sie auch, wie Menschen ihre Welt wahrnehmen und interpretieren.

Experimente haben ergeben, dass Asiaten und Amerikaner unterschiedliche Dinge sehen, wenn sie eine bestimmte Szene betrachten. Amerikaner fokussieren den Elefanten, während sich Asiaten mehr auf die Dschungelszene konzentrieren (vgl. *Römer, 2008, S. 8*).

Zum anderen ist die Wahrnehmung von **sozialen Wert- und Normvorstellungen** der betreffenden Gesellschaft bzw. einer ihrer Gruppen abhängig.

Geld und Konsum haben in unserer Gesellschaft einen hohen Wert. Die beiden Psychologen *Jerome Bruner und Cecile C. Goodman* teilten in einem Experiment zehnjährige Kinder in zwei Gruppen ein, und zwar entsprechend ihrer Herkunft in eine „arme" und in eine „reiche" Gruppe. Sie bekamen verschiedene Geldmünzen vorgelegt, deren Größe sie schätzen sollten. Alle Kinder überschätzten die Größen der Münzen, die Kinder aus „armen" Familien jedoch deutlich stärker als die aus einem „reichen" Elternhaus.

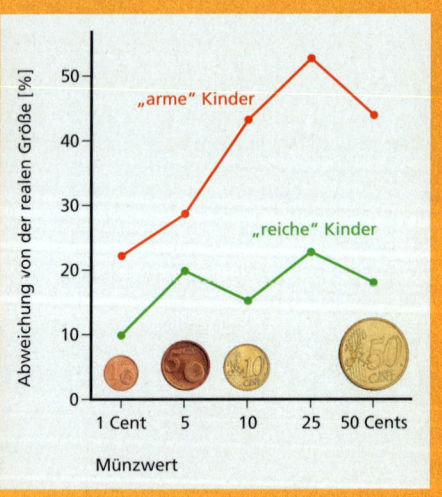

→ **Materialien 1:**
Der Geiger

Zudem wird unsere Wahrnehmung durch **andere Personen bzw. Personengruppen** beeinflusst.

---

[1] Gordon W. Allport (1897–1967) war ein amerikanischer Sozialpsychologe und Professor an der Harvard University. Leo Postman (1918–2004) war Professor für Psychologie an der Universität Kalifornien, Berkeley.

Das aufsehenerregendste Experiment, wie andere Personen unsere Wahrnehmung verändern können, stammt von dem amerikanischen Psychologen *Solomon Asch*[1]: Versuchspersonen sollten in einer Gruppe von mehreren Personen angeben, welche der drei Vergleichslinien auf der Vergleichskarte die gleiche Länge hat wie die Linie auf der Standardkarte. Einige „Versuchspersonen" waren jedoch in Wirklichkeit keine Versuchspersonen, sondern Mitgestalter des Versuches. Sie mussten bei der Schätzung

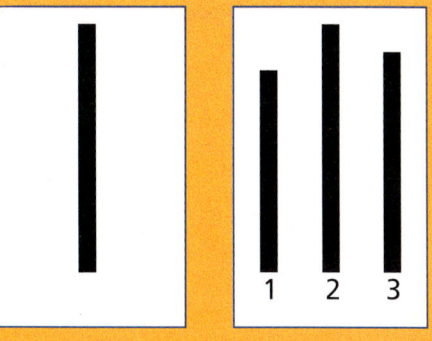

Standardkarte　　　*Vergleichskarte*

sagen, dass die Linie 1 so lang sei wie die Standardlinie. Die wirklichen Versuchspersonen waren nicht eingeweiht. Die meisten (wirklichen) Versuchspersonen passten sich dem Urteil der anderen Personen an und nahmen in ihren Augen tatsächlich die Standardlinie als gleich groß mit der Linie 1 auf der Vergleichskarte an.

→ **Materialien 2:**
Die Macht der
Mehrheit

Der Konsumforscher *Werner Kroeber-Riel* stellte in Untersuchungen fest, dass nicht das objektive Angebot das Kaufverhalten der Menschen bestimmt, sondern das, was uns bspw. die Werbung täglich suggeriert. Hören wir bspw. jeden Tag, dass dieser oder jener Markt sehr billig sei, so nehmen wir das auch nach einiger Zeit so wahr („der gefühlte Billigpreis").

In dem Moment, in welchem sich ein Mensch in einer **Gruppe** befindet, passt sich seine Wahrnehmung dem Einfluss der Gruppe an.

In seinen experimentellen Untersuchungen benutzte *Mustafar Sherif*[2] das sogenannte autokinetische[3] Phänomen – die Augen eines Menschen bewegen sich ständig. In einem völlig verdunkelten Raum wurde ein sehr kleiner und intensitätsschwacher Lichtpunkt für kurze Zeit dargeboten. Da auch bei fester Fixation unsere Augenachsen niemals ganz ruhig bleiben, scheint sich der Lichtpunkt, der objektiv feststeht, zu bewegen. Die Versuchspersonen besaßen in diesem Fall auch nicht die Möglichkeit, den subjektiven Charakter dieser Bewegungserscheinung zu erkennen, da es dazu eines festen Bezugssystems bedurft hätte.

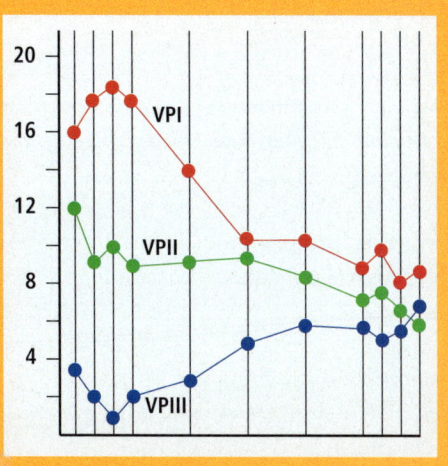

Da außerdem die Entfernung des Lichtpunktes unbekannt war – der Projektor befand sich hinter einem Schirm, der erst nach der Verdunkelung weggezogen wurde –, fiel die Schätzung der scheinbaren Bewegungsweite des Punktes überaus schwer. Zunächst zeigte sich, dass sich die Urteile zwischen den Versuchspersonen stark unterschieden. Nach einem Gedankenaustausch der Versuchspersonen untereinander über die Urteile passten sich diese jedoch immer mehr an (vgl. *Hofstätter, 1985, S. 58*).

---

[1] Solomon Asch (1907–1996) war Gestaltpsychologe und ein bedeutender Pionier der Sozialpsychologie.
[2] Mustafar Sherif (1906–1988), türkischer Sozialpsychologe, beschäftigte sich vor allem mit Konflikten und mit Konformität.
[3] autos (griech.): selbst; kinesis (griech.): die Bewegung

> „Man glaubt nicht, was man sieht, sondern man sieht, was andere einen glauben machen."
> (Nuber, 2005, S. 10)

Diese Ergebnisse haben für den Psychiater und Neurologen *Gregory Berns* von der Emory University in Atlanta eine gesellschaftliche Bedeutung: Die Gefahr, dass Menschen sich der mehrheitlichen Meinung anschließen, ist groß. Und wenn diese mehrheitliche Meinung in der Lage ist, die eigene Wahrnehmung zu beeinflussen, dann ist man möglicherweise nicht mehr fähig, zwischen richtig und falsch zu unterscheiden (vgl. *Nuber, 2005, S. 10*).

Persönlichkeitsmerkmale und soziale Einflüsse lösen beim Menschen bestimmte *Erwartungen* aus, die bestimmen, was und wie etwas wahrgenommen wird[1]. Sie spielen in Zusammenhang mit der Wahrnehmung eine so große Rolle, dass auf sie in einem eigenen Abschnitt eingegangen wird.

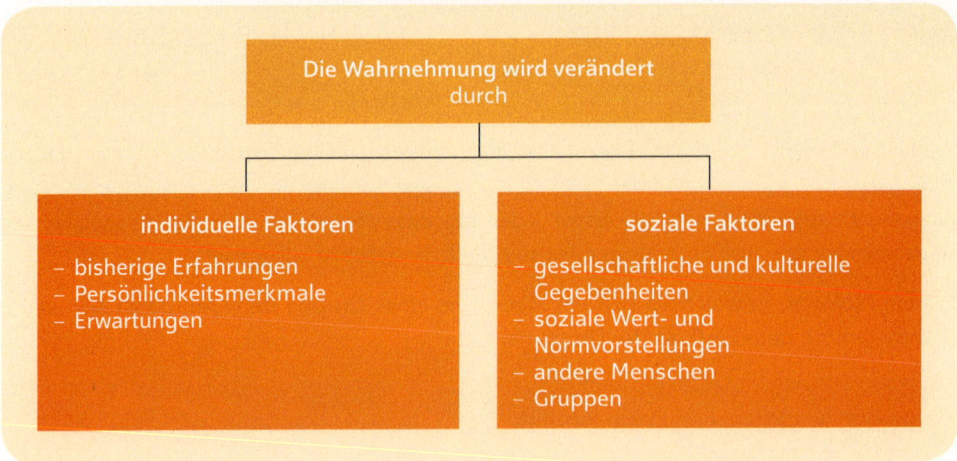

> „Eine ... Wahrnehmung kann so verzerrt, falsch, irre sein wie nur irgend denkbar, wenn jemand aufgrund einer solchen Wahrnehmung handelt, schafft er trotzdem Wirklichkeit."
> (Welzer, 2016, S. 224)

→ Materialien 3:
Geometrisch-optische Wahrnehmungstäuschungen

Besonders prägnante Beispiele für die Verkennung der Realität sind die sogenannten *geometrisch-optischen Täuschungen*.

Optische Täuschung

Ein Mensch sitzt stumm und liebeskrank
Mit einem Weib auf einer Bank;
Er nimmt die bittere Wahrheit hin,
Dass sie zwar liebe, doch nicht ihn.
Ein andrer Mensch geht still vorbei
Und denkt, wie glücklich sind die zwei,
Die – in der Dämmerung kann das täuschen –
(Roth, 2015[7], S. 178)

Hier schweigen süß in Liebesräuschen.
Der Mensch in seiner Not und Schmach
Schaut trüb dem andern Menschen nach
Und denkt, wie glücklich könnt ich sein,
Wär ich so unbeweibt allein.
Darin besteht ein Teil der Welt,
Dass andre man für glücklich hält.

---

[1] vgl. Abschnitt 3.3

3.2.3 Der Mensch, der sich seine eigene Welt entwirft

Nach dem Konstruktivismus ist die Lebenswelt eines Menschen seine eigene Konstruktion, er entwirft sich seine Wirklichkeit im eigenen Kopf. Menschliche Wahrnehmung ist eine Konstruktion aus Sinnesreizen und Gedächtnisleistung eines Individuums. Damit ist der Mensch von Kindheit an aktiver Gestalter seiner Welt, der sein eigenes Leben selbst konstruiert[1].

Neurowissenschaftler vertreten die Annahme, dass neuronale „Voreinstellungen" die Sicht der Welt prägen. Aus diesem Grund sei unsere Wirklichkeit konstruiert (vgl. Wolf/Neuffer, 2014, S. 40).

> *„Bei gleicher Umgebung lebt doch jeder in einer anderen Welt."*
> *(Arthur Schopenhauer[2])*

Der Konstruktivismus unterscheidet drei Perspektiven, drei Denk- und Handlungsweisen (vgl. *Reich, 2010[6], S. 119 ff.*):

- Die **Konstruktion**: Der Mensch ist Erfinder – Konstrukteur – seiner Wirklichkeit. Die Konstruktion gilt als Basis allen pädagogischen und psychologischen Handelns. *„Wir sind die Erfinder unserer Wirklichkeit."*

- Die **Rekonstruktion**: Der Mensch erfindet nicht alles neu, er entdeckt auch die Erfindungen – Konstruktionen – anderer und übernimmt diese. *„Wir sind die Entdecker unserer Wirklichkeit."*

- Die **Dekonstruktion**: Der Mensch nimmt Erfindungen – Konstruktionen – nicht nur hin, er steht ihnen kritisch gegenüber – er enttarnt die Wirklichkeit, und als Enttarner ist er kritisch. Die Dekonstruktion stellt eine Möglichkeit zu kritischen Neuorientierungen dar. *„Wir sind die Enttarner unserer Wirklichkeit."*

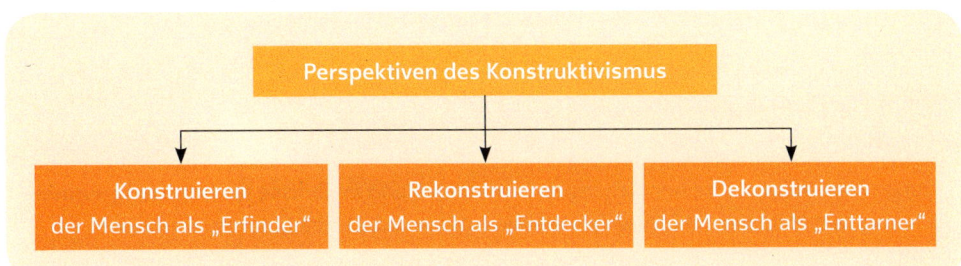

Der **Radikale Konstruktivismus** bestreitet die Fähigkeit von Menschen, objektive Realität zu erfassen, und geht davon aus, dass es keine Objektivität gibt. Das Wissen eines Menschen, seine Sicht anderer Menschen und seiner Umwelt, ist grundsätzlich eine geistige Konstruktion. Die Wahrnehmung der konstruierten Welt kann niemals mit der Realität übereinstimmen – Wahrnehmung ist zu jedem Zeitpunkt subjektiv. Entsprechend lehnt er rein naturwissenschaftliche Methoden ab.

> *„Wahrheit ist die Erfindung eines Lügners."*
> *(von Förster/Pörksen, 2013[10], S. 11)*

Entsprechend wird unterschieden zwischen *Realität*, wie die Welt „an sich" ist, und *Wirklichkeit*, wie wir die Realität wahrnehmen und wie sie uns erscheint. Die Realität sind physikalische Reize wie elektromagnetische Wellen, mechanische Schwingungen, chemische Veränderungen, thermische Reize und dergleichen, die Wirklichkeit ist die von Menschen subjektiv wahrgenommene Welt.

---

[1] vgl. Kapitel 1.4.6
[2] Arthur Schopenhauer (1788–1860), ein Schüler von Immanuel Kant, war Philosoph und Hochschullehrer.

„Erinnerungen erscheinen uns real, aber tatsächlich sind sie Konstruktionen des Geistes."
(Saum-Aldehoff, 2013, S. 38)

Der Bonner Philosoph Markus Gabriel merkt zum Konstruktivismus kritisch an: „Wäre der Konstruktivismus wahr, wäre er auch selbst illusionär – und man könnte gar nicht zwischen Wahrem und Falschem unterscheiden" (Wolf/Neuffer, 2014, S. 43).

Philosophischer Disput
Ein Mensch verteidigt mit viel List:
Die Welt scheint anders, als sie ist!
Sein Gegner aber streng verneint:
Die Welt ist anders, als sie scheint.
(Roth, 2015[7], S. 275)

3.3 Die Bedeutung von Erwartungen

Persönlichkeitsmerkmale und soziale Einflüsse lösen, wie in *Abschnitt 3.2.2* schon erwähnt, beim Menschen bestimmte *Erwartungen* aus, die bestimmen, was und wie etwas wahrgenommen wird.

→ Ein Junge kann aufgrund seiner bisherigen Erfahrungen und Erlebnisse die Erwartung aufbauen: „Mich mag kein Mädchen, Mädchen lehnen mich ab, ich habe keine Chancen bei ihnen."

Eine Erwartung ist eine feste Vermutung, was in einer Situation zukünftig eintreten wird.

*In der neueren Wahrnehmungspsychologie wird in diesem Zusammenhang häufig von einem **Wahrnehmungsset** gesprochen, welches von Annahmen und Erwartungen des betroffenen Individuums vorgegeben wird und seine Wahrnehmung bestimmt.*

3.3.1 Die soziale Wahrnehmung

Sowohl die Beeinflussung der Wahrnehmung durch soziale Faktoren als auch die Wahrnehmung sozialer Bereiche wie anderer Personen bzw. Personengruppen, Minderheiten und Nationen wird in der Sozialpsychologie als **soziale Wahrnehmung** bezeichnet.

Soziale Wahrnehmung bedeutet sowohl die Mitbedingtheit der Wahrnehmung durch soziale Faktoren als auch die Wahrnehmung sozialer Bereiche.

Als Teilgebiet der sozialen Wahrnehmung gilt dementsprechend die **Personenwahrneh-mung**, die sich von der Wahrnehmung von Objekten unterscheidet.

Die beiden Psychologen *Jerome S. Bruner* und *Leo Postman* haben wichtige Aussagen der sozialen Wahrnehmung formuliert, die an Aktualität nichts verloren haben.

> ***Jerome S. Bruner*** *(1915–2016) war an der Havard Universität, Cambridge, Massa-chusetts (USA), tätig, an der er mit Leo Postman zusammenarbeitete. Dort gründete er 1960 das Center für Cognitive Studies, in welchem er bis zur Schließung dieses Cent-ers tätig war. Von 1972 bis 1982 lehrte er in Oxford.*

> ***Leo J. Postman*** *(1918–2004) lehrte zunächst an der Universität Harvard, an der er mit Jerome Bruner die Theorie der sozialen Wahrnehmung entwarf. Ab 1950 war er Pro-fessor für Psychologie und Kognitionswissenschaft an der University of California, Berkeley. Zusammen mit Gordon W. Allport machte er Untersuchungen über Vorurteile und Gerüchte.*

Die Aussagen von *Bruner* und *Postman* lassen sich wie folgt zusammenfassen (vgl. *Lilli/ Frey, 1993[2], S. 49 ff.*):

- Persönlichkeitsmerkmale, wie in *Abschnitt 3.2.1* dargestellt, und soziale Einflüsse, wie in *Abschnitt 3.2.2* ausgeführt, lösen beim Menschen bestimmte *Erwartungen* aus, die von *Bruner* und *Postman* **Erwartungshypothesen** genannt werden.

  Ein Junge kann, wie in *Abschnitt 3.2.2* schon ausgeführt, aufgrund seiner bisherigen Erfah-rungen und Erlebnisse die Erwartung aufbauen: „Mich mag kein Mädchen, Mädchen lehnen mich ab. Ich habe keine Chancen bei ihnen."

- Jeder Wahrnehmungsvorgang beginnt mit einer oder mehreren solcher Erwartungshy-pothesen. Diese entscheiden mehr oder weniger stark, *was* wahrgenommen wird. Im Extremfall nimmt der Mensch von den in der Wirklichkeit objektiv gegebenen Reizen nur diejenigen wahr, die seinen Erwartungshypothesen entsprechen. Reize, die diesen Erwartungen widersprechen, werden nicht wahrgenommen oder abgewehrt, umge-deutet, verzerrt, verfälscht bzw. als nicht bedeutend gewertet.

  Der Junge wird möglicherweise, wenn er nun in die Disco geht, die Mädchen, die ihn nicht sehen und ignorieren, eher wahrnehmen als Mädchen, die ihn beachten. Er sieht vielleicht gar nicht, dass ihm einige lieb zulächeln, oder er stuft dies als unbedeutend ein bzw. deutet es um – etwa als nicht ernst gemeint.

- Die Erwartungshypothese stellt die Leitorientierung für die Wahrnehmung dar, sie be-einflusst, was wahrgenommen wird und wie das Wahrgenommene interpretiert wird. Dabei **bestimmt die Stärke der Hypothese den Grad des Einflusses auf die Wahrneh-mung**:

  - Je stärker eine Erwartungshypothese ist, desto größer ist die Wahrscheinlichkeit, dass sie aktiviert wird. Das bedeutet, dass bei einer bestimmten Wahrnehmungssi-tuation immer die stärkste Erwartungshypothese herangezogen wird.

– Je stärker eine Erwartungshypothese ist, desto weniger Information wird zu ihrer Bestätigung benötigt; je schwächer sie ist, desto mehr Informationen sind zu ihrer Bejahung notwendig. Insofern besteht eine *Beziehung zwischen der Stärke der Erwartungshypothese und der erforderlichen Menge an Informationen*.

 Dem Jungen werden schon wenige Mädchen, die ihn nicht beachten, genügen, um ihm – erneut – zu bestätigen, dass Mädchen ihn ablehnen und er keine Chancen bei ihnen hat.

– Je stärker eine Erwartungshypothese ist, desto größer muss die Menge widersprechender Informationen sein, damit sie widerlegt werden kann. Im Extremfall kann sie gar nicht zu Fall gebracht werden.

 So muss der Junge vermutlich sehr viele positive Erfahrungen und Erlebnisse sammeln, um seine Hypothese, dass er keine Chancen bei Mädchen hat, aufzugeben.

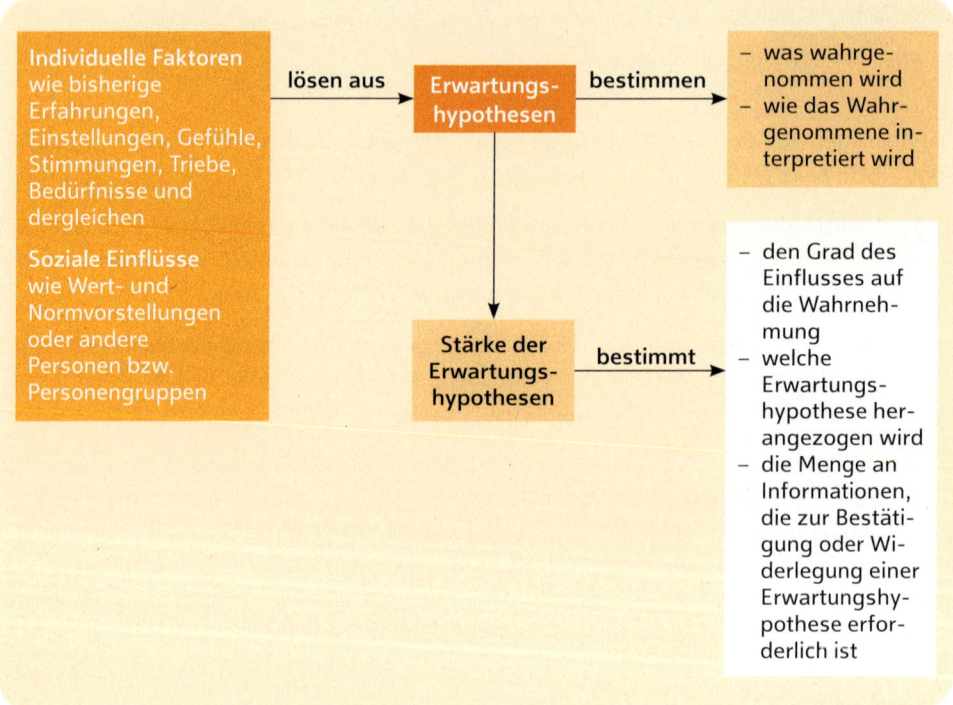

3.3.2 Der Erklärungswert der Theorie der sozialen Wahrnehmung

Der Erklärungswert dieser Theorie der sozialen Wahrnehmung von *Bruner* und *Postman* ist groß.

Wie in *Abschnitt 3.3.1* klar geworden ist, bestimmen Erwartungen, was und wie wir etwas wahrnehmen. Eine objektive Wahrnehmung ist so gut wie unmöglich, sie wird immer von unseren Erwartungen bestimmt sein.

**Wir nehmen das wahr, es tritt das ein,
woran wir fest glauben und wovon wir fest überzeugt sind.**

Ein Junge, der davon überzeugt ist, dass er nur minderbegabt ist, wird keine guten Noten schreiben. Wer erwartet, dass er auf Eis hinfällt, der wird auch ausrutschen. Wer glaubt, dass er einen Unfall verursachen werde, wird öfter in Unfälle verstrickt sein als derjenige, der nicht davon überzeugt ist.

Die Psychologie spricht in diesem Zusammenhang von einem **Katastrophentyp**, dem mehr Missgeschicke und Unfälle passieren als jedem anderen, weil er davon überzeugt ist, dass ihm immer etwas passieren wird.

Auch *selbsterfüllende Prophezeiungen* (*self-fulfilling prophecies*) lassen sich mit der Theorie der sozialen Wahrnehmung erklären: Es wird eine Behauptung über eine oder mehrere Person(en) aufgestellt, die nicht der Wahrheit entspricht, aber dazu geeignet ist, aufgrund der aufgebauten Erwartung ein Verhalten bei der/den Betroffenen zu erzeugen, das dieser Behauptung entspricht[1].

Solche selbsterfüllenden Prophezeiungen können sein: „Du wirst es in deinem Leben zu nichts bringen!", „Du wirst einmal im Gefängnis landen!", „Du wirst sicher mal ein schwieriger Mensch werden!" Alle diese Behauptungen sind dazu geeignet, wahr zu werden.

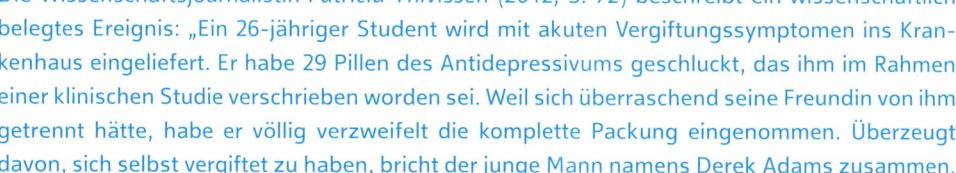

„Unsere Erwartungen lenken die Realität".
(Ariely; in: Schäfer, 2014, S. 66)

Dies betrifft auch unseren Körper. Gesundheit und Krankheit sind nicht nur eine medizinische Angelegenheit, ob wir uns wohl oder krank fühlen, hängt auch von dem ab, was wir erwarten.

So können etwa Schmerzen oder andere unangenehme Symptome selbst ohne äußere Ursache allein durch eine entsprechende Erwartung ausgelöst werden (vgl. *Thivissen, 2012, S. 72*).

In diesem Zusammenhang spricht die Psychologie von **Placebo-** bzw. **Noceboeffekt**. Von einem Placeboeffekt[2] spricht man, wenn Menschen etwas „Positives", Angenehmes erwarten, und diese Erwartung aufgrund des Glaubens daran tatsächlich Realität wird.

Ein Beispiel hierfür ist der Placeboeffekt bei Medikamenten: Patienten erhalten ein Scheinmedikament ohne entsprechenden Wirkstoff, was diese aber nicht wissen. Diese Scheinmedikamente wirken dennoch, vor allem dann, wie entsprechende Untersuchungen ergeben haben, wenn die Erwartung des Patienten groß ist.

Umgekehrt spricht man von einem Noceboeffekt[3], wenn Menschen etwas „Negatives", Unangenehmes erwarten, und dieses dann aufgrund ihres Glaubens an diese Erwartung tatsächlich eintritt.

Die Wissenschaftsjournalistin *Patricia Thivissen* (*2012, S. 72*) beschreibt ein wissenschaftlich belegtes Ereignis: „Ein 26-jähriger Student wird mit akuten Vergiftungssymptomen ins Krankenhaus eingeliefert. Er habe 29 Pillen des Antidepressivums geschluckt, das ihm im Rahmen einer klinischen Studie verschrieben worden sei. Weil sich überraschend seine Freundin von ihm getrennt hätte, habe er völlig verzweifelt die komplette Packung eingenommen. Überzeugt davon, sich selbst vergiftet zu haben, bricht der junge Mann namens Derek Adams zusammen. Sein Blutdruck sackt in den Keller, die Ärzte versuchen, ihn mit Infusionen zu stabilisieren – bis

---

[1] vgl. hierzu auch Kapitel 11.4.3
[2] placere (lat.): gefallen
[3] nocere (lat.): schaden

sie von benachrichtigten Kollegen erfahren, dass Adams nur wirkstofffreie Zuckerpillen geschluckt hat! Er war in besagter Studie der Placebogruppe zugeteilt worden, und wie es dabei üblich ist, wusste er nichts davon. Als man ihn darüber aufklärte, erholte sich der Patient binnen weniger Minuten und konnte wieder nach Hause gehen."

Als bedeutende Anwendungsfelder können vor allem die Personenwahrnehmung, Einstellungen, Stereotype und Vorurteile genannt werden.

→ So bietet diese Theorie eine plausible Erklärung dafür, dass Menschen oft Gerüchte über Personen – bis hin zu Rufmord – in die Welt setzen, obwohl keine diesbezüglichen Informationen vorliegen. *Waldemar Lilli* und *Dieter Frey (1993[2], S. 68)* bringen hierfür ein Beispiel aus der Geschichte: Juden wurde im Mittelalter vorgeworfen, die Brunnen vergiftet zu haben, als Erklärung für den um sich greifenden Tod durch die Pest. Obwohl niemand einen Juden bei der Brunnenvergiftung beobachtet hatte, wurde dies dennoch als Realität angesehen.

Bei sehr starken Erwartungshypothesen, z. B. durch Neid, Eifersucht oder Hass bedingt, reichen oft schon minimale Anhaltspunkte aus, um ein Bild zu vervollständigen und daraus **Fantasien zu entwerfen**.

→ Solche Fantasien können sein: Der Chef hat ein Verhältnis mit seiner Sekretärin; die Schülerin hat nur durch „Schleimerei" und nicht durch Können gute Noten erzielt.

Auch Ängste, die ganz bestimmte Erwartungen zur Folge haben, sind dazu geeignet, Fiktionen entstehen zu lassen.

→ So werden Asylbewerbern Vorurteile nachgesagt und Gerüchte in die Welt gesetzt aus Angst vor dem „Fremden".

Wenn nun solche Fantasien von anderen akzeptiert werden, steigt die Sicherheit bezüglich der Richtigkeit der Erwartungshypothese.

Die Aussagen von *Bruner* und *Postman* haben auch eine sehr große Bedeutung für den politischen und wirtschaftlichen Bereich.

→ Es ist weitgehend bekannt, dass Politiker und Medien Hypothesen wie etwa „Der Tiefpunkt ist überwunden", „Es geht aufwärts", „Wir kommen in eine wirtschaftliche Rezession" oder „Die Regierung ist nicht fähig [...]" aufbauen können, die dann von der Bevölkerung als „richtig" wahrgenommen werden. Auch Umfragen oder Wahlprognosen können einen Einfluss auf den Einzelnen – z. B. auf sein Wahlverhalten – haben.

→ Auch die Verbreitung von Falschnachrichten in sozialen Netzwerken, sind ein gutes Beispiel hierfür. Solche Falschnachrichten werden oft als "richtig" betrachtet und üben großen Einfluss auf den Leser aus.

Erwartungen haben einen sehr großen Einfluss auf Konjunkturverläufe, und damit auf Prozesse der Inflation und Rezession bzw. des Aufschwungs und der Beschäftigungslage.

→ So ist nicht das gegenwärtige Einkommen für die Sparquote oder das Konsumentenverhalten entscheidend, sondern das in Zukunft erwartete. Ebenso verhält es sich mit der wirtschaftlichen Entwicklung: Nicht der gegenwärtige Stand ist für Konjunkturverläufe entscheidend, sondern die Erwartung über die zukünftige wirtschaftliche Entwicklung.

Auch plötzliche Kurseinbrüche an der Börse lassen sich mithilfe der Theorie der sozialen Wahrnehmung erklären.

→ Der Wissenschaftspublizist *Markus Reiter* (*2012, S. 61*) macht für den Abfall von Aktienkursen weniger wirtschaftliche Turbulenzen verantwortlich, schuld daran sei vielmehr die Psychologie der Anleger. Und der ehemalige Börsenexperte *André Kostolany* äußerte kurz vor seinem Tod im Jahre 1999: „Börse ist Psychologie" (*Brandes, 2010, S. 16*).

> *„Das Verhalten sowohl einer ganzen Volkswirtschaft als auch von Unternehmern und Unternehmensverbänden kann nach gewissen Erwartungshypothesen [...] das Verhalten beeinflussen. Ebenso können Erwartungen über die Zukunft von Kultur, Politik und Wirtschaft ganze Konjunkturverläufe sowie das Verhalten der Investoren und der Konsumenten beeinflussen. Überall, wo es auch in der Ökonomie um Urteile und Entscheidungen geht [...], fließen Hypothesen mit ein und können so [...] die Urteilsprozesse beeinflussen und je nach der Konstellation auch zu Fehlurteilen führen."*
> *(Lilli/Frey, 1993², S. 72)*

3.4 Die Organisation der Wahrnehmung

Unsere Wahrnehmung funktioniert nicht einfach so, als – wie *David G. Myers* (2014³, S. 252) es formuliert – „öffneten wir einen Rollladen und ließen ein Bild herein, das sich dann auf unserem Gehirn abbildet." Sie wird durch bestimmte Gesetze, den **Wahrnehmungsgesetzen**, strukturiert und durch die **Konstanzphänomene** organisiert.

3.4.1 Die Abhebung des Objekts von seiner Umgebung

Die Gestaltpsychologen[1] haben Gesetzmäßigkeiten herausgefunden, nach denen die Realität strukturiert wird. Grundprinzip ist dabei, dass mithilfe der Wahrnehmung Sinn und Ordnung in die Reize der Umwelt gebracht werden. Es werden vollkommene, bedeutungsvolle Gestalten und Figuren nach ganz bestimmten Gesetzen, den **Gestaltgesetzen**, gebildet.

Werden Menschen mit absurden Inhalten konfrontiert, entsteht in ihnen der Wunsch, nach Sinn und Struktur zu suchen. Das Rätselhafte, Unlogische und Zweideutige ruft bei ihnen das Verlangen nach Sinn und Ordnung hervor *(vgl. Westerhoff, 2010, S. 13).*

> **Gestaltgesetze sind Prinzipien, nach denen sich die räumliche und/oder zeitliche Struktur von wahrgenommenen Gebilden richtet (vgl. *Wohlschläger/Prinz, 2006³, S. 56*).**

Um ein Objekt zu erkennen, wird es von seinem übrigen Grund getrennt, der Gegenstand – in der Fachliteratur **Figur** genannt – hebt sich von seinem **Hintergrund** ab.

So hebt sich das Gesicht von der Landschaft ab (siehe nebenstehendes Bild), die Blume im Garten vom Rasen, das Weinglas auf dem Gemälde oder die Gesangstimme von der Orchestermusik.

Die Gestaltpsychologie spricht vom **Figur-Grund-Prinzip, ein Organisationsgesetz der Wahrnehmung.**

© *Psychologie Heute, 08/2014, S. 56*

> **Figur-Grund-Prinzip bedeutet die Abhebung eines Objektes von seiner restlichen Umgebung.**

---

[1] Die Grundannahmen der Gestaltpsychologie sind in Kapitel 1.4.4 dargestellt.

→ **Materialien 4:**
Figur-Grund-Prinzip:
Umkehrbilder

 Dieses Prinzip ist bei jedem Wahrnehmungsvorgang vorhanden und dient dazu, ein Objekt zu erkennen.

 Das Figur-Grund-Prinzip bewegte viele Künstler zu Spielereien in ihren Bildern.

3.4.2 Gesetze der Wahrnehmung

Das Figur-Grund-Prinzip steht in engem Zusammenhang mit weiteren Gesetzmäßigkeiten, nach denen die Wahrnehmung strukturiert wird. Dabei ist das übergeordnete Prinzip das **Gesetz der Prägnanz**, in der Literatur auch oft als *Prinzip der guten Gestalt* bezeichnet: Unsere Wahrnehmung bevorzugt „Gestalten", die sich von anderen durch ein bestimmtes Merkmal, eine Prägnanz, abheben.

 Wenn ein Mensch 3012,00 EUR verdient, wird man sagen: „Er verdient 3000,00 EUR." Die Zahl 3000 hebt sich von den anderen Zahlen ab. Würde dieser Mensch 3000,00 EUR verdienen, so käme niemand auf die Idee zu sagen: „Er verdient fast 3012,00 EUR."

Prägnant ist in der Regel immer die einfachste Form. Entsprechend setzt sich diesem Gesetz zufolge grundsätzlich diejenige Struktur durch, die die einfachste, einheitlichste oder auch „beste" – prägnanteste – Gestalt ergibt. Das Gesetz folgt also der Tendenz, möglichst einfache Gestalten wahrzunehmen („Prinzip der Einfachheit")

Das Gesetz der Prägnanz (Prinzip der guten Gestalt) ist die Tendenz zur einfachsten, stabilsten und besten Gestalt *(vgl. Müsseler, 2015[2], S. 44).*

Die Werbung macht sich dieses Gesetz der Prägnanz zunutze, durch prägnante Sprüche, Logos, Zeichen oder auch Symbole (z. B. der Mercedes-Stern, „Ich bin doch nicht blöd!"). Deshalb sind Logos bekannter Objekte oder Marken so einprägsam.

 Das Gesetz der Prägnanz muss nicht immer zum Vorteil sein, wenn es etwa zu einem „Schwarz-Weiß-Denken" kommt (z. B. „Wer nicht mein Freund ist, ist mein Feind.").

Das Gesetz der Prägnanz stellt das allgemeine Rahmenprinzip dar, das durch verschiedene einzelne Gestaltgesetze konkretisiert wird:

■ Das **Gesetz der Ähnlichkeit**: Ähnliche Reize werden als zusammengehörig wahrgenommen.

 Lisa und Anna, beide gleich alt, haben die gleichen Jacken und Hosen an. Sie werden als Geschwister wahrgenommen, obwohl sie möglicherweise gar keine sind.
Die Tatsache, dass Angehörigen einer bestimmten Gruppe, wie bspw. Homosexuellen oder Arbeitnehmern mit Migrationshintergrund, einer Nation oder Rasse gleiche Eigenschaften zugeschrieben werden, kann mit dem Gesetz der Ähnlichkeit erklärt werden.

■ Das **Gesetz der Nähe**: Reize, die nah beieinanderliegen, werden als zusammengehörig wahrgenommen.

Zwei Menschen, die wir des Öfteren miteinander sehen, werden als Paar wahrgenommen, das möglicherweise miteinander „geht".

Das Sprichwort „Sage du mir, mit wem du umgehst, so sage ich dir, wer du bist" beruht ebenfalls auf dem Gesetz der Nähe.

■ Das **Gesetz der Geschlossenheit**: Unvoll-endete Reize werden als vollendet wahr-genommen.

Wir sehen nebenstehend keine Punkte, son-dern einen Kreis, und die unregelmäßigen Fragmente als einen Hund.

Zwei Halbbögen nehmen wir als fliegenden Vogel wahr.

„Punkt, Punkt, Komma, Strich – fertig ist das Mondgesicht" ist ebenfalls ein Beispiel für dieses Gesetz.

In vielen Karikaturen, Witzzeichnungen, auf Gebots- und Verbotsschildern, Plakaten oder im Straßenverkehr finden wir das Prinzip der Geschlossenheit wieder.

■ Das **Gesetz der Kontinuität**: Reize, die eine Fortsetzung vor-ausgehender Reize zu sein scheinen, werden als zusammenge-hörig wahrgenommen.

In nebenstehender Anordnung wird die Kurvenlinie als eine und die rechteckige Linie als eine andere Figur wahrgenommen.

Wurde man von einer Person enttäuscht, so begegnet man dieser künftig mit Misstrauen. Von einem Schüler, der einige Male keine guten Noten geschrieben hat, erwartet man zukünftig keine besonderen Leistungen.

Das Sprichwort „Wer einmal lügt, dem glaubt man nicht, auch wenn er dann die Wahrheit spricht" lässt sich mit dem Gesetz der Kontinuität erklären.

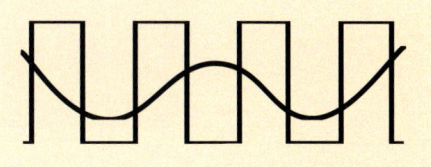

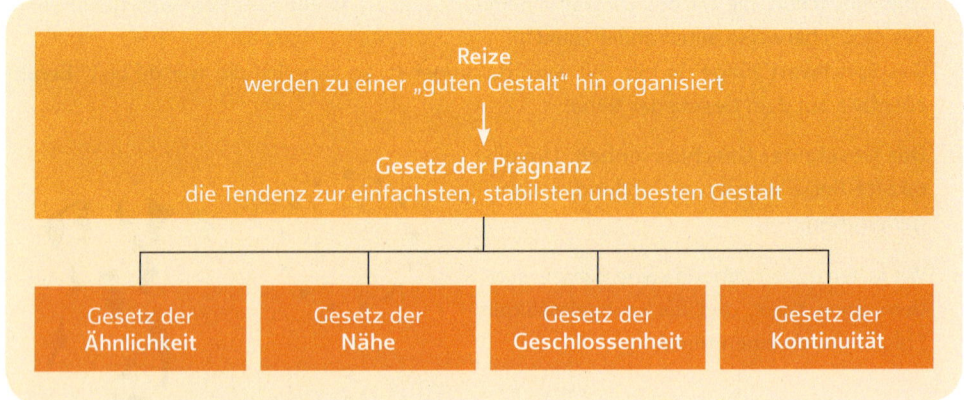

3.4.3 Die konstante Wahrnehmung

Personen und Objekte werden trotz unterschiedlicher Entfernung, Beleuchtung oder Betrachtungsperspektive immer als dieselben wahrgenommen und wiedererkannt.

 Wenn wir einen Menschen in zwei Meter und einen weiteren gleich großen in sieben Meter Entfernung sehen, dann sehen wir diese beiden tatsächlich als gleich groß, obwohl der weiter entfernte Mensch auf unserer Netzhaut kleiner abgebildet wird.

Solch unveränderte, konstante Wahrnehmungen bei unterschiedlichen Gegebenheiten nennt die Psychologie **Konstanzphänomene**.

Mit Konstanzphänomen wird eine gleichbleibende, unveränderte Wahrnehmung trotz unterschiedlicher Gegebenheiten bezeichnet.

Größenkonstanz	Personen und Gegenstände werden trotz unterschiedlicher Entfernung als gleich groß wahrgenommen. Ein Kind erscheint uns in drei Metern Entfernung nicht größer als in sechs Metern Entfernung.
Form- bzw. Dingkonstanz	Personen und Gegenstände werden trotz unterschiedlicher Perspektive in ihrer Form als gleich wahrgenommen. Ein Teller wird z. B. bei der Betrachtung aus verschiedenen Perspektiven, auch aus einem sehr steilen Blickwinkel, trotz veränderter Abbildung auf der Netzhaut immer als rund erkannt.
Farb- bzw. Helligkeitskonstanz	Personen und Gegenstände werden trotz unterschiedlicher Beleuchtung in ihrer Farbe als gleich wahrgenommen. Der Schnee bleibt in unserer Wahrnehmung weiß, auch wenn die Dämmerung hereinbricht und er auf der Netzhaut dunkler abgebildet wird.

Die Wahrnehmungskonstanzen entwickeln sich beim Menschen erst im Laufe der Zeit und sind notwendig, um eine gewisse Ordnung und Beständigkeit in die vielen Informationen zu bringen, denen wir täglich ausgesetzt sind.

Die Organisation der Wahrnehmung im Überblick

Die Wahrnehmung wird

- durch die Beschaffenheit der Sinnesorgane eingeschränkt.
- vom Individuum unterschiedlich interpretiert.
- durch individuelle und soziale Faktoren verändert.
- durch unseren Geist konstruiert
- durch Konstanzphänomene verbessert.
- durch die Gestaltgesetze strukturiert.
- von bestimmten Erwartungen eines Individuums bestimmt.

3.5 Fehler und Störungen in der Wahrnehmung

Die Wahrnehmung vermittelt uns, wie in den *vorherigen Abschnitten* ausgeführt, ein subjektives Bild der Wirklichkeit. Dabei kommt es zu Fehlern und Störungen in unserer Wahrnehmung, die sich oft schicksalhaft auswirken können.

3.5.1 Fehler in der Wahrnehmung anderer Personen

Die Verfälschung und Verzerrung der objektiven Wirklichkeit durch unsere Wahrnehmung wird vor allem in der Wahrnehmung anderer Menschen, Personengruppen und ganzen Nationen deutlich.

> Von Wahrnehmungsfehlern spricht man, wenn durch die Wahrnehmung die Wirklichkeit verzerrt und verfälscht wird. Diese Verzerrung und Verfälschung zeigt sich vor allem in der Wahrnehmung anderer Personen, Personengruppen und ganzer Nationen.

> „Personenwahrnehmung kann als das erste, entscheidende Stadium jeder zwischenmenschlichen Interaktion[1] betrachtet werden. Bevor wir uns sinnvoll auf andere beziehen können, müssen wir sie wahrnehmen und interpretieren. [...] Jede soziale Begegnung hinterlässt bei uns einen bestimmten Eindruck vom anderen, bestimmte Erwartungen und Vorhersagen. Darum spielt Personenwahrnehmung in jeder Phase der sozialen Interaktion eine wichtige Rolle, sei es bei der Kontaktaufnahme, beim Aufrechterhalten oder Beenden."
> *(Forgas, 1999[4], S. 20)*

Die Personenwahrnehmung gilt als Teilgebiet der sozialen Wahrnehmung[2], die sich von der Wahrnehmung von Objekten unterscheidet. Wie schon in den *Abschnitten 3.3 und 3.2.4*, dargestellt, beeinflussen insbesondere unsere **Erwartungen** die Wahrnehmung von Personen.

---

[1] Der Begriff „soziale Interaktion" ist in Kapitel 11.1.1 geklärt.
[2] siehe Abschnitt 3.3.1

Mitarbeiter, die den Erwartungen ihrer Vorgesetzten am meisten entsprechen, werden positiv gesehen und am besten beurteilt – unabhängig von ihrem tatsächlichen Leistungsniveau. Dies ist laut *Lioba Werth* und *Jennifer Mayer* (*2008, S. 159*) unter anderem darauf zurückzuführen, „dass wir bei Bestätigung unserer Erwartungen eher positiven Affekt (Zufriedenheit) erleben und dementsprechend den Beurteilten wohlwollender bewerten, während die Verletzung unserer Erwartung eher negativen Effekt (Unsicherheit) und damit eine schlechtere Bewertung hervorruft.“

Die bedeutendsten Fehler in der Wahrnehmung anderer Personen und Personengruppen sind[1]:

Man nimmt verstärkt nur diejenigen Verhaltensweisen bei einer anderen Person oder Gruppe wahr, die man erwartet.	Mitarbeiter die den Erwartungen ihrer Vorgesetzten am meisten entsprechen, werden positiv gesehen und am besten beurteilt – unabhängig von ihrem tatsächlichen Leistungsniveau.
Es werden nicht die beobachtbaren Verhaltensweisen gesehen, sondern man macht sich ein Bild.	Wir beobachten, dass Lukas mit den Beinen wippt, und sagen: „Lukas ist nervös.“ Georg hat ein Problem gelöst, woraufhin wir meinen, dass Georg intelligent sei.
Die Wahrnehmung wird vom sozialen Zusammenhang bestimmt.	Wenn wir eine Person sehen und wissen, diese Person ist ein Lehrer, nehmen wir zugleich die Merkmale wahr, die wir mit dem Wort „Lehrer“ verbinden.
Menschen, die in einer Hierarchie oder sozialen Schicht höher stehen, werden tendenziell positiver wahrgenommen und beurteilt als solche mit niedrigem Rang und Status (= **Hierarchieeffekt**) (vgl. *Daigeler u. a., 2015*[3], *S. 22*).	Ein ausländischer Arzt wird anders gesehen als ein ausländischer Zuarbeiter. *„Fremde sind umso fremder, je ärmer sie sind.“ (Hans M. Enzensberger*[2]*)*
Der Mensch wird als „Rollenträger“ wahrgenommen.	Wenn wir einen Mann mit einer blauen bzw. grünen Uniform sehen, nehmen wir ihn als „Polizisten“, mit einem weißen Kittel und Stethoskop um den Hals als „Arzt“ wahr.

---

[1] Diese hier aufgeführten Wahrnehmungsfehler überschneiden sich zum Teil – je nachdem, aus welcher Sicht man den Fehler betrachtet.
[2] Hans Magnus Enzensberger (geb. 1929) ist deutscher Schriftsteller und Journalist. Er gründete und leitete die Literaturzeitschrift „Kursbuch“. 1963 erhielt er den Georg-Büchner-Preis.

Einer bestimmten Persönlichkeitseigenschaft werden andere Eigenschaften zugeordnet (= **logischer Fehler**).	Ein „starker" Junge ist zugleich auch ein „aktiver" Junge, ein ehrliches Mädchen ist zugleich „brav", „aufrichtig" und „fleißig", ein gut aussehender Mensch ist verträglich, und wer lügt, der stiehlt auch.
Menschen schreiben dem Verhalten anderer bestimmte „Ursachen" zu, um damit ihr Verhalten erklären zu können (**Attributionen**) (vgl. *Meyer/Försterling, 1993², S. 175 f.*).	Der Lehrer stellt fest, dass Max schlechte Noten schreibt. Gleich hat er auch den Grund dafür: Max ist faul.
Menschen orientieren sich bei einer Schätzung an einem vorgegebenen Wert (= **Ankereffekt**) (vgl. *Englich/Bernhardt, 03/2012, S. 16*).	So lehnt ein Richter sein Urteilsmaß oder die Höhe des Schadenersatzes häufig an der genannten Forderung des Staatsanwaltes oder anderer Anwesender wie etwa eines Zwischenrufers an (*Englich/Bernhardt, 2012, S. 17*).
Man sieht bei anderen Menschen die Persönlichkeitseigenschaften, die man an sich selbst nicht wahrhaben kann oder will (= **Projektion**).	Ein Schüler, der in der Schule schlecht ist und dies nicht wahrhaben will, neigt dazu, den Lehrer für schlecht zu halten.
Personen, die wir mögen und welche uns nahestehen, werden von uns „großzügiger" wahrgenommen (= **Sympathieeffekt**)	Richard und Philip machen den gleichen Fehler. Reinhard mag jedoch Richard sehr gerne, deshalb nimmt er ihm den Fehler nicht übel, während er bei Philipp deswegen schwer beleidigt ist. Er kann Philip nicht so gut leiden.
Es werden solche Persönlichkeitseigenschaften wahrgenommen, die man selbst nicht hat (= **Kontrastfehler**) oder die einem sehr vertraut sind (= **Ähnlichkeitsfehler**) (vgl. *Fisseni 2004³, S. 133*).	Walter ist von Mirjam deshalb so fasziniert, weil sie so spontan und witzig ist. Er kann das nämlich nicht (= Kontrastfehler). Ahmed ist von Mirjam ebenfalls begeistert, weil sie, so wie er auch, so witzig und spontan sein kann.
Die Wahrnehmung richtet sich sehr stark nach dem ersten Eindruck (= **Primacy-effect**).	Hat man von einer Person einen ersten positiven Eindruck, ist man geneigt, diese Person auch weiterhin positiv wahrzunehmen. *„Das erste schnelle Urteil ist dauerhaft und ziemlich resistent gegen neue Informationen, die die womöglich ungerechtfertigte Meinung korrigieren könnten. Und ungerechtfertigt ist diese oft." (Vávra, 2015, S. 46)*
Wie ein bestimmtes Erlebnis oder ein bestimmtes Tun bewertet wird, hängt von seiner Endlichkeit ab, wie die beiden Psychologen *Ed O'Brien* und *Phoebe Ellsworth* von der University of Michigan feststellten (= **Endlichkeitseffekt**).	Die Schulzeit oder die berufliche Tätigkeit erscheint umso schöner, je näher ihr Ende rückt. Ein Prüfer urteilt milder, wenn er weiß, dass er den letzten Prüfling vor sich hat.
Die Wahrnehmung orientiert sich an einer Eigenschaft, die als charakteristisch betrachtet wird (= **Halo-Effekt**[1]).	Bei einem Schüler, der in der Schule versagt, werden auch in anderen Bereichen überwiegend negative Eigenschaften vermutet.

---

[1] halo (griech.): die Tenne; bedeutet die Lichterscheinung. Diese tritt meist in Form von Ringen um die Sonne oder den Mond auf.

3.5.2 Störungen in der Wahrnehmung

Unsere Wahrnehmungsfähigkeit kann auf einem bestimmten Gebiet **eingeschränkt** sein.

Hört ein Mensch schlecht, so ist er dadurch in seiner Wahrnehmung eingeschränkt.

Man spricht in einem solchen Fall von einer Wahrnehmungsstörung.

Eine Wahrnehmungsstörung liegt vor, wenn die Wahrnehmungsfähigkeit eines Menschen eingeschränkt ist.

Wahrnehmungsstörungen können kurzzeitig auftreten, wie z. B. eine eingeschränkte Wahrnehmung aufgrund von Drogeneinfluss; sie können aber auch ein Leben lang vorliegen, wie bspw. bei einem Menschen, der blind geboren wurde.

Es kann zu Wahrnehmungsstörungen kommen, wenn die *Sinnesorgane nur bedingt bzw. gar nicht funktionieren*.

Dies ist bei Kurz- oder Weitsichtigkeit, schlechtem Sehen oder Blindheit, bei Schwerhörigkeit oder Taubheit der Fall.

Wesentlich häufiger als gemeinhin angenommen tritt **Farbenblindheit** auf. Eine totale Farbenblindheit gibt es selten, häufig jedoch treten die sogenannte *Rotgrünblindheit*, die *Rotblindheit* und die *Blaugelbblindheit* auf. Der Farbenblinde behilft sich meist dadurch, dass er Farben an ihrer Helligkeit bzw. Sättigung unterscheidet und sich dadurch in seiner Umwelt orientieren kann.

Dies erleben wir an einem Schwarz-Weiß-Film, bei dem man sich trotz fehlender Farben relativ gut orientieren kann.

Eine weitere Wahrnehmungsstörung ist die **Anopsie**[1]: Obwohl die Netzhaut funktioniert, bleibt ein Auge untätig. Auf diese Weise sieht der Betroffene auf diesem Auge nicht.

Bei der Anopsie bleibt ein Auge untätig, sodass der Betroffene auf diesem Auge nichts sieht.

Eine **Agnosie**[2] liegt vor, wenn bereits bekannte Objekte und Personen trotz Funktionieren intakter Sinnesorgane nicht wiedererkannt werden.

Agnosie ist die Unfähigkeit eines Menschen, bereits bekannte Objekte und Personen zu erkennen, obwohl die Sinnesorgane funktionstüchtig sind.

Eine Störung der Wahrnehmung liegt auch bei **Halluzinationen**[3] vor, bei denen ein Reiz wahrgenommen wird, obwohl dieser real gar nicht existiert.

Von einer Halluzination spricht man, wenn ein Reiz wahrgenommen wird, obwohl dieser in der Realität nicht existiert.

Es handelt sich also um eine „Trugwahrnehmung". Der Betroffene ist jedoch von der Realität des nicht existierenden Reizes überzeugt. Halluzinationen kommen in allen Sinnesbereichen vor.

---

[1] a, an (griech.): nicht; ópsis (griech.): das Sehen
[2] agnōsía (griech.): das Nichterkennen, die Unkenntnis
[3] hallucinatio (lat.): die Träumerei

Nicht alle Halluzinationen sind Anzeichen einer psychischen Störung. Vor allem Menschen mit nachlassender Sehkraft spielt das Gehirn oft einen Streich, indem sie lebendigen Trugbildern erliegen, die sich aus unkontrollierter neuronaler Aktivität ergibt. Man spricht hier von einem **Bonnet-Syndrom**[1] (vgl. Marschall, 2010, S. 44 f.).

Wahnvorstellungen sind ebenfalls eine bestimmte Art von Wahrnehmungsstörung. Bei dieser wird trotz eines intakten Wahrnehmungsvermögens die Realität verfälscht.

> Eine Wahnvorstellung liegt vor, wenn bei intaktem Wahrnehmungsvermögen das Bewusstsein die Wahrnehmung derartig verfälscht, dass die Realität, so wie sie ist, verkannt wird.

Es handelt sich also um eine krankhafte Verkennung der Wirklichkeit.

Häufig kommt es auch in der Wahrnehmung zu einem **Verlust des Realitätsbezuges**, wie bspw. Orientierungslosigkeit oder das Verlorengehen von räumlichen Beziehungen.

Oft werden auch Teilleistungsstörungen wie die **Legasthenie**[3] (**Lese-Rechtschreib-Schwäche**), im Fachausdruck auch **Dyslexie**[2] genannt, oder die **Dyskalkulie**[3] (**Rechenschwäche**) als Wahrnehmungsstörung angesehen. Mit Legasthenie werden Schwierigkeiten im Erlernen und Durchführen des Lesens und/oder des fehlerfreien Schreibens bei durchschnittlicher oder sogar überdurchschnittlicher Intelligenz und schulischer bzw. Allgemeinbegabung bezeichnet.

> Unter Legasthenie verstehen wir Schwierigkeiten im Erlernen und Durchführen des Lesens und/oder des fehlerfreien Schreibens bei durchschnittlicher oder sogar überdurchschnittlicher Intelligenz und schulischer bzw. Allgemeinbegabung.

Ihr Erscheinungsbild ist recht vielfältig. Häufige Probleme bei Legasthenie sind nach der *Deutschen Gesellschaft für Kinder- und Jugendpsychiatrie*:

- geringes Lesetempo, anfängliche Schwierigkeiten und Zögern beim Vorlesen, Verlieren der Textzeile,

- Auslassen, Verdrehen oder Hinzufügen von Wörtern oder Wortteilen,

- Ersetzen von Buchstaben, Silben und Wörtern,

- Schwierigkeiten bei Doppellauten,

- Vertauschen von Wörtern in einem Satz oder von Buchstaben in einem Wort,

- Unfähigkeit, das Gelesene wiederzugeben, daraus Schlüsse zu ziehen oder Zusammenhänge zu erkennen.

Dabei müssen bei einem Legastheniker nicht alle diese genannten Merkmale auftreten. Die Ursachen der Legasthenie sind bis heute umstritten. Es werden als mögliche Ursachen häusliche und schulische Einflüsse, organische Ursachen und psychische Faktoren diskutiert.

Während die Legasthenie das Lesen und Schreiben betrifft, bezieht sich die Dyskalkulie auf die Rechenfähigkeit.

---

[1] Dieses Syndrom ist nach dem Erforscher dieses Phänomens, Charles Bonnet (1720–1793), benannt.
[2] legere (lat.): lesen, asthenēs (griech.): kraftlos, schwach; dys (griech.): abweichend von der Norm, léxis (griech.): das Sprechen; calculare (lat.): rechnen, errechnen

Dyskalkulie ist eine Beeinträchtigung der Rechenfähigkeit bei durchschnittlicher oder sogar überdurchschnittlicher Intelligenz und schulischer bzw. Allgemeinbegabung.

Ähnlich wie bei der Legasthenie sind ihre Ursachen bis heute nicht genau bekannt. Ist die Rechenfähigkeit auf Hirnschäden oder -verletzungen zurückzuführen, so spricht man häufig von **Akalkulie** (vgl. *Wernicke, 2013, S. 25*).

Störungen in der Wahrnehmung können Orientierungsschwierigkeiten und Leistungsmängel hervorrufen, eine stark hemmende Wirkung auf die sprachliche und geistige Entwicklung sowie auf das Gefühlsleben eines Menschen haben und eine Beeinträchtigung im sozialen Leben bedeuten. Im Extremfall können Wahrnehmungsstörungen zu psychischen Störungen führen[1].

Mögliche **Ursachen für Wahrnehmungsstörungen**:

- **Organische Schäden:** Schäden an Sinnesorganen, Schädigungen des Nervensystems oder von Bereichen des Gehirns können Wahrnehmungsstörungen hervorrufen.

- **Extremer Reizmangel:** Länger andauernder Reizentzug kann psychische Veränderungen und Wahrnehmungsstörungen zur Folge haben.

- **Drogeneinfluss:** Medikamente, Nikotin, Alkohol und Rauschmittel können die Wahrnehmung eines Menschen einschränken.

- **Besondere Zustände**, in denen sich ein Mensch befindet: Ausnahmezustände wie extreme Freude, Euphorie, erhöhte Angst, starke Erwartungsspannung oder eine Belastungssituation, große Enttäuschung oder tiefe Trauer können zu Störungen in der Wahrnehmung führen.

---

[1] vgl. Kapitel 12.2

Zusammenfassung

- Wahrnehmung ist der Prozess und das Ergebnis der Informationsgewinnung und -verarbeitung von Reizen aus der Umwelt und dem Körperinneren. Für die Wahrnehmung sind das Sinnes- und das Nervensystem von Bedeutung. Als Sinnesorgane bezeichnet man speziell ausgestaltete Bereiche des Organismus, die der Aufnahme von Informationen dienen. Jedes Sinnesorgan benötigt Rezeptoren, das sind bestimmte Nervenzellen, die Reize aufnehmen und diese in elektrische Informationen umwandeln. Das Nervensystem hat zwei Hauptbestandteile, die Neuronen und die Gliazellen. Dabei spielen Synapsen eine wichtige Rolle, die sowohl der Weiterleitung von Informationen als auch deren Verarbeitung dienen.

- Wahrnehmung setzt sich aus Empfindungen, die von bestimmten Reizen durch das Auftreffen auf bestimmte Sinnesorgane verursacht werden, und deren Bewertung aufgrund bisheriger Erfahrungen zusammen. Allein das Auslösen von Empfindungen kann noch nicht als Wahrnehmung bezeichnet werden. Erst durch das Bewerten dieser Empfindungen aufgrund bisheriger Erfahrungen kann man von Wahrnehmung sprechen.

- Reize müssen eine bestimmte „Stärke" aufweisen, damit eine Wahrnehmung stattfinden kann (absolute Schwelle). Zudem gibt es eine Schmerzschwelle, die die „obere Grenze" der Wahrnehmung darstellt. Es werden Reize ausgewählt, die unsere Aufmerksamkeit erregen. Wahrnehmungsreize sind mit einer bestimmten Bedeutung ausgestattet. Im Gedächtnis wird überprüft, ob ein Reiz mit einer schon gespeicherten Information übereinstimmt. Ist dies der Fall, so erkennt man ihn in seiner Bedeutung.

- Die Wahrnehmung vermittelt uns keine objektive Wirklichkeit, sondern eine subjektive Welt. Individuelle Faktoren wie bisherige Erfahrungen, Gefühle und Stimmungen, Triebe und Bedürfnisse, Interessen und Wertvorstellungen, Einstellungen und Vorurteile, Intelligenz und Begabungen sowie Fähigkeiten und Fertigkeiten und soziale Faktoren wie gesellschaftliche und kulturelle Gegebenheiten, soziale Wert- und Normvorstellungen, andere Personen und Gruppen verzerren, verändern und verfälschen unsere Wahrnehmung. Diese Faktoren lösen laut der Theorie der sozialen Wahrnehmung bestimmte Erwartungshypothesen aus, die festlegen, was wahrgenommen wird und wie das Wahrgenommene interpretiert wird. Die Stärke der Hypothesen bestimmt den Grad des Einflusses auf die Wahrnehmung, welche Hypothese herangezogen wird, sowie die Menge an Informationen, die zur Bestätigung oder Widerlegung einer Hypothese erforderlich ist. Der Erklärungswert dieser Theorie ist sehr groß.

- Im 20. Jahrhundert entwickelten sich mehrere Strömungen, die davon ausgehen, dass das, was wir wahrnehmen, eine Konstruktion unseres Gehirns ist und keine wirkliche Abbildung der Welt. Diese Strömungen werden mit dem Begriff „Konstruktivismus" zusammengefasst, eine Sammelbezeichnung für Positionen, die davon ausgehen, dass das menschliche Gehirn die Welt nicht so abbildet, wie sie wirklich ist, sondern dass sich der Mensch vielmehr seine eigene Welt entwirft und formt.

- Die Wahrnehmung wird nach bestimmten Gesetzen, den Gestaltgesetzen – das sind Prinzipien, nach denen sich die räumliche und/oder zeitliche Struktur von wahrgenommenen Gebilden richtet – strukturiert. Die bedeutungsvollsten Gestaltgesetze sind das Figur-Grund-Prinzip, das Gesetz der Prägnanz, das Gesetz der Ähnlichkeit, das Gesetz der Nähe, das Gesetz der Geschlossenheit und das Gesetz der Kontinuität. Mit Konstanzphänomen wird eine gleichbleibende, unveränderte Wahrnehmung trotz unterschiedlicher Gegebenheiten bezeichnet. Am bekanntesten sind die Größen-, die Form- bzw. Dingkonstanz und die Farb- bzw. Helligkeitskonstanz.

- Die Verzerrung und Verfälschung der Wirklichkeit durch unsere Wahrnehmung führt zu Wahrnehmungsfehlern, vor allem in der Wahrnehmung von Personen und Gruppen. Diese Wahrnehmungsfehler können für die weitere Entwicklung eines Menschen schicksalhafte Auswirkungen haben. Von Wahrnehmungsstörung spricht man, wenn die Wahrnehmungsfähigkeit eines Menschen eingeschränkt ist. Störungen in der Wahrnehmung treten auf, wenn die Sinnesorgane nicht oder nur eingeschränkt funktionieren, z. B. bei Farbenblindheit, Anopsien, Agnosien, Halluzinationen, Wahnvorstellungen, Verlust des Realitätsbezugs, Legasthenie sowie Dyskalkulie bzw. Akalkulie. Sie werden durch organische Schäden, extremen Reizmangel, Drogeneinfluss und besondere Zustände ausgelöst.

Aufgaben und Anregungen Kapitel 3

Aufgaben

1. Erläutern Sie die biologischen Grundlagen der Wahrnehmung.
   (Abschnitt 3.1.1)

2. Stellen Sie in Hinblick auf die Wahrnehmung das Nervensystem dar.
   (Abschnitt 3.1.2)

3. Bestimmen Sie an einem Beispiel den Begriff „Wahrnehmung".
   (Abschnitt 3.1.3)

4. Erläutern Sie den Unterschied zwischen Empfindung und Wahrnehmung.
   (Abschnitt 3.1.3)

5. a) Bestimmen Sie, was aus wahrnehmungstheoretischer Sicht „Aufmerksamkeit" bedeutet.
   b) Zeigen Sie an einem Beispiel auf, von welchen Faktoren die Aufmerksamkeit abhängig ist.
   (Abschnitt 3.1.4)

6. Stellen Sie an einem Beispiel dar, wie Erfahrungen unsere Wahrnehmung beeinflussen und bewerten.
   (Abschnitt 3.1.5)

7. Beschreiben Sie an zwei geeigneten Beispielen den Prozess des Erkennens.
   (Abschnitt 3.1.6)

8. Erläutern Sie an verschiedenen Beispielen, dass uns die Wahrnehmung eine subjektive Welt vermittelt.
   (Abschnitt 3.2)

9. Zeigen Sie an verschiedenen Beispielen auf, wie individuelle Faktoren die Wahrnehmung verändern können.
   (Abschnitt 3.2.1)

10. Stellen Sie dar, wie soziale Faktoren die Wahrnehmung beeinflussen können. Gehen Sie dabei auch auf mögliche Gefahren ein, die die Verfälschung der Wahrnehmung nach sich ziehen kann.
    (Abschnitt 3.2.2)

11. *Der Konstruktivismus*
    a) Stellen Sie die Grundaussagen des Konstruktivismus dar.
    b) Diskutieren Sie die Frage unter Berücksichtigung von wahrnehmungstheoretischen Erkenntnissen, ob sich der Mensch seine eigene Welt konstruiert.
    (Abschnitt 3.2.3)

12. Die taktlose Engländerin und der unhöfliche Amerikaner
    Kurz nach dem Zweiten Weltkrieg sagten Engländerinnen nach ihrem Umgang mit Amerikanern, diese seien sehr unhöflich. Umgekehrt bezeichneten die Amerikaner Engländerinnen als taktlos. Warum das?
    In einem Flirt bedeutete zur damaligen Zeit der Kuss bei den beiden Nationen Unterschiedliches. Bei den Amerikanern ist er eine vergleichsweise harmlose Angelegenheit, in England dagegen küsste man sich erst kurz, bevor es zum „Äußersten" kam.

Aufgaben und Anregungen Kapitel 3

Aufgaben

Wenn nun ein amerikanischer Soldat einem Mädchen einen Kuss gab, war dieses plötzlich entsetzt und wies den Unanständigen zurück. Diese Reaktion des englischen Mädchens verstörte wiederum den amerikanischen Soldaten und ließ das englische Mädchen als taktlos erscheinen (vgl. Pörksen/Schulz von Thun, 2014, S. 176).
Analysieren Sie diesen „typisch menschlichen Konflikt" mithilfe der Theorie der sozialen Wahrnehmung. (Abschnitt 3.3.1)

13. Lesen Sie den Text von *Materialien 1 „Der Geiger"*.
Erklären Sie diese Begebenheit auf der Grundlage der Aussagen von *Jerome S. Bruner* und *Leo Postman*. (Abschnitt 3.3.1)

14. *Der Psychiater Bruno Klopfer berichtete 1957 über einen „Mr. Wright", der an einem bösartigen Lymphom*[1] *erkrankt war. Nachdem Mr. Wright das (pharmakologisch völlig unwirksame) „Wundermittel" Krebiozen eingenommen hatte, „schmolzen seine Tumore wie Schneebälle auf einem heißen Ofen". Einige Monate später erklärte der amerikanische Ärzteverband, Krebiozen sei für die Krebstherapie völlig untauglich. Daraufhin bekam Mr. Wright einen „Rückfall", musste wieder ins Krankenhaus, wo er dann kurz darauf starb* (vgl. Guss, 2004, S. 17).
Erklären Sie diese Tatsache mithilfe der Theorie der sozialen Wahrnehmung von *Jerome S. Bruner* und *Leo Postman*.
(Abschnitt 3.3.1 und 3.3.2)

15. Erläutern Sie anhand bestimmter Begebenheiten aus Ihrem Lebensbereich den Erklärungswert der Theorie der sozialen Wahrnehmung von *Jerome S. Bruner* und *Leo Postman*. (Abschnitt 3.3.2)

16. Zeigen Sie an verschiedenen Beispielen aus dem musischen Bereich das Figur-Grund-Prinzip auf. (Abschnitt 3.4.1)

17. Zeigen Sie, wie im Straßenverkehr gestaltpsychologische Erkenntnisse angewendet werden. (Abschnitt 3.4.2)

18. *Man kann sehr oft beobachten, dass eine Mitteilung, die durch Erzählen weitergegeben wird, am Ende ganz anders ankommt als sie ursprünglich lautete.*
Wie können Sie diesen Sachverhalt mithilfe gestaltpsychologischer Erkenntnisse erklären? (Abschnitt 3.4.2)

19. Beschreiben Sie an verschiedenen Beispielen, wie unsere Wahrnehmung durch Konstanzphänomene organisiert wird. (Abschnitt 3.4.3)

20. Beschreiben Sie an verschiedenen Beispielen die Wahrnehmung von Personen und deren Auswirkungen im Alltag. (Abschnitt 3.5.1)

---

[1] Lymphom (griech.) ist eine Lymphknotenvergrößerung, die gutartig, aber auch bösartig sein kann.

Aufgaben

21. *„Wer einmal lügt, dem glaubt man nicht, auch wenn er dann die Wahrheit spricht."*
    Wie können Sie die Aussage dieses Sprichwortes erklären?
    (Abschnitt 3.3.1 oder 3.5.1)

22. *1.243 Menschen entschieden im Internet-Versuch der Universität Saarbrücken, Projekt „Blondinen bevorzugt", dass Blondinen dümmer wirken, wenn ihre Haare zu sehen sind. Und „Der Spiegel" fragte seiner Zeit: „Können 1.243 Menschen irren?"*
    Wie können Sie diese Begebenheit mithilfe wahrnehmungstheoretischer Erkenntnisse erklären?
    (Abschnitt 3.3.1 oder 3.5.1)

23. Erläutern Sie an verschiedenen Beispielen mögliche Wahrnehmungsstörungen und stellen Sie deren Folgen für die Entwicklung eines Menschen dar.
    (Abschnitt 3.5.2)

24. Beschreiben Sie eine Wahrnehmungsstörung und erläutern Sie, wie diese entstanden sein könnte.
    (Abschnitt 3.5.2)

Anregungen

25. Fertigen Sie in Gruppen einen hierarchischen Abrufplan zum Thema „Wahrnehmung und Verhalten" an: Das Thema wird in einem ersten Schritt zu Begriffen bzw. Stichworten zusammengefasst. Sodann werden diese Begriffe in Oberbegriffe, Unterbegriffe, untere Unterbegriffe usw. gegliedert.

26. *Biografie und Internetsuche*
    - Suchen Sie in Gruppen im Internet nach Informationen über das Leben und Werk von:
      - Gruppe 1: *Gordon W. Allport*
      - Gruppe 2: *Leo Postman und Jerome Bruner*
      - Gruppe 3: *Cecile C. Goodman*
      - Gruppe 4: *Solomon Asch*
      - Gruppe 5: *Mustafar Sherif*
    - Fertigen Sie in Kleingruppen eine Übersicht zur Biografie des jeweiligen Wissenschaftlers an.
    - Erarbeiten Sie vier bis sechs wichtige Abschnitte seines Lebens.

27. *Wahrnehmungsverfälschung durch Vorurteile*
    - Sammeln Sie in Gruppen Ihnen bekannte Vorurteile und Stereotypen, die aufgrund von Wahrnehmungsverfälschung entstanden sind.
    - Fertigen Sie aus dem gesammelten Material in der Gruppe eine Plakatwand an.
    - Diskutieren Sie in der Klasse mögliche (schicksalhafte) Auswirkungen von solchen Vorurteilen und Stereotypen.
    - Finden Sie die jeweils aktuelle Erwartungshypothese heraus, die hinter diesen Vorurteilen und Stereotypen stecken könnte.

28. *Der Bonner Philosoph Markus Gabriel merkt zum Konstruktivismus kritisch an: „Wäre der Konstruktivismus wahr, wäre er auch selbst illusionär – und man könnte gar nicht zwischen Wahrem und Falschem unterscheiden" (Wolf/Neuffer, 2014, S. 43).*

Aufgaben und Anregungen Kapitel 3

Anregungen

- Stellen Sie in Ihrer Klasse je sechs Stühle gegeneinander gerichtet auf. Fünf Mitschüler, die die Aussage von *Markus Gabriel* vertreten, setzen sich in die eine Reihe, weitere fünf Mitschüler, die gegen diese Aussage plädieren, nehmen auf den Stühlen gegenüber Platz. In jeder Reihe bleibt ein Stuhl leer.
- Diskussionsablauf: Die eine Gruppe will die andere Gruppe von ihrem Standpunkt überzeugen und umgekehrt.
- Jede Gruppe bekommt drei Minuten Zeit, sich auf das „Streitgespräch" vorzubereiten.
- Wer von der Klasse einen Diskussionsbeitrag leisten möchte, setzt sich auf den leeren Stuhl. Er nimmt auf derjenigen Seite Platz, die er mit seinem Beitrag unterstützen will. Nach dem Beitrag verlässt der Schüler den Stuhl wieder.

29. Entwerfen Sie in Ihrer Klasse auf der Grundlage von Erkenntnissen der Gestaltpsychologie Hinweise zur Orientierung in Ihrem Schulgebäude (Zeichnen und Aufstellen von Schildern, Markierungen usw.).

30. Suchen Sie nach Werbeaussagen und Reklameblättern und diskutieren Sie in der Klasse darüber, inwieweit diese die Anwendung wahrnehmungs-, insbesondere gestaltpsychologischer Erkenntnisse erkennen lassen.

31. *Fehler in der Wahrnehmung von Personen und Gruppen können oft schicksalhafte Auswirkungen haben.*
    - Suchen Sie nach Personen und Gruppen, die von Wahrnehmungsfehlern in besonderem Maße betroffen sind.
    - Diskutieren Sie in Gruppen, was man dagegen tun könnte. Entwerfen Sie Möglichkeiten, wie man derartigen Wahrnehmungsfehlern effektiv begegnen könnte. Halten Sie diese Vorschläge auf einer Plakatwand fest.
    - Diskutieren Sie in der Klasse über die verschiedenen Vorschläge.

32. Welche Rolle spielen Verfälschungstendenzen der Wahrnehmung in der Beziehung zwischen Lehrer und Schüler?
    Sprechen Sie mit Ihrem Lehrer in der Klasse darüber, und entwerfen Sie gemeinsam Möglichkeiten, wie diese abgebaut bzw. vermieden werden können.

4   Intelligenz, Denken und Gedächtnis

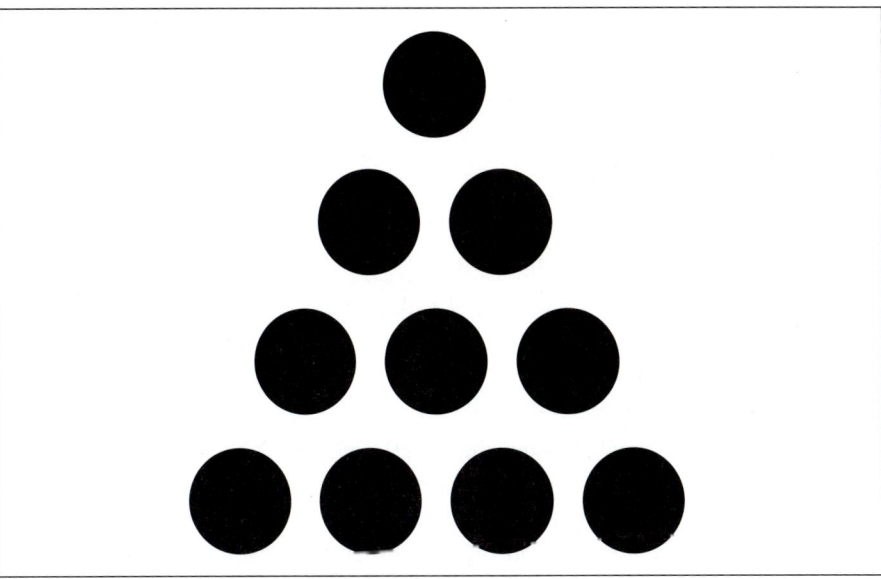

Verschieben Sie drei von den Kugeln so, dass die Spitze des Dreiecks nach unten zeigt[1] (vgl. Kast, 2013, S. 39).

Um diese Aufgabe zu lösen, benötigt man psychische Fähigkeiten und Funktionen wie die Intelligenz und das Denken sowie das Gedächtnis und das Behalten.

Folgende Fragen werden in diesem Kapitel geklärt:

1. *Was versteht man unter Kognition?*
   Was sind ihre biologischen Grundlagen?

2. *Was meint man mit Intelligenz?*
   Aus welchen Fähigkeiten setzt sich Intelligenz zusammen?

3. *Wie lässt sich der Begriff „Denken" umschreiben?*
   Welche Arten von Denken gibt es?

4. *Was versteht man unter Gedächtnis?*
   Welche Gedächtnisarten und –systeme kennt die Wissenschaft?
   Wovon ist das Behalten und Vergessen abhängig?
   Was kann unser Speichern und Behalten blockieren?

5. *Wie kann man das Lernen optimieren?*
   Welche Lern- und Studierstrategien kennt die Psychologie, um effektives Lernen zu fördern?

[1] Die Lösung befindet sich am Ende dieses Kapitels.

4.1 Grundlagen geistiger Vorgänge

Bei der Aufnahme der momentanen Umwelt – der Situation –, ihrer Verarbeitung und ihrem Einwirken zurück auf die Umwelt spielen – wie in *Kapitel 1.2.3* dargestellt – **psychische Fähigkeiten**, wie die *Intelligenz*, die *Sprache* oder das *Gedächtnis*, und **psychische Funktionen**, wie die *Wahrnehmung*, das *Denken* oder das *Behalten*, eine entscheidende Rolle. Sie funktionieren bei jedem Menschen grundsätzlich nach demselben Muster.

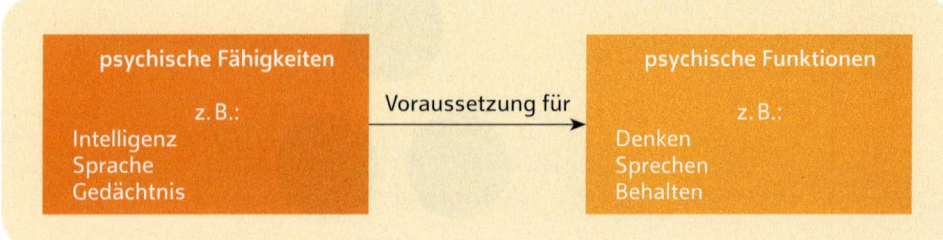

psychische Fähigkeiten	Voraussetzung für	psychische Funktionen
z. B.: Intelligenz Sprache Gedächtnis		z. B.: Denken Sprechen Behalten

4.1.1 Der Begriff „Kognition"

Bei den psychischen Fähigkeiten und Funktionen, die wir im Alltag gemeinhin als „geistige Fähigkeiten" bezeichnen, handelt es sich um **Kognitionen**[1]. Mit diesem Begriff werden – wie in *Kapitel 1.4.3* dargestellt – alle psychischen Vorgänge zusammengefasst, die der Aufnahme, der Verarbeitung, der Speicherung sowie dem Abrufen und Weiterverwenden der Information dienen.

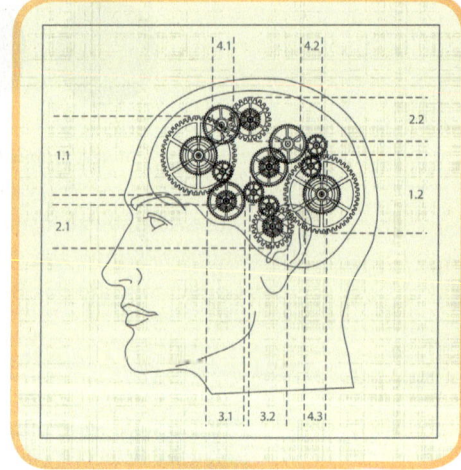

 Hierzu zählen die Intelligenz, die Kreativität, das Gedächtnis, die Sprach- und Lernfähigkeit, die Wahrnehmung und das Erkennen, das Denken, Vorstellen und Problemlösen, das Entscheiden und Urteilen sowie das Behalten, Erinnern und Vergessen.

Kognition bedeutet die Gesamtheit aller psychischen Vorgänge, die der Aufnahme, der Verarbeitung, der Speicherung sowie des Abrufens und Weiterverwendens von Informationen dienen.

 „Die Kognitive Psychologie ist die Wissenschaft, die untersucht, wie der Geist und die Psyche organisiert sind und intelligentes Denken hervorbringen und wie die Prozesse des Denkens im Gehirn sichtbar werden."
(Anderson, 2013[7], S. 1)

---

[1] cognitio (lat.): die Erkenntnis; Kognitionen: alle Vorgänge, durch die ein Organismus Kenntnis von seiner Umwelt erlangt

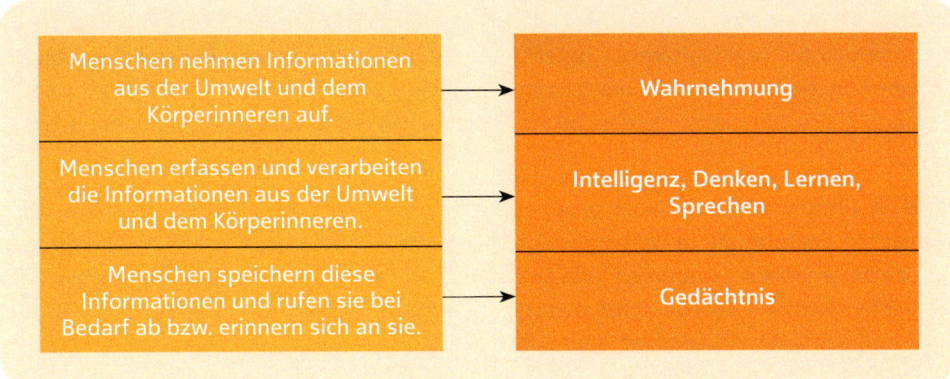

4.1.2   Biologische Grundlagen geistiger Vorgänge

Die Aufnahme, die Verarbeitung, die Speicherung sowie das Abrufen von Informationen sind Leistungen des Gehirns. Es besteht aus mehreren miteinander verbundenen Teilen, die bei den kognitiven Prozessen eine grundlegende Rolle spielen: der **Hirnstamm** bzw. das **Stammhirn**, auch Reptiliengehirn genannt, das **limbische System**[1] sowie das **Kleinhirn** und das **Großhirn**. Das Stammhirn ist Leitungsbahn und „Umschaltstation" zwischen Gehirn und Rückenmark und verantwortlich für alle lebenswichtigen Funktionen wie Herztätigkeit, Atmung, Nahrungsaufnahme und Nahrungsverarbeitung. Seine Aufgabe besteht darin, den Organismus des Menschen am Leben zu halten. Das Kleinhirn bewältigt vor allem Aufgaben bei der Steuerung der Muskeln (vgl. *Madeja, 2010[2], S. 15*). Das limbische System ist an der Entstehung und Wahrnehmung von Emotionen beteiligt[2] und zuständig für die Verhaltensweisen, die für das Überleben des Menschen wichtig sind, u. a. auch für das Gedächtnis und das Lernen. Es nimmt die Informationen aus der Umwelt auf und leitet sie weiter an das Großhirn.

Im Großhirn, dem **Kortex**[3], werden die Informationen aufgenommen, verarbeitet und gespeichert, es ist die „biologische Grundlage unseres Gedächtnisses" (*https://www. dasgehirn.info/entdecken/anatomie/der-cortex, 13.02.2016*). Dort laufen die meisten und auch höchsten geistigen Leistungen des Menschen ab. Hier liegen überdies das Sehzentrum, das Hörzentrum, das Sprachzentrum sowie das Lesezentrum. Für Wahrnehmung, Bewusstsein und Denken ist der jüngste (obere) Teil des Kortex, der **Neokortex**, am wichtigsten (vgl. *Kasten, 2007, S. 61)*.

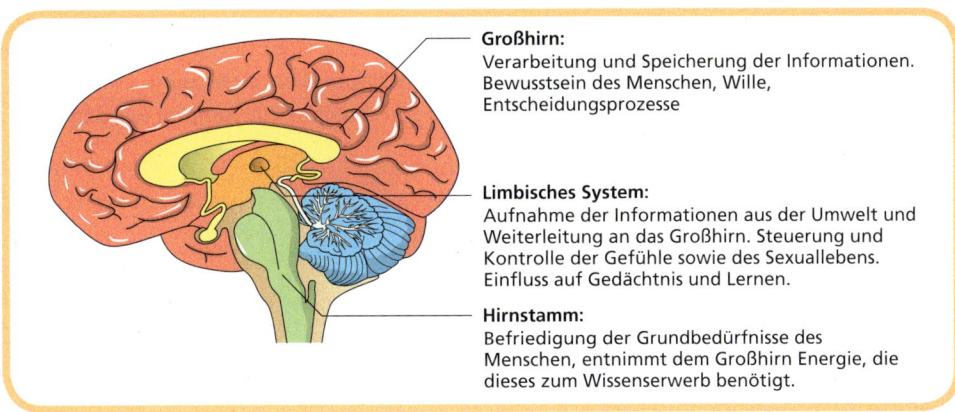

Speckmann/Wittkowski, 2012, S. 67

---

[1] limbus (lat.): der Saum; limbisch bezeichnet das Randgebiet zwischen Großhirn und Gehirnstamm.
[2] vgl. Kapitel 5.1.2
[3] kortex (lat.): die Rinde

In der älteren Literatur ist des Öfteren davon die Rede, dass das Großhirn in zwei Hälften – die sogenannten **Hemisphären**[1] – geteilt sei. Jede Hemisphäre sei grundsätzlich zuständig für eine Körperseite, jedoch in gekreuzter Weise. So würde die linke Hirnhälfte den rechten Arm und die rechte Hirnhälfte den linken Arm steuern. Heute wird das nicht mehr so gesehen.

Neueste Untersuchungen haben ergeben, dass unser Großhirn aus vielen verschiedenen Elementen besteht, die in weitverzweigten Netzwerken agieren. Diese Netzwerke fügen sich zu einer Einheit zusammen (vgl. *Gazzaniga; in: Wilhelm, 2012, S. 37 f.*). Hirnaufnahmen liefern keinerlei Belege dafür, dass die Menschen über eine dominierende rechte oder linke Hemisphäre verfügen (vgl. *Wolf, 2014, S. 11*).

> *„Wenn also Laien und einige Forscher behaupten, die linke Hälfte sei der logische Teil des Gehirns, der die verbalen Informationen kodiere, die rechte der kreative, der visuelle Informationen kodiere, Künstler seien deshalb rechtshirnig, Mathematiker linkshirnig, ist das Unsinn."*
> *(Caspary, 2010, S. 115)*

→ Materialien 1:
Hirnmythen und
Hirnfakten

Alle diese Teile des Gehirns bestehen hauptsächlich aus Nervenzellen, **Neuronen**[2] genannt, und den Faserverbindungen zwischen den Nervenzellen. Die Neuronen dienen der Erfassung, Verarbeitung, Speicherung und Aussendung von Informationen. Die Informationsverarbeitung im Gehirn erfolgt durch die *Aktivierung der Nervenzellen*, die – wie in *Kapitel 3.1.2* dargestellt – in der Weiterleitung von Impulsen von einer Nervenzelle zur anderen besteht.

Die Entwicklung des Gehirns basiert vor allem auf der Verknüpfung von Nervenzellen. Je mehr Verbindungen entstehen, desto dicker werden die Faserbündel. Je dicker ein Faserbündel ist, desto schneller leitet es die Information weiter. Entscheidend für kognitive Leistungen sind also nicht die Anzahl der Nervenzellen, sondern die Verbindungen zwischen ihnen.

> *„Gebrauchsabhängige Trampelpfade, Spuren, gibt es nicht nur im verschneiten Park, sondern auch im Gehirn! Nicht umsonst spricht man von Gedächtnisspuren, und diese entstehen letztlich auf die gleiche Weise wie die Spuren im verschneiten Park [...]. Jeder einzelne Gebrauch, d. h. jede einzelne Erfahrung schlägt sich nur ganz geringfügig nieder, aber nach vielen Erfahrungen verbleiben [...] sie [...] in Form fester Spuren im Gehirn."*
> *(Spitzer, 2015⁹, S. 59)*

In den ersten drei Lebensjahren werden so viele Verbindungen gebildet wie später nie mehr im Leben. Ein zweijähriges Kind verfügt über doppelt so viele **Synapsen**[3] wie ein Erwachsener. Es bleiben jedoch nur die Verbindungen erhalten, die benutzt werden.

Lange Zeit glaubte man, dass die Nervenzellen nicht mehr nachwachsen können und abgestorbene Zellen für immer verloren sind. Heute jedoch weiß man, dass Nervenzellen auch im Erwachsenenalter noch nachwachsen und neue Verbindungen herstellen können.

---

[1] hemi (griech.): halbseitig
[2] neuron (griech.): der Nerv, die Sehne
[3] Synapsen (synapsis, griech.: Verbindung) sind die Kontaktstellen zwischen zwei Nervenzellen bei der Informationsübertragung.

Ob in der menschlichen Entwicklung Verbindungen von Neuronen entstehen oder nicht, hängt von der Art der Anregungen seitens der Umwelt, wie z. B. der Erziehung, ab.

Es wird des Öfteren behauptet, dass wir gemeinhin nur etwa 10 Prozent unserer Gehirnkapazität nutzen würden. Neuere neurowissenschaftliche Untersuchungen haben jedoch ergeben, dass diese Auffassung nicht stimmt (vgl. Becker, 2009, S. 74 f.).

4.2   Die Sprache

Der bekannte Linguist *Noam Chomsky* hat einmal gesagt, dass wir mit der Sprache dem nahekommen, was wir als die „Essenz des Menschenwesens" bezeichnen können. Für *John R. Anderson (2013[7], S. 251 ff.)* ist sie die eindrucksvollste kognitive Fähigkeit des Menschen, weil sie den gegenwärtigen fortschrittlichen Stand der menschlichen Zivilisation ermöglicht. Und der Kognitionsforscher *Steven Pinker* bezeichnet die Sprache gar als „das Juwel in der Krone der Kognition".

4.2.1   Der Begriff „Sprache"

Die Sprache ist ein System, das aus Wörtern, Lauten, Zeichen, Symbolen und grammatikalischen Regeln besteht. Um bestimmte Sachverhalte beschreiben und sich miteinander verständigen zu können, einigten sich Menschen auf ein System von Lauten und Zeichen, die nach ganz bestimmten Regeln miteinander verbunden werden.

> Die Sprache ist ein System von Lauten und Zeichen sowie von Regeln über die Verbindung dieser Zeichen.

Sprache geschieht entweder mittels erzeugter Laut- und Tonfolgen oder handgeschriebener bzw. maschinell erzeugter Buchstaben- oder Schriftzeichenfolgen. Im ersten Fall handelt es sich um das **Sprechen**, ein Erzeugen von geordneten Laut- und Tonfolgen mithilfe des menschlichen Sprechapparates, im zweiten Fall um das **Schreiben**, ein Aufzeichnen bzw. Festhalten von Schriftzeichen.

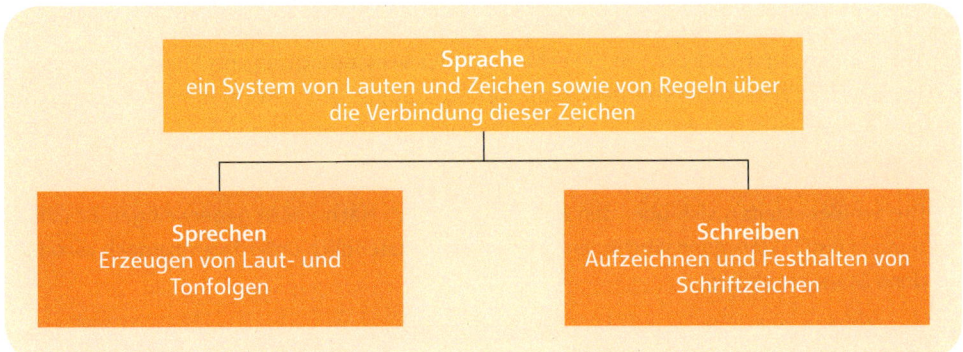

Voraussetzung für die Fähigkeit zu sprechen und das gesprochene bzw. geschriebene Wort seiner Mitmenschen zu verstehen ist, dass der Mensch über bestimmte Fähigkeiten des Gehirns verfügt. Sowohl bei der Sprachproduktion als auch beim Sprachverstehen werden die entsprechenden Informationen in den entsprechenden neuronalen Netzen durch die Aktivierung der entsprechenden Nervenzellen verarbeitet.

Die Areale, die an der Sprachverarbeitung eines Menschen beteiligt sind, sind das Broca-Areal (1), die motorische Gesichtsregion (2) und die somatosensorische[1] Gesichtsregion (3), Hörfelder (4) sowie das Wernicke-Areal (5).

Das Sprachverstehen verläuft in drei Schritten (vgl. *Karnath/Thier, 2006[2], S. 356*):

- Im ersten Schritt wird das Gesagte, z.B. ein Satz, wahrgenommen und in eine erste Grobstruktur aufgegliedert.

- Im zweiten Schritt wird der Inhalt, die Bedeutung der Wörter und des Satzes, entschlüsselt und interpretiert.

- Im dritten Schritt werden die daraus gewonnenen Erkenntnisse miteinander verbunden und somit verstanden.

Jeder Schritt läuft in einer Zeit von 120 bis 500 Millisekunden ab.

Entgegen früherer Annahmen, dass allein zwei Bereiche im Gehirn, das sogenannte Broca-Areal (für die Sprachproduktion) und das sogenannte Wernicke-Areal (für das Sprachverstehen), für die Sprache verantwortlich seien, weiß man heute, dass **Areale sowohl der linken als auch der rechten Hemisphäre an der Sprachproduktion und -verarbeitung beteiligt sind** und ein Netzwerk bilden, das quer über das ganze Gehirn reichen kann. Man weiß auch, dass die für die Sprache zuständigen Areale bei den verschiedenen Menschen an verschiedenen Stellen liegen können und dass sie – z.B. nach einer Schädigung durch einen Unfall in den ersten Lebensjahren – von einer (der geschädigten) Gehirnhälfte in die andere wandern können.

4.2.2 Die Bedeutung der Sprache

Die Sprache besitzt, wie eingangs schon erwähnt, viele für den Menschen und für das Zusammenleben von Menschen wichtige Funktionen:

- **Kommunikationsfunktion**: Die Sprache dient der Vermittlung, der Aufnahme und dem Austausch von Informationen zwischen zwei oder mehreren Personen[2].

- **Verständigungsfunktion**: Die Sprache dient der Verständigung von Menschen untereinander. Die Verständigung geht über den Austausch von Informationen hinaus; eine Information aufgenommen zu haben, bedeutet nicht automatisch, sie auch wirklich verstanden zu haben.

Die Schüler streiten sich über den Begriff „Toleranz". Nach vielen gegenseitigen Beschreibungen und Erklärungen wird ihnen klar, dass sie letztendlich unter Toleranz doch verschiedene Dinge verstehen.

- **Beschreibungsfunktion**: Die Sprache dient der Beschreibung von Dingen und Sachverhalten.

Eine Frau beschreibt ihrem Lebensgefährten mithilfe der Sprache den Ring, den sie in einem Geschäft gesehen hat und den sie sich zum Geburtstag wünscht.

---

[1] somato (griech. soma): der Körper; sensorisch (lat.): die Sinnesorgane und -empfindungen betreffend
[2] vgl. hierzu Kapitel 11.1.1

- **Ausdrucksfunktion**: Mithilfe der Sprache ist es möglich, Gedanken, Gefühle und Bedürfnisse auszudrücken.

  Ein Mann gesteht der Frau seiner Träume, dass er sie von ganzem Herzen liebt.

- **Appellfunktion**: Mithilfe der Sprache lässt sich das Verhalten des anderen beeinflussen.

  So will Kurt, dass Margret heute Abend zu ihm kommt. Kurt ruft sie an und bittet sie zu kommen. Margret nimmt sich die Zeit und besucht Kurt.

- **Handlungsfunktion**: Sprache gibt „Handlungsanweisungen" und kann somit das Handeln des anderen steuern.

  Eine Hausfrau rät ihrer Freundin: „Gib ein Viertel Liter Milch und ebenso viel Sahne, 85 g Zucker und zwei halbierte Vanilleschoten in einen Topf und koche dies kurz auf. Dann 6 Eigelb schaumig schlagen. [...]"

Die Appellfunktion meint mehr die Aufforderung, den Befehl – z.B. „Ruf mich an" –, während bei der Handlungsfunktion eher die Beschreibung einer Handlung im Vordergrund steht; hier wird nicht unbedingt zu einer Handlung aufgefordert.

- **Denkfunktion**: Sprache beeinflusst die anderen kognitiven Fähigkeiten und Funktionen. Sie bewirkt, wie Menschen etwas wahrnehmen und wie sie denken. Allein die Wortwahl bestimmt, wie wir einen Vorfall sehen (vgl. *Wilhelm, 2011, S. 15 f.*). Sprache unterstützt das Denken und ist aktiv an Überlegungen und an der Lösung von Problemen beteiligt. Manche Psychologen, wie z.B. die *Behavioristen*[1], sind sogar der Meinung, dass das Denken nichts anderes als ein „inneres Sprechen" sei. Untersuchungen bei Kindern ab dem zweiten Lebensjahr haben ergeben, dass Kinder, die in der Sprachentwicklung zurückbleiben, auch Verzögerungen in ihrer geistigen Entwicklung zeigen.

  Hinsichtlich des mathematischen Denkens kamen Forscher von der Universität Chicago zu dem Ergebnis, dass erst die Sprache mathematisches Denken ermöglicht. Das Zahlenverständnis ist dem Menschen nicht angeboren – so die Untersuchungen –, sondern entwickelt sich mit der Sprache. Wenn für Zahlen keine Begriffe vorhanden sind, so entsteht auch kein Verständnis für sie.

- **Erinnerungsfunktion**: Nach neueren neurobiologischen Erkenntnissen ist die Sprache der Schlüssel für das Erinnern: Die Art und Qualität der Kommunikation zwischen dem Kind und seinen Bezugspersonen entscheidet maßgeblich darüber, was und wie Menschen sich erinnern. Sobald Kinder Sätze bilden können, sind sie auch imstande, sich an die Vergangenheit zu erinnern. Der Grund für das spurlose Verschwinden von Erlebnissen in der frühesten Kindheit ist, dass die Betroffenen darüber nicht sprechen können (vgl. *Meise, 2006, S. 64*).

- **Kulturtradierungsfunktion**: Mithilfe der Sprache werden die kulturelle Lebensweise und ihre Inhalte an die nachfolgenden Generationen weitergegeben. Auf diese Weise ist es möglich, dass nicht jede einzelne Generation wieder beim Nullpunkt beginnen muss, sondern auf den kulturellen Errungenschaften ihrer Vorfahren aufbauen kann.

---

[1] Der Behaviorismus ist in Kapitel 1.4.2 dargestellt.

 So sagen die Eltern ihrem Sohn, dass man, wenn man bei den Eltern seiner Freundin zum Essen eingeladen ist, ein Gastgeschenk mitbringt.

- **Gesellschaftsfunktion**: Sprache entscheidet mit über den Anteil eines Menschen am gesellschaftlichen Leben.

 Deutlich wird dies, wenn man die Situation eines Ausländers bedenkt, der die Sprache des Landes, in dem er sich befindet, nicht oder nur unzureichend spricht. Er ist isoliert, weil er die anderen nicht verstehen und seine Wünsche, Bedürfnisse und dergleichen nicht verbalisieren kann. Sprachgewandte Menschen finden meist leichter Kontakt und nehmen eher eine Art Führungsposition ein als Menschen, die Sprachschwierigkeiten haben.

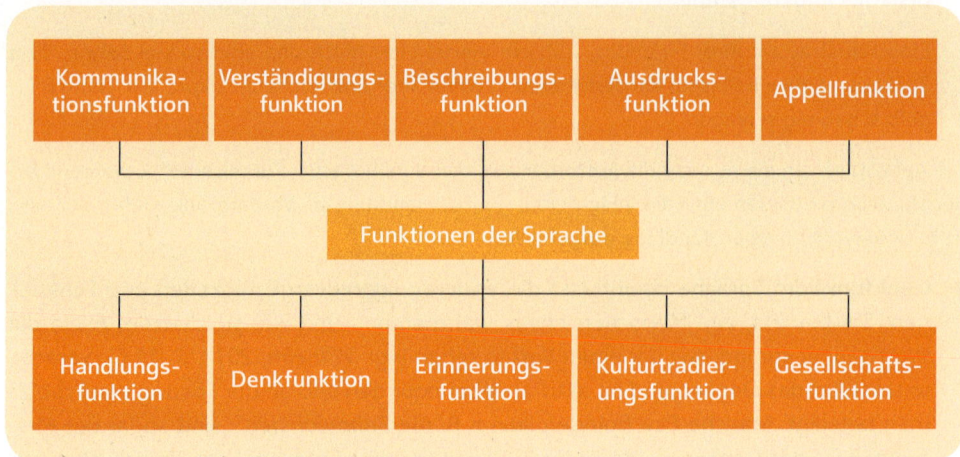

4.2.3 Der Zusammenhang zwischen Sprache und Denken

Zum Verhältnis zwischen Sprache und Denken gibt es unterschiedliche Auffassungen. Der Behaviorismus sieht im Denken lediglich ein „inneres Sprechen". Entsprechende Untersuchungen haben jedoch ergeben, dass das Denken nicht nur inneres Sprechen ist, sondern wirklich eine innere, nicht motorische Aktivität (vgl. *Anderson, 2013[7], S. 261*).

Wenn auch die Ansichten darüber auseinandergehen, ob sich Sprache und Denken von Anfang an gemeinsam entwickeln oder ob Sprechen und Denken jeweils einen eigenen Ursprung haben – also sich zunächst getrennt entwickeln –, so sind sich die psychologischen Forscher darin einig, dass ab der frühen Kindheit Sprache und Denken eng miteinander verbunden sind, also **das Denken auf die Sprache und die Sprache auf das Denken einwirkt**.

- **Das Denken beeinflusst die Sprache**: Forschungen haben gezeigt, dass die Gestalt der Sprache zu einem großen Teil durch das Denken bestimmt wird. Menschliche Sprache ist also auf das Denken angewiesen.

 Es erscheint „nur natürlich anzunehmen, dass Sprache als Werkzeug entstanden ist, dessen Funktion darin besteht, Gedanken mitzuteilen. Werkzeuge werden im Allgemeinen den Werkstücken angepasst, an denen man sie einsetzen will. Nach derselben Logik scheint die Annahme berechtigt, dass sich Sprache so ausgeformt hat, dass sie zu den Gedanken passt, die sie übermitteln soll."
(Anderson, 2013[7], S. 263)

- **Die Sprache beeinflusst das Denken**: Es wurde eindrucksvoll nachgewiesen, dass Kinder, die in der sprachlichen Entwicklung zurückbleiben, auch Verzögerungen in der geistigen Entwicklung zeigen. Das Denken wird also in einem nicht unerheblichen Maße vom aktiven Gebrauch der Sprache bestimmt. Zum einen beeinflussen unsere Worte unsere Denkweise, zum anderen benötigt der Mensch zum Denken bestimmte *Vorstellungsbilder*. Die Sprache erlaubt ein problemloses und schnelles Wiederaufrufen dieser Bilder. Damit beeinflusst sie den mit den Vorstellungen arbeitenden Denkprozess in entscheidender Weise; der Mensch verwendet also zum Denken innere Bilder, die durch die Sprache aktiviert und abgerufen werden können.

Einerseits wird also die Sprache durch das Denken, andererseits das Denken durch die Sprache beeinflusst. **Sprache und Denken sind aufeinander angewiesen; das eine ist ohne das andere kaum denkbar.**

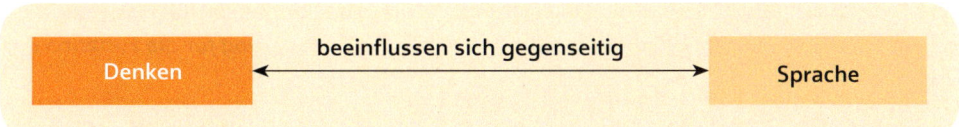

4.3 Die Intelligenz

Der Begriff „Intelligenz" wird sehr häufig verwendet, als seien sich die Menschen darüber einig, was er genau bedeutet. Die verschiedenen Kulturen halten das für intelligent, was in ihrer Kultur zum Erfolg führt. Intelligenz hat sich im Verlauf der Evolution aus der Notwendigkeit heraus entwickelt, Zusammenhänge in der Umwelt zu erkennen und in einer für den Menschen nützlichen Weise reagieren zu können (vgl. *Largo, 2011[21], S. 171 f.*).

4.3.1 Der Begriff „Intelligenz"

Intelligenz[1] wird in der Literatur recht unterschiedlich gesehen. Aufgrund von Untersuchungen ist man heute jedoch zu dem Ergebnis gekommen, dass man nur dann von einer Intelligenzleistung sprechen kann, wenn ein bestimmtes Problem, eine bestimmte Schwierigkeit oder eine bestimmte Situation erfolgreich bewältigt werden kann, ohne allein auf

---

[1] intellegere (lat.): einsehen, verstehen, begreifen

gemachte Erfahrungen zurückzugreifen. Entscheidend ist demgemäß die Neuartigkeit des zu lösenden Problems. Intelligenz zeichnet sich also dadurch aus, dass man **den Anforderungen einer neuen Situation entspricht, ohne in entsprechenden Situationen geübt zu haben.**

 Löst der Auszubildende ein Problem dadurch, dass er genau das nachmacht, was ihm der Meister zeigt, so handelt es sich kaum um eine Intelligenzleistung. Bewältigt er jedoch eine Schwierigkeit, die ihm unbekannt ist und deren Lösung er nicht gelernt hat, so spricht man von einer intelligenten Handlung.

Als Kern von Intelligenz gilt nach *Jean Piaget*[1] die *Anpassungsfähigkeit* als die Fähigkeit, angemessen auf die Umwelt und deren Veränderungen zu reagieren. Er bezeichnet Intelligenz als „die höchste Form der geistigen Anpassung an die Umwelt" (*Piaget, 2000*[10], *S. 10*).

Intelligenz ist die Fähigkeit, sich neuen Situationen, die nicht allein aufgrund bisheriger Erfahrungen gemeistert werden können, anzupassen und diese zu bewältigen.

Intelligenz stellt eine Fähigkeit dar, die Voraussetzung für eine auf einen bestimmten Zweck ausgerichtete Tätigkeit ist. Diese Tätigkeit, die Funktion, bezeichnen wir mit dem Begriff „Denken". *Die Fähigkeit der Intelligenz ist also Voraussetzung für die Funktion des Denkens*[2].

Intelligenz kann nicht direkt beobachtet werden, sie kann lediglich aus dem Verhalten des Menschen erschlossen werden.

 Wir können beobachten, wie der Auszubildende das aufgetretene Problem löst, und wir schließen aufgrund dieser Beobachtungen daraus, ob es sich um eine intelligente Leistung handelt oder nicht.

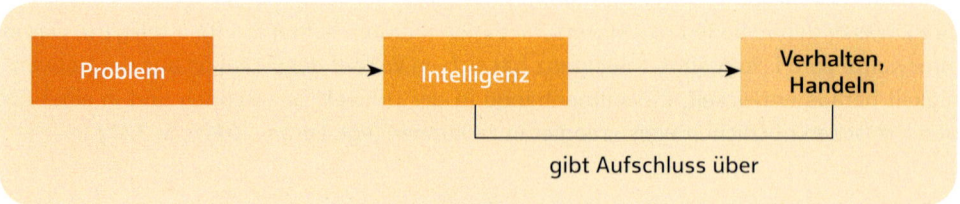

---

[1] Eine Kurzbiografie von Jean Piaget befindet sich in Kapitel 6.4.3.
[2] vgl. Kapitel 1.2.3 und Abschnitt 4.1

Die Intelligenz hängt eng zusammen mit den Gehirnfunktionen. Die Fähigkeit, Probleme in neuen Situationen erfolgreich bewältigen zu können, hängt davon ab, wie viele Nervenfaserverbindungen im Gehirn eines Menschen bestehen und genutzt werden und damit die Produktion kreativer Ideen, Einfälle bzw. Problemlösungen ermöglichen. Auch die Geschwindigkeit, mit der die Informationen verarbeitet und neue Ideen produziert werden, spielt eine Rolle. Je mehr synaptische Verbindungen im Gehirn also genutzt werden und je schneller die Nutzung verläuft, desto intelligenter kann ein Mensch werden. Wiederholte Erfahrungen bewirken, dass sich sowohl die Anzahl und Größe der Nervenzellen, die diese Erfahrungen repräsentieren[1], als auch deren synaptische Verbindungen verändern[2]. Entscheidend ist also nicht die Gehirnmasse, sondern der Grad ihrer Vernetzung. *Je besser die Vernetzung, desto intelligenter der Mensch*.

Kreativität wird als ein Faktor der Intelligenz gesehen[3].

4.3.2 Modelle der Intelligenzstruktur

Da „die Intelligenz" nicht beobachtbar, sondern nur aus dem Verhalten erschließbar ist, konnte man bislang noch nicht eindeutig bestimmen, wie die Intelligenz strukturiert ist – ob es sich bei der Intelligenz um eine einheitliche Fähigkeit oder um mehrere nebeneinander existierende Einzelfähigkeiten handelt. Zu dieser Frage gibt es in der Intelligenzforschung verschiedene *Intelligenzmodelle*.

In der heutigen Literatur finden folgende „Intelligenzen" eine immer stärkere Beachtung:

→ **Materialien 2:** Intelligenzmodelle nach Spearman, Thurstone und Gardner

- Die **analytische Intelligenz**: Damit ist diejenige Intelligenz gemeint, die i.d.R. durch Intelligenztests erfasst wird; es geht hierbei um das Lösen von genau umrissenen Aufgaben, die eine einzig richtige Lösung haben.

- Die **soziale Intelligenz**, die von anderen Autoren oft auch interpersonale[4] Intelligenz genannt wird: Sie bezeichnet *die Fähigkeit, das soziale Leben in den verschiedenen Organisationsformen und Beziehungen, in denen ein Mensch lebt* – z.B. in der Familie, Schule, Arbeit, Ehe bzw. im Bekannten- und Freundeskreis – *zu bewältigen*. Hierzu gehört auch die Fähigkeit, soziale Konflikte im Alltag sowie im Berufs- und Privatleben effektiv lösen zu können, sowie die Fähigkeit, andere zu verstehen – *Empathie*[5] genannt.

> „Die Systeme im Gehirn, durch die sich der Mensch von den anderen Säugetieren unterscheidet, sind in direktem Verhältnis zur Stärke der primären menschlichen Bindungen gewachsen. Deshalb spekulieren manche Wissenschaftler, dass Homo sapiens durch seine überragenden sozialen Fähigkeiten – und nicht durch kognitive oder körperliche Überlegenheit – weitaus erfolgreicher war als die anderen Humanoiden[6]."
>
> (Goleman, 2008, S. 491)

---

[1] Repräsentationen sind bleibende Spuren auf den Nervenzellen.
[2] vgl. Abschnitt 4.1.2
[3] siehe Abschnitt 4.4.5
[4] inter (lat.): zwischen
[5] siehe Kapitel 10.4.2
[6] Als „Humanoide" werden alle Lebensformen bezeichnet, die ein menschenähnliches Erscheinungsbild aufweisen. Charakteristisch ist der aufrechte Gang.

... Die Neurowissenschaft hat in jüngster Zeit herausgefunden, dass das menschliche Gehirn auf Beziehung angelegt ist; es ist – wie es Daniel Goleman[1] (2008) bezeichnet – ein „geselliges Hirn". Das Bedürfnis nach Kontakt mit anderen Menschen ist quasi „in uns eingebaut".

■ Die **emotionale Intelligenz,** die durch das gleichnamige Werk von *Daniel Goleman (1998[7])* sehr populär wurde, geht aber auf *John Mayer und Peter Salovey* zurück. Sie beschreibt die Fähigkeit, sowohl die eigenen Gefühle als auch die anderer Menschen wahrzunehmen und richtig zu erkennen, diese Gefühle ausdrücken sowie mit diesen – sowohl mit den eigenen als auch mit denen anderer – bewusst, sensibel und angemessen umgehen zu können. Emotionale Intelligenz bedeutet also *die Fähigkeit, die eigenen Emotionen und die anderer wahrzunehmen, auszudrücken, zu verstehen und zu beherrschen.*

Soziale und emotionale Intelligenz bedingen sich gegenseitig: Die erfolgreiche Bewältigung sozialer Anforderungen ist angewiesen auf den effektiven Umgang mit Gefühlen (vgl. Salewski/Renner, 2009, S. 131).

■ Die **praktische Intelligenz,** in der Literatur gelegentlich auch als **kontextuelle**[2] **Intelligenz** bezeichnet, als *die Fähigkeit, alltägliche „praktische" Aufgaben zu lösen.*

... Da in unserer Arbeitswelt Teamarbeit zunehmend an Bedeutung gewinnt, wird gelegentlich auch von einer **kollektiven Intelligenz** (**KI**) gesprochen. Sie stellt fest, wie hoch die Intelligenz einer Gruppe ist. Dabei wurde erforscht, dass die kollektive Intelligenz vor allem vom Einfühlungsvermögen der einzelnen Gruppenmitglieder abhängt.

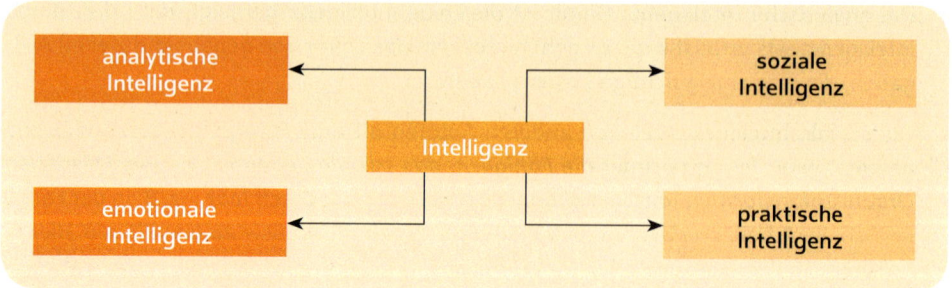

... Es wird zudem in der Literatur zwischen **fluider Intelligenz,** der Fähigkeit des Schlussfolgerns und der Problemlösung sowie der Anpassung an unbekannte Situationen[3], und **kristalliner Intelligenz,** der Fähigkeit, das vorhandene Wissen auf Lösungen von Problemen einzusetzen, unterschieden (vgl. Stern/Grabner, 2014, S. 180). Auf diese beiden Formen wird in Kapitel 8.8.4 eingegangen.

---

[1] Daniel Goleman (*1946) lehrte als klinischer Psychologe an der Harvard Universität und war Herausgeber der Zeitschrift Psychology Today. Gegenwärtig ist er verantwortlicher Redakteur für Psychologie und Neurowissenschaften bei der New York Times.
[2] contextus (lat.): enge Verknüpfung, der Zusammenhang; kontextuell: die Verknüpfung, den Zusammenhang betreffend.
[3] vgl. Abschnitt 4.3.1

4.3.3 Die Messung der Intelligenz

1905 entwickelten die französischen Psychologen *Alfred Binet* und *Thomas Simon*[1] den ersten Intelligenztest. Grundlegende Prinzipien dieses Tests sind auch heute noch maßgebend:

- Die **Intelligenzleistung** einer getesteten Person wird immer mit der Leistung eines möglichst großen Durchschnitts von Gleichaltrigen verglichen.

- Das **Intelligenzalter**, welches eine Leistungsangabe darstellt, wird durch die Untersuchung einer großen Gruppe Gleichaltriger ermittelt. Ein durchschnittlich intelligenter Siebenjähriger hat ein Intelligenzalter von 7, ein durchschnittlich intelligenter Zehnjähriger ein Intelligenzalter von 10.

Hat nun ein Zehnjähriger ein Intelligenzalter von 8, so weist dies auf einen Entwicklungsrückstand in der Intelligenz von zwei Jahren hin. Dieser Zehnjährige ist demgemäß unterdurchschnittlich intelligent.

Die Aussage über eine über- oder unterdurchschnittliche Intelligenzleistung ergibt sich aus der Differenz von Intelligenzalter minus Lebensalter. Das Intelligenzalter orientiert sich dabei immer an der Altersnorm, an dem, was der Durchschnitt der Dreijährigen, der Vierjährigen usw. kann. Nachdem der direkte Vergleich von Intelligenzalter und Lebensalter nicht berücksichtigt, dass ein Entwicklungsrückstand von zwei Jahren bei einem Dreijährigen weit mehr ausmacht als bei einem 15-Jährigen, kam der Psychologe *William Stern*[2] zu dem altersunabhängigen Begriff **Intelligenzquotient (IQ)**. Er wird folgendermaßen errechnet:

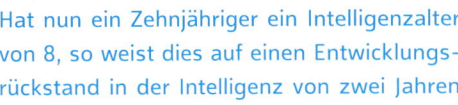

$$IQ = \frac{IA\ (\text{Intelligenzalter})}{LA\ (\text{Lebensalter})} \cdot 100 \ (\text{um Kommastellen zu vermeiden})$$

Der IQ ist somit kein absolutes Maß, sondern eine Vergleichszahl, die besagt, dass jemand in einem Test besser oder schlechter ist als der Durchschnitt seiner Gleichaltrigen. Wie in *Kapitel 2.2.4* dargestellt, hat man sich bei allen Intelligenztests auf einen IQ von 100 geeinigt. Dies entspricht dem Durchschnitt.

---

[1] Die französischen Psychologen Alfred Binet (1857–1911) und Thomas Simon (1873–1961) wurden bekannt durch die von ihnen entworfene Testreihe zur Ermittlung des Intelligenzstandes bei Kindern; sie erarbeiteten noch heute verwendete Staffeltests für jedes Lebensjahr zwischen drei und 15 Jahren.

[2] William Stern (1871–1938) war zunächst Professor in Breslau und Hamburg, emigrierte aber 1933 in die USA und lehrte dort an der Harvard Universität sowie der Duke University.

Wer einen IQ von 85 bis 115 hat, ist durchschnittlich intelligent; wer einen IQ von 115 bis 130 hat, kann als überdurchschnittlich, wer einen IQ von 85 bis 70 hat, als unterdurchschnittlich intelligent gelten; ein IQ von über 130 wäre weit überdurchschnittlich, ein IQ von unter 70 weit unterdurchschnittlich.

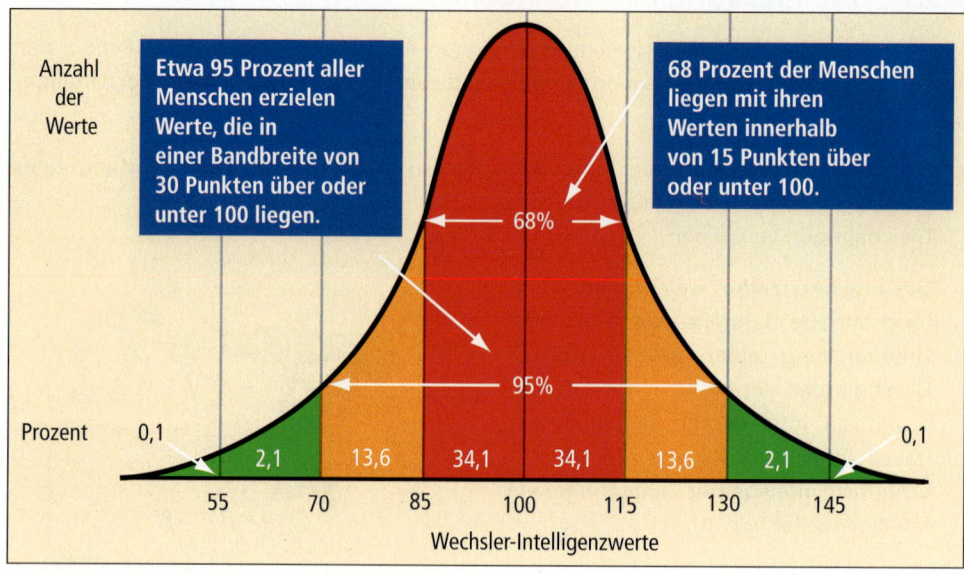

(Myers, 2014³, S. 473)

Dass die Jugend immer dümmer werden würde, ist ein Mythos. Der IQ stieg in den westlichen Ländern über die letzten Jahrzehnte kontinuierlich an. Entsprechend neuester Zahlen hat sich dieser Trend jedoch abgeschwächt (vgl. Flynn, 2013, S. 36).

4.3.4 Kritik an den Intelligenztests

Herkömmliche Intelligenztests messen nicht die Anpassungsfähigkeit eines Menschen an *seine* jeweilige Umwelt, sondern an eine *bestimmte*. Deshalb können sie auch nicht dergestalt verallgemeinert werden, dass ein Test für alle Völker und Kulturen zutrifft. Intelligenz ist immer **kulturabhängig** und jede Kultur hat ihre eigenen Schwierigkeiten bzw. Probleme, die sie bewältigen muss. Diese sind abhängig von Wert- und Normvorstellungen, Sitte und Brauchtum, Weltanschauungen und Überzeugungen, von der Natur, in der der Mensch lebt, wie der Art der Landschaft oder dem Klima, von wirtschaftlichen Gegebenheiten wie Wohnverhältnisse, Wohnbezirk, Wohnraum, Wohneinrichtung, Vermögensverhältnisse und Einkommen sowie von dem Zusammenleben der Menschen. Entsprechend benötigt jede Kultur eine „andere" Intelligenz, die in der Konstruktion von Intelligenztests berücksichtigt werden muss.

Einige Verhaltensforscher und Psychologen wagten in den 60er-Jahren des vergangenen Jahrhunderts den Fehlgriff, einen in der westlichen Welt entworfenen Intelligenztest auch in der ehemals sogenannten „Dritten Welt" anzuwenden. Entsprechend kam bei diesem Test heraus, dass Schwarze weniger intelligent seien als Weiße. Aufgrund der Kulturabhängigkeit der Intelligenz ist ein solches Unternehmen abwegig.

Viele Forscher stellen die **Validität von Intelligenztests infrage**, da sie häufig einseitig nur die analytische Intelligenz messen, nämlich das Lösen von genau umrissenen Aufgaben, die eine einzig richtige Lösung haben[1]. Doch um Schwierigkeiten bzw. Probleme in neuen

---

[1] vgl. Abschnitt 4.3.2

Situationen erfolgreich zu bewältigen, sind mehr Fähigkeiten bzw. Begabungen erforderlich als lediglich die analytische.

Kreativität, die Fähigkeit eines Menschen, Neues zu schaffen sowie neuartige Einfälle und originelle Lösungen zu produzieren, wird in Intelligenztests überhaupt nicht berücksichtigt, ist aber oft zur Bewältigung von Schwierigkeiten bzw. Problemen erforderlich.

Intelligenztests beinhalten bevorzugt Aufgaben, die das sprachliche, logisch-mathematische und räumliche Denken betreffen. Weitere wichtige Begabungen, mit denen ein Beitrag zur Lösung wichtiger Probleme der heutigen Zeit geleistet werden kann, fehlen. In der heutigen Literatur finden zwar mehrere „Intelligenzen" eine immer stärkere Beachtung[1], sind bis jetzt aber nicht in Intelligenztests eingeflossen.

Häufig wird an den Intelligenztests kritisiert, dass Unterschichtangehörige in den Tests benachteiligt werden, da zum einen sprachliche Aufgaben dominieren, deren Sprachniveau der Mittelschicht entstammt und bei denen die Sprachform der Unterschichtangehörigen außer Acht gelassen wird, und zum anderen die durchschnittlichen Intelligenzwerte in der Mittelschicht erhoben werden und dadurch die Aufgaben sowie die Normierung dem Erfahrungsbereich der Mittelschicht entstammen.

Intelligenz kann nicht nur, wie man annehmen kann, für positive Zwecke eingesetzt werden, sondern auch zu Manipulationen und zum Schaden von Menschen. Es sind die Werte einer Person, so Yvonne Vávra (2015, S. 76), die darüber Aufschluss geben, wie sie ihre Intelligenz nutzen wird.

4.4 Das Denken

Die kognitive Funktion des Denkens ist wohl eine der fantastischsten Funktionen des menschlichen Organismus. Man kann das Denken nicht unmittelbar sehen. Es unterscheidet den Menschen in seiner Qualität vom Tier und scheint ihm eine schier unbegrenzte Vielfalt kognitiver Leistungen zu ermöglichen.

4.4.1 Der Begriff „Denken"

Der Begriff „Denken" ist schwer zu bestimmen, da es sich hierbei um einen psychischen Vorgang, um einen geistigen Prozess handelt, der nicht beobachtbar ist. In diesem geistigen Prozess nimmt der Mensch Informationen wahr, erfasst und verarbeitet sie und verbindet mit einem Gedanken beliebig andere Gedanken, sodass oft eine ganze Gedankenkette entsteht. Er stellt Beziehungen her zwischen einzelnen Merkmalen, bewertet sie, überlegt sich, wie er sich entscheiden soll, er löst Probleme, entdeckt neue Zusammenhänge und

„Ich denke. Ich denke zumindest, dass ich denke."

steuert dementsprechend sein Handeln, Verhalten und Erleben. Zudem geht es in diesem Prozess des Denkens auch um das Erkennen oder Verleihen von Bedeutungen, um das

---

[1] vgl. Abschnitt 4.3.2

Bilden von Begriffen sowie um das Vornehmen von Bewertungen. Aus dieser Sichtweise kann **Denken als ein nicht beobachtbarer psychischer Vorgang bezeichnet werden, in dessen Verlauf ein Problem, ein Gegenstand oder auch eine Situation erfasst und verarbeitet wird.**

> **Mit Denken wird ein nicht beobachtbarer psychischer Vorgang bezeichnet, in dessen Verlauf Informationen erfasst und verarbeitet werden.**

„Wenn du denkst, du denkst, dann denkst du nur, du denkst [...]"
(Ayan, 2014, S. 37)

Dabei wird Denken in der heutigen Psychologie hauptsächlich als **Prozess der Informationsverarbeitung**, der **Problemlösung** und der **Entscheidungsfindung** gesehen. Entscheidung bedeutet die Wahl zwischen zwei oder mehreren Verhaltens- bzw. Handlungsmöglichkeiten und den Entschluss für eine dieser Möglichkeiten. Steht der Mensch vor einer Entscheidung, so setzt Denken ein: Er vergegenwärtigt sich die verschiedenen Alternativen und wägt sie gegeneinander ab. Er versucht, die Folgen dieser unterschiedlichen Möglichkeiten gedanklich vorwegzunehmen, und bewertet die Alternativen hinsichtlich ihrer Vor- und Nachteile, ihrer Brauchbarkeit für den Menschen, für eine bestimmte Sache oder für eine bestimmte Situation. Sie werden bewertet, ob sie positiv oder negativ, angemessen oder unangemessen, angenehm oder unangenehm sind.

Im Folgenden werden die zwei Prozesse der Informationsverarbeitung und des Problemlösens näher dargestellt, wobei die Problemlösung letztendlich auch eine Art der Informationsverarbeitung ist.

4.4.2 Denken als Informationsverarbeitung

Informationsverarbeitung ist der Prozess, in welchem Informationen aufgenommen, weitergeleitet, verarbeitet und gespeichert werden und der eine Reaktion – ein Erleben und gegebenenfalls ein Verhalten – des Menschen auslöst. Dabei spielt das **Wissen**[1], die vom Individuum im Gedächtnis verarbeiteten und gespeicherten Informationen, eine zentrale Rolle (vgl. *Asendorpf/Neyer, 2012⁵, S. 33*). Entsprechend beinhaltet der Prozess der Informationsverarbeitung vier Phasen:

- Die **Aufnahme von Informationen**: Informationen werden durch die Sinnesorgane aufgenommen und über die Rezeptoren und Nervenzellen an das aktive Organ der Informationsverarbeitung, das Gedächtnis, weitergeleitet.

- Die **Verarbeitung von Informationen**: Im Gedächtnis findet durch sogenannte **Prozessoren** – das sind Verarbeitungseinheiten – eine Verarbeitung und Auswertung der Informationen statt. Diese werden in einem komplizierten Prozess organisiert, umgestaltet und verändert. Der Verarbeitungsprozess an sich besteht aus der Arbeit der Prozessoren, die versuchen, die angekommene Information zu dekodieren – zu entschlüsseln – und zu erkennen. Dies geschieht, indem im Gedächtnis nach bereits gespeicherten Informationen gesucht wird, mit deren Hilfe die neue Information erkannt werden kann. Dabei spielen bisherige Erfahrungen, Wissen, Gefühle und Motive gleichermaßen eine wichtige Rolle.

---

[1] vgl. Abschnitt 4.5.5

Bei der Verarbeitung von Informationen knüpft das Gehirn ständig neue Verbindungen, um diese besser auswerten zu können. Je komplexer ein Sachverhalt ist, den ein Mensch lernt, umso mehr Gehirnareale werden aktiv.

- Die **Speicherung von Informationen**: Die verarbeiteten Informationen werden im Gedächtnis gespeichert und sind dort vorhanden, bis sie möglicherweise abgerufen werden.

- Der **Abruf von Informationen**: Nervenzellen sorgen dafür, dass eine Reaktion stattfindet, die im Verhalten oder Handeln nach außen beobachtbar ist bzw. sich nicht beobachtbar im Erleben äußert. Der erfolgreiche Abruf nach einer bestimmten Zeitspanne hängt eng mit der Art der Verarbeitung zusammen (vgl. *Edelmann/Wittmann, 2012[7], S. 141 f.*).

Man liest bspw. den Satz „Do you speak English?". Die Sinnesorgane nehmen den Satz wahr und die Nervenzellen leiten ihn an das Gedächtnis weiter. Im Gedächtnis suchen die Prozessoren nach bereits gespeicherten Informationen, mit deren Hilfe der Satz erkannt und damit verstanden werden kann. Hat man nun Englisch gelernt, so kann man mithilfe des gespeicherten Wissens diese neu ankommende Information erkennen und entsprechend reagieren, etwa mit der Antwort „Yes, I do". Jemand, der diese Englischvokabeln nicht gelernt und damit auch nicht gespeichert hat, kann den Satz nicht erkennen und verstehen.

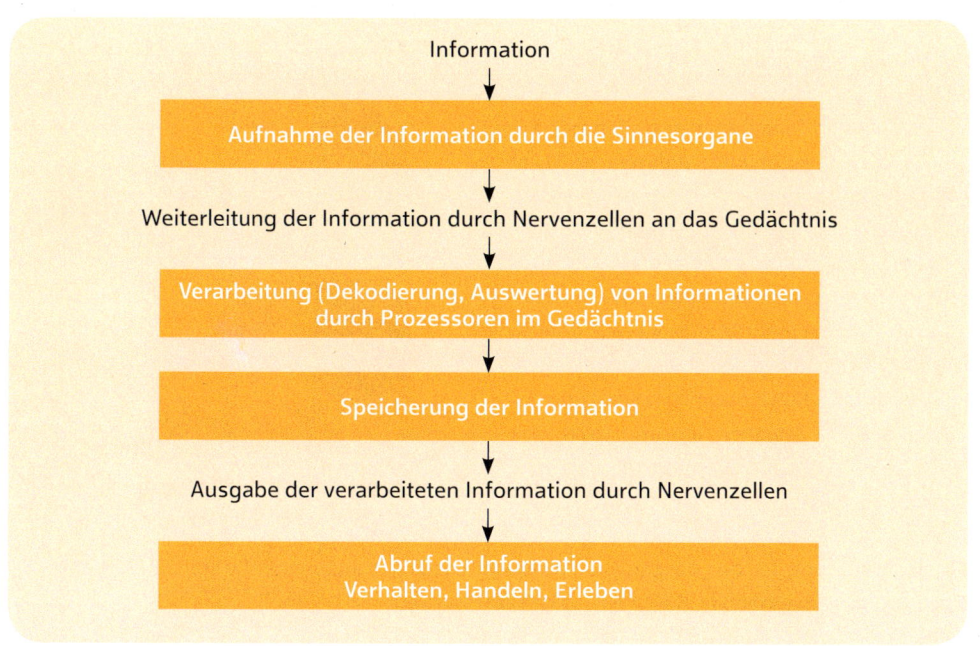

4.4.3 Denken als Problemlösung

Denkprozesse werden oft durch ein Problem, vor dem der Mensch steht bzw. das er als solches erkennt, ausgelöst. *Klaus Opwis u.a. (2006[3], S. 207)* geben drei Merkmale als kennzeichnend für ein Problem an:

- **Ausgangspunkt** ist eine Situation, die in eine angestrebte Zielsituation überführt werden soll.

- Die Überführung der Ausgangssituation in die **Zielsituation** ist nicht unmittelbar möglich; es ist eine Art „Barriere" vorhanden, die zur Lösung des Problems überwunden werden muss.

- Die Überwindung der Barriere erfordert die **Durchführung von Problemlösehandlungen.**

Ein Kind will seinen Teddybären haben, der ganz oben im Regal sitzt, doch die Arme des Kindes sind zu kurz, um den Teddybären ergreifen zu können. Ausgangspunkt ist, dass das Kind den Teddy haben will, ihn aber nicht ergreifen kann. Zielsituation ist, den Teddy vom Regal holen zu können, was durch Überwindung einer Barriere erreicht wird.

Dabei spielen *bisherige Erfahrungen* eine große Rolle: Zunächst versucht man, das Problem mit solchen Möglichkeiten zu lösen, die man gelernt hat und die schon in früheren Situationen erfolgreich waren. Erst wenn sich erkennen lässt, dass keine dieser Möglichkeiten zum Erfolg führt, produziert der Mensch meist in seiner Vorstellung eine Reihe von Einfällen und Lösungsvorschlägen und probiert diese in Gedanken durch. Wir sprechen hier von einem *inneren Probehandeln*. Anschließend sondert er die falschen Einfälle, die nicht zum richtigen Ergebnis führen, gleichsam nach dem *Prinzip von Versuch und Irrtum* aus, bis er den richtigen Einfall hat.

Der Mensch löst ein Problem jedoch nicht nur nach dem Prinzip von Versuch und Irrtum, er strukturiert im Laufe der Zeit das Problem um. Es setzt der Prozess der **Umstrukturierung** ein; damit ist der Vorgang gemeint, in welchem zunächst zusammenhanglose Elemente einer Situation zueinander in Beziehung gesetzt werden.

Um beim Beispiel vom Kind und seinem Teddybären zu bleiben: Die Arme des Kindes sind zu kurz, um den Teddybären ergreifen zu können. Im Zimmer steht unter anderem ein Stuhl und auf dem Tisch liegt ein länglicher Gegenstand. Zunächst wird das Kind verschiedene Anstrengungen unternehmen, um an den Teddy heranzukommen. Irgendwann entdeckt es, dass es mit dem Stuhl, auf den es hinaufsteigt, und dem länglichen Gegenstand den Teddy vom Regal herunterholen kann: Es strukturiert die Situation um und setzt den Stuhl, den länglichen Gegenstand und den Teddybären zueinander in Beziehung.

Umstrukturierung ist der Vorgang, in welchem zunächst zusammenhanglose Elemente einer Situation zueinander in Beziehung gesetzt werden.

Die einzelnen Elemente werden also miteinander kombiniert, wieder auseinandergelegt und neu kombiniert, bis erkannt wird, dass eine Beziehung und auch welche Beziehung zwischen den einzelnen Elementen besteht. Das Erkennen einer Beziehung zwischen einzelnen Elementen einer Situation nennen wir **Einsicht**.

> **Mit Einsicht wird das Erkennen einer Beziehung zwischen den einzelnen Elementen einer Situation bezeichnet.**

„Der Kopf ist rund, damit das Denken die Richtung ändern kann."
(Francis Picabia[1])

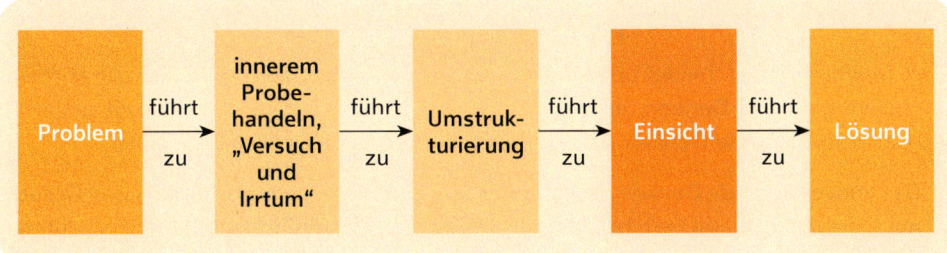

Problem — führt zu → innerem Probehandeln, „Versuch und Irrtum" — führt zu → Umstrukturierung — führt zu → Einsicht — führt zu → Lösung

Die kluge Ratte

Es war einmal eine alte graue Ratte,
Die, wie man sieht, ein Fass gefunden hatte.
Darauf, so schaut die Ratte hin und her,
Was in dem Fasse drin zu finden wär'.
Schau, schau! Ein süßer Honig ist darein,
Doch leider ist das Spundloch viel zu klein.
Indes die Ratten sind nicht gar so dumm,
Sieh nur, die alte Ratte dreht sich um.
Sie taucht den langen Schwanz hinab ins Fass
Und zieht ihn in die Höh' mit süßem Nass.
Nun aber ist die Ratte gar nicht faul
Und zieht den Schwanz sich selber durch das Maul.
(Wilhelm Busch[2])

---

[1] Francis Picabia (1879–1953), eigentlich Francis-Marie Martinez Picabia, war französischer Schriftsteller, Maler und Grafiker.
[2] Wilhelm Busch (1832–1908) war Dichter und Zeichner humorvoller Geschichten und Gedichte sowie von Zweizeilern (z. B. „Vater werden ist nicht schwer, Vater sein dagegen sehr"). Sehr bekannt sind „Max und Moritz", „Die fromme Helene" oder „Plisch und Plum".

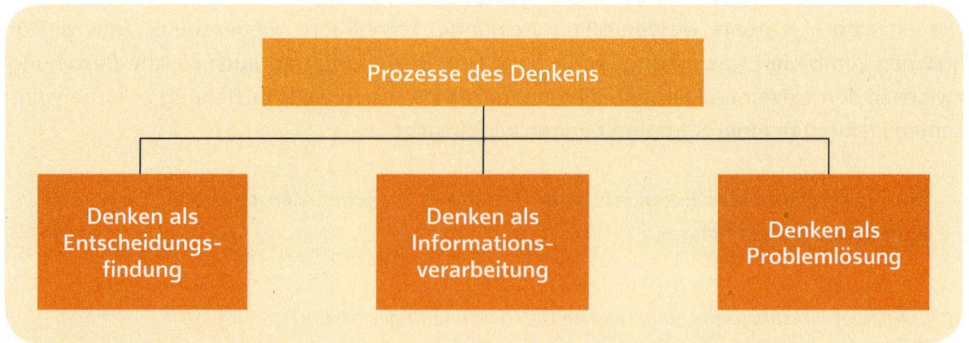

4.4.4 Das schlussfolgernde und schöpferische Denken

Joy P. Guilford[1] unterscheidet beim problemlösenden Denken zwei verschiedene Formen, das **konvergierende Denken**, auch logisches bzw. schlussfolgerndes Denken genannt, und das **divergierende Denken**, oft auch als schöpferisches Denken bezeichnet[2].

■ Das konvergierende Denken erfolgt unter Anwendung bestimmter Regeln und Gesetzmäßigkeiten, die man bereits kennt bzw. gelernt hat, und führt zu einer einzig richtigen Lösung. Es wird angewandt, wenn das Problem klar und konkret gestellt ist und nur eine richtige Lösung möglich ist.

 So löst man eine Mathematikaufgabe, indem man durch Anwendung der richtigen Formel zum einzig richtigen Ergebnis kommt.

■ Das divergierende Denken geht von einem meist nicht klaren Problem aus, das Denken ist hier flexibel, kreativ und schöpferisch, das bisher Gelernte wird zum Produzieren neuer Lösungsmöglichkeiten eingesetzt. Als Ergebnis werden mehrere, zum Teil neue und vielleicht ungewöhnliche Lösungen gefunden.

 Betrachtet man die unterschiedlichen Modelle, die bei der Erfindung des Flugzeugs entstanden sind, so wird deutlich, dass die Erfinder schöpferisch, kreativ gedacht haben.

In der „Praxis" lassen sich diese beiden Formen nicht trennen; sie wirken zusammen, um ein bestimmtes Problem zu lösen. Neuere Untersuchungen zeigen, dass sich das logische Denken nicht immer auf den Alltag übertragen lässt und beim Lösen von Problemen eine geringe Rolle spielt (vgl. *Einzmann, 2011, S. 78*).

> *„Mit Logik kann man Beweise führen, aber keine neuen Erkenntnisse gewinnen [...]".*
> *(Henri Poincaré[3])*

Hinsichtlich des schlussfolgernden Denkens gibt es zwei Arten des Denkens, das **deduktive** und das **induktive Denken**. Das deduktive[4] Denken, geht als Weg vom Allgemeinen zum Speziellen, zum Einzelfall. Kennzeichnend ist dabei, dass aus einem oder mehreren Zusammenhängen – sogenannten Prämissen – Schlüsse über einen Einzelfall gefolgert

---

[1] Joy Paul Guilford (1897–1988) war amerikanischer Psychologe und beschäftigte mit seinen Vorträgen über die Kreativität im Jahre 1950 ganze Forschergenerationen.
[2] konvergierend (lat.): sich zuneigend, zusammenlaufend; divergierend (lat.): auseinandergehend
[3] Henri Poincaré (1854–1912) war ein bedeutender und einflussreicher französischer Mathematiker und Physiker. Bekannt wurde er vor allem durch seine Forschungen in der Astronomie.
[4] deductio (lat.): das Ableiten

werden. Das induktive[1] Denken dagegen geht als Weg vom Speziellen, vom Einzelfall, zum Allgemeinen. Aus Einzelerfahrungen bzw. -beobachtungen werden allgemeingültige Schlüsse gezogen.

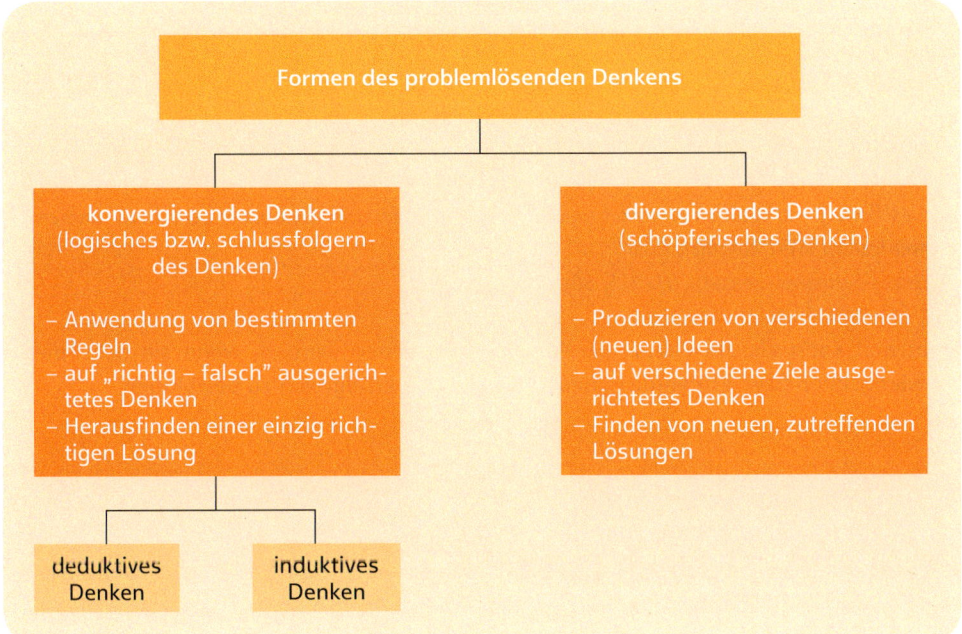

Es gibt neben diesen genannten Denkarten noch weitere, auf die aber in diesem Zusammenhang nicht eingegangen werden soll.

4.4.5 Die Kreativität

Kreativität[2] bedeutet die Fähigkeit eines Menschen, Neues zu erfinden, neue Ideen zu haben und originelle Lösungen zu entdecken. Es wird angenommen, dass Kreativität, also schöpferische Leistung, in erster Linie auf divergierendes Denken zurückzuführen ist.

Bedeutende Erfindungen wie das Flugzeug, wissenschaftliche Entdeckungen, künstlerische Werke in Musik, Malerei, Architektur oder Literatur sowie soziale und wirtschaftliche Neuerungen sind Beispiele für kreative Leistungen.

Losgelöst von einem starren Regel- und Ordnungsdenken sucht der Kreative zur Bewältigung eines Problems nach mehreren, zum Teil neuen und vielleicht ungewöhnlichen Lösungen. Kreative Menschen besitzen deshalb auch meist Persönlichkeitseigenschaften wie etwa Originalität, Flexibilität und Einfallsreichtum.

Kreativität bezeichnet die Fähigkeit eines Menschen, Neues zu schaffen sowie neuartige Einfälle und originelle Lösungen zu produzieren.

---

[1] inductio (lat.): das Hnineinführen
[2] creatura (lat.): Schöpfung, Geschöpf

Obwohl Kreativität den Menschen in die günstige Lage versetzt, mit Neuartigem und Ungewohntem besser zurechtzukommen, ist sie in unserer Gesellschaft nicht immer erwünscht. Kreativität bedeutet zwar immer Produktion von Neuem, dieses Neue oder Fremdartige wird jedoch oft als unangenehm, störend, aus der Reihe fallend oder beängstigend empfunden. Ein kreativer Mensch wird oft als verrückt, als ungezogen oder als jemand, der aus der Reihe tanzt, bezeichnet.

> *Man muss überlegen, „was es bedeutet, dass Kinder als Entdecker und Erfinder auf die Welt kommen, ihnen aber unser Bildungssystem abverlangt, hauptsächlich das zu tun, was die Gesellschaft verbindlich erwartet und dabei [...] erfinderische Gedanken der Kinder immer weniger zu Wort kommen lässt."*
> *(Haug-Schnabel/Bensel, 2012[11], S. 30)*

Kreativität kann als ein Faktor der Intelligenz gesehen werden, wenn sie dazu dient, Schwierigkeiten bzw. Probleme in neuen Situationen erfolgreich zu bewältigen.

4.5   Das Gedächtnis

Eine der wichtigsten Fähigkeiten unseres Organismus ist das Gedächtnis. Ohne dieses müssten wir Alltägliches immer wieder neu lernen. Wir brauchen das Gedächtnis beim Wahrnehmen, Denken, Erkennen und Verstehen ebenso wie beim Lernen und Sprechen. Unser tägliches Verhalten und Erleben basiert auf unseren gespeicherten Erfahrungen, Kenntnissen, Fähigkeiten und Fertigkeiten.

4.5.1   Der Begriff „Gedächtnis"

Mit Gedächtnis bezeichnet man zum einen die Fähigkeit eines Organismus, bestimmte Informationen zu **speichern**. Solche Informationen umfassen nicht nur sachliche Inhalte, wie etwa den Stoff, den man in der Schule gelernt hat, sondern auch Gefühle, Empfindungen, Erlebnisse und Ähnliches. In der Psychologie spricht man, wenn es um das Speichern von Informationen geht, vom *Behalten*. Zum anderen werden Informationen im Gedächtnis **verarbeitet**: Sie werden dort mithilfe von Prozessoren entschlüsselt und ausgewertet.

Das Gedächtnis ist ein aktives Organ des Menschen, das eine Information aufnimmt, verarbeitet, speichert und für den Fall behält, dass diese Information zum Erkennen neuer Reize und Verarbeiten neuer Informationen wieder benötigt wird. Der Mensch kann also notwendige, bereits im Gedächtnis gespeicherte Information wieder **abrufen**, damit er sie zu gegebener Zeit zur Verfügung hat. Dieses Abrufen kann in Form des **Reproduzierens**[1] **oder des Wiedererkennens** geschehen. Beim Wiedererkennen ist im Gegensatz zum Reproduzieren das Objekt, um das es geht, gegeben.

Wenn man eine Liste von Wörtern sieht und die Bedeutung dieser Wörter sagen kann, so handelt es sich um ein Wiedererkennen. Lernt man nun diese Liste von Wörtern auswendig und versucht, sie zu einem späteren Zeitpunkt wiederzugeben, so spricht man von Reproduzieren. Bei Wörtern, die wir täglich gebrauchen – wir sprechen hier von aktivem Wortschatz –, handelt es sich um ein Reproduzieren; Begriffe dagegen, die wir selbst nicht gebrauchen, deren Bedeutung wir aber wissen – passiver Wortschatz –, erkennen wir wieder.

---

[1] re (lat.): wieder; productio (lat.): das Hervorbringen; Reproduktion: etwas wieder genauso hervorbringen.

Gedächtnis ist die Fähigkeit des Organismus, Informationen verarbeiten, speichern und abrufen zu können.

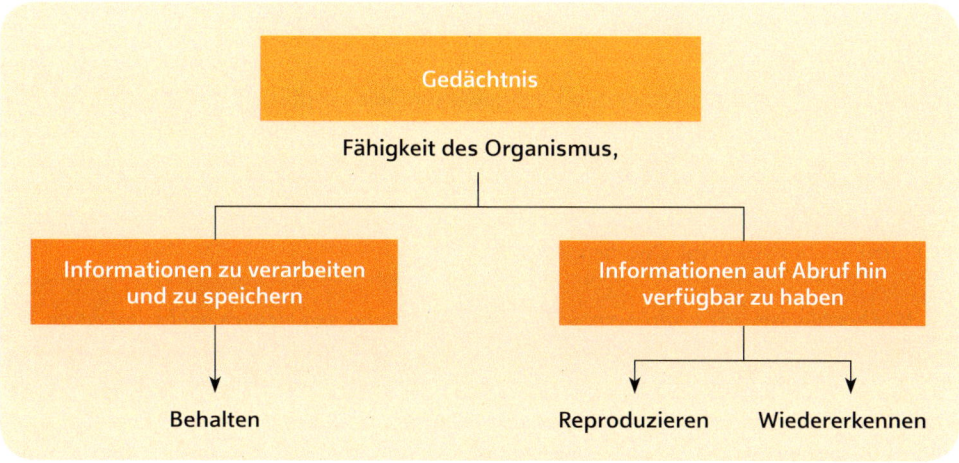

> „Das Gedächtnis ist das Tagebuch, das wir immer mit uns herumtragen."
> (Oscar Wilde[1])

4.5.2 Das Erinnern

Das Erinnern ist eine lebensnotwendige Funktion, die uns jedoch manchmal betrügt.

Mit Erinnern bezeichnet man eine gespeicherte Information, die gewollt oder ungewollt in das Bewusstsein tritt.

Erinnerungen sind neurobiologisch gesehen Verknüpfungen von Nervenzellen, die in der Großhirnrinde geschehen. Erinnerungen werden dort abgespeichert. Dabei fungiert der Hippocampus[2] als zentrale Schaltstelle des Gedächtnisses.

Emotionen üben auf Gedächtnisinhalte einen großen Einfluss aus: Die Tatsache, dass man angenehme Ereignisse besser behält als unangenehme, hat oft zur Folge, dass man vergangene Zeiten gerne als „schön" in Erinnerung hat (*„Erinnerungsverklärung"*).

Bei älteren Menschen kann man feststellen, dass sie oftmals von der „guten alten Zeit" sprechen. Darauf angesprochen, erzählen sie dann, wie schön früher alles war. Auch junge Menschen sprechen nach ihrer Schulzeit meist positiver über sie, als sie das während ihrer Schulzeit getan haben.

> „Erinnerungen sind Wirklichkeit im Sonntagsanzug."
> (Oliver Hassencamp[3])

---

[1] Oscar Wilde (1854–1900) war irischer Schriftsteller.
[2] Der Hippocampus (griech., hippos: das Pferd; Kampe: die Raupe) spielt sowohl bei Gedächtnisvorgängen und räumlicher Orientierung als auch bei emotionalen Prozessen eine Rolle.
[3] Oliver Hassencamp (1921–1988) war Kabarettist, Schauspieler sowie Jugendbuch- und Romanautor.

Menschen ändern in der Erinnerung ein Erlebnis und fügen Einzelheiten dazu, sogar seine Bewertung kann sich wandeln. Bei umgeformten Gedächtnisinhalten sind Menschen dann der festen Überzeugung, es tatsächlich so und nicht anders erlebt zu haben. Erlebnisse bzw. Ereignisse werden sogar erfunden, wie Untersuchungen ergaben, für den Betroffenen sind sie jedoch wahr.

In zahlreichen Experimenten wurde nachgewiesen, wie empfänglich Menschen für „falsche" Erinnerungen sind.

 Erwachsene glaubten fest, dass sie als Kind einmal in einem Heißluftballon geflogen seien, was nicht stimmte. Ihnen wurden gefälschte Fotos vorgelegt, und schon bald erzählten sie, was sie als Kinder erlebt haben (vgl. *Dworschak, 2016, S. 15*).

 „Wir beschönigen, wir verdrängen, wir denken uns was aus und glauben bald selbst daran." (Dworschak, 2016, S. 15)

Erinnerungen unterliegen einem ständigen Wandel, und wenn wir uns erinnern, dann bauen wir jedes Mal eine neue Geschichte auf – so die Universitätsdozentin für Kriminologie *Julia Shaw* von der London South Bank University.

 Von umgeformten, „falschen" Gedächtnisinhalten ist die Lüge zu unterscheiden. Eine Lüge ist eine bewusste und absichtliche Täuschung, mit der man einen anderen in die Irre führen will (vgl. Köhnken, 2015, S. 38), während Erinnerungsveränderungen nicht absichtlich geschehen.

Viele psychologische Phänomene, insbesondere bestimmte *Erwartungen des Individuums*, sind dafür verantwortlich, warum sich Erinnerungen verändern bzw. erfunden werden. Persönlichkeitsmerkmale sowie soziale Einflüsse lösen beim Menschen bestimmte Erwartungen aus, die mehr oder weniger stark entscheiden, wie wir uns erinnern[1].

Zudem fand man in Untersuchungen heraus, dass die *Erinnerung von vorhandenem Vorwissen beeinflusst wird*. Das Gedächtnis ist keine Kamera, kein „Archiv", selbst wiederholtes Schildern von vergangenen Ereignissen verändert die Erinnerung (vgl. *Braun, 2013, S. 14*). Gedächtnisinhalte sind grundsätzlich subjektiv, nicht der Realität entsprechend; der Lernende bildet ein subjektives Bild des Gespeicherten aus.

Gedächtnisinhalte können sich auch durch **entsprechende Fragen** – z. B. durch *Suggestivfragen*[2] – verändern. Selbst die Wortwahl des Fragenden hat einen großen Einfluss auf die Antworten des Befragten.

 Fragt man Zeugen nach der Einschätzung der Geschwindigkeit eines Autos mit dem Wortlaut „Wie schnell fuhren die Autos, als sie zusammenkrachten?", so fällt die Geschwindigkeit wesentlich höher aus als bei der Fragestellung „Wie schnell fuhren die Autos, als sie sich touchierten?"

Dieses Phänomen bezeichnet man als **Fehlinformationseffekt** (vgl. *Costandi, 2014, S. 35*).

Die bekannte Psychologieprofessorin *Elizabeth F. Loftus* hat viele, zum Teil aufsehenerregende Experimente, über Pseudoerinnerungen durchgeführt.

---

[1] vgl. Kapitel 3.3.1
[2] Suggestion (suggestio, lat.: die Eingebung): Beeinflussung eines Menschen

Elizabeth F. Loftus (*1944) ist Professorin für Psychologie an der University of Irvine und auch an der University of Washington in Seattle tätig. 2005 wurde sie in die Royal Society of Edinburgh gewählt, ein Jahr später in die American Philosophical Society. Sie ist auch Mitglied in der National Academy of Science, eine hohe Auszeichnung für amerikanische Forscher. Zudem gewann sie auch den Grawemeyer Prize in Psychology, einen Preis für wichtige Erkenntnisse mit bedeutenden Auswirkungen. Bekannt wurde sie aufgrund ihrer Forschungen über die Fehlbarkeit des menschlichen Gedächtnisses. Großes Aufsehen erregte Loftus durch ihre Forschungen, dass bei Menschen Bilder eines sexuellen Missbrauchs im Kopf entstehen können, der sich nie ereignet hat. Ihre Tätigkeit als Gutachterin bei zahlreichen Strafprozessen brachte ihr viel Ärger ein, aber auch sechs Ehrendoktortitel.

Elizabeth F. Loftus

Loftus kam in ihren Untersuchungen zu dem Ergebnis, dass durch Beeinflussung und durch später erhaltene Informationen – die sogenannte **post-event-information** – falsche Erinnerungen zustande kommen. Erinnerungen werden falsch gespeichert und verändert – nicht nur, weil später erhaltene Informationen sie beeinflussen, sondern weil sie auch durch bestimmte Fragen und Begriffe noch einmal verfälscht werden können.

Bekannt ist das sogenannte *Bugs-Bunny-Experiment*, bei dem Personen aufgrund vorheriger Erzählungen davon überzeugt waren, sie hätten den Hasen *Bugs Bunny* im Disneyland gesehen und ihm die Hand geschüttelt. Doch das kann gar nicht möglich sein, da *Bugs Bunny* eine Comicfigur eines Konkurrenten ist und sich gar nicht im Disneyland befindet.

In einem anderen Experiment sahen Versuchspersonen einen Film, in welchem ein Auto auf einer Landstraße fuhr. Anschließend wurden sie gefragt, wie schnell das Auto an der Scheune vorbeigefahren sei. Die schlichte Frage führte dazu, dass sich 17 Prozent der Versuchspersonen eine Woche später an eine Scheune erinnerten, obwohl es im Film gar keine gab.

Ein englisches und kanadisches Forscherteam hat Studenten ein Diebstahlsdelikt – es war frei erfunden – mithilfe suggestiver Techniken eingeredet. Beim dritten Interview erzählten 70 % dieser Studenten detailliert von einem von ihnen verübten Diebstahl, sie hätten ihn zwischenzeitlich nur vergessen (vgl. *Wolf, 2015, S. 57*).

In einem der bekanntesten Experimente von *Loftus*, dem sogenannten *Lost-in-the-mall-Experiment*, wurden Personen kurze Berichte über Erlebnisse in ihrer Kindheit erzählt: Im Alter von fünf Jahren seien sie in einem Einkaufszentrum verloren gegangen, hätten fürchterlich geweint und seien nach längerer Zeit von einem fremden Erwachsenen gerettet worden. Obwohl dieses Ereignis nie stattgefunden hat – es war erfunden –, behauptete ein Viertel der Versuchspersonen, sich an dieses erinnern zu können. Manche lieferten sogar genaue Einzelheiten über ihre Eindrücke und Gefühle während des damaligen Geschehens (vgl. *Schäfer, 2010, S. 46*).

→ **Materialien 3:**
Das eingebildete Leben

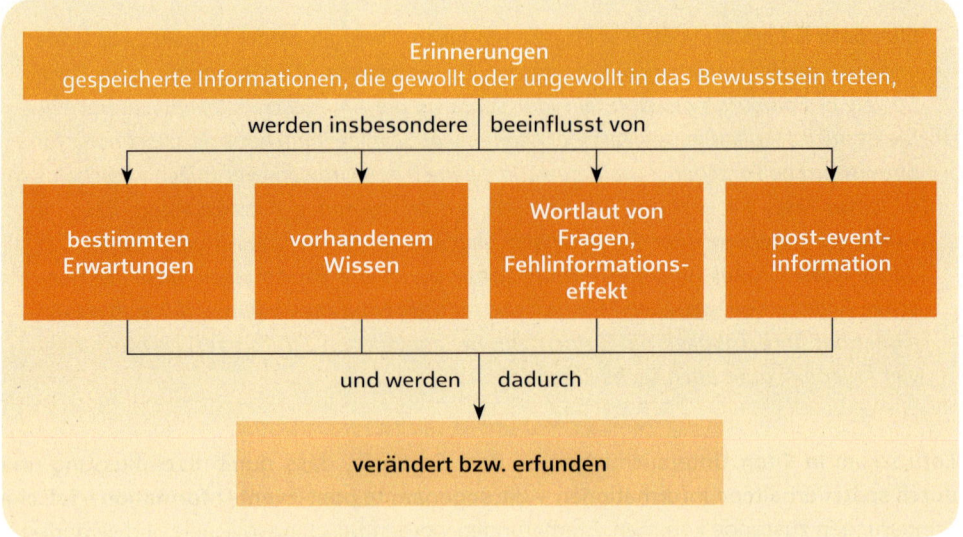

Die Arbeiten über das subjektive Erinnern haben großen Einfluss auf Bereiche des menschlichen Lebens, insbesondere auf Polizei und Justiz. Dies betrifft sowohl Zeugen, die etwas gesehen haben, als auch Ankläger, die etwas erlebt haben, obwohl dieses Ereignis nie geschehen ist. *Loftus* widerlegte die weit verbreitete Ansicht, dass Aussagen von Augenzeugen und Opfern zuverlässig seien. Im wirklichen Leben – so *Loftus* – glauben Menschen des Öfteren an Dinge, die nie wirklich passiert sind.

 Zeugen vor Gericht sagen häufig Sich-Widersprechendes aus, schildern das Auto des Unfallverursachers unterschiedlich, ebenso den Unfallhergang. Es ist auch gar nicht so selten, dass Zeugen unbeteiligte Personen als Täter erkennen und identifizieren oder etwas gesehen haben, was gar nicht möglich ist. Selbst Richter bekennen, dass Zeugen die am wenigsten zuverlässigsten Beweismittel sind (vgl. *Mietzel, 2008*[14]*, S. 287*).

In einem Mordprozess gaben fünf der ursprünglich 13 Angeklagten vor Gericht zu, den Mord an dem kleinen Pascal begangen bzw. dabei mitgeholfen zu haben. Später stellte sich heraus, dass dies gar nicht möglich sein konnte.

Ein vermisster Bauer wurde angeblich ermordet, zerstückelt und an die Hunde verfüttert. Seine Familie hatte die Tat gestanden. Später fand man das Auto des Bauern, es wurde aus der Donau gefischt, auf dem Fahrersitz saß seine unzerteilte Leiche (vgl. *Dworschak, 2016, S. 16*).

Aufsehen erregte *Loftus* – wie oben bereits erwähnt – durch ihre Forschungen, dass bei Menschen Bilder eines sexuellen Missbrauchs im Kopf entstehen können, der sich in Wirklichkeit aber nie ereignet hat.

 „Wem können wir noch vertrauen, wenn der erste Betrüger schon in unserem Kopf sitzt? Dass wir die Wahrheit ebenso aus Fantasien wie aus Fakten zusammenbauen, würden wir in Abrede stellen; dass wir uns an Dinge erinnern, die nie geschehen sind, geht gegen den gesunden Menschenverstand. Doch es gibt keine Zweifel: Das Gedächtnis hat großes Talent im Erfinden und Fabulieren.“
(Schneider, 2001, S. 69)

4.5.3 Das Mehrspeichermodell

Hinsichtlich der Speicherung von Informationen im Gedächtnis gibt es verschiedene Modelle zu seiner Struktur. Das bekannteste ist das **Mehrspeichermodell** – gelegentlich auch *modales Modell* genannt –, welches drei verschiedene „Arten" von Gedächtnis als *separate Speicher* annimmt. Zwischen diesen Speichern finden **Kontrollprozesse** statt, die dafür sorgen, dass Informationen von einem Speicher zum anderen weitergegeben werden – je nachdem, ob man sich eine Information merken oder sich wieder an sie erinnern möchte. Dabei spielt die Aufmerksamkeit eine große Rolle[1].

- **Das sensorische**[2] **Gedächtnis** (SG) registriert alle Informationen bzw. Reize, die der Mensch durch seine Sinnesorgane wahrnimmt. Es findet noch keine Informationsverarbeitung statt, die Reizregistrierung dient lediglich dazu, die Information für maximal eine Sekunde festzuhalten, um den Kontrollprozessen die Entscheidung zu ermöglichen, ob die Information an den nächsten Speicher weitergegeben oder ausgesondert werden soll. Ausgesonderte Informationen gehen dann verloren. Die Aufnahmekapazität des sensorischen Gedächtnisses ist nahezu unbegrenzt; gleichzeitig wird aber sehr viel in Bruchteilen von Sekunden vergessen.

Beim Lesen hält das sensorische Gedächtnis die Buchstaben fest, sodass wir sie zusammenhängend als Wörter wahrnehmen und verstehen können.

- **Das Kurzzeitgedächtnis** (KZG) verarbeitet die Informationen, die es vom sensorischen Gedächtnis bekommt. Hier werden die Informationen bis zu maximal einer Minute parat gehalten, können jedoch, wenn sie bewusst wiederholt werden, auch beliebig lange behalten werden. In dieser Zeit wird die Information *verarbeitet*, weshalb es auch als **Arbeitsgedächtnis** bezeichnet wird. Es hält wichtige Informationen fest und verknüpft sie miteinander. Kontrollprozesse entscheiden dabei, ob Informationen an den letzten Speicher zur dauerhaften Speicherung weitergeleitet werden, und blenden unwichtige Informationen aus.

Das Kurzzeitgedächtnis ermöglicht uns dem Inhalt eines Gespräches kontinuierlich zu folgen und die Sätze zu verstehen, weil wir beim Hören des Satzendes den Satzanfang noch wissen. Umgekehrt hilft es uns auch, ein Fremdwort zu verstehen, dessen Bedeutung wir vor langer Zeit einmal gelernt haben.

Die Aufnahmekapazität des Kurzzeitgedächtnisses ist sehr gering, es können nur ca. *sieben Elemente* (sieben Buchstaben, sieben Zahlen, sieben Wörter und dergleichen) aufgenommen werden.

> „Das Arbeitsgedächtnis heißt so, weil seine Inhalte sofort verblassen, sobald dieser Speicher sie nicht mehr aktiv bearbeitet oder wiederholt."
> (Wolf, 2009, S. 56)

- **Das Langzeitgedächtnis** (LZG), der dritte und letzte Speicher, erhält nur relativ wenige Informationen aus dem Kurzzeitgedächtnis, speichert diese jedoch durch die Schaffung *chemischer Verbindungen* (*Gedächtnisspuren*). Das Langzeitgedächtnis gilt als das eigentliche Gedächtnis, das alles Wissen eines Menschen enthält und nahezu unbegrenzt ist. Es wird daher auch **Wissensgedächtnis** genannt. Das meiste hier gespeicherte Wissen ist jedoch nicht ständig parat, sondern muss im Bedarfsfall erst hervorgeholt, aktiviert werden.

---

[1] vgl. Kapitel 3.1.4
[2] sensorisch (lat.): die Aufnahme von Sinnesempfindungen betreffend

„*Das Langzeitgedächtnis ‚bewahrt' alles auf, was man zuvor gelernt hat, es hilft bei der Orientierung, wenn man sich in seiner Umgebung umherbewegt, und es gibt jedem Einzelnen seine Identität.*"
(Mietzel, 2012, S. 183)

Wenn Menschen von „ihrem Gedächtnis" sprechen, dann meinen sie meist ihr Langzeitgedächtnis.

Zwischen dem Kurzzeitgedächtnis und dem Langzeitgedächtnis besteht ein reger Informationsaustausch: Informationen, die zur dauerhaften Speicherung gedacht sind, werden vom Kurzzeitgedächtnis an das Langzeitgedächtnis weitergeleitet; umgekehrt holt sich das Kurzzeitgedächtnis Informationen aus dem Langzeitgedächtnis zurück, wenn es um das *Erkennen* von neuen Information geht.[1]

Neueste Erkenntnisse der Neurowissenschaften zeigen, dass auch das Langzeitgedächtnis nicht unbedingt dauerhaft speichert, sondern dass neue Nervenzellen teilweise frühere Verknüpfungen ersetzen und alte Erinnerungen mit neuen Informationen überschreiben. Alte Erinnerungen können also durch die Bildung neuer Nervenzellen verändert bzw. verloren gehen (o. A., 2014, S. 10).

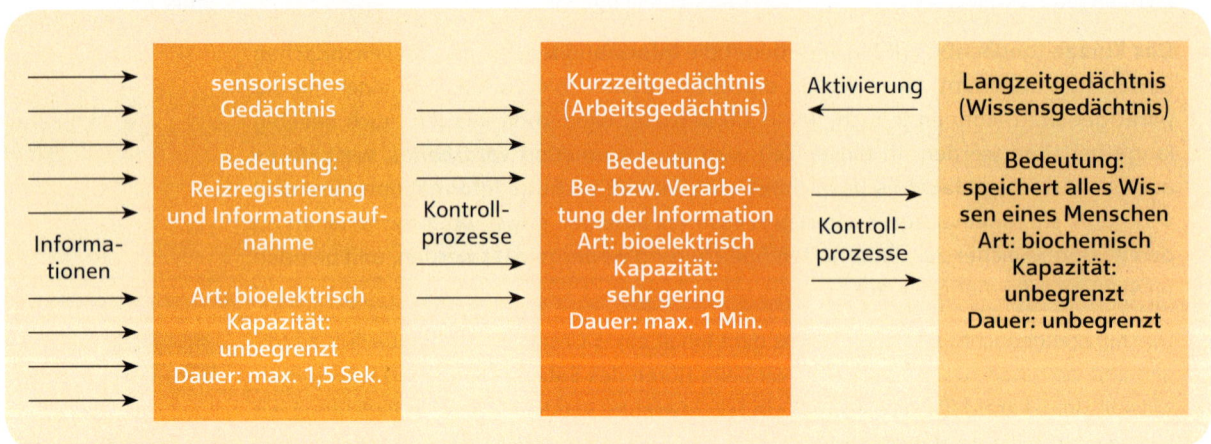

Einige Wissenschaftler kritisieren, dass sich viele Erinnerungsleistungen nicht eindeutig einem Gedächtnisspeicher zuordnen lassen. Es gibt bspw. Informationen, die wir nicht nur eine oder mehrere Minuten behalten, die aber auch nicht die typischen Charakteristika der Langzeitspeicherung aufweisen – etwa wenn ein Schüler für eine Prüfungsarbeit lernt und sich den Stoff über mehrere Tage merken kann, diesen dann aber wieder vergisst.
In der Literatur wird gelegentlich auch von einem intermediären Gedächtnis gesprochen, welches zwischen Kurz- und Langzeitgedächtnis angesiedelt ist (vgl. Gruber, 2011, S. 12).

---

[1] vgl. Kapitel 3.1.6

4.5.4 Die Speichersysteme des Langzeitgedächtnisses

Heute geht man nicht mehr nur von einem Langzeitgedächtnis, sondern von mehreren aus. Dabei unterscheidet man zwischen dem **deklarativen**[1] **Gedächtnis** als dem bewussten Speicher für Fakten und Ereignisse und dem **nicht deklarativen**[2] **Gedächtnis**, oft auch **reflexives**[3] **Gedächtnis** genannt, für verschiedene Formen unbewusster Gedächtnisprozesse.

Gelegentlich wird in der Literatur statt vom deklarativen und nicht deklarativen Gedächtnis von **explizitem und implizitem Gedächtnis**[4] gesprochen. Während das explizite Gedächtnis alle Inhalte meint, die einer Person bewusst zugänglich sind, bezieht sich das implizite Gedächtnis auf Spuren vergangener Erfahrungen, um die eine Person nicht (mehr) weiß, die ihr Erleben und Verhalten aber beeinflussen.

Gegenüber dem nicht deklarativen Gedächtnis, welches relativ langsam und wenig flexibel, dafür aber sehr zuverlässig arbeitet, ist das deklarative Gedächtnis relativ schnell und flexibel, aber nicht immer ganz zuverlässig.

Innerhalb des deklarativen Gedächtnisses wird wiederum differenziert zwischen dem **episodischen und dem semantischen Gedächtnis**[5]. Im episodischen Gedächtnis, auch *autobiografisches*[6] *Gedächtnis* genannt, sind alle persönlichen Erlebnisse und Erfahrungen gespeichert. Die Erlebnisse, die besonders emotional waren, sind am nachhaltigsten gespeichert.

Im episodischen Gedächtnis befinden sich Erlebnisse, die wir mit Freunden oder im Urlaub gemacht haben, die ersten Erfahrungen mit dem Freund bzw. der Freundin oder der Streit mit dem Lehrer.

> Unser episodisches Gedächtnis ist ein ganz persönlicher Geschichtengenerator. „Autobiografische Zeitreisen – auch Erinnerungen! – sind Erlebniskonstruktionen auf der Basis dessen, was und wie wir _momentan_ erleben."
> (Saum-Aldehoff, 2013, S. 39)

Im **semantischen Gedächtnis**, auch *Wissenssystem* genannt, dagegen ist das gesamte Faktenwissen eines Menschen gespeichert.

Das nicht deklarative Gedächtnis beinhaltet drei Systeme, das **prozedurale Gedächtnis, das Priming**[7] **und Konditionierungsformen**.

Im prozeduralen Gedächtnis sind alle Bewegungs- und Handlungsabläufe festgehalten, die ein Mensch in seinem Leben erlernt hat. Es führt dazu, dass der Mensch einen Bewegungs- und Handlungsablauf auch nach Jahren noch einigermaßen beherrscht.

Wer einmal Fahrradfahren gelernt hat, kann immer Fahrrad fahren, selbst wenn er jahrelang nicht mehr mit dem Fahrrad gefahren ist.

---

[1] declaratio (lat.): die Kundgebung, die Offenbarung; deklarativ bedeutet hier, dass man etwas mit Worten beschreiben kann.
[2] nicht deklarativ bedeutet hier, dass es schwer ist, die Erinnerung in Worte zu fassen, wie z. B. den Vorgang des Fahrradfahrens zu beschreiben oder das zu beschreiben, was man mit einem bestimmten Duft verbindet.
[3] reflexus (lat.): das Zurückbeugen; reflexiv: rückbeziehend
[4] explicit (lat.): ausdrücklich, deutlich; implicit (lat.): mit enthaltend, mit gemeint, aber nicht ausdrücklich gesagt
[5] epeisódion (griech.): Dialogteile, die zwischen Chorgesängen eingeschoben sind; semantikós (griech.): bezeichnend
[6] autobiografisch (griech.): das eigene Leben beschreibend
[7] procedural (lat.): verfahrensmäßig; den äußeren Ablauf einer Sache betreffend; priming (engl.): die Vorbereitung

Im Priming sind Sinneswahrnehmungen gespeichert, die bei der Wahrnehmung eines bestimmten Geräusches, Duftes usw. zu unbewussten Erinnerungen bis hin zum Wiedererkennen bereits erlebter Situationen führen.

 Herr Meier, der vor vielen Jahren einen schweren Autounfall hatte, bekommt immer ein mulmiges Gefühl, wenn er quietschende Reifen hört.

Auch das aufgrund des Konditionierens Gelernte wird dem nicht deklarativen Gedächtnis zugeordnet.

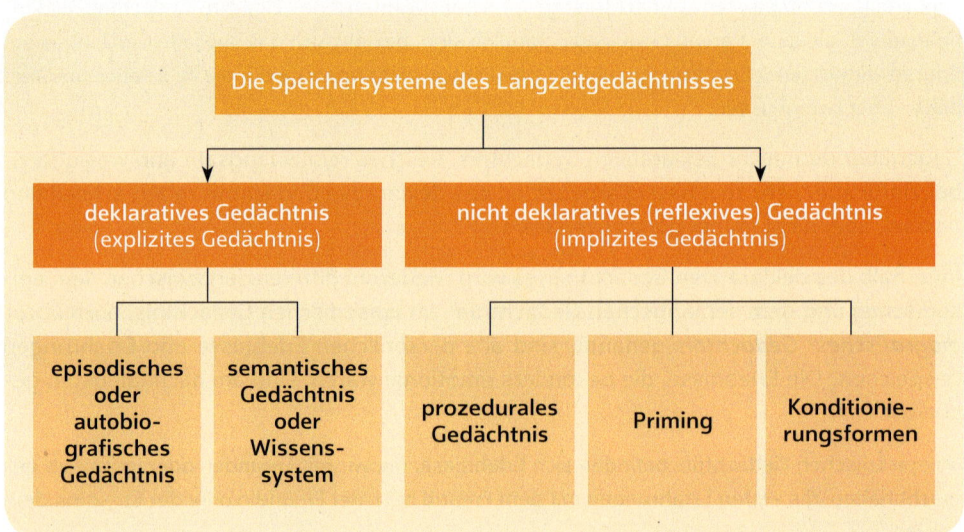

„Unser Gedächtnis gleicht nicht einem großen Kleiderschrank, in dem alles landet, was wir erleben und lernen. Vielmehr gibt es mehrere Schränkchen, die an verschiedenen Stellen im Zimmer stehen und für bestimmte Inhalte zuständig sind."
(von Schmidt/Schwabe, 2010, S. 28)

4.5.5   Der Erwerb von Wissen

Informationen, die im Gedächtnis verarbeitet und gespeichert sind, stellen das Wissen eines Menschen dar. Der Erwerb von Wissen kann demnach als Aufnahme von verarbeiteten Informationen in das Langzeitgedächtnis und deren dortige Speicherung beschrieben werden.

Mit Wissen bezeichnet man die von einem Individuum im Gedächtnis verarbeiteten und gespeicherten Informationen.
Unter Wissenserwerb versteht man die Aufnahme von verarbeiteter Information in das Langzeitgedächtnis und deren dortige Speicherung.

Wissensarten

Entsprechend dem Wissensinhalt kann man unterscheiden zwischen

- dem **deklarativen bzw. expliziten Wissen**, welches das gesamte Faktenwissen eines Menschen darstellt und unmittelbar zugänglich ist.

Wenn ein Schüler weiß, was Psychologie ist, welche Schulen sie hat und von welchen Grund-annahmen diese ausgehen, dann handelt es sich um deklaratives bzw. explizites Wissen.

- dem **prozeduralen bzw. impliziten Wissen,** welches das Wissen um Abläufe und Fer-tigkeiten umfasst und nicht unmittelbar zugänglich ist.

Beim Beherrschen des Autofahrens oder Skifahrens handelt es sich um prozedurales bzw. implizites Wissen – es umfasst Abläufe und Fertigkeiten wie den Fuß vom Gas zu nehmen, die Kupplung zu treten, den nächsten Gang einzulegen, die Kupplung langsam kommen zu lassen und wieder Gas zu geben.

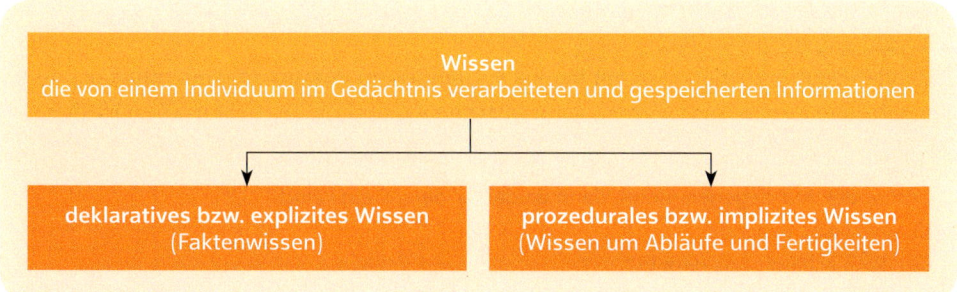

Prozesse der Informationsaufnahme und Speicherung

Vier Prozesse sind es, mit deren Hilfe Informationen in das Langzeitgedächtnis aufge-nommen und dort gespeichert werden:

- die **Kodierung,**   – die **Organisation,**
- die **Wiederholung** und   – die **Elaboration.**

Die Kodierung

Informationen, die in unserem Gedächtnis gespeichert werden sollen, werden verändert und zu einer für uns sinnvollen Einheit zusammengefasst.

Es ist kaum möglich, sich 14 Zahlen – etwa die Zahlenreihe 92756134961287 – nach einmaliger Darbietung zu merken: Verändert man jedoch die Reihe, indem man die Zahlen anders grup-piert, z. B. 92 – 75 – 61 – 34 – 96 – 12 – 87, so kann man sie leichter wiedergeben.
Die Buchstabenfolge „da – skan – ndo – chke – in – erle – sen" kann man sich kaum merken.
Ändert man sie jedoch um in „das – kann – doch – keiner – lesen", so ergibt sie für uns einen Sinn und wir können uns die Information merken.

Diese Veränderung und Umwandlung von Informationen wird in der Psychologie Kodie-rung genannt.

Kodierung bedeutet die Veränderung und Umwandlung einer Information zu einer sinnvollen Einheit.

Durch diese Art der Speicherung können sehr viele Informationen gespeichert und damit auch viel Wissen erworben werden. Entscheidend dabei ist jedoch, dass bei ihrer Umwandlung diese so verändert werden, dass sie uns sinnvoll erscheinen und wir uns vorstellen können, sie mit bereits gespeichertem Wissen zu verbinden bzw. zu assoziieren.

> *Verbinden Sie jedes Wort mit einer bestimmten Zahl, z. B. den Begriff „Kodierung" mit 5.748.389.*

Eine uns bekannte Art der Kodierung sind z. B. die sogenannten *Eselsbrücken*: Wir verbinden neue Informationen mit bereits vorhandenem Wissen oder mit Inhalten, die wir uns aufgrund ihrer ausgefallenen, oft komischen Art und Weise leicht merken können.

„Wer ‚nämlich' mit ‚h' schreibt, ist dämlich!"
„Wenn ‚wider' nur dagegen meint, dann ist das ‚e' dem ‚i' ein Feind."
„333 – bei Issos Keilerei."
„753 – Rom schlüpft aus dem Ei."

Die Organisation

Informationen, die gespeichert werden, werden geordnet und gegliedert. Diesen Prozess der Ordnung und Gliederung einer Information bezeichnet man als Organisation.

Organisation ist die Ordnung und Gliederung einer Informationsmenge.

Es wird ein Ordnungssystem angelegt, das einen Überblick gestattet und in das die neue Information eingebaut werden kann. Dadurch kann die zu speichernde Informationsmenge erheblich reduziert werden, was wiederum den Vorteil hat, dass nicht so viel Speicherkapazität verbraucht wird und man diese Information leichter abrufen kann.

Jeder, der seinen Lernstoff gliedert, in Stichpunkte zusammenfasst und vielleicht noch optisch in einem Schaubild darstellen kann, der weiß, um wie viel einfacher es ist, diesen Stoff zu erlernen und sich zu merken.
Das Schaubild auf S. 166 ist ein Beispiel für eine Organisation des Lernstoffes: Die Informationen des gesamten Abschnittes werden hier in einer knappen Einheit und Übersicht so dargestellt, dass dessen kompletter Inhalt stichpunktartig klar wird und man sich letztendlich nur das Schaubild merken muss, um zu wissen, wie der Wissenserwerb abläuft.

Die Wiederholung

Wiederholung bedeutet, dass man sich die Informationen, die man sich merken muss, immer wieder laut oder in Gedanken vorspricht.

Man soll ein Gedicht auswendig lernen und spricht es deshalb immer wieder laut vor sich her. Man muss den Stoff der letzten Unterrichtsstunden für die bevorstehende Schulaufgabe lernen und geht ihn deshalb immer wieder in Gedanken durch.

Wiederholung ist der Prozess der mehrmaligen Darbietung einer Information.

Diese Art der Informationsspeicherung ist jedoch nur für kurzfristiges Behalten im Kurzzeitgedächtnis geeignet, da die Information nur so lange behalten wird, wie man sie wiederholt und die Information durch die Wiederholung nicht verarbeitet wird. Sinnvoll ist die Wiederholung jedoch trotzdem, da sie die Information nicht nur parat hält, sondern auch mehr Gelegenheit zum Kodieren bietet.

Wenn man sich aus dem Telefonbuch eine bestimmte Nummer heraussucht, so sagt man diese Nummer ständig vor sich hin, bis man am Telefon ist und gewählt hat bzw. bis man sie notiert hat. Am nächsten Tag weiß man die Nummer sicher nicht mehr. Allein aufgrund der Wiederholung können wir uns die Telefonnummer auf Dauer nicht merken.

Die Elaboration[1]

Allein das Wiederholen einer Information führt nicht zum gewünschten Erfolg. Es kommt zum einen darauf an, wie sie kodiert wird, und zum anderen, ob man sich mit ihr näher, länger und ausführlicher beschäftigt bzw. ob man sich mit ihr tiefer und gründlich auseinandersetzt.

Ein Schüler, der Psychologie lernen soll und das ihm vom Lehrer aufgegebene Kapitel nur flüchtig und oberflächlich liest, wird am nächsten Tag, wenn er vom Lehrer dazu befragt wird, nicht mehr viel wissen. Setzt er sich dagegen mit diesem Kapitel gründlich auseinander, so wird er den Inhalt dieses Kapitels auch am nächsten Tag wiedergeben können.

> *„Oberflächliche Verarbeitung führt zu Gedächtnisspuren, die schnell zerfallen, während tiefere Verarbeitung zu dauerhafteren Repräsentationen im Gedächtnis führt."*
> *(Oberauer u. a., 2006[3], S. 122)*

Diesen Prozess der tieferen, gründlichen und ausführlichen Verarbeitung von Informationen bezeichnet man als Elaboration.

Unter Elaboration versteht man eine tiefe, gründliche und ausführliche Verarbeitung von Informationen.

Dadurch werden viele Gedächtnisinhalte aktiviert und mit der neuen Information verknüpft.

Aus neurobiologischer Sicht bedeutet Behalten dementsprechend nicht nur die Fähigkeit, vorgegebene Informationen in unserem Gehirn zu speichern, sondern auch, Informationen miteinander zu verknüpfen (vgl. Madeja, 2010[2], S. 118).

Dabei sind Elaboration und Wiederholung aufeinander angewiesen. Weder Wiederholung ohne Elaboration noch Elaboration ohne Wiederholung führen zum gewünschten Erfolg. In der Neuropsychologie gibt es viele Untersuchungsergebnisse, die die Wirksamkeit der Elaboration und der Wiederholung belegen. Je intensiver sich der Mensch mit einem Lerninhalt beschäftigt, desto eher hinterlässt dieser Spuren (Repräsentationen) im Gedächtnis.

---

[1] elaborare (lat.): sorgfältig ausarbeiten, betreiben

Oft hört man die Behauptung, Üben sei nicht so wichtig. Entsprechende Untersuchungen ergeben aber ein anderes Bild: Je mehr intensiv geübt wird, desto besser wird ein Inhalt behalten und desto mehr Verknüpfungen zu anderen Lerninhalten können hergestellt werden. Neurologische Forschungen haben ergeben, dass das Erlernen von Informationen sehr langsam verläuft und sie erst nach vielen Wiederholungen gespeichert werden – ein Tatbestand, der von Schülern und auch von Lehrern oft nicht berücksichtigt wird.

 „Je intensiver wir uns mit Inhalten beschäftigen, desto eher hinterlassen sie Spuren im Gedächtnis. [...] Je mehr, je öfter, je tiefer, desto besser für das Behalten. [...] Halten wir fest: Je tiefer ein Inhalt verarbeitet wird, desto besser bleibt er im Gedächtnis.“
(Spitzer, 2007, S. 6 und 9)

Die intensivste Verarbeitung einer Information geschieht beim eigenen Tun, wenn man selbst eine Erfahrung macht oder diese gar am eigenen Leib verspürt.

 Kinder gebrauchen, wenn sie zählen und rechnen lernen, dabei ihre die Finger, was für die Entwicklung ihrer Zahlenkompetenz von großer Bedeutung ist (vgl. *Weigmann, 2013, S. 29 f.*).

 Diese Erkenntnisse führten in den letzten Jahren immer mehr zur Forderung eines handlungsorientierten Unterrichts an den Schulen, bei dem das theoretisch Gelernte im Unterricht in einer konkreten Handlung umgesetzt und damit intensiver verarbeitet wird.

 Es ist davon auszugehen, dass der Wissenserwerb und damit die Aufnahme und Speicherung einer Information nicht nur mithilfe eines Prozesses vollzogen wird, sondern dass alle vier Prozesse ihre Anwendung finden. Zudem spielen nach aktuellen Erkenntnissen der Gedächtnisforschung bei allen vier Prozessen des Wissenserwerbs die Gefühle des Menschen eine entscheidende Rolle. Informationen, die die Gefühle eines Menschen ansprechen, nimmt dieser besonders intensiv und nachhaltig auf.

"„Ohne Gefühle gibt es keine Erinnerung", sagt der Psychologe Hans J. Markowitsch [...] Wird ein Reiz vom ‚Gefühlszentrum' im limbischen System als besonders positiv oder negativ bewertet, [...] werden vermehrt Botenstoffe wie Dopamin, Serotonin oder Noradrenalin freigesetzt. Diese Neurotransmitter beeinflussen die Signalübertragung zwischen den Nervenzellen."
(Seng, 2012, o. S.)*

Beim Erwerb von Wissen spielt auch die **Aufmerksamkeit**[1] – die Hinwendung zu einer Tätigkeit bzw. auf einen Vorgang – eine entscheidende Rolle. In der Gehirnforschung ist mittlerweile messbar, dass die Nervenzellen und Areale, die für die Verarbeitung einer bestimmten Information zuständig sind, stärker aktiviert werden, wenn der Mensch seine Aufmerksamkeit auf diese Information richtet. Die Aufmerksamkeit verstärkt die neuronale Verarbeitung, weil sie andere Reize, auf denen die Aufmerksamkeit nicht liegt, unterdrückt.

Liest und schreibt ein Schüler beim Lernen nebenbei WhatsApp-Nachrichten oder hört er Musik, so unterdrückt seine Aufmerksamkeit auf die WhatsApp-Nachricht oder auf die Musik in dem Moment den Reiz des Lernstoffes und damit das Lernen.

4.5.6 Das Behalten und Vergessen

Behalten und Vergessen sind zwei gegenläufige Prozesse: Was nicht behalten wird, wird vergessen und umgekehrt; Faktoren, die das Behalten positiv beeinflussen, üben auf das Vergessen einen negativen Einfluss aus und umgekehrt.

> **Behalten** bedeutet, dass man eine verarbeitete Information im Langzeitgedächtnis gespeichert hat und sie bei Bedarf abrufen kann.
> **Vergessen** heißt, dass eine Information nicht mehr aus dem Gedächtnis abgerufen werden kann.

*„Erinnerungen verschönern das Leben, aber das Vergessen macht es erträglich."
(Honoré de Balzac[2])*

Vor allem im schulischen Lernen geht es darum, dass wir möglichst viel behalten, doch das Vergessen erfüllt eine sinnvolle Funktion: Würden wir nichts vergessen, würde das zu massiven Verwirrungen führen.

So würden wir, meint Daniel Schacter von der Harvard University, unser geparktes Auto nicht wiederfinden, weil wir uns an alle verschiedenen Orte erinnern würden, an denen es schon einmal stand (vgl. *Amrhein, 2008, S. 48*).

Zudem würden uns ständig präsente unangenehme Erlebnisse am Glücklichsein hindern.

→ **Materialien 4:**
Theorien des
Vergessens

---

[1] Der Begriff „Aufmerksamkeit" ist mehrdeutig. Aus wahrnehmungspsychologischer Sicht bezeichnet er den Sachverhalt der Auswahl aus der Fülle von Reizen, die auf uns einströmen (vgl. Kapitel 3.1.4).
[2] Honoré de Balzac (1799–1850) war französischer Schriftsteller. Sein Hauptwerk ist der rund 88 Titel umfassende, aber unvollendete Roman „Die menschliche Komödie", der ein Gesamtbild der französischen Gesellschaft wiedergibt.

Die Gedächtnisforschung liefert wichtige Erkenntnisse über das Speichern, Behalten und Vergessen von Informationen:

- Der **Verlauf des Lernens** erfolgt unterschiedlich: Lernen verläuft nicht gleichmäßig, sondern in Schüben. Zunächst lernt man etwas langsamer, dann steigt der Behaltenszuwachs an. Nach einer bestimmten Zeit folgt dann eine Stockung – die Lernpsychologie spricht hier von einem **Lernplateau** –, die dann wieder von einem Lernzuwachs abgelöst wird. Daraus folgt für das Lernen, dass man bei einem Lernplateau eine Pause einschieben sollte.

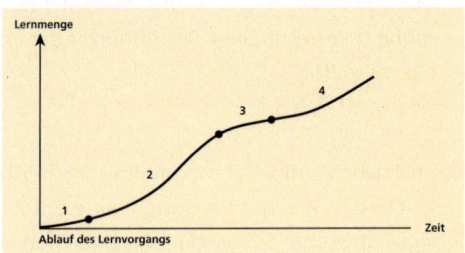

(Schräder-Naef, 2003[21], S. 54)

- Informationen, die am Beginn oder am Ende einer Lernphase gelernt werden, werden am besten behalten. Die Psychologie spricht hier von einem **Positionseffekt**: An die ersten und die letzten Informationen erinnert man sich am besten. Für das Lernen bedeutet dies, wichtigen Lernstoff **zu Beginn oder am Ende einer Lernphase zu lernen.**

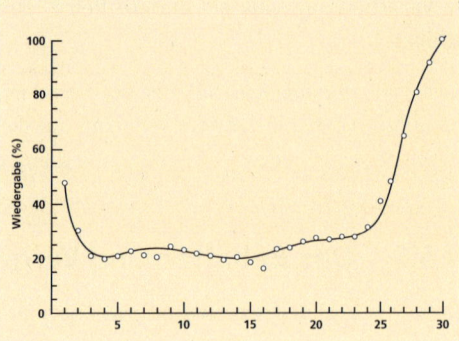

(Metzig/Schuster, 2010[8], S. 12)

- Nach Beendigung eines Lernprozesses wird zunächst sehr viel des gelernten Stoffes vergessen; je mehr aber die Zeit verstreicht, desto mehr wird behalten. Dies bedeutet, ein bestimmter Lernstoff kann nur behalten werden, wenn er in bestimmten Zeitabständen immer wieder **geübt und wiederholt** wird. Ein „Weiterlernen" eines Stoffgebietes, nachdem man glaubt, es schon zu beherrschen, ist sinnvoll. Dabei sollte man sich mit dem zu lernenden Sachverhalt gründlich und aktiv auseinandersetzen.

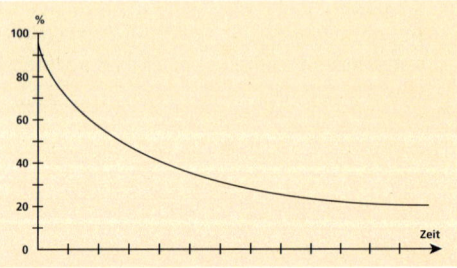

(Keller, 2011[2], S. 41)

- **Langfristiges Lernen fördert die Gedächtnisleistung.** Das bedeutet, den Lernstoff auf mehrere Tage bzw. Wochen zu verteilen und nicht „auf einmal" – z.B. unmittelbar vor einer Prüfung – zu lernen.

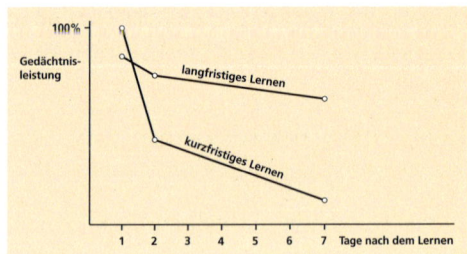

(Keller, 1994[2], S. 30)

Es ist nicht zweckmäßig, sich auf eine Prüfungsarbeit vorzubereiten, indem man kurz vorher und gedrängt den ganzen Stoff einpaukt.

- Wie die Erkenntnisse über die Kodierung, Organisation und Elaboration zeigen[1], wird einsichtiger und sinnvoller sowie gut gegliederter Lernstoff leichter behalten als uneinsichtiger, sinnloser und kaum gegliederter. Auch **anschaulich dargebotene Informationen** werden besser behalten als abstrakte. Deshalb ist es zum einen sehr entscheidend, den Lernstoff bzw. das Lernmaterial zu ordnen, zu gliedern und zu strukturieren. Stupides und stures Auswendiglernen oder Einpauken ist weniger effektiv, als mit „Einsicht" zu lernen. Beim Lernen sollte man immer mitdenken und das Stoffgebiet verarbeiten, da dessen Inhalte so am besten behalten werden. Zum anderen sollte man sich den Lernstoff „anschaulich" gestalten.

- **Sich abhebende Informationen,** wie bspw. fett gedruckte oder farbig hervorgehobene Aussagen, kann man sich besser merken. Effektives Lernen bedeutet deshalb immer auch, **zu unterstreichen und zu markieren sowie den Lernstoff mit möglichst vielen Sinnen zu erfassen**[2].

- Der **Tagesrhythmus** der menschlichen Leistungsfähigkeit hat großen Einfluss auf das Behalten und Vergessen. Im Allgemeinen durchläuft der Mensch zwei Leistungshochs. Jeder Lernende sollte seinen Tagesablauf so gestalten, dass er möglichst in den Hochphasen seiner individuellen Tagesleistung lernt.

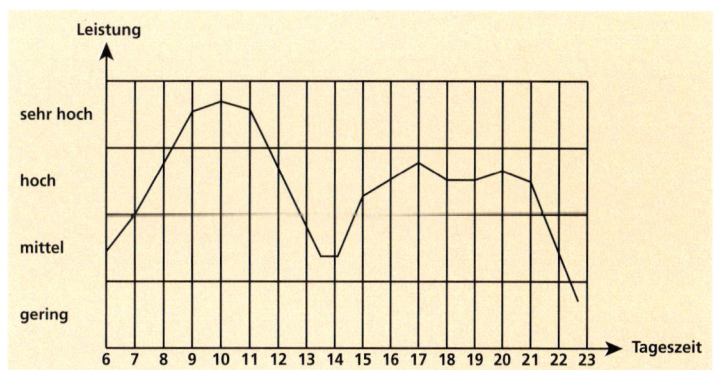

(Keller, 2011[2], S. 138)

- **Emotional gefärbte Informationen** werden leichter behalten als „neutrale", angenehme besser als unangenehme. Diese Tatsache ist auf den Einfluss des limbischen Systems auf unser Gedächtnis zurückzuführen.

Viele Psychologen und Neurowissenschaftler sprechen heute von einem „**fühlenden Gehirn**" (vgl. Ernst, 2013, S. 3).

Unterschiedliche Emotionen wirken sich unterschiedlich auf die Art der Speicherung aus. In guter Stimmung erinnern wir uns vor allem an angenehme Dinge, während uns bei schlechter Stimmung vornehmlich unangenehme Dinge einfallen. Der Kognitionsforscher *Gordon H. Bower* spricht in diesem Zusammenhang von einer *stimmungskongruenten Verarbeitung* und meint, dass Erinnerungen und Urteil abhängig von unserer Stimmung sind.

Starke Gefühle können jedoch das Gedächtnis blockieren[3].

So „vergisst" der Schüler bei starker Prüfungsangst den vorher gut gelernten Stoff, wenn er geprüft wird. Umgekehrt kann man sich noch nach Jahren an das erste Rendezvous mit der „großen Liebe" erinnern.

- **Zeitdruck** beeinträchtigt kognitive Fähigkeiten insgesamt. Ein Zeitplan kann einen solchen Druck verhindern.

---

[1] vgl. Abschnitt 4.5.5
[2] vgl. Abschnitt 4.6.3
[3] vgl. Abschnitt 4.5.7

■ Die **Art der Informationsaufnahme** beeinflusst die Merkfähigkeit. Am wenigsten behält das Gedächtnis von dem, was nur gelesen wurde. Am meisten behält es von dem, was man selbst gemacht hat. Die folgende Übersicht zeigt die Erinnerungsrate bei den verschiedenen Arten der Informationsaufnahme (vgl. *Hertlein, 2005[4], S. 75*):

Lesen	10 %	Hören und Sehen	50 %
Hören	20 %	Selber sagen	70 %
Sehen	30 %	Selbst tun	90 %

Das bedeutet, dass man **mit allen Sinnesorganen lernen sollte**: das Gelernte laut sprechen, wesentliche Aussagen aus dem Gedächtnis heraus aufschreiben, Notizen machen, Zeichnungen, Schemata oder Zusammenfassungen anfertigen, Wichtiges bzw. Bedeutendes mit Farben hervorheben.

Schreiben und Lernen sind eng miteinander verbunden, was man selbst – mit eigenen Worten schreibt – wird besser behalten.

Hat man einen Spickzettel geschrieben, so braucht man diesen meist gar nicht mehr, weil sich der Inhalt schon beim Schreiben eingeprägt hat.

Der Biochemiker Frederic Vester (1925–2003) geht davon aus, dass die Lernkanäle beim Menschen unterschiedlich stark ausgeprägt sind und deshalb unterschiedlich bevorzugt werden. Er teilt folglich die Lernenden in verschiedene Lerntypen ein wie den **optisch visuellen**, den **auditiven**, den **haptischen** (**taktilen**), den **motorischen** und den **kognitiven Lerntyp**[1] (vgl. Vester, 201436, S. 51, 127). Zwar betont auch Vester, dass es zwischen diesen Typen keine scharfe Trennung gibt, doch es existieren keinerlei Forschungsarbeiten zu diesem Thema – auch nicht von Vester. „Den Begriff und das Konstrukt des ‚Lerntyps' im Sinne von Vester sucht man in der kognitionswissenschaftlichen Literatur und Diskussion […] vergeblich." (Becker, 2006, S. 114). Man geht heute davon aus, dass Lernen ein sehr umfassender Prozess ist, der sich nicht auf ein Sinnesorgan reduzieren lässt (vgl. Becker, 2009, S. 75 f.).

■ Eine gute **körperliche und seelische Verfassung** des Lernenden sowie Gefühle, Bedürfnisse und Wohlbefinden haben eine starke Auswirkung auf das Vergessen bzw. Behalten.

■ Die **Motivation** zu lernen, hat einen ganz wesentlichen Einfluss auf das Behalten und Vergessen. Sachverhalte, an denen man sehr interessiert ist, werden länger und leichter behalten als Sachverhalte, die weniger interessieren. Dabei ist nach Erkenntnissen der Neuropsychologie weniger die Frage „Wie kann ich motiviert werden?" als vielmehr die Frage „Wie kann ich die vorhandene Motivation nutzen und ausbauen?" von Bedeutung. Denn in unser Gehirn ist ein „Motivator" eingebaut und das Gehirn möchte „von sich aus" lernen.

---

[1] Der optisch visuelle Lerntyp lernt vor allem dann erfolgreich, wenn er sich den Lerninhalt ansieht, ihn optisch darstellt, ihn beobachtet und Experimente durchführt; der auditive Lerntyp lernt dann erfolgreich, wenn er den Lerninhalt hört, mit anderen darüber spricht und ihn sich erklären lässt; der haptische Lerntyp lernt dann erfolgreich, wenn er den Lerninhalt anfassen und aktiv erfühlen kann; der motorische Lerntyp lernt erfolgreich, wenn er den Lerninhalt durch Aktivität, Tun und Ausprobieren aufnehmen kann, und der kognitive Lerntyp lernt erfolgreich, wenn er den Lerninhalt verbal abstrakt anhand von Begriffen und Formeln erfasst (vgl. Hobmair, 2010, S. 453).

■ Der **Nutzen des zu lernenden Sachverhalts** bestimmt entscheidend über den Lerneifer sowie den Lernerfolg. Je mehr eine Information aus der Sicht des Lernenden gebraucht wird und im Alltag für ihn verwendbar ist, desto leichter wird sie behalten.

Jugendliche lernen sehr schnell, ihr neues Smartphone oder ihren neuen Laptop zu bedienen, während sie Mühe haben, sich die Daten geschichtlicher Ereignisse zu merken.

■ Eine **ruhige Arbeitsumgebung**, bei der man nicht durch Lärm – etwa aufgrund einer Baustelle –, Geräusche wie Papierrascheln, störende Musik oder Hektik abgelenkt wird, wirkt positiv auf das Behalten.

Neuere Untersuchungen der Lärmforschung ergaben, dass Lärm die geistige Leistung, vor allem das Kurzzeitgedächtnis, beeinträchtigt. In erster Linie wirken sich Stimmen und andere immer wieder unterbrechende Geräusche negativ aus (vgl. Hellbrück u. a., 2011, S. 46).

„Lernen ist wie Rudern gegen den Strom. Sobald man aufhört zu rudern, treibt man zurück."
(Benjamin Britten[1])

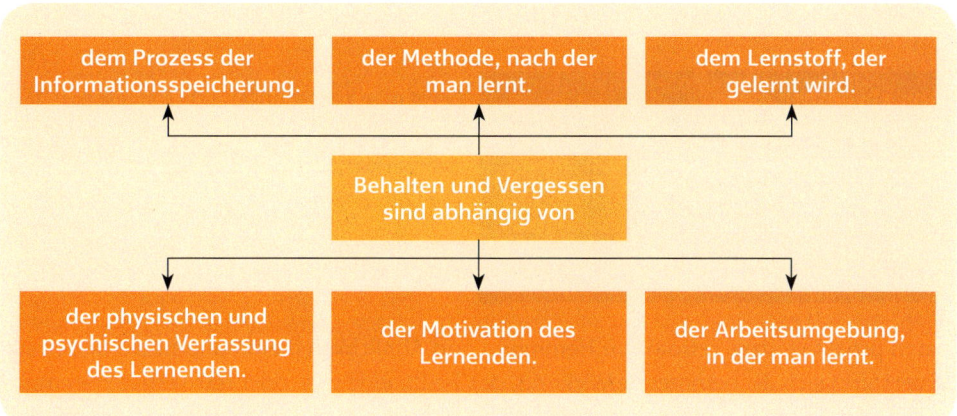

---

[1] Benjamin Britten (1913–1976) war englischer Komponist; er komponierte Opern sowie Orchester- und Chorwerke.

4.5.7 Lern- und Gedächtnishemmungen

Hemmung bedeutet Unterdrückung, Behinderung bzw. Blockierung einer Aktivität oder eines Vorgangs. Hier ist konkret die Behinderung des Lernprozesses gemeint, in welchem sowohl der Prozess der Speicherung als auch der des Abrufens von Informationen blockiert werden.

> **Gedächtnishemmungen** sind Bedingungen, die sich blockierend auf das Speichern und Behalten von Informationen auswirken, und aus diesem Grund auch Faktoren, die das Behalten und Vergessen beeinflussen.

Man unterscheidet verschiedene Arten von Gedächtnishemmungen:

Proaktive Hemmung	
Die Erinnerung an einen gerade gelernten Sachverhalt beeinflusst auf negative Weise das unmittelbar darauffolgende Lernen eines neuen Sachverhaltes.	Wenn ein Schüler gerade Englisch gelernt hat und sofort darauf Mathematik lernt, so wirkt sich die Erinnerung an das Englisch hemmend auf das Lernen der mathematischen Inhalte aus.
Retroaktive Hemmung	
Lernt man nach einem gerade gelernten Sachverhalt einen weiteren, so kann sich das Lernen dieses zweiten Sachverhaltes negativ auf das Behalten des vorausgegangenen auswirken.	Wenn ein Schüler gerade Englisch gelernt hat und sofort darauf Mathematik lernt, so kann sich das Lernen von Mathematik hemmend auf das Behalten von Englisch auswirken.

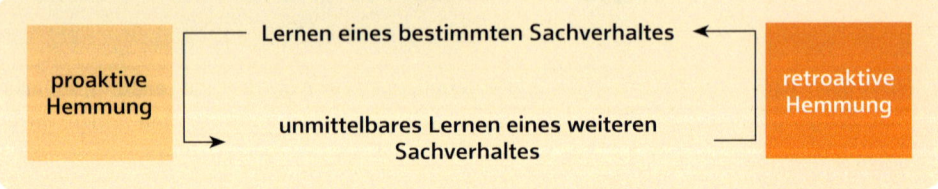

„Erinnerungen brauchen [...] eine gewisse Zeit, um sich zu festigen. Wird eine Information gelernt, bevor die vorherige stabil genug ist, kommt es zu Konflikten."
(Czaja, 2010, S. 17)

Ähnlichkeitshemmung	
Lernt man nach einem eben gelernten Sachverhalt einen neuen hinzu, der dem ersten sehr ähnlich ist, so vermischen sich die Elemente der beiden Sachverhalte miteinander und können das Lernen sowie Behalten blockieren.	Lernt man zuerst Italienisch, dann sofort darauf Spanisch, so vermischen sich diese beiden Lerninhalte, was sich auf das Behalten der Lerninhalte ungünstig auswirken kann.

Treten proaktive bzw. retroaktive Hemmung und Ähnlichkeitshemmung miteinander auf, so verstärkt sich die hemmende Wirkung, das heißt, eine pro- oder retroaktive Hemmung ist dann am stärksten, wenn es sich um ähnliche Sachverhalte handelt.

Erinnerungshemmung

Wird ein neuer Sachverhalt gelernt, kurz bevor ein bereits gespeichertes Wissen wiedergegeben werden soll, so wird die Wiedergabe dieses schon gespeicherten Wissens durch das Lernen des neuen Sachverhaltes blockiert.

Hat man die Gedächtnismodelle schon gründlich gelernt und will man sich nun kurz vor der Prüfung in Psychologie noch die Erkenntnisse über das Behalten und Vergessen einprägen, so kann es sein, dass man sich bei der Prüfung nicht mehr genau an die Gedächtnismodelle erinnern kann.

Während bei der retroaktiven Hemmung das sofortige Lernen eines neuen Sachverhaltes das unmittelbar vorhergegangene Gelernte blockiert, ist es bei der Erinnerungshemmung das Lernen kurz vor der Wiedergabe eines schon – vielleicht vor längerer Zeit – gelernten Sachverhaltes, das gehemmt wird.

Gleichzeitigkeitshemmung

Mehrere gleichzeitige Aktivitäten verhindern, dass man sich auf eine Aktivität voll konzentrieren kann, und bewirken eine Blockade der Informationen, die man aufnehmen will.

Hört man die Hits der Woche, während man die Englischvokabeln lernen will, so kann man sich diese Vokabeln nicht so gut einprägen, weil man nicht voll auf sie konzentriert ist.

Neuere Forschungen haben ergeben, dass das *Multitasking*, die Fähigkeit eines Menschen, mehrere Tätigkeiten zur gleichen Zeit durchzuführen, kaum möglich ist. Der Mensch kann nur einen Sachverhalt zu einem Zeitpunkt verarbeiten, er kann nicht über zwei Dinge gleichzeitig nachdenken. Er kann nur dann zwei Dinge gleichzeitig tun, wenn ein Vorgang so automatisiert ist, dass er nicht darüber nachdenken muss, wie z. B. sich zu unterhalten und parallel Auto zu fahren, wenn das Autofahren schon „automatisch" abläuft. Ansonsten kann es leicht möglich sein, dass die Leistung in jeder Einzeltätigkeit sinkt oder man Fehler macht (vgl. Strayer/Watson, 2012, S. 20).

Affektive Hemmung

Starke Gefühle wie z. B. Freude, Angst, Schmerz und Eifersucht können das Lernen blockieren.

Es wurde nachgewiesen, dass ein schon gelernter Sachverhalt durch sogenannte aufwühlende Eindrücke – z. B. Gewalt in den Medien – wieder vergessen werden kann.

Schockierende Bilder und sehr aversive[1] Reize können ebenfalls unsere Informationsverarbeitung blockieren. Erschreckende Sprüche und Bilder auf Zigarettenschachteln etwa zeigen wenig Wirkung. Ebenso war die ADAC-Werbung für das Anlegen des Gurtes seinerzeit wegen der zu erschütternden Bilder fehlgeschlagen.

> „Wissenschaftler vermuten, dass stark emotionalisierende Inhalte (wie brutale Actionfilme oder Shooterspiele) zu einer Löschung solcher Gedächtnisinhalte beitragen, die im Schulunterricht gelernt und deshalb vorläufig im Kurzzeitgedächtnis gespeichert sind. Darüber hinaus wird vermutet, dass im Anschluss an regelmäßige oder emotional belastende Bildschirmnutzung andere Informationsaufnahmen beeinträchtigt werden. Das gilt für die Wahrnehmung und Verarbeitung von Informationen aus verbalen und mathematischen Lernbereichen."
> (Smolka, 2008, S. 10)

---

[1] aversiv (lat., aversion: die Abneigung, der Widerwille): Abneigung, Widerwillen hervorrufend.

Es wurde nachgewiesen, dass ein schon gelernter Sachverhalt durch sogenannte aufwühlende Eindrücke – z. B. Gewalt in den Medien – wieder vergessen werden kann.

Auch Stress kann die Lern- und Erinnerungsleistung herabsetzen.

„Stress kann zu Gedächtnisblockaden führen, die als Abrufblockaden zu verstehen sind."
(Markowitsch, 2009[3], S. 151)

Dies ist vor allem dann der Fall, wenn die Stressoren nichts mit der konkreten Lernsituation zu tun haben[1] (vgl. *von Schmidt/Schwabe, 2010, S. 26*). Starke Prüfungsangst oder gar ein Schock können jedes Erinnern unmöglich machen.

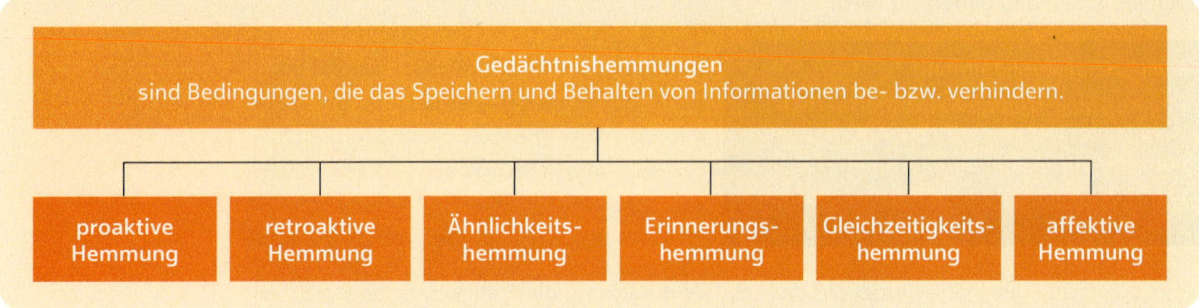

Gedächtnishemmungen
sind Bedingungen, die das Speichern und Behalten von Informationen be- bzw. verhindern.

proaktive Hemmung	retroaktive Hemmung	Ähnlichkeitshemmung	Erinnerungshemmung	Gleichzeitigkeitshemmung	affektive Hemmung

Lernhemmungen können vermieden werden, wenn man

– das Lernpensum in kleine Etappen aufteilt und dazwischen Pausen macht,

– nicht ähnliche Lernbereiche nacheinander lernt,

– nicht noch kurz vor der Prüfung lernt,

– sich nur auf das Lernen konzentriert und andere Aktivitäten unterlässt sowie

– starke Gefühle vor, während oder nach dem Lernen vermeidet.

4.6 Effektive Lernstrategien

Das Problem, Informationen speichern bzw. Unmengen an Stoff lernen zu müssen, zwingt den Menschen, sich über seine geistigen Fähigkeiten und Funktionen, über den Prozess des Wissenserwerbs und dessen Optimierungsmöglichkeiten, über die Funktionsweise des Gedächtnisses und die Möglichkeiten, dessen Leistungen zu verbessern, Gedanken zu machen.

„Es gibt ja Leute, die ihr Gehirn möglichst wenig benutzen, um es frisch zu halten."
(Bernhard Wolff in einem Referat bei den Petersberger Trainertagen 2008)

4.6.1 Selbstmotivierung und Aufmerksamkeit

Motivation gilt als Grundvoraussetzung für jedes Lernen. Jeder Schüler muss ausreichend motiviert sein, bevor er erfolgreich lernen kann.

---

[1] vgl. Kapitel 5.5.3

Die richtige Motivation ist hierbei eine erste Lerntechnik: Das Bedürfnis, etwas von sich selbst aus zu tun – etwas zu lernen –, weil der Lernende Interesse oder Spaß an der Sache an sich hat, ist weit wirksamer als die von außen aufgesetzte Motivation.[1]

So verläuft der Lernprozess wesentlich effektiver, wenn der Schüler Psychologie lernt, weil ihn dieses Fach interessiert, also, wenn er nicht nur wegen einer guten Note lernt.

Um zum guten „Selbstmotivator" zu werden, sollte man sich nach *Gustav Keller (2011[2], S. 106)* zum einen vor dem Lernen und Arbeiten bewusst schriftlich Ziele setzen. Zum anderen sollte man den Weg zum Ziel in kleine Etappen einteilen, weil sich die „Lernberge dadurch leichter besteigen lassen" und die Zielerreichung überschaubarer und kalkulierbarer wird. Die Bewältigung der Etappen – verbunden mit kleinen eigenen Belohnungen – verstärkt die Motivation.

Nach Manfred Spitzer ist die Möglichkeit, einen anderen Menschen zu motivieren, sehr begrenzt. Jemanden zu motivieren „[...] ist etwa so, wie wenn man jemandem Hunger beibringen wollte. Gewiss, man kann jemandem Appetit machen, aber auch nur gleichsam auf dem Rücken von Hunger. Ganz ohne Hunger geht es nicht. [...] Die Frage lautet nicht: ‚Wie kann ich jemanden motivieren?' Es stellt sich vielmehr die Frage, warum so viele Menschen so häufig demotiviert sind." (Spitzer, 2007, S. 192 f.)

Neben dieser an der Sache orientierten Motivation spielen **Emotionen** eine entscheidende Rolle. Es ist wissenschaftlich nachgewiesen, dass eine *positive emotionale Beteiligung* das Lernen verbessert. Freude an der Sache oder auch darüber, etwas zu verstehen, nachdem man sich eine Weile darum bemüht hat, setzt im Gehirn den Botenstoff Dopamin[2] frei, der ein Glücksgefühl auslöst und weiter zum Lernen anspornt. Es ist also wichtig, das Lernen mit angenehmen Gefühlen wie Erfolgserlebnissen, einer positiven Atmosphäre und dergleichen zu verbinden.

> *„Gelernt wird immer dann, wenn positive Erfahrungen gemacht werden. [...] Das [...] Dopaminsystem [...] treibt uns um, motiviert unsere Handlungen und bestimmt, was wir lernen."* (Spitzer, 2007, S. 181 und 195)

Als Konsequenz hieraus ergibt sich für den Lernenden, sich selbst zu motivieren, von sich aus Interesse am Lernstoff und Freude am Lernen zu finden.

Folgende Verhaltensweisen können helfen, eine Selbstmotivation aufzubauen (*vgl. Zintl, 2006[2], S. 16 f.*):

1. Man soll sich keine zu hohen, aber auch keine zu niedrigen Ziele stecken. Zu niedrig und unerreichbar hoch gesetzte Ziele demotivieren eher.

2. Sowohl die Aufgaben als auch die Ziele soll man in überschaubare Teilaufgaben bzw. Teilziele gliedern und diese Schritt für Schritt angehen.

3. Der zu lernende Stoff soll anschaulich gestaltet werden.

4. Man sollte das eigene Arbeitsverhalten sowie die einzelnen Arbeitsfortschritte dokumentieren, um sich so seines Arbeitsverhaltens bewusst zu werden.

5. Nach Erreichen einzelner Teilziele sollte man sich durchaus selbst belohnen.

6. Nach Möglichkeit sollte man mit anderen zusammen lernen, weil man sich dann gegenseitig „anstachelt".

---

[1] vgl. Kapitel 5.3.2
[2] Dopamin ist ein Botenstoff oder Neurotransmitter, der die Nervenzellen erregt oder hemmt.

Dass sich kognitive Leistungen durch pharmazeutische Produkte verbessern lassen, ist ein Mythos (*vgl. Schleim, 2012, S. 60 ff.*).

Wie in *Abschnitt 4.5.5* beschrieben, verstärkt die **Aufmerksamkeit** die neuronale Verarbeitung von Informationen und damit den Erwerb von Wissen. Der Lernende sollte daher versuchen, seine gesamte Aufmerksamkeit auf den zu lernenden Stoff zu konzentrieren und alles zu vermeiden, was ihn ablenkt bzw. ablenken könnte. Die Erkenntnisse über die Gleichzeitigkeitshemmung[1] unterstreichen dies.

Der Schüler sollte beim Lernen für die Psychologie-Schulaufgabe nicht nebenbei WhatsApp-Nachrichten lesen und schreiben oder Musik hören, weil dies seine Aufmerksamkeit vom Lernstoff ablenkt und den Lerneffekt damit verringert.

4.6.2 Nutzung von Lerntechniken

Die Lernpsychologie hat ganz bestimmte Techniken entwickelt, die das Einprägen und Behalten eines Lernstoffes erleichtern. Eine solche Art von Lerntechniken sind die **Mnemotechniken**[2], das sind **Gedächtnishilfen zur Verbesserung des Speicherns und Behaltens von Informationen im Langzeitgedächtnis**. Es wird zwischen *internalen und externalen Mnemotechniken* unterschieden. Externale Strategien sind äußere Hilfsmittel, mit denen der Mensch versucht, sein Gedächtnis zu unterstützen.

Beispiele hierfür sind der Notizzettel, die Bitte an eine andere Person, einen zu erinnern, oder der Gegenstand, den man an die Wohnungstüre stellt, damit man ihn nicht vergisst.

Internale Mnemotechniken sind Strategien, die in der Gedankenwelt des Lernenden ablaufen und auf den Erkenntnissen über die Prozesse des Wissenserwerbs basieren. Es geht bei diesen Strategien darum – wie bei den bekannten „Eselsbrücken" –, neue Informationen mit bereits Bekanntem oder Ungewöhnlichem zu verbinden, um sich diese leichter merken zu können. Zu den internalen Mnemotechniken zählen die **Loci-Technik**, die **Schlüsselworttechnik**, die **Technik der assoziativen Verbindungen**, die **Geschichtentechnik** sowie **Rhythmen und Reime**.

- Die **Loci-Technik** geht davon aus, dass Informationen leichter gelernt werden, wenn sie mit Bildern verknüpft werden – und zwar in einer bekannten Reihenfolge. Entsprechend wird der Lernstoff mit Bildern verknüpft, die aus einer vertrauten Reihenfolge von Orten bestehen.

- Die **Schlüsselworttechnik** wird vor allem beim Lernen von Vokabeln einer Fremdsprache eingesetzt: Das unbekannte Wort der fremden Sprache wird mit einem ähnlich klingenden deutschen Wort (dem Schlüsselwort) verknüpft. In einem zweiten Schritt werden die Bedeutungen oder Bilder dieser beiden Begriffe (des fremdsprachigen und des deutschen Wortes) miteinander verbunden.

- Bei der **Technik der assoziativen Verbindungen** werden bildliche Vorstellungen der zu lernenden Aspekte zu einer Kette von Vorstellungen verbunden.

- Die **Geschichtentechnik** geht über die Technik der assoziativen Verbindungen hinaus und verbindet alle Lerninhalte bildlich zu einer Geschichte.

---

[1] vgl. Abschnitt 4.5.7
[2] mnemos (griech.): das Gedächtnis; Mnemotechniken sind sehr alte Hilfsmittel, die bereits die griechischen und römischen Redner benutzten, um nicht Teile oder den Verlauf ihrer Rede, die meist nicht niedergeschrieben war, zu vergessen.

> *„Geschichten treiben uns um, nicht Fakten. [...] Einzelheiten machen nur im Zusammenhang Sinn, und es ist dieser Zusammenhang und dieser Sinn, der die Einzelheiten interessant macht. Und nur dann, wenn die Fakten in diesem Sinne interessant sind, werden wir sie auch behalten."*
> (Spitzer, 2007, S. 35)

■ Bei **Rhythmen und Reimen** wird der Lernstoff entweder mit einem Rhythmus verbunden oder aus ihm ein Reim geformt.

  Die Schüler verfassen aus dem zu lernenden Stoff für die Psychologie-Schulaufgabe einen Rap, um sich den Stoff besser merken zu können.

Für all diese Mnemotechniken gilt grundsätzlich, dass sie umso effektiver wirken, je häufiger der Lernende diese Techniken anwendet und Übung darin hat.

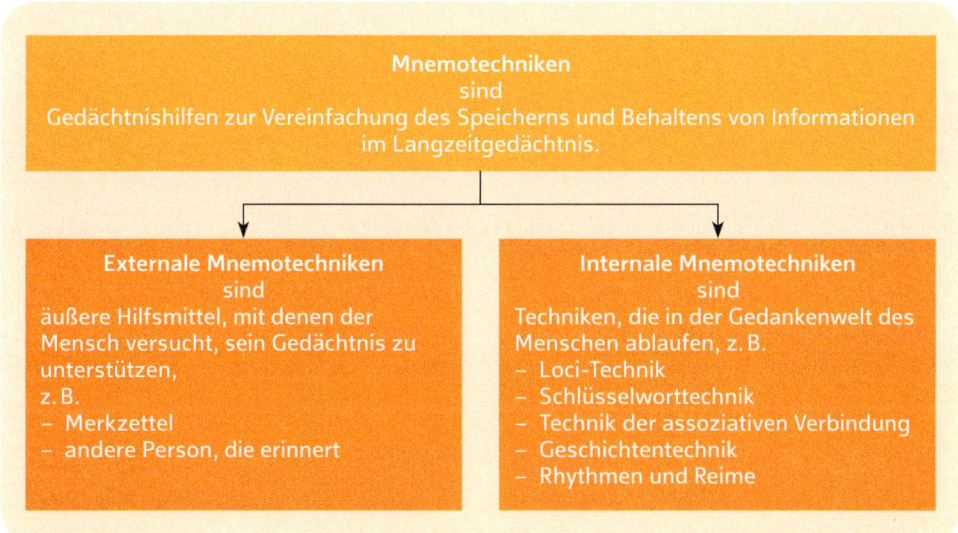

Die *Organisation von Informationen* kann die zu speichernde Informationsmenge erheblich reduzieren und hat den Vorteil, dass man diese Informationen leichter abrufen kann.

Im Folgenden werden zwei Möglichkeiten genannt, die eine Organisation des Lernstoffes bewirken: die **Mindmap**[1] und der **hierarchische Abrufplan**. Beide Techniken arbeiten nach den folgenden Prinzipien: Der Lernstoff wird auf das Wesentliche – auf Stichpunkte – reduziert, er wird geordnet und gegliedert, es werden Zusammenhänge hergestellt und der Stoff wird bildlich dargestellt.

Mindmap

Um eine Mindmap zu erstellen, wird das Lernthema in die Mitte eines Blattes geschrieben. Von diesem „Baumstamm" zweigen die Hauptgedanken wie Äste ab, von den Ästen gehen Nebengedanken wie Zweige weg usw. Durch die Darstellung eines Baumes mit Ästen und Zweigen wird der Lernstoff gegliedert.

---

[1] Mindmap (mind, engl.: Gedanke, Gedächtnis; map, engl.: Landkarte) bedeutet wörtlich übersetzt „Gedächtnislandkarte".

Ein Beispiel für eine Mindmap zu den Abschnitten 4.6.1 und 4.6.2:

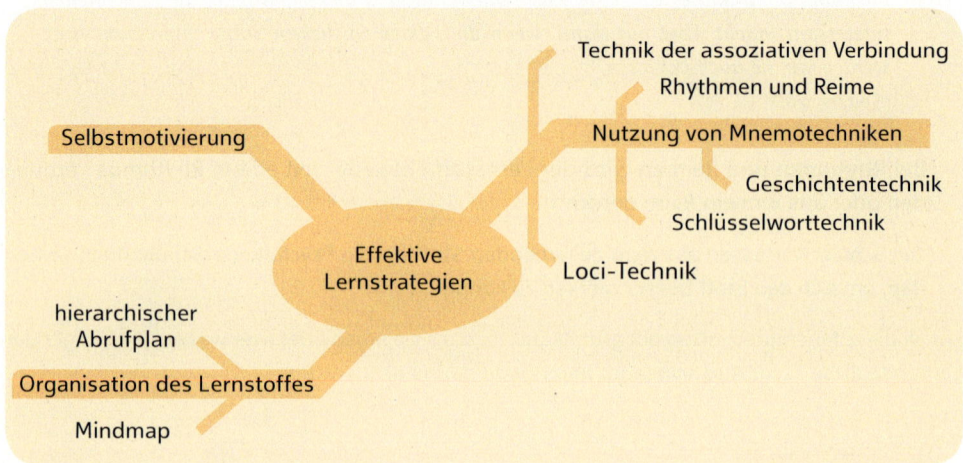

Hierarchischer Abrufplan

Bei dem hierarchischen Abrufplan muss der Lernstoff in Stichworte zusammengefasst werden; diese werden dann in Oberbegriffe, Unterbegriffe, untere Unterbegriffe usw. gegliedert und in einem Schaubild dargestellt.

 Viele Übersichten in diesem Buch, die am Ende eines Abschnittes den Stoff zusammengefasst in Stichworten schematisch nochmals wiedergeben, sind nichts anderes als hierarchische Abrufpläne. Ein Beispiel für einen hierarchischen Abrufplan zu den Abschnitten 4.6.1 und 4.6.2:

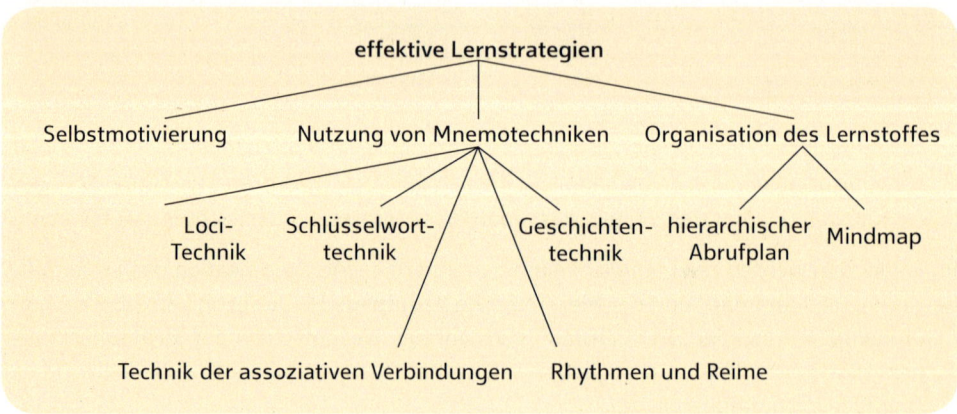

Die Technik des hierarchischen Abrufplans eignet sich vor allem, wenn ein umfangreicher Text erfasst oder umfassender Stoff gespeichert werden soll.

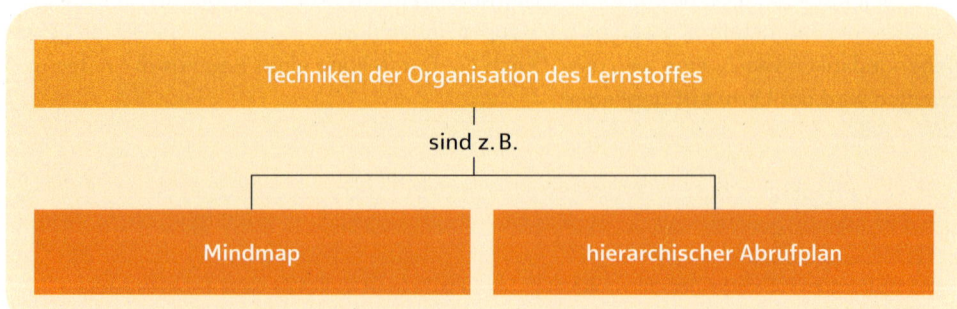

4.6.3 Effektives Lesen

Beim Lernen wird schnell erkennbar, dass ein einmaliges Lesen von Texten nicht genügt. Ziel effektiven Lesens ist, die Menge von Informationen eines Textes nicht nur aufzunehmen, sondern auf das Wesentliche zu reduzieren, seine Inhalte zu strukturieren und somit das Erlernen der Inhalte zu erleichtern.

In der Fachliteratur wird häufig die *Fünf-Schritte-Methode* von Francis P. Robinson unter dem gängigen Namen **SQ3R** angeführt. Dabei steht das Kürzel **SQ3R** für jeweils einen Bearbeitungsschritt beim Lesen eines Textes:

1. Schritt **Survey**: Text überfliegen
   Als Erstes soll sich der Leser einen Überblick verschaffen. Es geht dabei darum, „diagonal" zu lesen, den Text also nur zu überfliegen und so festzustellen, welche neuen Inhalte er bietet.

2. Schritt **Question**: Fragen an den Text stellen
   In einem zweiten Schritt wird der Leser aufgefordert, Fragen an den Text zu formulieren, die er durch das Lesen des Textes beantworten will. Dadurch werden Interesse und Erwartungen geweckt und der Text kann so einfacher, zielgerichteter und genauer erarbeitet werden.

3. Schritt **Read**: Text genau lesen
   In diesem Schritt soll der Text gründlich auf die Fragen hin gelesen werden. Zusätzlich sollten Zeichnungen, Tabellen und dergleichen genau analysiert und unbekannte Begriffe nachgeschlagen werden. Wenn der Leser die Markierungstechniken beherrscht, sollten sie hier angewendet werden.

4. Schritt **Recite**: Text zusammenfassen
   In dieser Phase soll der Leser über das Gelesene nachdenken. In diesem Zusammenhang können zentrale Aussagen des Textes bzw. persönliche Ansichten in eigenen Worten verfasst oder die vorher gestellten Fragen beantwortet werden. Außerdem wird der Textinhalt auf das Wesentliche verkürzt.

5. Schritt **Review**: Text wiederholen
   In diesem letzten Schritt soll der Text insgesamt wiederholt und anhand der Zusammenfassung oder der Fragenbeantwortung überprüft werden.

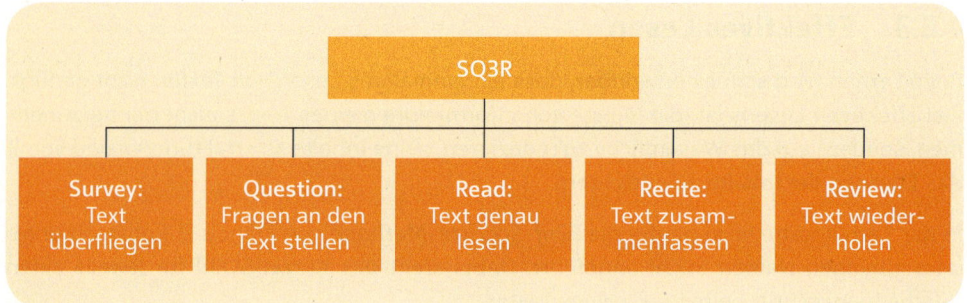

Durch diese Methode werden der Text und damit die Informationsmenge reduziert und der Lernstoff kann somit eher aufgenommen und behalten werden. Zum aktiven Lesen gehört auch, dass man den Inhalt des Textes vielfältig aufnimmt und ihn mit **möglichst vielen Sinnen** erfasst. Das bedeutet, den Text nicht nur zu sehen, sondern auch zu hören, indem man ihn sich laut vorliest, sich das Gelesene bildlich vorstellt und ihn eventuell skizziert, weil damit die Konzentrationsleistung aufrechterhalten und das Behalten begünstigt werden kann.

> Aktives Lesen bedeutet, den Lesestoff auf mehreren Lernwegen aufzunehmen.

4.6.4 Unterstützung durch Bewegung

Wie schon mehrmals erwähnt, beeinflussen Bewegungen und körperliche Vorgänge das Denken, das Gedächtnis und damit das Lernen. Gelernt wird vor allem beim eigenen Tun. Körperliche Aktivitäten regeln das Botenstoffsystem im Gehirn, sorgen damit für die Weitergabe der Informationen im Gehirn und ermöglichen so das Denken und Lernen.

„Wer Sport treibt, hält auch seine grauen Zellen fit. Das gilt vor allem für jene Hirnregionen, die für das Lernen und Erinnern wichtig sind."
(Suzuki, 2016, S. 56)

Wer effektiv lernen will, sollte daher

- versuchen, die zu lernenden Inhalte – wenn möglich – mit Bewegungen zu verbinden und

- zwischendurch etwas Sport treiben, um das Gehirn fit zu halten.

4.6.5 Zeitplanung und Pausen

Wie aus *Abschnitt 4.5.6* hervorgeht, ist **verteiltes Lernen vorteilhafter als massiertes**: Der Lernstoff wird auf mehrere Tage bzw. Wochen verteilt und nicht „auf einmal" gelernt. Die Überlegenheit des verteilten Lernens gegenüber dem massierten wurde in Untersuchungen vielfach bestätigt und ist in die Psychologie als **Spacing-Effekt**[1] eingegangen.

Will man den Stoff auf längere Zeit behalten, so tut man gut daran, ihn systematisch auf verschiedene Tage bzw. Wochen zu verteilen. Dabei ist es wichtig, sich über Stunden, Tage und Wochen hinweg einen Überblick zu verschaffen, wann was gelernt werden muss. Das

---

[1] spacing (engl.): der Abstand, der Zwischenraum, die Teilung

Aufstellen eines langfristigen Planes sowie eines Tagesplanes verhindert Lernstress und hilft, das Stoffgebiet besser zu bewältigen. Günstig ist es, den Lernstoff in kleinere Einheiten aufzuteilen.

Dabei ist der **Tagesrhythmus** der menschlichen Leistungsfähigkeit zu beachten, wie er in *Abschnitt 4.5.6* gezeigt wird. Dabei handelt es sich um die durchschnittliche Tagesleistung, individuelle Abweichungen sind durchaus möglich. *Jeder Lernende sollte seinen Tagesablauf so gestalten, dass er möglichst in den Hochphasen seiner individuellen Tagesleistung lernt*.

Als günstig hat sich erwiesen, einen Tagesplan, bei umfangreicheren Prüfungen wie der Abschlussprüfung einen Wochenplan, zu erstellen.

Jürgen Raithel u. a. (2009[3], S. 344) schlägt zur Tagesplanung die *ALPEN-Methode* vor:

A = Aktivität/Aufgabe: Was ist zu erledigen?

L = Länge der Tätigkeit: Wie lange werde ich für die Aufgabe/Aufgaben brauchen?

P = Pausen einplanen (siehe unten)

E = Entscheidungen treffen: Welche Prioritäten setze ich? In welcher Reihenfolge erledige ich die Aufgaben?

N = Nachkontrollieren am Tagesende: Habe ich alle Aufgaben erledigt?

Zur richtigen Zeitplanung gehört auch das sinnvolle Einplanen von **Lernpausen**. Je länger der Mensch lernt, desto müder und unkonzentrierter wird er. Hält er ein gewisses Gleichgewicht von Anspannung und Entspannung dadurch ein, dass er zur rechten Zeit die erforderliche Pause einlegt, so kann er seine Konzentrations- und damit Leistungsfähigkeit aufrechterhalten und immer wieder erneuern. Pausen sind auch notwendig, damit die zur Verarbeitung erforderliche Neuverdrahtung im Gehirn stattfinden kann. Dieses Phänomen wird als neurale *Plastizität bezeichnet*, es besagt, dass Erholungen erforderlich sind.

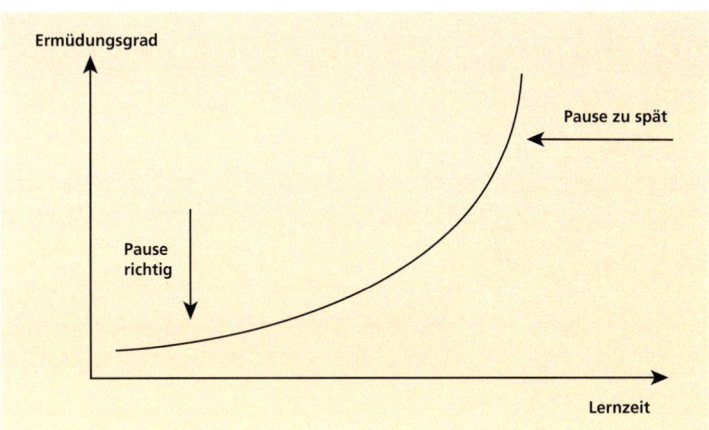

(Keller, 2011[2], S. 80)

Folgende Lernpausen haben sich als nützlich erwiesen:

Pausenart	bisherige Arbeitsdauer	Dauer der Pause
kleine Pause	ca. 45 Minuten	bis zu 5 Minuten
große Pause	90 bis 120 Minuten	20 bis 30 Minuten
Erholungspause	3 bis 4 Stunden	1½ bis 2 Stunden

Die Effektivität der Pausen hängt davon ab, wie die Pause genutzt wird. Generell gilt, dass Pausen umso effektiver sind, je mehr sich *die Pausentätigkeit vom Lernverhalten unterscheidet und je passiver der Mensch in dieser Pause ist*.

Das bedeutet, dass man in den Pausen am besten etwas macht, was nicht mit dem Lernen zusammenhängt, etwa an der frischen Luft spazieren gehen, Gymnastikübungen machen, ruhen und dergleichen.

Ruhen und **Schlaf** eignen sich sehr gut als Pausentätigkeit, weil in dieser Zeit das Gelernte verarbeitet und in das Langzeitgedächtnis übertragen sowie auch die Gefahr einer Gedächtnishemmung ausgeschaltet werden kann. Neueste Untersuchungen von Neuropsychologen zeigen, dass die Netzwerke im Gehirn nur begrenzte Verarbeitungskapazitäten besitzen und deshalb immer wieder (Schlaf-)Pausen benötigen, um die aufgenommenen Informationen im Gedächtnis zu verarbeiten und zu speichern.

Insgesamt gesehen hat der Nachtschlaf die wichtige Aufgabe der Verarbeitung und der festen Speicherung des am Tag Gelernten. Gelerntes wird reorganisiert sowie umgestaltet und diese Rekonstruierung eröffnet neue Zusammenhänge. Schlaf verfestigt nicht nur das Gelernte, sondern erleichtert auch das zukünftige Lernen, da das Gelernte entsprechend eingeordnet wird, damit es auf neu erworbenes Wissen übertragen werden kann.

„Der Schulalltag „mag uns mitunter vor sehr hohe Anforderungen stellen. Doch gerade dann sollten wir nicht auf Schlaf verzichten."
(Stickgold, 2016, S. 63)

Aber nicht nur bei der Verarbeitung und Speicherung von Gedächtnisinhalten spielt der Schlaf die entscheidende Rolle, sondern auch bei der Suche nach neuen kreativen Problemlösungen.

> **Schlaf fördert die Verarbeitung des Gelernten; es festigen sich im Gehirn die Verknüpfungen für zuvor Erlerntes.**

Zu wenig Schlaf beeinträchtigt die kognitiven Leistungen, vor allem die Aufmerksamkeit, die Hinwendung zu einer Tätigkeit bzw. auf einen Vorgang, und das Funktionieren des Arbeitsgedächtnisses.

Viele Menschen, vor allem Jugendliche, wissen das nicht und unterschätzen den Schlaf. Aus diesem Grund ist ihnen auch nicht gegenwärtig, in welch hohem Maß ihr Lernen, ihre Leistungen und ihr Erinnern sowie das Herstellen von Zusammenhängen wegen zu wenig Schlaf reduziert sind.

Der Neurowissenschaftler *Manfred Spitzer* (*2015[9], S. 131*) macht neben übermäßigem Fernsehen zu wenig Schlaf verantwortlich für den Schulstress und empfiehlt deshalb auch, dass jeder Lernende durch einen vernünftigen Lebensrhythmus dafür Sorge tragen sollte, dass der natürliche Schlaf nicht gestört und ausreichend geschlafen wird. Keineswegs, so *Spitzer*, sollte der Lernende die Nacht zum Tage machen, auch nicht, um auf diese Weise noch mehr lernen zu können.

4.6.6   Gestaltung des Arbeitsplatzes

Zur richtigen Gestaltung des Arbeitsplatzes gehört einmal die **Auswahl des Ortes**, an dem man lernt – soweit hier eine Wahl überhaupt möglich ist. Es sollte immer der gleiche Platz sein, den man gewohnt ist und an dem man gerne schulische Aufgaben erledigt. Grundsätzlich gilt für diesen Ort jedoch, dass er genügend **Sauerstoff** bieten muss. Gegenstände oder Orte, die zum Ausspannen und zur Erholung gedacht sind – wie etwa das Sofa, das Bett oder das Ufer am Badesee – sollten nicht zum Lernen benützt werden, da sich der Organismus auf seine jeweilige Funktion der Aus- und Entspannung einstellt. Unterlagen, die man zur Erledigung schulischer Aufgaben braucht, sollten geordnet parat liegen, um durch zu viel Zeitverschwendung nicht allzu sehr abgelenkt zu werden.

Zum anderen gehört zur Gestaltung des Arbeitsplatzes der *(Schreib-)Tisch*, an dem man sitzt. Die richtige **Haltung**, die durch die richtige **Höhe von Tisch und Stuhl** ermöglicht wird, beugt einer schnellen Ermüdung und Rückenschmerzen vor. Es ist nicht günstig, beim Lernen gemütlich zu liegen, da der Lernende beim Lernen nicht ganz entspannt sein soll. Eine gewisse körperliche Anspannung ist ebenso leistungsfördernd wie die normale Aufregung vor einer Prüfung.

Die richtigen **Lichtverhältnisse** gehören ebenso zum richtigen Arbeitsplatz, etwa um Kopf- und Augenschmerzen zu vermeiden, wie die richtige **Raumtemperatur**. Ein zu warmer Raum führt zur schnelleren Ermüdung, Frieren erschwert die Konzentration.

Ein weiterer entscheidender Gesichtspunkt am Arbeitsplatz ist die **Ruhe** bzw. der störende Lärm. Kindergeschrei, Baustellenlärm usw. machen jegliche Konzentration beinahe unmöglich und führen zu Stress. Entgegen der früheren Ansicht weiß man heute, dass sich auch **Musik** störend auf das Lernen auswirken kann. Musik- oder Radiohören, während man lernt, vermindert bestimmte kognitive Leistungen – so der Psychologe Nick Perham von der University of Wales. Er empfiehlt, beim Lernen keine Hintergrundmusik zu hören (vgl. *Wilhelm, 2010, S. 15*).

Zusammenfassung

- Der Begriff „Kognition" meint die Gesamtheit aller psychischen Fähigkeiten, Funktionen und Prozesse, die der Aufnahme, Verarbeitung und Speicherung von Informationen dienen. Aus der Neuropsychologie, die die Beziehungen zwischen den Gehirnfunktionen und dem Erleben und Verhalten eines Menschen untersucht, weiß man, dass das Gehirn aus mehreren miteinander verbundenen Teilen besteht, die bei den kognitiven Prozessen eine grundlegende Rolle spielen (Stammhirn, limbisches System, Kleinhirn und Großhirn), und dass die Aufnahme, Verarbeitung und Speicherung von Informationen im Gehirn über die elektrische und chemische Aktivierung der Nervenzellen geschieht.

- Die Sprache ist ein System von Lauten und Zeichen sowie von Regeln über die Verbindung dieser Zeichen. Sie erfüllt wichtige Funktionen, die ihre Bedeutung im menschlichen Leben ausmachen: die Kommunikations-, Verständigungs-, Beschreibungs-, Ausdrucks-, Appell-, Handlungs-, Erinnerungs-, Denk-, Kulturtradierungs- und Gesellschaftsfunktion. Zwischen Sprache und Denken besteht ein enger Zusammenhang und sie beeinflussen sich wechselseitig; das Denken wirkt auf die Sprache und die Sprache auf das Denken ein.

- Intelligenz ist die Fähigkeit, Schwierigkeiten bzw. Probleme in neuen Situationen erfolgreich zu bewältigen, die nicht allein aufgrund vorausgegangener Erfahrungen gemeistert werden können. Zur Struktur der Intelligenz gibt es verschiedene Modelle. Nach der heutigen Forschung ist die Intelligenz keine einheitliche Fähigkeit, sondern sie setzt sich aus vielen unterschiedlichen Faktoren zusammen. Eine immer stärkere Beachtung finden in der heutigen Zeit die analytische, die soziale, die emotionale und die praktische Intelligenz.

- Der Intelligenzquotient (IQ) ergibt sich aus Intelligenzalter geteilt durch Lebensalter. Somit ist er kein absolutes Maß, sondern eine Vergleichszahl, die besagt, dass jemand in einem Test besser oder schlechter abschneidet als der Durchschnitt der Gleichaltrigen. Intelligenztests sind wegen ihrer Unzulänglichkeiten nicht unumstritten.

- Denken ist ein von Außenstehenden nicht beobachtbarer psychischer Prozess, in dessen Verlauf Informationen erfasst und verarbeitet werden. Dabei wird Denken in der heutigen Psychologie hauptsächlich als Prozess der Informationsverarbeitung, der Problemlösung und der Entscheidungsfindung sowie der Begriffsbildung gesehen.

- Informationsverarbeitung ist der Prozess der Entschlüsselung und Auswertung von Informationen im Gedächtnis mithilfe von Prozessoren. Die Informationen werden durch Sinnesorgane aufgenommen, im Gedächtnis verarbeitet und gespeichert sowie in veränderter Form „nach außen" geleitet. Dabei werden die Nervenzellen, die Teilinformationen zur Entschlüsselung der Information beitragen können, durch elektrische Impulse erregt, die wiederum ihre elektrischen Impulse senden und ihre Information dadurch weiterleiten. Durch die Verknüpfung der Einzelinformationen der verschiedenen Nervenzellen kann eine Information erkannt und verstanden werden.

- Denkoperationen des problemlösenden Denkens verlaufen nach dem Prinzip von Versuch und Irrtum und dem Prinzip der Umstrukturierung, die zur Einsicht und damit auch zur Lösung des Problems führt. Dabei werden das konvergierende und das divergierende Denken unterschieden. Hinsichtlich des schlussfolgernden Denkens gibt es zwei Arten des Denkens, das deduktive Denken – vom Allgemeinen zum Speziellen – und das induktive Denken – vom Speziellen zum Allgemeinen.

- Kreativität, die in erster Linie auf divergierendes Denken zurückzuführen ist, bezeichnet die Fähigkeit, Neues zu schaffen sowie neuartige Einfälle und originale Lösungen zu produzieren.

- Mit Erinnern wird eine gespeicherte Information bezeichnet, die gewollt oder ungewollt in das Bewusstsein tritt. Menschen ändern in der Erinnerung ein Erlebnis und fügen Einzelheiten dazu, sogar seine Bewertung kann sich wandeln. Bei umgeformten Gedächtnisinhalten sind Menschen dann der festen Überzeugung, ein Erlebnis tatsächlich so und nicht anders erlebt zu haben.

- Das Gedächtnis ist die Fähigkeit eines Menschen, Informationen verarbeiten, speichern und abrufen zu können. Das Abrufen kann in Form des Reproduzierens oder des Wiedererkennens geschehen. Das bekannteste Gedächtnismodell ist das Mehrspeichermodell, welches drei „Arten" von Gedächtnissen als separate Speicher annimmt: das sensorische, das Kurzzeit- und das Langzeitgedächtnis. Zwischen diesen Speichern finden Kontrollprozesse statt, die dafür sorgen, dass Informationen von einem Speicher zum anderen weitergegeben werden.

- In der heutigen Psychologie unterscheidet man bei der langfristigen Informationsspeicherung mehrere verschiedene Speichersysteme: das deklarative Gedächtnis mit dem episodischen und dem semantischen Gedächtnis (= Wissensgedächtnis) und das nicht deklarative (reflexive) Gedächtnis mit dem prozeduralen Gedächtnis, dem Priming und den Konditionierungsformen.

- Mit Wissen bezeichnet man die von einem Individuum im Gedächtnis verarbeiteten und gespeicherten Informationen. Unter Erwerb von Wissen versteht man die Aufnahme von verarbeiteter Information in das Langzeitgedächtnis und deren dortige Speicherung. Der Wissenserwerb erfolgt durch die Kodierung, die Wiederholung, die Elaboration und die Organisation.

- Behalten und Vergessen sind zwei gegenläufige Prozesse. Behalten bedeutet, dass man eine verarbeitete Information im Langzeitgedächtnis gespeichert hat und sie bei Bedarf abrufen kann. Vergessen heißt, dass eine Information nicht aus dem Gedächtnis abgerufen werden kann. Das Behalten und Vergessen gespeicherter Informationen ist abhängig von der Art der Speicherung, der Lernmethode, der Aufbereitung des Lernstoffes, der Verfassung des Lernenden, seiner Motivation und der Arbeitsumgebung.

- Lern- und Gedächtnishemmungen sind Bedingungen, die sich blockierend auf das Speichern und Behalten von Informationen auswirken. Die bekanntesten sind die pro- und retroaktive Hemmung, die Ähnlichkeits-, die Erinnerungs-, Gleichzeitigkeits- und die affektive Hemmung.

- Effektive Lernstrategien sind zielführende Maßnahmen zur Verbesserung des Wissenserwerbs und betreffen die Selbstmotivierung und Aufmerksamkeit, die Kodierung und Organisation des Lernstoffes (Mnemotechniken), das effektive Lesen, die Unterstützung durch Bewegung, die Zeitplanung und Pausen(gestaltung) sowie die Gestaltung des Arbeitsplatzes.

Aufgaben und Anregungen Kapitel 4

Aufgaben

1. Bestimmen Sie den Begriff „Kognition" und stellen Sie die biologischen Grundlagen kognitiver Fähigkeiten und Funktionen dar.
   (Abschnitt 4.1.1 und 4.1.2)

2. Bestimmen Sie den Begriff „Sprache" und stellen Sie an konkreten Beispielen die Funktionen der Sprache dar.
   (Abschnitt 4.2.1 und 4.2.2)

3. Erläutern Sie die folgende These: „Sprachtraining bedeutet Denktraining und damit Ausweitung der Intelligenz."
   (Abschnitt 4.2.3)

4. Klären Sie den Begriff „Intelligenz" und beschreiben Sie das Konzept der verschiedenen Intelligenzen.
   (Abschnitt 4.3.1 und 4.3.2)

5. Stellen Sie eine bestimmte Situation dar und erläutern Sie anhand dieser Situation verschiedene Arten von Intelligenz.
   (Abschnitt 4.3.2)

6. *„Intelligenz ist das, was man einsetzt, wenn man nicht weiß, was man tun soll." (Jean Piaget)*
   Diskutieren Sie diese Aussage von *Jean Piaget* unter Berücksichtigung der Erkenntnisse über den Begriff „Intelligenz".
   (Abschnitt 4.3.1)

7. Beschreiben Sie, wie man die Intelligenz eines Menschen messen kann.
   (Abschnitt 4.3.3)

8. Unterziehen Sie Intelligenztests einer kritischen Würdigung.
   (Abschnitt 4.3.4)

9. Bestimmen Sie den Begriff „Denken" und beschreiben Sie an einem Beispiel Denken als Informationsverarbeitung.
   (Abschnitt 4.4.1 und 4.4.2)

10. Erläutern Sie an einem Beispiel das Denken als Problemlösung.
    (Abschnitt 4.4.3)

11. a) Beschreiben Sie an einem Beispiel das konvergierende und das divergierende Denken.
    b) Zeigen Sie auf, dass beide Arten zur Lösung eines Problems erforderlich sind.
    (Abschnitt 4.4.4)

12. Bestimmen Sie den Begriff „Kreativität" und stellen Sie deren Bedeutung für eine Gesellschaft dar.
    (Abschnitt 4.4.5)

Aufgaben und Anregungen Kapitel 4

Aufgaben

13. a) Bestimmen Sie den Begriff „Gedächtnis".
    (Abschnitt 4.5.1)
    b) Erläutern Sie anhand der Vorbereitung auf eine Prüfung das Mehrspeichermodell des Gedächtnisses.
    (Abschnitt 4.5.3)

14. a) Bestimmen Sie den Begriff „Erinnern".
    b) Erläutern Sie anhand von Zeugenaussagen vor Gericht die Problematik des subjektiven Erinnerns.
    (Abschnitt 4.5.2)

15. *Mehr als die Hälfte der Zeugen eines von Studenten gespielten Diebstahls, bei dem sich das Opfer lautstark über den Verlust seines Tablets beklagte, konnten das Gerät eine Woche später beschreiben: Bei den einen war es schwarz und steckte in einer Hülle, bei den anderen war es weiß und offen, ohne Hülle. Nur, das Tablet gab es nicht.*
    Erläutern Sie, wie es zu diesem Ereignis kommen kann.
    (Abschnitt 4.5.2)

16. Beschreiben Sie an einer Situation in einem Lebensbereich (z. B. Schule, Freundschaft) die Speichersysteme des Langzeitgedächtnisses.
    (Abschnitt 4.5.4)

17. Klären Sie den Begriff „Wissen" und beschreiben Sie an einem konkreten Beispiel aus dem Bereich der Schule die vier Prozesse des Wissenserwerbs.
    (Abschnitt 4.5.5)

18. Bestimmen Sie die Begriffe „Behalten" und „Vergessen" und zeigen Sie Bedingungen auf, die zum einen das Behalten und zum anderen das Vergessen begünstigen.
    (Abschnitt 4.5.6)

19. Zeigen Sie Konsequenzen auf, die sich aus den Erkenntnissen über das Speichern, Behalten und Vergessen von Informationen für das Lernen des Einzelnen ergeben.
    (Abschnitt 4.5.6)

20. a) Zeigen Sie an geeigneten Beispielen aus Ihrem Leben verschiedene Lern- und Gedächtnishemmungen auf.
    b) Stellen Sie Konsequenzen dar, die sich daraus für die Verbesserung der Gedächtnisleistung ergeben.
    (Abschnitt 4.5.7)

21. Nehmen Sie Stellung zu der folgenden Aussage: „Mit einem schlechten Gedächtnis muss man sich abfinden!"
    (Abschnitt 4.5 und 4.6)

Aufgaben und Anregungen Kapitel 4

Anregungen

22. *Techniken für das effektive Lernen*
    - Bilden Sie sieben Gruppen.
    - Setzen Sie für das Thema „Psychische Fähigkeiten und Funktionen" folgende Lernstrategien ein:
        - Gruppe 1: die Loci-Technik
        - Gruppe 2: die Schlüsselworttechnik
        - Gruppe 3: die Technik der assoziativen Verbindungen
        - Gruppe 4: die Geschichtentechnik
        - Gruppe 5: Rhythmen und Reime
        - Gruppe 6: eine Mindmap
        - Gruppe 7: einen hierarchischen Abrufplan
    - Stellen Sie Ihre Lerntechnik der Klasse vor und diskutieren Sie darüber.

23. Fragen Sie Ihre Verwandten und Bekannten, was sie unter Intelligenz verstehen. Notieren Sie die Antworten und diskutieren Sie darüber in Ihrer Klasse unter Berücksichtigung von *Abschnitt 4.3*.

24. *„Wem können wir noch vertrauen, wenn der erste Betrüger schon in unserem Kopf sitzt? [...] Es gibt keine Zweifel: Das Gedächtnis hat großes Talent im Erfinden und Fabulieren."* (*Schneider, 2001, S. 69*)
    Diskutieren Sie über mögliche Folgen in bestimmten Bereichen des menschlichen Lebens, insbesondere im Hinblick auf Anklagen und Zeugenaussagen in Gerichtsverhandlungen.

25. Teilen Sie sich in möglichst viele Gruppen. Die eine Hälfte der Gruppen zeichnet das Mehrspeichermodell, die andere Hälfte die Speichersysteme des Gedächtnisses als eine bestimmte Situation (z. B. das Mehrspeichermodell: von der Pforte bis zum Abteilungsleiter).

26. Suchen Sie in Dreiergruppen nach Motivationen, die Ihr eigenes Lernverhalten verbessern. Sprechen Sie anschließend im Klassenverband über Ihre Vorschläge.

27. *Bild: „Der optimale Arbeitsplatz"*
    - Malen Sie in einer Kleingruppe ein Arbeitszimmer, das alle wesentlichen Bestandteile eines Arbeitszimmers enthält.
    - Geben Sie Ihr Bild an eine andere Kleingruppe weiter, die zu allen Bestandteilen Ihrer Zeichnung Regeln aufstellt, damit der Arbeitsplatz optimal gestaltet ist (Beispiel: Die Regel für den Bestandteil „Radio" muss folgendermaßen lauten: „Das Radio muss während des Lernens aus sein.").

28. *Stundenplan- und Pausengestaltung an unserer Schule*
    - Schreiben Sie in Gruppen eine Empfehlung an die Schulleitung bezüglich der Stundenplan- und Pausengestaltung an Ihrer Schule.
    - Hängen Sie Ihre Empfehlungsschreiben an die Pinnwand.

29. *Mein Lernverhalten*
    - Notieren Sie Ihr persönliches Lernverhalten (Selbstmotivierung, Anwenden von Lerntechniken, Art des Lesens, Zeiteinteilung, Pausen(-gestaltung), Arbeitsplatz) auf einem Blatt Papier.
    - Schließen Sie sich in Gruppen zusammen und diskutieren Sie über das persönliche Lernverhalten unter Berücksichtigung von *Abschnitt 4.6*.

Aufgaben und Anregungen Kapitel 4

Anregungen

30. *Tipps für optimales Lernen*

- Entwerfen Sie in Gruppen ein anschauliches Referat sowie ein Handout, welches lediglich Tipps bzw. kurze Thesen enthält. Jede Gruppe beschäftigt sich mit einem anderen Thema:
    - Gruppe 1: Selbstmotivierung
    - Gruppe 2: Nutzung von Lerntechniken
    - Gruppe 3: Effektives Lesen
    - Gruppe 4: Zeitplanung und Pausen
    - Gruppe 5: Gestaltung des Arbeitsplatzes
- Hören Sie sich in der Klasse die fünf Referate an und diskutieren Sie darüber.
- Stellen Sie die einzelnen Handouts zu einem Heft zusammen. Jeder Schüler erhält ein solches Heft.

Lösung der Aufgabe vom Kapitelanfang:

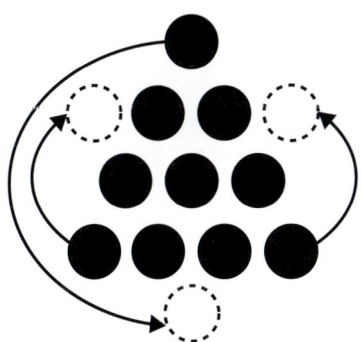

5   Emotionen und Motivation

Das Verhalten wird in hohem Maße von Emotionen und Motivation bestimmt. Erst Emotion und Motivation geben dem menschlichen Dasein seine Buntheit.

Folgende Fragen werden in diesem Kapitel geklärt:

1. *Was versteht man unter Emotion und Motivation?*
   Was sind ihre biologischen Grundlagen?
   Wie wirken sie sich auf unser Verhalten aus?

2. *Was meint man mit Angst, was mit Aggressionen?*
   Wie entstehen Angst und Aggressionen?

3. *Was versteht man unter einer emotionalen Belastung?*
   Was bedeutet Stress? Wie wird Stress erlebt?
   Wie kann man ihn bewältigen?

5.1 Emotion als Befindlichkeit

Gefühle, Triebe, Bedürfnisse zählen zu den **psychischen Kräften**. Damit werden – wie in *Kapitel 1.2.3* ausgeführt – alle Antriebsformen des Menschen bezeichnet, die Erleben und Verhalten aktivieren und steuern. Dabei geht es einerseits um die *Befindlichkeit* eines Menschen – was löst diese oder jene Person bzw. dieser oder jener Gegenstand oder Sachverhalt bei dem einzelnen Menschen aus? – und andererseits um das *Aktivwerden*: Wie reagieren Menschen auf diese Reize und wie wirken sie auf sie ein?

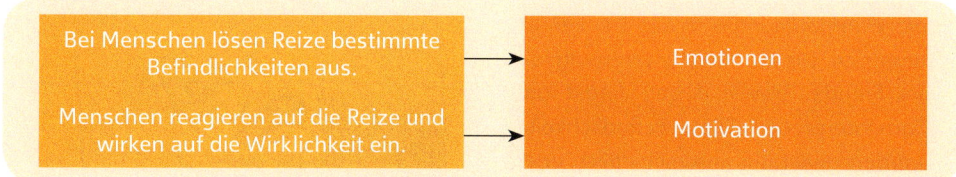

5.1.1 Merkmale des Begriffes „Emotion"

In der Fachliteratur wird der Begriff „Emotion" gleichbedeutend mit dem Wort *Gefühl* verwendet[1].

Neuere Entwicklungen in der Emotionspsychologie zeigen, dass eine Unterscheidung zwischen den beiden Termini „Emotion" und „Gefühl" vorgenommen wird. Der Begriff „Emotion" wird gegenüber dem Begriff „Gefühl" weitgehender und umfassender verwendet, Emotion wird als Oberbegriff für Gefühl oder Affekt verstanden. Der Begriff Gefühl wird dagegen bei der Benennung des subjektiven Erlebens gebraucht. Diese Unterscheidung trägt jedoch kaum zu einem besseren Verständnis des Emotionsgeschehens bei.

Eine umfassende Beschreibung der Merkmale des Emotionsbegriffes bezieht drei wesentliche Aspekte mit ein: Gefühle bzw. Emotionen äußern sich in **körperlichen Vorgängen**, sie umfassen **seelische Befindlichkeiten** und sie **beeinflussen das Verhalten** des Menschen.

- Gefühle äußern sich zum einen in **körperlichen Veränderungen**, wie bspw. erhöhtem Hautwiderstand, Muskelanspannung, Verkrampfung, Erweiterung oder Verengung der Pupille, Zittern, Schweißausbruch, verstärkter Magen- und Darmtätigkeit (Magenkrämpfe, Durchfall), schneller Atmung und erhöhter Herzfrequenz oder auch Muskelentspannung, ruhigerer Atmung und dergleichen. Diese körperlichen Vorgänge können unterschiedlich **intensiv** sein und als *Erregung bzw. Spannung* oder als *Beruhigung bzw. Entspannung* erlebt werden.

Markus, 18 Jahre alt, schreibt nach der Pause eine Prüfungsarbeit. Er ist deshalb aufgeregt, hat leichte Magenkrämpfe und feuchte Hände, zittert etwas, atmet schneller als sonst und seine Herzfrequenz ist erhöht. Er entspannt sich erst, als er während der Anfertigung der Arbeit merkt, dass er die Aufgaben lösen kann.

---

[1] emovere (lat.): wegschaffen, entfernen, vertreiben; ursprünglich bezeichnete „emotion" die Migration von Menschen, später erhielt das Wort dann auch die Bedeutung von Erdbewegung bzw. Erdbeben. Erst im 19. Jahrhundert wurde der Begriff erstmals für Veränderungen der Psyche verwendet (vgl. Sokolowski, 2008[2], S. 296).

Die Stärke eines Gefühls hängt von der Stärke der körperlichen Erregung ab.

 Je stärker und heftiger das Herz klopft, desto mehr Freude, Angst oder Ärger wird man empfinden.

■ Gefühle äußern sich zum anderen in **psychischen Vorgängen**: Man wird sich des Herausgerissenseins aus dem Normalzustand, aus dem Gleichgewicht und der körperlichen Veränderungen bewusst; die Wahrnehmung und das Denken ändern sich. Die körperliche Erregung wird als Freude, Trauer, Ärger, Angst oder Zorn interpretiert. Diese Befindlichkeiten werden **qualitativ** unterschiedlich erlebt und jeweils mehr oder weniger deutlich als *angenehm bzw. unangenehm* bewertet, also von *Lust bzw. Unlust* begleitet. Bei der unterschiedlichen Interpretation spielen nicht nur die Erfahrungen,  die der Mensch im Laufe seines Lebens macht, eine bedeutsame Rolle, sondern es kommt auch darauf an, in welcher konkreten Situation diese Befindlichkeiten auftreten.

 Markus ist sich bewusst, dass er wegen der Prüfungsarbeit „aufgeregt" ist; er merkt die körperlichen Veränderungen und spürt, dass ihn seine Erregtheit in seinem Denken blockiert. Er interpretiert diese körperliche Erregung als Angst und bewertet diese als sehr unangenehm. Sabine hat bei ihrem ersten Rendezvous auch leichte Magenkrämpfe, feuchte Hände und zittert etwas. Doch sie interpretiert ihre Erregung als Verliebtsein und bewertet diesen körperlichen Zustand als sehr angenehm.

Die Art, wie eine Emotion erlebt wird, hängt also von der *subjektiven Interpretation* der Erregung ab, die wiederum von der jeweiligen Situation, in der diese Erregung auftritt, abhängig ist.

 Ob man die Erregung als Freude, Angst oder Ärger erlebt, hängt davon ab, welche Erklärung man sich selbst für diese Erregung gibt. Ein Schüler, der gerade eine gute Note erhalten hat, wird seine Erregung anders interpretieren als ein anderer, der gerade eine Auseinandersetzung mit einem Mitschüler hatte.

Nicht jede körperliche Erregung wird daher als ein Gefühl gesehen. Hat man eine andere Erklärung dafür, so wird sie nicht als Gefühl interpretiert.

 Wenn jemand eine schwere Tasche in den siebten Stock getragen hat, werden das Herzklopfen und das mögliche Zittern der Hände nicht als Gefühl empfunden, sondern als eine Folge der Anstrengung.

> *„Ob Sie sich verlieben, oder um einen geliebten Menschen trauern, Sie müssen nicht lange davon überzeugt werden, dass an diesen Emotionen auch Ihr Körper beteiligt ist. Fühlen ohne einen Körper ist wie Atmen ohne Lungen. Einige körperliche Reaktionen sind leicht zu erkennen. Andere erleben wir, ohne dass wir uns ihrer bewusst sind."*
> *(Myers, 2014[3], S. 501)*

■ Von entscheidender Bedeutung für das Verständnis von Gefühlsvorgängen ist die Tatsache, dass Emotionen das **Verhalten des Menschen beeinflussen**.

So kann man am Gesichtsausdruck bestimmte Emotionen erkennen, Gesten und Körperhaltung zeigen, wie mit ihnen umgegangen wird (vgl. *Pollmann, 2008, S. 238*).

Gefühle können ein bestimmtes Verhalten aktivieren und steuern; sie können eine schöpferische Kraft darstellen sowie eine gesteigerte Reaktionsfähigkeit hervorrufen und damit etwa die Leistung erhöhen. Gefühle können Verhalten aber auch lähmen, zu Passivität verleiten oder ein Annäherungs- bzw. Vermeidungsverhalten auslösen.

Die Angst vor dem Versagen in der Prüfung kann Markus dazu aktivieren, dass er fleißig zu lernen beginnt. Es ist möglich, dass er sich zudem etwas „einfallen" lässt – bspw. eine gute Spickmethode –, damit er eine gute Note schreibt und vom Lehrer nicht erwischt wird. Ist die Angst während der Prüfung nicht zu stark, so kann sie leistungssteigernd wirken. Hat Markus aber „große" Angst, so kann es sein, dass er gar nicht in die Schule geht, um die unangenehme Situation zu vermeiden, oder dass sein Gedächtnis während der Prüfung blockiert ist und ihm nichts mehr einfällt. Eine schlechte Note kann ihn traurig machen und ihn dazu verleiten, dass er nichts mehr tut.

Dabei handelt es sich in erster Linie um eine **Bereitschaft zum Verhalten**. Es ist also nicht unbedingt erforderlich, dass ein bestimmtes Verhalten oder eine Handlung auch tatsächlich ausgeführt wird.

Emotionen (Gefühle) sind subjektive Erlebensweisen, die sich in körperlichen Veränderungen und psychischen Vorgängen äußern und das Verhalten eines Menschen beeinflussen.

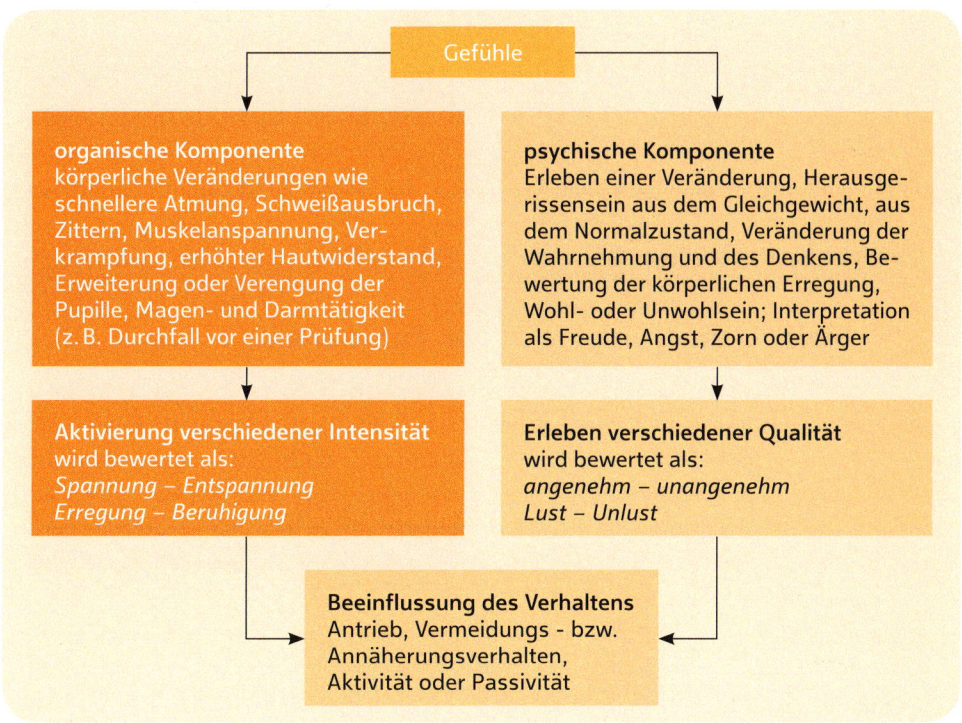

Häufig treten in diesem Zusammenhang auch die Begriffe **Affekt** und **Stimmung** auf. Cord Beneke (2014, S. 41 ff) unterscheidet sie dahin gehend, dass Stimmungen eher Zustände sind, die längere Zeit andauern und weniger intensiv sind, während Affekte eher unbewusst stattfinden, der Mensch sie also nicht reflektiert.

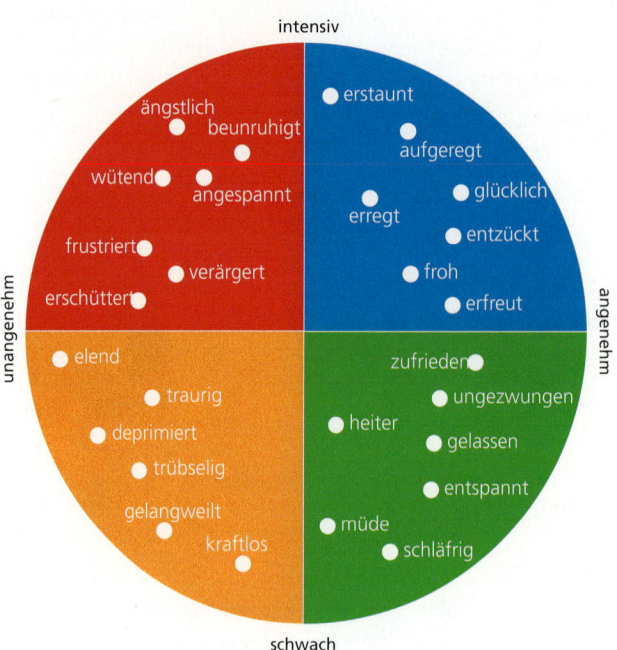

Gefühle können – wie oben ausgeführt – von unterschiedlicher **Intensität** und **Qualität** sein und als *angenehm bzw. unangenehm* erlebt werden. Entsprechend dieser beiden Pole *„intensiv – schwach"* und *„angenehm – unangenehm"* kann man nach *James A. Russell (1980)* verschiedene Gefühle in einem dimensionsorientierten Konzept einordnen.

Der Neuropsychologe und Meditationsforscher Richard Davidson spricht von einem **emotionalen Stil**. Damit meint er die ausgeprägte und persönliche Art und Weise eines Menschen, auf das Leben zu reagieren. Unterschiedliche emotionale Stile – so Davidson – bestimmen, mit welcher Häufigkeit und Wahrscheinlichkeit bestimmte Emotionen, und Stimmungen in uns zum Ausdruck kommen (vgl. Davidson, 2013, S. 20).

Emotionen unterliegen einer gewissen Regulation, der **Emotionsregulation**. Darunter wird der Prozess verstanden, Einfluss darauf zu nehmen, welche Emotionen wir haben und wie wir sie erleben und ausdrücken (vgl. *Hofmann, 2013, S. 14*).

5.1.2 Biologische Grundlagen von Emotionen

Aus neuropsychologischer Sicht gibt es einen Gehirnbereich, der für unsere Gefühle verantwortlich ist: das **limbische System**, welches die Verbindung zwischen dem Stammhirn und dem Großhirn bildet[1]. Dieses System ist zuständig für die Entstehung und Regulation unserer Emotionen und Motivation und beeinflusst neben dem **Zentralnervensystem** auch das **vegetative Nervensystem** sowie das **Hormonsystem**[2], welches für körperliche Veränderungen wie bspw. Verkrampfung, Zittern, Schweißausbruch, Magen- und Darmtätigkeit

---

[1] limbisch (lat.): der Saum
[2] Zentralnervensystem (ZNS) ist der Überbegriff für Gehirn und Rückenmark in Abgrenzung zum peripheren Nervensystem, das alle Nerven bezeichnet, die das ZNS mit den übrigen Körperteilen verbinden. Hormone sind chemische Botenstoffe, durch die der Körper die Stoffwechselvorgänge in verschiedenen Organen steuert.

oder erhöhte Herzfrequenz verantwortlich ist. Hormone sind chemische Botenstoffe, mit deren Hilfe Stoffwechselvorgänge in verschiedenen Organen unseres Körpers gesteuert werden. Das limbische System besteht aus einer Vielzahl von Strukturen, von denen die **Amygdala** und der **Hippocampus** für Emotionen am bedeutsamsten sind[1]. Die Amygdala ist das Zentrum zur Steuerung und Auslösung von Emotionen.

> *„In gewisser Hinsicht kann die Amygdala [...] als ‚Mischpult der Gefühle' bezeichnet werden und ist hauptsächlich für die [...] Auslösung emotionaler Prozesse verantwortlich."*
> (Hülshoff, 2007, S. 180)

Emotionen sind grundsätzlich mit der Ausschüttung von bestimmten Substanzen im Gehirn verbunden.

Bei Glück, Zufriedenheit oder Freude wird Serotonin ausgeschüttet, wobei es nicht nur das eine „Glückshormon" gibt, sondern einen ganzen Cocktail verschiedener chemischer Substanzen (vgl. *Roth, 2011[2], S. 82 f.*).

Es gelangen zunächst alle Sinnesreize in das limbische System, wo sie emotional bewertet werden. Insbesondere die Amygdala teilt Emotionen in lustbetont und angenehm bzw. in unlustbetont und unangenehm ein. Über den Hippocampus werden sie in das Gedächtnis geleitet und dort gespeichert (vgl. *Hülshoff, 2007, S. 181 f.*).

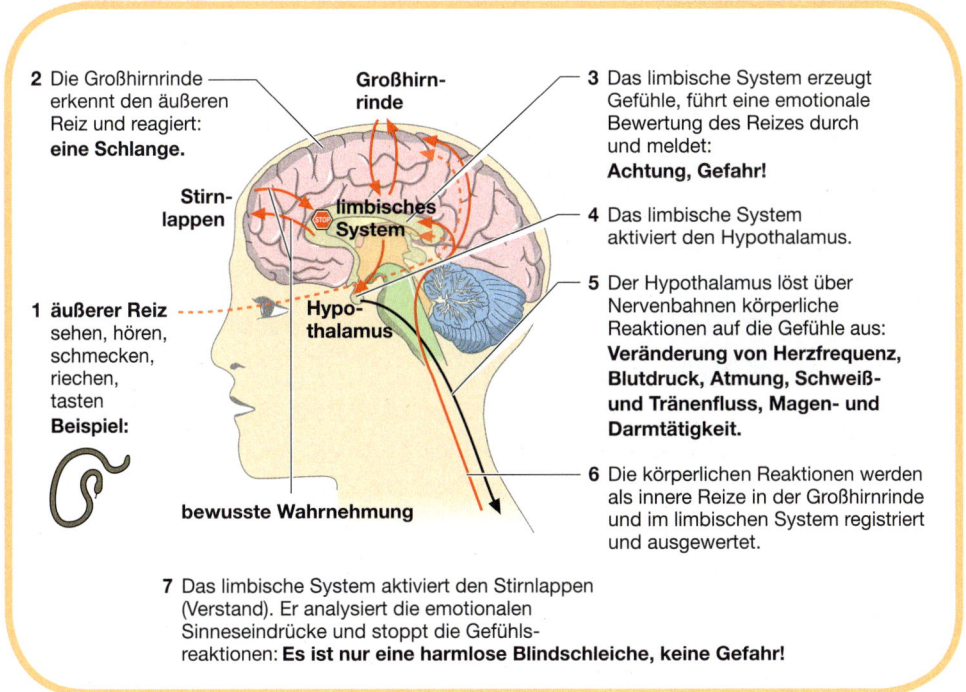

(o. A., in: Apotheken Umschau, 2007, S. 16 f.)

Gefühle sind zwar hirnphysiologisch beschreibbar, aber sie sind immer eingebettet in einen persönlichen Lebenszusammenhang (vgl. Frazzetto, 2012, S. 58).

---

[1] Amygdala (griech.: Mandel): Der Mandelkern, welcher vegetative und endokrine Reaktionen in Verbindung mit emotionalen Zuständen koordiniert; Hippocampus (griech., hippos: das Pferd; Kampe: die Raupe) spielt sowohl bei Gedächtnisvorgängen und räumlicher Orientierung als auch bei emotionalen Prozessen eine Rolle.

5.1.3 Funktionen von Gefühlen

Emotionen sind aus unserem alltäglichen Leben nicht wegzudenken, sie erfüllen wichtige Funktionen (vgl. *Lückert/Lückert, 1994, S. 151–155*):

Regulationsfunktion	Gefühle „melden" sich, wenn Funktionen des Körpers in ein Ungleichgewicht geraten; sie schützen somit unseren Organismus vor einer Beeinträchtigung. So z. B. bekommen wir Hunger oder Durst, wenn der Körper Nahrung bzw. Flüssigkeit benötigt oder werden müde, wenn der Körper Erholung braucht.
Selektionsfunktion	Gefühle selektieren die Wahrnehmung; sie beeinflussen in einem nicht unerheblichen Maße, was wahrgenommen wird und wie bestimmte Reize aus der Umwelt und dem Körperinneren wahrgenommen werden[1].
Motivationsfunktion	Gefühle aktivieren und steuern unser Verhalten und setzen es somit in Gang[2].
Ausdrucksfunktion	In Mimik, Gestik und Gebärden, in der Körpersprache insgesamt, im Tonfall sowie in all unseren Reaktionsweisen drücken wir aus, was wir fühlen. Damit haben Gefühle zugleich immer auch **Mitteilungscharakter**, sie geben dem anderen kund, was wir empfinden[3].
Wertungsfunktion	Gefühle zeigen an, was wir schätzen, mögen und vorziehen bzw. ablehnen und verabscheuen.
soziale Funktion	Gefühle steuern den sozialen Umgang, indem sie diesem Regeln und Schranken setzen und soziale Beziehungen stabilisieren (vgl. *Newen/Zinck, 2008, S. 44*). Liebe, Sympathie, Anerkennung oder Neid, Antipathie, Eifersucht und Hass bspw. regulieren den Umgang miteinander. Emotionen sind also unabdingbar für das zwischenmenschliche Zusammensein und Handeln; ohne sie ginge uns die Grundlage für einen gelingenden Alltag verloren.

„*Wer wir sind und was wir tun, bestimmen wesentlich unsere Gefühle.*"
(vgl. *Newen/Zinck, 2008, S. 45*)

5.1.4 Grundlegende Emotionen

Die Entstehung von Emotionen und deren Erklärung sind seit Langem Gegenstand der psychologischen Forschung. Grundsätzlich lässt sich nicht klären, welche Gefühle vererbt und welche erworben sind. Nach *Carroll E. Izards* (1999[4], *S. 63 ff.*) Ansicht gibt es aber grundlegende Gefühle, die

- in jeder Kultur und zu allen Zeiten existieren,
- an bestimmte neurale[4] Prozesse gebunden sind,

---
[1] vgl. Kapitel 3.2
[2] vgl. Abschnitt 5.3.1
[3] vgl. Kapitel 11.1.2
[4] neural (lat.): vom Nervensystem ausgehend, die Nerven betreffend

- immer zum gleichen Zeitpunkt auftreten und

- die gleichen biologischen Rückmeldungsmuster verwenden, das heißt, die körperlichen Veränderungen sind immer dieselben.

Bei der Untersuchung von grundlegenden Emotionen geht man davon aus, dass es zwischen einem bestimmten Gefühl und dem dazugehörigen Gesichtsausdruck eine enge Beziehung gibt.

So ist Zorn immer gekoppelt mit einem Senken und Zusammenziehen der Augenbrauen, schlitzförmigen Augen und einem zusammengepressten Mund (vgl. *Ulich, 2010[3], S. 160*).

Der amerikanische Anthropologe und Psychologe *Paul Ekman* (* 1934) formuliert sieben Grundemotionen:

| Wut | Ekel | Angst | Freude | Traurigkeit | Über-raschung |

Seiner Meinung nach werden diese Grundemotionen kulturübergreifend bei allen Menschen in gleicher Weise erkannt und auch ausgedrückt. Seine Untersuchungen haben ergeben, dass sie mit Gesichtsausdrücken einhergehen, die von Menschen auf der ganzen Welt verstanden werden (vgl. *Schäfer, 2010, S. 66*). Dabei wird unterschieden zwischen Gesichtsausdruck und Körperhaltung: Während man am Gesichtsausdruck Emotionen erkennen kann, zeigen Gesten und Körperhaltung, wie der Einzelne mit diesen umgeht (vgl. *Pollmann, 2008, S. 238*).

Diese Annahme der genetisch bestimmten Grundemotionen ist nicht unumstritten. Andere Forscher kommen daher auch auf andere Ergebnisse. Der amerikanische Psychologe Orval Hobart Mowrer (1907–1982) z. B. benennt nur zwei (Freude und Schmerz), der deutsche Psychologe Martin Dornes (* 1950) sogar neun Basisemotionen: Freude, Interesse-Neugier, Überraschung, Ekel, Ärger, Traurigkeit, Furcht, Scham und Schuld.

Trotz der Annahme grundlegender und angeborener Gefühlsregungen ist doch der Großteil der Gefühle kulturspezifisch überformt, jede Kultur hat andere Ausdrucksformen oder Anlässe für Gefühle entwickelt.

In den asiatischen Ländern gilt das Lächeln als eine Form der Höflichkeit. In den Ländern der westlichen Welt gilt Lächeln als Form der Freude und als Ausdruck von Glück.

Jede Kultur hat andere soziokulturelle Normen, die bei der Entstehung von Gefühlen eine bedeutende Rolle spielen. Dabei unterscheiden sich nicht so sehr die Gefühle selbst voneinander, sondern vor allem die auslösenden Situationen, die „Darstellung" und das auf die Gefühlsregung folgende Verhalten.

Das Gefühl als solches wird nicht erlernt, sondern die Art und Weise, es zu äußern, sowie der Zeitpunkt, es zu zeigen.

„Emotionen entfalten sich zwar als biologischer Prozess, verdichten sich aber letztlich zu einer komplexen persönlichen Angelegenheit."
(Frazzetto, 2012, S. 60)

Es gibt Menschen, die sind „gefühlsblind", was in der Fachsprache mit **Alexithymie**[1] bezeichnet wird. Solche Menschen können nicht ausdrücken, was sie gerade emotional bewegt, und sind nicht fähig, anderen Menschen ihre Gefühle mitzuteilen (vgl. Wilhelm, 2015, S. 40).

5.1.5 Theorien der Emotionen

Seit vielen Jahren bemühen sich Psychologen um die Frage, wie sich die Entstehung von Emotionen erklären lässt. Dabei entstanden verschiedene Entstehungstheorien von Emotionen (vgl. *Ulich/Mayring, 2003*[2]*, S. 63 ff.*):

Evolutionsbiologische Theorien *(Charles Darwin)*	
Seelische Zustände wie z. B. Scham, Erstaunen oder Niedergeschlagenheit kommen überall auf der Welt vor und werden in gleicher Weise zum Ausdruck gebracht, sie sind damit universell.	Die Koppelung zwischen dem Gefühl und seinem Ausdruck ist angeboren, es gibt grundlegende, eindeutig voneinander unterscheidbare Gefühle, die ein Wesensmerkmal des Menschen darstellen und letztlich dem Überleben der Spezies dienen.
Emotion als System *(Carroll E. Izard)*	
Die grundlegenden, angeborenen Emotionen bilden ein System, das als Teil des gesamten Verhaltensrepertoires des Menschen das Überleben der Art sicherstellt. Das Emotionssystem ist in seinen neuralen Grundstrukturen angeboren und im Vergleich mit anderen Untersystemen wie z. B. Motorik, Kognition oder Wahrnehmung bereits gut entwickelt.	Emotionen sind angeboren und der grundlegende Antrieb menschlichen Verhaltens; durch Reifung und soziale Anregung kommen sie zur Entfaltung.

[1] léxis (griech.): die Rede, das Wort, hier: léxo: lesen; „a" bedeutet im Griechischen „nicht"; thymós (griech.): das Gemüt; Alexithymie: die Unfähigkeit, Gefühle zu „lesen", auszudrücken.

Psychophysiologische Theorien
(*William James/Carl Georg Lange*)

Körperliche Veränderungen im zentralen Nervensystem und in den Organen entstehen bei bestimmten Gefühlszuständen. Diese körperlichen Vorgänge lösen Gefühlsempfindungen aus. Das Erleben von Gefühlszuständen ist von einem funktionsfähigen Organismus abhängig, dabei spielen Prozesse im Stammhirn eine Rolle. Die „James-Lange-Theorie" besagt also, dass Emotionen aus der Wahrnehmung physiologischer Veränderungen entstehen.

Körperliche Symptome werden bewertet und daraufhin als ein bestimmtes Gefühl empfunden, Emotionen sind identisch mit bestimmten Vorgängen im Stammhirn.

Behavioristische Theorien
(*James Watson/Rosalie Rayner/O. Hobart Mowrer*)

Angeborene Reiz-Reaktionsmuster führen bereits beim Kleinkind zu emotionalen Reaktionen. Durch Konditionierung werden diese im Verlauf des Lebens stetig erweitert.

Auf der Basis weniger, bereits angeborener „Gefühlsreflexe" erlernt der Mensch im Laufe des Lebens sein ausgiebiges Gefühlsrepertoire.

Kognitive Theorien
(*Jerome L. Singer/Stanley Schachter/Richard S. Lazarus*)

Reize bzw. Ereignisse werden subjektiv bewertet und interpretiert und erlangen dadurch eine Bedeutung für eine Person. Gefühle werden erst durch Bewertung zu dem, was sie für uns sind.

Emotionen entstehen durch die kognitive Bewertung und Interpretation von Reizen und deren subjektive Bedeutung für den Menschen.

Funktionalistisch orientierte Komponenten-Stress-Modelle
(*Howard Leventhal/Klaus R. Scherer*)

Aufbauend auf den evolutionsbiologischen und den kognitiven Bewertungstheorien werden Gefühle als Ergebnis unterschiedlicher Bewertungen betrachtet, allerdings ausgerichtet auf bestimmte (Überlebens-)Ziele des Menschen. In Urzeiten wurden die Bewertungen reflexartig und damit automatisch vorgenommen, diese festen Verknüpfungen wurden aber während der Entwicklungsgeschichte der Menschheit „entkoppelt". Die Möglichkeiten der neuen Zuordnung von Bewertungen zu Gefühlen ermöglicht eine flexible Anpassung an neuartige soziale und physikalische Umwelten.

Emotionen sind ein Anpassungsmechanismus des Menschen an eine hochkomplexe Umwelt.

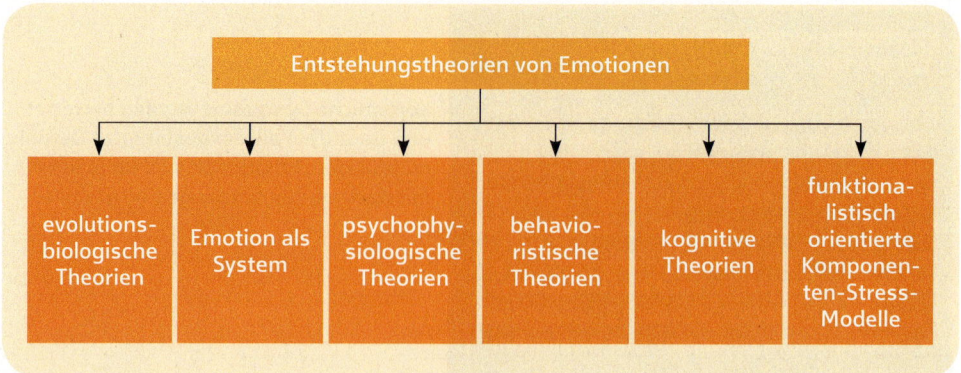

5.2 Angst als Beispiel für Emotion

Angst ist einerseits eine lebensnotwendige Emotion, kann uns aber andererseits, wenn sie unangemessen ist, in unserem Erleben und Verhalten – erheblich – einschränken.

5.2.1 Der Begriff „Angst"

Angst[1] ist ein Gefühl, das als beklemmend, bedrückend und unangenehm sowie als Bedrohung empfunden wird. Angst bezieht sich auf einen realen oder vermeintlich realen **Sachverhalt.**

 Frau F. hat große Angst vor dem Autofahren in der Großstadt. Diese Angst ist real. Es könnte aber auch möglich sein, dass sich Frau F. „einbildet", sie werde jedes Mal am Abend, wenn sie nach Hause geht, von einem Mann verfolgt, obwohl diese Einbildung keine Entsprechung in der Realität hat. In diesem Fall handelt es sich um eine vermeintliche Bedrohung.

Das Erleben einer Angst ist grundsätzlich mit **physiologischen Vorgängen** wie z. B. Schweißabsonderung, Atembeschleunigung, Herzklopfen, Magendrücken, Zittern, Muskelanspannung, Erröten, Erbleichen oder auch mit gesträubten Haaren verbunden.

 Jeder kennt die Angst vor dem Zahnarzt: Wenn man auf dem Behandlungsstuhl sitzt, fängt man an zu schwitzen, verkrampft sich, atmet schneller und der Herzschlag wird intensiver.

Diese körperlichen Vorgänge können unterschiedlich intensiv sein und werden als Erregung bzw. Spannung erlebt. Zugleich spielen sich im Organismus **psychische Vorgänge** ab: Man wird sich der Erregung und körperlichen Veränderungen bewusst und interpretiert diese als Angst. Sie wird qualitativ unterschiedlich erlebt und jeweils mehr oder weniger deutlich als unangenehm bewertet.

 Markus ist sich bewusst, dass er wegen der Prüfungsarbeit „aufgeregt" ist; er merkt die körperlichen Veränderungen und spürt, dass ihn seine Erregtheit in seinem Denken blockiert. Er interpretiert diese körperliche Erregung als Angst und bewertet diese als sehr unangenehm.

---

[1] angustus (lat.): eng

Dieser Ich-Zustand wird i. d. R. durch die gedankliche Vorwegnahme der Nichtbewältigung einer bestimmten Situation ausgelöst und deshalb als **bedrohlich erlebt**.

So hat Max große Angst vor der bevorstehenden Prüfungsarbeit, weil er der Meinung ist, er könnte sie möglicherweise nicht oder nur schlecht bewältigen.

Es handelt sich dabei grundsätzlich um ein **subjektives Erleben** einer bestimmten Situation. Angst ist somit keine objektiv nachvollziehbare Größe, sondern lediglich das, was vom Einzelnen so erlebt wird.

Angst beeinflusst unser **Verhalten**: Sie kann unser Verhalten aktivieren, aber auch lähmen und uns völlig handlungsunfähig machen; sie kann zu Passivität verleiten oder auch ein Vermeidungsverhalten auslösen.

> Angst kann als eine beklemmende, bedrückende und unangenehme Erlebensweise bezeichnet werden, die mit physiologischen und psychischen Vorgängen verbunden ist und die für das Individuum eine Bedrohung darstellt und das Verhalten beeinflusst.

In der Fachliteratur wird häufig eine Unterscheidung zwischen **Angst und Furcht** vorgenommen. Dabei bedeutet Furcht die Reaktion auf eine offensichtliche Bedrohung, Angst ein unspezifisches und globales Gefühl. Ein weiterer Begriff ist **Panik**, womit eine akute Angstreaktion mit einer stark verminderten Selbstkontrolle gemeint ist.

Die neuere Emotionsforschung unterscheidet zwischen **Angst und Ängstlichkeit**, wobei Ängstlichkeit ein Persönlichkeitsmerkmal darstellt und die Neigung einer Person zur Angst bedeutet.

> Ängstlichkeit bezeichnet die von Person zu Person unterschiedliche Tendenz, Situationen als bedrohlich wahrzunehmen und darauf mit Angst zu reagieren (vgl. *Salewski/Renner, 2009, S. 133*).

Eine besondere Form der Angst ist die **Phobie**, ein Zustand, bei dem sich die Angst auf bestimmte Personen oder Objekte richtet.[1]

---

[1] vgl. Kapitel 12.3.4

Bekannte Phobien sind die soziale Phobie, die Angst vor sozialen Situationen und vor Kontakt, die Klaustrophobie, die Angst vor dem Aufenthalt in engen Räumen, die Tierphobie, wie Angst vor Spinnen, Schlangen, Hunden, die Agoraphobie, bei der der Betroffene Angst hat, das eigene Haus zu verlassen, sich in öffentliche Gebäude oder Verkehrsmittel zu begeben, oder Aufzüge zu benutzen, oder die Aviophobie (Flugangst).

Dabei reagieren die Betroffenen mit einer auffallend großen, den Gegebenheiten völlig unangemessenen Angst, da das Objekt oft keine wirkliche Gefahrenquelle darstellt.

5.2.2 Die Entstehung von Angst

Die Erklärungsversuche für die Entstehung von Angst sind unterschiedlich. Die häufigstenTheorien, mit denen die Entstehung von Angst erklärt wird, sind:

- **neurobiologische Erkenntnisse**, die die Entstehung von Angst auf der Grundlage von biologischen Prozessen erklären und deshalb nur als Basisvorgänge gesehen werden können (vgl. *Schandry, 2011[3], S. 21*).

- **evolutionsbiologische Ansätze**, die Angst als Gefahrensignal interpretieren, welches Fluchtverhalten bewirkt.

- **tiefenpsychologische Theorien**[1], wie z. B. die *Psychoanalyse*, aus deren Sicht die Angst zum einen dadurch entsteht, dass die einzelnen Persönlichkeitsinstanzen und die Realität nicht im Gleichgewicht zueinander stehen, und zum anderen durch Konflikte und Probleme entstanden ist, die im Zusammenhang mit der frühkindlichen Entwicklung der Libido stehen.

Nach *Sigmund Freud* handelt es sich bei einer Phobie um eine Abwehr der Angst von verdrängten Es-Wünschen, die das Ich nicht zulassen kann bzw. darf, weil dieses entweder von den Forderungen der Realität beherrscht wird oder das zu stark ausgebildete Über-Ich den Es-Wunsch „verbietet". Das Ich muss deshalb den Es-Wunsch unterdrücken. Um die Abwehr zu sichern, setzt das Individuum den Abwehrmechanismus der Verschiebung ein: Die Angst vor der gefürchteten Triebregung wird auf ein Objekt oder eine Situation verschoben, die mit der Triebregung in symbolischem Zusammenhang steht.

- **Lerntheorien**, die davon ausgehen, dass Angst erlernt ist. Die bekanntesten Lerntheorien, die die Entstehung von Angst ausreichend erklären können, sind die *Konditionierungstheorien*, die die Bedeutung von Reizen hervorheben, die einem Verhalten vorangehen oder nachfolgen.

Im historischen Kontext ist hier das Beispiel des 11 Monate alten Albert bedeutsam, der durch die klassische Konditionierung Angst vor Stofftierchen erlernte: Immer, wenn Albert mit einem Stofftierchen spielte, ertönte im Hintergrund ein fürchterliches Geräusch, auf das Albert mit Angst und Schrecken reagierte. Das Geräusch wurde erzeugt, indem man mit einem Hammer auf eine hängende Eisenstange schlug. Das Kind zuckte dabei immer heftig zusammen, fiel nach vorn und verbarg sein Gesicht in der Matratze. Nach mehrmaliger Wiederholung konnte man beobachten, dass Albert sofort zu schreien begann, sobald das Stofftierchen nur gezeigt wurde[2].

---

[1] Tiefenpsychologische Grundannahmen werden in Kapitel 1.4.1 behandelt.
[2] siehe Kapitel 13.2.2

■ **kognitive Theorien**, aus deren Sicht Angst durch die *kognitive Bewertung* eines Gegenstandes, einer Situation oder einer Person durch den Menschen entsteht. Es kommt also wesentlich darauf an, wie ein Mensch Ereignisse wahrnimmt und bewertet[1].

Der fünfjährige Lukas hat Angst vor einem Hund, und zwar nicht, weil der Hund an sich schon bedrohlich ist, sondern weil er ihn als bedrohlich bewertet und erlebt.
Der Bergsteiger hat Angst vor der nächsten Etappe seiner Bergtour, allerdings nicht, weil der Weg sehr gefährlich ist, sondern weil er ihn als gefährlich bewertet und erlebt.

■ **humanistische Theorien**, die von der Annahme ausgehen, dass der Mensch danach strebt, die eigene Persönlichkeit zu entwickeln und sich selbst zu verwirklichen[2]. Je nach Theorieansatz wird in der humanistischen Psychologie die Entstehung von Angst unterschiedlich erklärt. Die bekannteste Theorie ist die *personenzentrierte Theorie*, nach der sich Angst entwickelt, wenn eine Inkongruenz – eine Unstimmigkeit zwischen dem, was das Individuum aus sich heraus will, und den aktuellen Erfahrungen, die es macht – vorherrscht und diese nicht aufgelöst werden kann[3].

■ **systemische Theorien**, bei denen die wechselseitigen Beziehungen eines Individuums zu seiner Umwelt im Vordergrund stehen. Entsprechend dieser Grundannahme gehen systemische Theorien davon aus, dass sich Angst in wechselseitigen Beziehungen entwickelt und aufrechterhalten wird[4].

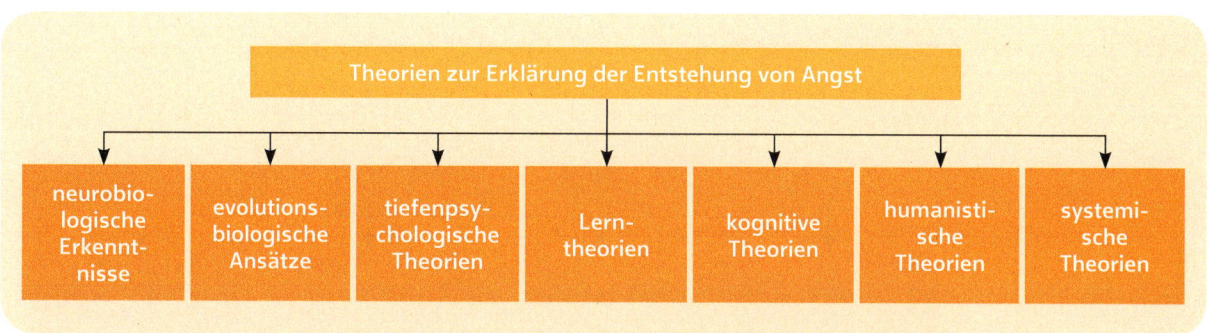

Theorien zur Erklärung der Entstehung von Angst						
neurobiologische Erkenntnisse	evolutionsbiologische Ansätze	tiefenpsychologische Theorien	Lerntheorien	kognitive Theorien	humanistische Theorien	systemische Theorien

„Diesen Auffassungen ist gemeinsam, dass es sich bei Angst um starke Bedrohungen, um das Bewusstsein von Gefahren handelt, die den Einzelnen in eine belastende Ungewissheit stürzen."
(Ulich/Mayring, 2003², S. 163)

---

[1] Die Grundannahmen der kognitiven Psychologie sind in Kapitel 1.4.3 dargestellt.
[2] Die Grundannahmen der humanistischen Psychologie werden in Kapitel 1.4.5 behandelt.
[3] vgl. Kapitel 9.3.8
[4] Die systemischen Grundannahmen befinden sich in Kapitel 1.4.6.

5.2.3 Funktionen der Angst

Angst ist ein wichtiger Bestandteil unseres Lebens. Ohne Angst wäre es nur sehr schwer möglich zu überleben. Angst erfüllt in unserem Leben also wichtige Funktionen:

- Die wesentlichste Funktion der Angst ist die **Schutzfunktion**. Sie zeigt sich i. d. R. in allen typischen Angstreaktionen, die meist in Flucht bestehen.

 Wenn wir über die Straße gehen und sich ein Auto nähert, so springen wir „aus Angst" wieder zurück, um nicht überfahren zu werden.

- Forscher gehen davon aus, dass bestimmte Ängste seit Urzeiten im genetischen Code des Menschen „programmiert" sind, da sie eine **lebenserhaltende Funktion** besitzen.

- **Aktivierungsfunktion**: Angst kann einen Menschen *aktivieren und eine schöpferische Kraft darstellen*; sie kann bei ihm eine gesteigerte Reaktionsfähigkeit hervorrufen und damit etwa seine Leistung erhöhen.

 So aktiviert uns die Angst vor dem Versagen in der Prüfung dazu, dass wir fleißig lernen. Ist die Angst während der Prüfung nicht zu stark, so kann sie leistungssteigernd wirken.
Schauspieler und Sänger haben oft vor einer Aufführung „Lampenfieber", die Angst vor einem Publikum aufzutreten. Sie hilft jedoch dem Künstler, Höchstleistungen zu erbringen.

- **Steuerungsfunktion**: Angst steuert unser Verhalten, indem wir uns vor negativen Reaktionen seitens unserer Umwelt fürchten, Schuldgefühle und Gewissensbisse bekommen oder mit Selbstvorwürfen reagieren, wenn wir gegen Wert- und Normvorstellungen verstoßen.

 Ein Junge würde in einem Kaufhaus gern ein Spielauto „mitgehen" lassen. Doch er hat nicht nur Angst, erwischt zu werden, sondern würde auch gegen moralische Prinzipien verstoßen, was ihm Gewissensbisse und Schuldgefühle bereiten würde. Er lässt den Diebstahl sein.

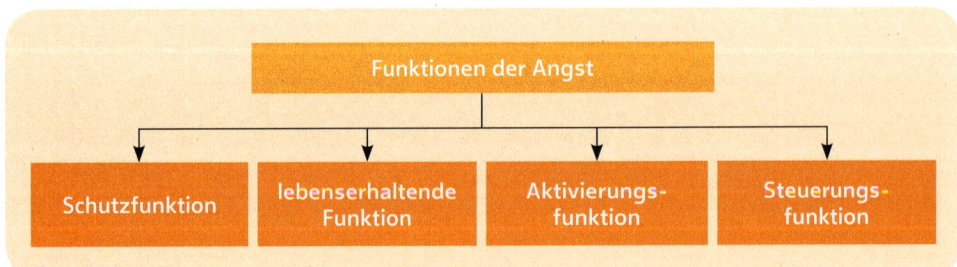

 „Die Angst ist ein Signal, das im Gehirn entsteht und sich im ganzen Körper ausbreitet, wenn etwas nicht stimmt, und wir brauchen diesen Schutzmechanismus, damit wir rechtzeitig die Kurve kriegen und unser Leben verändern."
(Hüter, 2013, S. 8)

5.2.4 Folgen unangemessener Ängste

Neben diesen für den Menschen positiven Funktionen kann Angst aber auch negative Folgen haben, die ihn in seinem Denken, Erleben und Verhalten einschränken bzw. behindern:

- Angst kann zu **Passivität** führen und den Menschen **in seinem Verhalten lähmen**.

Der Schauspieler oder Sänger, der sein Lampenfieber vor einer Aufführung nicht bewältigen kann, wird so aufgeregt sein, dass er möglicherweise ins Stottern kommt oder seinen Text ganz vergisst.

Die Schülerin, deren Prüfungsangst übermächtig ist, wird regelmäßig in Prüfungssituationen versagen[1].

- Angst kann **Vermeidungsverhalten** hervorrufen. Personen und Situationen, die Angst auslösen, werden gemieden. Auf diese Weise ist es möglich, dass Probleme nicht gelöst werden und sich der ängstliche Mensch möglicherweise von seiner Umwelt und seinen Mitmenschen zurückzieht.

Personen, die Angst vor Menschenansammlungen haben und die diese Angst nicht bewältigen können, werden sich zunehmend aus dem öffentlichen Leben zu-

rückziehen, weil sie in vielen alltäglichen Situationen wie z. B. in öffentlichen Verkehrsmitteln, in Aufzügen, bei Kinoveranstaltungen oder bei einem Fußballspiel große Angst erleben.

- Angst kann die **Entfaltungsmöglichkeiten eines Kindes vermindern und es in seiner Entwicklung hemmen**. Der Individualpsychologe *Alfred Adler*[2] vertritt die Auffassung, dass bestimmte Fähigkeiten nicht nur ein Maß der Begabung sind, sondern auch abhängig sind von dem Grad der Angst einer Person.

So kann ein Kind nicht nur keine guten Intelligenzleistungen erbringen, weil es wenig begabt ist, sondern auch, weil es Angst vor dem Erbringen einer Leistung hat.

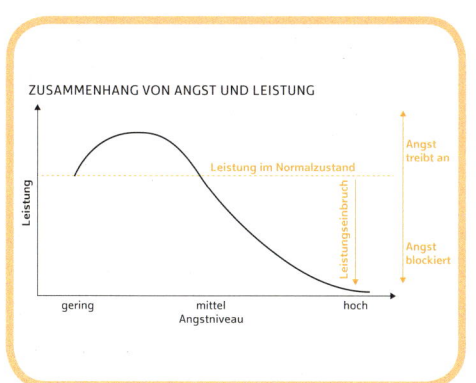

Ein wenig Angst kann die Leistung steigern, wenn sie jedoch zu groß ist, beeinträchtigt sie das Denken und das Gedächtnis.

Auch stark emotionale Inhalte in Medien wie brutale Actionfilme oder Shooterspiele tragen nach neuesten Erkenntnis-

Fehm / Priewe, 2014, S. 32

sen zu einer Löschung von Gedächtnisinhalten bei, die vorher gelernt wurden. Darüber hinaus werden im Anschluss an regelmäßige und/oder emotional belastende Bildschirmnutzung weitere Informationsaufnahmen beeinträchtigt[3] (vgl. *Kunz, 2008, S. 10*).

- **Psychosomatische Erkrankungen**[4] können Folgen einer länger anhaltenden Angst sein.

---

[1] vgl. affektive Hemmung in Kapitel 4.5.7

[2] Alfred Adler (1870–1937) ist der Begründer der Individualpsychologie, neben der Psychoanalyse eine der großen Schulen innerhalb der Tiefenpsychologie.

[3] vgl. Kapitel 4.5.7

[4] Psyche (griech.): die Seele, soma (griech.): der Körper; psychosomatische Erkrankungen sind Krankheiten, die seelisch bedingt sind.

 So kann Angst vor den täglichen Anforderungen im Beruf oder in der Schule zu Muskelverspannungen, Rücken- oder Kopfschmerzen, Migräne, Darmstörungen, einem „nervösen Magen" oder einem Magengeschwür, zu Hautkrankheiten, Asthma und Blutdruckabweichungen u. a. führen.

- Angst selbst kann eine **psychische Störung**[1] sein, wenn sie eine *Beeinträchtigung* für den Betroffenen und/oder seine Umgebung bedeutet, sie kann aber auch **Ursache für Störungen** sein und Depressionen, Einnässen und -koten, Stottern, Kontaktschwierigkeiten und dergleichen nach sich ziehen. Auf diese Folgen haben vor allem die tiefenpsychologischen Theorien hingewiesen.

„Eine der wirksamsten therapeutischen Maßnahmen, um viele Angststörungen zu behandeln, ist die Exposition[2]. Das Kind wird angeregt, sich der angstbesetzten Situation auszusetzen und sie hinreichend lange auszuhalten, bis die Angsterregung zurückgeht."
(Rotthaus, 2016, S. 136)

5.2.5   Die Bewältigung der Angst

Menschen mit Ängsten greifen oftmals zu Beruhigungsmitteln, Drogen oder Alkohol, um sie zu bewältigen. Medikamente oder Drogen unterdrücken lediglich die körperlichen Anzeichen von Ängsten, sie tragen nicht dauerhaft dazu bei, diese erfolgreich zu bewältigen oder aufzuarbeiten.

Ein erster Schritt zur Aufarbeitung von Ängsten ist das **Wahrnehmen bzw. Wahrhaben der Ängste**. Ein zweiter Schritt ist das **Bewusstmachen, wovor man Angst hat**.

Bei der Bewältigung der Angst muss zudem unterschieden werden, wie stark die Ängste oder Phobien sind. Bei vielen Angstzuständen können sich die Betroffenen selbst helfen, indem sie

---

[1] Der Begriff „Psychische Störung" ist in Kapitel 12.1.3 geklärt.
[2] Exposition (lat.): die Ausstellung, Darstellung, Darlegung

mit anderen **über ihre Ängste sprechen**. Dadurch erfährt der Einzelne eine Entlastung von seiner Angst.

Eine weitere Bewältigungsmöglichkeit ist die **bewusste Konfrontation mit der Angstsituation**: Die Situation, die Angst auslöst, wird nicht vermieden, sondern bewusst aufgesucht und sich ihr ausgesetzt. Damit macht man die Erfahrung, dass die Befürchtungen unbegründet sind und nicht eintreten.

Karlheinz hat Höhenangst. Er geht auf kleine und größere Hügel und steigt auch auf einen Turm. Er setzt sich dieser Situation trotz der aufsteigenden Panik aus. Doch er spürt, dass diese nach einer bestimmten Zeit nachlässt. Er bleibt noch eine Weile. Einige Tage später probiert er das noch einmal. Er freut sich, dass er diese Situation wieder bewältigt hat, was er sich nie zugetraut hätte.

Betroffene können schließlich auch versuchen, sich mithilfe gezielter **Entspannungsübungen** oder der **Selbstinstruktion** – sich selbst gut zu zureden – zu beruhigen. Diese Techniken beruhen im Wesentlichen darauf, durch *Selbstsuggestion* – das heißt durch Selbstbeeinflussung des eigenen Erlebens und Verhaltens –, durch Selbsteinredung und Selbstinstruktion sowie durch gezielte Körperübungen zu einer wirksamen Entspannung zu gelangen. Damit vermindern sich die Folgen von Stressreaktionen und die Betroffenen werden für zukünftige Attacken von Stressoren unempfindlicher gemacht.

Die bekanntesten Entspannungstechniken sind die *progressive Muskelentspannung (PMR)* von *Edmund Jacobson* (1885–1976), das *autogene Training* (AT), das auf den Berliner Nervenarzt *Johannes H. Schultz* (1884–1970) zurückgeht, die *Biofeedback-Methode* und *Yoga*.

Wenn es sich um Angstzustände oder gar um Phobien handelt, bei denen die Angst größer ist, als es die reale Bedrohung rechtfertigt, dann ist in jedem Fall **psychotherapeutische Behandlung** erforderlich[1].

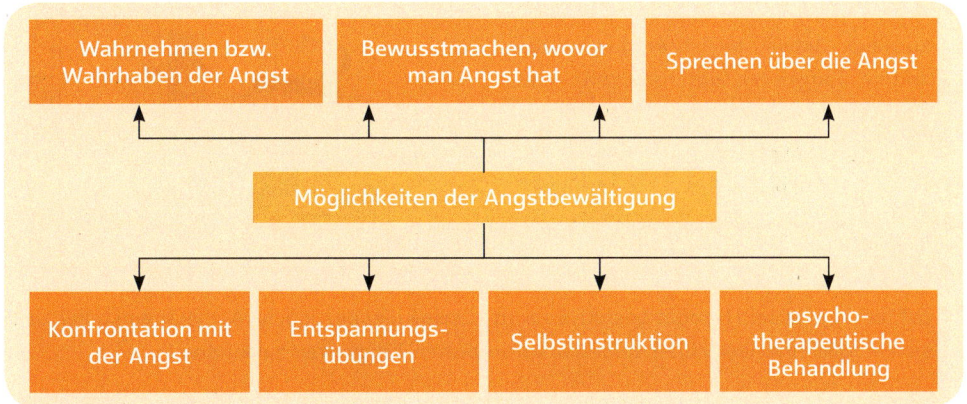

→ **Materialien 1:**
Möglichkeiten der Entspannung

5.3 Motivation als Antriebsform

Für die Psychologie war es schon immer von besonderem Interesse, warum der Mensch ein ganz bestimmtes Verhalten zeigt, warum er sich in einer ganz bestimmten Situation so und nicht anders verhält und was sein Verhalten und Handeln veranlasst bzw. verursacht.

---

[1] Angststörungen sind in Kapitel 12.3.4, psychotherapeutische Behandlungsverfahren in Kapitel 13.2 ausgeführt.

5.3.1 Merkmale des Begriffes „Motivation"

Das Zustandekommen eines bestimmten Verhaltens lässt sich nicht nur als Folge wahrnehmbarer Reize begreifen. Es sind vielmehr Einwirkungen „am Werk", die nicht konkret beobachtbar und nachprüfbar sind. Solche von außen nicht erkennbaren Beweggründe, die menschliches Verhalten aktivieren, werden als **Motive**[1] bezeichnet.

 Hunger ist ein solches Motiv. Er ist als solches nicht beobachtbar, es kann lediglich aufgrund der Menge und der Schnelligkeit des Essens auf das Hungergefühl geschlossen werden. Dieses Motiv treibt nun den Einzelnen an, aktiv zu werden – etwa zum Brotkasten und zum Kühlschrank zu gehen, um sich Brot bzw. Wurst zu holen.

> **Als Motiv wird ein von außen nicht erkennbarer Beweggrund bezeichnet, der menschliches Verhalten aktiviert.**

Treten nun Motive in Kraft, so organisieren sie einen Prozess, in welchem Verhalten in Bewegung gesetzt und auf ein bestimmtes Ziel hingesteuert wird. Diesen Prozess bezeichnen wir als Motivation. Motivation[2] ist also **ein von Motiven gesteuerter Prozess des Angetriebenseins, der i. d. R. so lange anhält, bis das Ziel erreicht ist.**

Durch folgende Merkmale ist der Begriff „Motivation" gekennzeichnet:

- **Aktivierung**: Motivation ist immer ein Prozess, in welchem Verhalten in Bewegung gesetzt wird.

- **Richtung**: Die Aktivität wird auf ein bestimmtes Ziel hin gesteuert und bleibt i. d. R. so lange bestehen, bis dieses Ziel erreicht ist oder auch bis ein anderes Motiv vorrangig wird.

 Wenn jemand sehr hungrig ist, dann wird er etwas unternehmen, um den Hunger zu stillen (Aktivierung). Er wird vermutlich andere Tätigkeiten unterbrechen – das Lernen für eine Prüfungsarbeit – und solche Verhaltensweisen in Bewegung setzen, die geeignet sind, sein Nahrungsbedürfnis zu befriedigen. Er wird etwa zum Brotkasten und Kühlschrank gehen, aus denen er sich Brot und Wurst holt (Zielgerichtetheit). Ist sein Hunger gestillt, so wird er seine diesbezügliche Aktivität einstellen und sich möglicherweise wieder seinen ursprünglichen Tätigkeiten zuwenden.

- **Intensität**: Die Aktivität kann mehr oder weniger stark oder nachhaltig – kurz: mehr oder weniger intensiv – ausgeführt werden.

 So kann der Hunger sehr stark sein und man kann das Wurstbrot sehr hastig und mit großen Bissen verspeisen. Oder man zeigt wenig Interesse an dem Wurstbrot, weil der Hunger nicht so stark ist.

- **Ausdauer**: Zielstrebiges Verhalten kann mehr oder weniger hohe Beständigkeit aufweisen. Die Aktivität wird i. d. R. aufrechterhalten, auch wenn sich Schwierigkeiten ergeben.

 Es kann möglich sein, dass im Brotkasten kein Brot und der Kühlschrank leer ist. Man wird vielleicht in ein Lebensmittelgeschäft gehen. Wenn dieses geschlossen hat, sucht man möglicherweise ein Gasthaus auf oder besucht Bekannte.

---

[1] motus (lat.): Bewegung, Antrieb
[2] movere (lat.): in Bewegung setzen

Die Ausdauer, mit der ein bestimmtes Ziel verfolgt wird, wird häufig auch als **Persistenz**[1] bezeichnet.

■ Motivation ist nicht unmittelbar wahrnehmbar, sondern kann immer nur über das Erleben und Verhalten erschlossen werden. Somit ist sie ein **gedankliches Konstrukt** zur Erklärung der Beweggründe des beobachteten Verhaltens (vgl. *Rheinberg, 2011*[8]*, S. 14*).

> *„Bemerkenswerterweise scheint es uns im Alltag nicht zu stören, dass wir ‚Motivation' bei anderen Personen als Gegenstand nie unmittelbar wahrnehmen können, sondern immer nur über Anzeichen erschließen. Motivation ist hier eine gedankliche Konstruktion, eine Hilfsgröße, [...] die uns Verhaltensbesonderheiten erklären soll."*
> *(Rheinberg, 2011*[8]*, S. 14)*

Motivation ist ein gedankliches Konstrukt für Prozesse, die Verhalten aktivieren sowie dieses hinsichtlich seiner Richtung, Intensität und Ausdauer steuern.

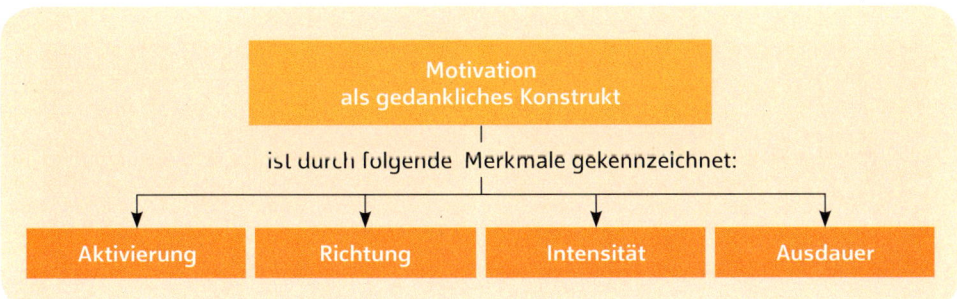

Im Zusammenhang mit dem Motivationsbegriff treten häufig zwei weitere Fachbegriffe auf: **Trieb** und **Bedürfnis**. Trieb bezeichnet eine generelle angeborene Energie, eine Kraft, die darauf ausgerichtet ist, Wünsche bzw. Bedürfnisse zu befriedigen. Bedürfnis beschreibt einen physischen (körperlichen) und psychischen Mangelzustand. Das bedeutet, dass ein Bedarf, z. B. an Essen, Trinken, Zuwendung oder Liebe, vorhanden ist.

5.3.2 Arten der Motivation

Der Anreiz, warum Menschen aktiv werden, kann einmal in der Person selbst zu finden sein und zum anderen „außerhalb" dieser. Entsprechend unterscheidet die Psychologie zwischen **intrinsischer**[2] **Motivation**, auch als **primäre oder sachbezogene Motivation** bezeichnet, und **extrinsischer** (**sekundärer, sachfremder**) **Motivation**. Intrinsische Motivation liegt vor, wenn der Beweggrund des Verhaltens in der Person selbst liegt – also eine Handlung um ihrer selbst willen geschieht –, von extrinsischer Motivation spricht man, wenn der Beweggrund des Erlebens und Verhaltens „außerhalb" von ihr liegt, wenn also die Handlung „Mittel zum Zweck" ist (vgl. *Krapp/Hascher, 2014, S. 236*).

Eine intrinsische Motivation ist vorhanden, wenn es dem Schüler Freude macht, ein mathematisches Problem zu lösen; lernt der Schüler der Anerkennung oder der guten Noten wegen, so ist er extrinsisch motiviert.

---

[1] persistere (lat.): fortdauern
[2] intrinsecus (lat.): innerlich; extrinsecus (lat.): von außen

Extrinsisch Motivierte tun etwas, weil ein *anderer* eine angenehme oder auch unangenehme Konsequenz in Aussicht stellt, diese aber in keiner Beziehung zur Aktivität steht. Dagegen ziehen intrinsisch Motivierte angenehme Konsequenzen aus dem Tun selbst.

Untersuchungen zeigen, dass intrinsische Motivation ein wesentlich höheres und ausdauernderes Leistungsniveau bedingt als eine extrinsische Motivation. Zudem führt extrinsische Motivation zu Fremdbestimmung, intrinsische Motivation dagegen bedeutet Selbstbestimmung, weil die Person etwas selbst – aus eigenem Antrieb – will.

„Nur wenn ein Mensch die Ziele seines Handelns für persönlich bedeutsam erachtet und sich damit identifiziert, hat er das Gefühl, uneingeschränkt selbstbestimmt zu handeln."
(*Krapp/Hascher, 2014, S. 248*)

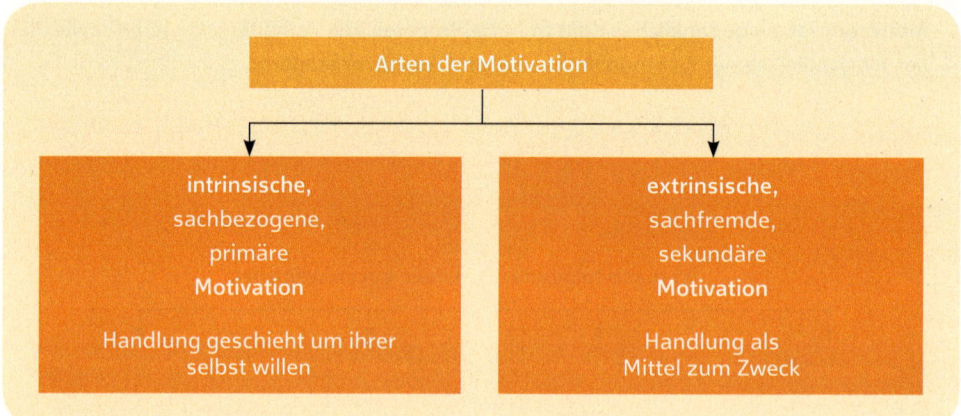

Um optimal motiviert zu sein, bedarf es nach dem amerikanischen Psychologen *John William Atkinson* zweier Umstände:

- Die *Erfolgserwartung*, das Abschätzen des Handlungsergebnisses dahin gehend, ob sie Erfolg versprechen oder nicht. Je höher die Erfolgserwartung, desto höher die Motivation.

- Der *Wert*, die Attraktivität, des Handlungsergebnisses – also dessen, was eine Person erreichen will. Je wichtiger bzw. wertvoller das Ziel für sie ist, desto höher ist ihre Motivation.

Eine Person ist dann am stärksten motiviert, wenn sowohl die Erfolgserwartung als auch der Wert des Handlungszieles am höchsten sind.

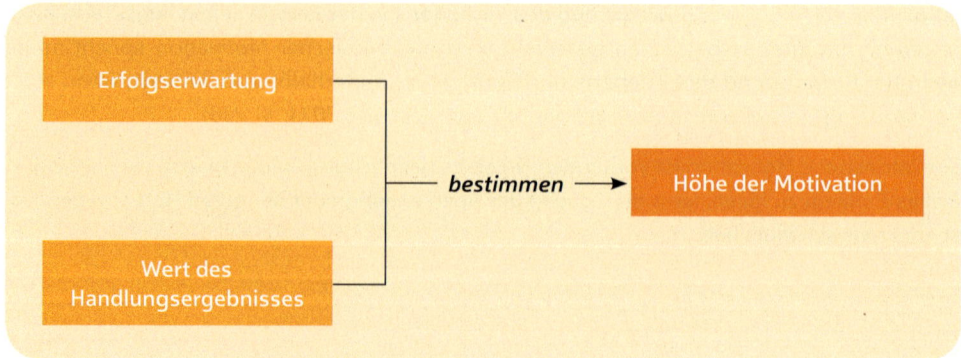

In der jüngeren Psychologie wird zwischen Motivation und **Volition**[1] unterschieden (vgl. *Schwarzer, 2000⁴, S. 222 f.*): In der Motivation geht es dabei um die Bildung einer Intention, einer Zielvorstellung.

Ein Schüler hat sich dazu durchgerungen, künftig fleißig lernen zu wollen.

Die Umsetzung der Intention in Handeln und Tun wird als Volition bezeichnet, die aus der Handlungsplanung und aus dem Handeln selbst besteht.

Ob der Schüler tatsächlich lernt oder es nur bei seinem Vorsatz belässt, ist eine Frage der Volition.

> „Der Mensch verdankt es seiner Motivation, dass er sich Ziele auswählt, aber seine Willenskraft muss dafür sorgen, dass er sie auch erreicht."
> *(Mietzel, 2007⁸, S. 326)*

Kennen, Erkennen, Wollen.

5.3.3 Die Entstehung von Motivation

Je nach Sichtweise gibt es verschiedene Ansätze und Modelle zur Entstehung von Motivation. Dabei zeigt sich eine kontinuierliche Entwicklung von den **rein biologischen Modellen** hin zu sogenannten **psychologischen Theorien**.

Biologische Modelle gehen davon aus, dass der Organismus bestimmte angeborene Mechanismen besitzt, die Aktivität entstehen lassen und steuern können. Vertreter von biologischen Modellen sind die **Trieb- und Instinkttheoretiker**, wie z. B. *Konrad Lorenz* (vergleichende Verhaltensforschung) oder *Sigmund Freud* (Psychoanalyse)[2]. Die **Verhaltensforscher** sind der Meinung, dass Verhalten vor allem durch Instinkte[3] ausgelöst und gesteuert wird: Der Mensch besitzt sogenannte angeborene Auslösemechanismen (AAM), die von Natur aus bestimmte Reaktionen hervorrufen. Diese Theorie gilt heute jedoch als überholt.

Die **Psychoanalyse** vertritt die Auffassung, dass menschliches Verhalten durch bestimmte Triebe bestimmt wird. Bei mangelnder Befriedigung der Triebe entsteht eine Triebspannung, die dann das Streben nach Triebreduktion und damit eine Lösung der Spannung hervorruft.

Bei den Vertretern der psychologischen Theorien wird die Entstehung der Motivation als **Ergebnis von Lernprozessen** angesehen. Dabei werden biologische Bedürfnisse wie Hunger, Durst oder Schlaf durchaus anerkannt, allerdings anders benannt. Solche Bedürfnisse, die dem Menschen angeboren sind, bezeichnet man als **primäre Bedürfnisse**. Daneben wird das Verhalten des Menschen aber von einer Vielzahl verschiedenster Bedürfnisse beeinflusst, die nicht zu seiner biologischen Ausstattung gehören.

Der Wunsch, Geld zu sparen, in den Urlaub zu fahren oder Briefmarken zu sammeln ist dem Menschen nicht angeboren, beeinflusst aber trotzdem sein Verhalten.

---

[1] volitio (lat.): das Wollen

[2] Sigmund Freud (1856–1939) ist der Begründer der Psychoanalyse. Seine Biografie befindet sich in Kapitel 1.4.1, eine von Konrad Lorenz (1903–1989) in Abschnitt 5.4.2.

[3] Der Instinkt ist eine von Natur aus vorhandene (ererbte) Verhaltensweise, die durch einen entsprechenden Reiz ausgelöst wird und stets gleichförmig sowie automatisch abläuft, wie bspw. die Brutpflege oder der Nestbau bei Tieren.

Der Mensch wird von einer Vielzahl unterschiedlicher Bedürfnisse beeinflusst, die im Laufe des Lebens erworben werden. Solche erworbenen Bedürfnisse bezeichnet man als **sekundäre Bedürfnisse**.

Im Einzelnen lassen sich vier Gruppen von Motivationstheorien unterscheiden:

- **Homöostatische[1] Theorien (Bedürfnistheorien)**: Jede Abweichung vom Gleichgewicht im Organismus führt dazu, dass der Einzelne aktiv wird, um dieses Gleichgewicht wiederherzustellen. Ziel einer Aktivität ist aus dieser Sicht immer die Bewahrung des organismischen Gleichgewichts.

- **Anreiztheorien**: Der Mensch wird aktiv, weil er dadurch eine angenehme Situation herbeiführen oder aufrechterhalten bzw. eine unangenehme Situation verringern, vermeiden oder beenden kann.

Ein Jugendlicher steht sehr früh auf und nimmt zur Schule eine sehr lange Wegstrecke in Kauf, weil er auf dieser einem attraktiven Mädchen begegnet, das ihm sehr gefällt.
Ein Kind kehrt ohne Anordnung seiner Eltern freiwillig die Straße, weil es ein Zusammentreffen mit seiner Tante vermeiden will, die zu Besuch ist.

Die bekanntesten Anreiztheorien sind die *Konditionierungstheorien* wie das klassische und das operante Konditionieren.

- **Kognitive Theorien**: Erwartungen eines Menschen motivieren ihn, ein bestimmtes Verhalten zu zeigen.

Eine Person wird dann ein bestimmtes Verhalten zeigen, wenn sie sich davon angenehme Konsequenzen verspricht bzw. glaubt, Unangenehmes vermeiden oder vermindern zu können.

> *„Die Menschen richten sich in ihrem Handeln [...] eher nach Vorstellungen, die diesem vorangehen, statt sich nur an den Ergebnissen ihrer aktiven Handlungsvollzüge zu orientieren."*
> *(Bandura, 1991, S. 44)*

Die bedeutendste kognitive Theorie, die Motivation erklären kann, ist die *sozialkognitive Theorie* von *Albert Bandura*.

- **Humanistische Theorien**: Der Mensch wird aktiv, um psychisches Wachstum wie Selbstverwirklichung zu ermöglichen. Die bekannteste humanistische Theorie ist die *personenzentrierte Theorie* von *Carl R. Rogers*[2].

Sowohl biologische als auch Anreiztheorien sehen den Menschen als „Getriebenen", dessen Verhalten von bestimmten Reizen bestimmt wird. Sie gestehen dem Menschen keinen freien Entscheidungsraum zu. Demgegenüber betonen kognitive und humanistische Theorien die Entscheidungsfreiheit des Menschen für bestimmte Aktivitäten. Der Mensch ist in der Lage, sich frei für ein bestimmtes Verhalten zu entscheiden.

---

[1] homoióstasis (griech.): das Gleichgewicht
[2] vgl. Kapitel 9.3

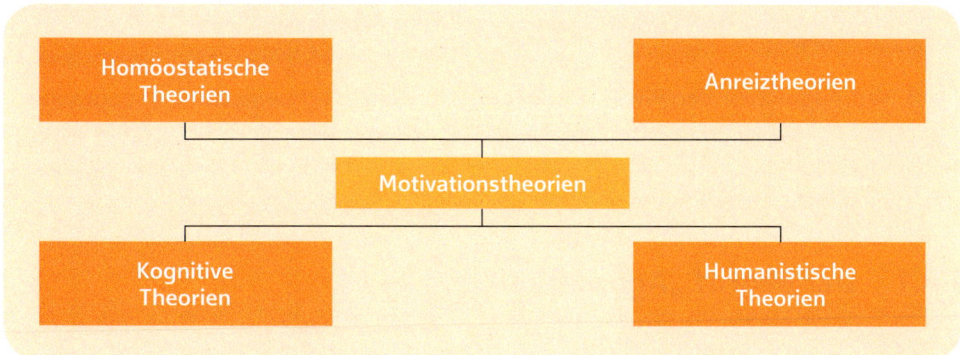

5.3.4 Der Zusammenhang von Emotion und Motivation

Emotion und Motivation sind nicht verschiedene psychische Prozesse, sondern sind sehr eng miteinander verbunden. Sie können eher als zwei Seiten eines Prozesses betrachtet werden – ähnlich wie zwei Seiten einer Münze.

> „Derselbe psychische Vorgang hat [...] sowohl eine Befindlichkeitsseite als auch eine Antriebs- bzw. Zielseite; und je nachdem, welche Seite man betonen will, spricht man von Emotion/Gefühl bzw. von Motivation."
>
> (Nolting/Paulus, 2015[13], S. 58)

Als Beispiele führen *Hans-Peter Nolting* und *Peter Paulus* (*2015[13], S. 58*) Angst, Ärger, Hunger oder Interesse an: Man kann sie zugleich als Befindlichkeiten – also als Gefühl – und als Antriebe zum Handeln – als Motivation – erleben. Auch das deutsche Wort „Lust" enthält beide Bedeutungen: „Lust empfinden" als Gefühl und „Lust haben auf [...]" als Motivation.

Bedürfnisse „verursachen" also einerseits Gefühle. Die Befriedigung von Bedürfnissen wird als angenehm erlebt; werden Bedürfnisse nicht befriedigt, so wird dies als unangenehm empfunden. Andererseits wirken Gefühle motivierend und setzen Handlungen in Gang.

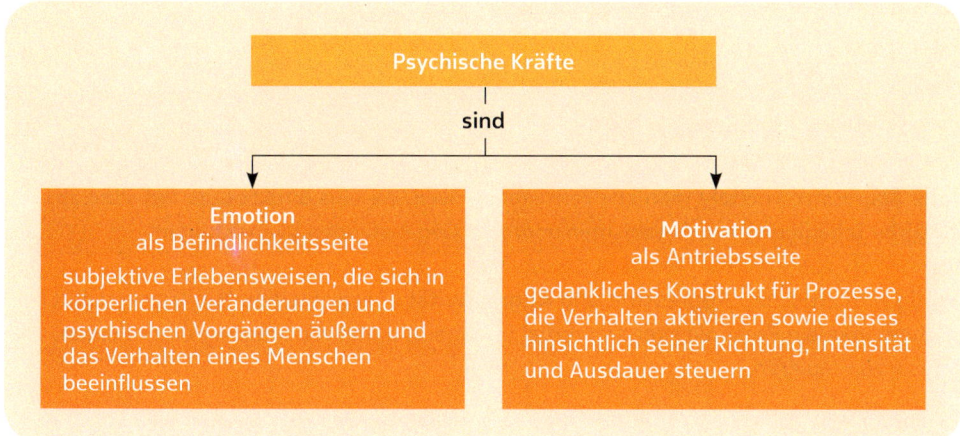

5.4 Aggression als Beispiel für Motivation

Meist wird Aggression negativ verstanden, doch gelegentlich wird auch von „gesunder Aggression" gesprochen, wenn sie im Sinne von „an etwas herangehen", „etwas in Angriff nehmen" verstanden wird. Im Folgenden wird Aggression – wie in der überwiegenden Literatur – jedoch „negativ" im Sinne von „schädigen" verstanden.

5.4.1 Der Begriff „Aggression"

Aggression[1] ist immer mit einer **Schädigung von Organismen oder Gegenständen** verbunden. Sie kann sich gegen Menschen, Tiere oder Pflanzen richten oder gegen materielle Dinge wie etwa die Zerstörung eines Telefonhäuschens; sie kann sich aber auch auf die eigene Person beziehen, was als *Autoaggression* bezeichnet wird.

 Sich selbst Verletzungen zuzufügen, ist eine Form der Autoaggression.

Von einer Aggression im psychologischen Sinn wird nur dann gesprochen, wenn das Zufügen einer Schädigung **absichtlich** geschieht.

 Streift Simon beim Vorbeigehen eine Vase, die dann zu Boden fällt und zerbricht, so handelt es sich hier um keine aggressive Handlung, denn Simon hat das nicht mit Absicht getan. Nimmt er jedoch ganz bewusst die Vase in seine Hand und schmettert sie zu Boden, so liegt eine Aggression vor.

Die Schädigung von Organismen kann **direkt oder auch indirekt** geschehen. Von einer direkten Schädigung spricht man, wenn das Objekt, gegen das sich die aggressive Verhaltensweise richtet, selbst Gegenstand der Schädigung ist, von einer indirekten Schädigung, wenn das Objekt nicht selbst Gegenstand der Schädigung ist.

 Johannes hat eine große Wut auf Leon. Er schlägt ihn deshalb. Es handelt sich hier um eine direkte Schädigung, da sich die aggressive Verhaltensweise gegen Leon selbst richtet. Wirft nun Johannes wegen dieser Wut eine Tasse durch das Zimmer oder redet er seine jüngere Schwester gehässig an, so spricht man von einer indirekten Schädigung, da sich die aggressive Verhaltensweise nicht auf das Objekt selbst – auf Leon –, sondern auf die Tasse bzw. Johannes` jüngere Schwester bezieht.

> Unter Aggression versteht man alle Verhaltensweisen, die eine direkte oder indirekte absichtliche Schädigung von Organismen und/oder Gegenständen beabsichtigen.

Häufig wird zwischen **Aggression und Aggressivität** unterschieden. Mit Aggressivität bezeichnet man ein Persönlichkeitsmerkmal und meint damit die Neigung einer Person, aggressiv zu reagieren.

In bestimmten Situationen können Aggression und Gewaltexzesse als lustvoll erlebt werden. Sie entspringen dann nicht einer Angst oder Bedrohung, sondern entstehen durch Lust (vgl. *Weierstall u.a., 2012, S. 30*).

---

[1] aggredere (lat.): heranschreiten, herangehen; aggressio (lat.): der Anlauf, der Angriff

Eine besondere Form der Aggression ist **Mobbing**[1], die über einen längeren Zeitraum konsequent beabsichtigte und betriebene psychische Zerstörung von Menschen wie Mitarbeitern, Kollegen oder Kindern (vgl. *Huber, 2007, S. 61*). Das können Handlungen sein wie Schikanieren, Tyrannisieren, Angriff durch Klatsch, Intrigen, Unterstellungen, üble Nachrede, jemanden mit sinnloser Arbeit beschäftigen, ihn körperlich angreifen, sexuell belästigen, oder jemanden über einen längeren Zeitraum hinweg „wie Luft" behandeln mit dem Ziel, den Betroffenen zu schädigen. Mobbing bezieht sich i.d.R. auf Verhaltensweisen zwischen Kollegen oder zwischen Arbeitnehmern und Vorgesetzten in Unternehmen bzw. Institutionen, die zum Ziel haben, den Leidtragenden aus der Position oder der Organisation zu entfernen. Aber auch bei Kindern spricht man von Mobbing, wenn ein Kind wiederholt und systematisch aggressiven Handlungen anderer Kinder ausgesetzt ist.

In einer Traueranzeige veröffentlichten die Eltern eines 20-Jährigen Mobbingopfers seinen Abschiedsbrief: „Liebe Pap und Mam, ich wurde mein ganzes Leben lang verspottet, gemobbt, gehänselt und ausgeschlossen. Ihr seid fantastisch. Ich hoffe, dass ihr nicht sauer seid. Auf Wiedersehen, Tim." (*Donaukurier, Nr. 256 vom 06.11.2012, S. 6*) Diese Traueranzeige hat große Bestürzung ausgelöst.

> **Mobbing ist die über einen längeren Zeitraum konsequent beabsichtigte und betriebene psychische Zerstörung von Menschen wie Mitarbeitern, Kollegen oder Kindern (vgl. *Huber, 2007, S. 61*).**

Der Begriff „Mobbing" ist nur im deutschen und skandinavischen Sprachraum bekannt, ansonsten wird von Bullying gesprochen. Bossing bedeutet Mobbing durch Vorgesetzte.

Bei einer versteckten Art von Mobbing wird in der Literatur des Öfteren von *Straining*[2] gesprochen. Die Verursacher sind in den meisten Fällen Vorgesetzte (vgl. *Schreiber, 2015, S. 34 f.*).

Man „übersieht" den Mitarbeiter/Kollegen, entzieht ihm Aufgaben – kurz, man stellt ihn kalt.

5.4.2 Entstehung von Aggression

Im Laufe der Zeit haben sich verschiedene bedeutende Modelle oder Theorien zur Entstehung von Aggressionen herausgebildet:

- **Trieb- oder Instinkttheorien** wie psychoanalytische oder ethologische[3] Theorien. Die Psychoanalyse nimmt neben dem Lebenstrieb einen *Todestrieb* (*Thanatos*) an, der zum Ziel die Auflösung bzw. Zurückführung des Lebens in den anorganischen Zustand hat und somit dessen Vernichtung bedeutet. Aggression ist eine Äußerungsform dieses Todestriebes.

> Die Annahme eines Todestriebes und damit einer angeborenen Aggression ist umstritten, da ein solcher Trieb nicht nachgewiesen werden kann. Die Schwäche dieser Annahme liegt vor allem darin, dass Sigmund Freud keine organische Quelle für einen solchen Trieb angeben konnte.

---

[1] mobbing (engl.): belästigen, pöbeln
[2] to strain (engl.): an- bzw. überspannen, anstrengen, beanspruchen
[3] Ethologie (griech.): Verhaltensforschung

Einer der Hauptvertreter der ethologischen Aggressionstheorie ist der Verhaltensforscher *Konrad Lorenz*[1]. Aggression ist nach ihm eine **Instinktäußerung**, die wichtige Funktionen erfüllt: Sie sorgt dafür, dass sich die Tiere über einen möglichst weiten Lebensraum verteilen. Es kommt zu einer Auswahl der besten und stärksten Tiere. Durch Aggression werden die besten Verteidiger des Lebensraumes ausgewählt, und schließlich sorgt sie für die Rangordnung unter den Tieren.

Obwohl Lorenz' Annahmen in den 70er-Jahren des letzten Jahrhunderts großes Aufsehen erregten, spielen sie in der heutigen Aggressionsforschung keine Rolle mehr. Die Übertragung tierischen Verhaltens auf Menschen war zu problematisch und hielt ernsthaften Überprüfungen nicht stand.

„Die Biologie und andere Wissenschaften nehmen die Übergriffe von Lorenz auf den Menschen nicht mehr sehr ernst. Das ist gut so. Das Buch[2] hat lange die Aufmerksamkeit auf eine schwache Aggressionstheorie fehlgeleitet; sie gilt nicht als schwach, weil sie den Menschen in eine Reihe mit den Tieren stellt, sondern weil sie das spezifisch Menschliche verzerrt und den Unterschied zwischen dem Biss eines Buntbarsches und der Vergewaltigung von Menschen in einem Krieg nicht genügend reflektiert."
(Selg, 2000, S. 221)

Oft wird auch heute noch Aggression und Gewalt beim Menschen als „naturgegeben" bezeichnet, gegen die man ohnmächtig sei und welche man nichts machen könne – außer selbst mit Gewalt zu reagieren.

■ Die **Frustrations-Aggressions-These**, die auf den Psychologen *John Dollard*[3] zurückgeht, vertritt die Annahme, dass auf jede Frustration eine Aggression folgt. Frustration[4] liegt dann vor, wenn das Individuum an einer zielgerichteten Handlung gehindert wird oder bestimmte Bedürfnisse, Wünsche oder Erwartungen nicht erfüllt werden und es dadurch zu einem Erlebnis der Enttäuschung kommt.

So kann es zu einer Enttäuschung kommen, wenn der Schüler eine gute Note erwartet und diese aber nicht erreicht; eine Frustration kann auch dann vorliegen, wenn sich ein Mensch übergangen, zurückgesetzt oder ungerecht behandelt fühlt.

Unter Frustration versteht man das Erleben einer Enttäuschung, die bei der Hinderung an einer Handlung bzw. bei Nichterfüllung eines Bedürfnisses, Wunsches oder von Erwartungen auftritt.

Dollard ging aufgrund von Untersuchungen von der Annahme aus, dass Aggressionen als Folge von Frustrationen entstehen. Dabei kommt es auf ein *subjektives Erleben* von Frustration an.

So ist ein häufiger Grund für eine Frustration soziale Ausgrenzung und das damit verbundene subjektive Gefühl der Ablehnung.

---

[1] Konrad Lorenz (1903–1989) war zunächst Ordinarius für Psychologie an der Universität Königsberg. 1949 gründete er ein Institut für Vergleichende Verhaltensforschung in der Nähe von Wien; von 1950 bis 1973 war er Mitarbeiter und Leiter des Instituts für Verhaltensphysiologie bei Starnberg. Sein Werk „Das sogenannte Böse", erschienen 1963, in welchem er menschliche Aggression auf das tierische Erbe in uns zurückführt und kulturelle Einflüsse sehr stark zurücktreten lässt, war in den 1970er-Jahren ein Bestseller.

[2] gemeint ist das Buch „Das sogenannte Böse" (siehe Fußnote 1)

[3] John Dollard (1900–1980) lehrte an der Yale-Universität. In der Zeit des Zweiten Weltkrieges erforschte er mit Mitarbeitern den Zusammenhang zwischen Frustration und Aggression. Zudem befasste er sich auch mit sozialem Lernen.

[4] frustratio (lat.): die Nichterfüllung, die Täuschung

Obwohl das eine recht einleuchtende These ist, kann man nicht davon ausgehen, dass Menschen auf Frustrationen immer mit Aggressionen reagieren. Aggression ist eine mögliche Folge, Menschen reagieren auf Frustrationen auch mit Zurückgezogenheit oder Depressionen. Der US-amerikanische Sozialpsychologe Leonard Berkowitz schränkt die These von Dollard ein und sieht Frustration im Zusammenhang mit negativen Gefühlen wie Wut, Ärger, Angst, die dann Aggression auslösen können (vgl. Fischer u. a., 2014, S. 68).

- Die Psychologie bevorzugt heute vor allem Theorien, nach denen **Aggression das Ergebnis von Lernprozessen** ist. Dabei spielen **Verstärkungsprozesse** und vor allem das **Nachahmen** eine wichtige Rolle. Die Vermutung, dass Menschen vor allem am Modell Aggression und Gewalt erlernen, ist in zahlreichen Experimenten bestätigt worden. Sowohl symbolische Modelle aus Filmen oder Büchern als auch real anwesende Personen können ein Nachahmen bewirken.

> *„Vor allem Filme, die einen sympathischen Aggressor zeigen (z. B. einen smarten Agenten oder einen ‚gerechten Rächer‘, dem früher großes Unrecht zugefügt wurde), der noch dazu [...] belohnt wird (durch viel Geld, schöne Frauen usw.), reizen zur Nachahmung. Durch die Nachahmung solcher Modelle kann auch selbstverstärkende Aggression entstehen (z. B., weil man stolz darauf ist, sich so zu benehmen wie das bewunderte Modell)."*
> *(Herkner, 2002², S. 384)*

Neuere Untersuchungen weisen darauf hin, dass zwischen dem häufigen Anschauen von Gewaltdarstellungen und aggressivem Verhalten ein Zusammenhang besteht. **Je häufiger im Fernsehen Gewalttaten betrachtet werden, desto größer ist die Wahrscheinlichkeit aggressiver Verhaltensweisen.**

> *„Die Forschungsergebnisse sind weltweit eindeutig: Wer Gewalt im Fernsehen sieht und Gewalt in Computerspielen erlebt, wird selbst gewalttätiger. Dieser Zusammenhang ist statistisch etwa so stark wie der zwischen Rauchen und Lungenkrebs. Natürlich gibt es keine Kausalität im Einzelfall, aber die Wahrscheinlichkeit einer negativen Entwicklung ist sehr hoch."*
> *(Spitzer, 2007, S. 37)*

Zudem neigen Kinder, nachdem sie Gewalt beobachtet haben, dazu, duldsamer gegenüber dem Verhalten anderer zu werden. Damit sinkt aber auch ihre Bereitschaft einzuschreiten, wenn Mitmenschen Opfer von Gewalttaten werden. Das häufige Sehen von Gewalt führt außerdem zu einer emotionalen Abstumpfung.

Jüngere Untersuchungen zeigen, dass relativ *frühe negative Bedingungen* in der Familie, vor allem eine ungünstige Erziehung seitens der Eltern oder anderer Beziehungspersonen und negative familiäre Erfahrungen, für aggressives Verhalten verantwortlich sind. Darauf weist vor allem das **Early-Starter-Modell** von *Gerald R. Patterson u. a.* hin, dem die Annahme zugrunde liegt, dass die meisten delinquenten und antisozialen[1] Menschen ihre „Karriere" aufgrund früher negativer Erfahrungen in der Familie beginnen. Auch dieses Modell geht davon aus, dass Kinder, die in Zwang und Gewalt ausübenden Familien erzogen werden, nach einfachen Lernprinzipien wie dem Konditionieren und dem Nachahmen von ihren Eltern aggressive Verhaltensweisen erlernen

---

[1] delinquent (lat.) bezeichnet ein Verhalten, das gegen die Strafgesetze einer Gesellschaft verstößt; antisozial: unsozial, nicht sozial

(vgl. *Myers, 2014[3], S. 774 ff.*). Bei Jugendlichen sehen Soziologen die Hauptursache in negativen *Einflüssen von Gleichaltrigen*, insbesondere von **Peergroups**[1]. Findet der Jugendliche keine geeignete Peergroup, so schließt er sich häufig einer *Gang* an, die als Ersatz einer nicht intakten Familie dient *(vgl. Schäfers, 2010[8], S. 131).*

- **Kognitive Theorien** gehen davon aus, dass Aggression aufgrund bestimmter **kognitiver Schemata** entsteht, nach denen der Mensch sich selbst, die Welt und seine Zukunft ordnet, beurteilt und strukturiert.

Ein solches Schema kann sein „Wer mir dumm kommt, dem haue ich eine rein!" oder „Prügel haben noch niemandem geschadet!".

Diese Schemata sind im Gedächtnis gespeichert und dienen dann als Leitfaden für das Verhalten.

- Auch mit **humanistischen Theorien** lässt sich die Entstehung von Aggression erklären. Aus Sicht der personenzentrierten Theorie, die bekannteste humanistische Theorie, entstehen Aggressionen in der Verhinderung des Strebens eines Menschen nach Erhaltung, Entfaltung und Verwirklichung seiner Entwicklungsmöglichkeiten sowie nach Unabhängigkeit und Selbstbestimmung[2].

- **Systemische Theorien** gehen davon aus, dass sich Aggressionen in den wechselseitigen Beziehungen entwickeln können.

Immer, wenn Herr R. einen Konflikt oder Streit mit seinem Sohn hat, stellt sich seine Frau auf die Seite ihres Kindes. Diese Reaktion seiner Frau beeinflusst Herrn R. dahin gehend, dass er Groll und Wut zeigt, was den „Zusammenschluss" von Mutter und Sohn wiederum verstärkt. Dies veranlasst Herrn R., aggressiv zu reagieren. Schließt sich nun seine Frau in einem Streit- oder Konfliktfall immer mit ihrem Sohn zusammen, so kann dies der Grund dafür sein, dass Herr R. immer Aggression zeigt.

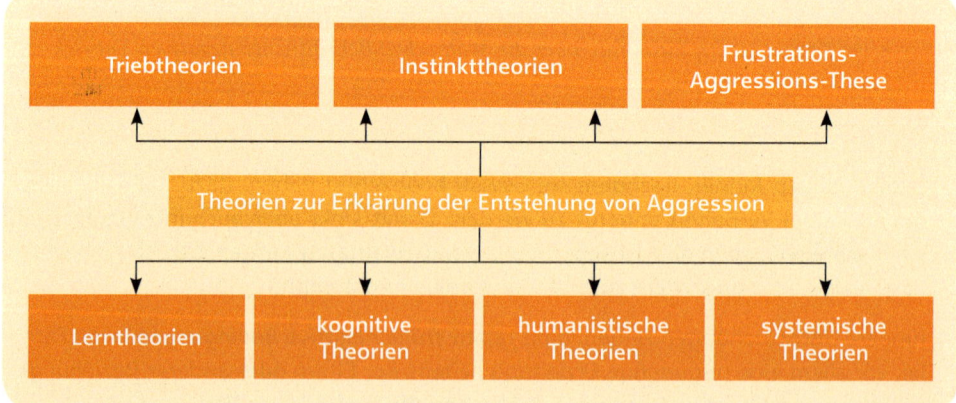

→ **Materialien 2:**
Leistungsmotivation
als Beispiel für
Motivation

---

[1] peer group (engl.): Gleichaltrigengruppe – siehe Kapitel 8.6.3.
[2] vgl. Kapitel 9.3

5.5   Emotionale Belastungen

„Stau im Urlauberverkehr – Tausende von Autoreisenden mussten bei 30° C in der Sonne ausharren!"

„Ausgabe der Jahreszeugnisse – Selbstmordrate bei Schülern steigt!"

„Tod der Ehepartners – Mann der Depression nahe!"

Tagtäglich erleben wir Belastungssituationen – sei es der Stau im Urlaubsverkehr, die Ausgabe des Schulzeugnisses oder der Tod eines nahestehenden Menschen.

5.5.1   Der Begriff „emotionale Belastung"

Eine emotionale Belastung bedeutet immer eine **Beeinträchtigung im persönlichen Empfinden**. Entscheidenden Einfluss auf die Wirkungen solcher Unbefindlichkeiten hat die **kognitive Bewertung der jeweiligen Situation**. Je nachdem, wie ein Ereignis erlebt und bewertet wird, wie es also eingeschätzt wird, ändert sich seine Bedeutung für die Person.

Autofahrer A, der im Stau steht, reagiert sehr gelassen darauf, während Autofahrer B die Situation als sehr schlimm und „nervenaufreibend" erlebt. Ebenso wird der Urlauber, der viel Zeit hat, den Stau anders bewerten als der gestresste Vertreter, der noch unbedingt einen Termin einhalten muss.

Eine emotionale Belastung ist jede Beeinträchtigung der Befindlichkeit und Stimmung einer Person, die bei dieser einen Leidensdruck erzeugt und durch die die Erlebens-, Verarbeitungs- und Handlungsmöglichkeiten der Person eingeschränkt werden (vgl. *Ulich, 2010[3], S. 187 f.*).

Emotionale Belastungen können unterschiedlich lange dauern. Momentane und zeitlich begrenzte Belastungen werden als **Stress** bezeichnet, länger andauernde emotionale Belastungen, die überwindbar sind, benennt man **Krise**, und emotionale Belastungen von längerer Dauer werden **psychische Störung** genannt[1].

---

[1] Stress ist in Abschnitt 5.5.2, psychische Störung in Kapitel 12.1.3 dargestellt.

Eine Krise liegt vor, wenn ein Mensch längere Zeit keine Lösung eines bestehenden Missverhältnisses zwischen Anforderungen der Umwelt und der Möglichkeit zur Bewältigung erreicht sowie die Folgen dieses Missverhältnisses längere Zeit als beängstigend erlebt (vgl. *Ulich, 2010[3], S. 191*).

„Krise ist ein produktiver Zustand. Man muss ihr nur den Beigeschmack der Katastrophe nehmen" (Max Frisch[1])

Die Grenzen zwischen einer vorübergehenden emotionalen Belastung, einer Krise und einer psychischen Störung sind fließend.

Emotionale Belastung	
Stress	Die emotionale Belastung ist von kurzer Dauer.
Krise	Die emotionale Belastung ist länger andauernd.
psychische Störung	Die emotionale Belastung hält über einen langen Zeitraum an.

→ **Materialien 3:**
Kritische Lebensereignisse als Beispiel für eine emotionale Belastung

5.5.2 Stress als Beispiel für eine emotionale Belastung

Stress[2] wird als ein unangenehmer Zustand beschrieben; er wird immer dann erlebt, wenn eine Person das Gefühl hat, **mit einer schwierigen Situation nicht (mehr) fertig zu werden bzw. wenn sie ihre Bewältigungsmöglichkeiten als nicht ausreichend bewertet.**

Dies ist der Fall, wenn ein Schüler trotz guter Vorbereitung glaubt, die Fragen oder Aufgaben in einer Prüfungsarbeit nicht beantworten bzw. lösen zu können.

Die negative Einschätzung der aktuellen Situation allein reicht nicht aus, um von Stress sprechen zu können. Für die Person müssen auch die **Folgen des Nicht-Bewältigen-Könnens als bedrohlich bewertet werden.** *Erst wenn beide Gegebenheiten zusammenwirken – mangelhafte Lösungsmöglichkeiten und bedrohliche Folgen des Scheiterns –, kann man von Stress sprechen.*

So kann man erst dann von Stress sprechen, wenn neben der Überzeugung des Schülers, die Fragen nicht beantworten zu können, noch hinzukommt, dass er glaubt, in der Prüfung zu versagen und eine schlechte Note zu erzielen, von seinen Eltern Vorhaltungen zu bekommen oder nicht in die nächsthöhere Klasse versetzt zu werden.

Stress ist ein zeitlich begrenzter, gefühlsmäßig belastender Zustand, der durch eine Situation bzw. eine Anforderung ausgelöst wird, von der die Person glaubt, sie nur schlecht oder gar nicht bewältigen zu können, und deren nicht bewältigte Folgen als bedrohlich empfunden werden.

---

[1] Max Frisch (1911–1991) war Schweizer Schriftsteller. Bekannt wurde er mit seinen Theaterstücken „Biedermann und die Brandstifter" und „Andorra" sowie mit seinen Romanen „Stiller", „Homo faber" und „Mein Name sei Gantenbein".
[2] stress (engl.): der Druck, die Anspannung

5.5.3 Stress auslösende Faktoren

Jeder Mensch ist ständig irgendwelchen Reizen aus der Umwelt ausgesetzt. Wie diese Reize auf die Person wirken, hängt von der **kognitiven Bewertung** der Reize und der Reaktionen darauf ab. Werden die Umweltreize als belastend bewertet, dann bezeichnet man sie als Stress auslösende Faktoren oder **Stressoren**.

So ist es möglich, dass man einen Konflikt mit seinem Lebenspartner als sehr belastend empfindet. Dieser Konflikt stellt dann den Stressor dar.

> Mit dem Begriff „Stressoren" bezeichnet man Umweltreize, die von einer Person als belastend empfunden und bewertet werden.

Je nachdem, auf welchen Lebensbereich einer Person die belastenden Reize einwirken, unterscheidet man

- **physikalische Stressoren**, wie z. B. Lärm, Hitze oder Schmerzen,

  Allgegenwärtiger Lärm als Quelle des Stresses wird immer noch, wie Dorottya Rerrich (2006, S. 38) schreibt, unterschätzt. Lärm – so Rerrich – führt zu langfristigen und psychischen Schäden. Vor allem Kinder, deren Gehör noch viel empfindlicher ist, sind besonders gefährdet.

- **psychische Stressoren**, wie z. B. Leistungsdruck, Ängste durch Partnerverlust oder Bedrohung,

  Unter den psychischen Stressoren spielt die heutige veränderte Arbeitswelt eine große Rolle (vgl. Dettmer/Tietz, 2012, S. 46 f.). Der Leipziger Psychiatrieprofessor Ulrich Hegerl betont, dass in der Arbeit nicht (selbst auferlegte) Termine oder Ähnliches den größten Stress bedeuten, sondern das Gefühl, nur noch **Getriebener** zu sein und das Gefühl der **Ohnmacht** zu haben, sich „ausgeliefert" zu fühlen (vgl. Berndt, 2014[10], S. 31).

> *„Die folgenreichsten Stressauslöser sind Situationen, auf die wir – tatsächlich oder vermeintlich – keinen Einfluss haben."*
> *(Berndt, 2014[10], S. 32)*

- **soziale Stressoren**, wie Ablehnung durch Freunde, Streit mit Mitarbeitern oder Mobbing[1].

Alle Arten von Stressoren lösen körperliche Reaktionen aus, wie Adrenalinausschüttung, Steigerung des Blutdrucks und der Muskelanspannung, Erhöhung des Hautwiderstandes und des Herzschlages, Erregung des vegetativen Nervensystems, Herzrhythmusstörungen sowie Erhöhung des Fett- und Zuckergehaltes des Blutes.

---

[1] siehe Abschnitt 5.4.1
[2] Von Immunkompetenz spricht man bei einem intakten Immunsystem.

Das Schreiben einer Klassenarbeit führt beim Schüler zu einer messbaren Aktivierung des vegetativen Nervensystems; der Autofahrer, der eine gefährliche Situation zu meistern hat, verzeichnet eine erhöhte Adrenalinausschüttung; Anwohner von stark befahrenen Straßen klagen über Herzrhythmusstörungen, und der Streit mit dem Partner kann Magenkrämpfe auslösen.

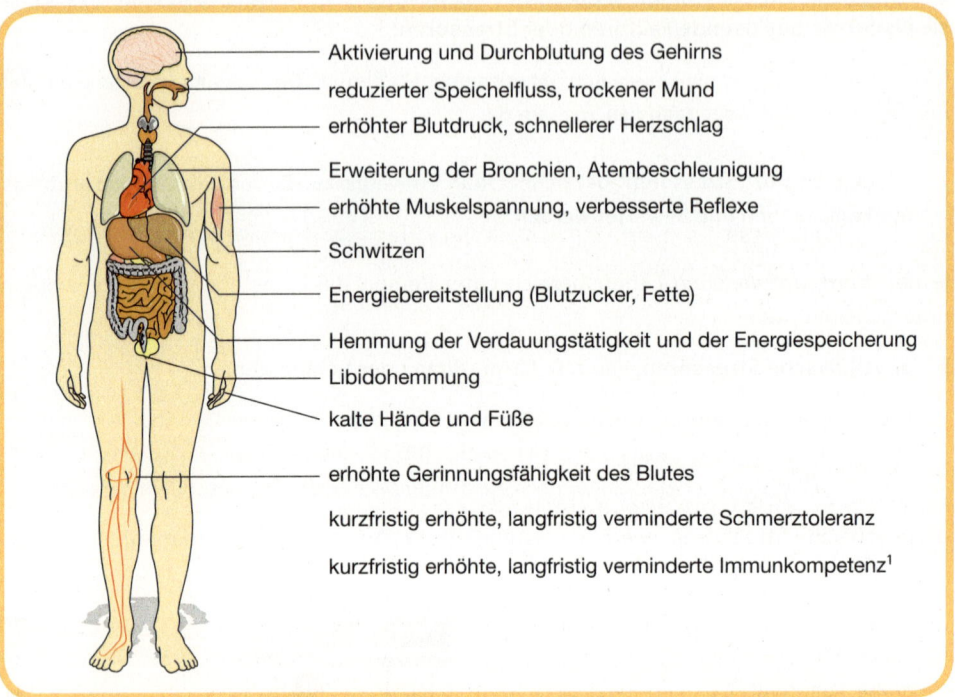

Aktivierung und Durchblutung des Gehirns

reduzierter Speichelfluss, trockener Mund

erhöhter Blutdruck, schnellerer Herzschlag

Erweiterung der Bronchien, Atembeschleunigung

erhöhte Muskelspannung, verbesserte Reflexe

Schwitzen

Energiebereitstellung (Blutzucker, Fette)

Hemmung der Verdauungstätigkeit und der Energiespeicherung

Libidohemmung

kalte Hände und Füße

erhöhte Gerinnungsfähigkeit des Blutes

kurzfristig erhöhte, langfristig verminderte Schmerztoleranz

kurzfristig erhöhte, langfristig verminderte Immunkompetenz[1]

nach Kaluza, 2015[3], S. 19

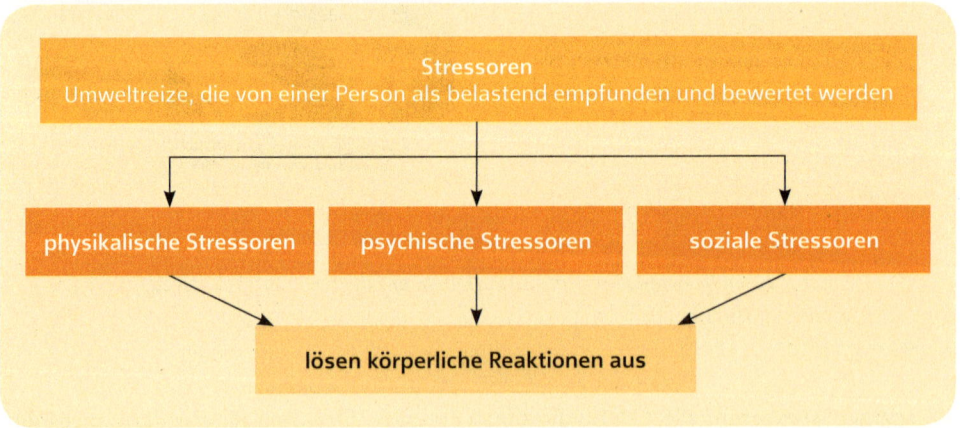

Stressoren
Umweltreize, die von einer Person als belastend empfunden und bewertet werden

physikalische Stressoren   psychische Stressoren   soziale Stressoren

lösen körperliche Reaktionen aus

5.5.4 Körperliche Verarbeitung von Stress

Stress ist an sich eine ganz natürliche, organische Anpassungsreaktion, die sich im Laufe der Stammesgeschichte sinnvollerweise entwickelt hat und auch notwendig ist. Er macht Geist und Sinne hellwach und den Körper „reaktionsbereit". Untersuchungen zeigen, dass Höchstleistungen nur dann erbracht werden können, wenn genügend Adrenalin ausgeschüttet wird, was wiederum nur möglich ist, wenn unser vegetatives Nervensystem vorher aktiviert wurde.

Es gibt Situationen im Leben, in denen wir außergewöhnliche Leistungen vollbringen müssen, etwa bei sportlichen Wettkämpfen oder in Prüfungen.

Allerdings hat Stress nur dann eine positive verhaltensaktivierende und -steuernde Funktion, wenn er *kurzfristig* andauert. Bei kurzzeitigem Stress entstehen i.d.R. auch keine weiteren Schäden am menschlichen Organismus.

So wird sich der Schüler nach der Abgabe der Klassenarbeit wieder beruhigen, sein vegetatives Nervensystem entspannt sich; der Herzschlag des Autofahrers wird sich einige Minuten nach der gefährlichen Situation wieder verlangsamen.

Anders verhält es sich bei *längerfristigen Belastungen* des Organismus, sie können zu **dauerhaften körperlichen Schädigungen** führen.

Neuere Ansätze der Stressforschung gehen davon aus, dass anhaltender Stress[1] und die teilweise damit zusammenhängenden Risikofaktoren grundsätzlich mitverantwortlich für die Entstehung von Krankheiten sind. Dabei steht die Annahme im Vordergrund, dass der menschliche Organismus die zur Bewältigung des Stresses notwendigen Anpassungsleistungen langfristig nicht erbringen kann und es zu einer Überbeanspruchung des psychischen und physischen Systems kommt.

Zu den typischen durch Stress mitverursachten Krankheiten gehören Magen- und Darmstörungen, Bluthochdruck, Herz- und Kreislauferkrankungen wie Arteriosklerose (= „Arterienverkalkung"), Herzrhythmusstörungen, Hörsturz, Migräne, Asthma, Rückenschmerzen, Hautkrankheiten wie Neurodermitis, Schlafstörungen, Gedächtnisprobleme sowie die Schwächung des Immunsystems. Gerät das Immunsystem durch Stress aus der Balance, wird der Körper anfälliger für Infektionen und Krankheiten, insbesondere für Entzündungskrankheiten. Auch einige Krebserkrankungen stehen im Verdacht, durch Stress begünstigt zu werden.

> *„Eine chronische Stressbelastung [...] setzt beim Menschen [...] physische Reaktionen in Gang, die den betreffenden Organismus [...] schwächen."*
> *(Schandry, 2011³, S. 320)*

---

[1] Genau genommen müsste man hier von einer „Krise" sprechen, doch in der Literatur wird überwiegend ein „länger anhaltender Stress" erwähnt.

Mögliche Krankheitsfolgen chronischer Stressreaktionen	
chronischer Stress und Krankheit	langfristige Auswirkungen
Gehirn	Einschränkung der kognitiven Leistungsfähigkeit und der Gedächtnisfunktionen Hirninfarkt
Herz-Kreislauf	essenzielle Hypertonie Arteriosklerose (Arterienverkalkung bzw. -verhärtung) koronare Herzerkrankung Herzinfarkt
Muskulatur	Kopf-, Rückenschmerzen „Weichteilrheumatismus"
Verdauungsorgane	Störungen der Verdauung Magen-Darm-Geschwüre
Stoffwechsel	erhöhter Blutzuckerspiegel/Diabetes (umgangssprachlich „Zuckerkrankheit") erhöhter Cholesterinspiegel
Immunsystem	verminderte Immunkompetenz gegenüber pathologischen[1] Einflüssen von außen (Infektionserkrankungen, Aids) und innen (Tumorwachstum) übersteigerte Immunreaktionen gegenüber Einflüssen von außen (Allergien) und innen (Autoimmunkrankheiten)
Schmerz	verringerte Schmerztoleranz erhöhtes Schmerzerleben
Sexualität	Libidoverlust Zyklusstörungen Impotenz Störungen der Samenreifung, Infertilität (Unfruchtbarkeit)

Chronischer Stress kann auch zu Angst und Depressionen führen. Man spricht in diesem Zusammenhang oft von **Burnout**[2], ein Modebegriff, der im medizinischen Sinn keine Diagnose darstellt, sondern ein anderes Wort für Depression ist. Der Begriff „Burnout" hat sich vor allem deshalb durchgesetzt, weil er im Gegensatz zum Depressivsein nicht stigmatisiert, sondern eher den positiven Nimbus einer Krankheit hat, von welcher insbesondere der engagierte und erfolgreiche Macher betroffen ist (vgl. *Heuser; in: Tenzer, 2011, S. 32*).

Wo man an diesem Begriff festhält, bezeichnet er einen chronischen Erschöpfungszustand, welcher durch berufliche Belastung ausgelöst wird. Ursachen hierfür können im Individuum selbst liegen, wie etwa überhöhte Erwartungen, Perfektionismus, zu hoher Ehrgeiz oder ein Helfersyndrom, oder in der sozialen Struktur eines Unternehmens wie etwa mangelnde Anerkennung, zu viel Kontrolle durch Vorgesetzte, zu wenig Eigenverantwortung, wenig Gestaltungsspielraum, mangelnde Transparenz, zu wenig Ressourcen, Entscheidungen, die als ungerecht und unfair empfunden werden, ständige Umstrukturierungen, Arbeitsverdichtung, ständige Erreichbarkeit und dergleichen.

---

[1] pathos (griech.): der Schmerz, das Leiden; pathologisch: krankhaft
[2] to burn out (engl.): ausbrennen

> *„Menschen brennen nicht aus, weil eine Tätigkeit zu anstrengend oder eine Verantwortung zu groß ist. Sie brennen aus, wenn sie keinen persönlichen Einfluss auf ihr Tun nehmen können. [...] Schließlich wehrt sich der Organismus gegen Überreglementierung [...]"*
> *(Nuber, 2016, S. 3)*

Hans Selye[1] (1988[2], S. 18–23) unterscheidet zwischen **Eustress und Disstress**. Mit Eustress werden Stressoren bezeichnet, die zwar belastend wirken, aber bei der betreffenden Person zu einer Anpassungsreaktion führen. Man spricht in diesem Zusammenhang auch von **positivem Stress**. Disstress beschreibt alle Stressoren, die für die betroffene Person immer belastend, unangenehm und bedrohlich wirken und das auch bleiben, weil eine Anpassungsreaktion nicht erfolgt. Heute wird die Unterscheidung zwischen Eustress und Disstress nicht mehr aufrechterhalten, da Stress in der jüngeren Forschung immer als Bedrohung gesehen wird.

5.5.5 Der Prozess der allgemeinen Anpassung

Um die Entstehung von durch Stress verursachte Krankheiten nachzuvollziehen, eignet sich das **Allgemeine Adaptationssyndrom**[2] (**AAS**), das von *Hans Selye* (*1988*[2]) beschrieben wurde. Er versteht unter Stress die unspezifische Reaktion des Organismus auf Anforderungen, welche über das Nerven- und Hormonsystem erfolgen. Der Vorgang des Adaptationssyndroms besteht aus drei Phasen:

- **Alarmreaktion**, in der das vegetative Nervensystem in Verbindung mit einer erhöhten Ausschüttung von Adrenalin und Noradrenalin aktiviert wird und dadurch Herz- und Pulsschlag, Muskeldurchblutung, Blutgerinnung und -druck sowie Blutzucker erhöht werden

- **Widerstand**, in welchem sich der Organismus den veränderten Bedingungen anpasst und die Widerstandskraft erhöht wird

- **Erschöpfung**, in welcher der Organismus bei Dauerstress bzw. -belastung an seine Grenzen stößt und sich die in der Alarmreaktion aufgebauten Symptome festigen und zu organischen Störungen bzw. gesundheitlichen Beeinträchtigungen führen

Student Max steht kurz davor, seine letzte mündliche Prüfung abzulegen. Er muss um 10:00 Uhr am Lehrstuhl sein, um sich für die Prüfung einzuschreiben. Als er am S-Bahnhof auf seinen Zug wartet, kommt die Durchsage, dass der Zug wegen einer Betriebsstörung ausfällt. Max hat nun plötzlich ein ziemlich großes Problem: Ohne den Zug schafft er es nicht pünktlich an die Uni. Sein vegetatives Nervensystem wird nun die typischen Stressmuster in Gang setzten: Adrenalinausschüttung, höherer Pulsschlag, Schweißausbruch usw., es kommt zur Alarmreaktion.
Max beginnt nun zu überlegen, wie er es doch noch pünktlich schaffen könnte. Er überprüft die Busfahrpläne, überlegt, ob er ein Taxi nehmen soll oder wenigstens anrufen und seine Verspätung ankündigen soll. Hier beginnt nun die Phase des Widerstandes: Der Organismus passt sich an die veränderten Bedingungen an und erhöht letztlich die Widerstandskraft gegen die Stresssymptome. Würde Max nun ständig solche Situationen erleben, also z.B. dauernd unter hohem Zeitdruck arbeiten oder ständig sehr enge Termine haben, so könnte sein Körper diese Dauerbelastung nicht mehr erfolgreich verarbeiten. Erkrankungen des Magen-Darm-Traktes oder des Herz-Kreislauf-Systems wären die Folge. Der Körper befindet sich dann in der Phase der Erschöpfung.

---

[1] Hans Selye (1907–1982) war ein österreich-kanadischer Mediziner ungarischer Abstammung und gilt als der „Vater der Stressforschung". 1934 wanderte er nach Kanada aus.
[2] adaptare (lat.): anpassen

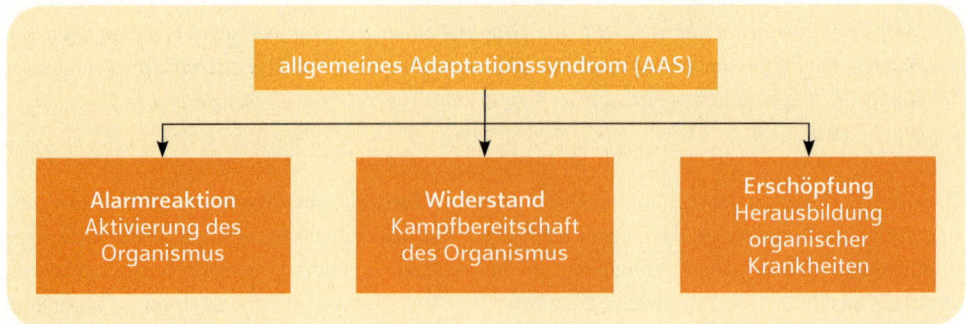

→ **Materialien 4:**
Das Stressmodell von
Richard S. Lazarus

5.5.6 Die Bewältigung von Stress

Jedes Individuum wird versuchen, mit schwierigen und stressreichen Situationen fertig zu werden. Solche Versuche bezeichnet die Psychologie als Bewältigung oder **Coping**[1].

> Coping ist jeder Versuch, belastende und stressreiche Situationen anzugehen und zu bewältigen.

Bei der Bewältigung von belastenden Ereignissen spielen Kräfte, die einer Person in einer bestimmten Situation zur Verfügung stehen, eine große Rolle. Solche Bewältigungskräfte werden **Ressourcen**[2] genannt.

> Ressource ist eine allgemeine Bezeichnung für Kräfte eines Individuums, die zur Bewältigung einer bestimmten Situation zur Verfügung stehen.

Dabei unterscheidet man zwischen *personalen und sozialen Ressourcen*. Personale Ressourcen sind Bewältigungskräfte, die bei einer Person selbst liegen, soziale sind in ihrem Umfeld zu suchen.

 Bei Persönlichkeitsmerkmalen wie Beständigkeit, Robustheit und Zähigkeit handelt es sich um personale Ressourcen, das Eingebundensein in gute soziale Beziehungen wie Ehe, Familie, Partnerschaft oder Freundschaft stellt eine soziale Ressource dar.

 Es ist jedoch entscheidend, ob und inwieweit der Mensch selbst davon **überzeugt** ist, dass er über solche Kräfte verfügt. Aus diesem Grund werden in der Fachliteratur mit Ressourcen gelegentlich Kräfte eines Individuums bezeichnet, über die es zur Bewältigung einer bestimmten Situation zu verfügen glaubt.

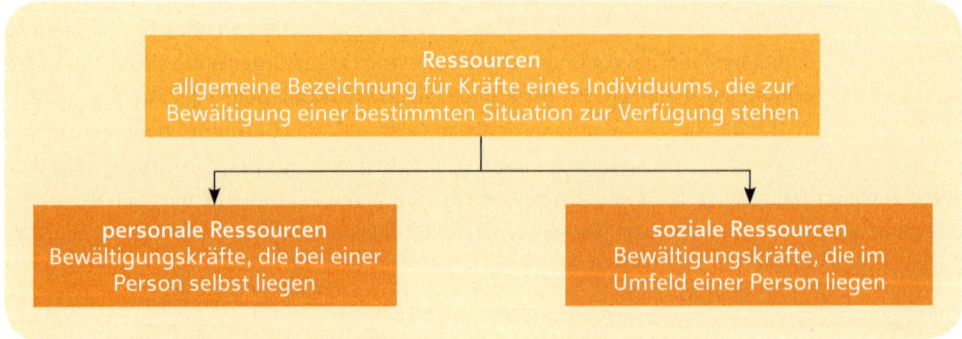

---

[1] to cope (engl.): fertig werden mit, zurechtkommen mit
[2] resurgere (lat.): auf(er)stehen, emporkommen

Neben personalen und sozialen Ressourcen gibt es auch **ökonomische Ressourcen** wie z. B. Hilfsmittel, Hilfsquellen, Reserven oder Geldmittel, auf die man jederzeit zurückgreifen kann.

In Anlehnung an *Richard S. Lazarus* liegt der Schwerpunkt in der Betonung der **kognitiven Prozesse** im Menschen, ob eine bestimmte Situation oder Anforderung als bedrohlich, schädlich oder auch als herausfordernd eingeschätzt wird[1]. Dabei liegen dem Coping-Prozess zwei Einschätzungsprozesse zugrunde:

1. die Bewertung der Stresssituation als solche, die der Mensch als gefahrlos und ungefährlich oder als bedrohlich, schädlich oder zumindest als herausfordernd einstuft

2. die Überprüfung der eigenen zur Verfügung stehenden Möglichkeiten der Bewältigung.

Im ersten Fall handelt es sich um eine **Ereigniseinschätzung**, im zweiten um eine **Ressourceneinschätzung**.

Ein Schüler hat in der schriftlichen Abschlussprüfung in Mathematik nicht die Note erreicht, die er gebraucht hätte, um im Zeugnis ein Ausreichend zu erhalten. Er muss sich deshalb im Fach Mathematik einer mündlichen Prüfung unterziehen. Der Schüler versucht nun in einer ersten Überprüfungsphase (= Ereigniseinschätzung) herauszufinden, ob „Gefahren" von der neuen Situation ausgehen – er würde ein Mangelhaft im Zeugnis erhalten und müsste ein ganzes Schuljahr wiederholen. In einer zweiten Überprüfungsphase (= Ressourceneinschätzung) überlegt er, welche Bewältigungsmöglichkeiten ihm zur Verfügung stehen – er schließt sich etwa einer Lerngruppe an und nimmt Nachhilfestunden bei einem Klassenkameraden oder er übt jeden Tag mindestens eine Stunde Mathematikaufgaben.

Beide Einschätzungsprozesse – Ereignis- und Ressourceneinschätzung – lassen sich in der Praxis jedoch nicht voneinander trennen.

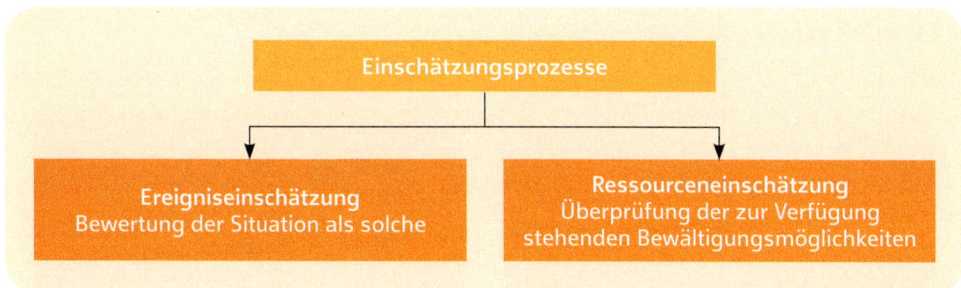

Nahezu alle Bewältigungsversuche haben i. d. R. bestimmte Wirkungen und verändern sowohl die Person als auch die sie umgebende Umwelt.

Aufgrund seiner Bewältigungsversuche (Anschließen einer Lerngruppe, Nachhilfe nehmen, Üben von Mathematikaufgaben) gewinnt unser Schüler neue Zuversicht, die Auswirkung auf sein gesamtes Verhalten hat. Er erlebt die gesamte Situation nicht mehr so stark als Bedrohung und die ganze Atmosphäre vor der mündlichen Prüfung wird entspannter, was positive Auswirkungen auf sein persönliches Umfeld hat.

Grundsätzlich lassen sich zwei verschiedene Bewältigungsprozesse unterscheiden, das **aktive** und das **internale**[2] **Coping**. Beim aktiven Coping geht es um den Versuch, die Situation

---

[1] siehe Materialien 4 dieses Kapitels
[2] internal (lat.): innerlich

so zu verändern, dass sie wieder den eigenen Vorstellungen entspricht. Beim internalen Coping wird die Denkweise über die Situation verändert (vgl. *Grob/Jaschinski, 2003, S. 129*).

Unser Schüler kann – wie zuvor ausgeführt – die Situation ändern, indem er sich etwa einer Lerngruppe anschließt und Nachhilfestunden bei einem Klassenkameraden nimmt oder jeden Tag mindestens eine Stunde Mathematikaufgaben übt. Er kann aber auch seine Meinung dahin gehend ändern, dass er sowieso nicht studieren will und deshalb die Schule abbrechen möchte.

Bewältigungsversuche können in zwei unterschiedliche Richtungen verlaufen:

- **Problemorientiertes Coping**: Damit sind alle Aktivitäten gemeint, die darauf abzielen, die *Situation zu verändern*.

Ein Schüler, der erfahren hat, dass er in Mathematik in die mündliche Prüfung muss, beginnt damit, den Stoff zu lernen oder bei einem Mitschüler Nachhilfestunden zu nehmen. Durch diese Aktivitäten ändert sich seine Situation und er kann die Prüfung dadurch bewältigen.

- **Emotionsorientiertes Coping**: Damit sind alle Aktivitäten gemeint, die die *Befindlichkeit der Person verbessern*. Hierher gehören Bewältigungsmöglichkeiten, wie z. B. Selbstinstruktion oder gezielte Entspannung[1].

Der Schüler, der erfahren hat, dass er in Mathematik in die mündliche Prüfung muss, macht Entspannungsübungen, damit er nicht so aufgeregt ist.

„Ob problemorientiertes oder emotionsregulierendes[3] Coping angemessen ist, hängt im Wesentlichen davon ab, wie kontrollierbar die Stresssituation eingeschätzt wird. So scheinen in gut kontrollierbaren Situationen problemlösende Strategien, in wenig kontrollierbaren Situationen dagegen emotionsregulierende Strategien effektiver zu sein.“
(Wustmann, 2011[3], S. 78)

Wie ein Mensch eine konkrete Stresssituation bewältigt, hängt von vielen individuellen Merkmalen und der jeweiligen Situation ab.

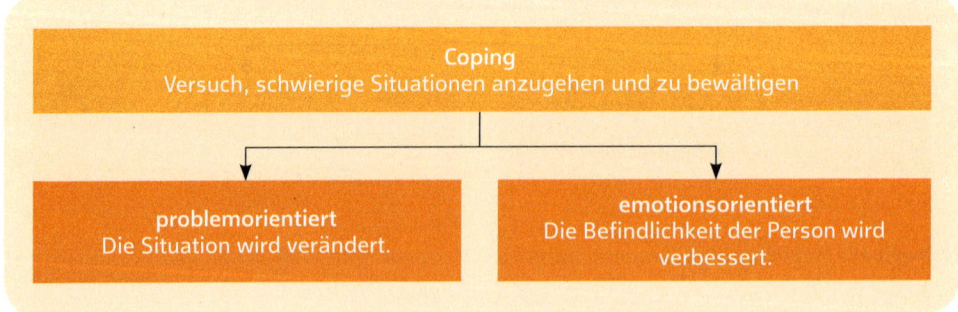

---

[1] siehe Abschnitt 5.2.5
[2] Damit ist das emotionsorientierte Coping gemeint.

Zusammenfassung

- Der Begriff „Emotion" lässt sich durch drei Merkmale umschreiben: Emotionen (Gefühle) sind subjektive Erlebensweisen, die sich in körperlichen Vorgängen äußern, seelische Befindlichkeiten umfassen und das Verhalten des Menschen beeinflussen. Emotionen erfüllen wichtige Funktionen: eine Regulations-, eine Selektions-, eine Motivations-, eine Ausdrucks- und eine Wertungsfunktion sowie eine soziale Funktion.

- Emotionen lassen sich im Gehirn im Bereich des limbischen Systems lokalisieren. Es stellt die Verbindung zwischen dem Stammhirn und dem Großhirn dar. Dieses System ist zuständig für die Entstehung und Regulation unserer Emotionen und Motivation. Es beeinflusst neben dem Zentralnervensystem auch das vegetative Nervensystem und das Hormonsystem, das körperliche Veränderungen auslösen kann.

- Über die Entstehung von Emotionen gibt es verschiedene Modelle. Eine Auffassung geht davon aus, dass Emotionen das Ergebnis von Lernprozessen sind, eine andere, dass sie angeboren sind. Das Gefühl als solches wird nicht erlernt, sondern die Art und Weise, es zu äußern, sowie der Zeitpunkt, es zu zeigen.

- Ein Beispiel für Emotion ist die Angst, die als eine beklemmende, bedrückende und unangenehme Erlebensweise bezeichnet werden kann. Sie ist mit physiologischen und psychischen Vorgängen verbunden, stellt für das Individuum eine Bedrohung dar und beeinflusst das Verhalten. Ängstlichkeit bezeichnet die von Person zu Person unterschiedliche Tendenz, Situationen als bedrohlich wahrzunehmen und daraufhin mit Angst zu reagieren. Die Entstehung der Angst kann mithilfe von evolutionsbiologischen Ansätzen, neurobiologischen Erkenntnissen, tiefenpsychologischen Theorien, Lerntheorien sowie von kognitiven, humanistischen oder systemischen Theorien erklärt werden. Angst hat für den Menschen positive, lebenserhaltende Funktionen, sie kann aber auch negative Auswirkungen haben. Die Bewältigung von Angst gelingt nicht durch die Einnahme von Medikamenten oder Drogen. Sinnvoller ist es, die Angst wahrhaben zu wollen, über sie zu sprechen, sich bewusst zu machen, wovor man Angst hat, und eventuell die Konfrontation mit Angst auslösenden Situationen herbeizuführen. Unterstützend wirken gezielte Entspannung und die sogenannte Selbstinstruktion.

- Als Motiv wird ein von außen nicht erkennbarer Beweggrund bezeichnet, der menschliches Verhalten aktiviert und auf ein bestimmtes Ziel hinsteuert. Der Begriff „Motivation" ist durch folgende Merkmale gekennzeichnet: Aktivierung, Richtung, Intensität und Ausdauer. Motivation ist ein gedankliches Konstrukt für Prozesse, die Verhalten aktivieren sowie dieses hinsichtlich seiner Richtung, Intensität und Ausdauer steuern. Je nach Sichtweise gibt es verschiedene Ansätze und Modelle zur Entstehung von Motivation. Dabei zeigt sich eine kontinuierliche Entwicklung von den rein biologischen Modellen hin zu sogenannten psychologischen Theorien. Im Einzelnen lassen sich vier Gruppen von Motivationstheorien unterscheiden: homöostatische Theorien (Bedürfnistheorien), Anreiztheorien, kognitive Theorien, humanistische und systemische Theorien.

- Ein Beispiel für Motivation ist die Aggression. Darunter versteht man alle Verhaltens-weisen, die eine direkte oder indirekte Schädigung von Organismen und/oder Gegen-ständen beabsichtigen. Die bekanntesten Aggressionstheorien sind die Trieb- und In-stinktmodelle, die Frustrations-Aggressions-Theorie, die Lerntheorien sowie die humanistischen und systemischen Theorien. Dem Early-Starter-Modell liegt die An-nahme zugrunde, dass die meisten delinquenten und antisozialen Menschen ihre „Karriere" aufgrund früher negativer Erfahrungen in der Familie beginnen.

- Eine emotionale Belastung ist jede Beeinträchtigung der Befindlichkeit und Stimmung einer Person, die bei dieser einen Leidensdruck erzeugt und durch die die Erlebnis-, Verarbeitungs- und Handlungsmöglichkeiten der Person eingeschränkt werden. Emo-tionale Belastungen können unterschiedlich lange dauern. Momentane und zeitlich begrenzte Belastungen werden als Stress bezeichnet; länger andauernde emotionale Belastungen, die überwindbar sind, nennt man Krise, und emotionale Belastungen von längerer Dauer werden psychische Störung genannt. Eine Krise liegt vor, wenn ein Mensch längere Zeit keine Lösung eines bestehenden Missverhältnisses zwischen den Anforderungen der Umwelt und der Möglichkeit zur Bewältigung erreicht sowie die Folgen dieses Missverhältnisses längere Zeit als beängstigend erlebt.

- Stress ist ein zeitlich begrenzter, gefühlsmäßig belastender Zustand, der durch eine Situation bzw. eine Anforderung ausgelöst wird, von der die Person glaubt, sie nur schlecht oder gar nicht bewältigen zu können, und deren nicht bewältigte Folgen als bedrohlich empfunden werden. Umweltreize, die von einer Person als belastend emp-funden und bewertet werden, bezeichnet man als Stressoren. Man unterscheidet phy-sische, psychische und soziale Stressoren. Stress ist eine ganz natürliche, organische Anpassungsreaktion, die sich im Laufe der Stammesgeschichte sinnvollerweise entwi-ckelt hat und die zum Überleben notwendig ist. Allerdings hat Stress nur dann eine positive, verhaltensaktivierende und -steuernde Funktion, wenn er kurzfristig andau-ert. Alle längerfristigen Belastungen können zu gesundheitlichen Schäden führen.

- Um die Entstehung von durch Stress verursachten Krankheiten nachzuvollziehen, eig-net sich das allgemeine Adaptationssyndrom (AAS) von *Hans Selye*. *Selye* versteht unter Stress eine unspezifische Reaktion des Organismus auf unterschiedliche Anfor-derungen. Diese Reaktion erfolgt über das Nerven- und Hormonsystem. Der Vorgang des Adaptationssyndroms besteht aus drei Phasen, der Alarmreaktion, dem Widerstand und der Erschöpfung. Bewältigungsversuche von Stress können in zwei unterschiedliche Richtungen verlaufen: problemorientiertes Coping – damit sind alle Aktivitäten gemeint, die darauf abzielen, die Situation zu verändern – und emotionso-rientiertes Coping, damit sind alle Aktivitäten gemeint, die die Befindlichkeit der Person verbessern.

Aufgaben und Anregungen Kapitel 5

Aufgaben

1. Beschreiben Sie anhand eines bestimmten Gefühls (z. B. Liebe, Trauer, Zorn) die Merkmale von Emotion.
   (Abschnitt 5.1.1)

2. Stellen Sie die biologischen Grundlagen von Emotionen dar.
   (Abschnitt 5.1.2)

3. Erläutern Sie am Beispiel der Furcht oder des Leides Funktionen von Gefühlen.
   (Abschnitt 5.1.3)

4. Beschreiben Sie grundlegende Emotionen und nehmen Sie zu der Annahme Stellung, dass diese kulturübergreifend bei allen Menschen in gleicher Weise erkannt und auch ausgedrückt werden.
   (Abschnitt 5.1.4)

5. Legen Sie am Beispiel einer Emotion (z. B. Zorn, Freude, Ekel) die Entstehung von Emotionen dar.
   (Abschnitt 5.1.5)

6. a) Bestimmen Sie den Begriff „Angst" und zeigen Sie auf, dass es sich bei Angst um eine Emotion handelt.
   (Abschnitt 5.2.1 und 5.1.1)
   b) Erläutern Sie an einer Angstsituation (z. B. Angst im Straßenverkehr oder vor einer Prüfung) Funktionen der Angst.
   (Abschnitt 5.2.3)

7. Geben Sie einen Überblick über die Entstehung von Angst.
   (Abschnitt 5.2.2)

8. Beschreiben Sie mögliche Folgen unangemessener Ängste.
   (Abschnitt 5.2.4)

9. Schreiben Sie einen Brief an Ihren Freund bzw. Ihre Freundin, wie er bzw. sie seine bzw. ihre Ängste möglicherweise bewältigen könnte.
   (Abschnitt 5.2.5)

10. Erläutern Sie anhand eines geeigneten Beispiels Merkmale von Motivation.
    (Abschnitt 5.3.1)

11. Beschreiben Sie am Beispiel des schulischen Lernens Arten von Motivation.
    (Abschnitt 5.3.2)

12. Beschreiben Sie die Entstehung von Motivation auf der Grundlage Ihnen bekannter Theorien.
    (Abschnitt 5.3.3)

13. Stellen Sie an einem Beispiel den Zusammenhang zwischen Emotion und Motivation dar.
    (Abschnitt 5.3.4)

14. a) Bestimmen Sie den Begriff „Aggression".
    (Abschnitt 5.4.1)
    b) Stellen Sie mögliche Theorieansätze dar, die deren Entstehung erklären.
    c) Unterziehen Sie diese Theorieansätze einer kritischen Würdigung.
    (Abschnitt 5.4.2)

Aufgaben und Anregungen Kapitel 5

Aufgaben

15. Bestimmen Sie den Begriff „emotionale Belastung" und zeigen Sie mithilfe von Beispielen verschiedene Formen einer emotionalen Belastung auf.
    (Abschnitt 5.5.1)

16. Erläutern Sie am Beispiel einer Stresssituation (z. B. Fahrprüfung) den Begriff „Stress".
    (Abschnitt 5.5.2)

17. Beschreiben Sie eine Stresssituation (z. B. Prüfungssituation) und stellen Sie an dieser Situation Stress auslösende Faktoren dar.
    (Abschnitt 5.5.3)

18. Stellen Sie anhand einer Stresssituation in der Schule die körperliche Verarbeitung von Stress dar.
    (Abschnitt 5.5.4)

19. Erläutern Sie mögliche Folgen bei längerfristigen Belastungen des Körpers, wie dies bei anhaltendem Stress der Fall sein kann.
    (Abschnitt 5.5.4)

20. Zeigen Sie anhand einer Situation aus Ihrem Lebensbereich den Prozess der allgemeinen Anpassung auf.
    (Abschnitt 5.5.5)

21. Bestimmen Sie den Begriff „Ressource" und zeigen Sie anhand einer Belastungssituation deren Bewältigung mithilfe personaler und sozialer Ressourcen auf.
    (Abschnitt 5.5.6)

22. Bestimmen Sie den Begriff „Coping" und stellen Sie an einem Beispiel die beiden Einschätzungsprozesse dar, die dem Coping zugrunde liegen.
    (Abschnitt 5.5.6)

23. Erläutern Sie anhand einer Situation aus Ihrem Leben das aktive und das internale Coping.
    (Abschnitt 5.5.6)

24. Beschreiben Sie anhand einer belastenden Lebenssituation das problemorientierte und das emotionsorientierte Coping.
    (Abschnitt 5.5.6)

25. *Die „Handelstheke"*
    - Finden Sie sich zu Fünfergruppen zusammen und entwerfen Sie auf je einem roten Zettel fünf Aufgaben zu dem Thema „Emotionen und Motivation".
    - Auf je einen grünen Zettel schreiben Sie die Antworten zu diesen Aufgaben.
    - Diese Aufgaben werden auf einer „Theke" (Tisch, Bank usw.), die Antworten auf einer anderen „Theke" ausgelegt.
    - Jeder Schüler wählt eine Aufgabe aus, die nicht in seiner Gruppe entworfen wurde, und bearbeitet diese. Anschließend überprüft er seine Bearbeitung mit der Antwort auf der zweiten „Theke".
    - Nach erfolgreicher Überprüfung wählt er eine weitere Aufgabe usw.

Anregungen

26. Versuchen Sie in einem pantomimischen Rollenspiel verschiedene Gefühle wie zum Beispiel Angst, Freude, Trauer, Glück und Ähnliches darzustellen.

27. *Ein Standbild bauen*
    - Bilden Sie in der Klasse Fünfergruppen.
    - Jede Gruppe wählt eine oder zwei Personen aus, die bereit sind, als Standbild zu fungieren.
    - Die Gruppe baut ein Gefühl (zum Beispiel Angst, Aggression) Schritt für Schritt auf, indem sie die Haltung sowie Mimik und Gestik des Ausgewählten solange formt, bis die gewählte Erlebensweise den Vorstellungen der Gruppe entspricht.
    - Das Standbild wird zunächst von den anderen Gruppen und dann von der eigenen Gruppe beschrieben und interpretiert.
    - Das Standbild kann auf Wunsch der Gruppe jetzt nochmals verändert werden.

28. *Die Blickpunktveränderung*
    - „Nehmen Sie sich ein großes Blatt Papier und Malstifte zur Hand (am besten Wachsmalkreiden).
    - Malen Sie mit Ihrer nicht aktiven Hand ganz spontan ein Bild ‚Meine Angst'.
    - Nehmen Sie dann ein zweites Blatt und geben Sie Ihrer aktiven Hand das Thema ‚Meine innere Stärke'.
    - Vergleichen Sie beide Bilder und notieren Sie Ihre Erfahrungen und Einfälle auf einem Zettel.
    - Sprechen Sie anschließend in der Gruppe über Ihre Notizen."

    (Kaestele, 2012, S. 149)

29. *„Die Geschichte der Menschheit", so Peter Fischer u. a. (2014, S. 61), „ist durchzogen von Aggression, Krieg und Mord. Es stellt sich deshalb die Frage, ob Aggression grundsätzlich zur menschlichen Existenz gehört oder ob ein aggressionsfreies Zusammenleben der Menschen langfristig doch möglich ist."*
    - Stellen Sie in der Klasse je sieben Stühle gegeneinander gerichtet auf. Sechs Mitschüler, die dafür argumentieren, dass Aggression grundsätzlich zur menschlichen Existenz gehören, setzen sich in die eine Reihe, weitere sechs Mitschüler, die davon überzeugt sind, dass ein aggressionsfreies Zusammenleben möglich sei, nehmen auf den Stühlen gegenüber Platz. In jeder Reihe bleibt ein Stuhl leer.
    - Die zwölf Mitschüler diskutieren die kontroversen Thesen aus ihrer jeweiligen Sichtweise.
    - Wer aus der Klasse einen Diskussionsbeitrag leisten möchte, setzt sich auf den leeren Stuhl. Er nimmt auf derjenigen Seite Platz, die er mit seinem Beitrag unterstützen will. Nach dem Beitrag verlässt der Schüler den Stuhl wieder.

30. *Eine Jugendgruppe veranstaltete vor kurzer Zeit eine Podiumsdiskussion mit dem Thema „Frieden ist möglich!"*
    - Spielen Sie diese Diskussion mit verteilten Rollen!
      Personen: Eine Schülerin und ein Schüler als Moderatoren
            Eine Schülerin und ein Schüler als Frau Dr. Friedsam und Herr Prof. Dr. Ruhsam; beide sind davon überzeugt, dass Frieden möglich sei.
            Eine Schülerin als Herr Dr. Kriegor und ein Schüler als Diplom-Politologe Herr Unruh.
      Die Klasse spielt das Publikum; die einzelnen Teilnehmer melden sich bei der (anschließenden) Diskussion eifrig zu Wort.
    - Am Ende fassen die beiden Moderatoren das Ergebnis der gesamten Diskussion zusammen.

Aufgaben und Anregungen Kapitel 5

Anregungen

31. *Der Leiter des Instituts für Klinische Psychologie und Psychotherapie der Universität Dresden, Professor Dr. Hans-Ulrich Wittchen meint: „Was wir hier in Europa an Stress erfahren, ist Pipifax, [...] Bei dem Stress, dem wir in unseren Ländern ausgesetzt sind, geht es um etwas anderes: Erfolg haben, bestehen, [...]"* (Saum-Aldehoff, 2013, S. 71).
    Diskutieren Sie in der Klasse die Meinung von *Hans-Ulrich Wittchen*.

32. *Meine Ressourcen*
    a) Zeichnen Sie Ihre Ressourcen, die Ihnen bei einer möglichen Belastungssituation helfen könnten.
    b) Die Zeichnungen werden im Klassenzimmer aufgehängt. Die Klasse schaut sich diese Zeichnungen an.
    c) Ein Gespräch über diese Zeichnungen sowie die Eindrücke darüber kann sich anschließen.

33. *„Stopp-Übung"*
    - Denken Sie an eine unangenehme Situation, an eine Situation, die Sie belastet oder Ihnen Angst macht.
    - Atmen Sie nun zwei- bis fünfmal tief durch. Halten Sie dann für einen Moment Ihren Atem an und rufen Sie energisch „Stopp". „Frieren" Sie dabei Ihre Bewegungen ein und schauen Sie mit angehaltenem Atem auf einen Gegenstand.
    - Atmen Sie dann wieder weiter. Wenn nötig, wiederholen Sie diese Schritte.
    - Spüren Sie nun, wie sich Ihre Gedanken und Ihr emotionales Befinden geändert haben.

34. *Die Beruhigung des Horrorkabinetts*
    - Legen Sie auf einem Blatt Papier drei Spalten an und beschriften Sie diese mit:
      1. Das Allerschlimmste
      2. Erleichterungsaussagen
      3. Das Allerbeste
    - Schreiben Sie zu Punkt 1 einige Ihrer häufigsten Befürchtungen und Ängste. Was wäre das Allerschlimmste, das Ihnen passieren könnte, falls Ihre Katastrophenfantasien wirklich Realität würden?
    - Tragen Sie nun in die dritte Spalte das positive Gegenbild zu Ihren Befürchtungen ein. Was wäre das Allerbeste?
    - Füllen Sie nun die mittlere Spalte mit ganz konkreten Ideen, die Sie zur Beruhigung Ihrer Spalte 1 „Sorgen" und zur Hinführung zu Ihrer Spalte 3 „Ziele" einsetzen könnten.

Das Allerschlimmste	Erleichterungsaussagen	Das Allerbeste
Ich werde bei der Prüfung durchfallen.	*Ich kann*: – die Prüfung nochmal wiederholen; – mich von der Prüfung zurückstellen lassen und mich besser vorbereiten; – vor der Prüfung Atemtechniken zur Beruhigung einsetzen; – das Risiko durchzufallen bejahen.	Ich bestehe die Prüfung ganz bestimmt.
Die S-Bahn bleibt im Tunnel stecken und ich verliere die Kontrolle.	Wenn es geschieht, *kann ich*: – mich mit dem Nebenmann unterhalten; – eine Zeitschrift durchblättern und mich ablenken; – mir sagen, sie fährt in ein paar Minuten wieder weiter.	Die S-Bahn fährt zügig, ich denke überhaupt nicht, dass etwas passieren könnte.

(Kaestele, 2012, S. 82 f.)

6 Grundlagen der Entwicklungspsychologie

Folgende Fragen werden in diesem Kapitel geklärt:

1. Was versteht man unter Entwicklung?
   Womit beschäftigt sich die Entwicklungspsychologie?
   Mit welchen Methoden arbeitet sie?

2. Welche Ursachen lösen Entwicklung aus?
   Was hält Entwicklung in Gang?
   Wie lassen sich Entwicklungsveränderungen erklären?
   Was sind die grundlegenden Aussagen von
   Entwicklungstheorien?

3. Welche Entwicklungsprozesse finden statt?
   Welche Zeiträume in der Entwicklung gibt es, in denen sich
   bestimmte Entwicklungen vollziehen?
   Welche Gesetzmäßigkeiten lassen sich beim Verlauf der
   Entwicklung beobachten?

6.1 Der Gegenstand der Entwicklungspsychologie

Die wissenschaftliche Entwicklungspsychologie nahm ihren Ursprung in erster Linie mit der von *Charles R. Darwin (1809–1882)* begründeten Evolutionstheorie, die auch das Interesse an der psychischen Entwicklung eines Menschen anregte. Heute bietet die Entwicklungspsychologie entsprechend der verschiedenen Richtungen und Schulen der Psychologie[1] ein sehr vielfältiges Erscheinungsbild.

6.1.1 Der Begriff „Entwicklung"

Entwicklung wird in der Psychologie sehr unterschiedlich bestimmt. Übereinstimmung in allen Definitionen besteht jedoch darüber, dass Entwicklung **Veränderungen eines Organismus im Laufe des Lebens** bedeutet.

„Die Zeit hat ihn geprägt" oder „Mit der Zeit ist er so geworden" stellen wir oft lapidar fest, wenn wir bei einem Menschen eine bestimmte Veränderung beobachten können.

Ein Mann, der Herrn K. lange nicht gesehen hatte, begrüßte ihn mit den Worten: „Sie haben sich gar nicht verändert!" „Oh!", sagte Herr K. und erbleichte.
(Brecht, 2014, S. 64)

Diese Veränderungen treten jedoch nicht unabhängig voneinander auf, sondern stehen untereinander in einem Zusammenhang.

Strampeln, Kriechen und Gehen hängen miteinander zusammen und bauen aufeinander auf.

Da sich die Psychologie, wie in *Kapitel 1.1.4* ausgeführt, mit dem Erleben und Verhalten eines Menschen beschäftigt, wird Entwicklung in der Entwicklungspsychologie auf das Erleben und Verhalten eingeschränkt. Entwicklung im psychologischen Sinne bedeutet demnach **untereinander zusammenhängende Veränderungen des Erlebens und Verhaltens im Laufe des Lebens**.

Charakteristisch für den Entwicklungsbegriff ist zudem, dass diese Veränderungen des Erlebens und Verhaltens immer auf ein **Ziel hin gerichtet** sind.

So dienen die Veränderungen im Laufe der Sprachentwicklung dem Ziel, sich mit anderen Menschen verständigen zu können; die Veränderungen im Bereich der Motorik zielen u. a. darauf ab, sich fortbewegen zu können und seine Umwelt zu erobern.

Die Entwicklungspsychologie spricht deshalb von einer **zielgerichteten Reihe von Veränderungen**.

Unter Entwicklung versteht man eine zielgerichtete Reihe von miteinander zusammenhängenden Veränderungen des Erlebens und Verhaltens im Laufe des Lebens.

Die **Entwicklungspsychologie** beschäftigt sich mit den *Veränderungen des Erlebens und Verhaltens im Laufe der Zeit und ihren Ursachen sowie mit Aufgaben, die das Individuum abhängig von seiner Entwicklung lösen muss.*[2]

---

[1] vgl. hierzu Kapitel 1.4
[2] Entwicklungsaufgaben sind in Kapitel 8 dargestellt.

Menschliche Entwicklung beginnt mit der Zeugung eines Lebewesens und endet mit dessen Tod. Entwicklungspsychologie erstreckt sich demnach nicht nur auf das Kindes- und Jugendalter, sondern auf das gesamte Leben eines Menschen. Der Entwicklungspsychologe *Paul B. Baltes (1979, S. 44)* führte in die Entwicklungspsychologie den Begriff der „**Lebensspanne**" ein – oft spricht man auch von *Lebenslauf*. Man versteht darunter die Abfolge von Lebensabschnitten und -übergängen im Laufe des Lebens, von der Befruchtung der Eizelle bis zum Tod[1]. Die „**Entwicklungspsychologie der Lebensspanne**" legt nahe, dass ent-

> **Lauf der Zeit**
> Ein Mensch geht freudig mit der Zeit,
> Doch kommt er bald in Schwierigkeit:
> Die Weltuhr rascher perpendikelt,
> Als er sich hin- und herentwickelt.
> Kaum kommt er also aus dem Takt,
> Hat ihn der Pendel schon gepackt.
> Ein Unmensch aber, der indessen
> Weltuhrenabseits still gesessen
> Auf unerschüttertem Gesäß,
> Spricht mild: „Es war nicht zeitgemäß!"
> *(Eugen Roth, 2015[7], S. 155)*

wicklungspsychologische Veränderungen im gesamten Leben und nicht nur in der Kindheit und Jugendzeit stattfinden.

Dasjenige Teilgebiet der Entwicklungspsychologie, das sich mit den Veränderungen des Erlebens und Verhaltens im Kindes- und Jugendalter beschäftigt, bezeichnen wir mit **Kindes- und Jugendpsychologie**[2]. Veränderungen des Erlebens und Verhaltens im Erwachsenenalter werden von der **Erwachsenenpsychologie**[3] untersucht und erforscht. Sehr an Bedeutung gewinnt in den letzten Jahren die **Alterspsychologie**, auch **Gerontopsychologie** genannt, die sich mit den Alterungsvorgängen des Menschen in Hinsicht auf biologische, medizinische, psychologische und soziale Aspekte befasst[4].

Die Entwicklungspsychologie verfolgt die gleichen Ziele wie die Psychologie[5] insgesamt, nämlich

- die **Beschreibung** des Entwicklungsverlaufs, der sich nach ganz bestimmten Gesetzmäßigkeiten vollzieht, und der Ursachen bzw. Bedingungen, die Entwicklung auslösen und in Gang halten,

- die **Erklärung** der beobachteten Zusammenhänge,

- das **Verstehen** von Entwicklungsveränderungen,

- die **Vorhersage** von Erleben und Verhalten sowie

- die **Veränderung** von Erleben und Verhalten.

---

[1] vgl. Kapitel 8.1.2
[2] vgl. Kapitel 8.2 bis 8.6
[3] vgl. Kapitel 8.7
[4] vgl. Kapitel 8.8
[5] siehe Kapitel 1.3

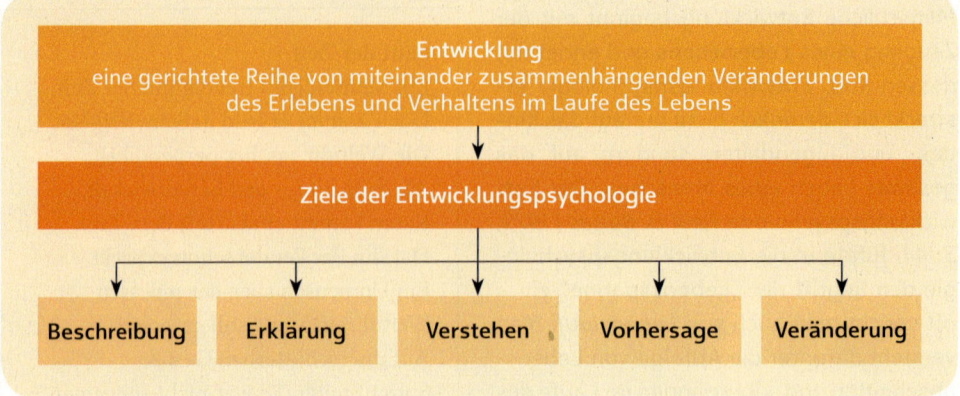

6.1.2 Methoden der Entwicklungspsychologie

Die Entwicklungspsychologie ergänzt die Methoden der wissenschaftlichen Psychologie, wie sie in *Kapitel 2.2 und 2.3* dargestellt sind, um einen wesentlichen Aspekt: Um den Verlauf des Entwicklungsgeschehens zu erfassen, bedient sich die Entwicklungspsychologie der **Längsschnitt- und der Querschnittmethode**.

Im Falle der **Längsschnittmethode** wird ein und dieselbe Stichprobe, z. B. Kinder einer Altersstufe, hinsichtlich ihrer Entwicklung über einen längeren Zeitraum hinweg immer wieder zu verschiedenen Zeitpunkten – bspw. jeden Monat – beobachtet. Bei der **Querschnittmethode** nimmt man insgesamt mehrere Stichproben, jedoch aus jeweils verschiedenen Altersstufen, bspw. eine von Vierjährigen, eine von Fünfjährigen, eine von Siebenjährigen usw. Diese werden zum gleichen Zeitpunkt auf ihren Entwicklungsstand hin untersucht.

Die Querschnittmethode lässt sich relativ leicht anwenden und führt schnell zu Ergebnissen. Es ist dabei aber nicht möglich, Aussagen über den Entwicklungsverlauf zu machen, wie dies bei Längsschnitten der Fall ist. Die Längsschnittmethode ermöglicht es, den Entwicklungsverlauf viel genauer zu erfassen als bei Querschnittuntersuchungen. Als Nachteil muss jedoch zum einen der extreme Zeitaufwand einer solchen Vorgehensweise gesehen werden – ihre Ergebnisse liegen erst nach vielen Jahren vor. Zum anderen lässt sich in den langen Untersuchungszeiträumen ein Ausscheiden von Personen aus der Stichprobe – etwa aufgrund von Krankheit, Wegzug in eine andere Stadt, Todesfällen usw. – nicht vermeiden.

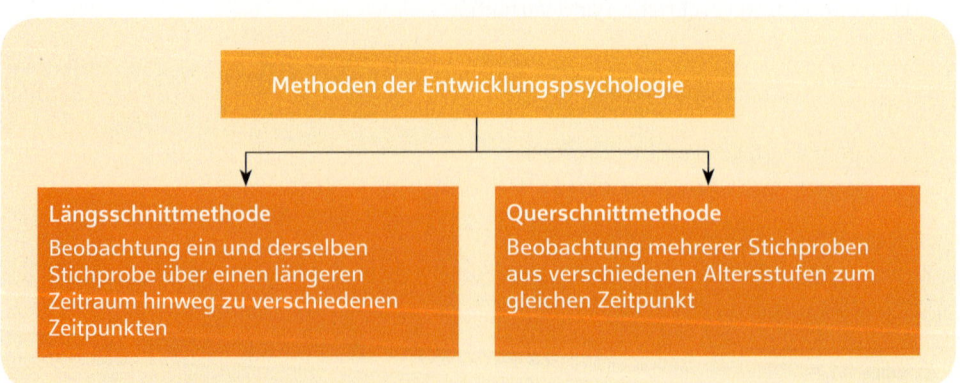

6.2 Die Bedingungen der Entwicklung

Eine wichtige Aufgabe der Entwicklungspsychologie besteht darin, jene Bedingungen zu erforschen, die **Veränderungen des Organismus auslösen und in Gang halten**. Diese Bedingungen lassen sich auf drei Faktoren zurückführen: auf die **genetischen Faktoren**, die **Umwelt** und die **Selbststeuerung** des Menschen.

6.2.1 Die genetischen Faktoren

Ausgangspunkt menschlicher Entwicklung ist das Zusammentreffen einer Samenzelle mit einer Eizelle. Mit der Verschmelzung dieser Zellkerne bei der Befruchtung ist durch die Kombination der Chromosomen die genetische Ausstattung eines Menschen festgelegt. **Gene**[1] sind bestimmte individuelle Vererbungseinheiten. Sie bilden die Chromosomen und werden an die nächste Generation weitergegeben. Die genetische Ausstattung eines Lebewesens, die bei der Befruchtung festgelegt wird, wird als **Anlage** bezeichnet.

> **Gene** sind bestimmte individuelle Vererbungseinheiten, die die Chromosomen bilden und an die nächste Generation weitergegeben werden.
> Mit **Anlage** wird die genetische Ausstattung eines Lebewesens bezeichnet, die bei der Befruchtung festgelegt wird.

Oft wird in diesem Zusammenhang missverständlich auch von **endogenen Faktoren** gesprochen, womit die aus den Anlagen entstandenen Kräfte gemeint sind, die Entwicklungsprozesse auslösen und in Gang halten. Endogen heißt wörtlich „von innen entstanden". Mit diesem Begriff sollte eigentlich vermieden werden, sich auf die Erblichkeit festzulegen; diese Bezeichnung will lediglich innere Ursachen für ein bestimmtes Erleben und Verhalten annehmen (vgl. Klein u. a., 1999[10], S. 61).

Genetische Faktoren stellen das in einem Menschen vorhandene *Entwicklungspotenzial*, Möglichkeiten zur Verwirklichung von Fähigkeiten, dar; sie werden als *Werdemöglichkeiten* verstanden, die sich durch entsprechende Umwelteinflüsse entfalten müssen. Eine Schädigung oder Störung des genetischen Materials macht Entwicklung unmöglich oder hemmt das Entwicklungsgeschehen schwer; die genetischen Faktoren stellen also das **Programm der Entwicklung** dar.

Es ist genau zu unterscheiden zwischen **(v)ererbt, angeboren und erworben**: Vererbt bedeutet, dass ein Individuum von seinen Eltern bestimmte Erbanlagen erhalten hat. Angeboren heißt wörtlich „bei der Geburt vorhanden". Damit sind alle vererbten und alle im vorgeburtlichen Leben erworbenen Eigenschaften gemeint, also auch Einflüsse, denen der Embryo bzw. Fötus von der Zeit der Empfängnis bis zur Geburt ausgesetzt ist. Mit erworben meint man „durch Umwelteinflüsse zustande gekommen".

Heute weiß man, dass Gene nichts Starres sind, sondern dass die Erfahrungen, die ein Mensch macht, Spuren im menschlichen Erbgut hinterlassen und es verändern. Gene können je nach Erfahrungen aktiviert werden oder auch nicht. Mit dieser Frage beschäftigt

---

[1] génos (griech.): das Erbgut

sich die **Epigenetik**[1], die sich mit der Weitergabe von Erbinformationen auf die Nachkommenschaft aufgrund einer Änderung der Genregulation – also nicht aufgrund von Abweichungen in der DNA-Sequenz, wie das bei der Vererbung üblich ist – beschäftigt.

> **Die Epigenetik beschäftigt sich mit der Weitergabe von Erbinformationen auf die Nachkommenschaft aufgrund einer Änderung der Genregulation.**

> **Die Gene beeinflussen nicht nur die Entwicklung,**
> **sie werden auch von Erfahrungen beeinflusst und verändert.**

Erfahrungen formen also unser Erbgut; dieses ist nicht ein für alle Mal gegeben, sondern ändert sich je nach Umwelteinflüssen und wird verändert auf die Nachkommenschaft weitergegeben.

Traumatische[2] Erlebnisse wie Vernachlässigung, Gewalt, Missbrauch oder dramatische Ereignisse hinterlassen Spuren im Erbgut, indem sie dieses manipulieren und ändern. Die Folgen solcher traumatischen Erlebnisse werden dann sogar an die Nachkommenschaft vererbt. (vgl. *Gehirn & Geist, 2013, S. 79*).

„Unsere Gene steuern uns, aber wir steuern auch unsere Gene."
(Friedmann, 2011, S. 60)

6.2.2 Die Umwelteinflüsse

In der Regel gibt die Umwelt den Ausschlag für die Entwicklung der Persönlichkeit.

> **Umwelt meint alle direkten und indirekten Einflüsse, denen ein Lebewesen von der Befruchtung der Eizelle (= Empfängnis) bis zu seinem Tode von außen her ausgesetzt ist.**

Oft ist es die Umwelt, die eine gesunde Entwicklung ermöglicht bzw. Entwicklungsstörungen hervorruft. Es handelt sich somit um Bedingungen, die unter anderem dafür verantwortlich sind, ob sich Erbanlagen eher „gut" oder „schlecht" entfalten können. Umwelteinflüsse stellen daher den **Schrittmacher der Entwicklung** dar.

Gelegentlich liest man in diesem Zusammenhang auch den Begriff „exogene Faktoren". Damit werden alle Einflüsse auf das Individuum bezeichnet, die „außerhalb des Individuums", also in der Umwelt liegen und Entwicklungsprozesse auslösen und in Gang halten.

Umwelteinflüsse sind in ihrer Wirkung auf die genetische Ausstattung eines Menschen angewiesen und legen zudem fest, was, wann, in welchem Umfang und auf welche Art und Weise gelernt wird.

Lebensgefühl

Ein Mensch weiß aus sich selbst nicht gleich,
Was heiß und kalt, was hart und weich.
Doch schon bei einiger Bejahrung
Hat er die nötige Erfahrung.
Er lernt dann oft mithilfe Dritter,
Dass Hoffnung süß, Enttäuschung bitter,
Dass Arbeit sauer, Alltag fade,
Kurz, des Geschmackes höhere Grade.
Doch wie schlechthin das Leben schmeckt,
Hat bis zum Tode er nicht entdeckt.
(Eugen Roth, 2015[7], S. 82)

---

[1] Epí (griech.): (dar)auf, darüber, über; genesis (griech.): die Zeugung, die Schöpfung
[2] Trauma (griech.): Verletzung, Wunde, seelischer Schock oder starke seelische Erschütterung

Dies kann vor allem am Beispiel der Sprachentwicklung deutlich gemacht werden: Umwelteinflüsse legen fest, welche Sprache erlernt wird, in welchem Alter das Kind etwa mit bestimmten Begriffen konfrontiert wird, ob es eine bestimmte Sprache sehr differenziert lernt oder wie es die Sprache lernt (bspw. durch Nachahmung oder Verstärkung).

> *„Eine Erkenntnis, die aus den Forschungsergebnissen der letzten Jahrzehnte resultiert, bringt eine weitere Verpflichtung für Lehrer und Erzieher: Das Kind entwickelt sich nicht nur, es wird vor allem entwickelt. Alle Bezugspersonen des Kindes [...] werden deshalb ‚Entwicklungshelfer' sein."*
> *(Kleber 1988², S. 16)*

6.2.3 Die Selbststeuerung des Menschen

Das Kind setzt sich von vornherein aktiv mit seiner Umwelt auseinander, es erforscht „von sich aus" die Umwelt. Als nicht nur reaktives, sondern insbesondere als aktives Wesen führt der Mensch bestimmte Entwicklungsprozesse herbei und nimmt somit Einfluss auf seine Entwicklung. Man spricht in diesem Zusammenhang von der Selbststeuerung des Menschen.

> Mit Selbststeuerung werden alle Kräfte bezeichnet, mit denen das Individuum als aktives Wesen „von sich aus" Entwicklungsprozesse herbeiführt und seine Entwicklung beeinflusst.

Diese aktive Selbststeuerung, die bereits in der frühesten Kindheit zu beobachten ist, führt das Kind aus der passiven Haltung der Umwelt gegenüber heraus in den Bereich der aktiven Auseinandersetzung mit ihr und spielt bei der Entfaltung der individuellen Eigenart eines Menschen eine entscheidende Rolle.

Die Entwicklungspsychologie bezeichnet alle Kräfte, mit denen das Individuum **„von sich aus"** Entwicklungsprozesse herbeiführt und seine Entwicklung beeinflusst, auch als **autogene Faktoren**.

Die Selbststeuerung kann die Wirkung von Anlage und Umwelteinflüssen verstärken oder aber auch abschwächen; sie kann die eigene Entwicklung sowohl fördern als auch hemmen.

So ist es möglich, dass ein Schüler, der zwar mathematisch gut begabt ist und sowohl von seinen Eltern als auch von seinen Lehrern sehr gefördert wird, absolut kein Interesse an Mathematik hat und deshalb in diesem Fach „auf der Strecke" bleibt.

Der Mensch ist nicht nur Gestalter seiner Entwicklung, sondern auch die Art und Weise, wie er die Gegebenheiten seiner Umwelt wahrnimmt, erlebt und interpretiert, beeinflussen seine Entwicklung (vgl. *Krettenauer, 2014, S. 9*).

In der jüngeren Psychologie wird der Selbststeuerung des Menschen große Bedeutung beigemessen. Personen handeln auf der Basis ihrer Anlagen sowie von Erfahrungen mit sich selbst und ihrer Umwelt; sie setzen sich persönliche Ziele, verfolgen diese und sind damit selbst **Gestalter ihrer Entwicklung**.

„Der Mensch selbst wird als Mitgestalter seiner Entwicklung angesehen [...], als erkennendes und reflektierendes Wesen, das sich ein Bild von sich selbst und seiner Umwelt macht und bei neuen Erfahrungen modifiziert[1]. [...] Der [...] Mensch ist demnach in der Lage, ziel- und zukunftsorientiert zu handeln und damit gestalterischen Einfluss auf seine eigene Entwicklung zu nehmen."
(Montada u. a., 2012[7], S. 33)

→ **Materialien 1:**
Hat der Mensch
einen freien Willen?

Das Kind ist von sich aus aktiv und **selektiv**: Es sucht sich solche Erfahrungen heraus, die sich nach seinem Entwicklungsstand richten.

„Das Kind ist kein Gefäß, das sich mit beliebigem Inhalt bzw. Erfahrungen füllen lässt. [...] Die Umwelt bestimmt das Angebot an Erfahrungen, [...] das Kind bestimmt, was es aufnimmt."
(Largo, 2011[21], S. 91)

Der Wirtschafts- und Sozialwissenschaftler Walter Simon sieht den Menschen als ein **dynamisches Person-Umwelt-System**, in welchem sich Person und Umwelt wechselseitig entwickeln: „Die Umwelt prägt den Menschen und dieser prägt die Umwelt." *(Simon, 2010[2], S. 16)*

6.2.4 Das Zusammenwirken der Entwicklungsbedingungen

Die Frage, ob der Mensch mehr von genetischen Faktoren, von Umweltbedingungen oder von Selbststeuerungstendenzen abhängig ist, ist aus wissenschaftlicher Sicht bedeutungslos. Wissenschaftler stellen heute nicht mehr die Frage nach den **Wirkanteilen** von genetischen Faktoren, Umwelt und Selbststeuerung – also ob die menschliche Entwicklung stärker von der einen oder der anderen Bedingung abhängig ist; die Auswirkungen von Erbanlagen, Umweltfaktoren und Selbststeuerung sind nicht unabhängig voneinander, sondern bedingen und beeinflussen sich wechselseitig.

→ **Materialien 2:**
Das Zusammenspiel
der Entwicklungs-
bedingungen

> Anlage, Umwelt und Selbststeuerung sind voneinander abhängig
> und lassen gleichwertig miteinander im Zusammenspiel die Entwicklung des
> Menschen voranschreiten.

Es gibt vielfältige Beispiele für diese Wechselwirkung von Anlage, Umwelt und Selbststeuerung:

Eineiige Zwillinge, die bekanntlich die gleichen genetischen Voraussetzungen haben und beide sehr streng erzogen werden, können aufgrund der Selbststeuerung durchaus verschiedene Persönlichkeitsmerkmale entwickeln.
Die Anlage zur Entstehung der Selbstständigkeit kann bei einer sehr autoritären Erziehung mehr zu Gefügigkeitshaltung führen, bei einem partnerschaftlichen Erzieherverhalten eher zu einem gesunden Selbstwertgefühl, Eigenwillen und Durchsetzungsvermögen. Andererseits kann eine sehr autoritäre Erziehung bei einer Anlage zur Sensibilität Erlebensweisen wie Ängstlichkeit und völlige Gehemmtheit bewirken; sie kann aber auch bei einer Anlage zur Vitalität eher Machtstreben und Herrschsucht hervorrufen.
Auf der anderen Seite bleiben Bemühungen einer Mutter erfolglos, ihr Kind schon vor dem 18. Monat zur Reinlichkeit zu bringen, weil es von seiner Reifung her noch nicht fähig dazu ist; ebenso wird die Mutter ihr Ziel der Reinlichkeit kaum erreichen, wenn sich das Kind von sich aus dagegen sträubt. Auf der anderen Seite wird ein Kind, das von seinen Eltern wenig gefördert wird und kaum Anregungen erhält, seine Anlage zur Intelligenz kaum entwickeln können, es sei denn, dass es von sich aus versucht, möglichst viele Erfahrungen zu sammeln.

---

[1] modifizieren (lat.): verändern

Anlage, Umwelt und Selbststeuerung spielen also von vornherein zusammen, sie bedingen und beeinflussen sich wechselseitig.

> **Entwicklung ist stets das Produkt des Zusammenwirkens von Anlage, Umwelt und aktivem Individuum (Selbststeuerung).**

„Was er (der Mensch) im Laufe seines Lebens wird, ist nicht nur ‚Werk der Natur‘, sondern auch ‚Werk der Gesellschaft‘ und ‚Werk seiner Selbst‘.“
(Brezinka, 1995[3], S. 40)

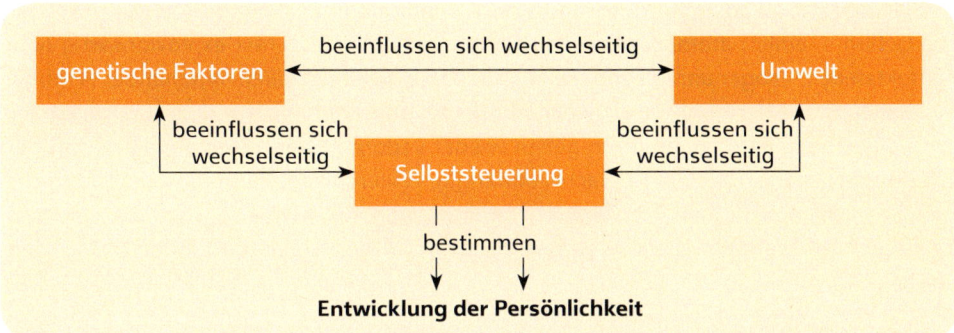

Nach Auffassung heutiger Entwicklungspsychologen bilden der Mensch und seine Umwelt ein **Gesamtsystem**, in welchem sowohl er als auch seine Umwelt aktiv und miteinander verschränkt aufeinander einwirken. Die Veränderungen eines Teils führen zu Veränderungen eines anderen und/oder des Gesamtsystems und wirken wieder zurück (vgl. *Montada u.a. 2012[7], S. 34*). Mensch und Umwelt sind dabei Teilsysteme, die aufeinander einwirken und sich gegenseitig beeinflussen.[1]

6.2.5   Das Zeitfenster und privilegiertes Lernen

Es gibt in der Entwicklung eines Lebewesens bestimmte Zeiträume, in denen bestimmte Erlebens- und Verhaltensweisen festgelegt bzw. nachhaltig beeinflusst werden, die außerhalb dieses Zeitraumes nicht mehr oder nur schwierig, aber bis zu einem gewissen Grad wieder verändert werden können.

Psychologische Forschungen haben ergeben, dass eine frühe emotionale Bindung des Säuglings zu einem oder mehreren Menschen die Basis für spätere Beziehungen bildet: Ein Kind, das vor allem im ersten Lebensjahr keine festen Bindungen herstellen konnte, wird auch später in sozialer Hinsicht erheblich benachteiligt sein. Man kann davon ausgehen, dass eine intensive emotionale Beziehung nicht nur für die Ausbildung der Beziehungsfähigkeit bedeutsam ist; die gesamte Entwicklung des Kindes wird beeinträchtigt, wenn sie fehlt.

Ein solcher Zeitraum wird in der neueren Literatur **Zeitfenster** genannt, welches sich für das Lernen von bestimmten Erlebens- und Verhaltensweisen eine Zeit lang öffnet und dann wieder schließt (vgl. *Petermann u.a., 2004, S. 99 f.*). Ein Zeitfenster ist also ein bestimmter Zeitraum in der Entwicklung eines Lebewesens, in welchem Erleben und Verhalten erlernt werden kann, weil das Wachstum der für dieses Erleben und Verhalten verantwortlichen Gehirnstrukturen nur in diesem Zeitraum stattfindet. Außerhalb diesem kann dieses Erleben und Verhalten dann nicht mehr bzw. nur noch sehr schwer erlernt werden, die Gehirnstrukturen bilden sich nicht bzw. kaum mehr aus.

 70 Prozent des Gelernten eignet sich ein Kind bis zum Alter von zwei Jahren – also vor der Schule – an. Für bestimmte Lern- und Bildungsprozesse gibt es also ein Zeitfenster. Finden diese Lernprozesse nicht in diesem Zeitraum statt, so können diese nicht mehr oder nur eingeschränkt nachgeholt werden.

Ein Zeitfenster ist ein bestimmter Zeitraum in der Entwicklung eines Lebewesens, in welchem eine bestimmte Erlebens- und Verhaltensweise erlernt werden kann.

 In der älteren Literatur wird in diesem Zusammenhang von kritischen bzw. sensiblen Phasen gesprochen.

Wie in *Kapitel 8.3.1* ausgeführt, verändert sich unmittelbar nach der Geburt das menschliche Gehirn in einem atemberaubenden Tempo; es bilden sich fast explosionsartig neue Kontaktstellen – sogenannte *Synapsen*[1] – aus, die die Nervenzellen miteinander verknüpfen und so Lernen ermöglichen. Jedoch nur richtig und erfolgreich verknüpfte Nervenzellen bleiben bestehen, die anderen gehen wieder verloren. Diese Entstehung ist von den Erfahrungen, die ein Kleinkind macht, abhängig; fehlen diese, kann die Ausbildung des Gehirns nicht stattfinden. Nervenzellenverbindungen müssen also „benutzt" werden, damit sie sich festigen. Diese Prozesse verlaufen in der frühesten Kindheit besonders rasch.

„Was Hänschen nicht lernt, lernt Hans nimmer mehr."

Kann ein bestimmtes Verhalten nur innerhalb eines Zeitfensters gelernt werden, so spricht man von einem **privilegierten Lernen**.

 Bei Bereichen wie Laufen, Sprechen, Denken oder Musikalität handelt es sich um ein privilegiertes Lernen, welches in einem bestimmten Zeitraum (= Zeitfenster) gelernt werden muss.

Von einem privilegiertem Lernen spricht man, wenn ein bestimmtes Verhalten nur innerhalb eines Zeitfensters erlernt werden kann.

Demgegenüber gibt es das **nicht privilegierte Lernen**, welches immer und zu jedem Zeitpunkt im Leben stattfinden kann.

 Den Umgang mit dem Handy oder dem Computer mitsamt seiner Software kann ich zu jeder Zeit erlernen, ebenso das Autofahren oder Kochen.

Bei sehr vielen Fähigkeiten handelt es sich um privilegiertes Lernen, auf dem aber dann weitere nicht privilegierte Lernprozesse aufbauen können.

 Ein Kind, das in der frühen Kindheit eine Sprache erlernt hat (= privilegiertes Lernen), kann auch im späteren Leben weitere Sprachen zusätzlich lernen (= nicht privilegiertes Lernen).

---

[1] synapsis (griech.): die Verbindung; Synapsen sind die Kontaktstellen zwischen den Nervenzellen; vgl. hierzu Kapitel 3.1.2.

Zeitfenster haben eine wichtige Bedeutung für die Erziehung: Der Erzieher muss um die Zeitfenster in der Entwicklung des Kindes wissen und die optimalen Lernbedingungen für die Entstehung von bestimmten Verhaltensweisen und Persönlichkeitsmerkmalen in diesen Zeitabschnitten nutzen. Anforderungen, bei denen ein Lernprozess noch nicht bzw. nicht mehr vollzogen werden kann, sollten vermieden werden.

6.3 Prozesse der Entwicklung

Durch das Zusammenwirken von genetischen Faktoren, Umwelteinflüssen und Selbststeuerung werden bestimmte Entwicklungsprozesse in Gang gesetzt. Mithilfe der beiden Prozesse **Reifung und Lernen** können Wirkungen dieser genannten Faktoren *erklärt* werden.

6.3.1 Der Begriff „Reifung"

In der Entwicklungspsychologie wird mit Reifung der *Prozess der Änderung des Organismus bezeichnet, der von genetischen Faktoren bestimmt und gesteuert wird*. Diese Veränderungen sind immer auf ein Ziel hin gerichtet. Zudem ist die Reifung selbst ein Prozess, der nicht beobachtbar ist. Mit dem Begriff „Reifung" will man Veränderungen aufgrund von genetischen Faktoren erklären.

> Mit Reifung wird in der Entwicklungspsychologie der nicht beobachtbare Prozess der Änderung des Organismus aufgrund von genetischen Faktoren bezeichnet.

Es handelt sich also um einen genetisch gesteuerten Entwicklungsvorgang, der nach inneren Gesetzmäßigkeiten verläuft. Jedoch ist kein Reifungsvorgang völlig unabhängig von Umwelteinflüssen[1].

Reifung darf nicht mit **Wachstum** gleichgesetzt werden: Mit Wachstum meint man eine rein quantitative Zunahme, Vergrößerung oder Vermehrung eines Lebewesens, wie z. B. die Zellteilung, die Zunahme der Körpergröße oder des Gewichtes eines Kindes oder die Vermehrung des Wortschatzes beim Erlernen der Sprache (vgl. Müller/Natorp, 1992[8], S. 42).

6.3.2 Der Begriff „Lernen"

Unter Lernen versteht die Psychologie zum einen den **Erwerb neuer bzw. die Änderung bestehender Verhaltens- und Erlebensweisen als Folge von Erfahrung und Übung.** Man spricht also nur dann von Lernen, wenn der Erwerb neuer und/oder die Änderung bestehender Verhaltens- bzw. Erlebensweisen durch die **Auseinandersetzung mit bestimmten Umweltsituationen** zustande kommen.

In der älteren Fachliteratur wird der Begriff „Lernen" eingeengt auf das beobachtbare Verhalten; neuere Ansätze berücksichtigen auch Veränderungen von Erleben wie bspw. Denken, Emotionen und Motivationen, Wertüberzeugungen und Einstellungen.

---

[1] vgl. Abschnitt 6.3.3

Dieses erworbene bzw. verändertes Verhalten und Erleben darf nicht nur zufällig zustande kommen, es muss den Augenblick überdauern, also **relativ beständig** sein.

Wenn ein Kind einmal ein 20 Meter langes Schwimmbecken erfolgreich durchschwimmen kann, in den folgenden Wochen jedoch immer wieder daran scheitert, so spricht man nicht von Lernen. Erst wenn es seine erfolgreiche Schwimmleistung immer wieder abrufen kann, liegt Lernen vor.

Zum anderen umfasst Lernen neben dem Prozess des Erwerbs und der Änderung auch den **Prozess der Speicherung**, in welchem das Erworbene relativ andauernd gespeichert wird und bei Bedarf abgerufen werden kann.

Das Lernen selbst ist ein Prozess, der **nicht beobachtbar** ist. Unmittelbar beobachtbar sind zum Teil die Ursachen, die diesen Prozess ausgelöst haben, und die neue bzw. geänderte Verhaltensweise als Ergebnis des Lernvorganges. Wir können beobachten, wie sich ein Mensch in einer früheren Situation A und in einer späteren Situation B verhält. Daraus schließen wir auf dazwischenliegende Lernprozesse.

Man kann beobachten, dass das kleine Kind ein Wort spricht, zu einem späteren Zeitpunkt können wir wahrnehmen, dass es plötzlich schon zwei Wörter sagt. Den dazwischenliegenden Lernprozess können wir jedoch nicht beobachten.

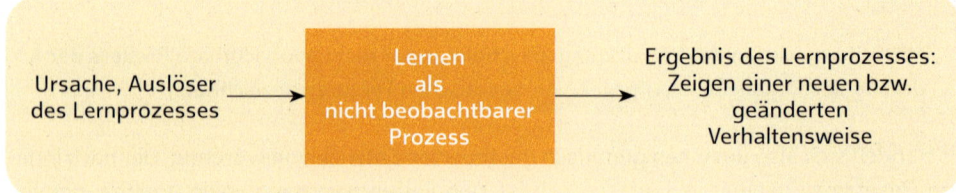

→ Materialien 3:
Die Grundaussagen der Konditionierungstheorien

Lernen stellt also immer einen **innerpsychischen Vorgang** dar, der nicht beobachtbar ist, jedoch mithilfe von Theorien erklärt werden kann.

Lernen ist ein nicht beobachtbarer Prozess, der durch Erfahrung und Übung zustande kommt und durch den Verhalten sowie Erleben relativ dauerhaft erworben oder verändert und gespeichert werden.

6.3.3   Die Wechselwirkung von Reifung und Lernen

Vor noch nicht allzu langer Zeit wurde Entwicklung vorwiegend als ein Reifungsgeschehen betrachtet, das nach einem in der Genstruktur festgelegten Programm abläuft. In letzter Zeit hat sich die Vorstellung von der Entwicklung gewandelt. Man hat erkannt, dass es nur wenige Veränderungen gibt, die auf reine Reifungsprozesse zurückzuführen sind. Reifung vollzieht sich vielmehr in enger Verknüpfung mit Lernprozessen, die ihrerseits auf bestimmte Reifungsprozesse angewiesen sind.

Reifung und Lernen bedingen sich gegenseitig und sind voneinander abhängig: Für gewisse Lernvorgänge ist eine bestimmte Funktionsreife Voraussetzung. Lernprozesse, die nun einsetzen, bewirken ein Voranschreiten des Reifungsgeschehens. Dies hat zur Folge, dass die vorangeschrittenen Reifungsvorgänge neue, differenziertere Lernprozesse ermöglichen, was wiederum das Reifungsgeschehen beeinflusst.

Am Beispiel der Sprachentwicklung lässt sich die Wechselwirkung von Reifung und Lernen aufzeigen: Voraussetzung für den Spracherwerb ist die Funktionsreife (Nervengewebe in den Sprachzentren des Gehirns, Sprachmuskulatur usw.), ohne die Sprechen-Lernen nicht möglich ist. Ist diese vorhanden, so ist das Kind auf Anreize von außen angewiesen. Bleiben sie aus oder sind sie zu undifferenziert, so entwickelt sich das Sprachzentrum nicht mehr weiter. Andererseits lösen sprachliche Reize Lernprozesse aus, die das Reifungsgeschehen voranschreiten lassen. Diese Gegebenheit hat zur Folge, dass differenziertere Sprachreize möglich werden, die wiederum das Reifungsgeschehen beeinflussen. Auf diese Art lassen Reifung und Lernen in Wechselwirkung die Sprachentwicklung voranschreiten.

„Erfahrung und Gehirnreifung bedingen sich [...] gegenseitig: Damit die Reifung angestoßen wird, bedarf es einiger entsprechender Erfahrungsepisoden; sind diese Erfahrungen erst einmal gemacht und hat daraufhin die Entwicklung der betreffenden Gehirnareale einen Sprung gemacht, sind weitere entsprechende Erfahrungen umso eher möglich."
(Spitzer, 2007, S. 208)

Wo keine Funktionsreife vorhanden ist, kann kein Lernprozess wirksam werden; wo kein Lernvorgang vorhanden ist, bleiben Reifungsvorgänge zurück.

Für den Erzieher bedeutet dies, dass Lernen dann am erfolgreichsten ist, wenn die Reifung es zulässt. Zu früh beginnende Lernprozesse zeigen keine Wirkung, sie überfordern das Kind eher. Zu spät beginnende Förderung kann bewirken, dass der Zeitraum, in welchem das Kind für den Erwerb von bestimmten Verhaltensweisen besonders empfänglich ist, bereits verstrichen und eine optimale Förderung deshalb nicht mehr möglich ist[1].

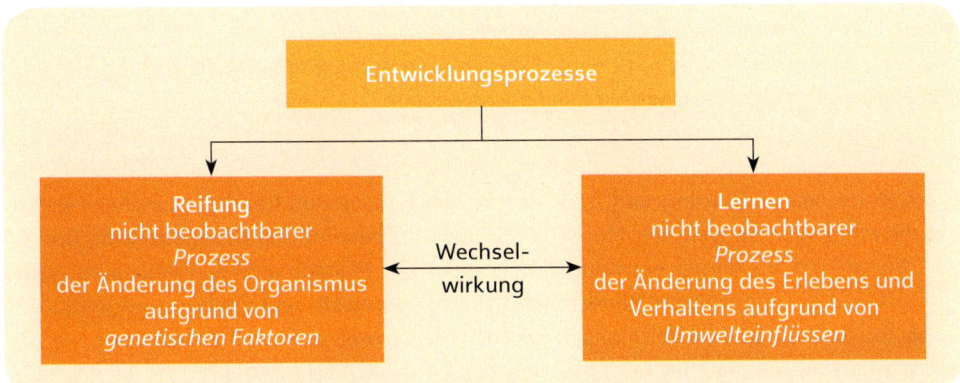

6.4 Theorien der Entwicklung

In der Psychologie existiert eine Vielzahl von Entwicklungstheorien, die jeweils auf einem bestimmten *Menschenbild* basieren. Dieses bestimmt, von welchen Grundannahmen der Forscher ausgeht und worauf er bei seinen Untersuchungen besonders achtet. Sein Erkenntnisinteresse ist somit geleitet und beeinflusst von den eigenen Werthaltungen und Glaubenssätzen. Die jeweiligen Sichtweisen ergänzen sich aber und tragen zum Gesamtverständnis der Persönlichkeit von Menschen bei.

---

[1] vgl. Abschnitt 6.2.5

6.4.1 Die Vielzahl von Entwicklungstheorien

Von Bedeutung sind **tiefenpsychologische Theorien, Lerntheorien, kognitive Theorien, strukturgenetische Theorien** sowie **interaktionistische bzw. ökologische Theorien.**

Tiefenpsychologische Theorien heben die Bedeutung des Unbewussten hervor: Nur ein geringer Teil der psychischen Vorgänge, die im Menschen ablaufen, ist bewusst; die meisten Vorgänge spielen sich unter der Oberfläche des Bewusstseins im Unbewussten ab[1]. Die bekanntesten tiefenpsychologischen Entwicklungstheorien sind die *Psychoanalyse* von *Sigmund Freud* und die *Theorie der psychosozialen Persönlichkeitsentwicklung* nach *Erik H. Erikson*, die in *Abschnitt 6.4.2* dargestellt ist.

→ **Materialien 3:**
Die Grundaussagen der Konditionierungstheorien

Lerntheorien gehen davon aus, dass alles Verhalten erlernt ist und wieder verlernt werden kann. Die Entwicklung findet also ausschließlich unter dem Einfluss der Umwelt statt. Die bekanntesten Lerntheorien sind die *Konditionierungstheorien;* sie erklären bei Lernprozessen die Bedeutung von Reizen, welche einem Verhalten vorangehen oder nachfolgen. Diese Reize steuern unser Verhalten.

→ **Materialien 4:**
Die Grundaussagen der sozial-kognitiven Theorie

Kognitive Theorien betonen die kognitiven Prozesse und Strukturen eines Menschen, die einen erheblichen Einfluss auf das Verhalten und Erleben ausüben und unter anderem festlegen, wie ein Individuum erlebt und wie es sich verhält. Dabei kommt es wesentlich darauf an, wie ein Mensch Umweltereignisse wahrnimmt und diese gedanklich verarbeitet, beurteilt sowie bewertet. Die bekannteste kognitive Entwicklungstheorie ist die *sozialkognitive Theorie* von *Albert Bandura*.

Strukturgenetische Theorien gehen davon aus, dass im Laufe der Entwicklung bei jedem Menschen eine Reihe von Möglichkeiten zum Verarbeiten von Umwelteindrücken entsteht. Solche Verarbeitungsmöglichkeiten werden Strukturen genannt. Der Genese (= Entstehung) solcher Strukturen gilt die Hauptaufmerksamkeit dieser Theorien. Als Beispiel einer solchen strukturgenetischen Theorie ist die *Theorie der kognitiven Entwicklung* von *Jean Piaget* zu nennen, die in *Abschnitt 6.4.3* dargestellt ist.

Bei den interaktionistischen[2] Theorien stehen nicht das isolierte Erleben und Verhalten eines Menschen im Vordergrund, sondern die wechselseitigen Beziehungen eines Individuums mit seiner Umwelt; der Mensch lebt in einem bestimmten Lebensbereich, der ihn beeinflusst und auf den er einwirkt. Dabei nimmt der Mensch aktiven Einfluss auf seine Umwelt und in umgekehrter Weise beeinflusst die Umwelt sein Erleben und Verhalten. Dabei bestimmen sowohl der Mensch als auch die Umwelt aktiv den Entwicklungsverlauf mit. Zu den interaktionistischen Theorien zählen die **Systemtheorien**[3] und **ökologische Theorien** wie z. B. das *Life Model* von *Carel B. Germain* und *Alex Gitterman* oder die **Systemtheorie** von Urie Bronfenbrenner.

---

[1] siehe Kapitel 1.4.1
[2] Interaktion (lat.): aufeinander bezogen, Wechselbeziehung – siehe Kapitel 11.1.1
[3] siehe Kapitel 1.4.6

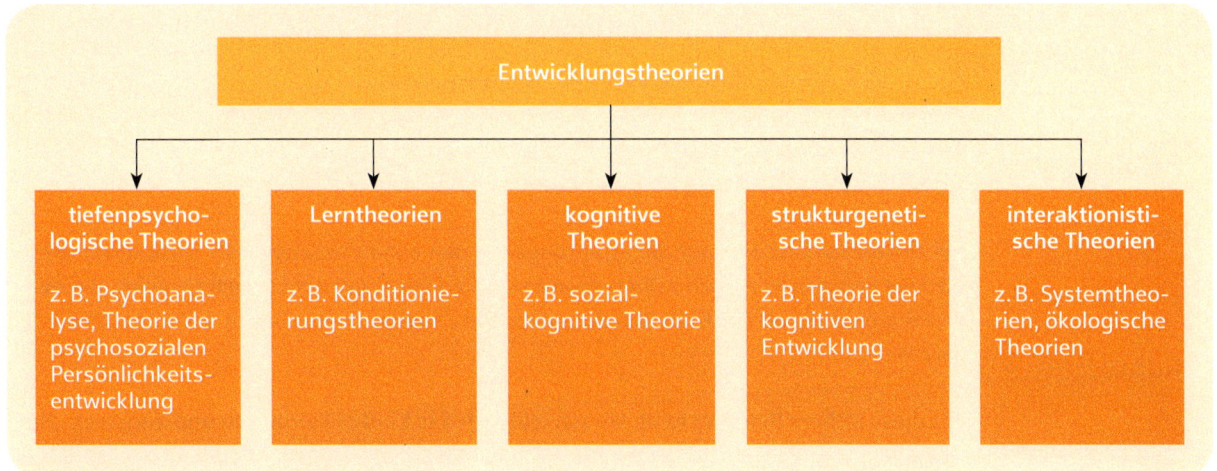

6.4.2 Die Theorie der psychosozialen Persönlichkeitsentwicklung

Die Theorie der psychosozialen Persönlichkeitsentwicklung wurde von *Erik H. Erikson* formuliert, einem Psychoanalytiker, der stark vom Gedankengut *Sigmund Freuds* beeinflusst war.

Erik Homburger Erikson (1902–1994) zog als junger Mann mehrere Jahre durch Europa und fand schließlich in Wien eine Anstellung als Privatlehrer für Kinder, deren Eltern eine psychoanalytische Ausbildung bei Sigmund Freud absolvierten. Auf diese Weise entstanden seine ersten Berührungspunkte mit der Psychoanalyse, deren Studium er sich fortan intensiv widmete. Als Jude fühlte sich Erikson durch den Nationalsozialismus bedroht und emigrierte 1933 mit seiner Familie in die USA. Zunächst betrieb er in Boston drei Jahre eine Praxis für Kinderanalyse, dann folgten verschiedene Anstellungen bei namhaften wissenschaftlichen Institutionen. Auch ohne akademischen Abschluss war er beruflich sehr erfolgreich und lehrte u. a. als Professor an der Harvard Universität. Erikson, dessen Leben geprägt war von zahlreichen Ortswechseln und Konfrontationen mit neuen, teilweise fremden Kulturen, widmete sich in seinen wissenschaftlichen Arbeiten dem Thema der Identität.

Erik Homburger Erikson

Die Entwicklung verläuft für *Erikson* in insgesamt acht Stufen, deren Reihenfolge durch genetisch bedingte Entwicklungsprogramme festgelegt ist. **Auf jeder Entwicklungsstufe muss der Mensch bestimmte Krisen bzw. Konflikte bewältigen**, wobei ein erfolgreiches bzw. erfolgloses Krisenmanagement Auswirkungen hat auf die Möglichkeiten der Krisenbewältigung in den folgenden Entwicklungsstufen. Ein erfolgreiches Meistern einer aktuellen Krisensituation schützt jedoch nicht davor, dass in der nächsten Entwicklungsstufe erneut Krisen auftreten. Werden die jeweiligen Krisen bzw. Konflikte erfolgreich bewältigt, findet das Individuum zu seiner Identität. Dabei entscheiden vor allem auch *soziale Einflüsse* über den Entwicklungsverlauf. *Erikson* spricht deshalb von **psychosozialer Entwicklung**. Er beschreibt jede Entwicklungsstufe zwischen den beiden *Extrempolen der Bewältigung und des Scheiterns*.

1. Stufe: Urvertrauen gegen Urmisstrauen

Durch eine sichere Bindung an seine Bezugsperson(en) entsteht beim Säugling bzw. Kleinkind ein grundlegendes Vertrauen zu sich selbst, zu den Mitmenschen und der Umwelt, das erforderlich ist, um den Mut aufzubringen, sich auf unbekannte Personen und Dinge einzulassen. Dieses Vertrauen bezeichnet *Erikson* als Urvertrauen.

> **Mit Urvertrauen ist eine auf die Erfahrungen in den ersten Lebensjahren zurückgehende positive Einstellung zu sich selbst, zu anderen Personen und zur Umwelt gemeint, die es ermöglicht, sich mit unbekannten Personen und Dingen sowie mit sich selbst auseinanderzusetzen.**

Wo diese sichere Bindung fehlt, verschließt sich das Kind misstrauisch und ängstlich allem Neuen. Es traut sich nicht, Unbekanntes zu erforschen; das Gewinnen neuer Erfahrungen wird auf diese Weise be-, wenn nicht gar verhindert. *Erikson* spricht vom Urmisstrauen.

> **Urmisstrauen bezeichnet eine auf die Erfahrungen in den ersten Lebensjahren zurückgehende negative Einstellung zu sich selbst, zu anderen Personen und zur Umwelt, die eine Auseinandersetzung mit unbekannten Personen und Dingen sowie mit sich selbst weitgehend be- bzw. verhindert.**

Da ein Kind nicht immer nur positive Erlebnisse haben kann, ist es für die Ausbildung des Urvertrauens wichtig, dass insgesamt die angenehmen Erfahrungen im Vergleich zu den unangenehmen überwiegen. Prinzipiell macht das Kind in dieser Entwicklungsstufe erste grundlegende Erfahrungen mit der **Thematik des Bekommens bzw. Empfangens**.

> *„Ich bin, was ich an Hoffnung habe und einflöße."*
> (Erikson, 2003[5], S. 116)

2. Stufe: Autonomie gegen Scham und Zweifel

Das zweite und dritte Lebensjahr ist gekennzeichnet durch die rasch fortschreitende Reifung von Nervenbahnen, verbunden mit einer schnellen Entwicklung im Bereich der Sprache und der Motorik. Das Kind erlangt allmählich Kontrolle über seinen Schließmuskel, lernt, Bedürfnisse sprachlich auszudrücken, und erwirbt mit seinem aufrechten Gang eine für seine Verhältnisse relativ große Unabhängigkeit bzw. **Autonomie**, mit der es seine Umwelt erforscht.

> **Autonomie ist das Streben des Kindes nach einer altersgemäßen Unabhängigkeit von seinen Bezugspersonen bzw. das Ergebnis dieses Strebens.**

In seinem oft noch ungestümen Streben nach Unabhängigkeit macht das Kind noch viele Fehler, bringt sich in „peinliche" Situationen, lädt „Schuld" auf sich und beginnt, sich zu schämen. Eng verbunden mit dieser **Scham** ist das Gefühl des Zweifels. Scheitert das Kind häufig in seinem Tun, wird es von anderen immer wieder für sein Verhalten getadelt oder in seinem Autonomiestreben zu stark eingeschränkt, entstehen allmählich **Zweifel** an der eigenen Person und ihren Fähigkeiten.

In dieser Stufe der Entwicklung macht das Kind in seinem Alltag grundlegende Erfahrungen mit der **Thematik des Hergebens bzw. Loslassens und Festhaltens**, insbesondere im Bereich der Reinlichkeitserziehung[1].

---

[1] vgl. Kapitel 8.4.1

> *„Ich bin, was ich unabhängig wollen kann."*
> *(Erikson, 2003⁵, S. 116)*

3. Stufe: Initiative gegen Schuldgefühl

In diesem Zeitabschnitt, der sich auf das vierte bis fünfte Lebensjahr erstreckt, ist sich das Kind seines Ichs bewusst und entwickelt von sich heraus viele Aktivitäten; es erforscht von sich aus seine Umwelt. Dieses systematische und geplante Erkunden der Umwelt wird von *Erikson* als **Initiative** bezeichnet.

> **Initiative** meint das Bestreben des Kindes, seine Umgebung systematisch und geplant zu erkunden, bzw. das Ergebnis dieses Prozesses.

Misserfolge, das Übertreten der Grenzen des Erlaubten oder starke Einschränkungen können **Schuldgefühle** entstehen lassen. Insgesamt macht das Kind dabei in diesem Entwicklungsabschnitt grundlegende Erfahrungen mit der *Thematik des „Machens" im Sinne von „sich einen Weg bahnen"*.

> *Ich bin das, „wovon ich mir vorstellen kann, dass ich es sein werde".*
> *(Erikson, 2003⁵, S. 124)*

4. Stufe: Leistung bzw. Werksinn gegen Minderwertigkeitsgefühl

Dieser Lebensabschnitt beginnt etwa mit dem sechsten Lebensjahr und endet mit dem Einsetzen der Pubertät. Er ist gekennzeichnet durch ein zunehmendes Interesse des Kindes an der sachlichen Umwelt. Dabei zeigt es großen Fleiß und ist um **Leistung** bemüht, um die Anerkennung der Erwachsenen zu gewinnen. Nach *Erikson* entwickelt das Kind einen sogenannten **Werksinn**[1].

> **Leistung** bzw. **Werksinn** bezeichnet das Bestreben des Kindes, sich den Tätigkeiten der Erwachsenenwelt zuzuwenden, um Anerkennung zu erfahren, bzw. das Ergebnis dieser Bemühungen.

Erfährt das Kind die Unzulänglichkeit seiner Fähigkeiten oder werden seine fleißigen Bemühungen von den Mitmenschen nicht angemessen gewürdigt, entsteht in ihm ein Gefühl eigener Unfähigkeit und **Minderwertigkeit**. Dies bezieht sich auf seine Fähigkeiten, beeinflusst aber auch die Einschätzung der eigenen Autonomie.

Scheitert ein Kind immer wieder bei dem Versuch, defekte Gegenstände wie ein Fahrrad oder ein zerbrochenes Spielzeug zu reparieren, so glaubt es irgendwann, es habe „zwei linke Hände" und sei zu nichts zu gebrauchen. Parallel dazu kann sich das Gefühl einer starken Abhängigkeit von anderen Personen entwickeln.

> **Minderwertigkeit** ist ein Gefühl der eigenen Unzulänglichkeit im Sinne mangelnder Fähigkeiten und/oder mangelnder Akzeptanz durch andere Menschen.

Insgesamt macht das Kind in diesem Entwicklungsabschnitt grundlegende Erfahrungen damit, *was es bedeutet, etwas genau bzw. richtig zu machen*.

---

[1] Die Begriffe „Leistung" und „Werksinn" sind bei Erikson gleichbedeutend.

5. Stufe: Identität gegen Rollenkonfusion

Im Jugendalter beginnt der Mensch sich seiner eigenen Person zuzuwenden, das Entdecken und Ausbilden einer eigenen **Identität**[1] wird zur zentralen Aufgabe. Der Jugendliche begreift sich allmählich als einmalige und unverwechselbare Person, für die er sich selbst hält und die er gern sein möchte. Ferner beinhaltet Identität Vorstellungen darüber, wie die Person glaubt, einmal in Zukunft zu sein, sowie Vermutungen darüber, wie andere Menschen über die

Person denken und wie andere Menschen die Person haben möchten.

Identität bedeutet das Selbstverständnis eines Menschen als einmalige und unverwechselbare Person sowohl in der eigenen Betrachtung als auch in der seiner sozialen Umwelt.

Misslingt dieser schwierige Prozess der Identitätsfindung, so läuft der Jugendliche Gefahr, sich in einer Vielfalt von vagen Rollen und nebulösen Vorstellungen über sich selbst zu verlieren. Es droht die **Rollenkonfusion**.

So kann der Jugendliche sich in eine Vielzahl von neuen, sich teilweise widersprechenden Rollen stürzen und damit eher verunsichert als in seiner Identität gefestigt werden. Auch eine für Jugendliche oft typische Überidentifikation mit Sport-, Film- oder Popstars ist eher Ausdruck persönlicher Unsicherheit als gefestigter Identität.

Rollenkonfusion bedeutet den Zustand einer noch fehlenden Ich-Identität, verbunden mit unkonkreten, wenig gefestigten Vorstellungen von der eigenen Person und ihren sozialen Rollen.

Die grundlegende Thematik, die in diesem Lebensabschnitt in den Vordergrund tritt, liegt *im „Ich-Sein" bzw. im Bemühen, sein eigenes Ich zu definieren*.

6. Stufe: Intimität gegen Isolierung

Der junge Mensch ist nun dazu bereit und in der Lage, dauerhafte, tragfeste Beziehungen mit einem anderen Menschen einzugehen. *Erikson* spricht in diesem Zusammenhang von **Intimität**.

Intimität ist die Bereitschaft und Fähigkeit des Menschen, tragfeste Bindungen bzw. Partnerschaften einzugehen und die damit verbundenen Verpflichtungen zu übernehmen.

---

[1] idem (lat.): der Nämliche, der Gleiche; siehe Kapitel 8.6.4

Ist es dem Heranwachsenden auf der vorausgegangenen Entwicklungsstufe jedoch nicht gelungen, eine gefestigte Identität zu entwickeln, so droht ihm jetzt ein Scheitern. Da er sich seiner eigenen Identität noch nicht sicher ist, scheut er das Risiko, tiefere, dauerhafte Beziehungen zu wagen. Er flüchtet sich in oberflächliche, relativ unverbindliche Freundschaften oder entwickelt sogar eine Tendenz, sich von anderen Menschen zu distanzieren. Damit gerät er in die **Isolierung**.

> **Isolierung** bedeutet die Tendenz des Menschen, Kontakte zu vermeiden, die zur Intimität führen können.

Als grundlegende Thematik steht in diesem Lebensabschnitt *das eigene Sein in Verbindung mit dem geliebten Partner im Vordergrund*.

> *„Wir sind, was wir lieben."*
> *(Erikson, 2003[5], S. 141)*

7. Stufe: zeugende Fähigkeit bzw. Generativität gegen Stagnation

Im weiteren Verlauf des Erwachsenenalters entsteht nach *Erikson* beim Menschen ein Bedürfnis, etwas zu erzeugen bzw. hervorzubringen. Diese **zeugende Fähigkeit bzw. Generativität** zeigt sich in erster Linie am verstärkten Interesse an der nächsten Generation. Sie findet ihren Ausdruck im Wunsch nach Fortpflanzung bzw. darin, sein Wissen und seine Erfahrungen an die nächste Generation weiterzugeben. Dabei kann sie sich auch in Produktivität und Schöpfertum ausdrücken.

So muss sich Generativität nicht ausschließlich durch eigene Kinder äußern, sondern kann sich auch in einem erzieherischen Beruf oder in wichtigen Erfindungen niederschlagen.

> **Zeugende Fähigkeit bzw. Generativität** meint das Interesse des Erwachsenen an der Zeugung und Erziehung der Nachkommenschaft bzw. nächsten Generation.

Ein Scheitern im Bereich der Generativität beinhaltet die Gefahr für den Betroffenen, im zwischenmenschlichen Bereich zu verarmen, sich selbst zu verwöhnen, um sich selbst zu kreisen oder in Langeweile zu verfallen. Nach *Erikson* entsteht **Stagnation**.

So kann ein Mensch im mittleren Erwachsenalter das Gefühl entwickeln, einer relativ sinnentleerten Beschäftigung nachzugehen, bereits am Ende der beruflichen Laufbahn zu stehen und/ oder es versäumt zu haben, eigene Kinder zu zeugen. Das Leben scheint in vorausberechenbarer Routine abzulaufen, ohne wirklich noch etwas Neues oder Interessantes zu bieten. Deshalb tröstet er sich mit teuren Luxusgütern über diese Situation hinweg.

> **Stagnation** meint ein starkes Gefühl des Entwicklungsstillstands und der Persönlichkeitsverarmung, verbunden mit einer tatsächlichen Verarmung der zwischenmenschlichen Beziehungen.

Als grundlegende Thematik steht in diesem Lebensabschnitt *das Versorgen anderer im Vordergrund*.

8. Stufe: Ich-Integrität gegen Verzweiflung

Im hohen Lebensalter schaut der Mensch oft „rückwärts", er denkt nach über sein Leben und zieht Bilanz. Im Idealfall blickt er zurück auf eine erfüllte Zeit, in der er die jeweils anstehenden Herausforderungen des Lebens zumindest zufriedenstellend gemeistert hat. Er akzeptiert den eigenen Lebensweg und weiß, er hat ihn selbst zu verantworten. Die Person ist mit sich selbst, seinen Mitmenschen und der Umwelt ins Reine gekommen. *Erikson* bezeichnet diesen positiven Zustand gegen Ende des menschlichen Lebens als **Ich-Integrität**[1].

Ich-Integrität meint das Gefühl eines Menschen gegen Ende des Lebens, die eigene Biografie als persönlich akzeptabel zu bewerten und mit sich selbst, den Mitmenschen und seiner Umwelt im Reinen zu sein.

> Später
> Viele leben so dahin,
> als wären sie unsterblich.
> Und wenn sie in ein paar Jahren
> zu alt und schwach sind,
> noch das zu leben, was sie hoffen,
> dann schweigen sie
> mit leeren Augen und zerknitterter Haut
> den Träumen nach,
> die sie hätten leben können,
> wenn sie nicht auf ein
> Später
> vertraut hätten [...]
> *(Allert-Wybranietz, 1997[39], S. 58)*

Im ungünstigen Fall gelangt der Mensch jedoch zu einer negativen Lebensbilanz, schätzt sein Leben als sinnentleert und missraten ein; ihm droht die Gefahr der **Verzweiflung**. Sie drückt sich etwa in Todesfurcht, Ekel, Lebensüberdruss oder im Verachten der eigenen Person bzw. der Mitmenschen aus.

Verzweiflung meint ein Gefühl des Menschen, sein Leben als weitgehend sinnentleert und missraten zu bilanzieren, verbunden mit der Gewissheit, dass ein Korrigieren dieses Lebensentwurfs nicht mehr möglich ist.

„Ich bin, was von mir überlebt."
(Erikson, 2003[5], S. 144)

ungefähres Alter	Entwicklungsstufe	Thematik
0–1½ Jahre	**Urvertrauen** gegen **Urmisstrauen**	erste grundlegende Erfahrungen mit der Thematik des Bekommens bzw. Empfangens
1½–2 Jahre	**Autonomie** gegen **Scham und Zweifel**	grundlegende Erfahrungen mit der Thematik des Hergebens bzw. Loslassens und Festhaltens
3–4 Jahre	**Initiative** gegen **Schuldgefühl**	grundlegende Erfahrungen mit der Thematik des „Machens" im Sinne von „sich einen Weg bahnen"

---

[1] Manchmal spricht Erikson auch nur von Integrität.

ungefähres Alter	Entwicklungsstufe	Thematik
5 Jahre – Pubertät	**Leistung bzw. Werksinn** gegen **Minderwertigkeitsgefühl**	grundlegende Erfahrungen damit, was es bedeutet, etwas genau bzw. richtig zu machen
Jugend und Adoleszenz	**Identität** gegen **Rollenkonfusion**	Bedeutung liegt im „Ich-Sein" bzw. im Bemühen, sein eigenes Ich zu definieren
junges Erwachsenenalter	**Intimität** gegen **Isolierung**	Im Vordergrund steht das eigene Sein in Verbindung mit dem geliebten Partner.
Erwachsenenalter	**zeugende Fähigkeit bzw. Generativität** gegen **Stagnation**	Grundlage bildet das Versorgen anderer
Alter	**Ich-Integrität** gegen **Verzweiflung**	Ziehen einer Bilanz des bisherigen Lebens

6.4.3 Die Theorie der kognitiven Entwicklung

Die Theorie der kognitiven[1] Entwicklung geht auf den Schweizer *Jean Piaget* zurück.

Jean Piaget (1896–1980) war zunächst Professor für Psychologie an den Universitäten in Genf, Lausanne und Paris (hier an der Sorbonne). Später war er Leiter des Internationalen Erziehungsbüros und stellvertretender Direktor am Institut des Sciences de l'Education in Genf. In zahlreichen Arbeiten hat er die kindliche Gedankenwelt untersucht und damit sowohl für die Entwicklungspsychologie als auch für die Pädagogik wichtige Grundlagen geschaffen. Er hat sich vor allem um die Erforschung der kognitiven Entwicklung des Kindes und Jugendlichen verdient gemacht. Piaget war ein bedeutender Vertreter des Konstruktivismus[2] und geht davon aus, dass der Mensch seine eigene Welt entwirft und formt.

Jean Piaget

Die Theorie der kognitiven Entwicklung beinhaltet folgende Grundaussagen:

■ Alle lebenden Organismen haben die angeborene Tendenz, einerseits Umweltgegebenheiten an ihren Organismus und andererseits den Organismus an die Erfordernisse der Umwelt anzugleichen.

So wird vom Kleinkind ein Karton als Auto verwendet, was eine Angleichung von Gegebenheiten der Umwelt an die eigenen Handlungsmöglichkeiten bedeutet. Bei der Differenzierung aller Vierbeiner in verschiedene Tierarten – nicht alle Vierbeiner sind „Wauwau" – gleicht sich das Kind den Umwelterfordernissen an.

■ Diese Anpassung an die Erfordernisse der Umwelt durch das Zusammenspiel der Angleichung von Organismus und Umwelt sowie umgekehrt bezeichnet *Piaget* als **Adaptation**[3].

---

[1] Der Begriff „kognitiv" ist in Kapitel 4.1.1 geklärt, kognitive Fähigkeiten und Funktionen sind in Kapitel 3 und 4 dargestellt.
[2] siehe Kapitel 3.2.3
[3] adaptare (lat.): anpassen

■ Ebenso besitzen lebende Organismen die angeborene **Tendenz zur Organisation**, wie bspw. die Fähigkeit zu strukturieren, Ganzheiten zu bilden, zu ordnen, zu systematisieren und so Beziehungen zwischen einzelnen Teilen und dem Ganzen herzustellen.

„Organisation wird definiert als Beziehung zwischen den Teilen und dem Ganzen."
(Piaget, 2003[3], S. 18)

■ Eine Form der Organisation ist die Einordnung und Verarbeitung von Umwelteindrücken, die nach *Piaget* mithilfe von **kognitiven Schemata** geschieht.

Ludwig, zweieinhalb Jahre alt, sieht einen Hund. Die Mutter sagt zu ihm: „Schau, das ist ein Wauwau!" Nun kann es möglich sein, dass Ludwig das Schema „Alle Vierbeiner sind Wauwau" bildet.

Weitere Beispiele für kognitive Schemata:
„Löffel fallen zu lassen, bedeutet, Geräusche zu erzeugen."
„Auf die heiße Herdplatte zu fassen, erzeugt Schmerz."
„Uniformierte Menschen sind Polizisten."

Kognitive Schemata sind Wissenseinheiten, die eine Einordnung von Umwelteindrücken ermöglichen und mit deren Hilfe das Individuum Erfahrungen systematisieren kann (vgl. *Oerter, 1992[19], S. 444*).

■ Das Individuum verbindet verschiedene Schemata miteinander, wodurch ein befriedigender Austausch mit der Umwelt möglich wird.

So ermöglicht die Verbindung der Schemata „fragen", „zuhören", „antworten", „mitteilen" usw. eine Konversation.

Organisierte Verbindungen von Schemata bezeichnet *Piaget* als Strukturen.

„Mit einem einzigen Schema kann ein Individuum nicht viel zustande bringen, und mit einer unverbundenen Menge von einzelnen Schemata ist nur wirre Aktivität möglich. Erst die geordnete Verbindung von verschiedenen Schemata ermöglicht einen befriedigenden Austausch mit der Welt."
(Flammer, 2009[4], S. 137)

Piaget sieht einen engen Zusammenhang zwischen Adaptation und Organisation, da sich diese beiden Prozesse gegenseitig ergänzen. Indem sich menschliches Denken den Erfordernissen der Umwelt allmählich anpasst, entstehen Strukturen. Durch diese neuen Strukturen kann sich der Mensch nun wiederum in komplizierteren Umweltbedingungen zurechtfinden.

Das Erlernen des Rechnens stellt einen wichtigen Anpassungsprozess dar, bei dem viele neue Strukturen entstehen. Die damit verbundenen Fähigkeiten helfen einem Menschen z. B. nun zu ermitteln, wie viele Quadratmeter Tapete er zum Tapezieren eines Zimmers benötigt.

■ Die gegenseitige Anpassung zwischen Organismus und Umwelt besteht nach Piaget im *Herstellen eines Gleichgewichtszustandes zwischen Individuum und Außenwelt*. Das Individuum möchte sich in Einklang mit der Umwelt empfinden, befindet es sich in einem Ungleichgewicht, so setzt es alles daran, wieder in einen Gleichgewichtszustand zu kommen. Dieses **Streben nach Gleichgewicht** ist ein biologisches Prinzip der Entwicklung. Prozesse, die zum Gleichgewicht führen und damit einen „Ausgleich" schaffen zwischen der Anpassung der Umwelt an den Organismus und der Anpassung des Organismus an die Umwelt, nennt *Piaget* **Äquilibration**[1] (auch **Equilibration**).

> **Äquilibration ist der Prozess des Herstellens eines Gleichgewichts durch die Anpassung der Umwelt an den Organismus und die Anpassung des Organismus an die Umwelt.**

Die Herstellung des Gleichgewichtes findet also zwischen Individuum und Außenwelt statt, das Gleichgewicht wird durch die gegenseitige Anpassung zwischen Organismus und der Umwelt erreicht. Diese ist dann erforderlich, wenn der Mensch in ein *Ungleichgewicht* gerät. Dies kann grundsätzlich eintreten, wenn sich die Anforderungen und Bedingungen der Außenwelt verändern und die Umwelt mit den vorhandenen kognitiven Schemata nicht mehr bewältigt bzw. eingeordnet werden kann.

Ludwig, der das Schema „Alle Vierbeiner sind Wauwau" gebildet hat, kommt nun mit seiner Mutter auf die Wiese hinaus, wo eine Kuh weidet. Aufgrund seines Schemas deutet Ludwig auf die Kuh und sagt: „Wauwau!" Die Mutter verneint jedoch. Das Kind gerät in einen Ungleichgewichtszustand, weil sich die Anforderungen der Außenwelt verändert haben und die Umwelt mit den vorhandenen kognitiven Schemata nicht mehr bewältigt werden kann.

Es muss unterschieden werden zwischen **Äquilibration** (Equilibration) als den Prozess der Herstellung des Gleichgewichtes und **Äquilibrium** (Equilibrium)[2], den Zustand des Gleichgewichtes.

Anpassung definiert *Piaget* „als ein Gleichgewicht zwischen den Wirkungen des Organismus auf die Umwelt und den Wirkungen der Umwelt auf den Organismus", was nichts anderes bedeutet „als ein Gleichgewicht der Austauschprozesse zwischen Subjekt und Umwelt" (*Piaget, 2000*[10], *S. 10 f.*).

■ Die Anpassung an die Veränderungen der Außenwelt geschieht nach Piaget mithilfe zweier verschiedener gegenläufiger Prozesse, der **Assimilation und der Akkommodation**. Das Kind verarbeitet seine Umwelteindrücke mithilfe der schon vorhandenen kognitiven Schemata. Dabei passt es seine Umwelteindrücke seinen schon vorhandenen Schemata an („Einverleibung"). Diesen Vorgang bezeichnet *Piaget* als Assimilation[3].

> **Assimilation ist ein Prozess der Anpassung der Umwelt an den Organismus, an bereits bestehende kognitive Schemata.**

---

[1] aequus (lat.): gleich, eben; libratio (lat.): das Wägen
[2] aequilibritas (lat.): das Gleichgewicht, die Balance
[3] simulare (lat.): ähnlich machen

Dieser Prozess findet immer dann statt, wenn das Kind auf Personen, Objekte oder Sachverhalte aus der Umwelt mit früher gebildeten Schemata reagiert.

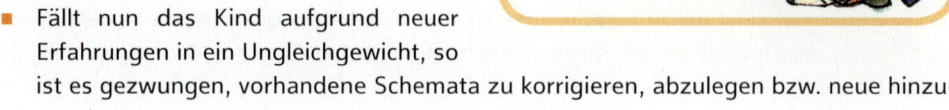

 Ludwig passt die Umwelt seinem Schema an, indem er auf die Kuh deutet und meint: „Wauwau." Er passt alle Vierbeiner seinem Schema an.

■ Fällt nun das Kind aufgrund neuer Erfahrungen in ein Ungleichgewicht, so ist es gezwungen, vorhandene Schemata zu korrigieren, abzulegen bzw. neue hinzuzunehmen.

 Ludwig kann mit seinem Schema „Alle Vierbeiner sind Wauwau" seiner Umwelt nicht mehr gerecht werden, er fällt in ein Ungleichgewicht. Um wieder einen Gleichgewichtszustand herzustellen, ändert er sein Schema, z. B. „Alle kleinen Vierbeiner sind Wauwau, alle großen Vierbeiner sind Muh"; er passt sich der Umwelt an.

Diesen Angleichungsprozess des Individuums an die Umweltbedingungen nennt *Piaget* Akkommodation[1].

Akkomodation ist ein Prozess der Anpassung des Organismus an die Umwelt.

Dieser Vorgang findet immer dann statt, wenn sich ein Mensch aufgrund neuer Erfahrungen in einem Ungleichgewichtszustand befindet und die Umwelt mit den vorhandenen Schemata nicht mehr eingeordnet werden kann.

■ Assimilation und Akkommodation sind zwei gegenläufige Prozesse, die von vornherein zusammenspielen, einander ergänzen und die Entwicklung voranschreiten lassen. Die Äquilibration stellt somit einen **Prozess der Selbstregulierung** dar. Bei Auftreten einer neuen Situation wird erst versucht, die neuen Informationen, an bereits vorhandene Lösungsmöglichkeiten anzupassen. Da jedoch auf diese Weise die Situation nicht bewältigt werden kann und das Individuum deshalb in einen Ungleichgewichtszustand fällt, werden die Lösungsmöglichkeiten verändert, abgelegt bzw. neue hinzugenommen. Auf diese Weise kann wieder ein Gleichgewicht hergestellt werden. Nun kann ein nächster Assimilationsvorgang unternommen werden, der wiederum einen Akkommodationsprozess erforderlich macht, sobald das Individuum in ein neues Ungleichgewicht fällt (vgl. *Oerter, 1992[19], S. 445 f.*).

 Eike, zweieinhalb Jahre alt, sieht ein Fahrrad. Die Mutter sagt zu ihm: „Schau, da ist ein Fahrrad." Eike bildet das Schema: ‚Alles, was zwei Räder hat, ist ein Fahrrad'. Nach diesem Schema handelt Eike in Zukunft – er hat die Information assimiliert. Als Eike und seine Mutter weitergehen, kommt ihnen ein Motorrad entgegen. Eike deutet hin und sagt: „Fahrrad." Die Mutter antwortet: „Nein, nein. Das ist ein Motorrad." Eike kann nun aufgrund seiner vorhandenen Schemata die Situation nicht mehr bewältigen, er fällt in einen Ungleichgewichtszustand. Um wieder ins Gleichgewicht zu kommen, passt er sein Schema der Umwelt an: ‚Alle kleinen Zweiräder sind Fahrräder, alle großen Zweiräder sind Motorräder'. Damit wurde bereits ein nächster Assimilationsvorgang unternommen, der wiederum einen erneuten Akkomodationsvorgang erforderlich macht.

---

[1] accommodare (lat.): anpassen

■ Das Wechselspiel von Assimilation und Akkommodation wird so lange fortgesetzt, bis durch ihr Zusammenspiel ein Gleichgewichtszustand erreicht werden kann.

Herr Huber hat das Schema gebildet, dass die Franzosen gemütlicher sind als die Engländer. Erlebt nun Herr Huber einen sehr gemütlichen Engländer, so entsteht eine Diskrepanz zwischen seinem bisherigen Schema und seiner konkreten Erfahrung. Er fällt in einen Ungleichgewichtszustand. Um wieder ein Gleichgewicht herzustellen, wird er möglicherweise versuchen, eine Erklärung für das gemütliche Verhalten dieses einen Engländers zu finden, bspw.: „Mit geringen Ausnahmen sind die Engländer genauso gemütlich wie die Franzosen." Es kann nun möglich sein, dass Herr Huber häufig diese Erfahrungen mit Engländern macht und sich deshalb das Wechselspiel von Assimilation und Akkommodation bis zu der logischen Erklärung fortsetzt, dass Nationalität und Gemütlichkeit unabhängig voneinander sind. Da nun Realität und Schemata übereinstimmen, ist hier die höchste Gleichgewichtsform erreicht.

„Aber in allen Fällen ist die Anpassung erst dann vollendet, wenn sie zu einem stabilen System führt, d.h., wenn ein Gleichgewicht existiert zwischen Akkommodation und Assimilation."
(Piaget, 2003³, S. 17)

Als Kern von Intelligenz gilt nach Jean Piaget denn auch die **Anpassungsfähigkeit** als die Fähigkeit, angemessen auf die Umwelt und deren Veränderungen zu reagieren und Piaget bezeichnet entsprechend Intelligenz als **„die höchste Form der geistigen Anpassung an die Umwelt"**[1] (Piaget, 2000¹⁰, S. 10).

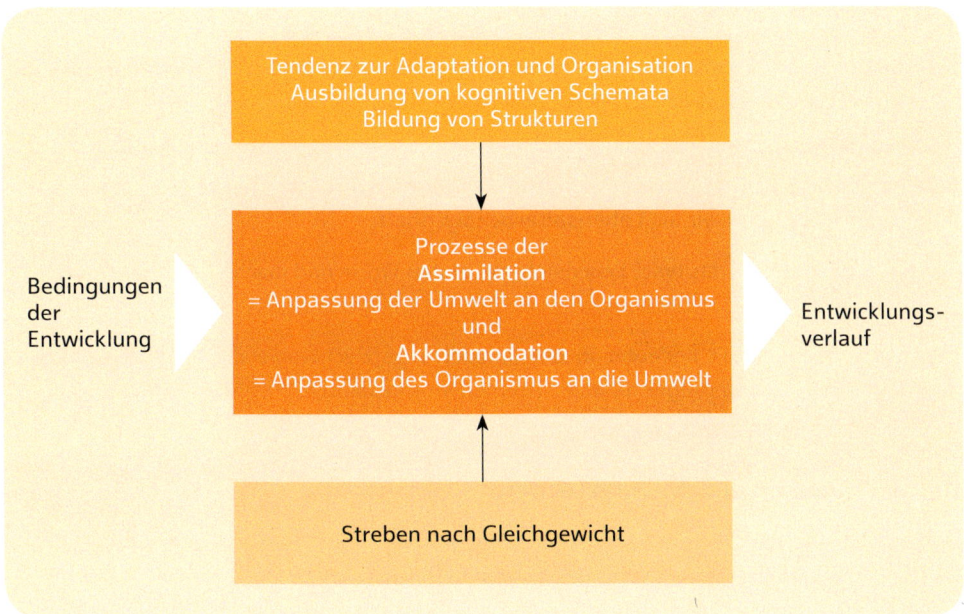

---
[1] vgl. Kapitel 4.3.1

6.5 Merkmale der Entwicklung

Vor noch nicht allzu langer Zeit wurde Entwicklung vorwiegend als ein Reifungsgeschehen betrachtet, das in ganz bestimmten *Stufen und Phasen* abläuft. Die heutigen Entwicklungspsychologen beschreiben **Entwicklung als kontinuierlichen Verlauf**, das heißt, Entwicklung erfolgt nicht schubweise in bestimmten Stufen oder Phasen und auch nicht sprunghaft, sondern stetig und fortlaufend, wenn auch ihr Verlauf nicht immer gleichmäßig ist.

Der kontinuierliche Verlauf der Entwicklung weist bestimmte Merkmale auf, die häufig auch als **Entwicklungsgesetze** bezeichnet werden.

6.5.1 Die logische Reihenfolge und die Lebensalterbezogenheit

Entwicklungsveränderungen treten immer in einer **ganz bestimmten Reihenfolge auf, die nicht umkehrbar (= irreversibel)** ist.

Jedes Kind steht, bevor es gehen kann, spricht ein Wort, bevor es ganze Sätze sagen kann, schreit, bevor es lachen kann, und zeichnet Kreise, bevor es ein Rechteck zeichnen kann.

Diese nicht umkehrbare Abfolge von Veränderungen finden wir in der Entwicklung aller Persönlichkeitsmerkmale; sie wird als **logische Reihenfolge**, manchmal auch als **Irreversibilität** bezeichnet.

Mit logischer Reihenfolge bzw. Irreversibilität als Merkmal der Entwicklung meint man die nicht umkehrbare Abfolge von Veränderungen in der Entwicklung.

Es kann möglich sein, dass eine bereits erworbene Kompetenz vorübergehend wieder verloren geht (vgl. Wicki, 2015[2], S. 14)

Die in einer bestimmten Reihenfolge ablaufenden Veränderungen des Erlebens und Verhaltens lassen sich ganz bestimmten **Altersspannen** zuordnen. Dieses Merkmal der Veränderung bezeichnen wir als **Lebensalterbezogenheit**.

So spricht ein Kind um das erste Lebensjahr die ersten Worte und macht erste freie Schritte.

Lebensalterbezogenheit bedeutet in der Entwicklungspsychologie die Möglichkeit des Zuordnens von Veränderungen zu den einzelnen Altersspannen.

6.5.2 Das Entwicklungstempo

Die Entwicklung psychischer Fähigkeiten, psychischer Funktionen oder psychischer Kräfte läuft in verschiedenen Altersspannen **unterschiedlich schnell** ab. Diese Gegebenheit bezeichnet die Entwicklungspsychologie als **Entwicklungstempo**, das bei den einzelnen Individuen unterschiedlich ist.

Entwicklungstempo bedeutet, dass die Entwicklung einzelner Persönlichkeitsmerkmale in verschiedenen Altersspannen unterschiedlich schnell verläuft.

Diese Unterschiedlichkeit betrifft die **Verlaufsform**, den **Verlaufsbeginn** sowie die **Zeitdauer der Veränderungen** (vgl. *Müller/Natorp, 1992[8], S. 43 ff.*).

Verlaufsform der Entwicklung

Mit Verlaufsform meint man die Beziehung von Veränderungen zum Lebensalter. Dabei kann man – grob gesehen – drei Verlaufsformen unterscheiden:

a) Die geradlinige Verlaufsform

Die Entwicklung eines Persönlichkeitsmerkmales beginnt und verläuft im gleichmäßigen Tempo. Sie weist daher weder Abschnitte einer beschleunigten noch einer gebremsten Entwicklung auf. Diese Verlaufsform kommt jedoch in der Wirklichkeit so gut wie nie vor.

Das Wachstum des Wortschatzes verläuft in der frühen Kindheit immer gleichmäßig; das Kind lernt im zweiten Lebensjahr genauso viele Wörter wie im dritten und im vierten Lebensjahr, was aber in der Praxis nicht vorkommt.

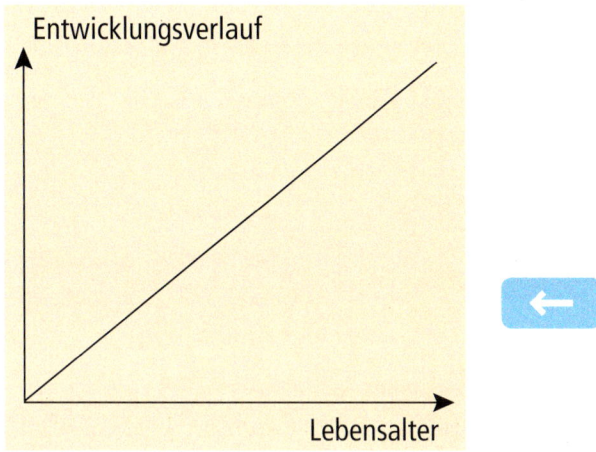

b) Die beschleunigte Verlaufsform

Beschleunigung besagt, dass die Entwicklung zunächst sehr langsam beginnt, dann immer schneller wird und ab einem bestimmten Zeitpunkt wieder gebremst wird.

So kann das Wachstum des Wortschatzes in den ersten Lebensjahren bei einem Kind sehr langsam beginnen, ab einem bestimmten Zeitpunkt aber dann sehr schnell verlaufen.

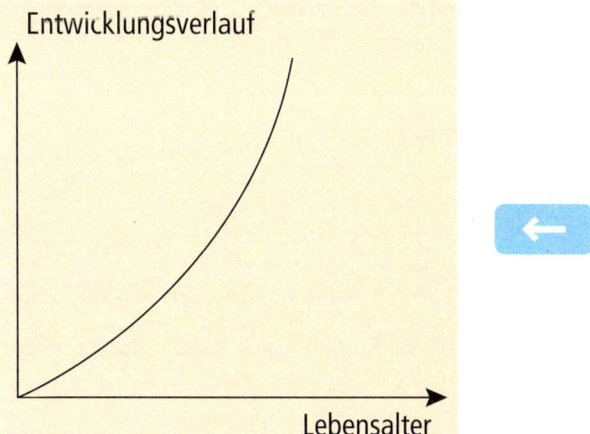

c) Die verlangsamte Verlaufsform

Verlangsamt besagt, dass die Entwicklung zunächst sehr schnell verläuft, dann aber immer langsamer wird. Diese Verlaufsform ist sehr häufig anzutreffen.

Die Wortschatzerweiterung eines Kindes kann, um beim gleichen Beispiel zu bleiben, in den ersten Jahren ungewöhnlich schnell verlaufen, später wird dann die Wachstumsgeschwindigkeit wieder abgebremst.

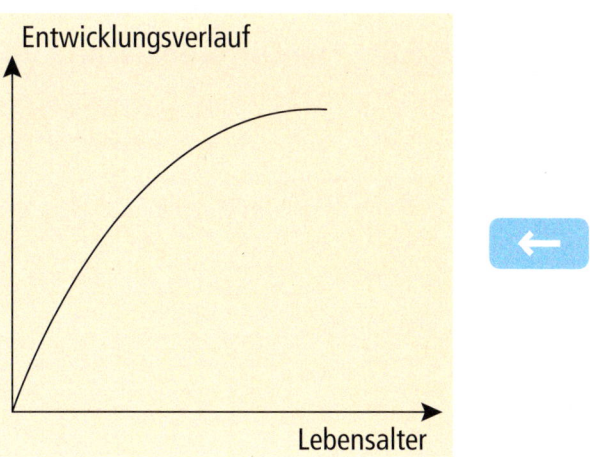

> *„Geradlinige, beschleunigte und gebremste[1] Entwicklungsverläufe gelten nur für bestimmte Zeitabschnitte. Alle Verlaufsformen werden von einem bestimmten Lebensalter an gebremst; die Kurven verlaufen horizontal weiter oder fallen [...] mehr oder weniger stark ab."*
> *(Müller/Natorp, 1992[8], S. 45)*

Verlaufsbeginn der Entwicklung

Unabhängig von der Verlaufsform unterscheiden sich Entwicklungsverläufe auch durch den Zeitpunkt ihres Beginns.

 So beginnt die Pubertät bei manchen Jungen schon mit elf Jahren, während sie bei anderen erst mit dreizehn Jahren einsetzt.

Der Zeitpunkt des Verlaufsbeginns kann *verfrüht, normal* oder *verspätet* sein.

Zeitdauer der Entwicklung

Neben der Verlaufsform und dem Verlaufsbeginn kann eine Entwicklung sehr schnell oder auch sehr langsam verlaufen. Die Dauer der Entwicklung kann sich auf einen kurzen, normalen oder langen Zeitraum erstrecken.

 Bei dem einen Jungen dauert die Pubertät zwei Jahre, während sie sich bei einem anderen über drei Jahre hinweg ziehen kann.
Unabhängig von der Zeitdauer – also ob bei einem Jungen die Pubertät zwei oder drei Jahre dauert – kann die Pubertät innerhalb dieses Zeitraumes verschiedene Verlaufsformen haben: Die Pubertät kann zunächst sehr rasch, dann aber etwas langsamer verlaufen.

Die Kombination von Verlaufsform, Zeitpunkt des Verlaufsbeginns und Verlaufsgeschwindigkeit kennzeichnet die Entwicklung eines bestimmten Teilbereiches der Persönlichkeit bzw. eines Persönlichkeitsmerkmales wie bspw. den der Sprach- oder der Intelligenzentwicklung.

6.5.3 Die Differenzierung und die Integration

Die Entwicklung stellt in allen Bereichen eine Ausgliederung der Details dar: Aus einem ungegliederten Ausgangszustand entstehen immer mehr Einzelteile und Funktionen, aus einem ursprünglich globalen Ganzen wird ein vielgestaltiges Gebilde. Diese Ausgliederung von Details wird in der Entwicklungspsychologie als **Differenzierung**[2] bezeichnet.

---

[1] „gebremst" bedeutet hier „verlangsamte Verlaufsform"
[2] differe (lat.): sich unterscheiden

Aus den unkontrollierten, globalen Bewegungen des Säuglings treten im Laufe der Zeit gezielte und bewusst gesteuerte Bewegungsabfolgen hervor.

Bei der Sprachentwicklung entstehen aus den unklaren Lallmonologen immer feinere Lautgebilde und schließlich Wörter sowie sauber ausformulierte Sätze.

Die Entwicklung der Intelligenz geht zunächst von einer Art „Globalintelligenz" aus, die sich im Laufe der Zeit immer mehr spezialisiert.

Aus den wenigen beim Säugling vorhandenen Grundbedürfnissen, wie Nahrung, Schlaf und Sozialkontakte, entstehen zahlreiche Bedürfnisse, wie etwa das Verlangen nach einer Puppe, einem Auto, einem Kuscheltier usw.

> **Differenzierung meint in der Entwicklungspsychologie den Vorgang einer zunehmenden Ausgliederung psychischer und physischer Merkmale von einem globalen, unspezialisierten Zustand in einen verfeinerten, spezialisierten Zustand.**

An Kinderzeichnungen kann man gut verfolgen, wie dem Kind immer mehr Details bewusst werden (vgl. *Kleber, 1988², S. 77*):

Aus der undifferenzierten Erregung der ersten Lebenstage entwickeln sich die Emotionen „Lust" und „Unlust", die als Ursprung aller folgenden Differenzierungen angesehen werden. Diese Ergebnisse wurden durch Beobachtung und Beschreibung des Ausdrucksverhaltens gewonnen.

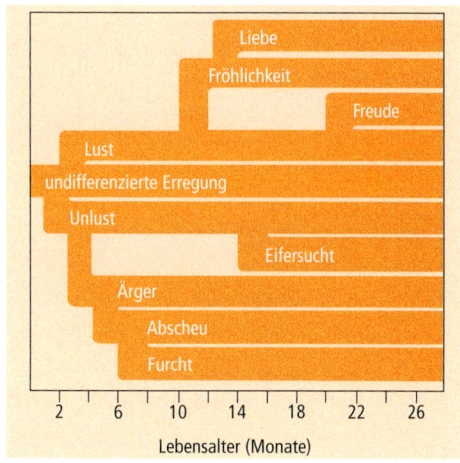

(Legewie/Ehlers, 1994, S. 177)

Zunächst kann das Kind die aus einem ungegliederten Anfangszustand hervorgetretenen Einzelteile und Funktionen nicht zueinander in Beziehung setzen. Das Kind erlebt sie als zusammenhanglose Einzelheiten, ohne Wesentliches zu erfassen und bestimmte Teile anderen über- bzw. unterordnen zu können. Erst im Laufe der Zeit entsteht die Fähigkeit, die vorher isoliert erlebten Einzelteile und Funktionen im Zusammenhang zu sehen, zueinander in Beziehung zu setzen und in komplexen Einheiten zu verstehen. Diesen Vorgang der „Herstellung eines Ganzen" nennen wir **Integration**[1]. Er stellt einen gegenläufigen Prozess zur Differenzierung dar.

---

[1] integrare (lat.): wiederherstellen (eines Ganzen)

Das Kind reiht nicht mehr nur einzelne Lallmonologe ohne Zusammenhang aneinander, sondern setzt Wörter zueinander in Beziehung.

Motorische Bewegungen und Sinnesleistungen laufen zunächst getrennt nebeneinander, bewirken aber bald ein sinnvolles Zusammenwirken, was bspw. ein gezieltes Greifen ermöglicht.

Integration bezeichnet in der Entwicklungspsychologie den Vorgang, isoliert erlebte Einzelteile und Funktionen zueinander in Beziehung, in einen Zusammenhang zu setzen und als eine Einheit – als Ganzes – wahrzunehmen.

 Das Beispiel einer Bildbetrachtungsaufgabe (z. B. aus einem Binet-Intelligenztest) macht diese Entwicklung deutlich: Zunächst wird es dem Kind nicht gelingen, irgendetwas auf dem Bild zu erkennen. Bald erkennt es Personen, etwas später Gegenstände. Mit drei Jahren wird es mehrere Einzelheiten nennen, etwa ab fünf bzw. sechs Jahren kann das Kind größere Einheiten in Form von Handlungszusammenhängen angeben – etwa, ein Junge zieht an der Tischdecke, das Mädchen läuft weg, die Mutter hebt die Arme usw. Im neunten Lebensjahr wird eine integrierte Erfassung des Inhaltes möglich sein und es wird die Zu-

sammenhänge und Folgen des „Blinde-Kuh-Spielens" erkennen (vgl. *Kleber, 1988[2], S. 81 f.*).

 Differenzierung und Integration stellen zwar zwei gegenläufige Prozesse dar, können aber als zwei Seiten einer Medaille betrachtet werden.

6.5.4 Die Zentralisation

In zunehmendem Maße verlieren die Handlungen des Kindes ihre Zufälligkeit und werden von bewussten Überlegungen, Plänen, Zielsetzungen und Wertordnungen gesteuert. Dieser Vorgang wird **Zentralisation** genannt.

 So ahmt das Kind zunächst mehr zufällig nur die Wörter nach, die es hört; später versucht es, seine Sprache bewusst zu gestalten.

Kurz nach der Geburt können wir rein zufällige Massenbewegungen und Reflexe beobachten, die von bewusst gesteuerten Bewegungen abgelöst werden.

Der Mensch entwickelt sich vom hilflosen Säugling, der von seinen Bedürfnissen gelenkt wird, zum bewusst handelnden Wesen, vom nur Reagierenden zum zielgerichteten Gestalter der Kultur.

Zentralisation wird der Vorgang genannt, in welchem menschliche Handlungen ihre Zufälligkeiten und ihren vorwiegend reaktiven Charakter verlieren und von bewussten Überlegungen, Plänen, Zielsetzungen und Wertordnungen gesteuert werden.

6.5.5   Die Kanalisierung und die Stabilisierung

Die Umwelt, insbesondere die Erziehung, lässt nicht alle Verhaltensweisen zu, die ein Säugling bzw. ein Kleinkind zeigt. Dadurch werden die Möglichkeiten der Entwicklung in bestimmte Bahnen gelenkt. Aus der Vielfalt von Verhaltensweisen werden mit zunehmendem Alter ganz bestimmte Verhaltensweisen herausgebildet und gelernt. Diesen Vorgang nennt die Entwicklungspsychologie **Kanalisierung**.

Aus der Vielzahl von Wörtern, mit denen ein Kind im Laufe seiner Entwicklung konfrontiert wird, benutzt es im späteren Leben nur ganz bestimmte.
Von den vielen Interessen, die Menschen haben können, bildet sich bei dem einen ein Interesse für Autos, bei dem anderen ein Interesse für Musik heraus.
Menschen entwickeln auch unterschiedliche Einstellungen: So entwickelt der eine eine positive Einstellung zum Umweltschutz, ein anderer eine negative.

> **Mit Kanalisierung ist der Vorgang gemeint, in welchem sich bestimmte Verhaltensweisen aus der Gesamtheit menschlicher Verhaltensmöglichkeiten herausbilden.**

Die Verhaltens- und Erlebensweisen, die im Rahmen der Kanalisierung beibehalten werden, verfestigen sich im Laufe der Zeit. So werden diese kanalisierten Verhaltens- und Erlebensweisen zu Gewohnheiten, Fertigkeiten und Fähigkeiten, zu Einstellungen und Werthaltungen, zu festen Meinungen oder zu Vorurteilen. Dieser Vorgang der Verfestigung wird **Stabilisierung** genannt.

Als Beispiele von den vielen Verfestigungen im Laufe der menschlichen Entwicklung seien das Erlernen der Schrift, des Lesens oder des Rechnens, später des Autofahrens erwähnt. Bekannt ist auch die Starrheit der Essgewohnheiten. Ebenso verfestigen sich beim Menschen i. d. R. ganz bestimmte Denkarten und Einstellungen, die oft zu Vorurteilen werden können. Nicht unerwähnt bleiben soll ebenfalls die Festlegung von ganz bestimmten Gefühlen oder auch der Geschlechtsrolle.

> **Mit Stabilisierung ist die Verfestigung von Erlebens- und Verhaltensweisen im Laufe der Entwicklung gemeint.**

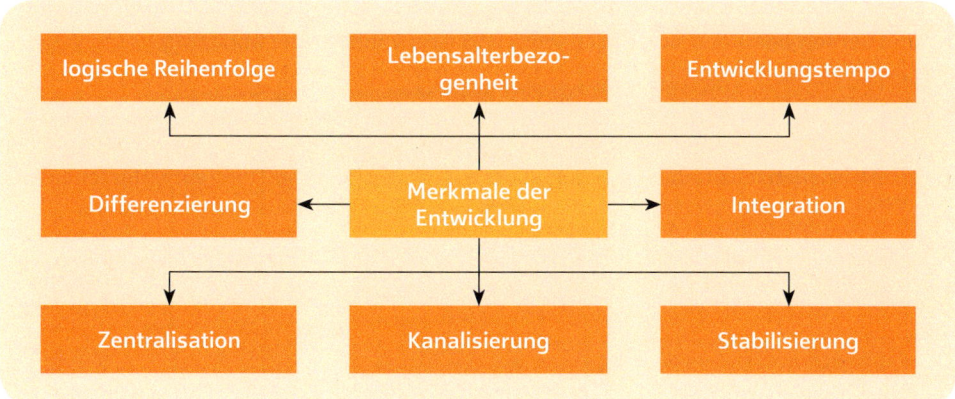

Zusammenfassung

- Unter Entwicklung versteht man eine zielgerichtete Reihe von miteinander zusammenhängenden Veränderungen des Erlebens und Verhaltens im Laufe des Lebens. Die Entwicklungspsychologie beschäftigt sich mit den Veränderungen des Erlebens und Verhaltens im Laufe der Zeit und ihren Ursachen sowie mit Aufgaben, die das Individuum abhängig von seiner Entwicklung lösen muss. Die Entwicklungspsychologie verfolgt als Ziele die Beschreibung des Entwicklungsverlaufs und dessen Ursachen, die Erklärung der beobachteten Zusammenhänge und das Verstehen von Entwicklungsveränderungen sowie die Vorhersage und Anwendung entwicklungspsychologischer Erkenntnisse. Um den Verlauf des Entwicklungsgeschehens über einen längeren Zeitraum hinweg zu erfassen, benutzt die Entwicklungspsychologie die Längsschnitt- und die Querschnittmethode.

- Alle Bedingungen, die Entwicklung verursachen, lassen sich drei Gruppen von Faktoren zuordnen: den genetischen Faktoren, den Umwelteinflüssen und der Selbststeuerung des Menschen. Diese drei Faktorengruppen sind voneinander abhängig und lassen gleichwertig miteinander im Zusammenspiel die Entwicklung des Menschen voranschreiten.

- Ein Zeitfenster ist ein bestimmter Zeitraum in der Entwicklung eines Lebewesens, in welchem ein bestimmtes Verhalten erlernt werden kann bzw. muss und das Wachstum der für dieses Verhalten zuständigen Gehirnstrukturen stattfindet; außerhalb dieses Zeitraumes können diese Gehirnstrukturen nicht mehr bzw. nur sehr schwer mehr ausgebildet und das entsprechende Verhalten kann nicht mehr bzw. nur sehr schwer erlernt werden. Kann ein bestimmtes Verhalten nur innerhalb eines Zeitfensters gelernt werden, so spricht man von einem privilegierten Lernen.

- Mit Reifung wird in der Entwicklungspsychologie der nicht beobachtbare Prozess der Änderung des Organismus aufgrund von genetischen Faktoren bezeichnet. Lernen dagegen meint den nicht beobachtbaren Prozess, der durch Erfahrung und Übung, also aufgrund von Umwelteinflüssen, zustande kommt und durch den Verhalten sowie Erleben relativ dauerhaft erworben und verändert sowie gespeichert werden. Reifung und Lernen bedingen sich gegenseitig und sind voneinander abhängig.

- Veränderungen des Erlebens und Verhaltens werden mithilfe verschiedener Theorien erklärt. Dabei lassen sich tiefenpsychologische Theorien, Lerntheorien, kognitive, strukturgenetische und interaktionistische bzw. ökologische Theorien unterscheiden.

- *Erik H. Erikson* konzentriert sich in seiner Theorie der psychosozialen Entwicklung vornehmlich auf die Bedeutung der zwischenmenschlichen Erfahrungen im Laufe des Lebens. Er beschreibt die Ausbildung der Persönlichkeit als Entwicklungssequenz von acht Stufen in Form von Krisen, die, wenn sie bewältigt werden, die Entwicklung der Persönlichkeit „positiv" voranschreiten lassen.
  - Urvertrauen – Urmisstrauen
  - Autonomie – Scham und Zweifel
  - Initiative – Schuldgefühl
  - Leistung – Minderwertigkeitsgefühl
  - Identität – Rollenkonfusion
  - Intimität – Isolierung
  - Zeugende Fähigkeit – Stagnation
  - Ich-Integrität – Verzweiflung

- *Jean Piaget* dagegen hat sich vor allem durch seine Erkenntnisse zur kognitiven Entwicklung des Kindes und Jugendlichen verdient gemacht. Er entwarf die Theorie der kognitiven Entwicklung, die heute noch sehr bedeutsam ist und große Relevanz für die Pädagogik besitzt.

- Die heutigen Entwicklungspsychologen beschreiben Entwicklung als kontinuierlichen Verlauf, das heißt, Entwicklung erfolgt stetig und fortlaufend, wenn auch nicht immer gleichmäßig. Der kontinuierliche Verlauf der Entwicklung weist bestimmte Merkmale auf, die häufig auch als Entwicklungsgesetze bezeichnet werden: logische Reihenfolge (Irreversibilität) und Lebensalterbezogenheit, Entwicklungstempo (mit den Aspekten Verlaufsform, Zeitpunkt des Verlaufsbeginns und Verlaufsgeschwindigkeit), Differenzierung und Integration, Zentralisation sowie Kanalisierung und Stabilisierung.

Aufgaben und Anregungen Kapitel 6

Aufgaben

1. Beschreiben Sie an einem Beispiel aus der Entwicklung die Merkmale des Begriffes „Entwicklung".
(Abschnitt 6.1.1)

2. Stellen Sie am Beispiel der Entwicklung der Sprache die Ziele der Entwicklungspsychologie dar.
(Abschnitt 6.1.1 und *Kapitel 1.3*)

3. Zeigen Sie am Beispiel der Entwicklung der Motorik Methoden der Entwicklungspsychologie auf.
(Abschnitt 6.1.2)

4. Beschreiben Sie
   a) die genetischen Faktoren
   b) Umwelteinflüsse
   c) die Selbststeuerung des Menschen
   und zeigen Sie an verschiedenen Beispielen aus der menschlichen Entwicklung die Wirkung der jeweiligen Entwicklungsbedingung auf.
   (Abschnitt 6.2.1, 6.2.2, 6.2.3)

5. Fallbeschreibung „Christiane"
   Christiane, 16 Jahre alt, spielt seit zehn Jahren Saxofon. Schon früh wurde sie von ihrem Vater dazu angehalten, ein Instrument zu lernen, da sie musikalisch sehr begabt sei. Begonnen hatte sie mit Klavier, das machte ihr aber keine Freude. Schon nach einem Jahr hörte sie wieder damit auf. Ihr Vater war betrübt, dass Christiane das Klavierspielen aufhören wollte, doch er wollte sie nicht dazu zwingen. Das Interesse für Musik war bei ihr immer vorhanden, was dem Vater auch nicht entging. Er bemerkte, dass Christiane sich für das Saxofon interessierte. Also ging er mit ihr in ein Musikgeschäft, kaufte ein Saxofon und besorgte ihr einen guten Saxofonlehrer. Mittlerweile spielt Christiane in einer bekannten Rockband. Es macht ihr unheimlich Spaß.
   a) Beschreiben Sie, welche Entwicklungsbedingungen bei Christiane eine Rolle gespielt haben.
      (Abschnitt 6.2.1 bis 6.2.3)
   b) Zeigen Sie am Beispiel „Christiane" die Wechselwirkungen dieser Entwicklungsbedingungen auf.
      (Abschnitt 6.2.4)

6. *Der Psychologe James Watson behauptete: „Gebt mir ein Dutzend gesunder, wohlgebildeter Kinder und meine eigene Umwelt, in der ich sie erziehe, und ich garantiere, dass ich jedes nach dem Zufall auswähle, und es zu einem Spezialisten in irgendeinem Beruf erziehe, zum Arzt, Richter, Künstler, Kaufmann oder zum Bettler und Dieb, ohne Rücksicht auf seine Begabungen, Neigungen, Fähigkeiten, Anlagen und die Herkunft seiner Vorfahren." (Watson, 1997[4], S. 123)*
   Nehmen Sie zu dieser Behauptung unter dem Aspekt der Erkenntnisse von Entwicklungsbedingungen Stellung.
   (Abschnitt 6.2.4)

7. Bestimmen Sie die beiden Begriffe „Zeitfenster" und „privilegiertes Lernen" und veranschaulichen Sie diese an einem Beispiel.
   (Abschnitt 6.2.5)

Aufgaben und Anregungen Kapitel 6

Aufgaben

8. Bestimmen Sie die Begriffe „Reifung" und „Lernen" und zeigen Sie am Beispiel der Entwicklung der Motorik die Wechselwirkung von Reifung und Lernen auf.
   (Abschnitt 6.3)

9. Geben Sie einen Überblick über die verschiedenen Entwicklungstheorien.
   (Abschnitt 6.4.1)

10. Beschreiben Sie entsprechend der Entwicklungsstufen anhand je einer geeigneten Situation die Theorie der psychosozialen Persönlichkeitsentwicklung von Erik H. Erikson.
    (Abschnitt 6.4.2)

11. Fallbeschreibung „Paul"
    Paul F. wuchs in ärmlichen Verhältnissen auf. Bereits kurz nach seiner Geburt trennten sich die Eltern, was seine Mutter dazu zwang, sich mit unregelmäßigen Gelegenheitsarbeiten einen sehr bescheidenen Lebens-unterhalt zu sichern. Ergaben sich solche Verdienstmöglichkeiten, so wurde Paul bereits im Säuglingsalter wahlweise bei Nachbarn, Verwandten oder Bekannten untergebracht. Diese versorgten das Kind zwar mit dem allernötigsten, kümmerten sich sonst aber kaum um den oft stundenlang weinenden Säugling. Auch der Mutter war das Kind von Anfang an eine Last, weshalb sie es – als Paul zu krabbeln anfing und später zu laufen – konsequent durch einen Laufstall davon abhielt, die Wohnung auf den Kopf zu stellen oder Ge-genstände durch seine Unachtsamkeit zu zerstören. Mit gleicher Strenge und Unnachgiebigkeit ging sie auch in der Reinlichkeitserziehung vor, weshalb das Kind schon kurz nach seinem zweiten Lebensjahr sau-ber war.

    Beschreiben Sie anhand der Fallbeschreibung den entsprechenden Entwicklungsabschnitt von Paul auf Grundlage der Theorie der psychosozialen Persönlichkeitsentwicklung nach *Erikson*. Stellen Sie dabei die dafür relevanten Aussagen dieser Theorie dar.
    (Abschnitt 6.4.2)

12. Fallbeschreibung „Jakob"
    Kurz vor Jakobs drittem Geburtstag im Jahre 1923 lernte seine Mutter einen neuen Partner kennen und hei-ratete ihn bald darauf. Das Verhältnis von Jakob zu seinem Stiefvater war von Anfang an problematisch und von starker Eifersucht geprägt. Das Kind hing in dieser Zeit oft am Rockzipfel der Mutter und suchte auffal-lend oft ihre Nähe. Bereits damals, so die Mutter, war Jakob ein misstrauisches und in sich gekehrtes Kind, das wenig Eigeninitiative zeigte. Später, nachdem sich Jakob endlich an den Stiefvater gewöhnt hatte, tra-ten um die Zeit der Einschulung weitere Defizite auf. Zwar zeigte der Junge jetzt mehr Interesse an seiner Umgebung, erwies sich jedoch in vielen Dingen als sehr ungeschickt und wenig begabt im praktisch-hand-werklichen Tun. Sein Stiefvater, von Beruf Schreiner, kommentierte Jakobs Bemühungen häufig mit ver-ächtlichen Worten wie: „Bei dir ist Hopfen und Malz verloren. Gibt es eigentlich irgendetwas, das du nicht falsch machst?" Negative Erfahrungen dieser Art gruben sich tief in das Selbstbewusstsein des Jungen ein. Jakob begann, anspruchsvolle Situationen immer mehr zu meiden, und glaubte, die Leute hielten ihn für einen Faulpelz und Taugenichts.

Aufgaben und Anregungen Kapitel 6

Aufgaben

Mit dem Einsetzen der Pubertät begannen massive Selbstzweifel, an Jakob zu nagen. Einerseits begeisterte er sich für die aggressiven Ideen der Nationalsozialisten, andererseits gab es Wochen, in denen er sich stark zum Pazifismus hingezogen fühlte. Seine berufliche Orientierung schwankte ständig, er brach zwei Mal eine Lehre ab und wurde schließlich auf Drängen der Mutter Soldat. Fasziniert vom Nationalsozialismus stellte er sich ganz in den Dienst dieser Idee, begann alles Nichtdeutsche zu hassen. Während er den Führer zutiefst verehrte und für ihn ohne Zögern alles riskierte, scheute er im Privatleben feste Bindungen. Jakob hat nie geheiratet. Obwohl er den Krieg unversehrt überlebte, bedeutete der Niedergang des NS-Regimes auch das Ende seiner beruflichen Karriere. Der Traum, etwas Großes und Wertvolles für das deutsche Volk geleistet zu haben, zerplatzte wie eine Seifenblase. Seinen Lebensabend verbrachte er zurückgezogen. Die wenigen Menschen, mit denen er noch selten Kontakt hatte, beschrieben ihn als ruhelos, mit sich und der Welt im tiefen Zwiespalt.

Beschreiben Sie die Entwicklung von Jakob auf Grundlage der Theorie der psychosozialen Persönlichkeitsentwicklung nach *Erikson*. Stellen Sie dabei die dafür relevanten Aussagen dieser Theorie dar.
(Abschnitt 6.4.2)

13. Stellen Sie die Theorie der kognitiven Entwicklung dar und erläutern Sie Ihre Aussagen anhand von zwei Beispielen.
(Abschnitt 6.4.3)

14. Fallbeschreibung „Klaus"
Der siebenjährige Klaus hat in der ersten Klasse der Grundschule massive Schulschwierigkeiten, weshalb seine Mutter zu einem Beratungsgespräch mit der Klassenlehrerin gebeten wird.
Die Klassenlehrerin sagt der Mutter, dass Klaus kaum Kontakt mit anderen Kindern habe. Wenn er z. B. in der Pause angesprochen werde, schweige er oder laufe weg. Er beteilige sich von sich aus nicht am Unterricht, schaue oft zum Fenster hinaus und träume. Leistungen könne er nur mit individueller Zuwendung der Lehrerin erbringen. Insgesamt arbeite er viel zu langsam und breche, wenn er nicht mitkomme, die geforderte Tätigkeit einfach ab. Wenn er aufgerufen werde, sei er aufgeregt und manchmal so verängstigt, dass er zu weinen anfange. Neue Anforderungen wehre er sogleich mit der Äußerung ab: „Ich kann es nicht." Die Klassenkameraden würden Klaus dulden, aber es komme oft vor, dass sie ihn wegen seines unsicheren Verhaltens auslachen oder zum Schnellermachen drängen.
Aufgrund des Gespräches mit der Mutter ergibt sich folgende Sachlage: Klaus ist ein Einzelkind. Er war eine Früh- und Risikogeburt und musste in den ersten Lebensjahren aufgrund von Stoffwechselstörungen mehrmals für einige Wochen im Krankenhaus behandelt werden. Dadurch war die Mutter in dieser Zeit sehr belastet und entwickelte eine übertriebene Ängstlichkeit im Umgang mit dem Kind, die sie auch später beibehielt. So durfte er z. B. nicht allein zum Spielen nach draußen gehen, weil die Mutter befürchtete, die anderen Kinder würden zu rau mit ihm umgehen. Sie erzog Klaus mit besonderer Liebe und Fürsorge, da er weiterhin ein krankheitsanfälliges und sensibles Kind war, das wenig Aktivität zeigte. Die Mutter ist eine sehr häusliche Frau: Sie hatte viel Zeit für Klaus, spielte ausgiebig mit ihm und vermittelte ihm Sicherheit und Geborgenheit. In dieser Zeit orientierte sich der Junge stark an der Mutter, da der Vater sich bisher wenig an der Erziehung beteiligte.

Aufgaben und Anregungen Kapitel 6

Aufgaben

Klaus hat morgens schon Angst vor der Schule. Er behauptet, es sei ihm schlecht, sodass er nicht den Unterricht besuchen könne. Die Mutter versteht Klaus gut und nimmt ihn gegen den Vater in Schutz, der sich oft über die Weinerlichkeit und Ängstlichkeit seines Sohnes lustig macht. Mit den Leistungen von Klaus ist der Vater sehr unzufrieden. Er überwacht die Hausaufgaben von Klaus sehr streng und arbeitet jeden Abend mit ihm, was oft mit Tränen bei Klaus endet. Klaus erlebt, dass sich die Mutter bei Auseinandersetzungen mit dem Vater weinend zurückzieht, und Klaus reagiert ähnlich, indem er aufgrund der Vorwürfe des Vaters selbst meint, er sei zu dumm und müsse auf eine Sonderschule.

a) Beschreiben Sie verschiedene Entwicklungsbedingungen und erläutern Sie das Zusammenspiel dieser Bedingungen, welche die Entwicklung von Klaus bestimmen.
(Abschnitt 6.2.1 bis 6.2.4)

b) Erklären Sie die Entstehung der auffallenden Ängstlichkeit bei Klaus mithilfe einer geeigneten Theorie (z. B. des operanten Konditionierens, der sozial-kognitiven Theorie). Stellen Sie dabei die Aussagen und Fachbegriffe dieser Theorie dar.
(*Materialien 3 oder 4*)

15. Beschreiben Sie am Beispiel der Entwicklung der Sprache oder der Motorik das Entwicklungsmerkmal
    a) der logischen Reihenfolge und der Lebensalterbezogenheit.
    b) des Entwicklungstempos.
    c) der Differenzierung und Integration.
    d) der Zentralisation.
    e) der Kanalisierung und der Stabilisierung.
    (Abschnitt 6.5)

Anregungen

16. *Spiel: „Tabu"*
    Schreiben Sie in Kleingruppen wichtige Begriffe aus der Entwicklungspsychologie auf je eine Karte und schreiben Sie unter jeden Begriff vier Wörter, die bei der Beschreibung des Begriffes nicht verwendet werden dürfen. Im Spiel geht es darum, dass verschiedene Teams gegeneinander spielen. Ein Spieler eines Teams zieht einen Begriff, den seine Mitspieler nicht sehen und den er den Mitspielern (seines Teams) beschreiben muss. Bei dieser Beschreibung darf er die Wörter, die bei dem jeweiligen Begriff angegeben sind, nicht verwenden. Das Team, das die meisten Begriffe erraten hat, hat gewonnen.

17. *Biografie und Internetsuche*
    - Suchen Sie in Gruppen im Internet nach Informationen über das Leben und Werk von:
      - Gruppe 1 und 2: *Erik H. Erikson*
      - Gruppe 3 und 4: *Jean Piaget*
    - Fertigen Sie in Kleingruppen eine Übersicht zur Biografie Ihres jeweiligen Wissenschaftlers an.
    - Erarbeiten Sie vier bis sechs wichtige Abschnitte seines Lebens.

18. Erstellen Sie einen persönlichen Lebenslauf, der Ihre aktive Selbststeuerung in Ihrem bisherigen Leben besonders deutlich werden lässt.

Aufgaben und Anregungen Kapitel 6

Anregungen

19. *„Die Zeiten ändern sich und wir uns mit ihnen." (Ovid[1])*
    - Diskutieren Sie diese Aussage von *Ovid* unter Berücksichtigung der Erkenntnisse über Entwicklungsbedingungen (*Abschnitt 6.2*), insbesondere hinsichtlich der Selbststeuerung eines Menschen.
    - Müsste dieser Satz nicht geändert werden in „Wir ändern die Zeiten und sich die Zeiten mit uns"?

20. *„Der Glaube des Menschen, über sich in freier Selbststeuerung bestimmen zu können, ist lediglich eine Illusion. Die Art und Weise der Selbststeuerung ist ihrerseits bereits durch genetische Faktoren und die Umwelt festgelegt."*
    Diskutieren Sie diese Aussage unter dem Gesichtspunkt folgender Fragen:
    - Wenn der Mensch nicht die Freiheit des Willens besäße, woher würden wir das Recht nehmen, Menschen zu bestrafen und zu verurteilen?
    - Welche Konsequenzen hätte diese Auffassung für unser Strafrecht?

21. *„So wurde ich entwickelt."*
    Zeichnen Sie die Umwelt auf, in der Sie aufgewachsen sind.
    Bilden Sie Kleingruppen und sprechen Sie in der Gruppe darüber, wie diese Umwelteinflüsse Ihre Entwicklung beeinflusst haben.

22. *„Mein persönliches Entwicklungsprogramm"*
    Zeichnen Sie Ihr persönliches „Entwicklungsprogramm" und sprechen Sie anschließend in Gruppen darüber:
    - Wo liegen Ihrer Meinung nach anlagemäßig Ihre Fähigkeiten und Stärken?
    - Wer hat Sie (besonders) in Ihrer Entwicklung beeinflusst?
    - Wo beeinfluss(t)en Sie Ihre Entwicklung selbst? Wo setz(t)en Sie in Ihrer Entwicklung eigene Akzente?

23. *Vor nicht allzu langer Zeit wurde Entwicklung vorwiegend als ein Reifungsgeschehen betrachtet, das nach einem in der Genstruktur festgelegten Programm abläuft. In der heutigen Zeit wird Entwicklung mehr als ein Lernvorgang gesehen.*
    Nehmen Sie im Rahmen eines Rollenspiels beide Standpunkte ein und diskutieren Sie die Konsequenzen, die sich aus dem jeweiligen Standpunkt für die Förderung eines Kindes im Elternhaus und in der Schule ergeben.

24. Das Entwicklungstempo, das den Entwicklungsverlauf, den Entwicklungsbeginn und die Entwicklungsgeschwindigkeit mit einschließt, ist individuell verschieden (vgl. *Abschnitt 6.5.2*).
    - Fragen Sie Ihre Eltern, wie sich die Entwicklung verschiedener Persönlichkeitsmerkmale (z.B. Laufen- und Sprechenlernen) bei Ihnen im Hinblick auf Verlauf, Beginn und Geschwindigkeit der Entwicklung gezeigt hat.
    - Tauschen Sie in der Klasse Ihre verschiedenen „Entwicklungsvorgänge" aus.

25. Versuchen Sie im Klassenverband, sich mithilfe von anonymen Fotografien aus Ihrer frühen Kindheit gegenseitig zu identifizieren. Stellen Sie dabei Persönlichkeitsmerkmale fest, die offensichtlich nur geringen Veränderungen in der Entwicklung unterliegen.

---

[1] Ovid, eigentlicher Name Publius Ovidius Naso (43 v.Chr.–17 n.Chr.) war römischer Dichter.

7 Entwicklung auf verschiedenen Altersstufen

Was wird aus dem drei Tage alten Sigmund einmal werden?

Wird er einmal ein reicher Mann oder ein Bettler, ein Arzt oder vielleicht ein Dieb?

Kurz, wie entwickelt sich Sigmund zu dem Menschen, der er in seinem späteren Leben einmal sein wird?

Folgende Fragen werden in diesem Kapitel geklärt:

1. *Wie verläuft die Entwicklung von verschiedenen Teilbereichen der Persönlichkeit, wie der Motorik, der Wahrnehmung, der Sprache, der Intelligenz und des Denkens, des Gedächtnisses, der Gefühle und Bedürfnisse sowie des Sozialverhaltens?*

2. *Welche Möglichkeiten gibt es, die Entwicklung dieser Teilbereiche der Persönlichkeit zu fördern?*
   Welche Möglichkeiten stehen zur Verfügung, um möglichen Beeinträchtigungen vorzubeugen?

7.1 Die Entwicklung der Motorik

Die motorische Entwicklung ist Voraussetzung für die menschliche Gesamtentwicklung und bildet die Grundlage für alles Tun.

7.1.1 Die Bedeutung der Motorik

Die Gesamtheit aller Bewegungen eines Organismus wird als Motorik bezeichnet.

> **Der Begriff „Motorik" bezeichnet die Gesamtheit aller Bewegungsabläufe eines Organismus.**

Dabei wird unterschieden zwischen **Grobmotorik und Feinmotorik**. Unter Grobmotorik versteht man die Bewegungen von Rumpf, Bauch, Becken, Rücken, Schultern, Armen, Beinen und Kopf. Zur Feinmotorik zählen die Bewegungen von Fingern und Zehen sowie des Gesichtes.

Die Motorik ist wichtig für die Gesamtentwicklung eines Menschen, durch sie bekommt er Erkenntnis über sich selbst und seine Umwelt und kann beides „begreifen". Sie bildet die Grundlage für alle Tätigkeiten wie bspw. Schreiben, Sprechen, Basteln, manuelles Arbeiten, Malen oder Musizieren. Sie ermöglicht dem Menschen (vgl. *Hobmair, 2010, S. 255*)

- Beweglichkeit,
- die Beherrschung des Körpers und das Erlangen eines Körpergefühls,
- die Erforschung und Erkundung seiner Umwelt, um neue Erfahrungen zu sammeln,
- die Kontaktaufnahme zu anderen,
- die Entfaltung seiner Wahrnehmung, seines Denkens und seines Sozialverhaltens,
- Sprache und Gefühlen Ausdruck zu verleihen sowie
- dem Wort Ausdruck zu verleihen (nonverbaler Ausdruck, der eine Mitteilung durch Blickkontakt, Mimik, Gestik, körperliche Haltung und Bewegung ergänzt).

> *„Motorik ist mehr als Bewegung; sie ist Grund, Phänomen und Ausdruck des Lebens schlechthin."*
> (Leyendecker, 2016[3], S. 248)

7.1.2 Prinzipien der motorischen Entwicklung

Der amerikanische Psychologe *Arnold Gesell*[1] konnte durch systematische Beobachtung fünf Prinzipien der motorischen Entwicklung erforschen:

- **Entwicklungsrichtung:** Die Entwicklung der Motorik verläuft von oben nach unten; sie fängt beim Kopf an und endet bei den Füßen. Bewegungen im Kopfbereich sind damit früher möglich als Bewegungen im Fußbereich. Je näher die Muskeln am Gehirn liegen, desto früher reifen sie.

---

[1] Arnold Lucius Gesell (1880–1961) war als amerikanischer Arzt und Psychologe Direktor der Yale Clinic of Child Development. Er erarbeitete neben umfangreichen Studien zur Entwicklung des Kindes unter anderem den ersten Intelligenztest für Babys.

■ **Wechselseitige Vorherrschaft:** Das Kleinstkind bewegt zunächst beide Arme und beide Beine gemeinsam; erst viel später lassen sie sich einzeln und unabhängig voneinander bewegen.

Der Säugling schleudert grundsätzlich immer beide Arme nach außen. Erst viel später gelingt es ihm, gleichzeitig den einen Arm nach innen und den anderen nach außen zu bewegen.

■ **Funktionelle Asymmetrie:** Im Hinblick auf das Vorherrschen von bestimmten Muskelpartien dominiert immer eine bestimmte Körperseite.

Ein Beispiel hierfür ist die stärkere Beachtung der rechten Körperseite, auf der die Rechtshändigkeit aufbaut.

■ **Individuelle Reifung:** Die Geschwindigkeit der motorischen Entwicklung sowie die Ausprägung von Körpergliedern und Organen nach Größe und Stärke sind individuell unterschiedlich.

■ **Selbstregulierende Fluktuation:** Der Organismus gestaltet aufgrund von eigenen Informationen über den Stand der Entwicklung selbst das weitere Reifungsgeschehen.

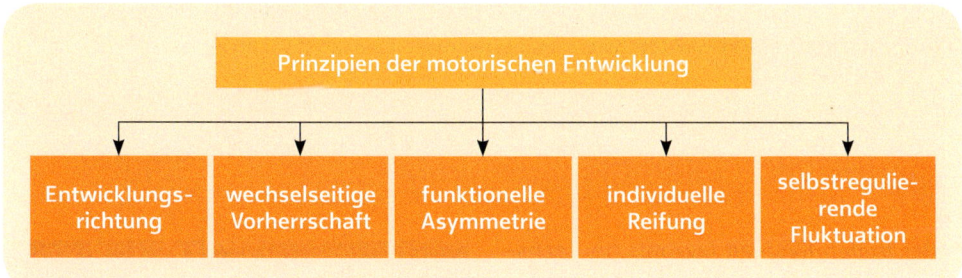

Prinzipien der motorischen Entwicklung				
Entwicklungs-richtung	wechselseitige Vorherrschaft	funktionelle Asymmetrie	individuelle Reifung	selbstregulie-rende Fluktuation

7.1.3 Der Entwicklungsverlauf der Motorik

Bereits als *ungeborenes Kind* bewegt sich der Mensch im Mutterleib, wie Aufnahmen von Föten zeigen. Das Kind dreht sich, windet sich, streckt sich und tritt oder stößt gegen die Gebärmutterwand der Mutter. Es bewegt sich zum Teil schnell und rhythmisch und zeigt bereits spezifische, gezielt auslösbare Reaktionen. Solche ererbten Reaktionen werden als **Reflexe** bezeichnet und laufen stets gleichförmig und automatisch ab.

> Unter einem Reflex versteht man eine ererbte, direkte und unmittelbare, stets gleichförmig und automatisch ablaufende Reaktion auf einen Reiz.

Das *Neugeborene* verfügt ebenfalls über eine Reihe von Reflexen und unkoordinierten Bewegungen wie z. B. das Strampeln.

Das Neugeborene besitzt den Atmungsreflex, den Saugreflex, den Suchreflex (bei Berührung der Wange), den Greifreflex (Foto) oder den Schreitreflex, der nach ca. acht Wochen wieder verschwindet.

Dabei können wir beobachten, dass der Säugling einerseits biologisch notwendige und lebenserhaltende Reflexe wie z. B. den Atmungs- oder Saugreflex besitzt, andererseits Reflexe zeigt, die sich nur aus der Evolutionsgeschichte des Menschen verstehen lassen, aber heute keine Bedeutung mehr besitzen.

Der Säugling ballt eine Faust, sobald seine Handfläche berührt wird (Palmarreflex), oder er streckt Arme und Beine aus und zieht sie wieder heran, sobald ihm scheinbar die Unterlage, auf der er liegt, entzogen wird (Klammer-bzw. Moro-Reflex).

Das *erste Lebensjahr* ist die Zeit der intensivsten Bewegungsreifung. In dieser Zeit lernt das Kind neben anderen Bewegungen das Sitzen, das Stehen und das Gehen. Etwa im vierten Monat zeigen sich die ersten gesteuerten Bewegungen; es lernt erste Koordinationsbewegungen von Auge und Hand, die sich zum Greifen entwickeln. Hierbei handelt es sich um eine Verbindung von sensorischen und motorischen Leistungen, die unter dem Begriff „Sensumotorik" – manchmal auch „Sensomotorik"[1] – zusammengefasst werden.

> „In der Sensumotorik bilden Wahrnehmung und Bewegung eine Einheit: Die Wahrnehmung ändert sich unter der Bewegung, und Bewegung ermöglicht die Wahrnehmung."
> (*Ley*endecker, 2016[3], S. 249)

Dabei ist entscheidend, dass aufgrund der Sinnesrückmeldungen die Bewegungen gesteuert und kontrolliert werden, wie dies bspw. beim Greifen der Fall ist.

Sensumotorik bezeichnet die Verbindung von sensorischen und motorischen Leistungen und bedeutet die Steuerung und Kontrolle von Bewegungen aufgrund von Sinnesrückmeldungen.

In der *frühen Kindheit* (zweites bis sechstes Lebensjahr) lernt das Kind eine Reihe von wichtigen Bewegungen wie das Laufen, das Treppensteigen, das Hüpfen oder das Klettern. Dabei spielt die Erhaltung des Gleichgewichts eine wichtige Rolle. Auch sensumotorische Leistungen differenzieren sich weiter aus: Das Kind lernt, selbstständig zu essen, sich allein anzuziehen, zu malen oder zu zeichnen.

In der *späten Kindheit* gewinnen die motorischen Leistungen zunehmend an Sicherheit und Reaktionsgeschwindigkeit, die Bewegungskoordination wird verfeinert. Das Kind lernt, seine Bewegungen zu beherrschen. Als bedeutendste motorische Leistung gilt in diesem Alter das Schreiben, eine spezielle sensumotorische Leistung. Bis etwa zum siebten Lebensjahr ist die grundlegende motorische Entwicklung abgeschlossen.

Im *Jugendalter* kann man vor allem eine bemerkenswerte Zunahme der Muskelkraft beobachten. Vor allem aber wird in diesem Alter die Geschlechtsdifferenzierung der Motorik sichtbar. Damit sind einerseits jene Verschiedenheiten gemeint, die durch den unterschiedlichen Körperbau von Mann und Frau sowie die Unterschiede im Bau der Geschlechtsorgane bedingt sind. Andererseits betrifft sie jene unterschiedlichen Bewegungen, welche durch die Rolle der Geschlechter in der jeweiligen Gesellschaft bestimmt sind[2].

---

[1] sensus (lat.): der Sinn, die Wahrnehmung
[2] vgl. Kapitel 8.4.4

Männer machen i. d. R. größere Schritte als Frauen. Jungen im Alter von ca. 13 Jahren raufen gern, was bei Mädchen in diesem Alter eher ungewöhnlich ist.

Der *Erwachsene* entwickelt sich nur noch aufgrund von Außenreizen. Sein Berufsleben und seine Einstellung zum Sport bestimmen das Ausmaß seiner Bewegung und Beweglichkeit.

Im *Alter* bildet sich die Muskelkraft zurück, ebenso die Koordinationsfähigkeit und Stabilität. Veränderungen am Skelettsystem wirken sich auf die Beweglichkeit der Wirbelsäule, der Gelenke und die Elastizität der Knochen aus. Alterskrankheiten, wie z. B. die Osteoporose[1], beeinträchtigen zusätzlich die motorische Leistungsfähigkeit. Das Ausmaß der Rückbildung im Alter ist stark vom Ausmaß der Bewegung in jüngeren Jahren abhängig.

→ **Materialien 1:**
Übersicht über die
Entwicklung der
Motorik

7.1.4 Die Förderung der Motorik

Obwohl die Entwicklung der Motorik des Menschen in den ersten Lebensjahren hauptsächlich durch Reifungsvorgänge gekennzeichnet ist, ist eine Förderung dieser Entwicklung möglich und erforderlich.

Ein Kind braucht, um gehen zu lernen, feste Knochen und eine ausgereifte Beinmuskulatur, die den Körper stützen kann. Doch braucht es ebenso die Anregung durch die Eltern und andere Personen, um diese Muskulatur zu betätigen und zu gehen.

Um ein Kind in seiner motorischen Entwicklung zu fördern, gibt es eine Vielzahl von Möglichkeiten. Zusammenfassend werden folgende Förderungsmöglichkeiten der Motorik genannt:

- Das Kind wird dazu angeregt und ermuntert, sich zu bewegen sowie sportlich aktiv zu sein.

  Bereits in den ersten Lebensmonaten werden dem Kind Spielsachen gezeigt, die es ergreifen will oder zu denen es hinkrabbeln will. Später macht die ganze Familie etwa Fahrradtouren, damit das Kind Spaß am Fahrradfahren bekommt.

- Das Kind kann sich frei bewegen: Sein Bewegungsdrang wird nicht durch Ermahnungen und Tadel unterdrückt oder durch einengende Kleidung oder Schuhe gehemmt.

- Bei all seinen sportlichen oder motorischen Tätigkeiten werden für das Kind Erfolgserlebnisse arrangiert.

- Das Kind wird gesund ernährt.

- Speziell die Grobmotorik wird durch Bewegungsspiele (Fangen), Ballspiele, Schwimmen, Fahrradfahren usw. gefördert.

- Speziell für die Förderung der Feinmotorik eignen sich z. B. Fingerspiele, Kneten mit Plastilin, Malen und Falten.

- Das Kind erhält bei körperlichen Störungen medizinische oder heilpädagogische Behandlungen, z. B. Krankengymnastik.

Wie wichtig die Förderung der motorischen Entwicklung eines Kindes auch für andere Bereiche der Persönlichkeitsentwicklung eines Menschen ist, zeigen *Erkenntnisse der Neuropsychologie*: Körperliche Aktivität sorgt für eine bessere Durchblutung, bei der wichtige Nervenwachstumsfaktoren in das Gehirn transportiert werden. Körperliche Aktivitäten

---

[1] Osteoporose ist eine Knochenerkrankung, bei der Knochensubstanz abgebaut wird.

regeln das Botenstoffsystem im Gehirn. Diese Botenstoffe – Neurotransmitter[1] – sorgen für die Weitergabe der Informationen im Gehirn und ermöglichen so das Denken und Lernen. Die Motorik ist damit ein einflussreicher Faktor beim Denken des Menschen[2].

> *Neuere Studien zeigen deutlich, „dass sich auch demenzielle Veränderungen im Sinne von Alzheimer um Jahre hinauszögern lassen, wenn man sich regelmäßig bewegt [...]" und „dass es schon genügt, wenn man sich mindestens viermal pro Woche so kräftig bewegt, dass man leicht ins Schwitzen kommt, um sein Risiko für Alzheimer zu halbieren."*
> *(Oswald, 2011, S. 106 f.)*

7.2 Die Entwicklung kognitiver Fähigkeiten und Funktionen (Sprache, Intelligenz und Denken, Gedächtnis)

Wie bereits in *Kapitel 4.1.1* ausgeführt, werden mit dem Wort „kognitiv" alle psychischen Fähigkeiten und Funktionen bezeichnet, die der Aufnahme, Verarbeitung und Speicherung sowie dem Abrufen und Weiterverwenden von Informationen dienen. Da die kindliche Auffassung der Wirklichkeit in einem nicht unerheblichen Maße vor allem die kognitive Entwicklung beeinflusst, soll sie als Erstes dargestellt werden.

7.2.1 Die kindliche Wirklichkeitsauffassung

Säuglinge und Kleinkinder nehmen ihre Umwelt anders wahr, erleben sie anders und setzen sich mit ihr in einer anderen Weise auseinander als Erwachsene. Nach *Jean Piaget*[3] treten zwei grundlegende Kriterien der geistigen Haltung des Kindes immer wieder auf: der **kindliche Egozentrismus und der Realismus**.

Der Egozentrismus[4]

Das Kind weiß noch nicht, dass es neben seiner eigenen Meinung und Erfahrung noch andere gibt, die auch richtig sein können; es ist nicht fähig, sich in eine andere Situation hineinzuversetzen.

> **Als Egozentrismus bezeichnen wir die Haltung eines Menschen, der seine eigene Person als Zentrum allen Geschehens betrachtet und alle Ereignisse von seinem eigenen Standpunkt und seiner eigenen Perspektive aus bewertet.**

Diese Haltung ist dem Kleinkind eigentümlich und spiegelt sich in Wahrnehmung, Denken, Sprache und Handeln gleichermaßen wider.

Ein Dreijähriger hält sich die Augen beim Versteckspielen zu und meint, nun könnten ihn auch die anderen nicht sehen. Ein fünfjähriges Kind ist überzeugt, dass es dunkel wird, damit es schlafen kann, oder dass die Bienen eigens dafür da sind, den Menschen Honig zu liefern.

---

[1] neuron (griech.): Nerv, Sehne; transmittere (lat.): hinüberschicken, übertragen; die Übertragung von einer Nervenzelle auf eine andere geschieht mithilfe chemischer Substanzen, den Neurotransmittern wie z. B. Acetylcholin, Katecholamine, Indolamine und Aminosäuren.
[2] Das Denken als psychische Funktion ist in Kapitel 4.4 dargestellt.
[3] Eine Kurzbiografie von Jean Piaget befindet sich in Kapitel 6.4.3.
[4] ego (lat.): ich; centrum (lat.): in der Mitte, der Mittelpunkt

Der Realismus[1]

Für das Kleinkind existiert nur, was unmittelbar wahrnehmbar ist.

So existiert die Luft in der Vorstellung des Kindes nur in der wahrnehmbaren Eigenschaft der Bewegung: Wind ist Luft, in einer leeren Dose ist keine Luft.

Ebenso werden nicht real existierende Gegebenheiten, wie z. B. Vorstellungen, Fantasien oder Träume, als real existierend wahrgenommen.

Ein Vierjähriger glaubt, dass der Traum nicht seiner Vorstellung entspringt, sondern sich außerhalb der Vorstellung tatsächlich in der Umwelt abspielt und mit Augen und Ohren wahrgenommen wird.

> Realismus bezeichnet die kindliche Auffassung, dass nicht nur das existiert, was unmittelbar wahrnehmbar ist, sondern auch das, was das Kind träumt oder fantasiert, was also in Wirklichkeit nicht real existent ist.

Diese realistische Deutung der Vorstellungswelt kann zur Vermengung von Wahrnehmung und Vorstellung führen, was in der Alltagssprache häufig als **Kinderlüge** bezeichnet wird.

Egozentrismus und Realismus zeigen sich im gesamten Erleben und Verhalten des Kleinkindes.

So vermenschlicht das Kleinkind alle Dinge seiner Umgebung oder es schreibt ihnen eine zweckgerichtete Deutung zu. Ein Tisch, an dem man sich gestoßen hat, ist ein böser Tisch; der Teddybär, der sich dem Vorhaben des Kindes widersetzt, wird getadelt und bestraft. Die Wellen des Sees bewegen sich, damit die Menschen nicht untergehen; die Sonne scheint, damit die Menschen baden gehen können; der Ball springt von der Wand zurück, damit man ihn auffangen kann – die Holzkugel tut das nicht, weil sie zu dumm ist.

→ **Materialien 2:**
Egozentrismus und Realismus im Erleben und Verhalten des Kleinkindes

Die geistige Haltung des Kindes

Egozentrismus	Realismus
Die eigene Person wird als Zentrum allen Geschehens betrachtet und alle Ereignisse werden vom eigenen Standpunkt und der eigenen Perspektive aus bewertet	Es existiert nur das, was unmittelbar wahrnehmbar ist, aber auch das, was in Wirklichkeit nicht real existent ist

---

[1] realis (lat.): sachlich, wesentlich

7.2.2 Die Entwicklung der Wahrnehmung

Wie in *Kapitel 3.1.3* ausgeführt, versteht man unter Wahrnehmung den Prozess und das Ergebnis der Informationsgewinnung und -verarbeitung von Reizen aus der Umwelt und dem Körperinneren. Aufgenommen werden diese Reize von den Sinnen des Menschen wie dem Seh-, Gehör-, Geschmacks-, Geruchs-, Tast-, Temperatur-, Gleichgewichts- und Schmerzsinn. Grundsätzlich ist festzustellen, dass bei der Entwicklung der Sinne erst die körpernahen Sinne wie Tast- und Geschmackssinn, dann die körperfernen Sinne wie das Hören oder Sehen gemäß ihrer biologischen – lebenserhaltenden – Bedeutung auftreten.

Ein Säugling kann zuerst die Brustwarze der Mutter ertasten und schmecken, was er trinkt, bevor er die Brustwarze sehen kann, da Ersteres für sein Überleben wichtiger ist.

Der Entwicklungsverlauf der Wahrnehmung

Neue Untersuchungen haben gezeigt, dass Kinder bereits bei der Geburt mit beachtlichen Wahrnehmungsleistungen ausgestattet sind und sich manche Sinnesleistungen wie z. B. das Sehen mit rasanter Geschwindigkeit entwickeln.

Sinnesleistungen bei Babys

- *„Babys unterscheiden, nach ihrem mimischen Ausdruck zu schließen, ‚süß‘, ‚sauer‘ und ‚bitter‘, sowie verschiedene Gerüche (Banane, Vanille, Fisch, faule Eier) bereits, bevor sie erstmals Nahrung aufnehmen. Nach wenigen Tagen erkennen sie ihre Mutter am Geruch [...].*
- *Babys hören (bereits seit dem sechsten Schwangerschaftsmonat) und orientieren schon als Neugeborene ihren Blick bzw. Kopf in Richtung einer Schallquelle.*
- *Babys sehen Objekte (oder Muster, Figuren, Formen), wobei sie allerdings noch Schwierigkeiten mit Konvergenz und Akkommodation der Augen haben und deshalb nicht fixieren können.*
- *Babys unterscheiden Farbtöne und Helligkeitsabstufungen.“*

(Bischof-Köhler, 2011, S. 51)

– Das Sehen

Babys im Mutterleib reagieren spätestens mit sieben Monaten auf Lichtreize. Das *Neugeborene* kann hell und dunkel unterscheiden und im Abstand von 19 cm zu den Augen relativ scharf sehen. Bereits ein oder zwei Tage alte Babys sind in der Lage, das Gesicht ihrer Mutter von dem anderer Frauen zu unterscheiden. Babys können sowohl einzelne Tiere als auch Menschen unterscheiden (vgl. *Höhl, 2012, S. 53*).

Die Fähigkeit, die Augen auf eine bestimmte Entfernung einzustellen, und damit auch in näherer oder weiterer Entfernung klar zu sehen, ist im Alter von *zwei Lebensmonaten* ausgebildet. Zwischen dem zweiten und dritten Lebensmonat beginnt das Baby, seinen Blick nicht mehr nur auf einen Aspekt eines Reizes zu richten, sondern den Reiz in seiner gesamten Form zu betrachten.

So richtet das zwei Monate alte Baby seinen Blick nicht nur auf die Augen oder den Mund, sondern auf das gesamte Gesicht.

Entwicklung der Objektkategorie bei Babys

- *„Babys sind darauf programmiert, ihre Aufmerksamkeit bevorzugt auf Merkmale zu richten, die auf Objekte hinweisen. So achten sie bereits im ersten Monat auf Konturen, also auf Objektgrenzen [...].*
- *Babys unterscheiden mit einem Monat Figur und Grund.*
- *Dreimonatige nehmen ein im mittleren Teil verdecktes Objekt als einheitliche Gestalt wahr, wenn sich die Objektteile gemeinsam in die gleiche Richtung bewegen (Gesetz des gemeinsamen Schicksals).*
- *Dreimonatige verfügen über Formkonstanz [...] und nehmen Objekte als Einheiten vor dem Hintergrund wahr, die auch bei Bewegung erhalten bleiben [...].*
- *Viermonatige meistern die Größenkonstanz [...].*
- *Sechsmonatige ergänzen durchbrochene Begrenzungslinien zu einer prägnanten Gestalt."*

(Bischof-Köhler, 2011, S. 55)

Das Tiefensehen ist angeboren, entwickelt sich jedoch erst durch die Eigenbewegung im Raum. Kinder erkennen *ab sechs Monaten* – wenn sie anfangen zu krabbeln – Tiefen und reagieren entsprechend darauf. Beim *zweijährigen Kind* sind Wahrnehmungen der Raumtiefe und der Entfernung im Raum festzustellen. Das Kind glaubt in diesem Alter jedoch, dass die nahen Dinge wirklich so groß und die entfernten Dinge tatsächlich so klein sind, wie sie aussehen. Erst nach dem zweiten Lebensjahr entdeckt das Kind die tatsächliche Größe und Form von Personen und Gegenständen, wenn es zu ihnen hingehen kann.[1] *Ab dem vierten Lebensjahr* sind die Leistungen im Tiefen- und Entfernungssehen dem des Erwachsenen sehr ähnlich. *Ab dem 12. Lebensjahr* kann das Kind perspektivisch zeichnen und komplizierte Lageverhältnisse erkennen.

So ist ein 12-jähriges Kind i. d. R. in der Lage, die vier Himmelsrichtungen zu bestimmen.

Beim alternden Menschen wird die Sehkraft aufgrund der Anreicherung der inneren Augenmuskulatur mit Bindegewebe geschwächt.

– Das Hören

Kinder können bereits im Mutterleib hören und die Stimme ihrer Mutter erkennen. Wie neue Untersuchungen ergeben haben, bevorzugen sie auch die Sprache ihrer Mutter. *Neugeborene* verfügen über Ansätze räumlichen Hörens und können die menschliche Stimme von anderen Geräuschen unterscheiden. Zwischen dem *vierten und sechsten Monat* haben Säuglinge die Fähigkeit entwickelt, Gesehenes und Gehörtes miteinander zu verbinden, zusammen zu verarbeiten und ein Ereignis daraus zu machen. Die Fähigkeit, tiefe Töne und Geräusche exakt zu unterscheiden, wird erst *nach einigen Lebensjahren* erworben. Die akustische Gestaltwahrnehmung verläuft *bis zum Schulalter* ganzheitlich: Wörter und Melodien werden global erfasst und können erst später in ihre Elemente bzw. Details zerlegt werden. Beim *alten Menschen* geht das Hörvermögen aufgrund einer Veränderung im Innenohr zurück.

– Das Riechen und Schmecken

Neugeborene differenzieren bereits zwischen verschiedenen Gerüchen.

Sie zeigen positive Gesichtsausdrücke beim Riechen von Früchten wie etwa Bananen oder Erdbeeren und negative beim Riechen unangenehmer Düfte wie bei rohem Fisch oder faulen Eiern.

---

[1] siehe hierzu Kapitel 3.4.3

Gegen *Ende der ersten Lebenswoche können* Babys den Brust- und Milchgeruch ihrer Mutter von dem anderer Mütter unterscheiden. Auch die Geschmackswahrnehmung ist bereits bei der Geburt in wesentlichen Zügen vorhanden.

– **Das Fühlen**

Der Tast- bzw. Hautsinn ist schon im Mutterleib entwickelt und funktionsfähig. *Neugeborene* reagieren bereits auf Berührungen, Temperaturen und Schmerz, wobei die Sensibilität in den ersten Lebenstagen zuzunehmen scheint.

– **Das Gleichgewichtssystem**

Das Gleichgewichtssystem wird im *zweiten und dritten Schwangerschaftsmonat* angelegt und ist bei normal verlaufender Schwangerschaft im sechsten Monat ausgereift. Die fortschreitende Entwicklung der Fähigkeit, das Gleichgewicht zu halten, zeigt sich etwa mit *einem halben Jahr*, wenn das Kind allein sitzen kann, oder deutlich mit ca. einem Jahr, wenn das Kind anfängt, ohne Hilfestellung zu stehen, dann zu gehen und später zu laufen. Gegen *Ende des zweiten Lebensjahres* kann das Kind Treppen steigen, ohne sich festzuhalten, und es kann einen Gegenstand mit dem Fuß anstoßen, ohne umzufallen. *Zwischen drei und vier Jahren* kann es Bewegungen abrupt beenden, ohne umzufallen, und mit ca. *fünf Jahren* kann es sein Gleichgewicht so halten, dass Auf-einem-Bein-Stehen und Hüpfen sowie Fahrrad- oder Rollerfahren möglich sind.

– **Die zeitliche Wahrnehmung**

Zunächst lebt das Kind in einer dauernden Gegenwart, im Hier und Jetzt. Mit ca. *zweieinhalb Jahren* kann es die sprachliche Bezeichnung „Zukunft" richtig verwenden und mit etwa *drei Jahren* kennt es die Bedeutung der „Vergangenheit". Mit *fünf Jahren* kann es die Wochentage richtig angeben, mit sieben die Monate, die Jahreszeiten und die Uhrzeit. Erst in der *späteren Kindheit* kann zwischen der nahen Vergangenheit (gestern) und einer länger zurückliegenden Zeit (vor Jahren) sowie einer nahen und fernen Zukunft unterschieden werden. Ab dem *12. Lebensjahr* kann das Kind mit geschichtlichen Zeiträumen umgehen.

Die Wahrnehmungsfähigkeit eines Menschen kann eingeschränkt sein. In einem solchen Fall spricht man von **Wahrnehmungsstörungen**, die in *Kapitel 3.5.2* ausgeführt sind.

Die Förderung der Wahrnehmung

Psychologen und Hirnforscher weisen seit Jahren darauf hin, dass das Sehen, Hören, Riechen, Schmecken, Fühlen usw. von den Kindern geübt und durch die Erwachsenen gefördert werden muss. Denn obwohl Neugeborene mit ca. 100–120 Milliarden Nervenzellen auf die Welt kommen und im Gehirn bereits gewisse Grundmuster vorhanden sind, müssen sämtliche Sinne genutzt werden, damit das Gehirn eine Struktur bilden und die künftigen Wahrnehmungen verarbeiten kann. Die Förderung der Sinne ist vor allem in den ersten Lebensjahren äußerst wichtig, weil in dieser Zeit das Gehirn besonders aufnahmefähig ist und die vielen Sinneswahrnehmungen zu komplexen Mustern speichert, die für spätere Wahrnehmungsverarbeitungen von Vorteil sind. Jede Sinneswahrnehmung wird an die Nervenzellen weitergeleitet, mit anderen Nervenzellen zu Netzwerken verknüpft und damit gespeichert. Je mehr die Sinnesorgane gefordert werden, desto aufnahmefähiger werden sie.

Zur Förderung der Wahrnehmung sind folgende Möglichkeiten wichtig:

■ Frühzeitige Untersuchungen der Babys und Kleinkinder hinsichtlich der Funktionsfähigkeit ihrer Sinnesorgane: Eltern sollten immer wieder testen, ob ihr Baby gut hört und sieht, und bei möglichen Problemen den Kinderarzt konsultieren.

- Angebot von vielfältigen Möglichkeiten, damit das Kind sinnliche Erfahrungen machen kann

  Hier bietet sich am besten die freie Natur an: die Farben der Felder sehen, Geräusche im Wald hören, den Duft von Blumen riechen, essbare Beeren schmecken, Schlamm fühlen, über umgestürzte Bäume balancieren.

- Frühzeitige Schulung der Wahrnehmung mit geeignetem Spielmaterial

  Die Montessori-Pädagogik schlägt zur Förderung des Gehörsinns Übungen mit Geräusch-büchsen vor. Hier werden Kindern mithilfe ganz normaler Büchsen, Gläser oder Flaschen, die verschiedene Materialien beinhalten (Steine, Reis, Perlen usw.), unterschiedliche Laut-stärken, Höhen und Tiefen sowie verschiedene Rhythmen vermittelt.
  Zur Förderung des Farbsinns üben die Kinder mit Farbtäfelchen oder bunten Perlen, um die Grundfarben, Mischfarben oder verschiedene Farbabstufungen besser wahrnehmen zu können.

- Hilfen zur Überwindung der Wahrnehmungsbarrieren durch Vorschulpädagogik

  Hier werden Kinder im Kindergarten auf den stark visuell/optisch orientierten Unterricht in der Schule mithilfe von Arbeitsblättern vorbereitet.

- Sonderpädagogische Betreuung von Kindern, die Störungen im Bereich der Wahrneh-mung aufweisen, also etwa Seh- oder Hörtrainings.

- Spezielle Förderprogramme für Legastheniker[1] in bestimmten Einrichtungen, in denen vor allem Rechtschreib- und Leseübungen durchgeführt werden oder wo die Merkfä-higkeit mithilfe von Reimen, Gedichten usw. geschult wird.

Nach *Gerd E. Schäfer* (*2011, S. 8 ff.*) sind Erfahrungen im Alltag die beste Sinnesschulung. „Indem Kinder an unserem Alltag teilnehmen und all das tun, was in diesem Alltag zu tun ist, entwickeln sich die Sinne. […] Alltagserfahrungen ermöglichen eine viel intensivere sinnliche Bildung als jeder Sinnespfad, denn die Sinne sind hier eingebettet in einen be-deutungsvollen Zusammenhang."

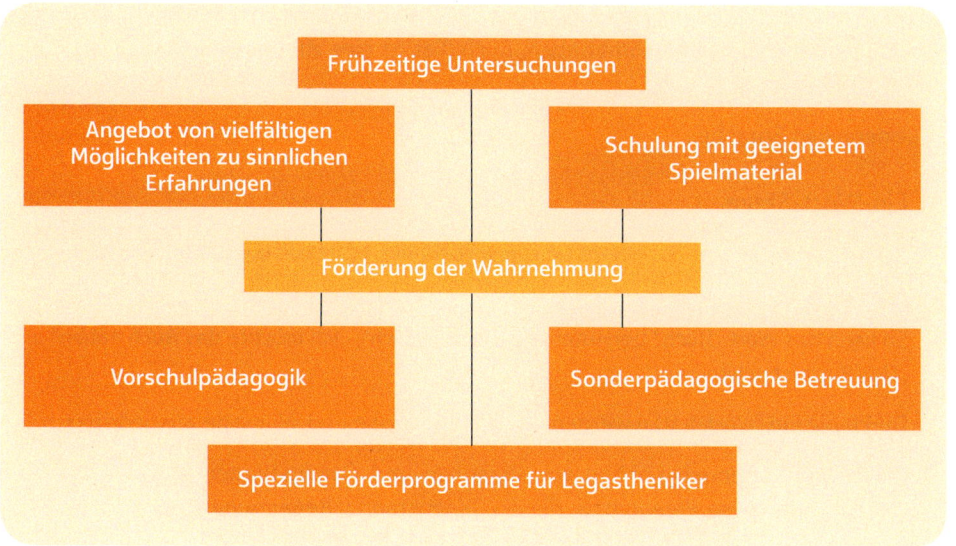

---

[1] Legasthenie: Lese-Rechtschreib-Schwäche; auf sie wird in Kapitel 3.5.2 eingegangen.

7.2.3 Die Entwicklung der Sprache

Um bestimmte Sachverhalte beschreiben und sich untereinander verständigen zu können, einigten sich Menschen auf ein System von Lauten und Zeichen, die nach ganz bestimmten Regeln miteinander verbunden werden: die Sprache[1].

Der Entwicklungsverlauf der Sprache

– **Vorstadium: Geburtsschrei und Unlustschreien**

Die erste lautliche Äußerung ist der **Geburtsschrei des Neugeborenen**. Dieser stellt eine rein physiologische Äußerung dar, die durch das Einsetzen der Atmung bedingt ist. Bald wird das Schreien zur **Kundgabe von Unbehagen**: Fühlt sich der Säugling z. B. aufgrund von Hunger oder Schmerzen nicht wohl, tut er dies durch Schreien kund. Die Schreie in den ersten sechs Lebensmonaten werden also durch ein Unlusterleben beim Säugling erzeugt und dienen einer gewissen Unlustverminderung.

Allmählich setzt der Säugling sein Schreien mit einer bestimmten Absicht ein, um den Erwachsenen zu aktivieren. Etwas später werden erste **Lustäußerungen** beim *Kleinkind* bemerkt, die keine reinen Schreie mehr, sondern erste Lautbildungen sind.

Die ersten gesprächsartigen Interaktionen zwischen Bezugspersonen und Säugling lassen sich schon kurz nach der Geburt beobachten. Diese Zwiegespräche fördern nicht nur den Spracherwerb des Kindes, sie senden auch Gefühle, Wärme, Verständnis und dergleichen (vgl. *Horsch, 2012, S. 32 f.*).

– **Lallmonologe**

Mit ca. *sechs Monaten* treten Kombinationen auf, z. B. „pa-pa-pa-pa" oder „la-la-la-la", die sich auf zweierlei Wegen verfestigen:

■ Das Kind hört sich selbst und ahmt sich selbst nach. Dieser Vorgang wird *Echolalie*[2] genannt. Dabei können wir von einem zirkulären Phänomen sprechen: Das Kind hört sein eigenes Lallen und wiederholt das Gehörte.

■ *Fremdnachahmung*: Das Kind ahmt das Lallen der Erwachsenen nach, die wiederum das Kind nachgeahmt haben. Auch dies ist eine zirkuläre Reaktion.

Mit dem Schreien und Lallen verfügt das Kind nun über die notwendigen Bausteine einer jeden Sprache.

– **Ein-Wort-Sätze**

Ein ab dem Alter von ca. einem Jahr gesprochenes Wort hat die Bedeutung eines ganzen Satzes.

So kann das Wort „Buch" bedeuten „Das ist ein Buch", „Ich möchte das Buch haben" oder „Das Buch ist schön bunt".

Durch die Ein-Wort-Sätze werden meist Bedürfnisse und Wünsche ausgedrückt.

Durch das Benennen-Können von Personen und Gegenständen gewinnt das Kind „Macht" über diese Person bzw. diesen Gegenstand (*„Benennungsalter"*).

Ein Kind deutet auf einen Tisch, sagt „Tisch" und sieht den Erwachsenen dabei fragend an. Bejaht dieser die Frage, so freut sich das Kind und ist stolz auf seine richtige Benennung.

---

[1] vgl. Kapitel 4.2.1
[2] ĕcho (griech.): der Schall, der Widerhall; laliá (griech.): das Gerede

– **Zwei- und Mehr-Wort-Sätze**

Ab der zweiten Hälfte des *zweiten Lebensjahres* gebraucht das Kind satzähnliche Anhäufungen von zwei und später mehreren Wörtern, um vor allem Gefühle auszudrücken.

Mit „au Stuhl" wird bekundet, dass man sich am Stuhl gestoßen hat; mit „o Ball" gibt das Kind zu verstehen, dass es den Ball schön findet.

Der Wortschatz des Kindes ist am Ende des zweiten Lebensjahres schon beträchtlich, die Hauptwörter nehmen den Hauptanteil der sprachlichen Äußerungen ein. Grammatikalische Regeln werden jedoch nicht beachtet und die Sätze bestehen aus eigenen Konstruktionen. Das sinngemäß wichtigste Wort steht meist in der Mitte des Satzes, die anderen Wörter werden darum herum angeordnet. Die Wörter werden nicht gebeugt, die Hauptwörter werden im Nominativ, die Verben nur im Infinitiv gebraucht.

– **Flexionen**

Im *dritten Lebensjahr* beginnt das Kind, die Wörter zu beugen und den Satz so zu konstruieren, dass das Subjekt am Anfang und nachfolgend das Prädikat steht. Das Sprechenlernen vollzieht sich nach dem **Denkprinzip der Analogie**[1].

Da „hoch" mit „höher" gesteigert wird, steigert das Kind „gut" mit „güter". Oder es sagt „ich bin gesitzt" nach „ich bin gegangen" oder „ich schlafte" nach „ich machte".

Typisch für dieses Alter sind auch die **Wortneuschöpfungen**. Das Kind kann viele Dinge noch nicht benennen, weil es den Ausdruck dafür noch nicht kennt, und erfindet deshalb selbst Wörter.

Beispiele hierfür sind „Fliegding" für Flugzeug oder „Zugziehtive" für Lokomotive.

– **Zunehmende Strukturierung und Differenzierung**

Etwa im *fünften Lebensjahr* kann das Kind richtig mit Grammatik und Syntax (Wortgefüge, Satzgefüge) umgehen, die fundamentale Sprachentwicklung ist bis zum sechsten bzw. siebten Lebensjahr abgeschlossen.

Im *Schulkindalter* vollzieht sich eine zunehmende Strukturierung und Differenzierung der sprachlichen Ausdrucksfähigkeit. Mit dem Abklingen des Egozentrismus[2] wird das Kind fähig, die Sprache zum Gegenstand der Betrachtung zu machen. Es wird fähig, Sätze in Wörter und Wörter in Buchstaben zu zerlegen, was für den Lese- und Rechtschreibunterricht von großer Bedeutung ist.

Im Zusammenhang mit der Entwicklung des abstrakten Denkens[3] wird das Kind fähig, die Regelhaftigkeit der Sprache zu verstehen und grammatikalische Gesetzmäßigkeiten zu erfassen. In der *Pubertät* wird dann Sprache bewusst gestaltet, sie wird mit Gestaltungsabsicht verwendet.

Parallel zur Sprachentwicklung verläuft auch die **Entwicklung des kindlichen Fragens**: In der ersten Hälfte des *zweiten Lebensjahres* fragt das Kind nach den Namen der Dinge (**„Benennungsalter"**). Dem entspricht die Frageform der **„Was-Fragen"**. Im *dritten und vierten Lebensjahr* finden wir überwiegend **„Wo-Fragen"**, im *vierten und fünften Lebensjahr* die berühmten **„Warum-Fragen"**, eine Zeit, die man als das *„Fragealter"* bezeichnet. Während dieser Zeit hat die Entwicklung des Wortschatzes, die ab der zweiten Hälfte des

---

[1] Analogie (griech.): Entsprechung, Ähnlichkeit
[2] siehe Abschnitt 7.2.1
[3] siehe Abschnitt 7.2.4

zweiten Lebensjahres recht schnell abläuft, ihren Höhepunkt. Von da ab wird der Zuwachs des sprachlichen Neuerwerbs allmählich etwas geringer.

Die Entwicklung der Sprache bei *Jugendlichen und Erwachsenen* bedeutet eine Verfeinerung ihrer Ausdrucksfähigkeit und wird hauptsächlich bestimmt durch ihre Bildung und ihr soziales Umfeld. Unterschiede zwischen den Individuen sind im Sprachstil, im Umfang des Wortschatzes und in der Beherrschung der Grammatik erkennbar.

Zunehmende Beeinträchtigungen der Sprachfähigkeit im *Alter* sind meist auf altersbedingte Erkrankungen zurückzuführen.

Alter	Stadium
0–6 Monate	Vorstadium: Geburtsschrei, Unlustschreie
6 Monate – 1 Jahr	Lallmonologe
1–1½ Jahre	Ein-Wort-Sätze „Benennungsalter" („Was-Fragen")
1½–2 Jahre	Zwei- und Mehr-Wort-Sätze
2–4 Jahre	Flexionen Fragealter: „Wo-Fragen"
4–6 Jahre	richtiges Sprechen Fragealter: „Warum-Fragen" Höhepunkt der Wortschatzentwicklung
6–11 Jahre	zunehmende Strukturierung und Differenzierung: – Zerlegung von Sätzen in Wörter und Wörtern in Buchstaben – Erfassen von grammatikalischen Gesetzmäßigkeiten und Verstehen der Regelhaftigkeit der Sprache – Fähigkeit, die Sprache zum Gegenstand der Betrachtung zu machen
Pubertät Jugendzeit und Erwachsenenalter	– bewusste Gestaltung der Sprache – Verbesserung der Ausdrucksfähigkeit, des Sprachstils, des Wortschatzes und der Beherrschung der Grammatik

Die Förderung der Sprachentwicklung

Das Sprechenlernen beruht primär auf *Nachahmung*. Aus diesem Grund ist es wichtig, wie in der Umgebung des Kindes gesprochen wird und wer dem Kind nachahmenswert erscheint.

■ Das **Herstellen einer Bindung** – eine emotionale Beziehung zwischen zu Erziehendem und einer oder auch mehreren anderen Personen – ist Voraussetzung für eine gute Sprachentwicklung. Diese Beziehung muss über Raum und Zeit hinweg emotional sehr eng miteinander verbinden und sich einerseits durch positive Gefühle wie Verbundenheit, Nähe, Zärtlichkeit, Fürsorge, Schutz, Körperkontakt und vor allem Ansprache sowie andererseits durch das Respektieren und Unterstützen des kindlichen Explorationsbedürfnisses auszeichnen[1].

- **Richtiges Vorsprechen** ist sehr wichtig. Übernehmen die Eltern die Babysprache, hat das Kind kaum die Möglichkeit, seine Fehler zu verbessern. Eltern und andere Erzieher sollten in *ganzen Sätzen* sprechen. Eltern sollten auch nicht die Sprache des Kindes übernehmen.

- Falsch gesprochene Sätze sollten lediglich richtig wiederholt werden, ohne jedoch auf die Fehler groß hinzuweisen und das Kind dadurch zu verunsichern. Dabei sollten Eltern ihr Kind erst ausreden lassen und es dabei anschauen. Das Kind aber Sätze nachsprechen zu lassen, ist wenig effektiv.

- Erzieher sollten Kinder **zum Sprechen ermutigen**, indem sie immer wieder Erfolgserlebnisse vermitteln und zu weiterem Bemühen anspornen, bspw. durch Anerkennung der Kinder für ihre Sprachleistungen oder indem sie die Äußerungen der Kinder durch interessiertes Zuhören verstärken und die kindliche Neugier durch die bereitwillige Beantwortung der vielen Fragen nicht unterdrücken.

- Sprachfördernd wirkt eine **sprechfreudige Umgebung**, bspw. durch Eltern und Geschwister, die auch das Kleinkind in ihre Gespräche mit einbeziehen. Die Eltern sollten ihren Kindern Geschichten erzählen, Bilder und Gegenstände betrachten und benennen oder die Kinder selbst Geschichten erzählen bzw. lesen lassen. Dabei kann man viele Alltagssituationen wie etwa das Wickeln zum Sprechen nutzen.
  Trotz des Sprechens mit dem Säugling und Kleinkind sollten Eltern und andere Erzieher *zuhören* und nicht unterbrechen.

- Die Sprache bzw. das Sprechen kann durch Spiele gefördert werden, z. B. durch Fingerspiele, Sprechverse, Lieder, Rollenspiele oder auch durch das Nacherzählen von Bilderbüchern.

- Bei organischen Schäden bieten sich medizinische Hilfen an, etwa Operationen oder Zahnprothesen, die zumindest eine Sprecherleichterung zur Folge haben, oder logopädische Therapien, in denen z. B. Sprechübungen mithilfe eines Spiegels gemacht werden, der dem Kind mit Sprachbehinderung als Kontrolle und optische Hilfe dient.

- Die ersten sechs Lebensjahre sind ein sehr wichtiger Zeitraum für die Sprachentwicklung. Dies sollte bei der Förderung der Sprachentwicklung auf jeden Fall berücksichtigt werden[2].

Kinder, die relativ früh zweisprachig aufwachsen, werden in ihrer geistigen Entwicklung nicht gehemmt – im Gegenteil, die Zweisprachigkeit (Bilingualität3) fördert die geistige Flexibilität von Kindern (vgl. Kast, 2013, S. 34 ff.).

---

[1] vgl. Kapitel 8.3.4
[2] vgl. Kapitel 6.2.5
[3] bi (lat.): zweimal, drückt in Bildungen mit Adjektiven oder Substantiven eine Doppelheit, eine Zweiheit aus; lingua (lat.): die Sprache, die Zunge

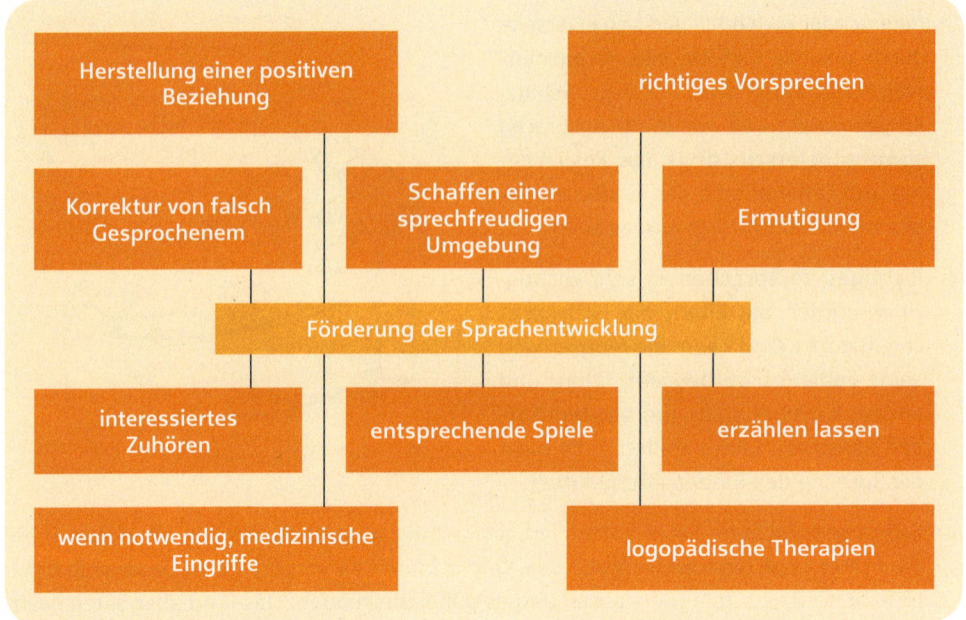

7.2.4 Die Entwicklung des Denkens

Mit Denken wird – wie in *Kapitel 4.4.1* ausgeführt – ein nicht beobachtbarer psychischer Vorgang bezeichnet, in dessen Verlauf Informationen erfasst und verarbeitet werden. Es handelt sich also hierbei um einen geistigen Vorgang, der von außen nicht beobachtbar ist und in welchem der Mensch Informationen wahrnimmt, verarbeitet, bewertet, Probleme löst und dementsprechend sein Verhalten sowie Handeln steuert.

Voraussetzung für die Funktion des Denkens ist die *Intelligenz* als Fähigkeit, sich neuen Situationen anzupassen und diese ohne bisherige Erfahrungen erfolgreich zu bewältigen; sie können nicht allein aufgrund bisheriger Erfahrungen gemeistert werden[1].

Die Stufen der Denkentwicklung

Jean Piaget (2003[3]) hat, wie in *Kapitel 6.4.3* ausgeführt, eine sehr umfassende Studie über die geistige Entwicklung des Menschen erstellt. Seine Thesen werden mittlerweile zwar von vielen Psychologen kritisiert, gelten aber immer noch als Grundlage der Theorie der geistigen Entwicklung eines Menschen. Er teilte die Entwicklung des Denkens in vier Stufen ein:

- die Stufe der **sensumotorischen Intelligenz**,
- die Stufe des **präoperationalen Denkens**,
- die Stufe des **konkret-operationalen Denkens** und
- die Stufe des **formal-operationalen Denkens**.

1. Die Stufe der sensumotorischen[2] Intelligenz (*die ersten beiden Lebensjahre*)

Diese Stufe erstreckt sich in etwa auf die *ersten beiden Lebensjahre*. *Piaget* geht davon aus, dass der Mensch in dieser Zeit noch keine Denkleistungen im Sinne von „innerem

---

[1] vgl. Kapitel 4.3.1
[2] Der Begriff „Sensumotorik" (Sensomotorik) ist in Abschnitt 7.1.3 geklärt.

Handeln" vollziehen kann. Er versteht unter sensumotorischer Intelligenz die **Koordinierung von Wahrnehmungsempfindungen mit motorischen Leistungen**.

> **Unter sensumotorischer Intelligenz versteht Jean Piaget die Koordinierung von Wahrnehmungseindrücken mit motorischen Leistungen.**

Diese Stufe der sensumotorischen Entwicklung unterteilt *Piaget (2003³)* in sechs Stadien.

1. Stadium: Betätigung der Reflexe (*etwa der erste Lebensmonat*)

Ausgangspunkt der sensumotorischen Intelligenz sind die angeborenen Reflexe, die durch Übung in ihren Ausführungen gezielter, kräftiger und sicherer werden[1]. Sie bilden als Handlungsmuster den „Motor" der Erkenntnis (vgl. *Hoppe-Graff, 2014, S. 157*).

2. Stadium: Einfache Gewohnheiten (*etwa zweiter und dritter Lebensmonat*)

Der Säugling beginnt, einfache, zunächst rein reflektorische Handlungen zu wiederholen (*primäre Kreisreaktionen*).

Der Säugling führt Saugbewegungen aus, auch wenn er satt ist und ruhig in seinem Bettchen liegt, oder er öffnet und schließt immer wieder seine Hände.

Der Säugling verbindet jedoch mit diesen einfachen Bewegungen noch keinerlei Absichten; sie laufen vielmehr gewohnheitsmäßig ab, gleichsam um ihrer selbst willen.

3. Stadium: Aktive Wiederholungen (*etwa vom vierten bis achten Lebensmonat*)

Der Säugling wiederholt zunehmend solche Tätigkeiten, die zufällig zu einem für ihn interessanten Effekt führen und damit lustbetont sind (*sekundäre Kreisreaktionen*).

Der Säugling greift nach einer Rassel, die – ohne dass er darauf gefasst ist – ein Geräusch verursacht. Überrascht von diesem Effekt seiner Greifhandlung wird dieser unerwartete Effekt lustvoll wiederholt.

Er interessiert sich jetzt mehr für die Auswirkungen seiner Handlungen.

4. Stadium: Verknüpfung von Mittel und Zweck (*ca. vom achten bis 12. Lebensmonat*)

Der Säugling verbindet verschiedene Verhaltensmuster miteinander, um ein bestimmtes Ziel zu erreichen; es kommt zu ersten Verknüpfungen von Mittel und Zweck.

Das Kind wirft das Kissen aus dem Bett, um dahinter nach einem verborgenen Spielobjekt zu suchen, oder es lässt wiederholt einen Gegenstand fallen, um ihn dabei zu beobachten.

Nach *Piaget* handelt es sich hierbei um die ersten Intelligenzhandlungen im eigentlichen Sinn (vgl. *Piaget, 2003³, S. 231*).

5. Stadium: Aktives Experimentieren (*etwa vom 12. bis 18. Lebensmonat*)

Gegen Ende des *ersten Lebensjahres* wird das „Neue" interessant. Das Kind beginnt mit einem aktiven Experimentieren in dem Sinne, dass es zur Erreichung eines bestimmten Zieles im Gegensatz zu früher völlig neue Verhaltensweisen ausprobiert.

---

[1] vgl. Abschnitt 7.1.3

Bringt man außerhalb der Reichweite des Kindes eine Glocke an und befestigt diese an einer Schnur, die vom Kind erreicht werden kann, so stellt es verschiedene Versuche an, um die Glocke zu erreichen. Schon bald erfasst es die Beziehung zwischen sich selbst, der Glocke und der Schnur.

 „Zum ersten Mal passt sich das Kind [...] unbekannten Situationen an. Es verwendet dazu nicht nur früher ausgebildete Verhaltensschemata, sondern sucht und findet neue Mittel."
(Piaget, 2003³, S. 268)

6. Stadium: Verinnerlichtes Handeln (*etwa vom 18. bis 24. Lebensmonat*)

Ab Mitte des *zweiten Lebensjahres* werden neue Verhaltensweisen nicht mehr nur durch das aktive Probieren mit einem Gegenstand erworben, sondern das Kind kann sich diese von nun an geistig vorstellen. Hier beginnt das Denken im Sinne eines „inneren Probehandelns".

Während dieser ersten Stufe des Denkens beginnt bereits das sogenannte **Werkzeugdenken** des Kindes: Es kann einen Zusammenhang zwischen verschiedenen Elementen einer Situation herstellen.

 Ein ca. zehn Monate altes Kind zieht an der Tischdecke, um das Glas zu erreichen. Später kommt es auf die Idee, einen Stuhl an das Regal zu schieben, um die Tafel Schokolade zu erreichen, die auf dem oberen Brett des Regals liegt. Hierzu ist bereits die Fähigkeit des inneren Probehandelns Voraussetzung.

„[...] das Kind wird nun fähig, einsichtige Erfindungsakte aufgrund rein geistiger Kombinationen zu vollziehen."
(Piaget, 2003³, S. 335)

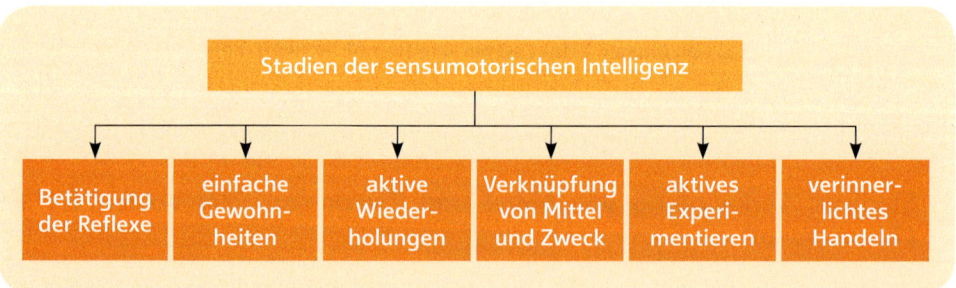

Mit dem **Aufkommen von Vorstellungen** wird das Kind fähig, zwischen realen und lediglich vorgestellten, symbolischen Objekten und Situationen zu unterscheiden. Es lernt, dass Personen und Gegenstände auch dann weiterexistieren, wenn sie nicht sichtbar sind.

 Versteckt man vor den Augen eines etwa sechs Monate alten Kindes die Puppe, die es gerade noch ergreifen wollte, unter dem Tisch, so kümmert sich das Kind nicht mehr um die Puppe. Es scheint sie vergessen zu haben, die Puppe existiert für das Kind nicht mehr. Etwa ab dem achten Monat aber sucht das Kind nach der Puppe, weil es bereits eine Vorstellung von der nicht mehr sichtbaren Puppe hat und weiß, dass diese noch immer da sein muss.

Piaget spricht hier von **Objektpermanenz**[1], die Fähigkeit zu wissen, dass Objekte – Personen oder Gegenstände – auch dann noch existieren, wenn sie von dem Kind nicht mehr wahrgenommen werden (können).

---

[1] permanens (lat.): fortdauernd

Man kann sagen, „dass das Kind fähig geworden ist, sein Suchen mithilfe der Vorstellung zu steuern."
(Piaget, 1998², S. 85)

Objektpermanenz meint die Fähigkeit eines Lebewesens, zu wissen, dass eine Person oder ein Objekt weiterhin existiert, auch wenn es diese(s) nicht wahrnehmen kann.

Piaget ging davon aus, dass die Objektpermanenz erst im Alter von 18 bis 24 Monaten – also im sechsten Stadium der sensumotorischen Intelligenz – erworben wird. Heutige Forschungen deuten darauf hin, dass sie bereits wesentlich früher, etwa im dritten bis siebten Lebensmonat, vorhanden ist (vgl. Sodian, 2014, S. 129).

2. Die Stufe des präoperationalen Denkens (*etwa zwei bis sieben Jahre*)

Das Kind kann nun Erfahrungen im Gedächtnis abbilden, die sich im Bewusstsein als Vorstellungen zeigen. Die Psychologie spricht hier von **mentaler Repräsentation**[1], die zur Verarbeitung für kognitive Prozesse herangezogen wird.

Mentale Repräsentation bezeichnet das Abbilden von Erfahrungen im Gedächtnis, die im Bewusstsein als Vorstellungen existieren.

Durch den Erwerb der Sprache wird es möglich, **sprachliche Symbole** zu entwickeln: Ein bestimmter Begriff tritt als Symbol an die Stelle von Personen, Gegenständen oder Handlungen. Dabei geht es nicht um eine Abbildung der realen Wirklichkeit, das Kind benutzt den Begriff entsprechend seinen eigenen Vorstellungen.

Das Kind, das ganz allein „Kaffeeklatsch" spielt, spricht mit nicht vorhandenen Personen oder mit seinen Puppen, die die Rollen der Freundinnen einnehmen. Die kleinen, abgerissenen Stücke einer alten Tapete werden als Kaffeetassen und Teller benutzt.

Solche Symbole bezeichnet *Piaget* als **Vorbegriffe**: Ein Begriff wird entsprechend den Vorstellungen des Kindes aktiv gestaltet und umgestaltet. Die Symbole bleiben allerdings auf dieser Stufe an konkrete Gegenstände und unmittelbare Handlungen gebunden.

Zu diesem Zeitpunkt zeigt sich sehr deutlich die kindliche Auffassung von der Wirklichkeit: Gegenstände und Sachverhalte werden vermenschlicht, Vorgänge werden auf einfache Weise zweckgerichtet gedeutet oder magisch „erklärt"[2].

So lässt das Kind den Vogel auf dem Bild fliegen; die Puppe ist beleidigt, weil sie böse ist; der Teddy schaut froh, traurig oder frech; es schneit, damit die Menschen Skifahren können.

---

[1] mens (lat.): der Sinn, der Geist; mental wird heute synonym für „geistig" verwendet; repraesentare (lat.): vergegenwärtigen
[2] vgl. Abschnitt 7.2.1

Das Kind entwickelt im Laufe der Zeit zwar komplexere Vorstellungen und echte Begriffe und es ist auch fähig, mithilfe der Sprache zu denken, doch sein Denken ist auf dieser Stufe sehr an die Anschauung gebunden; es kann nur mit solchen Begriffen und Denkvorgängen etwas anfangen, die anschaulich sind.

 So ist ein fünfjähriges Kind noch nicht in der Lage, den Oberbegriff zu „Tasse" zu finden. Statt „Geschirr" wird es etwa sagen: „Eine Tasse ist zum Trinken."

 Theoretische Begriffe wie „Demokratie" kann man einem fünfjährigen Kind nur schwer erklären, anschauliche Begriffe wie „Granatapfel" dagegen ganz einfach, indem man dem Kind einen solchen zeigt.

Aufgrund dieser Eigenart kann das Kind nur dem sichtbaren Verlauf der Ereignisse folgen, das **Denken orientiert sich einzig am anschaulichen Ablauf des Geschehnisses**. Das Kind ist nicht imstande, mehrere Aspekte gleichzeitig zu erfassen, es berücksichtigt immer nur einen Aspekt.

 Wird eine Flüssigkeit vor den Augen eines 4-jährigen Kindes von einem breiten in ein schmales Glas umgefüllt, so glaubt es, dass in dem schmalen Glas nun mehr Flüssigkeit ist als in dem breiten. Das Kind ist nicht imstande, Höhe und Breite der Gläser gleichzeitig zu berücksichtigen.

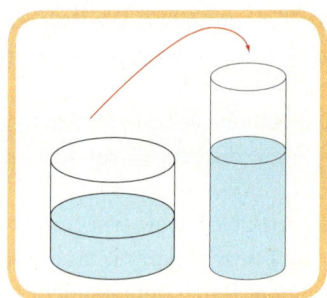

3. Die Stufe des konkret-operationalen Denkens (*etwa von sieben bis 11/12 Jahren*)

Auf dieser Stufe kann sich das Kind nun in Gedanken auch wechselseitige Beziehungen von Gegenständen oder Sachverhalten vorstellen. Diese Vorstellung ist unabhängig von seiner Wahrnehmung.

 So kann das Kind erkennen, dass die Menge eines kleinen, aber dicken Gefäßes dieselbe ist wie die eines größeren, dafür aber dünneren Gefäßes.

Das Kind ist also ab dieser Stufe imstande, mehrere Aspekte gleichzeitig zu erfassen.

Das Denken wird unabhängig von der Wahrnehmung des Kindes, ist jedoch immer noch an konkrete Sachverhalte gebunden, obwohl sich das Kind geistig vom momentanen Geschehen distanzieren kann. Das egozentrische Denken verschwindet, **historisches und schlussfolgerndes Denken**[1] wird möglich und das Kind wird fähig, **Oberbegriffe zu bilden**.

Im Hinblick auf rechnerische Fähigkeiten fällt in diese Zeit zuerst die Fähigkeit zu addieren, dann zu multiplizieren (ca. ab dem *siebten Lebensjahr*). Im Übergang zur Stufe der formalen Operationen erwirbt das Kind schließlich, auch die Fähigkeit zu dividieren.

4. Die Stufe des formal-operationalen Denkens (*etwa ab 12 Jahren*)

Ab dem *12. Lebensjahr* werden formale Denkoperationen möglich, der Jugendliche kann über bestimmte Aussagen und Sachverhalte auch hypothetisch nachdenken. Damit wird er fähig, „systematisch Hypothesen[2] zu prüfen und die Regeln der formalen Logik zu beherrschen." (*Hoppe-Graff, 2014, S. 166*).

---

[1] vgl. Kapitel 4.4.4
[2] hypothesis (lat.): die Unterstellung; hier: vorläufige Vermutung, die noch nicht bewiesen ist.

Der Jugendliche wird fähig,

- über vorgegebene Informationen hinauszugehen,

- zu abstrahieren – dazu gehören auch abstraktes Zählen und damit algebraisches Rechnen,

- theoretische Regeln aus anschaulichen Gegebenheiten abzuleiten (**induktives Denken**[1]),

- aus einer allgemeinen Regel auf einen konkreten Sachverhalt zu schließen (**deduktives Denken**[1]) sowie

- über das Denken selbst nachzudenken (Metadenken).

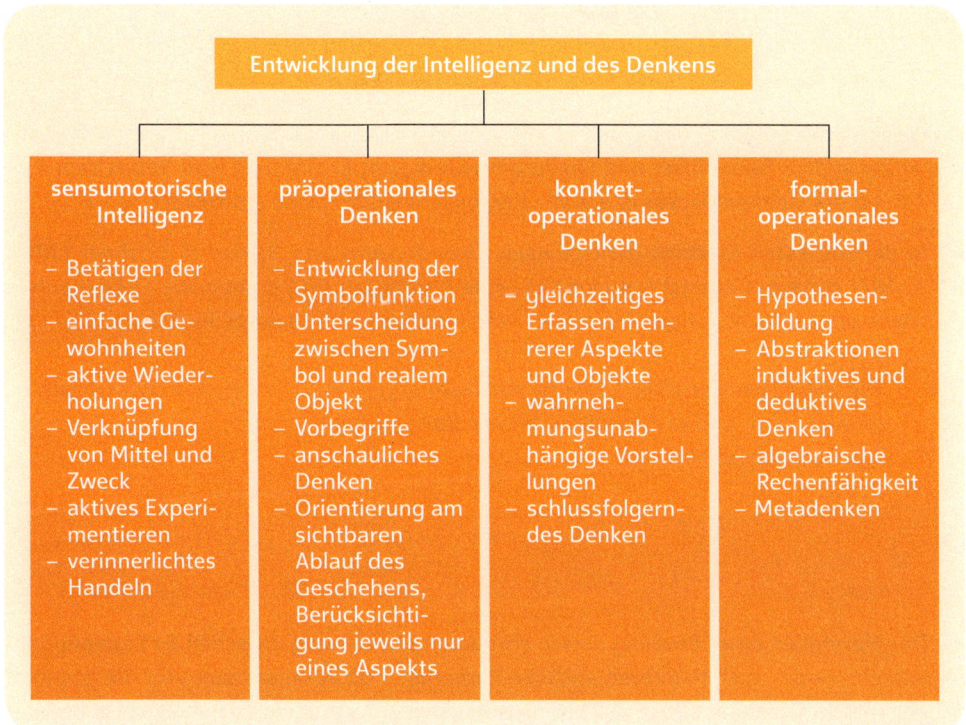

Entwicklung der Intelligenz und des Denkens

sensumotorische Intelligenz	präoperationales Denken	konkret-operationales Denken	formal-operationales Denken
– Betätigen der Reflexe – einfache Gewohnheiten – aktive Wiederholungen – Verknüpfung von Mittel und Zweck – aktives Experimentieren – verinnerlichtes Handeln	– Entwicklung der Symbolfunktion – Unterscheidung zwischen Symbol und realem Objekt – Vorbegriffe – anschauliches Denken – Orientierung am sichtbaren Ablauf des Geschehens, Berücksichtigung jeweils nur eines Aspekts	– gleichzeitiges Erfassen mehrerer Aspekte und Objekte – wahrnehmungsunabhängige Vorstellungen – schlussfolgerndes Denken	– Hypothesenbildung – Abstraktionen induktives und deduktives Denken – algebraische Rechenfähigkeit – Metadenken

Auch wenn Piagets Erkenntnisse zur Entwicklung des Denkens unbestritten sind, erfuhren sie in den letzten Jahrzehnten viel Kritik, vor allem hinsichtlich seines methodischen Vorgehens. Angefochten wird einmal seine Art und Weise, wie er Kinder befragte. Seine Fragen waren schwierig und kompliziert, bei kindgerechten Fragestellungen hätten – so das Ergebnis von Nachuntersuchungen – sie die Aufgaben ohne Weiteres lösen können. Auch seine Stichprobe war zu klein und nicht repräsentativ. Seit Jahren sind sich die Wissenschaftler einig darüber, dass Piaget das Wissen und Können von Kindern unterschätzt und seine Einteilung zu einer systematischen Unterschätzung kindlicher Talente geführt hat. So wurde bspw. am Max-Planck-Institut für Bildungsforschung in Berlin nachgewiesen, dass Kinder, weit früher als Piaget annahm, addieren oder physikalische Gesetze begreifen können. Kinder sind bereits weit früher imstande, bestimmte Denkleistungen zu erbringen.

---

[1] induktiv (lat.): vom Einzelnen zum Allgemeinen hinführend; deduktiv (lat.): vom Allgemeinen auf das Einzelne schließend.

In früheren Jahren glaubte man, dass die Intelligenzentwicklung beim ca. 20-Jährigen ihren Höhepunkt erreichen und danach wieder abnehmen würde. Seit einigen Jahren weiß man jedoch, dass diese Annahme nicht richtig ist. Während die Fähigkeit des Schlussfolgerns und der Problemlösung (= *fluide Intelligenz*) im jungen Erwachsenenalter ihren Höhepunkt erreicht und dann mit zunehmendem Alter abnimmt, steigt das Allgemein- und Erfahrungswissen, der Wortschatz und die Sprachfähigkeit (= *kristalline Intelligenz*) je nach individueller Bildungsbiografie auch im Alter noch weiter an[1].

 Ältere Menschen lösen bestimmte Aufgaben genauso gut wie jüngere, allerdings nicht so schnell. Aufgaben, die Erfahrungswissen benötigen, lösen sie i. d. R. besser als jüngere.

Rückschritte in der geistigen Entwicklung treten im Alter i. d. R. krankheitsbedingt auf. Grundsätzlich gilt, dass ein Mensch auch im Alter geistig umso leistungsfähiger ist, je mehr er sich geistig beschäftigt und selbst fordert.

Die Förderung der Intelligenz- und Denkentwicklung

Da die kognitive Funktion des Denkens alle übrigen Persönlichkeitsbereiche des Menschen wie keine andere beeinflusst und wiederum von diesen beeinflusst wird, muss sich eine Förderung der Denkentwicklung auf alle Persönlichkeitsbereiche erstrecken:

- In der frühesten Kindheit geht es nach *Elsbeth Stern* und *Roland H. Grabner* (*2014, S. 187*) zunächst einmal um eine gesunde Ernährung und emotionale Geborgenheit sowie um ein rechtzeitiges Reagieren auf Krankheiten und andere Probleme.

> „Die vielen kommerziellen Angebote, mit denen angeblich [...] die geistige Entwicklung optimiert wird, sind nach heutigem Wissensstand unsinnig.“
> (Stern/Grabner, 2014, S. 187)

> Man kann die Architektur eines Säuglingsgehirns nicht beliebig formen.
> (vgl. *Stern/Grabner, 2014, S. 187*)

- Das **Herstellen einer Bindung** – eine emotionale Beziehung zwischen zu Erziehendem und einer oder auch mehreren anderen Personen – ist Voraussetzung für die gesunde geistige Entwicklung. Diese Beziehung muss sich einerseits durch positive Gefühle und andererseits durch das Respektieren und Unterstützen des kindlichen Explorationsbedürfnisses auszeichnen[2]. Dadurch kann das Kind Selbstvertrauen und den Mut zur Umwelterforschung entwickeln.

 Der enorme Einfluss der Emotionen auf das Denken kann neurobiologisch eindrucksvoll belegt werden: Alle Informationen, die der Mensch wahrnimmt, werden durch seinen Hippocampus im limbischen System geschleust[3]. Er verbindet die Information mit bisher gespeicherten Emotionen und entscheidet ganz maßgeblich mit, welche Informationen mit welchem emotionalen Hintergrund an das Großhirn weitergeleitet, verarbeitet und mit welcher Intensität gespeichert werden.

---

[1] siehe Kapitel 8.8.4
[2] vgl. Kapitel 8.3.3
[3] vgl. Kapitel 4.1.2 und 5.1.2

■ Da – wie in *Abschnitt 7.1.4* dargestellt – die ***Motorik Denken und Lernen beeinflusst***, bedeutet die Förderung der motorischen Fähigkeiten eines Kindes zugleich eine Förderung seiner kognitiven Leistungsfähigkeit – vor allem bei Kleinkindern und alten Menschen.

> *„Denn Experimente von Psychologen und Neurowissenschaftlern zeigen, dass unser Körper das Denken viel stärker beeinflusst als bisher angenommen. [...] Der Blick in unser Gehirn liefert eine mögliche Erklärung: Wenn wir uns erinnern, nachdenken oder rechnen, sind mitunter dieselben Areale des Gehirns aktiv, die Bewegungen steuern [...]"*
> *(Weigmann, 2013, S. 26 f.)*

Denken und Lernen sollten daher mit Bewegung verbunden werden.

In der Schule können die Pausen zwischen Lerneinheiten mit Bewegungsgeschichten, Bewegungsliedern oder Tänzen gestaltet werden. In den Unterricht kann Bewegung gebracht werden, indem die Schüler von einer Lernsituation zur anderen gehen, sich in der Schülerbücherei oder im Computerraum Informationen beschaffen, in Betrieben und Einrichtungen vor Ort recherchieren, mathematische Mengen selbst darstellen, Buchstaben mit dem gesamten Körper formen, Sachverhalte pantomimisch darstellen oder mit Naturmaterialien experimentieren.

■ Auch die *Wahrnehmung* hat einen ***großen Einfluss auf das Denken***. Die unendlich vielen Sinneswahrnehmungen des Menschen werden aufgenommen und zu komplexen Mustern gespeichert; sie ermöglichen dadurch die Informationsverarbeitung. Je mehr Sinneserfahrungen ein Mensch macht, je mehr seine Wahrnehmung gefördert wird, desto komplexer wird sein neuronales Netzwerk und damit wiederum seine kognitiven Leistungen.

■ Weil die *Sprache das Denken unterstützt und Denken auch „inneres Sprechen"* ist[1], wird durch eine gute Spracherziehung zugleich auch die Denkentwicklung gefördert.

■ Die geistige Entwicklung erfordert die vielfältigsten **Anregungen und Anreize** aus der Umwelt, damit die Neugierde und die Freude an der Auseinandersetzung mit der Umwelt wachsen bzw. erhalten bleiben.

■ Kinder müssen die Möglichkeit und den **Freiraum** haben, Erfahrungen selbst zu machen, selbstständig zu entdecken und das Wissenswerte an den Dingen selbst zu erfahren. Eine tiefe, gründliche und ausführliche Verarbeitung von Informationen geschieht vor allem beim eignen Tun und den damit verbundenen eigenen Erfahrungen[2].

> *„Selbsttätig und eigenständig – das ist ein Grundprinzip jeden Lernens wie auch der Lust am Lernen!"*
> *(Schäfer, 2011, S. 8 ff.)*

■ Erzieher sollten versuchen, die **Interessen des Kindes** zu fördern, neue Interessen bei ihm zu wecken und durch geeignete Spiel-, Bastel- und Beschäftigungsmöglichkeiten das Denken zu aktivieren.

■ **Spiele und Bücher** vermitteln nicht nur Freude und Wissen, sondern regen die Fantasie und Kreativität an und fördern die Denk-, Intelligenz- und Gedächtnisleistungen.

---

[1] vgl. Kapitel 4.2.3
[2] vgl. Kapitel 4.5.5

- Im **Vorschulbereich** – etwa in der Kindertagesstätte – können durch gezielte Trainings sprachliche und geistige Barrieren abgebaut werden. Diese ausgleichende Erziehung im schulischen, geistigen und sprachlichen Bereich nennt man *kompensatorische Erziehung*.

- Spezielle Förderprogramme lassen auch bei Kindern mit einer geistigen Behinderung viele Defizite ausgleichen.

 Weil sich die Bedeutung der Förderung, vor allem der Frühförderung, eines Kindes in unserer Gesellschaft immer mehr im Bewusstsein der Eltern manifestiert, hat sich in den letzten Jahren ein regelrechter Frühförderboom entwickelt. Hirnforscher und Psychologen warnen allerdings vor übertriebener Frühförderung.

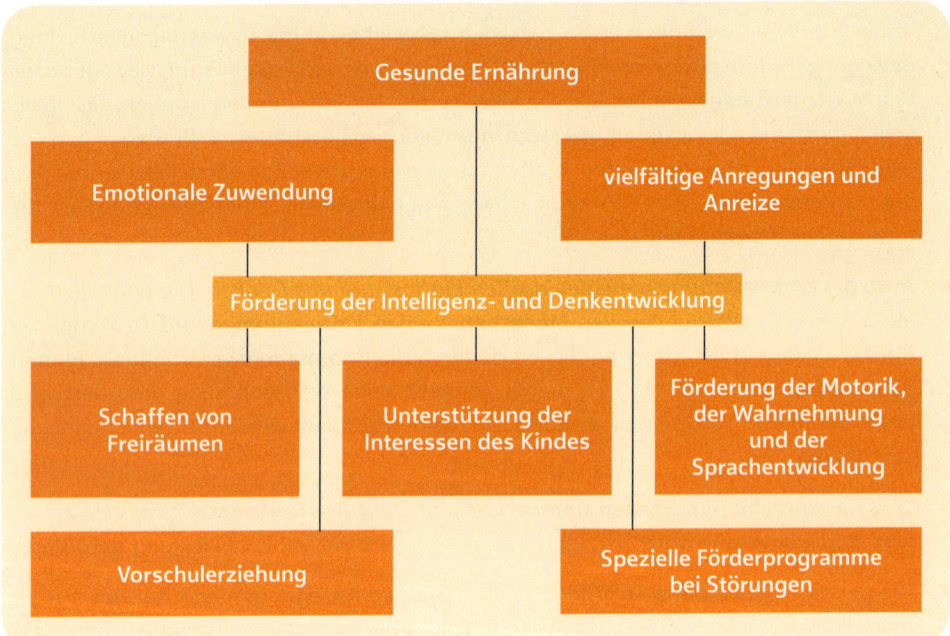

7.2.5 Die Entwicklung des Gedächtnisses

Gedächtnis bezeichnet – wie in Kapitel 4.5.1 ausgeführt – die Fähigkeit des Organismus, Informationen verarbeiten, speichern und abrufen zu können.

Der Entwicklungsverlauf des Gedächtnisses[1]

Bereits im Mutterleib sind Gedächtnisleistungen des Fötus feststellbar, ebenso unmittelbar nach der Geburt des Menschen. Säuglinge können sich an Sinneserfahrungen, die sie im Mutterleib machen, nach der Geburt „erinnern". Wie die Entwicklung der Wahrnehmung zeigt, sind bereits ein oder zwei Tage alte Babys in der Lage, die Stimme, die Tonlage, die Satzmelodie und auch das Gesicht ihrer Mutter von denen anderer Frauen zu unterscheiden – ein Beweis für Gedächtnisleistungen der Kinder in diesem Alter. Auch Geschmacksempfindungen oder Rhythmen werden „erinnert".

---

[1] Dieser Abschnitt richtet sich nach Markowitsch/Welzer, 2006[2], S. 131 ff.

Rebirthing[1] oder nach Nacherleben der Geburt sind spekulative Annahmen und reine Fantasien (vgl. Markowitsch/Welzer, 2006[2], S. 137).

Im ersten Lebensjahr entwickeln sich die Speichersysteme des Gedächtnisses, wobei anfangs das **prozedurale Gedächtnis**[2] dominiert. Der Säugling verbindet verschiedene Reize – vorwiegend motorischer Art – und kann diese immer länger erinnern.

Der Säugling strampelt, weil er „sich erinnert", dass sich dann das Mobile bewegt.

Fast gleichzeitig entwickelt sich auch das **Priming**[3], das bewirkt, dass der Säugling Personen oder Gegenstände wiedererkennen kann. Etwa ab dem *sechsten Lebensmonat* kann sich ein Kind Ereignisabfolgen über einen bestimmten Zeitraum hinweg merken – etwa den Ablauf beim täglichen Essen oder Wickeln.

Der *achte Lebensmonat* ist eine sehr wichtige Zeit in der Gedächtnisentwicklung. Das Erinnern ist in den ersten Lebensmonaten unbewusst und damit Teil des **nicht deklarativen bzw. impliziten Gedächtnisses**[4]. Erst mit der Entwicklung des **Arbeitsgedächtnisses**[5] – etwa mit *acht oder neun Monaten* – wird das Erinnern bewusst. Das Kind weiß jetzt, dass Personen oder Gegenstände auch dann noch existieren, wenn sie gerade nicht anwesend sind, und es „erinnert sich" deutlich an seine Bezugsperson. *Jean Piaget* spricht von *Objektpermanenz*[6], die die Grundlage für die Entwicklung des **semantischen Gedächtnisses**[2] (Wissenssystem) ist. Das semantische Gedächtnis bildet sich ebenfalls ab dem achten Lebensmonat aus und versetzt Kinder in die Lage, aktiv Informationen zu speichern und auf gespeicherte Informationen zurückzugreifen.

Das Alter von *neun Monaten* bezeichnen *Markowitsch* und *Welzer* (2006[2], S. 166) als „Quantensprung der Gedächtnisentwicklung", weil Kinder ab dieser Zeit soziale Handlungen vollziehen und mit den Mitmenschen interagieren. Sie wissen („erinnern") um die affektive Bedeutung von Mimik und Gestik des Gegenübers sowie um den Zusammenhang zwischen ihren eigenen Handlungen und Gefühlen und denen des Gegenübers und können bewusst darauf eingehen.

Gegen *Ende des ersten Lebensjahres* kann das Kind Informationen im Kurzzeitgedächtnis „online" halten und Informationen im Arbeitsgedächtnis selektieren. Es bildet Kategorien und ordnet so sein Wissen.

Mit *zwei bis drei Jahren* entwickelt das Kind mit dem zunehmenden Spracherwerb sein **autobiografisches Gedächtnis**[2], weil es sich mithilfe der Sprache Erlebnisse aus der eigenen Vergangenheit ins Gedächtnis rufen kann. Zusätzlich wird es sich nun seiner eigenen Persönlichkeit bewusst und kann verschiedene Zeiten unterscheiden. Diese Zeit bezeichnen *Markowitsch* und *Welzer* (2006[2], S. 186) als „zweiten Quantensprung der Gedächtnisentwicklung".

---

[1] Rebirthing (engl.: Wiedergeburt, Wiederaufleben) Wiedererleben von vorgeburtlichen Erfahrungen und Geburtserfahrungen sowie den damit verbundenen Spannungszuständen mithilfe bestimmter Atmungstechniken
[2] vgl. Kapitel 4.5.4
[3] vgl. Kapitel 4.5.4
[4] vgl. Kapitel 4.5.4
[5] vgl. Kapitel 4.5.3
[6] Dieser Begriff ist in Abschnitt 7.2.4 geklärt.

Dass dreijährige Kinder offenbar mehr speichern als wiedergeben können, liegt nicht daran, dass die Kapazität des Gedächtnisses, sein Fassungsvermögen, gering ist, sondern dass Kinder ihr Gedächtnis (noch) nicht optimal nutzen können, weil sie zu wenige *Gedächtnisstrategien* haben[1]. Wenn Gedächtnisleistungen mit *zunehmendem Alter* besser werden, so hängt dies in erster Linie von den zum Zweck des Behaltens erlernten und verwendeten Strategien ab. Dies setzt voraus, dass Kinder etwas über ihr eigenes Gedächtnis und über ihren eigenen Beitrag zum Erwerb von Gedächtnisinhalten wissen.

Im Alter von etwa *vier bis sieben Jahren* ist das Gedächtnis sehr an die **Anschauung** gebunden: Solche Informationen werden am besten behalten, die das Kind mit allen Sinnesorganen wahrgenommen hat.

> *Die Entwicklung des Gedächtnisses in der Kindheit ist generell gekennzeichnet durch eine „starke Zunahme der Verknüpfungen zwischen Neuronen [...] und somit eine optimale Fähigkeit zur Assoziationsbildung [...] in ‚Zeitfenstern‘ oder ‚kritischen Phasen‘[2], in denen eine entsprechende Umweltreizung optimal aufgenommen und verarbeitet wird, während dies nach Schließen des betreffenden Zeitfensters schwierig(er) wird."*
> *(Markowitsch, 2009, S. 109)*

Bereits *ab dem 20. Lebensjahr* nehmen so gut wie alle Gedächtnisleistungen ab. Die Leistungen des Kurzzeit- bzw. Arbeitsgedächtnisses werden schwächer, weil sie von den abnehmenden Wahrnehmungsleistungen und der abnehmenden Verarbeitungsgeschwindigkeit abhängig sind. Neue Informationen werden langsamer verarbeitet, der Zugang zu den Informationen im Langzeitgedächtnis erfolgt langsamer. Dafür aber bleibt das Wissen im semantischen Gedächtnis weitestgehend intakt, der passive Wortschatz vergrößert sich sogar bis ins hohe Alter.

Das Gedächtnis älterer Menschen gleicht die Mängel im Arbeitsgedächtnis durch Gedächtnisstrategien aus. Das erklärt, dass die geistige Leistung mit steigendem Alter teilweise sogar zunimmt – vorausgesetzt der Mensch ist gesund.

> *„Ältere Menschen lernen zwar langsamer als junge, dafür haben sie jedoch bereits sehr viel gelernt und können dieses Wissen dazu einsetzen, neues Wissen besser zu integrieren. Je mehr man schon weiß, desto besser kann man neue Inhalte mit bereits vorhandenem Wissen in Verbindung bringen. Da Lernen zu einem nicht geringen Teil im Schaffen solcher internen Verbindungen besteht, haben ältere Menschen beim Lernen sogar einen Vorteil! Wissen kann helfen, neues Wissen zu strukturieren, einzuordnen und zu verankern."*
> *(Spitzer, 2007, S. 283)*

---

[1] vgl. Kapitel 4.6
[2] siehe Kapitel 6.2.5

Entwicklung des Gedächtnisses	
1. Neugeborene erkennen Stimme und Gesicht der Mutter	2. Entwicklung des prozeduralen Gedächtnisses und des Primings
3. nicht bewusstes Erinnern von Bewegungsabläufen, Personen und Gegenständen	4. Entwicklung des Arbeitsgedächtnisses; bewusstes Erinnern; Objektpermanenz und aktives Speichern
5. Erinnern sozialer Interaktionsmuster	6. Möglichkeit des Abrufens durch die Sprache
7. Aufbau des autobiografischen Gedächtnisses	8. Nutzung von Gedächtnisstrategien

Förderung der Entwicklung des Gedächtnisses

Um die Entwicklung des Gedächtnisses zu fördern, gibt es viele Möglichkeiten. Wichtig ist in jedem Fall, dass sich – wie beim Denken – die Förderung nicht nur auf den kognitiven Bereich beschränken darf, sondern alle Persönlichkeitsbereiche einbeziehen muss[1].

■ Bereits im Kleinkindalter lässt man Kinder kleine Reime oder Verse lernen, um ihr Gedächtnis zu trainieren. Spiele, wie Memory, regen zu Versuchen an, sich das Gesehene so gut wie möglich einzuprägen. Die Vorliebe der Kinder für Märchen und Geschichten kann genutzt werden, diese nach- oder weitererzählen zu lassen. Die Kinder fangen hier bereits an, sich kleine Gedächtnisstrategien oder Lerntechniken zurechtzulegen. Mit zunehmendem Alter kann man die Kinder dann auf die bewusste Verwendung von Lerntechniken und Gedächtnisstrategien aufmerksam machen, wie sie in *Kapitel 4.6* dargestellt sind.

Vor allem im schulischen Lernen geht es darum, dass möglichst viel behalten wird. Die Gedächtnisforschung liefert hierzu wichtige Erkenntnisse[2]. Es geht auch darum, **Gedächtnishemmungen** möglichst zu vermeiden[3].

■ Es besteht ein Zusammenhang zwischen Schreiben und Gedächtnisleistung.

Jeder kennt das: Wer einen Spickzettel geschrieben hat, der hat ihn oft gar nicht mehr gebraucht, da er sich den Inhalt schon beim Schreiben eingeprägt hat.

Aus diesem Grund ist es wichtig, das Gelernte *mit eigenen Worten* aufzuschreiben, um es sich merken zu können.

■ Training von Körper und Geist sowie soziale Kontakte helfen im Alter, das Demenzrisiko zu verringern.

Eine amerikanische Studie belegt: Ältere Menschen, die mindestens dreimal die Woche wandern, schwimmen, Hanteln stemmen oder sich auf andere Weise als Freizeitsportler betätigen, drücken ihr Demenzrisiko um fast 40 Prozent. Je mehr Senioren mit anderen gemeinsam etwas unternehmen, desto seltener sind sie von Demenz betroffen (vgl. Paulus, 2007, S. 36).

---

[1] vgl. Abschnitt 7.2.4
[2] siehe Kapitel 4.5.6
[3] siehe Kapitel 4.5.7

Der Nutzen von Gehirnjogging wird derzeit von Wissenschaftlern als sehr gering eingestuft; die Effekte sind – wenn überhaupt vorhanden – so gering, dass sie in keinem Verhältnis zum Aufwand stehen (vgl. *Neubauer/Stern, 2009, S. 257*).

 „Wissenschaftlich nachgewiesen sind positive, auf das wirkliche Leben übertragbare und in ihm bemerkbare Auswirkungen dieser Produkte (Gehirnjogging, Gehirngymnastik, Gehirntraining) jedoch nicht."
(Spitzer, 2011, S. 72)

→ **Materialien 3:**
Meilensteine der
Kindesentwicklung:
Das erste Lebensjahr

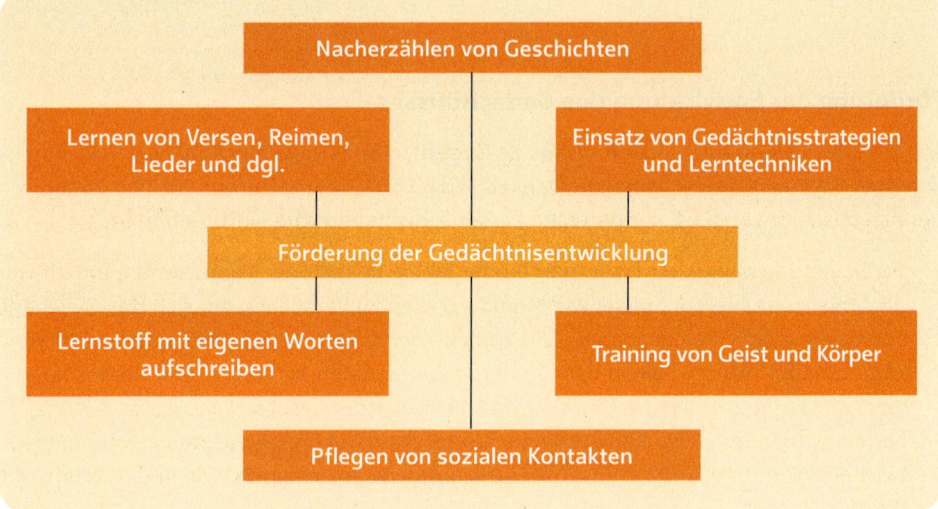

7.3   Die Entwicklung der Gefühle

Wie in *Kapitel 5.1.1* ausgeführt, sind Gefühle subjektive Erlebensweisen, die sich in körperlichen Veränderungen und psychischen Vorgängen äußern und das Verhalten eines Menschen beeinflussen.

7.3.1   Der Entwicklungsverlauf der Gefühle

Nach *Katherine M. Bridges* und *René Spitz* ist beim *Neugeborenen* lediglich eine allgemeine Störbarkeit bzw. **Erregbarkeit**, die sehr diffus und ungerichtet ist, zu beobachten. Aus diesem anfänglichen Erregungszustand entwickeln sich in den ersten Wochen zwei Grundtendenzen emotionalen Verhaltens heraus: **Unlust und Lust**. Die unlustbetonte Tendenz tritt etwas früher hervor und lässt auch zuerst eine Differenzierung in spezifischere Gefühlsreaktionen erkennen wie **Angst, Ekel, Wut** und **Zorn**. Aus der lustvollen Tendenz differenzieren sich die positiven Gefühle wie **Fröhlichkeit, Liebe** und **Freude**.

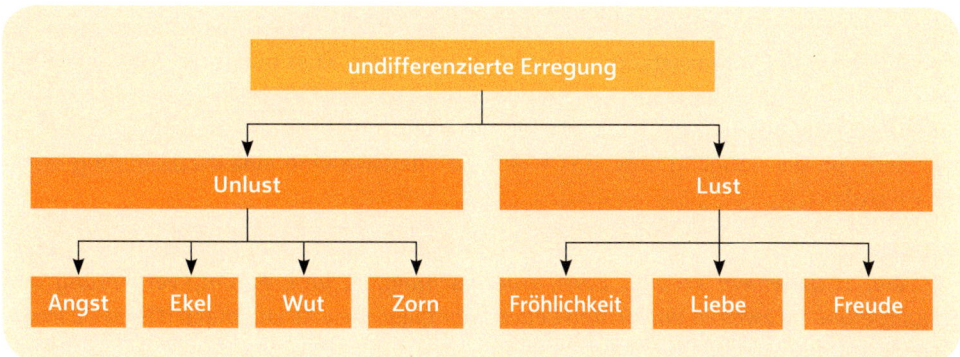

Wir werden nicht mit einem fertigen Satz von Basisgefühlen geboren, sondern mit einer Vielfalt von Vorläuferemotionen. Erst im Gefühlsaustausch zwischen Eltern und Kind lernt das Baby nach und nach, Empfindungen zu erkennen und klar zu signalisieren.

Gefühl	Entstehung	Ausdruck	
Ekel	Schon Neugeborene zeigen relativ deutlich Abscheu – eine Schutzreaktion vor schädlicher Nahrung.		verzerrte Lippen, gerümpfte Nase, zusammengezogene Augenbrauen
Freude	Mit 2 Monaten lächeln Babys und fördern damit die Bindung der Eltern. Wirklich empfundene Freude tritt erst nach vier Monaten auf, wenn das Lächeln Vertrauten gilt.		etwas größere Augen, breiter Mund mit hochgezogenen Mund- und Augenwinkeln
Ärger	Mit 4 Monaten zeigen Babys Ärger. Doch erst mit 7 Monaten können sie die Ärgerquelle orten.		aufeinander gepresste Lippen, zusammengezogene Augenbrauen
Trauer	In den ersten acht Monaten zeigt das Baby bei Entfernen der Bezugsperson keine Trauer. Danach treten bei Verlust erste Trauerreaktionen auf.		herabgezogene Mund- und Augenwinkel
Angst	Neugeborene reagieren nicht mit Furcht. Erst im 8. Monat erscheint das „Fremdeln", die Angst vor Unbekanntem.		geweitete Augen
Überraschung	In den ersten Monaten zeigt ein Baby den Ausdruck von Erstaunen, eine Emotion, die Kinder für neue Erfahrungen öffnet.		große Augen, offener Mund

(vgl. Mechsner, 2006, S. 116 f., verändert)

Im *ersten Lebensjahr* wird für das Gefühl der **Liebe** in der engen Beziehung zu den Bezugspersonen die Voraussetzung geschaffen, wenn das Kind durch die emotionale Zuwendung der Bezugspersonen Urvertrauen entwickelt. Vor allem im ersten Lebensjahr wird der Grundstein für die Fähigkeit zu Liebe und emotionaler Zuwendung gelegt, je nachdem, ob der Säugling bzw. das Kleinkind intensive emotionale Zuwendung erhält oder nicht[1].

Bereits bis zum *zweiten Lebensjahr* zeigt das Kleinkind alle **Grundemotionen** wie *Interesse, Leid, Widerwillen, Freude, Zorn, Überraschung, Scham, Furcht, Verachtung und Schuldgefühl*. Im *zweiten und dritten Lebensjahr* fallen viele Kinder durch häufige Zornesausbrüche und Trotzreaktionen auf, die ein Zeichen dafür sind, dass das Kind sein eigenes „Ich" entdeckt und seine Eigenständigkeit erproben will[2]. Die *folgenden Jahre* sind gekennzeichnet durch eine Differenzierung der Gefühle. Dabei ändern sich sowohl der Bereich der die Emotionen auslösenden Reize und Situationen als auch die Form des Ausdrucks dieser Emotionen sowie die Art des Reagierens auf diese Gefühle.

 Während der Säugling auf angstauslösende Reize mit Schreien reagiert, sucht der Zweijährige Schutz bei der Mutter oder er läuft davon.

Darüber hinaus scheint der Mensch in bestimmten Entwicklungs- und Lebensphasen „anfällig" für bestimmte Gefühle zu sein, wie die folgende Skizze am Beispiel der „Angst" verdeutlicht:

(Hülshoff, 2012[4], S. 65)

Das Kleinkind entwickelt seine **Emotionsregulation** *von der Außensteuerung hin zur Innensteuerung*. Der Entwicklungspsychologe *Manfred Holodynski* beschreibt fünf Entwicklungsstufen (vgl. *Lengning/Lüpschen, 2012, S. 61 ff.*):

---

[1] vgl. Kapitel 8.3.3
[2] vgl. Kapitel 8.4.2
[3] Mit symbiotischem Syndrom meint Hülshoff (2012[4], S. 67) die Angst, Sicherheit gebende Personen zu verlieren, wenn es der(den) Bezugsperson(en) nicht gelingt, die Eigenständigkeit des Kindes zu fördern und zugleich Sicherheit zu geben (vgl. Kapitel 8.3.3).
[4] Acht-Monats-Angst: Etwa im achten Monat kann das Kind fremde von bekannten Personen unterscheiden; es reagiert deshalb auf fremde Gesichter mit Weinen und Erschrecken (das sogenannte „Fremdeln" als Angst vor Unbekannten).

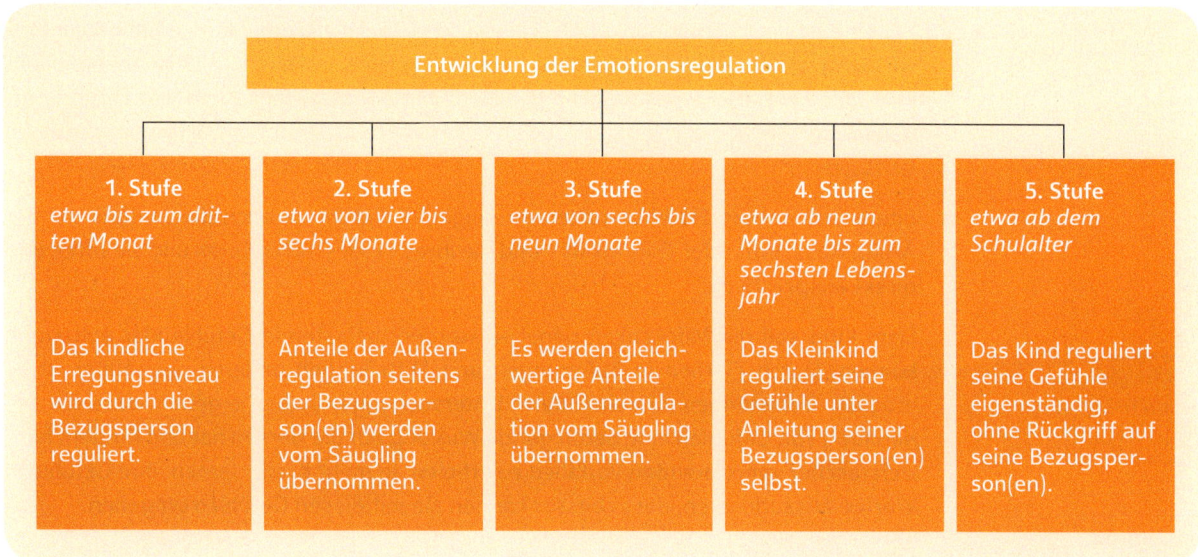

Die Entwicklung der Gefühle zeigt sich

- in der Entstehung neuer Gefühle

  Der Jugendliche ist zum ersten Mal verliebt

- in den die Emotionen auslösenden Reize und Situationen

  Das Kindergartenkind freut sich über die Tüte Süßigkeiten als Geschenk, das ältere Schulkind ist enttäuscht.

- in der Ausdrucksform der eigenen Gefühle

  Der Zweijährige weint, als er sich über den Bruder ärgert, der Jugendliche beschimpft seinen Bruder, der Erwachsene dreht sich wortlos um und lässt seinen Bruder alleine zurück.

- in der Art der Reaktion, im Umgang mit den eigenen Gefühlen und den Gefühlen anderer Menschen

  Das Kind weint, der Einjährige steht daneben und schaut, die Siebenjährige geht hin und nimmt das weinende Kind tröstend in den Arm.

7.3.2 Die Förderung der Entwicklung der Gefühle

Eine Vielzahl von Möglichkeiten kann Kinder in der Entwicklung ihrer Gefühle und in ihrem Umgang sowohl mit ihren eigenen Gefühlen als auch mit denen anderer Menschen unterstützen. Im Folgenden werden einige grundlegende Möglichkeiten genannt:

- Das **Herstellen einer Bindung**, die sich in einer emotionalen Beziehung zwischen zu Erziehendem und einer oder auch mehreren anderen Personen offenbart, ist Voraussetzung für eine gesunde emotionale Entwicklung. Diese Beziehung muss über Raum und Zeit hinweg emotional sehr eng miteinander verbinden und sich durch positive Gefühle auszeichnen. Auf diese Weise wird es möglich, dass das Kind den Mut und die Lust aufbringen kann, emotionale Bindungen einzugehen und anderen Menschen zu vertrauen[1].

---

[1] vgl. Kapitel 8.3.4

- Für eine gesunde emotionale Entwicklung sowie für die Vermeidung emotionaler Entwicklungsstörungen spielt zudem eine **intakte Familie und ein harmonisches Familienklima** eine entscheidende Rolle, in der dem Kind Wertschätzung und Verständnis entgegengebracht werden und die einen großen Raum für spontane Gefühlsäußerungen lässt.

- Eltern und andere Erzieher sollten ihre eigenen Gefühle – auch die „negativen" wie Ärger, Hass, Wut oder Traurigkeit – und die ihres Kindes akzeptieren und sie **offen und direkt ansprechen**[1].

- Dem Kind soll die Möglichkeit gegeben werden, belastende Gefühle klar äußern zu können. Durch Klarheit in Äußerungen und Mitteilungen anderen gegenüber ist es möglich, Belastungen zu vermindern. Untersuchungen haben ergeben, dass die Benennung von Gefühlen eine beruhigende Wirkung auf die Nerven hat und Kindern hilft, sich rascher von störenden Vorfällen zu erholen. Je mehr Kinder lernen, ihre Gefühle in Worten auszudrücken, desto besser können sie mit diesen Gefühlen umgehen.

- Kinder, die gelernt haben, ihre Gefühle in Worten auszudrücken, sind auch eher in der Lage, über unangenehme Gefühle zu sprechen.

 Gerade auch im Hinblick auf die Prävention sexuellen Missbrauchs ist es wichtig, dass Kinder Vertrauen in ihre eigene Gefühlswelt haben. Dies können Eltern und Erzieher vor allem dann fördern, wenn sie die Gefühle ihrer Kinder ernst nehmen und mit ihnen darüber sprechen.

- Das Kind soll nicht gezwungen werden, nicht erwünschte Gefühle, wie z. B. Wut, Hass, Ärger oder Aggression, zu unterdrücken. Es muss lernen, dass nicht sein Gefühl ein Problem darstellt, sondern sein Verhalten, wenn dies unangemessen ist.

 Es ist verständlich, dass Bastian wütend ist. Es ist aber nicht zu akzeptieren, dass er deshalb seinen Bruder schlägt.

- Eltern und Erzieher sollen dem Kind Möglichkeiten aufzeigen, mit negativen Gefühlen umzugehen. Dies ist vor allem im Spiel möglich, bei dem das Kind seine Gefühle in die jeweilige Situation einbringen kann. Im Rollenspiel können unterschiedliche Wege geübt werden.

- Erziehungsmaßnahmen, die Angst erzeugen, sollten vermieden werden, da das emotionale Verhältnis des Kindes zum Erzieher dadurch negativ beeinflusst, das zu erlernende Verhalten mit negativen Gefühlen assoziiert und damit das Lernen erschwert oder gar blockiert wird.

 Beispiele hierfür sind die Drohung („Wenn du nicht folgst, kommst du in den dunklen Keller!", „Wenn du nicht heimgehst, holt der schwarze Mann die Mädchen, die nicht hören wollen!"), die Strafe, die Verachtung oder der Liebesentzug („Wenn du das nicht tust, mag dich die Mutter nicht mehr!").

- Bei Störungen in der emotionalen Entwicklung empfiehlt sich zu deren Behandlung eine Psychotherapie, die im Einzelfall der Therapeut auswählt.

---

[1] vgl. Kapitel 11.5.2

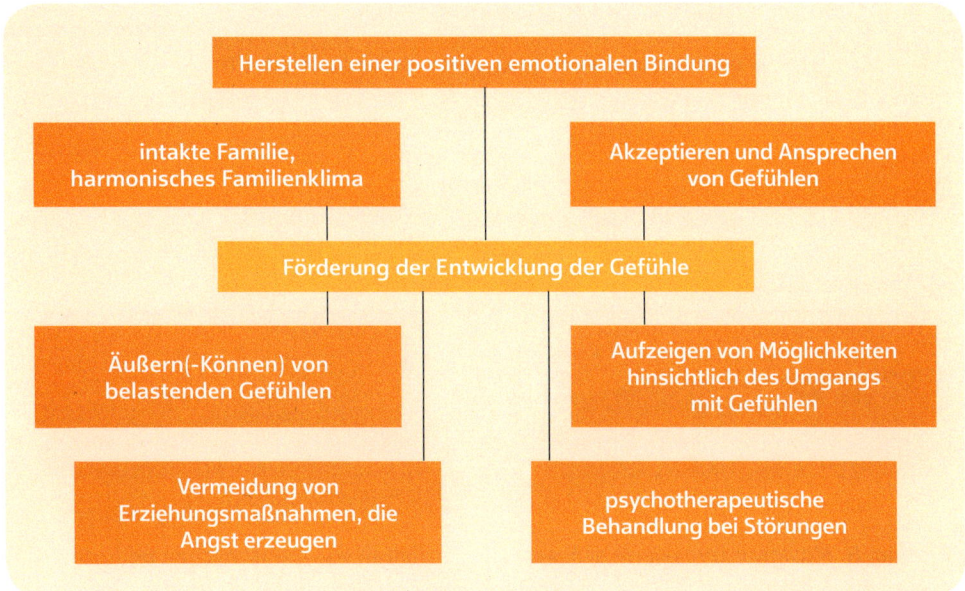

7.4 Die Entwicklung der Bedürfnisse

Mit dem Begriff „Bedürfnis" wird – wie in *Kapitel 5.3.1* ausgeführt – ein physischer oder psychischer Mangelzustand bezeichnet. Das bedeutet, dass ein Bedarf – z. B. nach Essen, Trinken, Zuwendung oder Liebe – vorhanden sein muss.

7.4.1 Der Entwicklungsverlauf der Bedürfnisse

Ein Teil der Bedürfnisse ist dem Menschen angeboren; es handelt sich dabei um physiologische Bedürfnisse wie Hunger, Durst, Sauerstoff, Schlaf oder Sexualität. Diese angeborenen Bedürfnisse werden **primäre Bedürfnisse** genannt und bestimmen weitgehend die Motivation des Säuglings. Ihre Befriedigung dient der Selbst- und Arterhaltung des Menschen.

Im Laufe der Entwicklung bildet der Mensch dann eine Vielfalt von Bedürfnissen aus, die nicht zu seiner biologischen Ausstattung gehören, sondern erlernt werden.

Solche erlernten Bedürfnisse sind der Wunsch nach Geltung, Macht, Besitz oder Geld.

Die im Laufe des Lebens erworbenen Bedürfnisse bezeichnen wir als **sekundäre Bedürfnisse**. Ihre Entstehung kann mithilfe von Theorien wie z. B. Lerntheorien erklärt werden.

Beide Bedürfnisarten – primäre und sekundäre – treten im späteren Leben nicht getrennt voneinander, sondern zusammen auf.

 So tritt Sexualität meist mit dem Wunsch nach Wärme und Geborgenheit auf; der Konsum eines kostspieligen Kaviars oder Hummers dient neben der Befriedigung des Nahrungsbedürfnisses zugleich dem Bedürfnis nach Prestige.

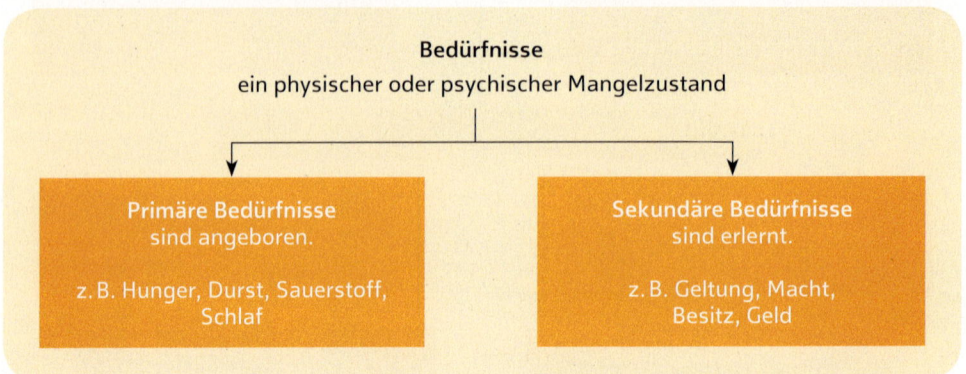

Abraham H. Maslow interessierte sich sehr für die Vielfalt von menschlichen Bedürfnissen. Er versuchte, diese näher zu bestimmen und nach ihren Prioritäten zu ordnen.

Abraham Harold Maslow

Abraham Harold Maslow (1908–1970) wurde als Sohn russischer Auswanderer in New York geboren. Bis zu seinem Tod war er Präsident der American Psychological Association (APA). Als Motivationsforscher beobachtete er zuerst bei Affen, dass manche Notwendigkeiten, sprich Bedürfnisse, vor anderen Vorrang haben. Die Affen versuchten, erst ihren Durst zu löschen, bevor sie sich etwas zu essen suchten, weil sie ohne Essen länger überleben können als ohne Trinken. Ausgehend von dieser Erkenntnis entwickelte Maslow seine berühmte Bedürfnispyramide.

Maslow ging davon aus, dass die menschlichen Bedürfnisse in einer Rangordnung stehen und es somit eine *Bedürfnishierarchie* gibt. Er fand heraus, dass die Entwicklung der menschlichen Bedürfnisse in einer festgelegten Reihenfolge hierarchisch abläuft:

■ Als Erstes entwickeln sich die **physiologischen Bedürfnisse**. Sie stehen am Anfang der menschlichen Entwicklung und behalten über das gesamte Leben einer Person ihre Bedeutung bei.

 Solche Bedürfnisse sind Hunger, Durst, Sauerstoff, Entspannung oder Schlaf.

■ Auf der nächsten Stufe stehen **die Bedürfnisse nach Sicherheit**, welche darauf abzielen, sich vor – möglichen – Gefahren und deren Folgen zu schützen. Diese Bedürfnisse sind schon im Säuglingsalter beobachtbar, spielen aber im gesamten Leben eine mehr oder weniger starke Rolle.

 Sicherheitsbedürfnisse sind etwa der Wunsch nach einer festen Arbeitsstelle, Ordnung oder Stabilität. Viele Sicherheitsbedürfnisse werden häufig mit einer Versicherung abgedeckt.

■ Der Sicherheit folgen die **Bedürfnisse nach Zuwendung**, bei denen es um den Wunsch geht, Beziehungen zu anderen Menschen aufzubauen und zu erhalten. Entsprechende Untersuchungen bestätigen, dass Kinder in ihrer Entwicklung sehr zurückbleiben, wenn sie vor allem im ersten Lebensjahr keine oder nur wenig emotionale Zuwendung erfahren[1]. Doch auch im späteren Kindes-, im Jugend- und im Erwachsenenalter haben diese Bedürfnisse große Bedeutung.

---

[1] vgl. Kapitel 8.3.3

Liebe und Geliebtwerden, Geborgenheit, Kontakt oder Akzeptanz sind Beispiele für Zuwendungsbedürfnisse.

- Sehr früh im menschlichen Leben wird unser Verhalten dann von dem **Bedürfnis nach Anerkennung** bestimmt. Zu diesen Bedürfnissen gehören bspw. die Wünsche nach Bestätigung, Geltung, Ansehen, Selbstachtung oder Macht. Sie sind ein Leben lang für einen Menschen von Bedeutung.

Anerkennungsbedürfnisse sind Selbstwert, Erfolg, Prestige, Leistung, Macht oder Kompetenz.

> *„Die Befriedigung des Bedürfnisses nach Selbstachtung führt zu Gefühlen des Selbstvertrauens, der Stärke, der Fähigkeit, zum Gefühl, nützlich und notwendig für die Welt zu sein. Doch Frustrierung dieses Bedürfnisses bewirkt Gefühle der Minderwertigkeit, der Schwäche und der Hilflosigkeit."*
> *(Maslow, 1989, S. 73)*

- Als letztes entwickelt sich das **Bedürfnis nach Selbstverwirklichung**. Damit ist nach *Maslow* (*1989, S. 74*) das menschliche Verlangen nach Selbsterfüllung gemeint, also die Tendenz, seine Möglichkeiten zu entfalten, zu aktualisieren.

> **Selbstverwirklichung im Sinne *Maslows* bedeutet das beständige Bestreben eines Menschen, seine individuellen Möglichkeiten (Anlage, Fähigkeiten, Talente) möglichst umfassend entfalten und ausschöpfen zu können, und beinhaltet, sich selbst akzeptieren zu können (vgl. *Maslow, 1989, S. 74*).**

Selbstverwirklichung ist kein Zustand, sondern ein Prozess. Sie bleibt in der Regel auf erwachsene Menschen beschränkt, Maslow ist der Meinung, dass sie bei Jugendlichen noch nicht vorkommt (vgl. Maslow, 1989, S. 18).

Maslow ging von einer Rangordnung der menschlichen Bedürfnisse aus, die sich in einer **Bedürfnishierarchie** niederschlägt: Die „tiefer liegenden" Bedürfnisse sind grundlegend für die „höheren"; die „höheren" entwickeln sich erst, wenn die „niedrigeren" angemessen befriedigt sind.

Wer zu wenig verdient, für den sind Privilegien zweitrangig; wer Hunger hat, will etwas essen, bevor er arbeitet; wer unbedingt Anerkennung will, bemüht sich, beliebt bei anderen zu sein, und will sich nicht selbst verwirklichen.
Wenn alle Bedürfnisse nicht befriedigt sind und der Mensch von den physiologischen Bedürfnissen beherrscht wird, können alle anderen Bedürfnisse in den Hintergrund gedrängt werden (vgl. *Maslow, 1989, S. 63*).

Es liegt also das Prinzip der *prepotency*[1] vor: Das jeweils hierarchisch niedrigste (noch) nicht befriedigte Bedürfnis ist das stärkste.

> *„Sofort tauchen [...] höhere Bedürfnisse auf und diese, mehr als physiologischer Hunger, beherrschen den Organismus. Und wenn diese ihrerseits befriedigt sind, kommen neue und wiederum höhere Bedürfnisse zum Vorschein und so weiter. Dies ist, was wir mit der Behauptung meinen, dass die grundlegenden menschlichen Bedürfnisse in einer Hierarchie der relativen Vormächtigkeit organisiert sind."*
> *(Maslow, 1989, S. 65)*

---

[1] prepotency (engl.): die Vormacht

Maslow geht davon aus, dass, wenn der Prozess des Strebens von den physiologischen Bedürfnissen bis hin zur Selbstverwirklichung blockiert wird, der Mensch krank wird (vgl. *Maslow, 1989, S. 2*).

Bei einer höheren Stufe der Entwicklung verschmelzen nach Maslow (1989, S. 218 f.) Sexualität und Liebe miteinander und dienen nicht nur ausschließlich der Lustfunktion und bloßen Triebbefriedigung. Bei Menschen, die es geschafft haben, sich selbst zu verwirklichen, ist Sexualität Ausdruck der Zuneigung und Liebe. Im Gegensatz zur Psychoanalyse geht die humane Sichtweise der Sexualität davon aus, dass sie Ausdruck der Gesamtperson ist und nicht losgelöst von ihr betrachtet werden kann. Maslow vertritt die Auffassung, dass sich im Leben eines gesunden Menschen Sexualität und Liebe verbinden und miteinander verschmelzen und dass sexuell bedingte neurotische Fehlentwicklungen durch die Herauslösung der Sexualität aus der Gesamtperson entstehen. „Es stimmt sicherlich, dass selbstverwirklichende Männer und Frauen im ganzen dazu neigen, nicht Sex seiner selbst wegen zu suchen oder damit allein zufrieden zu sein." (Maslow, 1989, S. 219)

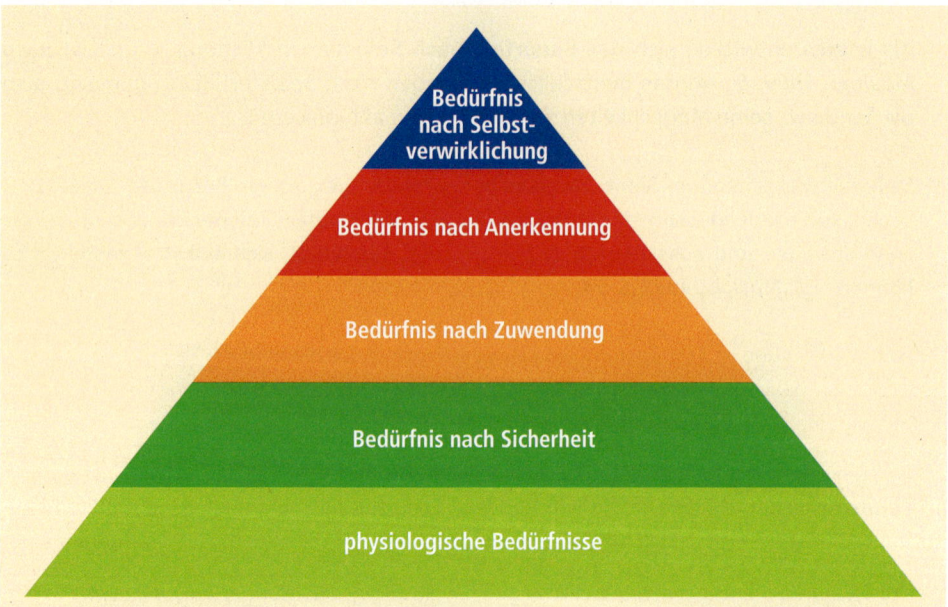

7.4.2 Die Förderung der Entwicklung der Bedürfnisse

- Eltern und andere Erzieher sollen die Grundbedürfnisse des Kindes – seine physiologischen Bedürfnisse, die Bedürfnisse nach Sicherheit, Zuwendung und Anerkennung – hinreichend befriedigen. Vor allem in den ersten Lebensjahren braucht das Kind neben einer gesunden Ernährung viel Liebe, Wärme und Geborgenheit sowie ein Sicherheitsgefühl, damit es sich gesund entwickeln kann.

- Dabei sind sowohl unzureichende als auch exzessive Befriedigung der Bedürfnisse, wie es bspw. bei einer vernachlässigenden oder autoritären bzw. bei einer verwöhnenden, überbehütenden und verzärtelnden Erziehung der Fall ist, zu vermeiden. Eine gesunde Entwicklung ist dann zu erwarten, wenn für eine *angemessene* Befriedigung der Bedürfnisse gesorgt wird.

■ Andererseits soll das Kind lernen, dass die Befriedigung seiner Bedürfnisse nicht immer gleich möglich ist, sondern auf einen anderen Zeitpunkt verschoben werden muss. Es muss auch lernen, auf die Befriedigung von Bedürfnissen zu verzichten, vor allem dann, wenn es sich nicht um „lebenswichtige" Bedürfnisse handelt.

■ Zudem soll dem Kind aufgezeigt werden, dass die Befriedigung seiner Bedürfnisse dort ihre Grenzen hat, wo sie auf Kosten anderer bzw. der Allgemeinheit oder der Natur geht.

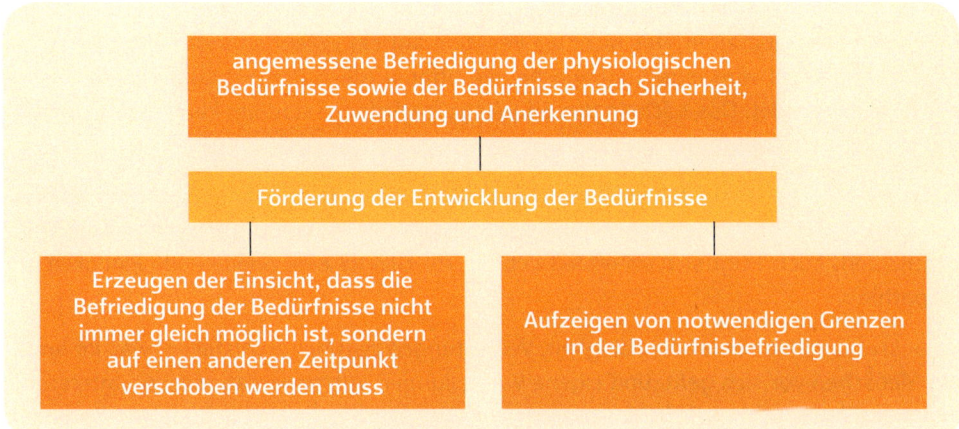

7.5   Die Entwicklung des Sozialverhaltens

Das Wort „sozial" bedeutet die „menschliche Gesellschaft bzw. Gemeinschaft betreffend". Sozialverhalten meint somit jegliches Verhalten eines Menschen, das die Gemeinschaft betrifft, jeglichen Umgang mit der Gemeinschaft, mit anderen Menschen.

> **Unter Sozialverhalten versteht man jegliche zwischenmenschlichen Verhaltensweisen und Beziehungen.**

Der Mensch ist ein soziales Wesen, er lebt mit anderen Menschen zusammen und ist auf dieses Zusammenleben angewiesen. Das Sozialverhalten ist dem Menschen jedoch nicht angeboren, sondern er muss erst lernen, wie er sich in welchen Situationen wem gegenüber zu verhalten hat.

Die Entwicklung des Sozialverhaltens lässt sich in zwei Aspekte unterteilen:

■ Die Entwicklung des Sozialverhaltens **im Sinne der Interaktion und Kommunikation**[1], wie z. B. das Verhalten des Einzelnen in der Gruppe bzw. beim Spiel oder verschiedene „Formen" des Verhaltens gegenüber Mitmenschen (Mitgefühl, Angst, Aggression usw.) – also die Entwicklung von Beziehungen.

■ Die Entwicklung des Sozialverhaltens im Sinne der Schaffung des sozialen Wesens, das heißt, **Entwicklung als Sozialisation**[2], wie bspw. die Übernahme von Wertvorstellungen und Normen, Rollen, Einstellungen und die Gewissensbildung (siehe *Abschnitt 7.5.2*) – also die Entwicklung des Menschen als soziales Wesen und die Entwicklung von Moral und Gewissen.

---

[1] Die Begriffe „soziale Kommunikation" und „soziale Interaktion" sind in Kapitel 11.1.1 geklärt.
[2] Sozialisation bezeichnet den Prozess, in welchem der Mensch in der Gesellschaft bzw. in einer ihrer Gruppen handlungsfähig wird.

7.5.1 Die Entwicklung von Beziehungen

Viel früher, als Forscher lange Zeit angenommen haben, verfügen Kleinkinder über grundlegende soziale Fähigkeiten. Interaktionen und Austausch von Informationen zwischen der (den) Bezugsperson(en) und dem Kind finden bereits in der Schwangerschaft statt. Säuglinge zeigen schon Ansätze sozialer Kompetenz: Sie nutzen z. B. Blickkontakt und mimische Signale, um gezielt zu lernen (vgl. *Wolf, 2010, S. 33*).

Spätestens im *dritten Monat* tritt das **erste Lächeln** auf, welches als erste spezifische Reaktion auf den Menschen interpretiert wird. Dabei handelt es sich vermutlich um ein angeborenes Instinktverhalten, das nicht als Reaktion auf ein Erkennen bestimmter Personen erfolgt. Angelacht wird jede Augenpartie, die offensichtlich den Schlüsselreiz für dieses erste Lächeln bildet. Das Lächeln des Säuglings im Anfangsstadium kann auch durch Attrappen ausgelöst werden.

Entgegen früherer Ansichten weiß man heute, dass schon Babys in der Lage sind, Gedanken anderer nachzuvollziehen und die Absichten bzw. das Wissen anderer Menschen einzuschätzen. Auch zeigt sich im ersten Lebensjahr bereits eine beginnende Fähigkeit zur **Empathie**[1].

Voraussetzung hierfür ist die Fähigkeit, Vermutungen darüber anzustellen, was im anderen Menschen vor sich geht, und eigene Vorstellungen von denen anderer zu unterscheiden, was *Theory of Mind*[2] (*ToM*) genannt wird. Dies betrifft die Mutmaßung von Gefühlen, Bedürfnissen, Ideen, Einstellungen, Absichten, Erwartungen und Meinungen und ermöglicht erst komplexe soziale Beziehungen.

Mein Freund wird von einem anderen angepöbelt. Ich kann mich in ihn hineinversetzen und nachempfinden, dass er innerlich verletzt ist.

Theorie of Mind beschreibt die Fähigkeit eines Menschen, sich in die „innere Welt" (Denken, Fühlen) eines anderen hineinversetzen und sie sowie das Verhalten des anderen vorwegnehmen, antizipieren, zu können.

Die zweite Hälfte des ersten *Lebensjahres* ist durch eine zunehmende Differenzierung der Beziehung zu den Mitmenschen gekennzeichnet.

Im ersten Lebensjahr wird die **Bindungsfähigkeit** entwickelt[3]. Aus der Sicht der Bezugsperson ist Bindung durch eine *positive emotionale Grundhaltung* gegenüber dem Kind gekennzeichnet, die sich in emotionaler Zuwendung, Achtung, Wärme, Nähe und dergleichen mit all seinen Äußerungsformen zeigt; aus der Sicht des Kindes ist es die *gefühlte Sicherheit*, die ihm die Bezugsperson gibt (vgl. *Wicki, 2015², S. 49*).

Nach *Mary Ainsworth* durchläuft der Säugling vier Phasen (vgl. *Grossmann/Grossmann, 2014⁶, S. 74 ff.*):

1. Phase der unspezifischen sozialen Reaktionen

In dieser Phase kommen Reaktionsweisen wie Horchen, Anschauen, Schreien, Festsaugen, Umklammern und Anschmiegen vor, das Baby ist jedoch noch nicht an eine bestimmte Person gebunden, die Bindung ist noch nicht entwickelt.

---

[1] Auf Empathie wird in Kapitel 10.4.2 näher eingegangen.
[2] mind (engl.): Gedanken
[3] Der Begriff „Bindung" ist in Kapitel 8.3.2 beschrieben.

2. Phase der unterschiedlichen sozialen Reaktionsbereitschaft

Der Säugling reagiert differenzierter und schneller auf Äußerungen der ihm vertrauten Person. Er kann im Laufe der Zeit ihm vertraute Personen von den anderen unterscheiden und wendet sich bevorzugt den vertrauten Personen zu. Aber erst in der nächsten Phase wird er bindungsfähig.

3. Phase des aktiven und initiierten Bindungsverhaltens

Der Säugling erweitert durch selbstständige Fortbewegung (Krabbeln, Rutschen), gezieltes Greifen und eine wachsende geistige Vorstellung von seiner Bezugsperson das Repertoire seines Sozialverhaltens, aus dem sich die Bindungsverhaltensweisen jetzt deutlich hervorheben. Es handelt sich hier um die eigentliche Bindungsphase. Das Bindungsverhalten ist ausgeprägt und äußert sich im „Fremdeln" und einer Trennungsangst. Das kleine Kind nützt nun die Bindungsperson als „sichere Basis", von der aus es möglich ist, seine Umwelt zu erforschen[1].

> *„Die Bindungsperson ist zum Zentrum seiner Welt geworden. In ihrer Nähe fühlt er sich wohl und kann aus diesem Wohlbefinden heraus neugierig und unternehmungslustig sein. [...] Die Bindungsperson ist zum ‚sicheren Hafen' (‚haven of safety') geworden, den das Krabbelkind aufsucht, wenn es sich unwohl fühlt [...]. Das Neue mag verlockend und interessant sein, aber es könnte auch Gefahren bergen, sodass es sich beim Erkunden stets rückversichert, wo die Bindungsperson ist. Dieses Rückversichern gibt ihm Information, wohin es fliehen muss, wenn es Sicherheit braucht. Ohne seine ‚Sicherheitsbasis' wäre es ‚verloren'."*
> *(Grossmann/Grossmann, 2014[6], S. 77)*

4. Phase der zielkorrigierten Partnerschaft

Das Kleinkind wird im Laufe der Zeit unabhängiger von seinen Bezugspersonen und kann auch deren vorübergehende Abwesenheit für eine bestimmte Zeit ertragen. *Bowlby* spricht deshalb von einer „zielkorrigierten Partnerschaft", weil es dem Kleinkind auch möglich ist, den Blickwinkel seiner Bezugsperson(en) einzunehmen und das, was diese will, versteht und speichert.

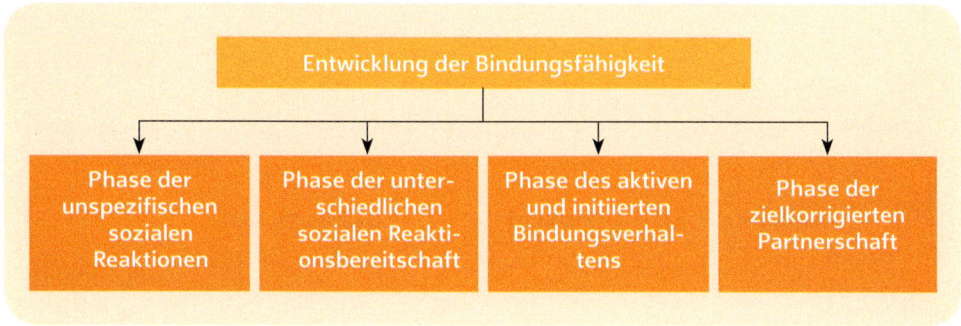

---

[1] vgl. Kapitel 8.3.3

Die Entwicklung sozialer Verhaltensweisen im Kleinkindalter lässt sich am deutlichsten in der **Entwicklung des Spielverhaltens** ablesen: Zunächst ist das Kind an Spielen noch **völlig unbeteiligt, doch schon bald spielt es allein**. Das Interesse an wechselseitigen Kontakten äußert sich ab ca. *zwei Jahren* im **Zuschauen beim Spielen** anderer Kinder. Kinder sind in dieser Zeit oft recht ausdauernd, anderen bei deren Spiel zuzuschauen.

In diesem Alter ist ein Miteinanderspielen noch nicht möglich, da das Spielen mit anderen Kindern durch rasch wechselnde Bedürfnisse, geringe Ausdauer und Intoleranz sehr erschwert wird. Kinder dieses Alters spielen nebeneinander, nicht miteinander. Wir sprechen deshalb von **Parallelspiel**, das bei den *zweieinhalb- bis etwa viereinhalbjährigen* die häufigste Spielart ist.

Ab dem *dritten Lebensjahr* treten im Spiel zwischen den Kindern deutlich *soziale Interaktionen* auf, die aber noch recht unorganisiert sind. Es wird deshalb als **assoziiertes Spiel** bezeichnet. Es sind zwar Kontakte des Gebens und Nehmens zu beobachten, aber keine Organisation.

Das assoziierte Spiel wird vom **organisierten Spiel** abgelöst, das auf ein Ziel gerichtet ist, wie z. B. Regelspiele oder die Errichtung gemeinsamer Bauten mit Bauklötzchen. Spiele werden organisiert und es geht vor allem darum, gemeinsam etwas herzustellen bzw. bestimmte Situationen spielerisch zu gestalten, wie dies bspw. beim Rollenspiel der Fall ist.

Die organisierten Spiele der *Fünf- bis Achtjährigen* sind meist durch **feste Regeln** charakterisiert, bei den *Sieben- bis Zehnjährigen* tritt neben die Regel verstärkt die **Zusammenarbeit**. In diesem Alter ist auch Eigeninitiative sehr gefragt. Es beginnt die Zeit der **Teamspiele**. Damit sind alle grundlegenden sozialen Verhaltensmuster erworben, die im weiteren Verlauf der Entwicklung ausdifferenziert werden.

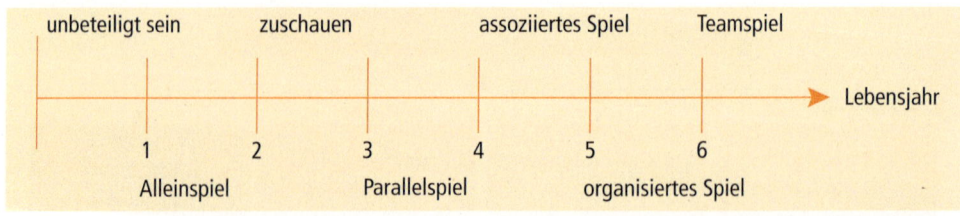

7.5.2 Die Entwicklung als soziales Wesen

Die Entwicklung des Sozialverhaltens im Sinne der Schaffung des sozialen Wesens beinhaltet eine Entwicklung der Übernahme von Werten und Normen, Rollen und Einstellungen sowie eine Entwicklung der Gewissensbildung. Durch die Übernahme von Normen und Werten eignet sich der Mensch ein Wissen über Verhaltensweisen an, die in seiner Gesellschaft als „erlaubt" oder gar als „gut" gelten. Das Insgesamt von verbindlichen Sollregeln bezeichnet man als **Moral**.

> Unter Moral versteht man ein System von verbindlichen Sollregeln der in einer Gruppe bzw. Gesellschaft zusammenlebenden Menschen.

In neuerer einschlägiger Literatur wird diese Definition gelegentlich kritisiert, weil sie eine nicht hinterfragbare **Normenkonformität** beinhaltet, bei der dem Individuum die Möglichkeit zur Unterscheidung zwischen bedeutenden und weniger bedeutenden Normen fehlt. Georg Lind von der Konstanzer Universität z. B. sieht Moral als Fähigkeit, in Bezug auf die eigenen moralischen Prinzipien angemessen urteilen und handeln zu können; er schränkt diesen Begriff weitgehend auf die Frage der Fähigkeit eines Menschen ein, moralische Konfliktsituationen, in der mehrere, sich widersprechende Handlungen vorhanden sind, lösen zu können (vgl. Lind, 2009[2], S. 33 ff.). Um eine solche Konfliktsituation handelt es sich bspw. bei der Frage, ob ich einen Menschen erschießen darf, der meinen besten Freund umbringen will.

Ein *moralisches Urteil* ist die Bewertung des eigenen Denkens und Handelns sowie des Denkens und Handelns anderer aufgrund moralischer Prinzipien, die eine Person vertritt.

Gleichzeitig baut der Mensch in sich selbst eine Instanz auf, die kontrolliert, ob er den moralischen Vorstellungen der Gesellschaft und seinen eigenen entsprechend handelt – das **Gewissen**.

> Gewissen ist diejenige Instanz, die das menschliche Verhalten hinsichtlich seiner Übereinstimmung mit den Wert- und Normvorstellungen sowie mit den Verhaltenserwartungen einer Gesellschaft bzw. einer ihrer Gruppen gleichsam als „innere Stimme" reguliert.

Die Entwicklung der Moral bzw. des Gewissens ist ein relativ ungenau zu beschreibender Vorgang. Bei der Untersuchung dieser Frage entstehen vielfältige Forschungsprobleme, da es kaum möglich ist, eine wertfreie empirische Studie über die Moral zu entwickeln.

Jean Piaget[1] hat die größte Untersuchung über die moralische Entwicklung bei Kindern durchgeführt. Er ging davon aus, dass sich die Entwicklung der Moral *von der Fremdbestimmung* – „von außen" bestimmt – *hin zur Selbstbestimmung* – „von innen" bestimmt – vollzieht und unterscheidet drei Phasen:

- die Stufe des **einfachen moralischen Realismus**,
- die Stufe der **heteronomen Moral**[2] und
- die Stufe der **autonomen Moral**[2].

---

[1] Eine Kurzbiografie von Jean Piaget befindet sich in Kapitel 6.4.3
[2] heteronom (griech.): fremdbestimmt; autonom (griech.): selbstbestimmt

Der Pädagoge und Psychologe *Lawrence Kohlberg* wurde durch *Piagets* Forschungen angeregt und stellte die Entwicklung der Moral etwas differenzierter dar.

Lawrence Kohlberg

> *Lawrence Kohlberg* (1927–1987) war US-amerikanischer Psychologe und Professor für Erziehungswissenschaft an der Harvard University School of Education. Er wurde vor allem bekannt durch seine Theorie der moralischen Entwicklung.

Wie *Piaget* erzählte *Kohlberg* Kindern und Jugendlichen eine Geschichte, die mit einer Konfliktsituation zwischen zwei moralischen Prinzipien bzw. Handlungsmöglichkeiten endete, die sich gegenseitig ausschließen: Um etwas moralisch Gutes tun zu können, muss man etwas moralisch Verwerfliches ausüben[1].

 Bekannt wurde die „Geschichte von Heinz", der seiner Frau, die an Krebs erkrankt war, nur helfen konnte, indem er in die Apotheke einbrach, um an das erforderliche Medikament, das der Apotheker nur zu einem unbezahlbaren Preis abgab, heranzukommen. Die Frage war, ob Heinz einbrechen durfte, um seiner Frau zu helfen, oder nicht, aber um den Preis, seiner Frau nicht helfen zu können.

Kohlberg (1996) unterscheidet drei Stadien der moralischen Entwicklung (vgl. *Bischof-Köhler, 2011, S. 18 ff.*):

- **die präkonventionelle Ebene**[2]: Orientierung an den eigenen Belangen
- **die konventionelle Ebene**: Orientierung am (an) Anderen
- **die postkonventionelle Ebene**: Orientierung an bestimmten Prinzipien

Diese drei Stadien, die er in jeweils zwei Stufen unterteilt, entsprechen in etwa den Stufen der moralischen Entwicklung nach *Piaget*.

Präkonventionelle Ebene

1. Stufe: Orientierung an Strafe und Gehorsam

Das Kind richtet sich nach den Folgen seiner Handlungen. Alles, was belohnt wird, ist richtig und gerecht, was bestraft wird, ist falsch.

 „Ich darf meinem Bruder die Schokolade nicht wegnehmen, weil ich dann ausgeschimpft werde."
„Das Medikament darf Heinz nicht stehlen, sonst kommt er ins Gefängnis!"

 „Lass Dich nicht erwischen!"[3]

2. Stufe: Orientierung am persönlichen Nutzen

Das Kind richtet sich nach dem, was seinen eigenen Wünschen entspricht und ihm persönlich etwas bringt („Kosten-Nutzen-Prinzip"). Alles, was einem nützt, ist richtig, was nichts bringt, ist falsch.

---

[1] Man spricht hier von einem ethischen bzw. moralischen Dilemma. Ein solches liegt bspw. bei der Frage vor, ob ich einen Menschen erschießen darf, der meinen besten Freund umbringen will.
[2] Kohlberg (1996) spricht statt von Ebene von *„Niveau"*, um damit die Ausprägung der moralischen Entwicklung hervorzuheben – ob der Mensch alle Stufen des moralischen Urteils erreicht.
[3] Diese Sprüche stammen aus Bischof-Köhler, 2011, S. 18

„Wenn ich meinem Bruder die Schokolade wegnehme, möchte er auch von mir etwas haben". Wer anderen hilft, sollte dafür auch etwas zurückbekommen. („Eine Hand wäscht die andere.") „Heinz sollte das Medikament stehlen, vielleicht braucht auch er eines Tages ein solches Medikament."

„Wie du mir, so ich dir!"

Konventionelle Ebene

3. Stufe: Orientierung an personengebundener Zustimmung

Das Kind richtet sich nach dem Wohlwollen und der Zustimmung der Erwachsenen. Alles, was anderen gefällt und das Kind als braven Jungen bzw. braves Mädchen erscheinen lässt, ist richtig; was missfällt, ist falsch.

„Ich darf meinem Bruder die Schokolade nicht wegnehmen, weil das meinen Eltern missfällt."
„Heinz darf das Medikament klauen, weil sonst derjenige, den er sehr gerne mag, stirbt."

„Das kann man dem anderen nicht antun!"

4. Stufe: Orientierung an Gesetz und Ordnung

Das Kind richtet sich nach der Obrigkeit, nach Autoritäten, und dem Gesetz, weil es überzeugt ist, dass Gesetz und Ordnung wichtig sind. Alles, was Autoritäten und dem Gesetz entspricht, ist richtig; was ungesetzlich und gegen die Obrigkeit ist, ist falsch.

„Ich darf meinem Bruder die Schokolade nicht wegnehmen, weil das verboten ist."
„Heinz darf das Medikament nicht stehlen, weil Stehlen gegen das Gesetz verstößt."

„Recht und Ordnung gehen über alles!"

Postkonventionelle Ebene

5. Stufe: Orientierung an der Legalität

Das Kind richtet sich nach persönlichen Überlegungen dahin gehend, wie sich das Tun am besten mit den Anforderungen der Gesellschaft vereinbaren lässt. Alles, was seinen Überlegungen über die Gesellschaft entspricht, ist richtig; was seinen Überlegungen über die Gesellschaft widerspricht – das ist in Situationen der Fall, in denen man gesellschaftliche Forderungen nicht berücksichtigen sollte – ist falsch.

„Wenn ich meinem Bruder die Schokolade wegnehme, handle ich gegen meine Überzeugung, dass dies gesellschaftlichen Anforderungen entspricht."
„Heinz darf das Medikament klauen, denn es gibt meiner Meinung nach Situationen, wo das Gesetz übertreten werden darf."

„Der Nutzen muss für alle vorhanden sein!"

6. Stufe: Orientierung an ethischen Prinzipien und am Gewissen

Das Kind richtet sich nach ethischen Prinzipien und Menschenrechten sowie an seinem eigenen Gewissen. Alles, was der Würde des Menschen entspricht und vom Gewissen her erlaubt ist, ist richtig; was gegen die Menschenwürde und das eigene Gewissen verstößt, ist falsch.

„Ich darf meinem Bruder die Schokolade nicht wegnehmen, weil sie sein Eigentum ist und ich das Recht auf Eigentum achten muss."

„Heinz darf das Medikament stehlen, weil das Recht auf Leben höher wiegt als das auf Eigentum."

„Dem Imperativ der ethischen Prinzipien und Menschenrechte ist zu folgen!"

Das Erreichen dieser letzten Stufe setzt die Fähigkeit zur Selbstdistanzierung und Urteilsfähigkeit voraus.

Kohlberg ging davon aus, dass nicht alle Menschen alle sechs Stufen durchlaufen, sondern in ihrer Entwicklung über eine bestimmte Stufe nicht hinausgelangen.

So bleiben viele Menschen auf einer fremdbestimmten Stufe stehen und richten sich in ihrem moralischen Urteil nach anderen, nach dem, was gerade „in" ist, oder nur nach gesellschaftlichen Regeln und Gesetzen. Oft wird Menschen gar nicht bewusst, dass sie sich ausschließlich am „Kosten-Nutzen-Prinzip" orientieren und das tun, was ihnen den größten Vorteil bringt, oder sie ausschließlich nach den Regeln der Gesellschaft leben, ohne sich jemals ein eigenes Urteil gebildet zu haben. Ein Hinterfragen von Sinn und Zweck von Aussagen anderer, Regeln oder Gesetzen findet nicht statt.

Man spricht von einer Identitätsdiffusion, wenn sich Jugendliche oder Erwachsene weder auf Werte, die in einer Gesellschaft gelten, einlassen – sie wollen keine Verpflichtungen eingehen – noch nach alternativen Wertvorstellungen und Überzeugungen suchen, geschweige denn, sich mit ihnen auseinandersetzen.

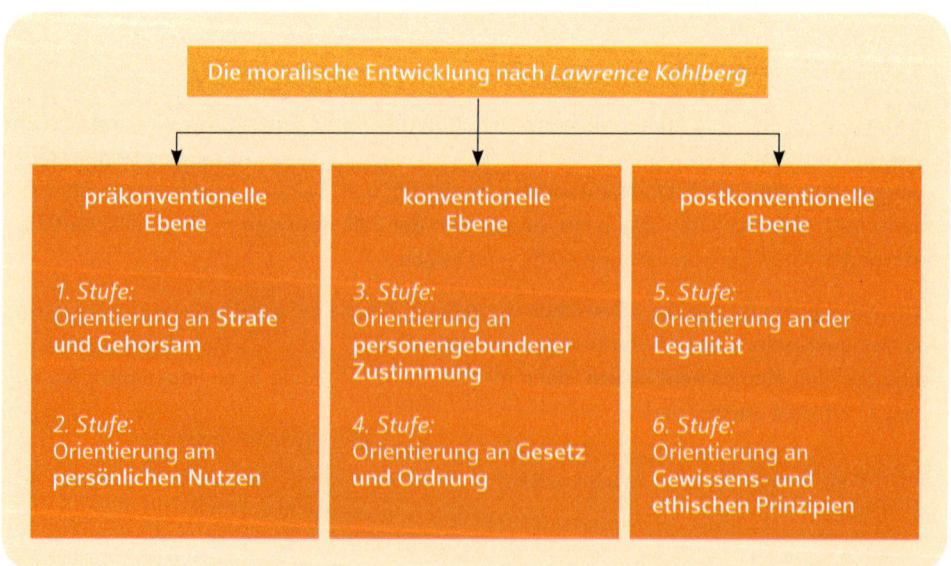

7.5.3   Die Förderung der Entwicklung des Sozialverhaltens

- Jegliches Sozialverhalten eines Menschen ist abhängig von seiner emotionalen Verfassung und basiert auf einer *emotionalen Sicherheit* des Kindes. Deshalb ist für eine gesunde Entwicklung des Sozialverhaltens das **Herstellen einer Bindung**, die sich in einer emotionalen Beziehung zwischen zu Erziehendem und einer oder auch mehreren anderen Personen offenbart, Voraussetzung. Diese Beziehung muss emotional sehr eng miteinander verbinden und sich einerseits durch positive Gefühle wie Verbundenheit, Nähe, Zärtlichkeit, Fürsorge, Schutz, Körperkontakt und Ansprache sowie andererseits durch das Respektieren und Unterstützen des kindlichen Explorationsbedürfnisses auszeichnen[1].

- Zur Entwicklung eines positiven Sozialverhaltens gehört auch ein **harmonisches Familienklima**, in dem das Kind das Zusammenleben mit den anderen Familienmitgliedern als positiv erlebt.

- Ein positives Sozialverhalten ist auch abhängig davon zu lernen, seine Gefühle zu äußern und konstruktiv zeigen zu können, Kritik zu üben und auch einstecken zu können, Angst zu ertragen, die eigene Meinung zu vertreten und sich mitteilen zu können, sich selbstständig zu entscheiden sowie selbstständig zu handeln.

- Besonders wichtig für ein positives zwischenmenschliches Verhalten ist die Fähigkeit, sich in eine Gruppe einfügen zu können, mit anderen Menschen zu kooperieren, Kompromisse zu schließen, zu teilen, verlieren zu können, Vorurteile zu erkennen und abbauen zu können sowie tolerant zu sein.

- Derartige Verhaltensweisen werden bereits in der Familie, vor allem von den Geschwistern gefordert. Sie können systematisch gefördert werden, wenn man Kindern, vor allem ab dem dritten Lebensjahr, den Kontakt zu Spielkameraden ermöglicht und diesen bekräftigt. Wichtig sind hier der Kindergarten und später die Schule, die die Familie bei der Aufgabe, die Kinder zu positivem Sozialverhalten zu erziehen, unterstützen. Sie konfrontieren die Kinder mit Situationen (große Gruppen Gleichaltriger, fremde Bezugspersonen, geregelter Tagesablauf usw.), die die Familie nicht oder nur bedingt bieten kann. Gefördert werden soziale Verhaltensweisen hier besonders durch Gesellschaftsspiele, Rollenspiele, Gruppenarbeiten und Gruppengespräche.

- Wichtig ist auch, dass das Kind lernt, **Konflikte effektiv zu lösen**. Dabei geht es darum, eine Lösung des Konfliktes zu finden, die nicht von nur einem Teil, sondern von allen, die an diesem Konflikt beteiligt sind, akzeptiert werden kann. Diese Art, einen Konflikt zu lösen, stellt die ausgereifteste Form der Konfliktlösung dar. Die Unterschiede zwischen den Konfliktparteien werden respektiert und es wird versucht, den bzw. die anderen zu verstehen. Widersprechende Meinungen, Interessen und dergleichen werden gemeinsam in gleichberechtigter Atmosphäre diskutiert und so lange gegeneinander abgewogen, bis eine Lösung erzielt wird, die für alle am Konflikt beteiligten Personen annehmbar ist und innerlich befriedigend wirkt.

---

[1] vgl. Kapitel 8.3.4

■ Grundsätzlich ist wichtig, dass dem zu Erziehenden **Modelle** geboten werden, die positives Sozialverhalten zeigen, und dass das erwünschte Sozialverhalten Verstärkung erhält.

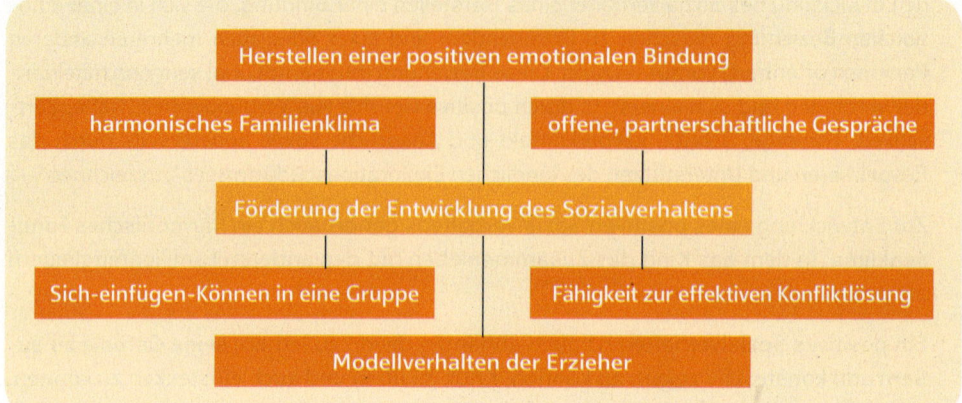

→ **Materialien 4:**
Übersicht über mögliche Entwicklungsstörungen

Zusammenfassung

- Der Begriff „Motorik" bezeichnet die Gesamtheit aller Bewegungsabläufe eines Organismus. Dabei wird unterschieden zwischen Grobmotorik und Feinmotorik. Die Motorik ist wichtig für die Gesamtentwicklung eines Menschen und bildet die Grundlage für alle Tätigkeiten. Die Entwicklung der Motorik verläuft nach bestimmten Prinzipien: Entwicklungsrichtung, wechselseitige Vorherrschaft, funktionelle Asymmetrie, individuelle Reifung und selbstregulierende Fluktuation. Aus anfänglichen Reflexen reifen vor allem im ersten Lebensjahr grundlegende Bewegungen, bis zum siebten Lebensjahr ist die motorische Entwicklung grundgelegt. Ab dem Jugendalter entwickelt sich vor allem die geschlechtsspezifische Motorik und im Alter nimmt die motorische Leistungsfähigkeit allmählich ab. Um die Entwicklung der Motorik zu fördern, braucht das Kind ausreichend Bewegungsraum, Anregungen und Ermutigung zur Bewegung und zu sportlichen Aktivitäten sowie gesunde Ernährung und Unterstützung durch verschiedene Bewegungsspiele aller Art. Bei vorliegenden Störungen sind medizinische oder heilpädagogische Behandlungen angezeigt.

- Die kognitiven Fähigkeiten und Funktionen wie Wahrnehmung, Sprache, Intelligenz, Denken und Gedächtnis sind beim Kleinkind geprägt von seiner kindlichen Wirklichkeitsauffassung, die bestimmt wird vom kindlichen Egozentrismus und Realismus. Egozentrismus bedeutet, dass das kleine Kind seine eigene Person als Zentrum allen Geschehens betrachtet; Realismus bedeutet, dass das Kind glaubt, dass nur das existiert, was unmittelbar wahrnehmbar ist, aber auch das, was in Wirklichkeit nicht real existiert. Egozentrismus und Realismus zeigen sich im gesamten Erleben und Verhalten des Kleinkindes.

- Bezüglich der Wahrnehmung ist festzustellen, dass bei der Entwicklung der Sinne erst die körpernahen, dann die körperfernen Sinne gemäß ihrer biologischen Bedeutung auftreten. Neugeborene verfügen über beachtliche Wahrnehmungsleistungen (Sehen, Hören, Riechen, Schmecken, Fühlen, Gleichgewichtssystem, zeitliche Wahrnehmung), die sich im Laufe der Zeit immer mehr und relativ rasch ausdifferenzieren. Förderungsmöglichkeiten der Wahrnehmungsentwicklung sind frühzeitige Untersuchungen, ein Angebot von vielfältigen Möglichkeiten zu sinnlichen Erfahrungen, die Schulung mit geeignetem Spielmaterial, Vorschulpädagogik, sonderpädagogische Betreuung von Menschen, die Störungen in der Wahrnehmung aufweisen, sowie spezielle Förderprogramme für Legastheniker.

- Die Entwicklung der Sprache durchläuft folgende Stadien: Geburtsschrei und Unlustschreie, Lallmonologe, Ein-Wort-Sätze, Zwei- und Mehr-Wort-Sätze, Flexionen sowie zunehmende Strukturierung und Differenzierung. Fördermöglichkeiten der Sprachentwicklung liegen in der Herstellung einer positiven Beziehung zwischen einer oder mehreren Bezugspersonen und dem Kind, richtigem Vorsprechen, Korrektur von falsch Gesprochenem, Schaffen einer sprechfreudigen Umgebung, Ermutigung, interessiertem Zuhören sowie dem Angebot entsprechender Spiele. Auch sollte das Kind die Möglichkeit haben zu erzählen. Bei möglichen Sprachstörungen bieten sich medizinische Eingriffe oder logopädische Therapien an.

- *Jean Piaget* teilt die Entwicklung des Denkens in vier Stufen ein: die Stufe der sensumotorischen Intelligenz, die sich wiederum in sechs Stadien unterteilt (Betätigung der Reflexe, einfache Gewohnheiten, aktive Wiederholungen, Verknüpfung von Mittel und Zweck, aktives Experimentieren und verinnerlichtes Handeln), die Stufe des **präoperationalen Denkens**, die Stufe des **konkret-operationalen Denkens** und die Stufe des **formal-operationalen Denkens**. Eine Förderung der Denkentwicklung kann sich auf verschiedene Bereiche erstrecken: das Herstellen einer positiven emotionalen Bindung, vielfältige Anregungen und Anreize, die Schaffung eines Freiraums zum Sammeln von Erfahrungen, die Unterstützung der Interessen des Kindes und die Förderung der Motorik und Wahrnehmung sowie der Sprachentwicklung und Vorschulerziehung. Spezielle Förderprogramme können bei Störungen Defizite ausgleichen.

- Folgende Gedächtnisleistungen lassen sich im Laufe der Zeit beobachten: Neugeborene erkennen Stimme und Gesicht der Mutter, die Entwicklung des prozeduralen Gedächtnisses und des Primings, unbewusstes Erinnern von Bewegungsabläufen, Personen und Gegenständen, die Entwicklung des Arbeitsgedächtnisses (bewusstes Erinnern, Objektpermanenz und aktives Speichern), das Erinnern sozialer Interaktionsmuster, das Abrufen durch Sprache, der Aufbau des autobiografischen Gedächtnisses sowie die Nutzung von Gedächtnisstrategien. Gedächtnisleistungen lassen sich in jedem Alter durch Gedächtnisstrategien verbessern bzw. erhalten. Fördermöglichkeiten sind das Lernen von Versen, Reimen, Liedern u. a., das Nacherzählen sowie alle Lern- und Gedächtnisstrategien.

- Bezüglich der Entwicklung der Gefühle ist beim Neugeborenen lediglich eine allgemeine Störbarkeit bzw. Erregbarkeit zu beobachten, aus dieser sich in den ersten Wochen zwei Grundtendenzen emotionalen Verhaltens heraus entwickeln: Unlust und Lust. Die unlustbetonte Tendenz tritt etwas früher hervor und lässt auch zuerst eine Differenzierung in spezifischere Gefühlsreaktionen erkennen wie Angst, Ekel, Wut und Zorn. Aus der lustvollen Tendenz differenzieren sich die positiven Gefühle wie Fröhlichkeit, Liebe und Freude. Bis zum zweiten Lebensjahr zeigt das Kind alle Grundemotionen. Die folgenden Jahre sind gekennzeichnet durch eine Differenzierung dieser Grundemotionen in der Auseinandersetzung mit der Umwelt. Voraussetzung für eine gesunde emotionale Entwicklung ist eine positive emotionale Bindung zu einer Bezugsperson. Weitere Fördermöglichkeiten sind das Akzeptieren und Aussprechen der Gefühle, das Äußern (-Können) von belastenden Gefühlen, Aufzeigen von Möglichkeiten hinsichtlich des Umgangs mit Gefühlen sowie die Vermeidung von Erziehungsmaßnahmen, die Angst erzeugen. Bei Störungen empfiehlt sich eine psychotherapeutische Behandlung.

- Bei den Bedürfnissen entwickeln sich die höheren Bedürfnisse erst, wenn die niedrigeren Bedürfnisse hinreichend befriedigt sind; sie sind hierarchisch angeordnet: erst müssen die physiologischen Bedürfnisse befriedigt sein, danach entwickeln sich nacheinander die Bedürfnisse nach Sicherheit, nach Zuwendung, nach Anerkennung und nach Selbstverwirklichung. Förderungsmöglichkeiten bestehen in der angemessenen Befriedigung der physiologischen Bedürfnisse sowie der Bedürfnisse nach Sicherheit, Zuwendung und Anerkennung. Andererseits soll das Kind lernen, dass die Befriedigung seiner Bedürfnisse nicht immer gleich möglich ist, sondern auf einen anderen Zeitpunkt verschoben werden muss. Es muss auch lernen, auf die Befriedigung von Bedürfnissen zu verzichten und dass die Befriedigung seiner Bedürfnisse dort ihre Grenzen hat, wo sie auf Kosten anderer bzw. der Allgemeinheit oder der Natur geht.

- Die Entwicklung des Sozialverhaltens verläuft zum einen im Sinne der Interaktion und Kommunikation, angefangen vom ersten sozialen Lächeln über die Ausbildung der Bindungsfähigkeit bis hin zu Teamgeist und dem Engagement im öffentlichen Leben. Voraussetzung ist hierfür die Fähigkeit zur Empathie, die Fähigkeit des Nachempfindens der inneren Vorgänge eines anderen Menschen. Die Theory of Mind beschreibt die Fähigkeit eines Menschen, sich in die „innere Welt" (Denken, Fühlen) eines anderen hineinversetzen und diese sowie das Verhalten des anderen vorwegnehmen, antizipieren, zu können. Die Entwicklung sozialer Verhaltensweisen lässt sich deutlich am Spielverhalten des Kindes ablesen: Unbeteiligtsein, Alleinspiel, Zuschauen, Parallelspiel, assoziiertes Spiel, organisiertes Spiel und Teamspiel. Im ersten Lebensjahr wird die Bindungsfähigkeit entwickelt, deren Entwicklung vier Phasen durchläuft, die Phase der unspezifischen Reaktionen, die der unterschiedlichen sozialen Reaktionsbereitschaft, die des aktiven und initiierten Bindungsverhaltens und die Phase der zielkorrigierten Partnerschaft.

- Zum anderen verläuft die Entwicklung des Sozialverhaltens im Sinne der Schaffung des sozialen Wesens. *Kohlberg* unterscheidet drei Stadien, die präkonventionelle, die konventionelle und die postkonventionelle Ebene. Diese Stadien unterteilt er in jeweils zwei Stufen: Die Orientierung an Strafe und Gehorsam, am persönlichen Nutzen, an personengebundener Zustimmung, an Gesetz und Ordnung, an der Legalität und die Orientierung an ethischen Prinzipien und am Gewissen. Förderungsmöglichkeiten bestehen in der Herstellung einer positiven emotionalen Bindung, einem harmonischen Familienklima, offenen, partnerschaftlichen Gesprächen, der Fähigkeit zur effektiven Konfliktlösung und im Modellverhalten der Erzieher.

Aufgaben und Anregungen Kapitel 7

Aufgaben

1. Bestimmen Sie den Begriff „Motorik" und erläutern Sie an zwei Beispielen die Bedeutung der Motorik. (Abschnitt 7.1.1)

2. Beschreiben Sie an je einem konkreten Beispiel die Prinzipien der Entwicklung der Motorik. (Abschnitt 7.1.2)

3. Stellen Sie den Entwicklungsverlauf
   a) der Motorik
      (Abschnitt 7.1.3)
   b) der Wahrnehmung
      (Abschnitt 7.2.2)
   c) der Sprache
      (Abschnitt 7.2.3)
   d) der Intelligenz und des Denkens
      (Abschnitt 7.2.4)
   e) des Gedächtnisses
      (Abschnitt 7.2.5)
   f) der Gefühle
      (Abschnitt 7.3.1)
   g) der Bedürfnisse
      (Abschnitt 7.4.1)
   vom Ungeborenen bis zum alten Menschen dar.

4. Zeigen Sie auf, wie Kleinkinder ihre Umwelt wahrnehmen und erleben, und verdeutlichen Sie Ihre Ausführungen durch konkrete Beispiele. (Abschnitt 7.2.1)

5. Erläutern Sie am Beispiel von konkreten Unterrichtsinhalten die Denkleistungen eines Kindes in der späten Kindheit (sechs bis ca. 12 Jahren). (Abschnitt 7.2.4)

6. Beschreiben Sie die Entwicklung des Bindungsverhaltens eines Säuglings. (Abschnitt 7.5.1)

7. Stellen Sie die Entwicklung von Beziehungen am Beispiel des Spielverhaltens dar. (Abschnitt 7.5.1)

8. Bestimmen Sie die Begriffe „Moral" und „Gewissen" und zeigen Sie anhand eines Beispiels die Entwicklung der Moral nach *Lawrence Kohlberg* auf. (Abschnitt 7.5.2)

9. Zeigen Sie Möglichkeiten auf, die die Entwicklung
   a) der Motorik
      (Abschnitt 7.1.4)
   b) der Wahrnehmung
      (Abschnitt 7.2.2)

Aufgaben

    c) der Sprache
       (Abschnitt 7.2.3)

    d) des Denkens und der Intelligenz
       (Abschnitt 7.2.4)

    e) des Gedächtnisses
       (Abschnitt 7.2.5)

    f) der Gefühle
       (Abschnitt 7.3.2)

    g) der Bedürfnisse
       (Abschnitt 7.4.2)

    h) des Sozialverhaltens
       (Abschnitt 7.5.3)

fördern, und verdeutlichen Sie jede Fördermaßnahme an einem konkreten Beispiel.

10. Beschreiben Sie die Entwicklung eines Persönlichkeitsmerkmals (z.B. der Motorik, der Wahrnehmung, des Denkens, des Gedächtnisses, der Gefühle, der Bedürfnisse oder des Sozialverhaltens) unter dem Gesichtspunkt

    a) der logischen Reihenfolge und Lebensbezogenheit.
       (Abschnitt 7.1.2, 7.2.2, 7.2.3, 7.2.4, 7.2.5, 7.3.1, 7.4.1, 7.5.1 oder 7.5.2 und *Kapitel 6.5.1*)

    b) des Entwicklungstempos.
       (Abschnitt 7.1.2, 7.2.2, 7.2.3, 7.2.4, 7.2.5, 7.3.1, 7.4.1, 7.5.1 oder 7.5.2 und *Kapitel 6.5.2*)

    c) der Differenzierung und Integration.
       (Abschnitt 7.1.2, 7.2.2, 7.2.3, 7.2.4, 7.2.5, 7.3.1, 7.4.1, 7.5.1 oder 7.5.2 und *Kapitel 6.5.3*)

    d) der Zentralisation.
       (Abschnitt 7.1.2, 7.2.2, 7.2.3, 7.2.4, 7.2.5, 7.3.1, 7.4.1, 7.5.1 oder 7.5.2 und *Kapitel 6.5.4*)

    e) der Kanalisierung und Stabilisierung.
       (Abschnitt 7.1.2, 7.2.2, 7.2.3, 7.2.4, 7.2.5, 7.3.1, 7.4.1, 7.5.1 oder 7.5.2 und *Kapitel 6.5.5*)

11. Fallbeschreibung „Yusuf"

    Yusuf, 5 Jahre, besucht den Kindergarten „Sonnenschein". Yusufs türkischer Vater, der recht gut deutsch spricht, hat Angst, dass sein Sohn Probleme mit dem Erwerb der deutschen Sprache haben könnte, und fragt daher beim Elternabend nach, ob mit der Sprachentwicklung von Yusuf alles in Ordnung sei.

    In der Teambesprechung berichtet Erzieherin Maria von ihren Beobachtungen: Im Morgenkreis dürfen die Kinder am Montag erzählen, was sie am Wochenende gemacht haben. Als Yusuf den Erzählstein bekommt, ist er aufgeregt und rutscht auf seinem Stuhl hin und her. Stockend beginnt er zu erzählen: „Mit Mama und Papa und Brüder und Schwestern und Onkel Swimmbad gegangen, viel swimmen. Onkel Mustafa Gesenk gebracht."

    Nach dem Morgenkreis beginnt Yusuf in der Bauecke, ein Haus zu bauen. Ihm fehlen noch Fenster, die liegen bei Florian. Er spricht Florian an, zeigt auf die Fenster und sagt: „Geben!" Florian fragt nach: „Was?" Yusuf antwortet: „Für Haus."

    a) Beurteilen Sie, ob mit der Sprachentwicklung von Yusuf alles in Ordnung ist, und begründen Sie Ihre Meinung.

    b) Zeigen Sie mögliche Auswirkungen von Yusufs Sprachentwicklung auf die Entwicklung des Denkens und seines Sozialverhaltens auf.

    (Abschnitt 7.2.3)

Aufgaben und Anregungen Kapitel 7

Aufgaben

12. Beobachtungen im Kindergarten

    Anna arbeitet im Kindergarten. Dort gibt es jeden Morgen ein gesundes Frühstück. Die Kinder decken selbst den Tisch, schälen Obst usw.

    Michael (3½ Jahre) ist schon sehr selbstständig und kann den Aufstrich mit dem Löffel auf dem Brot verstreichen. Seine Denkweise findet Anna allerdings komisch. Beim Frühstück wollte Michael seinen besten Freund dazu überreden, dass er auch aus einem blauen Becher trinkt, obwohl sein Freund ihm erklärt hat, dass er blaue Becher nicht mag. Trotzdem wollte Michael seinen Freund immer wieder überreden. Michael kann einfach nicht verstehen, dass nicht alle die Farbe Blau so gern mögen wie er.

    Auch beim Plätzchenbacken macht Anna einige Beobachtungen. Der fünfjährige Lukas tobt sehr gerne. Er kann schon gut Bälle fangen, balancieren und Fahrradfahren. Malen, genaues Schneiden und Stillsitzen hingegen fallen ihm schwer, weshalb er für Bastelangebote kaum zu begeistern ist. Beim vorweihnachtlichen Plätzchenbacken möchte er aber unbedingt mitmachen, weil er Plätzchen liebt. Anna gibt jedem Kind die gleiche Menge Teig in Form einer Kugel. Da bei Lukas die Kugel etwas platt gedrückt ist, beschwert er sich: „Ich will genauso viel Teig haben wie die anderen!" Anna kann ihn erst davon überzeugen, dass er die gleiche Menge an Teig habe wie alle anderen Kinder, als sie zwei gleich aussehende Teigkugeln formt.

    Magdalena (2½ Jahre) ist neu im Kindergarten und noch wenig in die Gruppe integriert. Sie hat eigentlich nur Kontakt zur sechsjährigen Laura, bei der sie sich scheinbar recht wohlfühlt. Magdalena weigert sich strikt, das Nudelholz zu benutzen, weil sie überzeugt davon ist, dass im Inneren ein böser Geist wohnt, der herauskommt, wenn man zu sehr hin und her rollt. Obwohl Anna ihr geduldig erklärt, dass es keine Geister gibt, kann sie Magdalena nicht dazu bewegen, das Nudelholz in die Hand zu nehmen.

    a) Beschreiben Sie zwei Eigenarten kindlichen Denkens im Alter der hier genannten Kinder, und ordnen Sie diese der Handlungssituation zu.
    (Abschnitt 7.2.1)

    b) In der Handlungssituation werden einige motorische Verhaltensweisen der Kinder beschrieben. Stellen Sie die Entwicklung der Motorik im Kindergartenalter dar, und beurteilen Sie das Verhalten von Lukas hinsichtlich seiner grob- und feinmotorischen Entwicklung.
    (Abschnitt 7.1.3)

    c) Die Motorik hat einen großen Einfluss auf die Denkentwicklung. Verdeutlichen Sie diesen Zusammenhang.
    (Abschnitt 7.1.1)

Anregungen

13. *Stichwortgeschichte*
    - In Vierergruppen werden auf einer Karte zwei Begriffe zum Thema „Entwicklung in verschiedenen Altersstufen" notiert.
    - Die Karten werden eingesammelt und gemischt.
    - Jede Gruppe zieht eine Karte und diskutiert die beiden Begriffe.
    - Die Gruppe erfindet eine (lustige) Geschichte, die beide Begriffe enthält, und erzählt diese der gesamten Klasse.

14. Bilden Sie acht Gruppen. Jede Gruppe erstellt über einen bestimmten Persönlichkeitsbereich (Motorik, Wahrnehmung, Sprache, Denken und Intelligenz, Gedächtnis, Gefühle, Bedürfnisse, Sozialverhalten) ein Schaubild, das nach Alter und Entwicklungsverlauf gegliedert ist.

15. *Entwicklung beinhaltet Veränderungen des Menschen im Laufe der Zeit.*
    - Entwerfen Sie auf einem Blatt eine Darstellung, die wesentliche Veränderungen in Ihrer Entwicklung veranschaulicht bezüglich Ihres Äußeren, Ihrer Interessen, Ihrer Wahrnehmung von Familie, Schule und Freundschaften usw.

Aufgaben und Anregungen Kapitel 7

Anregungen

- Arbeiten Sie dabei kreativ mit geeigneten Fotos, eigenen Zeichnungen, passenden Gedichten, Sprichwörtern, bekannten Zitaten und Ähnlichem.

16. *Mein eigener Entwicklungsverlauf*
    - Fragen Sie Ihre Eltern, wie bei Ihnen die Entwicklung der verschiedenen Teilbereiche Ihrer Persönlichkeit verlaufen ist.
    - Notieren Sie Ihren Entwicklungsverlauf und vergleichen Sie ihn in Vierergruppen mit denen Ihrer Mitschüler.

17. *Ein Kind in seiner Entwicklung*
    - Beobachten Sie ein Kind (z. B. in Ihrem Praktikum oder aus Ihrer Verwandtschaft bzw. Bekanntschaft) und beschreiben Sie seinen Entwicklungsstand in den Bereichen Motorik, Wahrnehmung, Sprache, Denken und Intelligenz, Gedächtnis, Gefühle, Bedürfnisse sowie Sozialverhalten.
    - Diskutieren Sie in Gruppen darüber, ob sich das Kind „normal" entwickelt hat.

18. *Den Glauben an das Christkind bzw. den Weihnachtsmann oder an den Osterhasen sollten Eltern ihren Kindern nicht ausreden, so in einem Artikel im Donaukurier vom 23.03.2011 (Nr. 68, S. 15). Magische Geschichten, Mythen und Sagen rund um die Feiertage hätten eine wichtige psychologische Funktion.*
    Diskutieren Sie diese Aussagen unter Berücksichtigung der kindlichen Wirklichkeitsauffassung.

19. Erarbeiten Sie mithilfe der Schneeballmethode verschiedene konkrete Möglichkeiten, die geistige Entwicklung eines Kindes zu fördern.
    - Jeder Schüler notiert sich drei Antworten zur Frage nach konkreten Fördermöglichkeiten der geistigen Entwicklung und erhält unterdessen von der Lehrkraft ein Nummernkärtchen.
    - Die Schüler mit der gleichen Nummer bilden eine Gruppe. Jedes Gruppenmitglied stellt in der Gruppe seine drei Antworten vor.
    - Die Gruppe einigt sich auf die drei wichtigsten Antworten, die sich jedes Mitglied notiert. Die Lehrkraft teilt unterdessen Farben aus.
    - Die Schüler mit der gleichen Farbe bilden nun eine Gruppe. Jedes Gruppenmitglied stellt der neuen Gruppe die drei Ergebnisse aus seiner vorhergehenden Gruppe vor. Die Gruppe einigt sich wieder auf die drei wichtigsten Antworten.
    - Die Gruppenergebnisse werden dem Plenum präsentiert, indem aus jeder Gruppe ein Schüler über die Gruppenergebnisse berichtet.

20. *Stellen Sie sich vor, Sie arbeiten in einer Kinderkrippe oder in einem Kindergarten und hätten die Aufgabe, die Eltern beim bevorstehenden Elternabend über Möglichkeiten der Frühförderung zu informieren.*
    - Bilden Sie Vierergruppen und arbeiten Sie einen Vortrag aus, der Eltern beim bevorstehenden Elternabend über Möglichkeiten der Frühförderung informiert.
    - Überlegen Sie, welche Mittel (z. B. PowerPoint, Fotos, Videoclips) und Methoden Sie dabei verwenden.
    - Ihre Mitschüler sind die Eltern. Ihre Gruppe hält den Vortrag, wobei die „Eltern" auch zurückfragen können.

21. Notieren Sie sich alle Ihre Tätigkeiten und Maßnahmen, die Sie – sowohl bewusst als auch unbewusst – ergreifen, um sich selbst in Ihrer eigenen Entwicklung zu fördern.
    Sprechen Sie anschließend in Gruppen über die notierten Tätigkeiten und Maßnahmen.

8 Von der Zeugung bis zum Alter: Aufgaben und Erziehung

LES ÂGES DE LA FEMME.

„Die Altersstufen der Frau", eine Darstellung aus dem 19. Jahrhundert

Jeder Lebensabschnitt stellt den Menschen vor besondere Herausforderungen, die er bewältigen muss.

Folgende Fragen werden in diesem Kapitel geklärt:

1. *Was sind Entwicklungsaufgaben?*
   Was verstehen wir unter einem Lebensabschnitt?
   Wie bedeutsam sind Übergänge von einem zum nächsten Lebensabschnitt?

2. *Welche Bedeutung haben Einflüsse vor, während und nach der Geburt eines Kindes?*
   Welche Bedeutung hat die Erziehung im ersten Lebensjahr für die weitere Entwicklung des Kindes?
   Welche Probleme können dabei entstehen?

3. *Welche erzieherischen Aufgaben sind in der frühen Kindheit von Bedeutung?*
   Welche Aufgaben muss ein Schulkind bewältigen?
   Wie können ihm die Eltern dabei helfen?

4. *Welche Entwicklungsaufgaben muss der Jugendliche bewältigen?*
   Welche Bedeutung hat die Bewältigung von Entwicklungsaufgaben im Jugendalter?

5. *Vor welchen Entwicklungsaufgaben steht der erwachsene Mensch?*
   Welche Probleme können dabei auftreten?
   Welche Auswirkungen haben Alterungsprozesse auf das Erleben und Verhalten des alten Menschen?

8.1 Erziehungs- und Entwicklungsaufgaben

Im Laufe der Entwicklung ergeben sich zu unterschiedlichen Zeiten bestimmte Aufgaben und Probleme, die bewältigt werden müssen. Solche zu bewältigenden Anforderungen in einem bestimmten Lebensabschnitt werden Entwicklungsaufgaben genannt.

8.1.1 Der Begriff „Entwicklungsaufgabe"

Entwicklungsaufgaben entstehen aus drei unterschiedlichen Bedingungen heraus:

- der **körperlichen Reife** eines Menschen,
- den **Erwartungen der Gesellschaft** sowie
- den **persönlichen Zielsetzungen und Wertvorstellungen** einer Person.

Das Wirksamwerden bestimmter Hormone bewirkt beim Jugendlichen einschneidende körperliche Veränderungen. Das Akzeptieren dieser und der damit einhergehenden Veränderung der eigenen Erscheinung sind Aufgaben, die sich aufgrund dieses Reifungsprozesses ergeben.
Mit sechs Jahren beginnt bei uns die Schulpflicht. Es wird allgemein erwartet, dass Kinder bis dahin ihre Schulfähigkeit erlangt haben und in der Lage sind, längere Zeit konzentriert zu arbeiten oder zuzuhören.
Eine 22-jährige Frau möchte gern eine Familie gründen und mindestens zwei Kinder haben.

Entwicklungsaufgaben stellen sich also in einem bestimmten Lebensabschnitt eines Menschen und verlangen nach einer Bewältigung. Aus dieser Sicht kann Entwicklung als „kulturspezifische Lösung universeller Entwicklungsaufgaben verstanden werden" (*Keller/Kärtner, 2014, S. 502*).

> Unter einer Entwicklungsaufgabe versteht man eine Anforderung, die in einem bestimmten Lebensabschnitt eines Menschen auftritt und in diesem Abschnitt bewältigt werden muss.

Dabei ist in der Regel die **erfolgreiche Bewältigung** der jeweiligen Aufgabe von Bedeutung, da nur sie eine weitere positive Entwicklung ermöglicht.

Das Kind, das schulfähig ist und bereits in der Grundschule sehr gute Noten hat, wird sich vermutlich auch an einer weiterführenden Schule bewähren und Erfolg haben. Ist dagegen ein Kind noch nicht schulfähig und hat deshalb im ersten Schuljahr enorme Schwierigkeiten, wird es vermutlich auch weiterhin in der Schule große Probleme haben.

Eltern und andere Erzieher können sehr entscheidend zu der Bewältigung von Entwicklungsaufgaben beitragen, wenn sie durch ihre Erziehung die „richtigen" Impulse und Hilfen geben. Aus diesem Grund wird im Folgenden die Erziehung in Abhängigkeit von Entwicklungsaufgaben und deren Bewältigung im Mittelpunkt der Betrachtungen stehen.

Das Konzept der Entwicklungsaufgaben wurde erstmals von dem Pädagogen *Robert J. Havighurst* (1900–1991) entworfen. Er ging davon aus, dass der Mensch in einem bestimmten Lebensabschnitt spezielle Aufgaben bzw. Probleme zu bewältigen hat.

In der frühen Kindheit besteht die Aufgabe im Erwerb der Geschlechtsrolle. Der Jugendliche muss die emotionale Ablösung von den Eltern und anderen Erwachsenen bewältigen, während der alte Mensch den Erhalt der Lebensqualität als Aufgabe hat.

Seit der Wirkungszeit von Havighurst hat sich unsere Gesellschaft sehr stark verändert. Deshalb ist es notwendig, bestimmte Entwicklungsaufgaben, die immer noch in der Literatur aufgeführt werden – z. B. „Vorbereitung auf die Gründung von Ehe und Familie" – zu überdenken.

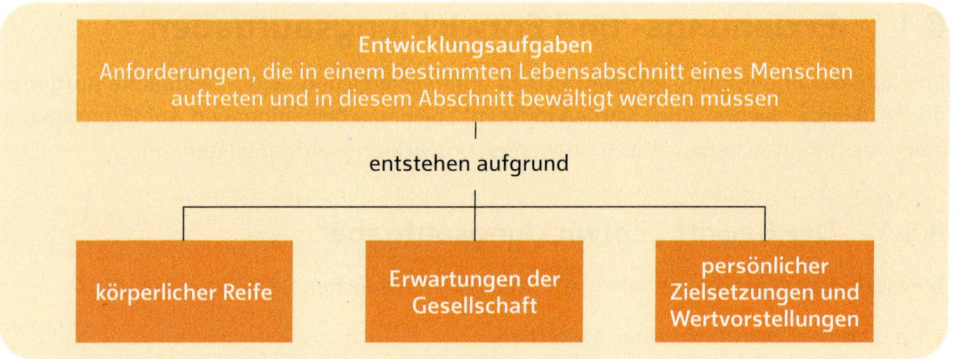

8.1.2 Lebensabschnitte und -übergänge

Menschliche Entwicklung vollzieht sich kontinuierlich, doch finden wir immer wieder bestimmte Abschnitte vor, in denen sich ganz bestimmte zu bewältigende Aufgaben auftun. Diese Phasen werden als **Lebensabschnitte** bezeichnet.

 Ein solcher Lebensabschnitt ist das Jugendalter. Auch nach der Schulzeit beginnt ein neuer Lebensabschnitt

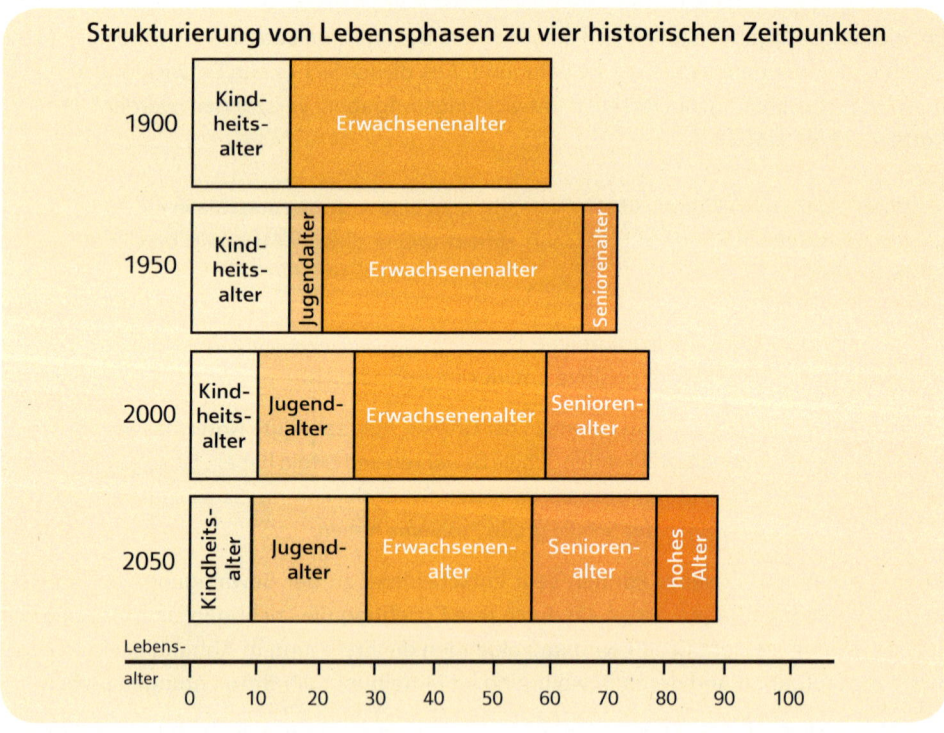

(vgl. Hurrelmann/Quenzel, 2013[12], S. 17)

> **Ein Lebensabschnitt ist eine bestimmte Zeitspanne im Leben eines Menschen, in welchem bestimmte Anforderungen, die die Entwicklung mit sich bringt, hervortreten.**

Zwischen verschiedenen Lebensabschnitten finden Übergänge – sogenannte **Lebensübergänge** – statt, welche i. d. R. eine Vielfalt von Veränderungen mit sich bringen.

 Solche Lebensübergänge sind der Wechsel von der Familie bzw. vom Kindergarten in die Schule, von der Schule in das Berufsleben oder von der Kindheit in das Jugendalter.

Die Entwicklungspsychologie interessiert sich in erster Linie für Lebensübergänge, die mit dem *fortschreitenden Lebensalter* zu tun haben.

Bei den genannten Beispielen handelt es sich um Lebensübergänge, die mit dem Fortschreiten des Lebensalters zu tun haben.

Daneben gibt es Lebensübergänge, die durch *bestimmte Ereignisse* bedingt sind.

Solche Ereignisse können eine Krankheit, ein Unfall, die Heirat, die Familiengründung oder der Eintritt in den Ruhestand sein.

Nicht selten verdichten sich bei Lebensübergängen ganz bestimmte Anforderungen, die eine **emotionale Belastung** – eine Beeinträchtigung der Befindlichkeit und Stimmung einer Person – nach sich ziehen. Man spricht auch von **kritischen Lebensereignissen**.

Eine solche emotionale Belastung – ein solch kritisches Lebensereignis – kann der Ausstieg aus dem Berufsleben sein.

Ein Lebensübergang muss nicht unbedingt mit negativen Gefühlen verbunden sein, er kann auch angenehme Gefühle auslösen.

Ein solch freudiges Ereignis kann der Übergang vom Singledasein zur Paarbeziehung oder von dieser zur Familie sein.

Ein Lebensübergang wird in der neueren Literatur Transition[1] genannt.

> Ein Lebensübergang (Transition) ist ein Wechsel von einem Lebensabschnitt zu einem anderen; dieser Wechsel bringt bestimmte Anforderungen, die bewältigt werden müssen, mit sich.

Neben *vorhersehbaren Lebensübergängen* wie z. B. dem Übergang vom Kindergarten in die Schule gibt es auch *nicht vorhersehbare Lebensereignisse*, die durch Krankheit, Unfall, den Verlust eines lieben Menschen oder eine Katastrophe ausgelöst werden können.

Bestimmte Rituale wie Einschulungsfest, Jugendweihe, Hochzeitsfeier, Verabschiedung oder Beerdigung können diese Lebensübergänge durch ihre festgelegten Rituale erleichtern.

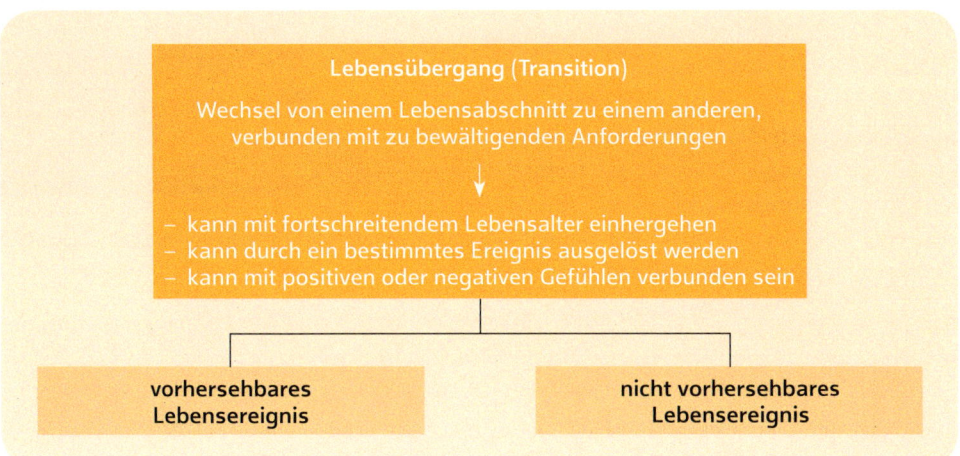

---

[1] transition (lat.): der Übergang; Substantiv zu transire: hinübergehen

Die Abfolge von Lebensabschnitten und -übergängen wird als **Lebenslauf**, auch als **Lebensspanne**[1] bezeichnet.

> Unter Lebenslauf bzw. Lebensspanne versteht die Entwicklungspsychologie die Abfolge von Abschnitten und Übergängen im Laufe des Lebens, von der Befruchtung der Eizelle bis zum Tod.

8.2 Schwangerschaft und Geburt

Viele Verhaltensweisen, die im ersten Lebensjahr und später beobachtet werden können, lassen sich auf den Verlauf in der Schwangerschaft zurückführen. Neuere Forschungen beweisen, dass schon das Ungeborene am Leben seiner Umwelt teilnimmt und in der Schwangerschaft für seine weitere Entwicklung wichtige Grundlagen geschaffen werden.

8.2.1 Die Entwicklung vor der Geburt

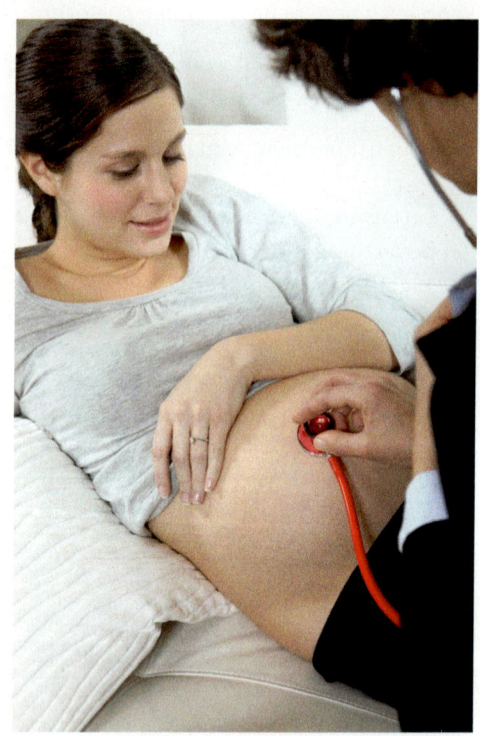

Die Entwicklung des Kindes vor der Geburt – man spricht hier von **pränataler**[2] **Entwicklung** – dauert neun Monate, etwa 280 Tage, wobei dieser Zeitraum lediglich als Richtwert zu sehen ist. In dieser Zeit wächst im Mutterleib aus einer Zelle ein lebensfähiger Mensch mit all seinen Organen und Gliedmaßen heran. Etwa zwei Wochen nach der Befruchtung des Eis tritt das **Embryonalstadium**[3] ein: Die Keimzelle nistet sich in der Gebärmutterwand ein, eine Verbindung mit dem Blutkreislauf der Mutter wird hergestellt. In diesem Stadium entwickeln sich bis zur neunten Schwangerschaftswoche viele der lebenswichtigen Organe des Kindes. Ab der dritten Woche bilden sich die ersten Blutgefäße, das Herz, der Kreislauf sowie der Körper des Embryos heraus. Vier Wochen später kann man erste Wahrnehmungen und ab der achten Schwangerschaftswoche sogar Bewegungen feststellen. Bis zur neunten Woche sind viele der lebenswichtigen Organe des Kindes entwickelt. Im Embryonalstadium beginnt auch die Entwicklung des zentralen Nervensystems.

Ab der 12. Woche beginnt das **Fötalstadium**[4]. Die Organe sind bereits entwickelt und beginnen zu arbeiten, das Nervensystem und das Gehirn reifen weiter heran. Etwa ab der 28. Schwangerschaftswoche sind Zentralnervensystem, Sinnesorgane und Motorik des Fötus so weit ausgereift, dass ein Überleben aufgrund des Standes der heutigen Medizin möglich ist. Störungen in diesem Zeitraum beeinträchtigen die Entwicklung des Kindes meist weniger stark als in der Embryonalphase.

---

[1] vgl. Kapitel 6.1.1
[2] prae (lat.): vor; natalis (lat.): zur Geburt
[3] embryo (griech.): der Keim, der Keimling
[4] foetus (lat.): das ungeborene Kind

Schwangerschaftswoche	Stadium
1. bis 2. Woche	**Keimzellenstadium** – Befruchtung – Festlegung der Erbanlagen – Einnistung im Uterus[1] – Verbindung mit dem Kreislauf der Mutter
3. bis 12. Woche	**Embryonalstadium** – Entwicklung der inneren Organe und der Körperstrukturen – Fest st ellen von ersten Wahrnehmungen und Bewegungen – Beginn der Entwicklung des Zentralnervensystems
13. Woche bis zur Geburt	**Fötalstadium** – Funktionsaufnahme der Organe – Ausreifung des Gehirns, des Zentralnervensystems und der Sinnesorgane – Wachstum und Ausdifferenzierung des Körpers

8.2.2   Die Bedeutung der Schwangerschaft

„Der Anfang des Lebens ist entscheidend", so umschreibt die Wissenschaftsjournalistin *Anne-Ev Ustorf* (2015[2]) die Bedeutung der Schwangerschaft für die Entwicklung des Kindes. Die Grundlage für die günstige oder ungünstige weitere Entwicklung wird bereits in der Schwangerschaft gelegt, denn das Ungeborene steht von Anfang an in einem Austausch mit seiner Umgebung.

So kann der Fötus hören und reagiert auf Reize mit Bewegungen; er kann die Stimme der Mutter und anderer naher Bezugspersonen erkennen und ist imstande, den Geruch seiner Mutter zu speichern. Über die Nabelschnur und die Hormonausschüttung der Mutter ist das Ungeborene mit seiner Mutter „verbunden".

Zwischen dem dritten und fünften Schwangerschaftsmonat vermehren sich die Nervenzellen und ihre Verbindungen sehr rasant. In dieser Zeit ist das kindliche Gehirn am empfänglichsten und damit besonders gefährdet (vgl. *Elsner/Pauen, 2012[7], S. 161*).

> Heute weiß man, „[...] dass das noch sehr unreife und sich schnell entwickelnde Gehirn des Ungeborenen äußerst empfänglich für Umwelteinflüsse ist, die entweder direkt auf den Fötus oder indirekt über das Gehirn der Mutter, das ja mit dem Fötus eng zusammenhängt, einwirken. Alles, was die Mutter an Schädigungen sich selbst zufügt oder was ihr zugefügt wird, beeinflusst ihr Gehirn, und dort werden als Reaktion bestimmte Substanzen wie Cortisol freigesetzt, die dann über die Blutbahn zum Ungeborenen und seinem Gehirn laufen und dort Schaden anrichten können und gleichzeitig prägend wirken."
> (Roth, 2011[2], S. 68)

Entgegen früherer Aussagen verfügt das Ungeborene bereits über ein Gedächtnis. Schon im Mutterleib ist die Bindung von Mutter und Kind ausschlaggebend: Erste Gefühlserfahrungen hinterlassen im Gehirn des Ungeborenen Spuren. Die ersten „Dialoge" zwischen Mutter und Ungeborenem lassen sich schon in der Schwangerschaft feststellen.

---

[1] uterus (lat.): die Gebärmutter

> *„Das Ungeborene ist […] eingebettet in das Gefühlsleben der Mutter und sammelt so bereits vor seiner Geburt Erfahrungen mit den unterschiedlichsten Gefühlszuständen."*
> *(Ustorf, 2015², S. 26)*

Was in der Schwangerschaft geschieht, hinterlässt tiefe Spuren.

> *„Demnach beginnt die psychische Entwicklung nicht erst mit der Geburt, sondern einige Meilensteine des Verhaltens und Erlebens liegen bereits in der Pränatalzeit."[1]*
> *(Elsner/Pauen, 2012⁷, S. 160)*

8.2.3 Einflüsse vor, während und unmittelbar nach der Geburt

Es wird unterschieden zwischen Ursachen, die vor der Geburt (***pränatal***), während des Geburtsvorgangs (***perinatal***) und unmittelbar nach der Geburt (***postnatal***) in Erscheinung treten[1].

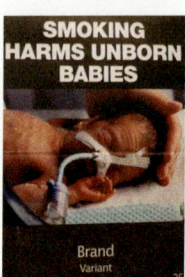

Einflüsse vor der Geburt

Es ist nachgewiesen, dass in der Schwangerschaft die Art der **Ernährung**, **Infektionskrankheiten** der Mutter wie z. B. Röteln, **toxische Einflüsse** wie Alkohol, Nikotin, Koffein, Drogen, Medikamente, Chemikalien oder (Industrie-)Gifte und **Strahleneinflüsse** zu Schädigungen des Ungeborenen führen können.

---

[1] prae (lat.): voran, voraus; peri (lat.: gleichbedeutend): umher, herum; post (lat.): nach; natalis (lat.): zur Geburt

Schon kleine Mengen Alkohol können das Hirn eines Kindes im Mutterleib schädigen. Etwa 6.500 Neugeborene kommen mit Schäden infolge Alkoholkonsums der Mutter zur Welt, davon circa 2.200 Babys mit einem fetalen Alkoholsyndrom (FAS), welches sich in Minderwuchs, Fehlbildungen im Gesicht, Herzfehlern, Krampfanfällen oder einer geistigen Behinderung äußert (vgl. Gelitz/Heinzelmann, 2015, S. 69). Schätzungen zufolge leben in Deutschland 500.000 bis 600.000 Menschen mit FAS.

Toxoplasmose wird meist unterschätzt. Stecken sich Frauen erstmalig während ihrer Schwangerschaft damit an, so kann das ungeborene Kind geschädigt werden.

Hunderte Frauen, die während ihrer Schwangerschaft das Hormonpräparat Duogynon eingenommen hatten, brachten behinderte und sogar tote Kinder zur Welt (vgl. *Ludwig/Schweppe, 2016, S. 38*).

Auch das Zika-Virus[1], welches von der Ägyptischen Tigermücke (Aedes aegypti), eine Gelbfiebermücke, übertragen wird, steht im Verdacht, Mikrozephalie[2] beim Ungeborenen zu verursachen. Bei dieser kommen die Säuglinge dann mit einem zu kleinen Schädel auf die Welt, was zu geistiger Behinderung führen kann.

Eine Hirnschädigung kann auch durch **Blutgruppenunverträglichkeit** beim Neugeborenen hervorgerufen werden. Schwere Gelbsucht, die häufig Hirnschädigungen hinterlässt, kann die Folge sein. **Diabetes**[3] der Mutter – so neuere Forschungen – kann für das Kind Übergewicht, Herz-Kreislauf-Probleme oder auch Diabetes zur Folge haben. Auch die **psychische Verfassung der werdenden Mutter** – z.B. Stress – kann Einfluss auf das Baby haben.

→ **Materialien 1:** Kritische Phasen in der vorgeburtlichen Entwicklung

Einflüsse während der Geburt

Folgende Einflüsse können sich während der Geburt schädigend auf die Entwicklung des Kindes auswirken:

- Eine **Frühgeburt** ist immer eine Gefahr für das Kind. Alle Säuglinge, die vor der vollendeten 36. Schwangerschaftswoche zur Welt kommen und weniger als 2.500 Gramm wiegen, werden als Frühgeburten bezeichnet. Die körperliche Entwicklung ist zu diesem Zeitpunkt noch unvollständig.

  Die Medizin hat in diesem Bereich erhebliche Fortschritte gemacht. Inzwischen haben Kinder ab der 22. bis 24. Schwangerschaftswoche und einem Geburtsgewicht von 500 Gramm eine Überlebenschance. Bei den medizinischen Bemühungen steht das Überleben des Säuglings im Mittelpunkt; die Sterblichkeitsrate ist nach wie vor relativ hoch, Frühgeburt gilt weltweit als zweithäufigste Todesursache von Säuglingen.

- **Sauerstoffmangel** bei der Geburt stellt ebenfalls eine große Gefahr für das Kind dar. Er kann entstehen, wenn die Sauerstoffzufuhr unterbrochen oder deutlich vermindert wird.

- Eine **übermäßige mechanische Belastung** wie z.B. eine komplizierte Geburt, ein zu enges Becken der Mutter oder Druck auf den Schädel bei einer Zangengeburt kann zu frühkindlichen Hirnschädigungen führen.

---

[1] Das Zika-Virus gehört zur Gattung der Flaviviren und wurde von einer Forschungsstation im Zika Forest in Entebbe, Uganda, entdeckt. Das Virus wurde nach diesem Ort benannt.
[2] mikrós (griech.): klein; kephalē (griech.): der Kopf
[3] Eigentlich „Diabetes mellitus" (Diabetes, griech.: die Harnruhr; mellitus, griech.: süß): Zuckerkrankheit.

- Die **Einnahme von Medikamenten** während des Geburtsvorgangs kann bei bereits unterentwickelten Säuglingen zu einer Beeinträchtigung von Nieren und Leber führen, da diese Organe nicht in der Lage sind, die aufgenommenen Substanzen schnell wieder abzubauen.

Einflüsse unmittelbar nach der Geburt

- **Chronische Ernährungsstörungen, Hirn- und Hirnhautentzündung** des Säuglings, **Infektionskrankheiten** des Neugeborenen, wie Scharlach, Masern oder Keuchhusten, sowie **Stoffwechselerkrankungen** können das Hirn schädigen und dadurch Intelligenzschäden und/oder Körperbehinderungen nach sich ziehen.

- **Schädel-Hirn-Verletzungen**, die durch äußere Gewalteinwirkung wie Wickelunfälle oder einen Sturz von der Treppe entstehen, haben nicht selten bleibende Schäden zur Folge.

→ **Materialien 2:** Vorsorgeuntersuchungen für Kinder

„Heute wissen wir, dass alle schweren Formen der Psychopathologie ihren Ursprung in Ereignissen haben, die pränatal und postnatal stattfinden. [...] Schon im Mutterleib erlebt der Fötus bereits erste Prägungen."
(Schore, in: Ustorf, 2009, S. 28)

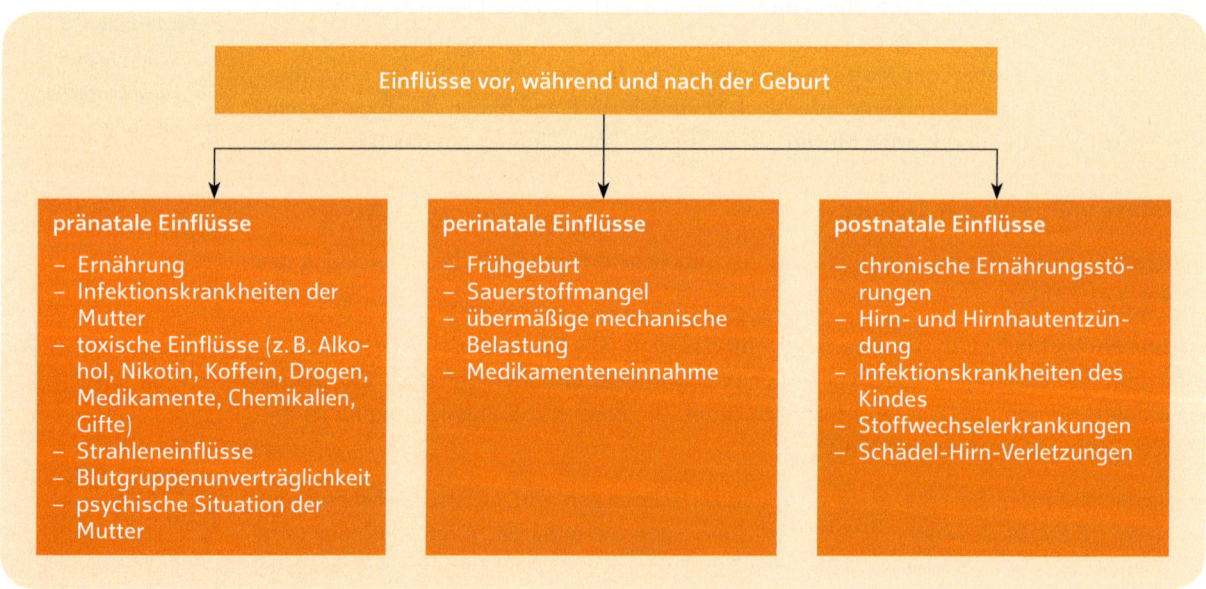

Einflüsse vor, während und nach der Geburt

pränatale Einflüsse

- Ernährung
- Infektionskrankheiten der Mutter
- toxische Einflüsse (z. B. Alkohol, Nikotin, Koffein, Drogen, Medikamente, Chemikalien, Gifte)
- Strahleneinflüsse
- Blutgruppenunverträglichkeit
- psychische Situation der Mutter

perinatale Einflüsse

- Frühgeburt
- Sauerstoffmangel
- übermäßige mechanische Belastung
- Medikamenteneinnahme

postnatale Einflüsse

- chronische Ernährungsstörungen
- Hirn- und Hirnhautentzündung
- Infektionskrankheiten des Kindes
- Stoffwechselerkrankungen
- Schädel-Hirn-Verletzungen

8.3 Das erste Lebensjahr

Die Bedeutung des ersten Lebensjahres für die weitere Entwicklung des Kindes kann gar nicht hoch genug eingeschätzt werden. In diesem Lebensabschnitt wird weitgehend über das Ausmaß der späteren Lernfähigkeit und Erziehbarkeit eines Menschen vorentschieden.

8.3.1 Der Säugling als Gehirnwesen

Der Säugling ist nach der Geburt nicht in der Lage, sich selbst in irgendeiner Form zu helfen oder zu versorgen. Er braucht die vollständige **biologische und hygienische Versorgung**: Essen und Trinken, Sauberhalten usw. Die Befriedigung der physischen Bedürfnisse reicht allerdings nicht aus; ein Neugeborenes hat weitergehende Bedürfnisse, *deren Be-friedigung Voraussetzung für eine gesunde Entwicklung ist*.

Erkenntnisse der Neurobiologie zeigen, dass sich unmittelbar nach der Geburt das menschliche Gehirn in einem atemberaubenden Tempo verändert. Es bilden sich fast ex-plosionsartig neue Kontaktstellen – sogenannte *Synapsen*[1] – aus, die die Nervenzellen miteinander verknüpfen. Neugeborene kommen mit ca. 100 bis 120 Milliarden Nervenzel-len – einem fast „freien Speicherplatz" – auf die Welt und sind in der Lage, Unmengen an synaptischen Verbindungen herzustellen. Jeder Reiz, dem ein Säugling ausgesetzt ist, ver-ändert dieses Netz. Auf Dauer bleiben jedoch nur diejenigen Verbindungen bestehen, die des Öfteren genutzt werden, die anderen gehen wieder verloren.

> „Weil das Gehirn der Menschen [...] vor allem [...] nach der Geburt heranreift, prägt die Bindungsbeziehung auch den Aufbau der Schaltkreise des Gehirns – insbesondere den des gefühlsverarbeitenden limbischen Systems und den der Stressregulierung. [...] Also beein-flusst die Bindungsbeziehung [...] auch die Gehirnverschaltungen des Babys – ob im Guten oder im Schlechten."
> (Schore, in: Ustorf, 2009, S. 27)

Die Entstehung dieser Verknüpfungen hängt zum einen von der *emotionalen Grundversorgung des Säuglings bzw. Kleinkindes* ab. Denn nur eine gute emotionale Zuwendung gibt dem Kind die Sicherheit, die Voraussetzung für die Erforschung seiner Umwelt ist[2]. Zum anderen ist die Entstehung *von den Erfahrungen, die ein Kleinkind macht, abhängig*; fehlen diese, kann die Ausbildung des Gehirns nicht stattfinden. Nervenzellenverbindungen müssen also „benutzt" werden, damit sie sich festigen.

> **Positive Beziehungserfahrungen hinterlassen Spuren im Gehirn und in unserem Erbgut (vgl. *Buchheim/Bertram, 2012, S. 25*).**

8.3.2 Der Begriff „Bindung"

Säuglinge und Kleinkinder müssen auf eine *feste Bindung mit einer Bezugsperson* zu-rückgreifen können, damit sie ihr Neugier-verhalten ausleben können.

Der Bindungsbegriff ist durch drei Merk-male näher gekennzeichnet:

- Es handelt sich um eine **sehr enge und besondere** Beziehung zwischen zwei Personen – hier zwischen dem Baby bzw. Kleinkind und seiner Bezugsperson.

- Bindung schließt eine **positive emotionale Grundhaltung** der Bezugsperson gegen-über dem Kind mit ein.

---

[1] synapsis (griech.): die Verbindung; Synapsen sind die Kontaktstellen zwischen den Nervenzellen.
[2] siehe Abschnitt 8.3.3

- Sie ist von **langer Dauer**.

> **Bindung im Sinne der Bindungstheorie ist die besondere, enge, relativ dauerhafte und stark emotionale Beziehung zwischen einem Kind und seiner Bezugsperson bzw. seinen Bezugspersonen, die es betreuen.**

Bindungsverhalten äußert sich in Verhaltensweisen, die die physische und psychische Nähe zum Kind herstellen bzw. aufrechterhalten wie z. B. Zuwendung, Wärme, Körperkontakt, Zärtlichkeit, Fürsorge, Ansprache usw. (vgl. *Lengning/Lüpschen, 2012, S. 11*).

Nicht nur die eigene Mutter kann Bezugsperson sein, diese Funktion kann grundsätzlich von jeder anderen Person – Vater, Großeltern, Tagesmutter usw. – wahrgenommen werden.

Die Beziehungsstile zwischen Mutter und Vater sind jedoch unterschiedlich, wie jüngste Untersuchungen ergaben: Während Mütter einen engen Körperkontakt pflegen und sich emotional schützend mit dem Kleinstkind beschäftigen, verwenden Väter einen wesentlichen Teil ihrer Zeit für das Spielen mit dem Kind. Die hauptsächliche Bedeutung der Mutter – so Doris Bischof-Köhler (2011, S. 133) – liegt im Bereich des Sicherheitssystems, das väterliche Verhalten dagegen in der Förderung der Erforschung. „So dient die Mutterbindung eher der Sicherheit, die Vaterbindung mehr der Exploration." *(Haug-Schnabel/Bensel, 2012[11], S. 38)*.

Für die *Qualität* des mütterlichen und väterlichen Verhaltens sind die Partnerbeziehung und die Zufriedenheit der Partner sehr entscheidend (vgl. *Ahnert, 2010, S. 82 f. und 87*).

8.3.3   Die Bedeutung der Bindung

Eine gute sichere Bindung ist Voraussetzung für eine **stabile psychische Sicherheit**. Fehlt eine Bezugsperson oder baut diese keine Bindung zum Kleinkind auf, kann sich bei ihm keine Selbstsicherheit entwickeln, die für die Erkundung seiner Umwelt notwendig ist. Erst wenn das Bedürfnis nach Bindungssicherheit befriedigt ist, ist das Kind bereit, seine Umwelt zu erkunden (vgl. *Brisch, 2011, S. 50*).

> **Lauter Täuschungen**
>
> Ein Mensch, noch Neuling auf der Welt,
> Das Leben für recht einfach hält.
> Dann, schon erfahren, klug er spricht:
> „So einfach ist die Sache nicht!"
> Zum Schlusse sieht er wieder klar,
> Wie einfach es im Grunde war.
> *(Eugen Roth, 2005[7], S 182)*

Die Psychologie spricht in diesem Zusammenhang von einem *Explorationsbedürfnis*[1], als dem Bedürfnis, die Umwelt zu erforschen. **Bindungs- und Explorationsbedürfnis stehen also in einer wechselseitigen Abhängigkeit**; einer sicheren Bindung entspricht ein aktives Explorationsverhalten des Säuglings bzw. Kleinkindes, weil es die Erfahrung gemacht hat, dass es sich auf seine Bezugsperson verlassen kann. Die Bezugsperson ist die Bindungsfigur und stellt für das Kleinstkind eine „Sicherheitsbasis" dar, die ihm hilft, Angst und Hilflosigkeit zu bewältigen. Es erforscht seine Umwelt und kehrt bei „Gefahr" wieder zurück in den „sicheren Hafen", wo es um Erleichterung und Zuwendung weiß.

---

[1] explorare (lat.): erforschen, erkunden

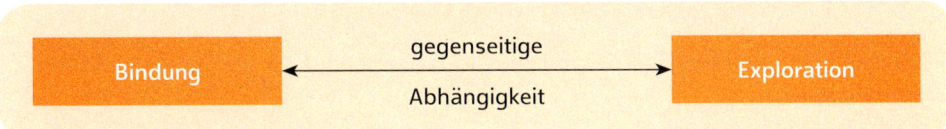

Es muss ein Gleichgewicht herrschen zwischen Bindung auf der einen
und Erkundung, sprich Exploration, auf der anderen Seite (*Mary Ainsworth*[1]).

Kindliche Neugier wird geweckt, wenn das Kleinkind eine sichere Bindung hat und sich aktiv betätigen kann. Neugier und Aktivität brauchen also weder geweckt noch gesteuert zu werden. Eltern und andere Bezugspersonen müssen dem Kind lediglich Erfahrungsmöglichkeiten anbieten und eine „Sicherheitsbasis" für es sein (vgl. Largo, 2011[21], S. 206).

Kinder, die sich *sicher gebunden* fühlen, sind so optimaler auf den Umgang mit neuen Erfahrungen vorbereitet und in der Lage, sich lernend und entdeckend auf neue Dinge, Situationen und Personen einzulassen sowie in kritischen Situationen angemessen mit sich selbst und anderen umzugehen. Das Kind entwickelt aufgrund dieser Erfahrung darüber hinaus ein stabiles Selbstwertgefühl. Auch in späteren Jahren können sich Kinder, die eine sichere Bindung entwickeln konnten, vergleichsweise selbstsicher mit neuartigen Situationen und Personen auseinandersetzen (vgl. *Mietzel, 2002*[4], S 135).

> „Ein sicher gebundenes Kind lernt Vertrauen in sich und andere, entwickelt ein starkes Selbstwertgefühl, fühlt sich Herausforderungen gewachsen und wagt seinen Weg hinaus in die Welt."
> (Weingarten, 2011, S. 72)

Es besteht ein Zusammenhang zwischen Bindung und der Fähigkeit, schwierige Lebenssituationen und belastende Ereignisse zu meistern – in der Psychologie spricht man von **Resilienz**[2]. Eine sichere Bindung führt i.d.R. auch zu einer hohen Resilienz (vgl. *Greve/Leipold, 2012*[7], S. 575 f.).

> „Bindung ist emotionale Nahrung, die uns am Leben hält. [ ] Wenn kleine Kinder keine Bindung haben, gedeihen sie nicht, [...]"
> (Brisch, in Ustorf, 2014, S. 22)

Einem Kind dagegen, das keine sichere Gebundenheit erfährt, fehlt die „Sicherheitsbasis", auf die es seine Weiterentwicklung stützen könnte. *Unsicher gebundene Kinder* werden sich deshalb in ihrem späteren Leben ihrer Umwelt gegenüber ängstlich verschließen und sich nicht an die Erforschung von Unbekanntem heranwagen, was die Gewinnung neuer Erfahrungen behindert. Sie erleben kritische Situationen als stressreich und können so kaum angemessen mit sich selbst und anderen umgehen.

---

[1] Mary D. Salter Ainsworth (1913–1999) war US-amerikanische Entwicklungspsychologin und Mitbegründerin der Bindungstheorie.
[2] vgl. Kapitel 12.2

8.3.4 Erziehungsaufgaben im ersten Lebensjahr

Aus diesen Erkenntnissen lässt sich eine Reihe von Aufgaben für die Erziehung im ersten Lebensjahr ableiten:

■ Der Säugling benötigt eine sichere und zuverlässige **Befriedigung seiner biologischen Bedürfnisse**. Dabei kommt der Nahrungsaufnahme eine besondere Bedeutung zu. Nach ernährungswissenschaftlichen Erkenntnissen ist *Muttermilch die bestmögliche Nahrung* für den Säugling, da sie ganz auf die Bedürfnisse des Kindes abgestellt ist. Nicht nur die beste Ernährung ist durch die Muttermilch möglich, auch der bessere Schutz vor Krankheiten ist wissenschaftlich nachweisbar. So leiden gestillte Kinder weniger oft an Infektionskrankheiten als nicht gestillte. Die Muttermilch fördert bei Neugeborenen die Entwicklung der Darmflora und des Immunsystems, die beide noch nicht

ausgereift sind. Psychoanalytisch orientierte Psychologen weisen darauf hin, dass das Stillen des Säuglings den großen Vorteil hat, dass er sich seine Nahrung im wahrsten Sinne des Wortes *er-saugen* muss und damit nicht nur sein Nahrungsbedürfnis, sondern auch das vorhandene Saugbedürfnis befriedigen kann.

■ Der Säugling muss eine **Bindung zu einer (oder mehreren) Person(en) herstellen** können. Dies geschieht durch positive Gefühle wie Verbundenheit, Nähe, Zärtlichkeit, Fürsorge, Schutz, Körperkontakt und Ansprache seitens der Bezugsperson dem Säugling gegenüber.

■ Die Bezugsperson muss **sowohl das Bedürfnis nach Nähe als auch das nach dem Ausleben der Neugier** akzeptieren: Sie gibt dem Kind Nähe, Zärtlichkeit, Fürsorge, Schutz und dergleichen, wenn es das will und braucht – nicht aber, wenn es der Erwachsene will und das Kind gar nicht danach verlangt. Die Bezugsperson lässt dem Kind den Freiraum, in welchem es selbstständig Erfahrungen sammeln kann, und bevormundet es nicht, wenn es etwas selbst tun kann bzw. tun möchte; sie ist aber da, wenn das Kind Nähe, Zärtlichkeit, Fürsorge und Schutz benötigt. Die Bezugsperson dient dem Säugling bzw. Kleinkind als **sichere Basis,** lässt ihm aber ansonsten Freiraum, um die Umwelt zu erkunden.

■ Damit Kleinkinder ihr Neugierverhalten ausleben können, müssen sie auf **eine feste Bezugsperson zurückgreifen** können; fehlt sie, kann sich keine Selbstsicherheit beim Kind ausbilden.

■ Grundlage für die Qualität der Bindung bildet die **Feinfühligkeit** der Bezugsperson(en), welche darin besteht, dass

  – sie in der Lage ist, die **Signale des Kindes wahrzunehmen,**
  – sie diese **richtig interpretiert** und die **dahintersteckenden Bedürfnisse erkennt,**

– sie sich entsprechend der kindlichen Signale bzw. Bedürfnisse **angemessen ver-hält**,

– sie auf diese **prompt reagiert und sie befriedigt**[1]. Prompt deshalb, damit der Säugling bzw. das Kleinkind den Zusammenhang zwischen seinen Signalen und der Reaktion der Bezugsperson herstellen kann.

So muss die betreuende Person das Weinen des Kindes bemerken und darf es nicht ignorieren. Sie muss dieses Weinen richtig deuten – weint das Kind wegen Hunger, Unwohlsein, Schmerzen, aus Langeweile oder weil es Nähe sucht, und sie muss das Bedürfnis angemessen – z. B. durch die richtige Dosierung der Nahrungsmenge – und innerhalb einer für das Kleinkind tolerablen Frustrationszeit befriedigen.

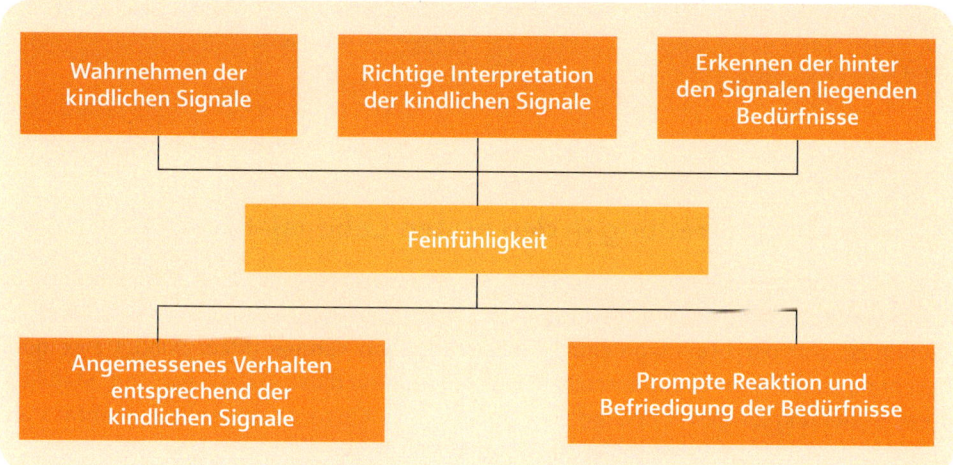

■ Eingebettet in die emotionale Beziehung sind **Reize**, die der Säugling für eine gesunde Entwicklung benötigt wie das Sprechen mit dem Kind, ein Mobile, ein Spielzeug, eine Rassel usw.

■ **Zeitfenster sollten berücksichtigt werden**, um optimale Lernbedingungen für die Entstehung bestimmter Verhaltensweisen und Persönlichkeitsmerkmale zu nutzen[2].

■ Die **Bedeutung von frühen Erfahrungen** sollte erkannt werden, denn Einflüsse auf den Einzelnen sind umso nachhaltiger, je früher sie im Leben einsetzen. Entscheidend ist dabei die ungestörte Aktivität des Kindes „von sich aus", die im **freien Spiel** – im Gegensatz zum „Spiel" als planvolle, angeleitete Aktivität – am besten gegeben ist. Die heutige Wissenschaft weiß, dass gesunde Kleinkinder keine speziellen Förderprogramme benötigen, sondern „lediglich" emotionale Sicherheit und ausreichend Gelegenheit, ihre Umwelt zu erforschen. Auf diese Weise eignet sich das Kind ohne geplante Anleitung Wissen und Können an, das seiner jeweiligen Entwicklungsstufe entspricht.

Es muss vor einer Überforderung des Kleinkindes gewarnt werden. Kinder sollen nicht zu etwas gedrängt werden, das sie überfordert und wozu sie noch nicht in der Lage sind.

---

[1] Das Konzept der Feinfühligkeit geht auf Mary Ainsworth zurück, die über längere Zeiträume hinweg das Interaktionsverhalten zwischen Mutter und Säugling untersuchte.
[2] vgl. Kapitel 6.2.5

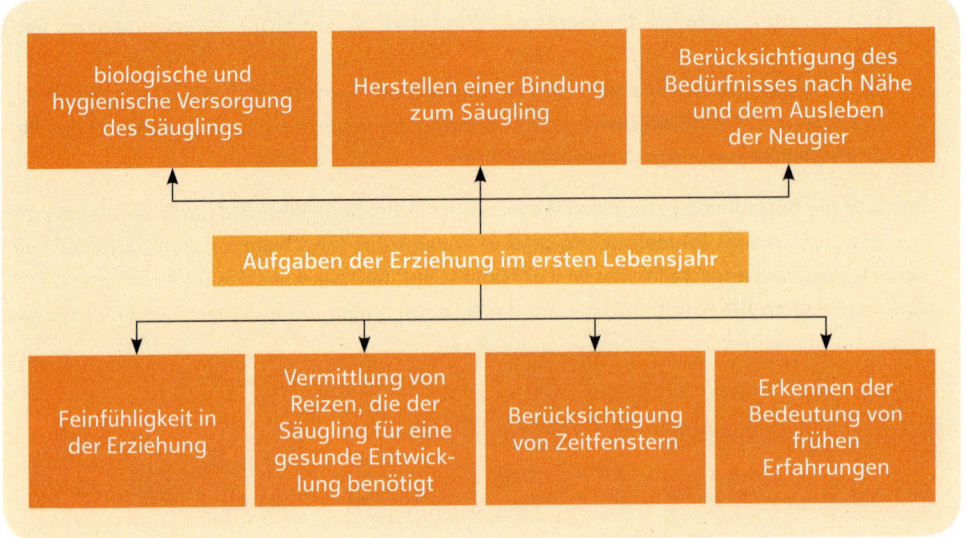

biologische und hygienische Versorgung des Säuglings	Herstellen einer Bindung zum Säugling	Berücksichtigung des Bedürfnisses nach Nähe und dem Ausleben der Neugier

Aufgaben der Erziehung im ersten Lebensjahr

Feinfühligkeit in der Erziehung	Vermittlung von Reizen, die der Säugling für eine gesunde Entwicklung benötigt	Berücksichtigung von Zeitfenstern	Erkennen der Bedeutung von frühen Erfahrungen

8.3.5 Fremdbetreuung in den ersten Lebensjahren

Aufgrund heutiger Erkenntnisse kann man davon ausgehen, dass eine gute Bindung zur „primären" Bezugsperson (Mutter oder Vater) Voraussetzung einer gelungenen Fremdbetreuung ist. Auf der Grundlage einer sicheren Bindung können (Klein-)Kinder eine gute Beziehung zu weiteren Bezugspersonen aufbauen, wenn diese in der Lage sind, Stabilität in der Beziehung zu gewährleisten und sie sich dem Kleinkind gegenüber ebenfalls als feinfühlig erweisen[1] (vgl. *Lengning/Lüpschen, 2012, S. 37*).

Großeltern und der Umgang mit ihren Enkeln

Die Großeltern können durchaus auch weitere Bezugspersonen sein, wenn diese von dem bzw. den Enkeln als solche akzeptiert werden. Dabei kommt erleichternd hinzu, dass Großeltern oder auch andere Verwandte meist schon lange eine Beziehung zur Familie haben und das Kleinkind sie von vornherein kennt sowie möglicherweise eine enge, positive Beziehung zu ihnen aufgebaut hat. Ist dies der Fall, so kann das Kleinkind auch eine vorübergehende  Trennung von der primären Bezugsperson ohne größere Schwierigkeiten verkraften, wenn diese bspw. wegen Berufstätigkeit nicht zur Verfügung stehen kann (vgl. *Grossmann/Grossmann, 2014[6], S. 251 ff.*).

Tagesmütter[2]

Eine Tagesmutter ist eine Frau, die **ein Kind anstelle seiner primären Bezugsperson halbtags oder auch ganztägig versorgt, pflegt und betreut.** Anders als im vergangenen Jahrhundert muss heute eine Tagesmutter eine Ausbildung nachweisen, um Kleinkinder

---

[1] vgl. Abschnitt 8.3.4
[2] Es gibt heute nur vereinzelt eigenständige Tagesväter, daher ist hier von „Tagesmüttern" die Rede.

betreuen zu dürfen. Zudem ist eine Tagesmutter heute nicht mehr nur eine Pflege- und Beaufsichtigungsperson, sie muss das Kleinkind auch bilden und erziehen. Voraussetzung für eine positive Entwicklung ist, dass die Tagesmutter für das Kind zu einer *neuen Sicherheitsbasis* wird und imstande ist, es zu trösten und ihm ein Gefühl der Sicherheit zu geben.

Es ist möglich, dass sich alternativ zu Kinderkrippen ausgebildete Tagesmütter zusammenschließen und eine **Familienkrippe** betreiben.

Kindertagesstätten

Kindertagesstätten, oft auch **Ganztagseinrichtungen** oder **Tageseinrichtungen** genannt, sind außerschulische Einrichtungen, in denen Kinder bis ca. zum 12. Lebensjahr halb- oder ganztags betreut werden. Die bekanntesten Einrichtungen der Kindertagesstätte sind neben der **Kinderkrippe** der Kindergarten und der Kinderhort.

In einer Kinderkrippe werden Kleinkinder vom neunten Lebensmonat an bis zum etwa vierten Lebensjahr tagsüber von Erzieherinnen und Kinderpflegerinnen gepflegt und betreut.

> *„Für den Erwerb sozialer Kompetenzen sind neben der Familie auch andere Alltagskontexte grundlegend. So unterstützen außerfamiliäre regelmäßige Kontakte bei 3- bis 6-Jährigen die Bewältigung von Entwicklungsaufgaben [...].“*
> *(Schneider/Hasselhorn, 2012[7], S. 206)*

Kindertagesstätten sind nach *Klaus Mollenhauer* (*2001, S. 154*) heute aufgrund gesamtgesellschaftlicher Veränderungen notwendig geworden: Die Familie kann dem Kind vor allem in den Städten nicht mehr den freien und gesicherten Spielraum, die Altersgruppe, die außerfamiliären Sozialerfahrungen oder die vielfältigen Spielmöglichkeiten zur Verfügung stellen, deren es in unserer Gesellschaft bedarf. Der Staat hat deshalb den Rechtsanspruch auf einen Kindergartenplatz gesetzlich verankert.

Inzwischen sind in Deutschland die politischen Entscheidungen so getroffen, dass allen Kindern ein Krippenplatz garantiert werden soll. Die Einrichtung sollte jedoch optimale Bedingungen bieten. Diese betreffen die Konzeption der Einrichtung, ihre Personalausstattung, die Qualifikation der Mitarbeiter, die Größe der jeweiligen Gruppe und die Anzahl der Betreuer in einer Gruppe sowie die materielle Ausstattung.

In Dänemark kommt eine Betreuungsperson auf vier Kinder (vgl. *Brandt u. a., 2008, S. 42*).

Der Besuch einer Kinderkrippe erfordert eine *Übergangszeit* von der Familie zur Krippe, in der eine Erzieherin allmählich eine Bindung zum Kind aufbaut. Hat das Kleinkind im Laufe der Eingewöhnungszeit in einer Erzieherin eine neue Sicherheitsbasis gefunden, kann nach *Karin Grossmann* (*1999, S. 173*) davon ausgegangen werden, dass es auch eine längere Trennung von der „primären Bezugsperson" (Mutter, Vater) bewältigen kann.

Man darf die außerfamiliäre Erziehung nicht überschätzen: Eine groß angelegte Untersuchung des amerikanischen National Institute of Child Health and Human Development (NICHD) kam zu dem Ergebnis, dass das Elternverhalten einen viel größeren Einfluss auf die Entwicklung des Kleinkindes hat als eine außerfamiliale Kinderbetreuung (vgl. Schneewind, 2010, S. 32).

8.4 Die frühe Kindheit

Die Phase der frühen Kindheit bzw. des Kleinkindalters erstreckt sich etwa vom **zweiten bis zum sechsten Lebensjahr**. In dieser Zeit entwickelt sich das Kind vom unbeholfenen Säugling zum relativ selbstständigen Schulkind. Das Kind muss in dieser Zeit sehr viel lernen und erfahren; wichtige Entwicklungsaufgaben sind dabei

- das „Sauberwerden",
- die Erziehung zur Selbstständigkeit,
- die moralische Erziehung und
- die Übernahme der Geschlechtsrolle.

8.4.1 Die Reinlichkeitserziehung

Reinlichkeitserziehung meint die **Erziehung zur Kontrolle der Ausscheidungsvorgänge in der frühen Kindheit**. Dieses „Sauberwerden" stellt die **erste große Anpassungsleistung des Kindes an seine Umwelt** dar. Es muss lernen, die Entleerung seiner Verdauungsorgane zu kontrollieren. Gerade in unserer Kultur wird der Erziehung zur Reinlichkeit eine große Bedeutung beigemessen.

Zur Steuerung der Verdauungsorgane und besonders der Schließmuskeln sind Nervenbahnen im Körper notwendig, die sich erst im Verlauf der ersten beiden Lebensjahre entwickeln; sie sind etwa **nach 18 Monaten** ausgeprägt. Eine Reinlichkeitserziehung, die vorher beginnt, muss an den Gegebenheiten der „Natur" scheitern.

> *„Ohne [...] gezielten Einfluss würde [...] das Kind erst im Alter von vier bis fünf Jahren seine Ausscheidungsfunktionen beherrschen. Das ist Eltern in unserer Gesellschaft (berechtigt) zu spät: Sie halten es für ein Zeichen guter Erziehung, wenn ihr Kind bald ‚sauber' wird. Oft wird es zu einer zweifelhaften Prestigefrage, ob das eigene Kind im Vergleich mit Gleichaltrigen gut abschneidet."*
> *(Diekmeyer, 2000[5], S. 71)*

Generell gilt: Je früher die Eltern mit der Erziehung zur Reinlichkeit beginnen, desto schwieriger und langwieriger gestaltet sie sich. Untersuchungen bestätigen, dass die Zahl der „Rückfälle", bei denen Kinder zu einem späteren Zeitpunkt wieder einnässen oder einkoten, entsprechend hoch ist.

Aufgaben der Reinlichkeitserziehung

- Voraussetzung für eine erfolgreiche Reinlichkeitserziehung ist eine **positive Beziehung** zum Kind.

- Die Reinlichkeitserziehung darf nicht zu früh einsetzen; erst **nach etwa 18 Monaten** ist das Kind imstande, Verdauungsorgane und Schließmuskeln zu beherrschen. Die Entwicklung der Blasen- und Darmkontrolle kann durch eine frühe Sauberkeitserziehung nicht beschleunigt werden (vgl. *Haug-Schnabel/Bensel, 2012[11], S. 27*).

- Bevor man mit der Reinlichkeitserziehung beginnt, sollte das Kind **in der Lage sein, zu sitzen und Bedürfnisse** bereits wenigstens mithilfe von Lauten **ausdrücken** können.

- Das Kind sollte an ganz **bestimmte Orte** – z.B. das Bad oder die Toilette – und Zeitpunkte – etwa immer nach dem Aufstehen oder nach dem Frühstück – **gewöhnt** werden.

- Das Kind muss Gelegenheit bekommen, sein Verhalten bei den Erwachsenen **abzuschauen.**

  So kann man das Töpfchen neben die Toilette stellen.

- Eltern und andere Erzieher sollten die Reinlichkeitserziehung mit **viel Geduld und positiven Erziehungsmaßnahmen** wie z.B. Lob oder Anerkennung durchführen, damit sie das Kind als lustvoll erlebt. Eine strenge und unnachgiebige Reinlichkeitserziehung kann zu späteren Entwicklungsstörungen beim Kind führen.

- Ein **warmes Erziehungsklima und ein weitgehend ungestörtes Eltern-Kind-Verhältnis** sind wesentliche Grundlagen für das Gelingen der Reinlichkeitserziehung. Übertriebener Ehrgeiz ist einer der Hauptgründe für eine missglückte Reinlichkeitserziehung, deren Folgen meist erst bei der späteren Entwicklung des Kindes abzusehen sind.

Die direkten Folgen missglückter Reinlichkeitserziehung können sich negativ auf die körperlichen Funktionen des Kindes auswirken. Untersuchungen zeigen, dass viele Kinder rückfällig werden. Unangemessene Reinlichkeitserziehung kann dazu führen, dass Kinder im Alter bis zu sieben Jahren noch regelmäßig einnässen. Ärzte bezeichnen diese Verhaltensstörung als *Enuresis*[1]. Weitaus seltener tritt die sogenannte *Enkopresis*[1] (= Einkoten) auf. Klinische Psychologen sehen die Ursache dafür jedoch eher in schwierigen Familienverhältnissen und nicht nur in einer misslungenen Reinlichkeitserziehung.

---

[1] enourein (griech.): hineinpissen; en (Vorsilbe, griech.): hinein; krópos (griech.): der Schmutz, der Kot

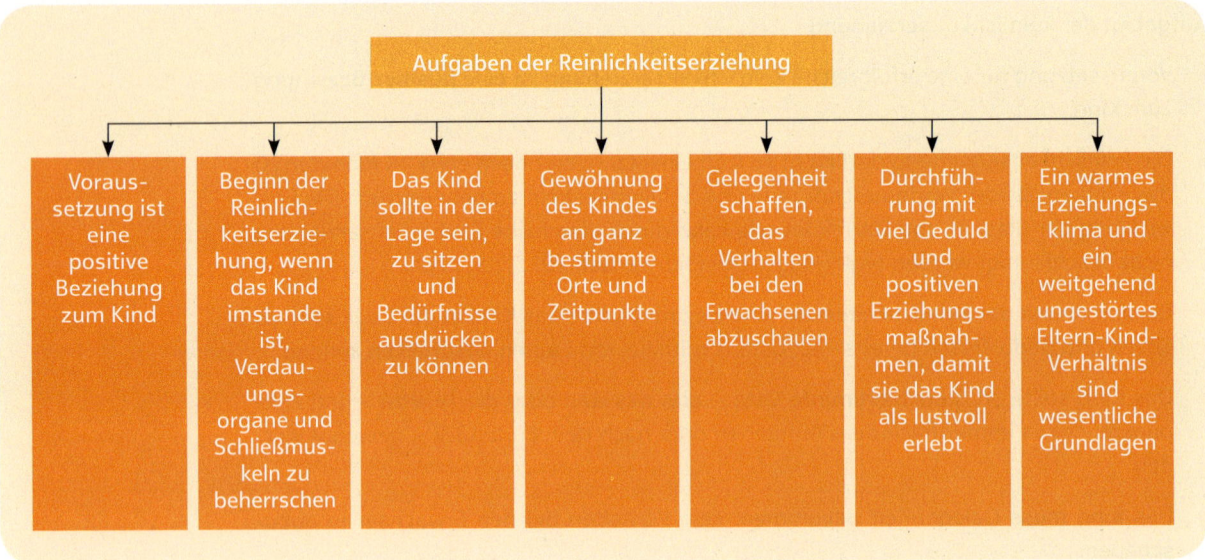

Aufgaben der Reinlichkeitserziehung

| Voraussetzung ist eine positive Beziehung zum Kind | Beginn der Reinlichkeitserziehung, wenn das Kind imstande ist, Verdauungsorgane und Schließmuskeln zu beherrschen | Das Kind sollte in der Lage sein, zu sitzen und Bedürfnisse ausdrücken zu können | Gewöhnung des Kindes an ganz bestimmte Orte und Zeitpunkte | Gelegenheit schaffen, das Verhalten bei den Erwachsenen abzuschauen | Durchführung mit viel Geduld und positiven Erziehungsmaßnahmen, damit sie das Kind als lustvoll erlebt | Ein warmes Erziehungsklima und ein weitgehend ungestörtes Eltern-Kind-Verhältnis sind wesentliche Grundlagen |

8.4.2 Die Erziehung zur Selbstständigkeit

Eltern erkennen im Verlauf des zweiten Lebensjahres eine zunehmende Bereitschaft des Kindes zu Konflikten. In der Alltagspsychologie spricht man in diesem Zusammenhang oft von der **Trotzphase**. Die Kinder entwickeln in diesem Alter einen eigenen Willen und versuchen, ihn auch durchzusetzen. Gelingt das nicht, führt dies zu heftigen Reaktionen – Trotzreaktionen (vgl. *Reinberger, 2008, S. 22*).

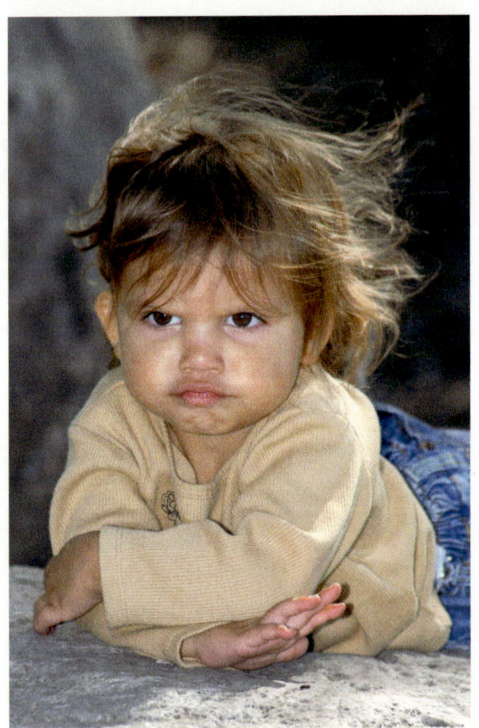

„Trotz ist der kindliche Eigenwille."
(René Spitz[1])

In diesem Zeitraum wird das Ich in der Auseinandersetzung mit der Realität ausgebildet und damit die Beziehung zum Ich, zur eigenen Person aufgebaut. Die *Entdeckung des Ichs* und damit die Entdeckung des eigenen Willens ist ein wesentlicher Entwicklungsfortschritt des Kindes. Die Psychologie spricht in diesem Zusammenhang auch vom Autonomiestreben des Kindes und nennt diese Phase **Autonomiealter**[2].

---

[1] René Spitz (1887–1974) war österreichisch-amerikanischer Psychoanalytiker und Wegbereiter der Säuglingsforschung. Bekannt wurde er durch die Erforschung des Hospitalismus, leib-seelische Störungs- und Verkümmerungserscheinungen im Säuglings- und Kleinkindalter, die auf mangelnde emotionale Zuwendung und Reizvermittlung zurückzuführen sind.
[2] autos (griech.): selbst; nomos (griech.): das Gesetz; Autonomie: das Recht, nach eigenem Gesetz zu leben

In den ersten zehn Lebensmonaten erleben sich Kind und seine Bezugsperson als eine Einheit, in der es noch kein „Ich" gibt. Erst allmählich nimmt sich das Kind als eigenständige Person wahr, die einen eigenen Willen besitzt und merkt, dass es sich auch widersetzen kann.

Diese Verselbstständigung ist das Resultat des Erlebnisses, zum einen Einfluss auszuüben sowie sich bei Konflikten durchzusetzen und zu behaupten, und zum anderen die Dinge selbst in die Hand zu nehmen (vgl. *Bischof-Köhler, 2011, S. 141*).

Die Machtthematik spielt in diesem Alter eine große Rolle: Das Kind ist nicht nur trotzig, weil es Erwachsene als Behinderung seines neu entdeckten Willens erlebt, sondern weil es auch seine Beziehungspersonen herausfordern will, um auszuloten, wie weit es gehen kann („**Machtkämpfe**") (vgl. Bischof-Köhler, 2011, S. 159).

Trotz bedeutet einerseits Verweigerung, andererseits Drang nach Selbstständigkeit. Die Erziehung in dieser Zeit ist eine Erziehung zur Selbstständigkeit. Dabei ist das Kind in einem Konflikt zwischen den Anforderungen der Umwelt und den eigenen Wünschen und Bedürfnissen wie seinem Streben nach Selbstständigkeit. Untersuchungen zeigen, dass die „Trotzreaktionen" des Kindes umso heftiger sind, je strenger und unnachgiebiger die Erziehung ist.

> *„Trotz ist eine Unabhängigkeitserklärung der Kinder an die Eltern."*
> *(Selma Fraiberg[1])*

Je nach Erzieherverhalten bilden sich Selbstständigkeit, Eigenwillen, Durchsetzungsvermögen oder auch Unselbstständigkeit, Gefügigkeitshaltung, Konformismus und Opportunismus bzw. Herrschsucht, Aggressivität, Hartnäckigkeit, Dickköpfigkeit oder Dominanzstreben aus.

Aufgaben der Selbstständigkeitserziehung

- Das **kindliche Neugierbedürfnis sollte entfaltet** werden. Auf diese Weise kann das Kind lernen, Probleme der Welt wahrzunehmen und selbstständig bewältigen zu können.

- Das Kind benötigt einen **Raum der Freiheit sowie der eigenen Entscheidung** und sollte Freiräume für eigene Aktivitäten erhalten. Impulse des eigenen Wollens und Planens sollten unterstützt werden. Lob und Anerkennung beschleunigen die Entwicklung der Selbststeuerung, ständiges, ungeduldiges Durchbrechen verzögert sie.

- Das Kind muss auch die Möglichkeit haben, **„Nein" sagen** zu können, ohne dass die Eltern oder andere Erzieher verletzt, wütend oder mit Liebesentzug reagieren (vgl. *Nuber, 2011, S. 23*).

ERST SOLL ICH MEINEN EIGENEN WILLEN ENTWICKELN. HABE ICH DANN ENDLICH EINEN, WIRFST DU MIR EIGENWILLIGKEIT VOR.

---

[1] Selma Fraiberg (1918–1981) war amerikanische Kinderpsychologin.

- Dem Kind sollten andererseits **notwendige Grenzen gesetzt werden**; erst durch das Aufzeigen von Grenzen findet eine bewusste Auseinandersetzung mit der Realität statt, die die Urteilsfähigkeit des Kindes zwischen Anpassung und Durchsetzungsbereitschaft ausbildet.

- Der Erzieher sollte nicht willkürlich handeln, sondern seine erzieherische Einflussnahme **aufgrund der Sache** – z. B. zur Förderung der Selbstständigkeit oder Gesundheit – **und den Ordnungen des Zusammenlebens begründen**. Frühzeitige Mitteilung von Geboten und Verboten sowie bestimmten Regeln beugen Auseinandersetzungen vor und das Kind erlebt Ge- und Verbote nicht als Willkür.

 So sollte das Spiel des Kindes nicht einfach unterbrochen werden; es sollte rechtzeitig darauf hingewiesen werden, dass es sein Spiel bald beenden muss, weil es Zeit zum Mittagessen ist.

- Das Kind sollte zu **kritischem Denken und Handeln** angehalten werden, um einer fraglosen Hinnahme und Übernahme von gewohnten Verhaltensvorschriften und -erwartungen entgegenzuwirken und es zur Autonomie, verstanden als Selbstbestimmung des Handelns, zu befähigen.

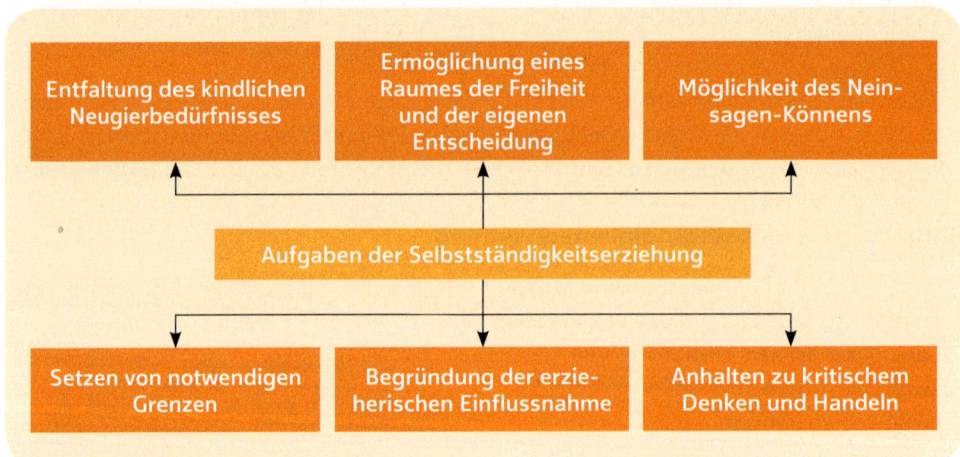

8.4.3 Moralische Erziehung und Gewissensbildung

Durch die Übernahme sozialer Werte und Normen eignet sich das Kind ein Wissen über Verhaltensweisen an, die in seiner Gesellschaft als „erlaubt" bzw. als „nicht erlaubt" gelten. Das Insgesamt von verbindlichen Sollregeln bezeichnet man als **Moral.** Gleichzeitig baut das Kind in sich selbst eine Instanz auf, die kontrolliert, ob es den moralischen Vorstellungen der Gesellschaft und seinen eigenen entsprechend handelt[1].

Aufgaben der moralischen Erziehung

- Grundlage für eine positive Entwicklung des moralischen Verhaltens ist das **Herstellen einer positiven Bindung** zwischen Kind und Erzieher[2] sowie eine Wertschätzung, die an **keine Bedingungen gebunden ist**[3]. Ebenso benötigt das Kind ein **harmonisches Familienklima**, in dem es das Zusammenleben mit anderen positiv erlebt.

---

[1] Die Begriffe „Moral" und „Gewissen" werden in Kapitel 7.5.2 näher geklärt.
[2] vgl. Abschnitt 8.3.3
[3] vgl. Kapitel 9.4.1

Wenn Eltern zu ihrem Kind sagen „Du bist für mich ein liebes Kind, wenn du nicht immer so aggressiv bist" oder „Ich mag dich erst wieder, wenn du dein Zimmer aufräumst", dann knüpfen sie ihre Liebe an ganz bestimmte Bedingungen.

Dadurch ist der Mensch imstande, sein Verhalten an der eigenen seelischen Realität und nicht an den vorgegebenen Wertmaßstäben anderer zu orientieren.

- Eltern und andere Erzieher müssen wissen, **was sie in ihrer Erziehung wollen**, welche Werte ihnen wichtig sind. Es besteht ein Zusammenhang zwischen Werten und den Erziehungszielen. Die Erziehung muss sich an diesen Wertvorstellungen orientieren.

- Wertvorstellungen müssen **vorgelebt und eingeübt** werden. Eltern und andere Erzieher müssen die Wertvorstellungen praktizieren, denn nur das „gelebte Beispiel" hat die Kraft, Kinder und Jugendliche zu überzeugen. Dabei sollten Eltern und andere Erzieher darauf achten, Werte mit innerer Überzeugung zu demonstrieren. Lebt bzw. zeigt das Kind entsprechende Wertvorstellungen, so sollte man das anerkennen und dies dem Kind auch zeigen.

- Damit das Kind die Werte auch annehmen kann, darf der Erzieher nicht willkürlich handeln, etwa auf Rückfrage bei einem Verbot mit „Weil ich es so will!" oder „Weil ich es gesagt habe!". Seine Einflussnahme auf den zu Erziehenden lässt sich von der Sache, die Erziehung notwendig macht, sowie **von den Ordnungen des Zusammenlebens her begründen**.

- Das Kind benötigt einen **Raum der eigenen Entscheidung** und sollte Freiräume für eigene Aktivitäten erhalten. Es ist wichtig, dass Eltern und Erzieher dem Kind genügend Spielraum lassen, in welchem es eigene Entscheidungen treffen kann, wodurch es lernt, die Folgen seiner Entscheidungen erleben und tragen zu können. Persönliche moralische Überzeugungen entstehen nämlich durch die Bewertung selbst erlebter Situationen.

- Eltern und andere Erzieher sollen **Bereitschaft zur Auseinandersetzung** mit dem Kind bzw. Jugendlichen zeigen, denn er sucht für sich verbindliche Überzeugungen, Meinungen und Werte. In dieser Auseinandersetzung mit dem Erwachsenen reifen in ihm echte Werteüberzeugungen.

Insbesondere eine Erziehung durch Auseinandersetzung mit Konfliktsituationen zwischen zwei sich gegenseitig ausschließenden moralischen Prinzipien bzw. Handlungsmöglichkeiten fördert das moralische Urteilsvermögen des zu Erziehenden[1].

- Erziehung muss den zu Erziehenden dazu befähigen, die **für das Leben und Überleben in einer Gesellschaft notwendigen Werte und Normen**, die der Würde des Menschen entsprechen und für das gesellschaftliche Zusammenleben notwendig sind, zu akzeptieren und sein Verhalten an diesen auszurichten. Meinungsstreit in Familie, Schule oder einer anderen Erziehungseinrichtung ist wichtig, wobei nicht ein rascher Konsens anzustreben ist, sondern die Einsicht in notwendige Normen.

- Zugleich aber sollte das Kind – wie in *Abschnitt 8.4.2* bereits ausgeführt – zu **kritischem Denken und Handeln** angehalten werden, um einer fraglosen Hinnahme und Übernahme von gewohnten Verhaltensvorschriften und -erwartungen entgegenzuwirken und es zur Autonomie, verstanden als Selbstbestimmung des Handelns, zu befähigen. Dabei soll Erziehung das Kind auch gegenüber ungerechtfertigten Abhängigkeiten und Zwängen, persönlichem Machtstreben und Willkür sowie Unterdrückung im sozialen Leben sensibilisieren.

---

[1] Man spricht hier von einem **ethischen** bzw. **moralischen Dilemma**.

8.4.4 Die Übernahme der Geschlechtsrolle

Eine weitere Aufgabe in der frühen Kindheit ist der Erwerb der Geschlechtsrolle. Für die rein *biologischen Unterschiede* zwischen Frauen und Männern ist im Wesentlichen die genetische Ausstattung verantwortlich[1]. Doch es sind zwischen Mädchen und Jungen bzw. zwischen Frau und Mann auch unterschiedliche Verhaltensweisen, also **geschlechtstypisches Verhalten** zu beobachten. Derartige Verhaltensweisen werden durch die Erwartungen der Gesellschaft sowie durch das Vorbild der Eltern und anderer Bezugspersonen des Kindes geprägt. Aus diesem Grund wird in der heutigen Literatur denn auch unterschieden zwischen **Sex** als dem biologischen Geschlecht, das bei der Verschmelzung von Ei- und Samenzelle festgelegt wird, und **Gender**, das das kulturell geprägte geschlechtliche Rollenverhalten meint und auf erlernten Verhaltensweisen beruht.

„Schon im Alter zwischen 20 und 24 Monaten finden Mädchen von ihren Eltern Anerkennung, wenn sie typisch weiblichen Beschäftigungen nachgehen, während Jungen Bestätigungen erhalten, wenn sie sich wie ein ‚richtiger' Junge verhalten."
(Mietzel, 2008[14], S. 93)

---

[1] Biologisch gesehen kann man drei wesentliche Geschlechtsrollen unterscheiden: weiblich, männlich und androgyn. Letztere Rolle stellt eine Kombination von weiblichen und männlichen Eigenschaften dar.

Geschlechtstypisches Verhalten entwickelt sich bereits im Alter von zwei bis drei Jahren. Das Kind erwirbt sein geschlechtstypisches Verhalten als Mann oder Frau durch Nachahmung (Lernen am Modell) und durch Verstärkung seitens anderer Personen.

Untersuchungen haben gezeigt, dass sich Eltern in ihrer Erziehung nicht geschlechtsneutral verhalten; sie leben geschlechtstypisches Verhalten vor und verstärken damit typisch weibliches und typisch männliches Verhalten ihrer Kinder. Eltern und andere Erzieher erwarten mehr oder weniger bewusst, dass sich Mädchen wie Frauen und Jungen wie Männer verhalten.

Bei vielen Eltern und Erziehern zeigen sich Vorlieben für typisch männliches oder weibliches Spielzeug, typisch männliche oder weibliche Kleidung und eine Einteilung der Umwelt in männlich oder weiblich. Jungen z. B. erhalten als Spielzeug eher Autos oder Flugzeuge, Mädchen eher Puppen oder Kleidung.

> „Geschlechtsrollen bilden das Ensemble erwarteter Verhaltensweisen und Einstellungen."
> (Wobbe/Nunner-Winkler, 2007³, S. 297)

Eine wichtige Rolle spielen in diesem Zusammenhang auch die Medien, in denen häufig geschlechtstypisches Verhalten gezeigt wird.

In der Werbung wirbt für Waschpulver eine Frau für Frauen, Schlagbohrmaschinen dagegen preist ein Mann für Männer an.

Aufgaben der Geschlechtserziehung:

- Ein liebevoller Umgang in der Familie, geprägt von Sensibilität, Verständnis, Rücksicht und Toleranz sowie eine gute, **harmonische Familienatmosphäre** bilden die besten Voraussetzungen für das spätere Geschlechtsverhalten.

- Das Kind sollte hinsichtlich der körperlichen Unterschiede zwischen den Geschlechtern **richtig** und auch **rechtzeitig aufgeklärt** werden.

- Die **Vorbildwirkung der Mutter bzw. des Vaters** ist für die Übernahme der Geschlechtsrolle von entscheidender Bedeutung. So, wie sich die Eltern und/oder andere wichtige Bezugspersonen untereinander bzw. gegenüber anderen Menschen verhalten, wird sich später auch das Kind als Geschlechtspartner geben.

■ Kindern soll geholfen werden, ihren **Körper und seine Funktionen zu akzeptieren**, und sie sollten in der Lage sein, darüber frei und ohne Scham zu sprechen. So geht es schon in der frühesten Kindheit darum, die Kinder mit ihrem eigenen Körper vertraut zu machen. Der zu Erziehende soll die Namen einzelner Körperteile und deren Funktionen kennenlernen sowie eine positive Einstellung zum eigenen Körper erwerben.

Kinder können auf einem großen Plakat ihre Körperumrisse zeichnen, die einzelnen Körperteile auf dieser Zeichnung anschließend im Stuhlkreis benennen und so lernen, wofür sie zuständig sind. Dabei kann auch auf die Geschlechtsteile, den Unterschied von Jungen und Mädchen und weitere Fragen der Kinder eingegangen werden. Mithilfe von entsprechenden Liedern, in denen die Namen und Aufgaben von Körperteilen vorkommen, lassen sich die Lerninhalte spielerisch vertiefen und wiederholen.

■ Erziehung sollte dazu beitragen, dass das Kind **sein eigenes Geschlecht** als Frau oder Mann und **gleichzeitig die Eigenschaften des anderen Geschlechts schätzen** kann. Dabei sollte man althergebrachte Rollenklischees kritisch hinterfragen. Nicht mehr zeitgemäßes geschlechtstypisches Verhalten sollte abgebaut bzw. erst gar nicht entwickelt werden.

Am besten ist es, wenn man sich an den Wünschen der Kinder orientiert – ohne Rücksicht darauf, ob sich diese für einen Jungen bzw. für ein Mädchen „schicken" oder nicht.

So lassen sich die Geschlechtsrollen hinsichtlich ihrer Verteilung von Rechten und Pflichten ebenso kritisch beleuchten wie Rollenklischees in den Medien.

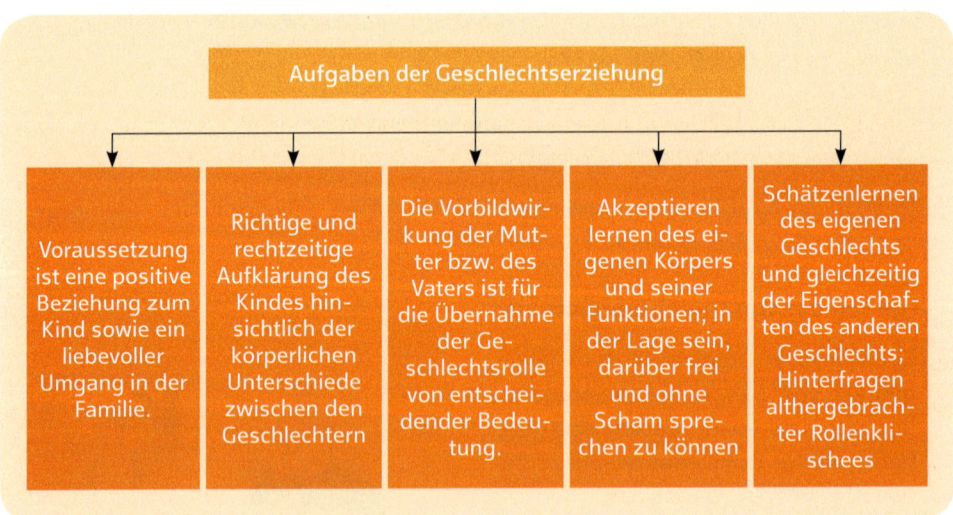

8.5 Die späte Kindheit

Der Zeitraum der späten Kindheit umfasst den Lebensabschnitt vom *sechsten bis zum 12. Lebensjahr*. Er ist eng mit der Schule verbunden – bei manchen Psychologen so eng, dass sie die gesamte Entwicklungsphase als *Schulkindzeit* bezeichnen. Zentrale Entwicklungsaufgabe der späten Kindheit ist deshalb – neben weiteren Aufgaben – **die Schulfähigkeit**.

8.5.1 Kriterien der Schulfähigkeit

Schulfähigkeit meint die Fähigkeit, den gestellten Anforderungen des ersten Jahres
der „normalen" Grundschule – im Gegensatz zur Förderschule – gerecht zu werden.
Der Begriff „Schulfähigkeit" bezieht sich
also auf die Anforderungen, die die Grundschule an einen Erstklässer stellt.

> **Schulfähigkeit meint die Fähigkeit eines
> Kindes, den Anforderungen des ersten
> Grundschuljahres gerecht zu werden.**

Bis vor einigen Jahren ging man noch davon aus, dass ein Kind mehr im Sinne von Reifung her-
anwächst. Deshalb war damals **Schulreife** der Begriff für den Entwicklungsstand eines Schulkin-
des. Heute weiß man, dass neben der Reifung insbesondere die Umwelteinflüsse, in erster Linie
die Erziehung, den größeren Einfluss auf die Schulfähigkeit haben. Zudem hat das Kind eine Entwicklung hinter sich, bei der es sich auch aktiv mit der Umwelt auseinandergesetzt hat[1]. Aus diesen Gründen spricht man heute nicht mehr von Schulreife, sondern von Schulfähigkeit.

Folgende Anforderungen sollte das Kind erfüllen, bevor es eingeschult wird – wir sprechen
hier von *Kriterien der Schulfähigkeit*:

- Die **Arbeitshaltung und Motivation**: Das Kind soll lern- und wissbegierig sein und in
  einem gewissen Umfang selbst lernen „wollen".

- **Motorische Leistungen:** Für die Tätigkeit des Schreibens ist es von Vorteil, wenn das
  Kind entspannt einen Schreibstift halten und flüssige Handbewegungsabläufe ausführen kann. Es soll eine ausgeprägte Gleichgewichtswahrnehmung sowie eine taktile und
  kinästhetische[2] Wahrnehmung besitzen (vgl. *Krenz, 2014⁹, S. 81 f.*).

- **Kognitive Leistungen**: Das Kind soll sich auf einen Gegenstand konzentrieren und auch
  aufpassen können. Es soll durchhalten und bei einem Lerngegenstand bleiben können.
  Auch die Fähigkeit, Misserfolge ertragen zu können, ist eine Voraussetzung für die
  Schulfähigkeit. Zudem soll es ein „gutes" Gedächtnis besitzen.

  So soll es die Wochentage kennen, sich beim Einkaufen mindestens drei Sachen merken
  sowie sich an Erlebnisse erinnern können.

  Die Beobachtungsfähigkeit des Kindes soll so ausgeprägt sein, dass das Kind vorge-
  machte Bewegungen und Aufgaben nachmachen bzw. Gesehenes oder Dargestelltes
  nachgestalten kann. Zudem soll es einfache Zusammenhänge erfassen sowie Farben
  und Formen unterscheiden können.

  Es kann einfache Formsymbole wie Kreis, Dreieck, Rechteck oder Spirale nachzeichnen
  und Perlen in einer bestimmten Reihenfolge aufreihen; es kann auch Kreis, Quadrat und
  Rechteck oder Dreiecke von Fünfecken bzw. verschiedene Farben voneinander unterscheiden.

---

[1] vgl. hierzu Kapitel 6.2.4, in welchem das Zusammenspiel von genetischer Ausstattung, Umwelteinflüssen und der eigenen
Selbststeuerung bei der Entwicklung eines Menschen hervorgehoben wird.
[2] tactilis (lat.): berührbar; taktil: den Tastsinn betreffend; kineīn (griech.): bewegen; aísthesis (griech.): Sinneswahrnehmung;
kinästhetisch: auf die Muskelempfindung bezogen

Es soll auch imstande sein, sprachlich zu formulieren, was es will, und sich verständlich machen können; ebenso soll es andere Personen verstehen wie etwa einen Arbeitsauftrag der Lehrkraft.

- **Emotionales Verhalten:** Das Kind soll bis zu einem gewissen Grad *belastbar* sein und auch Enttäuschungen ertragen können. Es soll neuen Situationen angstfrei begegnen können und Zuversicht in eigene Lernmöglichkeiten besitzen (vgl. *Krenz, 2014[9], S. 77*). Fehlen diese Fähigkeiten, kann Resignation die Folge sein.

Armin Krenz (2014[9], S. 76 f.) betont, dass das emotionale Verhalten hinsichtlich der Schulfähigkeit sehr entscheidend ist, da dieses die Grundlage für die anderen Merkmale bildet.

- **Das Sozialverhalten:** Das Kind soll die Lösung vom Elternhaus zum einen so weit vollzogen haben, dass es dieses während der Schulzeit nicht entbehrt und auch nicht die Lehrerin oder den Lehrer für sich allein beansprucht. Zum anderen soll es sich in eine Gemeinschaft einfügen können. Vor allem die dem Kleinkind eigentümliche Ich-Bezogenheit[1] soll überwunden und einem partnerschaftlichen Verhalten gewichen sein. Und schließlich soll das Kind „Mein" und „Dein" unterscheiden sowie Gebote und Verbote befolgen können.

Wichtig ist dabei, dass das Kind der Lehrkraft und seinen Mitschülern zuhören kann und sich auch dann angesprochen fühlt, wenn es nicht persönlich angesprochen wird. Notwendig ist auch ein *konstruktives Konfliktlöseverhalten*, um Probleme mit anderen regeln zu können (vgl. *Krenz, 2014[9], S. 72 f.*).

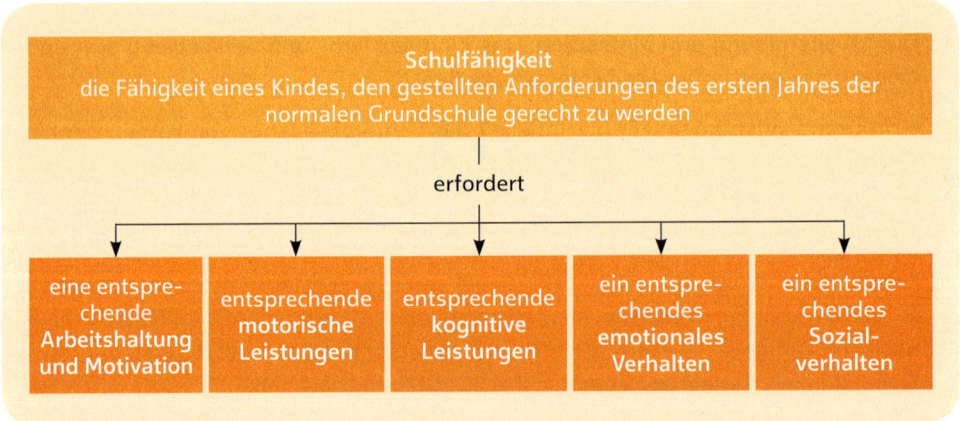

8.5.2 Erziehungsaufgaben zur Schulfähigkeit

Schulfähigkeit lässt sich nicht dadurch fördern, dass das Kind schon Inhalte lernt, die es erst in der Schule beigebracht bekommt – die Förderung des Kindes in der gesamten frühen Kindheit ist von Bedeutung. Dabei geht es darum, dass das Kleinkind **selbstständig möglichst viele Erfahrungen sammeln** kann. Aus diesem Grund ist die beste Vorbereitung auf die Schule das **freie Spiel**, welches die für alle Bereiche notwendigen Grundlagen für das schulische Lernen legt. Im Spiel finden Lernprozesse statt, die für die motorische, kognitive, emotionale, motivationale und soziale Entwicklung von großer Bedeutung sind. *Die Entwicklung der Spielfähigkeit ist die beste Förderung der Schulfähigkeit* (vgl. *Krenz, 2014[9], S. 145 ff.*).

---

[1] vgl. hierzu die Ausführungen über den kindlichen Egozentrismus in Kapitel 7.2.1

> *„Spielen ist die ursprünglichste Art des Lernens."*
> *(David Elkind[1])*

Zugleich bedeutet Förderung der Schulfähigkeit Selbstständigkeits- und Sozialerziehung. Von daher kann die Förderung der Schulfähigkeit nicht getrennt von der allgemeinen Erziehung gesehen werden; sie ist Bestandteil dieser und kann auch nur in diesem Rahmen geleistet werden. Überangebote, die nicht selten aus falschem elterlichem Ehrgeiz stattfinden, sind unergiebig und schaden dem Kind eher. Es ist auf jeden Fall von enormem Vorteil, das Kind zumindest zwei Jahre vor Schulbeginn in den Kindergarten zu geben. In der Vorschulerziehung kann es gezielt auf die Schule vorbereitet werden und Benachteiligungen von Kindern aufgrund ihrer sozialen Herkunft können abgebaut werden.

> *„Schulfähigkeit ist das Ergebnis einer erfüllten Kindheit."*
> *(Krenz, 2014[9], S. 129)*

Folgende Anregungen bezüglich der Schulfähigkeit sind für Erzieher bedeutsam:

- Voraussetzung ist, dass man **dem Kind etwas zutraut**. Eine Herausforderung bei gegebenen Alltagssituationen fördert die Leistungsmotivation. Dabei muss das Kind auf jeden Fall die Erwartungen auch erreichen können.

- Das Kind sollte nicht schon lernen, was es später in der Schule beigebracht bekommt, sondern lediglich **auf die Schule vorbereitet** werden, damit es den Lernanforderungen der ersten Klasse gewachsen ist. Dazu gehören vor allem solche Fertigkeiten, die das Kind in der Schule bereits können sollte oder braucht.

  Beispiele hierfür sind das Sich-selbst-anziehen-Können, das Schuhebinden, das Allein-auf-die-Toilette-Gehen, das Naseputzen, das Bleistift-spitzen-Können und Ähnliches.

- Eltern und andere Erzieher sollten **die Schule positiv darstellen**, damit sich das Kind auf die Schulzeit freuen kann. Abschätzige Bemerkungen von älteren Geschwistern, Verwandten oder Bekannten sollten korrigiert, negative Äußerungen wie z. B. „Du wirst schon sehen, in der Schule weht ein anderer Wind!" vermieden werden.

- Eine **zu frühe Einschulung** kann sich einerseits für die weitere Entwicklung des Kindes problematisch auswirken. Möglicherweise kann es den Lernanforderungen nicht gerecht werden, was zu Misserfolgs- und Versagenserlebnissen führt; sein Selbstvertrauen kann schwinden, wodurch die weitere Entwicklung negativ beeinflusst wird. Das erste Schuljahr prägt i. d. R. die gesamte Schullaufbahn, sodass negative Erfahrungen gravierende Auswirkungen haben können. Eine Vorschulerziehung kann dem Kind helfen, etwaige Mängel auszugleichen.

  Im Zuge der Frühförderung hört man heute oft die Forderung nach einer früheren Einschulung der Kinder („Je früher ein Kind eingeschult wird, desto besser!"). Doch diese Forderung trifft nur auf kognitive Leistungen zu; das Risiko emotionaler und sozialer Probleme steigt, wie neuere Untersuchungen ergeben haben. Patrick Puhani und Andrea Weber (2006) vom Institut für Arbeitsökonomik an der Leibniz Universität in Hannover kamen in ihren Studien zu dem Ergebnis, dass Kinder erfolgreicher wären, wenn sie erst mit etwa sieben Jahren eingeschult würden.

---

[1] David Elkind (* 1931), Professor an der Tufts University in Medford, Massachusetts, ist amerikanischer Kinderpsychologe und Autor.

Andererseits sollte ein Kind, das schulfähig ist, auch tatsächlich eingeschult werden. Zu spät eingeschulte Kinder langweilen sich häufig im Unterricht und sind unterfordert. Ein Kind, das zu wenig gefordert wird, baut oft sehr spät eine positive Lernhaltung auf und kann so den neuen Stoff verpassen.

Schulreifetests sind nicht unumstritten, da sie hauptsächlich die kognitiven Fähigkeiten messen und die emotionale und soziale Seite außer Acht lassen, die für den langfristigen Schulerfolg aber sehr wichtig sind.

- Die Eltern sollten ihr Kind **bei schulischen Arbeiten unterstützen** und es auch zu Hause **zu einer Arbeitshaltung anhalten**. Grundsätzlich sollte das Kind jedoch seine Hausaufgaben selbst erledigen. Jede gelöste Hausaufgabe sollte anerkannt werden, um das Kind zu ermutigen und die Freude daran zu erhalten.

- Eltern und andere Erzieher sollten das Kind nicht durch Druck zu Leistungen zwingen, die es nicht erbringen kann. Persönliche Vorstellungen eines Elternteils, welche Schule das Kind einmal absolvieren und welchen Beruf es ergreifen soll, sind nicht förderlich. Es sollte seinen Begabungen und Fähigkeiten entsprechend gefördert werden.

- Bei Schwierigkeiten in der Schule empfiehlt es sich, Kontakt mit dem Lehrer aufzunehmen. Auch Beratungslehrer und Schulpsychologen können dabei eine große Hilfe sein.

8.6 Das Jugendalter

Das Jugendalter wird oft in unterschiedliche Phasen, z.B. in **Vorpubertät, Pubertät und Adoleszenz**, unterteilt. Als Vorpubertät bezeichnet man die Zeitspanne zwischen dem ersten Erscheinen der sekundären Geschlechtsmerkmale[1] und dem ersten „Funktionieren" der Geschlechtsorgane. Die Pubertät endet mit dem Abschluss der Ausbildung der sekundären Geschlechtsmerkmale, die Zeitspanne bis etwa zum 20. Lebensjahr bezeichnet man als Adoleszenz.

Eine derartige Einteilung von Entwicklungsabschnitten wird den Vorgängen im Jugendalter aber nicht gerecht; sie verführt zur Beurteilung jugendlicher Entwicklungsstufen und lässt außer Acht, dass es große individuelle und kulturell-gesellschaftliche Unterschiede gibt.

Manche Entwicklungspsychologen und Pädagogen sprechen heute von einer *Postadoleszenz* – „die erwachsenen Nesthocker" –, die darin besteht, dass der Jugendliche einerseits in individueller Selbstbestimmung leben will und andererseits in emotionaler und materieller Abhängigkeit bleibt, z.B. von seinen Eltern (vgl. *Gudjons, 2012[11], S. 147 f.*).

In den letzten Jahren hat sich eine neue Phase des Jugendalters etabliert, die **emerging adulthood**. Der Begriff bezeichnet das Zwischenstadium von Adoleszenz und „wirklichem" Erwachsensein. Diese Begriffsneuschöpfung bezieht ein, dass man nicht mehr wie in früheren Zeiten von einem raschen Eintritt der heute 20-jährigen in das Erwachsenenalter ausgehen kann (vgl. Wolf, 2016, S. 21)

---

[1] Sekundäre Geschlechtsmerkmale sind körperliche Veränderungen, die im Jugendalter aufgrund bestimmter Hormone eintreten und die nicht direkt die Geschlechtsreife betreffen (z.B. Achsel- und Schambehaarung, Bartwuchs).

8.6.1 Der Begriff „Jugend"

Die Phase der menschlichen Entwicklung, die man als „Jugend" bezeichnet, wird heute ganz selbstverständlich als eigenständiger Abschnitt menschlicher Entwicklung betrachtet. Dies war nicht zu allen Zeiten so: Erst im 19. und vor allem im 20. Jahrhundert wurde Jugend als besonderer Lebensabschnitt für breite Bevölkerungsschichten relevant (vgl. *Tillmann, 2010[16], S. 193 f.*).

> *„Diese Form von Jugend als psychosoziales Moratorium[1] zwischen Geschlechtsreife und vollgültigem Erwachsenenstatus ist eine recht junge Errungenschaft industrialisierter Gesellschaften."*
> *(Tillmann, 2010[16], S. 197)*

Die Rolle des Kindes oder eines Erwachsenen ist in unserer Gesellschaft genau beschrieben. Das gilt nicht für die Rolle, die der Jugendliche innehat. Das Jugendalter ist eine Phase, in der der Mensch **nicht mehr die Rolle des Kindes, aber auch noch nicht die Rolle des Erwachsenen hat**. Jugend kann also als Zeitraum beschrieben werden, in dem das Kind zum Erwachsenen wird; das **Jugendalter ist also eine Phase des Übergangs**. Aus diesem Grund sind auch — im Gegensatz zu den Rollen des Kindes und des Erwachsenen — die Erwartungen, die an einen Jugendlichen gestellt werden, nicht eindeutig festgelegt, was zu Problemen führen kann.

Das Jugendalter ist die Zeit des Übergangs, in welcher der Mensch nicht mehr die Rolle des Kindes und noch nicht die Rolle des Erwachsenen innehat.

> *„Pubertät ist, wenn die Eltern anfangen, schwierig zu werden."[2]*

Bis vor Kurzem konnte man nicht von **der** Jugend sprechen, „Jugend gibt es nur im Plural", wie die Überschrift in einem Artikel in Pädagogik Heute (Nr. 7–8/1990, S. 6) lautete. „Ein verheirateter 22-jähriger Klempnergeselle mit einem Kind ist kaum noch Jugendlicher, ein 22-jähriger Student in einer WG schon eher, ein zweimal sitzen gebliebener 22-jähriger Abiturient mit Sicherheit. Und Skinheads haben mit Autonomen so wenig gemeinsam wie Rapper mit Punks." (Gudjons, 2012[11], S. 134 f.) Jugendliche definieren sich deshalb auch über die Zugehörigkeit zu verschiedenen Subkulturen wie etwa „Ich bin Punk".

Die heutigen Teenager stehen jedoch laut der neuen Sinus-Studie (2016) mehr auf „Mainstream[3]", auf den vorherrschenden gesellschaftspolitischen und kulturellen „Massengeschmack". Klaus Hurrelmann sieht bei der heutigen Jugend einen Trend zu Überanpassung (vgl. Calmbach u. a., 2016, S. 3).

---

[1] Moratorium (lat.): angeordneter oder vertraglich vereinbarter Aufschub.
[2] Verfasser unbekannt
[3] Mainstream (engl.): der Hauptstrom

„Heutzutage geht's (bei Jugendlichen) nur darum, konsumistisch zu sein, [...] Sag mir, wie sieht der Hipster[1] aus, was muss er kaufen [...] ich zieh mich so an, wie die Kaufhäuser, [...] die Medien das vorgeben, ich höre die Musik, die man mir vorgibt. [...] Er (der Jugendliche) möchte ‚hip' sein [...], auf der Höhe der Zeit. Wie man das macht, das ist ihm egal, das geben andere ihm vor."
(Kleiner[2], 2016)

Die Jugend bildet zum Teil eine eigene gruppeninterne Sprache bzw. einzelne Wörter wie bspw. "chillen" oder "cool". Diese *Jugendsprache* dient zum einen der Identitätsfindung der Jugendlichen und zum anderen der Abgrenzung von der Erwachsenenwelt. Doch manch- mal findet die Jugendsprache auch Eingang in den Sprachgebrauch der Erwachsenen.

8.6.2 Aspekte des Jugendalters

Das Jugendalter ist gekennzeichnet durch körperliche Veränderungen auf der einen Seite und soziokulturelle auf der anderen. Die deutlich sichtbar werdenden körperlichen Ent- wicklungen werden wesentlich durch körpereigene Hormone gesteuert. Jugendalter hat deshalb einen **biologischen Aspekt**.

Das **Wirksamwerden bestimmter Hormone** bewirkt einschneidende körperliche Verände- rungen: rasches Größenwachstum, Streckung der Gesamtfigur, Ausbildung von Muskeln, Ausbildung der primären und sekundären Geschlechtsmerkmale und endgültige Gestaltbil- dung des weiblichen bzw. männlichen Körpers. Die Hormone bewirken zudem auch die **Ge- schlechtsreife**: Die Sexualität wird aktiviert, der junge Mensch wird fähig zur Fortpflanzung.

Körperliche Veränderungen durch Hormonausschüttung im Jugendalter

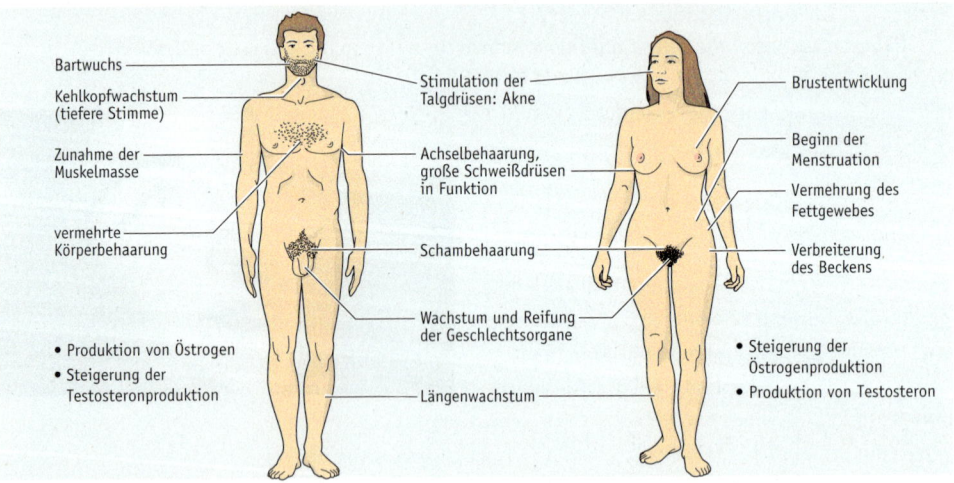

In der Vergangenheit wurde den körperlichen Veränderungen im Jugendalter häufig die „Schuld" an dem veränderten psychischen Erleben des Jugendlichen gegeben. Untersuchungen bei Jugend- lichen haben allerdings keinen signifikanten Zusammenhang zwischen der körperlichen Entwick- lung und dem psychischen Erleben nachweisen können. Das veränderte Verhalten und Erleben entsteht erst über den Umweg einer veränderten Wahrnehmung. Durch die körperliche Entwick- lung nimmt die Umwelt den Jugendlichen anders wahr und reagiert folglich auch anders auf ihn.

---

[1] Ein Hipster (hip, engl.: hurra!) ist ein Begriff für eine bestimmte Subkultur von Jugendlichen, die dem Mainstream übertrie- ben Ausdruck verleihen. Er will irgendwie anders sein, ist aber trotzdem total gleich.

[2] Marcus S. Kleiner (*1973) ist deutscher Medien- und Kulturwissenschaftler, Publizist und Experte für Populäre Medienkultu- ren. Das Zitat ist aus der Sendung „Ansichtssache" vom 12.04.2016 „Techno war die letzte echte Jugendkultur"(www.swr3. de/musik/SWR3-Ansichtssache vom 02.05.2016).

Die Dauer des Jugendalters ist in erster Linie von der jeweiligen **Kultur und Gesellschafts-
form abhängig**. In den westlichen Industriegesellschaften brauchen Jugendliche eine
lange Zeitspanne, um als Erwachsener anerkannt zu sein. Junge Menschen erreichen ihre
emotionale und wirtschaftliche Selbstständigkeit oft erst in der Mitte ihres dritten Lebens-
jahrzehnts[1].

*„Jugend ist somit kein ‚Naturprodukt‘, sondern ein soziokulturelles Phänomen, das in seinen
Erscheinungsformen historisch-gesellschaftlichen Dimensionen unterworfen ist.“*
(Tillmann, 2010[16], S. 194)

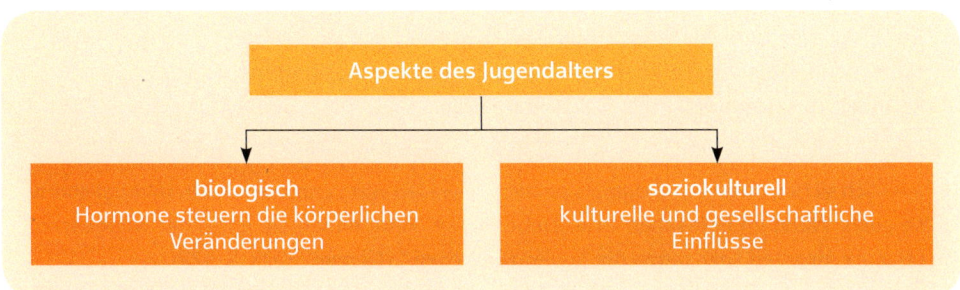

Von wirtschaftlichen Unternehmen wird nach Susan Neiman die Jugendphase idealisiert, da dies
ein leichtes Spiel mit „braven Konsumenten" garantiert. Infantilisierte Menschen lassen sich
leichter beeinflussen und lenken (Fritsch, 2016, S. 22).

8.6.3 Entwicklungsaufgaben im Jugendalter

Jugendliche haben viele Entwicklungsaufgaben zu erfüllen:

- **Akzeptieren der „neuen" körperlichen Gestalt**

  Die Beschäftigung mit dem eigenen Aussehen und den Veränderungen des Körpers ist
  ein Kennzeichen des Jugendalters. Das Bewusstwerden dieser Körperveränderungen
  und vor allem das Akzeptieren der eigenen Erscheinung sind wichtige Aufgaben.

  „Ich konnte mit den zahlreichen körperlichen Veränderungen vor allem in der Anfangspha-
  se sehr schlecht umgehen. […] Permanent hatte ich das seltsame Gefühl ‚Das bin ich nicht!
  Dieser Körper gehört mir nicht!' und stellte mir oft die Frage, wie ich nun mit meinem
  neuen Körper umgehen soll […]." (*Göppel, 2005, S. 85*)

- **Ausgestaltung der Geschlechtsrolle**

  Die Geschlechtsidentität drückt sich aus im Erleben der eigenen Geschlechtlichkeit, weiblich oder männlich zu sein[2]. In den meisten Fällen gelingt diese Akzeptanz und stimmt mit
  dem biologischen Geschlecht überein, das muss aber nicht unbedingt so sein.

  Zur Entwicklung einer sexuellen Identität gehört das Entstehen einer *sexuellen Orientierung*, die Ausrichtung der emotionalen Bindung, der erotischen Fantasien und der
  sexuellen Aktivitäten gegenüber Personen des gleichen und/oder des anderen

---

[1] siehe Abschnitt 8.1.2
[2] Es sei an dieser Stelle nochmals darauf hingewiesen, dass man biologisch gesehen drei wesentliche Geschlechtsrollen unterscheiden kann: weiblich, männlich und androgyn. Doch in unserer Gesellschaft gibt es nur „entweder weiblich oder männlich" (vgl. Abschnitt 8.4.4).

Geschlechts. Meist in der Jugendzeit werden die Neigungen emotionaler, erotischer und sexueller Wünsche gegenüber anderen Menschen aktuell und bewusst.

Die sexuelle Orientierung führt zur Entwicklung der **sexuellen Identität**, also dazu, ob man sich selbst für hetero-, homo-, bisexuell oder auch für asexuell hält[1].

> *„Sexuelle Orientierung meint, mit **wem** man sexuellen Kontakt hat, sexuelle Identität, als **wer** man sexuellen Kontakt hat."*
> *(vgl. Russo, 2017, S. 63)*

Zur Selbstfindung des Jugendlichen trägt der Erwerb der männlichen oder weiblichen Rolle bei, der bereits in der frühen Kindheit beginnt und mit der Pubertät endet. Er muss seine persönliche Lösung für das geschlechtsgebundene Verhalten und für die Ausgestaltung seiner Geschlechtsrolle finden.

> **→** „Mit meinen Eltern habe ich über Sex und Aufklärung so gut wie nie gesprochen. Ich bin mir ziemlich sicher, dass es mir damals peinlich gewesen wäre und meinen Eltern möglicherweise auch. Wenn im Fernsehen eine ‚Liebesszene' kam, haben sie entweder weggeschaltet oder wir mussten sozusagen die Augen zumachen." (*Göppel, 2005, S. 112*)

> *„Die Entwicklung von Geschlechtsidentität, Geschlechtsrolle und sexueller Orientierung ist die Voraussetzung für die Integration von Geschlecht und Sexualität in die eigene Identität[2]."*
> *(Grob/Jaschinski, 2003, S. 52)*

Die Entwicklung der persönlichen Geschlechtsrolle ist in erster Linie von kulturspezifischen Normen und Erwartungen abhängig.

- **Emotionale Ablösung von den Eltern und anderen Erwachsenen**

Jugendliche haben den zunehmenden Wunsch nach Unabhängigkeit. Sie wenden sich Gleichaltrigen zu und verbringen immer mehr Zeit mit diesen. Man spricht in diesem Zusammenhang von *Peergroup* – das ist eine Gruppe Gleichaltriger, die im Jugendalter zunehmend wichtiger wird. In dieser Gruppe findet der Jugendliche Freunde (neue Bezugspersonen), die neue Formen der Beziehung vermitteln.

> *„Die wachsende Rolle von Peers hat verschiedene Anlässe in der Person der Jugendlichen selbst und in ihrem alterstypischen sozialen Kontext. Die Jugendlichen beginnen ab der Pubertät die Rolle der Eltern zu relativieren. Weil dies gleichaltrigen Freunden nicht anders geht, ist das ein Anlass, sich zusammenzutun und als Gruppe zu agieren."*
> *(Silbereisen/Weichold, 2012[7], S. 235)*

---

[1] heterosexuell (griech.): auf das andere Geschlecht gerichtet; homosexuell (griech.): auf das gleiche Geschlecht gerichtet; bisexuell (griech.): auf beide Geschlechter gerichtet; asexuell (griech.): weder auf das eine noch auf das andere Geschlecht gerichtet.
[2] vgl. Abschnitt 8.6.4

Gegenüber früheren Zeiten spricht man derzeitig nicht mehr so sehr von der „Loslösung" des Jugendlichen von den Eltern, sondern mehr von einer Veränderung der Beziehungen zu ihnen. Peergroups sind gegenwärtig meist gleichwertig mit der Ursprungsfamilie zu sehen, da beide unterschiedliche Bedürfnisse befriedigen.

Etwa die Hälfte der 18- bis 24-jährigen Frauen und mehr als 70 % der Männer leben heute zu Hause bei den Eltern. Die Jugendlichen suchen nicht mehr die Konfrontation, sondern Einklang, und nicht mehr Abgrenzung, sondern Zustimmung und Bekräftigung. Und die Psychologieprofessorin Inge Seiffge-Krenke von der Universität Mainz warnt, dass die heutigen Eltern die Autonomie ihrer Kinder zu sehr blockieren (vgl. Kullmann, 2013, S. 120).

Der Hamburger Entwicklungspsychologe Michael Thiel meint, dass unter den 18- bis 24-jährigen eine große Gruppe von verängstigten jungen Erwachsenen ist, die aus Furcht „vor der Welt" den Absprung aus der elterlichen Wohnung nicht schaffen (vgl. Schönberger, 2016, S. 42).

> „Hotel Mama" – „Der Nesthocker wird zum Massenphänomen."
> (Kullmann, 2013, S. 120)

- ### Vorbereitung des beruflichen Werdegangs

Der Jugendliche macht sich im Gegensatz zum Kind Gedanken über seine Lebensziele und überlegt, wie sein zukünftiges Leben aussehen soll. Sehr eng damit hängt die **Berufsfindung** zusammen, die Jugendlichen i.d.R. einige Schwierigkeiten bereitet.

In der heutigen Industrie- und Dienstleistungsgesellschaft ist eine fundierte Ausbildung von entscheidender Bedeutung für den Einzelnen. Die Ausübung eines Berufes ermöglicht letztlich erst die völlige Ablösung vom Elternhaus.

Obwohl die Wahl des Berufs für den Jugendlichen sehr bedeutend ist, trifft er sie in den seltensten Fällen allein. Er wird von einer Reihe von Personen beeinflusst – von Eltern, Lehrern, Freunden, Bekannten und Verwandten sowie Berufsberatern.

- ### Vorbereitung auf die sich anbahnende Lebensform

In der heutigen Zeit gibt es verschiedene Möglichkeiten des Zusammenlebens im privaten Bereich. Die Soziologie spricht in diesem Zusammenhang von **Lebensform**. Folgende Lebensformen finden wir heute vor:

- **Alleinstehende/Singles**: Hauptsächlich jüngere Menschen, die sich noch nicht gebunden haben, und ältere, deren Partner gestorben ist, leben allein. Vor allem in Großstädten nimmt das Singleleben als Lebensform zu.

- Es leben **zwei Menschen als Partner** zusammen, entweder in einer *Ehe*, in einer *eingetragenen Lebenspartnerschaft oder ohne rechtlich definierten Status*.

- **Familie** mit ihren verschiedenen Formen (z.B. herkömmliche Familie, Patchworkfamilie)

- **Kollektive Lebensform**: Bei dieser wohnen Menschen, die i.d.R. nicht miteinander verwandt sind, in Wohngemeinschaften, Heimen oder dergleichen zusammen.

Der Jugendliche wird sich im Laufe der Zeit darüber klar werden, welche Lebensform er bevorzugen will und in welcher er am glücklichsten leben wird.

In den westlichen Industriegesellschaften haben sich das Heiratsalter und der Zeitpunkt der Familiengründung sehr weit „nach oben" verschoben, das dritte Lebensjahrzehnt ist meist erreicht oder schon überschritten. Der Grund hierfür liegt sicherlich auch in den langen Ausbildungszeiten. Bei universitären Abschlüssen liegt das Alter des Berufseintritts inzwischen bei über 25 Jahren, entsprechend spät erfolgt dann die Gründung einer Familie. Außerdem spielen heute Vorstellungen von persönlicher Freiheit und Unabhängigkeit sowie die Möglichkeiten, sein Leben individuell gestalten zu können, eine große Rolle.

■ Schaffung eines eigenen Wertesystems

Der Jugendliche muss in der Auseinandersetzung mit der Erwachsenenwelt seine eigenen Überzeugungen und Einstellungen finden. In der häufig radikalen und idealistischen Reflexion darüber gelangt er zu eigenem und selbstbestimmtem Handeln.

In der Auseinandersetzung mit den Wertvorstellungen und Grundhaltungen der Erwachsenenwelt werden diese oftmals einer sehr strengen und idealistischen Prüfung unterzogen und entsprechend bewertet. Dabei gerät der Jugendliche manches Mal in Widerspruch und Konflikt zu seiner Umwelt. In diesem Prozess muss es dem jungen Menschen zunehmend gelingen, für ihn verbindliche Wertvorstellungen zu entwickeln und zu übernehmen.

Die *Wertorientierung* findet in der Auseinandersetzung mit der Erwachsenenwelt statt. Religiöse, moralische und politische Orientierung geschieht in immer stärkerem Maß nicht mehr durch die Eltern, sondern wird von Jugendlichen autonom definiert. Aus soziologischer Sicht wird der Heranwachsende zum politischen Bürger.

Der Psychiatrieprofessor der University of Missouri, *Armando Favazza*, wurde in einem Interview gefragt, warum sich heute so viele Teenager piercen lassen. Er antwortete: „Weil sich ihre Eltern darüber aufregen." (vgl. *Kasten, 2007, S. 64*)

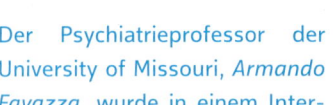

„*Der Blick auf die Wertorientierungen der Jugend der Jahre 2010 und 2015 zeigt eine hohe Stabilität. Was zählt, sind Freundschaft, Partnerschaft und Familie. [...] Auch 2015 gilt, dass enge persönliche Beziehungen für junge Menschen der wichtigste Anker eines guten und erfüllenden Lebens sind.*"
(Gensicke, 2015, S. 238)

Der Erziehungswissenschaftler an der Harvard Universität, Howard Gardner, kam in seinen Untersuchungen auf das Ergebnis, dass die heutige Jugend nicht so genau weiß, was sich auf der politischen Bühne tut; sie definiert sich nicht mehr in erster Linie über politische Ereignisse, sondern mithilfe technischer Entwicklungen wie etwa das Smartphone (vgl. Buse,/2016, S. 62).

→ **Materialien 3:**
Werthaltungen der heutigen Jugend

8.6.4   Die Suche nach der Identität

Erst im Jugendalter beginnt der Mensch, sich seiner eigenen Person zuzuwenden. Die Entdeckung und Schaffung einer eigenen Identität wird zur zentralen Aufgabe. Dabei ist das Jugendalter eine Zeitspanne, in der vieles ausprobiert wird, um zu einer eigenen Identität zu gelangen. Der Psychoanalytiker *Eric H. Erikson*[1] sieht in diesem Ausprobieren einen entscheidenden Schritt hin zu einer eigenständigen Identität.

> Ich komme, ich weiß nicht, woher?
> Ich bin, ich weiß nicht, wer?
> Ich fahre, ich weiß nicht, wohin?
> Mich wundert, dass ich so fröhlich bin.
> *(überliefert von Heinrich von Kleist)*

In der Alltagssprache werden mit „Identität"[2] persönliche und unverwechselbare Daten einer Person bezeichnet. Dazu gehören Name, Alter, Geschlecht, Größe oder Augenfarbe. Der Personalausweis wird deshalb auch oft Identitätsausweis genannt. In der Psychologie meint Identität das Selbstverständnis eines Menschen als einmalige und unverwechselbare Person sowohl in der eigenen Betrachtung als auch in der durch seine soziale Umwelt.

> **Identität bedeutet das Selbstverständnis eines Menschen als einmalige und unverwechselbare Person sowohl in der eigenen Betrachtung als auch in der durch seine soziale Umwelt.**

Sie ist durch folgende Kriterien näher gekennzeichnet (vgl. *Oerter/Dreher, 2008[6], S. 303*):

- die Person, für die man sich selbst hält,
- die Person, die man gern sein und werden möchte,
- die Person, die man zu werden glaubt,
- die Person, für die einen andere halten, sowie
- die Person, wie andere sie haben möchten.

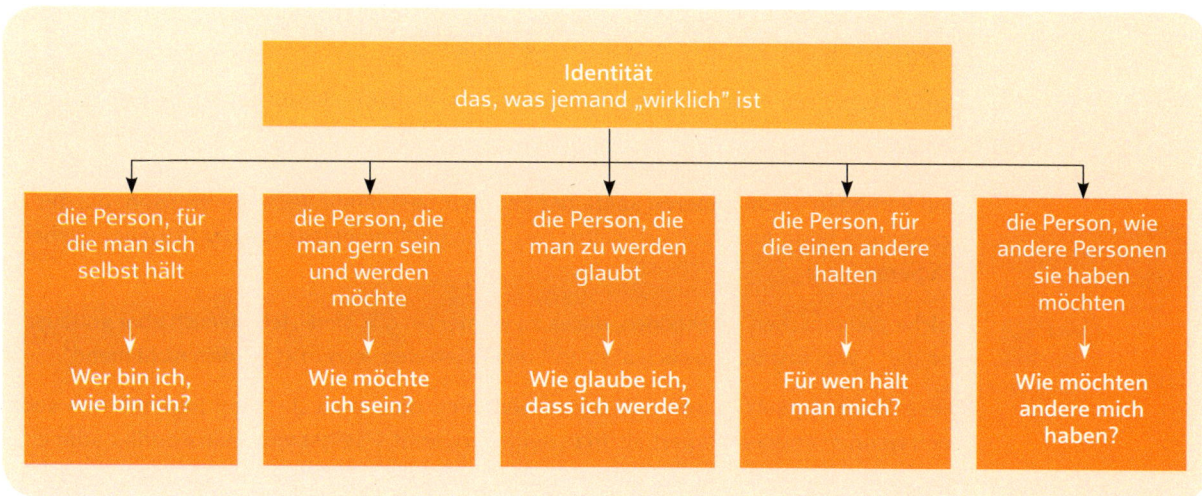

Die Identitätsfindung erfolgt vor allem in der Auseinandersetzung mit grundlegenden Werten und Normen der Gesellschaft sowie der Festlegung auf eigene Positionen.

---

[1] Eine Biografie und die gesamte Theorie der psychosozialen Persönlichkeitsentwicklung von Erik H. Erikson befindet sich in Kapitel 6.4.2.
[2] idem (lat.): der Nämliche, der Gleiche

Die frühere Entwicklungspsychologie ging davon aus, dass der Prozess der Identitätsfindung im Jugendalter abgeschlossen ist. Heute weiß man jedoch, dass sich dieser Prozess bis weit in das Erwachsenenalter hinein fortsetzt und im Rahmen der Erfüllung neuer Entwicklungsaufgaben immer wieder modifiziert werden muss (vgl. Wicki, 2015[2], S. 113).

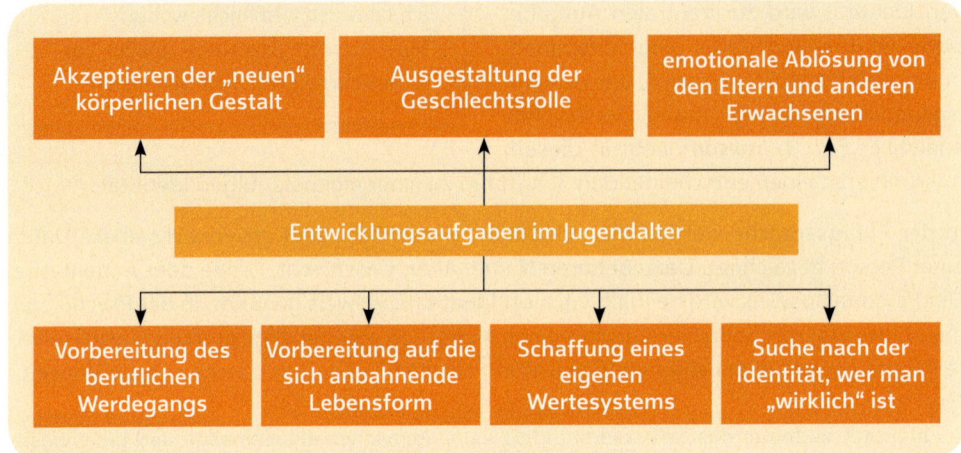

8.6.5 Erziehungsaufgaben im Jugendalter

Im Zusammenhang mit der Erfüllung der Entwicklungsaufgaben, insbesondere der Schaffung eines eigenen Wertesystems und der Identitätsfindung, kommt es zu einer zunehmenden Bereitschaft des Jugendlichen zu Konflikten. Der Jugendliche wird – wie es in der Alltagssprache oft genannt wird – „schwierig", was sich häufig in einer Protesthaltung gegenüber Erwachsenen und Gesellschaft zeigt.

Voraussetzung für eine gelingende Auseinandersetzung mit dem Jugendlichen ist eine hohe **Wertschätzung** seitens der Eltern, Lehrer oder anderer Erzieher dem Jugendlichen gegenüber, die **an keine Bedingungen gebunden** ist[1].

Die Erfüllung von Entwicklungsaufgaben im Jugendalter bedeutet eine klare **Trennung von Person und Sache**: Dies meint zum einen, Erziehungsmaßnahmen wie Lob, Belohnung, Strafe und dergleichen nicht auf die Person des zu Erziehenden zu richten, sondern auf sein Verhalten[2]. Zum anderen sollte der Erzieher bestimmte Verhaltensweisen, die der zu Erziehende zeigt, nicht auf sich selbst beziehen und keinesfalls auf der Beziehungsebene reagieren.

 Solche „persönlichen" Reaktionen, die es zu vermeiden gilt, sind: „Jetzt bin ich aber enttäuscht von dir!", „Was tust du uns noch alles an!" oder „Geh weg, jetzt mag ich dich nicht mehr!".

Diese Trennung von Person und Sache bedeutet, dass man „Ja" zum Jugendlichen sagt, auch wenn er anders reagiert als man selbst erwartet – selbst wenn ein Konflikt oder eine Spannung eine harmonische Beziehung im Moment stört.

---

[1] vgl. Kapitel 9.4.1
[2] vgl. Kapitel 9.4.2

Eltern, Lehrer und andere in der Erziehung Tätigen sollten **Bereitschaft zur Auseinandersetzung** mit dem Jugendlichen zeigen, ohne die Beziehung oder den Jugendlichen als Person infrage zu stellen. In dieser Auseinandersetzung mit den für Erwachsenen oft unverständlichen und nicht nachvollziehbaren Überzeugungen und Verhaltensweisen bilden sich das Ich des Jugendlichen, sein eigenes Wertesystem und seine Identität heraus.

Verständnislosigkeit und autoritäres Erzieherverhalten dagegen verschärfen die Protesthaltung und den Widerstand des Jugendlichen.

> *„Das Fieber der Jugend hält den Rest der Welt auf Normaltemperatur."*
> *(George Bernanos[1])*

Die allmähliche Ablösung des Jugendlichen von seiner Ursprungsfamilie sollte von den Eltern akzeptiert werden, ohne ihm aber mit einer gleichgültigen Haltung zu begegnen.

8.7 Das Erwachsenenalter

Während sich Entwicklungspsychologie in früheren Jahren nur mit Kindheit und Jugendalter beschäftigte, wandte sich ihr Forschungsinteresse in den vergangenen Jahren zunehmend den Entwicklungsaufgaben im Erwachsenenalter zu. Auch das Erwachsenenalter ist in verschiedene Abschnitte gegliedert:

- das *junge Erwachsenenalter* (etwa vom 20. bis zum 35. Lebensjahr),

- das *mittlere Erwachsenenalter*, oft auch *Lebensmitte* genannt (vom 35. bis ca. zum 50. Lebensjahr), und

- das *späte Erwachsenenalter* (vom 50. bis etwa zum 65. Lebensjahr).

Auch bei dieser Einteilung ist zu beachten, dass es große individuelle und kulturell-gesellschaftliche Unterschiede gibt und sie deshalb den Vorgängen im Erwachsenenalter nur bedingt gerecht werden kann.

> *„Erwachsen werden heißt, dem Leben gewachsen sein."*
> *(Fritsch, 2016, S. 22)*

8.7.1 Das junge Erwachsenenalter

Im jungen Erwachsenenalter erreicht der Mensch den Höhepunkt seiner Leistungsfähigkeit; Kraft und Ausdauer sind sehr ausgeprägt. In diesem Alter geht es vornehmlich um **die Wahl der Lebensform** – z. B. dauerhafte Partnerschaft und Familiengründung – und damit verbunden die **Organisation von Heim und Haushalt** sowie den **Einstieg in den Beruf.**

---

[1] George Bernanos (1888–1948) war französischer Schriftsteller.

– Die Wahl der Lebensform

Im jungen Erwachsenenalter wird sich der Erwachsene entscheiden, welche Lebensform er will – ob er als Single, in einer Ehe, Lebenspartnerschaft oder in einer kollektiven Lebensform leben oder eine Familie gründen will.[1] Mit der Ablösung vom Elternhaus ist der Jugendliche in der Lage, seine für ihn infrage kommende Lebensform einzugehen. Im Gegensatz zur Jugendzeit kommt es im frühen Erwachsenenalter meist zu relativ dauerhaften *Zweierbeziehungen*.

Anders als früher kann heute der junge Erwachsene die Entscheidung über seine Lebensform und seine Partnerwahl selbst – wenn auch meist nicht ohne Beeinflussung – treffen.

Eine relativ dauerhafte Partnerschaft mündet jedoch in den meisten Fällen in einer Familiengründung und Elternschaft. Vor allem die Geburt des ersten Kindes bedeutet für die Familie oft einen krisenhaften Vorgang. Aus der Zweierbeziehung (*Dyade*[2]) wird eine Dreierbeziehung (*Triade*[2]). Die Mann-Frau-Beziehung verändert sich zugunsten einer Mutter-Kind-Beziehung, einer Vater-Kind-Beziehung und einer Eltern-Kind-Beziehung. Diese Veränderungen haben Auswirkungen auf die Partnerschaft, die häufig als besonders belastend erlebt werden. Durch das Kind gibt ein Elternteil – meist ist es die Frau – seinen Beruf zumindest zeitweise auf und gerät so in wirtschaftliche Abhängigkeit vom anderen Partner. Unter Umständen verringert sich dadurch auch die Zahl der sozialen Kontakte.

Die **Organisation von Heim und Haushalt** ist eine Folge der eingegangenen Lebensform.

– Der Einstieg in den Beruf

Das Ende der Ausbildung, welches zwischen 18 und 30 Jahren erreicht wird, signalisiert den Einstieg in den Beruf. Der junge Erwachsene muss sich in seiner Arbeitsstelle zurechtfinden; er hat auch Pläne, wie sein weiteres Fortkommen aussehen soll. Für die Zufriedenheit, die aus der beruflichen Tätigkeit gewonnen werden kann, ist die *Identifikation mit der Tätigkeit* von großer Bedeutung. Der junge Erwachsene erlebt, dass vom Berufsleben viele soziale Bewertungsprozesse abhängen, die zur persönlichen Zufriedenheit beitragen können.

Erlebnisse und Erfahrungen am Arbeitsplatz haben Auswirkungen auf das Privat- bzw. Familienleben des einzelnen Berufstätigen und seine Freizeit. Jeder Beruf ermöglicht einerseits bestimmte Freiheiten, andererseits beinhaltet er auch Zwänge und Pflichten. Nur in der aktiven Auseinandersetzung mit diesen Spannungsverhältnissen wird es gelingen, die Entwicklungsaufgabe der Berufstätigkeit erfolgreich zu bewältigen.

Mit dem Einstieg in den Beruf und der gewählten Lebensform hängt sehr eng die **materielle Versorgung** zusammen.

---

[1] vgl. Abschnitt 8.6.3
[2] dyas (lat.): die Zweiheit, aus dem griech. dyás (zu dýo): zwei; tres (lat.): drei, aus dem griech. treis: drei

8.7.2 Das mittlere und späte Erwachsenenalter

Im mittleren Erwachsenenalter, in der Lebensmitte, spielt der **Erwerb gesellschaftlicher und beruflicher Positionen** eine wichtige Rolle. Einmal ist bei vielen Erwachsenen ein gutes Einkommen von großer Bedeutung: Man ist in der Lage, Dinge zu kaufen, die einen hohen gesellschaftlichen Symbolwert darstellen.

Hierzu zählen ein Haus, teure Kleidung, ein neues Auto, weite Reisen und dergleichen.

Zum anderen ist der Beruf für viele Erwachsene – vor allem für Männer – nicht nur aus finanzieller Sicht lebensnotwendig. Im mittleren Lebensalter ist die **Sicherung und Verbesserung der beruflichen Position** von großer Wichtigkeit. Diese bringen Anerkennung, Selbstsicherheit und Zufriedenheit.

Das Ringen um berufliche Positionen wirft in unserer Industriegesellschaft aber auch einige Probleme auf: Oft wird aus beruflichen Gründen der Partner, die Ehe bzw. die Familie vernachlässigt oder die viele Arbeit geht auf Kosten der Gesundheit. Im Ringen um berufliches Fortkommen kommt es oft zu Machtkämpfen und Rivalitäten an der Arbeitsstelle.

Neben der Anerkennung im Beruf sucht der Erwachsene in der Lebensmitte auch **Anerkennung im öffentlichen Leben**. Engagement und Übernahme von Ämtern in der Politik, in der Kirche, in einem Verein oder in sozialen Bereichen sind Zeichen hierfür.

Ab dem 40. Lebensjahr fällt bei Männern der Testosteronspiegel allmählich ab, weshalb das sexuelle Interesse nachlässt. Man spricht von **Klimakterium virile** oder auch von der **Andropause**[1]. Auch bei Frauen kann ab diesem Alter das Klimakterium beginnen, das Hormon Östrogen wird vermindert ausgeschüttet. Anfang 50 treten die *„Wechseljahre"* ein, **Menopause**[2] genannt. Dies ist meist verbunden mit persönlichen Krisen, die der Erwachsene bewältigen muss: Seine Leistungsfähigkeit nimmt ab, und er muss sich mit Alterserscheinungen und möglicherweise auch mit beginnenden gesundheitlichen Problemen auseinandersetzen. Bei Frauen wird die Menstruation zunächst unregelmäßiger, bis sie schließlich ganz ausbleibt. Die Wechseljahre sind vielfach begleitet mit Symptomen wie Schwindelgefühlen, vermehrtem Herzklopfen, Schlaflosigkeit, Hitzewallungen, erhöhter Reizbarkeit und Unausgeglichenheit sowie Stimmungsschwankungen.

Die meisten Ziele sowohl im privaten als auch im beruflichen Bereich sind i.d.R. im späten Erwachsenenalter erreicht, – mit unerreichten wird gehadert – und der Betroffene blickt auf sein Leben zurück – er lebt mehr „rückwärts gerichtet". Angst vor der Zukunft, vor dem Älterwerden, vor Gebrechen und Krankheit sowie vor dem Erleben des Nachlassens der eigenen Leistungsfähigkeit mit dem Bewusstsein, dass Jüngere mit vollerer Kraft arbeiten können, ruft häufig Depressionen hervor. Hinzu kommt, dass in unserer Gesellschaft überwiegend derjenige Beachtung findet, der „jung, schön, flexibel, dynamisch und sportlich" ist. In dieser Zeit wird dem Menschen das Altern bewusst und Betroffene merken, dass ihre Jugendlichkeit nun endgültig vorbei ist („Forever young") (vgl. *Drimalla, 2013, S. 3 ff.*).

---

[1] climacter (lat.): die Stufenleiter, Wechseljahr, auch: gefahrvolle Epoche im Menschenleben; virilis (lat.): männlich; andrós (griech, Genitiv): des Mannes
[2] Meno (ital.), von minus (lat.): weniger, kleiner, geringer

Den meisten Studien zufolge fällt das Glücksniveau im Erwachsenenalter ab. Man spricht deshalb häufig von einer **Midlife-Crisis**.

Die **Ablösung der eigenen Kinder vom Elternhaus** fällt Eltern schwer und wird manchmal sogar als sinn entleerend für das eigene Leben empfunden – vor allem dann, wenn das Kind bzw. die Kinder der einzige Lebensinhalt der Eltern oder eines Elternteils geworden sind. Mit der „Abnabelung" der Kinder ist auch eine Veränderung der Beziehung beider Ehepartner zueinander verbunden: Sie haben wieder mehr Zeit für sich zur Verfügung, die sie sinnvoll nutzen können. Dies kann aber auch zu ernsthaften Paarproblemen führen: Viele Ehepaare, die bis dahin ein harmonisches Eheleben führten, erkennen, dass sie in ihrer Paarbeziehung neue Inhalte und Ziele finden müssen.

8.8   Das Alter

Die **Gerontopsychologie**[1], meist auch **Alterspsychologie** genannt, **befasst sich mit der Entwicklung sowie den Aufgaben und Problemen alternder und alter Menschen.** Die Frage, wann im Leben eines Menschen das *Alter* beginnt, lässt sich, wie bei den vorherigen Lebensabschnitten, nicht von vornherein eindeutig festlegen.

„Im höheren Lebensalter werden die Treppen steiler, alles ist kleiner gedruckt und die Leute nuscheln mehr"
(Myers, 2014[3], S. 219)

---

[1] gérontos (griech.): der alte Mensch, der Greis

8.8.1 Altern aus verschiedener Sicht

Je nach wissenschaftlicher Betrachtungsweise unterscheidet man das **biologisch-medizinische Alter sowie das aus psychologischer und aus soziologischer Sicht.**

Die Psychologie interessiert sich für die *biologischen* Veränderungen beim Altern des Menschen, da diese zentrale Auswirkungen auf sein Erleben und Verhalten haben. Altern meint hier, dass **Zellen und Gewebe des Körpers einer Vielzahl von Veränderungen ausgesetzt sind**, die in ihrer Summe bei jedem Lebewesen „Altersphänomene" erkennen lassen.

So lassen sich bereits ab dem dritten Lebensjahrzehnt wesentliche körperliche Veränderungen feststellen. Die Muskelkraft erreicht hier ihren Höhepunkt, danach lässt sie – abhängig von der individuellen Fitness – ständig nach. Um die Lebensmitte beginnt die Masse des Herzmuskels abzunehmen, die Seh- und die Hörleistung verschlechtern sich. Je nach Lebensweise und genetischer Disposition beginnen sich Krankheiten (z. B. Bluthochdruck oder Diabetes) und deren Folgen negativ auszuwirken. Die Leitungsgeschwindigkeit des zentralen Nervensystems verlangsamt sich, was zu einer geringeren Informationsverarbeitung und letztlich zu einem verlangsamten Verhalten führt. Die Gedächtnisleistung lässt ebenfalls nach.

Die **Grundannahme bei diesen Prozessen ist, dass ein „genetisches Programm" zugrunde liegt**, das letztlich allen Arten zu eigen ist und das die Lebensspanne auf ein maximal erreichbares Alter festlegt. Beim Menschen liegt sie – nach bisherigem Wissen – zwischen 110 und 115 Jahren.

- Aus *psychologischer Sichtweise* ist Altwerden durch wichtige Veränderungen im Erleben und Verhalten des Menschen gekennzeichnet. Die Psychologie betrachtet darüber hinaus aber auch die Bedingungen des Alterns – jenseits der biologischen Prozesse – und interessiert sich dafür, wie der alte Mensch die negativen Veränderungen bewältigt bzw. wie er mit ihnen umgeht. (vgl. *Wahl/Schilling, 2012[7], S. 314 f.*).

- Aus *soziologischer Perspektive* wird Altern vor allem unter dem Gesichtspunkt des kalendarischen Alters betrachtet. Dabei spielt die Gleichaltrigengruppe und ihre Entwicklung während der Lebensspanne eines Menschen eine bedeutsame Rolle. Die Soziologie interessiert sich auch für die unterschiedlichen sozialen Rollen, die ein Mensch im Lauf seines Lebens innehat. Besonders wichtig sind dabei die Statusübergänge und Rollenwechsel im mittleren und höheren Erwachsenenalter.

Solche Übergänge bzw. Rollenwechsel sind der Übertritt in das Rentenalter oder wenn die Kinder das Elternhaus verlassen.

8.8.2 Theorien erfolgreichen Alterns

In der Forschung werden seit den 60er-Jahren des vergangenen Jahrhunderts prinzipiell zwei gegensätzliche Ansichten vertreten, wie alte Menschen ein „Höchstmaß an Zufriedenheit" erreichen (vgl. *Lehr, 2007[11], S. 57–60*):

- Die **Aktivitätstheorie** geht von der Grundannahme aus, dass nur diejenigen Menschen glücklich sein können, die aktiv und leistungsfähig sind und welche von anderen Menschen gebraucht werden. Im Vordergrund dieser Theorie stehen die *Aufnahme, Erhaltung und Vertiefung sozialer Kontakte*.

- Die **Disengagement-Theorie** meint, dass Altern ein nicht aufhaltbarer Vorgang sei, bei dem sich viele Beziehungen zwischen der Person und seinem sozialen Umfeld lösen oder eine qualitative Neubewertung erfahren. Dadurch erhält der Mensch neue Freiheiten, die es ihm ermöglichen, ohne einengende Normen zu leben. Hier steht also der *Abbau sozialer Kontakte* im Vordergrund.

- Den Widerspruch zwischen diesen beiden genannten Theorien will die in den 80er-Jahren des letzten Jahrhunderts vorgestellte **Kontinuitätstheorie** beseitigen. Sie besagt, dass alte Menschen im Wesentlichen das bisherige Leben fortführen. Nicht Veränderung, sondern die *Kontinuität der sozialen Beziehungen* steht im Vordergrund.

- Zu Beginn der 90er-Jahre des letzten Jahrhunderts gewann die **sozial-emotionale Selektivitätstheorie** an Bedeutung, die der Ansicht ist, dass die sozialen Beziehungen im Alter zwar weniger werden – die soziale Vernetzung also abnimmt –, diejenigen Kontakte aber, die weiterhin gepflegt werden, für den alten Menschen von größter Bedeutung und Wichtigkeit sind. Diese ausgesuchten (selektiven), von der Anzahl her geringeren Beziehungen gleichen aufgrund ihrer Qualität die – höhere Anzahl – der früheren Kontakte aus, da sie besonders befriedigend wirken.

Des Öfteren wird auch das Modell der „selektiven Optimierung und Kompensation" (SOK) von Paul und Margret Baltes zu den Theorien des erfolgreichen Alters gezählt. Dieses Modell ist in Abschnitt 8.8.6 dargestellt.

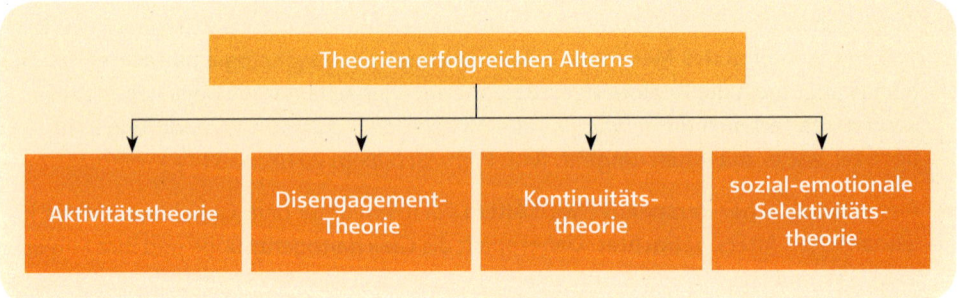

8.8.3 Entwicklungsaufgaben im Alter

Das Alter als Entwicklungsaufgabe ist durch eine Reihe *kritischer Lebensereignisse* gekennzeichnet. Dazu gehören im Wesentlichen das *Ausscheiden aus dem Berufsleben*, das **Nachlassen der Körperkräfte**, das verbunden ist mit typischen „Altersleiden", **die Anpassung an Tod und Verlust des Lebenspartners** sowie **die Auseinandersetzung mit dem eigenen Tod**. Die Bewältigung dieser Lebensereignisse ist Voraussetzung für erfolgreiches Altern und damit für Wohlbefinden und Lebenszufriedenheit.

Das **Ausscheiden aus dem Berufsleben** bedeutet für viele Menschen eine große Umstellung, die sehr krisenhaft verlaufen kann: Die Einkünfte verringern sich, berufliche Kontakte brechen ab, man hat plötzlich viel Zeit zur Verfügung und das Beziehen von Anerkennung, Selbstsicherheit und Zufriedenheit aus dem Berufsleben fällt weg. Es kann sich schnell das Gefühl einstellen, nicht mehr gebraucht zu werden. Der **Eintritt in den Ruhestand** erfordert eine gute Vorbereitung, denn der Tagesablauf ist jetzt aufgrund des Arbeitsalltags nicht mehr strukturiert und auch das Nicht-mehr-arbeiten-Müssen muss gelernt sein.

Im Mittelpunkt des Alterns stehen **körperliche Veränderungen**: Die Reaktionsgeschwindigkeit verringert sich, der gesamte Erlebens- und Verhaltensbereich verlangsamt sich und die kognitive Leistungsfähigkeit kann sich vermindern. Oft verschlechtert sich das Kurzzeitgedächtnis. Auch das Aussehen des Menschen verändert sich durch Alterungsprozesse sowie körperliche Gebrechen und/oder Gesundheitsbeeinträchtigungen kommen hinzu. Gebrechen und Beeinträchtigungen in der Gesundheit oder der Tod des Ehepartners bringen es oft mit sich, dass der alte Mensch *einsam und abhängig* von anderen Menschen wird; in manchen Fällen wird er pflegebedürftig.

Die **Abhängigkeit** und die **Pflegebedürftigkeit** eines Menschen stellen ihn und seine Angehörigen vor große Probleme: Die Pflege alter und kranker Menschen ist einerseits nicht leicht und bedeutet für die nächsten Verwandten vielfach eine körperliche und psychische Überforderung; andererseits wünschen viele alte Menschen, oft auch aus finanziellen Gründen, so spät wie möglich in ein Altersheim zu gehen. Persönliche **Autonomie** innerhalb der eigenen vier Wände hat bei alten Menschen einen sehr hohen Stellenwert. Der Schritt ins Altersheim bedeutet folglich eine große Umstellung: Der alte Mensch kann sich oftmals nicht oder nur sehr langsam auf die neue Umgebung und Situation sowie auf die neue Art des Zusammenlebens einstellen.

Ebenso wie der Eintritt in den Ruhestand oder das Nachlassen der körperlichen Fähigkeiten wird durch den **Tod des (Ehe-)Partners und/oder anderer wichtiger Bezugspersonen** eine Reihe von Neuorientierungen notwendig. Entscheidungen, die bisher gemeinsam getroffen wurden, müssen nun allein übernommen werden; es fehlt der Ansprechpartner, die Vertrauensperson für intensive Gespräche und für Rat. Auch die Freizeitaktivitäten sind davon betroffen. Der Partnerverlust kann zudem zu finanziellen Problemen führen. Viel bedeutsamer sind jedoch die enormen emotionalen Belastungen: Schock, Trauer, Ängste, Verzweiflung oder Schuldgefühle. Dabei gibt es bei den längerfristigen Auswirkungen starke individuelle Unterschiede, sodass allgemeine Aussagen kaum möglich sind. Entscheidend bei der Bewältigung des Partnerverlustes ist die *soziale und emotionale Unterstützung* durch die Familie und Freunde während der Trauerphase (vgl. *Faltermaier u. a., 2002², S. 198 ff.*). Der Tod des Partners oder von Freunden konfrontiert den Überlebenden zunehmend mit **dem eigenen Tod**, mit dem sich der alternde Mensch auseinandersetzen muss.

Altern führt auch dazu, eine neue oder veränderte **soziale Identität** annehmen zu müssen.

War man im Berufsleben ein erfolgreicher Manager, so ändert sich diese Rolle mit dem Eintritt in den Ruhestand.

Familienbezogene Rollen nehmen zu, der Vater, der Großvater oder auch der Ehemann werden in den Vordergrund treten. Die Definition der eigenen Person erfolgt nicht mehr über ein berufliches System, sondern über die privaten Rollen.

Eine der wichtigsten Entwicklungsaufgaben im Alter ist der **Erhalt der Lebensqualität**. Auf sie wird in *Abschnitt 8.8.5* eingegangen.

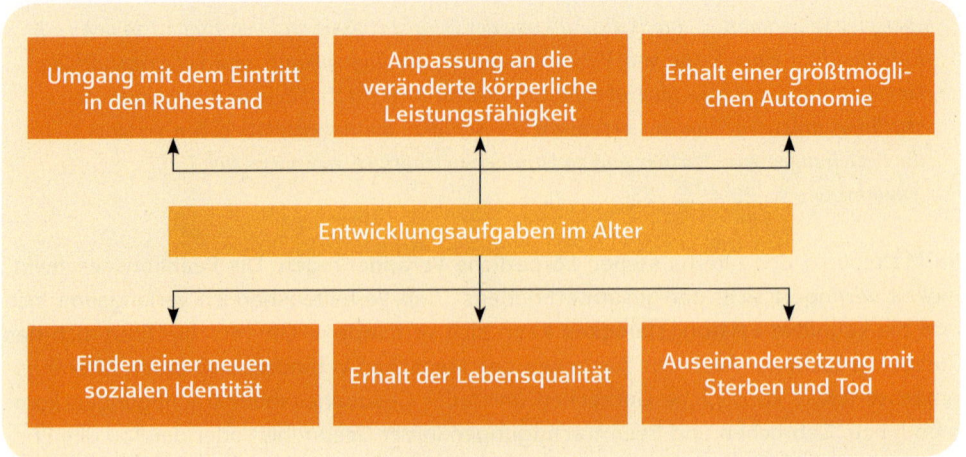

8.8.4 Altern als individuelles Ereignis

Hans Thomae[1] von der Universität Bonn begann 1965 mit seiner sehr bekannt gewordenen *Bonner Gerontologischen Längsschnittstudie* (BOLSA), die als Ergebnis das Altern weniger als einen biologischen, sondern stärker als einen **individuellen Prozess** sieht, welcher weitgehend durch Persönlichkeitsmerkmale bestimmt ist. Die Unterschiede im Alter sind mehr von Einflussfaktoren wie Begabung, Schulbildung, Beruf, Umgebung, Gesundheitszustand und dergleichen beeinflusst (vgl. *Kühn, 2013*[6], *S. 147*).

> *„Dem kalendarischen Alter verbleibt nahezu keine Aussagekraft: die jeweilige Besonderheit der Altersformen steht im Vordergrund. Es gibt keinen generellen Leistungsabbau."*
> *(Kühn, 2013*[6]*, S. 149)*

Erfolgreiches Altern besteht nach *Thomae* aus der fortwährenden Wiederherstellung des Gleichgewichts zwischen den Bedürfnissen des Individuums und den Forderungen der sich verändernden Situation. Dabei spielen bestimmte Faktoren eine große Rolle wie (vgl. *Mönks/Knoers, 2008*[2]*, S. 235*):

- die psychische und physische Gesundheit des alten Menschen,
- seine Lebenszufriedenheit,
- die subjektiv erfahrene psychische Belastung,
- das Maß an Aktivität sowie
- die soziale Kompetenz.

Zudem sind Leistungen im Alter davon abhängig, wie bestimmte Fähigkeiten trainiert werden.

So altert das Gehirn langsamer, wenn es ausreichend gefordert wird. Seit einigen Jahren ist bekannt, dass sich Nervenzellen auch noch im Alter erneuern können.

Psychologen gehen heute zudem davon aus, dass es Menschen im höheren Erwachsenenalter besser gelingt, Gefühle wie Ärger, Wut oder Angst zu kontrollieren als in jungen Jahren, was sich in einer größeren Gelassenheit und innerer Ruhe zeigt (vgl. *Wolf, 2011, S. 14 ff.*).

---

[1] Hans Thomae (1915–2001) war der Begründer einer interdisziplinären Gerontologie nach dem Zweiten Weltkrieg, der sogenannten „Bonner Schule".

Entsprechend dieser Faktoren kam man in der oben genannten Längsschnittuntersuchung zu dem Ergebnis, dass hinsichtlich des erfolgreichen Alterns große individuelle Unterschiede bestehen.

Lediglich knapp 29 % der 80- bis 90-Jährigen haben das Risiko, pflegebedürftig zu werden, die anderen sind vergleichsweise rüstig. Und der Gerontologe Andreas Kruse von der Universität Heidelberg meint dazu, die in unserer Gesellschaft vorgenommene Gleichsetzung von Altsein und Kranksein treffe einfach nicht zu (vgl. Traufetter/Zimmermann, 2014, S. 71).

Die These, dass die Intelligenz mit etwa 20 Jahren ihren Höhepunkt erreiche und dann langsam wieder abfalle, wird heute nicht mehr aufrechterhalten und differenzierter gesehen.

Die **fluide Intelligenz** stellt die Fähigkeit des Schlussfolgerns und der Problemlösung dar und zeichnet sich durch Auffassungsgabe, Wendigkeit und Verarbeitungsgeschwindigkeit aus. Diese erreicht im jungen Erwachsenenalter ihren Höhepunkt und nimmt dann tatsächlich mit zunehmendem Alter ab. Die **kristalline Intelligenz**, die durch Allgemein- und Erfahrungswissen, Wortschatz und Sprachfähigkeit gekennzeichnet ist, nimmt dagegen je nach individueller Bildungsbiografie auch im Alter noch zu.

Ältere Menschen lösen bestimmte Aufgaben genauso gut wie jüngere, allerdings nicht so schnell.

> „Allgemeines Ergebnis ist, dass fluide Intelligenz […] stetig abnimmt, dass kristalline Intelligenz [..] stetig zunimmt und dass allgemeine Intelligenz, die sich aus beiden Komponenten zusammensetzt, weder zu- noch abnimmt."
> (Baltes, 1979, S. 303)

Es darf dabei nicht übersehen werden, dass die kristalline Intelligenz zwar von der fluiden abhängig ist, doch die Faktoren, die „eine Person in die Lage versetzen, mit der Kultur in Kontakt zu treten und von diesem Kontakt auch zu lernen, sind größtenteils unabhängig vom Niveau der fluiden Intelligenz" (Mönks/Knoers, 2008[2], S. 242). Zwischen der fluiden Intelligenz und dem Kurzzeitgedächtnis sowie zwischen kristalliner Intelligenz und Langzeitgedächtnis besteht ein enger Zusammenhang[1]; sie betreffen jeweils die gleichen Hirnregionen.

Ältere Menschen sind, was Wissen und bestimmte Erfahrungen betrifft, jungen Menschen meist überlegen. Der Umgang mit Wissen und Erfahrung wird des Öfteren als *Weisheit* bezeichnet und kennzeichnet das Alter.

8.8.5 Erhaltung der Lebensqualität

Eine zentrale Frage der gerontologischen Forschungen ist die nach der Zufriedenheit und dem Wohlbefinden im Alter. Vielfältige Untersuchungen haben dazu Erkenntnisse gebracht, die hier in wenigen Worten aufgezeigt werden. Entscheidend sind im Wesentlichen neben der subjektiven Bewertung der eigenen Situation folgende Kriterien:

---

[1] Kurz- und Langzeitgedächtnis sind in Kapitel 4.5.3 dargestellt.

■ Bei den sozialen Beziehungen kommt es mit zunehmendem Alter auf die Qualität an. Wichtig ist für den alten Menschen ein Gefährte oder eine Vertrauensperson, mit dem/mit der man Intimität und Offenheit pflegen kann. Andere Bezugsgrößen wie Kinderlosigkeit oder Verwitwung spielen eine geringere Rolle für das Wohlbefinden.

■ Lebenszufriedenheit stellt sich auch ein, wenn der alte Mensch in soziale Beziehungen wie in die Familie und in den Freundes- oder Bekanntenkreis eingebunden ist. Die Psychologie bezeichnet das Geflecht der sozialen Beziehungen eines Individuums als **soziales Netzwerk**.

> **Soziales Netzwerk** bezeichnet das Geflecht von sozialen Beziehungen, in das eine Person einbezogen ist und das sich aus dem Gesamt der Kontakte bildet, die eine Person zu anderen Menschen hat (vgl. *Hurrelmann, 1999[3], S. 113*).

In diesem Zusammenhang ist nur der Teil eines sozialen Netzwerkes von Bedeutung, der wirklich helfend wirkt. Helfende Netzwerke werden oft auch als **Unterstützungsnetzwerke** bezeichnet. Solche Beziehungen dienen der Erhaltung des emotionalen Wohlbefindens. Während der Begriff „soziales Netzwerk" also das gesamte Gefüge der Beziehungen meint, versteht man unter sozialer Unterstützung diejenigen Teile eines Netzwerkes, die in krisenhaften Situationen wirklich helfend wirken.

> **Soziale Unterstützung** meint den Austausch von Hilfsquellen zwischen den Mitgliedern eines sozialen Netzwerkes mit dem Ziel der gegenseitigen Aufrechterhaltung oder Verbesserung des Wohlbefindens.

■ Die Möglichkeit, in Krisenzeiten auf eigene Kräfte, auf **Ressourcen** zurückgreifen zu können, trägt ebenfalls zur Zufriedenheit und zum Wohlbefinden bei[1]. In diesem Zusammenhang ist dabei die Fähigkeit alter Menschen gemeint, sich bei der Lösung von Konflikten auf eigene Stärken verlassen zu können. Diese Verhaltensweisen sind zum großen Teil auf die Qualität früherer Lebenserfahrungen zurückzuführen und gehen unter Umständen bis in die Kindheit zurück.

■ Die biologische Gesundheit ist ein weiteres Kriterium. Jemand, der nur wenige körperliche Gebrechen aufweist, fühlt sich erfahrungsgemäß wohler als ein Schwerkranker. Gleichwohl ist Krankheit allein kein Indiz für Lebensunzufriedenheit. Erfahrungen mit alten und kranken Menschen zeigen, dass auch schwere Erkrankungen, wie z. B. Diabetes oder Herz-Kreislauf-Erkrankungen, die Lebensfreude nicht zwingend negativ beeinflussen müssen – im Gegenteil, häufig leben diese Menschen ein hohes Maß an Lebensfreude und Wohlbefinden vor.

---

[1] vgl. Kapitel 5.5.6

8.8.6 Das Zusammenspiel von verschiedenen Entwicklungsprozessen

Erfolgreiches Altern hängt nach *Paul und Margret Baltes*[1] vom Zusammenspiel dreier übergeordneter Entwicklungsprozesse ab, die sie im Modell der **selektiven Optimierung mit Kompensation (SOK-Modell)** zusammengefasst haben. Dieses Modell geht von der Annahme aus, dass erfolgreiche Entwicklung durch das Zusammenspiel von **Selektion, Optimierung** und **Kompensation** bedingt ist.

- **Selektion** bedeutet das Begrenzen von Beziehungen, Aufgaben und Tätigkeiten im höheren Erwachsenenalter, auf die sich die geringer werdenden Kräfte eines Menschen konzentrieren; sie ermöglicht die Spezialisierung auf „weniger".

So ziehen sich ältere Menschen aus bestimmten Bereichen des Lebens wie Beruf oder Sport zurück, sind nicht mehr in (so vielen) Vereinen tätig und unternehmen nicht mehr so viel.

> *„Selektion bedeutet nicht nur Reduzierung der Lebensbereiche [...], sondern kann auch Erschließung geänderter oder neuer Lebensbereiche beinhalten."*
> *(Kühn, 2013[6], S. 149)*

- Dabei konzentrieren sich alternde Menschen auf dieses „Weniger", bauen dies aus, verfeinern und verbessern es mithilfe der ihnen zur Verfügung stehenden Kräfte, sogenannter *Ressourcen*[2]. Die Möglichkeit, auf eigene Kräfte zurückgreifen zu können, trägt zur Zufriedenheit und zum Wohlbefinden bei. Der Vorgang des Verfeinerns und Verbesserns von Ressourcen zum Erzielen von Entwicklungsgewinnen wird als **Optimierung** bezeichnet (vgl. *Wahl/Schilling 2012[7], S. 329*).

> *„Optimierung stellt auf die Möglichkeiten Älterer ab, ihr Anspruchs- und Lebensniveau stabil zu halten."*
> *(Kühn, 2013[6], S. 149)*

- Im Laufe des Alterns verschwinden zwangsläufig bestimmte Ressourcen und die persönlichen Kräfte lassen nach. Dies muss jedoch nicht unbedingt eine Einschränkung der Lebensqualität bedeuten. So können verloren gegangene Fähigkeiten und Fertigkeiten durch andere Handlungsressourcen ersetzt werden, um die Lebensziele aufrechtzuerhalten.

So wird die sehr aktive sportliche Tätigkeit vernachlässigt zugunsten von Spaziergängen oder Radfahren. Die berufliche Tätigkeit wird ersetzt durch Unternehmungen, ehrenamtliche Tätigkeiten oder vermehrtes Reisen.

Dieses Ersetzen verloren gegangener Kräfte durch andere Handlungsressourcen bezeichnet man als **Kompensation**.

Ein Beispiel, welches das SOK-Modell treffend veranschaulicht, gab der Pianist *Artur Rubinstein*, der erzählte, dass er deshalb auch mit 90 Jahren vor seinem Publikum noch glänzende Leistungen auf dem Klavier vollbringen konnte, weil er sein Repertoire verringert und weni-

---

[1] Paul B. Baltes (1939–2006) war deutscher Psychologe und einer der führenden Gerontologen. Bekannt wurde er mit seiner Theorie erfolgreicher Entwicklung des Alterns, die er zusammen mit seiner ersten Frau Margret (1939–1999), Professorin für Gerontologie am Psychologischen Institut der Freien Universität Berlin, entwarf.
[2] vgl. Abschnitt 5.5.6

ger Stücke gespielt habe (= Selektion). Diese habe er aber länger geübt als in jungen Jahren (= Optimierung). Zugleich verringerte er vor schnell zu spielenden Passagen das Tempo, um das Nachfolgende dann schneller erscheinen zu lassen (= Kompensation) (vgl. *Mietzel, 1992, S. 17*).

Diese Kompensation trifft auch für das menschliche Nervensystem zu, das für bestimmte Aufgaben mehr Nervenzellen beansprucht.

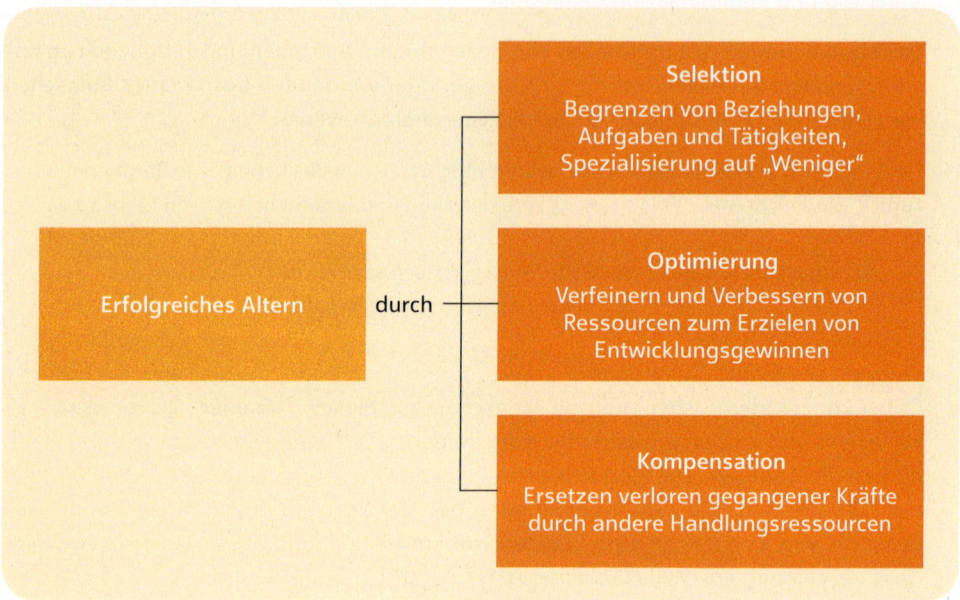

Erfolgreiches Altern durch

Selektion
Begrenzen von Beziehungen, Aufgaben und Tätigkeiten, Spezialisierung auf „Weniger"

Optimierung
Verfeinern und Verbessern von Ressourcen zum Erzielen von Entwicklungsgewinnen

Kompensation
Ersetzen verloren gegangener Kräfte durch andere Handlungsressourcen

„*Optimierung durch Selektion und Kompensation beschreibt weniger einen spezifisch alterspsychologisch relevanten Prozess als vielmehr ein allgemeines Verhaltensprinzip, das vor allem dort zum Tragen kommt, wo psychophysiologische Leistungseinbußen bestehen.*"
(Faltermaier u. a., 2014[3], S. 237)

→ **Materialien 4:**
Wohn- und Lebens-
formen im Alter

Zusammenfassung

- Unter einer Entwicklungsaufgabe versteht man eine Anforderung, die in einem bestimmten Lebensabschnitt eines Menschen auftritt und in diesem Abschnitt bewältigt werden muss. Ein Lebensabschnitt ist eine bestimmte Zeitspanne im Leben eines Menschen, in welchem bestimmte Anforderungen, die die Entwicklung mit sich bringt, hervortreten. Zwischen verschiedenen Lebensabschnitten finden Übergänge – sogenannte Lebensübergänge – statt, welche i. d. R. bestimmte Anforderungen, die bewältigt werden müssen, mit sich bringen. Sie können vorhersehbar oder auch nicht vorhersehbar sein. Unter Lebenslauf bzw. Lebensspanne versteht die Entwicklungspsychologie die Abfolge von Lebensabschnitten und -übergängen im Laufe des Lebens, von der Befruchtung der Eizelle bis zum Tod.

- Das Ungeborene ist auf vielfältige Weise mit seiner Mutter und seiner Umwelt verbunden. Schon während der Schwangerschaft sind schützende und tragende positive emotionale Beziehungen sehr bedeutsam. Einflüsse vor, während und nach der Geburt tragen entscheidend zur Entwicklung des Kindes bei. Neurobiologische Untersuchungen zeigen, dass sich unmittelbar nach der Geburt das menschliche Gehirn in einem atemberaubenden Tempo verändert. Es bilden sich fast explosionsartig neue Kontaktstellen aus, die die Nervenzellen miteinander verknüpfen. Entscheidend für die Entwicklung des Gehirns ist die emotionale Zuwendung und eine ungestörte Aktivität des Kindes „von sich aus".

- Bindung bezeichnet eine lang andauernde, emotional und sozial sehr enge Beziehung zwischen zwei Menschen – hier zwischen Baby bzw. Kleinkind und seiner Bezugsperson. Die Bindungstheorie geht davon aus, dass Säuglinge und Kleinkinder auf eine feste Bindung mit einer Bezugsperson zurückgreifen können müssen, damit sie ihr Neugierverhalten ausleben können. Eine gute sichere Bindung ist Voraussetzung für eine stabile psychische Sicherheit. Fehlt eine Bezugsperson oder baut diese keine Bindung zum Kleinkind auf, kann sich bei ihm keine Selbstsicherheit entwickeln, die für die Erkundung seiner Umwelt notwendig ist.

- Aufgaben der Erziehung im ersten Lebensjahr sind zunächst die biologische und hygienische Versorgung des Säuglings. Von ebenso großer Bedeutung ist das Herstellen einer Bindung zum Säugling, die Berücksichtigung seines Bedürfnisses nach Nähe und dem Ausleben der Neugierde, die Feinfühligkeit in der Erziehung, die Vermittlung von Reizen, die der Säugling für eine gesunde Entwicklung benötigt, und die Berücksichtigung von Zeitfenstern sowie das Erkennen der Bedeutung von frühen Erfahrungen. Bezüglich der Fremdbetreuung in den ersten Lebensjahren sind Großeltern, Tagesmütter und Kindertagesstätten von Bedeutung.

- Die frühe Kindheit (Kleinkindalter) umfasst den Zeitraum vom zweiten bis etwa zum sechsten Lebensjahr und wird durch die Reinlichkeitserziehung, die Entwicklung zur Selbstständigkeit, die moralische Erziehung sowie die Übernahme der Geschlechtsrolle bestimmt. In dieser Zeit entwickelt sich das Kind vom unbeholfenen Säugling zum relativ selbstständigen Schulkind.

■ Der Zeitraum der späten Kindheit umfasst den Lebensabschnitt vom sechsten bis zum 12. Lebensjahr; er ist eng mit der Schule verbunden. Mit Schulfähigkeit meint man die Fähigkeit eines Kindes, den gestellten Anforderungen des ersten Jahres der Grundschule gerecht zu werden. Kriterien der Schulfähigkeit sind die entsprechende Arbeitshaltung und Motivation, bestimmte motorische und kognitive Leistungen sowie ein angepasstes emotionales und soziales Verhalten. Die beste Vorbereitung auf die Schule ist das freie Spiel, welches die für alle Bereiche notwendigen Grundlagen für das schulische Lernen legt.

■ Das Jugendalter ist die Zeit des Übergangs, in welcher der Jugendliche nicht mehr die Rolle des Kindes und noch nicht die Rolle des Erwachsenen innehat. Typische Entwicklungsaufgaben des Jugendalters sind das Akzeptieren der neuen körperlichen Gestalt, das Annehmen der eigenen Geschlechtsidentität, die Ausgestaltung der Geschlechtsrolle, die Ausbildung der sexuellen Identität, die emotionale Ablösung vom Elternhaus und anderen Erwachsenen, die Vorbereitung des beruflichen Werdegangs und die sich anbahnende Lebensform, das Erreichen eines sozial verantwortungsvollen Verhaltens sowie die Schaffung eines eigenen Wertesystems als Grundlage des Handelns. Zentrale Aufgabe des Jugendalters ist die Suche nach der Identität – das, was eine Person „wirklich ist", das Selbstverständnis eines Menschen als einmalige und unverwechselbare Person.

■ Entwicklungsaufgaben des jungen Erwachsenenalters sind die Wahl der Lebensform, die Organisation von Heim und Haushalt sowie der Einstieg in den Beruf, die des mittleren und späten Erwachsenenalters der Erwerb beruflicher und gesellschaftlicher Positionen, deren Sicherung und Verbesserung, die Anerkennung im öffentlichen Leben sowie die Bewältigung der Ablösung der eigenen Kinder vom Elternhaus.

■ Altern wird heute weniger als ein rein biologischer, sondern stärker als individueller Prozess gesehen, der weitgehend durch Persönlichkeitsmerkmale bestimmt ist. Die Unterschiede im Alter sind von Einflussfaktoren wie Begabung, Schulbildung, Beruf, Umgebung, Gesundheitszustand und dergleichen beeinflusst. Hinsichtlich des erfolgreichen Alterns bestehen deshalb große individuelle Unterschiede. Die fluide Intelligenz, also die Fähigkeit des Schlussfolgerns und der Problemlösung sowie der Auffassungsgabe, Wendigkeit und Verarbeitungsgeschwindigkeit nimmt mit zunehmendem Alter ab, während die kristalline Intelligenz, also das Allgemein- und Erfahrungswissen, der Wortschatz und die Sprachfähigkeit je nach individueller Bildungsbiografie auch im Alter noch zunimmt.

■ Die Psychologie interessiert sich besonders für die Möglichkeiten des „erfolgreichen Alterns". Dabei werden in der Forschung verschiedene Ansichten vertreten, wie alte Menschen ein „Höchstmaß an Zufriedenheit" erreichen: die Aktivitätstheorie, die Disengagement-Theorie, die Kontinuitätstheorie und die sozial-emotionale Selektivitätstheorie.

■ Erfolgreiches Altern hängt nach *Paul und Margret Baltes* vom Zusammenspiel dreier übergeordneter Entwicklungsprozesse ab, die sie in dem Modell der selektiven Optimierung mit Kompensation (SOK-Modell) zusammengefasst haben. Dieses geht von der Annahme aus, dass erfolgreiche Entwicklung durch das Zusammenspiel von Selektion, Optimierung und Kompensation verläuft.

Aufgaben und Anregungen Kapitel 8

Aufgaben

1. Bestimmen Sie den Begriff „Entwicklungsaufgabe" und erläutern Sie diesen anhand einer Entwicklungsaufgabe aus dem Jugend- oder Erwachsenenalter.
   (Abschnitt 8.1.1 und 8.6.3 oder 8.7)

2. Beschreiben Sie anhand der Entwicklung in der späten Kindheit mögliche Lebensabschnitte und -übergänge.
   (Abschnitt 8.1.2)

3. Zeigen Sie die Bedeutung der Schwangerschaft für die weitere Entwicklung des Kindes auf.
   (Abschnitt 8.2.2)

4. Beschreiben Sie Einflüsse
   a) während der Schwangerschaft.
   b) während der Geburt.
   c) unmittelbar nach der Geburt.
      (Abschnitt 8.2.3)

5. Beschreiben Sie die Bedeutung des ersten Lebensjahres
   a) aus neurobiologischer Sicht.
      (Abschnitt 8.3.1)
   b) aus der Sicht der Bindungstheorie. Bestimmen Sie dabei den Begriff der „Bindung".
      (Abschnitt 8.3.2 und 8.3.3)

6. a) Erläutern Sie wichtige Erziehungsaufgaben im ersten Lebensjahr.
      (Abschnitt 8.3.4)
   b) Begründen Sie die erläuterten Aufgaben.
      (Abschnitt 8.3.1 und 8.3.3)

7. Legen Sie dar, was aus Sicht der Bindungstheorie hinsichtlich einer Fremdbetreuung des Kleinstkindes beachtet werden muss.
   (Abschnitt 8.3.5)

8. Zeigen Sie die Bedeutung der Reinlichkeitserziehung für die weitere Entwicklung eines Menschen auf.
   (Abschnitt 8.4.1)

9. Zeigen Sie mithilfe von Beispielen auf, wie sich Eltern verhalten sollten, damit die Reinlichkeitserziehung gelingt.
   (Abschnitt 8.4.1)

10. Beschreiben Sie die Bedeutung der Erziehung im Autonomiealter und zeigen Sie Maßnahmen auf, wie die Erziehung zur Selbstständigkeit erfolgreich durchgeführt werden kann.
    (Abschnitt 8.4.2)

Aufgaben und Anregungen Kapitel 8

Aufgaben

11. Erläutern Sie Möglichkeiten der moralischen Erziehung und der Gewissensbildung.
(Abschnitt 8.4.3)

12. Setzen Sie sich mit der Übernahme der Geschlechtsrolle in der frühen Kindheit auseinander und geben Sie Anregungen, wie sich Eltern und andere Erzieher hinsichtlich der Übernahme der Geschlechtsrollen verhalten sollen.
(Abschnitt 8.4.4)

13. Erläutern Sie die Kriterien der Schulfähigkeit.
(Abschnitt 8.5.1)

14. Legen Sie mögliche Erziehungsaufgaben zur Schulfähigkeit dar.
(Abschnitt 8.5.2)

15. Bestimmen Sie den Begriff „Jugendalter" und begründen Sie, warum das Jugendalter als „Phase des Übergangs" bezeichnet wird.
(Abschnitt 8.6.1 und 8.6.2)

16. Beschreiben Sie an geeigneten Beispielen wichtige Entwicklungsaufgaben im Jugendalter und stellen Sie Möglichkeiten ihrer Bewältigung dar.
(Abschnitt 8.6.3 und 8.6.4)

17. Erläutern Sie Erziehungsaufgaben im Jugendalter.

18. Stellen Sie anhand von Beispielen ausgewählte Entwicklungsaufgaben des jungen Erwachsenen dar. Gehen Sie dabei darauf ein, wie diese Aufgaben erfolgreich bewältigt werden können.
(Abschnitt 8.7.1)

19. Beschreiben Sie an zwei Entwicklungsaufgaben des mittleren und späten Erwachsenenalters, wie diese bewältigt werden können.
(Abschnitt 8.7.2)

20. Beschreiben Sie Altern aus verschiedener Sicht.
(Abschnitt 8.8.1)

21. Stellen Sie die Grundaussagen der verschiedenen Theorien des „erfolgreichen Alterns" dar.
(Abschnitt 8.8.2)

22. Zeigen Sie mithilfe von Beispielen ausgewählte Entwicklungsaufgaben des alten Menschen auf.
(Abschnitt 8.8.3)

23. Erläutern Sie die Ergebnisse der Bonner Gerontologischen Studie von *Hans Thomae*.
(Abschnitt 8.8.4)

Aufgaben und Anregungen Kapitel 8

Aufgaben

24. Zeigen Sie Kriterien zur Erhaltung der Lebensqualität auf.
    (Abschnitt 8.8.5)

25. Erläutern Sie anhand einer Situation im höheren Erwachsenenalter das Modell der selektiven Optimierung mit Kompensation (SOK-Modell).
    (Abschnitt 8.8.6)

Anregungen

26. *Aktionskarten*
    - Die Klasse wird in zwei Gruppen aufgeteilt.
    - Auf einem Tisch liegen Karten, auf denen auf der Vorderseite ein Teilbereich des Themas „Aufgaben und Erziehung von der Zeugung bis zum Alter" formuliert ist.
    - Auf der Rückseite steht die Art und Weise der Präsentation (z. B. Umschreibung, Zeichnung, pantomimische Darstellung, Rollenspiel).
    - Jeder Schüler einer Gruppe nimmt, wenn er an der Reihe ist, eine Karte und erfüllt den Auftrag. Dabei wechseln sich die Gruppen ab.
    - Die andere Gruppe muss erraten, um welchen Teilbereich des Themas es sich handelt und erhält einen Punkt, wenn sie richtig getippt hat.

27. *„Es ist in Deutschland erlaubt, ein Kind zu misshandeln. Zumindest, solange es sich im Mutterleib befindet. […] Man muss sich das vor Augen führen, weil in den vergangenen Tagen wieder viel über Zahlen des Robert Koch-Institutes berichtet wurde, nach denen fast jede fünfte Frau während der Schwangerschaft Alkohol trinkt. Dabei ist seit Jahrzehnten erwiesen, dass auch kleinere Mengen Schäden beim Embryo anrichten können. Ein einziger Absturz kann ausreichen, um beim Kind eine ‚fetale Alkoholspektrum-Störung' (FASD) zu verursachen." (Kleinhubbert, 2015, S. 19).*
    a) Erarbeiten Sie in Gruppen einen anschaulichen Vortrag für eine entsprechende Veranstaltung für werdende Mütter und Frauen mit Kinderwunsch.
    b) Stellen Sie Ihren Vortrag Ihren Mitschülern in der Klasse vor.

28. *Der kleine Jonathan hat gerade Laufen gelernt. Mit seinen 14 Monaten „sind Jonathans Tage schon ziemlich durchgeplant. Montags geht er mit seiner Mutter zum Baby-English, dienstags zur Krabbelgruppe, donnerstags zum Babyschwimmen und freitags zum Musikgarten. Jonathan macht das alles ganz zufrieden mit." Seinen „Eltern ist es wichtig, dass ihr Sohn schon früh Anregungen erfährt. ‚Wir wollen, dass er sich gut entwickelt', erklärt seine Mutter. ‚Gerade in jungen Jahren sind Kinder ja so aufnahmefähig, da möchten wir seine Entwicklung bestmöglich unterstützen'." (Ustorf, 2015², S. 170).*
    - Stellen Sie in Ihrer Klasse je sechs Stühle gegeneinander gerichtet auf. Fünf Mitschüler, die die Meinung der Mutter vertreten, setzen sich in die eine Reihe, weitere fünf Mitschüler, die gegen das durchgeplante Leben von Jonathan plädieren, nehmen auf den Stühlen gegenüber Platz. In jeder Reihe bleibt ein Stuhl leer.
    - Diskussionsablauf: Die eine Gruppe will die andere Gruppe von dem Standpunkt überzeugen, wie unheilvoll ein durchgeplantes Leben für ein 14 Monate altes Kind sein kann. Die andere Gruppe verteidigt die Position der Mutter.

Aufgaben und Anregungen Kapitel 8

Aufgaben

- Jede Gruppe bekommt drei Minuten Zeit, um sich auf das „Streitgespräch" vorzubereiten.
- Wer von der Klasse einen Diskussionsbeitrag leisten möchte, setzt sich auf den leeren Stuhl. Er nimmt auf derjenigen Seite Platz, die er mit seinem Beitrag unterstützen will. Nach dem Beitrag verlässt der Schüler den Stuhl wieder.

29. *„Von Rabenmüttern und Latte-Macchiato-Müttern"*
    Die Hamburger Psychoanalytikerin Ann Kathrin Scheerer diagnostiziert eine „unterschwellig angeheizte ‚gefühlte Gegnerschaft von Mutter und Kind', die Kinder heute zu erfolgsverzögernden Hindernissen in der Berufswelt abgestempelt und den Werten unserer Leistungsgesellschaft geschuldet ist." (Ustorf, 2015[2], S. 152). Und der bekannte dänische Familientherapeut Jesper Juul schreibt in seinem Bestsellerbuch „Wem gehören unsere Kinder?" (2012[2], S. 5): „Kinderkrippen wurden geschaffen, um die Bedürfnisse von Familien zu erfüllen, in denen beide Elternteile arbeiten wollen oder müssen, und sie dienen zugleich dem wachsenden Bedarf der Gesellschaft und der Wirtschaft an Erwerbstätigen. Sie wurden nicht eingerichtet, um die Bedürfnisse der Kinder zu erfüllen."
    - Bilden Sie Sechsergruppen und erörtern Sie diese Ansichten in der Gruppe kontrovers.
    - Schreiben Sie in der Gruppe auf einem Plakat die diskutierten Pro- und Contra-Argumente.
    - Hängen Sie diese Plakate im Klassenzimmer auf.
    - Die Klasse diskutiert anhand der Pro- und Contra-Argumente die gesamte Problematik.

30. *Rollenspiel*
    - Spielen Sie folgende Situation: Ein Kind ist trotzig. Versuchen Sie, mit der Trotzreaktion angemessen umzugehen.
    - Diskutieren Sie anschließend über die gezeigten Umgangsmöglichkeiten.

31. *„Mir machen diese stromlinienförmigen, angepassten, super zielstrebigen Jugendlichen, die mit 20 wissen, wo sie mit Ende 30 sein wollen und übereifrig die (tatsächlichen oder vermeintlichen) Erwartungen der Eltern erfüllen, Angst. Denn von denen werden wir in ein paar Jahren regiert. Und in einem sozialen Klima, das von ihnen geprägt wird, möchte ich nicht gern alt und hilfsbedürftig sein." (Amelie Fried, 2014, S. 39)*
    Erörtern Sie in der Klasse *Amelie Frieds* Ansicht.

32. *Aufgaben und Herausforderungen auf meinem Lebensweg*
    - Entwerfen Sie eine Liste von Aufgaben und Herausforderungen, die Ihnen in Ihrem bisherigen letzten Lebensabschnitt Ihres Lebensweges begegnet sind.
    - Ordnen Sie diese Aufgaben und Herausforderungen nach ihrer Wichtigkeit.
    - Überlegen Sie in Gruppen, wie Sie die von Ihnen beschriebenen Aufgaben und Herausforderungen möglichst optimal bewältigen können.

33. *Aus einer Geburtstagsanzeige in einer Heimatzeitung:*
    „Endlich ist der Tag nun da, heute wirst du 18 Jahr.
    Erwachsensein ist gleich Führerschein, Entschuldigungen selber schreiben,
    auf Feten bis zum Morgen bleiben ..."
    Diskutieren Sie die hier beschriebene „Form des Erwachsenseins".

Aufgaben und Anregungen Kapitel 8

Aufgaben

34. *Wohnformen im Alter*
    - Lesen Sie Materialien 4.
    - Erkundigen Sie sich in Ihrer Umgebung nach Einrichtungen für Senioren und Wohnformen für diese Zielgruppe im Alter.
    - Besuchen Sie eine Einrichtung und bringen Sie dort in Erfahrung,
        - welche Ziele bzw. Aufgaben diese verfolgt,
        - wie sie organisiert ist,
        - wie sie arbeitet und
        - welche Probleme sich in der Arbeit dieser Einrichtung ergeben.
    - Vergleichen Sie die unterschiedlichen Wohnformen im Alter miteinander.

35. *Machen Sie sich Gedanken über die Auseinandersetzung mit dem Sterben als Aufgabe des Lebens.*
    - Bilden Sie mehrere Gruppen und suchen Sie in Zeitschriften, Büchern und/oder im Internet nach Informationen über das Sterben.
        - Gruppe 1 (und 4): Informationen über Sterbebegleitung
        - Gruppe 2 (und 5): Informationen über Verhaltensmuster von Sterbenden
        - Gruppe 3 (und 6): Informationen über Phasen der Trauer
    - Tragen Sie der Klasse die verschiedenen Informationen in geeigneter Form vor (z. B. Rollenspiel, Präsentation).
    - Setzen Sie sich in der Klasse mit dem Sterben als Aufgabe des Lebens auseinander.

9   Psychologie der Persönlichkeit

9.1   Der Gegenstand der Persönlichkeitspsychologie

Zu Beginn der wissenschaftlichen Erforschung der Persönlichkeit war in der Literatur der Begriff **Charakter** vorherrschend, um die Gesamtpersönlichkeit zu kennzeichnen. Charakter[1] kennzeichnet **die individuelle Erscheinung, die Wesensart eines Menschen, die er im Laufe seines Lebens aus seinen Erbanlagen heraus unter dem Einfluss der Umwelt entwickelt hat**. Die *Charakterologie*, gelegentlich auch *Charakterkunde* genannt, beschäftigt sich entsprechend mit dem Wesen, Aufbau und der Entwicklung des Charakters.

Doch dieser Begriff betont zu sehr das Unveränderbare im Wesen eines Menschen und legt die Annahme der Vererbung bestimmter Wesensmerkmale nahe. Zudem wurde und wird der Begriff „Charakter" in der Alltagssprache zu sehr bewertet, sodass er wissenschaftlich nicht mehr brauchbar ist.

„Guter Charakter", „schlechter Charakter", „Charakterschwein" oder „Der ‚hat' – keinen – Charakter" sind solche Bewertungen des Charakterbegriffes.

Deshalb wurde der Charakterbegriff abgelöst von dem aus der englischen und amerikanischen Literatur übernommenen Begriff **„Persönlichkeit"**. Aus der Charakterologie als Teildisziplin der Psychologie wurde die **Persönlichkeitspsychologie**, die sich mit der wissenschaftlichen Erforschung des Aufbaus und der Entwicklung der Persönlichkeit beschäftigt.

> **Die Persönlichkeitspsychologie beschäftigt sich mit der wissenschaftlichen Erforschung des Aufbaus und der Entwicklung der Persönlichkeit eines Menschen.**

In der Antike wurde vorwiegend der Begriff **„Temperament"**[2] verwendet, der die Ausgewogenheit der Körperflüssigkeiten bezeichnet hat, mit denen man das Erleben und Verhalten eines Menschen erklärte. Heute gilt Temperament als ein Persönlichkeitsmerkmal, das durch Lebhaftigkeit, Schwung und Aktivität gekennzeichnet ist.

9.1.1   Der Begriff „Persönlichkeit"

In der Psychologie existiert keine einheitliche und verbindliche Begriffsbestimmung von Persönlichkeit[3]. Der Persönlichkeitsbegriff wird teilweise sehr unterschiedlich definiert, entsprechend der zugrunde liegenden Persönlichkeitstheorie. Der Großteil der neueren Begriffsbestimmungen beinhaltet folgende Begriffsmerkmale:

- Die Persönlichkeit besteht aus verschiedenen Merkmalen, sogenannten **Persönlichkeitsmerkmalen**, die *relativ konstant*[4], aber nicht starr, sondern auch *veränderbar* sind.

  Solche Persönlichkeitsmerkmale sind der Grad der Intelligenz, bestimmte Begabungen, Fähigkeiten und Fertigkeiten, Interessen, soziale Einstellungen, Werthaltungen, Bedürfnisse oder Gefühle und Stimmungen.

- Diese Persönlichkeitsmerkmale sind *Wesenszüge*, die von Individuum zu Individuum *unterschiedlich stark entwickelt und ausgeprägt* sind (**Merkmalsausprägung**). Sie sind relativ zeitstabil und situationsübergreifend.

---

[1] charássein (griech.): einritzen, einkerben
[2] temperamentum (lat.): die richtige Mischung, das rechte Maß
[3] persona (lat.): die Maske, genauer: die durch die Maske dargestellte Rolle; der Begriff „Persönlichkeit" stammt aus der christlichen Theologie, die die Dreifaltigkeit Gottes (Gott Vater, Gott Sohn, Gott Heiliger Geist) zu einem Wesen, das Persönlichkeit genannt wurde, vereinte (vgl. Schönpflug, 2013[3], S. 226).
[4] konstant (lat.): gleichbleibend

 So hat jeder Mensch unterschiedlich ausgeprägte Begabungen, Fähigkeiten und Fertigkeiten sowie unterschiedliche Einstellungen, Werthaltungen oder Stimmungen.

Persönlichkeitsmerkmale sind Wesenzüge einer Person, die relativ zeitstabil und situationsübergreifend sowie von Individuum zu Individuum unterschiedlich stark ausgeprägt sind.

■ Diese Persönlichkeitsmerkmale stehen zueinander in einer bestimmten Anordnung, was als **Struktur einer Persönlichkeit** bezeichnet wird. Ihr Ausprägungsgrad und Zusammenspiel macht die *Einzigartigkeit und Unverwechselbarkeit* eines Menschen aus (vgl. *Guilford, 1984[6], S. 6*).

 Die Einzigartigkeit einer Person zeigt sich bereits in ihrem äußeren Erscheinungsbild, in ihrer Körpergröße, ihrer Augen- und Haarfarbe. Die spezifische Struktur einer Person wird vor allem deutlich in der Art, wie sie denkt und an Probleme herangeht, welche Meinungen sie vertritt, welche Interessen sie verfolgt, welche Wünsche und Bedürfnisse sie äußert, aber auch welche Gefühle sie zulässt und in ihrem Verhalten zeigt. So kann eine Person ängstlich, aber auch aufgeschlossen, eine andere selbstsicher und zurückhaltend, eine dritte humorvoll und unsicher sein.

> *„Jeder Mensch ist einmalig und das größte Kunstwerk, das es gibt."*
> *(Thomas Bernhard[1])*

■ Diese für jede Person einzigartige Struktur hat eine Summe von Verhaltens- und Erlebensweisen zur Folge, mit denen ein Individuum in verschiedenen Lebenssituationen charakteristischerweise und beständig reagiert.

 Wird ein ängstlicher Mensch angegriffen, dann wird er mit großer Wahrscheinlichkeit versuchen, der Situation zu entfliehen. Eine selbstsichere Person wird sich dagegen eher wehren. Auch in anderen bedrohlichen Situationen wird die erste Person eher mit Angst und Flucht reagieren als mit Auseinandersetzung.

■ Die zugrunde liegende Persönlichkeitsstruktur eines Menschen kann nicht direkt beobachtet, sondern nur indirekt aus seinem Verhalten in konkreten Situationen erschlossen werden. Somit ist es möglich, über „Persönlichkeit" verschiedene wissenschaftliche Grundannahmen zu formulieren. Die Folge ist, dass es sehr unterschiedliche **Persönlichkeitstheorien** gibt[2].

Persönlichkeit ist die einzigartige und nicht beobachtbare Struktur von relativ konstanten und doch sich verändernden Merkmalen einer Person, sogenannten Persönlichkeitsmerkmalen, die ein beständiges Verhaltens- und Erlebensmuster zur Folge hat.

---

[1] Thomas Bernhard (1931–1989) war österreichischer Schriftsteller und zählt zu den bedeutendsten deutschsprachigen Autoren der zweiten Hälfte des 20. Jahrhunderts.
[2] siehe Abschnitt 9.2

„Was tun Sie", wurde Herr K. gefragt, „wenn Sie einen Menschen lieben?" „Ich mache einen Entwurf von ihm", sagte Herr K., „und sorge, dass er ihm ähnlich wird." „Wer? Der Entwurf?" „Nein", sagte Herr K., „der Mensch."
(Brecht, 2014, S. 33)

Die Persönlichkeitspsychologie verfolgt, wie die Psychologie insgesamt, verschiedene Ziele, um ihren Gegenstand in den „Griff zu bekommen": Die **Beschreibung**, die **Erklärung** und das **Verstehen** von Zusammenhängen, die **Vorhersage** und die **Veränderung**[1].

9.1.2 Die Erhebung der Persönlichkeit

Die Versuche, die Persönlichkeit eines Menschen zu erfassen, sind so alt wie die Menschheit. Die Persönlichkeitspsychologie bedient sich verschiedener Methoden der Persönlichkeitserforschung:

- Die **Beobachtung**, die systematisch und nach bestimmten Regeln aufgebaut ist, sowie **Laborstudien und experimentelle Forschung** liefern gezielte Informationen über die Persönlichkeit von Menschen[2].

- **Fallstudien**, in denen einzelne Personen sehr eingehend untersucht werden können und ihre Persönlichkeit in ihrer Komplexität erfasst werden kann. Dabei spielt das *Gespräch*, welches Auskunft über die individuelle Sichtweise einer Person gibt, eine wichtige Rolle. Vorherrschend sind dabei die *Anamnese*[3], die Befragung eines Menschen über seine bisherige Lebensgeschichte und die Datenerhebung über seine Entwicklungsgeschichte, und die *Exploration*[3], das Stellen von gezielten Fragen zur aktuellen Lebenssituation – z. B. über familiäre Verhältnisse und soziale Beziehungen.

  Fallstudien werden zwar in erster Linie im Rahmen klinischer Behandlungen durchgeführt, doch viele Persönlichkeitstheorien wie z. B. die Psychoanalyse von Sigmund Freud oder die personenzentrierte Theorie von Carl R. Rogers haben ihre Erkenntnisse aufgrund von Fallstudien gewonnen.

- Verschiedene Formen von **Tests** messen unterschiedliche Teilbereiche der Persönlichkeit wie *Persönlichkeitstests in Form von Fragebogen*. Solche Fragebögen messen ein oder mehrere Persönlichkeitsmerkmale wie bspw. Angst, Aggression, Intelligenz oder Kreativität. Diese Fragebögen bestehen aus einer umfangreichen Liste von Fragen oder Aussagen, die der Proband[4] selbst beantwortet oder zu denen er Stellung nimmt.

---

[1] Diese Ziele sind ausführlich in Kapitel 1.3 dargestellt.
[2] Die Beobachtung als wissenschaftliche Methode ist in Kapitel 2.2.2 und das Experiment in 2.2.3 ausgeführt.
[3] siehe Kapitel 2.2.5
[4] Als Proband (lat.) wird eine Person bezeichnet, die getestet bzw. befragt wird.

So kann es sich um eine geschlossene Frage handeln, indem der Befragte sich zwischen „Ja" oder „Nein" („Treiben Sie täglich Sport?") entscheiden oder auf einer mehrstufigen Skala – etwa von „stimme völlig zu" bis „lehne völlig ab" – eine Entscheidung treffen muss. Manchmal steht ihm eine Auswahl verschiedener Antworten zur Verfügung. Es kann aber auch eine offene Frage gestellt werden – etwa: „Was schätzen Sie an sich am meisten, was am wenigsten?"

Persönlichkeitsfragebogen erfassen niemals die gesamte Persönlichkeit, sondern immer nur einzelne Persönlichkeitsmerkmale und deren Ausprägungsgrad.

Der Persönlichkeitsfragebogen ist ein Verfahren, das aufgrund einer Selbstbeschreibung oder -beurteilung ein oder mehrere Persönlichkeitsmerkmale und deren Ausprägungsgrad messbar macht.

Ein Beispiel für einen solchen Persönlichkeitsfragebogen ist der *Erfassungsbogen für aggressives Verhalten (EAS)*, entwickelt von Franz und Ulrike Petermann. Er untersucht das aggressive Verhalten bei Jungen und Mädchen im Alter zwischen neun und 14 Jahren. Weitere Beispiele sind der *Angstfragebogen für Schüler (AFS)* und die *Frankfurter Selbstkonzeptskalen (FSK)*. Diese Messeinheiten untersuchen verschiedene Teilbereiche des Selbstkonzeptes wie den Selbstwert oder die Stimmung und Sensibilität.

→ **Materialien 1a:**
Verfahren der Persönlichkeitserforschung: der Erfassungsbogen für aggressives Verhalten (EAS)

Gelegentlich werden auch **projektive Tests** eingesetzt, die auf der Annahme beruhen, dass die Testperson ihre eigene Stimmung in das Testmaterial mit einfließen lässt. Ihre Antworten lassen damit Rückschlüsse auf die zugrunde liegende Persönlichkeitsstruktur zu. Die gebräuchlichsten projektiven Verfahren sind der *Rorschachtest*, der *thematische Apperzeptionstest (TAT)*, der *Wartegg-Zeichentest (WZT)* und der *Scenotest*.

→ **Materialien 1b:**
Verfahren der Persönlichkeitserforschung: projektive Verfahren

Projektive Verfahren erfüllen nicht immer die wissenschaftlichen Gütekriterien, weshalb sie in der Persönlichkeitsmessung nur begrenzt und abgesichert durch andere Methoden eingesetzt werden.

9.2 Theorien der Persönlichkeit

Im Laufe der wissenschaftlichen Erforschung der Persönlichkeit haben sich unterschiedliche Persönlichkeitstheorien entwickelt. Diese Theorien unterscheiden sich in ihrem *Menschenbild* sowie den sich daraus ergebenden Grundannahmen über den Aufbau der Persönlichkeit und deren Funktionsweise. Ihre jeweiligen Sichtweisen ergänzen sich aber und tragen zum Gesamtverständnis der Persönlichkeit von Menschen bei. Die bedeutendsten Persönlichkeitstheorien sind **faktorenanalytische Persönlichkeitsmodelle sowie tiefenpsychologische, behavioristische (verhaltensorientierte), kognitive und humanistische Theorien.**

Typologische Persönlichkeitsmodelle sind zwar sehr beliebt, weil sie den Menschen mit geringem Aufwand erlauben, das Verhalten anderer einzuschätzen und zu „erklären". Damit kommen sie dem Wunsch nach Vereinfachung, Ordnung und Überblick entgegen. Doch sie haben heute nur noch historische Bedeutung, da es sich hierbei um Extreme, um **Idealtypen** handelt, die es in der Wirklichkeit in reiner Form nicht gibt. Zudem können sie die Persönlichkeit beschreiben, aber keine Erklärung der beobachteten Persönlichkeitsmerkmale bieten.

→ **Materialien 2:**
Typologische Persönlichkeitsmodelle

9.2.1 Eigenschaftsorientierte und faktorenanalytische Persönlichkeitsmodelle

Es ist naheliegend, die Persönlichkeit eines Menschen durch dessen Eigenschaften, die Persönlichkeitsmerkmale, zu beschreiben. Eigenschaftsorientierte und faktorenanalytische Persönlichkeitsmodelle greifen diese Gepflogenheit auf, Personen vorrangig mithilfe von Eigenschaftswörtern zu beschreiben.

In der Literatur wird deshalb von **Eigenschaften**, oft auch von **Wesenszügen bzw. traits** gesprochen, die typische Verhaltensstile von Menschen beschreiben. **Eigenschaften stellen eine Möglichkeit dar, zusammenzufassen, wie eine Person sich von einer anderen unterscheidet** (vgl. *Pervin u. a., 2005[5], S. 283*). Dabei gilt es, dass ein Mensch einen bestimmten Wesenszug über einen längeren Zeitraum und über Situationen hinweg zeigt.

Wird einer Person die Eigenschaft „aufgeschlossen" zugeschrieben, so zeichnet sich diese durch mehrere verschiedene „aufgeschlossene" Verhaltensweisen über einen längeren Zeitraum und diverse Situationen hinweg aus.

Dabei kann ein bestimmter Wesenszug mehr oder weniger stark ausgeprägt sein.

Ein Mensch kann „sehr aufgeschlossen" oder auch „weniger aufgeschlossen" sein.

Man spricht hier von *Dimensionen*, was bedeutet, dass eine Eigenschaft bzw. ein Faktor unterschiedliche Ausprägungsgrade aufweist (vgl. *Mietzel, 2012, S. 255*).

> Eigenschaftsorientierte Persönlichkeitsmodelle beschreiben mithilfe von Dimensionen eine bestimmte Anzahl von Wesenszügen.

Ein Beispiel für ein eigenschaftsorientiertes Persönlichkeitsmodell stammt von *Hans-Jürgen Eysenck*[1], der zwei Dimensionen annimmt, „Introversion – Extraversion"[2] und „emotionale Stabilität – emotionale Labilität".

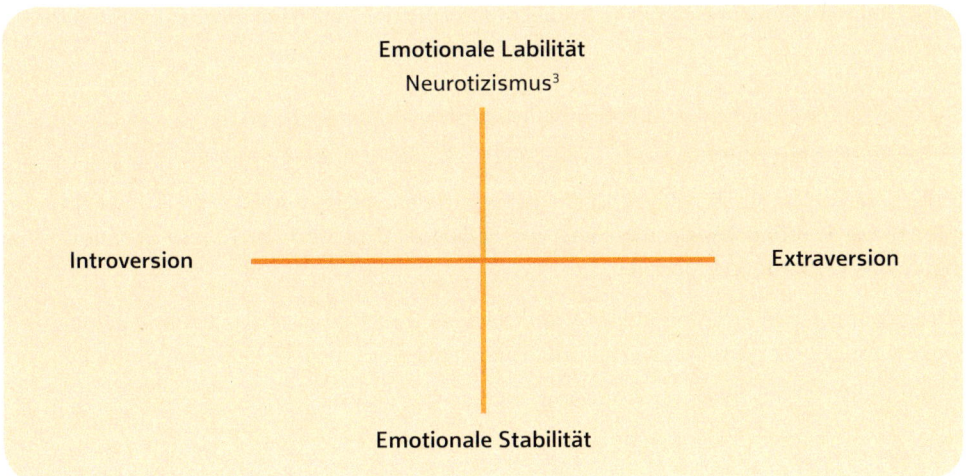

---

[1] Hans Jürgen Eysenck (1916–1977) wurde bekannt durch seine Forschungen zu Unterschieden in der menschlichen Intelligenz und der Persönlichkeit. Er verteidigte dabei vehement die Bedeutung der Vererbung.

[2] extravertiert (lat.): nach außen gewandt, aktiv, freundlich, offen, gesellig, heiter; introvertiert (lat.): nach innen gewandt, zurückhaltend, verschlossen. Die Dimension „Introversion – Extraversion" hat Eysenck von Carl Gustav Jung, dem Begründer der analytischen bzw. komplexen Psychologie übernommen.

[3] neüron (griech.): der Nerv

Bei faktorenanalytischen Persönlichkeitsmodellen wird versucht, mithilfe mathematisch-statistischer Verfahren eine Vielzahl von vorher zusammengestellten menschlichen Eigenschaften auf eine begrenzte Anzahl zentraler **Faktoren** zurückzuführen. Auf diese Weise können das Verhalten und die Persönlichkeit schematisch in einem Modell der Hierarchie dargestellt werden.

Eysenck hat eine größere Anzahl von Persönlichkeitseigenschaften auf den Persönlichkeitsfaktor „Introversion" zurückgeführt. Entsprechend ist er auch bei der Beschreibung des Faktors „Extraversion" und der emotionalen Instabilität bzw. Stabilität vorgegangen.

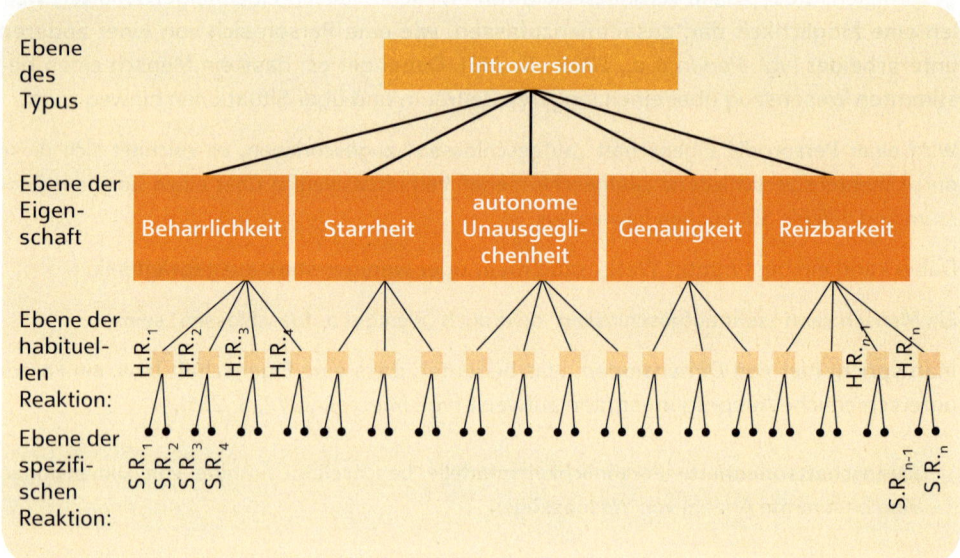

(vgl. Eysenck, 1952, S. 67)

Faktorenanalyse ist ein statistisches Verfahren, das eine große Anzahl von Wesenszügen bzw. Eigenschaften auf eine kleine Anzahl grundlegender Dimensionen oder Faktoren zurückführt.

Ziel der Faktorenanalyse ist das Ermitteln einiger weniger Faktoren der Persönlichkeit, um ein sinnvolles Klassifizieren der verschiedenen Eigenschaften zu ermöglichen.

Das zurzeit bekannteste faktorenanalytische Persönlichkeitsmodell ist das **Fünf-Faktoren-Modell der Persönlichkeit, „Big-Five"** von *Robert McGrae* und *Paul Costa* genannt. Es ist heute das verbreitetste Modell.

McCrae und *Costa* konnten nachweisen, dass es fünf Faktoren als „Grunddimensionen" der Persönlichkeit gibt. Diesen Hauptfaktoren lassen sich jeweils eine bestimmte Zahl von Eigenschaften zuordnen:

Openness	Offenheit für Erfahrungen zielstrebig, wissbegierig, neugierig, fantasievoll, unternehmungslustig	versus	Verschlossenheit für Erfahrungen unbeweglich, beharrlich, traditionsbewusst, gleichgültig
Conscientiousness	Gewissenhaftigkeit sorgfältig, zuverlässig, strukturiert, ordentlich, pflichtbewusst, umsichtig	versus	Nachlässigkeit leichtfertig, gleichgültig, unzuverlässig, planlos, chaotisch, unordentlich
Extraversion	nach außen gewandt aktiv, freundlich, offen, gesellig, heiter	versus	nach innen gewandt zurückhaltend, unfreundlich, verschlossen, in sich gekehrt, reserviert
Agreeableness	Verträglichkeit mitfühlend, verständnisvoll, wohlwollend, kooperativ	versus	Unverträglichkeit teilnahmslos, auf sich selbst bezogen, feindlich, unkooperativ
Neuroticism (Neurotizismus)	emotionale Stabilität ausgeglichen, mutig, belastbar, stressresistent, resilient	versus	emotionale Instabilität unausgeglichen, vulnerabel, mutlos, scheu, ängstlich, angespannt

Dises Modell wird auch nach seinen Anfangsbuchstaben **OCEAN** genannt.

Auf Gebieten wie der Erforschung politischer Einstellungen, in der Stressforschung, im Erziehungs- und Schulbereich und auch im Management hat das Big-Five-Modell rasch wachsende Anwendung gefunden. Mit seiner Hilfe ist es etwa möglich, ein Persönlichkeitsprofil eines Menschen in verschiedenen Bereichen zu erstellen (*„Big-Five-Profiler"*) (vgl. *Fehr, 2010[2], S. 115 und 123 f.*).

So können damit ein Führungsprofil, ein Verkäuferprofil, ein Bewerberprofil u. a. erstellt werden.

Eine bestimmte Firma ermittelt anhand von Facebook-Daten, auf der Grundlage des Big-Five-Modells, was für eine Persönlichkeit der User besitzt und setzt dieses Profil für passgenaue Werbekampagnen ein (Mikrotargeting). So wurden zum Beispiel 2016 im Wahlkampf des amerikanischen Präsidenten 230 Millionen Persönlichkeitsprofile entwickelt und Facebook-Nutzer mit rund 175 000 zugeschnittenen Varianten von Argumenten für den Präsidentschaftskandidaten Donald Trump gefüttert (vgl. *Schulze-Reimpell, 2017, S. 3*).

9.2.2 Tiefenpsychologische Persönlichkeitstheorien

Grundlegende Annahme der Tiefenpsychologie ist – wie in *Kapitel 1.4.1* ausgeführt –, dass bestimmte **seelische Vorgänge und innere Kräfte dem Bewusstsein verborgen, also „unbewusst" sind, sich jedoch auf das individuelle Verhalten und die Entwicklung der Persönlichkeit nach ganz bestimmten Gesetzmäßigkeiten auswirken.** Als tiefenpsychologische Richtungen sind heute vor allem bekannt: die *Psychoanalyse*, die **Individualpsychologie**, die *komplexe bzw. analytische Psychologie* sowie die *Neopsychoanalyse*.

Sigmund Freud unterscheidet in seiner Persönlichkeitstheorie drei **Persönlichkeitsinstanzen**, die Erlebens- und Verhaltensweisen eines Menschen erklären: das *Es*, das *Ich* und das *Über-Ich*. Diese Instanzen repräsentieren verschiedene Teilaspekte der Persönlichkeit und stehen miteinander in enger Wechselbeziehung. Das Es ist die Instanz der Triebe, Wünsche und Bedürfnisse, das Ich die Instanz, die die bewusste Auseinandersetzung mit der Realität leistet, und das Über-Ich diejenige Instanz, welche die Wert- und Normvorstellungen umfasst und das Verhalten des Ichs im Sinne der geltenden Moral führt, welches eine weitergehende Vervollkommnung zum Ziel hat.

In einer gut „funktionierenden" Persönlichkeit wirken diese drei Instanzen zusammen; das Ich ist stark genug, sich gegenüber den anderen beiden Instanzen und der Beschaffenheit der Wirklichkeit, der Realität, durchzusetzen. Stehen jedoch die einzelnen Persönlichkeitsinstanzen zueinander in einem Ungleichgewicht, weil das Ich zu schwach ist, dann treten Ängste auf und es ist die Aufgabe des Ichs, mit diesen fertig zu werden.

Das Ich kann nun die Aufgabe so erledigen, dass es eine realistische Lösung in Betracht zieht; es kann aber auch, um Angst zu vermeiden oder zu verringern, Abwehrmechanismen einsetzen, die die bedrohlichen und Angst auslösenden Erlebnisinhalte abwehren, unbewusst machen. Diese unterdrückten und unverarbeiteten Erlebnisinhalte „lauern in der Tiefe" weiter, werden aber bei längerem und übertriebenem Einsatz von Abwehrmechanismen daran gehindert, in das Bewusstsein zu dringen, was den Ausgangspunkt seelischer Fehlentwicklungen bildet (vgl. *Hobmair, 2016[6], S. 134 f.*).

9.2.3 Behavioristische Theorien

Behavioristische Persönlichkeitstheorien sehen den Menschen als ein Wesen, das nahezu ausschließlich von Umweltreizen beherrscht wird[1]. Die Entwicklung der Persönlichkeit ist dabei das Ergebnis von Lernprozessen. Der Behaviorismus erklärt die Entstehung einer Persönlichkeit auf der Grundlage der *Konditionierungstheorien*, die die Bedeutung von Reizen hervorheben, welche einem Verhalten vorangehen oder nachfolgen[2] (vgl. *Hobmair, 2016[6], S. 147*).

Behavioristische Theorien werden in der Literatur häufig nicht als Persönlichkeitstheorien aufgeführt, da sie sich ausschließlich auf das beobachtbare Verhalten konzentrieren. Aussagen über „innere Vorgänge" wie eine zugrunde liegende Persönlichkeitsstruktur sind nicht unmittelbar beobachtbar und daher vom behavioristischen Forschungsinteresse ausgeschlossen. So lehnte Burrhus F. Skinner selbst die Auffassung ab, dass seine Aussagen eine Persönlichkeitstheorie darstellen (vgl. *Pervin u. a., 2005[5], S. 456*).

9.2.4 Kognitive Persönlichkeitstheorien

Grundlegende Annahme der kognitiven Persönlichkeitstheorien ist, dass es **die kognitiven Prozesse und Strukturen eines Menschen sind, die einen erheblichen Einfluss auf das Verhalten und Erleben ausüben und welche unter anderem festlegen, wie ein Individuum erlebt und sich verhält**[3]. Es kommt wesentlich darauf an, wie ein Mensch Umweltereignisse wahrnimmt, diese gedanklich verarbeitet, beurteilt und bewertet.

Die kognitiven Vorgänge stellen also die Grundlage dar, auf deren Hintergrund eine bestimmte Umweltsituation gesehen und beurteilt wird. Sie beeinflussen sowohl das Verhalten als auch das Erleben eines Individuums wie bspw. den Gefühlszustand und können so

---

[1] Auf den Behaviorismus wird in Kapitel 1.4.2 eingegangen.
[2] Die Grundaussagen der Konditionierungstheorien sind in Materialien 3 des Kapitels 6 zusammengefasst.
[3] Auf kognitive Theorien wird in Kapitel 1.4.3 eingegangen.

Erleben und Verhalten erklären, verstehen und vorhersehen sowie Handlungsanweisungen geben. Innerhalb der kognitiv orientierten Modelle sind die *Persönlichkeitstheorie* von *George A. Kelly (1905–1966)*, die Theorie des *Symbolischen Interaktionismus*, deren Begründer *George H. Mead (1863–1931)* ist, die *Attributionstheorie*, die auf *Fritz Heider (1896–1988)* zurückgeht, und die *sozial-kognitive Theorie* von *Albert Bandura (geb. 1925)* am bedeutsamsten.

Die sozialkognitive Theorie von *Albert Bandura* geht davon aus, dass sich die Persönlichkeit in der Wechselwirkung von personalen und sozialen Faktoren entwickelt. Er erklärt individuelles Verhalten durch das Lernen durch Beobachtung. Daneben sind kognitive Prozesse von Bedeutung, vor allem wie Informationen geistig verarbeitet und bei Erfolgserwartung abgerufen werden[1] (vgl. *Hobmair, 2016[6], Kap. 7*). Andere Persönlichkeitstheorien wie die von *George A. Kelly* konzentrieren sich noch deutlicher auf die Bedeutung kognitiver Prozesse bei der Informationsaufnahme und -verarbeitung (vgl. *Hobmair, 2016[6], 197 f.*).

9.2.5 Humanistische Persönlichkeitstheorien

Humanistische Persönlichkeitstheorien gehen von der Annahme aus, dass der Organismus des Menschen nicht – wie bei der Psychoanalyse – von Trieben gesteuert wird, sondern dass der Mensch danach strebt, **die eigene Persönlichkeit zu entwickeln und sich selbst zu verwirklichen. Der Mensch ist bestrebt, seine eigenen Fähigkeiten und Möglichkeiten zu entfalten.** Dabei wird davon ausgegangen, dass er seine Lebensbedingungen und seine Umwelt aktiv selbst gestaltet und bewusst über die Möglichkeiten seines Handelns entscheidet. Der Mensch wird als aktives Wesen gesehen, der sein Verhalten bewusst steuern, beeinflussen und auch ändern kann[2]. Eine der bekanntesten humanistischen Persönlichkeitstheorien ist die *personenzentrierte Theorie* von *Carl R. Rogers*, welche in *Abschnitt 9.3* ausgeführt ist.

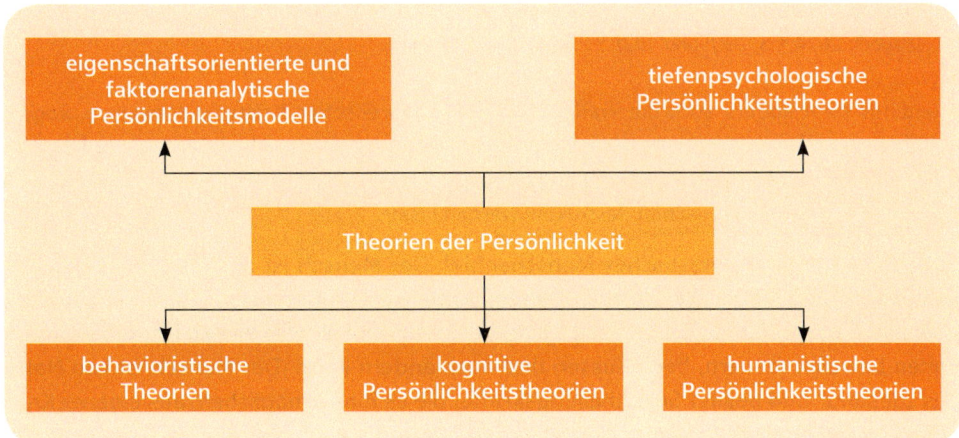

9.3 Die personenzentrierte Theorie

Die Persönlichkeitstheorie von *Carl R. Rogers* ist das Ergebnis seiner jahrzehntelangen therapeutischen Arbeit mit Menschen. Aus einer Therapiemethode und einer Lehre vom Prozess der Veränderung des menschlichen Verhaltens hat *Rogers* eine Theorie der Persönlichkeit entwickelt. Sie ist sehr stark von der *Individualpsychologie* von *Alfred Adler* beeinflusst, der als „Vorläufer der humanistischen Psychologie" gilt.

---

[1] Die Grundaussagen der sozial-kognitiven Theorie sind in Materialien 4 des Kapitels 6 zusammengefasst.
[2] vgl. Kapitel 1.4.5

9.3.1 Das Menschenbild der personenzentrierten Theorie

Carl Ransom Rogers

Carl Ransom Rogers (1902–1987) studierte zunächst Agrarwissenschaft, später Theologie, bis er sich schließlich dem Studium der Psychologie zuwandte. Nach dem Studium arbeitete er in der Erziehungsberatung und als klinischer Psychologe. In dieser Zeit erprobte er neue therapeutische Techniken, die er zur klientenzentrierten Therapie zusammenfasste. 1939 erhielt er eine Professur am psychologischen Fachbereich der Ohio State University, später nahm er eine Professur an der University of Chicago mit einem eigenen Zentrum für Praxis und Forschung in Beratung und Psychotherapie an. 1957 ging er nach Madison und 1963 nach La Jolla bei San Diego (Kalifornien). Fünf Jahre später gründete er zusammen mit anderen Psychologen das Center for Studies of the Person. Seine vielfältigen Erfahrungen in der Therapie und seine zahlreichen Untersuchungen zum Prozess der Veränderung des Verhaltens hat Rogers zur personenzentrierten Theorie der Persönlichkeit weiterentwickelt. Rogers kritisierte immer eine Psychologie, die zu abstrakt und vom Menschen entfremdet ist.

Rogers geht davon aus, dass **der Mensch in seinem Kern „gut" ist** und danach strebt, eine gesunde und selbstbestimmte Persönlichkeit zu entwickeln. Wenn er nicht zu sehr in seinem Selbstverwirklichungsstreben eingeschränkt wird und seinem Wesen gemäß handeln kann, entwickelt er sich zu einem positiven und sozialen Wesen, dem man vertrauen kann.

„Eine der revolutionärsten Einsichten, die sich aus unserer klinischen Erfahrung entwickelt hat, ist die wachsende Erkenntnis: Der innerste Kern der menschlichen Natur [...] ist von Natur aus positiv – von Grund auf sozial, vorwärtsgerichtet, rational und realistisch. [...] Die Grundnatur des frei sich vollziehenden menschlichen Seins ist konstruktiv und vertrauenswürdig."
(Rogers, 2014[19], S. 99 f. und 193)

Allerdings sieht Rogers auch die irrationalen und zerstörerischen Kräfte im Menschen. Rogers geht jedoch davon aus, dass der Mensch bei einem entsprechenden Klima dazu neigt, sich positiv zu entwickeln, während eine Erziehung ohne Achtung vor dem zu Erziehenden und geknüpft an Bedingungen, den Menschen destruktiv[1] werden lässt[2].

Rogers vertritt ein optimistisches Menschenbild: Der Mensch ist bestrebt, seine eigenen Fähigkeiten und Möglichkeiten zu entfalten. Dabei wird im Gegensatz zur Psychoanalyse und zum Behaviorismus davon ausgegangen, dass er ein aktives Wesen ist, das sein Verhalten bewusst steuern, beeinflussen und auch ändern kann. Der Mensch ist von Natur aus „gesund" und besitzt Selbstheilungskräfte, die es ihm ermöglichen, aus eigener Kraft ungünstige Lebensbedingungen wettzumachen und zu kompensieren (vgl. *Schmitt/ Altstötter-Gleich, 2010, S. 36*).

Im Gegensatz zur Psychoanalyse sieht die personenzentrierte Theorie den Menschen als eine Ganzheit: Entsprechend ist menschliches Erleben und Verhalten ziel- und sinnorientiert. Alle Erlebens- und Verhaltensweisen des Menschen, alle Aktivitäten sind auf ein Ziel ausgerichtet sowie sinn- und zweckvoll: „Das Verhalten des Individuums ist zielgerichtet, es ist der Versuch, seine gegenwärtigen Bedürfnisse zu befriedigen." (Bommert, 1993[4], S. 29)

---

[1] destruktiv (lat.): zersetzend, zerstörend
[2] vgl. Abschnitt 9.4.1

9.3.2 Die Tendenz zur Aktualisierung

Der Mensch wird nicht durch einen Mangel oder durch äußere Reize gesteuert, er weist nach *Rogers* ein Potenzial zur individuellen Entfaltung seiner selbst auf (vgl. *Pörksen / Schulz von Thun, 2014, S. 131*) und besitzt die jedem Organismus innewohnende *Tendenz zur Entwicklung all seiner Möglichkeiten im Sinne der Erhaltung und Entfaltung des Organismus*. Diese angeborene Lebenskraft bezeichnet er als **Aktualisierungstendenz**, oft wird sie auch **Tendenz zur Selbstverwirklichung** genannt:

Neben Hunger, Durst u. a. hat der Mensch das Grundbedürfnis nach Verwirklichung im Sinne des Strebens nach Unabhängigkeit und Selbstbestimmung sowie nach Ausschöpfung seiner eigenen Möglichkeiten[1].

Obwohl das Krabbeln für das Kleinkind mühelos und leichter ist, lernt es unter Mühen und Anstrengung den aufrechten Gang. Es zeigt bereits sehr früh das Bestreben, alleine zu sitzen, zu stehen und schließlich ganz ohne Hilfe eigene Schritte zu tun. Auch in anderen Entwicklungsbereichen ist dieses Streben zu beobachten wie etwa beim Essen, Sprechen, Malen oder Gestalten.

> Die Aktualisierungstendenz stellt das grundlegende Motiv menschlichen Verhaltens dar und ist das angeborene und beständige Bestreben des Menschen, seine Entwicklungsmöglichkeiten zu erhalten, zu entfalten und zu verwirklichen sowie Unabhängigkeit und Selbstbestimmung zu erlangen.

Aktualisierung beinhaltet demzufolge die Entfaltung der eigenen Persönlichkeit durch das Realisieren von Möglichkeiten, die in einem selbst angelegt sind. So ist der Satz des niederländischen Philosophen Sören Kierkegaard zu verstehen: **„Werde, der du bist"**, was das Leitmotiv von Rogers Theorie darstellt (vgl. *Jaeggi, 2011, S. 111*).

Die Tendenz zur Aktualisierung ist das grundlegende Motiv für das Tätigwerden des Menschen und dient der *Erhaltung und Entfaltung des Organismus*.

> *„Deshalb ist [...] zu sagen, dass das Substrat aller Motivation die [...] Tendenz zur Selbstverwirklichung ist."*
> *(Rogers, 2015[10], S. 74)*

Der Terminus „Organismus" ist nach *Rogers* jedoch nicht rein biologisch zu verstehen, er bezeichnet damit den „inneren Kern" eines Menschen, den „von innen" wahrgenommenen, subjektiv gefühlten Körper, der den Ausgangspunkt für die Aktualisierung des Menschen bildet (vgl. *Stumm / Kriz, 2003, S. 220*).

In der Literatur wird denn auch des Öfteren unterschieden zwischen dem physischen Körper – das, was landläufig unter Organismus verstanden wird – und dem „von innen" gefühlten Körper, wie Rogers den Organismus versteht (vgl. *Kern, 2016[2], S. 19*).

---

[1] „Aktualisierung" und „Selbstverwirklichung" sind unterschiedliche Übersetzungen, sie werden im Folgenden synonym verwendet.

Das, was sich fortwährend im menschlichen Organismus abspielt und dem Menschen gewahr ist, bezeichnet *Rogers* als **organismisches Erleben**, auch als **organismische Erfahrung**, oder nur als **Erfahrung**.

 Anders als bspw. im Behaviorismus versteht Rogers unter „Erfahrung" all das, **was innerhalb des Organismus zu jedem gegebenen Zeitpunkt vor sich geht**[1]. Aus Gründen der Eindeutigkeit wird in den folgenden Ausführungen von „organismischen Erleben" und nicht von „Erfahrung" gesprochen.

Mit organismischem Erleben wird all das bezeichnet, was innerhalb des menschlichen Organismus zu jedem Zeitpunkt vor sich geht und dem Menschen gewahr ist.

Der Organismus ist nach *Rogers* fähig zur Bewertung, inwieweit bestimmte Ereignisse die Selbstverwirklichung fördern bzw. einschränken. Dieser Prozess des Organismus wird als **organismischer Bewertungsprozess**, der *Prozess des Organismus, Erfahrungen aufzunehmen und dahin gehend zu bewerten, inwieweit sie das Streben nach Selbstverwirklichung fördern bzw. einschränken*, bezeichnet.

So wehrt sich die 16-jährige Tochter, die von der Mutter aufgefordert wird, sich eine Jacke überzuziehen, wenn sie fortgeht. Die Tochter bewertet diese Erfahrung mit der Mutter als negativ, denn sie will unabhängig werden, was die Mutter nicht zu akzeptieren scheint. Prompt verlässt die Tochter aus diesem Grund zornig die Wohnung – natürlich ohne Jacke.

Organismischer Bewertungsprozess ist der Prozess des Organismus, Erfahrungen aufzunehmen und dahingehend zu bewerten, inwieweit sie das Streben nach Selbstverwirklichung fördern bzw. einschränken.

Der Mensch „ist in einen organismischen Bewertungsprozess eingebunden, der die Erfahrungen an der Aktualisierungstendenz misst. Erfahrungen, die als den Organismus erhaltend oder fördernd wahrgenommen werden, werden positiv bewertet; solche, die die Erhaltung oder Förderung stören, negativ."
(Rogers, 2016[2], S. 57)

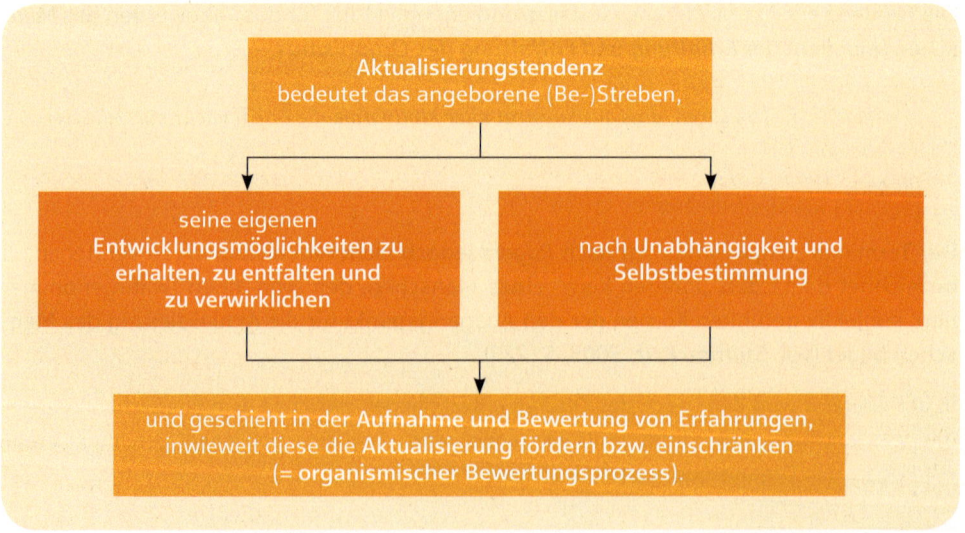

---

[1] Das englische Wort „experiencing" bedeutet denn auch in erster Linie nicht Erfahrung, sondern vielmehr Erleben, Fühlen, Spüren.

9.3.3 Das Selbstkonzept

Der Mensch macht im Laufe seines Lebens Erfahrungen, die ihn selbst betreffen, und äußere Erfahrungen, die ihn nicht selbst betreffen.

Macht ein Kind die Erfahrung, dass sich das Ehepaar, welches ein Haus weiter wohnt, trennt, dann löst das in ihm sicher bestimmte Gefühle aus, aber diese betreffen das Kind nicht selbst. Erlebt es dagegen, dass es in Mathematik schlecht ist, dann handelt es sich um eine Selbsterfahrung, die es betrifft.

Mit den Selbsterfahrungen sind immer **Bewertungen**, die gefühlsmäßig erlebt werden, verbunden.

Erlebt ein Jugendlicher, dass er in der Schule versagt, so wird er dieses Erleben möglicherweise dahin gehend bewerten, dass er meint: „Aus mir wird nie etwas Gescheites".

Die Integration der Selbsterfahrungen mitsamt ihrer Bewertung führt im Laufe der Zeit zum **Selbstkonzept** einer Person, welches *die durch Erfahrung zustande gekommene Gesamtheit aller Wahrnehmungen, Meinungen, Urteilsbildungen und Bewertungen des Individuums über sich selbst und seine Umwelt* darstellt.

Es ist also die *Einschätzung der eigenen Person* in verschiedenen Bereichen, ihre eigene *subjektive Betrachtung*, die nicht mit der Wirklichkeit übereinstimmen muss.

> Das Selbstkonzept stellt die durch Erfahrung zustande gekommene Gesamtheit aller Wahrnehmungen, Meinungen, Urteilsbildungen und Bewertungen des Individuums über sich selbst und seine Umwelt dar.

> *„Jeder von uns hat ein derartiges Bild [...] oder Konzept seines Ichs, seines Selbst. Es beinhaltet, wie wir uns selbst in der Vergangenheit mit unseren Eigenschaften und Qualitäten erfahren haben und wie wir uns selbst sehen. [...] Es ist gleichsam: ‚So sehe ich mich'."* (Tausch/Tausch, 1998[11], S. 57)

Rogers verwendet die Begriffe „Selbst" und „Selbstkonzept" bedeutungsgleich; Selbst und Selbstkonzept bezeichnen den Vorgang vom Individuum aus gesehen – der Mensch als „erlebendes Subjekt" –, während der Terminus „Selbststruktur" den Vorgang von Dritten, von außen gesehen, bedeutet.

Wesentlich für die Aktualisierung eines Menschen ist die Entwicklung eines Selbst. Denjenigen Teil der Aktualisierungstendenz, der für die Entwicklung des eigenen Selbst bzw. Selbstkonzeptes aufgrund von Erfahrungen und Wahrnehmungen wesentlich ist, bezeichnet *Rogers* als **Selbstaktualisierung**, ein „Subsystem" der Aktualisierungstendenz[1].

Das Selbstkonzept besteht zum einen aus dem **Real-Selbst** als dem tatsächlichen Bild, das eine Person von sich hat; es stellt das *Bewusstsein eines Menschen dar über das, was er ist und was er kann*. Gelegentlich wird dieses Real-Selbst von Rogers auch als *Selbstbild* bezeichnet.

---

[1] vgl. Abschnitt 9.3.2

„Ich bin aufgeschlossen und kontaktfreudig", „In Mathematik bin ich sehr unbegabt" oder „Mich mögen keine Frauen" sind „Bilder", wie sich eine Person selbst sehen kann.

Zum anderen beinhaltet das Selbstkonzept das **Ideal-Selbst** als das Bewusstsein eines Menschen darüber, *wie er gern sein möchte und wie die anderen ihn haben möchten*. Letzterer Aspekt bezieht sich darauf, dass der Mensch so sein will, wie seine Mitmenschen ihn wollen; er repräsentiert also denjenigen Teil des Selbstkonzeptes, der die verinnerlichten Bewertungen durch andere Menschen enthält. In der Literatur wird dabei auch von *Selbstideal* gesprochen.

„Ich darf keine Wut auf meine Eltern haben" oder „Ich muss in der Schule gute Leistungen bringen" sind Beispiele für solche verinnerlichten Bewertungen, die sich im Selbstkonzept zeigen.

„Der, der ich bin, grüßt trauernd den, der ich sein möchte."
(Karl Rahner[1])

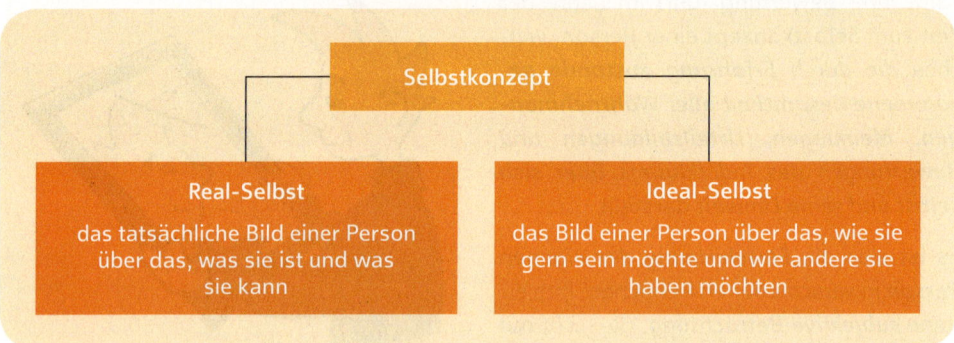

Menschen zeigen die Tendenz, die Diskrepanz zwischen Real-Selbst und Ideal-Selbst möglichst gering zu halten. Sind reales und ideales Selbst weitgehend stimmig miteinander, so erlebt die Person diesen Zustand als positiv – bspw. als angenehm, entspannt und ausgeglichen. Klaffen jedoch Real- und Ideal-Selbst zu sehr auseinander und sind die beiden miteinander nicht stimmig, so zeigt sich das im Erleben von inneren Spannungen, innerer Unruhe oder Unausgeglichenheit, was bei längerem Anhalten zu psychischen Problemen und Störungen führen kann.

Die personenzentrierte Theorie erklärt die Entstehung einer Depression aus der Diskrepanz zwischen einem „negativen" Real-Selbst („Ich tauge zu nichts", „Ich bin nichts wert") und einem überhöhten, meist unrealistischen Ideal-Selbst (vgl. *Finke, 2004[3], S. 120*).

9.3.4 Die Entstehung des Selbstkonzeptes

In erster Linie sind es die fortlaufenden **äußeren Erfahrungen mit und über die eigene Person**, die das Selbstkonzept entstehen lassen.

Wenn ein Kind des Öfteren die Erfahrung macht, dass es abgelehnt wird, kann es sehr leicht zu der Überzeugung kommen: „Mich mag keiner"; ein Schüler, der in Mathematik mehrmals schlechte Noten erhält, ist dazu geneigt, sich in Mathematik als unbegabt wahrzunehmen.

---

[1] Karl Rahner (1904–1984) war katholischer Theologe und Religionsphilosoph.

Um Zuwendung und Bestätigung zu erhalten, übernimmt das Kind die Forderungen seiner Eltern bzw. anderer Bezugspersonen. Auf diese Weise „verinnerlicht" das Kind gleichsam diese Forderungen, die sich im Selbstkonzept zeigen.

Ein Kind hat von seinen Eltern gelernt, dass es lieb und nett sein muss. Diese Forderung zeigt sich in seinem Selbstkonzept als eine „verinnerlichte" Bewertung.

Es sind also insbesondere die **Forderungen der Bezugsperson(en)**, die das Selbstkonzept „prägen".

Nach dem Ehepaar *Anne-Marie und Reinhard Tausch (1998[11], S. 57)* und dem Kommunikationswissenschaftler *Friedemann Schulz von Thun (2010[48], S. 187 f.)* sind es insbesondere die **positiven bzw. negativen Rückmeldungen**, die man von anderen Personen erhält und die die Sichtweisen bestimmen, die eine Person von sich selbst hat. Dies betrifft insbesondere *Beziehungsbotschaften*, die etwas über die Beziehung zwischen Kind und Erzieher aussagen und aus denen hervorgeht, was der Erzieher vom Kind hält.

> *„Entscheidend ist [...], wie sich das Kind durch andere, ihm wichtige Menschen gespiegelt sieht," [...] das „nistet sich tief im Innersten der eigenen Seele ein; sie lebt in einem fort und formt das eigene Selbstkonzept grundlegend."*
> *(Pörksen/Schulz von Thun, 2014, S. 169 f.)*

Auch nonverbal – noch bevor es die Sprache versteht – erhält das Kind Botschaften, die sich in seinem Selbstkonzept festsetzen (vgl. Pörksen/Schulz von Thun, 2014, S. 169).

Desgleichen prägen *Zuschreibungen* – eine Behauptung über einen Menschen, bei der es sich meist um eine negativ bewertete Eigenschaft oder Verhaltensweise handelt – grundlegend das Selbstkonzept eines Menschen.

Bekommt ein Kind ständig zu hören, dass es dumm und unbegabt sei, dann wird es das Selbstkonzept entwickeln: „Ich bin dumm". Es erlebt sich selbst als dumm, ungeschickt und nicht fähig, Schwierigkeiten und Anforderungen zu bewältigen. Es wird Situationen vermeiden, die von ihm Konzentration, Ausdauer und Anstrengung erfordern. Mit der Zeit treten immer größere Erfahrungs- und Übungsrückstände auf, und nach einigen Jahren ist das Kind dann wirklich dumm und ungeschickt; dies aber nicht aufgrund mangelnder Begabung als vielmehr aufgrund der Zuschreibungen, die es erlebt hat.

© Johann Mayr, Jetzendorf

„Fassen wir das Bisherige noch einmal zusammen: Das Selbstkonzept bildet sich als Folge von definierenden Erfahrungen. Bei diesen definierenden Erfahrungen handelt es sich überwiegend um [...] Du-Botschaften[1], die von wichtigen Bezugspersonen oder von [...] gesellschaftlichen Einrichtungen ausgesendet werden.“
(Schulz von Thun, 2010[48], S. 191)

Erfahrungen mit der eigenen und über die eigene Person,
Forderungen und Wünsche der erziehenden Personen,
positive bzw. negative Beziehungsbotschaften und Zuschreibungen

bestimmen

↓

Selbstkonzept
die durch Erfahrung zustande gekommene Gesamtheit aller Wahrnehmungen,
Meinungen, Urteilsbildungen und Bewertungen des Individuums über sich selbst
und seine Umwelt

9.3.5 Selbstkonzept und Selbstachtung

Viele Menschen lernen, dass sie nur geachtet, gemocht und respektiert werden, wenn sie sich auf eine ganz bestimmte Art und Weise verhalten. Ein Kind, das sich nur unter ganz bestimmten Bedingungen angenommen fühlt, entwickelt **Bewertungsbedingungen**. Das sind Wertmaßstäbe anderer Personen, die das Kind erfüllen muss, um die Zuneigung und Wertschätzung seiner Eltern und Erzieher zu erhalten.

Gewähren Eltern Liebe, Zuneigung und Wertschätzung nur dann, wenn das Kind ganz bestimmte Bedingungen erfüllt, wie z. B. den Teller leer zu essen, den Bruder nicht zu schlagen oder zu anderen immer lieb und freundlich zu sein, dann entsteht das Selbstkonzept „Ich bin nur dann liebenswert, wenn ich den Teller leer esse, den Bruder nicht schlage und immer lieb bin".

Bewertungsbedingungen sind Wertmaßstäbe anderer Personen, die ein Mensch erfüllen muss, um deren Zuneigung und Wertschätzung zu erhalten.

Hat ein Mensch die Wertmaßstäbe für Zuneigung bzw. Abneigung erst einmal verinnerlicht, dann kann er sich selbst nur positiv sehen und als wertvoll erachten, wenn er sich im Sinne der Bewertungsbedingungen verhält. Erfüllt er die Bewertungsbedingungen nicht, dann erlebt er sich selbst als ablehnenswert. Um sich die Anerkennung und Zuwendung der Eltern zu sichern, wird das Kind seine eigenen Bedürfnisse und Gefühle verleugnen und die damit verbundenen Gefühle nicht mehr wahrnehmen. Der Mensch ist damit nicht mehr er selbst, was Ausgangspunkt für psychische Störungen ist[2].

---

[1] Du-Botschaften sind Äußerungen, in denen über den anderen eine Mitteilung gemacht wird – z. B. „Du bist schuld!", „Du hörst mir ja nie zu!" (vgl. Kapitel 11.2.3)
[2] vgl. Abschnitt 9.3.8

> *„Mit dem Gewahrsein des Selbst entwickelt das Individuum das Bedürfnis nach positiver Beachtung. Dieses Bedürfnis ist ein Wesenszug des Menschen. [...]; das Individuum richtet sich mehr nach der positiven Beachtung anderer aus als nach den Erfahrungen, die von positivem Wert für die Aktualisierung des Organismus sind.“*
> *(Rogers, 2016[2], S. 58)*

→ **Materialien 3:** Wie viel ist ein Mensch wert?

So wie die Bezugspersonen das Kind sehen und achten, so wird es sich auch selbst sehen und achten. Dabei spielt die **positive Beachtung bzw. Wertschätzung** des Erziehers die entscheidende Rolle. Wertschätzung als Grundhaltung des Erziehers gegenüber dem zu Erziehenden ist nach *Rogers* notwendig, damit das Kind sich selbst achten und sich seelisch gesund entwickeln kann[1].

Wird das Kind von seinen Eltern und Erziehern positiv beachtet, so wird es auch Achtung vor sich selbst entwickeln; gehen die Bezugspersonen dagegen mit dem Kind geringschätzend um, dann wird es die eigene Person wenig achten. Das Erleben also, von den Eltern nicht wirklich anerkannt und geschätzt zu sein, schafft eine tief greifende Verunsicherung des Selbstwertgefühls und einen Mangel an Vertrauen zu sich selbst und seiner Umwelt.

> *„Anerkennung ist der Sauerstoff für menschliche Beziehungen.“*
> *(Verfasser unbekannt)*

Selbstachtung ist *nach Tausch/Tausch (1998[11], S. 51)* die gefühlsmäßig wertende Einstellung einer Person zu sich selbst und die Wertschätzung, die eine Person für sich selbst empfindet.

> *„Menschen mit einem starken Selbst haben eine gute bis hohe Meinung von sich selbst. Sie glauben, dass sie über wichtige Fähigkeiten verfügen. [...] Sie sind sich ihres eigenen Wertes sicher und fühlen sich den Herausforderungen des Lebens gewachsen. [...] Ein starkes Selbst ist eine wichtige Voraussetzung für Lebenszufriedenheit, Gesundheit und Erfolg.“*
> *(Nuber, 2005, S. 20)*

Selbstachtung hängt sehr eng mit dem Selbstkonzept zusammen: Menschen mit überwiegend hoher Selbstachtung besitzen meist ein eher **flexibles Selbstkonzept** und sind in der Lage, Erfahrungen zu akzeptieren sowie in ihr Selbstkonzept zu integrieren und diesen anzupassen.

Eine Frau ist wütend auf ihren Mann, doch sie will eine „liebevolle Frau“ sein. Obwohl sie eine liebevolle Frau sein will, hält sie ihre Wut nicht zurück, sondern zeigt diese in angemessener Weise, auch wenn dieses Zeigen von Wut ihrem Selbstkonzept „Ich bin eine liebevolle Frau“ widerspricht. Sie passt aufgrund ihrer hohen Selbstachtung ihr Selbstkonzept dieser Erfahrung an und entwickelt das Bewusstsein: „Auch als liebevolle Frau darf ich mal wütend sein.“
Ein junger Mann, der glaubt, dass ihn Frauen nicht mögen, kann aufgrund von bestimmten Erfahrungen sein Selbstkonzept ändern und das Bewusstsein entwickeln: „Bestimmte Frauen mögen mich doch.“ Voraussetzung für dieses anpassungsfähige Selbstkonzept ist jedoch eine hohe Selbstachtung.

---

[1] Auf Wertschätzung wird in Abschnitt 9.4.1 eingegangen.

Dagegen haben Menschen mit einer geringen Selbstachtung ein mehr **starres Selbstkonzept**, welches nicht in der Lage ist, neue Erfahrungen zu integrieren – sie müssen abgewehrt werden[2].

Die Frau, die eine „liebevolle Frau" sein will und bei einer Gelegenheit Wut auf ihren Mann verspürt, wird diese Situation bei einem aufgrund geringer Selbstachtung starren Selbstkonzept als sehr „unangenehm" erleben und es nicht ändern; sie wird diese Gefühle unterdrücken oder möglicherweise gar nicht wahrnehmen.

Der junge Mann mit einer geringen Selbstachtung wird die positiven Erfahrungen mit Frauen nicht in sein Selbstkonzept aufnehmen, sondern diese abwehren und möglicherweise sagen: „Na ja, die haben nur Mitleid mit mir." Oder er wird das Anlachen bzw. die Zuwendung der Frauen gar nicht wahrnehmen; er wird bei seinem „Bild", dass ihn Frauen nicht mögen, bleiben.

„Selbstvertrauen ist der Schlüssel, der fast jede Tür öffnet."
(Verfasser unbekannt)

Die Grenze zwischen flexiblem und starrem Selbstkonzept und ihr Zusammenhang zur Beachtung darf nicht absolut gesehen werden, sie ist fließend.

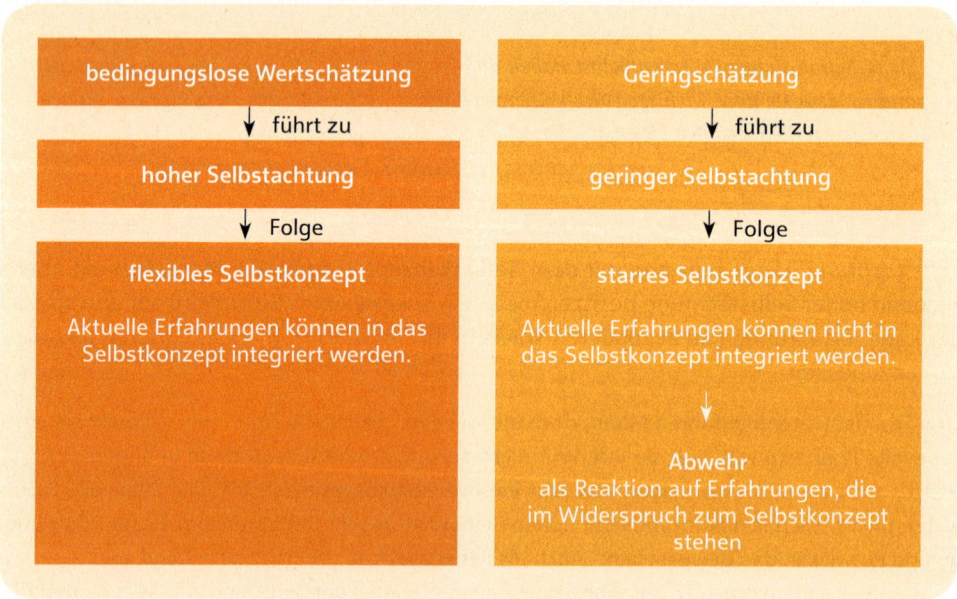

---

[1] congruens (lat.): übereinstimmend, entsprechend (vgl. Abschnitt 9.3.6)
[2] vgl. Abschnitt 9.3.7

9.3.6 Die Beziehung zwischen Aktualisierung und Selbstkonzept

Der Mensch besitzt nach *Carl R. Rogers* zwei „Ebenen" des Wertens, die des Organismus und die des Selbstkonzeptes. Das organismische Bewerten ist das eigentlich zielsichere, für den Menschen das zu sich selbst führende[1]. Im Gegensatz dazu vollzieht sich die Bewertung seitens des Selbstkonzeptes nach den verinnerlichten Sichtweisen und Vorstellungen, die von außen an den Menschen herangetragen wurden bzw. werden.

Solche von außen herangetragenen und verinnerlichten Sichtweisen und Vorstellungen, aufgrund derer Wertungen abgegeben werden, können „Ich bin ein guter Junge", „Ein Indianer kennt keinen Schmerz", „Ich muss immer lieb und nett sein" oder „Ich darf keine Wut oder Aggressionen haben" sein.

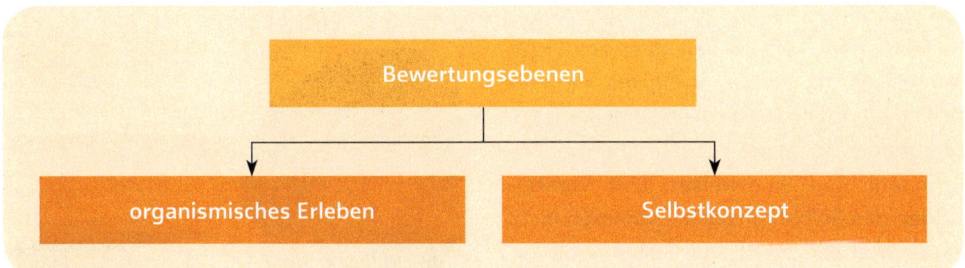

Die Wertungen des organismischen Erlebens – die „Verkörperung" der Aktualisierungstendenz – und die des Selbstkonzeptes können nun übereinstimmen.

Hat ein Kind einmal Wut oder Hass auf eine bestimmte Person und hat es aufgrund seiner Erfahrungen, insbesondere seiner Erziehung, verinnerlicht, dass es auch einmal wütend sein darf, so stimmen organismisches Erleben und Selbstkonzept überein.

Die personenzentrierte Theorie bezeichnet die Übereinstimmung des Selbstkonzeptes mit dem organismischen Erleben als **Kongruenz**. Mit diesem Begriff meint Rogers also, dass das, was eine Person in sich selbst erfährt, von ihr auch bewusst so gesehen wird und mit dem, wie sie sich selbst sieht und sein möchte, in Einklang steht.

> **Kongruenz bezeichnet die Übereinstimmung des Selbstkonzeptes mit dem organismischen Erleben einer Person.**

Häufig wird Kongruenz dargestellt als **Übereinstimmung des Selbst bzw. des Selbstkonzeptes mit (aktuellen) Erfahrungen**, was zum Teil missverständlich ist. Wie schon in Abschnitt 9.3.2 erwähnt, versteht Rogers unter dem Begriff „Erfahrung" all das, was innerhalb des Organismus zu jedem gegebenen Zeitpunkt vor sich geht. Aus Gründen der Eindeutigkeit wird deshalb im Folgenden von „organismischem Erleben" und nicht von Erfahrung gesprochen. Liest man aber in der Literatur, Kongruenz sei die Übereinstimmung des Selbstkonzeptes mit Erfahrungen, so sind damit nicht die äußeren Erfahrungen gemeint.

Durch das Kongruentsein kann der Mensch seinem „wahren Selbst" entsprechen, seine Entwicklungsmöglichkeiten entfalten und verwirklichen sowie Unabhängigkeit und Selbstbestimmung erlangen, was nach Rogers eine gesunde Entwicklung bewirkt.

---

[1] vgl. Abschnitt 9.3.2

„Wichtig ist es, so zu sein, wie die Natur uns schuf, wir sind meistens zu sehr so, wie unsere Mitmenschen uns haben wollen."
(Jean-Jacques Rousseau[1])

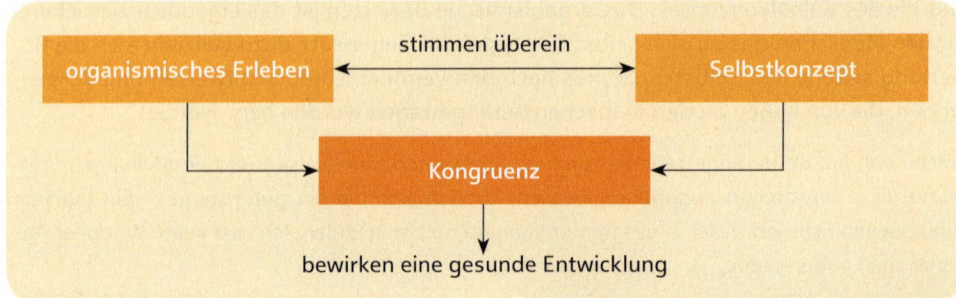

organismisches Erleben — stimmen überein — Selbstkonzept

Kongruenz

bewirken eine gesunde Entwicklung

Es ist aber auch oft der Fall, dass der Organismus als die Verkörperung der Aktualisierungstendenz und das Selbstkonzept **zueinander in Widerspruch stehen**: Die verinnerlichten Sichtweisen und Vorstellungen des Selbstkonzeptes stimmen nicht mit der Aktualisierung, der Selbstverwirklichung eines Menschen überein.

Wenn ein Kind verinnerlicht hat: „Ich bin ein guter Junge, ich muss lieb und nett sein und darf keine Wut oder Aggressionen haben" und nun aus einem beliebigen Grund Wut oder Hass auf jemanden empfindet, so gerät es in Schwierigkeiten, da Organismus und Selbstkonzept nicht mehr übereinstimmen.

„*Die Aktualisierungstendenz des Organismus und die Selbstaktualisierungstendenz arbeiten gegeneinander. Dieser Zustand, der auch als psychische Fehlanpassung bezeichnet wird, ist durch Spannung und innere Verwirrung gekennzeichnet.*"
(Bommert, 1993[4], S. 21 f.)

Diese Diskrepanz des Selbstkonzeptes mit dem organismischen Erleben wird in der personenzentrierten Theorie als **Inkongruenz** bezeichnet: Das eigene Bild von sich selbst stimmt nicht mit dem überein, was eine Person in sich selbst erfährt (vgl. *Finke, 2004[3], S. 106*).

Inkongruenz bezeichnet die Nichtübereinstimmung des Selbstkonzeptes mit dem organismischen Erleben einer Person.

Durch die Unvereinbarkeit von Organismus und Selbstkonzept kann der Mensch nicht seinem „wahren Selbst" entsprechen, es wird in den Hintergrund gedrängt. Die Unvereinbarkeit setzt einen Prozess der *Selbstentfremdung* in Gang. Wird nun die Inkongruenz dadurch aufrechterhalten, dass sich das Selbstkonzept dagegen wehrt, Erfahrungen zu integrieren, so entsteht im Menschen ein Konflikt, der Ausgangspunkt für seelische Fehlentwicklungen ist.

---

[1] Jean-Jacques Rousseau (1712–1778) war Genfer Schriftsteller, Philosoph und Pädagoge. Er gilt als einer der wichtigsten geistigen Wegbereiter der französischen Revolution und hatte mit seinem Roman „Émile oder über die Erziehung", in welchem er dafür eintritt, Kinder und Jugendliche sich selbst und der Natur zu überlassen und von zivilisatorischen Einflüssen fernzuhalten, großen Einfluss auf die Pädagogik.

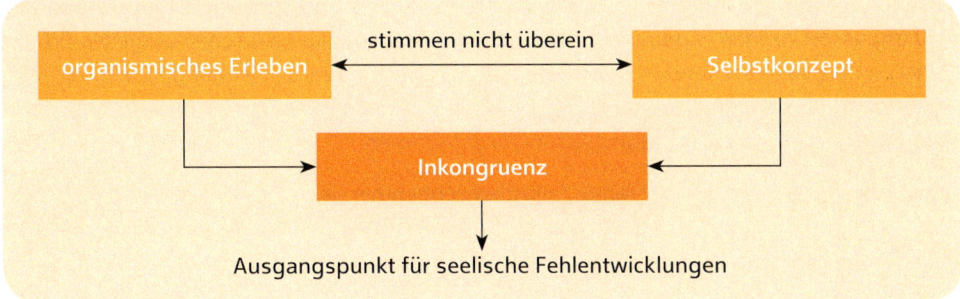

9.3.7 Die Bewältigung von Erfahrungen

Der Schlüsselpunkt für eine gesunde oder nicht gesunde Entwicklung ist das Selbstkonzept, inwieweit es sich der Aktualisierungstendenz „anpassen" und Erfahrungen, die ein Mensch im Laufe seines Lebens macht, integrieren kann oder nicht. Menschen mit einem eher flexiblen Selbstkonzept sind – wie in *Abschnitt 9.3.5* dargestellt – in der Lage, Erfahrungen zu akzeptieren und in ihr Selbstkonzept zu integrieren, auch wenn diese von ihrem bestehenden Selbstkonzept abweichen. Auf diese Weise ist es möglich, einen kongruenten Zustand aufrechtzuerhalten bzw. wiederherzustellen.

> „Optimale psychische Ausgeglichenheit besteht dann, wenn das Selbstkonzept so gestaltet ist, dass alle Erfahrungen [...] in die Gestalt der Selbststruktur aufgenommen werden können."
> (Rogers, 2016[2], S. 39)

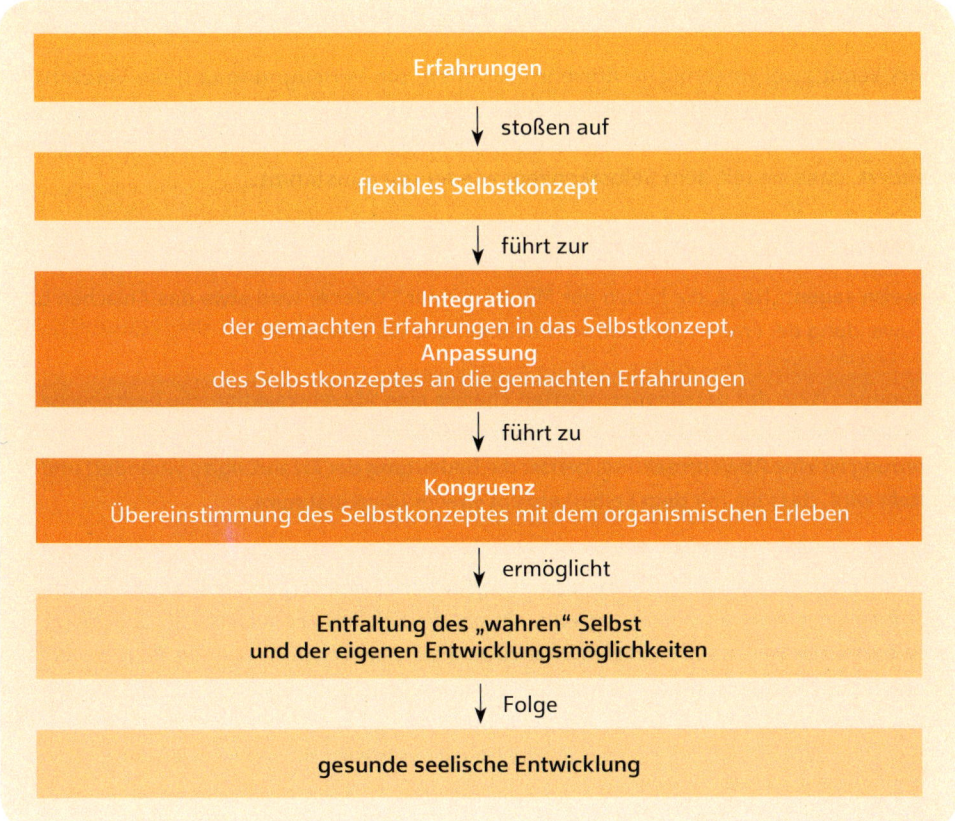

Personen jedoch, die ein starres Selbstkonzept besitzen und dieses neuen Erfahrungen nicht anpassen können, sind nicht imstande, die Unstimmigkeit zwischen aktuellen Erfahrungen und dem bestehenden Selbstkonzept zu überwinden und somit den inkongruenten Zustand zu beseitigen. Jede Erfahrung, die das Selbstkonzept gefährdet und noch mehr infrage stellt, wird als **bedrohlich wahrgenommen**.

 Erfahrungen werden bei einem starren Selbstkonzept immer dann als Bedrohung erlebt, wenn Menschen Veränderungen eintreten lassen (müssen), die lieb gewordenen Sicherheiten und Kontrollen zuwiderlaufen.

Um die bestehende Selbststruktur zu schützen und aufrechtzuerhalten, werden die als bedrohlich erlebten Erfahrungen **abgewehrt**.

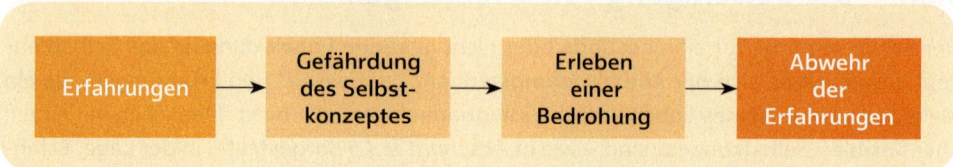

Abwehr im Sinne der personenzentrierten Theorie stellt eine Reaktion auf Erfahrungen dar, die im Widerspruch zum Selbstkonzept stehen und als bedrohlich empfunden werden.

 *„Ich habe [...] den Begriff Abwehrhaltung als die Reaktion des Organismus auf Erfahrungen beschrieben, die als bedrohlich empfunden oder antizipiert[1] werden, als im Widerspruch stehend zum existierenden Selbstbild des Individuums oder zum Bild seiner Beziehung zur Welt."*
(Rogers, 2014[19], S. 187)

Rogers kennt zwei wesentliche Abwehrreaktionen, **die Verleugnung** und **die Verzerrung**. Bei der Verleugnung wird die Existenz einer Erfahrung völlig verneint. Bei der Verzerrung tritt die Erfahrung zwar in das Bewusstsein, ihre Bedeutung wird aber so entstellt und verändert, dass sie mit dem Selbstkonzept wieder übereinstimmt.

 Ein junger Mann, der glaubt, dass ihn Frauen nicht mögen, kann mögliche positive Erfahrungen mit Frauen nicht in sein starres Selbstkonzept aufnehmen. Er wird diese verzerren und möglicherweise sagen: „Na ja, die haben nur Mitleid mit mir." Oder er wird etwa das Anlachen bzw. die Zuwendung der Frauen gar nicht wahrnehmen und sie verleugnen.

Verleugnung ist in der personenzentrierten Theorie eine Abwehrreaktion, die bedrohliche Erfahrungen negiert und so vom Bewusstsein ausschließt.
Verzerrung ist eine Abwehrreaktion, bei der die Bedeutung der Erfahrung so verändert und entstellt wird, dass sie mit dem Selbstkonzept wieder übereinstimmt.

„Bei manchen Personen tritt jedoch [...] Folgendes ein: Eine Person hält ein bestimmtes Selbstkonzept starr und rigide aufrecht, obwohl die Erfahrungen andersartig sind. Sie ist beispielsweise von sich überzeugt, hochintelligent zu sein, obwohl sie etwa im Studium oder Beruf andersartige Erfahrungen macht. Normalerweise ändert sich bei Menschen entsprechend ihren Erfahrungen das Selbstkonzept. Manche Menschen jedoch halten das Selbstkonzept starr aufrecht, sie ignorieren Erfahrungen oder entstellen sie in ihrer Bedeutung."
(Tausch/Tausch, 1998[11], S. 60)

---

[1] antizipieren (lat.): vorwegnehmen

Beide Abwehrreaktionen bewahren die Person davor, dass ihr beschädigtes Selbstkonzept weiter verletzt wird und ihre Selbstachtung noch mehr verloren geht; die – vermeintliche – Bedrohung muss nicht mehr wahrgenommen werden. Jedoch führt Abwehr auf Dauer zur Verneinung und Verfälschung der Realität, sodass eine realitätsgetreue Bewältigung des eigenen Lebens nicht möglich ist.

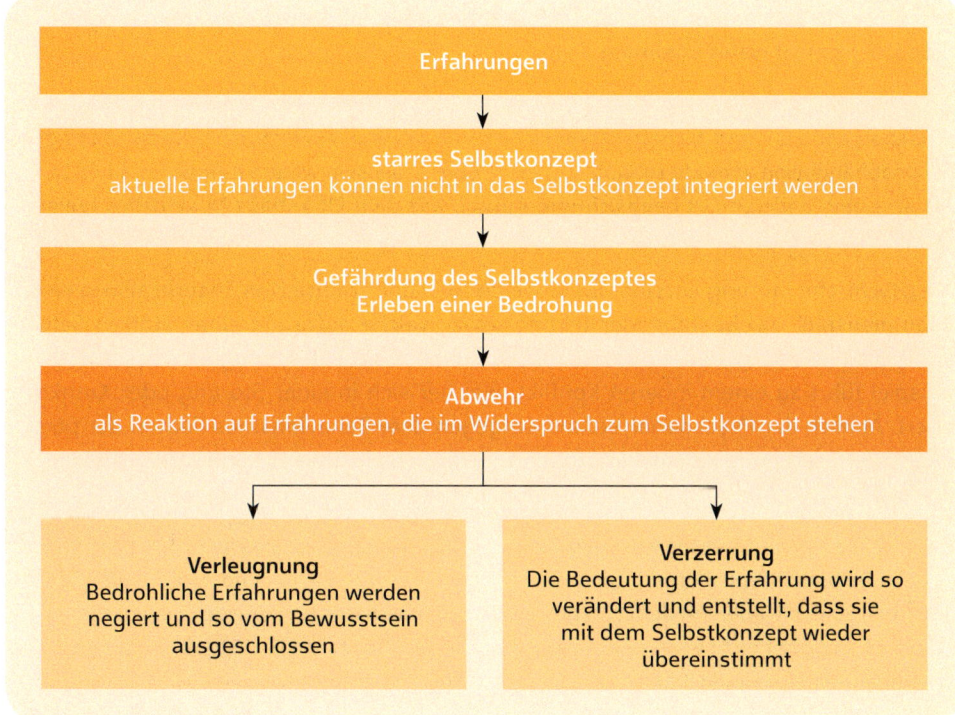

Erfahrungen können also

- wahrgenommen und in das Selbstkonzept integriert werden, was eine gesunde Entwicklung zur Folge hat,

- verleugnet (negiert) oder verzerrt (verändert oder entstellt) werden, was eine psychische Fehlentwicklung zur Folge haben kann (vgl. *Rogers, 1985, S. 434*).

9.3.8 Die Entstehung psychischer Fehlentwicklungen

Personen, die ihr Selbstkonzept neuen Erfahrungen nicht anpassen können, können – wie im *vorigen Abschnitt* ausgeführt – die Unstimmigkeit zwischen aktuellen Erfahrungen und dem bestehenden Selbstkonzept nicht überwinden und somit den inkongruenten Zustand nicht beseitigen. **Aus der** andauernden **Unvereinbarkeit von organismischem Erleben und Selbstkonzept ergeben sich innerpsychische Spannungen**, die das Individuum als einen quälenden Zustand erlebt. Über ein oder mehrere Symptome – das sind Merkmale bzw. Anzeichen einer Störung oder Krankheit – kann die Bewältigung dieses als unangenehm erlebten Konfliktes und damit das Nichtwahrnehmen der Inkongruenz erreicht werden, was auch den Schutz des Selbstkonzeptes gewährleistet. Da also der durch Inkongruenz erlebte Konflikt ängstigend ist, versucht das Individuum, ihn um den Preis von Symptomen zu verleugnen (vgl. *Rogers, 2016², S. 61*).

Der Vorsitzende der Vereinigung Analytischer Kinder- und Jugendlichen-Psychotherapeuten in Deutschland e. V., *Peter Lehndorfer*, sieht das Stottern als ein Symptom des Konfliktes zwischen dem Bedürfnis nach symbiotischer[1] Nähe und dem Wunsch nach Autonomie und Individuation (vgl. *Weyerer, 2009, S. 73*).

Voraussetzung ist jedoch eine aktuelle Erfahrung oder ein aktuelles Lebensereignis – kurz, ein **aktuelles Ereignis** –, welches die Inkongruenz gewärtig werden lässt. Aufgrund von bestimmten Lebensereignissen oder Erfahrungen ist es auf Dauer nicht mehr möglich, die Inkongruenz nicht wahrzunehmen.

 Für einen jungen Menschen wird seine Inkongruenz zwischen den im Selbstkonzept verankerten Geborgenheits- und Sicherheitswünschen und seinem Wunsch nach Selbstständigkeit und Unabhängigkeit vom Elternhaus erst ein Problem, als sein wegen Aufnahme eines Studiums an einem anderen Ort beabsichtigte Auszug aus dem Elternhaus (= aktuelles Ereignis) ansteht.

Eine psychische Störung entsteht im Sinne der personenzentrierten Theorie also in einem **Zusammenspiel von bestehender Inkongruenz, welche aufgrund eines starren Selbstkonzeptes nicht aufgelöst werden kann, und einem aktuellen Ereignis**. Dieses Zusammenspiel führt zu einem inneren Konflikt, welcher sich in einer Störung oder Krankheit äußert. Ähnlich der Psychoanalyse und entgegen dem Behaviorismus liegt in der personenzentrierten Theorie einem Symptom grundsätzlich ein innerer Konflikt zugrunde.

 Der wegen Aufnahme eines Studiums an einem anderen Ort beabsichtigte Auszug des Sohnes aus dem Elternhaus (= aktuelles Ereignis) kann als Symptom zu massiven Ängsten führen, wenn im Selbstkonzept dieses Jugendlichen starke Geborgenheits- und Sicherheitswünsche vorhanden sind, die aber mit dem „ursprünglichen" Streben des Jungen nach Selbstständigkeit und Unabhängigkeit nicht vereinbar sind und es sich um ein starres Selbstkonzept handelt. Die Inkongruenz ist nicht auflösbar.

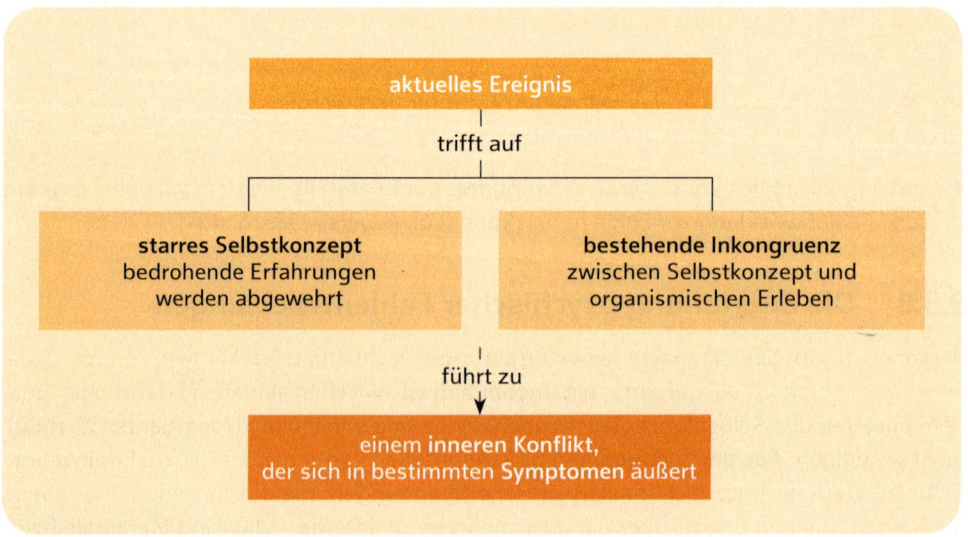

---

[1] symbiotisch (symbíosis, griech.): das Zusammenleben von Lebewesen – hier zwischen Kind und Bezugsperson – zum gegenseitigen Nutzen.

9.4 Die Bedeutung der personenzentrierten Theorie für die Erziehung

Carl R. Rogers hat nicht, wie etwa die Behavioristen, bestimmte „Techniken" des Erzieherverhaltens entworfen, sondern großen Wert auf die **Grundhaltung des Erziehers** gelegt, die das Kind nicht zu sehr in seinem Selbstverwirklichungsstreben einschränkt und es seinem Wesen gemäß handeln lässt. Nur dann nämlich entwickelt es sich zu einem positiven und sozialen Wesen, dem man vertrauen kann.

Erziehung hat die Aufgabe, das Bestreben des Menschen, seine Entwicklungsmöglichkeiten zu erhalten, zu entfalten und zu verwirklichen sowie Unabhängigkeit und Selbstbestimmung zu erlangen[1]. Diese Aktualisierungstendenz kann entsprechend dem Erzieherverhalten gehemmt oder auch deformiert werden (vgl. *Rogers, 2015[10], S. 69*).

9.4.1 Bedingungslose Wertschätzung

Da nach *Rogers* die innere Natur des Menschen „gut" ist, ist es wichtig, sie dahin gehend zu fördern, sich selbst zu finden, er selbst zu werden[2]. Die Rolle der Erziehung besteht also darin, dass sie als eine Art Resonanzboden zu fungieren hat, auf welchem das Kind sich selbst entwickeln kann. Dabei betont *Rogers* die Haltungseigenschaften der **positiven Beachtung bzw. Wertschätzung**, des **Verstehens** und der **Echtheit**

Diese Haltungseigenschaften gelten nicht nur in der Erziehung, sondern auch in der Beziehung zwischen Psychotherapeut und Klienten sowie zwischen Leiter und Gruppe, Lehrer und Schüler oder Führungskraft und Mitarbeiter (vgl. Rogers, 2015[10], S. 67).

> **Wertschätzung ist eine gefühlsmäßige Grundhaltung gegenüber einer anderen Person, die sich in Achtung, Anerkennung und Wohlwollen zeigt und sich in Zugewandtheit, Interesse, Aufmerksamkeit und Freundlichkeit ausdrückt.**

„Wenn man mich nicht schätzt und würdigt, *fühle* ich mich nicht nur sehr herabgesetzt, sondern meine Gefühle beeinträchtigen [...] auch mein Verhalten. Wenn man mich schätzt, blühe ich auf und entfalte mich zu einem interessanten Individuum." (*Rogers, 2015[10], S. 33*).

Wertschätzung darf, wie in *Abschnitt 9.3.5* ausgeführt, **an keine Bedingungen gebunden sein**[3].

Wenn Eltern zu ihrem Kind sagen „Du bist für mich ein liebes Kind, wenn du nicht immer so aggressiv bist" oder „Ich mag dich erst wieder, wenn du dein Zimmer aufräumst", dann knüpfen sie ihre Liebe an ganz bestimmte Bedingungen.

> **Bedingungslose Wertschätzung besteht darin, dass Achtung, Anerkennung und Wohlwollen nicht mit Bedingungen verknüpft oder davon abhängig gemacht werden.**

---

[1] vgl. Abschnitt 9.3.2
[2] vgl. Abschnitt 9.3.2
[3] vgl. Abschnitt 9.3.4

> „Wertschätzung für einen anderen zu empfinden, bedeutet, ihn ‚zu schätzen‘. Es bedeutet, eine Person zu schätzen, ungeachtet der verschiedenen Bewertungen, die man selbst ihren verschiedenen Verhaltensweisen gegenüber hat. Eltern ‚schätzen‘ ihr Kind, obwohl sie nicht gleichermaßen all seine verschiedenen Verhaltensweisen für gut befinden.“
> (Rogers, 2016², S. 41)

Ein Kind, das von seinen Eltern und anderen Erziehern erfährt, dass es als Person bedingungslos angenommen wird, kann die in ihm angelegten Entwicklungsmöglichkeiten entfalten und auf diese Art und Weise immer wieder neue Erfahrungen machen. Wenn es erforderlich wird, kann es sein Selbstkonzept verändern und es den neuen Erfahrungen flexibel anpassen. Der Mensch ist imstande, sein Verhalten an der eigenen seelischen Realität und nicht an den vorgegeben Wertmaßstäben anderer zu orientieren.

9.4.2 Förderliche Haltungen in der Erziehung

Sehr eng mit der **Wertschätzung** hängen das **Verstehen** und die **Echtheit** zusammen.

Verstehen als erzieherische Grundhaltung bedeutet das Einfühlen in die innere Welt eines anderen, die Wahrnehmung und vorstellungsmäßige Vergegenwärtigung der subjektiven Welt eines anderen Individuums.

> „Verstehen heißt, mit dem Herzen sehen!“
> (Victor Hugo[1])

Unter Echtheit versteht man eine erzieherische Grundhaltung, bei der der Erzieher dem zu Erziehenden gegenüber aufrichtig ist und sein Verhalten mit seinen Einstellungen übereinstimmt.

Des Weiteren sind in der Erziehung **fördernde nicht dirigierende Einzeltätigkeiten** erforderlich. Damit meinen *Tausch/Tausch (1998¹¹, S. 247)* alle Tätigkeiten und Aktivitäten, die der Wertschätzung, dem Verstehen und der Echtheit entsprechen.

Solche Tätigkeiten sind dem anderen Angebote machen, ihm Anregungen geben, Alternativen vorschlagen, informierende Hinweise geben, sich für den anderen verfügbar halten – etwa für Gespräche –, ihm Rückmeldungen und Hilfestellungen geben, klärende Konfrontationen ermöglichen, mit ihm Absprachen und Regelungen treffen, ihm Verbesserungsvorschläge und Entscheidungshilfen unterbreiten, mit ihm gemeinsame Aktivitäten ausführen, mit dem anderen gemeinsame gefühlsmäßig bereichernde Erlebnisse arrangieren oder selbst humane Grundwerte vorleben (vgl. *Tausch/Tausch, 1998¹¹, S. 247*).

Zugleich gibt der Erzieher dem zu Erziehenden Möglichkeiten zum Experimentieren und Ausprobieren. Er gewährt Freiräume und fördert die Selbstbestimmung. Er respektiert die Wünsche und Bedürfnisse des Kindes und geht so weit wie möglich darauf ein. Wenn es notwendig wird, setzt er jedoch klare und überschaubare Grenzen und begründet seine Anweisungen.

---

[1] Victor Hugo (1802–1885) war französischer Schriftsteller.

Aus der personenzentrierten Theorie geht klar eine **Trennung von Person und Sache** hervor, die Erziehung hat sich an der „Sache" zu orientieren. Dies bedeutet zum einen, Erziehungsmaßnahmen wie Lob, Belohnung, Strafe und dergleichen nicht auf die Person des zu Erziehenden zu richten, sondern auf sein Verhalten.

So sollte ein Lehrer etwa bei einer schlechten Leistung nicht sagen „Du kapierst das nie!" oder „Du bist dumm!", sondern „Deine Leistung zeigt Schwächen".

Zum anderen sollte der Erzieher bestimmte Verhaltensweisen, die der zu Erziehende zeigt, nicht auf sich selbst beziehen und auf der Beziehungsebene reagieren.

Solche „persönlichen" Reaktionen, die es zu vermeiden gilt, sind „Jetzt bin ich aber enttäuscht von dir!", „Da hat dich aber die Mama nicht mehr lieb!" oder „Geh weg, jetzt mag ich dich nicht mehr!".

Diese Trennung von Person und Sache bedeutet, dass man „Ja" zum Kind sagt, auch wenn es anders reagiert, als man selbst erwartet – selbst wenn ein Konflikt oder eine Spannung eine harmonische Beziehung im Moment stört.

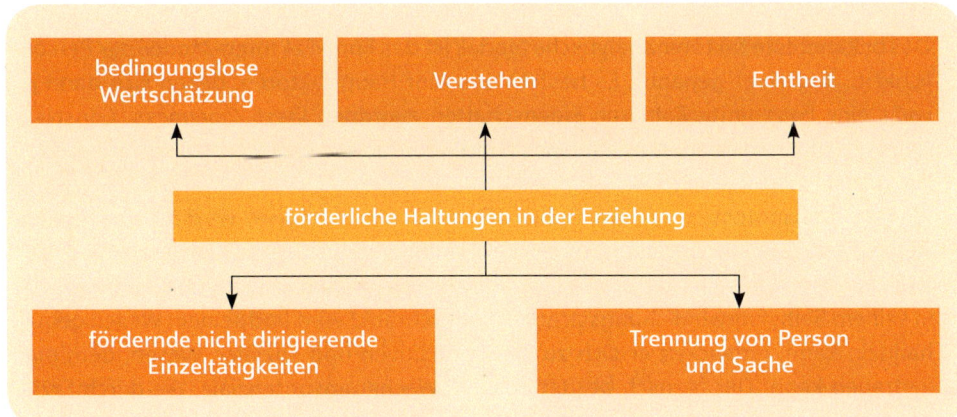

→ **Materialien 4:**
Kritische Würdigung der personenzentrierten Theorie

Zusammenfassung

- Persönlichkeit ist die einzigartige und nicht beobachtbare Struktur von relativ konstanten und doch sich verändernden Merkmalen einer Person, sogenannte Persönlichkeitsmerkmale, die ein beständiges Verhaltens- und Erlebensmuster zur Folge hat. Die wichtigsten Erhebungsmethoden sind die systematische Beobachtung, Laborstudien und experimentelle Forschung, Fallstudien sowie verschiedene Formen von Tests. Wegen ihrer Exaktheit und Vergleichbarkeit haben vor allem Persönlichkeitsfragebögen große Verbreitung gefunden.

- In der Psychologie existiert eine Vielzahl von Theorien über den Aufbau und die Entwicklung der Persönlichkeit. Jede dieser Theorien basiert auf einem bestimmten Menschenbild, das bestimmt, von welchen Grundannahmen der Forscher ausgeht und worauf er bei seinen Untersuchungen besonders achtet. Die bekanntesten Persönlichkeitstheorien sind faktorenanalytische Persönlichkeitsmodelle sowie tiefenpsychologische, behavioristische, kognitive und humanistische Persönlichkeitstheorien.

- Das bekannteste faktorenanalytische Modell ist das Fünf-Faktoren-Modell der Persönlichkeit, „Big-Five" genannt. Es besteht aus fünf Hauptfaktoren, denen sich dann jeweils eine bestimmte Zahl von Eigenschaften zuordnen lässt: Openness, Conscientiousness, Extraversion, Agreeableness und Neuroticism.

- Eine der bekanntesten humanistischen Persönlichkeitstheorien ist die personenzentrierte Theorie von *Carl R. Rogers*, der davon ausgeht, dass der Mensch danach strebt, eine gesunde und selbstbestimmte Persönlichkeit zu entwickeln. Wenn er nicht zu sehr in seinem Selbstverwirklichungsstreben eingeschränkt wird und seinem Wesen gemäß handeln kann, entwickelt er sich zu einem positiven und sozialen Wesen, dem man vertrauen kann. Der Mensch besitzt positive Wachstumspotenziale, die durch Erziehung unterstützt werden müssen und nicht verschüttet werden dürfen.

Aufgaben und Anregungen Kapitel 9

Aufgaben

1. Erläutern Sie anhand eines Beispiels die Merkmale des Begriffes „Persönlichkeit".
   (Abschnitt 9.1.1)

2. Beschreiben Sie Methoden der Persönlichkeitsmessung.
   (Abschnitt 9.1.2)

3. Erläutern Sie anhand eines Beispiels das Verfahren eines Persönlichkeitsfragebogens.
   (Abschnitt 9.1.2)

4. Stellen Sie dar, warum es sehr unterschiedliche Persönlichkeitstheorien gibt.
   (Abschnitt 9.2)

5. Stellen Sie die Grundaussage von eigenschaftsorientierten und faktorenanalytischen Persönlichkeitsmodellen dar.
   (Abschnitt 9.2.1)

6. Stellen Sie die wesentlichen Aussagen der tiefenpsychologischen Persönlichkeitstheorien dar. Geben Sie
   dabei auch einen Überblick über die tiefenpsychologischen Richtungen.
   (Abschnitt 9.2.2)

7. Zeigen Sie die wichtigsten Aussagen der
   a) behavioristischen Theorien auf.
      (Abschnitt 9.2.3)
   b) kognitiven Persönlichkeitstheorien auf.
      (Abschnitt 9.2.4)
   c) humanistischen Persönlichkeitstheorien auf.
      (Abschnitt 9.2.5)

8. Stellen Sie tiefenpsychologische, behavioristische, kognitive und humanistische Persönlichkeitstheorien
   hinsichtlich ihrer Grundannahmen über die Persönlichkeit gegenüber.
   (Abschnitt 9.2.2 bis 9.2.5)

9. Beschreiben Sie das Menschenbild der personenzentrierten Theorie von *Carl R. Rogers*.
   (Abschnitt 9.3.1)

10. Beschreiben Sie an einem Beispiel aus Ihrem Lebensbereich die Tendenz zur Aktualisierung und den orga-
    nismischen Bewertungsprozess.
    (Abschnitt 9.3.2)

11. Bestimmen Sie den Begriff „Selbstkonzept" und erläutern Sie an einem Beispiel Real-Selbst und Ideal-
    Selbst.
    (Abschnitt 9.3.3)

12. Zeigen Sie an einem geeigneten Beispiel die Entstehung des Selbstkonzeptes einer Person auf.
    (Abschnitt 9.3.4)

Aufgaben und Anregungen Kapitel 9

Aufgaben

13. Erläutern Sie an zwei Beispielen den Zusammenhang zwischen Beachtung, Selbstachtung und Selbstkonzept. (Abschnitt 9.3.5)

14. Beschreiben Sie anhand eines Beispiels den Unterschied von Kongruenz und Inkongruenz. (Abschnitt 9.3.6)

15. a) Erläutern Sie, wie Personen mit einem eher flexiblen Selbstkonzept aktuelle Erfahrungen bewältigen und ihre Persönlichkeit weiterentwickeln.
    b) Stellen Sie dar, wie Menschen mit einem starren Selbstkonzept mit Erfahrungen umgehen und welche Folgen das für ihre Persönlichkeitsentwicklung hat.
    (Abschnitt 9.3.7)

16. Beschreiben Sie anhand von Beispielen die Abwehrreaktionen Verleugnung und Verzerrung. (Abschnitt 9.3.7)

17. Stellen Sie eine psychische Störung (z. B. eine Angstsituation oder ein Zwangsverhalten) dar und erklären Sie deren mögliche Entstehung mithilfe der personenzentrierten Theorie von *Carl R. Rogers*. (Abschnitt 9.3.8)

18. *„Jasager [...] nehmen andere wichtig. Mit einem Nein die Macht zu ergreifen, widerstrebt ihnen, bereitet ihnen Angst. Eine Ablehnung, so fürchten sie, könnte den anderen verärgern, verletzen, ihn letztlich dazu bringen, sich abzuwenden. Weil sie das nicht riskieren wollen, vermeiden sie ein klares ‚Ich will nicht [...]'* *Statt ihre eigenen Interessen zu wahren, beruhigen sie sich selbst: ‚Es lohnt sich nicht, deshalb ein Fass aufzumachen', ‚So wichtig ist mir das nun auch wieder nicht' [...]. Das Kind lernt, dass das eigene Nein nicht erwünscht ist, ja, dass es selbst ‚schlecht' ist und nicht geliebt wird, wenn es sich dem Willen der Erwachsenen widersetzt. [...] Aber das Nicht-nein-sagen-Können hat einen hohen Preis: latente Unzufriedenheit [...], Erschöpfung. Die Zeitkrankheit Burnout*[1] *[...] resultiert aus der Unfähigkeit, Grenzen ziehen zu können."* *(Nuber, 2011, S. 21 f.)*
    Erklären Sie unter Bezugnahme auf obigen Text, warum es Menschen schwer fällt, „Nein" zu sagen und sie möglicherweise daran erkranken.
    (Abschnitt 9.3)

19. Erläutern und begründen Sie mithilfe der personenzentrierten Theorie förderliche erzieherische Haltungen. (Abschnitt 9.4)

20. *Der Sohn der Reggae-Legende Bob Marley, Rohan Marley, hat die strenge Erziehung seines Vaters als gerecht empfunden. Ihm blieb in Erinnerung, wie sein Vater einmal zu ihm sagte: „Hör gut zu. Wenn du mir noch einmal Ärger machst, dann bist du nicht länger mein Sohn." Und Rohan Marley meinte dazu: „Mein Vater hatte in dieser Sache doch recht." Er erziehe seine Kinder genau so, wie sein Vater ihn. (dapd, in: Donaukurier Nr. 115 vom 19.05.2012, S. 12)*
    Nehmen Sie unter Berücksichtigung der relevanten Annahmen der personenzentrierten Theorie Stellung zu der Aussage von Bob Marley.
    (Abschnitt 9.3.4 und 9.4.1)

---

[1] Burnout (to burn out, engl.: ausbrennen) ist ein körperlicher, emotionaler, geistiger und sozialer Erschöpfungszustand, der Wochen oder Jahre andauern kann und durch berufliche Überforderung ausgelöst wird (vgl. Hobmair, 2010, S. 393).

Aufgaben

21. Fallbeschreibung „Susanne"

   Susanne, 34 Jahre alt, hatte vor einiger Zeit einen Panikanfall: Sie spürte bei einer Autofahrt zu ihrer Freundin Britta plötzlich einen starken Druck auf der Brust, ihr Herz fing an zu rasen und sie bekam kaum mehr Luft. Sie hatte das Gefühl zu sterben. Als sie am Standstreifen anhielt und ausstieg, konnte sie sich vor Schwindel kaum auf ihren Beinen halten. Seit diesem Vorfall treten diese Angstzustände öfters auf, vor allem dann, wenn sie von zu Hause wegfährt. Doch der Arzt findet keine organische Ursache für diese Herzbeschwerden und Atemnöte.

   Zu Britta hat Susanne eine sehr gute Beziehung und sie erzählt ihr eines Tages, dass sie mit ihrem Mann eigentlich nicht mehr glücklich sei und sie ihn früher deshalb schon mehrmals verlassen wollte. Sie wäre fröhlicher, wenn sie ein eigenständiges Leben führen könnte und sich nicht ständig ihrem Mann unterordnen müsste. Doch das mache man halt, dass man für seinen Mann da sei, das wäre bei ihren Eltern genauso gewesen. Im Laufe des Gesprächs sagt sie weiter: „Ich kann ihn doch nicht alleine lassen. Man trennt sich nicht einfach so, das macht man nicht! Ich will ihn auch nicht enttäuschen." Sie erzählt weiter, dass sie sich jetzt damit abgefunden habe, bei ihm zu bleiben; sie habe sich jetzt mit ihm arrangiert. Und am Schluss fügt sie noch hinzu: „Doch manchmal habe ich schon noch den Wunsch auszuziehen, verwerfe ihn aber dann gleich wieder."

   a) Stellen Sie die grundlegenden Aussagen der personenzentrierten Theorie dar und verdeutlichen Sie diese anhand der Fallbeschreibung „Susanne".
   (Abschnitt 9.3)

   b) Beschreiben und begründen Sie die Haltungseigenschaften, die der Psychotherapeut zeigen sollte, um Susanne zu helfen.
   (Abschnitt 9.4)

Anregungen

22. *Kaffeehaus (vgl. Hugenschmidt/Technau, 2009, 91 f.)*
   - Bilden Sie Vierergruppen und wählen Sie einen Teilbereich des Themas „Psychologie der Persönlichkeit" aus.
   - Diskutieren Sie in der Gruppe über Ihren Themenbereich, sodass jeder gut darüber Bescheid weiß.
   - Anschließend löst sich die Gruppe auf und es werden mehrere Tische mit je vier Stühlen aufgestellt. Jeder einzelne Schüler kann sich an einen beliebigen Tisch setzen und sich mit den anderen über die wesentlichen Aspekte seines Themenbereiches unterhalten. Dabei kann er den Tisch auch wechseln.

23. Befragen Sie Freunde und Bekannte, was diese mit den Begriffen „Charakter" und „Persönlichkeit" verbinden. Vergleichen Sie die gesammelten Aussagen mit der Begriffsbestimmung von Persönlichkeit in Abschnitt 9.1.1.

24. *Biografie und Internetsuche*
   - Suchen Sie im Internet nach Informationen über das Leben und Werk von *Carl R. Rogers*.
   - Fertigen Sie in Kleingruppen eine Übersicht zur Biografie von *Carl R. Rogers* an. Erarbeiten Sie vier bis sechs wichtige Abschnitte seines Lebens.
   - Stellen Sie fest, inwieweit biografische Ereignisse seine Theorie beeinflusst haben.

25. Notieren Sie alle Gedanken, Vorstellungen und Fantasien, die Ihnen spontan zu den Aussagen einfallen: „*So sehe ich mich!*" und „*So möchte ich sein!*". Stellen Sie anschließend mithilfe einer Zeichnung Ihr Selbstbild bzw. -konzept dar.

Aufgaben

26. Wählen Sie mehrere Fotos aus, die von Ihnen innerhalb des letzten Jahres gemacht wurden. Erstellen Sie damit eine Collage Ihres Selbstbildes bzw. -konzeptes.

27. *„Was ich bin und was ich will"*
    - Machen Sie sich Notizen zu folgenden Sätzen:
        - „Wenn ich mich selbst betrachte, dann denke ich über mich ..."
        - „Wenn ich in mein Inneres hineinhorche, dann empfinde ich für mich ..."
    - Sprechen Sie anschließend in Kleingruppen über Ihre Gedanken und Empfindungen.

28. *„Der Mensch ist von Natur aus positiv[1]" (Rogers, 2014[19], S. 99 f.)*
    - Diskutieren Sie in der Klasse anhand der Aussagen von *Rogers* über sein Menschenbild (siehe *Abschnitt 9.3.1*).
    - Vergleichen Sie das Menschenbild von *Rogers* mit dem der Psychoanalyse von *Sigmund Freud* und unterziehen Sie beide Bilder einer kritischen Betrachtung.

29. *Singen Sie gemeinsam mit Ihren Klassenkameraden das folgende Lied (nach der Melodie „Die Affen rasen durch den Wald").[2]*

    Refrain:
    Ich hab ein Selbstkonzept, ich hab ein Selbstkonzept,
    mein ganzes Selbstkonzept bin ihihich,
    ich hab ein Selbstkonzept, ich hab ein Selbstkonzept,
    mein Selbstkonzept bin ich!

    1. Die Mutter sagt, du bist so dumm,
       du machst so lang mit allem rum,
       das nehm' ich dir schon langsam krumm.

    2. Ich bin so faul und auch noch dumm,
       und alle mosern an mir rum,
       ich nehm's mir selber jetzt schon krumm.

    3. Und ganz egal, was ich auch tu,
       die Klappen sind schon vorher zu,
       ach, lasst mich alle doch in Ruh!

    4. Ich hab jetzt alles reflektiert,
       ich hab mein Grundproblem kapiert,
       das wird nicht länger akzeptiert.

    Der Lehrer zeigt mir jeden Tag,
    dass er mich absolut nicht mag,
    mein ganzes Selbstkonzept gibt nach.

    Die Freunde zieh'n sich auch zurück,
    denn Doofsein ist nicht wirklich schick,
    mein Selbstkonzept hat einen Knick.

    Wie stell ich's an? Wie ändre ich
    die ganze Sicht von mir und mich?
    Mein Selbstkonzept behindert mich.

    Der neue Weg muss anders sein,
    das zieh ich mir nicht länger rein,
    ein neues Selbstkonzept muss sein!

---

[1] Mit „positiv" meint Rogers hier „gut" im Gegensatz zu böse, aggressiv (vgl. Abschnitt 9.3.1).
[2] Der Text dieses Liedes stammt von Maria Weigl von der Staatlichen Fach- und Berufsoberschule Neumarkt i. d. Oberpfalz.

10 Der Mensch im sozialen Kontext

Das Stanford-Prison-Experiment

Das Stanford-Prison-Experiment zeigt: Die jeweilige Situation, in der sich ein Mensch befindet, insbesondere der dort herrschende Druck, bestimmt sein Verhalten und Handeln und kann ganz „normale" Bürger dazu verleiten, gegen

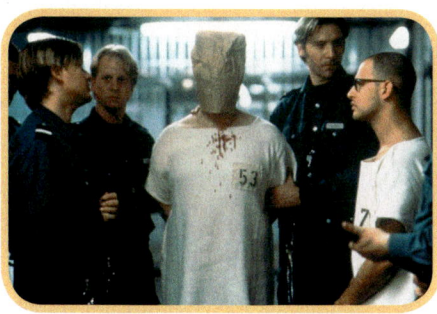

die Moral zu verstoßen.

Philip G. Zimbardo führte dieses Experiment unter den Bedingungen eines Gefängnislebens an der Stanford University durch; dabei wurden die Teilnehmer in Wächter und Gefangene eingeteilt. Diese Rollen wurden unerwartet überaus ernst genommen: Die Aufseher verhielten sich sehr autoritär, aggressiv und zum Teil sadistisch (als Strafe kein Essen, Isolationshaft oder Toilettenputzen mit bloßen Händen), die Gefangenen unterwürfig, passiv und resigniert. „Schon in der zweiten Nacht fingen die Wärter an, die Insassen alle paar Stunden zu wecken, um sie zu drangsalieren; sie sollten etwas singen oder Liegestütze machen. Es kam zu immer mehr Fällen von Demütigung und Erniedrigung." (*Zimbardo, in: Ayan, 2011, S. 56*)

Das Experiment geriet sehr schnell außer Kontrolle: Schon nach drei Tagen zeigte ein Gefangener extreme Stressreaktionen und musste entlassen werden; einige der Wärter zeigten gewalttätiges und sadistisches Verhalten. Nach sechs Tagen musste das Experiment abgebrochen werden.

Mit solchen und ähnlichen Thematiken beschäftigt sich die Sozialpsychologie.

Folgende Fragen werden in diesem Kapitel geklärt:

1. Was verstehen wir unter Sozialpsychologie?
   Welche Aufgaben hat sie?

2. Was ist eine Gruppe?
   Welche Bedeutung hat sie?
   Welche Gefahren können von ihr ausgehen?
   Welche Arten von Gruppen gibt es?

3. Welche Ergebnisse bringt die Sozialpsychologie zu der Thematik „soziale Anpassung", „soziale Macht" und „Gehorsam" zutage?
   Was bedeutet sozialer Rang und Status?

4. *Wann und unter welchen Umständen helfen Menschen anderen Menschen?*
Welche Persönlichkeitsmerkmale sind Voraussetzung für ein Hilfeverhalten?
Welche Annahmen zur Entstehung des Hilfeverhaltens gibt es?
Welche Erkenntnisse gibt es zu der Thematik „Kooperation und Wettbewerb"?

5. *Was versteht man unter dem Begriff „soziale Einstellung"?*
Welche Funktionen erfüllen soziale Einstellungen?
Was versteht man unter einem Vorurteil?
Wie lässt sich der Erwerb von Einstellungen erklären?
Wie lassen sich soziale Einstellungen ändern?

10.1 Die Sozialpsychologie

Die Sozialpsychologie stellt eine Verbindung zwischen Psychologie und Soziologie dar, indem sie sich auf das einzelne Individuum sowie auf Individuen in der Gruppe und deren Einflussfaktoren konzentriert.

10.1.1 Der Gegenstand der Sozialpsychologie

Die Sozialpsychologie ist eine relativ junge Disziplin der Psychologie mit vielen interessanten Anwendungsbezügen. Sie hat eine rapide Entwicklung hinter sich. Allgemein kann man sagen, dass sich die Sozialpsychologie mit dem **Erleben und Verhalten im sozialen Kontext** beschäftigt (vgl. *Gollwitzer/Schmitt, 2009, S. 1*). Sozialer Kontext bedeutet in diesem Zusammenhang den Wechselwirkungsprozess zwischen Individuen sowie zwischen Individuum und Umwelt. Die Sozialpsychologie fragt

- einerseits, wie und inwieweit die soziale Umwelt wie z. B. eine Gruppe den Einzelnen und

- andererseits der Einzelne bzw. Gruppen ihre soziale Umwelt beeinflussen (vgl. *Bierhoff/Frey, 2011, S. 13*).

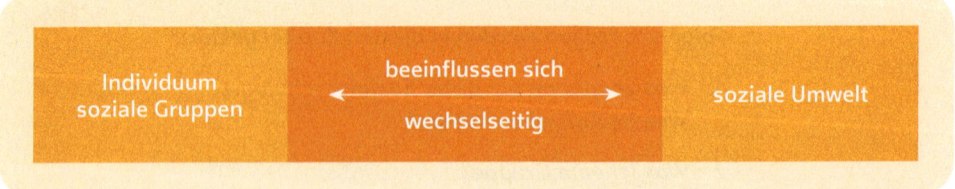

In der wechselseitigen Beeinflussung spielen neben einzelnen Personen **soziale Gebilde** – eine soziale Einheit, die aus mehreren Personen besteht und in der soziale Beziehungen bzw. soziales Handeln stattfindet – eine Rolle (vgl. *Hobmair, 2014[3], S. 19*).

In der Familie oder im Betrieb leben Menschen miteinander und wirken in ihrem sozialen Handeln aufeinander ein.

> Soziales Gebilde ist die Bezeichnung für eine soziale Einheit, die aus mehreren Personen besteht und in der soziale Beziehungen sowie soziales Handeln stattfinden.

Die Sozialpsychologie konzentriert sich weniger auf große gesellschaftliche soziale Gebilde wie auf die Gemeinde oder Gesellschaft – diese überlässt sie der Soziologie –, sondern richtet ihre Aufmerksamkeit auf kleinere soziale Gebilde wie soziale Gruppen.

> Die Sozialpsychologie befasst sich mit dem Erleben und Verhalten von Menschen in wechselseitiger Beeinflussung[1] mit ihrer sozialen Umwelt.

Die Sozialpsychologie beschäftigt sich unter anderem mit folgenden Themen: soziale Gruppe und Gruppendynamik, soziale Wahrnehmung, soziale Einstellungen, Vorurteile und Rassismus, Urteile und Entscheidungsprozesse, soziale Kommunikation und Konfliktlösung, aggressives Verhalten, soziale Macht und Gehorsam bzw. Unterordnung, soziale Anpassung, Konformität und Zivilcourage, sozialer Rang und Status, pro- und antisoziales Verhalten sowie Kooperation und Wettbewerb.

10.1.2 Aufgaben der Sozialpsychologie

Nach *Alexander Thomas* (*1991, S. 9 f.*) hat die Sozialpsychologie drei grundlegende Aufgaben:

- Gewinnung und Vermittlung von Erkenntnissen über den Einfluss des Individuums auf seine Umwelt und deren Beeinflussung des individuellen Erlebens und Verhaltens

- die Vermittlung von Einsichten in die Bedeutung von Einflussfaktoren im sozialen Interaktions- und Kommunikationsgeschehen

- Entwicklung von Möglichkeiten und Methoden zum Funktionieren eines sozialen Systems (z. B. Schule oder Betrieb), zur Integration in soziale Gebilde wie z. B. in eine Gruppe sowie zur individuellen Selbstentfaltung in sozialen Situationen

Neben speziellen Themen, mit denen sich die Sozialpsychologie beschäftigt, hat sie auch viele bedeutende Theorien und Forschungsmethoden hervorgebracht wie z. B. die **Soziometrie**[2] – ein Messverfahren zur Feststellung bestimmter Aspekte sozialer Beziehungen in Gruppen.

→ **Materialien 1:**
Die Erforschung von Gruppenbeziehungen

So wird Soziometrie unter anderem in Betrieben, Werkstätten, Büros, Spielgruppen, Schulklassen und Jugendgruppen durchgeführt, um dort die Art und Weise der sozialen Interaktionen festzustellen. Auf diese Weise erhält man Auskunft über das soziale Klima und kann Maßnahmen zur Änderung bzw. Verbesserung der sozialen Interaktion und der Leistung der Gruppe treffen.

10.2 Die soziale Gruppe

Ein zentrales Thema der Sozialpsychologie ist die Gruppe, die im sozialen Leben eines Menschen einen sehr hohen Stellenwert einnimmt. Er gehört grundsätzlich immer einer Gruppe an und könnte ohne sie nicht existieren.

---

[1] Die wechselseitige Beeinflussung wird in der Fachsprache Interaktion genannt (vgl. Kapitel 11.1.1).
[2] socius (lat.): der Gefährte, der Teilnehmer, der Verbündete; metrein (griech.): messen

> *„Gruppen sind immer vor den Einzelnen da. Ein Baby wird in eine Gruppe hineingeboren. Es ist auf die Gruppe angewiesen, um zu überleben. [...] Gruppen sind für viele Leistungen unverzichtbar, doch Gruppen können ihre Mitglieder auch in den Abgrund reißen."*
> (Feldmann, 2006², S. 178 f.)

10.2.1 Der Begriff „soziale Gruppe"

Durch vier Merkmale ist der Begriff der sozialen Gruppe gekennzeichnet:

- Eine Gruppe setzt sich immer aus einer überschaubaren **Anzahl von Personen** zusammen, den sogenannten *Gruppenmitgliedern*. Diese Gruppenmitglieder treten miteinander in Beziehung, beziehen ihr Verhalten aufeinander sowie beeinflussen und steuern sich gegenseitig. Die Personen einer Gruppe stehen also zueinander in einer **Wechselbeziehung**.

Wenn zufällig in einem Linienbus „isolierte" Individuen sitzen, die keinen Kontakt zueinander haben, so handelt es sich hier nicht um eine Gruppe. Eine Schulklasse dagegen ist eine Gruppe: Die Schüler treten über eine längere Zeit miteinander in Beziehung.

Damit wird der Gruppenbegriff abgegrenzt von größeren sozialen Gebilden wie bspw. eine Zusammenkunft von vielen Menschen auf einem Marktplatz: Um überhaupt miteinander in Beziehung treten zu können, muss die Anzahl der Gruppenmitglieder überschaubar sein.

Die Unterscheidung in Groß- und Kleingruppe, wie sie gelegentlich vorgenommen wird, ist deshalb wenig sinnvoll, da ab einer bestimmten Anzahl von Personen ein Miteinander-in-Beziehung-Treten nicht mehr möglich ist. Der Aspekt der sogenannten Großgruppe wird aus diesem Grunde außer Acht gelassen.

- Diese Beziehungen sind nicht kurzfristig, sondern erstrecken sich über einen **längeren Zeitraum**.

- Eine Gruppe zeichnet sich durch ein gewisses **Bewusstsein für ein gemeinsames Ziel bzw. ein gemeinsames Interesse** aus.

Eine Schulklasse hat das gemeinsame Ziel, das Abitur zu machen. Eine sich regelmäßig treffende Band hat als gemeinsames Interesse das Musizieren.

Eine bloße Ansammlung von Menschen, die sich zufällig in räumlicher Nähe befinden, wird als *Menge* bezeichnet.

- Die in einer Gruppe vorherrschenden Beziehungen sorgen für eine **Gruppenidentifikation**[1]. Damit ist ein emotionales Sich-Gleichsetzen mit der Gruppe, der man angehört, gemeint, es bedeutet für den Einzelnen das Bewusstsein, Mitglied dieser Gruppe zu sein und zu ihr zu gehören, was mit Geborgenheit, „Nestwär-

---

[1] identitas (lat.): die Wesenseinheit

me" verbunden ist. Für die Gruppe ist es das Bewusstsein ihrer Geschlossenheit (vgl. *Heinerth, 1971, S. 40*). Häufig wird in diesem Zusammenhang von einem *Wir-Gefühl* gesprochen.

Dieses Wir-Gefühl kann zu einer Überbewertung der eigenen Gruppe gegenüber anderen Gruppen, denen man nicht angehört, führen.

Die Stärke des Zusammenhalts einer Gruppe, die je nach Gruppe unterschiedlich sein kann, wird als **Gruppenkohäsion**[1] bezeichnet.

In der Familie oder der Freundesgruppe wird der Zusammenhalt stärker sein als etwa in einer Schulklasse oder einer Sportgruppe.

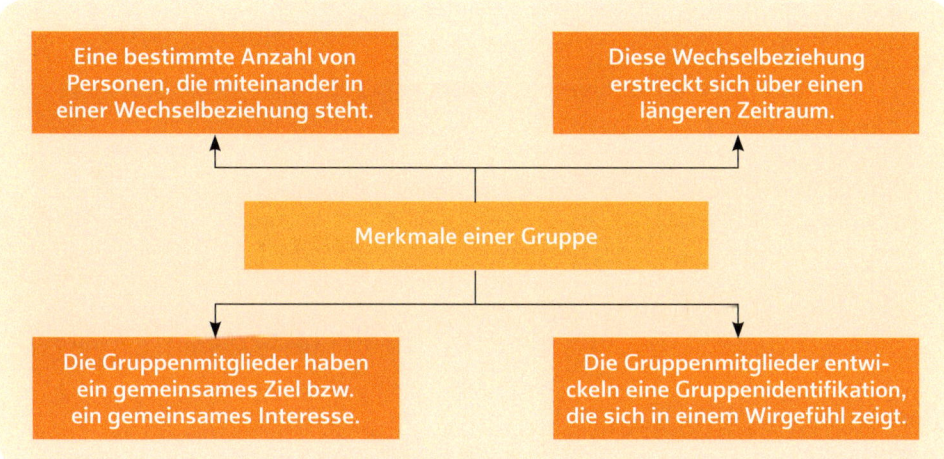

Eine Gruppe umfasst mehrere Personen, die miteinander über einen längeren Zeitraum in einer Wechselbeziehung, in einem sozialen Interaktions- und Kommunikationsprozess, stehen, ein Wir-Gefühl entwickeln und sich durch ein gewisses Bewusstsein für ein gemeinsames Ziel oder ein gemeinsames Interesse auszeichnen.

Eine **Clique** ist eine bestimmte Form der Gruppe. Was jedoch damit gemeint ist, wird in der Literatur unterschiedlich gesehen. Gelegentlich wird dieser Begriff gleichgesetzt mit Gleichaltrigen- bzw. Freundesgruppe. Meist jedoch wird unter Clique eine **Untergruppe verstanden, die sich vom Gesamtziel der eigentlichen Gruppe ablöst bzw. abgelöst hat und eigene Ziele verfolgt**.

10.2.2 Der Prozess der Gruppe

Die Gruppe ist kein statisches Gebilde, sondern unterliegt einem ständigen Prozess der Veränderung. Dieser Veränderungsprozess wird als **Gruppenprozess** bezeichnet.

Als Gruppenprozess wird die Gesamtheit der Veränderungen bezeichnet, die im Gruppenleben geschehen.

Diejenige Disziplin, die sich mit der Analyse von Prozessen innerhalb und zwischen sozialen Gruppen beschäftigt, wird in der Literatur häufig **Gruppendynamik** genannt.

---

[1] cohaerere (lat.): zusammenhängen

Es werden vier typische *Gruppenphasen* herausgestellt, die nicht unbedingt nacheinander durchlaufen werden und sich überschneiden (vgl. *Bock-Rosenthal, 2013[6], S. 402*):

- **Forming**: Die Gruppenmitglieder lernen sich kennen, sie versuchen sich zu orientieren, und es werden verschiedene Verhaltensmuster ausprobiert.

- **Storming**: Die Gruppenmitglieder raufen sich zusammen und erhalten eine bestimmte Rolle.

- **Norming**: Der Gruppenzusammenhalt wächst, es entstehen gemeinsame soziale Normen.

- **Performing**: Aufgaben und Probleme werden gemeinsam bewältigt bzw. gelöst, wenn die ersten drei Phasen erfolgreich durchlaufen sind.

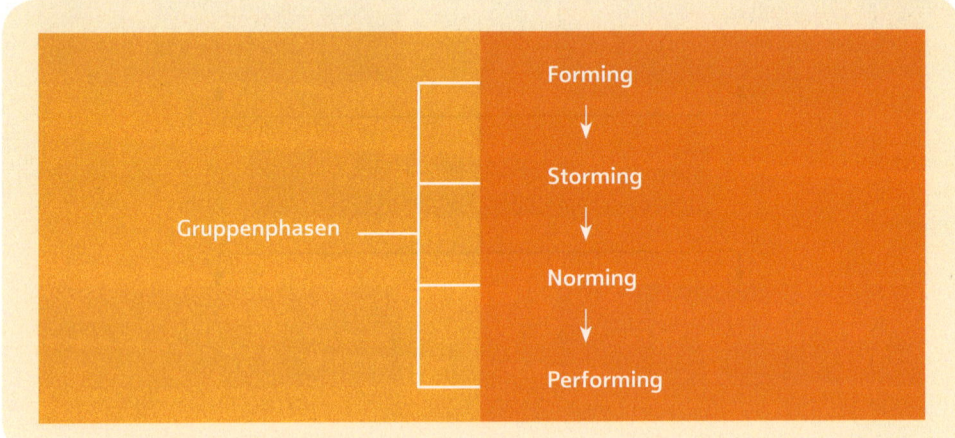

In jeder Gruppe sind zwei gegenläufige Prozesse feststellbar: Einerseits werden sich die Gruppenmitglieder durch die Gruppenidentifikation und den Druck der Gruppe, sich an die Normen zu halten, in ihrem Verhalten immer **ähnlicher**: Die Einzelhandlungen orientieren sich an dem „Wir" der Gruppe und bei gemeinsamen Handlungen setzen die Gruppenmitglieder das „Wir" als Subjekt ihres Handelns. Von der Gruppe gehen ganz bestimmte Zwänge aus, denen sich der Einzelne aufgrund von Sanktionen und der Angst unterwirft, aus der Gruppe ausgeschlossen zu werden, infolge des Entzugs der sozialen Anerkennung zu vereinsamen und innerhalb der sozialen Rangordnung in der Gruppe einen niederen Platz zu erhalten[1].

Andererseits erwartet aber die Gruppe von jedem Mitglied ein besonderes Verhalten, welches dem Einzelnen hinsichtlich seiner Individualität und seiner Fähigkeiten entspricht.

 So hat der eine mehr die Rolle des „Ideenlieferers" inne, von einem anderen erwartet man immer Rat, wenn es Probleme gibt, von einem dritten eine bestimmte Heiterkeit und Witzigkeit.

---

[1] vgl. hierzu Abschnitt 10.3.3

Diese Vielgestaltigkeit in dem Rollenverhalten der Gruppenmitglieder bezeichnet man als **Rollendifferenzierung**; sie bezieht sich auch auf bestimmte Verhaltensmuster, die der Einzelne zeigt. Diese Rollendifferenzierung führt so lange zu keinem Gruppenkonflikt und zu keiner Instabilität der Gruppe, wie sie den Erwartungen der Gruppe entspricht, also im positiven Sinne „gruppenbezogen" ist.

10.2.3 Die Bedeutung der Gruppe

Der Mensch ist ein soziales Wesen, welches von Geburt an auf Mitmenschen und soziale Beziehungen angewiesen ist. Nur durch das Zusammenleben mit anderen kann er existieren.

„Der Einzelne ist auf die Zugehörigkeit der Gruppe angewiesen, da sie zum großen Teil sein Eigenwertgefühl, sein Ansehen und seinen Stolz determiniert[1]. [...] Die Gruppe kann tatsächlich zu einem zusätzlichen Teil des Selbstgefühls werden [...], Erfolg und Anerkennung der Gruppe rufen bei den Mitgliedern Stolz und Genugtuung hervor."
(Mann, 2001, S. 51)

Die Gruppe ist also für den Einzelnen lebensnotwendig und damit für ihn von großer Bedeutung:

- Der Mensch wird nur durch mitmenschliche Beziehungen **zum Menschen im humanen Sinne** und kann seine Persönlichkeit entfalten. Der Aufbau der eigenen Persönlichkeit kann nur durch zahlreiche Kontakte zu anderen Menschen gelingen.

  Das kleine Kind ist von Anfang an auf eine stabile, dauerhafte und nicht abreißende emotionale Zuwendung und ausreichende Vermittlung von Reizen angewiesen.

  Ein Überleben der Menschheit war und ist ohne seine Zugehörigkeit zu Gruppen undenkbar (vgl. *Schmalt/Langens, 2009[4], S. 254*).

- Nur in der Gruppe kann der Mensch **das soziale Verhalten erlernen** und in der Gesellschaft handlungsfähig werden.

  Gerade die Gruppe bietet sich zum Erlernen von Konfliktlösungen an: Die Gruppe lebt in sich und dieser Prozess ist gekennzeichnet durch Spannungen und Konflikte, die sich als Übungsfeld für optimale Konfliktlösungen eignen.

- Viele Bedürfnisse können nur in der Gruppe befriedigt werden. Fast alle menschlichen Bedürfnisse sind **soziale Bedürfnisse**, die nur im Zusammenleben mit anderen befriedigt werden können.

  Jeder Mensch besitzt das Bedürfnis nach zwischenmenschlichen Beziehungen, das Bedürfnis, von seinen Mitmenschen angenommen und akzeptiert zu werden, sich geborgen zu fühlen und geliebt zu werden, oder den Wunsch, Erfahrungen zu machen und Freude zu erleben. Alle diese Bedürfnisse können nur in sozialen Beziehungen befriedigt werden.

- Die Gruppe erleichtert ihren Mitgliedern die **Verwirklichung von Zielen**, die eine gemeinsame kooperative Anstrengung erfordern. Viele Aufgaben und Probleme, insbesondere in Organisationen, lassen sich effektiv nur durch ein Zusammenarbeiten von Menschen lösen. Dabei ist die Gruppe dann effektiver, wenn eine große Vielfalt von Können und Wissen erforderlich ist, um eine Aufgabe zu lösen, oder wenn es darum geht, neue Ideen oder originelle Lösungen zu finden.

---

[1] determinieren (lat.): festlegen

So stellten in den 90er-Jahren des letzten Jahrhunderts zunächst die Automobilindustrie und später weitere Betriebe und Dienstleistungsunternehmen auf Gruppen- bzw. Teamarbeit um.

Die Gruppe kann auch die Leistung eines Einzelnen erhöhen. Dies ist vor allem bei „einfachen" Aufgaben der Fall. Dieses Phänomen wird als **soziale Erleichterung** bezeichnet (vgl. *Fischer u. a., 2014, S. 129 f.*).

- Nur in der Gruppe ist es möglich, **seinen eigenen Wert zu erleben**, welcher entscheidend durch andere Personen gefördert oder auch beeinträchtigt werden kann. Hierher gehört auch der Wunsch, gebraucht und als wertvoll empfunden zu werden.

Vor allem im Jugendalter spielt die Gleichaltrigengruppe – *Peergroup*[1] genannt – eine wichtige Rolle: Der zunehmende Wunsch, sich von der Ursprungsfamilie abzulösen, und das Noch-nicht-Anerkanntsein in der Gesellschaft macht die Gruppe für den Jugendlichen unentbehrlich, weil er sich dort geachtet und geborgen fühlt. Zudem hilft sie ihm bei der Suche nach seiner Identität als zentrale Aufgabe im Jugendalter.

- Der bekannte amerikanische Sozialpsychologe *Leon Festinger* hebt vor allem den Gesichtspunkt der **Selbsteinschätzung** hervor: Aus der Mitgliedschaft zu einer Gruppe leitet der Einzelne seine Selbsteinschätzung ab. Der Mensch hat den Drang, sich mit anderen zu vergleichen, um sich selbst beurteilen zu können, „zu wissen, ob die eigenen Ansichten richtig sind, und genau zu erfahren, was man kann und was man nicht kann." (*Mann, 2001, S. 51*).

10.2.4 Gefahren einer Gruppe

Auch wenn die Gruppe im Leben eines Menschen große Bedeutung besitzt, birgt sie zugleich Gefahren. Je intimer eine Gruppe ist, desto unheilvoller kann sie sein.

Die Gruppe legt oft bis in Detail hinein fest, welche Verhaltensweisen von dem einzelnen Mitglied erwartet werden. Von einer Gruppe gehen ganz bestimmte Zwänge aus, denen sich der Einzelne unterwirft. Auf diese Weise ist der Einzelne einem ganz bestimmten Druck ausgesetzt, durch den Anpassung, Konformität[2], gefordert wird. Man spricht von einem **Konformitätszwang bzw. -druck**[3]. Dieser gilt auch – wie Untersuchungen zeigen – für Problemlösungen und Entscheidungen in Gruppen (vgl. *Rosenstiel/Nerdinger, 2011[7], S. 344*).

Die beiden amerikanischen Sozialpsychologen *Solomon Asch* und *Muzafer Sherif* konnten in unabhängig voneinander durchgeführten Experimenten nachweisen, wie innerhalb einer Gruppe ein Einfluss einsetzt, der zu einer Konformität führt, wie Konformitätsdruck eine Person so beeinflussen kann, dass sie eine offensichtlich falsche Aussage als richtig bewertet. Diese beiden Experimente sind in *Kapitel 3.2.2* dargestellt.

> „Gruppe bringt etwas – kostet aber auch etwas. Zugehörigkeit wird gegen Freiheit eingetauscht."
> (*Antons, 2015[2], S. 331*)

Der Gruppendruck zeigt deutlich die „dunkle Seite" von Gruppen auf: Dominante Gruppenmitglieder fordern Unterwerfung, schließen bestimmte Gruppenmitglieder aus oder mobben[4] sie. Im extremsten Fall findet eine Enthemmung statt, es wird mit Gewalt gedroht oder diese wird auch angewendet.

---

[1] peer (engl.): Gleichrangiger
[2] siehe Abschnitt 10.3.2
[3] Darauf wird in Abschnitt 10.3.2 näher eingegangen.
[4] Mobbing (engl.: belästigen, pöbeln) ist die über einen längeren Zeitraum konsequent beabsichtigte und betriebene psychische Zerstörung von Menschen wie Mitarbeitern, Kollegen oder Kindern (vgl. Huber, 2007, S. 61) – (vgl. Kapitel 5.4.1).

Auch Zwänge in Sekten basieren auf Konformitätszwang (vgl. *Antons, 2009, S. 338*).

Viele vom IS (Islamischer Staat) rekrutierten Kämpfer sind nach Franz M. Wuketits von der Universität Wien „entwurzelte Seelen", die den Gruppenzwang, der ihnen im „Heiligen Krieg" auferlegt wird, einem einsamen Leben vorziehen. Sie fühlen sich in einer großen Pseudofamilie von Gleichgesinnten wohl und glauben, mit diesen verbunden zu bleiben – auch nach ihrem Tod (vgl. *Wuketits, 2016, S. 31*).

In Gruppen kann es zudem leicht zu *Fehleinschätzungen* kommen, wenn sich Gruppenprozesse verselbstständigen. Der Wunsch einer Gruppe nach Einigkeit und Übereinstimmung geht oft auf Kosten einer gründlichen Auseinandersetzung mit den gegebenen Fakten und Informationen.

Beispiele hierfür sind die berühmt gewordenen Analysen von Gruppenentscheidungen bei der Invasion der USA in der Schweinebucht während der Kennedy-Ära. Zugunsten des Gruppenerhalts wurde auf eine nachhaltige und ausgewogene Betrachtung verzichtet. Dies war auch bei dem tragischen Start der Raumfähre Challenger (1986) oder bei dem Reaktorunglück von Tschernobyl der Fall. Ebenso kamen bei der Entscheidung, den Irak aufgrund seines vermuteten Besitzes von Massenvernichtungswaffen anzugreifen, solche Gruppenprozesse zum Tragen (vgl. *Fischer u. a., 2014, S. 21*).

→ **Materialien 2:**
Die Reaktorkatastrophe von Tschernobyl

Dieses Phänomen wird als **groupthink** bezeichnet. Dies ist vor allem dann der Fall, wenn Unsicherheit und/oder konfliktreiche Situationen vorherrschen.

> *„Groupthink führt dazu, dass wichtige Daten und Fakten nicht zur Kenntnis genommen, unterschiedliche Auffassungen nicht diskutiert und Alternativen nicht realistisch bewertet werden. Das Ergebnis sind suboptimale Entscheidungen."*
> *(Antons, 2015², S. 334)*

Gruppen wählen bei Entscheidungen ein höheres Risikoniveau als einzelne Individuen, sie erweisen sich als wesentlich risikofreudiger als Einzelne, was als *risky shift*[1] bezeichnet wird. Im Verlauf einer Gruppendiskussion extremisieren[2] sich die Meinungen, was zu einer **Gruppenpolarisierung** führt.

Zudem kann es in der Gruppe zu einem *Zustand der Entpersönlichung* des Einzelnen kommen – er ist nicht mehr er selbst. Dieses Phänomen, den Zustand der Entpersönlichung eines Individuums, bezeichnen wir als **Deindividuation**. Eine mögliche Folge der Deindividuation ist, dass Personen, die sich in einer bestimmten Situation in einer Gruppe befinden, häufiger gesellschaftliche Übereinkünfte und Regeln übertreten als allein außerhalb der Gruppe.

Bei gewalttätigen Ausschreitungen von Rechtsradikalen liegt dieses Phänomen vor.

Philip G. Zimbardo[3] konnte dieses Phänomen in seinem *Stanford-Prison-Experiment* nachweisen. Er konnte belegen, dass die Situation, in der sich der Einzelne befindet, stärker über sein moralisches Handeln entscheidet als seine Persönlichkeit selbst (vgl. *Ayan, 2011, S. 57*). Selbst psychisch gesunde Menschen verhalten sich etwa grausam und sadistisch, wenn sie sich in der entsprechenden Lage befinden. Dieses Experiment ist zu Beginn *dieses Kapitels* dargestellt.

---

[1] risky (engl.): gefährlich, gewagt; shift (engl.): die Veränderung, der Wechsel
[2] Extremisierung (lat.): die Neigung, in Gedanken (aber auch im Handeln) bis zum Äußersten zu gehen
[3] Philip George Zimbardo (* 1933) war Professor für Psychologie an der Stanford University (USA)

Weitere Gefahren des Gruppeneinflusses liegen in der **blinden Gefolgschaft** – in der Pädagogik spricht man von Gehorsam[1]. Eine Überbewertung der eigenen Gruppe kann zu

- Diskriminierungen – eine Benachteiligung oder Herabwürdigung einer oder mehrerer Person(en) oder eines sozialen Gebildes ohne Vorliegen eines sachlich gerechtfertigten Grundes,

- Feindseligkeiten und Rassismus – Menschen oder soziale Gebilde fühlen sich anderen Menschen meist aufgrund bestimmter biologischer Merkmale (Aussehen, Hautfarbe usw.) über- bzw. unterlegen,

- Autoritarismus[2] – eine nicht demokratische, autoritäre Führungsform, die i.d.R. nicht auf einer bestimmten Ideologie fußt,

- und Extremismus führen[3].

10.2.5 Arten von Gruppen

Entsprechend der Intensität der Wechselbeziehungen wird zwischen **Primärgruppe und Sekundärgruppe** unterschieden. Eine Primärgruppe setzt sich durch eine relativ geringe Anzahl von Personen zusammen, sodass jedes Gruppenmitglied mit dem anderen unmittelbar – von Angesicht zu Angesicht – in Beziehung treten kann. Wir sprechen deshalb auch von *face-to-face groups*. Die Kontakte untereinander sind sehr intensiv, sodass eine hohe emotionale

Verbundenheit und eine gewisse gegenseitige Abhängigkeit entstehen (hohe *Gruppenkohäsion*[4]). Statt von Primärgruppe wird denn auch gelegentlich von *Intimgruppe* gesprochen.

 Solche Primärgruppen sind die Familie, die Spielgruppe, die Freundesgruppe oder die Musikband. Häufig handelt es sich auch bei Jugendgruppen um Primärgruppen.

Sekundärgruppen zeichnen sich durch weniger intensive Beziehungen aus, sie sind auch weniger fest gebunden (*geringere Gruppenkohäsion*) und ihre Prägungskraft ist wesentlich geringer. Ihre Mitglieder finden sich meist zur Verfolgung von gemeinsamen Interessen zusammen und orientieren sich in erster Linie an dem Zweck ihres Zusammenschlusses und weniger an der emotionalen Verbundenheit.

 Eine Schulklasse, eine Sportgruppe oder das Team in einer Organisation sind Beispiele für Sekundärgruppen, in denen der Zweck im Mittelpunkt steht.

---

[1] siehe Abschnitte 10.3.1 und 10.3.2
[2] autoritaire (franz.): befehlerisch, herrisch
[3] siehe Abschnitt 10.2.5
[4] vgl. Abschnitt 10.2.1

Primärgruppe	Sekundärgruppe
geringe Anzahl von Personen, die häufigen und intensiven Kontakt miteinander haben	größere Anzahl von Personen, die geringen und weniger intensiven Kontakt miteinander haben
unmittelbarer Kontakt (face to face)	unmittelbarer und mittelbarer Kontakt
Beziehungen untereinander stehen im Mittelpunkt	Interesse bzw. Aufgabe stehen im Mittelpunkt, Beziehung ist Mittel zum Zweck
hohe emotionale Verbundenheit der Gruppenmitglieder untereinander	weniger emotionale Verbundenheit der Gruppenmitglieder untereinander
starke Identifikation mit der Gruppe	geringere Gruppenidentifikation
hoher Konformitätszwang und hohe Prägungskraft gegenüber dem Einzelnen	geringerer Gruppendruck und geringere Prägungskraft gegenüber dem Einzelnen

Die Übergänge zwischen Primär- und Sekundärgruppe sind fließend, eine eindeutige Grenze lässt sich nicht ziehen. Ebenso kann eine Sekundärgruppe zu einer Primärgruppe werden und umgekehrt.

Menschen gehören immer bestimmten Gruppen an wie bspw. ihrer Familie, der Spielgruppe, dem Freundeskreis oder einem Team im Betrieb. Eine *Gruppe, der man selbst angehört*, stellt die **Eigengruppe**, oft auch **in-group** genannt, dar. Durch die Zugehörigkeit zu einer bestimmten Gruppe grenzen sich ihre Mitglieder von Gruppen ab, denen sie nicht angehören. Eine *Gruppe, der man selbst nicht angehört*, wird als **Fremdgruppe bzw. out-group** bezeichnet.

Die eigene Familie stellt gegenüber der Nachbarsfamilie eine Eigengruppe dar; die Klasse 12 a ist für Peter die Eigengruppe, weil er in dieser Klasse ist. Die Klasse 12 b dagegen ist die Fremdgruppe, ihr gehört er nicht an.

Im Gegensatz zur Fremdgruppe identifiziert man sich mit der Eigengruppe mehr oder weniger stark und bringt ihr positive Gefühle entgegen. So wird häufig die Eigengruppe („wir") meist „besser" gesehen, während die Fremdgruppe („ihr", „die anderen") und ihre Mitglieder abgewertet werden. Man spricht von einem **Sozialegoismus**, einer Überbewertung der eigenen Gruppe gegenüber der out-group, die Abwertung erfährt.

So wird die eigene Gruppe im Sportverein als sportlich fit, toll und ausdauernd gesehen, während die Mitglieder der Fremdgruppe eines anderen Sportvereins als Nieten bezeichnet werden, die nur mal aus Zufall eine gute sportliche Leistung erbringen.

Diese Überbewertung, die bei Primärgruppen ausgeprägter sein kann als bei Sekundärgruppen, kann zu Elitegefühlen, Diskriminierungen und Feindseligkeiten, sowie zu einer übersteigerten Begeisterung für die eigene Gruppe, die zum Maßstab aller Bewertungen wird, führen *(vgl. Heinerth, 1971, S. 41)*. Diesen Zusammenhang haben der Sozialpsychologe *Muzafer Sherif*[1] und seine Mitarbeiter eindrucksvoll in ihrem *„Ferienlager-Experiment"* aufgezeigt[2]. Auch Rassismus, Autoritarismus und Extremismus können – wie in *Abschnitt 10.2.4* schon aufgezeigt – eine Folge einer Überbewertung der eigenen Gruppe sein.

---

[1] Muzafer Sherif (1906–1988), türkischer Sozialpsychologe, beschäftigte sich vor allem mit Konflikten und – wie sein Kollege Solomon Asch – mit Konformität.
[2] siehe Abschnitt 10.4.5

Gruppen können organisiert sein oder auch spontan entstehen. Hinsichtlich des Grades des Organisiertseins unterscheidet man **formelle und informelle Gruppen**. Die formelle Gruppe ist *organisiert; sie hat ausdrücklich mündlich oder schriftlich festgelegte Ziele und Aufgaben und besitzt eine Vielzahl von absichtlichen und geplanten Regelungen bzw. Festlegungen*.

 Betriebliche Arbeitsteams oder eine Schulklasse sind Beispiele für formelle Gruppen. In der Schulklasse sind Lernziele und Lerninhalte von Anfang an festgelegt, ebenso die Anzahl der benötigten Lehrer. Eine Schulordnung und eine festgeschriebene Hausordnung regeln das Zusammenleben und sehen entsprechende Maßnahmen bei groben Verstößen vor.

Eine informelle Gruppe dagegen *entsteht meist spontan, ist nicht durchorganisiert und hat auch keine ausdrücklich festgelegten Ziele und Aufgaben*. Zwar entwickelt jede informelle Gruppe auch Regeln, Vereinbarungen, Verfahrensweisen, Normen, Werte und Rangordnungen, doch diese sind weder von vornherein geplant noch irgendwo offiziell bzw. schriftlich festgelegt.

 Informelle Gruppen sind die Spielgruppe, die Freundesgruppe, die Clique in einer Schulklasse oder die Stammtischrunde.

 Auch zwischen formeller und informeller Gruppe lässt sich keine eindeutige Grenze ziehen.

Kriterium	Gruppenart	
Enge des Zusammenlebens, Verbundenheit, Formungskraft	Primärgruppe	Sekundärgruppe
Zugehörigkeit	Eigengruppe	Fremdgruppe
Grad der Organisiertheit	formelle Gruppe	informelle Gruppe

10.3 Soziale Macht und soziale Anpassung

Die Sozialpsychologie setzt sich sehr intensiv mit der Problematik von Anpassung, Macht und blinder Gefolgschaft auseinander und bringt Ergebnisse zutage, die zum Teil betroffen machen.

10.3.1 Soziale Macht und Gefolgschaft

Macht bedeutet nach dem Soziologen *Max Weber*[1] (*2002⁵. S. 28*)

- die Möglichkeit, **von anderen erfolgreich ein bestimmtes Verhalten zu verlangen**,

- die Möglichkeit, **auf andere Einfluss nehmen und ihr Verhalten ändern zu können** – auch gegen deren Willen – sowie

- die Chance, **seinen Willen bei anderen durchsetzen zu können**.

---

[1] Max Weber (1864–1920) war deutscher Wirtschafts- und Sozialwissenschaftler und Gründungsmitglied der Deutschen Gesellschaft für Soziologie. Er gilt als Vertreter der sogenannten verstehenden Soziologie, welche mithilfe von „Idealtypen" die soziale Wirklichkeit deutend erschließen will.

Soziale Macht bedeutet die Möglichkeit, von Personen, Personengruppen oder einer Gesellschaft auch gegen deren Willen ein bestimmtes Verhalten verlangen bzw. erzwingen zu können, Verhalten und Verhaltensänderungen zu beeinflussen sowie seinen Willen bei anderen durchsetzen zu können.

Dabei sind hier Beziehungen aller Art gemeint, Macht zwischen einzelnen Personen und Gruppen, Staatsmacht usw. Es geht um die Durchsetzung eines individuellen Willens oder Gruppenwillens, auch gegen das Widerstreben anderer.

Es kann sich um einen kleinen Machthaber auf dem Kinderspielplatz oder um einen Diktator in einem Entwicklungsland handeln, der gegenüber anderen Menschen seinen Willen durchsetzt.

Zur Machtausübung gehören mindestens zwei Seiten (wenigstens zwei Menschen, Gruppen, Organisationen usw.): eine Seite, die Macht hat und sie ausübt, und eine andere Seite, die sich beeinflussen lässt, die Macht dem Machtträger gibt. Macht kann also nicht für sich allein existieren, sondern nur in Verbindung mit und zu anderen Menschen: **Macht ist stets ein**

soziales Verhältnis (*Imbusch, 2010[8], S. 164*). Die These des Systemtheoretikers *Humberto Maturana* ist, dass Macht nur durch Gehorsam entstehe (vgl. *Pörksen/Schulz von Thun, 2014, S. 58*).

Der Philosoph Friedrich Nietzsche (1844–1900) geht davon aus, dass der **Wille zur Macht** der alleinige Trieb allen Lebendigen ist. Aus individualpsychologischer Sicht[1] ist das Streben nach Macht eine Kraft menschlichen Handelns, die dem Minderwertigkeitsgefühl entspringt. Fast immer handelt es sich dabei um ein verstärktes Minderwertigkeitsgefühl, welches den Betroffenen dazu antreibt, seine Umwelt ohne Rücksicht auf das Allgemeinwohl zu beherrschen („Machtmensch").

Wer Macht ausübt, fordert vom anderen **Gefolgschaft**; meist spricht man von **Gehorsam**. Macht und Gehorsam sind also zwei aufeinander bezogene Begriffe.

„*Der entscheidende ‚Mitspieler' der Macht ist Gehorsam oder neutraler: Gefolgschaft.*"
(*Oehler u. a., 2009, S. 175*)

Gehorsam (Gefolgschaft) bedeutet, den Willen eines anderen zu befolgen.

Konformität bezieht sich auf soziale Wert- und Normvorstellungen, während sich Gehorsam auf eine Person – was diese will – bezieht.

„*Macht entsteht durch Gehorsam; sie ergibt sich aus einem [...] Akt der Unterwerfung.*"
(*Pörksen/Schulz von Thun, 2014, S. 78*)

---

[1] Die Individualpsychologie, gegründet von Alfred Adler, ist eine Richtung innerhalb der Tiefenpsychologie.

Gehorsam hat seine Berechtigung, wenn es sich um *„einsichtigen Gehorsam"* handelt, bei dem man begreift, dass das, was der „Mächtigere" will, sinnvoll und notwendig ist.

 Dies ist in der Teamarbeit, in der Erziehung oder auch in der Gesellschaft der Fall, wenn Gehorsam sich von den Forderungen der Sache, die Erziehung notwendig macht, und von den Ordnungen des Zusammenlebens her begründen lässt.

Gefolgschaft kann viele Formen annehmen: Mitläufertum, Unterordnung aus Opportunismus oder aus Feigheit bis hin zum **blinden Gehorsam**, bei dem man einfach tut, was ein anderer will, weil er es so haben möchte.

 „Ich tue nur meine Pflicht" oder „Ich habe nur meine Pflicht getan" ist ein Satz, den man häufig hört, wenn es um unkritische Gefolgschaft geht. Und die Soldatin *Lynndie England*, die im irakischen US-Gefängnis Abu Ghraib folterte und dabei auch noch stolz mit Fotos posierte, sagte später vor Gericht aus: „Wir hatten nicht das Gefühl, etwas Unerlaubtes zu tun, wir dachten, alles sei gerechtfertigt, weil man uns sagte, das zu tun." (vgl. *Westhoff, 2009, S. 190*).

© AP

> Blinder „Gehorsam gegenüber Autoritäten ist ein Grund für viele Greueltaten in der Menschheitsgeschichte. Aber auch in alltäglicheren Situationen kann unkritischer Gehorsam negative Folgen haben."
> (Werth/Mayer, 2008, S. 316)

Der amerikanische Psychologe *Stanley Milgram*[1] führte ein Aufsehen erregendes Experiment durch, um die Bereitschaft von Menschen zu testen, blindlings zu gehorchen und sogar gegen andere Personen Gewalt anzuwenden, wenn sie von einer anerkannten Autorität dazu aufgefordert werden.

Ein ‚Lehrer' (= Versuchsperson) sollte für jeden Fehler seines ‚Schülers' eine Bestrafung in Form von Elektroschocks verabreichen, die bei jedem erneuten Fehler um 15 Volt erhöht werden mussten. Die Versuchspersonen (‚Lehrer') konnten bis 450 Volt gehen, eine Stromstärke, die Menschen tödliche Verletzungen zufügt.

---

[1] Stanley Milgram (1933–1984) lehrte an der Yale University, in Harvard und in New York. Er erhielt 1964 den Preis der American Association for the Advancement of Science für seine Untersuchung des Obrigkeitsgehorsams.

Das Ergebnis dieses Experimentes überraschte: Alle Versuchspersonen verabreichten Elektroschocks bis zu 285 Volt, 65 % waren bereit, den ‚Schüler' mit einem elektrischen Schlag mit bis zu 450 Volt zu bestrafen (vgl. *Bègue u. a., 2010, S. 57*). Eine Aufforderung seitens des Leiters genügte und der ‚Lehrer' gehorchte, drückte die Stromtaste weiter, selbst dann noch, als die Versuchsperson nach einem letzten verzweifelten Schmerzensausbruch bei 300 Volt verstummte und überhaupt nicht mehr reagierte. Anweisungen wie „Machen Sie weiter!", „Bitte, fahren Sie fort!" oder „Sie müssen unbedingt weitermachen!" reichten, um bis zum Ende zu gehen, obwohl man wusste, dass solche Stromstärken dem angeblichen Schüler tödliche Verletzungen zugefügt hätten und der Versuchsleiter wegen Gehorsamsverweigerung keine Mittel zur Bestrafung gehabt hätte (vgl. *Ueckert u. a., 1989, S. 14*).

Milgram zeigte mit seinem Experiment die Konsequenzen einer unreflektierten Gehorsamsbereitschaft von Menschen.

Milgram demonstrierte „eindrucksvoll, dass das Wort einer legitimen Autorität für die meisten Menschen schwerer wiegt als [...] Mitgefühl oder moralische Bedenken."
(Bègue u. a., 2010, S. 57)

Milgram führte seine Experimente in den 60er-Jahren des vorigen Jahrhunderts durch. Die Frage ist deshalb, ob auch heute noch Menschen blindlings gehorchen würden. „Ja, wir würden", sagt Jerry Burger von der Santa Clara University, Kalifornien. Er wiederholte vor einigen Jahren dieses „Gehorsamsexperiment". Das Ergebnis war, dass aus Folgsamkeit weit mehr als zwei Drittel der Probanden die „Lernenden" mit über 150 Volt und darüber hinaus verletzten, obwohl diese vehement protestierten und mit dem Experiment aufhören wollten. Es zeigte sich derselbe Gehorsam (vgl. Tenzer, 2011, S. 27).

Es scheint leicht zu sein, „Menschen dazu zu bringen, anderen Personen Grausamkeiten zuzufügen. Scheinbar bedarf es lediglich einer Autoritätsperson, die diese grausamen Taten befiehlt, um bereitwillig zu gehorchen."
(Fischer u. a., 2014, S. 147)

Insbesondere **religiöser** oder auch weltanschaulich gebundener **Fundamentalismus** neigt zu großem Gehorsam, speziell was Gewalt betrifft (Fischer u. a., 2014, S. 166).

Folter-Experiment funktioniert sogar bei Fernsehshow

Paris (dpa) Teilnehmer von Fernsehshows lassen sich überraschend einfach zu grausamen Handlungen drängen – das soll ein französischer Dokumentarfilm über ein Experiment zeigen. Der umstrittene Film der gestern Abend bei France 2 gesendet werden sollte, zeigt einen Versuch, in dem 80 Teilnehmer einer imaginären TV-Show aufgefordert wurden, einem Kandidaten in einem Fragespiel bei falschen Antworten Stromstöße zuzufügen. Sie konnten ihr Opfer nicht sehen, hörten aber dessen Schmerzensschreie. Was sie nicht wussten: Die Stromstöße waren nicht echt, die Schreie kamen vom Band. Etwa 80 Prozent der Probanden erhöhten gehorsam die Voltzahl, bis das Opfer kein Lebenszeichen mehr von sich gab.

Filmemache Christophe Nick griff auf ein Experiment des US-Wissenschaftlers Stanley Milgram aus den 1960er-Jahren zurück. Milgram hatte zeigen wollen, dass fast jeder Mensch dazu gebracht werden kann, einer Autorität zu gehorchen anstatt seinem Gewissen zu folgen. Milgram sagte seinen Versuchsteilnehmern, dass sie im Namen der Wissenschaft einem Menschen Stromstöße zufügen sollten. Mehr als 60 Prozent von ihnen gehorchten.

Regisseur Nick wollte hingegen demonstrieren, dass selbst eine Fernsehshow Menschen in die Rolle von Folterknechten drängen kann.

(Donaukurier Nr. 64, 18.03.2010, S. 6)

Experimente zum Ungehorsam zeigten, dass vor allem solche Menschen ungehorsam sind, die einer *persönlichen Verantwortung* für das eigene Handeln besonders hohen Wert beimessen. Es ist also weniger der Mut, der uns ungehorsam werden lässt, sondern das bewusste Einstehen für die Folgen des eigenen Handelns. Dies trifft auch für das Zeigen von prosozialem Verhalten in Notsituationen zu[1].

 „Wer sich für sein Tun verantwortlich fühlt und dieses Gewissen nicht einfach auf andere überträgt, handelt am Ende unabhängiger."
(Tenzer, 2011, S. 28)

10.3.2 Soziale Anpassung

Jedes soziale Gebilde hat ein großes Interesse daran, dass sich Menschen an die bestehenden Wert- und Normvorstellungen halten und ihre soziale Rollen erfüllen. Stimmt der Mensch mit den sozialen Normen und Rollen des sozialen Gebildes, in dem er „lebt", überein, so spricht man von **Konformität**[2], oft auch von **sozialer Anpassung**.

Konformität (soziale Anpassung) bezeichnet die Übereinstimmung eines Menschen mit den sozialen Wert- und Normvorstellungen des sozialen Gebildes, in welchem er „lebt".

---

[1] vgl. Abschnitt 10.4.2
[2] conformitas (lat.): die Gleichartigkeit

Konformes Verhalten kann zum einen für den Menschen förderlich sein, weil er damit positive Reaktionen erfährt.

Der Schüler hält sich an die vom Lehrer vorgegebenen Regeln und macht im Unterricht gut mit, weil er sich davon Anerkennung und gute Noten verspricht. Der Angestellte, der tut, was man ihm sagt, wird befördert.

Die Einhaltung von Regeln und Normen in der Gruppe bezeichnet man als **compliance**[1]. Dieses normenkonforme Verhalten kann auch dann der Fall sein, wenn der Einzelne die entsprechende Norm für sich eigentlich gar nicht akzeptiert (vgl. *Stürmer, 2009, S. 139*).

> Wer nicht mit dem Strom schwimmt, eckt bei seinen Mitmenschen an.

Die Bedeutung konformen Verhaltens liegt in der Gewährleistung der sozialen Integration von Individuen oder Gruppen, die den Fortbestand eines sozialen Gebildes sichert. Es ist jedoch möglich, dass Anpassungsleistungen für den Einzelnen nicht nur einen Nutzen, sondern auch Nachteile bringen wie bspw. den Verlust der Selbstachtung oder das Handeln entgegen der eigenen Überzeugung.

Konformes Verhalten hat auch seine Kehrseite, wenn es in **Überangepasstheit, Konformismus** – eine übertriebene Anpassung, bei der das Selbst nahezu aufgegeben wird –, **Autoritätsgläubigkeit** oder **blinden Gehorsam** umzuschlagen droht[2].

Aussichten

Ein Mensch, erfüllt von fortschritts-
    blanken,
Stromlinienförmigen Gedanken,
Durcheilte froh die Zeit und fand
Nicht den geringsten Widerstand.
Er lebte gut und lebte gern,
Denn er war durch und durch modern.
Sein Sohn ist, lebend gegenwärtig,
Bereits so gut wie büchsenfertig.
Sein Enkel, wenn er sich dran hält,
Kommt schon in Weißblech auf die Welt.
(Eugen Roth, 2015[7], S. 156)

Von einem sozialen Gebilde, wie z. B. der Gruppe, gehen Zwänge aus, denen sich der Einzelne unterwirft. Auf diese Weise ist der Einzelne einem bestimmten Druck ausgesetzt, durch den Konformität gefordert wird. Man spricht von einem **Konformitätszwang bzw. -druck**.

> Unter Konformitätszwang bzw. -druck versteht man die Kraft, die von einem sozialen Gebilde ausgeht und die der Einzelne als Pflicht erlebt, sich den Erwartungen dieses sozialen Gebildes zu unterwerfen.

Diese Konformität mit all seinen Folgen lässt sich auch in der *Masse* beobachten[3].

10.3.3 Sozialer Rang und Status

In einem sozialen Gebilde wie etwa in einer Gruppe sind Macht, Ansehen und Beliebtheit unterschiedlich verteilt, sodass eine **Hierarchie** entsteht. Hierarchie bedeutet, dass in einem sozialen Gebilde eine Rangordnung gilt, in welcher jedes Mitglied einen bestimmten

---

[1] compliance (engl.) die Einwilligung, das Einverständnis
[2] vgl. hierzu Abschnitt 10.3.1
[3] vgl. Abschnitt 10.3.4

Platz, einen **Rang**, innehat. Dieser Rang kann – je nachdem, auf welchem Platz ein Mensch in dieser Rangordnung sitzt – „hoch" oder auch „niedrig" sein. Wer innerhalb dieser Ranghierarchie einen hohen Rang hat, hat zum einen mehr Macht und Einfluss als ein Gruppenmitglied mit einem niedrigeren Rang und zum anderen lassen sich Gruppenmitglieder mit einem niedrigeren Rang von einem Ranghöheren beeinflussen.

Rang bedeutet, dass ein Mitglied eines sozialen Gebildes mit höherem Ansehen und höherer Stellung mehr Macht, Einfluss und Prestige besitzt als Mitglieder mit niedrigerem Ansehen und niedriger Stellung.

Der Ranghöchste hat also die Möglichkeit, auf die anderen sehr starken Einfluss ausüben zu können, während der Rangniedrigste auf die anderen Mitglieder kaum einwirken kann.

 So passiert es oft, dass in einer Gruppe ein guter Vorschlag von einem rangniedrigen Gruppenmitglied erst dann angenommen wird, wenn ein Ranghöherer diesen aufgreift und wiederholt.

Man unterscheidet eine *formale* und eine *informale Ranghierarchie*. Bei einer formalen Hierarchie ist der Rang des Einzelnen genau festgelegt, i.d.R., um einen einheitlichen „obersten" Willen in einem sozialen Gebilde durchzusetzen.

 Das Militär, die Kirche, die öffentliche Verwaltung oder zum Teil auch die Schule sind hierarchisch organisiert.

In jedem sozialen Gebilde bildet sich aber auch eine informale Ranghierarchie aus, die abhängig ist von der Beliebtheit des Einzelnen, von seinen Kompetenzen oder wie der Einzelne die Erwartungen der Gruppe zu erfüllen vermag. Um einen „guten" Rang zu erhalten, unterwerfen sich die Gruppenmitglieder den Zwängen, die von einer Gruppe ausgehen.

„Der Rang des Individuums in der Gruppe ist umso höher, je vollständiger es sich die gruppenspezifischen Normen und Ziele zu eigen macht."
(Schäfers, 2010[8], S. 140)

Häufig wird Rang und Rangordnung mit dem Begriff **„Sozialer Status"** umschrieben. Sozialer Status[1] meint die Stellung eines Menschen im Oben oder Unten eines sozialen Gebildes (z.B. der Gruppe).

Sozialer Status bezeichnet die sozial bewertete Stellung eines Menschen in einem sozialen Gebilde.

Den Status bestimmen viele Faktoren, meist jedoch das, was das jeweilige soziale Gebilde für wichtig erachtet und vom Einzelnen erwartet.

 So kann ein hervorragender Fußballspieler in der Sportgruppe einen hohen, in seiner Schulklasse dagegen einen relativ niedrigen Status innehaben.

Es ist immer das soziale Gebilde – z.B. die Gruppe –, die den Status des Einzelnen festlegt.

---

[1] status (lat.): der Stand, die Stellung

Der Begriff „Sozialer Status" wird nicht eindeutig verwendet. In der Soziologie wird er i.d.R. auf gesellschaftliche Prozesse bezogen und meint damit die Stellung eines Menschen im Oben oder Unten einer Dimension sozialer Ungleichheit. Eine solche Dimension kann z.B. das Einkommen, das Vermögen, das Prestige oder die Bildung sein. Damit ist der Begriff klar abgegrenzt von dem Terminus „Sozialer Rang".

10.3.4 Die Beeinflussbarkeit der Massen

Eine Masse ist eine unbestimmte bzw. große Anzahl von Menschen an einem bestimmten Ort, die zeitweise wenig stabilen Kontakt miteinander haben und sich im Gegensatz zu einer Menge bei bestimmten Anlässen treffen bzw. zusammenschließen.

Solche Anlässe können Veranstaltungen oder Aktionen sein.

> **Unter einer Masse versteht man eine unbestimmte bzw. große Anzahl von Menschen an einem bestimmten Ort, die zeitweise wenig stabilen Kontakt miteinander haben und sich im Gegensatz zu einer Menge bei bestimmten Anlässen treffen bzw. zusammenschließen.**

Im Gegensatz zur Masse ist die Menge eine nicht organisierte und zufällige Ansammlung von Menschen, die nichts miteinander verbindet (vgl. Schäfers, 2010[8], S. 177)

Von Massen geht oft eine nicht bewusste Wirksamkeit aus und in ihr werden Verhaltensweisen gezeigt, die der Einzelne für sich allein nicht zeigen würde.

Solche Verhaltensweisen können Lynchjustiz, Aufruhr und Plünderungen oder Ausgelassenheit wie etwa das Grölen im Fußballstadium oder das Singen im Karneval sein.

Eine Masse kann, obwohl nur sehr lockere bzw. gar keine Beziehungen in ihr vorherrschen, ein *Wir-Gefühl* und damit verbunden ein Zusammengehörigkeitsgefühl entwickeln. In ihr kann der Einzelne als Individuum „untergehen", meist begleitet mit leichter kollektiver Erregbarkeit und einheitlichen starken Gefühlen. Anonymität einerseits und Gefühlsansteckung andererseits führen in einer Masse dazu, dass der Einzelne mit ihr „verschmilzt" und sich als Folge ein bestimmter „Geist" dahin gehend herausbildet, dass die Masse ein „Eigenleben" entwickelt (vgl. *Fischer u.a., 2014, S. 127*). So kann eine Masse „ganz verschiedene Eigentümlichkeiten" entwickeln, wie es der Erforscher der Massen, *Gustave Le Bon*[1] (*2014, S. 29*), formuliert.

Nach dem Massenforscher Thomas Brudermann (2016, S. 13 f.) sind es zwei Faktoren, die den einzelnen empfänglicher macht für eine Massenansteckung, eine *starke emotionale Erregung*, die eine Zugänglichkeit für Argumente und Vernunft sehr einschränkt, bisweilen bis zu einem *Kontrollverlust* und Unsicherheit führen kann.

> *Emotionale Erregung und Unsicherheit sind "der perfekte Nährboten für psychologische Ansteckung, für Beeinflussung, für einfache Erklärungen. Daraus entstehen Massenphänomene."* (Brudermann; in: Saum-Aldehoff, 2016, S. 14)

---

[1] Gustave Le Bon (1841–1931) gilt als Begründer der Massenpsychologie. Sein berühmtes Werk „Psychologie der Massen", erstmals 1895 erschienen, übte einen nachhaltigen Einfluss auf die Wissenschaft, insbesondere auf Sigmund Freud („Die Massenpsychologie und die Ich-Analyse"), und die Politik aus.

> *„Die bewusste Persönlichkeit schwindet, die Gefühle und Gedanken aller Einzelnen sind nach derselben Richtung orientiert. [...] „Der Einzelne ist nicht mehr er selbst [...]"*
> *(Le Bon, 2014, S. 29 und 37 f.)*

Masse bedeutet **Gefolgschaft eines Führertums**. Nach *Le Bon* (*2014, S. 111 f.*) unterwirft sich eine Menschenmasse willkürlich einem „Oberhaupt"; sie wendet sich diesem zu, und der Einzelne gibt seinen eigenen Willen auf.

> *„Die in der Masse vereinigten Einzelnen verlieren allen Willen [...]. Ihr Drang zu gehorchen ist so groß, dass sie sich jedem, der sich zu ihrem Herrn erklärt, [...] unterordnen."*
> *(Le Bon, 2014, S. 112 ff.)*

Gründe, warum eine Masse so große Wirkung hat, können zum einen die sehr losen Beziehungen sein und damit verbunden ein Unbekanntsein, eine gewisse Anonymität, die zu einer Aufhebung der Verantwortung führen kann. Zum anderen ist die Wirkung auf die fehlende soziale Kontrolle innerhalb einer Masse zurückzuführen.

Die Psychoanalyse geht davon aus, dass die Rationalität eines Menschen aufgrund irrationaler Impulse verdrängt wird, was eine reduzierte Hemmung und die damit verbundene affektive Ansteckung zu Folge hat (vgl. *Fischer u. a., 2014, S. 128*). Zudem spielen die Bewunderung und bestimmte Persönlichkeitseigenschaften des Anführers wie Attraktivität oder eine ausgefeilte Rhetorik – die wirkungsvolle Gestaltung der gesprochenen Kommunikation mithilfe eines entsprechenden Stimmklangs, Sprechtempos, einer entsprechenden Stimmstärke und -lage sowie mithilfe des körpersprachlichen Ausdruckes (Blickkontakt, Mimik, Gestik, körperliche Haltung) – eine große Rolle.

Nicht nur der Masse als solche, sondern auch – vorherrschenden – Meinungen anderer passen sich Menschen an. Umgangssprachlich wird dieses Phänomen als *„Herdentrieb"* bezeichnet (vgl. *Hellmann/Erb, 2014, S. 2*).

Wir richten uns danach, was „in" ist, und entsprechen dem Zeitgeist, und wir finden Argumente für die Mehrheitsmeinung. Wir tun vieles, um anderen Menschen zu gefallen.

> *„Sich der Mehrheit anzupassen, ist eine Schwäche vieler Menschen", aber „niemand möchte beeinflussbar sein oder als beeinflussbar gelten. Doch wir sind es."*
> *(Hellmann/Erb, 2014, S. 23, 26)*

Wahlprognosen stehen in Verdacht, neben der Abbildung des momentanen Stimmverhältnisses dieses auch zu manipulieren (vgl. Hellmann/ Erb, 2014, S. 2).

10.4 Soziale Motivation

Seit jeher interessierte die Sozialpsychologie, wann und unter welchen Umständen Menschen anderen helfen bzw. nicht helfen. Diese Frage erhält in heutiger Zeit hohe Brisanz durch Vorfälle des Nicht-Eingreifens in Notsituationen (*Bystander-Phänomen*) wie z. B. in U- und S-Bahnen.

10.4.1 Pro- und antisoziales Verhalten

Soziale Motivation bezieht sich auf die Aktivierung und Steuerung des sozialen Verhaltens eines Menschen[1].

> Soziale Motivation ist ein von bestimmten Motiven gesteuerter Prozess, der soziales Verhalten aktiviert und steuert.

Dazu zählen das Suchen und Pflegen von sozialen Kontakten, das Eingehen und Gestalten von Beziehungen, das soziale Leben in Organisationen wie der Familie, der Schule oder dem Betrieb, insbesondere durch Kooperation, Kommunikation und Konfliktlösung[2], ebenso wie das Helfen und Hilfeverhalten von Menschen.

Die Begriffe **prosoziales Verhalten**, **Helfen** und **Altruismus**[3] beschreiben das Hilfeverhalten von Menschen. Prosoziales Verhalten ist der übergeordnete Begriff und meint ein konstruktives, hilfreiches und gewaltloses Verhalten in sozialen Beziehungen und Situationen.

> Prosoziales Verhalten meint ein konstruktives, hilfreiches und gewaltloses Verhalten in sozialen Beziehungen und Situationen.

Antisoziales Verhalten meint jedoch nicht nur ein Ablehnen hilfreichen Verhaltens, sondern allgemein eine Missachtung von sozialen Wert- und Normvorstellungen sowie ein sehr impulsives, aggressives sowie gewissen- und gefühlloses Verhalten.

> Antisoziales Verhalten liegt vor bei Missachtung von sozialen Wert- und Normvorstellungen sowie bei sehr impulsivem, aggressivem sowie gewissen- und gefühllosem Verhalten.

Eine strikte Trennung zwischen pro- und antisozialem Verhalten ist nicht möglich, in der Realität handelt es sich meist um ein „Mehr oder Weniger".

Eine Form prosozialen Verhaltens ist das Helfen, das sich auf Handlungen bezieht, die die Situation eines Hilfesuchenden verbessern sollen.

Der Lehrer unterstützt einen Schüler, der eine Mathematikaufgabe nicht verstanden hat; Georg kauft für eine ältere Frau ein, die in seiner Nachbarschaft wohnt und nicht mehr gehen kann; ein Mann kommt in der S-Bahn Kindern zu Hilfe, die von Jugendlichen angepöbelt werden.

> Helfen bezieht sich auf soziale Handlungen, die die Situation eines Hilfesuchenden verbessern sollen.

---

[1] Der Begriff „Motivation" ist in Kapitel 5.3.1 geklärt.
[2] Auf Kooperation und Wettbewerb wird in Abschnitt 10.4.5, auf soziale Kommunikation und Konfliktlösung in Kapitel 11 eingegangen.
[3] Der Begriff Altruismus ist in Abschnitt 10.4.3 geklärt.

Von einem **Helfersyndrom** spricht man, wenn übermäßiges Helfen dazu dient, das eigene Selbstwertgefühl zu stabilisieren.

Eine weitere Form von prosozialem Verhalten ist die **Zivilcourage**[1]. Oft ist Helfen nur unter Inkaufnehmen von Risiken, Nachteilen oder auch Gefahren möglich.

 Dominik Brunner. bezahlte seinen Einsatz mit seinem Leben, weil er vier Schüler vor pöbelnden Jugendlichen schützte. Diese Jugendlichen schlugen daraufhin am Münchener S-Bahnhof Solln auf ihn ein, was seinen Tod zur Folge hatte.

Ein 17-Jähriger sprang in einen reißenden Fluss, um ein vom Ertrinken bedrohtes Kind zu retten.

> **Zivilcourage bezeichnet den Mut eines Menschen, etwas für Menschen bzw. das Allgemeinwohl zu tun, und zwar ohne Rücksicht auf negative Folgen wie Nachteile oder Gefahren.**

Dient der Mut nicht dem Allgemeinwohl, so spricht man auch nicht von Zivilcourage.

10.4.2 Die prosoziale Persönlichkeit

Personen helfen eher, wenn sie eine **prosoziale Persönlichkeit** besitzen (vgl. *Bierhoff, 2014[6], S. 310 ff.*). Eine solche zeichnet sich durch folgende Persönlichkeitsmerkmale aus:

- **Soziale Verantwortung**: Jede Handlung eines Menschen hat Auswirkungen auf das soziale Leben. Verantwortung bedeutet, sich diese Folgen bewusst zu machen und zu prüfen, ob diese den Anforderungen des sozialen Zusammenlebens entsprechen. Der Einzelne fühlt sich diesen Anforderungen verpflichtet und steht für die Folgen seines Handelns ein (vgl. *Hobmair/Treffer, 1979, S. 54*).

> **Soziale Verantwortung bedeutet die Fähigkeit und Bereitschaft des Einzelnen, den Anforderungen des Zusammenlebens verpflichtet zu sein und für die Folgen seines sozialen Handelns einzustehen.**

 Soziale Verantwortung steht im Gegensatz zu dem heute verbreiteten **Utilitarismus**, nach dem Handlungsregeln nur nach dem persönlichen Nutzen, wie z. B. dem Streben nach Lust oder der Vermeidung von Schmerz und anderen Unannehmlichkeiten, bewertet werden.

- **Innere Kontrollüberzeugung**: Der feste Glaube eines Individuums, dass man auf das eigene Leben Einfluss hat und etwas bewirken kann. Der Einzelne ist nicht seiner Umwelt ausgeliefert.

> **Innere Kontrollüberzeugung meint die subjektive Einschätzung eines Individuums, ob es etwas bewirken und sein eigenes Leben selbst gestalten kann.**

 Im Gegensatz zur inneren bedeutet äußere Kontrollüberzeugung, dass die Umwelt – z. B. das Schicksal, die Macht anderer und dergleichen – unser Leben bestimmt.

---

[1] civilis (lat.): bürgerlich; courage (franz.): der Mut; Zivilcourage: Bürgermut

- Die Fähigkeit, innere Vorgänge eines anderen Menschen nachzuempfinden. Diese Fähigkeit wird in der Psychologie **Empathie**[1] genannt (vgl. *Hobmair, 2010, S. 294*).

> **Empathie bezeichnet die Fähigkeit des Nachempfindens der inneren Vorgänge eines anderen Menschen.**

Kommen zur Empathie noch Gefühle der Sorge um diesen Menschen hinzu, so sprechen wir von **Mitgefühl** (vgl. *Haug-Schnabel/Bensel, 2012[11], S. 77*). Empathie ist zu unterscheiden von dem Begriff der **Perspektivenübernahme**, der sich auf kognitive Vorgänge beschränkt, ohne dass die Gefühlsebene daran beteiligt sein muss. Perspektivenübernahme meint die Fähigkeit eines Menschen, sich Gedanken, Gefühle oder Situationen eines anderen vorzustellen.

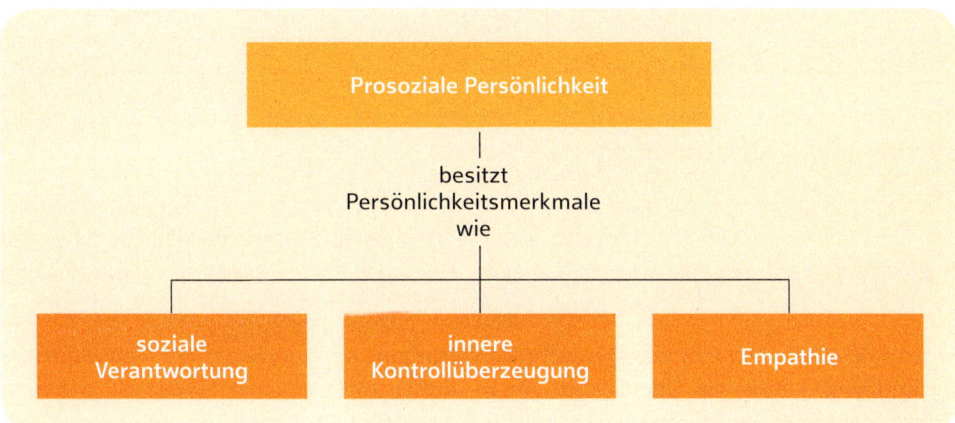

10.4.3 Das Hilfeverhalten von Menschen

Menschen sind eher bereit zu helfen, wenn sie sich in positiver Stimmung befinden und in sozial motivierten Beziehungen leben, aber auch, wenn sie sich „schuldig" fühlen und die Verantwortung nicht wegschieben können.

Eine Hilfe ist zu erwarten, wenn man einen Menschen unbeabsichtigt geschubst hat und der Geschubste nun hinfällt und sich verletzt.

Soziale Wert- und Normvorstellungen beeinflussen das Hilfeverhalten: Werden in einer Gesellschaft bzw. in einer ihrer Gruppen prosoziale Werte und Normen „hochgehalten" und/oder hat das Individuum solche verinnerlicht, wird Hilfe wahrscheinlicher sein, als wenn dies nicht der Fall ist.

Der evolutionäre Ansatz hat auch die Erkenntnis gebracht, dass Menschen grundsätzlich eher demjenigen helfen, der ihnen (genetisch) **nähersteht** (vgl. *Bierhoff, 2014[6], S. 309*).

Verwandten wird eher geholfen als einem Fremden.

Nach dem **Utilitarismus** erfolgt Hilfeleistung dann, wenn die Kosten-Nutzen-Bilanz für den möglichen Helfer günstig ist, und sie wird unterbleiben, wenn sie verlustbringend ist.

---

[1] empátheia (griech.): die (heftige) Leidenschaft

Auch Attributionen[1] spielen eine Rolle: Das Hilfeverhalten hängt davon ab, welche Ursachen der mögliche Helfer dem „Opfer" zuschreibt.

 Wenn der potenzielle Helfer davon ausgeht, dass der Hilfesuchende seine Notlage selbst verschuldet hat – etwa eine Verletzung wegen starker Betrunkenheit –, wird er weniger bereit sein zu helfen, als wenn das „Opfer" nichts für seine Verletzung kann – bspw. eine ältere Frau, die beim Gehen unsicher und deshalb gestürzt ist.

Prosoziales Verhalten tritt weniger wahrscheinlich auf, wenn viele andere Menschen anwesend sind – etwa ein Überfall auf einem großen Platz in einer Großstadt, auf dem „Leben" herrscht. Die Psychologie spricht hier vom **Effekt der Anzahl**, vom **number effect**, der besagt: Je mehr Anwesende in einer Notsituation, desto geringer die Wahrscheinlichkeit des Einschreitens (vgl. *Bierhoff, 2014[6], S. 302*).

 Vor allem an Plätzen und U-Bahn-Stationen in Großstädten gibt es immer wieder Überfälle, die von vielen Passanten beobachtet werden, die aber nicht eingreifen, sondern wegschauen und vorbeigehen.

Der Grund hierfür liegt in der „**Verschiebung der Verantwortung**", die sich auf die vielen Anwesenden verteilt. Je mehr Personen anwesend sind, desto weniger fühlt man sich für den Hilfesuchenden verantwortlich.

Prosoziales Verhalten reduziert sich auch dann, wenn

- das Helfen mit einer Gefahr verbunden ist oder eine solche erwartet wird, z. B. die Befürchtung, von den beobachteten Dieben verletzt zu werden,

- die Angst, sich zu blamieren, gegenwärtig ist,

- sich derjenige, der helfen will, nicht für kompetent hält oder

- er unter Zeitdruck steht (vgl. *Bierhoff, 2014[6], S. 304 f.*).

Hinter dem Helfen steht eine bestimmte Haltung, die wir als **Altruismus**[2] bezeichnen. Altruismus hat zum Ziel, anderen Menschen bzw. dem Allgemeinwohl zu nützen. Der altruistische Mensch schließt in seinem Verhalten das Wohl des anderen mit ein, während der egoistische Mensch das Allgemeinwohl außer Acht lässt.

---

[1] Attributionen (lat., attribuere: zuschreiben, beimessen) sind Ursachenzuschreibungen (siehe Abschnitt 10.6.1)
[2] alter (lat.): der andere

> **Altruismus ist die Haltung einer Person, die zum Ziel hat, anderen Menschen bzw. dem Allgemeinwohl zu nützen.**

Eine altruistische Haltung hilft sowohl dem Hilfsbedürftigen als auch dem Helfenden: Er kann mit seinem Helfen das eigene Wohlbefinden fördern. Man spricht vom *helpers high*, das meint ein gutes Gefühl, wenn man hilft (vgl. *Nuber, 2012, S. 21*).

Oft wird Altruismus gleichgesetzt mit einem völlig uneigennützigen Verhalten, von dem der Mensch persönlich nichts hat. Dies ist nicht richtig, da auch der altruistische Mensch durch sein Verhalten eine innere Befriedigung, Wohlbefinden und Zufriedenheit erleben kann. Prosoziales Verhalten wirkt selbstverstärkend und erhöht aus individualpsychologischer Sicht das Selbstwertgefühl. Für andere Menschen da zu sein, kann auch dem eigenen Leben einen Sinn geben. Viele Helfer oder sozial Engagierte sagen z. B.: „Ich will etwas Sinnvolles tun." (vgl. Nuber, 2012, S. 21)

> *„Indem wir das Wohl anderer erstreben, fördern wir unser eigenes."*
> *(Platon[1])*

Dem Egoisten dient ein bestimmtes Verhalten nur ihm selbst, im extremsten Fall realisiert er seine Ziele auf Kosten anderer bzw. der Allgemeinheit. **Egoismus**[2], oft auch Ich-Sucht oder Selbstsucht genannt, ist also eine bestimmte Haltung eines Menschen, die zum Ziel hat, ausschließlich sich selbst zu nützen.

> **Egoismus beschreibt eine Haltung eines Menschen, die die Absicht verfolgt, ausschließlich sich selbst zu nützen.**

Eine Person, die egoistisch motiviert ist, wird nur dann ein hilfreiches Verhalten an den Tag legen, wenn es ihr (auch) nützt, wenn sie damit eine unangenehme Emotion beenden kann oder keine Fluchtmöglichkeit besteht.

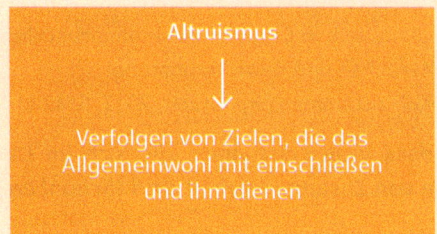

→ **Materialien 3:** „Der gute Amerikaner"

10.4.4 Die Entstehung von sozialer Motivation

Ob der Mensch „von Natur aus" egoistisch oder altruistisch ist, ist ein sehr umstrittenes Thema. *Thomas Hobbes*[3] postulierte in der frühen Neuzeit, dass es dem Menschen nur um die Befriedigung seiner eigenen Bedürfnisse gehe, die in den destruktiven Antriebskräften des Menschen begründet lägen und zu einem „Kampf aller gegen alle" führten.

---

[1] Platon (427–348 v.Chr.) war griechischer Philosoph; er begründete mit seinen Vorstellungen den politischen Idealismus und bestimmte nachhaltig das abendländische Denken bis zur Gegenwart.
[2] ego (lat.): Ich
[3] Thomas Hobbes (1588–1679) war englischer Philosoph und Staatstheoretiker. Er wurde vor allem durch seine auf dem Naturrecht beruhende Gesellschaftstheorie bekannt, nach der alle Menschen gleich und mit dem gleichen Recht auf alles ausgestattet sind.

„Homo homini lupus" – Der Mensch ist dem Menschen ein Wolf
(Hobbes[1])

Im letzten Jahrhundert wurde diese These vornehmlich von den **Verhaltensforschern** wie *Konrad Lorenz* vertreten, die ein allgemeines Potenzial an Aggression postulieren, sowie von der **Psychoanalyse**, die von einem Todestrieb ausgeht, der die Vernichtung des Lebens zum Ziel hat. Entgegen seiner aggressiven Natur kann der Mensch nach psychoanalytischer Auffassung durch Erziehung und andere Umwelteinflüsse sozial gemacht werden.

Der **Sozialdarwinismus** propagiert das Recht des Stärkeren zum Leben und Überleben auch in sozialer Hinsicht und legitimiert dies fälschlicherweise durch die Evolutionstheorie.

Der Sozialdarwinismus geht auf den englischen Philosophen und Soziologen Herbert Spencer (1820–1903) zurück (und nicht auf Charles Darwin). Spencer prägte das Konzept des „survival of the fittest" und wandte dieses auf die gesellschaftliche Entwicklung an. Der Begründer der Evolutionstheorie Charles Darwin (1809–1882) selbst wandte sich gegen den Sozialdarwinismus und hielt die Humanität für eine der edelsten Tugenden, die dem Menschen eingepflanzt seien (vgl. Speck, 2009[2], S. 122).

In jüngerer Zeit haben Sozial- und auch Biowissenschaftler herausgefunden, dass **prosoziales Verhalten biologische Wurzeln hat**. Sie gehen davon aus, dass die menschliche Spezies nur aufgrund von Kooperation[2], Symbiose[3] und Bindung überleben konnte (**Koevolution**). Der Verhaltensforscher *Michael Tomasello* vom Max-Planck-Institut für evolutionäre Anthropologie[4] kam durch Untersuchungen zu dem Ergebnis, dass der Mensch nur durch seine **soziale Intelligenz**[5] bestehen konnte und kann. Sie ist verantwortlich für die Überlebenschancen und deren Steigerung von der Species Mensch und mancher Tierarten (vgl. *Harmon, 2013, S. 60*). Heute geht man davon aus, dass die abstrakte Intelligenz unserer Vorfahren für das Überleben des Homo sapiens weniger entscheidend war als vielmehr ihr Sinn für Zusammenarbeit und Gemeinschaft (vgl. *Grüter, 2012, S. 42*).

Bisher hat man die menschliche Intelligenz als herausragenden Selektionsvorteil des Menschen gesehen, doch vermutlich förderte mehr seine Neigung, sich in Gruppen zusammenzuschließen und in ihnen zu organisieren, das Überleben des Menschen und seine Verbreitung. Schon in der Steinzeit lebten Menschen in größeren Sozialeinheiten zusammen (vgl. Grüter, 2012, S. 42 f.).

Und der Hirnforscher *Gerald Hüther* meint, dass viele Leistungen, die sich im Laufe der Evolution herausgebildet haben, eine Folge von Zusammenarbeit sind (*Schönberger, 2015, S. 25*).

„Um auf unserem Planeten langfristig überleben zu können, brauchen wir zwar auch technologische Innovationen, aber vor allem eine neue Form des Zusammenlebens, in der der Einzelne sich eingeladen, ermutigt und inspiriert fühlt, seine Talente und Begabungen zu entfalten zum Wohle aller."
(Hüther; in: Schönberger, 2015, S. 26)

---

[1] Thomas Hobbes hat diesen Spruch zwar aufgegriffen, aber er stammt eigentlich von dem römischen Dichter Titus Maccius Plautus (250-184 v. Chr.) und lautet im Original „lupus es homo homini, non homo, quom qualis sit, non novit." (Ein Wolf ist der Mensch dem Menschen, nicht ein Mensch, wenn man sich nicht kennt.)
[2] vgl. Abschnitt 10.4.5
[3] Symbiose (symbíosis, griech.: das Zusammenleben): das zweckdienliche Zusammenleben von Lebewesen verschiedener Art
[4] Anthropologie (griech.) ist die Wissenschaft vom Menschen und seiner Entstehung.
[5] vgl. Kapitel 4.3.2

Frans de Waal[1] *(in: Saum-Aldehoff, 2011, S. 43–48)* geht davon aus, dass der Mensch von Natur aus Mitleid, Mitgefühl und Empathie besitzt, was seinen Ausdruck im Altruismus findet.

> *„Wir haben tief sitzende prosoziale Impulse in uns und wir setzen sie ein, ohne über ihren Nutzen nachzudenken."*
>
> *(De Waal, in: Saum-Aldehoff, 2011, S. 39)*

Tierische Hilfe

Tel Aviv (dpa) Ein gutmütiges Nilpferd hat in einem israelischen Zoo ein Nashorn aus einem Wasserbecken gerettet, in das ihn ein wütender Rivale gestoßen hatte. Unter den männlichen Nashörnern herrsche gerade große Unruhe, weil die sechsjährige Nashorndame Keren Peles brunftig sei, teilte eine Sprecherin des Safari Zoos bei Tel Aviv gestern mit.

Dabei kam es zum Eklat: Der 27-jährige Zion, das dominante Männchen in der Herde, hatte sich gerade mit der Nashorndame gepaart. Danach wollte auch der 37-jährige Atari sein Glück versuchen Doch Zion hatte ihn erst vor Kurzem vom Thron gestoßen und wurde aggressiv. Bei einem Kampf stieß er den älteren Rivalen in ein Wasserbecken. Auf einem Video ist zu sehen, wie Atari hilflos im Wasser strampelt und es nicht schafft, aus eigenen Kräften die Umrandung des Beckens zu überwinden. Doch dann kommt ein Nilpferd angeschwommen und schiebt von hinten. Kurz darauf hat das offensichtlich erleichterte Rhinozerus wieder festen Boden unter den Füßen. „Unser Chef-Zoologe stand daneben, und er hat gesagt, dass Atari es ohne die Hilfe des Nilpferds nicht geschafft hätte", sagte Sprecherin Sagit Horowitz.

→ **Materialien 4:**
Altruistische Tierwelt

Donaukurier Nr. 290 vom 15.12,2016, S. 6

Auch die **Humanistische Psychologie**[2] wie die ***personenzentrierte Theorie*** von *Carl R. Rogers*[3] und die ***Individualpsychologie*** von *Alfred Adler*[4] gehen in ihren Theorien davon aus, dass im Menschen ein Potenzial der Beziehungsfähigkeit und zum „Guten" vorhanden ist, ohne dessen Entfaltung er nicht existieren könnte. Lerntheoretiker gehen davon aus, dass altruistisches bzw. egoistisches Verhalten durch Verknüpfung von Reizen, durch Verstärkung und durch Nachahmung erlernt wird.

10.4.5 Kooperation und Wettbewerb

Eine Zusammenarbeit zur Realisierung eines gemeinsamen Zieles bezeichnet man als **Kooperation**[5]. Dabei wird das Handeln aufeinander abgestimmt und die persönlichen Interessen mit denen der anderen ausgeglichen.

---

[1] Frans de Waal (* 1948) ist Professor für Primatenverhalten an der Emory University (Atlanta) und Direktor des Living Links Center (Atlanta).
[2] siehe Kapitel 1.4.5
[3] siehe Kapitel 9.3
[4] Die Individualpsychologie ist neben der Psychoanalyse eine der bedeutendsten Richtungen innerhalb der Tiefenpsychologie (vgl. Kapitel 1.4.1)
[5] cooperatio (lat.): die Mitwirkung

Kooperation heißt Zusammenarbeit und bedeutet die Fähigkeit und Bereitschaft, das Handeln aufeinander abzustimmen und persönliche Interessen mit denen anderer auszugleichen, um ein gemeinsames Ziel zu erreichen.

Aus individualpsychologischer Sicht ist die Fähigkeit zur Kooperation das Kennzeichen eines seelisch gesunden Menschen.

Arbeiten mehrere Menschen zur Erreichung eines bestimmten Zieles zusammen, so spricht man von **Teamarbeit bzw. Teamwork**[1]. Die Menschen, die zur Erfüllung eines Zieles zusammenwirken, werden als **Team** bezeichnet.

Teamwork erweist sich in vielen Fällen gegenüber den Leistungen von Einzelnen als überlegen.

Voraussetzung für effektive Teamarbeit ist jedoch gegenseitige Achtung und Vertrauen sowie das Zurückstellen von Machtstreben, Egoismus und persönlichen Interessen zugunsten der gemeinsamen Aufgabe.

Heutige Sozialpsychologen gehen davon aus, dass bei Kooperation nicht nur für das Gesamtwohl ein größerer Erfolg erzielt wird, sondern auch jeder Einzelne einen Vorteil hat.

Kooperation ist auch für eine effektive und für alle beteiligten Personen befriedigende *Konfliktlösung* unbedingte Voraussetzung[2].

Im Laufe der Menschheitsgeschichte erwies sich – wie in *Abschnitt 10.4.4* aufgezeigt – die Kooperation als Überlebensstrategie.

> „Kooperation ist ein Erfolgsrezept" (*Tenzer, 2014, S. 32*)

Das Gegenteil von Kooperation ist der **Wettbewerb**, ein Gegeneinander von Personen und Personengruppen, von Unternehmen, Organisationen oder auch Gesellschaften, um persönliche Interessen durchzusetzen.

Wettbewerb bedeutet ein Gegeneinander von Personen bzw. Personengruppen und anderen sozialen Gebilden, um persönliche Interessen durchzusetzen.

Rivalität und Konkurrenzdenken sind Merkmale des Wettbewerbs. Sein Bestreben ist es, in der Erreichung eines Zieles, in der Produktion und dem Verkauf von Mitteln, im Kräftemessen oder beim Nachweis von Fähigkeiten und Fertigkeiten besser als andere – die Konkurrenten oder Mitbewerber – abzuschneiden.

In der Marktwirtschaft spielt Wettbewerb hinsichtlich der Anteile auf dem jeweiligen Markt eine wichtige Rolle und erfüllt die Funktion der Steuerung des Wirtschaftsprozesses.

In der Psychologie wird der Wettbewerb bejaht, wenn der Charakter des Spielerischen erhalten bleibt. Hier kann er motivierend und anspornend wirken.

Dies ist beim Sport oder bei Wettspielen der Fall.

---

[1] team (engl.): das Gespann, die Mannschaft
[2] vgl. Kapitel 11.5.2

Das Ferienlager-Experiment von *Muzafer Sherif*

Kinder, die sich untereinander nicht kannten, reisten in zwei Gruppen in je einem Bus an. Jede Gruppe bezog ihre eigene Hütte. Im Lager („**Robbers Cave**") wurden zwischen den beiden Gruppen Wettkämpfe (Tauziehen, Baseball, Schatzsuche u. Ä.) veranstaltet, was bald dazu führte, dass sich die beiden Gruppen gegenseitig stark bekämpften (Beschimpfungen, Überfälle, Prügeleien, Verbrennen der Flagge). Diese Rivalität führte auf der anderen Seite jedoch zu einem starken Wir-Gefühl innerhalb der beiden Gruppen, einem guten Zusammenhalt und einer hervorragenden Zusammenarbeit.

Sherif und seine Mitarbeiter schufen anschließend Situationen, in denen die beiden Gruppen zusammenarbeiten mussten (Unterbrechung der Wasserversorgung, Liegenbleiben des Versorgungslastwagens). Je mehr die beiden Gruppen zusammenarbeiteten, desto mehr nahmen die gegenseitigen Feindseligkeiten ab und der freundschaftliche Kontakt zwischen den beiden Gruppen nahm zu (vgl. *Edding, 2015[2], S. 67*).

Wettbewerb kann also einerseits sozialen Kontakt schaffen um den Preis der Schaffung und Aufrechterhaltung eines „Feindbildes"; andererseits können Konflikte nur durch Kooperation verringert und gelöst werden.

Das Experiment von Sherif gibt auch einen guten Einblick in die Thematik „**Eigengruppe – Fremdgruppe**"[1]: Im Gegensatz zur Fremdgruppe identifiziert man sich mit der Eigengruppe mehr oder weniger stark und bringt ihr positive Gefühle entgegen. So wird häufig die Eigengruppe („wir") meist „besser" gesehen, während die Fremdgruppe („ihr", „die anderen") und ihre Mitglieder abgewertet werden.

Wettbewerb kann auch zur Belastung von Einzelnen bzw. zur Demotivierung und Diffamierung der Unterlegenen („looser") sowie zu einem Kampf um Macht und Vorherrschaft in und zwischen Gruppen bzw. in Politik und Wirtschaft führen. Wettbewerb kann so das Erreichen gemeinsamer Ziele und die Erfüllung gemeinsamer Aufgaben be-, wenn nicht gar verhindern.

---

[1] siehe Abschnitt 10.2.5

> „Wettbewerb bedeutet längst nicht mehr die Ermittlung des Besseren, sondern nur noch die des Stärkeren."
> (Moeves, 2004, S. 188)

Es wird oft die Meinung vertreten, dass der Wettbewerb zusätzlich Motivation und Ansporn und deshalb bessere Leistungen hervorbringen würde. Doch in Untersuchungen stellte sich heraus, dass fast durchweg die Kooperation bessere Ergebnisse bewirkt (vgl. Sader, 2008⁹, S. 136).

Einige Sozialpsychologen weisen darauf hin, dass Panik weniger eine Folge von Gefahr und Angst ist; sie tritt i. d. R. immer dann auf, wenn Kooperation zusammenbricht und der Einzelne glaubt, dass sein Interesse nicht mehr mit dem der Allgemeinheit übereinstimmt (vgl. Mann, 2001, S. 101 f.).

Sozialpsychologen haben nachgewiesen, dass der Wettkampf um Belohnung und Vermeidung von Strafe im allgemeinen Sinn zum selbstmörderischen Chaos führen kann. Die Individualpsychologie lehnt Wettbewerb aus diesem Grund auch ab, da er einem verstärkten Minderwertigkeitsgefühl entspringt mit der Folge eines seelisch-kranken Strebens, welches nicht dem Allgemeinwohl, sondern nur dem Wohl einiger dient.

Die Individualpsychologie von *Alfred Adler* sieht Wettbewerb und damit Konkurrenz und Konkurrenzdenken als „pathologische Entgleisung" (vgl. *Wenke, 2014, S. 133*). Für *Adler* ist die **gezielte Förderung und Entwicklung der Kooperationsfähigkeit** die Menschheitsfrage schlechthin; er bezeichnet sie sogar als **„absolute Wahrheit"**, der niemand ohne negative Folgen ausweichen kann (vgl. *Adler, 2008, S. 230*).

Adler ist der Überzeugung, dass der – globale – Kapitalismus, in welchem Wettbewerb und Konkurrenz vorherrschen, die Menschheit letztlich ruiniert, zumindest ihren größten Teil.

10.5 Soziale Einstellungen

Soziale Einstellungen, oft auch *Attitude*[1] genannt, spielen im menschlichen Leben eine große Rolle. Dies wird deutlich, wenn man bedenkt, wie viele Menschen oder Gruppen daran interessiert sind, unsere Einstellung zu ändern.

10.5.1 Der Begriff „soziale Einstellung"

Wertvorstellungen wirken als gemeinsame Einstellungen, indem ein bestimmtes Objekt – Personen, Einrichtungen, Gegenstände oder Sachverhalte – aufgrund der verinnerlichten Werte positiv oder negativ bewertet wird. Die Mitglieder einer Gesellschaft stehen der Vielfalt von Personen, Einrichtungen, Gegenständen und Sachverhalten grundsätzlich nicht neutral gegenüber, sondern bewerten diese positiv oder negativ, haben bestimmte Vorstellungen von ihnen und verhalten sich entsprechend. Eine solche Tendenz, die dadurch zum Ausdruck kommt, ein bestimmtes Objekt mit Zustimmung oder Ablehnung zu bewerten, wird soziale Einstellung genannt. **Als soziale Einstellung wird also die Tendenz eines Individuums bezeichnet, ein bestimmtes Objekt positiv oder negativ zu bewerten.**

[1] attitude (engl.): die Haltung

Jede soziale Einstellung lässt sich in drei Komponenten, die **Einstellungskomponenten**, aufgliedern. Diesen Sachverhalt bezeichnen wir als **Einstellungsstruktur**:

- Die **kognitive Einstellungskomponente** äußert sich in der Wahrnehmung, dem Wissen, der Meinung, der Vorstellung, der Überzeugung oder im Glauben in Bezug auf das Einstellungsobjekt.

- Die **affektive Einstellungskomponente** bezieht sich auf das mit dem Einstellungsobjekt verknüpfte Gefühl. Das Objekt, auf das sich die Einstellung bezieht, „lässt einen nicht kalt".

- Die **konative**[1] **Einstellungskomponente** beinhaltet die Verhaltensabsicht bzw. -tendenz eines Individuums, die das Einstellungsobjekt hervorruft.

Ein Beispiel soll die Einstellungsstruktur verdeutlichen:
In das Haus, in welchem Herr Feindlich im Erdgeschoss wohnt, will in den ersten Stock eine Wohngemeinschaft einziehen. Herr Feindlich ist jedoch dagegen, weil er der Meinung ist, die jungen Leute würden die gesamte Moral untergraben, die Nacht zum Tag machen und auch sehr laut sein (= kognitive Einstellungskomponente). Zugleich ärgert sich Herr Feindlich, ja er ist sogar wütend darüber, dass über ihm eine Wohngemeinschaft einziehen soll (= affektive Einstellungskomponente). Er legt beim Hausbesitzer Protest ein, indem er ihm zunächst einen Brief schreibt und ihn daraufhin zu einem Gespräch aufsucht (= konative Einstellungskomponente).

Bei der konativen Einstellungskomponente handelt es sich in erster Linie um eine mit dem Einstellungsobjekt verbundene Bereitschaft zum Verhalten. Es ist also nicht unbedingt erforderlich, dass ein bestimmtes Verhalten oder eine Handlung auch tatsächlich ausgeführt wird.

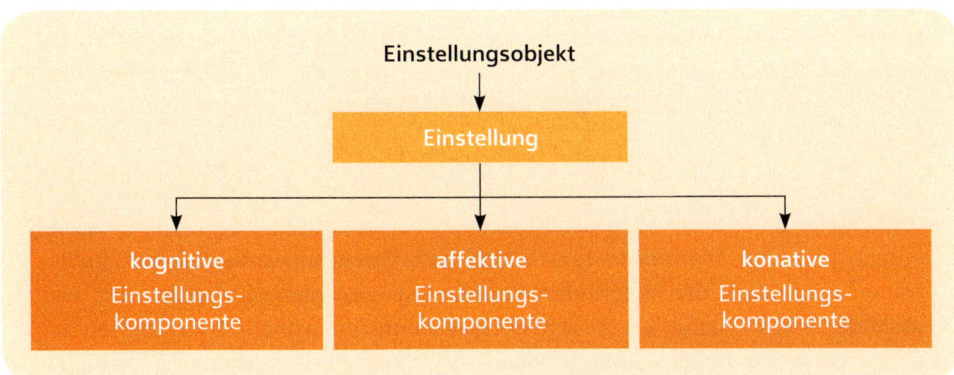

Allein eine Meinung ist noch keine Einstellung. Der Begriff „Meinung" beschreibt, was ein Individuum über ein bestimmtes Objekt denkt, und kann „Teil" einer Einstellung sein, der die kognitive Einstellungskomponente betrifft; eine Meinung kann aber auch eine Ansicht sein, der eine bestimmte Einstellung zugrunde liegt.

> Als soziale Einstellung wird die Tendenz eines Individuums bezeichnet, ein bestimmtes Objekt positiv oder negativ zu bewerten und entsprechend gefühls- und verhaltensmäßig zu reagieren.

---

[1] conari (lat.): sich anstrengen, versuchen

10.5.2 Das Gefüge von sozialen Einstellungen

Die einzelnen Einstellungskomponenten stimmen i. d. R. überein, sie stehen in einem konsistenten bzw. konsonanten[1] Zustand zueinander.

Herr Müller, der zu einer Wohngemeinschaft eine ablehnende Meinung hat, zeigt auch Abneigung und unternimmt alles, um ihren Einzug zu verhindern.

Falls ein inkonsistenter bzw. dissonanter Zustand besteht, wird *der Mensch bestimmte Mechanismen zur Abwehr entwickeln oder die Neigung zeigen, seine Einstellung zu ändern*, um wieder einen Konsistenzzustand herbeizuführen.

Trifft Herr Müller zufällig auf einer Veranstaltung die Frau, die mit in die Wohngemeinschaft einziehen will, so kann es möglich sein, dass er sie meidet oder aber er nimmt Kontakt mit ihr auf und verliebt sich sogar in sie. Dann wird die Änderung in der affektiven Einstellungskomponente auch zu einer Änderung in der kognitiven („Die sind ja gar nicht so übel, wie ich dachte") und in der konativen Einstellungskomponente (keinen Protest beim Hausbesitzer einlegen) führen.

Das Experiment von Marc J. Rosenberg

„*Marc J. Rosenberg* führte einen Versuch durch, der zeigte, dass eine Änderung der affektiven Einstellungskomponente zu einer entsprechenden Änderung der kognitiven Komponente führte. Studenten an der Yale Universität, die einer gemeinsamen Bewohnung bestimmter Gegenden von Weißen und Schwarzen negativ gegenüber eingestellt waren, fungierten als Versuchspersonen. In der Experimentalgruppe wurden elf Versuchspersonen in Einzelsitzungen hypnotisiert, wobei man ihnen folgende Instruktionen gab: ‚Wenn Sie wieder aufwachen, werden Sie sehr dafür sein, dass Schwarze in weiße Wohngebiete ziehen – der bloße Gedanke, dass Schwarze in weiße Wohngebiete ziehen, wird ein beglückendes Gefühl erwecken. Obwohl Sie sich nicht daran erinnern werden, dass Ihnen diese Suggestion eingegeben wurde, wird sie nach dem Erwachen Ihre Gefühle stark beeinflussen.'

Als die Versuchspersonen erwachten, war die Erinnerung an die hypnotische Beeinflussung verschwunden, und die Einstellung zur integrierten Bewohnung wurde erneut gemessen. Es wurde festgestellt, dass die Versuchspersonen einen Gefühlswandel gegenüber der integrierten Bewohnung durchgemacht hatten und, was wichtiger war, sie hatten ihre Ansicht entsprechend den hypnotisch induzierten Gefühlen geändert. Sie glaubten nunmehr, dass integrierte Bewohnung eine gute Sache sei, die nicht zu einer Wertminderung des Grundbesitzes in der Umgegend führen, sondern zu einer Verbesserung der Rassenbeziehungen beitragen werde." *(Mann, 2001, S. 167 f.).*

Rosenberg geht in seiner Theorie der *affektiv-kognitiven Konsistenz* davon aus, dass Menschen bestrebt sind, innerhalb der Einstellungskomponenten einen Zustand des Gleichgewichtes zu erhalten bzw. herzustellen und deshalb eine Änderung einer Komponente die Änderung der anderen zur Folge haben wird[2].

Diese gegenseitige Abhängigkeit der einzelnen Einstellungskomponenten untereinander wird als **Systemcharakter von Einstellungen oder auch als Einstellungssystem** bezeichnet.

---

[1] konsistent (lat.): ohne Widerspruch; konsonant (lat.): zusammenklingen
[2] Rosenberg selbst bezog diese These lediglich auf die kognitive und affektive Einstellungskomponente.

Diese Konsistenz trifft nicht nur innerhalb der einzelnen Einstellungskomponenten zu, sondern auch auf verschiedene Einstellungen, die untereinander in einem Zusammenhang stehen und voneinander abhängig sind.

Frau Müller ist sehr umweltbewusst. Diese positive Einstellung gegenüber der Umwelt bildet ein ganzes System mit anderen Einstellungen wie gegenüber der Abfallbeseitigung, Tierversuchen, Straßenbau, Naturschutz, Waldsterben, Fahrzeugen, Rauchen usw.

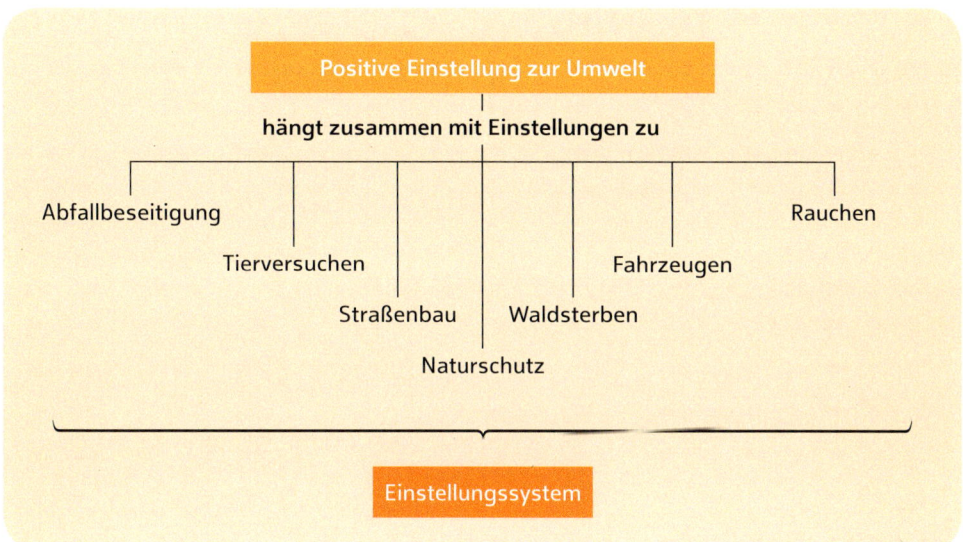

Der Systemcharakter von Einstellungen trifft also nicht nur auf die Beziehung der einzelnen Einstellungskomponenten untereinander zu, sondern auch auf den Zusammenhang von einzelnen Einstellungen.

> Systemcharakter von Einstellungen oder Einstellungssystem bezeichnet sowohl die Beziehung der Einstellungskomponenten untereinander als auch den Zusammenhang von verschiedenen Einstellungen.

Zwischen dem Einstellungssystem und der Bereitschaft eines Individuums, eine Einstellung zu ändern, besteht ein Zusammenhang. Eine Einstellungsänderung ist vor allem bei den Personen schwer zu erreichen, bei denen viele verschiedene Einstellungen miteinander in einem Zusammenhang stehen und ein Einstellungssystem bilden. Eine Änderung von Einstellungen ist deshalb nur sehr schwer möglich, weil sehr viele andere Einstellungen mit betroffen sind, sodass ein sehr starkes Ungleichgewicht entsteht.

So können bei Frau Müller sehr viele Einstellungen mit ihrer Einstellung zur Umwelt zusammenhängen, wodurch eine Einstellungsänderung nur sehr schwer möglich sein wird.

Personen, die weniger Einstellungen miteinander verbinden, fallen bei einem Änderungsversuch notgedrungen nicht so stark in ein Ungleichgewicht – eine Einstellungsänderung ist leichter möglich.

10.5.3 Das Vorurteil

Der Begriff „Vorurteil" wird sehr uneinheitlich gebraucht und die Abgrenzung zu verwandten Begriffen, wie z. B. zu „Einstellung", wird fast in jeder wissenschaftlichen Publikation anders gehandhabt. Einigkeit in allen Definitionen besteht jedoch darüber, dass es sich bei einem Vorurteil um eine soziale Einstellung handelt,

- die **nicht auf ihre Richtigkeit hin an der Realität überprüft** ist und
- die **durch neue Erfahrungen oder Informationen nicht oder kaum verändert wird.**

Entsprechend beinhaltet ein Vorurteil – wie jede Einstellung auch – eine positive oder negative Bewertung des Objektes, auf das es sich bezieht.

Eine Überzeugung, die lediglich nicht mit der Realität übereinstimmt, bezeichnen wir als **Voreingenommenheit**. Derartige Voreingenommenheiten werden dann zu Vorurteilen, wenn sie – wie es *Gordon W. Allport (1971, S. 23)* formuliert – „angesichts neuer Informationen nicht geändert werden" und wenn sie ein Urteil, eine Bewertung enthalten. Ein unflexibles Festhalten an Einstellungen trotz neuer Erfahrungen bzw. Informationen wird als **Rigidität**[1] bezeichnet.

„Das Vorurteil ist eine Mauer, von der sich noch alle, die dagegen angerannt sind, mit blutigen Köpfen zurückgezogen haben."
(Johann N. Nestroy[2])

Statistisch gesehen finden sich zwischen Deutschen und Italienern nur geringe Unterschiede bezüglich der Arbeitszeit. Wenn nun ein Mensch behauptet, die Italiener seien fauler als die Deutschen, so stimmt diese Überzeugung nicht mit der Realität überein. Es handelt sich hierbei um eine Voreingenommenheit. Kann nun diese Voreingenommenheit durch neue Erfahrungen oder Informationen nicht bzw. nur schwer verändert werden, so spricht man von einem Vorurteil.

„Der Himmel ist dort, wo die Polizisten Briten sind, die Köche Franzosen, die Mechaniker Deutsche, die Liebhaber Italiener und alles von den Schweizern organisiert wird. Die Hölle ist dort, wo die Köche Briten, die Mechaniker Franzosen, die Liebhaber Schweizer und die Polizisten Deutsche sind und alles von den Italienern organisiert wird."
(Beneke, 2007, S. 37)

Oft wird der Begriff „Vorurteil" auf negative bzw. ablehnende Einstellungen eingeschränkt. Dies ist jedoch wenig sinnvoll, da es auch „positive" Vorurteile gibt, die nicht mit der Realität übereinstimmen. In den meisten Fällen wird der Begriff jedoch für negative Einstellungen verwendet (vgl. Werth/Mayer, 2008, S. 379 f.).

> **Vorurteil bezeichnet eine besondere Form der Einstellung, die nicht auf ihre Richtigkeit hin an der Realität überprüft ist, durch neue Erfahrungen oder Informationen kaum bzw. nicht verändert wird und eine positive oder negative Bewertung des Objektes beinhaltet.**

---

[1] rigidus (lat.): starr, steif, fest
[2] Johann Nepomuk Nestroy (1801–1862) war österreichischer Dramatiker und Schauspieler.

Häufig taucht in diesem Zusammenhang auch der Begriff **Stereotyp**[1] auf. Stereotype sind bestimmte einfache und meist verallgemeinerte Überzeugungen, die sich auf bestimmte Menschengruppen beziehen wie z.B. „Afrikaner sind dümmer als Weiße" oder „Araber sind fauler als Europäer". Stereotypen betreffen die kognitive Seite eines Vorurteils, sind aber als solche noch keine Vorurteile. Um von einem Vorurteil zu sprechen, kommt noch die affektive Komponente hinzu, die sich in einer Bewertung des Bezugsobjektes äußert (vgl. Werth/Mayer, 2008, S. 379 f.).

Gelegentlich wird das Handeln aufgrund eines Vorurteils als **Diskriminierung**[2] bezeichnet. Diskriminierte Menschen – so der Erziehungswissenschaftler und Sexualpädagoge *Stefan Timmermanns (2013[2], S. 260)* werden mit einem *Stigma*[3] belegt und von der Gesellschaft „schlechter" behandelt, obwohl kein sachlich gerechtfertigter Grund vorhanden ist; sie verwehrt diesen gleiche Rechte und Respekt.

> **Eine Diskriminierung bezeichnet eine Benachteiligung oder Herabwürdigung einer oder mehrerer Person(en) oder eines sozialen Gebildes ohne Vorliegen eines sachlich gerechtfertigten Grundes.**

Vorurteile reduzieren und schützen uns vor Angst und vor unangenehmer Auseinandersetzung mit der eigenen Person; sie bewahren das – vermeintliche – Selbstwertgefühl und eignen sich dazu, sich selbst bzw. die eigene Gruppe „höher" und andere „niedriger" erscheinen zu lassen.

Dies wird vor allem deutlich bei Vorurteilen gegenüber anderen Völkern: Durch ihre Abwertung erscheint das eigene Volk höherwertiger und besser.

Vorurteile dienen zudem der Bewahrung und Aufrechterhaltung von Überlegenheits-, Geltungs- sowie Machtansprüchen und ermöglichen die Abfuhr von Aggression in einer Art und Weise, die sozial anerkannt bzw. gebilligt ist.

Untersuchungen ergaben, dass je weniger Selbstwertgefühl ein Mensch hat und je unsicherer er ist, desto mehr neigt er zu Vorurteilen. Vor allem ein unsicherer Mensch ist stark auf Orientiertsein, Überschaubarkeit und Sicherheit angewiesen.

Vorurteile erfüllen wie Einstellungen bestimmte **Funktionen**, auf die in *Abschnitt 10.6.2* eingegangen wird. Obwohl jeder Mensch Vorurteile hat und sie uns den Umgang mit dem Objekt, auf das sie sich beziehen, erleichtern, können sie zu verheerenden Auswirkungen wie ungerechtfertigten Benachteiligungen, Diskriminierungen, sozialen Ungerechtigkeiten und dergleichen führen.

Die Verfolgung und Ermordung von Juden im „Dritten Reich", die Diskriminierung von Menschen mit Behinderung, Homosexuellen oder Angehöriger bestimmter Nationen sowie die Benachteiligung eines Geschlechtes oder von Menschen mit Migrationshintergrund sind Beispiele hierfür.

> *„Auch die weniger auffälligen Diskriminierungen im Alltag führen zu sozialer Ungerechtigkeit und nicht selten zu schwerwiegendem Leid bei den von Vorurteilen Betroffenen. [...] Vorurteile können einerseits zu ungerechtfertigter materieller Benachteiligung führen, andererseits erhebliche psychische Folgen nach sich ziehen."*
> *(Werth/Mayer, 2008, S. 378)*

---

[1] steréos (griech.): starr, fest; týpos (griech.): die Prägung, die Gestalt, die Form
[2] discriminare (lat.): trennen, absondern, unterscheiden
[3] stigma (griech.): das „Brandmal". Der Begriff „Stigma" geht auf die Griechen zurück als Verweis auf körperliche Zeichen, die dazu bestimmt waren, etwas Ungewöhnliches oder Schlechtes hinsichtlich des Zeichenträgers zu offenbaren. Ein solches Zeichen, in den Körper geschnitten oder gebrannt, tat öffentlich kund, dass der Träger ein Sklave, ein Verbrecher, ein Verräter oder anderes war, der dann gemieden werden musste, vor allem auf öffentlichen Plätzen.

10.6 Einstellungstheorien

Im Laufe der wissenschaftlichen Erforschung haben sich unterschiedliche Einstellungstheorien entwickelt. Sie beantworten die Frage nach der Entstehung und Veränderung von Einstellungen aus unterschiedlicher Sichtweise.

10.6.1 Die Vielzahl von Einstellungstheorien

- Konsistenztheorien, die davon ausgehen, dass der Mensch von Natur aus nach Gleichgewicht strebt: Ein konsistenter Zustand ist in sich harmonisch, und seine Teile sind stimmig; bei einem inkonsistenten Zustand sind die Teile nicht im Einklang miteinander, sondern stehen im Widerspruch zueinander.

Ein solch inkonsistenter Zustand ist vorhanden, wenn ein Mann Vorurteile in Bezug auf Menschen mit Migrationshintergrund hegt, er sich aber emotional zu einer ausländischen Frau hingezogen fühlt.

Derartige Zustände werden als unangenehm empfunden und erzeugen im Menschen Spannungen, die nach Überwindung drängen; der Mensch befindet sich im Ungleichgewicht und setzt alles daran, um wieder einen konsistenten Zustand, ein Gleichgewicht, zu erreichen.

Die bekanntesten Konsistenztheorien sind die *Balancetheorien* von *Fritz Heider* (als Vorläufer der Attributionstheorie) und *Theodore M. Newcomb*, die *Kongruenztheorie* von *Charles E. Osgood und Percy H. Tannenbaum*, die *Theorie der affektiv-kognitiven Konsistenz* von *Marc J. Rosenberg*[1] und die *Theorie der kognitiven Dissonanz* von *Leon Festinger*[2]

- **Funktionale Theorien:** Diese gehen davon aus, dass soziale Einstellungen wichtige Funktionen erfüllen. Die bekannteste funktionale Theorie ist die *funktionale Einstellungstheorie* von *Daniel Katz*[3].

- **Attributionstheorien:** Attributionen sind Ursachenzuschreibungen, auch Kausalattributionen genannt. Attributionstheorien gehen davon aus, dass Menschen ihrem eigenen Verhalten und dem anderer Personen sowie den Ergebnissen von Verhaltensweisen Ursachen zuschreiben und damit dieses Verhalten begreiflich machen.

Einem Skifahrer, der verunglückt ist, wird zugeschrieben, dass er, wenn er noch nicht Skifahren könne, nicht auf die Piste gehen solle.

Attributionen beeinflussen unser Erleben und Verhalten und schaffen in unserem Leben Orientierung und Ordnung (vgl. *Meyer/Försterling, 1993*[2], *S. 175 f.*).

> *„Attributionstheorien beruhen auf der grundlegenden Auffassung, dass […] wir alle […] Theorien formulieren, die es möglich machen, unser eigenes Verhalten und Erleben und das unserer Mitmenschen zu erklären, zu verstehen, vorherzusehen und zu beeinflussen."* (**Heckhausen**/Heckhausen, 2010[4], S. 394)

Die bekannteste Theorie ist die *Attributionstheorie* von *Fritz Heider*.

---

[1] vgl. Abschnitt 10.5.2
[2] Die Theorie der kognitiven Dissonanz von Leon Festinger ist in Abschnitt 10.6.3 dargestellt.
[3] siehe Abschnitt 10.6.2

- **Kommunikationstheorien:** Diese gehen davon aus, dass Einstellungsänderungen in der Wechselwirkung zwischen Personen begründet liegen, die wechselseitig aufeinander reagieren, sich gegenseitig beeinflussen und steuern. Einstellungen können auf der Grundlage der Kommunikation geändert werden, wenn bestimmte Aspekte der Botschaft, des Empfängers und des Kommunikators beachtet werden[1].

- **Lerntheorien:** Diese gehen davon aus, dass soziale Einstellungen im Laufe des Lebens erlernt werden und Ergebnis von Lernerfahrungen sind.

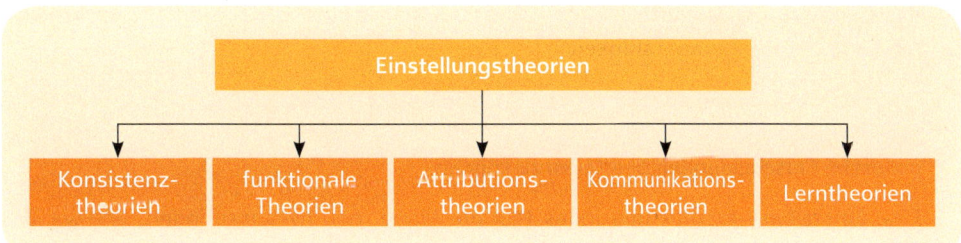

10.6.2 Die funktionale Einstellungstheorie

Einstellungsfunktion meint das Bedürfnis, welches von einer Einstellung befriedigt werden kann (vgl. *Haddock/Maio, 2014[6], S. 199 f.*). Die Frage nach den Funktionen von Einstellungen wurde vor allem von *Daniel Katz*[2] mit seiner funktionalen Einstellungstheorie angesprochen. Nach ihm erfüllen Einstellungen vier wichtige Funktionen:

- **Anpassungsfunktion (Nützlichkeitsfunktion)**

  Bestimmte Einstellungen führen zu positiven Konsequenzen, wie z. B. zu Anerkennung durch die Mitmenschen, Erfolg im Beruf, in einer politischen Partei und dergleichen und helfen, unangenehme Ereignisse wie Ausschluss aus der Gruppe, Entzug von Anerkennung oder Liebesverlust zu vermeiden bzw. zu reduzieren. Zudem vertritt das Individuum bestimmte Einstellungen, um damit kundzutun, dass es einer bestimmten Gruppe angehört, was mit Geborgenheit, Schutz und Obhut verbunden ist.

  Das bekannte „Mitläuferproblem" ist hierfür ein Beispiel: Man vertritt eine bestimmte Meinung nicht, weil man wirklich davon überzeugt ist, sondern weil man auf diese Weise seine Beziehungen zu anderen besser herstellen kann.

  „Wes' Brot ich ess, des' Lied ich sing."

---

[1] vgl. Abschnitt 10.6.4
[2] Daniel Katz (1903–1998) war Professor für Psychologie an der Universität von Michigan, er konzentrierte sich in seinen Schriften vor allem auf Einstellungen, Stereotype und Vorurteile.

■ **Selbstverwirklichungsfunktion**

Eine wesentliche Möglichkeit der Identitätsfindung liegt darin, dass man einen „eigenen" Standpunkt hat und nach „eigenen" Vorstellungen und Überzeugungen handelt. Auf diese Weise können wir uns von anderen Menschen abheben und unsere Individualität herausstellen sowie unser Selbstwertgefühl stärken.

 So kann man sich in einer politischen Diskussion von den anderen abheben, indem man die Überzeugung seiner Partei, der man angehört, kundtut.

Menschen ziehen also Befriedigung daraus, bestimmte Überzeugungen auszudrücken, um dadurch ihr eigenes Selbst kundzutun.

■ **Wissensfunktion (Orientierungsfunktion)**

Die Wirklichkeit mit ihren Problemen ist gewöhnlich so komplex und vielschichtig, dass wir ihr kaum gerecht werden können. Einstellungen vereinfachen diese Komplexität und reduzieren sie oft auf ein einfaches „Gut" oder „Böse". Damit vermitteln sie uns das Gefühl des Orientiertseins, der Überschaubarkeit und der Sicherheit, der Kompetenz und der Handlungsfähigkeit.

 Obwohl Politik für den Einzelnen nur sehr schwer durchschaubar ist, hat jeder eine ganz bestimmte politische Einstellung; er weiß vermeintlich genau Bescheid und glaubt auch, politische Entscheidungen beurteilen zu können.

Eine Einstellung erspart uns jedes Mal die Mühe, neu herauszufinden, wie wir uns einem Objekt – Personen, Gegenstand – gegenüber verhalten sollen.

■ **Abwehrfunktion (Ich-Verteidigungsfunktion)**

Einstellungen ermöglichen eine Rechtfertigung und eine Abwehr von unerwünschten und unangenehmen Erfahrungen, Gefühlen, Wünschen und Bedürfnissen. Sie dienen dementsprechend dazu, Angst und Unsicherheit zu vermeiden bzw. zu reduzieren.

 Ein Schüler entwickelt eine negative Einstellung gegenüber denjenigen Mitschülern, die gute Noten schreiben, und schützt sich damit selbst vor dem Eingeständnis, dass er möglicherweise nicht so begabt ist.

Abwehrreaktionen erkennt man meist an verrationalisierten und verzerrten Einstellungen, wie bspw. an den Vorurteilen gegenüber bestimmten Personengruppen wie Asylbewerbern, Homosexuellen oder Menschen mit Behinderung.

Funktion der sozialen Einstellung	Bedürfnisse, die mit der sozialen Einstellung befriedigt werden
Anpassungsfunktion	Gefühl der Zugehörigkeit, angenehme Zustände wie Anerkennung, Erfolg, Ansehen, Gewinn
Selbstverwirklichungsfunktion	Aufbau bzw. Erhalt des Selbstwertgefühls, der Individualität und der Selbstverwirklichung
Wissensfunktion	Gefühl des Orientiertseins, der Ordnung, der Sicherheit und der Überschaubarkeit
Abwehrfunktion	Rechtfertigung, Vermeidung und/oder Beendigung (Abwehr) von unerwünschten und unangenehmen Erlebnissen und Erfahrungen

Die dargestellten Funktionen von Einstellungen treffen auf das Vorurteil in einem besonderen Maße zu. Gerade Vorurteile können dem Einzelnen Anerkennung und das Gefühl der Zugehörigkeit geben (**Anpassungsfunktion**). Durch Vorurteile ist es möglich, sich von anderen abzugrenzen und sich selbst bzw. die eigene Gruppe aufzuwerten (**Selbstverwirklichungsfunktion**). Zudem vereinfachen Einstellungen die komplexe Welt. Damit vermitteln sie uns das Gefühl des Orientiertseins, der Überschaubarkeit und der Sicherheit (**Wissensfunktion**) sowie der Kompetenz und der Handlungsfähigkeit. Schließlich ermöglichen sie eine Rechtfertigung und Abwehr von unerwünschten und unangenehmen Erfahrungen, Gefühlen, Wünschen und Bedürfnissen (**Abwehrfunktion**). Werden nun Vorurteile von anderen akzeptiert – was i. d. R. ja der Fall ist –, so steigt die Sicherheit bezüglich der „Richtigkeit" eines solchen Vorurteils.

> *„Es ist schwieriger, ein Vorurteil zu zertrümmern, als ein Atom."*
> *(Albert Einstein[1])*

Aus der Sicht der funktionalen Theorie ändert ein Individuum seine Einstellung, weil

- diese ihrer Funktion nach Anpassung, nach Selbstverwirklichung, nach Wissen bzw. Orientierung und/oder nach Abwehr bzw. Verteidigung des eigenen Ichs nicht bzw. nicht mehr gerecht wird, oder

- es von der neu erworbenen Einstellung eine effektivere Befriedigung der oben genannten Funktionen bekommt bzw. sich erhofft.

Eine negative Einstellung kann gegenüber Menschen mit Migrationshintergrund in der Erziehung abgebaut werden, indem das Kind durch seine negative Einstellung keine Anerkennung mehr bekommt (Anpassungsfunktion), wodurch sein Selbstwertgefühl bedroht ist (Selbstverwirklichungsfunktion) und eine Orientierung, gewisse Ordnung und Sicherheit nicht mehr gewährleistet ist (Wissensfunktion) und diese negative Einstellung keine Abwehr von unerwünschten und unangenehmen Erfahrungen möglich bzw. gar nicht mehr erforderlich macht (Abwehrfunktion). Zugleich kann eine positive Einstellung aufgebaut werden, indem das Kind durch die geänderte Einstellung etwa Anerkennung und Erfolg ernten oder auch dadurch sein Selbstwertgefühl steigern kann.

Die Änderung einer Einstellung wird dann am wirkungsvollsten sein, wenn dadurch mehrere Funktionen angesprochen werden. Meist spielen auch immer mehrere Funktionen eine Rolle bei der Änderung von Einstellungen. Auf der Grundlage dieser Aussagen können entsprechende Wege zur Änderung von Einstellungen abgeleitet werden:

- Wie kann erreicht werden, dass das Individuum mit der zu ändernden Einstellung den Funktionen nach Anpassung, Selbstverwirklichung, Wissen bzw. Orientierung und/oder nach der Verteidigung des eigenen Ichs nicht mehr gerecht werden kann?

- Wie kann erreicht werden, dass es von der neu zu erwerbenden Einstellung eine effektivere Befriedigung der Funktionen bekommt bzw. sich erhofft?

---

[1] Albert Einstein (1879–1955) war einer der bedeutendsten Physiker des 20. Jahrhunderts; neben vielen Veröffentlichungen wurde er vor allem durch die Entwicklung der Relativitätstheorie bekannt.

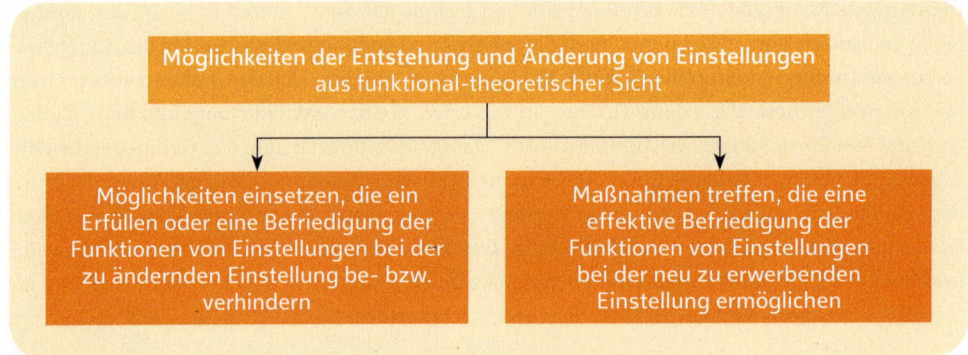

Möglichkeiten der Entstehung und Änderung von Einstellungen aus funktional-theoretischer Sicht	
Möglichkeiten einsetzen, die ein Erfüllen oder eine Befriedigung der Funktionen von Einstellungen bei der zu ändernden Einstellung be- bzw. verhindern	Maßnahmen treffen, die eine effektive Befriedigung der Funktionen von Einstellungen bei der neu zu erwerbenden Einstellung ermöglichen

10.6.3 Die Theorie der kognitiven Dissonanz

Die bekannteste Konsistenztheorie in der sozialpsychologischen Literatur ist die Theorie der kognitiven Dissonanz von *Leon Festinger*. Ihre Grundannahmen sind bis zu einem gewissen Grad mit denen der anderen Konsistenztheorien vergleichbar.

Leon Festinger

Leon Festinger (1919–1989) arbeitete von 1939 bis 1947 gemeinsam mit Kurt Lewin an der University of Iowa. Nach Ende des Zweiten Weltkrieges bildete er zusammen mit anderen namhaften Wissenschaftlern die erste Forschergruppe am Research Center for Group Dynamics, die später nach Michigan umzog. 1951 erhielt er dort eine Professur, 1955 ging er an die Stanford University und 1968 folgte er einem Ruf an die New School for Social Research in New York. Vor allem für seine sozialpsychologischen Arbeiten erhielt er mehrere bedeutende Auszeichnungen, unter anderem die Ehrendoktorwürde. Bekannt geworden ist Festinger als Begründer der Theorie der kognitiven Dissonanz, welche er von 1953 bis 1954 konzipierte und 1957 veröffentlichte.

Folgende Grundaussagen enthält die Theorie der kognitiven Dissonanz:

- Ausgangspunkt und Grundlage sind die Beziehungen zwischen **kognitiven Elementen**. Kognitive Elemente sind jedes Wissen, jede Meinung oder Überzeugung über sich selbst oder über die eigene Umwelt. Sie stellen also das Wissen, die Meinung oder die Überzeugung dar, die eine Person über sich selbst, über ihr eigenes Verhalten und über ihre Umwelt hat.

Beispiele für kognitive Elemente:
„Rauchen ist ungesund."
„Ich bin ein zuverlässiger Mensch."
„Der Urlaub war schön."
„Stundenlanges In-der-Sonne-Liegen verursacht Hautkrebs."

- Kognitive Elemente stehen zueinander in einer **relevanten oder irrelevanten Beziehung**. Eine relevante Beziehung liegt vor, wenn kognitive Elemente etwas miteinander zu tun haben, wenn zwischen ihnen ein Zusammenhang besteht; irrelevant ist eine Beziehung, wenn kognitive Elemente zusammenhangslos nebeneinanderstehen und nichts miteinander zu tun haben.

Beispiele für relevante Beziehungen:
„Stundenlanges In-der-Sonne-Liegen verursacht Hautkrebs." – „Ich habe immer ein T-Shirt an, wenn ich in die Sonne gehe."
„Ich bin ein zuverlässiger Mensch." – „Ich habe meinen Freund versetzt."

Beispiele für irrelevante Beziehungen:
„Der Urlaub war schön." – „Meine Oma hat morgen Geburtstag."
„Ich bin ein zuverlässiger Mensch." – „In unserer Familie wird viel ferngesehen."

- Die relevante Beziehung zwischen kognitiven Elementen kann **konsonant oder dissonant** sein. Sie ist konsonant, wenn ein kognitives Element aus dem anderen folgt, und sie ist dissonant, wenn das Gegenteil des kognitiven Elements aus dem anderen folgt, wenn also die beiden Elemente in Widerspruch zueinander stehen.

Beispiele für Konsonanz:
„Rauchen ist ungesund." – „Ich rauche nicht mehr."
„Stundenlanges In-der-Sonne-Liegen verursacht Hautkrebs." – „Ich habe immer ein T-Shirt an, wenn ich an die Sonne gehe."
„Ich bin ein zuverlässiger Mensch." – „Ich mag Menschen nicht, die unzuverlässig sind."

Beispiele für Dissonanz:
„Rauchen ist ungesund." – „Ich rauche täglich eine Schachtel Zigaretten."
„Stundenlanges In-der-Sonne-Liegen erzeugt Hautkrebs." – „Ich liege täglich mehrere Stunden in der Sonne."

- Eine kognitive Dissonanz entsteht aufgrund der Aufnahme von Informationen, eigener Erfahrungen oder aufgrund Erfahrungen anderer, allgemeiner Überzeugungen und sozialer Wert- und Normvorstellungen.

- Je stärker die kognitive Dissonanz ist, umso größer ist die Motivation, sie zu vermindern bzw. zu beseitigen. **Die Motivation zur Verminderung bzw. Beseitigung der kognitiven Dissonanz steigt also mit deren Stärke.**

- Kognitive Dissonanz ist ein Zustand psychologischer Spannung; sie wird als unangenehm empfunden und löst Reaktionen aus, die zu ihrer Beseitigung oder Verminderung führen. Der Mensch strebt danach, seine **kognitiven Elemente, die zueinander in einer Relevanz stehen, in Konsonanz zu halten und dissonante Zustände zu vermeiden, zu vermindern bzw. zu beseitigen.** Er vermeidet alle Handlungen, die eine Dissonanz verstärken bzw. zu einer Dissonanz führen könnten. Bei einem dissonanten Zustand wird also der Mensch aktiv, um wieder in eine kognitive Konsonanz zu gelangen.

- Die Beseitigung oder Verminderung der kognitiven Dissonanz kann durch mehrere Möglichkeiten realisiert werden:

  a) durch Ignorieren, Vergessen oder Verdrängen der dissonanten kognitiven Elemente oder der Informationen, die die Dissonanz ausgelöst haben

  b) durch Veränderung eines oder mehrerer Elemente, die zueinander in Widerspruch stehen

„Stundenlanges In-der-Sonne-Liegen erzeugt Hautkrebs.“ - „Ich liege täglich mehrere Stunden in der Sonne“. Das Individuum kann nun ein Element verändern: „So ungesund ist das Liegen in der Sonne auch wieder nicht!“

„Ich bin ein zuverlässiger Mensch.“ – „Ich habe meinen Freund versetzt“: „Ich bin doch nicht so zuverlässig.“

c) durch Hinzufügen neuer kognitiver Elemente

 Im Beispiel mit der Zuverlässigkeit könnten folgende Elemente hinzugefügt werden, um wieder in das Gleichgewicht zu kommen: „Ich hatte gerade so viel zu tun, dass ich nicht weg konnte“, „Ich wurde aufgehalten“, „Meine Uhr ging falsch“.

„Lieber Gott, du darfst mir alles nehmen, nur meine Ausreden nicht!“

d) durch die Änderung der Einstellung

 So verzichtet z.B. der Sonnenhungrige auf das Liegen in der Sonne oder der Raucher auf das Rauchen.

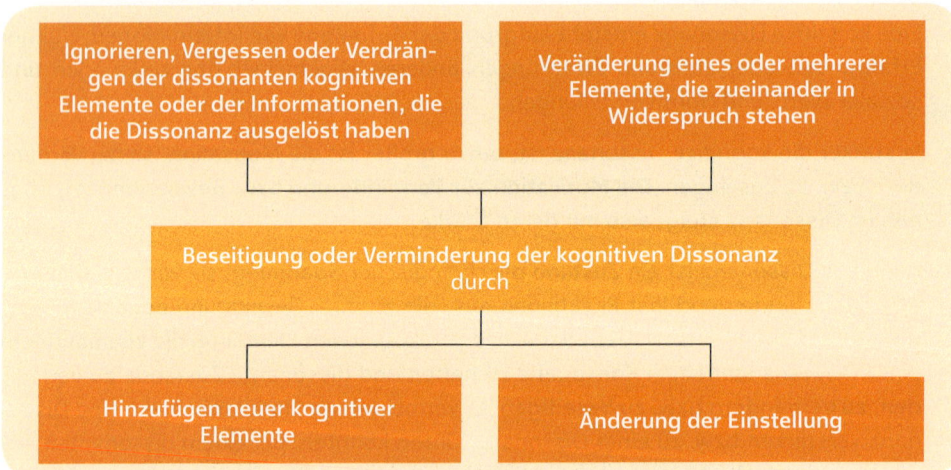

- Ob eine Einstellungsänderung möglich ist, hängt von verschiedenen Faktoren ab:

  - Von der *Anzahl der Beziehungen verschiedener kognitiver Elemente* in Bezug auf ein Einstellungsobjekt: Ein hoher Änderungswiderstand ist vor allem bei solchen Personen vorhanden, bei denen viele kognitive Elemente in einer relevanten Beziehung zueinander stehen und auf diese Weise ein sehr umfassendes System von miteinander zusammenhängenden kognitiven Elementen vorhanden ist. Durch eine Einstellungsänderung wären viele kognitive Elemente betroffen, sodass dadurch eine Reduzierung oder Verminderung der Dissonanz nur schlecht möglich wäre.

  - Von dem *psychischen Aufwand*, den der Einzelne einsetzt: Es wird grundsätzlich diejenige Möglichkeit realisiert, die für den Einzelnen den geringsten psychischen Aufwand erfordert. Da eine Einstellungsänderung i.d.R. mit einem hohen psychischen Aufwand verbunden ist, kommt es zur Einstellungsänderung erst dann, wenn die Beseitigung bzw. Verminderung der Dissonanz durch Ignorieren, Vergessen oder Verdrängen bzw. durch Änderung oder Hinzufügen von kognitiven Elementen nicht mehr möglich ist.

So wurden in einem Experiment Personen zu einer Verhaltensweise bewegt, die im Gegensatz zu ihrer Einstellung stand. Dabei haben nur diejenigen Personen ihre Einstellung geändert, die ihr widersprüchliches Verhalten weder ignorieren und verdrängen noch andere Möglichkeiten der Verminderung bzw. Beseitigung der Dissonanz einsetzen konnten. Personen dagegen, die aufgrund einer hohen Belohnung zu einer bestimmten Verhaltensweise veranlasst wurden, konnten „Rationalisierungen" einsetzen, die eine Einstellungsänderung verhinderten.

10.6.4 Einstellungsänderung auf der Grundlage der sozialen Kommunikation

Sehr viele Menschen und Menschengruppen sind daran interessiert, Einstellungen anderer zu ändern. Die auf Überzeugung angelegte soziale Kommunikation gewinnt in jüngerer Zeit große Bedeutung. An der Yale University haben Forscher Möglichkeiten herausgefunden, wie am besten Überzeugungsarbeit geleistet und eine Einstellung geändert werden kann. In der Psychologie spricht man von **Persuasion**[1].

> Persuasion bezeichnet die Veränderung von Einstellungen durch den Einsatz überzeugender Botschaften, unabhängig von ihrem Inhalt.

Einstellungen können auf der Grundlage der Kommunikation geändert werden, wenn bestimmte Aspekte der Botschaft, des Empfängers und des Kommunikators beachtet werden.

Merkmale der Botschaft

- Eine **hohe Qualität der Botschaft**: Logische, gut strukturierte und wohl durchdachte Argumente, die verständlich und anschaulich dargeboten sind, sind am besten geeignet, eine Einstellung auf Dauer zu ändern. Eine nicht zu häufige Wiederholung der Botschaft, rhetorische Fragen sowie der Einsatz von geeigneten Medien können unterstützend wirken.

> „Kommunikatoren, die daran interessiert sind, langfristig stabile, gegen Gegenargumente gefeite und verhaltenssteuernde Einstellungen zu einem bestimmten Thema zu erzeugen, sollten in die Qualität ihrer Botschaft investieren und gleichzeitig sicherstellen, dass die potentiellen Rezipienten[2] dazu willens und in der Lage sind, die Botschaft intensiv zu verarbeiten."
> (Stahlberg/Frey, 1993[2], S. 355)

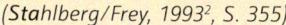

[1] persuasio (lat.): die Überzeugung, die Überredung
[2] potentieller Rezipient: ein möglicher, ein denkbarer Empfänger

- **Richtige Reihenfolge in der Argumentation**: Die Wirkung einer Einstellungsänderung ist am größten, wenn die wichtigsten Argumente am Anfang oder noch besser am Ende platziert werden (= *Positionseffekt*). Weniger bedeutende Mitteilungen werden in der Mitte eines „Überzeugungsversuches" eingeordnet.

- **Zweiseitige Argumentation**: Eine Argumentation, die beide Seiten eines Sachverhaltes berücksichtigt, ist wirkungsvoller; das Anführen des „Für und Wider", der Pro- und Kontraargumente verringert die Möglichkeit der Abwehr.

- **Erzeugung von persönlicher Betroffenheit**: Das Auslösen von Betroffenheit fördert eine tiefe Verarbeitung und damit eine beständige und widerstandsfähige Einstellungsänderung.

- **Mäßige emotionale Appelle**: Emotionale Appelle, wie z. B. das Appellieren an das Ehrgefühl („So ein Mensch wie Sie ..."), an die Hilfsbereitschaft oder das Erzeugen von Furcht und Angst („Siehst du, jetzt hast du ein schlechtes Gewissen!", „Auch Sie können morgen von einer Behinderung betroffen sein!"), wirken sich positiv auf eine Einstellungsänderung aus. Allerdings dürfen die emotionalen Mitteilungen nicht zu stark sein, da sonst die Gefahr der Abwehr besteht.

So hatte ein deutscher Automobilclub, als die Gurtpflicht eingeführt wurde, mit seinen schockierenden Bildern über die Folgen des Nicht-angegurtet-Seins kaum Erfolg, da die emotionalen Appelle zu stark waren und der Einzelne mit Abwehr reagierte.

Merkmale des Kommunikators

- **Glaubwürdigkeit**: Eine einstellungsändernde Wirkung ist dann zu erwarten, wenn der Sender glaubwürdig erscheint. Glaubwürdigkeit erreicht man durch *Vertrauenswürdigkeit und Sachkompetenz*. Das Bemühen berühmter Persönlichkeiten erhöht die Vertrauenswürdigkeit ebenso wie die Tatsache, dass der Sender einen akademischen Titel trägt oder langjährige Erfahrung nachweisen kann; all dies suggeriert dem Empfänger Glaubwürdigkeit.

Beispiele für Formulierungen, die die Glaubwürdigkeit verstärken:
„Die Wissenschaft hat festgestellt ..."
„Die meisten Ärzte empfehlen ihren Patienten ..."
„Aufgrund meiner vielen Erfahrungen ..."
Wird anlässlich eines Vortrags ein Referent über Kindererziehung als ein äußerst erfahrener und gut informierter Pädagoge vorgestellt, so wird dieser bei den zuhörenden Eltern wahrscheinlich mehr bewirken, als wenn er lediglich als Student der Pädagogik eingeführt werden würde.

Eines der wichtigsten Merkmale stellt der *Expertenstatus* des Senders dar. Dem Sender muss es gelingen, dass er beim Empfänger als kompetent erscheint.

Nicht unbedeutend ist zudem die *Anzahl der Kommunikatoren*: Mehrere Sender wirken nach dem Motto „Viele können sich nicht irren!".

■ **Attraktivität**: Ein Kommunikator hat dann mehr Einfluss, wenn man ihn kennt und wenn er *sympathisch* erscheint. Merkmale wie Alter, Aussehen, Geschlecht und Besitz spielen dabei eine entscheidende Rolle.

Ein ungepflegt aussehender Versicherungsvertreter wird kaum Policen unter die Leute bringen.

Aufgrund der vorliegenden Erkenntnisse kann man auch annehmen, dass man in dem Maße von einem Kommunikator beeinflusst wird, in welchem man ihn als *ähnlich* erlebt.

Ein 16-jähriger Jugendlicher wird in einem Gespräch seinen gleichaltrigen Freund eher umstimmen können als dessen Vater.

■ **Art und Weise des Sprechens**: Eine gute, sauber ausgeformte Sprache und sicheres Sprechen ohne Zögern und Floskeln wie „äh" und dergleichen lassen den Kommunikator kompetent und überlegen erscheinen. Undeutlich Gesprochenes wirkt arrogant und behindert das Zuhören und die Aufmerksamkeit.

Die Art, wie eine Information ausgesprochen und artikuliert wird, hat einen sehr großen Einfluss auf die Wirkung der Kommunikation. Sie ist bedeutender als der Inhalt einer Botschaft. Dabei spielen *Stimmklang, Sprechtempo, Stimmstärke* und *Stimmlage* eine große Rolle[1].

Wichtiges sollte langsamer, Unwichtiges schneller gesprochen werden; ein zu langsames Sprechtempo wirkt insgesamt jedoch wenig kompetent. Eine sinnvolle Abwechslung von laut und leise wirkt überzeugend; eine permanent zu leise Stimme lässt den Sender jedoch unsicher erscheinen. Der Ton der Stimme sollte je nach Aussage immer wieder geändert werden – mal höher, mal tiefer. Grundsätzlich jedoch wirkt eine tiefe Stimme souveräner als eine hohe.

Der *körpersprachliche Ausdruck* ergänzt eine Mitteilung durch Blickkontakt, Mimik, Gestik, körperliche Haltung und Bewegung – effektiv eingesetzt – sehr wirkungsvoll[2].

■ **Erzwungene Einwilligung**: Damit ist eine Situation gemeint, in der eine bestimmte Person dazu gebracht wird, eine Einstellung zu vertreten, die nicht ihrer eigenen entspricht. Die Dissonanz, die dadurch entsteht, eine Einstellung zu vertreten, die gar nicht der persönlichen übereinstimmt, bezeichnen wir als *forced compliance*. Der erlebte Widerspruch zwischen dem Verhalten und der eigenen Meinung führt i. d. R. zur Änderung der ursprünglichen Einstellung. Wird man etwa durch Belohnung zu einer Ausführung des Verhaltens gebracht, so besteht offensichtlich die Tendenz, durch Einstellungsänderung seine Einstellung mit dem Verhalten in Einklang zu bringen (vgl. *Bornewasser u. a., 1990[3], S. 93 f.*).

Bevorzugung, Beförderung oder beruflicher Aufstieg zwingen den Einzelnen dazu, sich so zu verhalten, wie es von ihm erwartet wird. Um zwischen dem Verhalten und der ursprünglichen Einstellung ein Gleichgewicht herzustellen, ist es notwendig, seine gesamte

---

[1] vgl. Kapitel 11.1.2
[2] vgl. Kapitel 11.1.2

Einstellung zu ändern. Die in einer Firma leitenden Angestellten entsprechen auch deshalb bald in ihren Einstellungen mehr den Vorstellungen der Führung als Angestellte, die sehr niedrig gestellt sind.

Das Forced-Compliance-Experiment von Festinger und Carlsmith

„*Leon Festinger* und *James M. Carlsmith* ließen ihre Teilnehmer eine Stunde lang eine extrem monotone Tätigkeit ausführen: Zunächst mussten sie eine halbe Stunde lang wiederholt ein Brett mit zwölf Spulen bestücken und wieder leeren, dann eine weitere halbe Stunde auf einem Brett kleine Stifte herausnehmen, um 45 Grad drehen und wieder einstecken. Im Anschluss an die Studie wurden die Teilnehmer gebeten, für jemanden einzuspringen, der dem nächsten Teilnehmer zu sagen hätte, es handle sich um eine sehr interessante Aufgabe. Hier war zwar vermeintliche Wahlfreiheit, denn keiner der Teilnehmer war gezwungen, dies zu tun. Aufgrund sozialer Normen fühlten sie sich dennoch verpflichtet, der Aufforderung nachzukommen. Die Autoren variierten, ob die Teilnehmer für ihre Lüge einen oder 20 Dollar Bezahlung erhielten.

Nach ihrer Falschaussage gegenüber dem Nachfolger sollten die Teilnehmer angeben, wie interessant die (tatsächlich langweiligen) Aufgaben seien. Die Ergebnisse zeigten, dass diejenigen Teilnehmer die Aufgabe als interessanter einschätzten, die nur eine geringe Bezahlung (1 Dollar = geringe externe Rechtfertigung) erhalten hatten, als die hoch bezahlten Teilnehmer (20 Dollar = hohe externe Rechtfertigung). In der niedrig belohnten Gruppe entstand offensichtlich zwischen der Einwilligung in die unzutreffende Behauptung und der geringen Belohnung eine höhere Dissonanz als in der hoch bezahlten Gruppe. Dementsprechend wurde die Dissonanz durch eine nachträgliche Aufwertung der Aufgabe („Ach, sie war gar nicht so langweilig") – d. h. durch eine Einstellungsänderung gegenüber der Aufgabe – reduziert. Personen mit hoher Belohnung hingegen erlebten aufgrund der hohen (äußeren) Rechtfertigung ihres Handelns keine Dissonanz, sodass eine dissonanzbedingte Einstellungsänderung folglich nur nach geringer externer Rechtfertigung (hier: Entlohnung von nur einem Dollar) auftrat." (*Werth/Mayer, 2008, S. 233*)

Merkmale des Rezipienten[1]:

- **Persönlichkeitsmerkmale** wie Intelligenz, Selbstwertgefühl, persönliche Interessen, Erfahrung, Vor- und Fachwissen oder die Beziehung des Themas zu den eigenen Wertvorstellungen beeinflussen in einem nicht unerheblichen Maße die Möglichkeit einer Einstellungsänderung.

Joseph Forgas von der University of New South Wales in Sydney (Australien) kam in seinen über zehn Jahre andauernden Untersuchungen zu dem Ergebnis, dass missmutige Personen weniger anfällig für Manipulationsversuche sind als gut gelaunte. Offenbar begünstigt eine *schlechte Gemütsverfassung* eine tiefere und damit kritischere Informationsverarbeitung (vgl. *Gielas, 2010, S. 15*).

---

[1] Rezipient (recipere, lat.: ein-, aufnehmen): der Empfänger, der Zuhörer

- **Motivation**: Die Motivation ist umso höher, je mehr das Einstellungsthema den Empfänger persönlich betrifft und für ihn von Bedeutung ist: Bei hoher persönlicher Relevanz und Betroffenheit weist das Individuum eine intensivere Verarbeitungstiefe auf als bei einer geringen. Die Qualität der Informationen hat bei hoher persönlicher Betroffenheit eine stärkere Wirkung auf den Empfänger als bei einer geringen persönlichen Betroffenheit.

- **Eigenaktivität**: Je aktiver der Empfänger selbst beim Versuch der Einstellungsänderung sein muss, desto größer ist die Wahrscheinlichkeit der Einstellungsänderung.

Bei einem Vortrag, in welchem der Zuhörer nur passiv dasitzt, ist die Wirkung der Information am geringsten.

Zusammenfassung

- Die Sozialpsychologie befasst sich damit, wie der Einzelne durch seine Mitmenschen beeinflusst wird, wie er sich in zwischenmenschlichen Situationen verhält und wie er seine Mitwelt beeinflusst.

- Eine Gruppe sind mehrere Personen, die miteinander über einen längeren Zeitraum in einer Wechselbeziehung, in einem sozialen Interaktions- und Kommunikationsprozess, stehen, ein Wir-Gefühl entwickeln und sich durch ein gewisses Bewusstsein um ein gemeinsames Ziel oder gemeinsames Interesse auszeichnen. Die in einer Gruppe vorherrschenden Beziehungen sorgen für eine Gruppenidentifikation. Häufig wird in diesem Zusammenhang von einem Wir-Gefühl gesprochen. Die Stärke des Zusammenhalts einer Gruppe, die je nach Gruppe unterschiedlich sein kann, wird als Gruppenkohäsion bezeichnet.

- Als Gruppenprozess wird die Gesamtheit der Veränderungen bezeichnet, die im Gruppenleben geschehen. Die Gruppendynamik beschäftigt sich mit der Analyse innerhalb und zwischen Gruppen. Vier Gruppenphasen kann man unterscheiden: das Forming, das Storming, das Norming und das Performing. Einerseits werden sich die Gruppenmitglieder in ihrem Verhalten immer ähnlicher, andererseits führt die Vielgestaltigkeit im Rollenverhalten der Gruppenmitglieder zu einer Rollendifferenzierung. Die Gruppe ist für den Einzelnen lebensnotwendig und erfüllt im Leben wichtige Funktionen, doch sie birgt auch Gefahren in sich wie Deindividuation, den Zustand der Entpersönlichung eines Individuums. Weitere Gefahren des Gruppeneinflusses liegen im blinden Gehorsam und dem Konformitätsdruck, der von einer Gruppe ausgehen kann.

- Hinsichtlich der Enge des Zusammenlebens, der Verbundenheit und der Formungskraft gegenüber dem Einzelnen wird zwischen Primär- und Sekundärgruppe unterschieden. Bezüglich der Zugehörigkeit bzw. Nichtzugehörigkeit zu einer Gruppe unterscheidet man die Eigengruppe, der man selbst angehört, von der Fremdgruppe, der man selbst nicht angehört. Eine zu starke Identifikation mit der Eigengruppe kann bis zu einem Sozialegoismus führen, einer Überbewertung der eigenen Gruppe gegenüber der Fremdgruppe, die Abwertung erfährt. Elitegefühle, Diskriminierungen und Feindseligkeiten können die Folge sein. Hinsichtlich des Grades der Organisiertheit kann man zwischen formeller und informeller Gruppe unterscheiden.

- Soziale Macht bedeutet die Möglichkeit, von Personen, Personengruppen oder einer Gesellschaft auch gegen deren Willen ein bestimmtes Verhalten zu verlangen bzw. zu erzwingen, hierauf Einfluss zu nehmen und es ändern zu können sowie seinen Willen bei anderen durchzusetzen. Gehorsam bedeutet, den Willen eines anderen Menschen zu befolgen. Gefolgschaft kann viele Formen annehmen: Mitläufertum, Unterordnung aus Opportunismus oder aus Feigheit bis hin zum blinden Gehorsam, bei dem man einfach tut, was ein anderer will, weil er es so haben möchte.

- Konformität (soziale Anpassung) bezeichnet die Übereinstimmung eines Menschen mit den sozialen Wert- und Normvorstellungen des sozialen Gebildes, in welchem der Mensch „lebt". Konformes Verhalten kann für den Menschen förderlich sein; es ist jedoch möglich, dass Anpassungsleistungen für den Einzelnen auch Nachteile bringen. Konformes Verhalten hat seine Kehrseite, wenn es in Überangepasstheit, Demut, Autoritätsgläubigkeit oder blinden Gehorsam umzuschlagen droht.

- Rang bedeutet, dass ein Mitglied eines sozialen Gebildes mit höherem Ansehen und höherer Stellung mehr Macht, Einfluss und Prestige besitzt als Mitglieder mit niedrigerem Ansehen und niedriger Stellung. Sozialer Status bezeichnet in der Gruppenforschung die sozial bewertete Stellung eines Gruppenmitgliedes in einer Gruppe.

- Eine Masse ist eine unbestimmte bzw. große Anzahl von Menschen an einem bestimmten Ort, die zeitweise wenig stabilen Kontakt miteinander haben und sich im Gegensatz zu einer Menge bei bestimmten Anlässen treffen bzw. zusammenschließen. Von Massen geht eine nicht bewusste Wirksamkeit aus und in ihnen werden Verhaltensweisen gezeigt, die der Einzelne für sich allein nicht zeigen würde.

- Soziale Motivation ist ein von bestimmten Motiven gesteuerter Prozess, der soziales Verhalten aktiviert und steuert. Die Begriffe „prosoziales Verhalten", „Helfen" und „Altruismus" beschreiben das Hilfeverhalten von Menschen. Prosoziales Verhalten ist der übergeordnete Begriff und meint ein konstruktives, hilfreiches und gewaltloses Verhalten in sozialen Beziehungen und Situationen. Eine prosoziale Persönlichkeit besitzt Persönlichkeitsmerkmale wie soziale Verantwortung, eine innere Kontrollüberzeugung und die Fähigkeit der Empathie, das Nachempfinden von inneren Vorgängen eines anderen Menschen.

- Altruismus ist im Gegensatz zum Egoismus die Haltung eines Menschen, die zum Ziel hat, anderen Menschen bzw. dem Allgemeinwohl zu nützen. Ob der Mensch „von Natur aus" egoistisch oder altruistisch ist, ist ein umstrittenes Thema und wird unterschiedlich beantwortet. Gegenwärtig geht man eher davon aus, dass prosoziales Verhalten biologische Wurzeln hat.

- Kooperation heißt Zusammenarbeit und bedeutet die Fähigkeit und Bereitschaft, das Handeln aufeinander abzustimmen und persönliche Interessen mit denen anderer auszugleichen, um ein gemeinsames Ziel zu erreichen. Das Gegenteil von Kooperation ist der Wettbewerb, ein Gegeneinander von Personen und Personengruppen, von Unternehmen, Organisationen oder auch Gesellschaften, um persönliche Interessen durchzusetzen. In Untersuchungen stellte sich heraus, dass fast durchweg die Kooperation bessere Ergebnisse zeigt.

- Einstellungen sind relativ beständige, erworbene Bereitschaften, auf bestimmte Objekte kognitiv sowie gefühls- und verhaltensmäßig zu reagieren. Jede Einstellung besitzt eine bestimmte Einstellungsstruktur, die aus der kognitiven, der affektiven und der konativen Einstellungskomponente besteht. Die Beziehung der einzelnen Einstellungskomponenten untereinander und den Zusammenhang von einzelnen Einstellungen bezeichnet man als Systemcharakter von Einstellungen bzw. als Einstellungssystem.

- Vorurteil bezeichnet eine besondere Form der Einstellung, die nicht auf ihre Richtigkeit hin an der Realität überprüft ist, durch neue Erfahrungen oder Informationen kaum bzw. nicht verändert wird und eine positive oder negative Bewertung des Objektes beinhaltet. Vorurteile spielen im menschlichen Leben eine wichtige Rollen, können aber zu verheerenden Auswirkungen führen.

■ Es gibt eine Vielfalt von Einstellungstheorien, die die Änderung von Einstellungen erklären. Nach der funktionalen Einstellungstheorie von Dieter Katz erfüllen Einstellungen für das Individuum wichtige Funktionen. Die wichtigsten sind die Anpassungs-, die Selbstverwirklichungs-, die Wissens- und die Abwehrfunktion. Die bekannteste Einstellungstheorie ist die Theorie der kognitiven Dissonanz von Leon Festinger, die davon ausgeht, dass Einstellungen dadurch entstehen und geändert werden, um kognitive Elemente, die zueinander in einer Beziehung stehen, in Konsonanz zu halten und Dissonanz zu vermindern, zu vermeiden bzw. zu beseitigen. Die auf Überzeugung angelegte soziale Kommunikation gewinnt in jüngerer Zeit große Bedeutung. Einstellungen können auf der Grundlage der Kommunikation geändert werden, wenn bestimmte Aspekte der Botschaft, des Empfängers und des Kommunikators beachtet werden.

Aufgaben

1. Bestimmen Sie, womit sich die Sozialpsychologie beschäftigt, und beschreiben Sie an je einem Beispiel, welche Aufgaben sie hat.
   (Abschnitt 10.1)

2. Bestimmen Sie den Begriff „soziale Gruppe" und weisen Sie nach, dass es sich bei einer Schulklasse um eine soziale Gruppe handelt.
   (Abschnitt 10.2.1)

3. Beschreiben Sie anhand eines Beispiels die vier typischen Gruppenphasen.
   (Abschnitt 10.2.2)

4. Bestimmen Sie den Begriff „Gruppenkohäsion" und zeigen Sie an einem Beispiel aus dem Gruppenleben die zwei gegenläufigen Prozesse einer Gruppe auf.
   (Abschnitt 10.2.2)

5. Stellen Sie am Beispiel der Familie die Bedeutung der Gruppe dar.
   (Abschnitt 10.2.3)

6. Zeigen Sie mögliche Gefahren des Gruppeneinflusses auf.
   (Abschnitt 10.2.4)

7. Stellen Sie am Beispiel zweier Gruppen die Kriterien einer Primärgruppe und einer Sekundärgruppe dar.
   (Abschnitt 10.2.5)

8. Beschreiben Sie anhand Ihrer Lebenssituation die beiden Gruppenarten Eigen- und Fremdgruppe. Gehen Sie dabei auch auf die Problematik ein, die sich zwischen diesen beiden Gruppenarten entwickeln kann.
   (Abschnitt 10.2.5)

9. Zeigen Sie am Beispiel der Freundesgruppe und der Schulklasse den Unterschied zwischen formeller und informeller Gruppe auf.
   (Abschnitt 10.2.5)

10. Bestimmen Sie die Begriffe „soziale Macht" und „Gehorsam" und beschreiben Sie diese anhand einer Erziehungssituation.
    (Abschnitt 10.3.1)

11. Beschreiben Sie die Problematik eines blinden Gehorsams.
    (Abschnitt 10.3.1)

12. Bestimmen Sie den Begriff „Konformität" und erläutern Sie mögliche Gefahren eines Konformitätszwanges in der Gruppe.
    (Abschnitt 10.3.2)

13. Zeigen Sie anhand einer Gruppe, in der Sie einmal Mitglied waren, wie sich in dieser eine Ranghierarchie ausgebildet hat.
    (Abschnitt 10.3.3)

Aufgaben und Anregungen Kapitel 10

Aufgaben

14. Bestimmen Sie, was man unter „Masse" im sozialpsychologischen Sinn versteht und zeigen Sie auf, welche Gefahren von einer Masse ausgehen können.
(Abschnitt 10.3.4)

15. a) Bestimmen Sie den Begriff „soziale Motivation".
(Abschnitt 10.4.1)
b) Beschreiben Sie, wann Menschen eher bereit sind, in Notsituationen einzuspringen und zu helfen.
(Abschnitt 10.4.3)

16. Beschreiben Sie die Persönlichkeitsmerkmale einer prosozialen Persönlichkeit.
(Abschnitt 10.4.2)

17. Bestimmen Sie die beiden Begriffe „Altruismus" und „Egoismus" und zeigen Sie an einem Beispiel den Unterschied dieser beiden Termini auf.
(Abschnitt 10.4.3)

18. Bestimmen Sie anhand zweier sozialen Situationen die beiden Begriffe pro- und antisoziales Verhalten.
(Abschnitt 10.4.1)

19. *Am 16.02.2011 schlugen vier Jugendliche in der U-Bahn-Station Lichterfelde in Berlin auf einen 30-jährigen Mann ein. Sie trafen ihn im Bauch und am Kopf. Sie nahmen Anlauf und sprangen mit Wucht in den Mann hinein, bis er bewusstlos liegen blieb. Die Überwachungskamera zeigt, dass Passanten den Überfall zwar beobachteten, an dem Opfer jedoch vorbeigingen und nicht eingriffen, sondern ihren Blick abwandten (vgl. Schreiber, 2011, S. 66).*
Erläutern Sie mögliche Gründe für dieses Verhalten der Passanten.
(Abschnitt 10.4.3)

20. *„Egoisten [...] richten gewaltige Schäden an. Man kann sogar behaupten, dass sie das Überleben der Menschheit gefährden. Ungebremster Egoismus ist also unser Problem."* (*Ernst, 2012, S. 3*)
Diskutieren Sie diese Aussage von *Heiko Ernst* unter Berücksichtigung neuer sozialpsychologischer Erkenntnisse.
(Abschnitt 10.4.3)

21. Bestimmen Sie die Begriffe „Kooperation" und „Wettbewerb" und zeigen Sie Bedeutung und Problematik dieser beiden Sachverhalte auf.
(Abschnitt 10.4.5)

22. Bestimmen Sie am Beispiel einer positiven oder einer negativen Einstellung gegenüber einem aktuellen Problem (z. B. Umweltschutz, Friedenssicherung, Ausländerfeindlichkeit) den Begriff „soziale Einstellung".
(Abschnitt 10.5.1)

23. Zeigen Sie an einem selbst gewählten Beispiel die Struktur sozialer Einstellungen auf.
(Abschnitt 10.5.1)

Aufgaben und Anregungen Kapitel 10

Aufgaben

24. Erläutern Sie am Beispiel einer positiven oder negativen Einstellung gegenüber Randgruppen (z. B. Menschen mit Behinderung, Homosexuellen, Menschen mit Migrationshintergrund) den Systemcharakter sozialer Einstellungen.
(Abschnitt 10.5.2)

25. Bestimmen Sie den Begriff „Vorurteil" und zeigen Sie am Beispiel eines bestimmten Vorurteils die Funktionen sozialer Einstellungen auf.
(Abschnitt 10.5.3 und 10.6.2)

26. Geben Sie einen Überblick über die verschiedenen Einstellungstheorien.
(Abschnitt 10.6.1)

27. Fallbeschreibung „Adi Lange und seine Freunde"
Adi Lange und seine Freunde sprechen gerne und reichlich dem Alkohol zu. Als sie in der Fußgängerzone zu einer öffentlichen Diskussion zum Thema „Alkohol" stoßen, nutzen Adi Lange und seine Freunde die Gelegenheit, ihre Einstellung zum Alkohol darzulegen. Adi Lange erzählt sehr ausführlich, weshalb er persönlich ganz bestimmte Sorten von Bier bevorzuge und weshalb man auf jeden Fall täglich einige Flaschen Bier trinken solle. „Das Bier ist das reinste Getränk, das es gibt! Es ist die beste und gesündeste Nahrung auf Erden!"
Auf die Frage einer Zuhörerin, ob er nicht wisse, dass übermäßiger Alkoholgenuss gesundheitsschädlich sei, erwidern Adi Lange und seine Freunde, dass das Rauchen viel gesundheitsschädlicher sei, weil man davon Lungenkrebs bekommen könne. Und sterben würde man ja sowieso.
Und Adi Lange fährt weiter fort, überhaupt, er kenne sich aus, was die Gefahren des Trinkens betreffe; die ganze Sache würde nur in den Medien so hochgespielt. In Wirklichkeit sei es doch so, dass selbst regelmäßiges Trinken nicht gesundheitsschädlich sei, solange man nicht jeden Tag völlig besoffen sei.
Unter dem Beifall seiner Freunde beendet Adi Lange schließlich in großer Selbstzufriedenheit seine „Rede" und zieht von dannen.
Beschreiben Sie anhand der Fallbeschreibung die Funktionen sozialer Einstellungen.
(Abschnitt 10.6.2)

28. *Der Wirtschaftssoziologe Klaus Dörre untersuchte, warum die Belegschaft eines Betriebes bis hin zum Management durchaus Kritik übt am System ihrer eigenen Firma, sich aber doch mit ihrem Betrieb identifiziert und loyal hinter den ihnen gesetzten Zielen steht (vgl. Renz-Polster, 2014, S. 64).*
Erklären Sie dieses „Paradox" – wie es *Herbert Renz-Polster* nennt – unter Berücksichtigung der funktionalen Einstellungstheorie von *Daniel Katz*.
(Abschnitt 10.6.2)

29. Erläutern Sie auf der Grundlage der funktionalen Einstellungstheorie Möglichkeiten zur Änderung eines Vorurteils. Begründen Sie Ihre Ausführungen mithilfe der funktionalen Theorie von *Daniel Katz*.
(Abschnitt 10.6.2)

30. Stellen Sie am Beispiel einer Einstellungsänderung die Theorie der kognitiven Dissonanz von *Leon Festinger* dar.
(Abschnitt 10.6.3)

Aufgaben und Anregungen Kapitel 10

Aufgaben

31. a) Lesen Sie die Fallbeschreibung „*Adi Lange und seine Freunde*" in Aufgabe 27.
    b) Legen Sie dar, wie Sie auf der Grundlage der sozialen Kommunikation die Einstellung von Adi Lange ändern könnten.
    (Abschnitt 10.6.4)

32. „*Rechte Gewalt zählt zu den so genannten Hassverbrechen*[1], *die sich gegen bestimmte Gruppen wie Migranten, Juden oder Homosexuelle richten.*" (*Meyer, 2013, S. 16*).
    a) Hinter Hassverbrechen steht immer eine negative Einstellung gegenüber anderen Minderheitsgruppen. Erklären Sie mithilfe einer Einstellungstheorie, wie es zu solchen Hassverbrechen kommen kann.
    b) Stellen Sie auf der Grundlage der von Ihren gewählten Einstellungstheorie vier Möglichkeiten dar, wie man eine negative Einstellung gegenüber einer Minderheitsgruppe (Migranten, Juden, Homosexuelle) ändern könnte.
    (Abschnitt 10.6.2 oder 10.6.3 oder 10.6.4)

Anregungen

33. *Was ist richtig?* (vgl. *Brandhofer-Bryan, 2008, S. 130*)
    - Bilden Sie Dreier- oder Vierergruppe, sodass eine gerade Anzahl von Gruppen entsteht.
    - Jeweils zwei Gruppen schließen sich zusammen.
    - Jede Gruppe schreibt einen Teilbereich zu dem Thema „Der Mensch im sozialen Kontext" als Bericht nieder. Dabei baut sie drei bis fünf kleine Fehler ein.
    - Die beiden Gruppen, die sich zusammengetan haben, tauschen ihre Blätter. Die andere Gruppe sucht nun auf ihrem erhaltenen Blatt die Fehler und markiert sie.
    - Im Plenum werden der Bericht und die Verbesserungen – wenn möglich mit Begründung – vorgestellt.

34. *Biografie und Internetsuche*
    - Suchen Sie im Internet nach Informationen über das Leben und Werk von:
    Gruppe 1: *Philip G. Zimbardo*
    Gruppe 2: *Muzafer Sherif*
    Gruppe 3: *Stanley Milgram*
    Gruppe 4. *Leon Festinger*
    Gruppe 5: *Daniel Katz*
    - Fertigen Sie in Kleingruppen eine Übersicht zur Biografie dieser Sozialpsychologen an.
    - Erarbeiten Sie jeweils vier bis sechs wichtige Abschnitte ihres Lebens.

35. *Meine Gruppe*
    - Zeichnen Sie Ihre Gruppen, denen Sie momentan angehören.
    - Bringen Sie in dieser Zeichnung zum Ausdruck, ob es sich hierbei um eine Primär- oder Sekundärgruppe handelt (z. B. durch Farbe).
    - Bilden Sie Vierer- bis Fünferteams und sprechen Sie darüber, wie diese Gruppen Sie beeinflussen und prägen.

---

[1] Hassverbrechen (Hasskriminalität) bezeichnet Straftaten, die sich gegen bestimmten Personen bzw. Personengruppen richten wie z. B. Angehörige einer anderen Glaubensgemeinschaft, Menschen mit einer anderen sexuellen Orientierung, Hautfarbe oder ethnischen Herkunft (vgl. Meyer, 2013, S. 16).

Aufgaben und Anregungen Kapitel 10

Anregungen

36. *Die Aktualität sozialpsychologischer Experimente*
    - Lesen Sie das Stanford-Prison-Experiment von *Philip G. Zimbardo* am Anfang dieses Kapitels.
    - Diskutieren Sie in der Klasse die Frage: „Kann das Ergebnis dieses Experimentes verallgemeinert werden?"
    - Suchen Sie nach aktuellen Situationen in unserem Alltag, die das Experiment widerspiegelt.

37. *Die Überbewertung der eigenen Gruppe*
    - Diskutieren Sie, warum Menschen dazu neigen, ihre eigene Gruppe höher einzuschätzen als die Fremdgruppe.
    - Sprechen Sie darüber, welche Folgen eine solche Überbewertung der eigenen Gruppe gesellschaftlich und politisch haben können.
    - Entwerfen Sie ein Konzept, wie man diesen Gefahren vorbeugen könnte, und halten Sie Ihre Ideen auf einem Plakat fest.
    - Sprechen Sie in der Klasse über die Ergebnisse.

38. Spielen Sie eine Situation, in der ein Mensch aufgrund seines nicht konformen Verhaltens von anderen abgelehnt wird. Sprechen Sie anschließend über Ihre Erfahrungen in diesem Spiel.

39. *Das „Milgram-Experiment"*
    - Lesen Sie das sogenannte „Milgram-Experiment" in *Abschnitt 10.3.1*.
    - Bilden Sie Gruppen und tragen Sie mögliche Gründe für blinden Gehorsam zusammen.
    - Suchen Sie nach Situationen im Alltag, auf die sich *Milgrams Experiment* übertragen lässt.
    - Diskutieren Sie in der Klasse über die in der Gruppe gefundenen Gründe und Situationen.

40. *Vielen Menschen kommt ein „Ja" über die Lippen, wenn sie „Nein" meinen.*
    - Diskutieren Sie in der Klasse obige Feststellung.
    - Bilden Sie Gruppen und suchen Sie nach Möglichkeiten, wie Eltern und andere Erzieher dem entgegenwirken können.
    - Einigen Sie sich auf eine Möglichkeit und stellen Sie diese spielerisch der Klasse dar.

41. *Das Ferienlager-Experiment von Muzafer Sherif*
    - Lesen Sie den Text „Das Ferienlager-Experiment" von *Sherif* in *Abschnitt 10.4.5*.
    - Diskutieren Sie in Gruppen folgende Fragen: Lässt sich dieses Experiment von *Sherif* auf den Alltag übertragen?
    - Bestimmen Sie einen Gruppensprecher.
    - Die Gruppensprecher setzen sich in einen Innenkreis, stellen die Gruppenergebnisse vor und diskutieren darüber. Der Kreis hat einen Stuhl mehr, der zunächst leer bleibt. Außerhalb dieses Kreises nehmen alle anderen Schüler ihren Platz ein.
    - Wer von der Klasse einen Diskussionsbeitrag leisten möchte, setzt sich auf den leeren Stuhl. Er nimmt auf derjenigen Seite Platz, die er mit seinem Beitrag unterstützen will. Nach dem Beitrag verlässt der Schüler den Stuhl wieder.

Aufgaben und Anregungen Kapitel 10

Anregungen

42. *„Die Tragödie von 1914[1] ist ohne den Siegeszug des Sozialdarwinismus kaum zu begreifen. Die Überzeugung, dass nicht die Kooperation, sondern der Konflikt jede Beziehung regelt, war allgegenwärtig. In der Politik wie in der Wirtschaft hieß das Motto: Mein Gewinn ist dein Verlust."* (Clark, 2014, S. 121)
    - Informieren Sie sich in Gruppen in der Literatur oder im Internet über den Sozialdarwinismus.
    - Sprechen Sie anschließend in der Gruppe über den Sozialdarwinismus.
    - Diskutieren Sie im Klassenverband die Aussage des australischen Historiker *Christopher Clark*[2].

43. *„Wir sind Sklaven der Nützlichkeit"* meint der Kinderarzt und Buchautor *Herbert Renz-Polster (2014, S. 64)*.
    - Bilden Sie in Ihrer Klasse Gruppen.
    - Diskutieren Sie über die Aussage von *Renz-Polster*.
    - Halten Sie Ihre Diskussionspunkte auf einer Folie fest.
    - Präsentieren Sie der Klasse Ihre Ergebnisse.
    - Sprechen Sie in der Klasse über die Ergebnisse der Gruppen.

44. *Rollenspiel*
    Sie sollen den König von Saudi-Arabien vom Kauf eines Schneepfluges überzeugen.
    Führen Sie dieses Gespräch, indem ein Schüler den König/den Königshof und andere Schüler die Vertreter der Firma Schneefixweg (kurz SFW) darstellen.

45. *Glutafix stärkt die Konzentrations- und Erinnerungsfähigkeit von Schülern und steigert die Lernleistung.*
    Entwerfen Sie auf der Grundlage von einstellungstheoretischen Erkenntnissen eine Werbekampagne für das Produkt „Glutafix".

---

[1] Gemeint ist damit der Beginn des Ersten Weltkrieges.
[2] Das Buch von Chr. Clark „Der Schlafwandler" über den Ausbruch des Ersten Weltkrieges gilt als Standardwerk zur Krise im Juli 1914 (vgl. Kissler, 2014, S. 120).

11   Soziale Kommunikation und Interaktion

Das Ei

Das Ehepaar sitzt am Frühstückstisch. Der Ehemann hat sein Ei geöffnet und beginnt nach einer längeren Denkpause das Gespräch.

ER   Berta!

SIE   Ja ...

ER   Das Ei ist hart!

SIE   *(schweigt)*

ER   Das Ei ist hart!

SIE   Ich habe es gehört ...

ER   Wie lange hat das Ei denn gekocht?

SIE   Zu viel Eier sind gar nicht gesund ...

ER   Ich meine, wie lange dieses Ei gekocht hat ...

SIE   Du willst es doch immer viereinhalb Minuten haben ...

ER   Das weiß ich ...

SIE   Was fragst du dann?

ER   Weil dieses Ei nicht viereinhalb Minuten gekocht haben kann!

SIE   Ich koche es aber jeden Morgen viereinhalb Minuten!

ER   Wieso ist es dann mal zu hart und mal zu weich?

SIE   Ich weiß es nicht ... Ich bin kein Huhn!

ER   Ach! ... Und woher weißt du, wann das Ei gut ist?

SIE   Ich nehme es nach viereinhalb Minuten heraus, mein Gott!

ER   Nach der Uhr oder wie?

SIE   Nach Gefühl ... Eine Hausfrau hat das im Gefühl

ER   Im Gefühl? ... Was hast du im Gefühl?

SIE   Ich habe es im Gefühl, wann das Ei weich ist ...

ER   Aber es ist hart ... Vielleicht stimmt da mit deinem Gefühl was nicht ...

SIE   Mit meinem Gefühl stimmt was nicht? Ich stehe den ganzen Tag in der Küche, mache die Wäsche, bring deine

aus: Loriot: Das Frühstücksei
Copyright © 2003 Diogenes Verlag AG Zürich

Sachen in Ordnung, mache die Wohnung gemütlich, ärgere mich mit den Kindern rum und du sagst, mit meinem Gefühl stimmt was nicht?

ER   Jaja ..., jaja ..., jaja ... Wenn ein Ei nach Gefühl kocht, dann kocht es eben nur zufällig genau viereinhalb Minuten!

SIE   Es kann dir doch ganz egal sein, ob das Ei zufällig *viereinhalb* Minuten kocht ... Hauptsache, es *kocht* viereinhalb Minuten!

ER   Ich hätte nur gern ein weiches Ei und nicht ein zufällig weiches Ei! Es ist mir egal, wie lange es kocht!

SIE   Aha! Das ist dir egal ... Es ist dir also egal, ob ich viereinhalb Minuten in der Küche schufte!

ER   Nein-nein ...

SIE   Aber es ist *nicht* egal ... Das Ei *muss* nämlich viereinhalb Minuten kochen ...

ER   Das habe ich doch gesagt ...

SIE   Aber eben hast du doch gesagt, es ist dir egal!

ER   Ich hätte nur gern ein weiches Ei ...

SIE   Gott, was sind Männer primitiv!

ER   *(düster vor sich hin)* Ich bringe sie um ... Morgen bringe ich sie um ...

(Loriot, 2008[4], S. 97 ff.)

Dieses Gespräch hat wohl seinen Sinn verfehlt, oder wie die Psychologen sagen würden: Es handelt sich hier um eine gestörte Kommunikation.

Folgende Fragen werden in diesem Kapitel geklärt:

1. *Was versteht man unter sozialer Kommunikation, was unter sozialer Interaktion?*
   Zu welchem Zweck, mit welchem Ziel kommunizieren und interagieren Menschen miteinander?

2. *Wann ist eine Kommunikation erfolgreich verlaufen, wann spricht man von einer misslungenen bzw. gestörten Kommunikation?*
   Was sind die Ursachen für eine Kommunikationsstörung? Was können mögliche Folgen einer solchen gestörten Kommunikation sein?

3. *Welche grundlegenden Erkenntnisse über Kommunikation können erfolgreiche bzw. erfolglose Kommunikation erklären?*

4. *Wie kann man Störungen in der Kommunikation vorbeugen bzw. beheben?*
   Welche Möglichkeiten gibt es, um erfolgreich miteinander kommunizieren zu können?

11.1 Grundlagen sozialer Kommunikation und Interaktion

Für das Verständnis des menschlichen Lebens haben soziale Kommunikation und soziale Interaktion eine zentrale Bedeutung; sie sind Grundlage eines jeden menschlichen Zusammenlebens. Ohne soziale Kommunikation und soziale Interaktion ist ein Zusammenleben nicht möglich.

11.1.1 Die Begriffe „soziale Kommunikation" und „soziale Interaktion"

In jeder Beziehung wird dem (den) anderen etwas mitgeteilt, es werden Informationen vermittelt und von einer oder mehreren anderen Person(en) aufgenommen, empfangen. Jede Botschaft löst beim Empfänger eine bestimmte Reaktion aus, indem er bspw. antwortet, sodass ein Informationsaustausch stattfindet[1].

Unter sozialer Kommunikation versteht man die Aufnahme, die Vermittlung und den Austausch von Informationen zwischen zwei oder mehreren Personen.

Der Begriff „Information" umfasst dabei nicht nur sachliche Inhalte, wie z.B. Nachrichten, sondern auch Gefühle, Empfindungen, Wünsche und Bedürfnisse.

---

[1] vgl. Abschnitt 11.1.3

So kann sich ein Paar durch Streicheln mitteilen, dass es sich mag.

Kommunikation kann auch eine einzelne Mitteilung an eine oder mehrere Personen sein. Doch von **sozialer Kommunikation** spricht man nur, wenn es sich um einen **wechselseitigen Ablauf von Mitteilungen zwischen zwei oder mehreren Personen** handelt (vgl. Watzlawick/Beavin, 2002, S. 97). Von der sozialen Kommunikation, die sich immer in einer sozialen Situation abspielt, ist deshalb auch das **Selbstgespräch** zu unterscheiden, das als **intrapersonale Kommunikation** aufgefasst wird. Auch ist von der sozialen Kommunikation die **Massenkommunikation** zu trennen, bei welcher der gegenseitige Informationsaustausch sowie die wechselseitige Beeinflussung und Steuerung fehlen.

In dem Moment, in welchem Menschen Informationen austauschen, beeinflussen und steuern sie sich gegenseitig.

Wenn zwei Menschen miteinander sprechen, so gehen sie aufeinander ein, beziehen sich aufeinander und orientieren sich aneinander. Jeder reagiert auf den anderen, die Äußerungen und Handlungen des einen Menschen sind oft zugleich Ergebnis und Ursache für die Äußerungen und Handlungen des anderen.

Dieses Geschehen zwischen Menschen, die wechselseitig aufeinander reagieren sowie sich gegenseitig beeinflussen und steuern, bezeichnen wir als **soziale Interaktion**.

> **Soziale Interaktion** gilt als Bezeichnung für das wechselseitig aufeinander bezogene Verhalten zwischen Menschen, für das Geschehen zwischen Personen, die wechselseitig aufeinander reagieren sowie sich gegenseitig beeinflussen und steuern.

Soziale Interaktion ist von dem Begriff „Interaktion" zu unterscheiden: Soziale Interaktion bezieht sich auf einen oder mehrere andere Menschen, während sich Interaktion auch auf Gegenstände beziehen kann. So ist es auch möglich, mit einem Computer zu interagieren, indem man einen Befehl eingibt und der Computer darauf mit „error" reagiert, was wiederum Ärger bei der Person, die mit dem Computer arbeiten will, auslösen kann.

Soziale Interaktion ist ohne soziale Kommunikation nicht denkbar: Wer mit dem anderen in Beziehung tritt, übermittelt ihm zugleich Informationen. Ebenso ist soziale Kommunikation ohne soziale Interaktion unmöglich: Wer dem anderen Informationen mitteilt, beeinflusst und steuert ihn zugleich.

> **Wer interagiert, kommuniziert gleichzeitig; wer kommuniziert, interagiert gleichzeitig.**

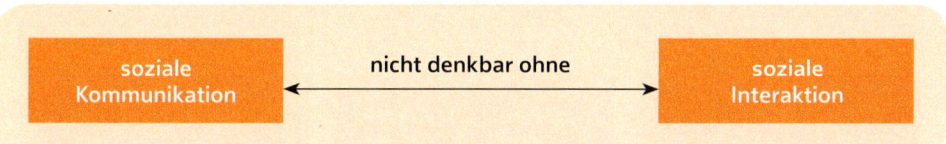

11.1.2 Bereiche der Kommunikation

Das kommunikative Verhalten eines Menschen wird in drei Bereiche eingeteilt, in den **verbalen, paraverbalen** und den **nonverbalen Ausdruck**.

- **Der verbale Ausdruck** umfasst das **Was** einer Mitteilung – das, was tatsächlich gesagt wird. *Paul Watzlawick* und seine Mitarbeiter (*2011[12], S. 61*) nennen das „Was einer Mitteilung" den *Inhaltsaspekt*[1].

- **Der paraverbale Ausdruck** meint **die Art und Weise**, wie eine Mitteilung ausgesprochen und artikuliert wird.

 Ein Meister der zu einem Auszubildenden sagt: „Das hast du toll aber gemacht!" (= verbaler Ausdruck), tut mit der Art und Weise seines Sprechens und Artikulierens kund, ob er dem Azubi Bewunderung oder Ärger übermitteln will (= paraverbaler Ausdruck).

Die bedeutendsten Aspekte des paraverbalen Ausdrucks sind *Stimmklang, Sprechtempo* (schnell – langsam)*, Stimmstärke* (leise – laut) und *Stimmlage* (hoch – tief). Die Art und Weise des Sprechens hat nach kommunikationspsychologischer Forschung einen wesentlich größeren Einfluss auf die Wirkung der Kommunikation als der verbale Anteil.

- **Der nonverbale Ausdruck**, oft auch **körpersprachlicher Ausdruck** genannt, ergänzt eine Mitteilung durch *Blickkontakt, Mimik, Gestik, körperliche Haltung und Bewegung*.

 „Die Körpersprache ist unsere persönliche Visitenkarte."
(Matschning; in: Schönberger, 2014, S. 21)

 Der nonverbale Ausdruck ist zu unterscheiden von der **nonverbalen Kommunikation**. Nonverbale Kommunikation liegt vor, wenn man jemandem etwas ohne Worte mitteilt. Dies kann bspw. durch Streicheln, einen Blumenstrauß, ein Bild oder ein Geschenk geschehen. Der nonverbale Ausdruck ist ein Teil der nonverbalen Kommunikation und unterstützt die verbale Kommunikation. Er äußert sich durch die Körpersprache.

 „Im Gespräch sollte man vor allem auf das achten, was nicht gesagt wird."
(Peter F. Drucker[2])

 Gefühle sind besser an der Körperhaltung als am Gesichtsausdruck zu erfassen.

→ **Materialien 1:**
Das Ausdrucks-
verhalten

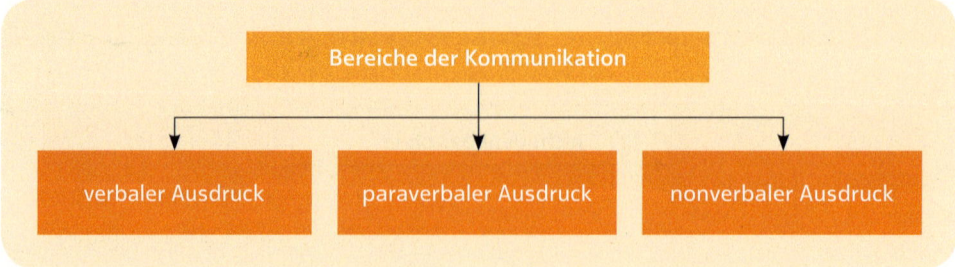

---

[1] vgl. Abschnitt 11.4.2
[2] zitiert nach Goman, 2014, S. 6; Peter F. Drucker (1909–2005) war Ökonom in den USA. Bekannt wurde er durch seine zahlreichen Bücher über die Theorie und Praxis des Managements.

11.1.3 Soziale Kommunikation als Regelkreis

Zu jeder sozialen Kommunikation gehören eine **Information**, ein **Sender**, der mit einer bestimmten **Absicht** diese Information gibt, und ein **Empfänger**, der diese Information aufnimmt.

So fragt Kurt (= Sender) seinen Freund Paul (= Empfänger), ob er mit ihm weggehen wolle (= Information), weil Kurt heute Abend nicht allein sein möchte (= Absicht).

Der Sender verschlüsselt, **codiert**, seine Information in bestimmte Zeichen – bspw. in Wörter, Sätze, Mimik, Gestik und Töne –, die nach ganz bestimmten Regeln miteinander verbunden werden.

Bei der Sprache erfolgt diese Verbindung nach grammatikalischen Regeln.

Der Sender schickt nun die Information über ein **Medium** und einen **Kanal** dem Empfänger zu. Medium bezeichnet den Code, mit dem eine bestimmte Information gegeben wird – z.B. die Sprache, die Musik, die Mimik oder Gestik, das Berühren, das Gemälde oder den Blick. Kanal meint, über welches Sinnesorgan die Übermittlung der Information geschieht: über das Hören, das Sehen oder das Fühlen. Oft geschieht die Übermittlung mithilfe eines **Kommunikationsmittels**, wie bspw. eines Telefons, eines Briefes oder eines Tageslichtprojektors.

Die gesendeten Informationen werden vom Empfänger **decodiert**, das heißt entschlüsselt. Sender und Empfänger müssen jedoch die gleichen Zeichen und die gleiche Art, wie diese Zeichen miteinander verbunden werden, beherrschen, damit der Empfänger die vom Sender übermittelte Botschaft auch verstehen kann.

So werden sich zwei Personen nur sehr schwer verständigen können, wenn jede der beiden eine andere Sprache spricht oder wenn für sie bestimmte nonverbale Botschaften, wie etwa Mimik, Gestik, Blick- oder Hautkontakt, unterschiedliche Bedeutung haben. Auch wenn eine Lehrkraft einen Satz in griechischen Buchstaben an die Tafel schreibt, die Schüler diese Schreibweise aber nicht kennen, so werden sie die griechisch geschriebene Information nicht entschlüsseln können.

Jede Botschaft löst beim Empfänger eine bestimmte Reaktion aus, die dem Sender zu verstehen gibt, ob und wie diese bei ihm angekommen ist. Der Empfänger wird damit zum Sender und der Sender zum Empfänger. Auch der Empfänger wird wiederum reagieren und so findet in einem Kommunikationsablauf ein *ständiger Wechsel der Rollen* statt.

Soziale Kommunikation bildet also immer ein System und stellt einen Regelkreis dar. Diese Sichtweise lässt zwischenmenschliche Verhaltensweisen nicht mehr in erster Linie aus den Eigenarten des einzelnen Individuums erklären, sondern aus dem Wechselspiel zwischen den an der Kommunikation beteiligten Personen. Kommunikation ist kreisförmig, es geht um wechselseitige Einflussnahme und nicht um Anfang und Ende[1].

> *„Die Behauptung lautet hier: Von der Einlinigkeit zur Kreisförmigkeit der Kommunikation! Jedes Verhalten ist sowohl Ursache als auch Wirkung!"*
> *(Reich, 2010[6], S. 30)*

---

[1] vgl. Abschnitt 11.4.3

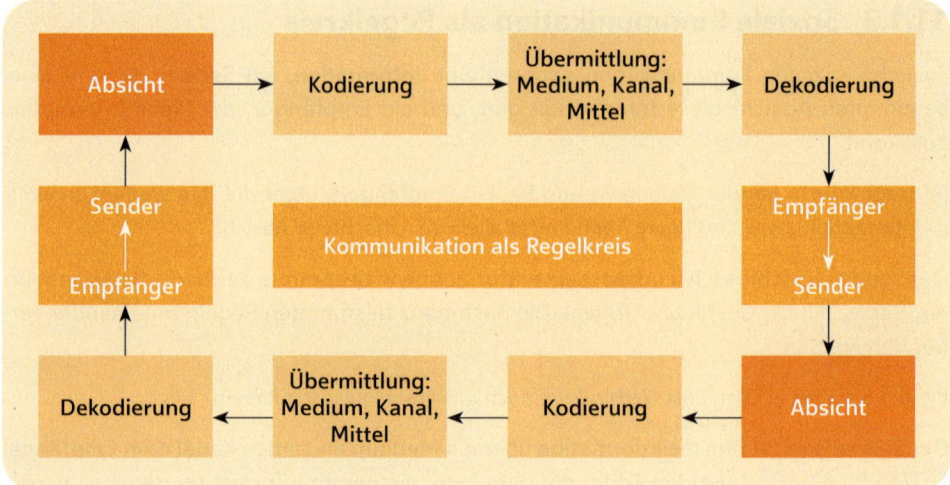

11.1.4 Die Bedeutung sozialer Kommunikation

Soziale Kommunikation und Interaktion sind **Grundlage eines jeden Zusammenlebens**:

■ Durch soziale Kommunikation und Interaktion können Beziehungen geschaffen und aufrechterhalten werden.

■ Durch den Austausch von Informationen erfährt der Einzelne, was von ihm erwartet wird, und er weiß dadurch, wie er sich verhalten und handeln muss, um ein geordnetes Zusammenleben zu ermöglichen.

■ Durch den Informationsaustausch und die gegenseitige Steuerung ist es möglich, bestimmte, zum Teil lebensnotwendige Bedürfnisse zu befriedigen.

■ Nur durch Kommunikation ist es möglich, Konflikte zu vermeiden und zu bewältigen.

■ Menschen kommunizieren miteinander, um ihr Wissen zu erweitern.

■ Ohne soziale Kommunikation wäre der Mensch nicht lebens- und überlebensfähig, es gäbe keine Kultur und es wäre kein gesellschaftliches Zusammenleben möglich.

Auf diese Weise kann soziale Interaktion Angst und Unsicherheit verhindern und dem Menschen das Gefühl der Sicherheit geben.

Wenn Menschen mit anderen in Beziehung treten, so tun sie das **mit einer bestimmten Absicht, sie verfolgen ein Ziel**. Und um dieses Ziel zu erreichen, tauschen sie miteinander Informationen aus sowie beeinflussen und steuern sich gegenseitig.

So belehrt die Mutter ihr Kind mit der Absicht, dass es nicht mehr einfach auf die Straße läuft; Person A diskutiert mit Person B über Politik, um sie zum Eintritt in eine bestimmte Partei zu bewegen; eine Gruppe junger Leute singt um der Geselligkeit wegen miteinander Lieder.

„Da gibt es die Wörter, und dann – hinter oder zwischen oder unter den Wörtern – gibt es die Absicht."
(Buijssen, 2013, S. 21)

Menschen kommunizieren miteinander, um eine bestimmte Absicht, ein bestimmtes Ziel zu erreichen.

Vorrangiges Ziel jeder sozialen Kommunikation ist das **Erfüllen von bestimmten Erwartungen**, die ein Partner an den anderen stellt, sowie die **Befriedigung der eigenen Bedürfnisse und die des (der) anderen.**

Ein Lehrer erwischt einen Schüler bei einer Prüfungsarbeit beim Abschreiben. Nach der Unterrichtsstunde versucht der Schüler, mit dem Lehrer zu sprechen. Dabei verspricht sich der Schüler von dieser Unterredung, dass er keine Sechs für die Prüfungsarbeit erhält.
Wenn sich zwei Menschen aneinanderkuscheln, so möchten sie ihr Bedürfnis nach Wärme und Geborgenheit befriedigen.

Soziale Kommunikation und Interaktion ermöglichen erst die Befriedigung von Bedürfnissen der Interaktions- und Kommunikationspartner. Ohne entsprechende Bedürfnisse würde sich der Mensch nicht genötigt sehen, mit anderen Menschen in Beziehung zu treten. *Wir beeinflussen Menschen, um bestimmte, zum Teil lebensnotwendige Bedürfnisse zu befriedigen*.

Solche Bedürfnisse, zu deren Zweck wir mit anderen Menschen in Beziehung treten und sie zu beeinflussen versuchen, können das Bedürfnis nach Geselligkeit, Sicherheit, Wärme, Geborgenheit, Zuwendung, Anerkennung oder Selbsteinschätzung sein.

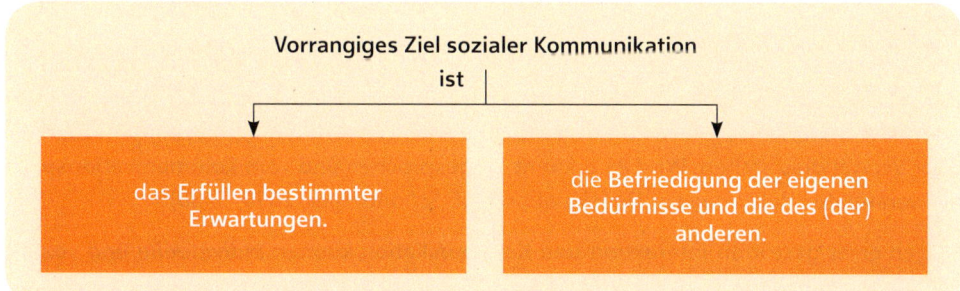

11.2 Störungen in der Kommunikation

Kommunikationsstörungen begegnen uns in allen Lebensbereichen: in der Ehe, wenn z. B. das Zärtlichkeitsbedürfnis eines Partners nicht befriedigt wird; in der Familie, wenn beim Kind die Reinlichkeitserziehung nicht gelingt; in der Schule, wenn der Durchschnitt einer Prüfungsarbeit äußerst schlecht ist; im Betrieb, wenn der Angestellte seine Gehaltserhöhung nicht durchsetzen kann; zwischen Nationen, wenn alle Friedensbemühungen fehlschlagen.

11.2.1 Erfolgreiche und gestörte Kommunikation

Wie in *Abschnitt 11.1.4* ausgeführt, treten Menschen mit anderen in Beziehung, um ein bestimmtes Ziel zu erreichen. Erlangen nun die an der Kommunikation beteiligten Personen ihr Ziel, tritt durch Interaktion und Kommunikation die gewünschte und beabsichtigte Wirkung ein, so ist die Kommunikation mit Erfolg verlaufen. Man spricht in einem solchen Fall von einer **erfolgreichen bzw. gelungenen Kommunikation**.

Kann ein Liebespaar durch Interaktion und Kommunikation seine Ziele nach Sicherheit, Wärme, Geborgenheit oder Zuwendung realisieren, so hat es mit Erfolg kommuniziert.

Von einer erfolgreichen Kommunikation spricht man, wenn die an einer Kommunikation beteiligten Personen durch diese ihr Ziel erreichen und die gewünschte und beabsichtigte Wirkung eintritt.

In vielen Fällen jedoch wird das Ziel der sozialen Kommunikation nicht erreicht und die gewünschte bzw. beabsichtigte Wirkung bleibt aus; es handelt sich hier um eine **gestörte bzw. misslungene Kommunikation.**

So beginnen zwei Menschen miteinander ein Gespräch, weil sie eine in der Luft liegende Spannung lösen wollen. Doch das Gespräch endet in einem bösen Streit; die beiden gehen auseinander, ohne ihre Absicht realisiert haben zu können.

Von einer gestörten Kommunikation spricht man, wenn die an einer Kommunikation beteiligten Personen ihr Ziel nicht erreichen und die gewünschte und beabsichtigte Wirkung ausbleibt.

Der amerikanische Psychologe *Marshall B. Rosenberg* meint, dass hinter jedem Konflikt unerfüllte Bedürfnisse wie etwa das Bedürfnis nach Wertschätzung, Respekt, Autonomie oder Verständnis stehen. Wird es erkannt, angesprochen und vom Kommunikationspartner verstanden, führt das zur Deeskalation (vgl. *Schönberger, 2010, S. 38*).

Folgen einer gestörten Interaktion und Kommunikation können *individuelle und soziale Probleme* sein, wie z.B. Schwierigkeiten im Umgang mit anderen, Konflikte, Streit, das Auseinanderbrechen von Beziehungen, Erziehungsschwierigkeiten, Ärger, Zorn, Aggression, Feindseligkeit, Unzufriedenheit, Schulversagen, Unglücklichsein, Einsamkeit, Depressionen, psychische Störungen, Krankheit und Selbstmord.

„Der größte Reichtum des Lebens ist in der Beziehung von Mensch zu Mensch gegeben, aber auch der größte Schmerz."
(Zenta Maurina[1])

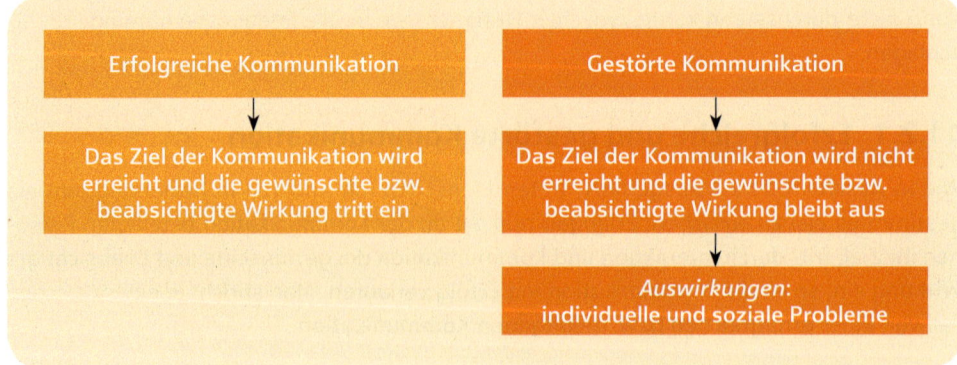

Erfolgreiche Kommunikation	Gestörte Kommunikation
↓	↓
Das Ziel der Kommunikation wird erreicht und die gewünschte bzw. beabsichtigte Wirkung tritt ein	Das Ziel der Kommunikation wird nicht erreicht und die gewünschte bzw. beabsichtigte Wirkung bleibt aus
	↓
	Auswirkungen: individuelle und soziale Probleme

---

[1] Zenta Maurina (1897–1978) war lettische Schriftstellerin und emigrierte 1944 nach Deutschland; ihre Bücher sind vom christlichen Glauben geprägt.

11.2.2 Ursachen von Kommunikationsstörungen

Ursachen von Kommunikationsstörungen sind sehr vielfältiger Natur; jedes Element der sozialen Kommunikation ist „störanfällig": Störungen können verursacht werden durch die **Persönlichkeitsmerkmale** des Senders und des Empfängers, durch die **Art der Beziehung** zwischen Sender und Empfänger, durch die **Absicht**, die ein Sender verfolgt, durch die **Kodierungsfähigkeit** des Senders, durch das **Medium**, den **Kanal** oder das **Kommunikationsmittel** sowie durch die **Dekodierungsfähigkeit** des Empfängers.

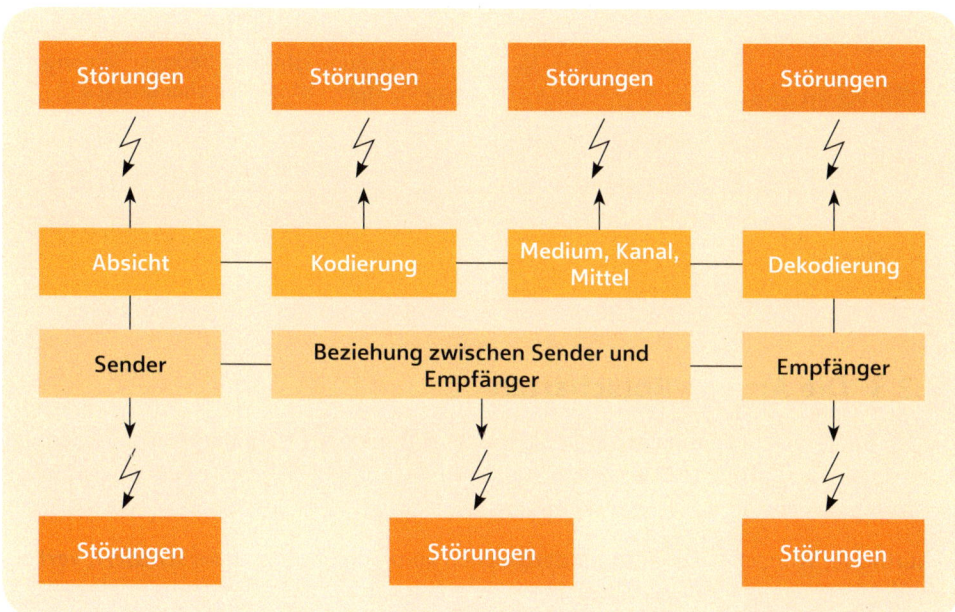

Mögliche Ursachen von Kommunikationsstörungen	
Persönlichkeitsmerkmale der Interaktions- und Kommunikationspartner	Bedürfnisse und Erwartungen, aktuelle Gefühle, Fähigkeiten und Fertigkeiten, Erfahrungen haben Einfluss auf den Erfolg oder Misserfolg einer Kommunikation, selektive (subjektive) Wahrnehmung verzerrt Informationen
Ziel oder Absicht der Interaktion/ Kommunikation	Das Ziel ist unklar, überhöht oder unangemessen. Die Bedürfnisse der Interaktions- und Kommunikationspartner sind zu unterschiedlich.
Mangelnde Kodierungs- und Dekodierungsfähigkeit	Der Sender ist nicht in der Lage, Botschaften entsprechend zu verschlüsseln. Es besteht Unstimmigkeit zwischen verbalen und nonverbalen Signalen. Der Empfänger ist nicht imstande, die Zeichen des Senders richtig zu entschlüsseln.

→ **Materialien 2:**
Die Paradoxie und
die Doppelbindung

Mögliche Ursachen von Kommunikationsstörungen	
Medium und Mittel der Kommunikation	Sprachliche und nicht sprachliche Zeichen sind mehrdeutig und werden unterschiedlich interpretiert. Das Kommunikationsmittel erfüllt nicht seinen Zweck.
Art der Beziehung zwischen den Interaktions- und Kommunikationspartnern	Eine „negative" Beziehung verhindert das gewünschte Verhalten. Der andere wird nicht akzeptiert. Die Beziehung ist durch Geringschätzung und Verständnislosigkeit charakterisiert.

„Kommunikation ist die komplizierteste menschliche Fähigkeit überhaupt. Da alles, was wir sagen, auf unterschiedliche Arten verstanden werden kann, kann es auch so leicht schiefgehen."
(Buijssen, 2013, S. 21)

11.2.3 Die Art von Botschaften

Die Art und Weise, wie man bestimmte Botschaften kodiert, trägt sehr viel zu einem erfolgreichen bzw. erfolglosen Verlauf einer Kommunikation bei. Dabei kommt es darauf an, wie klar und eindeutig bzw. wie mehrdeutig Botschaften verschlüsselt werden.

Bedürfnisse, Wünsche, Gefühle und dergleichen kommen häufig nur *verschleiert, verborgen* oder *geleugnet* zum Ausdruck.

Ein Kind boxt andere Kinder an, weil es Kontakt haben möchte. Ein junger Mann sagt zu seiner Freundin: „Was ich dazu meine, weißt du ja, aber du kannst ja tun, was du willst!" Eltern sagen zu ihrem Kind: „Du brauchst nicht zu lernen, aber die nächsten Ferien kannst du vergessen."
Karl Hermann Amthauer und *Werner Eul* haben in ihrem Buch (*2006, S. 95*) die sinnige Überschrift gewählt: „Verhaltensstörungen als Selbstmitteilung verstehen – Was meinen Kinder, wenn sie stören?"

Solche Äußerungen werden als **versteckte Botschaften** bezeichnet.

Äußerungen, in denen eigene Bedürfnisse, Wünsche, Gefühle und dergleichen eher maskiert, verschleiert oder verborgen zum Ausdruck kommen oder gar geleugnet werden, bezeichnen wir als versteckte Botschaften.

Durch versteckte Botschaften bleiben die wahren Gefühle, Bedürfnisse und dergleichen unklar, das Ziel der sozialen Kommunikation kann somit nur sehr schwer oder gar nicht erreicht werden.

Auch in der **indirekten Ausdrucksweise** finden wir meist versteckte Botschaften.

Der junge Mann sagt zu seiner Freundin: „Findest du es gut, dass du dich heute so aufgeführt hast?" Durch eine solche Äußerung werden die eigenen Empfindungen und Wünsche nicht bewusst; der Partner kann sie nur schwer erkennen und wird in eine Verteidigungsposition gebracht.

Auch bei Äußerungen wie „Man tut das nicht!" oder „Eine Frau geht abends nicht alleine fort!" handelt es sich um versteckte Botschaften: Der Partner versteckt sich hinter einer Verhaltensnorm, um sich nicht dazu bekennen zu müssen, dass er es ist, den etwas stört.

> „Der indirekte Ausdruck von negativen Gefühlen neigt dazu, den anderen anzuklagen, und dieser wird versucht sein, sich zu rechtfertigen und zu verteidigen. Auf diese Weise wird häufig vom eigentlichen Problem abgelenkt und das Gespräch gleitet auf Ebenen ab, die für das eigentliche Problem unwichtig sind."
> (Schwäbisch/Siems, 1997, S. 60)

Einladungen

Ein Mensch, der einem, den er kennt,
Gerade in die Arme rennt,
Fragt: „Wann besuchen Sie uns endlich?!"
Der andre: „Gerne, selbstverständlich!"
„Wie wär es", fragt der Mensch, „gleich morgen?"
„Unmöglich, Wichtiges zu besorgen!"
„Und wie wär's Mittwoch in acht Tagen?"
„Da müsst ich meine Frau erst fragen!"
„Und nächsten Sonntag?" „Ach wie schade,
Da hab ich selbst schon Gäste grade!"
Nun schlägt der andre einen Flor
Roth, 2015⁷, S. 108

Von hübschen Möglichkeiten vor.
Jedoch der Mensch muss drauf verzichten,
Just da hat er halt andre Pflichten.
Die Menschen haben nun, ganz klar,
Getan, was menschenmöglich war
Und sagen drum: „Auf Wiedersehn,
Ein andermal wird dann schon gehen!"
Der eine denkt, in Glück zerschwommen:
„Dem Trottel wär ich ausgekommen!"
Der andre, auch in siebten Himmeln:
„So gilt's, die Wanzen abzuwimmeln!"

Das Ziel sozialer Kommunikation kann auch nur sehr schwer oder gar nicht erreicht werden, wenn Kommunikationspartner in einer Sprache sprechen, in der sie über den anderen eine Mitteilung machen, und nicht ihre eigenen Empfindungen, Gefühle, Bedürfnisse und dergleichen ausdrücken.

Beispiele hierfür sind Sätze wie: „Du bist schuld", „Du bist völlig unfähig!", „Du hörst mir ja nie zu!".

Äußerungen, in denen über den anderen eine Mitteilung gemacht wird, nennen wir Du-Botschaften;
Äußerungen, die persönliche Empfindungen, Gefühle, Bedürfnisse und dergleichen ausdrücken, bezeichnen wir als Ich-Botschaften.

Zu den Du-Botschaften gehören Mitteilungen, die urteilen, verurteilen, werten, nörgeln, beschimpfen, verhöhnen, beschämen, herabsetzen, demütigen, polemisieren, beschuldigen, warnen, ermahnen, drohen, predigen, moralisieren usw.; sie alle verbergen die eigenen Bedürfnisse und drängen den anderen in eine Verteidigungshaltung. Auf diese Weise wird vom eigentlichen Problem abgelenkt und das Gespräch gleitet auf Ebenen ab, die für das Erreichen der tatsächlichen Ziele hinderlich sind.

Du-Botschaft:	Ich-Botschaft:
„Du redest vielleicht einen Unsinn daher!"	„Ich kann nicht verstehen, was du meinst."
„Du redest zu viel, du Egoist, sei einmal still!"	„Ich würde dir auch gerne etwas sagen wollen."
„Du bist einfach gemein und rücksichtslos!"	„Was du jetzt gesagt hast, hat mich sehr getroffen."
„So etwas Gefühlloses wie dich gibt es auf der ganzen Welt nicht mehr!"	„Ich brauche mehr Einfühlungsvermögen von dir."
„Du drehst mir immer das Wort im Mund um!"	„Ich fühle mich von dir nicht verstanden."

Du-Botschaften werden vom Gesprächspartner meist als Bewertung seiner selbst aufgefasst, während Ich-Botschaften einfach als Mitteilung über sich selbst verstanden werden.

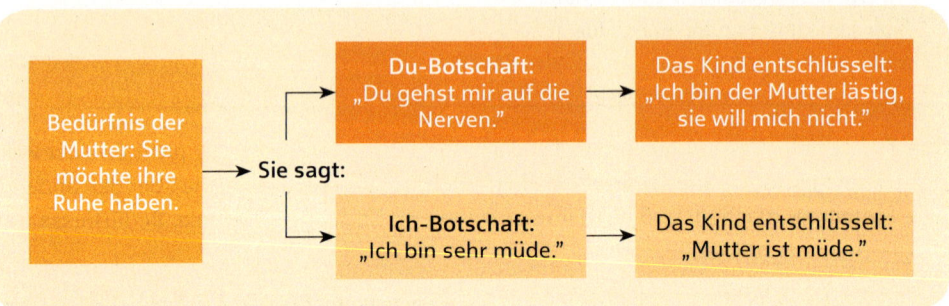

Zudem sind folgende Botschaften für eine erfolgreiche Kommunikation wenig geeignet:

- **Lösungsbotschaften**, die sagen, was zu tun ist und was nicht

  „Hör auf, die Zeitung zu zerknittern!", „Wenn du weiterhin nichts tust, wird es krachen!", „Das wird dir noch leid tun!"

- **Interpretationen und Unterstellungen**, die dem anderen Motive und Absichten zuschieben, ohne zu überprüfen, ob sie wirklich wahr sind

  „Das machst du nur, um mich zu ärgern!"

- **Killerphrasen**, Äußerungen, die eine Unmöglichkeit dessen, was der Sender will, vorspiegeln

  „Das geht nicht!", „Ist doch schon alles versucht worden!", „Das brauchen wir gar nicht zu probieren!", „Das ist alternativlos!"

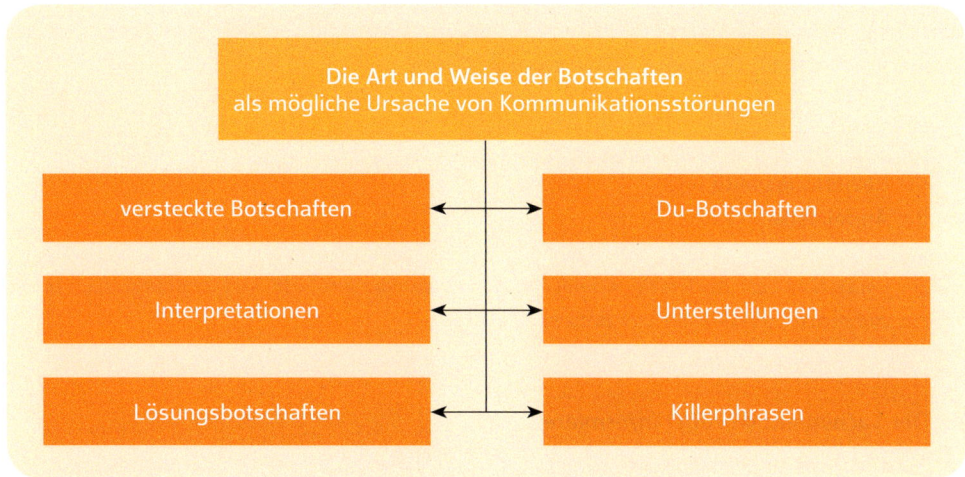

11.3 Das Kommunikationsmodell nach *Schulz von Thun*

Die Kommunikationsforschung hat grundlegende Erkenntnisse darüber gewonnen, warum eine Kommunikation erfolgreich oder auch erfolglos verlaufen kann. Die beiden bekanntesten Kommunikationstheorien sind das **Vier-Botschaften-Modell** von *Friedemann Schulz von Thun* und die **Axiome der Kommunikation** von *Paul Watzlawick* und seinen Mitarbeitern[1].

11.3.1 Das Vier-Botschaften-Modell

Friedemann Schulz von Thun hat sich in erster Linie auf die Beschaffenheit einer Äußerung konzentriert. Er hat erkannt, dass **ein und dieselbe Äußerung immer viele Botschaften gleichzeitig enthält**.

Friedemann Schulz von Thun (1944) ist Professor im Fachbereich Psychologie an der Universität Hamburg. Zugleich ist er Leiter des Arbeitskreises „Kommunikation und Klärungshilfe im beruflichen Bereich", der eine Verbindung von Forschung, Lehre und Praxis sucht. Einer seiner Arbeitsschwerpunkte ist die verständliche Informationsvermittlung und die Weiterentwicklung von Methoden des Verhaltenstrainings. Zudem ist er Autor und Moderator von zahlreichen Fernsehsendungen zu Themen der Kommunikationspsychologie. Bekannt wurde Friedemann Schulz von Thun durch das zusammen mit Christoph Thomann herausgegebene Sachbuch „Klärungshilfe 1: Handbuch für Therapeuten, Gesprächshelfer und Moderatoren in schwierigen Gesprächen" sowie durch sein Werk „**Miteinander reden**", das in drei Bänden erschienen ist.*

Friedemann Schulz von Thun

---

[1] Die Axiome der Kommunikation von Paul Watzlawick und seinen Mitarbeitern sind in Abschnitt 11.4 dargestellt.

Um die Vielfalt der Botschaften, die eine Äußerung enthält, ordnen zu können, unterscheidet Schulz von Thun *vier Seiten einer Äußerung*,

- die **Sachinhaltsseite**,
- die **Selbstoffenbarungsseite**[1],
- die **Beziehungsseite** und
- die **Appellseite**.

„[...] man hört eine Äußerung, womöglich nur einen einzigen Satz, und empfängt doch in ein und demselben Moment vier Botschaften [...]"
(Pörksen/Schulz von Thun, 2014, S. 19)

- **Der Sachinhalt:** *Worüber informiere ich?*

  Hier wird die Frage geklärt, worüber berichtet wird; es geht um die Sachinformation. Der Sachinhalt enthält Informationen über die mitzuteilenden Geschehnisse und Dinge.

- **Die Selbstoffenbarung:** *Was gebe ich von mir preis?*

  Äußerungen enthalten nicht nur Sachinformationen, sondern auch **Informationen über die Person des Senders**. Die Frage, was der Sender von sich selbst preisgibt, steht hierbei im Vordergrund. Dabei geht es sowohl um die – meist gewollte – *Selbstdarstellung* als auch um die nicht freiwillige *Selbstenthüllung*.

- **Die Beziehung:** *Wie stehe ich zu dir? Was halte ich von dir?*

- Aus einer Äußerung kann man ferner entnehmen, **wie der Sender zum Empfänger steht und was der Sender vom Empfänger hält**. Die Beziehungsseite der Äußerung klärt also zum einen, wie der Sender den Empfänger sieht, und zum anderen, wie der Sender die Beziehung zwischen sich und dem Empfänger betrachtet. Jede Information teilt dem anderen etwas über ihn und über die Beziehung der Kommunikationspartner mit.

- **Der Appell:** *Wozu möchte ich dich veranlassen?*

  Jede Äußerung will auf den **Empfänger Einfluss nehmen**. Hier handelt es sich um den Aspekt, wozu der Sender den Empfänger veranlassen möchte.

Ein Beispiel soll diese vier Seiten der Nachricht verdeutlichen: Der Mann (= Sender) sagt zu seiner am Steuer sitzenden Frau (= Empfänger): „Du, da vorne bremsen die Autos!"
Die Nachricht enthält eine Sachinformation über den Zustand auf der Straße, dass die Autos bremsen (= Sachinhaltsseite). Außerdem gibt die Nachricht Auskunft über den Sender – etwa dass er deutschsprachig ist, dass er aufpasst und in Gedanken mitfährt (= Selbstoffenbarungsseite). Aus der Nachricht geht ferner hervor, wie der Sender zum Empfänger steht: Der Mann traut möglicherweise seiner Frau nicht zu, den Wagen alleine optimal zu fahren, er hält sie für reaktionslangsam oder auch für hilfsbedürftig (= Beziehungsseite). Und schließlich fordert der Mann die Frau zum Bremsen auf, um nicht auf die anderen Autos aufzufahren (= Appellseite).

Der Sender „teilt Sachinformationen mit; stellt sich dabei gleichzeitig selbst dar; drückt aus, wie er zum Empfänger steht, sodass sich dieser in der einen oder anderen Weise behandelt fühlt; und versucht Einfluss auf das Denken, Fühlen und Handeln des anderen zu nehmen."
(Schulz von Thun, 2010[48], S. 44)

---

[1] Im zweiten Band (2010[32], S. 19) des Werkes „Miteinander reden" zieht Schulz von Thun der Bezeichnung „Selbstoffenbarung" den Begriff **Selbstkundgabe** vor.

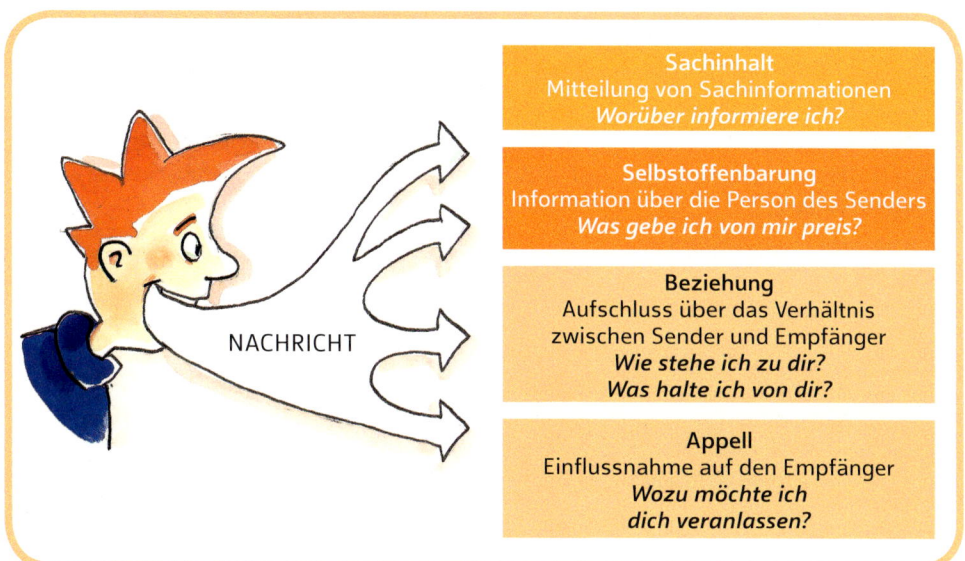

Nach *Schulz von Thun* sendet der Sender immer gleichzeitig auf allen vier Seiten. Die gesendete Äußerung löst beim Empfänger eine bestimmte Reaktion aus. Dabei besitzt auch die Rückmeldung eine Nachricht mit allen vier Botschaften: Der Empfänger teilt eine bestimmte Sachinformation mit; dabei gibt er von sich selbst etwas preis, nämlich, wie er auf die Äußerung des Senders reagiert, was er hineinlegt und was sie bei ihm auslöst. Zudem drückt er aus, wie er zum Sender steht; und nicht zuletzt beinhaltet seine Reaktion einen Appell.

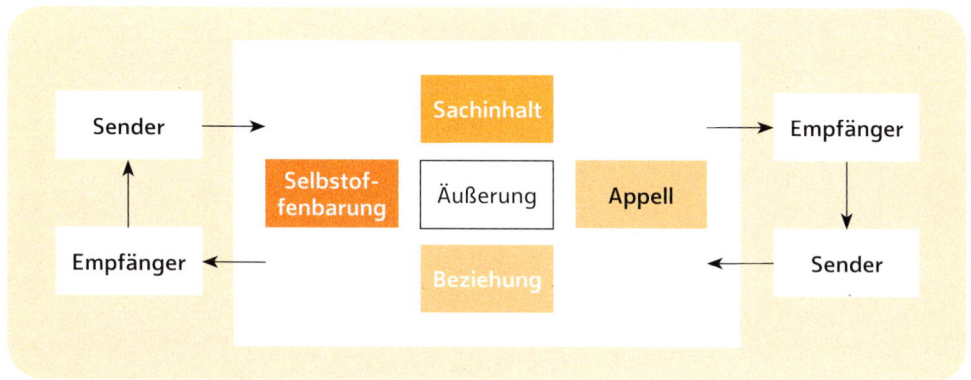

11.3.2 Gelungene und misslungene Kommunikation

Eine **gelungene** (= erfolgreiche) **Kommunikation** ist dann wahrscheinlich, wenn der Sender alle vier Seiten der Kommunikation beherrscht. Selbst wenn er nur eine sachliche Information geben oder sich nur offenbaren will, muss der Sender sich bewusst sein, dass bei seiner Äußerung grundsätzlich alle vier Seiten mit im Spiel sind. Eine Beherrschung nur einer dieser Seiten führt zwangsläufig zu Kommunikationsstörungen. Entsprechend muss natürlich auch der Empfänger imstande sein, alle vier Seiten der Äußerung aufzunehmen. Doch i. d. R. nimmt er meist nur eine Seite der Äußerung wahr und reagiert auf diese.

> „Der Empfänger ist mit seinen zwei Ohren biologisch schlecht ausgerüstet: Im Grunde braucht er ‚vier Ohren' – ein Ohr für jede Seite. [...] Je nachdem, welches seiner vier Ohren der Empfänger gerade vorrangig auf Empfang geschaltet hat, nimmt das Gespräch einen sehr unterschiedlichen Verlauf. Oft ist es dem Empfänger gar nicht bewusst, dass er einige seiner Ohren abgeschaltet hat und dadurch die Weichen für das zwischenmenschliche Geschehen stellt."
> (Schulz von Thun, 2010[48], S. 44)

Störungen in der Kommunikation treten auf, wenn:

- der Sender nicht alle vier Seiten einer Äußerung beherrscht;

So treten Störungen auf, wenn man zwar von der Sache her Recht hat und gut argumentiert, auf der Beziehungsseite aber Unheil stiftet. Man kann auch auf der Selbstoffenbarungsseite eine gute Figur machen, es werden aber vermutlich Störungen auftreten, wenn man unverständlich in der Sachbotschaft bleibt, indem man kompliziert, möglicherweise mit vielen Fremdwörtern, spricht (vgl. *Schulz von Thun, 2010[48], S. 44*).

- der Sender auf der falschen Nachrichtenseite übermittelt;

Clemens und Andreas diskutieren über Politik (= Sachinhaltsseite), Clemens wird aber sehr „persönlich" und beleidigt Andreas (= Beziehungsseite).

- der Empfänger nicht imstande ist, alle vier Seiten einer Botschaft aufzunehmen;

- der Empfänger nur eine Seite der Äußerung wahrnimmt, möglicherweise die falsche, die der Sender nicht gemeint hat.

Der Sender will eine auf die Sache bezogene Kritik anbringen, weil ihm diese wichtig ist, der Empfänger hört aber auf dem Beziehungsohr „Der hat was gegen mich, der kann mich nicht leiden" oder „Der will mich hier nur bloßstellen".
Verena zieht sich in ihr Zimmer zurück und gibt ihrem Ehemann zu verstehen, dass sie Ruhe brauche, weil sie müde sei (= Selbstoffenbarung). Ihr Ehemann hört aber auf dem Beziehungsohr und meint, Verena wolle mit ihm nichts zu tun haben.
Der Vater kommt von der Arbeit heim und sagt zu seinem Sohn: „Räum mal deine Spielsachen vom Boden weg, man kommt ja kaum vorbei!" Statt auf dem Sachinhaltsohr zu hören, nimmt das Kind auf dem Selbstoffenbarungsohr wahr: „Vati hatte einen anstrengenden Tag, er ist genervt." (vgl. *Reich, 2010[6], S. 41 f.*)

11.3.3 Der einseitige Empfang einer Nachricht

Was nun nach *Schulz von Thun* die soziale Kommunikation so kompliziert macht, ist die prinzipielle **freie Auswahl des Empfängers**, auf welcher Seite der Nachricht er reagieren will – ob er auf die Sachinhalts-, auf die Selbstoffenbarungs-, die Beziehungs- oder auf die Appellseite eingehen will.

Im Kindergarten bringt der vierjährige Oliver ein Puzzle durcheinander. Ein anderes Kind der Gruppe geht zur Erzieherin und sagt zu ihr: „Der Oliver hat das Puzzle zerstört!" Je nachdem, mit welchem Ohr die Erzieherin hört, wird sie unterschiedlich reagieren:

- Wenn sie mit dem Sachinhaltsohr hört: „Hat Oliver das Puzzle absichtlich kaputt gemacht?"
- Wenn sie mit dem Selbstoffenbarungsohr hört: „Nun bist du von Oliver enttäuscht!"
- Wenn sie mit dem Beziehungsohr hört: „Warum erzählst du mir das und nicht Oliver?"
- Wenn sie mit dem Appellohr hört: „Ich komme gleich und werde sehen, was los ist!"

> „Der Hörer, nicht der Sprecher [...] bestimmt die Bedeutung einer Aussage."
> (Pörksen/Schulz von Thun, 2014, S. 23)

Diese freie Auswahl des Empfängers kann zu Störungen in der Kommunikation führen – je nachdem, auf welche Seite der Äußerung der Empfänger reagiert.

Empfang auf dem Sachinhaltsohr

Sachinhaltsohr
Wie ist der Sachverhalt zu verstehen?

Oft nimmt der Empfänger lediglich die Sachinhaltsseite einer Äußerung wahr; Störungen entstehen dann, wenn *das eigentliche Problem auf einer ganz anderen Seite der Äußerung liegt, es aber auf der Sachebene ausgetragen wird*. Schulz von Thun hebt dabei insbesondere die Beziehungsseite hervor: Probleme werden auf der Sachinhaltsseite diskutiert, obwohl sie die zwischenmenschliche Ebene betreffen.

Ein Paar streitet über das Ausdrücken der Zahnpastatube und trägt auf diese Weise seinen Beziehungskonflikt aus. Kurt nörgelt ständig am Essen herum, das seine Frau gekocht hat; in Wirklichkeit fühlt er sich aber in seiner Ehe nicht wohl.

Empfang auf dem Selbstoffenbarungsohr

Selbstoffenbarungsohr
Was ist das für einer? Was ist mit ihm?

Wer Äußerungen nur unter dem Aspekt der Selbstoffenbarung aufnimmt, betrachtet den Gesprächspartner lediglich als ein Objekt, das es zu analysieren gilt.

Anita sagt zu Christian, der in einem Gespräch das kapitalistische Gesellschaftssystem kritisiert hat: „Weil du persönlich mit deinem Leben nicht klarkommst, suchst du die Schuld jetzt an unserem Gesellschaftssystem!"
Georg fühlt sich benachteiligt und spricht das gegenüber seinem Lehrer an. Dieser erwidert: „Du bist wohl in deiner Kindheit zu kurz gekommen!"

Empfang auf dem Beziehungsohr

Beziehungsohr

Wie redet der mit mir?
Was hält der von mir?

Häufig nimmt der Empfänger alles „persönlich": Er bezieht alles auf sich und fühlt sich leicht angegriffen und beleidigt. Oft wird auf die Beziehungsseite gewechselt, um einer anderen Seite der Äußerung – etwa der Sachinhaltsseite – auszuweichen.

Gregor will eine auf die Sache bezogene Kritik anbringen, weil ihm diese wichtig ist, Ingrid hört aber auf dem Beziehungsohr „Der hat was gegen mich, der kann mich nicht leiden." oder „Der will mich hier nur bloßstellen."

Ein Schüler sagt zum Lehrer: „Ich finde den Stoff nicht interessant!" Der Lehrer wechselt in seiner Reaktion auf die Beziehungsebene und sagt: „Sie werden nächstes Schuljahr dann schon einen anderen Lehrer bekommen!"

Der Chef sagt in einer Sitzung zu einem Mitarbeiter: „Ach, Herr Stahlmann, das mit der Formuländerung könnten Sie übernehmen, sie machen das immer so schön!" Herr Stahlmann fühlt sich „vorgeführt" und denkt: „Aha, für diese Idiotenarbeit bin ich gerade gut genug!" (vgl. *Pörksen/Schulz von Thun, 2014, S. 26 f.*)

Empfang auf dem Appellohr

Appellohr

Was soll ich denken, fühlen, tun?

Werden Äußerungen lediglich auf den Appellcharakter hin untersucht, reagiert man, *ohne seine eigene Person einzubringen*. Es besteht die Gefahr, dass der Empfänger selbst nicht weiß, was er will und fühlt.

Der Mann guckt im Zimmer herum, seine Frau reagiert sofort: „Suchst du deine Pfeife? Warte, ich hole sie dir!"

Dieter, sechs Jahre alt, bastelt ein Flugzeug zusammen und stellt sich dabei etwas ungeschickt an. Der Vater geht hin und sagt: „Gib her, ich mach's!"

Zu Kommunikationsstörungen kann es dann kommen, wenn der Empfänger mit seinen Bedürfnissen „auf der Strecke bleibt".

> **Der Sender ist dafür verantwortlich, was er sagt,
> der Empfänger für seine Reaktion.**

11.4   Die Axiome der sozialen Kommunikation

Paul Watzlawick und seine Mitarbeiter haben keine vollständige Theorie, sondern bestimmte Annahmen zur Kommunikation vorgelegt, die in den von ihnen formulierten **Axiomen**[1] **der Kommunikation** dargestellt sind.

---

[1] Ein Axiom ist ein Grundsatz, der keines Beweises bedarf.

Paul Watzlawick (1921–2007) war von 1957 bis 1960 Professor für Psychologie in El Salvador; ab 1960 war er Forschungsbeauftragter am Mental Research Institute in Palo Alto (Kalifornien). Seit 1976 hatte er zudem auch einen Lehrstuhl an der Stanford University inne. Er war ein Mitpionier des Konstruktivismus[1]. Bekannt geworden ist Watzlawick vor allem durch die Abfassung von bestimmten Grundsätzen der Kommunikation, die er zusammen mit seinen beiden Mitarbeitern Janet H. Beavin und Don D. Jackson in seinem Buch Menschliche Kommunikation – in Deutschland zum ersten Mal im Jahre 1968 erschienen – niederschrieb. In der Weiterentwicklung dieses Werkes befasste er sich in seinem 1973 erschienenen Buch Lösungen zusammen mit John H. Weakland und Richard Fisch mit der Frage, wie Lebensprobleme entstehen und wie einige davon verblüffend gelöst werden können, während sich andere bis zur Unlösbarkeit verkomplizieren. Ein Bestseller wurde das Buch Anleitung zum Unglücklichsein, das sich allein im deutschsprachigen Raum mehr als eine Million Mal verkaufte.

Paul Watzlawick

11.4.1 Soziale Kommunikation und Verhalten

1. Axiom: In einer sozialen Situation kann man nicht nicht kommunizieren.

In Gegenwart eines oder mehrerer anderer ist alles Verhalten kommunikativ, jedes Verhalten in einer sozialen Situation hat Mitteilungscharakter.

Auch wenn man sich von jemandem abwendet oder im Wartezimmer des Arztes auf den Boden starrt, teilt man dem anderen etwas mit.

> *„Man kann sich nicht nicht verhalten. Wenn man also akzeptiert, dass alles Verhalten in einer zwischenpersönlichen Situation Mitteilungscharakter hat, d. h. Kommunikation ist, so folgt daraus, dass man, wie immer man es auch versuchen mag, nicht nicht kommunizieren kann. Handeln oder Nichthandeln, Worte oder Schweigen haben alle Mitteilungscharakter."*
> *(Watzlawick u. a., 2011[12], S. 58 f.)*

Wird dieser Grundsatz des Nicht-nicht-kommunizieren-Könnens in sozialen Situationen beachtet, so ist eine erfolgreiche Kommunikation zu erwarten. Wer dagegen gegen diesen Grundsatz verstößt und glaubt, nicht kommunizieren zu können, der ruft Störungen in der Kommunikation hervor.

Verstöße gegen dieses Axiom:

- ein Ignorieren der Kommunikation – etwa durch das Nicht-Antworten oder Nicht-Eingehen auf das, was der Partner gesagt hat

- eine widerwillige Annahme der Kommunikation

- eine Abweisung wie „Mit dir will ich nichts zu tun haben!" ist in sich widersprüchlich

---

Billiger Rat

Ein Mensch nimmt alles viel zu schwer.
Ein Unmensch naht mit weiser Lehr
Und rät dem Menschen: „Nimm's doch Leichter!"
Doch grad das Gegenteil erreicht er:
Der Mensch ist obendrein verstimmt,
Wie leicht man seine Sorgen nimmt.
(Eugen Roth, 2015[7], S. 154)

---

[1] siehe Kapitel 3.2.3

- eine einseitige Beendigung einer Kommunikation durch Aussagen wie „Ich will jetzt meine Ruhe haben!", „Ich will davon nichts hören!" oder „Mir reicht es jetzt!"

- eine Entwertung der Aussagen des Partners wie z. B. durch häufigen Themenwechsel, Nicht-bei-der-Sache-Sein oder Bagatellisierung durch Ratschläge („Das wird schon wieder!")

- das Bestreben, eine stattgefundene Kommunikation ungeschehen zu machen, wie dies bspw. in Aussagen „Ich habe nur gemeint!" oder „Das war nicht so wichtig!" der Fall ist

- die Flucht in Symptome wie Müdigkeit, Kopfschmerzen oder Magenverstimmung bzw. die Flucht in eine Krankheit will eine Kommunikation einseitig beenden.

 Paradoxien und Doppelbindungen, wie sie in den Materialien 2 dargestellt sind, bedeuten einen Verstoß gegen das 1. Axiom, da der Empfänger mit dem Sender kommunizieren müsste, um die Situation lösen zu können, der Sender aber das Gespräch nicht zulässt.

11.4.2 Die Informationsebenen einer sozialen Kommunikation

2. Axiom: Jede Kommunikation hat einen Inhalts- und einen Beziehungsaspekt derart, dass Letzterer den Ersteren bestimmt.

In einem Gespräch kommt es nicht nur darauf an, was man sagt, sondern auch, wie man etwas sagt. Das Was einer Mitteilung nennen *Watzlawick u. a. (2011[12], S. 62)* den Inhaltsaspekt und das Wie bezeichnen sie als den Beziehungsaspekt.

 Ein Lehrer der einen seiner Schüler fragt: „Hast du das gemacht?" (= Inhaltsaspekt), tut mit seinem Verhalten kund, ob er dem Schüler Bewunderung, Ärger oder Misstrauen übermitteln will (= Beziehungsaspekt).

Der Inhaltsaspekt stellt das Was einer Mitteilung dar, der Beziehungsaspekt sagt darüber etwas aus, wie der Sender diese Mitteilung vom Empfänger verstanden haben möchte.

Dabei charakterisiert der Beziehungsaspekt die emotionale Beziehung, die zwischen den Kommunikationspartnern herrscht.

 Ein Lehrer der einen Schüler fragt, ob er diese Arbeit selbst angefertigt habe, signalisiert in der Art, wie er fragt – in seinem Tonfall, in der Stärke seiner Stimme, in seiner Mimik, Gestik und Haltung –, Freundschaft, Anerkennung, Bewunderung, Argwohn oder Ironie. Dieser Hinweis klärt, wie der Lehrer die Beziehung zwischen sich und dem Schüler verstanden wissen will.

 „Es gibt in jeder Kommunikation viele Informationsebenen, und eine davon betrifft stets die Beziehung, innerhalb der die Kommunikation stattfindet."
(Watzlawick/Beavin, 2002, S. 100)

Kommunikation ist nicht nur Vermittlung und Austausch von Informationen, sondern immer auch Ausdruck der Beziehungen der Kommunikationspartner untereinander.

Der Idealfall einer erfolgreichen Kommunikation liegt dann vor, wenn sich die Kommunikationspartner sowohl über den Inhalt ihrer Kommunikation als auch über ihre Beziehung einig sind. Sind sich dagegen die Partner auf der Beziehungsebene oder auf beiden Ebenen – Inhalts- und Beziehungsebene – uneins, treten i.d.R. Störungen auf. Kommunikationsstörungen sind vor allem auch dann zu erwarten, wenn die beiden Ebenen miteinander verwechselt werden oder eine Ebene vernachlässigt oder gar nicht berücksichtigt wird.

Verstöße gegen dieses Axiom:

- Eine negative Beziehung wird auf der Inhaltsebene ausgetragen.

  Leon wertet in einer Gruppendiskussion die Argumente von Laura ab, weil er sie nicht leiden kann.

- Uneinigkeit auf der Inhaltsebene wird auf die Beziehungsebene übertragen.

  Weil ein Mitschüler eine andere Meinung vertritt, findet man ihn „blöd" und unsympathisch oder man meidet ihn.

- Eine Beziehung, in der Unklarheit über diese herrscht.

  Wenn ein Partner den anderen liebt, dieser das aber gar nicht weiß, werden Störungen auftreten; unbewusste Ablehnung führt ebenfalls zu Spannungen.

- Eine Beziehung, die durch ungleiche Emotionen bestimmt ist.

  Es könnte sein, dass das Mädchen den Jungen sehr liebt, der Junge aber für das Mädchen lediglich Sympathie empfindet.

- Der Versuch, den Beziehungsaspekt aus der Kommunikation herauszuhalten.

  Dies ist der Fall, wenn Schüler mit einem Lehrer nicht zurechtkommen und sie deshalb mit ihm darüber sprechen wollen, der Lehrer dann aber fordert: „Solche Diskussionen bringen nichts, wir werden in Zukunft nur noch Mathematik machen!"

- Eine Vernachlässigung des Beziehungsaspektes.

  Eltern könnten bei ihrem Kind sehr großen Wert auf die inhaltliche Ebene legen –etwa, dass das Kind immer ordentlich und höflich ist oder in der Schule fleißig lernt –, dabei aber kaum die emotionale Seite berücksichtigen.
  Ehepaare sind häufig mit ihrem Beruf oder auch mit dem Hausbauen so stark beschäftigt, dass die Beziehungsebene auf der Strecke bleibt.

11.4.3 Soziale Kommunikation als ein System

3. Axiom: In einem Kommunikationsablauf ist das Verhalten des Einzelnen sowohl Reaktion als auch Reiz auf das Verhalten des anderen.

In einer sozialen Situation löst das Verhalten eines Einzelnen eine bestimmte Reaktion beim anderen aus.

Hannah stürmt ins Arbeitszimmer von Lukas, der konzentriert vor einer Aufgabe sitzt, und sagt: „Wann kommst du denn jetzt endlich?" Lukas, der noch ganz vertieft ist, reagiert darauf und antwortet: „Sei bitte still!"

Diese Reaktion ist aber zugleich wiederum Ursache für das Verhalten des anderen, sie kann dieses Verhalten sogar noch verstärken.

 Dieses „Sei bitte still!" ist zum einen Ursache für das weitere Verhalten von Hannah, zum anderen verstärkt es ihre Reaktion noch, indem sie jetzt noch ärgerlicher fragt: „Ja, wie lange soll ich denn jetzt noch warten?" Diese Äußerung von Hannah ist Ursache und Verstärkung für Lukas` Reaktion: „Kannst du denn jetzt nicht wirklich still sein?" Und auch diese Reaktion löst bei Hannah wieder ein bestimmtes Verhalten aus und verstärkt es, indem sie etwa lautstark geht und die Tür hinter sich zuschlägt.

Auf diese Weise bildet – wie in *Abschnitt 11.1.3* bereits dargestellt – soziale Kommunikation immer ein **System** und stellt einen **Regelkreis** dar, in welchem es eigentlich keinen Anfang und kein Ende gibt.

In einer Kommunikation neigen jedoch die Teilnehmer dazu, deren Ablauf eindeutig zu gliedern und genau zu bestimmen, welche Information bzw. welches Verhalten welche Reaktion auslöst. Dabei legt jeder Kommunikationsteilnehmer die Ursache-Wirkungs-Folge auf seine Art und Weise fest; jeder hat eine Vorstellung davon, wer agiert und wer darauf reagiert.

 Ein Ehepaar sitzt bei einem Therapeuten. Die Frau sagt: „Unsere Ehe ist so schlecht, weil mein Mann einfach nicht gut drauf ist." Der Mann antwortet auf Nachfrage des Therapeuten: „Ich bin deshalb nicht gut drauf, weil unsere Ehe so schlecht ist."
Benjamin lernt nach Ansicht seines Vaters für die Schule zu wenig. Deshalb fühlt sich sein Vater verpflichtet, Kontrolle und Aufsicht bei der Erledigung der Hausaufgaben walten zu lassen. Doch Benjamin lernt umso weniger, je mehr der Vater Kontrolle ausübt. Beide legen dabei auf ihre Art und Weise Ursache und Wirkung in ihrer Kommunikation fest. Der Vater meint: „Ich mache Druck, damit Benjamin lernt." Benjamin dagegen sieht das anders: „Je mehr Druck mein Vater macht, desto mehr verliere ich jegliche Lust am Lernen."

Vorangegangene Verhaltensweisen bzw. Mitteilungen des Partners werden meist als Ursache für die Art und Weise der eigenen Kommunikation interpretiert. Beide Kommunikationspartner sehen das eigene Verhalten als Reaktion auf das Verhalten des anderen – nach dem Motto: „Ich bin so, weil du …!"

 „Mein Rückzug von dir beruht auf deiner Übellaunigkeit!" „Und ich bin so übellaunig, weil du abends immer so spät heimkommst!"

Diese Gliederung eines Kommunikationsablaufes bezeichnen *Watzlawick u. a. (2011[12], S. 107 f.)* als **Interpunktion**.

> Mit Interpunktion wird in der Kommunikationspsychologie die Interpretation vorangegangener Verhaltensweisen bzw. Mitteilungen als Ursache für die Art und Weise der eigenen Kommunikation verstanden.

 „Von außen gesehen, ist weder der eine noch der andere Standpunkt stichhaltig, da die Interaktion der Partner nicht linear, sondern kreisförmig ist. In dieser Beziehungsform ist kein Verhalten Ursache des anderen; jedes Verhalten ist vielmehr sowohl Ursache als auch Wirkung."
(Watzlawick u. a., 2011[12], S. 109)

Eine erfolgreiche Kommunikation ist dann zu erwarten, wenn Kommunikation als Regelkreis begriffen wird oder die einzelnen Partner in einem Kommunikationsablauf als Ursache und Wirkung die gleichen Sachverhalte festlegen. Eine Störung kann sich dann ergeben, wenn die einzelnen Teilnehmer unterschiedlich interpunktieren und subjektiv an irgendeinem Punkt der kreisförmigen Kommunikation einen Einschnitt vornehmen und sagen: Hier hat es angefangen, das ist die Ursache.

Verstöße gegen dieses Axiom:

- Ursache und Wirkung werden von den Kommunikationspartnern subjektiv bzw. unterschiedlich festgelegt. Die Kommunikation wird umso erfolgloser sein, je mehr der Einzelne in unerschütterlicher Weise seine Interpunktion für die einzig richtige hält.

  Eine unterschiedliche bzw. subjektive Festlegung von Ursache und Wirkung liegt bei Herrn Gernert vor, der Alkoholiker ist. Seine Frau meint: „Weil er so viel trinkt, muss ich ihm wegen der Kinder ins Gewissen reden." Doch Herrn Gernert hilft das nichts, er äußert: „Je mehr sie mir ins Gewissen redet, desto ärger wird die Situation für mich und ich muss dann zur Flasche greifen." Aufgrund dieser unterschiedlichen Interpunktion kann keine befriedigende Lösung erzielt werden.

- Das Verhalten des anderen wird als Entschuldigung oder Rechtfertigung für das eigene Verhalten gesehen.

  „Ich bin dir deshalb böse, weil du mich heute früh dumm angemacht hast" ist ein Beispiel dafür, wie das eigene Verhalten durch das des anderen gerechtfertigt bzw. entschuldigt wird. Auch die Antwort „Wärst du etwas netter gewesen, dann hätte ich das nicht gesagt!" ist ein Beispiel für eine Rechtfertigung.

- Auch *selbsterfüllende Prophezeiungen* (Selffulfilling Prophecies) verstoßen nach *Watzlawick u. a.* gegen dieses Axiom. Es handelt sich dabei um Behauptungen,

  - die von einer oder mehreren Personen über eine andere getroffen werden,

  - die nicht der Wahrheit entsprechen (müssen),

  - die aber dazu geeignet sind, ein Verhalten bei diesem Menschen zu erzeugen, das diesen Behauptungen entspricht.

  Solche selbsterfüllenden Prophezeiungen sind – wie schon in *Kapitel 3.3.2* ausgeführt – z. B. „Du wirst es in deinem Leben zu nichts bringen!", „Du wirst einmal im Gefängnis landen!", „Du wirst sicher mal ein schwieriger Mensch werden!" Alle diese Behauptungen sind dazu geeignet, wahr zu werden.

  Dabei haben wir es mit einer Kommunikation zu tun, in der vom Sender ein Anfangspunkt gesetzt wird und in der Sender und Empfänger unterschiedlich interpunktieren, indem dem anderen ein gewisses Verhalten mehr oder weniger aufgezwungen wird.

- Das Ausüben von Zwang und Druck kann insofern Kommunikationsstörungen hervorrufen, als auch hier ein Anfangspunkt in der Kommunikation gesetzt wird.

11.4.4 Die verschiedenen Arten einer Mitteilung

4. Axiom: Menschliche Kommunikation bedient sich digitaler und analoger Modalitäten.

Es gibt zwei verschiedene Weisen, auf die etwas mitgeteilt werden kann: entweder durch ein Wort, das dem Objekt zugeordnet ist – *Watzlawick u. a.* sprechen hier von digitaler[1] Modalität –, oder durch Entsprechung, z. B. in der Form einer Zeichnung, im Ausdrucksverhalten. Die zweite Mitteilungsmöglichkeit wird als analoge Modalität[2] bezeichnet.

Digitales Mitteilungsmaterial ist sehr komplex und auch vielseitig, sodass i. d. R. mit ihm eindeutiger und klarer kommuniziert werden kann als mit analogem – vorausgesetzt, man beherrscht es. Dafür aber besitzt die digitale Kommunikation ihrerseits kein ausreichendes Vokabular zur klaren Definition von Beziehungen. Deshalb bedienen wir uns auf dem Gebiet der Beziehungen oft analoger Kommunikation.

 Liebe oder Zuneigung kann man nur sehr schwer allein mit Worten ausdrücken.

Eine erfolgreiche Kommunikation ist aus der Sicht dieses Axioms dann gegeben, wenn sowohl digitale und analoge Kommunikation eindeutig sind und diese beiden Modalitäten auch übereinstimmen. Das gesprochene Wort, der gesprochene Satz, muss also mit der Körpersprache übereinstimmen.

 Dies ist der Fall, wenn jemand sagt „Mich ärgert das fürchterlich" und sein Gesichtsausdruck und seine Gestik dazu passen.

Als günstig hat sich auch eine Ausgeglichenheit zwischen diesen beiden Modalitäten in einer Kommunikation erwiesen. Störungen treten auf bei Unklarheit einer der beiden Kodierungsarten, bei deren Nichtübereinstimmung oder bei der „Übersetzung" digitaler in analoge bzw. analoger in digitale Kodierung.

Verstöße gegen dieses Axiom:

- Analoge Kommunikation ist – wie bereits ausgeführt – mehrdeutig und kann unterschiedlich entschlüsselt werden.

 Ein Küsschen, das das Kind von den Eltern auf die Wange bekommt, kann heißen „Wir mögen dich sehr gerne!", aber auch „Lass uns jetzt bitte in Ruhe!".

- Auch digitales Mitteilungsmaterial ist nicht immer klar und genau zu codieren.

 Dies ist bei mangelnder Kodierungsfähigkeit des Senders der Fall, wenn dieser die Sprache nur unzureichend beherrscht oder seine Ausdrucksfähigkeit eingeschränkt ist. Viele Begriffe wie z. B. „Freiheit" sind vieldeutig und können verschieden interpretiert werden.

In versteckten und indirekten Botschaften sowie auch in Du-Botschaften werden bestimmte Informationen lediglich *maskiert, verschleiert, indirekt oder verborgen* zum Ausdruck gebracht, sodass die Botschaft für den Empfänger oft nicht klar und eindeutig ist[3].

---

[1] digitus (lat.): der Finger; digital: mithilfe des Fingers erfolgend
[2] análogos (griech.): verhältnismäßig, übereinstimmend; Modalität bedeutet hier so viel wie „Ausführungsart".
[3] vgl. Abschnitt 11.2.3

- In einer Beziehung überwiegen entweder digitale oder analoge Kommunikation. Digitale Kommunikation z. B. besitzt kein ausreichendes Vokabular zur klaren Definition von Beziehungen, andererseits ist die analoge Kommunikation zu mehrdeutig.

- Digitale und analoge Kommunikation stimmen nicht überein.

  Wenn ein Mann zu seiner Freundin sagt: „Ich freue mich, bei dir zu sein!", aber nebenbei unruhig auf die Uhr sieht und im Zimmer herumschaut, so wird die Freundin diesen Satz nicht annehmen können.

„Ich mache meine Hausaufgaben wirklich gerne!"

- Der Gesprächspartner ist sich seiner analogen Kommunikation nicht bewusst.

  Doppelbindungen im engeren Sinn, wie sie in den Materialien 2 ausgeführt sind, stellen nicht nur einen Verstoß gegen das 2. Axiom dar, sie können zugleich eine Verletzung des 4. Axioms sein, da digitale und analoge Kommunikation nicht übereinstimmen.

11.4.5 Die Beziehungsformen in einer sozialen Kommunikation

5. Axiom: Zwischenmenschliche Kommunikationsabläufe können symmetrisch und/oder komplementär sein.

Eine Beziehung kann einmal durch die Tendenz gekennzeichnet sein, sozusagen *spiegelbildliche Beziehungen zu erreichen oder zu erhalten bzw. Ungleichheiten zu vermindern oder zu beseitigen. Watzlawick u. a.* sprechen hier von einer **symmetrischen**[1] Beziehungsform.

Zwei Eheleute bemühen sich in Stärke wie Schwäche, Härte wie Güte und in jedem anderen Verhalten ebenbürtig zu sein.
Zwei Schülerinnen machen zum Abschluss eine Feier und laden dazu die Mitschüler ein. Ein anderer Schüler dieser Klasse bekommt dies mit und will es ihnen gleichtun. Er plant deshalb ebenfalls eine Feier mit Mitschülern.

Eine Beziehung kann sich aber auch durch Beziehungsformen auszeichnen, deren Grundlage die *Unterschiedlichkeit der beteiligten Kommunikationspartner darstellt, die auf Ergänzung hin ausgerichtet sind.* Hierbei handelt es sich um eine **komplementäre**[2] Beziehungsform.

Partner A ist sehr aufbrausend, während Partner B „die Ruhe selbst" ist.
Eine komplementäre Beziehungsform liegt auch häufig zwischen Lehrer und Schüler vor, indem der eine lehrt und der andere lernt.

---

[1] sýmmetros (griech.): gleichmäßig
[2] complere (lat.): ausfüllen, vervollständigen, vollenden

Häufig beruht diese Unterschiedlichkeit auf Über- und Unterlegenheit seitens der an der Kommunikation beteiligten Personen.

„Symmetrische Beziehungen zeichnen sich also durch Streben nach Gleichheit und Verminderung von Unterschieden zwischen den Partnern aus, während komplementäre Interaktionen auf sich gegenseitig ergänzenden Unterschiedlichkeiten basieren."
(Watzlawick u. a., 2011[12], S. 80)

Eine gesunde Kommunikation ist dann zu erwarten, wenn in einer Beziehung beide Kommunikationsabläufe – die symmetrischen und die komplementären – vorhanden sind. Und so meint auch die Lehrtherapeutin *Friederike von Tiedemann (2009, S. 26)*, solange das Spiel von Groß und Klein, von Stark und Schwach zwischen zwei Personen flexibel ist, wird dies eine gute Basis für eine gute Beziehung sein. Störungen ergeben sich dann, wenn eine Beziehung überwiegend bzw. entweder nur symmetrisch oder nur komplementär verläuft.

Verstöße gegen dieses Axiom:

■ In einer symmetrischen Beziehung besteht die Gefahr, dass ein Kommunikationspartner „etwas gleicher" als der andere sein will. Dadurch entstehen beim „Ungleichen" Bestrebungen, die vorherige Symmetrie wiederherzustellen. Dies kann zu einer sogenannten **symmetrischen Eskalation** führen: Die Partner schaukeln sich in dem Kampf nach dem Motto „Jeder will etwas gleicher sein als der andere" hoch.

Dies kann in einer Freundschaft der Fall sein, wenn ein Freund den anderen abwerten will und der darauf ebenfalls mit Abwertung antwortet. So kann sich daraus ein „Wettstreit" entwickeln, in dem Abwertung zu mehr Abwertung führt und so fort.

■ Bei einer starren Komplementarität besteht die Gefahr, dass eine Abhängigkeit des „Unterlegenen" beibehalten wird oder auch Unselbstständigkeit, Unmündigkeit und Fremdbestimmung entstehen.

Eine Mutter die ihr Kind nicht „loslassen" und deshalb die ungleiche Beziehung nicht aufgeben will, macht das Kind von sich abhängig und verhindert beim Kind die Selbstbestimmung.

Eine starre Komplementarität ist vor allem der Fall, wenn eine bindende Beziehung besteht, in der ein Abhängigkeitsverhältnis herrscht und die nicht ohne Weiteres verlassen werden kann.

Eine solche Beziehung kann in der Schule, im Beruf, in der Bundeswehr, in einer engen Freundschaft bzw. Partnerschaft oder in der Ehe und der Familie vorherrschen.

Aus dieser Sichtweise stellen Paradoxien und Doppelbindungen, wie sie in Materialien 2 ausgeführt sind, auch einen Verstoß gegen das 5. Axiom dar.

Axiom	erfolgreiche Kommunikation	gestörte Kommunikation
1. In einer sozialen Situation kann man nicht nicht kommunizieren.	– Bewusstsein, dass in jeder sozialen Situation kommuniziert wird und dass alles Verhalten Mitteilungscharakter hat – Signalisieren der Kommunikationsbereitschaft, Annahme der Kommunikation	– Ignorieren, Abweisung oder einseitige Beendigung einer Kommunikation – widerwillige Annahme einer Kommunikation – Entwertung der Aussagen des Partners – Ungeschehenmachen einer stattgefundenen Kommunikation – Flucht in Symptome oder Krankheit
2. Jede Kommunikation hat einen Inhalts- und einen Beziehungsaspekt derart, dass letzterer den ersteren bestimmt.	– Einigkeit der Kommunikationspartner sowohl über den Inhalt ihrer Kommunikation als auch über ihre Beziehung – eine positive emotionale Beziehung, in der Klarheit herrscht	– eine negative Beziehung wird auf der Inhaltsebene ausgetragen – Uneinigkeit auf der Inhaltsebene wird auf die Beziehungsebene übertragen – eine negative Beziehung oder eine Beziehung, in der Unklarheit besteht – Heraushalten bzw. Vernachlässigung des Beziehungsaspektes
3. In einem Kommunikationsablauf ist das Verhalten des Einzelnen sowohl Reaktion als auch Reiz auf das Verhalten des anderen.	– Begreifen eines Kommunikationsablaufes als Regelkreis – gleiche Interpunktion der Kommunikationspartner	– unterschiedliche bzw. subjektive Festlegung von Ursache und Wirkung – eigenes Verhalten wird als Entschuldigung und Rechtfertigung für das Verhalten des anderen gesehen – selbsterfüllende Prophezeiungen – Ausüben von Druck und Zwang in der Kommunikation
4. Menschliche Kommunikation bedient sich digitaler und analoger Modalitäten.	– eindeutige digitale und analoge Kodierung – Übereinstimmung der digitalen und analogen Modalität in einer Kommunikation – Ausgeglichenheit in den beiden Modalitäten bei einer Kommunikation	– Mehrdeutigkeit der analogen und auch digitalen Kommunikation – Überwiegen von analoger oder digitaler Kommunikation – Nichtübereinstimmen der analogen und digitalen Kommunikation – Nichtbewusstsein der analogen Kommunikation

Axiom	erfolgreiche Kommunikation	gestörte Kommunikation
5. Zwischenmenschliche Kommunikationsabläufe können symmetrisch und/oder komplementär sein.	– Ausgeglichenheit zwischen symmetrischen und komplementären Kommunikationsabläufen	– symmetrische Eskalation: jeder will etwas gleicher sein als der andere – starre Komplementarität: es entstehen Abhängigkeit, Unselbstständigkeit und Fremdbestimmung

11.5 Erfolgreiches Miteinander-Kommunizieren

Allzu häufig passiert es, dass einiges „schiefgeht", wenn wir miteinander sprechen. Eine erfolgreiche Kommunikation hängt nicht nur vom „guten Willen" der an einer Kommunikation beteiligten Personen ab, sondern auch von der Fähigkeit, den komplizierten Vorgang einer Kommunikation zu durchschauen und das Miteinander-Sprechen zu beherrschen.

11.5.1 Vorbeugung und Behebung von Kommunikationsstörungen

Zur erfolgreichen Vorbeugung und Behebung von Kommunikationsstörungen gehört zum einen der Erwerb von **kommunikativen Grundfähigkeiten** wie z. B. zu sich selbst zu stehen und sich selbst nichts vorzumachen, sich selbst und seine eigenen Gedanken, Gefühle, Wünsche, Bedürfnisse, Erwartungen, Befürchtungen und dergleichen zu akzeptieren und offen anzusprechen, zu äußern, was einem nicht gefällt, zuhören und auf das Gesagte eingehen zu können sowie sich verständlich ausdrücken zu können.

Zum anderen ist für eine befriedigende Kommunikation die Fähigkeit erforderlich, Störungen in der Kommunikation zu erkennen, ihre Ursachen zu durchschauen und diese mithilfe kommunikationspsychologischer Erkenntnisse zu analysieren, um diese Störungen beseitigen zu können.

Kommunikationsforscher wie *Paul Watzlawick u. a.* oder *Friedemann Schulz von Thun* halten es für das Wichtigste, dass man *laufend über die Beziehung spricht*, nicht nur, um Klarheit über diese zu bekommen, sondern um Kommunikationsstörungen vorzubeugen bzw. diese zu beheben. Nahezu alle Störungen liegen in der Unfähigkeit begründet, über die jeweilige Art und Weise der Beziehung zu sprechen.

Neben dem Sprechen über die eigene Beziehung ist es zudem sehr förderlich, *über die abgelaufene Kommunikation zu sprechen*. Diese beiden Aspekte – die Kommunikation über die Beziehung zwischen Kommunikationspartnern und die Verständigung über die Kommunikation selbst – werden mit dem Begriff **Metakommunikation**[1] zusammengefasst.

---

[1] meta (griech.) ist ein Präfix, welches ausdrückt, dass sich etwas auf einer höheren Stufe, auf einer höheren Ebene, abspielt.

Metakommunikation bedeutet zum einen die Kommunikation über die Kommunikation und zum anderen die Kommunikation über die Beziehung zwischen Kommunikationspartnern.

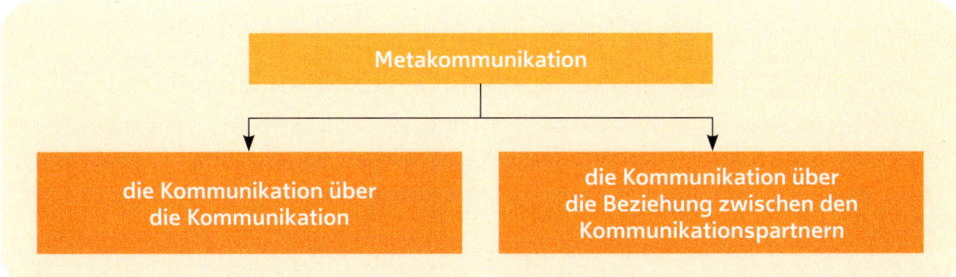

Es kann sein, dass Metakommunikation eine Spannung oder einen Konflikt noch verschärfen kann, wenn kommunikative Grundfähigkeiten nicht beherrscht werden. Jeder hat schon einmal erlebt, dass ein Gespräch über einen schwierigen Punkt alles noch verschlimmert hat (vgl. Pörksen/ Schulz von Thun, 2014, S. 157).

11.5.2 Möglichkeiten erfolgreicher Kommunikation

■ Über die Beziehung und über die Kommunikation in der Beziehung sprechen (Metakommunikation[1])

■ Signalisieren der Kommunikationsbereitschaft

Wer seinen Partner nicht ausreden lässt – auch wenn man zu wissen glaubt, was er sagen will –, wer ständig selbst spricht und zu Monologen neigt, wer fortwährend auf die Uhr schaut, sich mit anderen Dingen beschäftigt und den Blickkontakt zu häufig abbricht, gibt seinem Gesprächspartner das Gefühl, dass man an seinen Aussagen bzw. am Gespräch nicht interessiert ist. Auch wenn man momentan nicht in der Stimmung ist, mit dem anderen zu kommunizieren, sollte man die Kommunikation nicht einfach abbrechen oder gar ignorieren, sondern dem Partner mitteilen, dass man im Moment nicht in der Lage ist, mit ihm zu sprechen. Vielleicht ist es möglich, einen anderen Zeitpunkt für das Gespräch festzulegen.

■ Den anderen akzeptieren und verstehen

Eine erfolgreiche Kommunikation ist auf Dauer nur möglich, wenn der Kommunikationspartner in seiner Art und Weise, so wie er ist – mit all seinen Gefühlen, Empfindungen und Befürchtungen – akzeptiert und angenommen wird. Das bedeutet, dass man „Ja" zum Partner sagt, auch wenn er anders reagiert, als man es selbst erwartet, auch wenn ein Konflikt oder eine Spannung eine harmonische Beziehung im Moment stört.

Die Bereitschaft, den anderen zu akzeptieren, hängt sehr eng mit der Bereitschaft zusammen, auf den anderen einzugehen und ihn zu verstehen. Seinen Partner verstehen heißt, die Art und den Inhalt seiner bewussten Erlebnisse wie Empfindungen, Gefühle usw. wahrzunehmen, sich diese vorstellungsmäßig zu vergegenwärtigen und nachzuvollziehen. Dies bedeutet ein Sich-Hineinversetzen in die Rolle des anderen und ein Betrachten der Angelegenheit aus seinem Blickwinkel.

---

[1] siehe Abschnitt 11.5.1

Ein Anderssein stellt kein Hindernis für eine erfolgreiche Beziehung und keine Bedrohung des eigenen Ichs dar, es kann eine Bereicherung für alle an der Beziehung beteiligten Personen und für die Beziehung selbst sein.

■ **Eine positive Atmosphäre ermöglichen**

Voraussetzung für eine erfolgreiche Kommunikation ist eine positive Atmosphäre, die durch den Verzicht darauf begünstigt werden kann, den Partner zu bedrängen oder gar Zwang auszuüben. Offenheit darf nicht erzwungen, sondern muss ermöglicht werden; es sind Bedingungen notwendig, unter denen Masken des Partners nicht mehr nötig sind.

■ **Die eigene Zielsetzung überprüfen**

Oft geht es Kommunikationspartnern nicht um eine wirkliche Lösung eines Problems, sondern darum, bspw. Aggressionen abzureagieren, dem anderen „eins auszuwischen", etwas „heimzuzahlen" oder selbst gut dazustehen, sein eigenes Gesicht zu wahren und keine Niederlage einstecken zu müssen, oder einfach nur darum, sich selbst von möglichen Schuldgefühlen zu entlasten.

Statt Unterstellungs-, Verallgemeinerungs- und eigenwilligen subjektiven Interpretationsversuchen von Äußerungen des Kommunikationspartners ist es nützlicher, sich auf das wirklich Wahrnehmbare zu konzentrieren. Durch die Vergewisserung, ob man das Gesagte richtig verstanden hat, und durch die Mitteilung, wie das soeben Geäußerte auf einen gewirkt hat, werden viele Missverständnisse von vornherein ausgeschlossen.

■ **Aktiv und hilfreich zuhören**

Voraussetzung für jede Kommunikation ist das Zuhören: Ohne Zuhören ist kein Austausch von Informationen möglich. Aktives Zuhören ist nach *Otto Marmet (2014[4], S. 93)* eine Haltung, die sich in folgenden Eigenschaften äußert:

– sich auf den Kommunikationspartner einstellen und aufmerksam verfolgen, was er zu sagen hat;

– Bereitschaft zum Zuhören signalisieren, welche sich in nonverbalen Signalen wie z. B. Kopfnicken, ein zugewandter freundlicher Blick oder das Hinwenden des Körpers ausdrückt;

– schweigen können und abwarten, bis der Kommunikationspartner ausgesprochen hat, auch wenn man glaubt, ihn schon verstanden zu haben;

– sich in die Welt des anderen einfühlen und sich mit dem befassen, was er kundtun will.

Das Zuhören zeigt dem anderen, dass er nicht allein ist, was ihm erlaubt, sich selbst mit all seinen Gefühlen besser akzeptieren zu können. Auf diese Weise ist eine „befreiende" Wirkung möglich, die Belastung wird verringert, wenn nicht gar weggenommen, was die Beziehung eher vertieft (vgl. *Marmet, 2014[4], S. 95*).

> *„Ein gutes Gespräch besteht zur Hälfte aus Zuhören."*
> *(Ernst Ferstl[1])*

■ **Offene und Ich-Botschaften verwenden**

Gefühle, Empfindungen, Gedanken, Bedürfnisse, Erwartungen, Wünsche, Befürchtungen und dergleichen sollten dem Partner *klar, offen und verständlich* mitgeteilt werden. Nur durch offene Botschaften nämlich kann der Partner erkennen, was in dem anderen vorgeht und dieser will, nur so kann er sich angemessen verhalten und auf sein Gegenüber eingehen. Dabei sollte man sich sowohl die positiven Gefühle mitteilen, die den anderen erfreuen und ihn ermutigen, aber auch die negativen, die an Belastung verlieren, wenn sie erst einmal offen zur Sprache gekommen sind.

Als sehr fruchtbar hat sich erwiesen, wenn man Ich-Botschaften verwendet – also Mitteilungen macht, in welchen man die persönlichen Gedanken, Empfindungen, Gefühle, Befürchtungen und dergleichen ausdrückt.

Die Verwendung von Ich-Botschaften bringt folgende „Vorteile":

– Man wird sich selbst seiner eigenen Gedanken, Gefühle, Wünsche, Befürchtungen, Bedürfnisse und dergleichen bewusst.

– Der Partner erkennt genau, was in einem vorgeht, was man will und braucht, und kann deshalb angemessen reagieren.

– Ich-Botschaften rufen keine Verteidigungshaltung oder Abwehr, kein „Mauern" oder Widerstand, keine Schuldgefühle oder Feindseligkeit, keinen Rückzug und auch keine Flucht hervor.

– Die Partner können sich Klarheit über ihre Beziehung verschaffen.

– Eine sachbezogene Uneinigkeit wird nicht so leicht auf die Beziehung übertragen.

Durch eine Ich-Aussage kann eine Vertrauensbasis geschaffen werden, die beiden Partnern erlaubt, offen und klärend miteinander zu reden. Dabei soll es dem Gesprächspartner selbst überlassen bleiben, ob und wie er reagiert, ob er sein Verhalten beibehalten oder ändern möchte.

■ **Eine für alle Beteiligten akzeptable Konfliktlösung suchen**

Im Gegensatz zu dem weit verbreiteten, aber realitätsfremden „Harmoniemodell", nach dem Konflikte als nicht „normal", als etwas, was nicht sein darf, betrachtet werden, ist es wichtig, die Existenz von Problemen und Konflikten zu akzeptieren, einschließlich der damit verbundenen, als unangenehm empfundenen Spannungen.

> *„Nicht jene, die streiten, sind zu fürchten, sondern jene, die ausweichen."*
> *(Ebner-Eschenbach, 1986, S. 15)*

Oft wird versucht, selbst passiv zu sein und darauf zu warten, was sich der andere einfallen lässt. Eine effektive Konfliktlösung ist jedoch nur möglich, wenn man sich selbst *aktiv* einbringt und überlegt, was und wie man selbst zur Lösung des Konfliktes beitragen kann. Amerikanische Psychologen sprechen hier vom *self-responsible spouse*, der Bereitschaft, etwas an sich zu ändern (vgl. *Nuber, 2014, S. 26*).

---

[1] Ernst Ferstl (* 1955) ist österreichischer Lehrer und Autor von Gedichten und Aphorismen (das sind Gedanken- und Sinnsprüche in Prosa).

„Was kann ich besser machen, wie kann ich zur Lösung des Konfliktes beitragen, damit ich dem anderen ein guter Partner sein kann?"
(Bodenmann; in Nuber, 2014, S. 26)

→ Materialien 3:
Der Umgang mit Konflikten

Dabei ist eine Lösung, die für jeden am Konflikt Beteiligten akzeptabel ist, am effektivsten; sie wirkt persönlich befriedigend, was sich positiv auf das soziale Gebilde und seine Ziele auswirkt.

Ben will heute Abend ins Kino gehen, während Marie dazu keine Lust hat und lieber fernsehen will. Doch so will Ben den Abend nicht verbringen. Im Laufe des Gespräches finden sie eine Lösung, die beiden zusagt: Sie gehen miteinander in ein Restaurant zum Essen.

Dieses Vorgehen – **Konsens** genannt – stellt die reifste Art dar, einen Konflikt zu lösen, da das Ergebnis von allen am Konflikt Beteiligten akzeptiert werden kann. Die Unterschiede zwischen den Konfliktparteien werden respektiert und es wird versucht, den (die) anderen zu verstehen. Einander widersprechende Meinungen, Interessen und dergleichen werden gemeinsam in gleichberechtigter Atmosphäre diskutiert und so lange gegeneinander abgewogen, bis eine Lösung erzielt wird,

die für alle am Konflikt beteiligten Personen annehmbar ist und innerlich befriedigend wirkt. Eine solche Art von Lösung nimmt allerdings auch die meiste Zeit von allen Lösungsmöglichkeiten in Anspruch.

„Nicht der Konflikt an sich ist das Problem, sondern unser Umgang mit ihm."
(Allhoff/Allhoff, 2014[16], S. 210)

→ Materialien 4:
Phasen der einvernehmlichen Konfliktlösung

Zusammenfassung

- Unter sozialer Kommunikation versteht man die Vermittlung, die Aufnahme und den Austausch von Informationen zwischen zwei oder mehreren Personen. Von sozialer Kommunikation spricht man nur, wenn es sich um einen wechselseitigen Ablauf von Mitteilungen zwischen zwei oder mehreren Personen handelt. Kommunikatives Verhalten besteht aus verbalem, paraverbalem und nonverbalem Ausdruck. Soziale Kommunikation bildet immer ein System und stellt einen Regelkreis dar.

- Soziale Interaktion gilt als Bezeichnung für das wechselseitig aufeinander bezogene Verhalten zwischen Menschen, für das Geschehen zwischen Personen, die wechselseitig aufeinander reagieren sowie sich gegenseitig beeinflussen und steuern. Soziale Interaktion bezieht sich auf einen oder mehrere andere Menschen, während sich Interaktion auch auf Gegenstände beziehen kann. Soziale Kommunikation und soziale Interaktion sind nicht voneinander zu trennen: Wer kommuniziert, interagiert gleichzeitig; wer interagiert, kommuniziert gleichzeitig.

- Menschen kommunizieren miteinander, um eine bestimmte Absicht, ein bestimmtes Ziel zu erreichen. Vorrangiges Ziel jeder Kommunikation und Interaktion ist das Erfüllen von bestimmten Erwartungen, die ein Partner an den anderen stellt, sowie die Befriedigung der eigenen Bedürfnisse und die des anderen. Von einer erfolgreichen Kommunikation spricht man, wenn die an einer Kommunikation beteiligten Personen durch diese ihr Ziel erreichen und die gewünschte bzw. beabsichtigte Wirkung eintritt.

- Eine gestörte Kommunikation liegt vor, wenn die an einer Kommunikation beteiligten Personen ihr Ziel nicht erreichen und die gewünschte bzw. beabsichtigte Wirkung ausbleibt. Folgen einer gestörten Kommunikation können individuelle und soziale Probleme sein. Störungen können verursacht werden durch die Persönlichkeitsmerkmale des Senders und Empfängers, durch die Art der Beziehung zwischen Sender und Empfänger, durch die Absicht, die ein Sender verfolgt, durch die Kodierungsfähigkeit des Senders, durch das Medium, den Kanal oder das Kommunikationsmittel sowie durch die Dekodierungsfähigkeit des Empfängers.

- Die Art und Weise, wie man bestimmte Botschaften kodiert, trägt sehr viel zu einem erfolgreichen bzw. erfolglosen Verlauf einer Kommunikation bei. Dabei kommt es darauf an, wie klar und eindeutig bzw. wie mehrdeutig Botschaften verschlüsselt werden. Kommunikationsstörungen können durch versteckte sowie Du-Botschaften, Interpretationen, Unterstellungen, Lösungsbotschaften und Killerphrasen sowie durch Paradoxien und Doppelbindungen[1] verursacht werden.

- Um die Vielfalt der Botschaften, die eine Nachricht enthält, ordnen zu können, unterscheidet *Friedemann Schulz von Thun* vier Seiten einer Nachricht: die Sachinhalts-, die Selbstoffenbarungs-, die Beziehungs- und die Appellseite. Eine erfolgreiche Kommunikation ist wahrscheinlich, wenn der Sender alle vier Seiten einer Nachricht beherrscht und der Empfänger eine ausgewogene „Vierohrigkeit" besitzt. Störungen in der Kommunikation treten auf, wenn der Sender nicht alle vier Seiten einer Nachricht beherrscht

---

[1] siehe Materialien 2 in diesem Kapitel

und seine Information auf der „falschen" Nachrichtenseite übermittelt sowie wenn der Empfänger nicht imstande ist, alle vier Seiten einer Botschaft aufzunehmen, sondern nur eine Seite der Botschaft wahrnimmt, möglicherweise die falsche, die der Sender gar nicht gemeint hat.

■ *Paul Watzlawick* und seine Mitarbeiter haben Axiome der Kommunikation formuliert, die sehr nützlich sind für eine erfolgreiche Kommunikation im Alltag und in der Therapie:

1. In einer sozialen Situation kann man nicht nicht kommunizieren.

2. Jede Kommunikation hat einen Inhalts- und einen Beziehungsaspekt derart, dass letzterer den ersteren bestimmt.

3. In einem Kommunikationsablauf ist das Verhalten des Einzelnen sowohl Reaktion als auch Reiz auf das Verhalten des anderen.

4. Menschliche Kommunikation bedient sich digitaler und analoger Modalitäten.

5. Zwischenmenschliche Kommunikationsabläufe können symmetrisch und/oder komplementär sein.

■ Zur erfolgreichen Vorbeugung und Behebung von Kommunikationsstörungen gehört zum einen der Erwerb von kommunikativen Grundfähigkeiten und zum anderen die Fähigkeit, Störungen in der Kommunikation zu erkennen, ihre Ursachen zu durchschauen und mithilfe von kommunikationspsychologischen Erkenntnissen zu analysieren, um diese Störungen beseitigen zu können. Hierzu dient in erster Linie Metakommunikation, die Kommunikation über die Kommunikation und die Kommunikation über die Beziehung zwischen Kommunikationspartnern.

■ Erfolgreiche Kommunikation in verschiedenen Lebensbereichen, wie z. B. in der Ehe oder Familie, in der Schule, im Betrieb oder in der Freundesgruppe, sind lebenswichtig. Folgende Möglichkeiten für eine erfolgreiche Kommunikation haben sich bewährt:

– über die Beziehung und über die Kommunikation in der Beziehung sprechen (Metakommunikation)

– Signalisieren der Kommunikationsbereitschaft

– den anderen akzeptieren und verstehen

– eine positive Atmosphäre ermöglichen

– die eigene Zielsetzung überprüfen

– aktiv und hilfreich zuhören

– offene und Ich-Botschaften verwenden

– einen Konsens anstreben

Aufgaben und Anregungen Kapitel 11

Aufgaben

1. Bestimmen Sie die Begriffe „soziale Kommunikation" und „soziale Interaktion" und zeigen Sie am Eingangsbeispiel diese beiden Begriffe auf.
   (Abschnitt 11.1.1)

2. Erläutern Sie die verschiedenen Bereiche der Kommunikation.
   (Abschnitt 11.1.2)

3. Beschreiben Sie am Beispiel eines Gespräches, dass soziale Kommunikation einen Regelkreis darstellt.
   (Abschnitt 11.1.3)

4. Formulieren Sie in folgenden Beispielen die mögliche Absicht der Kommunikation:
   - ein Kind belehren
   - einen Menschen streicheln
   - auf den Boden starren
   - über Politik diskutieren
   - miteinander singen
   - jemanden in den Arm nehmen
   (Abschnitt 11.1.4)

5. Beschreiben Sie am Beispiel einer Freundschaft eine erfolgreiche Kommunikation.
   (Abschnitt 11.2.1)

6. Erläutern Sie am Beispiel einer typischen Erziehungssituation, welche Störungen der Kommunikation häufig zu beobachten sind, und stellen Sie deren mögliche Folgen dar.
   (Abschnitt 11.2.1)

7. a) Beschreiben Sie aus Ihrem Lebensbereich eine Kommunikationsstörung und weisen Sie nach, dass es sich um eine solche handelt.
      (Abschnitt 11.2.1)
   b) Erläutern Sie mögliche Ursachen, die zu der in a) beschriebenen Störung geführt haben könnten.
      (Abschnitt 11.2.2)

8. a) Zeigen Sie an Beispielen verschiedene Arten von Botschaften auf.
   b) Erläutern Sie an zwei Arten von Botschaften, wie diese zu einer Störung in der Kommunikation führen können.
      (Abschnitt 11.2.3)

9. Erläutern Sie an einem selbst gewählten Beispiel aus Ihrem Erfahrungsbereich die vier Seiten einer Nachricht nach *Friedemann Schulz von Thun*.
   (Abschnitt 11.3.1)

10. Beschreiben Sie am Beispiel einer sozialen Situation mithilfe des Kommunikationsmodells von *Friedemann Schulz von Thun*, wann eine Kommunikation erfolgreich verläuft.
    (Abschnitt 11.3.2)

Aufgaben und Anregungen Kapitel 11

Aufgaben

11. Verdeutlichen Sie an verschiedenen Beispielen, wie es auf der Grundlage des Kommunikationsmodells von *Friedemann Schulz von Thun* zu Störungen in der Kommunikation kommen kann. (Abschnitt 11.3.2)

12. Erläutern Sie, was *Paul Watzlawick und seine Mitarbeiter* meinen, wenn sie davon sprechen, dass alles Verhalten kommunikativ ist. Stellen Sie auch mögliche Störungen dar, die sich aus diesem Axiom ergeben können. (Abschnitt 11.4.1)

13. *„Wer seine Arbeit zu sehr liebt, riskiert, dass die Arbeit die Liebe zersetzt." (Wimbauer, 2013, S. 10)* Erläutern Sie diese Aussage mithilfe des 2. Axioms von *Paul Watzlawick u. a.* (Abschnitt 11.4.2)

14. *Nach 27 Jahren trennte sich Komiker Hape Kerkeling von seinem Lebensgefährten. In den vergangenen Jahren hätten sie viel gearbeitet, sodass das Privatleben zu kurz kam. „Wir haben auf uns nicht mehr genug aufgepasst", sagte Kerkeling der Presse, „und dann waren wir uns plötzlich fremd." Als sie nur noch „neben- einander geschwiegen" hätten, hätten sie beschlossen, sich zu trennen. Trotz alledem – so Kerkeling – blei- be sein Freund immer seine „große Liebe".* Erläutern Sie mithilfe des 2. Axioms, warum diese Beziehung nach 27 Jahren scheiterte. (Abschnitt 11.4.2)

15. *In einer Schulklasse herrscht keine gute Atmosphäre. Die Lehrerin beschwert sich häufig und ärgert sich oft, und die Schüler sind lustlos. In der Pause hört man die Schüler des Öfteren sagen: „Andauernd schimpft sie herum und nörgelt, dass einem die Lust am Mitmachen und Lernen vergeht." Die Lehrerin lässt, als sie mal wieder schimpft, durchblicken, dass sie so viel meckern und sich ärgern müsse, weil die Schüler so unmoti- viert und so wenig bei der Sache seien (vgl. Reich, 2010[6], S. 30).* Erläutern Sie mithilfe des 3. Axioms, warum es mit der Lehrerin und der Schulklasse nicht klappt. (Abschnitt 11.4.3)

16. *„An die Stelle der Motivation, dem anderen seine Bedürfnisse zu erfüllen, tritt der Machtkampf [...]: ‚Wenn du nicht mit mir redest, bekommst du auch keinen Sex.' ‚Wenn du nicht mit mir schläfst, höre ich dir nicht zu.'" (Bodenmann; in Nuber, 2014, S. 26)* Erläutern Sie dieses Machtspiel mithilfe des 3. Axioms von *Paul Watzlawick u.a.* (Abschnitt 11.4.3)

17. *„Der Mann war misstrauisch, eifersüchtig und hatte seiner Frau hinterher spioniert – und warf ihr vor, sich immer stärker abzuwenden und zu mauern. Er hatte den Verdacht, dass sie ihn hintergeht. Die Frau hinge- gen empörte sich [...] sie fühlte sich beständig von ihm [...] überwacht [...] Ihre Worte waren: ‚[...] Nein, mein Lieber, da mache ich natürlich die Luke dicht. [...]'" (Pörksen/Schulz von Thun, 2014, S. 54)* Erläutern Sie den Teufelskreis, den beide ausgesetzt sind, mithilfe
    a) des Kommunikationsmodells von *Friedemann Schulz von Thun*. (Abschnitt 11.3)
    b) des 3. Axioms von *Paul Watzlawick u. a.* (Abschnitt 11.4.3)

Aufgaben und Anregungen Kapitel 11

Aufgaben

18. Zeigen Sie an drei Beispielen die verschiedenen Arten einer Mitteilung auf und beschreiben Sie an diesen mögliche Störungen, die sich daraus ergeben können.
   (Abschnitt 11.4.4)

19. Beschreiben Sie anhand einer Partnerschaft oder Freundschaft verschiedene Beziehungsformen einer sozialen Kommunikation. Berücksichtigen Sie dabei mögliche Störungen, die sich daraus ergeben können.
   (Abschnitt 11.4.5)

20. Verdeutlichen Sie folgende Beispiele mithilfe des entsprechenden Axioms von *Paul Watzlawick* und seinen Mitarbeitern:
   a) *Der Vater sagt zu seinem Sohn: „Ich werde dir schon zeigen, wer hier der Herr im Hause ist!"*
   b) *Die Lehrerin sagt zu einer ihrer Schülerinnen: „Wenn du den Mund aufmachst, dann weiß ich, dass lauter Unsinn herauskommt!"*
   c) *„Ich will jetzt nicht mit dir darüber reden!"*
   d) *„Hättest du mich nicht so blöd angeredet, wäre ich nicht gegangen."*
   e) *Klaus wird im Internat abgeliefert. Der Vater zieht 50 Euro aus der Tasche und will Klaus damit eine Freude machen. Klaus ist beleidigt und geht.*
   f) *„Da brauchen wir doch gar nicht darüber reden, das ist doch sonnenklar!"*
   g) *„Aug' um Aug', Zahn um Zahn!"*
   h) *„Das bisschen Haushalt ist doch kein Problem", sagt mein Mann.*
   (Abschnitt 11.4)

21. Stellen Sie eine Kommunikation zwischen zwei Freunden dar und beschreiben Sie an dieser Kommunikation den Begriff „Metakommunikation".
   (Abschnitt 11.5.1)

22. Stellen Sie mögliche Erkenntnisse über erfolgreiche Kommunikation dar, die dem Sozialpädagogen bei einem therapeutischen Gespräch hilfreich sein können.
   (Abschnitt 11.5.2)

23. Fallbeschreibung „Flora"
   Flora, 15 Jahre alt, besucht das Watzlawick-Gymnasium in Kommunistadt. In der Schule ist sie nicht besonders gut und deshalb kommt es zu Hause des Öfteren zu Konflikten. Vor allem die Mutter will nämlich, dass Flora in der Schule gut abschneidet, doch Flora hat zu viele andere Interessen wie z. B. das Ausgehen. Nach einem erneuten Streit wendet sich Flora an ihre Freundin und erzählt ihr Folgendes: „Zu Hause fühle ich mich überhaupt nicht mehr wohl, immer Streit! Na gut, ich muss ehrlich sein: Ein jeder bietet mir zwar seine Hilfe an – mein Vater, meine Mutter und auch mein großer Bruder –, aber sie geben mir dann nur blöde Ratschläge. Das macht mich eher wütend! Klar, meine Eltern wollen mich einfach dazu bringen, dass ich nicht mehr so viel ausgehe. Aber je mehr sie über mich nörgeln, desto mehr treiben sie mich aus dem Haus! Diskutieren kann man mit meinen Eltern sowieso nicht: Wenn ich irgendetwas sage, werden sie immer gleich persönlich und machen mir Vorwürfe. Furchtbar ist das! ..."

Aufgaben und Anregungen Kapitel 11

Aufgaben

Die Freundin unterbricht sie: „Wie reagierst du eigentlich, wenn deine Mutter von dir etwas will?" Flora fährt fort: „O Gott! Letztes Mal wollte sie, dass ich zu Hause bleibe und meine Hausaufgaben mache! Ich weiß, dass sie's gut mit mir meint mit dem Schularbeiten-Erledigen, doch wenn sie damit anfängt – ich hasse sie dann! Ich werde dann ausfällig. Daraufhin brüllt sie herum, was ich gar nicht leiden kann. Ich schreie dann richtig zurück, was schließlich in ein gegenseitiges Anbrüllen ausartet. Das geht eine Zeit lang so, bis sie auf 180 ist. Letztes Mal kreischte ich dann mit lachender Miene zurück: ‚Toll, wie du das wieder hingekriegt hast!' Und dann bin ich gegangen. Ich sage dir: Furchtbar ist das! ..."

a) Bestimmen Sie die Begriffe „soziale Kommunikation" und „soziale Interaktion" und beschreiben Sie am Fall „Flora", dass soziale Kommunikation einen Regelkreis darstellt.
(Abschnitt 11.1.1 und 11.1.3)

b) Erläutern Sie, was man unter einer gestörten Kommunikation versteht, und weisen Sie nach, dass es sich bei Flora und ihrer Mutter um eine Kommunikationsstörung handelt.
(Abschnitt 11.2.1)

c) Zeigen Sie mögliche Ursachen auf, die zu der gestörten Kommunikation zwischen Flora und ihrer Mutter geführt haben könnten.
(Abschnitt 11.2.2)

d) Verdeutlichen Sie mithilfe kommunikationspsychologischer Erkenntnisse (z. B. der Axiome von *Paul Watzlawick* u. a. oder dem Modell zwischenmenschlicher Kommunikation nach *Friedemann Schulz von Thun*) oben dargestellte gestörte Kommunikation. Berücksichtigen Sie dabei die relevanten Aussagen und Fachbegriffe der gewählten kommunikationspsychologischen Erkenntnisse.
(Abschnitt 11.3 oder 11.4)

e) Zeigen Sie Möglichkeiten auf, wie Flora und ihre Mutter hätten miteinander kommunizieren müssen, um eine erfolgreiche Kommunikation zu erreichen.
(Abschnitt 11.5.2)

24. *Das Beste in wenigen Minuten* (vgl. *Brandhofer-Bryan, 2008, S. 142*)
    - Jeder Schüler fasst das ihm Wichtigste zu dem Thema „Soziale Kommunikation und Interaktion" in einem Satz zusammen und schreibt alles auf ein Blatt Papier.
    - Jeder Schüler sucht sich einen Partner und beide lesen sich gegenseitig ihren Satz vor. Innerhalb von zwei Minuten fassen die beiden ihre Sätze zusammen und verbinden sie zu einem einzigen Satz.
    - Mit diesem Satz sucht sich das Paar ein anderes Paar und beide Paare verbinden nun wiederum ihre beiden Sätze innerhalb von zwei Minuten zu einem Satz.
    - Dies geht so lange, bis sich zwei Teams gegenüberstehen. Jedes Team trägt nun seinen hoch komplizierten Satz im Chor dem anderen Team vor. Ein Gespräch kann sich anschließen.

25. *Biografie und Internetsuche*
    - Suchen Sie in Gruppen im Internet nach Informationen über das Leben und Werk von:
      - Gruppe 1 und 2: *Friedemann Schulz von Thun*
      - Gruppe 3 und 4: *Paul Watzlawick*
    - Fertigen Sie eine Übersicht zur Biografie dieser beiden Wissenschaftler an.
    - Erarbeiten Sie vier bis sechs wichtige Abschnitte ihres Lebens.

Aufgaben

26. *Bereiche der Kommunikation*
    - Bilden Sie Sechsergruppen.
    - Drei Mitglieder der jeweiligen Gruppe überlegen sich eine soziale Situation und geben den anderen drei Mitgliedern vor, welchen Ausdrucksbereich – verbal, paraverbal oder nonverbal – sie spielen sollen.
    - Die einzelnen Rollenspiele werden mit einem anschließenden Gespräch in der Klasse vorgeführt.

27. *Beispiele für versteckte Botschaften:*
    - *Die Mutter sagt zu ihrem Kind: „Du brauchst nicht zu sparen, aber mit dem Fahrrad wird es dann wohl auch nichts!"*
    - *Der Lehrer sagt zum Schüler: „Ich wollte Ihnen nur Bescheid sagen. Ob Sie es tun wollen, ist Ihre Sache!"*
    - *Der Ehemann sagt zu seiner Frau: „Meine Meinung kennst du ja, mach, was du willst!"*
    - *Die Freundin sagt zu ihrem Freund: „Du kannst es ja ruhig probieren, aber beschwere dich dann nicht!"*

    Finden Sie die eigentlichen Wünsche, Bedürfnisse, Befürchtungen und dergleichen heraus und formulieren Sie die Beispiele in „offene" Botschaften um.

    Teilen Sie sich in Ihrer Klasse in fünf Gruppen auf. Jede Gruppe zeichnet ein Axiom mit seinen möglichen Störungen, wie sie in *Abschnitt 11.4* dargestellt sind.

28. *Die Beziehungslauer*
    - Bilden Sie Dreiergruppen.
    - Eine Person spielt den Sender, eine andere den Empfänger. Die dritte Person beobachtet. Der Sender hat nun die Aufgabe, den Empfänger anzusprechen und harmlose Dinge zu sagen. Der Empfänger liegt aber auf „Beziehungslauer" und wittert in jeder Nachricht eine gegen ihn gerichtete Botschaft.
    - Diskutieren Sie in der Klasse über den Gesprächsverlauf und wechseln Sie die Rollen.

29. Bilden Sie Zweiergruppen. Tätigen Sie abwechselnd eine verbale und gleichzeitig eine nonverbale widersprechende Äußerung (Beispiel: „Ich gehe wirklich gerne in die Schule!", verbunden mit einem Gesicht wie sieben Tage Regenwetter).

30. Führen Sie in Zweier- oder Dreiergruppen ein Gespräch. Hören und reagieren Sie dabei nur auf eine Seite der Nachricht – z. B. auf die sachlichen Anteile. Diskutieren Sie anschließend den Verlauf des Gespräches.

31. a) Überlegen Sie in der Klasse jeder für sich: „Wo habe ich im Umgang mit meinen Mitmenschen Schwierigkeiten (gehabt)?" Bilden Sie dann Kleingruppen, in welchen Sie folgende Aufträge ausführen:
    - Erzählen Sie sich gegenseitig die eigene Schwierigkeit.
    - Einigen Sie sich auf eine Schwierigkeit, die genau analysiert wird, und klären Sie die Frage „Gegen welches Axiom wird in dieser Schwierigkeit verstoßen?".
    - Zeichnen Sie diese Schwierigkeit und den Verstoß gegen das Axiom mit Wachsmalstiften oder Ähnlichem.
    - Stellen Sie dann die einzelnen Zeichnungen in der Klasse vor und sprechen Sie darüber.

Aufgaben und Anregungen Kapitel 11

Aufgaben

b) Als nächsten Schritt überlegen Sie: „Wie kann ich mit Schwierigkeiten umgehen? Wie lassen sie sich bewältigen?" Bilden Sie wiederum Kleingruppen, wobei darauf zu achten ist, dass Sie sich genauso zusammensetzen wie in a). Führen Sie folgende Aufträge aus:

- Erarbeiten Sie eine mögliche Lösung der vorher analysierten Schwierigkeit.
- Stellen Sie diese mögliche Lösung mithilfe von Bauklötzchen dar.
- Präsentieren Sie die verschiedenen dargestellten Lösungen in der Klasse und sprechen Sie darüber.

12 Psychische Störungen

Mehr seelische Leiden
Besonders Depressionen werden häufiger diagnostiziert

BERLIN — Bedrückt, antriebslos und ständig müde: Bei immer mehr Menschen werden Depressionen und andere psychische Erkrankungen diagnostiziert.

Das ist das Ergebnis des DAK-Psychoreports, für den das Berliner Iges Institut die Daten zur Arbeitsunfähigkeit von rund 2,6 Millionen berufstätigen DAK-Versicherten analysiert hat.

Das Ergebnis: Seit 1997 hat sich die Zahl der Fehltage wegen Seelenleiden verdreifacht. DAK-versicherte Beschäftigte blieben deswegen 2014 an mehr als 6,3 Millionen Tagen zu Hause. Die Daten der Versicherung hochgerechnet, sind demnach 1,9 Millionen Menschen betroffen - und jeder 20. Arbeitnehmer war im vergangenen Jahr wegen psychischer Probleme krankgeschrieben.

Häufiger werden die Erkrankungen nicht unbedingt: „Die auffällige Steigerung ist dadurch erklärbar, dass sowohl Ärzte als auch Patienten heute offener mit psychischen Problemen umgehen", sagte Hans-Peter Unger von der Asklepios Klinik Hamburg. „Früher wurden eher körperliche Beschwerden diagnostiziert, in denen sich psychische Erkrankungen häufig manifestieren."

Rekord bei Krankheitstagen

Psychische Erkrankungen verursachten 2014 zwar deutlich mehr Ausfalltage als in den Vorjahren. Zugleich fehlten Arbeitnehmer aber seltener wegen körperlicher Leiden. Auffällig ist hohe Anteil von Depressionen. Fast jeder zweite Fehltag durch ein seelisches Leiden wird damit begründet.

Nürnberger Nachrichten, 2015, S. 4

Folgende Fragen werden in diesem Kapitel geklärt:

1. *Was versteht man unter Klinischer Psychologie?*
   Womit beschäftigt sie sich? Was ist ihr Gegenstand?
   Was sind ihre Aufgaben?

2. *Was versteht man unter psychischen Störungen?*
   Welche Arten von psychischen Störungen gibt es?
   Was sind die Hauptformen psychischer Störungen?

3. *Wie kommt es, dass manche Menschen trotz ungünstiger Umstände schwierige Lebenssituationen überstehen und andere scheitern?*
   Welche Faktoren erhöhen die Wahrscheinlichkeit, krank zu werden oder eine Störung zu zeigen?
   Welche Bedingungen tragen dazu bei, schwierige Situationen im Leben erfolgreich zu überstehen?

12.1 Grundfragen der Klinischen Psychologie

Der Begriff „Klinische Psychologie" wurde von dem Amerikaner *Lightner Witmer* (1867–1956) Ende des 19. Jahrhunderts geprägt, indem er die erste psychologische Klinik gründete, welche man heute als „Erziehungsberatungsstelle" bezeichnen würde. Er verstand unter „klinisch" die Arbeit mit dem Einzelfall, nicht im Sinne von Klinik und Krankenbehandlung. In Deutschland wird der Begriff erst seit der Mitte des letzten Jahrhunderts verwendet. Klinische Psychologie ist heute sowohl ein Teilbereich der wissenschaftlichen Forschung als auch ein Berufsfeld (vgl. *Perrez/Baumann 2011[4], S. 31 f.*).

12.1.1 Der Gegenstand der Klinischen Psychologie

Die Klinische Psychologie stellt sowohl eine Teildisziplin als auch ein bedeutendes Anwendungsgebiet der Psychologie dar und beschäftigt sich nach *Reiner H. E. Bastine (1998[3], S. 17 f.)* mit **psychischen Störungen**, mit **psychischen Aspekten körperlicher Erkrankungen und** mit **psychischen Krisen**.

- **Psychische Störungen** sind – wie in *Abschnitt 12.1.3* näher ausgeführt – alle Erlebens- und Verhaltensweisen einer Person, die über einen längeren Zeitraum hinweg erheblich von der Norm abweichen und mit einem Leidensdruck verbunden sind. Sie haben für die Person selbst und/oder ihre soziale Umgebung eine Beeinträchtigung zur Folge.

- **Psychische Aspekte körperlicher Erkrankungen**: Eine Krankheit hat nicht nur körperliche Anteile, sondern ebenfalls psychische. Vor allem schwere körperliche Krankheiten wirken sich auch auf das seelische Wohlbefinden aus.

  Beispiele für Krankheiten, bei denen psychische Aspekte eine große Rolle spielen, sind Seh-, Hör- und Sprachbehinderungen, HIV-Infektionen und AIDS, Krebserkrankungen, koronare Herzerkrankungen oder Querschnittslähmung (vgl. *Bastine, 1998[3], S. 18*).

→ **Materialien 1:** Gesund oder krank ist immer der ganze Mensch

- **Psychische Krisen** sind nach *Bastine (1998[3], S. 23)* seelische Belastungsreaktionen, die durch äußere Umstände – bspw. Scheidung, Arbeitsplatzverlust, schwere Erkrankungen oder traumatische Erfahrungen – verursacht sind. Sie dauern im Gegensatz zu psychischen Störungen nicht über einen längeren Zeitraum hinweg an, können jedoch auch langfristig psychische Störungen zur Folge haben.

12.1.2 Aufgaben der Klinischen Psychologie

Die Aufgaben der Klinischen Psychologie sind die **Diagnostik**, die **Prävention** und die **Behandlung** von psychischen Störungen, psychischen Aspekten körperlicher Erkrankungen und psychischen Krisen.

- Bei der **psychologischen Diagnostik (Psychodiagnostik)** werden Informationen über die Symptome, die Lebensumstände, die Biografie und die Persönlichkeit eines Klienten systematisch gesammelt und aufbereitet. Ziel der Diagnostik ist die Zusammenfassung der Informationen zu einer Diagnose. Eine Diagnose umfasst das vorliegende Problem sowie ein genaues Bild des Klienten mit seinen Persönlichkeitsmerkmalen und stellt fest, ob das Störungsmuster einer Person einer bestimmten psychischen Störung zuzuordnen ist. Sie ist die Grundlage für die Planung von Behandlungs- und Therapiemaßnahmen sowie deren Durchführung und Erfolgskontrolle und dient der Verständigung zwischen den Personen, die die Patienten behandeln.

> Psychologische Diagnostik (Psychodiagnostik) ist das wissenschaftlich fundierte Sammeln und Aufbereiten von Informationen über den Hilfesuchenden mit dem Ziel, den Istzustand einer Person zu beschreiben und zuzuordnen, Voraussagen und Entscheidungen über die Behandlung und Therapie zu treffen und deren Verlauf zu begründen, zu kontrollieren und zu optimieren.

Psychologische Diagnostik umfasst eine *Anamnese* – in einem Gespräch werden Daten über den Lebenslauf einer Person erfragt –, eine *Exploration* – in einem Gespräch werden gezielte Fragen zu den individuellen Lebensumständen gestellt –, eine *Verhaltensbeobachtung* und verschiedene Formen von *Tests*[1].

- Mit **Prävention**[2] sind alle Maßnahmen und Möglichkeiten gemeint, die das Entstehen von psychischen Störungen, psychischen Aspekten körperlicher Erkrankungen und psychischen Krisen verhindern sollen.

  In der Schule werden Programme zur Suchtprävention durchgeführt, in denen einerseits über Drogen informiert wird, andererseits aber auch die Lebenskompetenz der Jugendlichen gefördert wird. Das geschieht etwa durch die Stärkung ihrer sozialen Kompetenzen, des Selbstwertgefühles und der Fähigkeit, Krisen und Probleme zu bewältigen. Andere Präventionsprogramme helfen, kritische Lebensereignisse zu vermeiden oder zu bewältigen. An den Beratungsstellen werden zum Beispiel Therapiegruppen für Erwachsene und Kinder angeboten, die eine Trennung oder Scheidung erlebt haben, um langfristig negativen psychischen Folgen vorzubeugen.

  > Prävention umfasst Maßnahmen und Programme, die Gesundheit und Persönlichkeitsentfaltung fördern, um psychischen Störungen, psychischen Aspekten körperlicher Erkrankungen und psychischen Krisen vorzubeugen.

- **Behandlung** umfasst in diesem Zusammenhang alle Formen professioneller psychologischer Hilfe und Interventionen. Diese helfen dem Patienten, seine psychische Störung bzw. die psychischen Aspekte körperlicher Erkrankungen oder psychischer Krisen zu verstehen und ihre Folgen zu reduzieren. Ziel ist nach Möglichkeit die Heilung des Patienten.

  Je nachdem, um welche Art der Behandlung es sich handelt, wird von **Beratung**, **Psychotherapie**[3] oder von **Rehabilitation** gesprochen. Rehabilitation[4] fasst alle Maßnahmen zusammen, die *der Wiedereingliederung von beeinträchtigten Personen in Arbeit und Beruf sowie der Sicherung der Teilhabe am gesellschaftlichen Leben dienen.* Wichtige Felder von Rehabilitation sind die Frühförderung von Kindern mit Behinderung oder hiervon bedrohten Kindern in Frühförderstellen, die soziale und medizinische Rehabilitation in Suchtkliniken, Kliniken für Krebskranke oder psychosomatisch[5] Erkrankte, die berufliche Rehabilitation in Werkstätten für Menschen mit Behinderung oder Integrationsfirmen. Soziale Rehabilitation umfasst alle Hilfen, die Menschen mit Behinderung die Integration ins gesellschaftliche Leben ermöglichen oder erleichtern sollen.

---

[1] Anamnese und Exploration sowie die Beobachtung sind in Kapitel 2.2.5 dargestellt, um Tests geht es in Kapitel 2.2.4.
[2] praevenire (lat.): zuvorkommen
[3] Die Beratung und die Psychotherapie sind in Kapitel 13.1 dargestellt.
[4] rehabilitatio (lat.): das Wiederherstellen
[5] Mit dem Begriff „psychosomatisch" wird zum Ausdruck gebracht, dass psychische Faktoren den Organismus – den Körper (soma, griech.: der Körper) – beeinflussen.

Behandlung im Sinne der Klinischen Psychologie meint alle Formen professioneller psychologischer Hilfe zur Heilung bzw. Reduzierung von psychischen Störungen, psychischen Aspekten körperlicher Erkrankungen und psychischen Krisen.

Die Klinische Psychologie wendet die Methoden und Ergebnisse aller Disziplinen der Psychologie an und findet bei Einzelnen oder Personengruppen jeden Alters – z. B. Paaren oder Familien – Anwendung, die unter psychischen Störungen, psychischen Folgen körperlicher Störungen oder psychischen Krisen leiden bzw. davon bedroht sind. Sie findet in Beratungsstellen, stationären und ambulanten medizinischen Einrichtungen, Heimen, psychologischen Praxen und gemeindenahen Einrichtungen statt.

Ebenfalls mit der Erforschung, Diagnostik, Prävention und Behandlung psychischer Störungen und Krankheiten beschäftigt sich die **Psychiatrie**[1], ein Teilgebiet der Medizin. Sie berücksichtigt jedoch stärker die körperliche und biologische Perspektive und befasst sich mit den schweren Ausprägungen psychischer Störungen, wie z. B. der Schizophrenie, von affektiven Störungen sowie von massiven Zwängen und Ängsten. Die medikamentöse Therapie und sonstige medizinische Maßnahmen sind allein den Psychiatern vorbehalten. Eine klare Trennungslinie zwischen den Gegenstandsbereichen der Psychiatrie und der Klinischen Psychologie gibt es nicht.

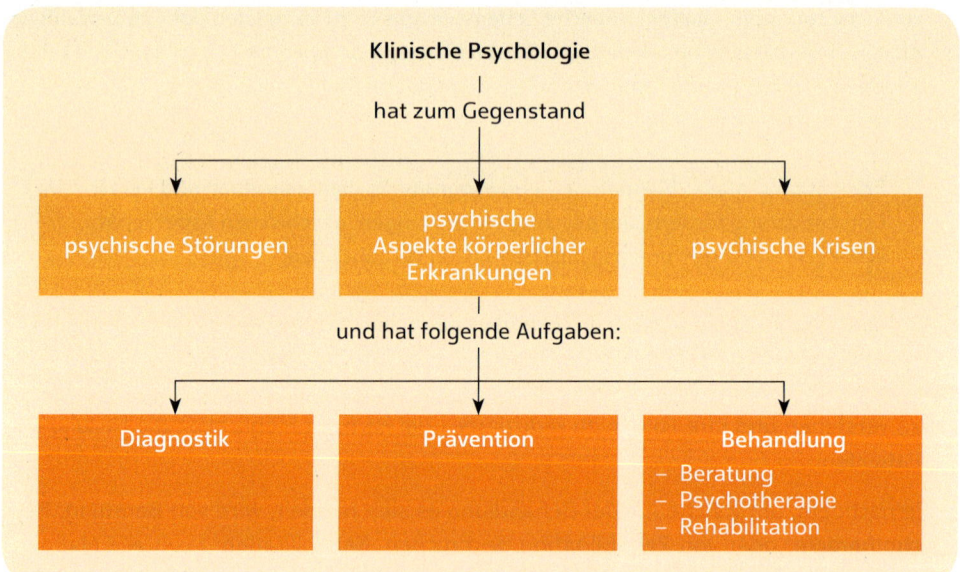

12.1.3 Der Begriff „Psychische Störung"

Die *Weltgesundheitsorganisation (WHO)* führte den Begriff „Psychische Störung" ein, um den problematischen Gebrauch von Begriffen wie „Krankheit" oder „Erkrankung" zu vermeiden (vgl. *Dilling u. a., 2015*[10], *S. 26*). Von einer psychischen Störung wird gesprochen, wenn ein Individuum ein Erleben und/oder Verhalten zeigt, welches von den in einer Gesellschaft für gültig gehaltenen **Normen abweicht**.

---

[1] psyche (griech.): die Seele; iatros (griech.): der Arzt

Klara weint sich jeden Abend in den Schlaf. Sie hat Angst, die Augen zu schließen, weil sie Albträume quälen und sie befürchtet, nicht mehr aufzuwachen. Sie ist davon überzeugt, dass die Zukunft nur Schlechtes bringt, die Welt scheußlich ist. Das Aufstehen fällt ihr schwer, weil sie voller Angst ist und sich wie gelähmt fühlt. Sie beschließt eines Morgens, nicht zur Arbeit zu gehen und zu Hause zu bleiben, und bleibt im Bett liegen. Sie hat Angst vor der Welt und vor dem Leben. Sie empfindet Verzweiflung und wünscht sich, tot zu sein. Es gibt für sie keine Hoffnung, Freude und Perspektive, alles ist grau und zäh.

Bei Klara lässt sich beobachten, dass ihr Verhalten – das Fernbleiben von der Arbeit – von den in unserer Gesellschaft geltenden Normen abweicht.

Die Definition dessen, was als psychische Störungen verstanden wird, ist sehr stark von der jeweiligen Kultur und den jeweils geltenden Normen abhängig und muss auch in diesem Zusammenhang gesehen werden.

Wenn wir über Klara erfahren, dass sie vor Kurzem ihren Mann und ihr Kind bei einem Verkehrsunfall verloren hat, dann wird ihr Verhalten vor diesem Hintergrund verständlich und als Trauerprozess nachvollziehbar und nicht als psychische Störungen gesehen.

Sichtweise, Definition und Bewertung psychischer Störungen sind deshalb auch je nach Land und Kultur verschieden.

Psychische Störungen dürfen nicht nur einfach als eine „Krankheit" in einer „gesunden" Umgebung aufgefasst werden, sondern auch als Sichtbarwerden einer gesamtgesellschaftlichen Tendenz.

Aus diesem Grund unterliegt das, was als psychische Störung gesehen wird, einem Wandel.

Homosexualität galt vor etwa 40 Jahren noch als psychische Störung, erst Anfang der 70er-Jahre des letzten Jahrhunderts wurde sie aus den Klassifikationssystemen gestrichen.

Einige Wissenschaftler sind der Meinung, dass die Abweichung des Erlebens und Verhaltens von einer Norm als Kriterium für eine psychische Störung weniger geeignet sei, und sprechen eher von **fehlangepasstem Verhalten**. Von einem solchen spricht man, wenn Erleben und Verhalten negative Auswirkungen auf den Betroffenen selbst und/oder auf seine Mitwelt bzw. die Gesellschaft haben.

Die Abweichung des Erlebens und Verhaltens von einer Norm ist bei einer psychischen Störung jedoch **erheblich** und tritt **über einen längeren Zeitraum** hinweg auf – sie ist also relativ beständig.

So spricht man nicht von einer psychischen Störung, wenn ein Mensch an einem Tag einmal sehr traurig und niedergeschlagen ist; hält diese Traurigkeit und Niedergeschlagenheit jedoch über einen längeren Zeitraum an, so handelt es sich um eine Störung.

Um von einer psychischen Störung zu sprechen, muss zudem ein **Leidensdruck** hinzukommen: Die Abweichung des Erlebens und Verhaltens von einer Norm *belastet* in emotionaler Hinsicht die betroffene Person und möglicherweise auch ihre Mitwelt.

 Bei einer Depression oder einer Angststörung erlebt der Betroffene einen mehr oder weniger großen Leidensdruck, diese Störung kann aber auch für die Familienangehörigen belastend sein.

Bei Erlebens- und Verhaltensweisen, die zwar ungewöhnlich und unangemessen wirken, bei denen aber kein Leidensdruck vorhanden ist, spricht man nicht von einer psychischen Störung.

Die Abweichung des Erlebens und Verhaltens von einer Norm hat bei Vorliegen einer psychischen Störung überdies für die betroffene Person und/oder für ihre Mitwelt eine **Beeinträchtigung** zur Folge.

 Frau L. leidet unter einer intensiven Angst und hat oft ein Gefühl drohender Vernichtung. Frau L. weicht zum einen von einer in unserer Gesellschaft für gültig gehaltenen Norm ab, zum anderen kommt es für sie zu massiven Beeinträchtigungen – etwa, dass sie nicht mit dem Auto (mit)fahren kann. Auch ihr Mann und ihre Kinder erfahren Einschränkungen, wenn sie deshalb oft auf etwas verzichten und große Rücksicht nehmen müssen.
Falls Klaras starke Trauerreaktion längere Zeit anhalten würde, wäre ihr Leben ebenfalls stark beeinträchtigt.

 Hans Dilling u. a. (2015[10], S. 26) verstehen aus diesem Grund unter einer psychischen Störung auch einen klinisch erkennbaren „Komplex von Symptomen oder Verhaltensauffälligkeiten, die immer auf der individuellen und oft auch auf der Gruppen- oder sozialen Ebene mit Belastung und mit Beeinträchtigung von Funktionen verbunden sind. Soziale Abweichungen oder soziale Konflikte allein, ohne persönliche Beeinträchtigungen, sollten nicht als psychische Störung [...] angesehen werden."

Eine Beeinträchtigung liegt auch bei **dysfunktionalem Verhalten** vor: Die betroffene Person kann alltägliche Handlungen nicht mehr hinreichend verrichten.

 Auch eine vorliegende **Gefährdung** der betroffenen Person und/oder der Umwelt zählt zu den psychischen Störungen. Doch nicht bei jeder psychischen Störung muss eine solche vorliegen. Eine Gefährdung liegt z. B. bei einer Selbstmorddrohung vor oder bei lebensbedrohlicher Gewichtsabnahme magersüchtiger Menschen.

> Unter einer psychischen Störung versteht man alle Erlebens- und Verhaltensweisen einer Person, die über einen längeren Zeitraum hinweg erheblich von der Norm abweichen und mit einem Leidensdruck verbunden sind sowie für diese selbst und/oder ihre soziale Umgebung eine Beeinträchtigung zur Folge haben.

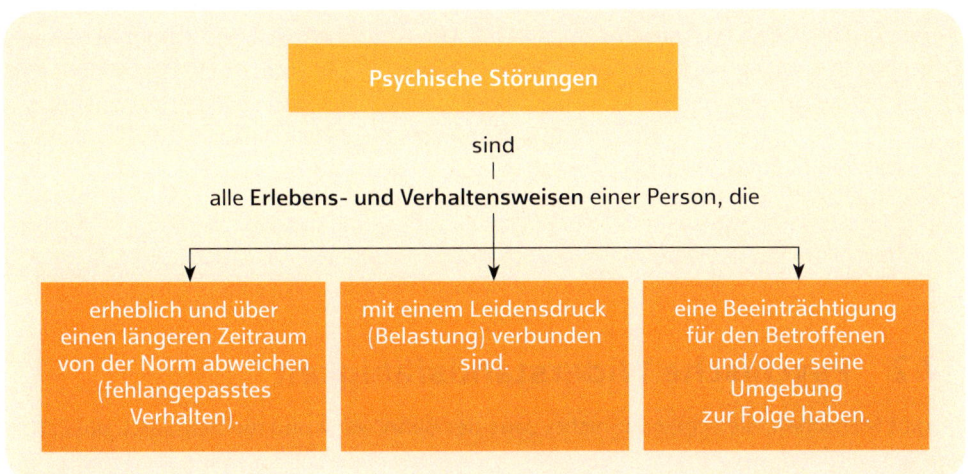

Bildgebende Verfahren zeigen, dass psychische Störungen mit bestimmten Hirnveränderungen einhergehen und dass eine Psychotherapie auch die physiologischen Auffälligkeiten normalisieren kann (vgl. Flor, 2010, S. 52). Der Direktor des Münchner Max-Planck-Institutes für Psychiatrie, Florian Holsboer, geht davon aus, dass alle psychischen Störungen zugleich auch Hirnerkrankungen sind, da es sich im Kern „immer um ein Ungleichgewicht in der Biochemie der Zellen des Gehirns" handelt (Ayan, 2011, S. 37).

Die Formen, die psychische Störungen annehmen können, sind – wie in *Abschnitt 12.3* deutlich wird – vielgestaltig und unterscheiden sich auch hinsichtlich des Grades und der Intensität, wie sie sich für den Betroffenen und seine Umwelt auswirken. Psychische Störungen beziehen sich zudem immer auf die gesamte Persönlichkeit, auch wenn überwiegend nur einzelne Funktionen betroffen sind.

So handelt es sich bei einer Depression um eine affektive Störung, doch sie bezieht sich auf die gesamte Persönlichkeit der bzw. des Betroffenen.

Häufig wird in diesem Zusammenhang von „**Verhaltensstörungen**" gesprochen. Dieser Begriff wird weniger in der Psychologie, sondern mehr in der Pädagogik, insbesondere in der Heil- bzw. Sonderpädagogik verwendet. Darunter wird eine Beeinträchtigung verstanden, die sich vorwiegend im Verhalten äußert. Sie ist nicht auf organische Ursachen zurückzuführen und erfordert besondere pädagogische bzw. psychologische Maßnahmen.

→ **Materialien 2:**
Die Problematik des Begriffs „Psychische Störung"

Um die Entstehung psychischer Störungen erklären und behandeln zu können, beschäftigt sich die Klinische Psychologie einerseits mit deren *Ursachen und Entstehungsbedingungen*. Die Lehre von den Ursachen und Entstehungsbedingungen von psychischen Störungen wird in der Klinischen Psychologie als **Ätiologie**[1] bezeichnet.

Es ist heute unumstritten, dass bei der Entstehung einer psychischen Störung einerseits immer *mehrere Faktoren zusammenwirken* (**multikausale Verursachung psychischer Störungen**). Je nach Art der psychischen Störung und individuellen Situation des Menschen werden die Faktoren unterschiedlich gewichtet. Die wichtigsten Bedingungen sind **biologische Faktoren** – z. B. genetische Ursachen sowie Störungen im Gehirn oder im Neurotransmitterhaushalt –, **soziale Faktoren und psychische Faktoren**.

---

[1] aitiología (griech.): die Lehre, die Wissenschaft von den Ursachen

→ **Materialien 3:**
Entstehung von
psychischen
Störungen aus der
Sicht verschiedener
Theorien

Andererseits wollen Wissenschaftler mithilfe von Theorien erklären, warum bestimmte Ursachen zu psychischen Störungen führen. Abhängig vom Menschenbild und dem psychologischen Ansatz, der jeweils eine bestimmte Sichtweise und ein unterschiedliches methodisches Vorgehen hervorhebt, gibt es verschiedene Theorien, die die Entstehung von psychischen Störungen erklären.

Eine große Rolle spielt dabei die Widerstandskraft des Einzelnen, auf die im folgenden Abschnitt eingegangen wird.

12.2 Psychische Widerstandsfähigkeit

Es gibt Menschen, die scheinbar nichts „aus der Bahn" wirft und die sich durch die Fähigkeit auszeichnen, trotz ungünstiger Umstände schwierige Lebenssituationen und belastende Ereignisse erfolgreich zu überstehen.

12.2.1 Der Begriff „Resilienz"

Die Fähigkeit, trotz ungünstiger Umstände schwierige Lebenssituationen und belastende Ereignisse erfolgreich zu überstehen, wird in der Medizin und der Psychologie als **Resilienz**[1] bezeichnet und bedeutet psychische Widerstandsfähigkeit eines Menschen.

„Resilienz bezeichnet die innere Stärke eines Menschen, Konflikte, Misserfolge, Niederlagen, Lebenskrisen und persönliche Schicksale zu meistern. Sie ist eine Art Widerstandfähigkeit oder Unverwüstlichkeit, gewissermaßen das «Immunsystem der Seele»."
(Preißmann, 2015, S. 11)

Resilienz bedeutet psychische Widerstandskraft und bezeichnet die Fähigkeit, schwierige Lebenssituationen und belastende Ereignisse erfolgreich zu überstehen.

Bei der Resilienz kommt es darauf an, schwierige Situationen im Leben ohne dauerhafte Beeinträchtigungen und/oder Krankheitssymptome zu überstehen.

Max schafft die Schule nicht. Er zerbricht daran und entwickelt starke Ängste, die ihn daran hindern, erfolgreich eine andere Schule zu absolvieren. Georg schafft die Schule auch nicht. Er jedoch übersteht diese Krise ohne dauerhafte Beeinträchtigungen und irgendwelche Krankheitssymptomen. Georg ist im Gegensatz zu Max resilient.

Der Würzburger Verhaltensforscher Klaus-Peter Lesch vergleicht resiliente Menschen mit dem Löwenzahn: „Sie schlagen überall Wurzeln, halten durch und überleben."
(Nuber, 2011, S. 22)

Das „Gegenstück" zur Resilienz ist die **Vulnerabilität**[2]. Mit diesem Begriff wird die Verletzlichkeit und damit die geringe psychische Widerstandskraft eines Menschen gegenüber ungünstigen Einflüssen und starken Belastungen bezeichnet.

---

[1] resilire (lat.): zurückspringen, abprallen
[2] vulnerare (lat.): verletzen, verwunden

Bei dem Konzept der Resilienz, das auf die beiden Forscherinnen *Emmy E. Werner* und *Ruth S. Smith* zurückgeht, geht es zum einen um den **Erhalt der Funktionsfähigkeit** eines Menschen und zum anderen, wenn diese nicht mehr gegeben ist, um ihre **Wiederherstellung** (vgl. *Wustmann, 2011³, S. 19*).

Resilienz ist keine „feste Größe", sie verändert sich im Laufe des Lebens. Es gibt in der Entwicklung eines Menschen *Phasen erhöhter Vulnerabilität*, die zum einen von den zu erfüllenden Entwicklungsaufgaben[1] und zum anderen von den Erfahrungen, die eine Person in der Zeit macht, abhängig sind.

Kinder sind zu einem bestimmten Zeitpunkt resilient, zu einem anderen haben sie Schwierigkeiten, Lebenssituationen zu bewältigen.

Das Hauptaugenmerk der Resilienzforschung liegt darauf, wie Menschen reagieren, wenn sie bestimmten schwierigen Situationen und/oder belastenden Ereignissen ausgesetzt sind.

Das Konzept der Resilienz hat große Bedeutung, da Menschen im Laufe ihres Lebens immer mit Situationen konfrontiert werden, die mit Risiken verbunden sind. Gerade in letzter Zeit sind die Herausforderungen, die es zu bewältigen gilt, vielfältiger geworden.

Der Individualisierungsprozess in modernen Gesellschaften, ständig wachsende Anforderungen in Schule und Beruf sowie Veränderungen in der Arbeitsgesellschaft wie die Zunahme der Arbeitslosigkeit oder die stärker werdende Armut sind Beispiele hierfür. Zugleich zieht sich der Staat immer mehr von sozialstaatlichen Sicherheitsgarantien zurück, Erziehung und soziale Arbeit werden zunehmend ökonomischen Prinzipien unterworfen.
Die „kranke Seele" steht bei den Gründen einer Krankschreibung heute an vierter Stelle. Störungen wie Depressionen, Burnout[2] und Belastungsstörungen haben sich in den letzten 12 Jahren fast verdoppelt (vgl. *Nuber, 2011, S. 22*).

> „Die Vergesellschaftung individueller Lebensrisiken wird re-individualisiert. Damit wächst nicht nur das Wagnis individueller Lebensführung, sondern gleichzeitig auch das Maß individueller Verantwortung für das eigene Leben."
> (Opp/Fingerle, 2008³, S. 8)

In unserer Gesellschaft – so *Corina Wustmann (2011³, S. 15)*, wissenschaftliche Mitarbeiterin am Marie Meierhofer Institut für das Kind (MMI) in Zürich, – ist Resilienz eine wichtige Voraussetzung für die Entwicklung von Kindern zu selbstsicheren, gesunden und kompetenten Menschen.

---

[1] vgl. Kapitel 8.1.1
[2] Burnout (to burn out, engl.: ausbrennen) ist ein körperlicher, emotionaler, geistiger und sozialer Erschöpfungszustand, der Wochen oder Jahre andauern kann und durch berufliche Überforderung ausgelöst wird.

12.2.2 Merkmale resilienter Menschen

Zwei Fragen interessiert die Resilienzforschung: Zum einen, welche Faktoren sind es, die die Krankheit begünstigen, und zum anderen, durch welche Faktoren unterscheiden sich resiliente Menschen von nicht resilienten. Im ersteren Fall sprechen wir von **Risikofaktoren**, im zweiten von **Schutzfaktoren**.

- Die Risikoforschung konzentriert sich zum einen darauf, Bedingungen zu finden, die die Entwicklung eines Menschen beeinträchtigen bzw. gefährden können. Solche Faktoren werden als Risikofaktoren[1] bezeichnet und begünstigen die Wahrscheinlichkeit zu erkranken. Dabei können wir unterscheiden zwischen **biologischen und psychischen Faktoren** einerseits sowie **Umweltfaktoren** andererseits.

Biologische und psychische Faktoren sind prä-, peri- und postnatale Faktoren[2], chronische Erkrankungen, unsicher gebundene Kinder[3], geringe kognitive Fähigkeiten sowie ein geringes Selbstwertgefühl und eine geringe Selbstwirksamkeit[4]. Bedeutsame Umweltfaktoren sind bspw. ständige Armut, ein „schlechtes" Wohnumfeld, ein disharmonisches Familienleben, Arbeitslosigkeit oder ein niedriges Bildungsniveau.

> **Risikofaktoren sind Einflüsse, die die Wahrscheinlichkeit zu erkranken wesentlich erhöhen.**

„Risikomenschen" sind Personen, bei denen die Wahrscheinlichkeit, aufgrund einer belastenden Situation zu erkranken, hoch ist.

Eine besondere Form von Risikofaktoren stellen **traumatische Erlebnisse** dar. Von einem psychischen Trauma[5] spricht man, wenn dramatische Ereignisse wie z. B. Kriegshandlungen, Vergewaltigung, Naturkatastrophen, sexueller Missbrauch oder ein Unfall bei dem Betroffenen eine anhaltende Störung des seelischen Gleichgewichtes bewirken und von ihm nicht oder nur sehr schwer verarbeitet und bewältigt werden können (vgl. *Hobmair, 2010, S. 236*).

> *„Das Ausmaß der erlebten Machtlosigkeit, des Kontrollverlustes und der Lebensgefährdung setzt die eigenen Bewältigungsmechanismen [...] außer Kraft."*
> *(Wustmann, 2011³, S. 39)*

Risikobedingungen treten selten einzeln auf, es wirken immer **mehrere Faktoren zusammen**.

Das Resilienzkonzept sieht als wichtigste Aufgabe die Ausschließung bzw. Minderung der Risikofaktoren.

- Zum anderen gibt es ganz bestimmte Merkmale – sogenannte **Schutzfaktoren** –, durch die sich resiliente Menschen auszeichnen. Resiliente Menschen besitzen eine Art „Schutzschirm", der sie widerstandsfähig und krisenfest macht.

---

[1] Risiko im klinischen Sinn bezeichnet die Wahrscheinlichkeit für das Auftreten von psychischen Störungen, Erkrankungen oder anderer negativer Zustände (vgl. Petermann u. a., 2004, S. 323).
[2] siehe Kapitel 8.2.2
[3] siehe Kapitel 8.3.3
[4] Selbstwirksamkeit geht auf den Lernforscher Albert Bandura zurück und bedeutet die eigene subjektive Überzeugung, bestimmte Verhaltensweisen ausüben und Situationen bewältigen zu können, etwas bewirken und sein Leben selbst kontrollieren zu können.
[5] Trauma (griech.): Verletzung, Wunde, seelischer Schock oder starke seelische Erschütterung

> **Schutzfaktoren sind Bedingungen, die trotz Vorliegen von Risikofaktoren eine positive Entwicklung ermöglichen und dazu beitragen, schwierige Situationen im Leben erfolgreich zu überstehen.**

Oft wird in der Literatur statt von Schutzfaktoren auch von **Ressourcen** gesprochen, eine allgemeine Bezeichnung für Kräfte eines Individuums, die zur Bewältigung einer bestimmten Situation zur Verfügung stehen[1].

Hinsichtlich der Schutzfaktoren unterscheidet man zwischen **personalen und sozialen Schutzfaktoren**. Mit personalen Schutzfaktoren sind Bedingungen gemeint, die in der Person selbst liegen, mit sozialen solche, die in ihrem sozialen Umfeld zu suchen sind.

Personale Schutzfaktoren sind bestimmte Persönlichkeitsmerkmale wie Beständigkeit, Robustheit und Zähigkeit, eine hohe Intelligenz als die Fähigkeit, angemessen auf die Umwelt und deren Veränderungen zu reagieren, eine positive Grundstimmung (im Gegensatz zu Ängstlichkeit und Vermeidung) und damit verbunden eine optimistische Lebensgrundeinstellung, die Art und Weise des Denkstils, ein hohes Selbstwertgefühl und eine hohe Selbstwirksamkeit sowie die Fähigkeit, eigene Stärken zu erkennen und zu nutzen. Soziale Schutzfaktoren sind etwa eine sichere Bindung, ein positives Erziehungsklima – verbunden mit hoher Wertschätzung, Verstehen und Echtheit seitens des Erziehers, ein Eingebundensein in gute soziale Beziehungen wie Ehe, Familie, Partnerschaft oder Freundschaft sowie soziale Unterstützungsnetzwerke, die helfend wirken und der Erhaltung des emotionalen Wohlbefindens dienen.

Risiko- und Schutzfaktoren wirken zusammen und beeinflussen sich gegenseitig in einem komplexen Wirkmechanismus. Je nachdem, wie sich dieses Zusammenspiel gestaltet, verläuft die Entwicklung eines Menschen positiv oder negativ.

Die Förderung von Resilienz gehört zu den grundlegenden präventiven Aufgaben jeder erzieherischen Einrichtung. Denn resiliente Kinder haben – wie *Corina Wustmann* (*2011[3], S. 15*) feststellt – „bessere Chancen, die auf sie zukommenden gesellschaftlichen, familialen und individuellen Veränderungen und Krisen erfolgreich zu bewältigen." Möglichkeiten zur Stärkung der Resilienz zielen zum einen auf die *Ausschließung bzw. Minderung der Risikofaktoren* und zum anderen auf eine *Erhöhung der Schutzfaktoren*.

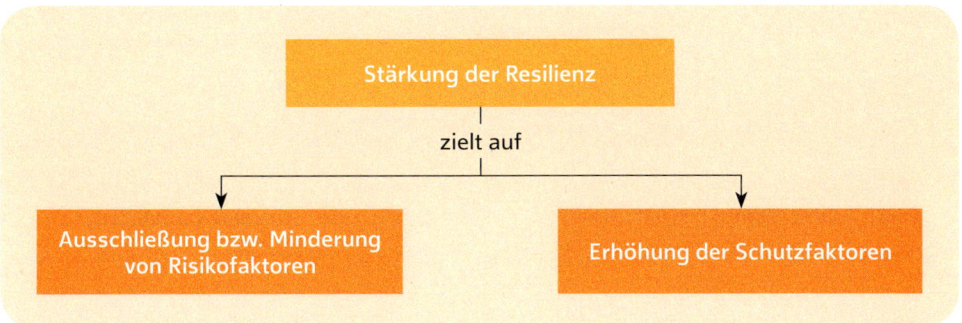

---

[1] vgl. Kapitel 5.5.6

Kritisiert wird am Konzept der Resilienz, dass sie als Vorwand diene, keinen Einfluss auf die Welt nehmen zu müssen, nur die Widerstandskraft des Einzelnen zähle. Man müsse nicht auf die Welt, wie sie ist, Einfluss nehmen, um den Menschen vor ungünstigen Erfahrungen zu schützen, es genüge, seine Widerstandskraft aufzubauen. Ziel dieses Konzeptes sei also nicht mehr die Gestaltung menschenwürdiger Lebensumstände, sondern die Anpassung des Menschen an diese (vgl. Gebauer, 2015, S. 60 ff.).

12.3 Die Einteilung von psychischen Störungen

Bei einer Klassifikation wird versucht, für beschreibbare psychische Störungen einheitliche Bezeichnungen zu finden und charakteristische Merkmale zusammenzustellen. Zwei Klassifikationssysteme haben sich in den letzten Jahren durchgesetzt:

- Die **Internationale Klassifikation psychischer Störungen** – International Classification of Diseases (**ICD**), die von der Weltgesundheitsorganisation erarbeitet wurde; zurzeit liegt die 10. Revision vor, die **ICD-10**.

- Das **diagnostische und statistische Manual psychischer Störungen (DSM)** der *American Psychiatric Association (APA)* in der 5. Version, **DSM-V**.

Während Betroffene bei dem DSM-V auf fünf Achsen eingeschätzt werden, werden psychische Störungen im ICD-10 in 10 Hauptkategorien eingeteilt:

- **organisch bedingte psychische Störungen** wie z. B. Demenz

- **Störungen aufgrund der Einnahme von beeinflussenden Substanzen** wie der schädliche Gebrauch von Alkohol und anderen Drogen

- **Schizophrenie und verwandte Störungen**

- **affektive Störungen** wie Depression und Manie

- **neurotische, Belastungs- und sich körperlich äußernde Störungen** wie bspw. Angst- und Zwangsstörungen

- **Verhaltensauffälligkeiten mit körperlichen Störungen** wie Essstörungen, Schlafstörungen und sexuelle Funktionsstörungen

- **Persönlichkeits- und Verhaltensstörungen**

- **Intelligenzminderung**

- **Entwicklungsstörungen** wie z. B. Autismus

- **Verhaltens- und emotionale Störungen** mit Beginn in der Kindheit und Jugend wie etwa Aufmerksamkeitsdefizitstörung allein (ADS) oder Aufmerksamkeitsdefizitstörung mit Hyperaktivitätsstörung (ADHS)

Die **ICD-10** ist im deutschsprachigen Raum als die verbindliche Dokumentation von psychischen Störungen verpflichtend – etwa bei der Abrechnung von Ärzten und Psychotherapeuten mit den Krankenkassen (vgl. Dilling u. a., 2015[10], S. 6).

Im Folgenden wird als Hauptformen psychischer Störungen auf Abhängigkeitsverhalten, schizophrene Störungen, affektive Störungen, Angst- und Zwangsstörungen, Ess-, Schlaf- und sexuelle Funktionsstörungen, Persönlichkeitsstörungen und Störungen in der Kindheit und Jugend eingegangen.

→ **Materialien 4:**
Neurose und
Psychose

12.3.1 Sucht und zugehörige Störungen

„Sucht"[1] wird verstanden als das zwanghafte Verlangen nach bestimmten Substanzen oder Verhaltensweisen, die negative Gefühle oder Empfindungen mindern oder einen erwünschten Erlebniszustand auslösen. Der Konsum oder die Verhaltensweisen werden beibehalten, obwohl negative Folgen für die betroffene Person entstehen.

Der Übergang von Genuss zu Gewöhnung, Missbrauch und Sucht ist fließend.

Sucht und Abhängigkeit kann bei übermäßigem Gebrauch von Substanzen wie Alkohol, Nikotin, Koffein, Medikamenten, Schnüffelstoffen oder Rauschgiften und bei exzessivem[2] (stark übertriebenem) Verhalten oder bei sogenannten *stoffungebundenen Mitteln,* wie Glücksspiel, Einkaufen, Arbeit, Computer, Internet, Fernsehen oder Mobiltelefon (Smartphone), entstehen.

Sucht ist in erster Linie ein psychisches Problem, und zwar mit körperlichen und sozialen Folgen. Ein Mensch gilt als abhängig, wenn folgende Merkmale mindestens ein Jahr lang vorliegen:

- Ein starker Wunsch oder innerer Zwang nach einem bestimmten Erlebniszustand, welcher entweder durch Substanzen oder Verhaltensweisen (Spielen, Arbeiten, Fernsehen, Essen und dergleichen) ausgelöst wird.

- Der Gebrauch bzw. Konsum ist i. d. R. exzessiv[2] und anhaltend.

- Das Suchtverhalten und das rechtzeitige Aufhören können vom Betroffenen nicht mehr willentlich kontrolliert werden.

- Bei Absetzen des Mittels entstehen Entzugserscheinungen wie z. B. Schweißausbrüche, Muskelschmerzen, unausgeglichenes Verhalten, Nervosität, Aggressivität. Es entsteht ein Kreislauf: Das Mittel, die Substanz, wird gebraucht, um die Entzugssymptome zu mildern bzw. zu vermeiden.

- Beziehungen, Arbeit und Interessen werden zugunsten des Konsums des Mittels bzw. der Substanz vernachlässigt.

- Oft kann auf das Mittel oder die Substanz ohne fremde Hilfe nicht mehr verzichtet werden. Selbst bei schädlichen Folgen gelingt meist kein Absprung aus der Abhängigkeit.

---

[1] Der Begriff „Sucht", Adjektiv „süchtig", ist abgeleitet vom germanischen „siechen".
[2] exzessiv (lat.): das Maß (sehr stark) überschreitend, maßlos

Bis es zu einem Abhängigkeitsverhalten oder einer Sucht kommt, durchläuft der Mensch mehrere Phasen, die vom Genuss über regelmäßigen Konsum bzw. Gebrauch und über eine Gewöhnung bis hin zu einem Missbrauch und schließlich zur Abhängigkeit führt. Die Betroffenen gebrauchen ihr Mittel/ihr Verhalten dann nicht mehr, weil es ihnen Freude bereitet, sondern weil sie nicht mehr ohne es auskommen.

Die virtuelle Welt zieht immer mehr Kinder und vor allem Jugendliche in ihren Bann. Ein Prozent der Jugendlichen ist internetsüchtig, wie eine EU-Studie ergab.

12.3.2 Schizophrenie und verwandte Störungen

Schizophrenie[1] ist durch eine Vielzahl von Merkmalen gekennzeichnet, die sich in sechs Erscheinungsformen zusammenfassen lassen:

■ Kontaktverlust zur Realität,

■ Denk- und Wahrnehmungsstörungen wie Wahn, Halluzinationen und Ich-Erlebnisstörungen,

■ Verarmung der Sprache,

■ Affektstörungen wie Apathie und Gefühlsverflachung,

■ Störungen im Sozialverhalten wie unangepasstes Verhalten und sozialer Rückzug sowie

■ Störungen der Motorik.

Frau B. hört Stimmen, die ihr befehlen, nackt auf die Straße zu gehen.
Frau A. glaubt, sie steuert mit ihren Stimmungen das Wetter, sogar die Sonne verändert deswegen ihren Lauf.
Herr Z. beginnt mitten in einem zärtlichen Gespräch mit seiner Frau, ihr Obszönitäten ins Gesicht zu schreien.

Die Schizophrenie ist eine sehr schwerwiegende psychische Störung, weil die Symptome für den Betroffenen sehr belastend sind und der weitere Verlauf nicht voraussagbar ist.

---

[1] Schízein (griech.): (ab)spalten; phrḗn (griech.): Geist, Gemüt

Schizophrenie macht sich selten vor dem 18. Lebensjahr bemerkbar, fast nie vor der Pubertät. Die ersten Symptome sind meist schwer zu erkennen, da sie sehr unspezifisch sind (vgl. *Reinberger, 2011, S. 47*).

Eine extreme Form der psychomotorischen Auffälligkeiten ist die **Katatonie**[1]: Der Betroffene zeigt sich entweder übererregt oder er ist in eine starre Haltung verfallen, die er über lange Zeit aufrechterhalten kann. Beginnt die Schizophrenie bereits im Jugendalter und ist sie zudem von Willens- und Gefühlsstörungen begleitet, so spricht man von einer **Hebephrenie**[2] („Jugendirresein").

12.3.3 Depressionen und Manie

Depressionen und Manie zählen zu den **affektiven**[3] **Störungen.** Bei affektiven Störungen unterliegt die Stimmung des Menschen gravierenden Veränderungen; es handelt sich um psychische Störungen, die durch emotionale Extreme – niedergedrückte bzw. gehobene Stimmung – charakterisiert sind. Es besteht eine sehr dauerhafte Stimmungslage, die das gesamte Erleben und Verhalten gravierend beeinflusst und dieses beeinträchtigt.

> Bei affektiven Störungen handelt es sich um psychische Störungen, die durch Veränderungen der Stimmung eines Menschen charakterisiert sind und so das Erleben und Verhalten beeinträchtigen.

Die Depression[4] hat nach *Hans-Ulrich Wittchen und Jürgen Hoyer (2011[2], S. 880)* folgende Hauptmerkmale:

- **emotionale Symptome** wie Traurigkeit, Niedergeschlagenheit, Ängstlichkeit, Schuld, Leere, Gefühllosigkeit;

- **kognitive Symptome** wie Grübeln, negative Gedanken, Selbstzweifel, Konzentrations- und Gedächtnisprobleme, Suizidgedanken;

- **körperliche Symptome** wie Antriebslosigkeit, Schlafstörungen, innere Unruhe, Spannung, Reizbarkeit, Schmerzen;

- **Symptome im Verhalten** wie verlangsamte Sprache und Bewegung, geringe Aktivität, starre traurige Mimik, kraftlose Körperhaltung.

Zeichnung einer depressiven Frau

Es gibt verschiedene Formen einer Depression, die bekannteste ist die **Major**[5] **Depression**, die durch eine oder mehrere depressive Episoden gekennzeichnet und mit einem großen Leidensdruck sowie einer schulischen bzw. beruflichen und sozialen Beeinträchtigung verbunden ist. Handelt es sich um eine chronische, aber weniger schwere Form der Depression, so spricht man von einer **dysthymen**[6] **Störung.**

---

[1] katátonos (griech.): abwärtsgespannt
[2] hébe (griech.): die Jugend; phrén (griech.): phrén (griech.): Geist, Gemüt
[3] Affekt (lat. afficere: einwirken, in Stimmung versetzen): kurzzeitiger und intensiver Emotionszustand, der eine starke Verhaltenstendenz besitzt
[4] depressio (lat.): Niederdrückung, Senkung
[5] maior (lat.): größer, stärker
[6] dys (griech.): abweichend, krankhaft; thymós (griech.): das Gemüt

In der ICD-10 findet sich in diesem Zusammenhang der Begriff „*Neurasthenie*" (Nerven-schwäche) und meint einen chronischen Erschöpfungszustand (vgl. *Dilling u. a., 2015*[10], *S. 235 f.*). Am nächsten kommt diesem Begriff der Terminus „*Burnout*"[1], ein körperlicher, emotionaler und geistiger Erschöpfungszustand, der Jahre andauern kann und durch eine „emotionale Verstrickung" mit der beruflichen Arbeit ausgelöst wird (vgl. *Unger; in: Gat-terburg/Großbongardt, 2012, S. 20*).

Burnout ist keine eigenständige Krankheitsdiagnose und taucht auch nicht in den verschiedenen Klassifikationssystemen auf. Dieser Begriff stellt ein anderes Wort für Depression dar. Der Begriff „Burnout" stammt aus der Organisations- und Arbeitspsychologie und hat sich vor allem deshalb durchgesetzt, weil er im Gegensatz zum Depressivsein nicht stigmatisiert wird, sondern eher den positiven Nimbus einer Erkrankung des engagierten und erfolgreichen Machers hat (vgl. Heuser; in: Tenzer, 2011, S. 32).

> *„Wir brauchen heilige Termine für uns selbst. Wenn ich an diesem Punkt nicht achtgebe und genau die Dinge vernachlässige, bei denen man sich regeneriert, [...] bin ich bald ein Hamster im Rad."*
> *(Unger; in: Gatterburg/Großbongardt, 2012, S. 23)*

Depressive Episoden können eine leichte, mittelgradige oder schwere Ausprägung haben. Dabei kann die Psychomotorik sowohl reduziert (*gehemmte Depression*) als auch gestei-gert sein (*agitierte*[2] *Depression*).

Früher gab es die Einteilung in endogene und neurotische/reaktive[3] Depression. Man sprach von endogener Depression, wenn keine äußeren Ursachen vorlagen und die Verläufe sehr langwierig und schwer waren. Es wurde davon ausgegangen, dass erbli-che oder konstitutionelle Faktoren zur Er-krankung führen. Im Gegensatz dazu wurden bei der neurotischen Depression äußere Ursachen wie Erschöpfung oder Verluste vermutet. In der heutigen Zeit wird die Diagnose „endogene Depression" nicht mehr verwendet.

Depressionen werden häufig durch belastende äußere Ereignisse bzw. bestimmte Le-bensereignisse wie z. B. Verlust einer Person, Mobbing oder Unterdrückung, durch (län-ger) andauernde Lebensschwierigkeiten und/oder ungünstige soziale Lebensbedingun-gen ausgelöst. Dies setzt jedoch eine bestimmte Anfälligkeit, *Vulnerabilität*[4], für eine Depression voraus (vgl. *Wolkenstein/Hautzinger 2015, S. 28*).

---

[1] to burn out (engl.): ausbrennen
[2] agitare (lat.): heftig betreiben, in Bewegung setzen
[3] endogen (griech.): von innen entstanden; neurotisch: siehe Abschnitt 12.3.4
[4] vulnerabilis (lat.): verletzlich, verwundbar – siehe Abschnitt 12.2.1

Des Öfteren kann man bei Müttern im ersten Jahr nach der Entbindung eine mehr oder weniger lang andauernde, depressive Erkrankung beobachten, die als *Wochenbettdepression* bekannt ist und im Fachausdruck **postpartale**[1] **Depression** genannt wird. Von einer psychischen Störung kann man hier aber nur sprechen, wenn diese über einen längeren Zeitraum auftritt.

Trauer oder sonstige Reaktionen auf kritische Lebensereignisse werden erst dann als affektive Störung betrachtet, wenn sie sich verselbstständigen und über unverhältnismäßig lange Zeit andauern.

Manchmal äußert sich eine Depression in körperlichen Beschwerden wie Druck in Kopf und Brust, Schwindel, Appetitlosigkeit sowie Magen-Darm- und Unterleibsbeschwerden. Da die Depression hier nicht offensichtlich ist, spricht man von **lavierter**[2] **bzw. versteckter Depression**. Damit will man zum Ausdruck bringen, dass der Organismus eine Depression mit anderen Symptomen wie z. B. einer Krankheit abwehrt.

So haben viele ungeklärte Schmerzzustände im Bewegungsapparat (z. B. Gelenke, das Kreuz, Muskeln wie Rückenmuskeln) „abgewehrte" Anteile einer Depression.

Aus neurowissenschaftlicher Sicht liegt bei Depressionen eine gestörte **Neurotransmission** vor – eine Störung in der Weiterleitung einer Erregung im Nervensystem. Dabei kann es sich um einen Mangel der Neurotransmitter Noradrenalin oder Serotonin handeln, um ein Ungleichgewicht von bestimmten chemischen Substanzen oder um eine Störung in der Empfindlichkeit der Rezeptoren bzw. des Regulationsmechanismus bestimmter Synapsen[3] (vgl. *Wolkenstein/Hautzinger 2015, S. 29 f.*).

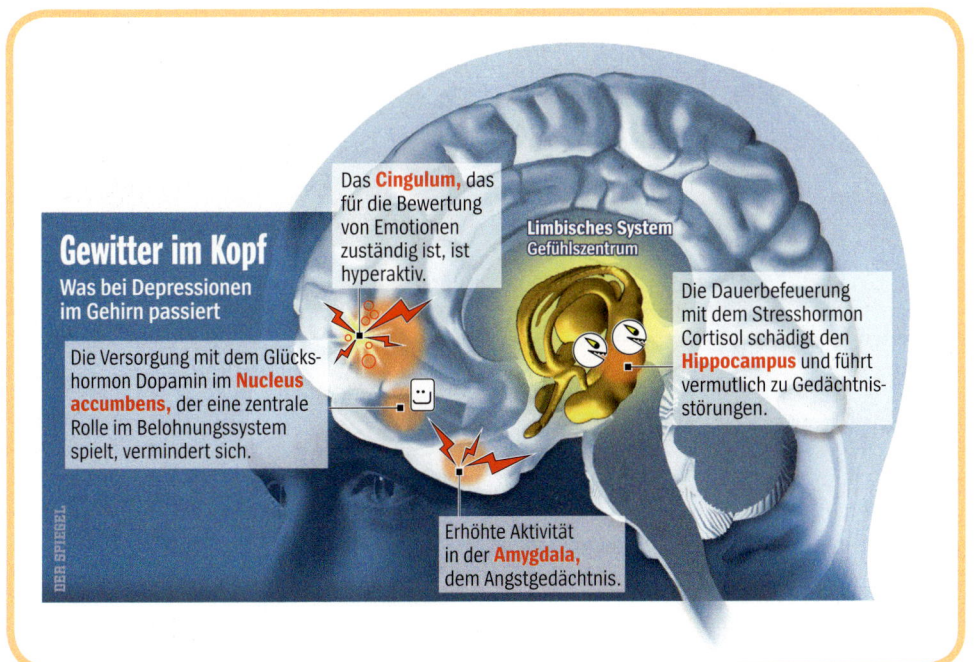

(Biermann u. a., 2009, S. 154)

---

[1] partus (lat.): die Niederkunft, die Geburt(szeit); post (lat.): nach
[2] laveren (niederl.): dem Wind abgewinnen, sich durch Schwierigkeiten hindurchwinden
[3] Synapsis (griech.): die Verbindung; siehe Kapitel 3.1.2

Bei der **Manie**[1] ist die Stimmung über einen längeren Zeitraum hinweg erregt und euphorisch, obwohl keine entsprechende Situation vorliegt. Es entstehen Überaktivität, Rededrang und Überschätzung der eigenen Fähigkeiten sowie ein vermindertes Schlafbedürfnis.

So gehen oft soziale Hemmungen verloren: Der Betroffene stürzt sich z. B. in sexuelle Abenteuer, gibt leichtsinnig Geld aus und plant irreale Projekte. Manchmal ist die Stimmung auch gereizt und misstrauisch. Die berufliche und soziale Funktionsfähigkeit sind schwer beeinträchtigt.

Manie meint einen Zustand, der gekennzeichnet ist durch eine gehobene Stimmung, Überaktivität, Rededrang und Überschätzung der eigenen Fähigkeiten.

Bei der **manisch-depressiven Störung**, oft auch **bipolare Störung** genannt, wechseln sich Phasen von Manie („himmelhoch jauchzend") und Depression („zu Tode betrübt") ab. Handelt es sich um eine chronische, aber weniger schwere Form einer bipolaren Störung, so spricht man von einer **zyklothymen**[2] **Störung**.

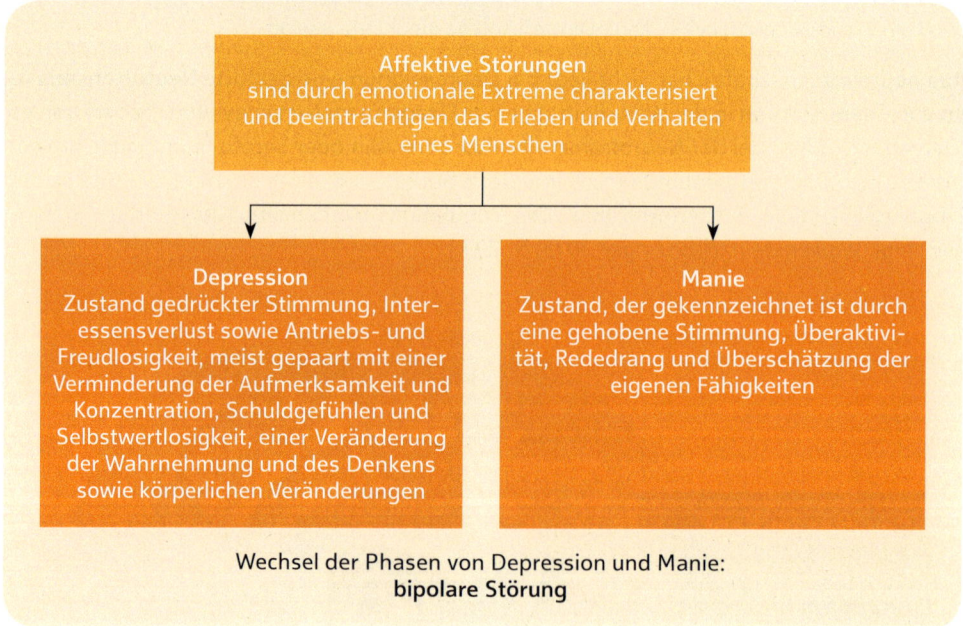

Wechsel der Phasen von Depression und Manie:
bipolare Störung

12.3.4 Angststörungen

Angststörungen zählen zusammen mit **Zwangsstörungen**, **Anpassungsstörungen** und mit Störungen, die sich körperlich äußern – man spricht hier von **somatoformen**[3] **Störungen** – zu den **neurotischen Störungen**[4].

Angststörungen sind die häufigste Form psychischer Störungen. Angst erfüllt beim Menschen wichtige Funktionen[5], tritt sie jedoch grundlos oder übermäßig auf und beeinträchtigt sie den Betroffenen in seinem Lebensvollzug, so spricht man von einer Angst- oder Panikstörung.

---

[1] manía (griech.): die Raserei, der Wahnsinn
[2] kýklos (griech.): kreisförmig; thymós (griech.): die Lebenskraft
[3] soma (griech.): der Körper; Zwangsstörungen und somatoforme Störungen sind in Abschnitt 12.3.5 dargestellt.
[4] Eine Neurose ist eine psychische Störung, die nicht organisch bedingt ist und keinen Realitätsverlust aufweist. Dem Betroffenen ist die Störung bewusst, und sie erzeugt bei ihm einen Leidensdruck. Er verfügt über keine angemessenen Bewältigungsstrategien und ist auf therapeutische Hilfe angewiesen (siehe Materialien 4 dieses Kapitels). Zwangsstörungen und somatoforme Störungen sind in Abschnitt 12.3.5 dargestellt.
[5] Angst und ihre Funktionen sind in Kapitel 5.2.1 und 5.2.3 dargestellt.

Eine Angststörung liegt vor, wenn die Angst grundlos und/oder übermäßig auftritt und den Betroffenen in seinem Lebensvollzug beeinträchtigt.

Angststörungen treten als **generalisierte Angst, Panikstörung** oder **phobische Angst** auf. Wenn Menschen übermäßig viel Angst, Spannung und Sorge empfinden und sie häufig grübeln, so leiden sie unter einer **generalisierten Angststörung**. Die Angst ist nicht auf bestimmte Situationen und Objekte gerichtet, sondern frei flottierend.

Frau K. sorgt sich ständig um die Gesundheit ihrer Kinder. Hat die Tochter Kopfschmerzen, befürchtet sie einen Gehirntumor. Kommt der Sohn nicht rechtzeitig nach Hause, sieht sie ihn unter einem Lastwagen begraben. Ihren Mann lässt sie nur ungern auf Dienstreise, weil sie fast damit rechnet, dass er tödlich verunglückt. Sie hat zu Hause Lebensmittel gelagert, weil eine Katastrophe wie bspw. ein Krieg passieren könnte. Bei einer **Panikstörung** tritt schlagartig und meist unerwartet intensivste Angst oder ein Gefühl drohender Vernichtung auf. Diese Panikattacken werden begleitet von Kurzatmigkeit, Schwitzen, Zittern, Brustschmerzen, Schwindel und einem Gefühl der Unwirklichkeit. Es entsteht die Besorgnis, die Kontrolle zu verlieren oder zu sterben.

Frau B. bemerkt bei einem Stadtbummel plötzlich einen starken Druck auf der Brust. Sie hat Angst, spürt ihr Herz rasen, bekommt kaum mehr Luft und kann sich vor Schwindel nicht mehr auf den Beinen halten. Sie hat intensive Angst zu sterben. Bei der Notaufnahme im Krankenhaus wird festgestellt, dass es keine organische Ursache für diese starken Herzbeschwerden gibt.

Als Folge der Panikattacke kann sich eine Angst vor der Angst entwickeln, die dazu führt, dass bestimmte Situationen vermieden werden und letztlich ein sozialer Rückzug entstehen kann.

Bei **Phobien** dagegen richtet sich die Angst auf bestimmte Situationen und Objekte.

Hat jemand Angst vor Spinnen, so handelt es sich um eine Phobie, hier um eine Tierphobie. Das Objekt sind die Spinnen.

Entsprechend des Objektes werden verschiedene Formen der Phobie unterschieden.

„Er macht mich noch wahnsinnig mit seiner Spinnen-Phobie!"

Solche Formen sind die *Agoraphobie*, die Angst, das eigene Haus zu verlassen, sich in öffentliche Situationen zu begeben oder öffentliche Verkehrsmittel und Aufzüge zu benutzen, oder die *soziale Phobie*, die Angst, die durch die Gegenwart anderer Menschen ausgelöst wird. Vor allem Sprechen oder Essen vor und mit anderen Menschen kann bei einer sozialen Phobie zu extremer Angst führen. Diese Form der Phobie beginnt meist im Jugendalter, wenn das soziale Bewusstsein und die Beziehungen mit anderen an Bedeutung gewinnen. Weitere Phobien sind die *Erythrophobie*, die Angst zu erröten bzw. die Angst vor roten Gegenständen, oder die *Kleptophobie*, die Angst zu stehlen oder bestohlen zu werden.

Ist die Phobie auf besondere Objekte oder Situationen beschränkt, so spricht man von einer *spezifischen Phobie*.

Solche spezifischen Phobien sind die *Tierphobie* (Angst vor Tieren, z.B. Spinnen, Schlangen, Hunde, Insekten, Mäusen), die *Klaustrophobie* (Angst vor Aufenthalt in geschlossenen Räumen) oder die *Monophobie* (Angst vor Einsamkeit, vor dem Alleinsein).

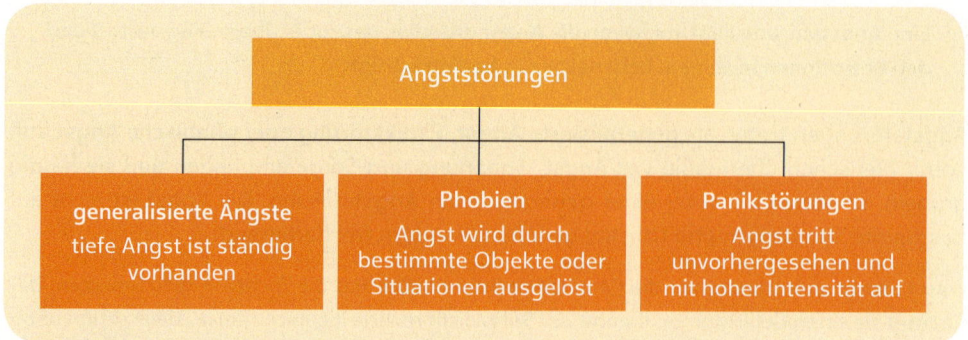

Angststörungen

generalisierte Ängste	Phobien	Panikstörungen
tiefe Angst ist ständig vorhanden	Angst wird durch bestimmte Objekte oder Situationen ausgelöst	Angst tritt unvorhergesehen und mit hoher Intensität auf

Werden Symptome durch ein außergewöhnlich belastendes Ereignis oder eine besondere Veränderung im Leben hervorgerufen, so spricht man von einer Belastungs- oder Anpassungsstörung. Es wird zwischen der **akuten, posttraumatischen**[1] **Belastungsstörung** und der **Anpassungsstörung** unterschieden.

Dramatische Ereignisse, die außerhalb der normalen Erfahrungswelt liegen wie Unfälle, Gewalterfahrungen, Vergewaltigung, Flucht, Kriegserlebnisse, Naturkatastrophen sowie sexueller oder körperlicher Missbrauch in der Kindheit und Jugend lösen bei den Opfern eine tief greifende Verzweiflung aus.

„Als Trauma wird ein Ereignis verstanden, das für eine Person entweder in direkter persönlicher Betroffenheit oder in indirekter Beobachtung eine intensive Bedrohung des eigenen Lebens, der Gesundheit und körperlichen Integrität darstellt und Gefühle von Grauen, Schrecken und Hilflosigkeit auslöst."
(Maercker/Karl, 2011⁴, S. 970)

Viele Opfer leiden nachhaltig an diesen Ereignissen, sie entwickeln eine posttraumatische Belastungsstörung:

- Sie erleben das Trauma wieder in aufdrängenden schmerzhaften Bildern, Gedanken oder Wahrnehmungen.

- Es kommt zu blitzartigen Erinnerungen, sogenannten *Flashbacks*, ausgelöst durch neutrale Reize, die aber an das Trauma gekoppelt sind, bspw. Gerüche.

- Die Betroffenen haben Albträume.

- Situationen, Gedanken und Gefühle, die mit dem Trauma verbunden sind, werden vermieden.

- Sie zeigen eine erhöhte Sensibilität und emotionale Übererregung, die sich in Schlafstörungen, Reizbarkeit oder Wutausbrüchen, Konzentrationsschwierigkeiten und erhöhter Schreckhaftigkeit äußern kann.

- Die Angst vor unerträglichen Gefühlen kann zu einer emotionalen Erstarrung und inneren Leere führen.

---

[1] Trauma (griech.): Verletzung, Wunde, seelischer Schock oder starke seelische Erschütterung

Die akute Belastungsstörung zeigt die gleichen Symptome wie die posttraumatische, sie dauert jedoch nur bis zu vier Wochen (vgl. *Davison u. a., 2007[7], S. 151*).

Eine Anpassungsstörung ist eine Reaktion auf ein einmaliges oder ein fortbestehendes belastendes Lebensereignis, die sich durch Depression bis zu Selbstmord, das Gefühl völliger Überforderung oder auch in Störungen des Sozialverhaltens ausdrücken kann.

> **Eine Anpassungsstörung ist eine Reaktion auf ein einmaliges oder ein fortbestehendes belastendes Lebensereignis.**

Sie tritt auf, wenn sich Menschen an einen neu eingetretenen schwierigen psychischen oder physischen Zustand über einen längeren Zeitraum nicht anpassen können. Die Anpassungsstörung charakterisiert sich durch Zustände subjektiver Bedrängnis und emotionaler Beeinträchtigungen, die sozialen Beziehungen und die Leistungsfähigkeit sind eingeschränkt, was einen hohen Leidensgrad nach sich ziehen kann.

Auslöser können (chronische) familiäre oder berufliche Konflikte oder Probleme, finanzielle Schwierigkeiten, körperliche Erkrankungen sowie Krankheits- oder Todesfälle in der Familie/im Bekanntenkreis oder Arbeitsverlust sein.

> **Gemeinsam ist den Belastungsreaktionen, dass ohne ein belastendes Ereignis die Störung nicht entstanden wäre und es erhebliche Beeinträchtigungen im emotionalen und sozialen Bereich gibt.**

12.3.5 Zwangsstörungen und sich körperlich äußernde Störungen

Zwangsstörungen

Zwangsstörungen – in der älteren Literatur auch als **Zwangsneurosen** bezeichnet – sind charakterisiert durch immer wiederkehrende Gedanken, Handlungen und/oder Impulse, sogenannte *Zwangsgedanken, -handlungen* und *Zwangsimpulse*, die ausgeführt werden müssen, um Angst zu vermeiden.

Eine Apothekerin entwickelt zunehmend den Gedanken, sie könnte das falsche Medikament herausgeben und damit großen Schaden anrichten. Sie kontrolliert immer häufiger, dass Rezept und Medikament übereinstimmen, trotzdem nimmt ihre Angst zu. Am Ende sind ihre Gedanken völlig davon beherrscht.

Frau K. braucht zwei Stunden, bis sie das Haus verlassen kann; sie muss sich immer wieder vergewissern, dass die Kaffeemaschine ausgestellt ist. Dann kehrt sie zurück, weil sie zweifelt, dass der Stecker vom Bügeleisen gezogen ist. Obwohl sie dann geht, quält sie weiterhin die Ungewissheit.

Frau M. hat alle Messer im Haushalt vor sich selbst versteckt, da sie den Impuls spürt, ihre kleine Tochter mit einem Messer zu töten. Sie hat Angst, dass sie es tatsächlich tut, obwohl sie ihre Tochter über alles liebt.

Nägel und Schrauben aus dem Magen geholt

Rize (dpa) Aus dem Magen eines 30-Jährigen haben türkische Ärzte rund ein Kilo Nägel, Schauben, Schlüssel, Münzen und Teelöffel herausoperiert. Der Mann aus Rize am Schwarzen Meer habe über Bauch- schmerzen geklagt und sei daraufhin im Krankenhaus geröntgt worden, berichteten türkische Medien am Freitag. Der Patient leide an einem Zwang, Gegenstände zu verschlucken.

(Donaukurier, 12./13.03.2005, S. 5)

Zwangsstörungen sind gekennzeichnet durch immer wiederkehrende Gedanken, Handlungen und/oder Impulse, die als unangenehm erlebt werden, aber ausgeführt werden müssen, um Angst zu vermeiden.

... Bei Waschzwängen schrubben die Betroffenen stundenlang ihre Hände oder duschen mehrmals täglich, oder reiben sich und Gegenstände ständig mit Reinigungsmitteln ab.

```
                    Zwangsstörungen

  Zwangsgedanken   Zwangshandlungen   Zwangsimpulse
```

Eine Form von Zwangsstörungen ist das **Messie-Syndrom**[1]: Es werden zwanghaft wertlose Sachen gesammelt, was zu Chaos in der Wohnung bis zur Vermüllung führt. Viele Aufgaben werden begonnen und bleiben dann liegen. Notwendiges wird nicht erledigt; es gibt chronische Probleme mit der Zeiteinteilung.

Somatoforme Störungen

Bei einer somatoformen Störung klagen Patienten über Krankheiten oder körperliche Symptome, obwohl kein medizinischer bzw. organischer Befund vorliegt. Tritt eine Beeinträchtigung einer Körperfunktion ein, die psychisch ausgelöst ist, so spricht man von einer *Konversionsstörung*[2]: Unbewältigte starke Erlebnisse werden in körperliche Symptome umgewandelt.

---

[1] mess (engl.): die Unordnung, das Durcheinander, das Chaos
[2] conversio (lat.): die Umkehrung, die Umwandlung

Ein Beispiel hierfür ist eine Lähmung, die psychisch ausgelöst wird.

Bei einer bestimmten Form somatoformer Störungen – in der Alltagssprache als *Hypochondrie*[1] bezeichnet – klagen Patienten über Krankheiten oder körperliche Symptome, obwohl kein medizinischer bzw. organischer Befund vorliegt. Hauptsächliches Kennzeichen der Hypochondrie ist die andauernde Befürchtung, körperlich oder psychisch zu erkranken. Körperliche Empfindungen werden sofort als beginnende Krankheit gedeutet. Betroffene zeigen eine übertriebene Neigung, ihren eigenen Gesundheitszustand genau zu beobachten.

Typisch ist folgender Fallbericht:

Anna war schon als Kind sensibel und nervös. In der Pubertät war sie kränklich und litt unter körperlichen Problemen. Die Ärzte hatten sie wegen der Behandlung ihrer Depression an eine Psychologin überwiesen. Anna fühlte sich missverstanden und von ihren Ärzten zurückgewiesen. Sie glaubt, dass sie unter einer körperlichen Krankheit leide, die bloß noch nicht diagnostiziert worden sei. In den letzten zwei Jahren war sie viermal auf der Intensivstation, da sie starke Herzschmerzen spürte, unter Todesängsten litt und das Gefühl hatte, einen Herzinfarkt zu erleiden. Die Ärzte konnten keinen körperlichen Befund feststellen. Wegen Rückenschmerzen, Schmerzen in den Extremitäten und gefühllosen Fingerspitzen sucht sie häufig Orthopäden auf.

→ **Materialien 1:**
Gesund oder krank ist immer der ganze Mensch

Es gibt aber auch den Fall, dass ein Patient bewusst eine Krankheit oder körperliche Symptome vortäuscht. Geschieht dies anhaltend, so spricht man von einem *Münchhausen-Syndrom*[2]; der Betroffene erzeugt oder erfindet absichtlich körperliche Symptome oder eine Krankheit. Erfinden Eltern oder ein Elternteil bei ihren Kindern körperliche Symptome oder eine Krankheit, so spricht man vom *stellvertretenden Münchhausen-Syndrom*.

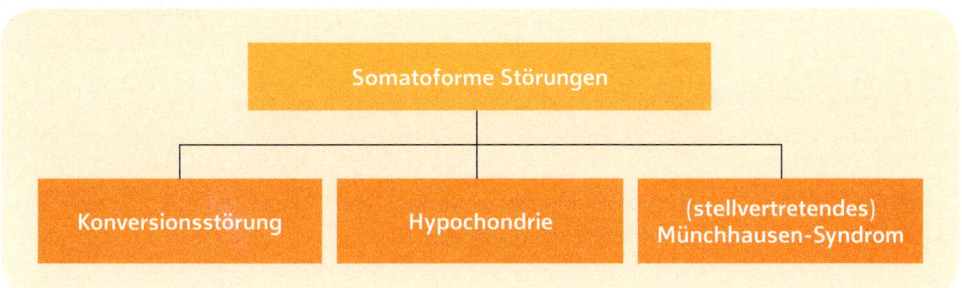

---

[1] hypochondre (frz.): der Griesgram, aus dem griechischen Begriff „hypochóndria": Die Weichteile unter dem Brustknorpel, welche als Sitz der Gemütsbeschwerden angesehen wurden.

[2] Dieses Syndrom ist nach dem Baron Karl Friedrich H. Freiherr von Münchhausen (1720–1797), Kavallerieoffizier, benannt, der nach vielen Reisen in fremde Länder und der Teilnahme an zwei Türkenkriegen in Europa von Kneipe zu Kneipe zog und dort unglaubliche Geschichten über seine angeblichen Abenteuer erzählte, die sich als Lügengeschichten entpuppten. Ähnlich wie Münchhausen ziehen Betroffene von Arzt zu Arzt bzw. von Klinik zu Klinik und erzählen von ihren Symptomen.

12.3.6 Ess- und Schlafstörungen sowie sexuelle Funktionsstörungen

Psychische Spannungen und Konflikte können sich auch auf wesentliche körperliche Funktionen wie Essen, Schlafen und Sexualität auswirken. Halten solche Störungen, denen keine körperliche Ursache zugrunde liegt, länger an, so spricht man von einer psychisch bedingten Störung. Je nachdem, welche körperliche Funktion eingeschränkt ist, spricht man von **Essstörungen, Schlafstörungen** oder von **sexuellen Funktionsstörungen**.

Essstörungen

Essstörungen haben in den letzten Jahrzehnten stark zugenommen. Es handelt sich dabei um eine psychisch bedingte Störung der Nahrungsaufnahme bzw. des Körpergewichtes. Dabei werden drei Formen unterschieden: die *Esssucht*, die *Magersucht* und die *Ess-Brech-Sucht*. Die Ess-Sucht – im Fachausdruck wird sie **Binge Eating Disorder**[1] genannt – zeichnet sich durch Essanfälle und dadurch bedingt durch ein starkes Übergewicht des Betroffenen aus. Bei der Magersucht – im Fachausdruck als **Anorexia**[2] bezeichnet – handelt es sich um eine psychisch bedingte starke Ge-

wichtsabnahme. Bei der Anorexia liegt ein Body-Mass-Index (BMI)[3] von unter 16 vor.

 Magersucht lässt das Volumen der grauen Substanz im Gehirn schrumpfen und führt zu Defiziten in den kognitiven Fähigkeiten. Bei normaler Ernährung kann sich das Gehirn aber wieder erholen (vgl. *Meyer, 2016, S. 72*).

Tritt die Magersucht in der Pubertät auf, so spricht man von *Anorexia nervosa* (vgl. *Meyer, 2016, S. 72*).

 Jedes zweite Mädchen und jeder dritte Junge im Alter von 15 Jahren finden sich – so die Zeitschrift Test (*10/2012, S. 80*) von Stiftung Warentest zu dick, obwohl sie normalgewichtig sind. Im internationalen Vergleich sind laut der HBSC-Studie[4] die jungen Deutschen mit ihrem Körper am meisten unzufrieden.

Eine Variante der Magersucht ist die *Orthorexie*, bei der sich alles nur um das Essen dreht. Die Ess-Brech-Sucht, **Bulimie**[5] – korrekt „Bulimia nervosa" genannt, ist gekennzeichnet durch ein dauerndes Schwanken von Essanfällen und Erbrechen; die Betroffenen leiden unter Fressanfällen, bei denen sie ungeheure Mengen von Nahrungsmitteln zu sich nehmen, um anschließend das Erbrechen herbeizuführen.

Schlafstörungen

Schlafstörungen werden im Fachausdruck **Insomnien**[6] genannt. Durch **Störungen beim Einschlafen oder Durchschlafen** und durch **zu frühes Erwachen** wird das Wohlbefinden

---

[1] binge (engl.): das Gelage; to eat (engl.): essen; disorder (engl.): die Unordnung, die Störung, die Fehlsteuerung
[2] a (griech.): nicht, ohne; órexis (griech.): das Verlangen
[3] Der Body-Mass-Index ist eine Maßzahl für die Bewertung des Körpergewichtes eines Menschen, welches in Relation zu seiner Körpergröße gesetzt wird.
[4] HBSC-Studie: Health Behavior in School-aged Children Study; sie ist die größte europäische Kinder- und Jugendgesundheitsstudie.
[5] Bulimie (griech.): Heißhunger
[6] insomnia (lat.): die Schlaflosigkeit

der Betroffenen stark beeinträchtigt, da sie sich am nächsten Tag als unausgeruht, gereizt und wenig belastungsfähig empfinden. Wird Schlaflosigkeit öfter erlebt, so kann die Angst davor zu einem Teufelskreis führen: Durch die Sorge vor dem „Wieder-nicht-schlafen-Können" wird der Schlaf verhindert. Es entsteht ein deutlicher Leidensdruck, da die berufliche und private Leistungsfähigkeit gemindert wird.

Frau S. sorgt sich tagsüber, ob es ihr wohl heute gelingt, rechtzeitig einzuschlafen. Sie bekommt seit Wochen zu wenig Schlaf und ist bei der Arbeit unkonzentriert, es unterlaufen ihr oft Fehler. Sich ins Bett zu legen, wird für sie allmählich zum „Horror" – die Angst, nicht einschlafen zu können, peitscht sie auf; sie findet erst nach langem Hin- und Herwälzen den ersehnten Schlaf. Lange bevor der Wecker klingelt, wacht sie völlig „gerädert" auf.

Weitere Schlafstörungen sind **Hypersomnien**[1], das sind übermäßige Schläfrigkeit und Schlafanfälle, sowie **Parasomnien**[1], wobei es sich um unnormale Ereignisse während des Schlafes handelt. Dazu zählen extreme und häufige Albträume, Schlafwandeln und nächtliches Aufschreien, oft verbunden mit Panikgefühlen.

Sexuelle Funktionsstörungen

Zu den sexuellen Funktionsstörungen zählen (vgl. *Hammelstein/Hoyer 2011*[2], *S. 1084*):

- Auffälligkeiten des sexuellen Verlangens bzw. des sexuellen Reaktionszyklus, wiefehlende Lust, die Unfähigkeit des Mannes, eine Erektion zu bekommen (= Impotenz[2]) oder aufrechtzuerhalten, oder die Schwierigkeit der Frau, sexuell erregt zu werden. Es kann ein vorzeitiger Samenerguss (Ejaculatio praecox[3]) auftreten oder der Orgasmus fehlt. Bei dieser Diagnose müssen organische Ursachen ausgeschlossen sein. Sexuelle Funktionsstörungen können die Aufnahme sexueller Beziehungen behindern und führen zu unbefriedigter Sexualität. Oft wirken sich sexuelle Schwierigkeiten belastend auf die Partnersuche oder Paarbeziehung aus.

- *Paraphilien*[4], welche ungewöhnliche sexuelle Verhaltensweisen umfassen, die nicht den jeweiligen sozialen Normen einer Kultur bzw. Gesellschaft entsprechen; die ICD-10 spricht hier von *Störungen der Sexualpräferenz*[5], welche sich in Verhaltensweisen zeigen wie:

  - *Fetischismus*[6]: sexuelle Neigung, bei der bestimmte Gegenstände (z. B. Strümpfe, Wäschestücke) von Personen des gleichen oder anderen Geschlechts als einzige oder bevorzugte Objekte sexueller Erregung und Befriedigung dienen
  - *Exhibitionismus*[7]: das Zurschaustellung der eigenen körperlichen Reize, insbesondere der Geschlechtsteile
  - *Voyeurismus*[8]: das Beobachten von geschlechtlichen Handlungen anderer Personen
  - *Pädophilie*[9]: Erwachsene fühlen sich sexuell zu Kindern hingezogen
  - *Frotteurismus*[10]: das Berühren und Reiben an einer nicht einwilligenden Person
  - *Sadomasochismus*[11]: Sexuelle Lust und Befriedigung wird hauptsächlich über das Zufügen bzw. Ertragen von Schmerzen und Erniedrigung erlebt

---

[1] somnus (lat.): der Schlaf; hypér (griech.): über die Maßen; pará (griech.): abseits, neben(her)
[2] Impotentia (lat.): das Unvermögen
[3] ejaculare (lat.): hinausschleudern; praecox (lat.): vor-, frühzeitig
[4] philía (griech.): die Freundschaft, die Zuneigung; pará (griech.): abseits, neben(her); früher sprach man von "Perversion", doch dieses Wort ist einer zu starken negativen Bewertung ausgesetzt, sodass es wissenschaftlich nicht mehr brauchbar ist.
[5] praeferre (lat.): vorziehen
[6] facticius (lat.): nachgemacht, künstlich
[7] exhibitio (lat.): das Vorzeigen
[8] voyeur (franz.), kommt von voir: sehen, stammt von videre (lat.): sehen
[9] pais (griech.): der Knabe, das Kind; philía (griech.): die Freundschaft, die Zuneigung
[10] se frotter (franz.): sich reiben
[11] Sadismus: sadisme (frz.), benannt nach dem französischen Schriftsteller Donatien-Alphonse-François, Marquis de Sade (1740–1814); Masochismus: benannt nach dem österreichischen Schriftsteller Leopold von Sacher-Masoch (1836–1895)

Früher zählte eine von der Gesellschaft nicht akzeptierte Geschlechtsidentität (z. B. Transsexualismus) zu den zu behandelnden psychischen Störungen. Heute ist das nicht mehr der Fall, auch wenn sie in der ICD 10 noch als Störung angeführt wird. Man sieht jetzt die Sexualität als sehr weitgefasst, die viele Erscheinungsformen hervorbringt. Es geht heute darum, die Vielfalt von sexuellen Verhaltensweisen wie Transgender zu tolerieren und zu akzeptieren.

Am Beispiel von Paraphilien der Geschlechtsidentität wird deutlich, wie sehr es von gesellschaftlichen Normen abhängig ist, welche Erlebens- und Verhaltensweisen als psychische Störungen gelten. Homosexualität z. B. galt vor etwa 40 Jahren ebenfalls noch als psychische Störung. Erst Anfang der 70er-Jahre des letzten Jahrhunderts wurde sie aus den Klassifikationssystemen gestrichen.

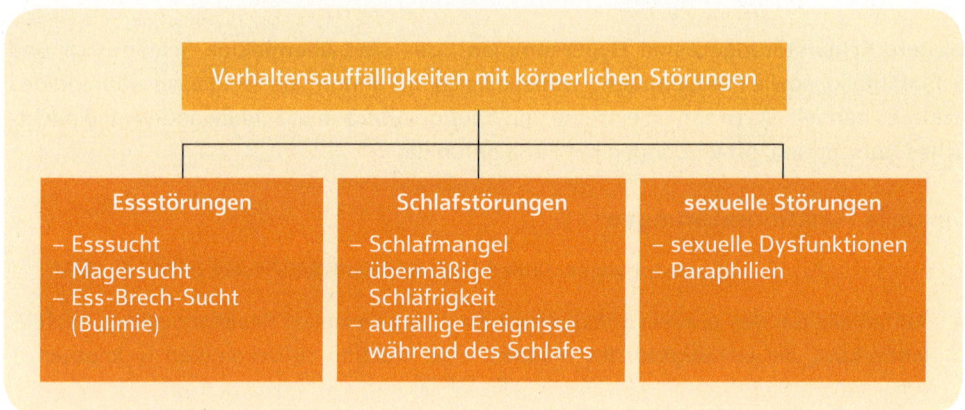

12.3.7 Persönlichkeitsstörungen

Unter Persönlichkeitsstörungen werden alle Erlebens- und Verhaltensweisen verstanden, die starr und unflexibel sind und auffallend von den Erwartungen der Gesellschaft abweichen. Dadurch kommt es zu Einschränkungen des Betroffenen in seinem sozialen und beruflichen Leben. Er zeigt deutliche Abweichungen im Wahrnehmen, im Denken und Fühlen sowie in seinen sozialen Beziehungen.

Von einer Persönlichkeitsstörung spricht man, wenn die Verhaltens- und Erlebensmuster, die Folge der Struktur von Persönlichkeitsmerkmalen sind, unflexibel und nicht angepasst sind und es dadurch zu Einschränkungen des Betroffenen in seinem sozialen und beruflichen Leben und/oder zu subjektiven Beschwerden kommt.

Es handelt sich jedoch nur dann um Persönlichkeitsstörungen, wenn diese in der Kindheit und Jugend entstanden sind bzw. begonnen haben und sich im Erwachsenenalter deutlich zeigen, also sehr beständig sind; sie lassen sich auch nicht auf Hirnerkrankungen oder andere psychische Störungen zurückführen.

Je nach Verhaltensmuster werden verschiedene Persönlichkeitsstörungen unterschieden, die sich jedoch in der Praxis nicht trennen lassen – vorherrschend sind „Mischtypen":

■ Eine **antisoziale Persönlichkeitsstörung** liegt vor bei Missachtung von sozialen Wert- und Normvorstellungen sowie bei sehr impulsivem, aggressivem sowie gewissen- und gefühllosem Verhalten. Mitmenschen werden oft als Werkzeug zur Verfolgung eigener Ziele behandelt. Früher war für Menschen mit dieser Art von Störung der Begriff *Soziopath*, auch *Psychopath*[1], gebräuchlich.

■ Die **narzisstische**[2] **Persönlichkeitsstörung** zeigt sich in starker Selbstbezogenheit, dem übermäßigen Wunsch zu imponieren und anerkannt zu werden und ist mit mangelnder Einfühlung in andere Menschen verbunden. Das Selbstwertgefühl schwankt zwischen Großartigkeit und massiven Selbstzweifeln. Bei Kritik wird mit unangemessener Wut reagiert.

■ Eine **paranoide**[3] **Persönlichkeitsstörung** ist durch ein ungerechtfertigtes ständiges und alles beherrschendes Misstrauen gegenüber anderen gekennzeichnet, Menschen dieser Art sehen überall Zeichen von Verrat und Betrug.

■ Menschen mit **schizoider**[4] **Persönlichkeitsstörung** empfinden und zeigen wenige Gefühle wie Liebe, Ärger, Interesse und sexuelle Anziehung. In der Folge leben sie eher als Einzelgänger, beschäftigen sich hauptsächlich mit sich selbst und erleben ihre Einsamkeit nicht als Mangel.

> **GESUCHT:**
>
> *Impulsive, aggressive und verantwortungslose Menschen,*
>
> *stets auf den eigenen Vorteil bedacht, dabei jedoch charmant und gewandt im Umgang mit Menschen. Bitte melden Sie sich bei ...*
>
> Mit dieser Anzeige suchte in den 1970er Jahren die Psychologin Cathy Spatz Widom an der Harvard University zu Forschungszwecken nach »erfolgreichen Psychopathen«.
>
> *(aus: Gehirn & Geist 12/2014, S. 27)*

■ Bei der **emotional instabilen Persönlichkeitsstörung** reagieren die Menschen vor allem auf Kritik aufgrund mangelhafter Impulskontrolle mit unangemessenem aggressivem Verhalten.

Sie lassen sich unterteilen, in den impulsiven Typus und den Borderline-Typus. Bei der **Borderline-Persönlichkeitsstörung**[5] ist das Selbstbild instabil. Typische Merkmale der Borderline-Störung sind ein Gefühl der inneren Leere, immer wieder auftretende innere Spannungen, impulsive Wut- und/oder Gewaltausbrüche mit Kontrollverlust, Suche nach Intensität, dem „Kick", instabile Beziehung zu sich selbst und zu Mitmenschen, Schwankungen und Sprunghaftigkeit in der eigenen Stimmung und in zwischenmenschlichen Beziehungen. Borderline ist in erster Linie also eine *Störung der Gefühlsregulation* bzw. eine *emotionale Fehlregulation:* Betroffene tun sich schwer damit, ihre Gefühle in Schach zu halten (vgl. *Ustorf, 2014, S. 44*).

> Der Borderline-Typ ist in erster Linie gekennzeichnet durch eine emotionale Instabilität, aber auch durch eine Unbeständigkeit in zwischenmenschlichen Beziehungen, der Stimmung und im Selbstbild.

---

[1] páthos (griech.): der Schmerz, das Leiden; das Suffix „path" kennzeichnet immer „krank", „krankhaft", „leidend"; gelegentlich wird der Terminus „Psychopath" auch für einen Teilbereich der antisozialen Persönlichkeitsstörung verwendet. Nach dem Kriminalpsychologen Robert Hare zeigt sich Psychopathie in einem wenig ausgeprägten Gefühlsleben, einem verantwortungslosen und ziellosen Lebensstil sowie durch Verstöße gegen Regeln und Normen (vgl. Künzel, 2013, S. 71).
[2] Narzissmus (lat.): die Liebe zur eigenen Person, Verliebtsein in sich selbst
[3] paranoia (griech.): eine Form des Wahns, in der ein ganzes Wahnsystem entsteht
[4] Schízein (griech.): (ab)spalten; phrén (griech.): Geist, Gemüt
[5] borderline (engl.): Grenzlinie

Borderline – Die Achterbahn der Gefühle[1]

Die unzureichende Regulierung der Gefühle ist verbunden mit Suiziddrohungen sowie der Neigung zu selbstverletzendem Verhalten wie z. B. Ritzen der Haut, Zufügen von Brandwunden, Sich-Verbrühen, Schlagen und dergleichen. Solche Selbstverletzungen sind Ausdruck eines seelischen Konfliktes und werden von den Betroffenen als Abfuhr von Spannung, Hass oder Wut erlebt.

> *„Die Selbstverletzung dient [...] als ‚Kick‘, um Aufregung und Hochgefühle zu erzeugen (sensation seeking), ähnlich wie beim S-Bahn-Surfen.“*
> (Kaess, 2013, S. 42)

Die Borderlinestörung kann auftreten, wenn sich der Betroffene nicht akzeptiert, allein, unverstanden oder ohnmächtig fühlt, Versagensängste hat, oder wenn die Ablösungsphase vom Elternhaus und die Selbstfindung als konfliktreich erlebt werden. Oft sind die Ursache traumatische Kindheitserlebnisse. Das Borderlinesyndrom kann Ausdruck einer Selbstbestrafung sein für das, was andere Menschen dem Betroffenen angetan haben – etwa Misshandlung oder auch sexueller Missbrauch.

> *„Grundphänomene des Erlebens von Borderline-Persönlichkeitsstörungen bestehen im Gefühl der Verlassenheit, im Gefühl, sich selbst fremd zu sein, und in der Impulsivität. Borderline-Patienten fühlen sich oft fehl am Platz, unerwünscht, isoliert von den anderen. [...] Sie entwerten sich selbst ständig aufgrund früherer Demütigungen und Invalidierungen.“*
> (Kern, 2016[2], S. 168)

- Menschen mit einer **histrionischen**[2] **Persönlichkeitsstörung** wollen ständig im Mittelpunkt stehen, sie zeigen deswegen ein theatralisches, unangemessen verführerisches Verhalten mit einem übertriebenen Ausdruck von Gefühlen – sie haben einen Hang zum Theatralischen. Sie brauchen ständig Aufregung und Anerkennung und sind in ihren Gefühlen von der Umgebung leicht beeinflussbar. In der älteren Literatur wird diese Störung *hysterisch* genannt.

- Menschen, die unter einer **zwanghaften Persönlichkeitsstörung** leiden, sind übermäßig gewissenhaft und perfektionistisch, alles muss nach den immer gleichen Regeln geschehen und seine Ordnung haben. Dies hindert sie letztlich daran, ihre zu hoch gesteckten Ziele und Normen tatsächlich zu erreichen. Sie neigen zu Rigidität, Eigensinn und Pedanterie und bestehen auf die unbegründete Unterordnung anderer.

- Andauernde und umfassende Gefühle von Anspannung, die Überzeugung, minderwertig zu sein, und die Angst, auf Ablehnung zu stoßen, prägen Menschen, die unter einer **ängstlichen (vermeidenden) Persönlichkeitsstörung** leiden. Soziale und berufliche Kontakte werden vermieden, aus Furcht vor Zurückweisung und Kritik.

- Grundzüge der **abhängigen (dependenten) Persönlichkeitsstörung** sind, dass eigene Wünsche und Bedürfnisse nicht wahrgenommen, geäußert oder den Wünschen anderer untergeordnet werden. Es besteht Angst vor dem Alleinsein und Verlassen werden sowie davor, nicht für sich selbst sorgen zu können. Die Fähigkeit, Alltags- oder Lebensentscheidungen zu treffen, ist eingeschränkt, die ständige Bestätigung und Ratschläge von außen sind dringend notwendig.

---

[1] Schlagzeile eines Artikels über Borderline auf der Titelseite der Zeitschrift „Psychologie Heute", 07/2014.
[2] histrio (lat.): der Gaukler

In der Literatur wird zum Teil auch noch von einer **passiv-aggressiven Persönlichkeitsstörung** – ein indirektes Sich-Widersetzen gegenüber sozialen und beruflichen Leistungsanforderungen – **selbstschädigender (masochistischer) Persönlichkeitsstörung** – eine Neigung zu selbstschädigendem Verhalten – oder von einer **sadistischen Persönlichkeitsstörung** – grausames und aggressives Verhalten gegenüber anderen – gesprochen[1]. Weiter zählen zu den Persönlichkeitsstörungen auch **krankhaftes Spielen** – z.B. Glücksspiele – **Brandstiftung und Stehlen (Kleptomanie**[2]**)** sowie **Paraphilien**[3].

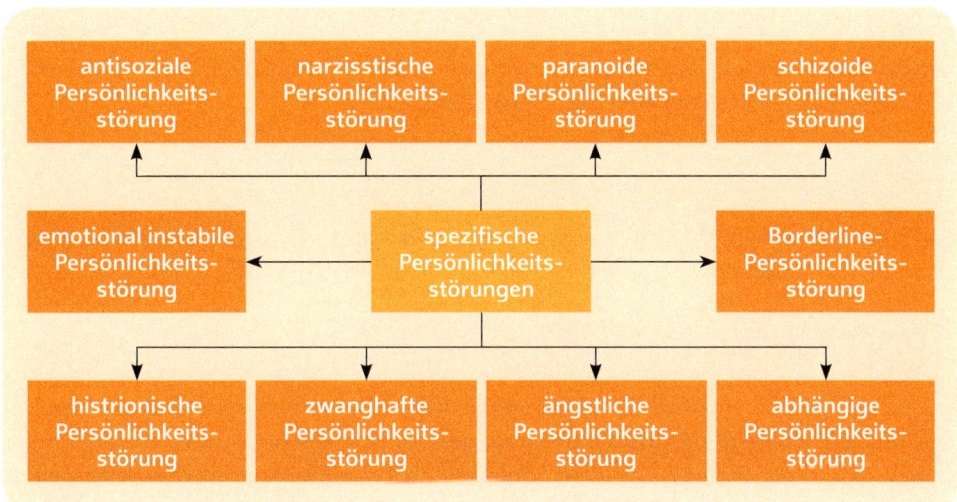

12.3.8 Psychische Störungen bei Kindern und Jugendlichen

Kindheit und Jugend ist der Lebensabschnitt mit der höchsten seelischen und körperlichen Entwicklungsdynamik und damit Verletzlichkeit. In jeder Entwicklung eines Kindes tauchen Verhaltensauffälligkeiten auf, die jedoch normal sind, wie Trennungsängste bei Kleinkindern, Stottern beim Spracherwerb, eine zeitweise Schulangst oder Bauchschmerzen vor einer Schularbeit.

Eine psychische Störung bei Kindern und Jugendlichen darf nur dann festgestellt werden, wenn sie stark von einem normalen Entwicklungsprozess abweicht und massive Beeinträchtigungen für den Betroffenen zeigt (vgl. *Steinhausen, 2006*[6], *S. 20 f.*).

Der Unterschied von psychischen Störungen bei Erwachsenen gegenüber Kindern und Jugendlichen ist der Entwicklungsprozess bzw. -stand, der bei Kindern und Jugendlichen ein anderer ist als bei Erwachsenen.

> **Eine psychische Störung bei Kindern und Jugendlichen liegt vor, wenn das Verhalten und Erleben vom altersgemäßen Entwicklungsstand erheblich abweicht und es zu einer stärkeren Beeinträchtigung kommt.**

---

[1] siehe Abschnitt 12.2.6
[2] kléptin (griech.): stehlen, manía (griech.): die Raserei, der Wahnsinn
[3] siehe Abschnitt 12.2.6

In der Kindheit sowie im Jugendalter können **Entwicklungsstörungen, Verhaltens- und emotionale Störungen, Störungen der Nahrungsaufnahme** und der **Ausscheidung, Tics und Störungen sozialer Funktionen** auftreten.

Kinder und Jugendliche können ebenso unter allen psychischen Störungen leiden, wie sie in den Abschnitten 12.2.1 bis 12.2.6 beschrieben sind – bspw. unter Ängsten oder Depressionen.

Entwicklungsstörungen

Entwicklungsstörungen zählen zu den häufigsten Beeinträchtigungen in der Entwicklung von Kindern. Sie sind folgendermaßen charakterisiert:

- Fähigkeiten und Fertigkeiten eines Kindes liegen deutlich unter der Altersnorm bei ansonsten normaler altersgemäßer Entwicklung.

- Es handelt sich um eine Funktionsstörung des Zentralnervensystems, die zu einer Störung der Informationsverarbeitung führt.

- Sie beginnen ausnahmslos im Kleinkindalter oder der Kindheit und schwächen sich im Laufe der Entwicklung ab.

Es gibt *umschriebene Entwicklungsstörungen*, früher als Teilleistungsstörungen bezeichnet, und *tief greifende Entwicklungsstörungen*. Umschriebene Entwicklungsstörungen äußern sich in der Sprache und dem Sprechen, als Lese-Rechtschreibschwäche (Legasthenie)[1], Rechenschwäche (Dyskalkulie)[1] oder mangelnde motorische Fähigkeiten. Als sekundäre Folgen können sie zu Schulversagen, sozialer Isolation, mangelndem Selbstwertgefühl und Depression führen.

Lena, ein normal begabtes Kind, zwei Jahre alt, kann weniger als 50 Wörter sprechen- Gleichaltrige verfügen über einen Wortschatz von über hundert Wörtern.
Ben ist oft nicht zu verstehen, er stammelt, er vertauscht Laute und lässt einzelne Laute aus.
Beispiel für eine Rechtschreibstörung:

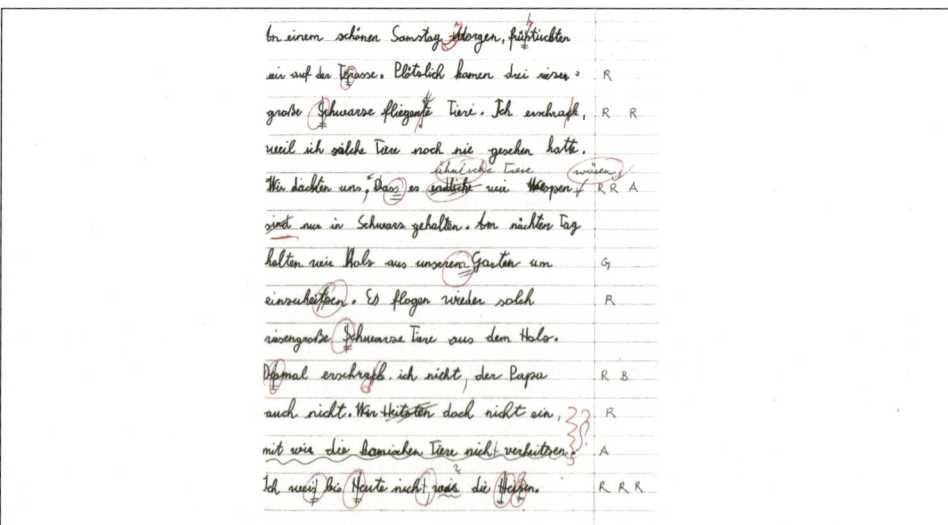

Quelle: www.legastheniepraxis.at/legasthenie/legasth_beisp1.jpg, o. S.

---

[1] siehe Kapitel 3.5.2

Zeigen sich vor dem dritten Lebensjahr bei einem Kind weitreichende Einschränkungen in der Fähigkeit Beziehungen aufzunehmen, zu sprechen, Gefühle zu zeigen und zeigt es begrenzte häufig wiederkehrende Verhaltensweisen, so spricht man von einer tief greifenden Entwicklungsstörung. Eine bekannte Form einer tief greifenden Entwicklungsstörung ist der frühkindliche *Autismus*[1], eine psychische Störung, die durch Isolation von der Umwelt und Versenkung in die eigene Gedankenwelt gekennzeichnet ist.

In dem Film „Rain Man" verkörpert Dustin Hoffman einen autistischen jungen Mann, der die exakten Daten jeder Fluggesellschaft kennt, sich alle Nummern in einem Telefonbuch merken kann, aber völlig überfordert ist und mit Angst reagiert, als er sich eine Mahlzeit bestellen soll.

> Autismus bezeichnet jene psychische Störung, die durch Isolation von der Umwelt und Versenkung in die eigene Gedankenwelt gekennzeichnet ist.

Eine mildere Form des Autismus wird häufig als **Aspergerstörung**[2] bezeichnet. Bei dieser Störung sind Denken und Sprache intakt, aber der Betroffene zeigt ebenfalls stereotype Verhaltensrituale und pflegt kaum soziale Kontakte.

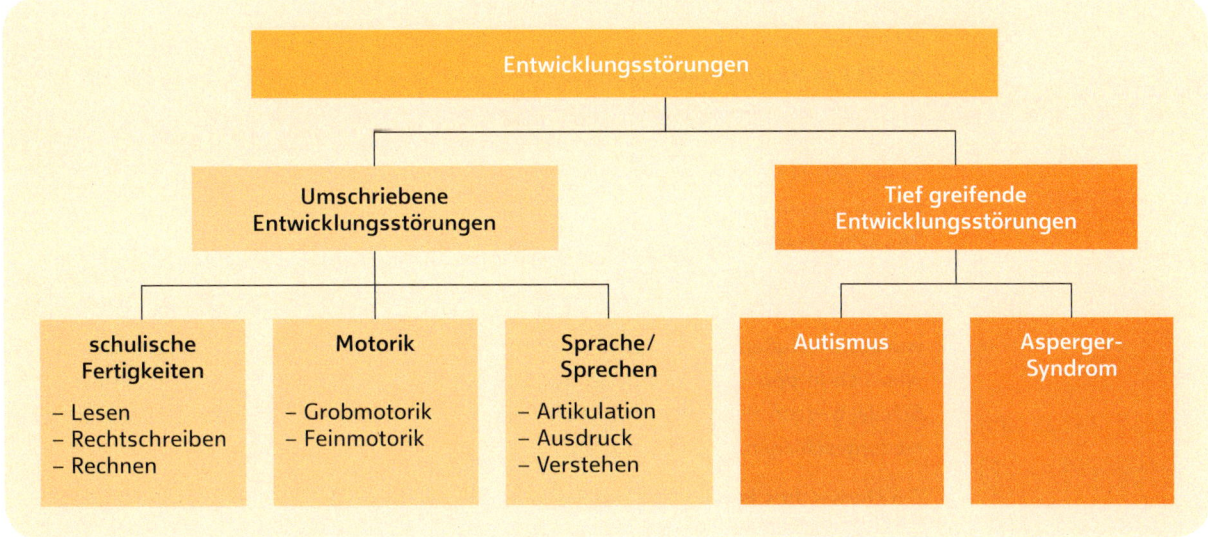

Verhaltens- und emotionale Störungen

Hierzu gehören:

- **Aktivitäts- und Aufmerksamkeitsstörungen**, die unterschiedlich benannt werden, aber die gleiche Bedeutung haben; sie werden als *Hyperkinetisches Syndrom* (*HKS*) oder *Aufmerksamkeitsdefizit-/Hyperaktivitätsstörung (ADHS)* bezeichnet[3]. Fehlt das Merkmal der Hyperaktivität, so spricht man von *Aufmerksamkeitsdefizit-Störung (ADS)*. Diese Kinder zeigen ähnliche Symptome, wirken aber verträumt und zurückgezogen. Deshalb fällt diese Störung oft erst in der Schule auf.

---

[1] autos (griech.): selbst
[2] Diese Störung ist nach dem Kinderarzt und Heilpädagogen Hans Asperger (1906–1980) benannt.
[3] hyper (griech.): übermäßig; kinetikos (griech.): bewegend

Bei Kindern und Jugendlichen mit ADHS ist die Fähigkeit zur Selbststeuerung vermindert. Dieser Umstand äußert sich in Aufmerksamkeits- und Konzentrationsstörungen, ausgeprägter körperlicher Unruhe und starkem Bewegungsdrang (Hyperaktivität) sowie impulsivem und unüberlegtem Handeln. Es kann jedoch erst dann von einer Störung gesprochen werden, wenn das Verhalten stark ausgeprägt ist, länger als sechs Monate andauert, sich schon vor dem siebten Lebensjahr gezeigt hat und zu einer deutlichen Beeinträchtigung im sozialen und schulischen/beruflichen Bereich führt.

Manuel schrie als Baby viel und lange; er hatte Ess- und Schlafprobleme, lehnte Körperkontakt ab und war oft schlecht gestimmt. Als Kleinkind zeigte er geringe Ausdauer beim Spielen, ließ sich leicht ablenken und oft passierten ihm kleine Unfälle, weil er so ungeschickt war. Er war sehr trotzig, hielt sich im Kindergarten nur schwer an Regeln und störte häufig die anderen Kinder. Er konnte nicht still sitzen und kletterte ständig auf Tische und Stühle. In der Schule hatte er Schwierigkeiten, dem Unterricht zu folgen und sich auf seine Aufgaben zu konzentrieren; ihm passierten leicht Flüchtigkeitsfehler. Das zeigte sich auch in seinen schlechten Noten. Die Lehrerin musste ihn oft zurechtweisen, weil er redete, ohne aufgefordert zu sein, ständig Geräusche machte sowie wegen Kleinigkeiten Wutanfälle bekam und auf seine Klassenkameraden losging. Er hatte Schwierigkeiten, Freunde zu finden, und wurde zum Außenseiter. In der Pubertät hatte er zu nichts mehr Lust und war gegen alles, was sich in oppositionellem und aggressivem Verhalten zeigte. Er schwänzte häufig die Schule, begann zu stehlen und Alkohol zu trinken. Er traute sich nichts mehr zu und war oft niedergeschlagen.

Ein klassisches Beispiel für das hyperkinetische Syndrom ist der Zappelphilipp.

Seht, ihr lieben Kinder, seht,
wie's dem Philipp weiter geht!
Oben steht es auf dem Bild.
Seht, er schaukelt gar zu wild,
bis der Stuhl nach hinten fällt.
Da ist nichts mehr, was ihn hält.
Nach dem Tischtuch greift er, schreit.
Doch was hilft's? Zur gleichen Zeit
fallen Teller, Flasch und Brot.
Vater ist in größter Not,
und die Mutter blicket stumm
auf dem ganzen Tisch herum.
(Hoffmann, 2013)

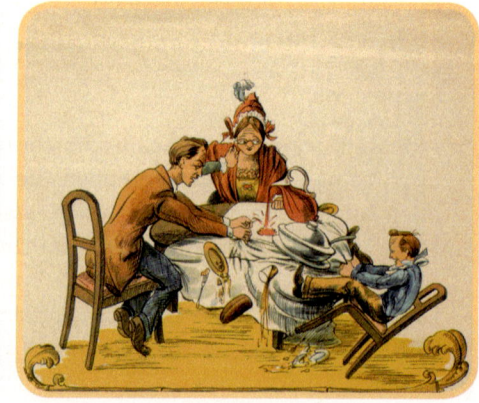

Neurobiologen gingen bisher davon aus, dass bei AD(H)S eine neurobiologische Störung vorliegen würde, AD(H)S sei genetisch bedingt und die Veranlagung würde dafür sorgen, dass der Stoffwechsel durcheinandergerate. Doch diese These lässt sich nicht mehr halten. Es gibt immer mehr Hinweise, dass diese Störung stärker durch äußere Einflüsse verursacht wird.

- Ein Kind mit **Störungen des Sozialverhaltens** zeigt wiederholt und dauerhaft Verhaltensmuster, bei denen es entweder die Grundrechte anderer oder wichtige altersgemäße soziale Normen bzw. Gesetze verletzt oder keine sozialen Bindungen eingeht.

Heftige Wutausbrüche mit Sachbeschädigungen, das Quälen von Tieren oder andauerndes Nichtbefolgen von Anweisungen sind Beispiele für Störungen des Sozialverhaltens.

Zu den Störungen des Sozialverhaltens zählen auch *Bindungsstörungen*, die in zwei Formen auftreten: Die reaktive Bindungsstörung mit dem gehemmten Typus und die Bindungsstörung mit Enthemmung – der enthemmte Typus (vgl. *Dilling u.a., 2015*[10], *S. 380–384*).

- **Emotionale Störungen** sind psychische Störungen, die sich hauptsächlich im Erleben zeigen.

Beispiele für emotionale Störungen sind inadäquate Affekte, das bedeutet, die gezeigten Emotionen entsprechen nicht der Situation oder es kommt zu abgestumpften und flachen Gefühlen.

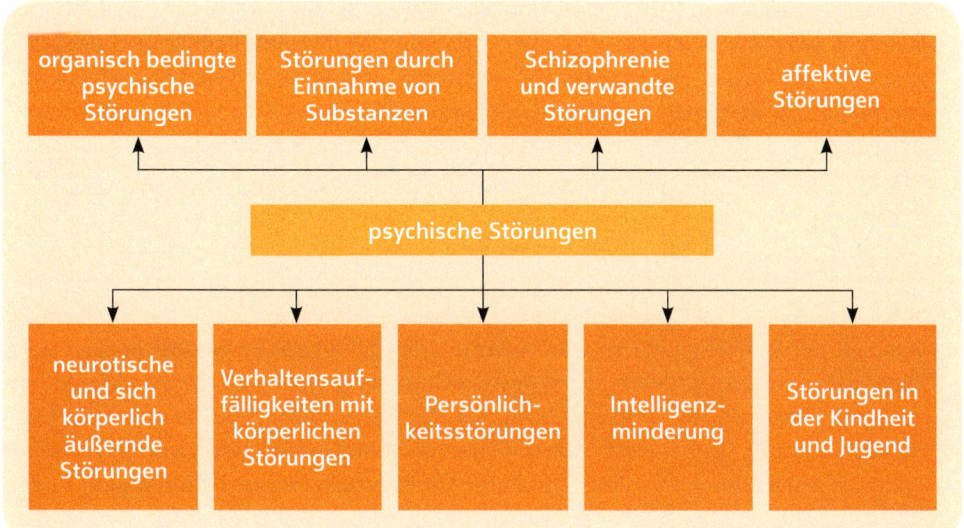

Zusammenfassung

- Die Klinische Psychologie beschäftigt sich mit psychischen Störungen, mit psychischen Aspekten körperlicher Erkrankungen und mit psychischen Krisen. Ihre Aufgaben sind die Diagnostik, die Prävention und die Behandlung von psychischen Störungen, psychischen Aspekten körperlicher Erkrankungen und psychischen Krisen. Je nachdem, um welche Art der Behandlung es sich handelt, wird von Beratung und Therapie sowie von Rehabilitation gesprochen.

- Unter einer psychischen Störung versteht man alle Erlebens- und Verhaltensweisen einer Person, die über einen längeren Zeitraum hinweg erheblich von der Norm abweichen und mit einem Leidensdruck verbunden sind sowie für die Person selbst und/oder ihre soziale Umgebung eine Beeinträchtigung zur Folge haben. Neben dem Begriff „psychische Störung" verwendet die Internationale Klassifikation psychischer Störungen (ICD-10) auch die Begriffe „Verhaltensstörung" und „emotionale Störung". Verhaltensstörung bedeutet Abweichungen von der Norm und die damit verbundene Belastung und Beeinträchtigung, die sich vorwiegend im Verhalten äußert, während sich eine emotionale Störung vorwiegend im Erleben zeigt.

- Die wichtigsten Entstehungsbedingungen sind biologische, soziale und psychische Faktoren. Die Klinische Psychologie will psychische Störungen nicht nur beschreiben, sondern ihre Entstehung auch erklären. Abhängig vom Menschenbild und dem psychologischen Ansatz, der jeweils eine bestimmte Sichtweise und ein unterschiedliches methodisches Vorgehen hervorhebt, gibt es verschiedene Theorien. Aus psychologischer Sicht sind dabei tiefenpsychologische Theorien, Lerntheorien, kognitive Theorien, humanistische Theorien sowie in jüngerer Zeit auch systemische Theorien von Bedeutung.

- Resilienz bedeutet psychische Widerstandskraft und bezeichnet die Fähigkeit, schwierige Lebenssituationen und belastende Ereignisse erfolgreich zu überstehen. Bei dem Konzept der Resilienz geht es zum einen um den Erhalt der Funktionsfähigkeit eines Menschen und zum anderen, wenn diese nicht mehr gegeben ist, um ihre Wiederherstellung. Risikofaktoren sind Einflüsse, die die Wahrscheinlichkeit zu erkranken wesentlich erhöhen. Dabei wird unterschieden zwischen biologischen und psychischen Faktoren einerseits sowie Umweltfaktoren andererseits. Schutzfaktoren sind Bedingungen, die trotz Vorliegen von Risikofaktoren eine positive Entwicklung ermöglichen und dazu beitragen, schwierige Situationen im Leben erfolgreich zu überstehen. Hinsichtlich der Schutzfaktoren unterscheidet man zwischen personalen und sozialen Schutzfaktoren.

- Die neuesten Arbeitsergebnisse sind in der ICD-10 zusammengefasst. Nach dieser zählen zu den psychischen Störungen organisch bedingte psychische Störungen, Störungen aufgrund beeinflussender Substanzen, Schizophrenie und verwandte Störungen, affektive Störungen wie Depression und Manie, neurotische und sich körperlich äußernde Störungen wie Angst-, Zwangs- und somatoforme Störungen, Verhaltensauffälligkeiten mit körperlichen Störungen wie Ess-, Schlaf- und sexuelle Funktionsstörungen, Persönlichkeitsstörungen, Intelligenzminderung sowie Störungen in der Kindheit und Jugend, die sich in Entwicklungsstörungen und in Verhaltens- und emotionalen Störungen äußern.

Aufgaben und Anregungen Kapitel 12

Aufgaben

1. Beschreiben Sie an je einem Beispiel den Gegenstand der Klinischen Psychologie.
   (Abschnitt 12.1.1)

2. Geben Sie einen Überblick über die Aufgaben der Klinischen Psychologie.
   (Abschnitt 12.1.2)

3. Erläutern Sie an einem ausgewählten Beispiel
   a) die Diagnostik als Aufgabe der Klinischen Psychologie.
   b) die Prävention als Aufgabe der Klinischen Psychologie.
   (Abschnitt 12.1.2)

4. Zeigen Sie die Behandlung als Aufgabe der Klinischen Psychologie auf.
   (Abschnitt 12.1.2)

5. Bestimmen Sie den Begriff „Klinische Psychologie" und stellen Sie an zwei Beispielen die Rehabilitation als Möglichkeit der Behandlung von psychischen Störungen dar.
   (Abschnitt 12.1.2)

6. Erläutern Sie anhand einer psychischen Störung (z. B. Depression, Panikangst, Zwangsverhalten) die Merkmale des Begriffes „Psychische Störung".
   (Abschnitt 12.1.3)

7. Fallbeschreibung „Anna Hell"[1]
   „Das erste Mal passiert es in der Straßenbahn, auf dem Weg zur Arbeit. Anna Hells[2] Herz beginnt zu rasen, sie bekommt keine Luft mehr, ihr wird schwindlig. Angst. Nackte Panik befällt die junge Finanzbeamtin. Für die Umstehenden unterscheidet diese Straßenbahnfahrt nichts von unzähligen anderen — aber Anna Hell befürchtet, gleich sterben zu müssen. Rund 20 Minuten dauert dieser schier unerträgliche Zustand, bevor sich ihre Gefühlslage und das körperliche Befinden wieder halbwegs einpendeln.
   Als sich Ähnliches am übernächsten Tag wiederholt, beschließt Anna Hell Busse und Bahnen zu meiden und steigt aufs Taxi um. Ohne Erfolg: Die Panikattacken, die immer gleich ablaufen, treten bald darauf auch während der Arbeit auf. Anna Hell lässt sich krankschreiben. Der Hausarzt schickt sie zum Kardiologen, der bescheinigt: Herz und Lunge funktionieren einwandfrei. [...]
   Als der erste Arbeitstag nach ihrer Krankschreibung naht, wird ihre Angst davor, wieder ins Büro zu gehen, immer größer — sie bleibt schließlich zu Hause. Überhaupt traut sie sich kaum noch ohne Begleitung aus dem Haus. Schließlich sucht sie die Angst-Ambulanz [...] auf." (Erhardt/Schmidt, 2015, S. 55)
   Beurteilen Sie, ob es sich bei dieser Fallbeschreibung um eine psychische Störung handelt. Begründen Sie Ihre Entscheidung.
   (Abschnitt 12.1.3)

---

[1] siehe auch Aufgabe 12 des Kapitel 13
[2] Name geändert

Aufgaben und Anregungen Kapitel 12

Aufgaben

8.

> *Lebenshilfe*
> # „Es lohnt sich, Listen zu machen"
> *Der Schweizer Kabarettist und Künstler Ursus Wehrli, 42, über die Schönheit der Ordnung*
>
> **SPIEGEL**: *Sie haben für Ihr neues Buch eine Buchstabensuppe alphabetisch geordnet und die Sterne des Nachthimmels nach Helligkeit. Geht's noch?*
>
> **Wehrli**: Ja, doch, es geht noch. Ich bin ja eine multiple Persönlichkeit, ich kann mich gut in die eine Rolle und in die andere versetzen. Aber ich finde es selbst erstaunlich: Je mehr ich mich mit dem Aufräumen beschäftige, desto mehr erfreue ich mich am Chaos.
>
> **SPIEGEL**: *Woher kommt das Bedürfnis aufzuräumen?*
>
> **Wehrli**: Ich habe schon als Kind die unsinnigsten Sachen sortiert. Ich habe für alle Klassenkameraden in der Schule die Stundenpläne von Hand kopiert und dann in Zellophan verpackt, damit sie nicht nass werden. Und dann verkauft, für zwei Franken.
>
> **SPIEGEL**: *Sie sind nicht nur Künstler, sondern auch Kabarettist, Sie führen Buch über Ihre Auftrittsorte, Sie lieben Strichlisten und Tabellen. Das klingt nach jemandem, der eine Art Plan hat.*
>
> **Wehrli**: Ja, ich habe ganz viele Pläne. Ich leide ein bisschen darunter, dass ich häufig vor lauter Plänen
>
> und Listen nicht zur eigentlichen Tätigkeit komme. Aber ich glaube immer noch daran, dass es sich lohnt, Listen zu machen – wenn ich gar nicht mehr weiß, wo es weitergehen soll, dass ich da mal draufgucken kann. Und wenigstens theoretisch wüsste, was es noch zu tun gäbe.
>
> **SPIEGEL**: *Ist das Kunst – oder maskieren Sie damit eine Zwangsstörung?*
>
> **Wehrli**: Nee, ich kann sehr genau festlegen, wann es genug ist. Aber es ist schon so, dass mir im Alltag immer wieder Dinge ins Auge stechen, die besonders strukturiert oder extrem chaotisch sind. Ich habe eine Vorliebe für Muster.
>
> **SPIEGEL**: *Wurde bei der Evolution gepfuscht?*
>
> **Wehrli**: Ja. Ich meine, die hatten's ja auch nicht leicht damals. Ständig gab's Zusammenhänge, aus denen sich neue Konsequenzen ergaben – wo man ein bisschen überfordert war in der Natur. Wo es Kompromisse gab. Schauen Sie sich z.B. mal einen Ameisenhaufen an. Das geht überhaupt nicht!
>
> *(o. A., DER SPIEGEL, 2011, S. 53)*

Bestimmen Sie den Begriff „Psychische Störung" und untersuchen Sie, ob es sich bei dem Schweizer Kabarettisten *Ursus Wehrli* um eine solche handelt.
(Abschnitt 12.1.3)

9. Beschreiben Sie, was man unter „Resilienz" versteht, und stellen Sie an einem Beispiel dar, worum es in der Resilienzforschung geht.
(Abschnitt 12.2.1)

10. Erläutern Sie anhand einer schwierigen Lebenssituation die Bedeutung der Resilienz.
(Abschnitt 12.2.1)

11. Bestimmen Sie, was mit „Risikofaktoren" gemeint ist, und erläutern Sie verschiedene Risikobedingungen.
(Abschnitt 12.2.2)

Aufgaben und Anregungen Kapitel 12

Aufgaben

12. Bestimmen Sie, was mit „Schutzfaktoren" gemeint ist, und erläutern Sie mögliche Schutzfaktoren, durch die sich resiliente Menschen auszeichnen.
(Abschnitt 12.2.2)

13. Erläutern Sie an einem Beispiel
    a) das Suchtverhalten eines Menschen
       (Abschnitt 12.3.1)
    b) Schizophrenie als psychische Störung
       (Abschnitte 12.3.2 und 12.1.3)
    c) Depression und Manie als psychische Störung
       (Abschnitt 12.3.3 und 12.1.3)
    d) verschiedene Formen der Angststörungen
       (Abschnitt 12.3.4)
    e) verschiedene Arten von Zwangsstörungen
       (Abschnitt 12.3.5)
    f) somatoforme Störungen
       (Abschnitt 12.3.5)
    g) verschiedene Formen von Essstörungen
       (Abschnitt 12.3.6)
    h) verschiedene Formen von Schlafstörungen
       (Abschnitt 12.3.6)

14. Erläutern Sie anhand einer
    a) sexuellen Dysfunktion,
    b) Paraphilie,
    c) Störung der Geschlechtsidentität,
       dass es sich hierbei um eine psychische Störung handelt.
    (Abschnitt 12.3.6)

15. a) Bestimmen Sie den Begriff „Persönlichkeitsstörung".
    b) Beschreiben Sie eine Persönlichkeitsstörung und zeigen Sie, dass es sich hierbei um eine psychische Störung handelt.
    (Abschnitt 12.3.7)

16. a) Bestimmen Sie den Begriff „Entwicklungsstörung".
    b) Beschreiben Sie eine umschriebene oder tief greifende Entwicklungsstörung und zeigen Sie, dass es sich hierbei um eine psychische Störung handelt.
    (Abschnitt 12.2.8 bzw. *Kapitel 3.4.2*)

17. *Der Heidelberger Kinderpsychiater und ADHS-Experte Helmut Bonney meint: „ADHS ist keine Krankheit"* *(vgl. Ayan, 2012, S. 37).*
    Zeigen Sie auf, wann es sich bei unaufmerksamen und hyperaktiven Kindern um Kinder mit einer psychischen Störung handelt.
    (Abschnitt 12.2.8)

Aufgaben und Anregungen Kapitel 12

Anregungen

18. *Fragen macht klug (vgl. Brandhofer-Bryan, 2008, S. 158)*
    - Die Teilnehmer bilden Gruppen von zwei bis vier Personen.
    - Jede Gruppe bekommt ein Thema oder eine Seite aus dem Lernstoff „Klinische Psychologie" zugeteilt und vier bis sechs leere Karten, die nummeriert werden.
    - Die Gruppe überlegt sich Fragen, die sich auf ihr Thema oder ihre Seite beziehen. Diese Fragen werden auf je eine Karte geschrieben.
    - Wenn alle Gruppen ihre Fragen aufgeschrieben haben, reichen sie die Karten an die nächste Gruppe im Uhrzeigersinn weiter. Nun überlegen sich die Gruppen Antworten zu den Fragen und schreiben sie zusammen mit den Nummern der entsprechenden Frage auf weitere Karten.
    - Dann werden die Antwortkarten zusammen mit den Fragekarten an die ursprüngliche Gruppe zurückgegeben und dort besprochen.

19. *Wie widerstandsfähig bin ich?*
    - Notieren Sie für sich in der linken Spalte eines Blatt Papiers mögliche Risikofaktoren und in der rechten Spalte mögliche Schutzfaktoren Ihres Lebenslaufes.
    - Suchen Sie sich in der Klasse einen (oder zwei) Partner und sprechen Sie miteinander über die Notizen.
    - Überlegen Sie Möglichkeiten, wie Sie und Ihr(e) Partner die Resilienz stärken können.
    - Stellen Sie diese Möglichkeiten mithilfe von Bauklötzchen dar.
    - Präsentieren Sie die verschiedenen dargestellten Lösungen in der Klasse und sprechen Sie darüber.

20. *Jedes fünfte Kind ist laut einer Studie verhaltensauffällig – so der Berufsverband der Kinder- und Jugendärzte e. V. (BVKJ). Die Zahl der Kinder mit Entwicklungsstörungen, Konzentrationsschwächen und seelischen Problemen steigt nach Aussage dieses Verbandes stetig. Zudem kommen „neue Krankheiten" wie Störungen der sozialen Kompetenz, der Feinmotorik, der Körperkoordination und der Konzentrationsfähigkeit hinzu (vgl. www.kinderaerzte-im-netz.de vom 28.03.2011).*
    - Suchen Sie in Gruppen nach möglichen Ursachen für diese alarmierende Entwicklung und sprechen Sie anschließend in der Klasse über diese Ursachen.
    - Versagt hier angesichts dieser Entwicklung nicht die Erziehung grundlegend?
        - Schreiben Sie Ihr(e) Argument(e) auf Kärtchen, wobei „Proargumente" auf ein grünes und „Kontraargumente" auf ein rotes Kärtchen kommen, und heften Sie diese bspw. auf eine Pinnwand.
        - Bilden Sie in der Klasse zwei Gruppen, eine „Progruppe" und eine „Kontragruppe", und diskutieren Sie anhand der Kärtchen die oben genannte Fragestellung kontrovers.
        - Führen Sie anschließend ein Statement durch, in welchem jeder sagt, welchen Standpunkt er aufgrund der Diskussion hinsichtlich der oben genannten Frage vertritt.

21. Fertigen Sie eine Collage an, die die Gedanken, die Gefühle und die Verhaltensweisen eines depressiv erkrankten Menschen künstlerisch verdeutlicht.

22. *ADHS*
    - Diskutieren Sie in Kleingruppen folgende Fragen:
        - Was sind die speziellen Bedürfnisse von Kindern, die unter ADHS leiden?
        - Wie können Eltern ihre Kinder im Alltag unterstützen?
    - Stellen Sie in einem Sketch Ihre Ideen vor.

Aufgaben und Anregungen Kapitel 12

Anregungen

23. *Die Häufigkeit von Essstörungen hat in den letzten Jahren zugenommen, mitverursacht durch gesellschaftliche Entwicklungen, die das Schlanksein als Schönheitsideal propagieren. Unabhängig von ihrem Körpergewicht möchten Frauen fünf Kilogramm leichter sein.*
    - Tragen Sie in Kleingruppen zusammen, wie Sie die gesellschaftliche Entwicklung wahrnehmen und welche Wirkungen das auf das Leben von jungen Frauen und Männern hat.
    - Diskutieren Sie anschließend in der Klasse über Ihre Ergebnisse.

24. Überlegen Sie sich in Kleingruppen, welche positiven Seiten schwierige oder störende Verhaltensweisen haben, z. B.: sich streiten – interessiert aneinander sein; Ängstlichkeit – Fähigkeit, Risiken einzuschätzen und Gefahren wahrzunehmen.

13 Behandlung von psychischen Störungen

Sarah, 21 Jahre alt, im ersten Studiensemester, wendet sich an ihren Hausarzt: „Seit meinem Umzug in die Universitätsstadt schlafe ich sehr schlecht. Ich wache morgens um vier Uhr auf und kann nicht mehr einschlafen. Seit Wochen kann ich mich nicht aufraffen, in die Uni zu gehen, auch weil ich mich nicht konzentrieren kann. Ich sitze in meinem Zimmer und grüble, weil  alles so sinnlos ist. Ich habe in der letzten Zeit abgenommen, weil mir nichts schmeckt. Ich habe hier keine Freunde und werde sicherlich auch keine finden. Manchmal denke ich, wenn ich tot bin, ist alles besser." Der Hausarzt diagnostiziert eine Depression und empfiehlt sie an eine Psychotherapeutin weiter.

Die Frage ist, wie Sarah geholfen werden könnte.

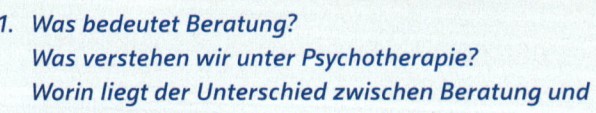

Folgende Fragen werden in diesem Kapitel geklärt:

1. *Was bedeutet Beratung?*
   Was verstehen wir unter Psychotherapie?
   Worin liegt der Unterschied zwischen Beratung und Psychotherapie?

2. *Welche Formen der Psychotherapie gibt es?*
   Was sind die jeweiligen wissenschaftlichen Grundlagen, Grundannahmen und Zielsetzungen der verschiedenen Grundkonzepte der Psychotherapie?
   Wie gehen diese verschiedenen Konzepte im Therapieprozess vor?

13.1 Beratung und Psychotherapie

Beratung und Psychotherapie sind wichtige Behandlungsformen[1], um die Entstehung psychischer Störungen zu verhindern und deren Folgen zu mildern oder sie zu heilen. Sie können mit Einzelpersonen, Paaren, Familien oder Gruppen durchgeführt werden. Es können Kinder, Jugendliche, Erwachsene und alte Menschen beraten oder therapiert werden.

13.1.1 Die Beratung

Der Begriff „Beratung" wird in der Psychologie in verschiedenen Bedeutungen verwendet[2]. In der Klinischen Psychologie bedeutet Beratung ein Vorgehen, das zum Ziel die Beseitigung persönlicher und/oder sozialer Probleme bzw. den effektiven Umgang mit diesen hat. Dabei handelt es sich nicht um „gute Ratschläge" oder um ein einfaches „Ermutigen"; der Berater nutzt dabei wissenschaftlich fundierte Erkenntnisse, um effektiv helfen zu können.

> Psychologische Beratung in der Klinischen Psychologie ist ein wissenschaftlich fundiertes Vorgehen, das als Ziel die Beseitigung persönlicher und/oder sozialer Probleme bzw. den effektiven Umgang mit diesen hat.

> „[...] Beratung ist eine spezielle Dienstleistung für Einzelpersonen, (Teil-)Familien und Institutionen, um diesen zur eigenständigen Lösung von Problemen im psychosozialen und/oder materiellen Bereich zu verhelfen."
> (Belardi u. a., 2011[6], S. 43)

Das Beratungsproblem kann sehr unterschiedliche Bereiche betreffen. Der Klient kann den Berater bei Problemen in der Schule, in der Partnerschaft, im Beruf, in der Erziehung oder in der Lebensführung aufsuchen. Dementsprechend gibt es unterschiedliche Beratungsstellen. Hauptanwendungsbereiche sind *Telefonseelsorge, Schwangerschaftskonflikt-, Paar-, Familien-, Erziehungs-, Schul-, Drogen- und Suchtberatung sowie Schuldnerberatung*.

Grundlage der Beratung sind wissenschaftliche Theorien über das Erleben und Verhalten des Menschen. Da es hierzu unterschiedliche Theorien und Schulen gibt, können die Berater von den verschiedensten Schulen und Theorien beeinflusst sein.

→ **Materialien 1:**
Beratungsstellen

13.1.2 Die Psychotherapie

Die Psychotherapie[3] will Hilfe bei der Feststellung, Heilung oder Linderung von psychischen Störungen, psychischen Aspekten körperlicher Erkrankungen und psychischen Krisen bieten. Dabei bedient sie sich je nach Schule bzw. Richtung verschiedener psychologischer Verfahrensweisen, um die Störung abzubauen und die damit verbundenen Belastungen zu mindern bzw. zu beseitigen.

Um Psychotherapie ausüben zu können, ist in Deutschland, Österreich und der Schweiz eine *qualifizierte psychotherapeutische Zusatzausbildung und die rechtliche Befugnis*

---

[1] Der Begriff „Behandlung" ist in Kapitel 12.1.2 geklärt.
[2] So gewinnt die Unternehmensberatung in den Bereichen der Team- und Organisationsentwicklung, z. B. die Beratung von Führungskräften oder die Personalberatung, immer größere Bedeutung.
[3] Psychotherapie (griech.): die Behandlung der Seele

zur Ausübung der psychotherapeutischen Heilkunde durch das Gesundheitsamt notwendig. Bei der Psychotherapie handelt es sich also immer um **eine wissenschaftlich fundierte und anerkannte Hilfe**.

> Unter Psychotherapie versteht man alle psychologischen, wissenschaftlich fundierten Techniken und Verfahrensweisen, mit denen versucht wird, psychische Störungen, psychische Aspekte körperlicher Erkrankungen und psychische Krisen zu lindern bzw. zu heilen.

Beschleunigt wurde die Entwicklung psychotherapeutischer Konzepte nach 1945. Durch die Folgen des Zweiten Weltkrieges waren viele Menschen schwer traumatisiert und benötigten Psychotherapie. Da psychoanalytische Therapien langwierig und aufwendig waren, wurde nach kürzeren Behandlungsformen gesucht. Von 1945–1955 entstanden die verhaltenstherapeutischen, humanistischen und systemischen Psychotherapieansätze (vgl. Kriz, 2014[7], S. 20–30).

In den letzten Jahrzehnten sind zahlreiche Therapieansätze entstanden, einerseits auf bestimmte psychische Störungen bezogen, bspw. für Menschen mit Borderline-Störung oder einer posttraumatischen Belastungsstörung, andererseits auch durch Differenzierung innerhalb der Grundkonzepte. Der folgende Überblick versucht, die wesentlichsten Entwicklungen aufzuzeigen:

Psychotherapie im Überblick

Therapierichtung	Begründer/Vertreter
Tiefenpsychologie	
Psychoanalyse	*Sigmund Freud*
Individualpsychologie	*Alfred Adler*
Analytische Psychologie	*Carl Gustav Jung*
Vegetotherapie/Bioenergetik	*Wilhelm Reich/Alexander Lowen*
Transaktionsanalyse	*Eric Berne*
Supportiv-expressive Psychotherapie	*Lester Luborsky*
Strukturbezogene Psychotherapie	*Gerd Rudolf*
Übertragungsfokussierte Psychotherapie	*Otto F. Kernberg*
Mentalisierungsbasierte Therapie (MBT)	*Anthony Bateman/Peter Fonagy*
Verhaltenstherapie	
Lerntheoretische Verhaltenstherapie	*Joseph Wolpe/Hans-Jürgen Eysenck/ Burrhus F. Skinner/Frederick H. Kanfer*
Kognitive Verhaltenstherapie	*Aaron T. Beck*
Rational-emotive Therapie	*Albert Ellis*
Stressimpfungsprogramm	*Donald Weichenbaum*
Schematherapie	*Jeffrey Young*
Dialektisch-Behaviorale Therapie (DBT)	*Marsha M. Linehan*
Akzeptanz-und-Commitment-Therapie (ACT)	*Steven Hayes*
Humanistische Ansätze	
Klientenzentrierte Psychotherapie	*Carl. R. Rogers*
Gestalttherapie	*Fritz F. Perls*
Psychodrama	*Jacob L. Moreno*
Logotherapie	*Victor Frankl*
Focusing	*Eugene T. Gendlin*
Achtsamkeitsbasierte Psychotherapie	*Jon Kabat Zinn*
Emotionsfokussierte Therapie	*Leslie S. Greenberg*

Therapierichtung	Begründer/Vertreter
Familientherapie/systemische Therapie	
Strukturelle Familientherapie	*Salvatore Minuchin*
Strategische Familientherapie	*Jay Haley*
Psychoanalytisch orientierte Familientherapie	*Iwan Boszormenyi-Nagy/Horst-Eberhard Richter*
Erlebnisorientierte Familientherapie	*Virginia Satir*
Systemische Familientherapie	*Mara Selvini-Palazzoli/Helm Stierlin*
lösungsorientierte Kurztherapie	*Steve de Shazer*
Inner Family System (IFS)	*Richard Schwartz*
weitere Formen	
Hypnotherapie	*Milton H. Erickson*
NLP (Neurolinguistisches Programmieren)	*Richard Bandler/John Grinder*
Traumatherapie	*Luise Reddemann*
Psychotraumatherapie (EMDR)	*Francine Shapiro*

Die Kinder- und Jugendlichenpsychotherapie beschäftigt sich mit der Diagnose, Psychotherapie und Prophylaxe von psychischen Störungen bei Kindern und Jugendlichen bis zum 18. Lebensjahr. Dabei wird die Familie in die Psychotherapie miteinbezogen, da sie die zentrale Rolle bei der Entwicklung von Kindern spielt.

Die Übergänge zwischen Beratung und Psychotherapie sind fließend, die Unterschiede lassen sich an folgenden Merkmalen festmachen:

	Beratung	Psychotherapie
Ort:	Beratungsstelle/Jugendamt/ sozialpädagogische Einrichtungen	freie Praxen, Kliniken
Dauer:	eher kürzer und weniger häufig	länger, regelmäßiger und hohe Frequenz
Berufsgruppen:	Psychologen, Sozialpädagogen Pädagogen, Theologen	Psychologen, Ärzte, Sozialpädagogen, die die Erlaubnis zur Psychotherapie haben
Voraussetzung:	Leidensdruck und die Bereitschaft, sich einzulassen, Reflexionsfähigkeit	hohe Motivation, Konfliktbereitschaft, Ausdauer, gute Reflexionsfähigkeit
Schwerpunkt:	eher an der Gegenwart und Zukunft orientiert, Überwindung aktueller Schwierigkeiten, Vermittlung anderer Hilfen	Bearbeitung von tiefer liegenden Konflikten und biografischen Erfahrungen, weitreichende Veränderungen von Gedanken, Gefühlen und Verhalten
Methode:	eher Methodenvielfalt	eher an einem psychotherapeutischen Grundkonzept orientiert
Finanzierung:	Jugendhilfe, Kirche sowie andere öffentliche und freie Träger	Krankenkassen, Selbstzahler

→ **Materialien 2:**
Die Wissenschaftlichkeit der Psychotherapieangebote

13.2 Grundkonzepte der Psychotherapie

Je nach Richtung der Psychologie bzw. je nach Theorieansatz entwickelten Psychologen unterschiedliche Psychotherapieverfahren. Unter Berücksichtigung der verschiedenen Schulen sind die bekanntesten Psychotherapieverfahren das **analytische Psychotherapie-verfahren**, die **Verhaltenstherapie**, die **kognitive Verhaltenstherapie**, die **klientenzentrier-te Psychotherapie**, auch Gesprächspsychotherapie genannt, und die **systemische Psy-chotherapie**, die in jüngerer Zeit sehr an Bedeutung gewonnen hat.

13.2.1 Die analytische Psychotherapie

Innerhalb der Psychoanalyse haben sich im Laufe der Zeit verschiedene Psychotherapieformen entwickelt. Wissenschaftlich und als Kassenleistung der gesetzlichen Krankenversicherungen anerkannt sind die **analytische Psychotherapie**, die sich an der *klassischen Psychoanalyse* von *Sigmund Freud*[1] orientiert, sowie die **tiefenpsychologisch fundierte Psychotherapie** – oft nur tiefenpsychologische Psychotherapie genannt –, die eine „Kurzform" der analytischen Psychotherapie darstellt. Trotz des gleichen theoretischen Hintergrundes gestaltet der Therapeut bei der tiefenpsychologisch fundierten Psychotherapie das Gespräch aktiver, es geht eher um die Lösung konkreter Problemstellungen. Patient und Therapeut sitzen einander gegenüber, und die Sitzungen finden einmal wöchentlich statt. Beide Therapieformen – analytische und tiefenpsychologische fundierte Psychotherapie – werden unter dem Begriff *„psychodynamische Therapieverfahren"* zusammengefasst.

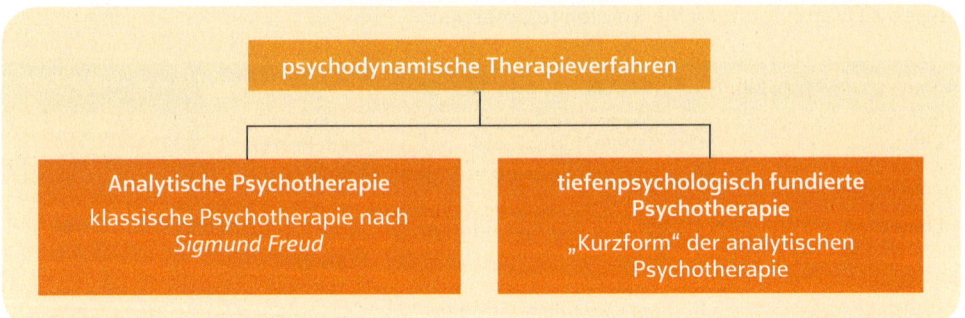

Im Folgenden wird die analytische Psychotherapie nach *Sigmund Freud* dargestellt.

Wissenschaftliche Grundlage der analytischen Therapie bildet die Persönlichkeits- und Krankheitslehre der Psychoanalyse, die auf *Sigmund Freud* zurückgeht. Die psychoanalytische Theorie nimmt an, dass bestimmte **seelische Vorgänge und innere Kräfte** – z.B. verbotene oder bestrafte Wünsche, unangenehme Erlebnisse oder Probleme – **dem Bewusstsein verborgen, also „unbewusst" sind**. Diese unbewussten Konflikte, die der Mensch im Laufe seines Lebens nicht verarbeitet, können sich auf seine Beziehungs- und Arbeitsfähigkeit negativ auswirken und zu seelischen Störungen sowie körperlichen Krankheiten führen.

Ziel analytischer Psychotherapie ist, im therapeutischen Gespräch **unbewusste Konflikte** zunehmend **deutlicher und bewusster erlebbar zu machen**. Innere Widersprüche, irrationale Ängste sowie aus der Biografie stammende Verletzungen und Kränkungen werden geklärt und emotional aufgearbeitet. Es entwickeln sich neue Einstellungen und Lösungsmöglichkeiten, die bewirken, dass die Symptome und Beschwerden sich verbessern.

---

[1] Eine Biografie von Sigmund Freud befindet sich in Kapitel 1.4.1.

Die analytische Kinderpsychotherapie findet als Spieltherapie statt. Sowohl im Spiel als auch in der Beziehung zum Therapeuten zeigen sich die unbewussten Ängste und Konflikte sowie die Beziehung des Kindes zu sich selbst und seiner Umgebung. Indem der Kindertherapeut mitspielt, kann er sein Verständnis für die Situation des Kindes vermitteln. Das Kind kann sich **motorisch entladen** wie etwa beim Rollenspiel und auf diese Weise unverarbeitete Konflikte durch Spielen, Malen, Basteln, Bauen und dergleichen zeigen, aufarbeiten und neue Bewältigungsstrategien finden. So z. B. traktierte in der Psychotherapie ein zehnjähriger Junge, der sich fortwährend mit Autoritäten anlegte und deshalb oft scheiterte, ständig einen Teddybären, der anstelle seines Vaters stand. Dieser verleugnete ihn nämlich als seinen eigenen Sohn, was für den Jungen offensichtlich einen Konflikt bedeutete. Durch dieses Traktieren konnte der Junge diesen Konflikt aufarbeiten und dadurch seine Störung abbauen.

Die analytische Psychotherapie

Wissenschaftliche Grundlage: die psychoanalytische Theorie

Grundannahme:	Bestimmte seelische Vorgänge und innere Kräfte bleiben dem Bewusstsein verborgen, sind „unbewusst", wirken sich jedoch auf das individuelle Verhalten und die Entwicklung der Persönlichkeit nach ganz bestimmten Gesetzmäßigkeiten aus.
Zielsetzung:	■ Klärung unbewusster Zusammenhänge ■ emotionale Auf- und Verarbeitung von bewusst gemachten Konflikten

Als Erstes folgt die **Analyse**, die die für den Psychotherapeuten wichtigen Erkenntnisse für die Erforschung der unbewussten bedeutsamen Zusammenhänge liefert. Hierzu werden eine *Anamnese*, eine Befragung eines Menschen über seine bisherige Lebensgeschichte und eine Datenerhebung über seine Entwicklungsgeschichte, sowie die *Exploration*, das Stellen von gezielten Fragen zur aktuellen Lebenssituation – z. B. über familiäre Verhältnisse und soziale Beziehungen –, vorgenommen.

Zur Aufdeckung unbewusster psychischer Inhalte und Vorgänge bedient sich die Psychoanalyse vornehmlich dreier Verfahrensweisen: **der freien Assoziation, der Traumanalyse und der Deutung**.

Die freie Assoziation

Bei der freien Assoziation soll der Patient alles, was ihm ins Bewusstsein kommt, aussprechen, mag es ihm noch so peinlich, unsinnig, banal oder unmoralisch erscheinen.

Es entsteht damit ein Zugang zu verdrängten Inhalten. Gemeinsam mit dem Therapeuten, der aufmerksam zuhört, kann es dann gelingen, unbewusste Konflikte, Handlungsgründe und Motive zu verstehen.

Freies Assoziieren ist eine psychoanalytische Verfahrensweise, die darin besteht, dass der Klient aufgefordert wird, seinen Gedanken freien Lauf zu lassen und alle Gefühle und Gedanken zu äußern ohne Rücksicht darauf, wie unwichtig, persönlich oder beschämend sie ihm erscheinen.

Die Psychoanalyse geht davon aus, dass alle Assoziationen auf frühere Ereignisse zurückgehen. Eine freie Gedankenverknüpfung, die eine Person hat, lässt immer auf Unbewusstes schließen (vgl. *Bölle, 2010, S. 38*).

Um den Vorgang des freien Assoziierens zu erleichtern, liegt der Klient beim traditionellen Vorgehen auf einer Couch, und der Analytiker sitzt hinter ihm außerhalb seines Blickfeldes. Der Klient liefert so das notwendige Material, das zur Entdeckung von Störungen analysiert werden kann. Der Psychotherapeut achtet dabei in gleichem Maße sowohl auf den Fluss der Gedanken als auch auf Stockungen und Unterbrechungen.

Die Traumanalyse

Neben der freien Assoziation sind es vor allem die Träume, die den Zugang zum Unbewussten öffnen. Es wird angenommen, dass im Traum unbewusste Bedürfnisse und Konflikte auftauchen, die im Wachzustand nicht zugelassen werden, weil sie Angst erzeugen. Im Traum tauchen sie in so verschlüsselter und symbolhafter Form auf, dass der Träumende sie nicht versteht. Der Klient wird aufgefordert, von seinen Träumen zu berichten. Er erzählt den **manifesten Inhalt seiner Träume**, das heißt die Bilder und Vorgänge, an die er sich noch erinnert. Den Therapeuten interessiert je-

doch der **latente Trauminhalt**, das sind die unbewussten Bedürfnisse, Ängste und Konflikte hinter diesen Traumbildern – also der verborgene, unbewusste Inhalt des Traumes. Dazu wird er den Klienten wieder auffordern, frei zu assoziieren: Der Klient soll sagen, was ihm zu bestimmten Ereignissen oder Personen im Traum einfällt.

Der manifeste Trauminhalt ist das Traumgeschehen, an das sich der Klient erinnert und wovon er berichten kann. Der latente Trauminhalt dagegen stellt die unbewussten Bedürfnisse, Ängste und Konflikte dar, die hinter dem manifesten Trauminhalt verborgen sind.

Die Deutung

Das aus den Träumen und der freien Assoziation gewonnene Material versucht der Therapeut zu *deuten*: Er „übersetzt" dem Klienten bestimmte Symbole und zeigt ihm bestimmte Zusammenhänge auf.

Eine **Deutung** ist die dem Klienten mitgeteilte Interpretation über unbewusste Sinnzusammenhänge.

„Die Traumdeutung aber ist die Via regia[1] zur Kenntnis des Unbewussten im Seelenleben."
(Freud, 2014[4], S. 632)

Der Analytiker teilt dem Klienten die Deutung mit. Dies tut er allerdings erst dann, wenn er annimmt, dass dieser in der Lage ist, die Deutung anzunehmen und zu verarbeiten. Erfolgt die Deutung zu früh, so wehrt der Klient die Deutung ab. Er reagiert mit **Widerstand**, die Abneigung gegen die Bewusstmachung unbewusster psychischer Inhalte. Diesen Widerstand kann nun der Therapeut wieder deuten und interpretieren. Unter Umständen ist der Abbau eines solchen Widerstandes ein schwieriger und langwieriger Prozess.

Auslöser des Widerstandes kann oft die Angst vor der Veränderung sein. Deshalb liefert eine Analyse über die Art und das Ziel des Widerstandes sowie die Frage, warum der Klient Widerstand leistet, wichtige Hinweise für das weitere Vorgehen.

Im Laufe der analytischen Behandlung kommt es i. d. R. zu einer starken emotionalen Reaktion vonseiten des Klienten auf den Therapeuten. Der Klient identifiziert den Therapeuten mit einem bestimmten Erlebnis, einer Person, die früher im Mittelpunkt seines heute unbewussten Konflikts stand – meist sind dies die Eltern – oder auch eine Beziehung – z. B. die Mutter-Kind-Beziehung in der frühen Kindheit – und überträgt die entsprechenden Gefühle

auf den Therapeuten. Man nennt dieses Phänomen **Übertragung**. Es ermöglicht dem Psychotherapeuten, die unbewussten Wünsche und Konflikte des Klienten unmittelbar zu beobachten.

Eine junge Klientin, die ihr Therapeut zwei oder drei Minuten warten ließ, wurde wütend und brach in Tränen aus. Sie redete sich ein, dass der Therapeut seiner Lieblingsklientin zusätzliche Zeit widme. Bei der Reflexion wurde deutlich, dass die in dieser Situation geäußerten Gefühle und Fantasien die Klientin an ihre Reaktionen als fünfjähriges Kind erinnerten, wenn sie auf den Vater wartete, der ihr vor dem Einschlafen noch einen Gutenachtkuss geben sollte. Da jedoch immer zuerst die jüngere Schwester einen Gutenachtkuss bekam, musste sie ein paar Minuten warten. Auch damals reagierte sie wütend, eifersüchtig und mit Tränen.

Übertragung bezeichnet den Vorgang, Gefühle, die man gegenüber einem Erlebnis, einer Person oder einer Beziehung aus der Vergangenheit hatte, auf den Therapeuten zu projizieren.

---

[1] via regia (lat.): der königliche Weg

> „Die im Hintergrund sitzende, ‚unsichtbare‘ Person des Analytikers wird damit zum zentralen Projektionsträger all der Wünsche, Erfahrungen und Ängste, die der Patient mit seinen früheren Bezugspersonen als Kind erlebt (und zum Teil längst ‚vergessen‘) hat. Durch die Abwehrdeutungen aufgelockert, kann der Patient daher all dies bewusster und erinnernd wieder erleben (Übertragungsneurose) mit der Chance des Durcharbeitens unter besseren Bedingungen, da es der Patient ja jetzt objektiv nicht mit einem z. B. kritiklos Gehorsam fordernden autoritären Vater oder einer enttäuschten schuldgefühlerzeugenden Mutter zu tun hat. Der vom Therapeuten angebotene und zugesicherte Raum sachlich objektiver Beständigkeit und – bei aller gebotenen Distanz – wohlwollender Zugewandtheit schafft dem Patienten die Möglichkeit der ‚korrigierenden emotionalen Erfahrung‘, die ihm hilft, neue progressive Antworten statt der bisherigen Abwehr zu entwickeln.“
>
> (Elhardt, 2015[18], S. 159 f.)

Das, was der Klient tut und sagt, löst beim Therapeuten ebenfalls Gedanken, Gefühle und Handlungsimpulse aus, die **Gegenübertragung** genannt wird. Durch die Selbstbeobachtung und Analyse dieser Gegenübertragung kann er sich besser in den Patienten einfühlen und den verborgenen Sinn der freien Assoziationen verstehen.

Die Analyse des Übertragungs- und Gegenübertragungsprozesses ist das Kernstück der klassischen analytischen Psychotherapie. Seine Bearbeitung ermöglicht die eigentliche emotionale Aufarbeitung.

Bei Kindern wird i. d. R. Spielmaterial benutzt, in welches die emotionalen Reaktionen hineinprojiziert werden. Oft ist es auch das Erzählen selbst, das Emotionen freisetzt. Menschen erzählen oft sehr engagiert – auch in der Körpersprache – über das, was sie bewegt. Das Erzählen wird dann oft als „Erleichterung" erlebt, wobei es im strengen Sinne nicht das Erzählen an sich ist, das zur Veränderung der Belastung führt, sondern die dadurch freigesetzten Emotionen.

Die emotionale Auf- und Verarbeitung von unangenehmen Erlebnissen, inneren Konflikten und Spannungen wird als **Katharsis**[1] bezeichnet, Dadurch verlieren die unangenehmen Erlebnisse, inneren Konflikte und Spannungen ihre belastende und bedrückende Wirkung.

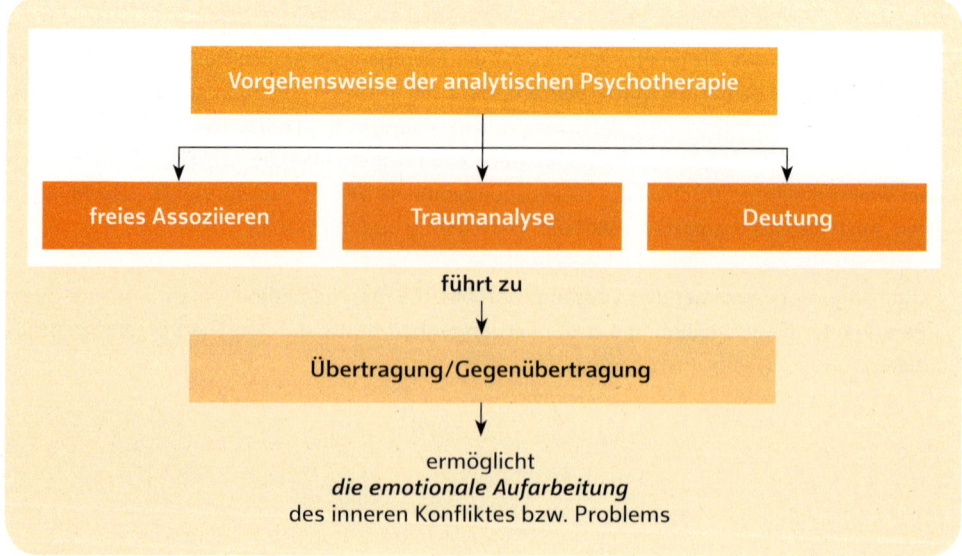

---

[1] katharsis (griech.): die Reinigung

13.2.2 Die Verhaltenstherapie

Wissenschaftliche Grundlagen verhaltensorientierter Psychotherapien sind die **Lerntheo-rien**, bei „reinen" behavioristisch orientierten Verfahren insbesondere die *Konditionie-rungstheorien*. Bei diesen spielen Reize, die einem bestimmten Verhalten vorausgehen oder folgen, die zentrale Rolle.

> **Verhaltenstherapie (VT) bezeichnet verschiedene Behandlungsverfahren, deren Grundla-ge die verschiedenen Lerntheorien bilden.**

Auch die Verhaltenstherapie ist wissenschaftlich und als Kassenleistung der gesetzlichen Kran-kenversicherungen anerkannt.

Gegenstand von Veränderungsversuchen ist das problematische Verhalten selbst. Verhal-tensorientierte Konzepte gehen von der Grundannahme aus, dass *alles Verhalten* – auch das unangepasste – *erlernt ist und wieder verlernt werden kann*. Der Verhaltensthera-peut arbeitet direkt an den Symptomen – das Symptom ist die Störung. Im Gegensatz zur Psychoanalyse und zur klientenzentrierten Psychotherapie[1] wird bei der Verhaltensthera-pie kein dem Symptom zugrunde liegender Konflikt angenommen. Ziel verhaltensorien-tierten Vorgehens ist der Abbau unerwünschten Verhaltens und der Aufbau erwünschten Verhaltens durch gezielte Lernhilfen.

Nikolas, 12 Jahre schneidet im Unterricht Grimassen und macht komische Geräusche. Die Mit-schüler lachen, der Lehrer unterbricht den Unterricht und beschäftigt sich mit Nikolas. Dieser fühlt sich ermutigt, sein Verhalten fortzusetzen. Ignorieren die Klasse und der Lehrer das Ver-halten wird Nicolas es schrittweise seltener zeigen.

In einer Jugendhilfeeinrichtung lernt Carla ihr aggressives Verhalten zu kontrollieren, weil sie bei jedem konstruktiven Beilegen eines Konfliktes einen Stempel erhält. Bei 10 Stempeln darf sie sich eine gemeinsame Aktivität mit einer Erzieherin wünschen.

Die Verhaltenstherapie

Wissenschaftliche Grundlage: die Lerntheorien

Grundannahme:	Alles Verhalten, auch das unangepasste, ist erlernt und kann wieder verlernt werden.
Zielsetzung:	Abbau unerwünschten Verhaltens, Aufbau er-wünschten Verhaltens durch gezielte Lernhilfen

---

[1] Die analytische Therapie ist in Abschnitt 13.2.1 und die klientenzentrierte in Abschnitt 13.2.4 dargestellt.

Voraussetzung für eine gezielte Verhaltensänderung ist eine genaue **Verhaltensanalyse**, bei der folgende Gesichtspunkte geklärt werden:

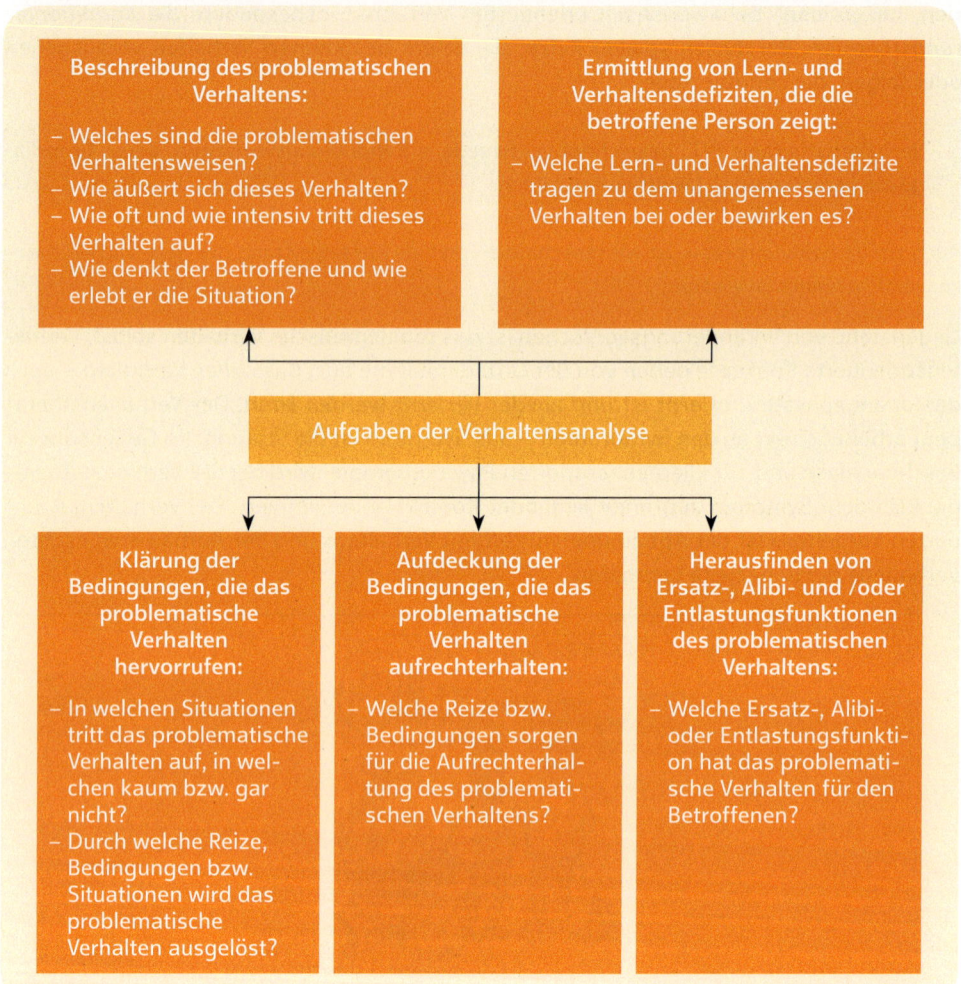

→ **Materialien 3:**
Beispiel für eine
Verhaltensanalyse

„Verhaltensanalysen sind Grundstein und Begleiter in der Behandlung psychischer Störungen. Sie geben ein Explorationsraster vor, das die diagnostische Arbeit strukturiert und auf dieser Basis Therapieziele erarbeitet."
(Neudeck/Mühlig, 2013, S. 165)

Aufgrund der Verhaltensanalyse ist es nun möglich, die Therapieziele festzulegen und eine **Verhaltensmodifikation**[1] durchzuführen.

Die Verhaltenstherapie stellt nicht eine in sich geschlossene Vorgehensweise dar; sie besteht aus unterschiedlichen Behandlungsverfahren, die auf den Grundlagen der verschiedenen Lerntheorien beruhen. Je nachdem, welche Lerntheorie zugrunde gelegt wird, ergeben sich verschiedene Techniken der Verhaltensmodifikation.

---

[1] Modifikation (lat.): Abänderung, Veränderung; Verhaltensmodifikation bedeutet das Verändern von Verhaltensweisen.

Die Vorgehensweise auf der Grundlage der klassischen Konditionierung

Dem klassischen Konditionieren kommt insbesondere dann Bedeutung zu, wenn es um den *Erwerb oder Abbau von emotionalen Reaktionen und von bedingten Verhaltensweisen* geht.

- Erwünschte Reaktionen werden aufgebaut und erlernt, indem der Therapeut den Reiz, der positive Reaktionen hervorrufen soll, mehrmals mit einem Stimulus koppelt, der bereits eine angenehme Reaktion auslöst.

  Bei Friedrich, der Angst vor dem Lernen hat und deshalb eine Lernhemmung zeigt, ist es wichtig, Lernsituationen mit angenehmen und mit Sicherheit erzeugenden Reizen zu verbinden.

- Nicht erwünschte Reaktionen können abgebaut werden, indem man mehrmals den Reiz, der negative emotionale Reaktionen zur Folge hat, mit einem Reiz koppelt, dessen Reaktion mit diesen Emotionen **unvereinbar** ist.

  So sind Angst oder andere unangenehme Gefühle mit Entspannung bzw. mit einer entspannten Tätigkeit unvereinbar.

Die Psychologie bezeichnet diese Vorgehensweise als **Gegenkonditionierung**, eine Konditionierung auf einen neuen Reiz, die eingesetzt wird, um eine schon erworbene Reiz-Reaktions-Verbindung abzubauen.

> Von einer Gegenkonditionierung spricht man, indem man mehrmals zeitlich und räumlich den Reiz, der eine nicht erwünschte Reaktion zur Folge hat, mit einem Reiz koppelt, dessen Wirkung mit dieser nicht erwünschten Reaktion unvereinbar ist.

- Um die erwünschte Reaktion zu erhalten, hat es sich als sinnvoll erwiesen, den Reiz, der die unerwünschte Reaktion zur Folge hat, *schrittweise* an den neuen Reiz (dessen Reaktion mit diesen negativen Emotionen unvereinbar ist) anzunähern.

"*Ich bin gespannt, ob ihm das Lernen bald Freude macht.*"

  Peter, ein dreijähriger Junge, hat Angst vor Bällen. Er wird in einen Stuhl gesetzt und bekommt Süßigkeiten, die er sehr gern mag und bei ihm Freude auslösen, während ihm ein Ball allmählich und schrittweise näher gebracht wird. Befindet sich der Ball anfangs noch weit entfernt, so wird er ihm bei Erhalt von Süßigkeiten allmählich immer näher gebracht. Hat Peter anfangs noch Angst, wenn der Ball im Zimmer ist, so kann er diesen am Schluss in die Hände nehmen.

Diese Vorgehensweise wird als **systematische Desensibilisierung** bezeichnet.

> Systematische Desensibilisierung bezeichnet die schrittweise Annäherung eines Reizes, der das nicht erwünschte Verhalten zur Folge hat, an den Reiz, dessen Reaktion mit dem unerwünschten Verhalten unvereinbar ist.

Gegenkonditionierung und systematische Desensibilisierung bedingen sich gegenseitig und werden in der Psychotherapie grundsätzlich miteinander angewandt.

Beispiel: Vorgehensweise bei Angststörungen

1. Der Klient lernt mithilfe einer Entspannungstechnik (z. B. Jacobson Training oder autogenes Training), sich in einen Zustand der Entspannung zu versetzen.
2. Mit Unterstützung des Therapeuten erstellt er eine Angsthierarchie, in der die angstauslösenden Situationen (Angststimuli) nach dem Grad ihrer Belastung geordnet sind.

Ein Beispiel für eine Angsthierarchie bei Angst vor Hunden (vgl. *Hoffmann, 1995[3], S. 30 f.*):

	Belastungsangaben[1]
kleiner Hund, an der Leine, 10 Meter Entfernung	10
kleiner Hund, an der Leine, 5 Meter Entfernung	20
mittelgroßer Hund, hinter einem Zaun, Klient geht auf der anderen Straßenseite	30
mittelgroßer Hund, hinter einem Zaun, Klient geht auf der gleichen Straßenseite	40
mittelgroßer Hund, bellend hinter einem Zaun, Klient geht auf der anderen, dann auf der gleichen Straßenseite	50
kleiner Hund, läuft frei herum, Klient in Begleitung	60
kleiner Hund, läuft frei herum, Klient allein	70
mittlerer Hund, läuft frei herum, Klient erst in Begleitung, dann allein	80
großer Hund, läuft frei herum, Klient erst in Begleitung, dann allein	90
bellender großer Hund, Klient auf der anderen Straßenseite allein	100

3. Während der Klient entspannt ist, setzt er sich nacheinander diesen Angststimuli aus; angefangen wird mit den am wenigsten angstauslösenden. Die abgestufte Darbietung der Angststimuli kann in der Vorstellung (in sensu) oder in der Realität (in vivo) stattfinden.

Der Klient setzt sich nacheinander den Situationen aus. Wenn er Anzeichen der Angst spürt, geht er mit der Vorstellung zurück und entspannt sich wieder. Das wiederholt sich so oft, bis er sich der Situation angstfrei aussetzen kann. Nachdem der Klient in der Vorstellung einige der angstauslösenden Situationen bewältigt hat, versucht er, diese noch relativ leichten Situationen in der Realität aufzusuchen. Wenn dabei Angst entsteht, sollte er versuchen; auszuharren und wieder zu entspannen. Schwierige Situationen sollte der Klient meiden, da durch eventuell auftretende Angstattacken eine erneute Konditionierung der Angst erfolgt.

Eine solche Psychotherapie kann sowohl in der Realität als auch mithilfe von Medien in einer sogenannten virtuellen Realität durchgeführt werden. Eine Spinnenphobie kann bspw. geheilt werden, indem man dem Klienten in einer Reihe von Sitzungen zunehmend besser erkennbare Bilder von Spinnen zeigt, die zunächst weiter weg und sehr klein, dann aber immer näher und größer abgebildet sind.

---

[1] Bei diesen Zahlen von 10 bis 100 handelt es sich um den Grad der Belastung: 10 = sehr geringe Belastung, 100 = sehr hohe Belastung.

- Bei der **Reizüberflutung** – in der Literatur auch **Flooding** oder **Implosionstechnik**[1] genannt – geht der Therapeut im Vergleich zum systematischen Desensibilisieren den umgekehrten Weg. Auch hier werden üblicherweise Angsthierarchien erstellt. Man konfrontiert den Klienten jedoch gleich zu Beginn der Behandlung mit stark angstauslösenden Reizen, und lässt ihn dabei die Erfahrung machen, dass seine Befürchtungen unbegründet sind und nicht eintreten.

Ein Mann, der Angst hat, über Brücken zu gehen, weil er befürchtet, diese würden einstürzen, muss sich immer wieder unter therapeutischer Anleitung lange auf Brücken aufhalten, bis sich die Erfahrung ihrer Ungefährlichkeit fest in ihm verankert und er die Angst vor ihnen verloren hat.

> **Reizüberflutung (Flooding, Implosionstechnik) ist eine Therapiemethode, bei der eine sofortige Konfrontation des Klienten mit stark angstauslösenden Reizen stattfindet.**

Frau M. leidet unter Agoraphobie[2], der Angst, sich in öffentliche Situationen zu begeben. Sie befürchtet, auf der belebten Straße, im Kaufhaus oder im Aufzug in Ohnmacht zu fallen, und hat ein ausgeklügeltes System entwickelt, um diese Situationen zu vermeiden. Die Konfrontation mit der Angst geschieht in Begleitung ihrer Therapeutin. Sie gehen gemeinsam vor die Praxistür auf die belebte Straße, Frau M. reagiert mit Angst. Die Therapeutin fordert sie auf, weiterzugehen. Zwischendurch bleibt sie immer wieder stehen, weil sie Herzklopfen hat und Schwindel spürt. Allmählich klingt die Angst ab. Klientin und Therapeutin nähern sich einem Kaufhaus und wieder ermuntert die Therapeutin die Klientin, sich der Situation trotz der aufsteigenden Panik auszusetzen. Nach dem Nachlassen der Angst bleiben sie noch zehn Minuten im Kaufhaus. Frau M. ist nach dieser Therapiesitzung euphorisch, weil sie Situationen ausgesetzt war und bewältigt hat, die sie sich nie mehr zugetraut hätte.

Die Behandlung kann – wie die systematische Desensibilisierung – in der Realität erfolgen oder auch in einer virtuellen Realität.

Bei beiden obigen Beispielen findet die Reizüberflutung direkt in der Realität statt. Wird nun dem Klienten ein Film gezeigt, in welchem viel Blut vorkommt, das der Klient nicht sehen kann, weil ihm davon schlecht wird, so findet die Therapie in einer virtuellen Realität statt.

- Die bislang beschriebenen Techniken dienen zum Abbau von Ängsten und sollen dem Menschen helfen, sich Reizen auszusetzen, die sie aufgrund ihrer Furcht vermeiden wollen. Jedoch fühlen sich Personen auch von Reizen angezogen oder sind ihnen ausgesetzt, die ihre Gesundheit gefährden oder gesetzlichen Verboten unterliegen.

So gilt der starke Konsum von Zigaretten und Alkohol als gesundheitsschädlich und der Genuss von Drogen steht unter Strafe.

Um diesen Reizen ihre verlockende Wirkung zu nehmen, kann man die **Aversionstherapie**[3] einsetzen. Nach dem Schema des klassischen Konditionierens koppelt man dabei den anziehenden Reiz mit einem unangenehmen Stimulus, der z. B. Schmerzen, Übelkeit oder Ekelgefühle hervorruft. Nach einigen Wiederholungen dieser gemeinsamen Darbietung löst bereits der ursprünglich verlockende Reiz die unangenehme Reaktion aus.

---

[1] flooding (engl.): überfließen; Implosion (lat.): der Druckausgleich
[2] agorá (griech.): der Marktplatz; phóbos (griech.): die Furcht
[3] Aversion (lat.: aversio das (Sich)abwenden): die Abneigung, der Widerwille

Einem Alkoholiker, der sich einer solchen Therapie freiwillig unterzieht, wird immer ein Mittel in seine Alkoholika gegeben, das starke Übelkeit bewirkt. Nach einigen Durchgängen löst bereits der Geschmack, Geruch oder Anblick des Alkohols die Übelkeit aus.

Mit Aversionstherapie bezeichnet man die mehrmalige Koppelung eines unangenehm wirkenden Reizes mit einem anderen Reiz nach dem Schema des klassischen Konditionierens.

 Die Aversionstherapie ist eine umstrittene Form des verhaltenstherapeutischen Vorgehens. Solchen Aversionsverfahren unterziehen sich Menschen i.d.R. nur unter dem Druck, ihre Verhaltensweisen zugunsten ihrer Gesundheit verändern zu müssen, oder falls sie in Institutionen wie bspw. Gefängnissen dazu gezwungen werden. Eine solche Therapieform stößt daher schnell an ihre ethischen Grenzen, wenn die Freiwilligkeit vonseiten des Klienten fehlt.

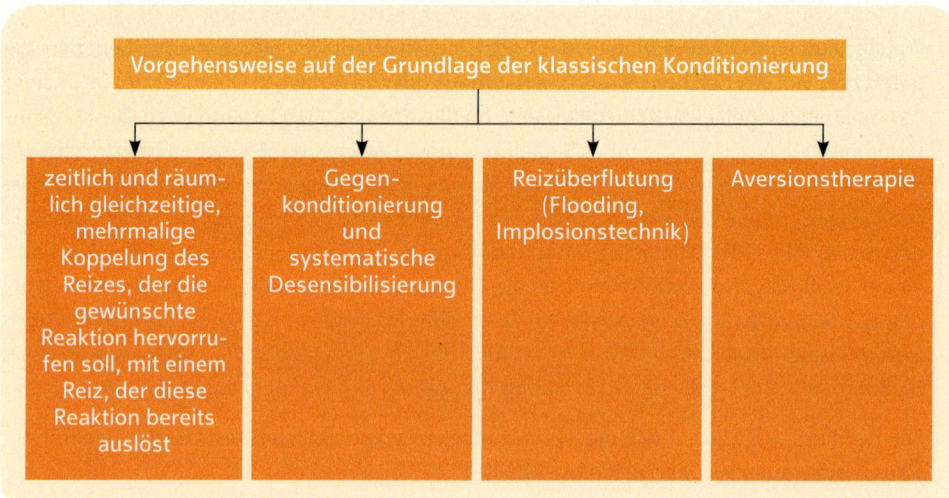

Die Vorgehensweise auf der Grundlage der operanten Konditionierung

- Entsprechend der Verhaltensanalyse müssen die *Bedingungen, die für die Aufrechterhaltung des problematischen Verhaltens sorgen, weggenommen werden*.

 Sven, der unter einer Lernstörung leidet, vereinbart mit seinem Therapeuten: In definierten Lernzeiten darf er nur am Schreibtisch sitzen. Er lenkt sich nicht durch Internetsurfen oder Musikhören ab.

Es geht also darum, das unerwünschte Verhalten durch *Nichtverstärkung* abzubauen. Gleichzeitig zum Ignorieren dieses Verhaltens müssen alle Ansätze erwünschten Verhaltens verstärkt werden.

 Gelingt es Sven zwei Stunden konsequent zu lernen, darf er sich abends belohnen (z.B. Pizza, DVD).

Diese Vorgehensweise wird als **differenzielle Verstärkung** bezeichnet.

> Unter differenzieller Verstärkung versteht man das Ignorieren unerwünschten Verhaltens bei gleichzeitigem Verstärken von erwünschten Verhaltensweisen.

- Sehr häufig wird in der Verhaltenstherapie die **Verhaltensformung – shaping**[1] genannt – angewendet: Jedes Verhalten, das auch nur annähernd in die gewünschte Richtung geht, wird verstärkt.

In den vorhergehenden Therapiestunden hat Sven erarbeitet, wie er seinen Schreibtisch aufräumt, wie er für vollständige Lernskripte sorgt und wie er die wichtigen Lerninhalte markiert. Dann hat er zuerst 20 Minuten gelernt, dann 40 Minuten. Für jeden Erfolg durfte er sich selbst belohnen.

> Verhaltensformung (shaping) meint den schrittweisen Aufbau eines Verhaltens, indem man bereits kleine Schritte in Richtung des Endverhaltens systematisch verstärkt.

Die Verhaltensformung lässt sich folgendermaßen durchführen:

- Nach der Formulierung des gewünschten (End-)Verhaltens wird jedes Verhalten, das dem gewünschten Endverhalten irgendwie ähnelt, sofort und regelmäßig verstärkt.

- Erst allmählich wird das Verhalten verstärkt, das innerhalb der gewünschten Verhaltenssequenz einen Schritt bedeutet.

- Nun werden die Verhaltensweisen verstärkt, die der letztlich erwünschten nahezu entsprechen, bis schließlich das Endverhalten gezeigt wird.

- Dabei werden die Teilschritte und letztlich das Endverhalten so lange regelmäßig – also immer – verstärkt (*kontinuierliche Verstärkung*[2]), bis das jeweils gewünschte Verhalten gezeigt wird. Anschließend wird zu seiner Festigung zu einer gelegentlichen Verstärkung übergegangen (*intermittierende Verstärkung*[2]), bis sie schließlich ganz überflüssig wird und das Verhalten aufgrund von Gewöhnung gezeigt wird.

- Die Teilschritte und das erwünschte Endverhalten werden durch *Übung und Wiederholung* gefestigt.

Kinder, die nicht sprechen wollen, werden zunächst schon verstärkt, wenn sie nur einen Laut äußern, später für Laute, die sie nachahmen, dann für die Unterscheidung und Nachahmung zweier verschiedener Laute und schließlich für die Nachahmung aller vorgesprochenen Laute. Diese Zerlegung in einzelne Teilschritte wird so lange fortgesetzt, bis das Kind richtig sprechen kann. Zunächst wird dabei jedes erwünschte Verhalten verstärkt. Mit der Zeit wird nur noch unregelmäßig verstärkt, bis die Verstärkung ganz überflüssig wird. Letztlich wird das Sprechenlernen durch Übung gefestigt.

Die Verstärker, die zur Verhaltensänderung eingesetzt werden, müssen der Bedürfnislage des Klienten entsprechen.

---

[1] to shape (engl.): bilden, formen, gestalten
[2] Von kontinuierlicher Verstärkung spricht man, wenn ein Verhalten jedes Mal, wenn es auftritt, verstärkt wird. Intermittierende Verstärkung bedeutet eine gelegentliche Verstärkung von Verhalten, bei der ein Verhalten nur ab und zu verstärkt wird.

→ **Materialien 4:**
Weitere Techniken
des verhaltensorien-
tierten Handlungs-
konzeptes auf
der Grundlage der
operanten
Konditionierung

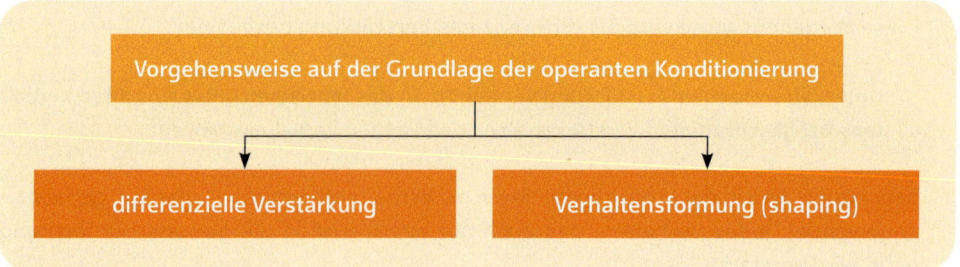

13.2.3 Die kognitive Psychotherapie

Die kognitive Psychotherapie – genauer „kognitive Verhaltenstherapie" – zählt zur Verhaltenstherapie[1] und ist wie diese wissenschaftlich anerkannt und als Kassenleistung geneh-
migt. Gegründet wurde sie von *Aaron T. Beck* und *Albert Ellis*[2]. Wissenschaftliche Grundlage
der kognitiven Psychotherapien bilden **kognitive Theorien**, deren grundlegende Annahme
ist, dass es **die kognitiven Prozesse und Strukturen eines Menschen sind, die einen erheblichen Einfluss auf das Verhalten und Erleben ausüben und entscheiden, wie ein Individuum erlebt und sich verhält**. Es ist nicht ein bestimmter Reiz oder die Situation an sich, die
das Erleben und Verhalten eines Menschen beeinflussen; es kommt darauf an, *wie er Umweltereignisse wahrnimmt und diese gedanklich verarbeitet, beurteilt und bewertet*[3].

> *„Nicht die Dinge selbst beunruhigen die Menschen, sondern ihre Meinungen und Urteile
> über die Dinge."*
> *(Epiktet[4], 2014, S. 13)*

Die beiden Psychologen Ellen J. Langer und
Alia J. Crum (2007, S. 12) fanden in ihren Untersuchungen heraus, dass der Glaube wohl
nicht nur Berge, sondern auch Fettpolster
versetzen kann: Wer während einer normalen körperlichen Tätigkeit meint, seine Gesundheit damit zu stärken, profitiere
tatsächlich davon.

> **Ein Wunder**
> Eine Wunderheilung im französischen
> Marienwallfahrtsort Lourdes hat der
> Bischof der gleichnamigen Diözese,
> Jacques Perrier, bestätigt. Nach einer
> Wallfahrt im Oktober 1987 sei der an
> multipler Sklerose leidende Jean-Pierre
> Bely (51) auf menschlich nicht erklär-
> bare Weise dauerhaft geheilt worden.

Der Begriff „Kognition" umfasst dabei sehr Unterschiedliches wie bspw. das Wahrnehmen,
Interpretieren und Bewerten von Ereignissen sowie eigene Erwartungen, Einstellungen,
Überzeugungen und Grundhaltungen. Jeder Mensch besitzt aufgrund seiner persönlichen
Erfahrungen, die er in seiner Lebensgeschichte gemacht hat, ein ganz bestimmtes **individuelles Kognitionsmuster**, das bestimmt, wie er eine gewisse Situation wahrnimmt, verarbeitet und bewertet. Diese Kognitionsmuster stellen die Grundlagen dar, vor deren Hintergrund eine bestimmte Umweltsituation gesehen und beurteilt wird. Sie beeinflussen sowohl
das Verhalten als auch das Erleben wie bspw. den Gefühlszustand.

---

[1] siehe Abschnitt 13.2.2

[2] Eine Biografie von Aaron T. Beck findet sich auf Seite 572. Albert Ellis (1913–2007) war US-amerikanischer Psychologe und
Psychotherapeut. Auf ihn geht die Rational-Emotive Verhaltenstherapie zurück. Die kognitiven Verhaltenstherapien von Ellis
und Beck zählen zu den in ihrer Wirksamkeit wissenschaftlich am besten abgesicherten Therapieverfahren.

[3] Die Grundannahmen kognitiver Theorien sind in Kapitel 1.4.3 zusammengefasst.

[4] Epiktet war griechischer Philosoph (um 50–138 n. Chr.), dessen Philosophie die Werte Freiheit, Moral und Humanität betont.
Er wurde in Hierapolis (heutige Türkei) als Sklave geboren, dem später die Freiheit geschenkt wurde.

So sind Meinungen über sich selbst wie „Das schaffe ich nie", „Ich tauge zu nichts" oder „Mich mag niemand" geeignet, einen negativen Gefühlszustand entstehen zu lassen.

> „Inhaltliche Veränderungen der grundlegenden kognitiven Struktur eines Menschen beeinflussen seinen Gefühlszustand und seine Verhaltensmuster."
> (Beck u. a., 2010[4], S. 38)

Die Entstehung und Aufrechterhaltung von psychischen Störungen hängt demnach mit „falschen" Gedanken und Bewertungsmustern zusammen, die in den Kognitionstheorien im Gegensatz zu den funktionalen **dysfunktionale Kognitionen** genannt werden.

So lassen Sichtweisen wie „Ich bin ein Versager", „Niemand mag mich, alle sind gegen mich" oder „Es ist alles so hoffnungslos" aus der Sicht kognitiver Theorien eine Depression entstehen und tragen auch zu deren Aufrechterhaltung bei.

Unter dysfunktionalen Kognitionen versteht man unangemessene, nicht realitätsgerechte, selbstschädigende und nicht zielführende Gedanken sowie Annahmen eines Menschen.

Bei Depressionen liegen nach *Aaron T. Beck*, der die kognitive Psychotherapie der Depression entwickelt hat, unangepasste, fehlerhafte kognitive Annahmen über sich selbst, über die Umwelt und über die Zukunft zugrunde, die der Mensch schon in seiner Kindheit erlernt hat und die in ihm tief verwurzelt sind. So erklärt *Beck* die Entstehung einer Depression durch das Zusammenwirken einer negativen Sicht der eigenen Person (z. B. „Ich bin ein Versager"), einer negativen Sicht der Umwelt („Niemand mag mich, alle sind gegen mich") und einer pessimistischen Sicht der Zukunft („Es ist alles so hoffnungslos").

Der Mensch kann also durch die Art und Weise, wie er gewisse Situationen wahrnimmt, verarbeitet und bewertet, sein Erleben und Verhalten beeinflussen, ja sogar selbst steuern. Entsprechend gehen kognitiv orientierte Psychotherapien davon aus, dass kognitive Prozesse durch geeignete Techniken verändert werden können und dass diese Veränderungen auch das Verhalten und Erleben eines Menschen „korrigieren".

> „[...] dass kognitive Verhaltenstherapie, auf den Erkenntnissen der Psychologie des Lernens und Denkens aufbaut. Durch verschiedene Methoden werden Veränderungen im Denken und Verhalten angestrebt, die dann eine Veränderung im Fühlen und Erleben nach sich ziehen. In dieser Therapieform erarbeiten Therapeut und Patient gemeinsam, wie es zu den bestehenden Problemen kam, was die Probleme aktuell aufrechterhält und was folglich getan werden muss, um Veränderungen zu erreichen. Aufbauend auf einer vertrauensvollen, wertschätzenden Therapiebeziehung werden dann die Veränderungen geplant, erprobt und in der Lebenswelt umgesetzt. Entsprechend geht es, neben den Einsichten in die Zusammenhänge, vor allem um den Aufbau von (fehlenden) Fertigkeiten, die Überwindung ungeschickter Einstellungen und pessimistischen Haltungen."
> (Wolkenstein/Hautzinger, 2015, S. 62 f.)

Ziel kognitiv orientierter Psychotherapien ist demnach die **Änderung der kognitiven Struktur** eines Menschen, die ihn „krank" macht. Dabei geht es zum einen um das **Erkennen der gedanklichen Strukturen eines Menschen** – bei psychischen Störungen handelt es sich um dysfunktionale Kognitionen – und zum anderen um den **Abbau von „fehlerhaften" Strukturen sowie um den Aufbau von angemessenen** – funktionalen – **kognitiven Strukturen**.

> *„Die Korrektur dieser falschen, dysfunktionalen Konstrukte führt zu klinischer Besserung."*
> *(Beck u. a., 2010[4], S. 38)*

Albert Bandura hat eindrucksvoll nachgewiesen, dass die eigene subjektive Überzeugung, bestimmte Verhaltensweisen ausüben und Situationen bewältigen zu können, etwas bewirken und sein Leben selbst kontrollieren zu können, eine große Rolle spielt. Diese eigene Überzeugung bezeichnet er als **Selbstwirksamkeit**. In der kognitiven Psychotherapie geht es nun auch darum, die Selbstwirksamkeit des Klienten zu stärken, damit dieser auch davon überzeugt ist, dass ihm eine Erlebens- und Verhaltensänderung gelingen wird.

Die kognitive Psychotherapie

Wissenschaftliche Grundlage: kognitive Theorien

Grundannahme: Kognitive Prozesse und Strukturen eines Menschen üben einen erheblichen Einfluss auf das Verhalten und Erleben aus und entscheiden, wie ein Individuum erlebt und sich verhält.

Zielsetzung: Abbau von „fehlerhaften" Strukturen – sogenannten dysfunktionalen Kognitionen – und Aufbau von angemessenen – funktionalen – kognitiven Strukturen

Kognitive Therapie ist kein Schönreden oder die Negierung ungünstiger oder schädigender Lebensbedingungen, oder ein einfaches Ersetzen von „negativem" Denken durch ein „positives", sondern das Entwickeln realistischer und konstruktiver Sichtweisen, um Schwierigkeiten möglichst wirksam bewältigen zu lernen.

Kognitive Psychotherapie stellt nicht eine in sich geschlossene Vorgehensweise dar, sie besteht aus unterschiedlichen Behandlungsverfahren. Im Folgenden gilt als Orientierung die kognitive Therapie von *Aaron T. Beck*, die sich insbesondere mit der Behandlung von Depressionen befasst. Sie wird deshalb als **kognitive Therapie der Depression** bezeichnet und wurde in Deutschland von *Martin Hautzinger* weiterentwickelt.

Aaron T. Beck

Aaron T. Beck, 1921 in Providence, Rhode Island, geboren, erarbeitete seinen theoretischen Ansatz in der Auseinandersetzung mit der Psychoanalyse. Beck war zunächst selbst Psychoanalytiker, bevor er seinen Ansatz einer kognitiven Therapie Anfang der 1960er-Jahre vorstellte. Er war anfangs als Psychiater, später als Professor für Psychiatrie tätig. Seine Arbeitsgruppe an der University of Pennsylvania, Philadelphia, befasste sich seit Ende der 1950er-Jahre speziell mit der Erforschung der Entstehung und Aufrechterhaltung von Depressionen. Seine Untersuchungen führten ihn bald zu seinem Konzept des „kognitiven Modells der Depression", welches in der Folgezeit *auch auf weitere Bereiche psychischer Störungen angewendet wurde – z. B. auf den Bereich der Angststörungen, der Persönlichkeitsstörungen und der Süchte. 1971 wurde er Professor und Direktor des Center for Cognitive Therapy an der University of Pennsylvania, Philadelphia, wo 1994 das Beck Institute for Cognitive Behavior Therapy gegründet wurde. Gegen Ende des vergangenen Jahrhunderts wurde sein Konzept für die Behandlung nahezu aller wichtigen klinischen Symptome nutzbar gemacht.*

Beate Wilken (2015[7], S. 13) fasst die drei Hauptströmungen der kognitiven Therapien – die *Rational-emotive Therapie* nach *Albert Ellis*, die **kognitive Therapie** nach *Aaron Beck* und das *Stressimpfungsprogramm* nach *Donald Meichenbaum* – zusammen, da sich alle drei in ihren Grundannahmen und grundsätzlichen therapeutischen Vorgehensweisen sehr stark ähneln. Der Prozess der Veränderung der Kognitionen – die **kognitive Umstrukturierung** – erfolgt nach diesem Modell in fünf idealtypischen Schritten:

1. Schritt: Vermittlung des kognitiven Modells an den Patienten

Dem Patienten wird erklärt, dass Gedanken unsere Gefühle und Entscheidungen und körperliche Vorgänge bestimmen. Dabei wird das **ABC-Modell** zu Hilfe genommen:

- **A** ist die auslösende Situation.

- **B** sind alle Gedanken, Bewertungen und Interpretationen zu A.

- **C** sind alle Verhaltensweisen, Gefühle und Körperreaktionen, die in der Folge entstehen.

Der Patient soll verstehen, dass A nicht direkt zu C führt, sondern der wesentliche Ansatzpunkt zur Veränderung, die Auseinandersetzung und Veränderung von B ist.

Marie wendet sich wegen Schulversagens an eine Schulpsychologin. Sie schreibt trotz guter Intelligenz schlechte Noten. Die Psychotherapeutin erklärt ihr die Therapie und das ABC-Modell, indem sie ein Beispiel aus dem Alltag nimmt:

Therapeutin:	„Nehmen wir als A folgende Situation: Stell dir vor, Deine Freundin kommt in die Klasse und sagt nicht ‚Hallo' zu dir. Was passiert dann?"
Marie:	„Ich ärgere mich und grüße sie auch nicht."
Therapeutin:	„Das ist C: Deine Reaktion! Was hast du dir gedacht, dass du dich so ärgerst? Jetzt beschäftigen wir uns mit B!"
Marie:	„Sie ist mir sicherlich noch böse, weil wir uns gestern gestritten haben. Sie ist eine nachtragende Zicke!"
Therapeutin:	„Wie könntest du es noch interpretieren, weshalb sie dich nicht grüßt?"
Marie:	„Vielleicht hatte sie Streit mit ihrer Mutter und ist noch völlig mit sich beschäftigt."
Therapeutin:	„Und wie würdest du dich dann fühlen und verhalten?"
Marie:	„Sie würde mir leidtun und ich würde sie freundlich begrüßen!"
Therapeutin:	„Was gäbe es noch für eine Möglichkeit?"
Marie:	„Sie ist unsicher, wie sie sich mir gegenüber verhalten soll, und sie hat Angst vor meiner Reaktion."
Therapeutin:	„Und was würdest du bei dieser Alternative fühlen und tun?"
Marie:	„Ich fand mich bei dem Streit auch nicht okay – ich würde in der Pause auf sie zugehen und mit ihr reden wollen."
Therapeutin:	„Merkst du, dass A immer gleich war, aber je nachdem, was du dazwischen gedacht und wie du die Situation bewertet hast, hättest du ganz unterschiedlich gefühlt und reagiert. In der nächsten Stunde werden wir uns damit beschäftigen, was bei dir während des Lernens passiert."

2. Schritt: Aufdeckung dysfunktionaler Kognitionen

Der nächste wichtige Schritt bezüglich der Umstrukturierung von Kognitionen ist die Aufdeckung der automatischen Gedanken, die bei einer psychischen Störung dysfunktional sind. Dieser Schritt wird in der kognitiven Psychotherapie häufig als **Identifikation von dysfunktionalen Kognitionen** bezeichnet. Dabei ist entscheidend, dass der Klient diese Zusammenhänge selbst erkennen lernt – der Therapeut gibt ihm hierzu lediglich „Hilfestellung". Der Klient schildert eine auslösende Situation, was er gefühlt und wie er sich verhalten hat. Der Therapeut fragt nach den Gedanken, dem inneren Dialog zu dieser Situation.

„Die Entdeckung der inneren Erlebniswelt des Klienten, seiner individuellen Wahrnehmungen, Interpretationen, Bewertungen, Grundannahmen bzw. Lebensphilosophien, kurz seiner Art, die Realität zu konstruieren, kann eine spannende Entdeckungsreise für Therapeut und Klient sein."
(Wilken, 2015[7], S. 88)

Um das Beispiel mit Marie fortzusetzen:

Therapeutin:	„Erzähl doch mal, was an einem typischen Lernnachmittag passiert."
Marie:	„Also ich lege mir alles zurecht, das Mathematikbuch, die Aufzeichnungen aus der Schule. Und wenn ich das Lernen anfange, habe ich plötzlich Magenschmerzen, fühle mich elend und dann kann ich nicht mehr weiterlernen."
Therapeutin:	„Was hast du denn alles gedacht, vielleicht zu dir selbst gesagt, als du das Mathematikbuch aufgeschlagen hast?"
Marie:	„Ich habe keine Lust zum Lernen, das werde ich nie verstehen; ich bin zu blöd dafür!"
Therapeutin:	„Wenn du dich das selbst so sagen hörst, was fühlst du da?"
Marie:	„Diese Gedanken ziehen mich ja echt runter! Kein Wunder, dass ich dann nicht weiterlernen kann!"

3. Schritt: Infragestellen der dysfunktionalen Kognitionen

Ziel eines Infragestellen ist es, die dysfunktionalen Kognitionen auf ihren Realitätsgehalt hin zu testen. Sie ist Voraussetzung für die Korrektur von kognitiven Verzerrungen und falschen Schlussfolgerungen. Mit dieser Überprüfung geht die Einsicht in die selbstschädigenden Folgen von solchen Gedanken einher.

Therapeutin:	„Stimmt es denn, dass du zu blöd für Mathematik bist?"
Marie:	„Eigentlich nicht. Ich habe extra einen Intelligenztest gemacht und der hat ergeben, dass ich eigentlich gute Noten schreiben könnte."
Therapeutin:	„Ah, ja, das heißt du könntest gute Noten schreiben!"

„Insbesondere wenn die hinderlichen Kognitionen dem Klienten zuvor nicht bewusst waren, kann es für ihn ein „Aha-Erlebnis" sein, als Ergebnis der Exploration bestimmte Lebensregeln/Annahmen bei sich zu erkennen und festzustellen, wie sehr diese Annahmen ihm bisher in seinem Leben geschadet haben und wie sie auch weiter wichtige Ziele blockieren. Dies allein kann schon dazu führen, diese Denkweisen aufzugeben."
(Wilken, 2015[7], S. 94)

Hat der Klient erkannt, dass seine Gedanken wenig realitätsnah und unbegründet sind – was ja bei dysfunktionalen Kognitionen grundsätzlich der Fall ist –, so können sie infrage gestellt werden. Dies stellt das eigentliche Kernstück kognitiver Psychotherapie dar. Dabei soll der Klient durch gezielte, möglichst offene, aber spezifische Fragen seine eigenen Kognitionen in bestimmten Situationen reflektieren lernen, selbst deren Unangemessenheit erkennen und daraus Schlüsse ziehen können. Es geht also darum, „den Klienten möglichst selbstständig neue Einsichten und Erkenntnisse erarbeiten zu lassen" *(Wilken, 2015[7], S. 92).*

4. Schritt: Erarbeitung angemessener, funktionaler Kognitionen

Sind die dysfunktionalen Kognitionen „entkräftet", so werden in diesem Schritt mit dem Klienten alternative Kognitionen ausgearbeitet, mit denen er in zukünftigen Situationen sein Erleben und Verhalten positiv beeinflussen kann. Dabei gilt es, diese alternativen Kognitionen in der Vorstellung, im Rollenspiel oder in der Realität hinsichtlich ihrer Folgen für das emotionale Befinden und das Verhalten zu überprüfen. In der Regel erfährt der Klient dabei eine erhebliche Stimmungsverbesserung und angemesseneres Verhalten.

Therapeutin:	„Was müsstest du denn denken, damit du zuversichtlich an das Mathelernen herangehst?"
Marie:	„Weiß ich nicht!"
Therapeutin:	„Was machst du denn gerne in deiner Freizeit?"
Marie:	„Ich spiele ganz gut Schlagzeug!"
Therapeutin:	„Was denkst du denn, wenn du ein neues Stück übst und es klappt und klappt nicht?"
Marie:	„Da rede ich mir gut zu: Du wirst es schon schaffen, sei geduldig. Übung macht den Meister!"
Therapeutin:	„Und dann?"
Marie:	„Dann übe ich es so lange bis ich es kann!"
Therapeutin:	„Stelle dir mal vor, du gehst an dein Mathelernen genau mit dieser Einstellung heran."
Marie:	„Spannende Idee!"
Therapeutin:	„Wie kannst du das schaffen?"

5. Schritt: Einübung angemessener, funktionaler Kognitionen

Ein einmaliges „Durchlaufen" dieses Umstrukturierungsprozesses bedeutet jedoch noch lange nicht, dass der Klient diese gewonnene Einsicht nun auch im Alltag selbstständig umsetzen kann. Vielmehr erfordert dies ein aktives Training und viel Übung seitens des Klienten. Hausaufgaben wie Vorstellungs- und Verhaltensübungen eignen sich hierfür am besten.

In der Sitzung wird erarbeitet, was genau Marie während des Schlagzeugspielens denkt und fühlt, wie sie sich verhält und welche Körperreaktionen sie hat. Marie wird sich das Modell eines kleinen Schlagzeuges auf den Schreibtisch legen, um sich an ihre neue Haltung zu erinnern.

Eine bekannte Form der kognitiven Psychotherapie ist die Schematherapie, die auf den amerikanischen Psychiater Jeffrey E. Young von der Columbia University in New York zurückgeht. Sie geht davon aus, dass dysfunktionale Kognitionen auf Kindheitserlebnissen gründen und durch neue Erfahrungen „überschrieben" werden können (vgl. Benecke, 2014, S. 543 f.).

13.2.4 Die klientenzentrierte Psychotherapie

In Deutschland ist die klientenzentrierte Psychotherapie auch unter dem Namen **Gesprächs(psycho)therapie (GT)**[1] bekannt. Sie ist trotz wissenschaftlicher Anerkennung nicht als Kassenleistung der gesetzlichen Krankenversicherungen zugelassen.

Wissenschaftliche Grundlage der klientenorientierten Psychotherapie bildet die **personenzentrierte Theorie** von Carl R. Rogers, die in *Kapitel 9.3* dargestellt ist[2]. Grundannahme dieser Theorie ist, dass *der Mensch nach Erhaltung, Entfaltung und Verwirklichung seiner Entwicklungsmöglichkeiten sowie nach Unabhängigkeit und Selbstbestimmung strebt*. Ziel therapeutischer Intervention ist entsprechend die **Aufhebung der Erstarrung der Aktualisierungstendenz**, damit der Mensch seine Entwicklungsmöglichkeiten wieder entfalten und seine Autonomie wiedererlangen kann (vgl. *Kriz, 2014[7], S. 199 f.*). Dies geschieht durch die Auflösung des inkongruenten Zustandes, in dem sich der Klient befindet[3].

Handlungsleitend für die Therapeutentätigkeit ist für *Carl R. Rogers (2007[12]) die Orientierung am Klienten* mit der Absicht, dem Individuum zu einem besseren Verständnis seiner selbst und zu größerer Unabhängigkeit zu verhelfen, damit es sich entwickeln und somit gegenwärtige sowie künftige Probleme besser lösen kann. Es interessiert weniger, wie es zu einem Problem gekommen ist, sondern vielmehr, wie es sich im Hier und Jetzt zeigt. Ziel ist, dass der Klient wieder zu sich selbst finden kann.

„Gesprächspsychotherapie wirkt durch die Beziehung Therapeut-Patient: Wenn das gesprächspsychotherapeutische Beziehungsangebot vom Patienten wahrgenommen und akzeptiert werden kann, entsteht eine Beziehung, in der das empathische und zugleich akzeptierende Verstehen des Therapeuten im Patienten einen Zustand der Sicherheit bedingt. Im Schutz dieser Beziehung kann sich der Patient Aspekten seiner selbst zuwenden, die zunächst für ihn fremd und bedrohlich sind, dann aber vertraut und integriert werden können."
(Höger, 2012[2], S. 121)

---

[1] Der Begriff „Gesprächspsychotherapie" geht auf Reinhard Tausch zurück, der am Psychologischen Institut der Universität Hamburg die klientenzentrierte Psychotherapie anbieten wollte. Doch zwei Kollegen wollten Tausch beim Gesundheitsamt anzeigen – mit der Begründung, dass nur Ärzte zur Therapie befugt seien. Tausch benannte die klientenzentrierte Theorie dann mit dem Tarnnamen „Gesprächspsychotherapie", weil Gespräche nicht verwehrt werden konnten (vgl. Geuter, 2008, S. 41).
[2] Eine Biografie von Carl R. Rogers befindet sich in Kapitel 9.3.
[3] vgl. Kapitel 9.3.6

Der Schwerpunkt der Therapie liegt mehr auf dem Prozess der Beziehung als auf den Symptomen und deren Behandlung.

Die klientenzentrierte Psychotherapie

Wissenschaftliche Grundlage: die personenzentrierte Theorie

Grundannahme: Der Mensch strebt nach Erhaltung, Entfaltung und Verwirklichung seiner Entwicklungsmöglichkeiten sowie nach Unabhängigkeit und Selbstbestimmung.

Zielsetzung: Aufhebung der Erstarrung der Aktualisierungstendenz durch Auflösung des inkongruenten Zustandes

Der Erfolg einer Therapie ist bei der klientenzentrierten Psychotherapie nicht von der Beherrschung bestimmter Techniken abhängig, sondern von den in der Kommunikation mit dem Klienten deutlich spürbaren **Haltungen des Therapeuten**. Es kommt nach *Rogers* dann beim Klienten zu Veränderungen, wenn der Therapeut **Wertschätzung**, die an keine Bedingungen geknüpft ist, **Verstehen** sowie **Echtheit** zeigt[1].

In der klientenzentrierten Psychotherapie werden zwei verschiedene Verfahren angewendet, um zu den wichtigen bzw. belastenden Problemen des Klienten vorzudringen. Dies sind der **freie Ausdruck emotionaler Erlebnisinhalte** und die **Selbstexploration**.

- **Freier Ausdruck emotionaler Erlebnisinhalte**

  Der Therapeut nimmt emotionale Erlebnisinhalte des Klienten zur Kenntnis, akzeptiert sie und teilt ihm in klarer Form mit, was er an Emotionen wahrgenommen hat – auf den Inhalt geht er dabei weniger ein. Der Klient gewinnt so den Eindruck, dass er verstanden wird, was ihn wiederum ermutigt, noch weitere Gefühle auszudrücken.

  Klient: „Ich habe im Unterricht meine Meinung gesagt, aber da haben sie alle gelacht und auch der Lehrer hat sich nur schwer beherrscht. Ich habe das natürlich bemerkt. Glauben Sie, ich fühlte mich so blamiert, so ausgeschlossen. Wahrscheinlich bin ich auch rot geworden."
  Therapeut: „Sie fühlten sich so beschämt und so isoliert, dass sie sich hätten verkriechen mögen."

  Dieses Vorgehen wird auch **Verbalisierung** (**emotionaler Erlebnisinhalte**) genannt, bei welchem die *Gefühle, die der Kommunikationspartner nur indirekt ausdrückt, direkt angesprochen werden*. Auf diese Weise wird dem Sender gezeigt, welche Gefühle man an ihm wahrnimmt; er fühlt sich besser verstanden und weiß, dass seine Gefühle akzeptiert werden.

  > **Verbalisieren bedeutet das Widerspiegeln der persönlich-emotionalen Erlebniswelt des Gesprächspartners.**

  Um das Erleben des anderen verstehen zu können, ist ein genaues und empathisches Zuhören notwendig.

  > *„Zuhören kann nur stattfinden, wenn man dem anderen Raum zur Selbstdarstellung lässt, sich mit eigenen Einfällen und Stellungnahmen zurückhält, sich auf das konzentriert, was der andere über sich sagt."*
  > *(Eckert/Petersen, 2012[2], S. 189)*

---

[1] vgl. Kapitel 9.4.1 und 9.4.2

■ **Selbstexploration**[1]

Der Erfolg einer Therapie hängt davon ab, in welchem Ausmaß ein Patient Zugang zu seinem inneren Erleben hat und darüber sprechen kann. Deshalb wird die Selbstexploration des Patienten in der Gesprächspsychotherapie gefördert.

> **Selbstexploration bedeutet, dass der Patient darüber spricht, wie er sich selbst erlebt, über sein Erleben, seine Erfahrungen und Bewertungen berichtet und versucht, unverstandene Erfahrungen zu verstehen (vgl. *Eckert/Petersen, 2012*[2], *S. 190*).**

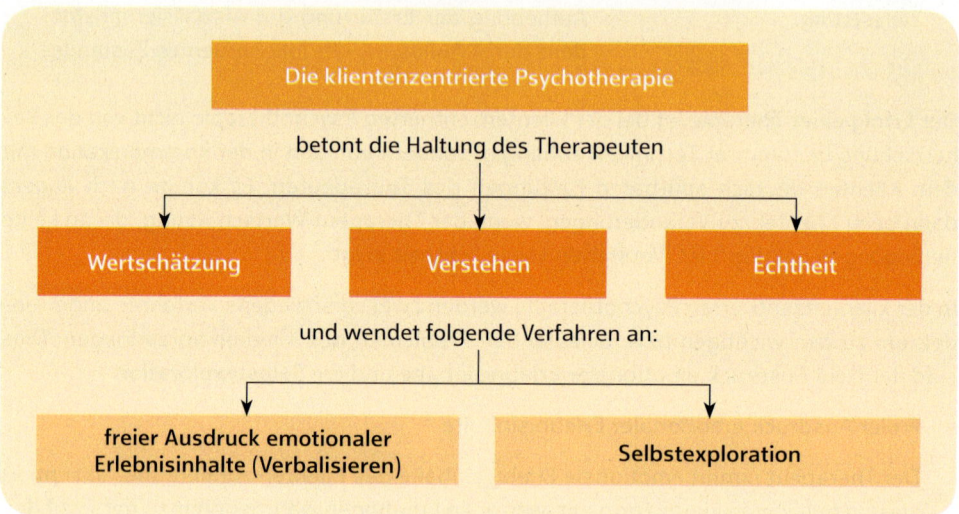

13.2.5 Die systemische Psychotherapie

Wie die klientenzentrierte Psychotherapie ist die systemische Psychotherapie zwar wissenschaftlich, aber nicht als Kassenleistung anerkannt. Wissenschaftliche Grundlage systemischer Psychotherapie sind **systemische Theorien**, bei denen nicht die isolierten Erlebens- und Verhaltensweisen eines Menschen im Vordergrund stehen, sondern *die wechselseitigen Beziehungen eines Individuums mit seiner Umwelt*. Der Mensch lebt in einem bestimmten Lebensbereich, der ihn beeinflusst und auf den er einwirkt.

Psychische Störungen werden als Systemzustände gesehen, die Störung einer einzelnen Person ist Teil eines Gesamtsystems.

> *„Vielmehr wird eine Krankheit als Teil einer größeren, je nach Perspektive als störend oder auch gestört erlebten Interaktion angesehen, an der eine oder mehrere Personen so sehr leiden, dass ihnen Krankheitswert zugeschrieben wird."*
> *(von Schlippe/Schweitzer, 2015*[6]*, S.15)*

Systemische Psychotherapie setzt also nicht beim Einzelnen an, das System steht im Mittelpunkt. Es sind weniger das Individuum und sein Handeln von Interesse, sondern die Strukturen, in denen der Einzelne handelt. Veränderungen werden dann möglich sein, wenn man sich auf die Struktur eines Systems konzentriert.

---

[1] explorare (lat.): ausforschen

> *„Der Schwerpunkt der systemischen Therapie liegt in einer Veränderung interaktiver und ‚narrativer‘[1] Strukturen. Statt linearer Ursache-Wirkungsketten werden zirkuläre Prozesse betrachtet."*
> *(Kriz, 2014[7], S. 258)*

Als erste Therapierichtung „ent-individualisiert" die systemische Psychotherapie und richtet ihren Blick auf die Beziehungen, die Strukturen eines Systems – z. B. der Familie. Entsprechend zielen systemische Psychotherapien darauf ab, **durch eine Veränderung** (oder auch Zerstörung) **der Strukturen eines Systems das Verhalten und Erleben des Einzelnen zu ändern**.

Die systemische Psychotherapie

Wissenschaftliche Grundlage: systemische Theorien

Grundannahme: Alle einzelnen Elemente eines Lebensbereiches, dem ein Mensch angehört, stehen zueinander in einer wechselseitigen Beziehung und beeinflussen sich gegenseitig.

Zielsetzung: Veränderungen der Strukturen eines Systems, dem der Betroffene angehört

Die systemische Psychotherapie gibt es nicht; sie stellt einen Oberbegriff dar für alle Therapieformen, in welchen das Individuum als Teil eines Beziehungsfeldes gesehen und eine Verhaltensänderung durch eine Veränderung im System erreicht wird.

Systemische Psychotherapien gehen von folgenden Grundprinzipien aus, die dem Ziel dienen, die Beziehungen in einem System so schnell wie möglich zu erfassen und zu verändern:

- Das **Prinzip des Hypothetisierens**: Hypothesen sind in der systemischen Psychotherapie vorläufige Annahmen, die der Therapeut aufgrund von gesammelten Informationen aufstellt[2]. Sie sollen zum einen die vielen Informationen, die ein System liefert, für den Therapeuten ordnen, zum anderen sollen sie ihm und dem System neue Sichtweisen liefern und das System zu Veränderungen anregen. Dabei gilt es, eine Vielfalt von Hypothesen zu entwickeln, die ständig an neue Informationen angepasst werden.

> *„Eine Hypothese ist aus Sicht der systemischen Therapie umso passender und nützlicher, je mehr Mitglieder eines Problemsystems sie umfasst und je mehr sie in der Lage ist, die Handlungen der verschiedenen Akteure in wertschätzender Weise zu verbinden. Eine Hypothese sollte möglichst so formuliert sein, dass sie entweder gute Absichten mit unbeabsichtigten negativen Folgen oder umgekehrt, das Leiden an einem Problem mit positiven Nebenwirkungen des Problems verknüpft."*
> *(von Schlippe/Schweitzer, 2016[3], S. 204)*

---

[1] narrativ (lat.: erzählen): in erzählender Form darstellen. In der systemischen Therapie wird der Mensch als Erzähler gesehen, der sich im Austausch mit anderen, durch Erzählungen Wirklichkeit erschafft, verständlich macht und seine Stelle in der Welt bestimmt.

[2] Der Begriff „Hypothese" wird in der systemischen Therapie anders verstanden als in der klassischen Wissenschaftstheorie (vgl. Kapitel 2.2.6).

- Das **Prinzip der Zirkularität**: Zirkularität ist der Versuch, das Verhalten der Systemmitglieder – z. B. die Familienmitglieder – als Regelkreis zu beschreiben, welcher sich aus dem Wechselspiel zwischen den am System beteiligten Personen erklären lässt. Es handelt sich dabei um eine kreisförmige Dynamik, in welcher sich die Wirkung ihre eigene Ursache schafft und umgekehrt. Verhaltensweisen bedingen sich also wechselseitig, zirkulär.

- Das **Prinzip der Neutralität**: Neutralität meint die Fähigkeit eines Psychotherapeuten, für alle Systemmitglieder gleichermaßen Partei ergreifen zu können. Damit bedeutet Neutralität nicht, dass der Therapeut keine eigene Meinung haben darf; er bringt seine eigenen Meinungen mit einer so offenen Haltung ein, dass die Klienten entscheiden können, ob sie für sie stimmig sind. Es bleibt offen, ob der Therapeut das Problem für etwas Gutes oder Schlechtes hält und welche Lösungen er richtig findet. „Wenn den Teilnehmern einer systemischen Beratung hinterher unklar ist, auf wessen Seite der Berater mehr gestanden hat, welche der vertretenen Ideen er favorisiert und wie er zum Problem steht – dann war der Berater ‚neutral'.“ (*von Schlippe/Schweitzer, 2016³, S. 205*)

In der Praxis der systemischen Psychotherapie werden eine Fülle von Techniken eingesetzt, von denen die wichtigsten dargestellt werden:

- **Joining**[1] ist das systematische Bemühen des Therapeuten, sich mit jedem Familienmitglied und der Gesamtfamilie zu verbinden sowie sich auf ihre Sprache, ihr Weltbild und ihren Entwicklungsstand einzustellen.

- **Reframing** (**Umdeutung**): Geschehnisse oder Verhaltensweisen werden in einen anderen Rahmen gestellt und erhalten damit eine andere Bedeutung. Damit können eine andere Sicht der Situation sowie andere Gefühle, Bewertungen und Verhaltensweisen entstehen. Aus „Defiziten“ lassen sich bislang nicht gesehene und gewürdigte „Kompetenzen“ deuten.

 Die „Faulheit“ eines Schülers kann als Fähigkeit zur Entspannung gedeutet werden, der Streit eines Ehepaares als Lebendigkeit und großes Interesse aneinander.

- **Verschreibung**, auch **paradoxe Intervention** genannt: Da Beziehungen und Symptome durch sich ständig wiederholende Verhaltensmuster geprägt und aufrechterhalten werden, können sich Beziehungen und Symptome verändern, wenn ein anderes Verhaltensmuster als „Hausaufgabe“ gegeben („verschrieben“) wird.

 Ein 21-jähriger Mann leidet unter Einsamkeit. Er hat Angst, Kontakt zu Gleichaltrigen aufzunehmen, er befürchtet abgelehnt zu werden. Vom Therapeuten bekommt er die Aufgabe, am nächsten Wochenende in die Diskothek zu gehen und „sich Körbe“ zu holen.

---

[1] to join (engl.): sich verbinden

- **Zirkuläres Fragen** ist die methodische Anwendung des Prinzips der Zirkularität. In ihm erweitert sich die Perspektive, indem die kommunikative Wirkung mitbedacht wird (vgl. *Reich, 2010[6], S. 236*). Dabei geht es darum, durch die Art der Fragestellung verschiedene Beziehungsmuster innerhalb eines Systems aufzudecken.

Von Schlippe und *Schweitzer (2016[3], S. 251 ff.)* machen dies an einem Beispiel deutlich: Helmut weint und Hannelore sieht das. Normalerweise fragt man, warum Helmut weint. Diese Perspektive ist zwar wichtig, doch die Fragestellung muss darüber hinausgehen, da Hannelore dieses Weinen wahrnimmt und Helmut weiß, dass Hannelore es sieht. Dafür ist eine andere Art von Frage notwendig: „Was denkst du, Helmut, was dein Weinen für Hannelore bedeutet?" Und es gibt meistens auch Dritte, die auf die Beziehung von zwei anderen schauen – in unserem Beispiel Stefan, der Sohn von Hannelore und Helmut. Hier wird folgendermaßen gefragt: „Was denkst du, Stefan, was es bei deiner Mutter auslöst, deinen Vater weinen zu sehen?" Damit werden verschiedene Beziehungsmuster in der Familie deutlich.

- **Verstörung** ist eine Methode, einen destruktiv verlaufenden Beziehungsablauf zu durchbrechen bzw. zu beenden. Dies gilt vor allem dann, wenn in einer Beziehung ein „Teufelskreis" entsteht, aus dem es zunächst kein Entrinnen gibt.

Solch ein Teufelskreis kann bei Schlafstörungen vorliegen: Jemand kann nicht schlafen und wacht nachts immer wieder auf. Dadurch gerät er unter Druck und hat Angst davor, am nächsten Tag nicht fit zu sein. Diese Angst verstärkt wiederum seine Schlafstörungen: Er kann nicht schlafen, weil er nicht schlafen kann.
Herr Engels ist schlecht gestimmt und zeigt gelegentlich depressive Verhaltensweisen. Für seine Frau ist dies der Grund, warum ihre Ehe so schlecht ist. Herr Engels sieht das jedoch anders und meint, dass er deshalb nicht gut drauf sei, weil die Ehe so schlecht sei.
Auch das Beispiel in *Kapitel 11.4.3* zeigt einen Teufelskreis, den es zu durchbrechen gilt: Der Vater von Benjamin, der für die Schule zu wenig lernt, fühlt sich verpflichtet, Kontrolle und Aufsicht bei der Erledigung der Hausaufgaben walten zu lassen. Doch Benjamin lernt umso weniger, je mehr der Vater Kontrolle ausübt. Beide legen dabei auf ihre Art und Weise Ursache und Wirkung in ihrer Kommunikation fest. Der Vater meint: „Ich mache Druck, damit Benjamin lernt." Benjamin dagegen sieht das anders: „Je mehr Druck mein Vater macht, desto mehr verliere ich jegliche Lust am Lernen."

- **Skulpturarbeit**: Bei dieser Technik, die von *Virginia* Satir entwickelt wurde, werden Beziehungen zueinander körperlich in Haltung und Position dargestellt.

Ein Familienmitglied ordnet die ganze Familie ohne Worte so im Raum an, wie es die Beziehungen in der Familie sieht, wie ein Bildhauer eine Skulptur baut.

„Dabei werden Gesten, Körperbilder, Komponenten wie Nähe und Distanz benutzt, um die Kommunikations- und Beziehungsmuster zu zeigen."
(Satir/Baldwin, 2004[6], S. 192)

- **Genogramm**: Bei einem Genogramm wird der Familienstammbaum aufgezeichnet und wichtige Familienereignisse (Tod, Flucht, Arbeitslosigkeit, Kriminalität usw.) eingetragen. Diese Zeichnung ermöglicht es, Vermächtnisse und Beziehungsmuster, die über Generationen hinweg entstanden sind, aufzuspüren und zu bewältigen. Das Auftreten von Symptomen kann in den Zusammenhang von wichtigen Ereignissen und Lebenskrisen gestellt werden.

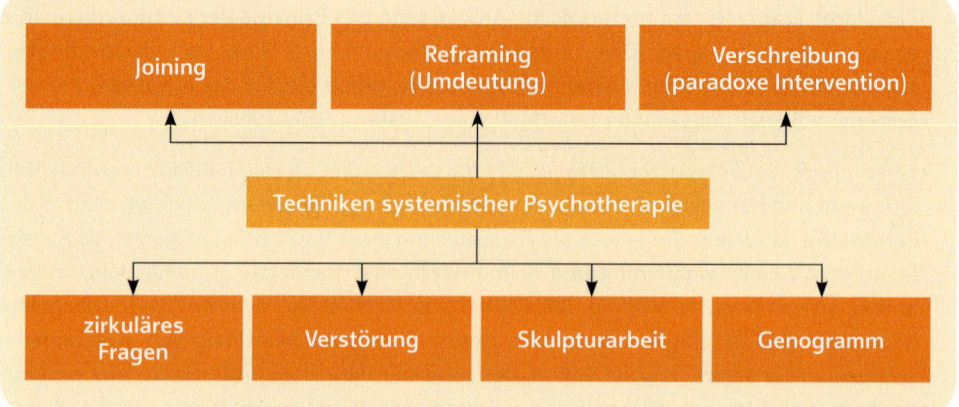

In diesem Jahrhundert entstand als weiteres Verfahren die **Neuropsychotherapie**, die in Teilen von den gesetzlichen Krankenkassen anerkannt wird. Ihre wissenschaftlichen Grundlagen sind die Erkenntnisse der Neurowissenschaften, welche Zusammenhänge zwischen den Erlebens- und Verhaltensweisen eines Menschen sowie den diesen zugrunde liegenden neurobiologischen Prozessen untersuchen und erklären. Doch der Begründer des Fritz-Perls-Instituts für Integrative Therapie, Hilarion Petzold, meint, es gäbe bis heute keine neurowissenschaftlich fundierte Psychotherapie (vgl. Ernst, 2012, S. 63).

Aus der Sicht der Ganzheitlichkeit des Menschen spielen in jüngerer Zeit **Körperpsychotherapien** eine große Rolle. Im Gegensatz zur *Körpertherapie*, die sich direkt auf den Körper konzentriert, meint Körperpsychotherapie das Einbeziehen von dem, was im Körper vorgeht, in das psychotherapeutische Vorgehen (vgl. *Kern, 2014, S. 16*). Sie geht davon aus, dass sich alle kognitiven und emotionalen Vorgänge im Körper abspielen bzw. mit dem Körper und dem körperlichen Erleben verbunden sind. Dabei geht es um ein ganzheitliches Vorgehen in der Psychotherapie (vgl. *Geuter, 2015, S, 19*).

Im 21. Jahrhundert ergänzen immer mehr multimediale Hilfsmittel die Psychotherapie. Heute sieht man sich auch **internetbasierten Therapieprogrammen** gegenübergestellt, die jedoch nur mit psychotherapeutischer Begleitung angewendet werden sollten (vgl. Gelitz, 2013, S. 40, 124; Haunschild, 2013, S. 46).

Viele Experten plädieren heute dafür – und größtenteils ist es auch schon so in der Praxis – dass die starren Trennungslinien zwischen den verschiedenen Therapierichtungen überwunden werden (vgl. *Barnow u. a., 2016, S. 45*).

Wo Sie hinkämen, wenn Sie verschiedene Psychologen fragen:
„Wo geht's denn hier zum Bahnhof?"

Es antwortet

der Gesprächstherapeut: „Sie möchten wissen, wo der Bahnhof ist?
Wie fühlen Sie sich, wenn Sie diese Frage stellen?"

der Psychoanalytiker: „Spielen Ihre Träume öfters in einer so dunklen Höhle?
Was assoziieren Sie mit Bahnhof?"

der Verhaltenstherapeut: „Heben Sie den rechten Fuß. – Prima! – Schieben Sie ihn nach vorne.
Hervorragend! – Setzen Sie ihn auf. – Sehr gut, hier haben Sie ein Bonbon."

der Gestalttherapeut: „Du, lass es voll zu, dass du zum Bahnhof willst!"

der Esoteriker: „Schließen Sie die Augen. Entspannen Sie sich. Fragen Sie Ihr Unbewusstsein, ob es Ihnen bei der Suche behilflich sein will."

der Provokativ-Therapeut: „Ich wette, darauf werden Sie nie kommen."

der Familientherapeut: „Was ist dein sekundärer Gewinn, wenn du mich nach dem Bahnhof fragst? Möchtest du meine Bekanntschaft machen?"

der Telefonseelsorger: „Weiß ich nicht, aber wir können gerne darüber sprechen."

der Sozialarbeiter: „Keine Ahnung, aber ich fahr dich schnell hin."

der Psychiater: „Seit wann bedrängt Sie diese Frage?"

der Sozialmanager: „Welche Lösungswege haben Sie schon angedacht?
Schreiben Sie alles hier auf dieses Kärtchen!
Wenn ich Ihnen die Lösung vorkaue, wird das Ihr Problem nicht dauerhaft beseitigen."

(Verfasser unbekannt)

Zusammenfassung

- Psychologische Beratung in der Klinischen Psychologie ist ein wissenschaftlich fundiertes Vorgehen, das als Ziel die Beseitigung von persönlichen und/oder sozialen Problemen bzw. den effektiven Umgang mit diesen hat. Unter Psychotherapie versteht man alle psychologischen, wissenschaftlich fundierten Techniken und Verfahrensweisen, mit denen versucht wird, psychische Störungen zu heilen. Die Übergänge zwischen Beratung und Psychotherapie sind fließend.

- Unter Berücksichtigung der verschiedenen Schulen sind die bekanntesten Psychotherapieverfahren

  - das analytische Therapieverfahren, dessen Ziel die Klärung unbewusster Zusammenhänge sowie die emotionale Auf- und Verarbeitung der bewusst gemachten Konflikte ist,

  - die Verhaltenstherapie, die sich als Ziel den Abbau des unerwünschten Verhaltens – der psychischen Störung – und den Aufbau erwünschten Verhaltens durch gezielte Lernhilfen gesetzt hat,

  - die kognitive Therapie, die davon ausgeht, dass unangemessene – sogenannte dysfunktionale – kognitive Prozesse durch geeignete Techniken verändert werden können und dass diese Veränderungen auch das Verhalten und Erleben eines Menschen „korrigieren",

  - die klientenzentrierte Psychotherapie, auch Gesprächs(psycho)therapie genannt, die die Aufhebung der Erstarrung der Aktualisierungstendenz durch die Auflösung des inkongruenten Zustandes anstrebt, sowie

  - die systemische Therapie, die davon ausgeht, dass durch eine Veränderung im System sich auch die Erlebens- und Verhaltensweisen des Einzelnen ändern.

Aufgaben

1. Legen Sie dar, was in der Klinischen Psychologie unter Beratung verstanden wird.
   (Abschnitt 13.1.1)

2. Bestimmen Sie, was mit „Psychotherapie" gemeint ist.
   (Abschnitt 13.1.2)

3. Erläutern Sie Gemeinsamkeiten und Unterschiede zwischen Beratung und Psychotherapie.
   (Abschnitt 13.1.2)

4. Beschreiben Sie anhand einer psychischen Störung wissenschaftliche Grundlage, Grundannahme und Zielsetzung
   a) des analytischen Therapieverfahrens.
      (Abschnitt 13.2.1)
   b) der Verhaltenstherapie.
      (Abschnitt 13.2.2)
   c) der kognitiven Psychotherapie.
      (Abschnitt 13.2.3)
   d) der klientenzentrierten Psychotherapie.
      (Abschnitt 13.2.4)
   e) der systemischen Psychotherapie.
      (Abschnitt 13.2.5)

5. Erläutern Sie anhand einer psychischen Störung (z. B. Angststörung) das Vorgehen
   a) des analytischen Therapieverfahrens;
      (Abschnitt 13.2.1)
   b) der Verhaltenstherapie;
      (Abschnitt 13.2.2)
   c) der kognitiven Psychotherapie;
      (Abschnitt 13.2.3)
   d) der klientenzentrierten Psychotherapie;
      (Abschnitt 13.2.4)
   e) der systemischen Psychotherapie.
      (Abschnitt 13.2.5)

6. Legen Sie anhand einer Therapiesituation den Unterschied zwischen dem analytischen Therapieverfahren und der systemischen Therapie dar.
   (Abschnitt 13.2.1 und 13.2.5)

7. Fallbeschreibung: „Jonas"
   Jonas, elf Jahre alt, wird von seiner Mutter wegen Zwangserscheinungen bei der Erziehungsberatung vorgestellt. Sie berichtet: Jonas sei ein sehr braves und ruhiges Kind. So etwas wie eine Trotzphase habe er nicht durchgemacht. Allerdings sei er auch sehr ängstlich und langsam. Für das Anfertigen der Hausaufgaben brauche er im Vergleich zu anderen Kindern ungewöhnlich lange. Sorge machten ihr aber vor allem seine Ordnungszwänge. Wenn die Bleistifte auf seinem Schreibtisch nicht genau im rechten Winkel zur Tischkante lägen, gerate er in Panik. Er meinte, dann passiere ein fürchterliches Unglück. Sie selbst sagt von sich, dass

Aufgaben und Anregungen Kapitel 13

Aufgaben

sie das Kind immer sehr streng gehalten habe. Vor allem die Sauberkeitserziehung habe sie rigoros durch-
gezogen.

Stellen Sie am Beispiel von Jonas wichtige Elemente der analytischen Psychotherapie dar.
(Abschnitt 13.2.1)

8. Fallbeschreibung „Leonie"
    Leonie, zehn Jahre, hat Angst vor der Schule. Vor allem hat sie Angst, in der Schule einen Fehler zu machen,
    sie möchte immer perfekt sein. Schon wenn Leonie daran denkt, dass sie vielleicht in einer Prüfungsarbeit
    einen Fehler gemacht haben könnte, wird sie ganz unruhig, fängt an zu schwitzen und ihr Herz schlägt
    schneller und lauter. Manchmal bekommt Leonie ganz schlimme Angst; dann kommt ihr Kreislauf so in
    Schwung, dass sie sofort zur Toilette muss. Leonie sitzt schon richtig die Angst im Nacken, und sie weiß nicht,
    wie sie diese wieder loswerden kann.

    Erläutern Sie anhand des vorliegenden Falles Verfahrensweisen auf der Grundlage des klassischen Konditi-
    onierens, um Leonies Angst abzubauen.
    (Abschnitt 13.2.2)

9. Fallbeschreibung „Frau Kerner"[1]
    „Mein Leben macht mir zurzeit wenig Spaß: Jede Benutzung von Verkehrsmitteln ist für mich ein Albtraum.
    Ich kann kaum außer Haus, kann keinen Einkauf erledigen und die gesamte Familie kann meinetwegen
    schon seit mehreren Jahren weder einen Ausflug machen noch in Urlaub fahren. Ich denke, ich bin einfach
    zu dumm dafür, mit öffentlichen Verkehrsmitteln zu fahren. Ich werde das auch nie können!"
    Auf gezielte Fragen der Sozialpädagogin antwortet Frau Kerner: „Immer, wenn ich ein Verkehrsmittel be-
    nutzen will – sei es ein Auto, einen Bus oder die Bahn – steigt in mir eine wahnsinnige Angst hoch. Mir bricht
    der Schweiß aus, ich habe das Gefühl, dass ich keine Luft mehr kriege, meine Hände zittern und ich bekom-
    me weiche Knie und Schwindelanfälle. Dies geschieht fast bei jeder Benutzung von Verkehrsmitteln. Aber
    das ist ja auch kein Wunder: Wie soll ich mich bei dem Wirrwarr von Verkehrsmitteln – S-Bahn, U-Bahn, Bus
    usw. – zurechtfinden? Ich weiß ja oft gar nicht, wo welches Verkehrsmittel hinfährt, in welches ich einstei-
    gen soll."
    Auf die Frage nach der Reaktion der Familienmitglieder erzählt Frau Kerner weiter: „Ich bin ja sehr froh,
    dass meine Familie so großes Verständnis für mich hat. Wenn die Angst in mir hochkommt, dann ist sofort
    irgendjemand von der Familie bei mir. Auch meine Mutter ist sofort bereit zu kommen. Ist mein Mann da
    oder schildere ich ihm meine Situation, so ist er sehr nett zu mir, nimmt mich in den Arm und tröstet mich
    ganz liebevoll. Auch die Kinder sind dann ganz lieb und entlasten mich, wo es nur geht. Sie nehmen mir
    bspw. Hausarbeiten ab, damit ich mich wieder erholen kann. Diese mache ich eh nicht so gerne. Die Situa-
    tion, dass dann meine ganze Familie bei mir ist und ich große Zuwendung erhalte, finde ich dann wieder
    ganz angenehm, das ist ja so selten der Fall ..."
    a) Erstellen Sie für die Fallbeschreibung „Frau Kerner" eine Verhaltensanalyse.
    b) Beschreiben Sie anhand der Fallbeschreibung die Vorgehensweise bei der Verhaltensmodifikation auf
        der Grundlage der operanten Konditionierung.
    (Abschnitt 13.2.2)

---

[1] unter Mitarbeit von Heike Selz von der Beruflichen Oberschule Weißenburg

Aufgaben

10. Fallbeschreibung Theo

    Theo ist ein Medizinstudent, der schon zweimal das Examen nicht bestanden hat und deswegen therapeutische Hilfe sucht. Er ist das einzige Kind eines Facharztes und wohnt noch bei den Eltern. Der Therapeut stellt den Klienten in einer Fallkonferenz vor, bei welcher vor allem folgendes Problem deutlich wurde: In der Schilderung der Situation scheint es nur den Vater zu geben, der sich in einem unglaublichen Ausmaß um seinen Sohn und seine Examensprobleme kümmert. Die Schilderung des Klienten lösten beim Therapeuten Beklemmungsgefühle aus, die er folgendermaßen beschreibt: Es entstand in mir das Bild eines erdrückenden und übermächtigen Vater und eines Sohnes, der keine Chance auf eigene Entwicklung hat. Die Fallkonferenzteilnehmer waren sich einig, dass die Mutter keine Rolle spielen durfte und dass das Examensversagen als einzige, wenn auch dem Patienten unbewusste Auflehnung gegen das Diktat seines Vaters zu verstehen sei. (vgl. Eckert/Petersen, 2012[2], S.154)

    Stellen Sie auf der Grundlage des klientenorientierten Therapiekonzeptes dar, wie ein Psychotherapeut Theo helfen kann.
    (Abschnitt 13.2.4)

11. Erläutern Sie anhand eines Beispiels, welche Funktionen die Angststörung aus der Sicht der systemischen Therapie eines 15-jährigen Jugendlichen in der Familie erfüllen könnte.
    (Abschnitt 13.2.5)

12. Fallbeschreibung „Anna Hell"[1]

    „Das erste Mal passiert es in der Straßenbahn, auf dem Weg zur Arbeit. Anna Hells[2] Herz beginnt zu rasen, sie bekommt keine Luft mehr, ihr wird schwindlig. Angst. Nackte Panik befällt die junge Finanzbeamtin. Für die Umstehenden unterscheidet diese Straßenbahnfahrt nichts von unzähligen anderen — aber Anna Hell befürchtet, gleich sterben zu müssen. Rund 20 Minuten dauert dieser schier unerträgliche Zustand, bevor sich ihre Gefühlslage und das körperliche Befinden wieder halbwegs einpendeln.

    Als sich Ähnliches am übernächsten Tag wiederholt, beschließt Anna Hell, Busse und Bahnen zu meiden und steigt aufs Taxi um. Ohne Erfolg: Die Panikattacken, die immer gleich ablaufen, treten bald darauf auch während der Arbeit auf. Anna Hell lässt sich krankschreiben. Der Hausarzt schickt sie zum Kardiologen, der bescheinigt: Herz und Lunge funktionieren einwandfrei. […]

    Als der erste Arbeitstag nach ihrer Krankschreibung naht, wird ihre Angst davor, wieder ins Büro zu gehen, immer größer — Anna Hell bleibt schließlich zu Hause. Überhaupt traut sie sich kaum noch ohne Begleitung aus dem Haus. Schließlich sucht sie die Angst-Ambulanz […] auf." (Erhardt/Schmidt, 2015, S. 55)
    Erläutern Sie anhand der Fallbeschreibung *„Anna Hell"* ein Ihnen bekanntes Grundkonzept der Psychotherapie.
    (Abschnitt 13.2)

---

[1] siehe auch Aufgabe 7 des Kapitel 12
[2] Name geändert

Aufgaben und Anregungen Kapitel 13

Anregungen

13. *Psychomaler*
    - Es werden Dreiergruppen gebildet.
    - Jede Gruppe zieht eine Karte, auf der eine Zahl steht.
    - Die Gruppe mit Nummer 1 erhält auf einem Blatt Papier vom Lehrer einen Begriff zu dem Thema „Behandlung von psychischen Störungen", den die Gruppe entweder zeichnen (z. B. auf Tafel, Whiteboard, Folie mit wasserlöslichem Stift) oder pantomimisch darstellen muss. Die anderen Schüler raten so lange, bis der richtige Begriff genannt wird.
    - Dann kommt die nächste Gruppe mit der Nummer 2 dran – so lange, bis alle Gruppen an der Reihe waren.

14. Besuchen Sie mit der Klasse eine Beratungsstelle und bringen Sie dort in Erfahrung,
    - welche Ziele diese verfolgt,
    - wie sie organisiert ist,
    - wie diese arbeitet und
    - welche Probleme sich in der psychologischen Arbeit in dieser Einrichtung ergeben.

15. *Interview führen*
    - Entscheiden Sie sich für eine Beratungsstelle, über die Sie sich näher informieren möchten (z. B. Eheberatungs-, Erziehungs-, Familien-, Drogen- und Suchtberatungsstellen) und befragen Sie dort die Mitarbeiter.
    - Bereiten Sie in Kleingruppen Fragen zu folgenden Themen vor: Ziele, Organisation, Arbeitsweise, Klientel, Chancen, Probleme und Grenzen der Arbeit in dieser Institution.
    - Überlegen Sie sich geeignete Möglichkeiten der Präsentation.
    - Berichten Sie die Ergebnisse Ihres Interviews vor der Klasse.

16. Laden Sie in Ihre Klasse einen in der Praxis tätigen Psychotherapeuten ein und lassen Sie sich von ihm erzählen,
    - nach welchem Grundkonzept der Psychotherapie er vorgeht,
    - welche Vorgehensweise er anwendet (vielleicht kann er das an einem ganz konkreten „Fall" erläutern),
    - wie hoch seine „Erfolgsquote" ist und
    - mit welchen Problemen er in seiner Arbeit konfrontiert wird.

Literaturverzeichnis

Adler, Alfred: Menschenkenntnis, Köln, Anaconda Verlag, 2008

Ahnert, Lieselotte (Hrsg.): Theorien in der Entwicklungspsychologie, Berlin/Heidelberg, Springer Verlag, 2014

Ahnert, Lieselotte: Wieviel Mutter braucht ein Kind? Bindung – Bildung – Betreuung: öffentlich und privat, Heidelberg, Spektrum Akademischer Verlag, 2010

Allert-Wybranietz, Kristiane: Trotz alledem, 39. Auflage, Fellbach, lucy körner verlag, 1997

Allhoff, Dieter W./Allhoff, Waltraud: Rhetorik & Kommunikation – Ein Lehr- und Übungsbuch, 16. Auflage, München/Basel, Ernst Reinhardt Verlag, 2014

Allport, Gordon W./Postman, Leo: The psychology of rumor, New York, 1947

Allport, Gordon W.: Die Natur des Vorurteils; übersetzt von Hanna Graumann, Köln, Kiepenheuer & Witsch, 1971

Amrhein, Christine: Woran wir uns erinnern; in: Psychologie Heute 09/2008, S. 47–51

Amthauer, Karl Hermann/Eul, Werner: Herausforderung Erziehung in sozialpädagogischen Berufen, Band 1, Troisdorf, Bildungsverlag Eins, 2006

Anderson, John R.: Kognitive Psychologie, hrsg. von Joachim Funke, übersetzt von Guido Plata, 7. Auflage, Berlin/Heidelberg, Springer Verlag, 2013

Antons, Klaus: Die dunkle Seite von Gruppen; in: Edding, Cornelia/Schattenhofer, Karl (Hrsg.): Handbuch Alles über Gruppen – Theorie, Anwendung, Praxis, 2. Auflage, Weinheim/Basel, Beltz Verlag, 2015, S. 324–357

Appel, Markus/Retzbach, Joachim: Hier und doch woanders; in: Gehirn & Geist, 11/2015, S. 38–43

Asendorpf, Jens B./Neyer, Franz J.: Psychologie der Persönlichkeit, 5. Auflage, Heidelberg, Springer Verlag, 2012

Ayan, Steve: „ADHS ist keine Krankheit" – Ein Gespräch mit Helmut Bonney; in: Gehirn & Geist, 09/2012, S. 37 ff.

Ayan, Steve: Das Handwerk des Denkens; in: Gehirn & Geist, 03/2014, S. 34–41

Ayan, Steve: Jenseits des Bösen – Ein Gespräch mit Philip Zimbardo; in: Gehirn & Geist, 09/2011, S. 56 ff.

Ayan, Steve: Psychische Störungen sind Hirnerkrankungen – Ein Gespräch mit Florian Holsboer; in: Gehirn & Geist, 12/2011, S. 36 ff.

Ayan, Steve: Wir behandeln Menschen, nicht Gehirne – Ein Gespräch mit Martin Hautzinger; in: Gehirn & Geist, 1–2/2010, S. 58 f.

Baltes, Paul B. (Hrsg.): Entwicklungspsychologie der Lebensspanne, unter Mitarbeit von Lutz H. Eckensberger, Stuttgart, Klett Verlag, 1979

Bandura, Albert: Sozial-kognitive Lerntheorie; Herausgeber der deutschen Ausgabe: Rolf Verres, aus dem Amerikanischen übersetzt von Hainer Kober, Stuttgart, Klett-Cotta, 1991

Barnow, Swen/Miano, Annemarie/Schulze, Katrin: Vom Exorzismus zur Psychotherapie; in: Gehirn & Geist, 05/2016, S. 40–45

Bastine, Rainer H. E: Klinische Psychologie, Band 1, 3. Auflage, Stuttgart, Verlag W. Kohlhammer, 1998

Beck, Aaron T./Rush, A. John/Shaw, Brian F./Emery, Gary: Kognitive Therapie der Depression, übersetzt von Gisela Brondern und Brigitte Stein, 4. Auflage, Weinheim/Basel, Beltz Verlag, 2010

Becker, Nicole: Die neurowissenschaftliche Herausforderung der Pädagogik, Bad Heilbrunn, Klinkhardt Verlag, 2006

Becker, Nicole: Hirngespinste der Pädagogik; in: Psychologie Heute, 11/2009, S. 72–77

Bègue, Laurent/Beauvois, Jean-Léon/Courbet, Didier/Oberlè, Dominique: Rebellen am Schalthebel: in: Gehirn & Geist, 09/2010, S. 54–59

Belardi, Nando/Akgün, Lale/Gregor, Brigitte: Beratung. Eine sozialpädagogische Einführung, 6. Auflage, Weinheim/Basel, Juventa Verlag, 2011

Benecke, Cord: Klinische Psychologie und Psychotherapie, 1. Auflage, Stuttgart, Kohlhammer 2014

Beneke, Jürgen: Die deutsche Art des Nichtlächelns; in: Psychologie Heute, 03/2007, S. 32–37

Berndt, Christina: Resilienz – Das Geheimnis der psychischen Widerstandskraft – Was uns stark macht gegen Stress, Depressionen und Burn-Out, 10. Auflage, München, Deutscher Taschenbuch Verlag, 2014

Bierhoff, Hans-Werner/Frey/Dieter: Sozialpsychologie – Individuum und soziale Umwelt, Göttingen, Hogrefe Verlag, 2011

Bierhoff, Hans-Werner: Prosoziales Verhalten; in: Jonas, Klaus/Stroebe, Wolfgang/Hewstone, Miles (Hrsg.): Sozialpsychologie – Eine Einführung, unter Mitarbeit von Carmen Lebherz, übersetzt von Matthias Reiss, 6. Auflage, Heidelberg, Springer Medizin Verlag, 2014, S. 295–327

Biermann, Benno/Bock-Rosenthal, Erika/Doehlemann, Martin/Grohall, Karl-Heinz/Kühn, Dietrich: Soziologie – Studienbuch für soziale Berufe, 6. Auflage, München/Basel, Ernst Reinhard Verlag, 2013

Biermann, Christoph u. a.: „Er hielt sich nicht mehr aus"; in: Der Spiegel 47/2009, S. 144–159

Bischof-Köhler, Doris: Soziale Entwicklung in Kindheit und Jugend – Bindung, Empathie, Theory of Mind, Stuttgart, Kohlhammer, 2011

Bock-Rosenthal, Erika: Grundlagen der Gruppensoziologie und Gemeinwesenarbeit; in: Biermann, Benno/Bock-Rosenthal, Erika/Doehlemann, Martin/Grohall, Karl-Heinz/Kühn, Dietrich: Soziologie – Studienbuch für soziale Berufe, 6. Auflage, München/Basel, Ernst Reinhard Verlag, 2013, S. 376–410

Bölle, Martin: Was fällt Ihnen dazu ein? in: Psychologie Heute, 11/2010, S. 38–43

Bommert, Hanko: Grundlagen der Gesprächspsychotherapie, 4. Auflage, Stuttgart, Verlag W. Kohlhammer, 1993

Bornewasser, Manfred/Hesse, Friedrich W./Mielke, Rosemarie/Mummendey, Hans Dieter: Einführung in die Sozialpsychologie, 3. Auflage, Heidelberg, Quelle & Meyer, 1990

Brandes, Wolf: Emotionen im Griff; in: Fonds Magazin, 01/2010, S, 16 f.

Brandhofer-Bryan, Kathleen: Lernen mit allen Sinnen – 72 sinn-volle Lernspiele, in Zusammenarbeit mit Helga Pfetsch, Offenbach, Gabal Verlag, 2008

Brandt, Andrea/von Bredow, Rafaela/Theile, Merlind: Glaubenskrieg ums Kind; in: Der Spiegel, 09/25.02.2008, S. 40–54

Braun, Walter: Wenn das Gedächtnis „stille Post" spielt; in: Psychologie Heute, 03/2013, S. 14

Brecht, Bertolt: Geschichten vom Herrn Keuner, illustriert von Ulf K., Frankfurt a. M., Suhrkamp, 2014

Brezinka, Wolfgang: Erziehungsziele, Erziehungsmittel, Erziehungserfolg – Beiträge zu einem System der Erziehungswissenschaft, 3. Auflage, München/Basel, Ernst Reinhardt Verlag, 1995

Brisch, Karl Heinz: Die Wiege der Sicherheit; in: Gehirn & Geist, 09/2011, S. 48–55

Brown, Roger/Galanter, Eugene/Hess, Eckhard H./Mandler, George/Barron, Frank (Hrsg.): New directions in psychology, Vol. 1., New York, Holt, Rinehart & Winston, 1965

Buchheim, Anna/Bertram, Wulf: Wie Bindung das Gehirn verändert; in: Gaschler, Katja/Buchheim, Anna (Hrsg.): Kinder brauchen Nähe – Sichere Bindungen aufbauen und behalten, Stuttgart, Schattauer GmbH, 2012, S. 25–35

Buijssen, Huub: Versteh mich doch! in: Psychologie Heute, 12/2013, S. 20–26

Buse, Uwe: Siri und der Sinn des Lebens – Ein Gespräch mit Howard Gardner und Katje Davis; in: Der Spiegel, 06/2016, S. 60–63

Calmbach, Marc/Borgstedt, Silke/Borchard, Inga/Thomas, Peter M./Flaig, Berthold B.: Wie ticken Jugendliche 2016? – Lebenswelten von Jugendlichen im Alter von 14 bis 17 Jahren in Deutschland, Berlin/Heidelberg, Springer Verlag, 2016

Caspary, Ralf: Alles Neuro? Was die Hirnforschung verspricht und nicht halten kann, Freiburg i. B., Verlag Herder, 2010

Charpa, Ulrich: Grundprobleme der Wissenschaftsphilosophie, Paderborn, Schöningh, 1996

Collin, Catherine u. a.: Das Psychologiebuch, übersetzt von Dörte Fuchs und Jutta Orth, München, Dorling Kindersley, 2012

Costandi, Moheb: Dem Gedächtnisschwindel auf der Spur; in: Gehirn & Geist, 10/2014, S. 34–37

Czaja, Sandra: Mut zur Lücke; in: Gehirn & Geist, 1-2/2010, S. 14–18

Daigeler, Thomas/Hölzl, Franz/Raslan, Nadja: Führungstechniken, 3. Auflage, Freiburg, Haufe Verlag, 2015

dapd: Marley – der strenge Vater; in: Donaukurier Nr. 115, 19./20.05.2012, S. 12

Davidson, Richard: Der emotionale Stil: Welche Gefühle steuern Ihr Leben? in: Psychologie Heute, 02/2013, S. 20–27

Davison, Gerald C./Neale, Gerhard M./Hautzinger, Martin: Klinische Psychologie – Ein Lehrbuch, übersetzt von Maria Baur, 7. Auflage, Weinheim, Beltz PVU, 2007

Dederich, Markus/Beck, Iris/Antor, Georg/Bleidick, Ulrich (Hrsg.): Handlexikon der Behindertenpädagogik – Schlüsselbegriffe aus Theorie und Praxis, 3. Auflage, Stuttgart, Verlag W. Kohlhammer, 2016

Dettmer, Markus/Tietz, Janko: Vernetzt in den Wahnsinn; in: Spiegel Wissen, 01/2012, S. 40–47

Deutscher Familienverband (Hrsg.): Handbuch Elternbildung, Band 2: Wissenswertes im 2. bis 4. Lebensjahr des Kindes, Opladen, Leske & Budrich, 1999

Diekmann, Andreas: Empirische Sozialforschung: Grundlagen, Methoden, Anwendungen, 20. Auflage, Reinbek, Rowohlt Taschenbuch Verlag, 2009

Diekmeyer, Ulrich: Das Elternbuch 2 – Unser Kind im zweiten Lebensjahr, 5. Auflage, Reinbek, Rowohlt Taschenbuch Verlag, 2000

Dilling, Horst/Mombour, Werner/Schmidt, Martin H. (Hrsg.): Internationale Klassifikation psychischer Störungen ICD 10 Kapitel V – Klinisch-diagnostische Leitlinien, 10. Auflage, Bern, Hogrefe, 2015

Dilthey, Wilhelm: Gesammelte Schriften, V. Band: Die geistige Welt – Einleitung in die Philosophie des Lebens, 4. Auflage, Stuttgart, B. G. Teubner Verlagsgesellschaft, 1964

dpa: Bestürzende Traueranzeige; in: Donaukurier Nr. 256, 06.11.2012, S. 6

dpa: Tierische Hilfe; in Donaukurier, Nr. 290, 15.12.2016, S. 6

dpa: Folterexperiment funktioniert sogar bei Fernsehshow; in: Donaukurier, Nr. 64, 18.03.2010, S. 6

dpa: Mehr seelische Leiden; in: Nürnberger Nachrichten, 28.10.2015, S. 4

dpa: Nägel und Schrauben aus dem Magen geholt; in: Donaukurier, 12./13.03.2005, S. 5

Drimalla, Hanna: Mitten im Leben; in: Gehirn & Geist, 12/2013, S. 38–43

Dworschak, Manfred: Das eingebildete Leben; in: Der Spiegel, 01/2016, S. 14–21

Ebner-Eschenbach von, Marie: Aphorismen, Frankfurt a. M., Insel Verlag, 1986

Eckert, Jochen/Biermann-Rathjen, Eva-Maria/Höger, Diether (Hrsg.): Gesprächspsychotherapie, 2. Auflage, Berlin/Heidelberg, Springer, 2012

Eckert, Jochen/Petersen, Henriette: Der therapeutische Prozess in der Praxis; in Eckert, Jochen/Biermann-Rathjen, Eva-Maria/Höger, Diether (Hrsg.): Gesprächspsychotherapie, 2. Auflage, Springer, Berlin/Heidelberg, 2012, S. 177–222

Eckert, Jochen/Petersen, Henriette: Indikationsstellung; in: Eckert, Jochen/Biermann-Rathjen, Eva-Maria/Höger, Diether (Hrsg.): Gesprächspsychotherapie, 2. Auflage, Springer, Berlin/Heidelberg, 2012, S. 139–175

Edding, Cornelia/Schattenhofer, Karl (Hrsg.): Handbuch Alles über Gruppen – Theorie, Anwendung, Praxis, 2. Auflage, Weinheim/Basel, Beltz Verlag, 2015

Edding, Cornelia: Kleingruppenforschung – Geschichte, aktueller Stand, Bedeutung für die Praxis; in: Edding, Cornelia/Schattenhofer, Karl (Hrsg.): Handbuch Alles über Gruppen – Theorie, Anwendung, Praxis, 2. Auflage, Weinheim/Basel, Beltz Verlag, 2015, S. 47–85

Edelmann, Walter/Wittmann, Simone: Lernpsychologie, 7. Auflage, Weinheim, Beltz Verlag, 2012

Eid, Michael/Gollwitzer, Mario/Schmitt, Manfred: Statistik und Forschungsmethoden, 4. Auflage, Weinheim/Basel, Beltz Verlag, 2015

Einzmann, Simone: Verschiedene Arten, die Welt zu betrachten; in: Psychologie Heute, 11/2011, S. 76–81

Elhardt Siegfried: Tiefenpsychologie, 18. Auflage, Stuttgart, Kohlhammer Verlag, 2015

Elsner, Birgit/Pauen, Sabina: Vorgeburtliche Entwicklung und früheste Kindheit; in: Schneider, Wolfgang/Lindenberger, Ulman (Hrsg.): Entwicklungspsychologie. 7. Auflage, Beltz Verlag, Weinheim, Basel, 2012, S. 159–186

Englich, Birte/Bernhardt, Madaleine: Urteil mit Schlagseite; in: Gehirn & Geist, 03/2012, S. 14–19

Epiktet: Handbüchlein der Moral, Stuttgart, Reclam, Universalbibliothek, 2014

Erhardt, Angelika/Schmidt, Ulrike: Fehlalarm! in: Gehirn & Geist, 06/2015, S. 54–59

Erikson, Erik H.: Jugend und Krise – Die Psychodynamik im sozialen Wandel; übersetzt von Marianne von Eckhardt-Jaffe, 5. Auflage, Stuttgart, Klett-Cotta, 2003

Erikson, Erik, H.: Identität und Lebenszyklus, übersetzt von Käte Hügel, 20. Auflage, Frankfurt a. M., Suhrkamp, 2002

Ernst, Heiko: Auch ein Altruist braucht mal Hilfe; in: Psychologie Heute, 08/2012, S. 3

Ernst, Heiko: Der emotionale Wetterbericht; in: Psychologie Heute, 02/2013, S. 3

Ernst, Heiko: Die Psychotherapie der Zukunft: Netzwerke oder Neurobabble? in: Psychologie Heute, 06/2012, S. 60–65

Eysenck, Hans-Jürgen: Scientific Study of Personality. London, Routledge & Kegan, 1952

Faltermaier, Toni/Mayring, Philipp/Saup, Winfried/Strehmel, Petra: Entwicklungspsychologie des Erwachsenenalters, 3. Auflage, Stuttgart, Verlag W. Kohlhammer, 2014

Fehm, Lydia/Priewe, Jennifer: Ratgeber Prüfungsangst; in: Gehirn & Geist, 06/2014, S. 32–37

Fehr, Theo: Big Five – Die fünf grundlegenden Dimensionen der Persönlichkeit und ihre 30 Facetten; in: Simon, Walter (Hrsg.): Persönlichkeitsmodelle und Persönlichkeitstest – 15 Persönlichkeitsmodelle für Personalauswahl, Persönlichkeitsentwicklung, Training und Coaching, 2. Auflage, Offenbach, Gabal Verlag, 2010, S. 113–135

Feldmann, Klaus: Soziologie kompakt – eine Einführung, 2. Auflage, Wiesbaden, Westdeutscher Verlag GmbH, 2006

Finke, Jobst: Empathie und Interaktion – Methodik und Praxis der Gesprächspsychotherapie, 3. Auflage, Stuttgart/New York, Georg Thieme Verlag, 2004

Fischer, Peter/Asal, Kathrin/Krueger, Joachim I.: Sozialpsychologie für Bachelor, Berlin/Heidelberg, Springer Verlag, 2014

Fisseni, Hermann-Josef: Lehrbuch der psychologischen Diagnostik – Mit Hinweisen zur Intervention, 3. Auflage, Göttingen u.a., Hogrefe Verlag, 2004

Flammer, August: Entwicklungstheorien – Psychologische Theorien der menschlichen Entwicklung, 4. Auflage, Bern u. a., Verlag Hans Huber, 2009

Flor, Herta: Bilder für eine gesunde Psyche; in: Gehirn & Geist, Nr. 1–2/2010, S. 50–56

Flynn, James R.: Was besagt der IQ; in: Psychologie Heute, 04/2013, S. 36 f. (Originalliteratur: Flynn, James, R.: Are We Getting Smarter? – Rising IQ in the Twenty-First Century, Cambridge, Cambridge University Press, 2012)

Forgas, Joseph P.: Soziale Interaktion und Kommunikation, 4. Auflage, München/Weinheim, Psychologie Verlags Union, 1999

Förster von, Heinz/Pörksen, Bernhard: Wahrheit ist die Erfindung eines Lügners – Gespräche für Skeptiker, 10. Auflage, Heidelberg, Carl Auer Systeme Verlag, 2013

Frazzetto, Giovanni: Was es heißt zu fühlen; in: Gehirn & Geist, 11/2012, S. 56–61

Freud, Sigmund: Die Traumdeutung, 4. Auflage, Hamburg, Nikol Verlagsgesellschaft, 2014

Frey, Dieter/Irle, Martin: Theorien der Sozialpsychologie. Band I: Kognitive Theorien, 2. Auflage, Bern/Göttingen, Verlag Hans Huber, 1993

Frey, Dieter: Ohne Psychologie geht es nicht – Über die Notwendigkeit, unsere Zukunft durch psychologisches Know-how mitzugestalten; in: Münchener Innovationsgruppe: Neue Wege wagen – Innovation in Bildung, Wirtschaft und Gesellschaft, Stuttgart, Lucius & Lucius, 2010, S. 211 ff.

Fried, Amelie: Frau Fried fragt sich, ob wir unsere Kinder zu egoistischen Strebern erziehen; in: Cicero, 07/2014, S. 39

Friedmann, Jan: Schalter für Stress; in: Spiegel Wissen, 03/2011, S. 59 f.

Fritsch, Sibylle: Mitten im Leben; in: Psychologie Heute, 04/2016, S. 18–22

Fuest, Ada/John, Friedel/Wenke, Matthias (Hrsg.): Handbuch der individualpsychologischen Beratung in Theorie und Praxis – Zusammenhänge erschließen, Horizonte öffnen, Münster, Waxmann Verlag, 2014

Galanter, Eugene: Contemporary psychophysics; in: Brown, Roger/Galanter, Eugene/Hess, Eckhard H./Mandler, George/Barron, Frank (Hrsg.): New directions in psychology, Vol. 1, New York, Holt, Rinehart & Winston, 1965, S. 87–156

Gaschler, Katja/Buchheim, Anna (Hrsg.): Kinder brauchen Nähe – Sichere Bindungen aufbauen und behalten, Stuttgart, Schattauer GmbH, 2012

Gatterburg, Angela/Großbongardt, Annette: „Der Chef als Löwe" – Ein Gespräch mit Hans-Peter Unger; in: Spiegel Wissen, 01/2012, S. 19–23

Gebauer, Thomas: Resilienz – Das missverstandene Konzept; in: Psychologie Heute, 11/2015, S. 58–63

Gelitz, Christiane/Heinzelmann, Anke: Alkohol in Zahlen – eine Jahresbilanz; in: Gehirn & Geist, 01/2015, S. 68 f.

Gelitz, Christiane: Log-in auf die Onlinestation; in: Gehirn & Geist, 1-2/2013, S. 40–45

Gensicke, Thomas: Die Wertorientierungen der Jugend (2002–2015); in: Shell Deutschland Holding GmbH (Hrsg.): 17. Shell Jugendstudie. Jugend 2015. Eine pragmatische Generation im Aufbruch, Frankfurt a. M., Fischer Taschenbuch Verlag, 2015, S. 237–272

Geuter, Ulfried: Gesprächspsychotherapie – Die Gefühle erkunden und sich selbst finden; in: Psychologie Heute, 01/2008, S. 38–43

Geuter, Ulfried: Körperpsychotherapie – Grundriss einer Theorie für die klinische Praxis, Berlin/Heidelberg, Springer Verlag, 2015

Gielas, Anna: Die guten Seiten der schlechten Laune; in: Gehirn & Geist, 07-08/2010, S.14–17

Glomp, Ingrid: Intelligenz – Was sie fördert, was sie begrenzt; in: Psychologie Heute, 07/2012, S. 78–81

Goleman, Daniel: Emotionale Intelligenz; übersetzt von Friedrick Griese, 7. Auflage, München, Deutscher Taschenbuch Verlag, 1998

Goleman, Daniel: Soziale Intelligenz – Wer auf andere zugehen kann, hat mehr vom Leben; übersetzt von Reinhard Kreissl. München, Droemer Verlag, 2008

Gollwitzer, Mario/Schmitt Manfred: Sozialpsychologie kompakt, Weinheim, Beltz Verlag, 2009

Goman, Carol K.: Erfolg ohne Worte – Körpersprache verstehen und anwenden, übersetzt von Irmela Erckenbrecht, Zürich, Orell Füssli Verlag, 2014

Göppel, Rolf: Das Jugendalter. Stuttgart, Kohlhammer GmbH & Co., 2005

Greve, Werner/Leipold, Bernhard: Problembewältigung und intentionale Selbstentwicklung; in: Schneider, Wolfgang, Lindenberger, Ulman (Hrsg.): Entwicklungspsychologie. 7. Auflage, Beltz Verlag, Weinheim, Basel, 2012, S. 563–578

Greving, Heinrich (Hrsg.): Kompendium der Heilpädagogik, Band 1 und 2, Troisdorf, Bildungsverlag Eins, 2007

Grob, Alexander/Jaschinski, Uta: Erwachsen werden – Entwicklungspsychologie des Jugendalters, Weinheim u. a., Beltz Verlag, 2003

Grossmann, Karin/Grossmann, Klaus E.: Bindungen – das Gefüge psychischer Sicherheit, 6. Auflage, Stuttgart, Klett-Cotta, 2014

Grossmann, Karin: Merkmale einer guten Gruppenbetreuung für Kinder unter drei Jahren im Sinne der Bindungstheorie und ihre Anwendung auf berufsbegleitende Supervision; in: Deutscher Familienverband (Hrsg.): Handbuch Elternbildung, Band 2: Wissenswertes im 2. bis 4. Lebensjahr des Kindes, Opladen, Leske & Budrich, 1999, S. 165–184

Gruber, Thomas: Gedächtnis, Wiesbaden, Verlag für Sozialwissenschaften, 2011

Grüter, Thomas: Gemeinsam sind wir Mensch; in: Gehirn & Geist, 10/2012, S. 42–47

Gudjons, Herbert: Pädagogisches Grundwissen – Überblick, Kompendium, Studienbuch, 11. Auflage, Bad Heilbrunn, Verlag Julius Klinkhardt, 2012

Guilford, Joy Peter: Persönlichkeit, 6. Auflage, Weinheim, Beltz Verlag, 1984

Guss Kurt: Gesundheit und Krankheit; in: Psychologie Verstehen, 01/2004, Verlag Ursula Guss, Borgentreich, Seite 17–20

Haddock, Geoffrey/Maio, Gregory R.: Einstellungen – Inhalt, Struktur und Funktionen; in: Jonas, Klaus/Stroebe, Wolfgang/ Hewstone, Miles (Hrsg.): Sozialpsychologie – Eine Einführung, unter Mitarbeit von Carmen Lebherz, übersetzt von Matthias Reiss, 6. Auflage, Heidelberg, Springer Medizin Verlag, 2014, S. 187–224

Hammelstein, Philip/Hoyer Jürgen in Wittchen Hans-Ulrich/ Hoyer, Jürgen: Klinische Psychologie & Psychiatrie, 2. Auflage, Berlin, Heidelberg, Springerverlag 2011

Hampden-Turner, Charles: Modelle des Menschen – Dem Rätsel des Bewusstseins auf der Spur, 4. Auflage, Weinheim/Basel, Beltz PVU, 2000

Harmon, Katherine: Menschlicher als gedacht; in: Gehirn & Geist, 7-8/2013, S. 60–65

Haug-Schnabel, Gabriele/Bensel, Joachim: Grundlagen der Entwicklungspsychologie – Die ersten 10 Lebensjahre, 11. Auflage, Freiburg i. B., Herder Verlag, 2012

Haunschild, Jana: Helfer für unterwegs; in: Gehirn & Geist, 1-2/2013, S. 46–49

Heckhausen, Jutta/Heckhausen, Heinz: Motivation und Handeln, 4. Auflage, Berlin/Heidelberg, Springer Verlag, 2010

Heinerth, Klaus: Rollenverhalten – Gruppeneinflüsse und soziale Normen; in: Schmidt, Heinz G.: Mit jungen Leuten – Handbuch für die Jugendarbeit, München, Verlag J. Pfeiffer, 1971, S. 35–48

Hellbrück, Jürgen/Schlittmeier, Sabine/Klatte, Maria: Die Last des Lauten; in: Gehirn & Geist, 7-8/2011, S. 44–49

Hellmann, Deborah/Erb, Hans-Peter: Die Macht der Meinungen; in: Gehirn & Geist, 06/2014, S. 22–26

Helwig, Paul: Charakterologie, Freiburg i. B., Herder, 1967

Herkner, Werner: Psychologie, 2. Auflage, Wien/New York, Springer Verlag, 2002

Hertlein, Margit: Mind Mapping – Die kreative Arbeitstechnik, 4. Auflage, Reinbek, Rowohlt, 2005

Hierdeis, Helmwart (Hrsg.): Psychoanalytische Skepsis – Skeptische Psychoanalyse, Göttingen, Vandenhoeck & Ruprecht, 2013

Hierdeis, Helmwart/Hug, Theo (Hrsg.): Taschenbuch der Pädagogik, Band 2, 5. Auflage, Hohengehren, Schneider Verlag, 1997

Hobmair, Hermann (Hrsg.): Kompendium der Psychologie, Troisdorf, Bildungsverlag Eins, 2010

Hobmair, Hermann (Hrsg.): Pädagogik, 6. Auflage, Köln, Bildungsverlag Eins, 2016

Hobmair, Hermann (Hrsg.): Soziologie, 3. Auflage, Köln, Bildungsverlag Eins, 2014

Hobmair, Hermann/Treffer, Gerd: Individualpsychologie, Erziehung und Gesellschaft, München/Basel, Ernst Reinhard Verlag, 1979

Hoffmann, Heinrich: Der Struwwelpeter, ungekürzte Fassung, Köln, Schwager & Steinlein Verlag, 2013

Hoffmann, Nicolas: Verhaltenstherapie und Kognitive Verfahren – Was sie kann, wie sie wirkt und wem sie hilft, 3. Auflage, Mannheim, PAL Verlagsgesellschaft, 1995

Hofmann, Stefan G.: Einführung in die moderne kognitive Verhaltenstherapie – Psychotherapeutische Lösungsansätze, hrsg. von Thomas Schnell, übersetzt von Angelika Hildebrandt, Berlin/Heidelberg, Springer Verlag, 2013

Hofstätter, Peter R.: Gruppendynamik – Kritik der Massenpsychologie. Reinbek, Rowohlt Taschenbuch Verlag, 1985

Höger, Diether: Klientenzentrierte Therapietheorie; in Eckert, Jochen/Biermann-Rathjen, Eva-Maria/Höger, Diether (Hrsg.): Gesprächspsychotherapie, 2. Auflage, Berlin, Heidelberg, 2012, S. 105–126

Höhl, Stefanie: Schau mir in die Augen, Kleines; in: Gehirn & Geist, 05/2012, S. 52–57

Holodynski, Manfred/Friedlmeier, Wolfgang: Emotionale Entwicklung – Funktion, Regulation und Soziokultureller Kontext von Emotionen, Berlin/Heidelberg, Springer Verlag, 2012

Holodynski, Manfred: Handlungsregulation und Emotionsdifferenzierung; in: Holodynski, Manfred/Friedlmeier, Wolfgang: Emotionale Entwicklung – Funktion, Regulation und Soziokultureller Kontext von Emotionen, Berlin/Heidelberg, Springer Verlag, 2012, S. 29–51

Honeycutt, Brad/Stickels, Terry: Optische Illusionen – schauen, erkennen, staunen, München, Bassermann Verlag, 2012

Hoppe-Graff, Siegfried: Denkentwicklung aus dem Blickwinkel des strukturgenetischen Konstruktivismus; in: Ahnert, Lieselotte (Hrsg.): Theorien in der Entwicklungspsychologie, Berlin/Heidelberg, Springer Verlag, 2014, S. 148–173

Horsch, Ursula: Zwiegespräch mit einem Baby; in: Gehirn & Geist, 1-2/2012, S. 32–37

Huber, Andreas: Die Balance der Werte – Ein Gespräch mit Friedemann Schulz von Thun; in: Psychologie Heute, 02/2012, S. 60–64

Huber, Andreas: Was hilft gegen Mobbing im Betrieb?; in: Psychologie Heute, 12/2007, S. 61–65

Hugenschmidt, Bettina/Technau, Anne: Methoden schnell zur Hand – 66 schüler- und handlungsorientierte Unterrichtsmethoden, Leipzig, Ernst Klett Schulbuchverlag, 2009

Hülshoff, Thomas: Emotionen – Eine Einführung für beratende, therapeutische, pädagogische und soziale Berufe, 4. Auflage, München/Basel, Ernst Reinhardt Verlag, 2012

Hülshoff, Thomas: Emotionen; in: Greving, Heinrich (Hrsg.): Kompendium der Heilpädagogik, Band 1, Troisdorf, Bildungsverlag Eins, 2007, S. 178–185

Hülshoff, Thomas: Neurophysiologische Grundlagen der Heilpädagogik; in: Greving, Heinrich (Hrsg.): Kompendium der Heilpädagogik, Band 2, Troisdorf, Bildungsverlag Eins, 2007, S. 124–131

Hurrelmann, Klaus/Quenzel, Gudrun: Lebensphase Jugend – Eine Einführung in die sozialwissenschaftliche Jugendforschung, 12. Auflage, Weinheim/Basel, Beltz Verlag, 2013

Hurrelmann, Klaus: Sozialisation und Gesundheit, 3. Auflage, Weinheim/München, Juventa-Verlag, 1999

Huschke-Rhein, Rolf: Einführung in die systemische und konstruktivistische Pädagogik – Beratung, Systemanalyse, Selbstorganisation, 2. Auflage, Weinheim u. a., Beltz Verlag, 2003

Hüter, Gerald: Bedienungsanleitung für ein menschliches Gehirn – Die Macht der inneren Bilder – Biologie der Angst. Göttingen, Vandenhoeck und Rupprecht, 2013

Imbusch, Peter: Macht und Herrschaft; in: Einführung in die Hauptbegriffe der Soziologie, hrsg. von Hermann Korte/Bernhard Schäfers, 8. Auflage, Wiesbaden, VS Verlag für Sozialwissenschaften, 2010, S. 163–184

Izard, Carroll E.: Die Emotionen des Menschen – Eine Einführung in die Grundlagen der Emotionspsychologie, 4. Auflage, Weinheim, Beltz PVU, 1999

Jaeggi, Eva: Zu heilen die zerstoßnen Herzen – Die Hauptrichtungen der Psychotherapie und ihre Menschenbilder, Reinbek, Rowohlt Verlag, 2011

Joas, Hans (Hrsg.): Lehrbuch der Soziologie, übersetzt von Ekkehard Schöller, 3. Auflage, Frankfurt/New York, Campus Verlag, 2007

Jonas, Klaus/Stroebe, Wolfgang/ Hewstone, Miles (Hrsg.): Sozialpsychologie – Eine Einführung, unter Mitarbeit von Carmen Lebherz, übersetzt von Matthias Reiss, 6. Auflage, Heidelberg, Springer Medizin Verlag, 2014

Juul, Jesper: Wem gehören unsere Kinder? Dem Staat, den Eltern oder sich selbst?, übersetzt von Kerstin Schöps, 2. Auflage, Weinheim/Basel, Beltz Verlag, 2012

Kaess, Michael: Wenn nur noch die Klinge hilft; in: Psychologie Heute, 04/2013, S. 40–43

Kaestele, Gina: Umarme deine Angst – Neun Helfer bei Hilflosigkeit und Angst, das praktische Selbsthilfeprogramm, München, Kösel Verlag, 2012

Kaluza, Gert: Stressbewältigung, 3. Auflage, Heidelberg, Springer Medizin Verlag, 2015

Karnath, Hans-Otto/Thier, Peter (Hrsg.): Neuropsychologie, 2. Auflage, Heidelberg, Springer Medizin Verlag, 2006

Kast, Bas: Wanderer zwischen den Wortwelten; in: Gehirn & Geist, 06/2013, S. 34–39

Kasten, Erich: Einführung Neuropsychologie. München/Basel, Ernst Reinhardt Verlag, 2007

Kasten, Erich: Mein Körper gehört mir; in: Psychologie Heute, 02/2007, S. 64–69

Keller, Gustav: Der Lernknigge für Jugendliche und junge Erwachsene, 2. Auflage, Bad Honnef, Bock Verlag, 1994

Keller, Gustav: Lerntechniken von A bis Z – Infos, Übungen, Tipps. 2. Auflage, Bern, Verlag Hans Huber, 2011

Keller, Heidi/Kärtner, Joscha: Die untrennbare Allianz von Entwicklung und Kultur; in: Ahnert, Lieselotte (Hrsg.): Theorien in der Entwicklungspsychologie, Berlin/Heidelberg, Springer Verlag, 2014, S. 502–519

Kern, Ernst: Personenzentrierte Körperpsychotherapie, 2. Auflage, München/Basel, Ernst Reinhard Verlag, 2016

Kissler, Alexander: „Die Regionen retteten Europa“ – Ein Gespräch mit Michael Kleeberg und Christopher Clark; in: Gehirn & Geist, 07/2014, S. 118–123

Kleber, Eduard W.: Abriss der Entwicklungspsychologie – Eine kurze Einführung für Pädagogikstudenten und Erzieher, 2. Auflage. Weinheim/Basel, Beltz Verlag, 1988

Klein, Ferdinand/Meinertz Friedrich/Kausen Rudolf: Heilpädagogik – Ein pädagogisches Lehr- und Studienbuch, 10. Auflage, Bad Heilbrunn, Verlag Julius Klinkhardt, 1999

Kleiner, Marcus: „Techno war die letzte echte Jugendkultur“, SWR3, „Ansichtssache“ vom 12.04.2016 (Zugriff unter: www.swr.3.de/musik/SWR3-Ansichtssache vom 02.05.2016)

Kleinhubbert, Guido: Zu viel Milde; in: Der Spiegel, 24/2015, S. 19

Kneif, Ansbert: Der Teufelskerl; in: Der Spiegel, 05/2009, S. 41

Kohlberg, Lawrence: Die Psychologie der Moralentwicklung, hrsg. von Wolfgang Althof, Frankfurt a. M., Suhrkamp Verlag, 1996

Köhnken, Günter: Gute Frage! in: Gehirn & Geist, 05/2015, S. 38 f.

König, Eckard: Erziehungswissenschaft; in: Hierdeis, Helmwart/Hug, Theo (Hrsg.): Taschenbuch der Pädagogik, Band 2, 5. Auflage, Hohengehren, Schneider Verlag, 1997, S. 323–332

Korte, Hermann/Schäfers, Bernhard (Hrsg.): Einführung in Hauptbegriffe der Soziologie, 8. Auflage, Wiesbaden, Verlag für Sozialwissenschaften, 2010

Krapp, Andreas/Hascher, Tina: Die Erforschung menschlicher Motivation; in: Ahnert, Lieselotte (Hrsg.): Theorien in der Entwicklungspsychologie, Berlin/Heidelberg, Springer Verlag, 2014, S. 234–251

Krenz, Armin: Ist mein Kind schulfähig? Ein Orientierungsbuch, 9. Auflage, München, Kösel Verlag, 2014

Krettenauer, Tobias: Der Entwicklungsbegriff in der Psychologie; in: Ahnert, Lieselotte (Hrsg.): Theorien in der Entwicklungspsychologie, Berlin/Heidelberg, Springer Verlag, 2014, S. 2–25

Kriz, Jürgen: Grundkonzepte der Psychotherapie, 7. Auflage, Weinheim, Beltz PVU, 2014

Kriz, Jürgen: Systemtheorie – Eine Einführung für Psychotherapeuten, Psychologen und Mediziner, Wien, Facultas Universitätsverlag, 1999

Kühn, Dietrich: Alte Menschen; in: Biermann, Benno/Bock-Rosenthal, Erika/Doehlemann, Martin/Grohall, Karl-Heinz/Kühn, Dietrich: Soziologie – Studienbuch für soziale Berufe, 6. Auflage, München/Basel, Ernst Reinhardt Verlag, 2013, S. 138–155

Kühn, Esther: Ein Reiz kommt selten allein; in: Gehirn & Geist, 04/2013, S. 60–64

Kullmann, Kerstin: Kampfauftrag Kind; in: Der Spiegel, 33/2013, S. 118–125

Kunz, Gabriele: Die PISA-Verlierer – Opfer ihres Medienkonsums; in: Psychologie Heute, 07/2008, S. 10 f.

Künzel, Johannes: Der gute Psychopath; in: Psychologie Heute, 05/2013, S. 70–75

Küttner, Michael/Lenk, Hans: Erklärung; in: Seiffert, H./Radnitzky, G. (Hrsg.): Handlexikon zur Wissenschaftstheorie, München, Deutscher Taschenbuch Verlag, 2000, S. 68–72

Lambers, Helmut: Theorien der Sozialen Arbeit – Ein Kompendium und Vergleich, Opladen/Toronto, Verlag Barbara Budrich, 2013

Lamprecht, Rolf: Die Lebenslüge der Juristen – Warum Recht nicht gerecht ist, München, Deutsche Verlags Anstalt, 2009

Lang, Hermann: Die strukturale Triade und die Entstehung früher Störungen, Stuttgart, Klett-Cotta, 2011

Langer, Ellen J./Crum, Alia J.: Wer's glaubt, wird schlank; in: Gehirn & Geist, 04/2007, S. 12

Largo, Remo H.: Kinderjahre – Die Individualität des Kindes als erzieherische Herausforderung, 21. Auflage, München, Piper Verlag, 2011

Laucken, Uwe/Schick, August/Höge Holger: Einführung in das Studium der Psychologie, 7. Auflage, Stuttgart, Klett-Cotta 1996

Le Bon, Gustave: Psychologie der Massen, übersetzt von Rudolf Eisler, Hamburg, Nikol Verlagsgruppe, 2014

Legewie, Heiner/Ehlers, Wolfram: Knaurs moderne Psychologie, München, Droemersche Verlagsanstalt Theodor Knaur Nachfolger, 1994

Lehr, Ursula: Psychologie des Alterns, 11. Auflage, Wiebelsheim, Verlag Quelle & Meyer, 2007

Lengning, Anke/Lüpschen, Nadine: Bindung, München/Basel, Ernst Reinhardt Verlag, 2012

Lenzen, Dieter: Bildung statt Bologna! Berlin, Ullstein, 2014

Leyendecker, Christoph: Bewegung – Bewegungsförderung; in: Dederich, Markus/Beck, Iris/Antor, Georg/Bleidick, Ulrich (Hrsg.): Handlexikon der Behindertenpädagogik – Schlüsselbegriffe aus Theorie und Praxis, 3. Auflage, Stuttgart, Verlag W. Kohlhammer, 2016, S. 270 ff.

Leyendecker, Christoph: Wahrnehmung – Wahrnehmungsförderung; in: Dederich, Markus/Beck, Iris/Antor, Georg/Bleidick, Ulrich (Hrsg.): Handlexikon der Behindertenpädagogik – Schlüsselbegriffe aus Theorie und Praxis, 3. Auflage, Stuttgart, Verlag W. Kohlhammer, 2016, S. 301–304

Lilli, Waldemar/Frey, Dieter: Die Hypothesentheorie der sozialen Wahrnehmung; in: Frey, Dieter/Irle, Martin: Theorien der Sozialpsychologie, Band I: Kognitive Theorien, 2. Auflage, Bern, Verlag Hans Huber, 1993, S. 49–80

Lind, Georg: Moral ist lehrbar – Handbuch zur Theorie und Praxis moralischer und demokratischer Bildung, 2. Auflage, München, Oldenbourg Schulbuchverlag, 2009

Lindenberger, Ulman/Staudinger, Ursula: Höheres Erwachsenenalter; in: Schneider, Wolfgang/Lindenberger, Ulman (Hrsg.): Entwicklungspsychologie. 7. Auflage, Beltz Verlag, Weinheim/Basel, 2012, S. 283–309

Loriot: Das Frühstücksei – Gesammelte dramatische Geschichten, 4. Auflage, Zürich, Diogenes Verlag, 2008

Ludwig, Udo/Schweppe, Christian: Für die Opfer kein Wort; in: Der Spiegel, 27/2016, S. 38–42

Lück, Helmut E./Miller, Rudolf/Sewz-Vosshenrich, Gabi (Hrsg): Klassiker der Psychologie, Stuttgart, Verlag W. Kohlhammer, 2000

Lückert, Heinz-Rolf/Lückert, Inge: Einführung in die Kognitive Verhaltenstherapie, München/Basel, Ernst Reinhard Verlag, 1994

Madeja, Michael: Das kleine Buch vom Gehirn – Reiseführer in ein unbekanntes Land, 2. Auflage, München, Verlag C. H. Beck, 2010

Maercker, Andreas/Karl, Anke: Posttraumatische Belastungsstörung: Klassifikation und Diagnostik; in: Perrez Meinrad/Baumann Urs (Hrsg.): Lehrbuch Klinische Psychologie – Psychotherapie, 4. Auflage, Bern, Verlag Hans Huber, 2011, S. 970–975

Mann, Leon: Sozialpsychologie, übersetzt von Wolfgang Kramer, Weinheim/Basel, Beltz Verlag, 2001

Markowitsch, Hans J./Welzer, Harald: Das autobiografische Gedächtnis - Hirnorganische Grundlagen und biosoziale Entwicklung, 2. Auflage, Stuttgart, Klett-Cotta, 2006

Markowitsch, Hans J.: Das Gedächtnis – Entwicklung, Funktionen, Störungen, München, Verlag C. H. Beck, 2009

Markowitsch, Hans-Joachim: Dem Gedächtnis auf der Spur, 3. Auflage, Darmstadt, Wissenschaftliche Buchgesellschaft, 2009

Marmet, Otto: Ich und du und so weiter – Kleine Einführung in die Sozialpsychologie, 4. Auflage, Weinheim/Basel, Beltz Verlag, 2014

Marschall, Joachim: Entfesselte Visionen; in: Gehirn & Geist, 05/2010, S. 44–47

Maslow, Abraham H.: Motivation und Persönlichkeit, aus dem Amerikanischen übersetzt von Paul Kruntorad, Reinbek, Rowohlt Taschenbuch Verlag, 1989

Mausfeld, Rainer: Auf der Schattenseite; in: Gehirn & Geist, 07-08/2009, S. 52–55

Mechsner, Franz: Die Sprache der Gefühle; in: GEO-Magazin, 08/2006, S. 100–128

Meise, Sylvia: Memory Talk – Wie Erinnerungen entstehen; in: Psychologie Heute, 03/2006, S. 64 f.

Metzig, Werner/Schuster, Martin: Lernen zu lernen – Lernstrategien wirkungsvoll einsetzen, 8. Auflage, Berlin u. a., Springer Verlag, 2010

Meyer, Anneke: Das Hungern besiegen; in: Gehirn & Geist, 01/2016, S. 70–75

Meyer, Susanne: „In der Haft werden Vorurteile bestätigt" – Ein Gespräch mit Figen Öszöz; in: Gehirn & Geist, 06/2013, S. 16–20

Meyer, Wulf-Uwe/Försterling, Friedrich: Die Attributionstheorie; in: Frey, Dieter/Irle, Martin (Hrsg.): Theorien der Sozialpsychologie. Band I: Kognitive Theorien, 2. Auflage, Bern, Verlag Hans Huber, 1993, S. 175–214

Mietzel, Gerd: Entwicklung im Erwachsenenalter, Göttingen u. a., Hogrefe Verlag, 2012

Mietzel, Gerd: Pädagogische Psychologie des Lernens und Lehrens, 8. Auflage, Göttingen u. a., Hogrefe Verlag, 2007

Mietzel, Gerd: Wege in die Entwicklungspsychologie – Erwachsenenalter und Lebensende, München, Quintessenz Verlag, 1992

Mietzel, Gerd: Wege in die Entwicklungspsychologie – Kindheit und Jugend, 4. Auflage, Weinheim, PVU, 2002

Mietzel, Gerd: Wege in die Psychologie, 14. Auflage, Stuttgart, Klett-Cotta, 2008

Mittelstraß, Jürgen: Was ist der Mensch? in: Spektrum der Wissenschaft, 03/2008, S. 80–83

Moewes, Günther: Geld oder Leben – Umdenken und unsere Zukunft nachhaltig sichern, Wien/München, Signum Verlags GmbH, 2004

Mollenhauer, Klaus: Einführung in die Sozialpädagogik – Probleme und Begriffe der Jugendhilfe, Weinheim/Basel, Beltz Verlag, 2001

Mönks, Franz J./Knoers, Alphons M.P.: Lehrbuch der Entwicklungspsychologie, unter Mitarbeit von Alfons Marcoen und Ernest C. D. M. van Lieshout, 2. Auflage, München/Basel, Ernst Reinhard Verlag, 2008

Montada, Leo/Lindenberger, Ulman/Schneider, Wolfgang: Fragen, Konzepte, Perspektiven; in: Schneider, Wolfgang/Lindenberger, Ulmann: Entwicklungspsychologie, 7. Auflage, Weinheim/Basel, Beltz Verlag, 2012, S. 27–60

Montada, Leo: Welche Psychologie für welche Praxisfelder? in: Psychologie Heute 11/2004, S. 70 f.

Morgenroth, Markus: Sie kennen dich! Sie haben dich! Sie steuern dich! Die wahre Macht der Datensammler, München, Droemer Verlag, 2014

Müller, Hermann J./Krummenacher, Joseph: Aufmerksamkeit; in: Müsseler, Jochen/Prinz, Wolfgang (Hrsg.): Allgemeine Psychologie, 2. Auflage, Heidelberg/Berlin, Spektrum Akademischer Verlag, 2015, S. 103–152

Müller, Kurt/Natorp, Elke: Kinder- und Jugendpsychologie für Erziehungs- und Sozialberufe, 8. Auflage, München, TR-Verlagsunion, 1992

Münchener Innovationsgruppe (Hrsg.): Neue Wege wagen – Innovation in Bildung, Wirtschaft und Gesellschaft, Stuttgart, Lucius & Lucius, 2010

Müsseler, Jochen/Prinz, Wolfgang (Hrsg.): Allgemeine Psychologie, 2. Auflage, Heidelberg/Berlin, Spektrum Akademischer Verlag, 2015

Müsseler, Jochen: Visuelle Wahrnehmung; in: Müsseler, Jochen/Prinz, Wolfgang (Hrsg.): Allgemeine Psychologie, 2. Auflage, Heidelberg/Berlin, Spektrum Akademischer Verlag, 2015, S. 15–57

Myers, David G.: Psychologie; deutsche Bearbeitung von Christiane Grosser/Svenja Wahl, mit Beiträgen von Siegfried Hoppe-Graf/Barbara Keller; übersetzt von ÜTT – Übersetzungsteam Tübingen Sabine Mehl/Katrin Beckmann/Birgit Pfitzer, 3. Auflage, Heidelberg, Springer Medizin Verlag, 2014

Nägel, Steffen/Obermann, Mark/Diener, Hans-Christoph: Ein Netzwerk voller Schmerz; in: Gehirn & Geist, 01/2016, S. 78–83

Neubauer, Aljoscha/Stern, Elsbeth: Lernen macht intelligent, München, Wilhelm Goldmann Verlag, 2009

Neudeck, Peter/Mühlig, Stephan: Therapie-Tools Verhaltenstherapie – Therapieplanung, Probatorik, Verhaltensanalyse, unter Mitarbeit von Christina Berndt, Weinheim/Basel, Beltz Verlag, 2013

Newen, Albert/Zinck, Alexandra: Wir sind, was wir fühlen; in: Gehirn & Geist, 06/2008, S. 40–45

Nolting, Hans-Peter/Paulus, Peter: Psychologie lernen – Eine Einführung und Anleitung, 13. Auflage, Weinheim/Basel, Beltz Verlag, 2015

Nuber, Ursula in ihrem Vorwort; in: Psychologie Heute, 01/2016, S. 3

Nuber, Ursula: „Nur nicht vorschnell die Flinte ins Korn werfen!" – Ein Gespräch mit Guy Bodenmann; in: Psychologie Heute, 06/2014, S. 22–26

Nuber, Ursula: Des Guten zu viel – Wenn Selbstlosigkeit schadet; in: Psychologie Heute, 08/2012, S. 21–24

Nuber, Ursula: Die Macht der Mehrheit; in: Psychologie Heute, 10/2005, S. 10

Nuber, Ursula: Ein starkes Selbst – Die Quelle unserer Kraft; in: Psychologie Heute, 04/2005, S. 20–28

Nuber, Ursula: Leben mit einer dicken Haut; in: Psychologie Heute 07/2011, S. 20–27

Nuber, Ursula: Öfter mal nein sagen!; in: Psychologie Heute, 11/2011, S. 20–24

o. A.: Verpackung färbt ab; in: Psychologie Heute, 05/2015, S. 31

o. A.: Die Macht der Gefühle; in: Apotheken-Umschau, 15.01.2007, S. 60 f.

o. A.: Epigenetik – Traumafolgen fürs Gedächtnis; in: Gehirn & Geist, 7-8/2013, S. 79

o. A.: Es lohnt sich, Listen zu machen – Ein Gespräch mit Ursus Wehrli; in: Der Spiegel, 37/2011, S. 53

o. A.: Pädiater: Jedes fünfte Kind schon im Kindergarten auffällig; Kinderärzte im Netz (Hrsg.), Zugriff unter: www.kinderaerzte-im-netz.de vom 28.03.2011

o. A.: Vergiss es! in: Gehirn & Geist, 08/2014, S. 10

Oberauer, Klaus/Mayr, Ulrich/Kluwe, Rainer H.: Gedächtnis und Wissen; in: Spada, Hans (Hrsg.): Lehrbuch Allgemeine Psychologie, 3. Auflage. Bern, Verlag Hans Huber, Hogrefe AG, 2006, S. 115–195

Oehler, Regina/Bernius, Volker/Wellmann, Karl-Heinz (Hrsg.): Was kann Psychologie? Wer wir sind und wie wir sein könnten, Weinheim/Basel, Beltz Verlag, 2009

Oehler, Regina: Alles Psyche, alles Gehirn?; in: Oehler, Regina/Bernius, Volker/Wellmann, Karl-Heinz (Hrsg): Was kann Psychologie? Weinheim/Basel, Beltz Verlag, 2009, S. 74–84

Oerter, Rolf/Dreher Eva: Jugendalter; in: Oerter, Rolf/Montada, Leo (Hrsg.): Entwicklungspsychologie – Ein Lehrbuch, 6. Auflage, Weinheim, Beltz PVU, 2008, S. 271–332

Oerter, Rolf/Montada, Leo (Hrsg.): Entwicklungspsychologie – Ein Lehrbuch, 6. Auflage, Weinheim, Beltz PVU, 2008

Oerter, Rolf: Moderne Entwicklungspsychologie, 19. Auflage, Donauwörth, Verlag Ludwig Auer, 1992

Opp, Günther/Fingerle, Michael (Hrsg.): Was Kinder stärkt – Erziehung zwischen Risiko und Resilienz, 3. Auflage, München, Ernst Reinhard Verlag, 2008

Opwis, Klaus/Beller, Sieghard/Spada, Hans/Lüer, Gerd: Problemlösen, Denken, Entscheiden; in: Spada, Hans (Hrsg.): Lehrbuch Allgemeine Psychologie, 3. Auflage, Bern, Verlag Hans Huber, Hogrefe AG, 2006, S. 197–275

Oswald, Wolf D.: Training gegen Alzheimer, Freiburg i. B., Kreuz Verlag, 2011

Paulus, Jochen: Vergessen Sie Alzheimer! in: Psychologie Heute, 04/2007, S. 34 ff.

Perrez Meinrad/ Baumann Urs (Hrsg.): Lehrbuch Klinische Psychologie – Psychotherapie, 4. Auflage, Bern, Verlag Hans Huber, 2011

Persike, Malte: Auf diese Zahlen kommt es an; in: Gehirn & Geist, 11/2016, S. 36 f.

Pervin, Lawrence, A./Cervone, Daniel/John, Oliver P.: Persönlichkeitstheorien; übersetzt von Anni Pott, 5. Auflage, München/Basel, Ernst Reinhardt Verlag, 2005

Petermann, Franz/Niebank, Kay/Scheithauer, Herbert: Entwicklungswissenschaft – Entwicklungspsychologie, Genetik, Neuropsychologie, Berlin/Heidelberg, Springer Verlag, 2004

Piaget, Jean: Das Erwachen der Intelligenz beim Kinde, Gesammelte Werke Band 1, 3. Auflage, Stuttgart, Klett-Cotta, 2003

Piaget, Jean: Der Aufbau der Wirklichkeit beim Kinde, Gesammelte Werke Band 2, 2. Auflage, Stuttgart, Klett-Cotta, 1998

Piaget, Jean: Psychologie der Intelligenz, 10. Auflage, Klett-Cotta, Stuttgart, 2000

Pollmann, Stefan: Allgemeine Psychologie, München/Basel, Ernst Reinhardt Verlag, 2008

Popper, Karl R.: Logik der Forschung; herausgegeben von Erik Boettcher, übersetzt von Leonhard Walentik, 11. Auflage, Tübingen, Mohr Siebeck, 2005

Pörksen, Bernhard/Schulz von Thun, Friedemann: Kommunikation als Lebenskunst – Philosophie und Praxis des Miteinander-Redens, Heidelberg, Carl Auer Verlag, 2014

Preißmann, Christine: Gut leben mit einem autistischen Kind – Das Resilienzbuch für Mütter, Stuttgart, Klett-Cotta, 2015

Puhani, Patrick A./Weber, Andrea M.: Fängt der frühe Vogel den Wurm? Eine empirische Analyse des kausalen Effekts des Einschulungsalters auf den schulischen Erfolg in Deutschland, Diskussionspapier des Fachbereichs Wirtschaftswissenschaften der Universität Hannover, 2006

Raithel, Jürgen/Dollinger, Bernd/Hörmann, Georg: Einführung Pädagogik – Begriffe, Strömungen, Klassiker, Fachrichtungen, 3. Auflage, Wiesbaden, VS Verlag für Sozialwissenschaften, 2009

Reich, Kersten: Systemisch-konstruktivistische Pädagogik – Einführung in die Grundlagen einer interaktionistisch-konstruktivistischen Pädagogik, 6. Auflage, Weinheim/ Basel, Beltz Verlag, 2010

Reinberger, Stefanie: Das Chaos in Lenas Kopf; in: Gehirn & Geist, 03/2011, S. 47–52

Reinberger, Stefanie: Trost für Trotzköpfe; in: Gehirn & Geist, 05/2008, S. 22–26

Reinhardt, Susie: Wir suchen nach Erklärungen für eine Tat – Ein Gespräch mit Claudia Brockmann; in: Psychologie Heute, 11/2011, S. 45–49

Reiter, Markus: Banker und andere Katastrophen; in: Gehirn & Geist, 09/2012, S. 61–65

Renz-Polster, Herbert: Die Kindheit ist unantastbar – Warum Eltern ihr Recht auf Erziehung zurückfordern müssen, Weinheim/Basel, Beltz Verlag, 2014

Rerrich, Dorottya: Nicht so laut, bitte!; in: Psychologie Heute, 33. Jahrgang, 11/2006, S. 38–41

Rheinberg, Falco: Grundriss der Psychologie, Band 6: Motivation, 8. Auflage, Stuttgart, Kohlhammer Verlag, 2011

Rogers, Carl R.: Der neue Mensch, übersetzt von Brigitte Stein, 10. Auflage, Stuttgart, Klett-Cotta, 2015

Rogers, Carl R.: Die klient-bezogene Gesprächstherapie, München, Kindler Verlag, 1985

Rogers, Carl R.: Die nicht-direktive Beratung – Counseling and Psychotherapy, übersetzt von Erika Nosbüsch, 12. Auflage, Frankfurt a. M., Fischer Taschenbuch Verlag, 2007

Rogers, R. Carl: Eine Theorie der Psychotherapie, der Persönlichkeit und der zwischen-menschlichen Beziehungen, bearbeitet von der Gesellschaft für wissenschaftliche Gesprächspsychotherapie e. V., übersetzt von Gerd Höhner und Rolf Brüseke, 2. Auflage, München, Ernst Reinhardt Verlag, 2016

Rogers, R. Carl: Entwicklung der Persönlichkeit – Psychotherapie aus der Sicht eines Therapeuten; übersetzt von Jacqueline Giere, 19. Auflage, Stuttgart, Klett-Cotta, 2014

Römer, Anke: Zoom oder Panorama? Wie die Kultur unsere Wahrnehmung prägt; in: Psychologie Heute, 07/2008, S. 8 f.

Rosenstiel von, Lutz/ Nerdinger, Friedemann W.: Grundlagen der Organisationspsychologie – Basiswissen und Anwendungshinweise, 7. Auflage, Stuttgart, Schäffer-Poeschel Verlag, 2011

Roth, Eugen: Sämtliche Menschen, 7. Auflage, München/Wien, Carl Hanser Verlag, 2015

Roth, Gerhard: Bildung braucht Persönlichkeit – Wie Lernen gelingt, 2. Auflage, Stuttgart, Klett-Cotta, 2011

Rotthaus, Wilhelm: Angststörungen von Kindern und Jugendlichen; in: Familiendynamik – Systemische Praxis und Forschung, 2/2016. Stuttgart, J. G. Cotta'sche Buchhandlung Nachfolger GmbH, 2016, S. 130–140

Russel, James, A.: A circumplex model of affect; in: Journal of Personality and Social Psychology, 39/1980, S. 1161–1178

Russo, Francine: Ich bin kein Mädchen! In: Gehirn & Geist, 02/2017, S. 56–65

Sader, Manfred: Psychologie der Gruppe, 9. Auflage, Weinheim/München, Juventa Verlag, 2008

Salewski, Christel/Renner, Britta: Differentielle und Persönlichkeitspsychologie, München, Ernst Reinhardt Verlag, 2009

Sarris, Victor: Methodologische Grundlagen der Experimentalpsychologie, Band 1: Erkenntnisgewinnung und Methodik, München/Basel, Ernst Reinhardt Verlag, 1998

Satir, Virginia/Baldwin, Michele: Familientherapie in Aktion – Die Konzepte von Virginia Satir in Theorie und Praxis, übersetzt von Irmgard Hölscher, 6. Auflage, Paderborn, Junfermann, 2004

Saum-Aldehoff, Thomas: „Warum sollte die Psyche gesünder sein als der Rest des Körpers?"; in: Psychologie Heute 01/2013, S. 68–74

Saum-Aldehoff, Thomas: Wir sind aggressiv wie Schimpansen und friedlich wie Bonobos – Ein Gespräch mit Frans de Waal; in: Psychologie Heute, 08/2011, S. 36–41

Saum-Aldehoff, Thomas: Wir sind immer auf Zeitreise; in: Psychologie Heute, 02/2013, S. 36–41

Saum-Aldehoff, Thomas: „Eine Masse ist nicht zugänglich für Vernunft" – ein Gespräch mit Thomas Brudermann; in: Psychologie Heute, 06/2016, S. 12–15

Schäfer, Annette: „Unsere Erwartungen lenken die Realität"; in: Psychologie Heute, 03/2014, S. 66–70

Schäfer, Annette: Das außerordentliche Talent, in Gesichtern zu lesen; in: Psychologie Heute, 07/2010, S. 64-69

Schäfer, Annette: Eine Wissenschaftlerin im Kreuzfeuer, in: Psychologie Heute, 05/2010, S. 43–48

Schäfer, Gerd E.: Vielfältige Erfahrungen sind der Schatz der Kindheit; in kindergarten heute 11-12/2011, S. 8–13

Schäfers, Bernhard: Die soziale Gruppe; in: Korte, Hermann/Schäfers, Bernhard (Hrsg.): Einführung in die Hauptbegriffe der Soziologie, unter Mitarbeit von Bianca Lehmann, 8. Auflage, Wiesbaden, VS-Verlag für Sozialwissenschaften, 2010, S. 129–144

Schandry, Rainer: Biologische Psychologie – Ein Lehrbuch; unter Mitarbeit von Anja Weber, 3. Auflage, Weinheim, Beltz PVU, 2011

Scheunpflug, Annette: Biologische Grundlagen des Lernens. Berlin, Cornelsen Verlag Scriptor GmbH & Co. KG, 2001

Schleim, Stephan: Der Mythos vom Gehirndoping; in: Psychologie Heute, 11/2012, S. 60–64

Schleim, Stephan: Moralforscher im Zwielicht; in: Gehirn & Geist, 11/2010, S. 44

Schlippe von, Arist/Schweitzer, Jochen: Lehrbuch der systemischen Therapie und Beratung I, Das Grundlagenwissen, 3. Auflage, Göttingen, Vandenhoeck & Ruprecht, 2016

Schlippe von, Arist/Schweitzer, Jochen: Lehrbuch der systemischen Therapie und Beratung II, Das störungsfreie Wissen, 6. Auflage, Göttingen, Vandenhoeck & Ruprecht, 2015

Schmalt, Heinz-Dieter/Langens, Thomas A.: Motivation, 4. Auflage, Stuttgart, W. Kohlhammer, 2009

Schmidt von, Mathias/Schwabe, Lars: Stressige Lektionen; in: Gehirn & Geist, 1-2/2010, S. 24–31

Schmidt, Heinz G.: Mit jungen Leuten – Handbuch für die Jugendarbeit, München, Verlag J. Pfeiffer, 1971

Schmidt, Renate-Berenike/Sielert, Uwe: (Hrsg.): Handbuch Sexualpädagogik und sexuelle Bildung, 2. Auflage, Weinheim/Basel, Beltz Juventa, 2013

Schmitt, Manfred/Altstötter-Gleich, Christine: Differentielle Psychologie und Persönlichkeitspsychologie, unter Mitarbeit von Christine Platzer, Weinheim/Basel, Beltz Verlag, 2010

Schneewind, Klaus A.: Familie und Innovation: Ansatzpunkte zur Stärkung der Familie als primärem Bildungssystem; in: Münchener Innovationsgruppe (Hrsg.): Neue Wege wagen – Innovation in Bildung, Wirtschaft und Gesellschaft, Stuttgart, Lucius & Lucius, 2010, S. 29–46

Schneider Wolfgang/Hasselhorn, Marcus: Frühe Kindheit (3–6 Jahre); in: Schneider, Wolfgang/Lindenberger, Ulman (Hrsg.): Entwicklungspsychologie. 7. Auflage, Beltz Verlag, Weinheim, Basel, 2012, S. 187–209

Schneider, Reto U.: Nichts als die Wahrheit; in: NZZ-Folio – Die Zeitschrift der Neuen Zürcher Zeitung, 12/2001, S. 65–70

Schneider, Wolfgang/Lindenberger, Ulman (Hrsg.): Entwicklungspsychologie. 7. Auflage, Beltz Verlag, Weinheim, Basel, 2012

Schönberger, Birgit: „Die Einzelkämpferphase ist vorbei" – Ein Gespräch mit Gerald Hüther; in: Psychologie Heute, 06/2015, S. 23–26

Schönberger, Birgit: Gewaltfreie Kommunikation – der Schlüssel für eine effektive Konfliktlösung?; in: Psychologie Heute, 01/2010, S. 38–42

Schönberger, Birgit: Hallo Mama, da bin ich wieder! In: Psychologie Heute, 02/2016, S. 40–44

Schönberger, Birgit: Körpersprache; in: Psychologie heute, 04/2014, S. 20–24

Schönpflug, Wolfgang: Geschichte und Systematik der Psychologie – Ein Lehrbuch für das Grundstudium, 3. Auflage, Weinheim/Basel, Beltz Verlag, 2013

Schräder-Naef, Regula: Rationeller Lernen lernen – Ratschläge und Übungen für alle Wissbegierigen, 21. Auflage, Weinheim/Basel/Berlin, Beltz Verlag, 2003

Schreiber, Birgit: Straining – Die versteckte Art des Mobbings; in: Psychologie Heute, 06/2015, S. 34–39

Schreiber, Birgit: Was macht Menschen zu Helfern?; in: Psychologie Heute, 07/2011, S. 6–69

Schulz von Thun, Friedemann: Miteinander reden, Band 1: Störungen und Klärungen – Allgemeine Psychologie der Kommunikation, 48. Auflage, Reinbek, Rowohlt Taschenbuch Verlag GmbH, 2010

Schulze-Reimpell, Jesko: Die Firma weiß, was Sie denken; in: DonauKurier, Nr. 3/04.01.2017, S. 3

Schulz von Thun, Friedemann: Miteinander reden, Band 2: Stile, Werte und Persönlichkeitsentwicklung – Differentielle Psychologie der Kommunikation, 32. Auflage, Reinbek, Rowohlt Taschenbuch Verlag GmbH, 2010

Schwäbisch, Lutz/Siems, Martin: Anleitung zum sozialen Lernen für Paare, Gruppen und Erzieher – Kommunikations- und Verhaltenstraining. Reinbek, Rowohlt Taschenbuch Verlag GmbH, 1997

Schwarzer, Ralf: Stress, Angst und Handlungsregulation, 4. Auflage, Stuttgart u. a., Verlag W. Kohlhammer, 2000

Seiffert, H./Radnitzky, G. (Hrsg.): Handlexikon zur Wissenschaftstheorie, München, Deutscher Taschenbuch Verlag, 2000

Selg, Herbert: Konrad Lorenz – Das sogenannte Böse; in: Lück, Helmut E./Miller, Rudolf/Sewz-Vosshenrich, Gabi (Hrsg): Klassiker der Psychologie. Stuttgart, Verlag W. Kohlhammer, 2000, S. 217–222

Selye, Hans: Stress, 2. Auflage, München, Verlag R. Piper und Co., 1988

Seng, Leonie: Erinnern mit Gefühl, in: dasgehirn.info, Zugriff unter: www.dasgehirn.info/denken/gedaechtnis/erinnern-mit-gefuehl-5181 [26.02.2016]

Shell Deutschland Holding (Hrsg.): Jugend 2015, Frankfurt a. M., Fischer Taschenbuch Verlag, 2015

Silbereisen, Rainer, K./Weichold, Karina: Jugend (12–19 Jahre); in: Schneider, Wolfgang, Lindenberger, Ulman (Hrsg.): Entwicklungspsychologie. 7. Auflage, Beltz Verlag, Weinheim, Basel, 2012, S. 235–258

Simon, Fritz B.: Einführung in Systemtheorie und Konstruktivismus, 7. Auflage, Heidelberg, Carl Auer Verlag, 2015

Simon, Walter (Hrsg.): Persönlichkeitsmodelle und Persönlichkeitstest – 15 Persönlichkeitsmodelle für Personalauswahl, Persönlichkeitsentwicklung, Training und Coaching, 2. Auflage, Offenbach, Gabal Verlag, 2010

Smolka, Dieter: Die PISA-Verlierer – Opfer ihres Medienkonsums; in: Psychologie Heute, 07/2008, S. 10

Sodian, Beate: Entwicklung begrifflichen Wissens – Kernwissentheorien; in: Ahnert, Lieselotte (Hrsg.): Theorien in der Entwicklungspsychologie, Berlin/Heidelberg, Springer Verlag, 2014, S. 122–147

Sokolowski, Kurt: Emotion; in: Jochen Müsseler (Hrsg.): Allgemeine Psychologie. Heidelberg, 2. Auflage, Spektrum Akademischer Verlag, 2008, S. 295–337

Spada, Hans (Hrsg.): Lehrbuch Allgemeine Psychologie, 3. Auflage, Bern, Verlag Hans Huber, Hogrefe AG, 2006

Speck, Otto: Hirnforschung und Erziehung – Eine pädagogische Auseinandersetzung mit neurobiologischen Erkenntnissen, 2. Auflage, München/Basel, Ernst Reinhardt Verlag, 2009

Speckmann Erwin-Josef/Wittkowski Werner: Bau und Funktionen des menschlichen Körpers – Praxisorientierte Anatomie und Physiologie, München, Urban & Fischer Verlag, 2012

Spitzer, Manfred: Dopamin und Käsekuchen, Stuttgart, Schattauer Verlag, 2011

Spitzer, Manfred: Lernen – Gehirnforschung und die Schule des Lebens, Heidelberg/Berlin, Spektrum Akademischer Verlag, 2007

Spitzer, Manfred: Vorsicht Bildschirm! Elektronische Medien, Gehirnentwicklung, Gesundheit und Gesellschaft, 9. Auflage, München, Deutscher Taschenbuchverlag Verlag, 2015

Stahlberg, Dagmar/Frey, Dieter: Das Elaboration-Likelihood-Modell von Petty und Cacioppo; in: Frey, Dieter/Irle, Martin: Theorien der Sozialpsychologie. Band I: Kognitive Theorien, 2. Auflage, Bern/Göttingen, Verlag Hans Huber, 1993, S. 327–360

Steinhausen, Hans-Christoph: Psychische Störungen bei Kindern und Jugendlichen, 6. Auflage, Urban & Fischer, München/Jena, 2006

Stern, Elsbeth/Grabner, Roland H.: Die Erforschung der Intelligenz; in: Ahnert, Lieselotte (Hrsg.): Theorien in der Entwicklungspsychologie, Berlin/Heidelberg, Springer Verlag, 2014, S. 174–201

Stern, Elsbeth/Grabner, Roland H.: Die Erforschung menschlicher Intelligenz; in: Ahnert, Lieselotte (Hrsg.): Theorien in der Entwicklungspsychologie, Berlin/Heidelberg, Springer Verlag, 2014, S. 174–201

Stickgold, Robert: Schlaf darüber! In: Gehirn & Geist, 05/2016, S. 58–63

Stiefel, Klaus M.: Die Antennen der Nervenzellen; in: Gehirn & Geist, 11/2015, S. 62–66

Strayer, David L./Watson, Jason M.: Die Entdeckung der Supertasker; in: Gehirn & Geist, 09/2012, S. 18–22

Stroebe, Wolfgang: Geheime Verführung; in: Gehirn & Geist, 09/2011, S. 43–47

Stumm, Gerhard/Kriz, Jürgen: Organismus; in: Stumm, Gerhard/Wiltschko, Johannes/Keil, Wolfgang W. (Hrsg.): Grundbegriffe der Personenzentrierten und Focusing-orientierten Psychotherapie und Beratung, Stuttgart, Klett-Cotta, 2003, S. 219 ff.

Stumm, Gerhard/Wiltschko, Johannes/Keil, Wolfgang W. (Hrsg.): Grundbegriffe der Personenzentrierten und Focusing-orientierten Psychotherapie und Beratung, Stuttgart, Klett-Cotta, 2003

Stürmer, Stefan: Sozialpsychologie, München, Ernst Reinhard Verlag, 2009

Suzuki, Wendy: Neurone auf Trab; in: Gehirn & Geist, 1/2016, S. 56–59

Tausch, Reinhard./Tausch, Anne-Marie.: Erziehungspsychologie – Begegnung von Person zu Person, 11. Auflage, Göttingen/Toronto/Zürich, Hogrefe Verlag, 1998

Tenzer, Eva: „Burnout ist eine Form der Depression" – Ein Gespräch mit Isabella Heuser; in: Psychologie Heute, 12/2011, S. 30–33

Tenzer, Eva: Kooperation ist ein Erfolgsrezept; in: Psychologie Heute, 07/2014, S. 32–36

Tenzer, Eva: Ungehorsam – Prophylaxe gegen Burnout; in: Psychologie Heute, 11/2011, S. 26 ff.

Thivissen, Patricia: Je größer die Angst, desto größer die Spinne! in: Psychologie Heute, 09/2012, S. 12

Thivissen, Patricia: Wer's glaubt, wird krank; in: Gehirn & Geist, 10/2012, S. 72–76

Thomas, Alexander: Grundriss der Sozialpsychologie, Band 1: Grundlegende Begriffe und Prozesse. Göttingen/Toronto/Zürich, Hogrefe Verlag, 1991

Tiedemann, Friederike von: Wer hat die Macht?; in: Psychologie Heute, 07/2009, S. 20–26

Tillmann, Klaus-Jürgen: Sozialisationstheorien, 16. Auflage, Reinbek, Rowohlt Verlag, 2010

Timmermanns, Stefan: Sexuelle Orientierung; in: Schmidt, Renate-Berenike/Sielert, Uwe: (Hrsg.): Handbuch Sexualpädagogik und sexuelle Bildung, 2. Auflage, Weinheim/Basel, Beltz Juventa, 2013, S. 255–264

Traufetter, Gerald/Zimmermann, Fritz: Das vierte Alter; in: Der Spiegel, 12/2014, S. 70 f.

Tschamler, Herbert: Wissenschaftstheorie – Eine Einführung für Pädagogen, 3. Auflage, Bad Heilbrunn, Verlag Julius Klinkhardt, 1996

Ueckert, Hans/Kakuska, Rainer/Nagorny, Jürgen: Psychologie, die uns angeht, Gütersloh, Bertelsmann Verlag, 1989

Ulich, Dieter/Bösel, Rainer M: Einführung in die Psychologie, 4. Auflage, Stuttgart, Verlag W. Kohlhammer, 2005

Ulich, Dieter/Mayring, Philipp: Psychologie der Emotionen, 2. Auflage. Stuttgart, Verlag W. Kohlhammer, 2003

Ulich, Dieter: Das Gefühl – Einführung in die Emotionspsychologie, 3. Auflage, Weinheim, Beltz PVU, 2010

Ustorf, Anne-Ev: „Bindung ist emotionale Nahrung, die uns am Leben hält" – Ein Gespräch mit Karl Heinz Brisch; in: Psychologie Heute 05/2014, S. 22–25

Ustorf, Anne-Ev: „Traumatische Beziehungserfahrungen brennen sich direkt in das kindliche Gehirn ein" – Ein Gespräch mit Allan Schore; in: Psychologie Heute, 10/2009, S. 26–29

Ustorf, Anne-Ev: Allererste Liebe – Wie Babys Glück und Gesundheit lernen, 2. Auflage, Stuttgart, Klett-Cotta, 2015

Ustorf, Anne-Ev: Borderline – Das schwierige Leben in einer schwarz-weißen Welt; in: Psychologie Heute, 07/2014, S. 44–49

Vávra, Yvonne: Emotionale Intelligenz – Einfühlung als Waffe; in: Psychologie Heute, 11/2015, S. 73–76

Vester, Frederic: Denken, Lernen, Vergessen – Was geht in unserem Kopf vor, wie lernt das Gehirn, und wann lässt es uns im Stich?, 36. Auflage, München, Deutscher Taschenbuch Verlag, 2014

Vry, Silke: Das Augenverwirrbuch – Verrückte Künstlertricks, München/London/New York, Prestel Verlag, 2013

Wahl, Hans-Werner/Schilling, Oliver: Hohes Alter; in: Schneider, Wolfgang/Lindenberger, Ulman (Hrsg.): Entwicklungspsychologie. 7. Auflage, Beltz Verlag, Weinheim, Basel, 2012, S. 311–334

Watson, John B.: Behaviorismus, hrsg. von Carl F. Graumann, übersetzt von Lenelis Kruse, 4. Auflage, Magdeburg, Klotz Verlag, 1997

Watzlawick, Paul/Beavin, Janet H./Jackson, Don D.: Menschliche Kommunikation – Formen, Störungen, Paradoxien, 12. Auflage, Hans Huber, 2011

Watzlawick, Paul/Beavin, Janet: Einige formale Aspekte der Kommunikation; in: Watzlawick, Paul/Weakland, John H. (Hrsg.): Interaktion – Menschliche Probleme und Familientherapie; übersetzt von Eva Foppa und Paul Watzlawick, München/Zürich, R. Piper GmbH & Co.KG, 2002, S. 95–110

Watzlawick, Paul/Weakland, John H. (Hrsg.): Interaktion – Menschliche Probleme und Familientherapie; übersetzt von Eva Foppa und Paul Watzlawick, München/Zürich, R. Piper GmbH & Co. KG, 2002

Weber, Max: Wirtschaft und Gesellschaft – Grundriss der verstehenden Soziologie; besorgt von Johannes Winckelmann, 5. Auflage, Tübingen, J.C.B. Mohr (Paul Siebeck), 2002

Weierstall, Roland/Schauer, Maggie/Elbert, Thomas: Der Krieger in uns; in: Gehirn & Geist, 11/2012, S. 28–33

Weigmann, Katrin: Die Intelligenz des Körpers; in: Gehirn & Geist, 1–2/2013, S. 26–31

Weingarten, Susanne: Von null auf 100 Billionen; in: Der Spiegel Wissen, 03/2011, S. 70–73

Welzer, Harald: Die smarte Diktatur – Der Angriff auf unsere Freiheit, 3. Auflage, Frankfurt a. M., Fischer Verlag, 2016

Wenke, Matthias: Individualität und Gemeinschaft; in: Fuest, Ada/John, Friedel/Wenke, Matthias (Hrsg.): Handbuch der individualpsychologischen Beratung in Theorie und Praxis – Zusammenhänge erschließen, Horizonte öffnen, Münster, Waxmann Verlag, 2014, S. 126–135

Wernicke, Jens: „Rechenschwäche gibt es nicht" – Ein Gespräch mit Wolfram Meyerhöfer; in: Gehirn & Geist, 11/2013, S. 24–27

Werth, Lioba/Mayer, Jennifer: Sozialpsychologie, Berlin/Heidelberg, Springer Verlag, 2008

Westerhoff, Nikolas: Der Sinn im Widersinn; in: Psychologie Heute, 05/2010, S. 13

Westhoff, Justin: Wie manipulierbar sind wir?; in: Oehler, Regina/Bernius, Volker/Wellmann, Karl-Heinz (Hrsg.): Was kann Psychologie – Wer wir sind und wie wir sein könnten, Weinheim/Basel, Beltz Verlag, 2009, S. 188-196

Weyerer, Godehard: Neuronen oder Neurose – Was versucht Stottern und was hilft?; in: Psychologie Heute, 01/2009, S. 72–75

Wiater, Werner: Erziehen und Bilden – Prüfungswissen Basiswissen Schulpädagogik, Donauwörth, Auer Verlag, 2013

Wicki, Werner: Entwicklungspsychologie, 2. Auflage, München/Basel, Ernst Reinhardt Verlag, 2015

Wilhelm, Klaus: Die Illusion des freien Willens ist wichtig – Ein Gespräch mit Michael Gazzaniga; in: Psychologie Heute, 07/2012, S. 36–39

Wilhelm, Klaus: Gedacht wie gesprochen; in: Gehirn & Geist, 7-8/2011, S. 14–19

Wilhelm, Klaus: Kein Gefühl für Gefühle; in: Psychologie Heute, 12/2015, S. 40–44

Wilhelm, Klaus: Ohne Musik lernt es sich besser; in: Psychologie Heute, 12/2010, S. 15

Wilken, Beate: Methoden der Kognitiven Umstrukturierung – Ein Leitfaden für die psychotherapeutische Praxis, 7. Auflage, Stuttgart, Verlag W. Kohlhammer, 2015

Wimbauer, Christine: Wie viel Arbeit verträgt die Liebe?; in: Psychologie Heute, 05/2013, S. 10

Wittchen, Hans-Ulrich/ Hoyer, Jürgen: Klinische Psychologie & Psychotherapie, 2. Auflage, Berlin/Heidelberg, Springer-Verlag, 2011

Wobbe, Theresa/Nunner-Winkler, Gertrud: Geschlecht und Gesellschaft; in: Joas, Hans (Hrsg.): Lehrbuch der Soziologie, übersetzt von Ekkehard Schöller, 3. Auflage, Frankfurt/New York, Campus Verlag, 2007, S. 287–312

Wohlschläger, Andreas/Prinz, Wolfgang: Wahrnehmung; in: Spada, Hans (Hrsg.): Lehrbuch Allgemeine Psychologie, 3. Auflage, Bern, Verlag Hans Huber, Hogrefe AG, 2006, S. 25–114

Wolf, Axel: Die Noch-nicht-ganz-Erwachsenen; in: Psychologie Heute, 04/2016, S. 21

Wolf, Christian/Neuffer, Jan: Die große Illusion; in: Gehirn & Geist, 10/2014, S. 38–43

Wolf, Christian: Die Last des Älterwerdens; in: Gehirn & Geist, 09/2011, S. 14–19

Wolf, Christian: Doch nicht einseitig veranlagt; in: Psychologie Heute, 01/2014, S. 11

Wolf, Christian: Flüchtige Erinnerungen; in: Gehirn & Geist, 04/2009, S. 56–61

Wolf, Christian: Manipulierte Erinnerungen; in: Gehirn & Geist, 07/2015, S. 54–59

Wolf, Christian: Wir-Gefühl in Windeln; in: Gehirn & Geist, 12/2010, S. 32–36

Wolkenstein, Larissa/ Hautzinger Martin: Ratgeber Chronische Depression, Göttingen u. a., Hogrefe 2015

Wuketits, Franz: Das ideologische Lebewesen; in: Psychologie Heute, 02/2016, S. 31

Wustmann, Corina: Resilienz – Widerstandsfähigkeit von Kindern in Tageseinrichtungen fördern, hrsg. von Wassilios E. Fthenakis, 3. Auflage, Berlin, Cornelsen Verlag, 2011

Zierer, Klaus/Speck, Karsten/Moschner, Barbara: Methoden erziehungswissenschaftlicher Forschung, München/Basel, Ernst Reinhardt Verlag, 2013

Zimbardo Philip G./Gerrig Richard J.: Psychologie, übersetzt von Rald Graf/Dagmar Mallett/Markus Nagler/Brigitte Ricker, deutsche Bearbeitung von Ralf Graf, 20. Auflage, München u. a., Pearson Studium, 2014

Zintl, Viola: Lernen mit System – Effektiver Lernen in der Pflege, 2. Auflage, München, Urban & Fischer, 2006

Stichwortverzeichnis

Bildquellenverzeichnis

Bildungsverlag EINS/Cornelia Kurtz: S. 11, 31, 37, 53, 60, 64, 71, 104, 110, 117, 120, 147, 148, 151, 162, 169, 180, 188, 189, 190, 191, 195, 198, 201, 203, 206, 212, 217, 233, 242, 256, 260, 262, 271, 277, 284, 285, 289, 299 (6x), 309, 310, 311, 330, 347, 358, 380, 382, 393, 416, 425, 449, 454, 455, 476, 479, 483, 484, 500, 513, 531, 532, 555, 557, 559, 565

akg-images, Berlin: S. 37, 413, 452, 523
ullstein bild, Berlin: S. 39, 41, 247, 304 (The Granger Collection), 441 (Wolfram)
Universitätsarchiv Leipzig: S. 41
Bildungsverlag EINS/Angelika Brauner: S. 42, 95, 97, 106, 133, 136, 220
Fotolia Deutschland GmbH, Berlin: S. 73 (dipego), 92 (Paul Fleet), 94 (ilujessy),117 (Dark Vektorangel), 117 (reeel), 117 (klesign), 132 (Volant), 177(Yuri Arcurs), 197, 274 (drivepix), 310 (jura), 328 (auremar), 331, 333 (GordonGrand), 333 (Olga Semicheva), 336 (Oscar Brunet), 339 (Andrey Kuzmin), 340 (Claudia Paulussen), 342 (Patricia Marks), 349 (Christian Schwier), 353 (Italika), 548 (listercz), 356 (shootingankauf), 362 (drubig-photo), 363 (goodluz), 364 (resfresh(PIX)), 370 (pressmaster), 400 (LVDe-sign), 422 (fotogestoeber), 528 (benjaminnolte), 530 (liza5450), 540 (photophonie), 548 (listercz),
MEV Verlag, Augsburg: S. 106 (GEWA Fotostudio, Münzen)
Hans Biedermann (Hennes), Eberbach: S. 143
Wilhelm Busch: S. 149, 540
Johann Mayr, Jetzendorf: S. 391, 395, 418
dpa Picture-Alliance GmbH, Frankfurt: S. 41, 273, 330, 432, 481, 487, 531
aus: Kleber, Eduard W.: Abriss der Entwicklungspsychologie, 2. Auflage. Weinheim/Basel, Beltz, 1988 (S. 77): S. 261
Bildarchiv Preußischer Kulturbesitz, Berlin: S. 324 (Museum Europäischer Kulturen SMB)
Reinhard Löffler, Dinkelsbühl: S. 343
Erich Rauschenbach, Berlin: S. 326.1
Bildungsverlag EINS/Jörg Mair: S. 333
Interfoto e.K., München: S. 390 (Archiv Friedrich)
Courtesy Stanford News Service: S. 422
aus: Loriot: Szenen einer Ehe, Copyright © 2005 Diogenes Verlag AG Zürich: S. 469
Stanford University, Kalifornien, S. 155
Jan Tomaschoff, Erkrath: S. 496
aus: Biermann, Christoph: Er hielt sich nicht mehr aus, in: DER SPIEGEL, Nr. 47/2009 (S. 154): S. 525
Aaron T. Beck, Beck Institute: S. 566